Hans-Jürgen Schnieber

Personalvertretungsgesetz Nordrhein-Westfalen

– mit Wahlordnung –

Kommentar 2012

Hrsg.: dbb nrw beamtenbund und tarifunion

Stand: Januar 2012

dbb verlag

Bibliographische Information der Deutschen Nationalbibliothek

Die Deutsche Nationalbibliothek verzeichnet diese Publikation in der Deutschen National-
bibliographie; detaillierte bibliographische Daten sind im Internet über http://dnb.d-nb.de
abrufbar.

dbb nrw
beamtenbund
und tarifunion

nordrhein-westfalen

Herausgeber: dbb nrw beamtenbund und tarifunion
Gartenstr. 22
40479 Düsseldorf

Telefon: 0211/4915830
Telefax: 0211/49158310
e-mail: post@dbb-nrw.de
Internet: www.dbb-nrw.de
V. i. S. d. P. Meinolf Guntermann
              (Landesvorsitzender)

© 2012 dbb verlag
Friedrichstr. 165, 10117 Berlin
kontakt@dbbverlag.de, www.dbbverlag.de
ISBN 978-3-87863-178-1

Vorwort

Es ist jetzt innerhalb kurzer Zeit das 8. Mal seit 1975, dass den Personalräten und Dienststellen des Landes, der Gemeinden und Gemeindeverbänden sowie den Körperschaften, Anstalten und Stiftungen des öffentlichen Rechts eine Hilfe bei der Lösung personalvertretungsrechtlicher Probleme angeboten wird.

Bei der letzten Novellierung in 2007 war nicht absehbar, dass so schnell eine politische Umkehr in Sachen des LPVG in NRW erfolgen würde. Die rot/grüne Minderheitsregierung hat nicht nur den Zustand vor 2007 wieder hergestellt, sondern noch weitere Verbesserungen in Kraft gesetzt. In bisher nicht gekannter Form wurden hierbei sehr umfassend die Gewerkschaften und die Anwender des LPVG in das Gesetzgebungsverfahren eingebunden. Das vorliegende Landespersonalvertretungsgesetz setzt nunmehr Maßstäbe für den Bund und die Länder.

Die Kommentierung erfolgt wieder in knapper, übersichtlicher und praxisgerechter Form. Nichts wurde kommentiert, was hinreichend durch den Wortlaut oder den Sinngehalt des Gesetzes bestimmt ist. Die Ausgabe berücksichtigt selbstverständlich die Gesetzesänderungen seit der letzten Fassung, ebenso den neuesten Stand der Rechtsprechung zu Zweifelsfragen. Wesentlich neue Aspekte des Schrifttums zum Personalvertretungsrecht wurden berücksichtigt oder Fundstellen angegeben. Binnenmodernisierung, die Entwicklungen auf dem Gebiet der Technik und die Sparzwänge des Landes und der Gemeinden erfordern auch in Zukunft starke und gut informierte Personalräte als gleichberechtigte Partnerinnen und Partner der Dienststelle um die rasanten Entwicklungen kompetent zum Wohle der Beschäftigten begleiten zu können. Das Landespersonalvertretungsrecht versucht mit der Entwicklung Schritt zu halten. Deutlich wird dies unter anderem an der prozessbegleitenden Mitbestimmung und an der Installation eines Wirtschaftsausschusses. Auf eine ausführliche Darstellung des wissenschaftlichen Meinungsstreits ist wie bisher verzichtet worden; stattdessen stehen die Anliegen der Personalvertretungen in der täglichen Arbeit im Mittelpunkt der Kommentierung.

Die Auflage enthält Schaubilder, Ablaufdiagramme und erläuternde Tabellen im Anhang. In den Anmerkungen selbst sind die Ordnungsnummern der Tabellen etc. enthalten, so dass der Kommentar in Verbindung mit der vorangestellten „Übersicht über das Personalvertretungsrecht" auch für neu gewählte und noch nicht geschulte Personalratsmitglieder eine Einstiegshilfe darstellt.

Besonders hilfreich für die Verwendung des Buches dürften die auszugsweisen Zitate von solchen Gesetzen und anderen Rechtsnormen sein, die das Personalvertretungsrecht begleiten oder sogar unmittelbar dazugehören. Dazu gehören z.B. Auszüge aus dem Strafgesetzbuch, aus dem Datenschutzgesetz, aus dem Arbeitnehmerüberlassungsgesetz, aus dem Tarifvertrag über den Rationalisierungsschutz im öffentlichen Dienst, die Europäischen Arbeitsschutzrichtlinien, den für Nordrhein Westfalen gültigen Bildschirmtarifvertrag und die einschlägigen Bestimmungen des Schwerbehindertenrechts. Der Erläuterungserlass des Ministers für Inneres und Kommunales NRW zur einheitlichen Anwendung des Gesetzes ist ebenso wie der Fürsorgeerlass selbstverständlich vollständig abgedruckt. Der Minister für Inneres und Kommunales hat die jetzige und die vorherige Novellierung im Erläuterungserlass allerdings bisher noch nicht berücksichtigt, so dass dieser nur analog angewendet werden kann.

Dem Gesetzgeber folgend ist in diesem Kommentar eine geschlechtsneutrale Sprache benutzt worden, bzw. weibliche und männliche Sprache nebeneinander benutzt worden.

Der Verfasser ist langjähriger Vorsitzender des Hauptpersonalrats beim Finanzministerium, vorher war er Personalratsvorsitzender in einem Finanzamt und Mitglied des Bezirkspersonalrats bei der Oberfinanzdirektion Münster. Seit vielen Jahren trägt er bei den Grundschulungen der neu gewählten Personalräte vor und ist als Referent bei Personalvertretungsseminaren der DBB-Akademie tätig.

Deshalb sind wir wieder sicher, dass der Kommentar die gleichen Erfolge haben wird, wie die vorherigen Auflagen.

Der Herausgeber

Inhaltsverzeichnis

Übersicht über das Landespersonalvertretungsgesetz NRW

Inhalt

1. Rechtsgrundlagen

Bei der Novellierung 2007 hat der Gesetzgeber die Artikel 28 Abs. 1 Satz 1 und 33 Abs. 5 GG sehr restriktiv ausgelegt. Das Bundesverfassungsgericht hatte in einem Urteil („Bremer Urteil", BVerfGE 9, 268) entschieden, Personalangelegenheiten von Beamten und andere Regierungsaufgaben von erheblichen Gewicht dürften nicht der Regierungsverantwortung entzogen werden. Durch das Urteil des BVerfG vom 24.5.1995 zum Mitbestimmungsgesetz Schleswig-Holstein, sind die Grenzen zwischen dem Schutzzweck des Mitbestimmungsrechts einerseits und dem Erfordernis demokratischer Legitimation bei Ausübung von Staatsgewalt andererseits bedauerlicherweise zu Lasten des Mitbestimmungsrechts noch weiter eingeschränkt worden. Dies hatte Auswirkungen auf die Entscheidungen der Einigungsstelle, die nach diesem Urteil in deutlich mehr Fällen „nur" eine Empfehlung abgeben durfte und keine Letztentscheidungskompetenz hatte. Mit der vorliegenden Novellierung hat der Gesetzgeber versucht, einen tragbaren Kompromiss zu finden.

Der Gesetzgeber in Nordrhein-Westfalen hat eine Rückkehr zum Gesetz vor 2007 beabsichtigt und eine mit Gewerkschaften und Verbänden im Dialog erarbeitete Modernisierung verabschiedet. Auszug aus dem Koalitionsvertag der Regierungsfraktionen:

> „Wir wollen umgehend das Landespersonalvertretungsgesetz (LPVG) ändern, um die Grundlagen für eine vertrauensvolle Zusammenarbeit mit den Mitarbeiterinnen und Mitarbeitern in Behörden und Verwaltungen wieder herzustellen. Auch in den kommenden Jahren stehen die öffentlichen Verwaltungen vor Veränderungen und Belastungen. Diese können nicht im Gegeneinander, sondern nur im Miteinander bewältigt werden. Gemeinsam mit den Beschäftigten in den Interessenvertretungen wollen wir die „gleiche Augenhöhe" bei der Mitbestimmung wieder herstellen und das LPVG fortentwickeln. Wir wollen eine Mitbestimmung im öffentlichen Dienst, die auf Beteiligung, Dialog und gegenseitiges Vertrauen im Miteinander setzt."

Die Rechtsstellung der Personalvertretung wird nicht durch Artikel 9 GG koalitionsgeschützt, sondern durch Sondervorschriften des Personalvertretungsgesetzes. Über das Landespersonalvertretungsgesetz hinaus enthält das Beamtenversorgungsgesetz (§§ 30 ff.), das Landesbeamtengesetz (§ 91), die Sozialgesetzbücher und das Kündigungsschutzgesetz (§ 15 Abs. 2) Schutzvorschriften für die Personalvertreter. (Anmerkung: Bis zur Vollendung der Dienstrechtsreform in Nordrhein-Westfalen gilt das Bundesrecht im Wesentlichen weiter.) Einen besonderen Pflichtenkatalog für Personalräte enthält das Personalvertretungsgesetz nicht, jedoch wird die in § 9 LPVG enthaltene Geheimhaltungspflicht besonders hervorgehoben; ihre Verletzung wird gemäß § 203 und 353 b StGB unter Strafe gestellt.

Das Bundesverfassungsgericht bestätigt außerdem: „Das Personalvertretungsrecht ist ein wichtiges Mittel zur Wahrung der Menschenwürde und der Persönlichkeitsentfaltung in der Dienststelle (BVerfGE 28, 314). Es bezieht sich dabei auf die Grundrechte aus Artikel 1, 2 und 5 Abs. 1 GG."

2. Personalvertretungen und Gewerkschaften

Zu den „in der Dienststelle vertretenen Gewerkschaften" gehören alle privatrechtlichen, frei gebildeten und unabhängigen Vereinigungen von Arbeitnehmern und Beamten, die satzungsgemäß kollektiv die wirtschaftlichen und sozialen Interessen ihrer Mitglieder gegenüber dem Dienstherrn auf überbetrieblicher Basis vertreten und denen mindestens ein Beschäftigter in der Dienststelle erkennbar angehört. Auf die Rechts- oder Tariffähigkeit oder die Bezeichnung „Gewerkschaft" kommt es nicht an.

Zu den Gewerkschaften sind auch die Spitzenverbände dieser Organisationen zu rechnen.

Die Rechtsstellung der Koalitionen im System der Personalverfassung ergibt sich aus dem Grundrecht der Koalitionsfreiheit in Artikel 9 GG und den Vorschriften des Personalvertretungsrechts. Dazu führt das Bundesverfassungsgericht aus:

„Das Recht, zur Wahrung und Förderung der Arbeits- und Wirtschaftsbedingungen Vereinigungen zu bilden (Artikel 9 Abs. 3 GG), steht auch den Beschäftigten zu, die Aufgaben nach dem Personalvertretungsrecht wahrnehmen. Das Personalvertretungsrecht stellt klar, dass Beschäftigte, die Aufgaben im Rahmen der Personalvertretung wahrnehmen, dadurch in der Betätigung für ihre Gewerkschaft auch in der Dienststelle nicht beschränkt werden."

Das Personalvertretungsrecht kennt also keine Unvereinbarkeit von Personalratsamt und der Funktion als Funktionsträger einer Gewerkschaft. Nach der Rechtsprechung des Bundesverfassungsgerichts wäre eine entsprechende Bestimmung mit Artikel 9 Abs. 3 GG nicht vereinbar. (BVerfGE 28, 307)

Der Gefahr von Interessenkonflikten bei einer Personalunion zwischen personalvertretungsrechtlichem Mandat und der Stellung als Verbandsfunktionär begegnen die Personalvertretungsgesetze durch das Gebot der Objektivität und Neutralität. Danach sind alle Handlungen unzulässig, die auch nur den Anschein erwecken, der Mandatsträger könnte aufgrund seiner gewerkschaftlichen Betätigung voreingenommen oder parteiisch sein. Mitglieder der Personalvertretungen dürfen deshalb in dieser Eigenschaft nicht zum Arbeitskampf aufrufen, diesen unterstützen oder den Eindruck erwecken, der Personalrat führe ihn selbst. Die Teilnahme am Arbeitskampf in der Eigenschaft als Arbeitnehmer ist dagegen zulässig.

Die gewerkschaftliche Tätigkeit in den Dienststellen wird durch das Landespersonalvertretungsgesetz besonders geregelt. Die Beratungs- und Unterstützungsfunktion der Gewerkschaften wird konkretisiert durch Zugangsrechte (Zugang zu den Dienststellen, (§ 3 Abs. 4), das Recht, Vorschläge für die Wahl des Personalrats zu unterbreiten (§ 16) und an den Sitzungen des Wahlvorstandes teilzunehmen (§ 20 Abs. 2). Sie haben die Möglichkeit, die Wahl des Personalrats anzufechten (§ 22) und die Auflösung eines Personalrats oder den Ausschluss einzelner Mitglieder wegen grober Pflichtverletzung beim Verwaltungsgericht zu beantragen (§ 25). Vom Antrag eines Viertels der Mitglieder eines Personalrats oder der Mehrheit einer Gruppe ist es abhängig, ob Beauftragte von im Personalrat vertretenen Gewerkschaften an den Personalratssitzungen beratend teilnehmen können (§ 32). Eine Vermittlungsfunktion übernehmen sie, wenn Aussetzungsanträge gestellt werden (§ 34).

Das Teilnahmerecht der Gewerkschaften an Personalversammlungen ist an keine besonderen Voraussetzungen geknüpft (§ 49). Hier haben die Gewerkschaften eine (lediglich) beratende Funktion.

3. Die Organe der Personalverfassung

Organe der Personalverfassung sind alle Personen und Einrichtungen, die an der Durchführung des Personalvertretungsrechts beteiligt sind. Der Wahlvorstand ist der „Geburtshelfer" der Personalvertretung. Ohne einen ordnungsgemäß bestellten Wahlvorstand kann die Wahl eines Personalrats nicht durchgeführt werden.

In zwei Fällen übernimmt der Wahlvorstand personalratsähnliche Funktionen, nämlich nach einer erfolgreich angefochtenen Wahl, wobei der von der oder dem Vorsitzenden der Fachkammer eines VG eingesetzte Wahlvorstand bis zur Neuwahl die Befugnisse und Rechte eines Personalrats wahrnimmt und nach jeder Neuwahl, wobei der Wahlvorstand die konstituierende Sitzung des Personalrats einberuft und bis zur Wahl der vorsitzenden Person und der Stellvertreterinnen und Stellvertreter leitet. Allerdings nimmt der noch im Amt befindliche Personalrat die üblichen Geschäfte bis zum Ablauf seiner Amtszeit weiterhin wahr.

Wird in der Landesverwaltung durch Zusammenlegung von Dienststellen oder von Teilen von Dienststellen eine neue Dienststelle gebildet, so werden die Rechte des bei der neuen Dienststelle zu wählenden Personalrats unter den Voraussetzungen des § 44 LPVG von einer Personalkommission wahrgenommen, bis der Personalrat zu seiner ersten Sitzung zusammengetreten ist.

Der Personalrat ist das wichtigste und zentrale Organ des Personalvertretungsrechts. Er handelt aber weder als gesetzlicher noch als privatrechtlicher Vertreter (§§ 164 ff. BGB), sondern als Repräsentant aller Beschäftigten in der Dienststelle. Er wird im eigenen Namen tätig, besitzt aber keine eigene Rechtspersönlichkeit und ist deshalb weder Vermögensträger noch Haftungsträger. Aus diesem Grunde kann er auch keine Rechtsgeschäfte abschließen. Als Personalräte gelten auch die Stufenvertretungen, die Gesamtpersonalräte und die Sondervertretungen. Die Mitglieder des Personalrats erfüllen ihre Aufgaben ehrenamtlich. Ehrenamtliche Tätigkeit bedeutet, dass das Personalratsmitglied keine hoheitlichen Aufgaben wahrnimmt und weder die Stellung eines Beamten im staatsrechtlichen noch eines Amtsträgers im strafrechtlichen Sinn hat. Außerdem ist das Ehrenamt des Personalratsmitglieds unentgeltlich zu führen. Deshalb ist die Annahme oder das Zusagen einer Vergütung für die Personalratstätigkeit unzulässig. Höhergruppierungen bzw. Beförderungen im Hinblick auf die Tätigkeit als Personalrat verstoßen nicht nur gegen das Begünstigungsverbot, sondern auch gegen das

Gebot der Unentgeltlichkeit. Dies gilt auch für den Erlass von arbeitsvertraglichen bzw. beamtenrechtlichen Leistungspflichten über die Möglichkeit der Freistellung hinaus.

Liegen die Voraussetzungen vor, so erhält das betroffene Mitglied des Personalrats kraft Gesetzes Dienstbefreiung im erforderlichen Umfang. Einer ausdrücklichen Dienst- oder Arbeitsbefreiung durch den Dienstvorgesetzten bedarf es nicht. Voraussetzung für die Dienstbefreiung ist, dass das Versäumen von Arbeitszeit zur ordnungsgemäßen Durchführung der Aufgaben des Personalrats objektiv erforderlich ist. Dies ist anzunehmen bei

1. der Teilnahme an Sitzungen,
2. Sprechstunden,
3. Personalversammlungen,
4. den Vierteljahresgesprächen zwischen Personalrat und Dienststelle,
5. sonstigen Besprechungen mit dem Dienststelle,
6. Beratungsgesprächen mit den Beschäftigten der Dienststelle in allen Angelegenheiten, die unter das LPVG fallen und
7. allen Maßnahmen, die zur ordnungsgemäßen Wahrnehmung der Rechte und der Erfüllung der Pflichten des Personalrats erforderlich sind.

Einer pauschalen Freistellung durch einen Beschluss des Personalrats (im Sinne des § 42 Abs. 4 bedarf es hierzu nicht. Für diese Tätigkeiten ist eine entsprechende Entlastung von den sonstigen dienstlichen Tätigkeiten zu gewähren (§ 42 Abs. 2).

Der Dienststellenbegriff im personalvertretungsrechtlichen Sinne ist nicht identisch mit dem organisationsrechtlichen Begriff, weshalb auch Teile einer Dienststelle oder Nebenstellen zu selbständigen Dienststellen erklärt werden können (§1 Abs. 3). Die Dienststelle ist die Organisationseinheit, bei der ein Personalrat gebildet ist. Die sachliche Zuständigkeit der Dienststelle im personellen, innerdienstlichen und organisatorischen Bereich bestimmt auch den Umfang der Aufgabenbereiche des Personalrats, soweit das Landespersonalvertretungsgesetz keine Abgrenzung vornimmt.

Für die Dienstelle handelt ihre Leiterin oder ihr Leiter. Insofern ist sie/er ebenfalls Organ des Personalvertretungsrechts, nämlich Handlungsorgan (§ 8). Die Dienststellenleiterin bzw. der Dienststellenleiter ist die/der Partner/in (und manchmal Gegenspieler/in) des Personalrats. Sie/er ist der Repräsentant/in des Dienstherrn und gegenüber dem Personalrat befugt, rechtswirksam für die Dienststelle zu handeln. Durch diese Regelung werden die Autonomie des Personalrats und seine starke Stellung innerhalb der Dienststelle besonders hervorgehoben.

Ein weiteres Organ der Personalverfassung ist die Personalversammlung, das heißt, die Zusammenkunft aller Beschäftigten einer Dienststelle ohne Rücksicht auf die Wahlberechtigung. Man unterscheidet zwischen der jährlich einmal durchzuführenden ordentlichen Personalversammlung und der außerordentlichen Personalversammlung. Letztere kann aus besonderem Anlass oder auf Antrag der Dienststelle oder eines Viertels der wahlberechtigten Beschäftigten einberufen werden.

Außerdem ist zwischen einer Vollversammlung für alle Beschäftigten oder Teilversammlung zu unterscheiden, die aufgrund besonderer dienstlicher Verhältnisse, z.B. in Dienststellen mit Schichtdienst oder dezentralen Ausgliederungen, durchgeführt werden kann. Es können auch Teilpersonalversammlungen einberufen werden, an denen nur ein Teil der Beschäftigten teilnimmt, um dort besser auf die speziellen Belange einzelner Gruppen eingehen zu können (spezifische Belange im Bereich der Personalräte für das wissenschaftliche Personal an Hochschulen; fachspezifische Probleme einzelner Lehrergruppen; besondere Belange einzelner Statusgruppen etc.).

In der Personalversammlung hat der Personalrat über seine Tätigkeit zu berichten. In der nach § 46 einmal jährlich durchzuführenden ordentlichen Personalversammlung muss zwingend ein Tätigkeitsbericht abgegeben werden. Die Personalversammlung, die grundsätzlich nicht öffentlich ist, kann dem Personalrat Anträge unterbreiten und zu seinen Beschlüssen Stellung nehmen. Der Personalrat ist aber weder der Personalversammlung untergeordnet noch verpflichtet, den Anträgen zu entsprechen. Beschlüsse der Personalversammlung haben lediglich Empfehlungscharakter. Auch hier wird die Autonomie des Personalrats deutlich sichtbar. Ob und in wie weit sich der Personalrat jedoch im Hinblick auf sein Wahlamt Anträgen gegenüber verschließen kann, muss sorgfältig überlegt werden.

Thematisch darf sich die Personalversammlung mit allen Angelegenheiten befassen, die die Dienststelle und ihre Beschäftigten unmittelbar betreffen, insbesondere Tarif-, Besoldungs- und Sozialangelegenheiten.

In den Personalversammlungen haben die in der Dienststelle vertretenen Gewerkschaften und Arbeitgebervereinigungen, Beauftragte der Stufenvertretungen und des Gesamtpersonalrats, die/ der Dienststellenleiter/in (als Beschäftigte/r sowieso) und die/der Vertreter/in der übergeordneten Dienststelle Teilnahmerechte und sind dementsprechend vorher zu informieren.

Der Personalrat leitet die Versammlung, er und nicht die/der Dienststellenleiter/in hat faktisch das Hausrecht.

Die Einigungsstelle ist als ein weiteres Organ bei jeder obersten Dienstbehörde für die Dauer der Wahlperiode der Personalvertretung zu bilden. Sie ist eine Schieds- und Schlichtungsstelle, die im Mitbestimmungsverfahren dann angerufen werden kann, wenn eine Einigung nicht erreicht worden ist.

Die Einigungsstelle wird tätig in folgender Besetzung:

eine unparteiische vorsitzende Person, auf die sich die oberste Dienststelle und die dort gebildete Stufenvertretung zu Beginn der Amtszeit geeinigt haben, drei Beisitzerinnen oder Beisitzer, die von der obersten Dienstbehörde bestellt werden und drei Beisitzerinnen und Beisitzer, die von der Personalvertretung bestellt werden, wobei die letzteren sechs für das jeweilig anstehende Verfahren benannt werden. Die ist eine zu begrüßende Neuerung, da es nicht mehr erforderlich ist, zu Beginn der Wahlperiode durch eine große Zahl von möglichen Beisitzerinnen und Beisitzern alle möglichen Fachgebiete abzudecken.

(Anmerkung: Der Gesetzgeber hat im vorliegenden Gesetz konsequent das Landesgleichstellungsgesetz hinsichtlich der Sprache beachtet. Es zieht sich durch das Gesetz, dass zum Beispiel der „frühere" Vorsitzende nunmehr neutral die vorsitzende Person ist.)

Die Einigungsstelle als unabhängiges und keinen Weisungen unterworfenes Organ entscheidet durch Beschluss, der nur die beiden Beteiligten (oberste Dienstbehörde und Personalvertretung) bindet. Die Bindungswirkung geht verloren, wenn der Beschluss geltendes Recht, insbesondere Haushaltsrecht, verletzt.

Uneingeschränkte Mitbestimmung der Personalvertretung liegt nur vor, wenn die Einigungsstelle durch Beschluss ein Verfahren beenden kann. In allen anderen Fällen spricht man von eingeschränkter oder modifizierter Mitbestimmung. Das Urteil des BVerfG vom 24.5.1995 hat hierzu ausführliche Leitsätze aufgestellt (siehe oben), auf die das Land NRW durch eine Novelle des Landespersonalvertretungsgesetzes NRW in 2007 reagiert hatte. Durch die vorliegende Novelle wurden gleichwohl die Rechte der Personalvertretung dadurch gestärkt, dass nicht wie bisher der obersten Dienstbehörde, sondern der Landesregierung das Letztentscheidungsrecht zusteht.

Neben den Personalvertretungen bestehen Sondervertretungen wie die Jugend- und Auszubildendenvertretung, die Vertretung schwerbehinderter Menschen (unechte Sondervertretung) und die Personalvertretung für juristische Referendare (echte Sondervertretung).

Nicht zu den Sondervertretungen, sondern zu den Vertretungen für besondere Bereiche, zählen

die Polizeipersonalräte,

die Lehrerpersonalräte,

die Personalräte für Staatsanwälte und

die Personalräte für das wissenschaftliche und künstlerische Personal.

Die Organe der Personalverfassung sind als Schaubild in Anlage 2 dargestellt.

4. Die Aufgaben der Personalvertretung

Die Regelungen über die Beteiligungsrechte der Personalvertretungen sind ein Mittel zur Wahrung der Rechte und Interessen der in der Dienststelle Beschäftigten, sagt das Bundesverfassungsgericht (BVerfG, Beschl. v. 27. März 1979).

Überwachungspflichten

Die Personalräte wachen darüber, dass alle Beschäftigten nach Recht und Billigkeit behandelt werden (keine unterschiedliche Behandlung wegen Abstammung, Geschlecht, Religion, Nationalität, Herkunft, politischer oder gewerkschaftlicher Betätigung oder Einstellung). Sie schützen die Vereinigungsfreiheit der Beschäftigten und beantragen allgemeine Maßnahmen zum Nutzen des Personals. Der Gesetzgeber hat aber klargestellt, dass dies nicht ohne die Beachtung des Allgemeinwohls geschehen darf. Aus der Begründung des Gesetzes: „Um gesellschaftlichen Entwicklungen und den damit verbundenen Auswirkungen auf die Aufgabenerfüllung besser Rechnung tragen zu können, soll klargestellt werden, dass der Personalrat seine Aufgaben nicht isoliert und ohne ausreichende Beachtung der bürgerorientierten Aufgabenerfüllung der Dienststelle wahrnimmt."

Die Personalräte wachen weiterhin darüber, dass Gesetze, Verordnungen, Dienstvereinbarungen usw. zugunsten der Beschäftigten eingehalten werden, vertreten die Beschwerden der Beschäftigten gegenüber der Dienststelle und kümmern sich um schwerbehinderte Menschen und Schutzbedürftige und fördern die Verwirklichung des Grundrechts der Gleichberechtigung von Frauen und Männern. Sie wirken mit an der Entwicklung der interkulturellen Öffnung der Verwaltung.

Weiter nehmen sie an Prüfungen teil, welche die Beschäftigten bei ihrer Dienststelle ablegen, sind bei der Vorbereitung von Organisations-, Bewertungs-, Stellen- und Stellenbesetzungsplänen, bei Kündigungen in der Probezeit, bei außerordentlichen Kündigung beteiligt, schließen Dienstvereinbarungen ab und sind mit zuständig bei Fragen des Arbeitsschutzes und Unfallverhütung.

Die Überwachungspflichten sind bewusst weit gefasst. Sie ersetzen keine Beteiligungstatbestände, lösen also kein formales Recht aus, verpflichten aber Personalrat und Dienststelle über alle die Beschäftigten und die Dienststelle betreffenden Angelegenheiten zu reden und um gemeinsame Lösungen zu ringen.

Förmliche Mitbestimmungstatbestände

Die Personalräte bestimmen weiterhin mit bei Personal-, Sozial-, Organisationsangelegenheiten und Technologiemaßnahmen, z.B.:

- Einstellung, Nebenabreden zum Arbeitsvertrag usw.,
- Beförderung, Zulassung zum Aufstieg usw.,
- Laufbahnwechsel,
- Höhergruppierung, Herabgruppierung, Stufenzuordnung gemäß Entgeltgrundsätzen, wesentliche Änderung von Arbeitsverträgen,
- Versetzung,
- Umsetzung innerhalb der Dienststelle für eine Dauer von mehr als drei Monaten,
- Abordnung von mehr als drei Monaten, Zuweisungen nach § 20 Beamtenstatusgesetz oder tarifrechtlichen Vorschriften,
- Kürzung der Anwärterbezüge oder der Unterhaltsbeihilfe,
- Entlassung von Beamtinnen und Beamten, wenn die Entlassung nicht selbst beantragt wurde,
- Weiterbeschäftigung über die Altersgrenze hinaus,
- Versagung, Untersagung oder Widerruf einer Nebentätigkeit,
- Ablehnung eines Antrags auf Teilzeitbeschäftigung oder Urlaub gemäß §§ 63 bis 67, § 70 LBG sowie Ablehnung einer entsprechenden Arbeitsvertragsänderung bei Tarifbeschäftigten,
- Ablehnung eines Antrags auf Einrichtung eines Arbeitsplatzes außerhalb der Dienststelle,
- Zuweisung von Dienstwohnungen,
- Arbeitszeit,
- Pausen und Aufstellung des Urlaubsplanes,
- Sozialeinrichtungen und Kantinen,
- Personalfragebogen,
- Beurteilungsrichtlinien,
- Berufsausbildung der Arbeitnehmer,
- Fortbildung der Beschäftigten,
- Regelung der Ordnung in der Dienststelle,
- Bestellung und Abberufung von Vertrauens- und Betriebsärzten/innen und Sicherheitsfachkräften,
- Arbeitsplatzgestaltung,
- Grundsätze der Arbeitsplatz und Dienstpostenbewertung in der Dienststelle,
- Abschluss von Arbeitnehmerüberlassungs- oder Gestellungsverträgen
- Aufstellung von Grundsätzen zu Arbeitszeitmodellen und erstmalige Einführung grundlegend neuer Formen der Arbeitsorganisation,

- Aufstellung von Grundsätzen zu Arbeitszeitmodellen und erstmalige Einführung grundlegend neuer Formen der Arbeitsorganisation,
- Auswahl bei Einstellungen, Versetzungen und Umgruppierungen,
- Geltendmachung von Ersatzansprüchen gegen Beschäftigte,
- Einführung, Anwendung von technischen Einrichtungen, bei denen nicht ausgeschlossen ist, das Verhalten oder die Leistung der Beschäftigten zu überwachen,
- Einführung grundlegend neuer und wesentliche Änderung von Arbeitsmethoden,
- Maßnahmen zur Hebung der Arbeitsleistung oder zur Erleichterung des Arbeitsablaufs,
- Einrichtung von Arbeitsplätzen außerhalb der Dienststelle.

Die Personalräte wirken mit bei z.B.:

- innerdienstlichen Verwaltungsanordnungen sozialer und personeller Natur,
- Einrichtung, Auflösung, Einschränkung, Verlegung oder Zusammenlegung von Dienststellen,
- Stellenausschreibungen, soweit die Personalmaßnahme der Mitbestimmung unterliegen kann,
- behördlichen oder betrieblichen Grundsätzen der Personalplanung,
- Aufträgen zur Überprüfung der Organisation oder Wirtschaftlichkeit einer Dienststelle durch Dritte,
- Erhebung der Disziplinarklage.

5. Durchsetzung des Willens der Personalvertretung

Ein Personalrat kann nicht auf ein Mitbestimmungsrecht verzichten oder eine schwächere als die im Gesetz vorgesehene Beteiligungsform anstreben. Dies stellt zum einen sicher, dass der Personalrat sich auch unangenehmen Entscheidungen stellt, andererseits bindet dies auch den Dienststellenleiter an die vorgeschriebenen Verfahren.

Wie bereits bei der Aufgabenbeschreibung der Einigungsstelle als Organ dargestellt, kann der Personalrat versuchen, Mitbestimmungsangelegenheiten, über die keine Einigung erzielt werden konnte, durch seine Beisitzerposition in der Einigungsstelle durchzusetzen. Ob er hiermit Erfolg hat, hängt von seiner Argumentation und der Einstellung der vorsitzenden Person der Einigungsstelle ab, dessen Stimme den Ausschlag gibt. Im Übrigen kann ein Personalrat in jedem Stadium eines Einigungsverfahrens durch Verhandlungen versuchen, die Dienststelle von seinen Argumenten zu überzeugen. Dies gilt nicht nur für die Beteiligung im förmlichen Verfahren, sondern auch bei der Wahrnehmung der übrigen nicht förmlichen Beteiligungsrechte. Die Wirksamkeit der Personalvertretung hängt ohnehin vom Sachverstand und dem verantwortungsbewussten Handeln der Institution und der einzelnen Mitglieder ab.

Das Personalvertretungsgesetz hat auch für Personalräte den Rechtsweg geöffnet. Da das gesamte Personalvertretungsrecht dem öffentlichen Recht zugeordnet ist, sind zur gerichtlichen Entscheidung über personalvertretungsrechtliche Streitigkeiten die Verwaltungsgerichte berufen. Das Verfahren richtet sich jedoch nicht nach der Verwaltungsgerichtsordnung, sondern nach den Vorschriften des Arbeitsgerichtsgesetzes über das Beschlussverfahren (§§ 80 ff. ArbGG). In einem solchen Verfahren können die Fragen der Wahlberechtigung und Wählbarkeit, Zuständigkeit und Geschäftsführung der Personalvertretungen und die Rechtsstellung ihrer Mitglieder überprüft werden. Außerdem entscheiden die Gerichte über die Zulässigkeit und Wirksamkeit von Dienstvereinbarungen sowie über Streitigkeiten im Zusammenhang mit den Beschlüssen der Einigungsstelle. Wenn Beteiligungsverfahren eingeleitet sind, können Gerichte keine Sachentscheidung treffen. Der in § 79 aufgeführte Katalog der möglichen gerichtlichen Entscheidungen ist abschließend und nicht erweiterungsfähig. So hat der Personalrat z.b. keinen gerichtlich durchsetzbaren Anspruch gegen den Dienststellenleiter auf Unterlassung einer Amtshandlung (BVerwG, 6 P8 12.89 vom 27.7.1990). Nach dem neuen § 79 Abs. 4 hat der Personalrat wie die Betriebsräte nach dem Betriebsverfassungsgesetz die Möglichkeit ein auf die Unterlassung oder Durchführung einer Maßnahme gerichtetes Beschlussverfahren zu führen. Damit ist als Sanktionsmöglichkeit ein Gegengewicht zum § 25 Abs. 1 geschaffen.

Weil die Gerichte keine Kostenentscheidungen treffen und Gerichtskosten, Gebühren und Auslagen nicht erhoben werden, ist es für einen Personalrat ohne finanzielles Risiko, wenn er von dieser Anrufungsmöglichkeit Gebrauch machen will. Sonstige Kosten (z.b. Anwaltskosten) sind von der Dienststelle zu tragen (§40 Abs. 1).

6. Die Grundsätze des Personalvertretungsrechts

Das Landespersonalvertretungsgesetz wird geprägt durch die partnerschaftliche Stellung der Personalvertretung und der Dienststelle. Deshalb ist der oberste Grundsatz die „vertrauensvolle Zusammenarbeit" zwischen diesen beiden Partnern (§ 2 Abs. 1). Als weiterer Grundsatz gilt die Friedenspflicht, wonach Dienststelle und Personalvertretung alles zu unterlassen haben, was geeignet ist, die Arbeit und den Frieden in der Dienststelle zu beeinträchtigen (§2 Abs. 2). Als Grundsatzaussage des Gesetzes muss auch das Verbot der Ungleichbehandlung der Beschäftigten angesehen werden (§ 62). Danach haben Dienststelle und Personalrat darüber zu wachen, dass alle Beschäftigten nach Recht und Billigkeit behandelt werden und jede unterschiedliche Behandlung unterbleibt. Daher wird der verfassungsrechtliche Grundsatz des Artikels 3 GG den Partnern des Personalvertretungsrechts als besondere Pflicht auferlegt. Mit dem festen Willen der Einigung sollen Vierteljahresgespräche stattfinden (§ 63). Die Personalvertretung hat im Übrigen einen umfangreichen Informationsanspruch gegenüber der Dienststelle, um ihre Aufgaben sachgerecht erfüllen zu können. (Anlage 1 und 5).

Neu eingeführt sind Informationsrechte zur wirtschaftlichen Betätigung der Dienststelle, die dem Personalrat entweder die Möglichkeit geben, einen Wirtschaftsausschuss zu initiieren (§ 65a) oder falls kein Wirtschaftsausschuss besteht, sich zweimal jährlich auf den Vierteljahresgesprächen von der Dienststelle über die Haushaltsplanung und die wirtschaftliche Entwicklung berichten zu lassen (§ 63). Personalräte sollen im Rahmen einer prozessbegleitenden Mitbestimmung bereits vor Organisationsentscheidungen, die beteiligungspflichtige Maßnahmen zur Folge haben, frühzeitig und fortlaufend zu informieren. Sie haben das Recht, an Arbeitsgruppen zur Vorbereitung solcher Maßnahmen beratend teilzunehmen (§ 65 Abs. 1).

Landespersonalvertretungsgesetz

Personalvertretungsgesetz
für das Land Nordrhein-Westfalen
– Landespersonalvertretungsgesetz – LPVG –
Vom 3. Dezember 1974 (in der Fassung vom 16.7.2011)

Inhaltsübersicht

Erstes Kapitel
Allgemeine Vorschriften

§ 1

(1) Bei den Dienststellen des Landes, der Gemeinden, der Gemeindeverbände und der sonstigen der Aufsicht des Landes unterstehenden Körperschaften, Anstalten und Stiftungen des öffentlichen Rechts werden Personalvertretungen gebildet.

(2) Dienststellen im Sinne dieses Gesetzes sind, soweit nicht im Zehnten Kapitel etwas anderes bestimmt ist, die Behörden, Einrichtungen und Betriebe des Landes sowie die Kunsthochschulen des Landes, die Schulen und die Gerichte; bei den Gemeinden, den Gemeindeverbänden und den sonstigen der Aufsicht des Landes unterstehenden Körperschaften, Anstalten und Stiftungen des öffentlichen Rechts bilden die Verwaltungen, die Eigenbetriebe und die Schulen gemeinsam eine Dienststelle.

(3) Nebenstellen oder Teile einer Dienststelle können von der obersten Dienstbehörde zu selbständigen Dienststellen im Sinne dieses Gesetzes erklärt werden, sofern der Nebenstelle oder

dem Teil einer Dienststelle eine selbständige Regelungskompetenz im personellen und sachlichen Bereich zusteht.

§ 2

(1) Dienststelle und Personalvertretung arbeiten zur Erfüllung der dienstlichen Aufgaben und zum Wohle der Beschäftigten im Rahmen der Gesetze und Tarifverträge vertrauensvoll zusammen; hierbei wirken sie mit den in der Dienststelle vertretenen Gewerkschaften und Arbeitgebervereinigungen zusammen.

(2) Dienststelle und Personalvertretung haben alles zu unterlassen, was geeignet ist, die Arbeit und den Frieden der Dienststelle zu beeinträchtigen. Insbesondere dürfen Dienststelle und Personalvertretung keine Maßnahmen des Arbeitskampfes gegeneinander durchführen. Arbeitskämpfe tariffähiger Parteien werden hierdurch nicht berührt.

(3) Außenstehende Stellen dürfen erst angerufen werden, wenn eine Einigung in der Dienststelle nicht erzielt worden ist. Dies gilt nicht für Gewerkschaften, Berufsverbände und Arbeitgeberverbände.

§ 3

(1) Die Dienststelle und die Personalvertretung in der Dienststelle haben jede parteipolitische Betätigung zu unterlassen; die Behandlung von Tarif-, Besoldungs- und Sozialangelegenheiten wird hierdurch nicht berührt.

(2) Beschäftigte, die Aufgaben nach diesem Gesetz wahrnehmen, werden dadurch in der Betätigung für ihre Gewerkschaft in der Dienststelle nicht beschränkt.

(3) Die Aufgaben der Gewerkschaften und Vereinigungen der Arbeitgeber, insbesondere die Wahrnehmung der Interessen ihrer Mitglieder, werden durch dieses Gesetz nicht berührt.

(4) Zur Wahrnehmung der in diesem Gesetz genannten Aufgaben und Befugnisse der in der Dienststelle vertretenen Gewerkschaften ist deren Beauftragten nach Unterrichtung der Dienststelle Zugang zu der Dienststelle zu gewähren, soweit dem nicht unumgängliche Notwendigkeiten des Dienstablaufs, zwingende Sicherheitsvorschriften oder der Schutz von Dienstgeheimnissen entgegenstehen.

§ 4

Durch Tarifvertrag oder Dienstvereinbarung kann das Personalvertretungsrecht nicht abweichend von diesem Gesetz geregelt werden.

§ 5

(1) Beschäftigte im Sinne dieses Gesetzes sind die Beamtinnen und Beamten und Arbeitnehmerinnen und Arbeitnehmer und arbeitnehmerähnlichen Personen im Sinne des § 12a Tarifvertragsgesetz der in § 1 bezeichneten Körperschaften, Anstalten und Stiftungen des öffentlichen Rechts einschließlich der Personen, die sich in der Berufsausbildung befinden. Beschäftigte im Sinne dieses Gesetzes sind auch diejenigen, die in der Dienststelle weisungsgebunden tätig sind oder der Dienstaufsicht unterliegen, unabhängig davon, ob ein Arbeits- oder Dienstverhältnis zur Dienststelle besteht. Richterinnen und Richter sind nicht Beschäftigte im Sinne dieses Gesetzes.

(2) Wer Beamtin oder Beamter ist, bestimmen die Beamtengesetze. Als Beamtin oder Beamter gelten auch Beschäftigte in einem öffentlich-rechtlichen Ausbildungsverhältnis.

(3) Arbeitnehmerinnen und Arbeitnehmer im Sinne dieses Gesetzes sind Beschäftigte, die nach dem für die Dienststelle maßgebenden Tarifvertrag oder nach der für die Dienststelle geltenden Dienstordnung oder nach ihrem Arbeitsvertrag Arbeitnehmerinnen oder Arbeitnehmer sind oder als übertarifliche Arbeitnehmerinnen oder Arbeitnehmer beschäftigt werden einschließlich der zu ihrer Berufsausbildung Beschäftigten.

(4) Als Beschäftigte im Sinne dieses Gesetzes gelten nicht
a) Hochschullehrerinnen und Hochschullehrer, Lehrbeauftragte mit einem Lehrumfang unter vier Lehrveranstaltungsstunden, studentische Hilfskräfte, nach § 78 Hochschulgesetz nicht übernommene Hochschullehrerinnen und Hochschullehrer, Fachhochschullehrerinnen und Fachhochschullehrer und entsprechende Beschäftigte an Hochschulen, Hochschuldozentinnen und Hochschuldozenten, wissenschaftliche und künstlerische Assistentinnen und Assistenten, Oberassistentinnen und Oberassistenten, Oberingenieurinnen und Oberingenieure und entsprechende Beschäftigte an Hochschulen,
b) Professorinnen und Professoren an der Sozialakademie,
c) Ehrenbeamtinnen und Ehrenbeamte,
d) Rechtspraktikantinnen und Rechtspraktikanten,
e) Personen, die überwiegend zu ihrer Heilung, Wiedereingewöhnung, sittlichen Besserung oder Erziehung beschäftigt werden,
f) Personen, die nur vorübergehend ausschließlich zur Behebung eines durch höhere Gewalt bedingten Notstandes beschäftigt werden.

(5) Bei gemeinsamen Dienststellen des Landes und anderer Körperschaften gelten die im Landesdienst Beschäftigten als zur Dienststelle des Landes und die im Dienst der Körperschaft Beschäftigten als zur Dienststelle der Körperschaft gehörig.

§ 6

Beamtinnen und Beamte sowie Arbeitnehmerinnen und Arbeitnehmer bilden je eine Gruppe.

§ 7

(1) Personen, die Aufgaben oder Befugnisse nach diesem Gesetz wahrnehmen, dürfen darin nicht behindert werden und wegen ihrer Tätigkeit nicht benachteiligt oder begünstigt werden; dies gilt auch für ihre berufliche Entwicklung.

(2) Beabsichtigt der Arbeitgeber, eine oder einen in einem Berufsausbildungsverhältnis nach dem Berufsbildungsgesetz, dem Krankenpflegegesetz oder dem Hebammengesetz stehende Beschäftigte oder stehenden Beschäftigten (Auszubildende oder Auszubildenden), die oder der Mitglied einer Personalvertretung oder einer Jugend- und Auszubildendenvertretung ist, nach erfolgreicher Beendigung des Berufsausbildungsverhältnisses nicht in ein Arbeitsverhältnis auf unbestimmte Zeit zu übernehmen, so hat er dies drei Monate vor Beendigung des Berufsausbildungsverhältnisses der oder dem Auszubildenden schriftlich mitzuteilen.

(3) Verlangt eine oder ein in Absatz 2 genannte Auszubildende oder genannter Auszubildender innerhalb der letzten drei Monate vor Beendigung des Berufsausbildungsverhältnisses schriftlich vom Arbeitgeber ihre oder seine Weiterbeschäftigung, so gilt zwischen der oder dem

Auszubildenden und dem Arbeitgeber im Anschluss an das erfolgreiche Berufsausbildungs-verhältnis ein Arbeitsverhältnis auf unbestimmte Zeit als begründet.

(4) Die Absätze 2 und 3 gelten auch, wenn das Berufsausbildungsverhältnis vor Ablauf eines Jahres nach Beendigung der Amtszeit der Personalvertretung oder der Jugend- und Auszu-bildendenvertretung erfolgreich endet.

(5) Der Arbeitgeber kann spätestens bis zum Ablauf von zwei Wochen nach Beendigung des Berufsausbildungsverhältnisses beim Verwaltungsgericht beantragen,

 a) festzustellen, dass ein Arbeitsverhältnis nach den Absätzen 3 oder 4 nicht begründet wird, oder

 b) das bereits nach den Absätzen 3 oder 4 begründete Arbeitsverhältnis aufzulösen,

wenn Tatsachen vorliegen, aufgrund derer dem Arbeitgeber unter Berücksichtigung aller Um-stände die Weiterbeschäftigung nicht zugemutet werden kann. In dem Verfahren vor dem Ver-waltungsgericht ist die Personalvertretung, bei einem Mitglied der Jugend- und Auszu-bildendenvertretung auch diese beteiligt.

(6) Die Absätze 3 bis 5 sind unabhängig davon anzuwenden, ob der Arbeitgeber seiner Mit-teilungspflicht nach Absatz 2 nachgekommen ist.

§ 8

(1) Für die Dienststelle handelt ihre Leiterin oder ihr Leiter. Sie oder er kann sich durch ihre oder seine ständige Vertretung oder durch die Leiterin oder den Leiter der für Personal-angelegenheiten zuständigen Abteilung sowie in Gemeinden und Gemeindeverbänden durch die Leiterin oder den Leiter des für Personalangelegenheiten zuständigen Dezernats oder Amts vertreten lassen, soweit diese oder dieser entscheidungsbefugt ist. Das Gleiche gilt für sonstige Beauftragte, sofern die Personalvertretung sich mit dieser Beauftragung einverstanden erklärt.

(2) Im Bereich der Sozialversicherung handelt bei den der Aufsicht des Landes unterstehenden Körperschaften und Anstalten des öffentlichen Rechts für die Dienststelle der Vorstand, soweit er die Entscheidungsbefugnis nicht auf die Geschäftsführung übertragen hat. Er kann sich durch eines oder mehrere seiner Mitglieder vertreten lassen.

(3) Für Hochschulen mit Ausnahme der Fachhochschulen für den öffentlichen Dienst handelt vorbehaltlich des § 105 die Vizepräsidentin oder der Vizepräsident für den Bereich Wirtschafts-und Personalverwaltung oder die Kanzlerin oder der Kanzler, für die Universitätsklinik die Kaufmännische Direktorin oder der Kaufmännische Direktor.

(4) Abweichend von den Absätzen 1 bis 3 ist bei verfahrenseinleitenden Maßnahmen und bei anderen schriftlichen Äußerungen der Dienststelle gegenüber der Personalvertretung unab-hängig von dem jeweiligen Stand des Verfahrens auch eine Vertretung entsprechend der geschäftsordnungsmäßig allgemein oder im Einzelfall erteilten Zeichnungsbefugnis zulässig. Die Dienststelle hat der Personalvertretung die Zeichnungsbefugten namentlich zu benennen.

§ 9

(1) Personen, die Aufgaben oder Befugnisse nach diesem Gesetz wahrnehmen oder wahrge-nommen haben, sind verpflichtet, über die ihnen dabei bekanntgewordenen Angelegenheiten und Tatsachen zu schweigen.

(2) Die Schweigepflicht besteht nicht für Angelegenheiten oder Tatsachen, die offenkundig sind oder ihrer Bedeutung nach keiner Geheimhaltung bedürfen. Sie gilt ferner nicht gegenüber den von Maßnahmen gemäß § 72 Abs. 1 unmittelbar erfaßten Beschäftigten. Abgesehen von den Fällen des § 65 Abs. 3 gilt die Schweigepflicht nicht im Verhältnis der Mitglieder der Personalvertretungen und der Jugend- und Auszubildendenvertretung zu den Mitgliedern dieser Vertretungen und zu den Vertrauensleuten sowie für die in § 36 genannten Personen; sie entfällt ferner in den Verfahren nach den §§ 66 bis 69 und 78 Absatz 2 bis 4 und 6 zwischen den dort bezeichneten Stellen.

(3) Bei Rechtsstreitigkeiten kann für die Mitglieder der Personalvertretungen und der in den §§ 54, 60, 85 und 86 genannten Vertretungen Aussagegenehmigung durch diese Vertretungen im Einvernehmen mit der Dienststelle erteilt werden.

Zweites Kapitel
Personalrat

Erster Abschnitt
Wahl und Zusammensetzung

§ 10

(1) Wahlberechtigt sind alle Beschäftigten, die am Wahltage das 18. Lebensjahr vollendet haben.

(2) Wer zu einer Dienststelle abgeordnet ist oder im Wege einer Zuweisung oder Personalgestellung Dienst- oder Arbeitsleistungen erbringt, wird in ihr wahlberechtigt, sobald die Abordnung, die Zuweisung oder die Personalgestellung länger als sechs Monate gedauert hat; im gleichen Zeitpunkt tritt, außer im Falle der Gestellung, der Verlust des Wahlrechts bei der bisherigen Dienststelle ein.

(3) Wahlberechtigt sind nicht Beschäftigte, die
a) infolge Richterspruchs das Recht, in öffentlichen Angelegenheiten zu wählen oder zu stimmen, nicht besitzen,
b) voraussichtlich nur für einen Zeitraum von höchstens sechs Monaten beschäftigt werden,
c) am Wahltag seit mehr als achtzehn Monaten unter Wegfall der Bezüge beurlaubt sind.
d) in § 8 Abs. 1 Satz 1 und 2, Abs. 2 und 3 genannt sind,
e) bei Altersteilzeit im Blockmodell in die Freistellungsphase eintreten.

(4) Beschäftigte in der Berufsausbildung sind nur bei der Dienststelle wahlberechtigt, die von der die Ausbildung leitenden Stelle als Stammdienststelle erklärt wird.

(5) Beamtinnen und Beamte in der Schulaufsicht bei den Bezirksregierungen sind bei der Dienststelle wahlberechtigt, der sie angehören. Beamtinnen und Beamte in der Schulaufsicht bei den Schulämtern sowie im Landesdienst beschäftigtes Verwaltungspersonal an Schulen sind zu dem bei der jeweiligen Bezirksregierung gebildeten Bezirkspersonalrat der allgemeinen Verwaltung wahlberechtigt.

§ 11

(1) Wählbar sind alle Wahlberechtigten, die am Wahltage seit sechs Monaten derselben Körperschaft, Anstalt oder Stiftung angehören.

(2) Nicht wählbar sind Beschäftigte, die
   a) infolge Richterspruch die Fähigkeit, Rechte aus öffentlichen Wahlen zu erlangen, nicht besitzen,
   b) zu selbständigen Entscheidungen in Personalangelegenheiten der Dienststelle befugt sind sowie die in § 8 Abs. 1 Satz 3 genannten sonstigen Beauftragten, sofern diese nach einer Wahl die mit der Beauftragung eingeräumten Befugnisse weiter ausüben,
   c) am Wahltag seit mehr als sechs Monaten unter Wegfall der Bezüge beurlaubt sind,
   d) nach der Wahl Aufgaben einer Gleichstellungsbeauftragten der Dienststelle wahrnehmen.

(3) Nicht wählbar sind Arbeitnehmerinnen und Arbeitnehmer der Gemeinden und der Gemeindeverbände, die dem in deren Verfassung vorgesehenen obersten Organ angehören.

§ 12

Besteht die Körperschaft, Anstalt oder Stiftung oder in der Landesverwaltung die Dienststelle, der die oder der Beschäftigte angehört, weniger als sechs Monate, so bedarf es für die Wählbarkeit nicht der Voraussetzungen des § 11 Abs. 1.

§ 13

(1) In allen Dienststellen mit in der Regel mindestens fünf wahlberechtigten Beschäftigten, von denen drei wählbar sind, werden Personalräte gebildet.

(2) Dienststellen des Landes, bei denen die Voraussetzungen des Absatzes 1 nicht gegeben sind, werden von der übergeordneten Dienststelle im Einvernehmen mit der Stufenvertretung einer benachbarten Dienststelle zugeteilt.

(3) Der Personalrat besteht in Dienststellen mit in der Regel
   5 bis   20 wahlberechtigten Beschäftigten aus einer Person,
   21 bis   50 wahlberechtigten Beschäftigten aus drei Mitgliedern,
   51 bis 150 Beschäftigten aus fünf Mitgliedern,
   151 bis 300 Beschäftigten aus sieben Mitgliedern,
   301 bis 600 Beschäftigten aus neun Mitgliedern,
   601 bis 1000 Beschäftigten aus elf Mitgliedern.

Die Zahl der Mitglieder erhöht sich in Dienststellen mit 1001 bis 5000 Beschäftigten um je zwei für je weitere angefangene 1000, mit 5001 und mehr Beschäftigten um je zwei für je weitere angefangene 2000.

(4) Die Höchstzahl der Mitglieder beträgt fünfundzwanzig.

§ 14

(1) Sind in der Dienststelle Angehörige verschiedener Gruppen beschäftigt, so muß jede Gruppe entsprechend ihrer Stärke im Personalrat vertreten sein, wenn dieser aus mindestens drei Mitgliedern besteht. Bei gleicher Stärke der Gruppen entscheidet das Los. Macht eine Gruppe

von ihrem Recht, im Personalrat vertreten zu sein, keinen Gebrauch, so verliert sie ihren Anspruch auf Vertretung.

(2) Der Wahlvorstand berechnet die Verteilung der Sitze auf die Gruppen nach den Grundsätzen der Verhältniswahl.

(3) Eine Gruppe erhält mindestens
bei weniger als 51 Gruppenangehörigen ein Mitglied,
bei 51 bis 200 Gruppenangehörigen zwei Mitglieder,
bei 201 bis 600 Gruppenangehörigen drei Mitglieder,
bei 601 bis 1000 Gruppenangehörigen vier Mitglieder,
bei 1001 bis 3000 Gruppenangehörigen fünf Mitglieder,
bei 3001 und mehr Gruppenangehörigen sechs Mitglieder.

(4) Eine Gruppe, der in der Regel nicht mehr als fünf Beschäftigte angehören, erhält nur dann eine Vertretung, wenn sie mindestens ein Zwanzigstel der Beschäftigten der Dienststelle umfaßt. Erhält sie keine Vertretung und findet Gruppenwahl statt, so kann sich jede oder jeder Angehörige dieser Gruppe durch Erklärung gegenüber dem Wahlvorstand einer Gruppe anschließen.

(5) Der Personalrat soll sich aus Mitgliedern der verschiedenen Beschäftigungsarten zusammensetzen.

(6) Frauen und Männer sollen ihrem zahlenmäßigen Anteil in der Dienststelle entsprechend vertreten sein.

§ 15

(1) Die Verteilung der Mitglieder des Personalrats auf die Gruppen kann abweichend von § 14 geordnet werden, wenn jede Gruppe dies vor der Neuwahl in getrennter geheimer Abstimmung beschließt.

(2) Für jede Gruppe können auch Angehörige anderer Gruppen vorgeschlagen werden. Die Gewählten sind Mitglieder derjenigen Gruppe, für die sie vorgeschlagen worden sind.

§ 16

(1) Der Personalrat wird in geheimer und unmittelbarer Wahl gewählt.

(2) Besteht der Personalrat aus mehr als einer Person, wählt jede Gruppe ihre Mitglieder (§ 14) je in getrennten Wahlgängen, es sei denn, daß die wahlberechtigten Angehörigen jeder Gruppe vor der Neuwahl in getrennten geheimen Abstimmungen die gemeinsame Wahl beschließen. Der Beschluß bedarf der Mehrheit der Stimmen aller wahlberechtigten Beschäftigten jeder Gruppe.

(3) Die Wahl wird nach den Grundsätzen der Verhältniswahl durchgeführt. Wird nur ein Wahlvorschlag eingereicht, so findet Personenwahl statt. In Dienststellen, deren Personalrat aus einer Person besteht, wird dieser mit einfacher Stimmenmehrheit gewählt. Das gleiche gilt für Gruppen, denen nur ein Mitglied im Personalrat zusteht.

(4) Zur Wahl des Personalrats können die wahlberechtigten Beschäftigten und die in der Dienststelle vertretenen Gewerkschaften Wahlvorschläge machen. Die nach § 11 Abs. 2 nicht

wählbaren Beschäftigten dürfen keine Wahlvorschläge machen oder unterzeichnen. Die oder der Beschäftigte darf nur einen Wahlvorschlag unterzeichnen.

(5) Bei einer Wahl in getrennten Wahlgängen muß jeder Wahlvorschlag der Beschäftigten von mindestens einem Zwanzigstel der wahlberechtigten Gruppenangehörigen, jedoch von mindestens drei wahlberechtigten Gruppenangehörigen, unterzeichnet sein; in jedem Fall genügt die Unterzeichnung durch 100 wahlberechtigte Gruppenangehörige.

(6) Bei gemeinsamer Wahl muß jeder Wahlvorschlag der Beschäftigten von mindestens einem Zwanzigstel der wahlberechtigten Beschäftigten, jedoch von mindestens drei wahlberechtigten Beschäftigten, unterzeichnet sein; in jedem Fall genügt die Unterzeichnung durch 100 wahlberechtigte Beschäftigte. Werden bei gemeinsamer Wahl für eine Gruppe gruppenfremde Bewerberinnen und Bewerber vorgeschlagen, muß der Wahlvorschlag von mindestens einem Zwanzigstel der wahlberechtigten Angehörigen dieser Gruppe unterzeichnet sein.

(7) Jeder Wahlvorschlag einer Gewerkschaft muß von einer von ihr beauftragten Person unterzeichnet sein.

(8) Die oder der Beschäftigte darf nur auf einem Wahlvorschlag benannt werden.

§ 17

(1) Spätestens drei Monate vor Ablauf der Amtszeit bestellt der Personalrat drei wahlberechtigte Beschäftigte als Wahlvorstand und eine oder einen von ihnen als vorsitzende Person. Sind in der Dienststelle Angehörige verschiedener Gruppen beschäftigt, so soll jede Gruppe im Wahlvorstand vertreten sein. Hat die Dienststelle weibliche und männliche Beschäftigte, sollen dem Wahlvorstand Frauen und Männer angehören. Für jedes Mitglied des Wahlvorstandes kann ein Ersatzmitglied benannt werden.

(2) Besteht zwei Monate vor Ablauf der Amtszeit des Personalrats kein Wahlvorstand, so beruft die Dienststelle auf Antrag von mindestens drei wahlberechtigten Beschäftigten oder einer in der Dienststelle vertretenen Gewerkschaft eine Personalversammlung zur Wahl des Wahlvorstandes ein. Absatz 1 Satz 2 und 3 gilt entsprechend. Die Personalversammlung wählt eine Person als Versammlungsleitung.

§ 18

Besteht in einer Dienststelle, die die Voraussetzungen des § 13 Abs. 1 erfüllt, kein Personalrat, so beruft die Dienststelle auf Antrag von mindestens drei wahlberechtigten Beschäftigten oder einer in der Dienststelle vertretenen Gewerkschaft eine Personalversammlung zur Wahl des Wahlvorstandes ein. § 17 Abs. 2 Satz 3 gilt entsprechend.

§ 19

Findet eine Personalversammlung (§ 17 Abs. 2, § 18) nicht statt oder wählt die Personalversammlung keinen Wahlvorstand, so bestellt ihn die Dienststelle auf Antrag von mindestens drei wahlberechtigten Beschäftigten oder einer in der Dienststelle vertretenen Gewerkschaft.

§ 20

(1) Der Wahlvorstand hat die Wahl fristgerecht vorzubereiten; sie soll spätestens zwei Wochen vor Ablauf der Amtszeit des Personalrats stattfinden. Kommt der Wahlvorstand dieser Ver-

pflichtung nicht nach, so beruft die Dienststelle auf Antrag von mindestens drei wahlberechtigten Beschäftigten oder einer in der Dienststelle vertretenen Gewerkschaft eine Personalversammlung zur Wahl eines neuen Wahlvorstands ein. § 17 Abs. 2 Satz 3 und § 19 gelten entsprechend.

(2) Der Wahlvorstand hat seine Sitzungen den in der Dienststelle vertretenen Gewerkschaften bekanntzugeben. Je eine von ihnen beauftragte Person ist berechtigt, mit beratender Stimme teilzunehmen.

(3)Unverzüglich nach Abschluß der Wahl zählt der Wahlvorstand öffentlich die Stimmen, stellt das Ergebnis in einer Niederschrift fest und gibt es den Beschäftigten der Dienststelle durch Aushang bekannt. Der Dienststelle und den in der Dienststelle vertretenen Gewerkschaften ist eine Abschrift der Niederschrift zu übersenden.

§ 21

(1) Niemand darf die Wahl des Personalrats behindern oder in einer gegen die guten Sitten verstoßenden Weise beeinflussen. Insbesondere darf keine wahlberechtigte Person in der Ausübung des aktiven und passiven Wahlrechts beschränkt werden. § 43 gilt für Mitglieder des Wahlvorstands und für Wahlbewerberinnen und Wahlbewerber entsprechend.

(2) Die Kosten der Wahl trägt die Dienststelle. Notwendige Versäumnis von Arbeitszeit infolge der Ausübung des Wahlrechts, der Teilnahme an den in § 17 Abs. 2 und in den §§ 18 und 20 Abs. 1 genannten Personalversammlungen oder der Betätigung im Wahlvorstand hat keine Minderung der Bezüge oder des Arbeitsentgelts zur Folge. Für die Mitglieder des Wahlvorstands gelten § 40 Abs. 1 Satz 2 und 3 sowie § 42 Abs. 2 Satz 2 und Abs. 5 entsprechend.

§ 22

(1) Mindestens drei wahlberechtigte Beschäftigte, jede in der Dienststelle vertretene Gewerkschaft oder die Dienststelle können innerhalb von zwei Wochen nach dem Tage der Bekanntgabe des Wahlergebnisses die Wahl beim Verwaltungsgericht anfechten, wenn gegen wesentliche Vorschriften über das Wahlrecht, die Wählbarkeit oder das Wahlverfahren verstoßen worden und eine Berichtigung nicht erfolgt ist, es sei denn, daß durch den Verstoß das Wahlergebnis nicht geändert oder beeinflußt werden konnte.

(2) Wird die Wahl des Personalrats oder einer Gruppe mit Erfolg angefochten, so setzt die oder der Vorsitzende der Fachkammer des Verwaltungsgerichts einen Wahlvorstand ein. Wird die Wahl einer Gruppe mit Erfolg angefochten, so ist der Wahlvorstand aus Angehörigen dieser Gruppe zu bilden. Der Wahlvorstand hat unverzüglich eine neue Wahl einzuleiten. Bis zur Neuwahl nimmt er die dem Personalrat oder der Gruppe nach diesem Gesetz zustehenden Befugnisse und Pflichten wahr.

(3) Im Falle des Absatzes 2 Satz 1 bleiben die vom Personalrat oder von der Gruppe bis zum Eintritt der Rechtskraft des die Ungültigkeit oder Nichtigkeit feststellenden Urteils gefaßten Beschlüsse rechtswirksam.

Zweiter Abschnitt
Amtszeit

§ 23

(1) Die regelmäßige Amtszeit des Personalrats beginnt und endet mit der jeweiligen Wahlperiode. Sie beträgt vier Jahre.

(2) Wird ein Personalrat während einer Wahlperiode gewählt, so beginnt seine Amtszeit mit dem Tage der Wahl. Sie endet mit Ablauf der laufenden Wahlperiode, wenn bis dahin mehr als ein Jahr verstrichen ist, sonst mit Ablauf der folgenden Wahlperiode. Entsprechendes gilt für die Gruppe, wenn die Mitglieder einer Gruppe während einer Wahlperiode neu gewählt werden.

(3) Nach Ablauf der Amtszeit des bisherigen Personalrats führt dieser die Geschäfte weiter, bis der neue Personalrat zu seiner ersten Sitzung zusammengetreten ist.

§ 24

(1) Der Personalrat ist neu zu wählen, wenn
   a) mit Ablauf von vierundzwanzig Monaten nach dem Tage der Wahl die Zahl der regelmäßig Beschäftigten um die Hälfte, mindestens aber um 50 gestiegen oder gesunken istoder
   b) die Gesamtzahl der Mitglieder des Personalrats auch nach Eintreten sämtlicher Ersatzmitglieder um mehr als ein Viertel der vorgeschriebenen Zahl gesunken ist oder
   c) der Personalrat mit der Mehrheit seiner Mitglieder seinen Rücktritt beschlossen hat oder
   d) die Wahl des Personalrats mit Erfolg angefochten worden ist oder
   e) der Personalrat durch gerichtliche Entscheidung aufgelöst worden ist.

Satz 1 Buchstabe b gilt nicht, wenn es sich bei den dort bezeichneten Mitgliedern des Personalrats ausschließlich um Mitglieder einer Gruppe handelt.

(2) In den Fällen des Absatzes 1 Buchstabe a bis c führt der Personalrat die Geschäfte weiter, bis der neue Personalrat zu seiner ersten Sitzung zusammengetreten ist.

(3) Die Mitglieder einer Gruppe sind neu zu wählen, wenn die Gesamtzahl der Mitglieder dieser Gruppe auch nach Eintreten sämtlicher Ersatzmitglieder um mehr als ein Viertel der vorgeschriebenen Zahl gesunken ist. Absatz 2 gilt entsprechend.

§ 25

(1) Auf Antrag eines Viertels der wahlberechtigten Beschäftigten oder einer in der Dienststelle vertretenen Gewerkschaft kann das Verwaltungsgericht den Ausschluß eines Mitglieds aus dem Personalrat oder die Auflösung des Personalrats wegen grober Vernachlässigung seiner gesetzlichen Befugnisse oder wegen grober Verletzung seiner Pflichten nach diesem Gesetz beschließen. Der Personalrat kann aus den gleichen Gründen den Ausschluß eines Mitglieds beantragen. Die Dienststelle kann den Ausschluss eines Mitgliedes aus dem Personalrat oder die Auflösung des Personalrats wegen grober Verletzung seiner gesetzlichen Pflichten beantragen.

(2) Ist der Personalrat aufgelöst, so gilt § 22 Abs. 2 entsprechend.

§ 26

(1) Die Mitgliedschaft im Personalrat erlischt durch
a) Ablauf der Amtszeit,
b) erfolgreiche Anfechtung der Wahl,
c) Niederlegung des Amtes,
d) Beendigung des Dienstverhältnisses,
e) Ausscheiden aus der Dienststelle,
f) Verlust der Wählbarkeit,
g) gerichtliche Entscheidung nach § 25 Abs. 1,
h) Feststellung nach Ablauf der in § 22 Abs. 1 bezeichneten Frist, daß die oder der Gewählte nicht wählbar war.

(2) Die Mitgliedschaft im Personalrat erlischt ferner, wenn eine Beurlaubung ohne Besoldung oder Arbeitsentgelt während der Amtszeit des Personalrats länger als sechs Monate andauert.

(3) Die Mitgliedschaft im Personalrat wird durch einen Wechsel der Gruppenzugehörigkeit eines Mitglieds nicht berührt; dieses bleibt Mitglied der Gruppe, für die es gewählt wurde.

§ 27

(1) Die Mitgliedschaft einer Beamtin oder eines Beamten im Personalrat ruht, solange ihr oder ihm die Führung der Dienstgeschäfte verboten oder sie oder er wegen eines gegen sie oder ihn schwebenden Disziplinarverfahrens vorläufig des Dienstes enthoben ist.

(2) In den Fällen des § 26 Abs. 1 Buchstaben d und e ruht die Mitgliedschaft im Personalrat bis zur Rechtskraft der Entscheidung.

§ 28

(1) Scheidet ein Mitglied aus dem Personalrat aus, so tritt ein Ersatzmitglied ein. Ist ein Mitglied zeitweilig verhindert oder ruht seine Mitgliedschaft, so tritt ein Ersatzmitglied für die Zeit der Verhinderung oder des Ruhens ein.

(2) Die Ersatzmitglieder werden der Reihe nach aus den nicht gewählten Beschäftigten derjenigen Vorschlagslisten entnommen, denen die zu ersetzenden Mitglieder angehören. Ist das zu ersetzende Mitglied mit einfacher Stimmenmehrheit gewählt, so tritt die oder der nicht gewählte Beschäftigte mit der nächsthöheren Stimmenzahl als Ersatzmitglied ein.

(3) § 26 Abs. 3 gilt entsprechend bei einem Wechsel der Gruppenzugehörigkeit vor dem Eintritt des Ersatzmitglieds in den Personalrat.

(4) Im Falle des § 24 Abs. 1 Satz 1 Buchstaben d und e treten Ersatzmitglieder nicht ein.

Dritter Abschnitt
Geschäftsführung

§ 29

(1) Der Personalrat wählt aus seiner Mitte die vorsitzende Person und Stellvertreterinnen oder Stellvertreter. Die Reihenfolge der Stellvertretung bestimmt der Personalrat. Sofern im Personal-

rat Beamtinnen und Beamte sowie Arbeitnehmerinnen und Arbeitnehmer vertreten sind, darf die erste Stellvertreterin oder der erste Stellvertreter nicht derselben Gruppe angehören wie die vorsitzende Person.

(2) Die vorsitzende Person führt die laufenden Geschäfte und vertritt den Personalrat im Rahmen der von diesem gefassten Beschlüsse.

§ 30

(1) Spätestens eine Woche nach dem Wahltag hat der Wahlvorstand die Mitglieder des Personalrats zur Vornahme der vorgeschriebenen Wahlen einzuberufen und die Sitzung zu leiten.

(2) Die weiteren Sitzungen beraumt die vorsitzende Person des Personalrats an. Sie setzt die Tagesordnung fest und leitet die Verhandlung. Die vorsitzende Person hat die Mitglieder des Personalrats und die in § 36 genannten Personen zu den Sitzungen rechtzeitig unter Mitteilung der Tagesordnung zu laden.

(3) Auf Antrag eines Viertels der Mitglieder des Personalrats, der Mehrheit der Mitglieder einer Gruppe, der Dienststelle, in Angelegenheiten, die besonders schwerbehinderte Beschäftigte betreffen, der Schwerbehindertenvertretung oder in Angelegenheiten, die besonders Beschäftigte im Sinne von § 55 Abs. 1 betreffen, der Mehrheit der Mitglieder der Jugend- und Auszubildendenvertretung, hat die vorsitzende Person eine Sitzung anzuberaumen und den Gegenstand, dessen Beratung beantragt ist, auf die Tagesordnung zu setzen.

(4) Die Dienststelle nimmt an den Sitzungen teil, die auf ihren Antrag anberaumt sind oder zu denen sie ausdrücklich eingeladen ist. Sie kann ein Mitglied der Arbeitgebervereinigung, der die Dienststelle angehört, hinzuziehen.

§ 31

(1) Die Sitzungen des Personalrats finden in der Regel während der Arbeitszeit statt. Der Personalrat hat bei der Anberaumung seiner Sitzungen die dienstlichen Erfordernisse zu berücksichtigen. Die Dienststelle ist vom Zeitpunkt der Sitzung rechtzeitig zu verständigen.

(2) Die Sitzungen des Personalrats sind nicht öffentlich. Der Personalrat kann die Teilnahme des ihm nach § 40 Abs. 3 zur Verfügung gestellten Büropersonals sowie sachkundiger Personen gestatten.

§ 32

(1) Auf Antrag von einem Viertel der Mitglieder oder der Mehrheit einer Gruppe des Personalrats können Beauftragte einer im Personalrat vertretenen Gewerkschaft an den Sitzungen beratend teilnehmen.

(2) Der Personalrat kann beschließen, daß beauftragte Mitglieder der Stufenvertretungen, die bei übergeordneten Dienststellen bestehen, sowie des Gesamtpersonalrats berechtigt sind, mit beratender Stimme an seinen Sitzungen teilzunehmen.

§ 33

(1) Die Beschlüsse des Personalrats werden mit einfacher Stimmenmehrheit der anwesenden Mitglieder gefaßt. Stimmenthaltungen bleiben bei der Ermittlung der Mehrheit außer Betracht. Bei Stimmengleichheit ist ein Antrag abgelehnt.

(2) Der Personalrat ist nur beschlußfähig, wenn mindestens die Hälfte seiner Mitglieder anwesend ist; Stellvertretung durch Ersatzmitglieder ist zulässig.

§ 34

(1) Über die gemeinsamen Angelegenheiten der Gruppen wird vom Personalrat gemeinsam beraten und beschlossen. Die in § 72 Absatz 2 bezeichneten Angelegenheiten gelten auch dann als gemeinsame Angelegenheiten, wenn sie nur einzelne Beschäftigte betreffen.

(2) Über Angelegenheiten, die lediglich die Angehörigen einer Gruppe betreffen, wird nach gemeinsamer Beratung vom Personalrat beschlossen, sofern die Mehrheit der Mitglieder der betreffenden Gruppe nicht widerspricht; bei Widerspruch beschließen nur die Mitglieder der Gruppe. Satz 1 gilt entsprechend für Angelegenheiten, die lediglich die Angehörigen von zwei Gruppen betreffen.

§ 35

(1) Erachtet die Mehrheit der Mitglieder einer Gruppe oder der Jugend- und Auszubildendenvertretung einen Beschluß des Personalrats als eine erhebliche Beeinträchtigung wichtiger Interessen der durch sie vertretenen Beschäftigten, so ist auf ihren Antrag der Beschluß auf die Dauer einer Woche vom Zeitpunkt der Beschlußfassung an auszusetzen. In dieser Frist soll, gegebenenfalls mit Hilfe der unter den Mitgliedern des Personalrats oder der Jugend- und Auszubildendenvertretung vertretenen Gewerkschaften, eine Verständigung versucht werden.

(2) Die Antragsteller können verlangen, daß an der nach Ablauf der Aussetzungsfrist stattfindenden Sitzung des Personalrats, in der über die Angelegenheit neu zu beschließen ist, eine beauftragte Person der von ihnen benannten und unter den Mitgliedern des Personalrats vertretenen Gewerkschaft mit beratender Stimme teilnimmt. Wird der erste Beschluß bestätigt, so kann der Antrag auf Aussetzung nicht wiederholt werden.

(3) Die Absätze 1 und 2 gelten entsprechend, wenn die Schwerbehindertenvertretung einen Beschluß des Personalrats als eine erhebliche Beeinträchtigung wichtiger Interessen der schwerbehinderten Beschäftigten erachtet.

§ 36

(1) Ein Mitglied der Jugend- und Auszubildendenvertretung, das von dieser benannt wird, und die Schwerbehindertenvertretung können an allen Sitzungen des Personalrats beratend teilnehmen; auf Beschluß des Personalrats können weitere Mitglieder teilnehmen. Der Vertrauensmann der Zivildienstleistenden kann an Sitzungen beratend teilnehmen, wenn Angelegenheiten behandelt werden, die auch die Dienstleistenden betreffen.

(2) Die gesamte Jugend- und Auszubildendenvertretung kann an Sitzungen des Personalrats, in denen Angelegenheiten behandelt werden, die besonders Beschäftigte im Sinne von § 55 Abs. 1 betreffen, teilnehmen und bei Beschlüssen mitstimmen.

§ 37

(1) Über jede Verhandlung des Personalrats ist eine Niederschrift aufzunehmen, die mindestens den Wortlaut der Beschlüsse und die Stimmenmehrheit, mit der sie gefaßt sind, enthält. Die Niederschrift ist von der vorsitzenden Person und einem weiteren Mitglied zu unterzeich-

nen und dem Personalrat in der nächsten Sitzung zur Genehmigung vorzulegen. Der Niederschrift ist eine Anwesenheitsliste beizufügen, in die sich jede Teilnehmerin und jeder Teilnehmer eigenhändig einzutragen hat.

(2) Hat die Dienststelle an der Sitzung teilgenommen, so ist ihr der entsprechende Teil der Niederschrift in Abschrift zuzuleiten. Das gleiche gilt für Beauftragte von Gewerkschaften, die an der Sitzung teilgenommen haben. Einwendungen gegen die Niederschrift sind unverzüglich schriftlich zu erheben und der Niederschrift beizufügen.

§ 38

Sonstige Bestimmungen über die Geschäftsführung können in einer Geschäftsordnung getroffen werden, die der Personalrat mit der Mehrheit der Stimmen seiner Mitglieder beschließt.

§ 39

(1) Der Personalrat kann Sprechstunden während der Arbeitszeit einrichten. Die Zeit und den Ort bestimmt er im Benehmen mit der Dienststelle.

(2) Versäumnis von Arbeitszeit, die zur Inanspruchnahme des Personalrats erforderlich ist, hat keine Minderung der Bezüge oder des Arbeitsentgelts zur Folge.

§ 40

(1) Die durch die Tätigkeit des Personalrats entstehenden Kosten trägt die Dienststelle. Reisen, die zur Erfüllung von Aufgaben des Personalrats notwendig sind, sind der Dienststelle rechtzeitig vorher anzuzeigen. Mitglieder des Personalrats erhalten bei solchen Reisen Reisekostenvergütungen nach dem Landesreisekostengesetz. Bei Fahrten zu der Stelle, bei der der Personalrat gebildet worden ist, und bei Fahrten zu regelmäßigen Sitzungen bei einer anderen Stelle und täglicher Rückkehr zum Wohnort finden die Bestimmungen des Trennungsentschädigungsrechts keine Anwendung. Dienststelle und Personalrat können sich im Rahmen eines Budgets über die voraussichtlich anfallenden notwendigen Kosten verständigen; der Personalrat entscheidet im Rahmen des Budgets eigenverantwortlich.

(2) Zur Deckung der dem Personalrat als Aufwand entstehenden Kosten sind ihm Haushaltsmittel zur Verfügung zu stellen. Ihre Höhe ist unter Berücksichtigung der Zahl der in der Regel vorhandenen Beschäftigten zu bemessen; sie wird durch Rechtsverordnung der Landesregierung festgesetzt. Über die Verwendung der Mittel beschließt der Personalrat. Er hat sie auf Verlangen gegenüber der für die Rechnungsprüfung zuständigen Stelle nachzuweisen.

(3) Für die Sitzungen, die Sprechstunden und die laufende Geschäftsführung hat die Dienststelle im erforderlichen Umfang Räume, den Geschäftsbedarf und Büropersonal zur Verfügung zu stellen.

(4) Der Personalrat ist im Rahmen seiner Aufgaben nach diesem Gesetz berechtigt, die Beschäftigten über Angelegenheiten, die sie unmittelbar betreffen, schriftlich oder elektronisch zu unterrichten. Ihm sind in allen Dienststellen geeignete Plätze für Bekanntmachungen zur Verfügung zu stellen und die Möglichkeit einer elektronischen Bekanntmachung zu eröffnen.

§ 41

Der Personalrat darf für seine Zwecke von den Beschäftigten keine Beiträge erheben oder annehmen.

Vierter Abschnitt
Rechtsstellung der Mitglieder

§ 42

(1) Die Mitglieder des Personalrats führen ihr Amt unentgeltlich als Ehrenamt.

(2) Versäumnis von Arbeitszeit, die zur ordnungsgemäßen Durchführung der Aufgaben des Personalrats erforderlich ist, hat keine Minderung der Bezüge oder des Arbeitsentgelts zur Folge. Werden Personalratsmitglieder durch die Erfüllung ihrer Aufgaben über ihre individuelle Arbeitszeit hinaus beansprucht, so ist ihnen Dienstbefreiung in entsprechendem Umfang zu gewähren.

(3) Mitglieder des Personalrats sind durch die Dienststelle von ihrer dienstlichen Tätigkeit ganz oder teilweise freizustellen, wenn und soweit es nach Umfang und Art der Dienststelle zur ordnungsgemäßen Durchführung ihrer Aufgaben erforderlich ist und der Personalrat die Freistellung beschließt. Dabei ist zunächst die vorsitzende Person und sodann je ein Mitglied der Gruppe, der die vorsitzende Person nicht angehört, unter Beachtung der in dieser Gruppe am stärksten vertretenen Liste zu berücksichtigen. Die übrigen Freistellungen richten sich nach der Gruppenstärke; Gewerkschaften, die zur selben Spitzenorganisation gehören sowie freie Listen können sich hierfür gruppenübergreifend zusammenschließen. Die Freistellung hat keine Minderung der Besoldung oder des Arbeitsentgelts zur Folge und darf nicht zur Beeinträchtigung des beruflichen Werdegangs führen.

(4) Von ihrer dienstlichen Tätigkeit sind nach Absatz 3 freizustellen in Dienststellen mit in der Regel 100 bis 199 Beschäftigten ein Mitglied für 12 Arbeitsstunden in der Woche. Im Einvernehmen zwischen Personalrat und Dienststelle kann bei außergewöhnlichem, anlassbezogenen Bedarf vorübergehend abgewichen werden.

Von ihrer dienstlichen Tätigkeit sind nach Absatz 3 ganz freizustellen in Dienststellen mit in der Regel

200 bis	500	Beschäftigten ein Mitglied,
501 bis	900	Beschäftigten zwei Mitglieder,
901 bis	1500	Beschäftigten drei Mitglieder,
1501 bis	2000	Beschäftigten vier Mitglieder,
2001 bis	3000	Beschäftigten fünf Mitglieder,
3001 bis	4000	Beschäftigten sechs Mitglieder,
4001 bis	5000	Beschäftigten sieben Mitglieder,
5001 bis	6000	Beschäftigten acht Mitglieder,
6001 bis	7000	Beschäftigten neun Mitglieder,
7001 bis	8000	Beschäftigten zehn Mitglieder,
8001 bis	9000	Beschäftigten elf Mitglieder,
9001 bis	10000	Beschäftigten zwölf Mitglieder.

In Dienststellen mit mehr als 10000 Beschäftigten ist für je angefangene weitere 2000 Beschäftigte ein weiteres Mitglied freizustellen. Von den Sätzen 3 und 4 kann im Einvernehmen zwischen Personalrat und Dienststelle abgewichen werden. Auf Antrag des Personalrats können mehrere Mitglieder anteilig freigestellt werden.

(5) Die Mitglieder des Personalrats und Ersatzmitglieder, die regelmäßig zu Sitzungen des Personalrats herangezogen werden, sind unter Fortzahlung der Bezüge und Erstattung der angemessenen Kosten für die Teilnahme an Schulungs-und Bildungsveranstaltungen vom Dienst freizustellen, soweit diese Kenntnisse vermitteln, die für die Tätigkeit im Personalrat erforderlich sind. Dienststelle und Personalrat können sich im Rahmen eines Budgets über die voraussichtlich anfallenden notwendigen Kosten verständigen; der Personalrat entscheidet im Rahmen des Budgets eigenverantwortlich.

(6) Erleidet eine Beamtin oder ein Beamter anlässlich der Wahrnehmung von Rechten oder der Erfüllung von Pflichten nach diesem Gesetz einen Unfall, der im Sinne der beamtenrechtlichen Unfallfürsorgevorschriften ein Dienstunfall wäre, so finden diese Vorschriften entsprechende Anwendung.

§ 43

(1) Eine Versetzung, Abordnung, Umsetzung nach § 72 Absatz 1 Satz 1 Nummer 5, Zuweisung oder Gestellung darf gegen den Willen des Mitglieds des Personalrats nur erfolgen, wenn dies auch unter Berücksichtigung der Mitgliedschaft im Personalrat aus wichtigen dienstlichen Gründen unvermeidbar ist, und der Personalrat, dem das Mitglied angehört, zustimmt. Dies gilt entsprechend für Ersatzmitglieder, solange sie gemäß § 28 Abs. 1 in den Personalrat eingetreten sind.

(2) Die außerordentliche Kündigung von Mitgliedern des Personalrats, die in einem Arbeitsverhältnis stehen, bedarf der Zustimmung des Personalrats. Verweigert der Personalrat seine Zustimmung oder äußert er sich nicht innerhalb von drei Arbeitstagen nach Eingang des Antrags, so kann das Verwaltungsgericht sie auf Antrag der Dienststelle ersetzen, wenn die außerordentliche Kündigung unter Berücksichtigung aller Umstände gerechtfertigt ist. In dem Verfahren vor dem Verwaltungsgericht ist die betroffene Arbeitnehmerin oder der betroffene Arbeitnehmer Beteiligte oder Beteiligter.

Drittes Kapitel
Personalkommission

§ 44

(1) Wird in der Landesverwaltung durch Zusammenlegung von Dienststellen oder von Teilen von Dienststellen eine neue Dienststelle gebildet, die die Voraussetzungen des § 13 Abs. 1 erfüllt, so werden die Rechte des bei der neuen Dienststelle zu wählenden Personalrats von einer Personalkommission wahrgenommen, bis der Personalrat zu seiner ersten Sitzung zusammengetreten ist. Das gilt auch für die Umbildung von Gemeinden, Gemeindeverbänden und sonstigen Körperschaften, Anstalten oder Stiftungen des öffentlichen Rechts, wenn im Zusammenhang mit der Umbildung keine besonderen personalvertretungsrechtlichen Vorschriften erlassen werden.

(2) Die Mitglieder der Personalkommission müssen für den Personalrat der neuen Dienststelle wählbar sein. § 13 Abs. 3 und 4 gilt entsprechend. Die Mitglieder sind von den Personalräten der von der Organisationsmaßnahme betroffenen Dienststellen zu bestellen; die anteilige Zahl

der Mitglieder wird entsprechend dem Verhältnis der von der Organisationsmaßnahmen betroffenen wahlberechtigten Beschäftigten der bisherigen Dienststellen an der Gesamtzahl der wahlberechtigten Beschäftigten der neuen Dienststelle nach dem d'Hondt'schen Höchstzahlenverfahren ermittelt. Sind in der neuen Dienststelle Angehörige verschiedener Gruppen beschäftigt, so soll jede Gruppe entsprechend ihrer Stärke vertreten sein.

(3) Für die Geschäftsführung der Personalkommission und die Rechtsstellung ihrer Mitglieder gelten die §§ 29 bis 43 entsprechend.

(4) Die Personalkommission hat spätestens zwei Monate nach Wirksamwerden der Organisationsmaßnahmen einen Wahlvorstand für die Wahl des Personalrats zu bestellen. Die §§ 17 und 19 gelten entsprechend.

(5) Wird durch eine Organisationsmaßnahme im Sinne des Absatzes 1 eine Dienststelle betroffen, bei der eine Stufenvertretung besteht, so werden auch die Rechte der bei der neuen Dienststelle zu wählenden Stufenvertretung von einer Personalkommission wahrgenommen, bis die Stufenvertretung zu ihrer ersten Sitzung zusammengetreten ist. Die Absätze 2 bis 4 gelten entsprechend.

(6) Wird eine Dienststelle geteilt, umgewandelt oder aufgelöst, so bleibt deren Personalrat im Amt und führt die Geschäfte für die ihm bislang zugeordneten Dienststellenteile weiter, die die Voraussetzungen des § 13 Absatz 1 erfüllen und nicht in eine Dienststelle eingegliedert werden, in der ein Personalrat besteht (Übergangsmandat). Absatz 4 gilt entsprechend. Das Übergangsmandat endet, sobald ein neuer Personalrat zu seiner ersten Sitzung zusammengetreten ist, spätestens jedoch sechs Monate nach der Teilung. Ist eine Dienststelle betroffen, in der eine Stufenvertretung besteht, gelten Satz 1 bis 3 entsprechend.

Viertes Kapitel
Personalversammlung

§ 45

(1) Die Personalversammlung besteht aus den Beschäftigten der Dienststelle. Sie wird von der vorsitzenden Person des Personalrats geleitet. Sie ist nicht öffentlich.

(2) Kann nach den dienstlichen Verhältnissen eine gemeinsame Versammlung aller Beschäftigten nicht stattfinden, so sind Teilversammlungen abzuhalten. Das gleiche gilt, wenn dies zur Erörterung der besonderen Belange eines Teils der Beschäftigten erforderlich ist.

§ 46

(1) Der Personalrat hat einmal in jedem Kalenderjahr in einer Personalversammlung über seine Tätigkeit zu berichten.

(2) Der Personalrat ist berechtigt und auf Antrag der Dienststelle oder eines Viertels der wahlberechtigten Beschäftigten verpflichtet, zusätzliche Personalversammlungen einzuberufen und den Gegenstand, dessen Beratung beantragt ist, auf die Tagesordnung zu setzen.

(3) Auf Antrag einer in der Dienststelle vertretenen Gewerkschaft muß der Personalrat vor Ablauf von zwölf Arbeitstagen nach Eingang des Antrags eine Personalversammlung einberu-

fen, wenn im vorhergegangenen Kalenderjahr keine Personalversammlung und keine Teilversammlung durchgeführt worden ist.

§ 47

Personalversammlungen finden während der Arbeitszeit statt, soweit nicht die dienstlichen Verhältnisse eine andere Regelung erfordern. Die Teilnahme an der Personalversammlung hat keine Minderung der Bezüge oder des Arbeitsentgelts zur Folge. Soweit in den Fällen des Satzes 1 Personalversammlungen aus dienstlichen Gründen außerhalb der Arbeitszeit stattfinden müssen, ist den Teilnehmerinnen und Teilnehmern Dienstbefreiung in entsprechendem Umfang zu gewähren. Fahrtkosten, die den Beschäftigten durch die Teilnahme an einer Personalversammlung nach Satz 1 entstehen, sind von der Dienststelle in entsprechender Anwendung des Landesreisekostengesetzes zu erstatten.

§ 48

Die Personalversammlung kann dem Personalrat Anträge unterbreiten und zu seinen Beschlüssen Stellung nehmen. Sie darf alle Angelegenheiten behandeln, die die Dienststelle oder ihre Beschäftigten unmittelbar betreffen, insbesondere Tarif-, Besoldungs- und Sozialangelegenheiten, Fragen der Förderung der Gleichstellung von Frauen und Männern und der Vereinbarkeit von Familie und Beruf. § 2 Abs. 2 und § 3 Abs. 1 gelten für die Personalversammlung entsprechend.

§ 49

Die Dienststelle, Beauftragte aller in der Dienststelle vertretenen Gewerkschaften, eine beauftragte Person der Arbeitgebervereinigung, der der Dienststelle angehört, je ein beauftragtes Mitglied der Stufenvertretungen oder des Gesamtpersonalrats sowie je eine beauftragte Person der Dienststellen, bei denen die Stufenvertretungen bestehen, sind berechtigt, mit beratender Stimme an der Personalversammlung teilzunehmen. Der Personalrat hat die Einberufung der Personalversammlung der Dienststelle und den in Satz 1 genannten Gewerkschaften mitzuteilen. An Versammlungen, die auf Antrag der Dienststelle einberufen sind oder zu denen sie ausdrücklich eingeladen ist, hat sie teilzunehmen. Der Personalrat kann sachkundigen Personen die Teilnahme an der Personalversammlung gestatten.

Fünftes Kapitel
Stufenvertretungen

§ 50

(1) In der Landesverwaltung werden für den Geschäftsbereich mehrstufiger Verwaltungen bei den Mittelbehörden Bezirkspersonalräte und bei den obersten Landesbehörden Hauptpersonalräte gebildet.

(2) Die Mitglieder des Bezirkspersonalrats werden von den zum Geschäftsbereich der Mittelbehörde, die Mitglieder des Hauptpersonalrats von den zum Geschäftsbereich der obersten Landesbehörde gehörenden Beschäftigten gewählt. Soweit bei Mittelbehörden die Personalangelegenheiten der Beschäftigten zum Geschäftsbereich verschiedener oberster Landesbe-

hörden gehören, sind diese Beschäftigten für den Hauptpersonalrat bei der jeweils zuständigen obersten Landesbehörde wahlberechtigt.

(3) Die §§ 10 bis 12, 13 Abs. 3, 14 Abs. 1, 2, 5 und 6, §§ 15 bis 18 und 20 bis 22 gelten entsprechend. Die in § 10 Abs. 4 genannten Beschäftigten sind nicht wählbar. § 11 Abs. 2 Buchstabe b gilt nur für die Beschäftigten der Dienststelle, bei der die Stufenvertretung zu errichten ist. Die Stufenvertretung hat höchstens fünfzehn Mitglieder. Eine Personalversammlung zur Bestellung des Bezirks- oder Hauptwahlvorstands findet nicht statt. An ihrer Stelle übt die Dienststelle, bei der die Stufenvertretung zu errichten ist, die Befugnis zur Bestellung des Wahlvorstands nach § 17 Abs. 2, §§ 18 und 20 Abs. 1 aus.

(4) Werden in einer Verwaltung die Personalräte und die Stufenvertretungen gleichzeitig gewählt, so führen die bei den Dienststellen bestehenden Wahlvorstände die Wahlen der Stufenvertretungen im Auftrag des Bezirks- oder Hauptwahlvorstands durch; andernfalls bestellen auf sein Ersuchen die Personalräte oder, wenn solche nicht bestehen, die Dienststellen die örtlichen Wahlvorstände für die Wahl der Stufenvertretungen.

(5) In den Stufenvertretungen erhält jede Gruppe mindestens ein Mitglied.

§ 51

Für die Amtszeit und die Geschäftsführung der Stufenvertretungen sowie für die Rechtsstellung ihrer Mitglieder gelten §§ 23, 24 Abs. 1 Satz 1 Buchstaben b bis e und Satz 2, Abs. 2 und 3, §§ 25 bis 38, 40, 41, 42 Absatz 1 bis 3, 5 und 6 und § 43 entsprechend. § 42 Abs. 3 Satz 1 findet mit der Maßgabe Anwendung, dass höchstens fünf Mitglieder freigestellt werden dürfen. In begründeten Fällen kann im Einvernehmen zwischen Dienststelle und Stufenvertretung von Satz 2 abgewichen werden, um die ordnungsgemäße Wahrnehmung der Aufgaben durch die Stufenvertretung zu gewährleisten. § 30 Abs. 1 gilt mit der Maßgabe, daß die Mitglieder der Stufenvertretung spätestens zwei Wochen nach dem Wahltag einzuberufen sind.

Sechstes Kapitel
Gesamtpersonalrat

§ 52

In den Fällen des § 1 Absatz 2 Halbsatz 2 und Absatz 3 ist neben den einzelnen Personalräten ein Gesamtpersonalrat zu errichten. Die Gesamtpersonalräte der Landschaftsverbände, des Landesbetriebs Straßenbau NRW und des Bau- und Liegenschaftsbetriebs NRW nehmen die Aufgaben des Hauptpersonalrates wahr.

§ 53

Für die Wahl, die Amtszeit und die Geschäftsführung des Gesamtpersonalrats sowie für die Rechtsstellung seiner Mitglieder gelten § 50 Abs. 2 bis 5 und § 51 entsprechend.

Siebtes Kapitel
Jugend- und Auszubildendenvertretung

§ 54

In Dienststellen mit in der Regel mindestens fünf zur Jugend- und Auszubildendenvertretung wahlberechtigten Beschäftigten werden Jugend- und Auszubildendenvertretungen gebildet.

§ 55

(1) Wahlberechtigt sind alle jugendlichen Beschäftigten, die das 18. Lebensjahr noch nicht vollendet haben, sowie Auszubildende, Beamtenanwärterinnen und Beamtenanwärter und Praktikantinnen und Praktikanten. § 10 Abs. 2 bis 4 gilt entsprechend.

(2) Wählbar sind Beschäftigte, die am Wahltag noch nicht das 27. Lebensjahr vollendet haben, sowie Auszubildende, Beamtenanwärter und Praktikanten. §§ 11 und 12 gelten entsprechend.

§ 56

(1) Die Jugend- und Auszubildendenvertretung besteht in Dienststellen mit in der Regel
5 bis 20 wahlberechtigten Beschäftigten
aus einer Person,
21 bis 50 wahlberechtigten Beschäftigten
aus drei Mitgliedern,
51 bis 200 wahlberechtigten Beschäftigten
aus fünf Mitgliedern,
201 bis 300 wahlberechtigten Beschäftigten
aus sieben Mitgliedern,
301 bis 500 wahlberechtigten Beschäftigten
aus elf Mitgliedern,
501 bis 1000 wahlberechtigten Beschäftigten
aus dreizehn Mitgliedern,
mehr als 1000 wahlberechtigten Beschäftigten
aus fünfzehn Mitgliedern.

(2) § 14 Abs. 5 und 6 gelten entsprechend.

§ 57

(1) Der Personalrat bestimmt den Wahlvorstand und ihre vorsitzende Person. Für die Wahl der Jugend- und Auszubildendenvertretung gelten § 16 Abs. 1, 3, 4, 6 Satz 1, Abs. 7 und 8, § 20 Abs. 2, §§ 21 und 22 entsprechend.

(2) Die regelmäßige Amtszeit der Jugend- und Auszubildendenvertretung beginnt und endet mit der jeweiligen Wahlperiode. Sie beträgt zwei Jahre. Im übrigen gelten für die Amtszeit der Jugend- und Auszubildendenvertretung § 23 Abs. 2 und 3, § 24 Abs. 1 Satz 1 Buchstaben b bis e und Abs. 2 und §§ 25, 26 Abs. 1 und 2 sowie §§ 27 und 28 Abs. 1, 2 und 4 entsprechend. Die Mitgliedschaft in der Jugend- und Auszubildendenvertretung erlischt nicht dadurch, daß ein Mitglied während der Amtszeit das 27. Lebensjahr vollendet.

(3) Besteht die Jugend- und Auszubildendenvertretung aus drei oder mehr Mitgliedern, so wählt sie aus ihrer Mitte eine vorsitzende Person und deren Stellvertreterin oder Stellvertreter. Im übrigen gelten für die Geschäftsführung die §§ 30 bis 33 und 37 bis 39, § 40 Abs. 1, 3 und 4 und § 41 entsprechend. An den Sitzungen der Jugend- und Auszubildendenvertretung kann ein vom Personalrat beauftragtes Mitglied des Personalrats teilnehmen.

§ 58

Für die Rechtsstellung der Mitglieder der Jugend- und Auszubildendenvertretung gelten § 42 Abs. 1, 2, 3 Satz 1 und 4, Abs. 5 und 6 und § 43 entsprechend.

§ 59

Die Jugend- und Auszubildendenvertretung hat einmal in jedem Kalenderjahr eine Jugend- und Auszubildendenversammlung durchzuführen, die von der vorsitzenden Person der Jugend- und Auszubildendenvertretung geleitet wird. Außer dieser kann eine weitere Jugend- und Auszubildendenversammlung während der Arbeitszeit stattfinden. Die vorsitzende Person des Personalrats oder ein vom Personalrat beauftragtes anderes Mitglied soll an der Jugend- und Auszubildendenversammlung teilnehmen. Im übrigen sind die Vorschriften des Vierten Kapitels auf die Jugend- und Auszubildendenversammlung entsprechend anzuwenden.

§ 60

(1) In der Landesverwaltung werden für den Geschäftsbereich mehrstufiger Verwaltungen, in denen Stufenvertretungen bestehen, bei den Mittelbehörden Bezirksjugend- und Auszubildendenvertretungen und bei den obersten Landesbehörden Hauptjugend- und Auszubildendenvertretungen gebildet. Für sie gelten § 50 Abs. 2 und 4, §§ 55, 56, 58 und 61 entsprechend, ferner § 57 mit der Maßgabe, daß die Einrichtung von Sprechstunden entfällt. Die Jugend- und Auszubildendenstufenvertretung hat höchstens fünf Mitglieder.

(2) Bestehen in Fällen des § 1 Abs. 3 mehrere Jugend- und Auszubildendenvertretungen, so ist neben diesen eine Gesamtjugend- und Auszubildendenvertretung zu errichten. Für sie gilt Absatz 1 Satz 2 und 3 entsprechend.

§ 61

(1) Die Jugend- und Auszubildendenvertretung hat folgende allgemeine Aufgaben:
1. Maßnahmen, die den Beschäftigten im Sinne von § 55 Abs. 1 dienen, insbesondere in Fragen der Berufsbildung und der Entscheidung über die Übernahme der Auszubildenden in ein Beschäftigungsverhältnis, beim Personalrat zu beantragen,
2. darüber zu wachen, daß die zugunsten der Beschäftigten im Sinne von § 55 Abs. 1 geltenden Gesetze, Verordnungen, Unfallverhütungsvorschriften, Tarifverträge, Dienstvereinbarungen und Verwaltungsanordnungen durchgeführt werden,
3. Anregungen und Beschwerden von Beschäftigten im Sinne von § 55 Abs. 1, insbesondere in Fragen der Berufsbildung, entgegenzunehmen und, falls sie berechtigt erscheinen, beim Personalrat auf eine Erledigung hinzuwirken; die Jugend- und Auszubildendenvertretung hat die betroffenen Beschäftigten im Sinne von § 55 Abs. 1 über den Stand und das Ergebnis der Verhandlungen zu informieren.

(2) Die Befugnisse der Jugend- und Auszubildendenvertretung gegenüber dem Personalrat bestimmen sich nach § 30 Abs. 3, § 35 Abs. 1 und 2 und § 36. Sie beziehen sich auf die in den §§ 72 bis 75 genannten beteiligungspflichtigen Angelegenheiten der Beschäftigten im Sinne von § 55 Abs. 1.

(3) Zur Durchführung ihrer Aufgaben ist die Jugend- und Auszubildendenvertretung durch den Personalrat rechtzeitig und umfassend zu unterrichten. Die Jugend- und Auszubildendenvertretung kann verlangen, daß ihr der Personalrat die zur Durchführung ihrer Aufgaben erforderlichen Unterlagen zur Verfügung stellt.

(4) Der Personalrat hat die Jugend- und Auszubildendenvertretung zu den Besprechungen zwischen Dienststelle und Personalrat nach § 63 beizuziehen, wenn Angelegenheiten behandelt werden, die besonders Beschäftigte im Sinne von § 55 Abs. 1 betreffen. Im übrigen kann ein Mitglied der Jugend- und Auszubildendenvertretung, das von dieser benannt wird, an Besprechungen nach § 63 beratend teilnehmen.

(5) An der Auswahl der ausbildenden Personen, soweit eigene Ausbildungsbezirke in den Dienststellen existieren, und an der Auswahl der Ausbildungsleiterin oder des Ausbildungsleiters nimmt ein Mitglied der Jugend-und Auszubildendenvertretung teil. Hierzu ist die Jugend- und Auszubildendenvertretung frühzeitig und fortlaufend zu informieren.

Achtes Kapitel
Beteiligung der Personalvertretung
Erster Abschnitt
Allgemeines

§ 62

Dienststelle und Personalvertretung haben darüber zu wachen, dass alle Angehörigen der Dienststelle nach Recht und Billigkeit behandelt werden, insbesondere, dass jede Benachteiligung von Personen aus Gründen ihrer Rasse oder wegen ihrer ethnischen Herkunft, ihrer Abstammung oder sonstigen Herkunft, ihrer Nationalität, ihrer Religion oder Weltanschauung, ihrer Behinderung, ihres Alters, ihrer politischen oder gewerkschaftlichen Betätigung oder Einstellung oder wegen ihres Geschlechts oder ihrer sexuellen Identität unterbleibt.

§ 63

Die Dienststelle und der Personalrat müssen mindestens einmal im Vierteljahr zu gemeinschaftlichen Besprechungen zusammentreten. In ihnen soll auch die Gestaltung des Dienstbetriebs behandelt werden, insbesondere alle Vorgänge, die die Beschäftigten wesentlich berühren. Sie haben über strittige Fragen mit dem ernsten Willen zur Einigung zu verhandeln und Vorschläge für die Beilegung von Meinungsverschiedenheiten zu machen. Im Rahmen der Besprechungen unterrichtet die Dienststelle den Personalrat zweimal im Jahr über die Haushaltsplanung und die wirtschaftliche Entwicklung, sofern kein Wirtschaftsausschuss nach § 65 a besteht. Die Dienststelle ist berechtigt, zu der Besprechung für Personal- und Organisationsangelegenheiten zuständige Beschäftigte hinzuzuziehen.

§ 64

Der Personalrat hat folgende allgemeine Aufgaben:

1. Maßnahmen, die der Dienststelle, ihren Angehörigen oder im Rahmen der Aufgaben-erledigung der Dienststelle der Förderung des Gemeinwohls dienen, zu beantragen,
2. darüber zu wachen, daß die zugunsten der Beschäftigten geltenden Gesetze, Verord-nungen, Tarifverträge, Dienstvereinbarungen und Verwaltungsanordnungen durchgeführt werden,
3. sich für die Wahrung der Vereinigungsfreiheit der Beschäftigten einzusetzen,
4. auf die Verhütung von Unfall- und Gesundheitsgefahren zu achten, die für den Arbeits-schutz zuständigen Stellen durch Anregung, Beratung und Auskunft zu unterstützen und sich für die Durchführung gesundheitsfördernder Maßnahmen und des Arbeitsschutzes einzusetzen,
5. Anregungen und Beschwerden von Beschäftigten entgegenzunehmen und, falls sie be-rechtigt erscheinen, durch Verhandlung mit der Dienststelle auf ihre Erledigung hinzu-wirken,
6. die Eingliederung und berufliche Entwicklung schwerbehinderter Beschäftigter und son-stiger schutzbedürftiger, insbesondere älterer Personen, zu fördern,
7. Maßnahmen zur beruflichen Förderung schwerbehinderter Beschäftigter zu beantragen,
8. an der Entwicklung der interkulturellen Öffnung der Verwaltung mitzuwirken und die Eingliederung von Beschäftigten mit Migrationshintergrund in die Dienststelle sowie das Verständnis zwischen Beschäftigten unterschiedlicher Herkunft zu fördern,
9. mit der Jugend- und Auszubildendenvertretung zur Förderung der Belange der von ihr vertretenen Beschäftigten eng zusammenzuarbeiten,
10. die Verwirklichung des Grundrechts der Gleichberechtigung von Frauen und Männern zu fördern,
11. Maßnahmen, die dem Umweltschutz in der Dienststelle dienen, anzuregen.

§ 65

(1) Der Personalrat ist zur Durchführung seiner Aufgaben rechtzeitig und umfassend zu unter-richten. Ihm sind die dafür erforderlichen Unterlagen vorzulegen. Vor Organisationsent-scheidungen der Dienststelle, die beteiligungspflichtige Maßnahmen zur Folge haben, ist der Personalrat frühzeitig und fortlaufend zu informieren. An Arbeitsgruppen, die der Vorbereitung derartiger Entscheidungen dienen, kann der Personalrat beratend teilnehmen.

(2) Bei Einstellungen sind ihm auf Verlangen die Unterlagen aller Bewerberinnen und Bewerber vorzulegen. An Gesprächen, die im Rahmen geregelter oder auf Übung beruhen-der Vorstellungsverfahren zur Auswahl unter mehreren dienststelleninternen oder dienststellen-externen Bewerbern von der Dienststelle geführt werden, kann ein Mitglied des Personalrats teilnehmen; dies gilt nicht in den Fällen des § 72 Abs. 1 Satz 2. Ein Mitglied der Jugend- und Auszubildendenvertretung kann zusätzlich teilnehmen, wenn zu den Gesprächen Beschäftigte im Sinne des § 55 Absatz 1 eingeladen sind.

(3) Personalakten oder Sammlungen von Personaldaten dürfen nur mit Zustimmung der oder des Beschäftigten und nur von den von ihr oder ihm bestimmten Mitgliedern des Personalrats eingesehen werden; dies gilt nicht für listenmäßig aufgeführte Personaldaten, die regelmäßig

Entscheidungsgrundlage in beteiligungspflichtigen Angelegenheiten sind. Dienstliche Beurteilungen sind auf Verlangen der oder des Beschäftigten dem Personalrat zur Kenntnis zu bringen. Ein Mitglied des Personalrats kann auf Wunsch der oder des Beschäftigten an Besprechungen mit entscheidungsbefugten Personen der Dienststelle teilnehmen, soweit dabei beteiligungspflichtige Angelegenheiten berührt werden. Das Gleiche gilt für ein Mitglied der Jugend- und Auszubildendenvertretung soweit es um beteiligungspflichtige Angelegenheiten der von ihr vertretenen Beschäftigten geht.

(4) Die Einhaltung des Datenschutzes obliegt dem Personalrat. Der Dienststelle sind die getroffenen Maßnahmen mitzuteilen.

§ 65 a

(1) In Dienststellen mit in der Regel mehr als einhundert ständig Beschäftigten soll auf Antrag des Personalrats ein Wirtschaftsausschuss gebildet werden. Der Wirtschaftsausschuss hat die Aufgabe, wirtschaftliche Angelegenheiten der Dienststelle im Sinne des Absatzes 3 zu beraten und den Personalrat zu unterrichten.

(2) Die Dienststelle hat den Wirtschaftsausschuss rechtzeitig und umfassend über die wirtschaftlichen Angelegenheiten unter Vorlage der erforderlichen Unterlagen zu unterrichten – soweit dadurch nicht die Betriebs- und Geschäftsgeheimnisse oder Dienstgeheimnisse gefährdet werden – sowie die sich daraus ergebenden Auswirkungen auf die Personalplanung darzustellen.

(3) Zu den wirtschaftlichen Angelegenheiten im Sinne des Absatzes 1 Satz 2 gehören insbesondere

1. die wirtschaftliche und finanzielle Lage der Dienststelle,
2. Veränderungen der Produktpläne,
3. beabsichtigte Investitionen,
4. beabsichtigte Partnerschaften mit Privaten,
5. Stellung der Dienststelle in der Gesamtdienststelle,
6. Rationalisierungsvorhaben,
7. Einführung neuer Arbeits- und Managementmethoden,
8. Fragen des betrieblichen Umweltschutzes,
9. Verlegung von Dienststellen oder Dienststellenteilen,
10. Neugründung, Zusammenlegung oder Teilung der Dienststelle oder von Dienststellenteilen,
11. Kooperation mit anderen Dienststellen im Rahmen interadministrativer Zusammenarbeit,
12. sonstige Vorgänge und Vorhaben, welche die Interessen der Beschäftigten der Dienststelle wesentlich berühren können.

(4) Der Wirtschaftsausschuss besteht aus mindestens drei und höchstens sieben Mitgliedern, die der Dienststelle angehören müssen, darunter mindestens einem Personalratsmitglied. Die Mitglieder sollen die zur Erfüllung ihrer Aufgaben erforderliche fachliche und persönliche Eignung besitzen. Sie werden vom Personalrat für die Dauer seiner Amtszeit bestimmt.

(5) Der Wirtschaftsausschuss soll vierteljährlich einmal zusammentreten. Er hat über jede Sitzung dem Personalrat unverzüglich und vollständig zu berichten.

(6) An den Sitzungen des Wirtschaftsausschusses hat die Dienststelle teilzunehmen. Sie kann weitere sachkundige Beschäftigte hinzuziehen.

Zweiter Abschnitt
Formen und Verfahren

§ 66

(1) Soweit eine Maßnahme der Mitbestimmung des Personalrats unterliegt, kann sie nur mit seiner Zustimmung getroffen werden. Eine Maßnahme im Sinne des Satzes 1 liegt bereits dann vor, wenn durch eine Handlung eine mitbestimmungspflichtige Maßnahme vorweggenommen oder festgelegt wird.

(2) Die Dienststelle unterrichtet den Personalrat von der beabsichtigten Maßnahme und beantragt seine Zustimmung. Der Personalrat kann verlangen, dass die Dienststelle die beabsichtigte Maßnahme begründet; der Personalrat kann außer in Personalangelegenheiten auch eine schriftliche Begründung verlangen. Der Beschluss des Personalrats über die beantragte Zustimmung ist der Dienststelle innerhalb von zwei Wochen mitzuteilen; in dringenden Fällen kann die Dienststelle diese Frist auf eine Woche verkürzen. In den Fällen des § 35 verlängert sich die Frist um eine Woche. Die Maßnahme gilt als gebilligt, wenn nicht der Personalrat innerhalb der genannten Frist die Zustimmung unter Angabe der Gründe schriftlich verweigert.

(3) Sofern der Personalrat beabsichtigt, der Maßnahme nicht zuzustimmen, hat er dies nach Zugang des Antrags innerhalb der Fristen des Absatzes 2 Satz 3 oder Satz 4 der Dienststelle mitzuteilen; in diesen Fällen ist die Maßnahme mit dem Ziel einer Verständigung zwischen der Dienststelle und dem Personalrat innerhalb von zwei Wochen zu erörtern; die Frist kann im Einvernehmen zwischen der Dienststelle und dem Personalrat verlängert werden. In dringenden Fällen kann die Dienststelle verlangen, dass die Erörterung innerhalb einer Frist von einer Woche durchzuführen ist. In den Fällen einer Erörterung beginnt die Frist des Absatzes 2 Satz 3 und 4 mit dem Tag der Erörterung. Absatz 2 Satz 5 gilt entsprechend. Die Dienststelle ist berechtigt, zu der Erörterung für Personal-und Organisationsangelegenheiten zuständige Beschäftigte hinzuziehen. Soweit Beschwerden oder Behauptungen tatsächlicher Art vorgetragen werden, die für eine Beschäftigte oder einen Beschäftigten ungünstig sind oder ihr oder ihm nachteilig werden können, ist der oder dem Beschäftigten Gelegenheit zur Äußerung zu geben; die Äußerung ist aktenkundig zu machen. Soweit anstelle der Dienststelle das verfassungsmäßig zuständige oberste Organ oder ein von diesem bestimmter Ausschuss über eine beabsichtigte Maßnahme zu entscheiden hat, ist der Personalrat so rechtzeitig zu unterrichten, dass seine Stellungnahme bei der Entscheidung von dem zuständigen Organ oder Ausschuss berücksichtigt werden kann. Die vorsitzende Person der zuständigen Personalvertretung und ein Mitglied der betreffenden Gruppe sind berechtigt, an den Sitzungen des verfassungsmäßig zuständigen obersten Organs oder des von ihm bestimmten Ausschusses mit Ausnahme der Beschlussfassung teilzunehmen und die Auffassung der Personalvertretung darzulegen, sofern personelle oder soziale Angelegenheiten der Angehörigen der Dienststelle behandelt werden. Termin und Tagesordnung sind der Personalvertretung rechtzeitig bekannt zu geben.

(4) Im Rahmen seiner Aufgaben nach § 72 kann der Personalrat in allen personellen, sozialen, organisatorischen und sonstigen innerdienstlichen Angelegenheiten Maßnahmen bei der

Dienststelle beantragen, die die Beschäftigten der Dienststelle insgesamt, Gruppen von ihnen oder einzelne Beschäftigte betreffen oder sich auf sie auswirken. Der Personalrat hat die Maßnahme schriftlich vorzuschlagen und zu begründen. Die Entscheidung über seinen Vorschlag ist dem Personalrat innerhalb von zwei Wochen nach Zugang des Vorschlags bei der Dienststelle mitzuteilen. Sofern beabsichtigt ist, dem Vorschlag nicht zu entsprechen, hat die Dienststelle dies innerhalb der Frist des Satzes 3 nach Zugang des Vorschlags dem Personalrat mitzuteilen; in diesen Fällen gelten Absatz 3 Satz 1 Halbsatz 2 und 3 und Satz 2 und 3 entsprechend. Bei einer Ablehnung des Vorschlags sind die Gründe anzugeben.

(5) Kommt eine Einigung über eine von der Dienststelle beabsichtigte Maßnahme nicht zustande, so kann sie innerhalb von zwei Wochen die Angelegenheit der im Verwaltungsaufbau übergeordneten Stelle, bei der eine Stufenvertretung besteht, vorlegen. Für das Stufenverfahren gelten die Absätze 2 und 3 entsprechend. Kommt eine Einigung über eine vom Personalrat beantragte Maßnahme nicht zustande oder trifft die Dienststelle innerhalb der in Absatz 4 Satz 3 genannten Frist keine Entscheidung, so kann der Personalrat innerhalb von zwei Wochen nach Ablauf der in Absatz 3 genannten Frist die Angelegenheit der Stufenvertretung, die bei der im Verwaltungsaufbau übergeordneten Stelle besteht, vorlegen. Für das Stufenverfahren gilt Absatz 4 entsprechend. Die Dienststelle und der Personalrat unterrichten sich gegenseitig, wenn sie die Angelegenheit der übergeordneten Stelle oder der bei ihr bestehenden Stufenvertretung vorlegen.

(6) Bei Anträgen des Personalrats nach Absatz 4, die Maßnahmen nach § 72 Abs. 1 zum Gegenstand haben, entscheidet in der Landesverwaltung die oberste Landesbehörde und bei den Gemeinden, den Gemeindeverbänden und den sonstigen der Aufsicht des Landes unterstehenden Körperschaften, Anstalten und Stiftungen des öffentlichen Rechts die Dienststelle (§ 1 Abs. 2 Halbsatz 2) endgültig.

(7) Ergibt sich bei Maßnahmen, die von der Dienststelle beabsichtigt sind, und bei den vom Personalrat beantragten Maßnahmen, die nach § 72 Abs. 2 bis 4 seiner Mitbestimmung unterliegen,

    a) in der Landesverwaltung zwischen der obersten Landesbehörde,

    b) bei den Gemeinden, den Gemeindeverbänden und den sonstigen der Aufsicht des Landes unterstehenden Körperschaften, Anstalten und Stiftungen des öffentlichen Rechts zwischen der Dienststelle (§ 1 Abs. 2 Halbsatz 2 und Abs. 3)

und der dort bestehenden zuständigen Personalvertretung keine Einigung, so entscheidet auf Antrag der Dienststelle (§ 1 Abs. 2 Halbsatz 2) oder der Personalvertretung die Einigungsstelle (§ 67). Die Personalvertretung kann die Entscheidung der Einigungsstelle auch dann beantragen, wenn die Dienststelle über einen Antrag nach Absatz 4 nicht innerhalb der in Absatz 4 Satz 3 vorgesehenen Frist entscheidet. In den Fällen des § 72 Absatz 1, 3 und 4 Satz 1 Nummer 2, 6, 11, 12, 14 bis 17, 19 bis 22 und des § 74 Absatz 1 beschließt die Einigungsstelle eine Empfehlung an die in diesen Fällen endgültig entscheidende Stelle (§ 68). Wurde über eine Maßnahme nach Satz 1, die wegen ihrer Auswirkungen auf das Gemeinwohl wesentlicher Bestandteil der Regierungsgewalt sein kann, durch bindenden Beschluss der Einigungsstelle entschieden, können die beteiligten Dienststellen innerhalb eines Monats nach Zustellung des Beschlusses auf dem Dienstweg die nach § 68 zuständige Stelle anrufen. Den beteiligten Personalräten ist von dieser Stelle Gelegenheit zur Stellungnahme zu geben; hierfür kann eine Frist gesetzt werden. Die nach § 68 zuständige Stelle stellt fest, ob der Beschluss der Einigungsstelle wegen der Maßnahme, die aufgrund ihrer Auswirkungen auf das Gemeinwohl wesentlicher Bestandteil der Regierungsgewalt ist, nur empfehlenden Charakter hat und entscheidet über die Maßnahme abschließend. Die Entscheidung ist zu begründen. Liegen diese Voraussetzungen nicht vor, verbleibt es beim Beschluss der Einigungsstelle. Die vorsitzende Person der Einigungsstelle sowie die am Einigungsverfahren beteiligten Dienststellen und Personalvertretungen sind unverzüglich über die Entscheidung und deren Gründe schriftlich zu informieren.

(8) Die Dienststelle kann bei Maßnahmen, die der Natur der Sache nach keinen Aufschub dulden, bis zur endgültigen Entscheidung vorläufige Regelungen treffen. Sie hat dem Personalrat die vorläufige Regelung mitzuteilen und zu begründen und unverzüglich das Verfahren nach den Absätzen 2, 3, 5 und 7 einzuleiten oder fortzusetzen.

§ 67

(1) Bei jeder obersten Dienstbehörde wird für die Dauer der Wahlperiode der Personalvertretung eine Einigungsstelle gebildet. Sie besteht aus einer unparteiischen vorsitzenden Person, ihrer Stellvertreterin oder ihrem Stellvertreter und Beisitzerinnen und Beisitzern. Auf die vorsitzende Person und deren Stellvertreterin oder Stellvertreter haben sich die oberste Dienstbehörde und die bei ihr bestehende Personalvertretung innerhalb von zwei Monaten nach Beginn der Wahlperiode zu einigen. Kommt eine Einigung nicht zustande, so entscheidet auf Antrag der obersten Dienstbehörde oder der Personalvertretung die Präsidentin oder der Präsident des Oberverwaltungsgerichts. Die Beisitzerinnen und Beisitzer werden für das jeweilige Einigungsstellenverfahren benannt; sie müssen Beschäftigte im Geltungsbereich eines Personalvertretungsgesetzes sein.

(2) Die Mitglieder der Einigungsstelle sind unabhängig und üben ihre Tätigkeit als Ehrenamt in eigener Verantwortung aus. Für sie gilt § 40 Abs. 1 Sätze 1 bis 4 und Abs. 3 und, soweit sie Beschäftigte im Geltungsbereich dieses Gesetzes sind, § 42 Abs. 2 entsprechend. Der vorsitzenden Person kann eine Entschädigung für Zeitaufwand gewährt werden. Die Mitglieder scheiden aus der Einigungsstelle außer durch Zeitablauf (Absatz 1 Satz 1) oder Niederlegung des Amtes nur unter den in § 50 Abs. 1 Nr. 1 und 2 des Landesdisziplinargesetzes bezeichneten Voraussetzungen aus, die Beisitzerinnen und Beisitzer ferner bei Beendigung des Dienst- oder Arbeitsverhältnisses im Geltungsbereich eines Personalvertretungsgesetzes.

(3) Die Einigungsstelle wird tätig in der Besetzung mit der vorsitzenden Person oder, falls sie verhindert ist, der Stellvertreterin oder dem Stellvertreter und sechs Beisitzerinnen und Beisitzern, die auf Vorschlag der obersten Dienstbehörde und der Personalvertretung je zur Hälfte benannt werden.

(4) Die Sitzungen der Einigungsstelle sind nicht öffentlich. Den Beteiligten ist die Anwesenheit nur bei der Verhandlung zu gestatten; sachverständigen Personen kann die Teilnahme gestattet werden. Den Beteiligten ist Gelegenheit zur mündlichen Äußerung zu geben, die mit ihrem Einverständnis auch schriftlich erfolgen kann.

(5) Die Einigungsstelle entscheidet durch Beschluß über die Anträge der Beteiligten, sie kann den Anträgen auch teilweise entsprechen. Die Einigungsstelle soll binnen zwei Monaten nach

der Erklärung einer oder eines Beteiligten, die Entscheidung der Einigungsstelle herbeiführen zu wollen, entscheiden. Der Beschluß muß sich im Rahmen der geltenden Rechtsvorschriften, insbesondere des Haushaltsgesetzes, halten. Der Beschluß wird mit Stimmenmehrheit gefaßt.

(6) Der Beschluß der Einigungsstelle ist zu begründen und den Beteiligten zuzustellen. Er bindet diese, soweit er eine Entscheidung im Sinne des Absatzes 5 enthält; § 66 Abs. 7 Satz 4 bleibt unberührt. Eine Bindung besteht nicht in den Fällen des § 66 Abs. 7 Satz 3.

(7) Für die Geschäftsführung der Einigungsstelle gilt § 40 Abs. 1 Sätze 1 bis 4 und Abs. 3 entsprechend.

(8) Besteht bei einer obersten Dienstbehörde ein Hauptpersonalrat oder ein Gesamtpersonalrat, so nimmt dieser die Befugnisse der Personalvertretung nach Absatz 1 Satz 3 und 4 und Absatz 3 wahr.

(9) In den Fällen des § 84, des § 89 Absatz 1 Satz 2 Nummer 2, § 94 Absatz 1 Nummer 3 und des § 94 b Absatz 1 ist die Einigung nach Absatz 1 Satz 3 zwischen der obersten Dienstbehörde und allen Hauptpersonalräten des Geschäftsbereichs herbeizuführen. Bei der Verhandlung von Angelegenheiten aus dem Zuständigkeitsbereich der Hauptpersonalräte nach § 84, § 89 Absatz 1 Satz 2 Nummer 2, § 94 Absatz 1 Nummer 3 und § 94 b Absatz 1 üben diese Hauptpersonalräte das Vorschlagsrecht nach Absatz 3 aus.

§ 68

In den in § 66 Abs. 7 Satz 3 bezeichneten Fällen entscheidet
1. bei Beschäftigten des Landes die Landesregierung,
2. bei Beschäftigten der Gemeinden, der Gemeindeverbände und der sonstigen der Aufsicht des Landes unterstehenden Körperschaften, Anstalten und Stiftungen des öffentlichen Rechts deren verfassungsmäßig zuständiges oberstes Organ oder der von ihm bestimmte Ausschuß

endgültig. Bei Maßnahmen im Bereich der Verwaltung des Landtags tritt an die Stelle der Landesregierung die Präsidentin oder der Präsident des Landtags im Benehmen mit dem Präsidium, im Geschäftsbereich des Landesrechnungshofs die Präsidentin oder der Präsident des Landesrechnungshofs und im Bereich des Landesbeauftragten für Datenschutz und Informationsfreiheit die oder der Landesbeauftragte für Datenschutz und Informationsfreiheit.

§ 69

(1) Soweit der Personalrat an Entscheidungen mitwirkt, ist die beabsichtigte Maßnahme vor der Durchführung mit dem Ziel einer Verständigung rechtzeitig und eingehend mit ihm zu erörtern. § 66 Absatz 3 Satz 7 bis 9 gilt entsprechend.

(2) Äußert sich der Personalrat nicht innerhalb von zwei Wochen oder hält er bei Erörterung seine Einwendungen oder Vorschläge nicht aufrecht, so gilt die beabsichtigte Maßnahme als gebilligt. Erhebt der Personalrat Einwendungen, so hat er der Dienststelle die Gründe mitzuteilen. § 66 Absatz 3 Satz 6 gilt entsprechend. Entspricht die Dienststelle den Einwendungen des Personalrats nicht oder nicht in vollem Umfang, so teilt sie dem Personalrat ihre Entscheidung unter Angabe der Gründe schriftlich mit.

(3) Der Personalrat einer nachgeordneten Behörde kann innerhalb von zwei Wochen nach Zugang der Mitteilung (Absatz 2 Satz 4) die Entscheidung der im Verwaltungsaufbau übergeord-

neten Stelle, bei der eine Stufenvertretung besteht, beantragen. Diese entscheidet nach Verhandlung mit der bei ihr bestehenden Stufenvertretung. Eine Abschrift des Antrags leitet der Personalrat seiner Dienststelle zu.

(4) Ist ein Antrag nach Absatz 3 Satz 1 gestellt, so ist eine beabsichtigte Maßnahme bis zur Entscheidung der angerufenen Stelle auszusetzen.

(5) § 66 Abs. 8 gilt entsprechend.

(6) In den Fällen des Absatzes 2 Satz 4 kann der Personalrat einer Gemeinde, eines Gemeindeverbandes oder einer sonstigen der Aufsicht des Landes unterstehenden Körperschaft, Anstalt oder Stiftung des öffentlichen Rechts die Entscheidung des verfassungsmäßig zuständigen obersten Organs oder des von ihm bestimmten Ausschusses beantragen. Die Absätze 3 bis 5 gelten entsprechend.

§ 70

(1) Dienstvereinbarungen sind zulässig, soweit nicht gesetzliche oder tarifliche Regelungen entgegenstehen. Sie sind unzulässig, soweit sie Arbeitsentgelte oder sonstige Arbeitsbedingungen betreffen, die durch Tarifvertrag geregelt sind oder üblicherweise geregelt werden; dies gilt nicht, wenn ein Tarifvertrag ergänzend Dienstvereinbarungen zuläßt.

(2) Dienstvereinbarungen, die für einen größeren Bereich gelten, gehen den Dienstvereinbarungen für einen kleineren Bereich vor.

(3) Dienstvereinbarungen bedürfen der Schriftform, sie sind von beiden Seiten zu unterzeichnen und von der Dienststelle in geeigneter Weise bekanntzumachen.

(4) Dienstvereinbarungen können, soweit nichts anderes vereinbart ist, mit einer Frist von drei Monaten gekündigt werden. Nach Kündigung oder Ablauf einer Dienstvereinbarung gelten ihre Regelungen in Angelegenheiten, in denen der Spruch der Einigungsstelle die Einigung zwischen Dienststelle und Personalrat ersetzen kann, weiter, bis sie durch eine neue Dienstvereinbarung ersetzt wird. Die Nachwirkung kann ausgeschlossen werden.

§ 71

(1) Entscheidungen, an denen der Personalrat beteiligt war, führt die Dienststelle durch, es sei denn, dass im Einzelfall etwas anderes vereinbart ist.

(2) Wird eine Maßnahme, der der Personalrat zugestimmt hat, von der Dienststelle nicht unverzüglich durchgeführt, so hat diese den Personalrat unter Angabe von Gründen zu unterrichten.

Dritter Abschnitt
Beteiligungspflichtige Angelegenheiten
§ 72

(1) Der Personalrat hat mitzubestimmen in Personalangelegenheiten bei
1. Einstellung, Nebenabreden zum Arbeitsvertrag, erneuter Zuweisung eines Arbeitsplatzes gemäß Arbeitsplatzsicherungsvorschriften sowie nach Beendigung eines Urlaubs ohne Dienstbezüge nach § 70 und § 71 des Landesbeamtengesetzes und nach Beendigung der

Jahresfreistellung nach § 64 des Landesbeamtengesetzes bzw. den entsprechenden Regelungen für Arbeitnehmerinnen und Arbeitnehmer und nach der Rückkehr aus der Elternzeit ohne gleichzeitige Teilzeit, Verlängerung der Probezeit, Befristung von Arbeitsverträgen,

2. Beförderung, Zulassung zum Aufstieg, Übertragung eines anderen Amtes mit niedrigerem Endgrundgehalt,
3. Laufbahnwechsel,
4. Eingruppierung, Höhergruppierung, Herabgruppierung, Übertragung einer höher oder niedriger zu bewertenden Tätigkeit, Stufenzuordnung und Verkürzung und Verlängerung der Stufenlaufzeit gemäß Entgeltgrundsätzen, Bestimmung der Fallgruppen innerhalb einer Entgeltgruppe, wesentliche Änderung von Arbeitsverträgen,
5. Versetzung zu einer anderen Dienststelle, Umsetzung innerhalb der Dienststelle für eine Dauer von mehr als drei Monaten, Umsetzung innerhalb der Dienststelle, die mit einem Wechsel des Dienstortes verbunden ist, wobei das Einzugsgebiet im Sinne des Umzugskostenrechts zum Dienstort gehört,
6. Abordnung, Zuweisung von Beamtinnen und Beamten gemäß § 20 des Beamtenstatusgesetzes, Zuweisung von Arbeitnehmerinnen und Arbeitnehmern gemäß tarifrechtlicher Vorschriften, für eine Dauer von mehr als drei Monaten und ihrer Aufhebung,
7. Kürzung der Anwärterbezüge oder der Unterhaltsbeihilfe,
8. Entlassung von Beamtinnen und Beamten auf Lebenszeit, auf Probe oder Widerruf oder Entlassung aus einem öffentlich-rechtlichen Ausbildungsverhältnis, wenn die Entlassung nicht selbst beantragt wurde,
9. vorzeitiger Versetzung in den Ruhestand, Feststellung der begrenzten Dienstfähigkeit und der Polizeidienstunfähigkeit, wenn die Maßnahme nicht selbst beantragt wurde,
10. Weiterbeschäftigung von Beamtinnen und Beamten und Arbeitnehmerinnen und Arbeitnehmern über die Altersgrenze hinaus,
11. Anordnungen, welche die Freiheit in der Wahl der Wohnung beschränken,
12. Versagung, Untersagung oder Widerruf der Genehmigung einer Nebentätigkeit,
13. Ablehnung eines Antrags auf Teilzeitbeschäftigung oder Urlaub gemäß §§ 63 bis 67 oder §§ 70, 71 des Landesbeamtengesetzes sowie Ablehnung einer entsprechenden Arbeitsvertragsänderung bei Arbeitnehmerinnen und Arbeitnehmern,
14. Ablehnung eines Antrags auf Einrichtung eines Arbeitsplatzes außerhalb der Dienststelle.

Satz 1 gilt für die in § 8 Absatz 1 bis 3 und § 11 Absatz 2 Buchstabe b bezeichneten Beschäftigten und für Dozentinnen und Dozenten gemäß § 20 Fachhochschulgesetz öffentlicher Dienst nur, wenn sie es beantragen; er gilt nicht
1. für die in § 37 des Landesbeamtengesetzes bezeichneten Beamtinnen und Beamten,
2. für Beamtenstellen von der Besoldungsgruppe B 3 an aufwärts, für Stellen der Abteilungsleitung der Generalstaatsanwaltschaften sowie für Arbeitnehmerinnen und Arbeitnehmer, die ein der Besoldungsgruppe B 3 an aufwärts vergleichbares Entgelt erhalten,
3. für überwiegend und unmittelbar künstlerisch tätige Beschäftigte an Theatern, die unter den Geltungsbereich des Normalvertrages (NV) Bühne fallen,
4. für kommunale Wahlbeamtinnen und Wahlbeamte,
5. für Leiterinnen und Leiter von öffentlichen Betrieben in den Gemeinden, den Gemeindeverbänden und den sonstigen der Aufsicht des Landes unterstehenden Körperschaften, Anstalten und Stiftungen des öffentlichen Rechts.

Satz 1 Nr. 5 gilt nicht für Beschäftigte in der Berufsausbildung.

(2) Der Personalrat hat mitzubestimmen in sozialen Angelegenheiten bei

1. Gewährung und Versagung von Unterstützungen, Vorschüssen, Darlehen und entsprechenden Zuwendungen,

2. Zuweisung und Kündigung von Wohnungen, über die die Beschäftigungsdienststelle verfügt, und Ausübung eines Vorschlagsrechts sowie der allgemeinen Festsetzung der Nutzungsbedingungen,

3. Zuweisung von Dienst- und Pachtland und Ausübung eines Vorschlagsrechts sowie Festsetzung der Nutzungsbedingungen,

4. Errichtung, Verwaltung und Auflösung von Sozialeinrichtungen ohne Rücksicht auf ihre Rechtsform,

5. Aufstellung von Sozialplänen einschließlich Plänen für Umschulungen zum Ausgleich von Härtefällen sowie Milderung wirtschaftlicher Nachteile infolge von Rationalisierungsmaßnahmen.

(3) Der Personalrat hat, soweit eine gesetzliche oder tarifliche Regelung nicht besteht, mitzubestimmen in Rationalisierungs-, Technologie- und Organisationsangelegenheiten bei

1. Einführung, Anwendung, wesentlicher Änderung oder wesentlicher Erweiterung von automatisierter Verarbeitung personenbezogener Daten der Beschäftigten außerhalb von Besoldungs-, Gehalts-,Lohn-, Versorgungs- und Beihilfeleistungen sowie Jubiläumszuwendungen,

2. Einführung, Anwendung und Erweiterung technischer Einrichtungen, es sei denn, dass deren Eignung zur Überwachung des Verhaltens oder der Leistung der Beschäftigten ausgeschlossen ist,

3. Einführung grundlegend neuer, wesentlicher Änderung und erheblicher Ausweitung von Arbeitsmethoden,

4. Maßnahmen, die die Hebung der Arbeitsleistung oder Erleichterungen des Arbeitsablaufs zur Folge haben sowie Maßnahmen der Änderung der Arbeitsorganisation,

5. Einführung, wesentlicher Änderung oder wesentlicher Ausweitung betrieblicher Informations- und Kommunikationsnetze,

6. Einrichtung von Arbeitsplätzen außerhalb der Dienststelle.

(4) Der Personalrat hat, soweit eine gesetzliche oder tarifliche Regelung nicht besteht, mitzubestimmen über

1. Beginn und Ende der täglichen Arbeitszeit und der Pausen sowie Verteilung der Arbeitszeit auf die einzelnen Wochentage, Einführung, Ausgestaltung und Aufhebung der gleitenden Arbeitszeit,

2. Anordnung von Überstunden oder Mehrarbeit, soweit sie vorauszusehen oder nicht durch Erfordernisse des Betriebsablaufs oder der öffentlichen Sicherheit und Ordnung bedingt sind, sowie allgemeine Regelung des Ausgleichs von Mehrarbeit,

3. Zeit, Ort und Art der Auszahlung der Dienstbezüge und Arbeitsentgelte,

4. Aufstellung des Urlaubsplans, Festsetzung der zeitlichen Lage des Erholungsurlaubs für einzelne Beschäftigte, wenn zwischen der Dienststelle und der oder dem beteiligten Beschäftigten kein Einverständnis erzielt wird,

5. Fragen der Gestaltung des Entgelts innerhalb der Dienststelle, insbesondere die Aufstellung von Entgeltgrundsätzen, die Einführung und Anwendung von neuen Entgeltmethoden und deren Änderung sowie die Festsetzung der Akkord- und Prämiensätze und ver-

gleichbarer leistungsbezogener Entgelte, einschließlich der Geldfaktoren, sowie entsprechende Regelungen für Beamtinnen und Beamte,

6. Bestellung und Abberufung von Vertrauens- und Betriebsärztinnen und Vertrauens- und Betriebsärzten sowie Sicherheitsfachkräften und Bestellung der oder des Datenschutzbeauftragten,

7. Maßnahmen zur Verhütung von Dienst- und Arbeitsunfällen und sonstigen Gesundheitsschädigungen einschließlich Maßnahmen vorbereitender und präventiver Art,

8. Grundsätze über die Prämierung von anerkannten Vorschlägen im Rahmen des behördlichen und betrieblichen Vorschlagswesens,

9. Regelung der Ordnung in der Dienststelle und des Verhaltens der Beschäftigten,

10. Gestaltung der Arbeitsplätze,

11. Geltendmachung von Ersatzansprüchen gegen eine oder einen Beschäftigten,

12. Maßnahmen nach § 1 Abs. 3,

13. Grundsätze über die Durchführung der Berufsausbildung der Beschäftigten,

14. Richtlinien für die personelle Auswahl bei Einstellungen, bei Versetzungen, bei Höhergruppierungen und bei Kündigungen,

15. Beurteilungsrichtlinien,

16. allgemeine Fragen der Fortbildung der Beschäftigten, Auswahl der Teilnehmerinnen und Teilnehmer an Fortbildungsveranstaltungen,

17. Inhalt von Personalfragebogen,

18. Maßnahmen, die der Durchsetzung der tatsächlichen Gleichberechtigung von Frauen und Männern, insbesondere bei der Einstellung, Beschäftigung, Aus-, Fort- und Weiterbildung und dem beruflichen Aufstieg dienen,

19. Grundsätze der Arbeitsplatz- und Dienstpostenbewertung in der Dienststelle,

20. Abschluss von Arbeitnehmerüberlassungs- oder Gestellungsverträgen,

21. Aufstellung von Grundsätzen zu Arbeitszeitmodellen und erstmalige Einführung grundlegend neuer Formen der Arbeitsorganisation,

22. Übertragung von Arbeiten der Dienststelle, die üblicherweise von ihren Beschäftigten vorgenommen werden, auf Dauer an Privatpersonen oder auf Dritte in jeglicher Rechtsform (Privatisierung).

In den Fällen des Satzes 1 Nr. 11 bestimmt der Personalrat nur auf Antrag der oder des Beschäftigten mit; diese oder dieser ist von der beabsichtigten Maßnahme rechtzeitig vorher in Kenntnis zu setzen. Satz 1 Nr. 17 gilt nicht für den Inhalt von Personalfragebogen, die der Finanzkontrolle durch den Landesrechnungshof dienen.

(5) Der Personalrat hat in den Fällen der Absätze 3 und 4 auch mitzubestimmen, wenn eine Maßnahme probeweise oder befristet durchgeführt werden soll.

§ 73

Der Personalrat wirkt, soweit eine gesetzliche oder tarifliche Regelung nicht besteht, mit bei

1. Verwaltungsanordnungen einer Dienststelle für die innerdienstlichen, sozialen oder persönlichen Angelegenheiten der Beschäftigten ihres Geschäftsbereichs,

2. Stellenausschreibungen, soweit die Personalmaßnahme der Mitbestimmung unterliegen kann,

3. Errichtung, Auflösung, Einschränkung, Verlegung oder Zusammenlegung von Dienststellen oder wesentlichen Teilen von ihnen,

4. behördlichen oder betrieblichen Grundsätzen der Personalplanung,
5. Aufträgen zur Überprüfung der Organisation oder Wirtschaftlichkeit einer Dienststelle durch Dritte,
6. Erhebung der Disziplinarklage gegen eine Beamtin oder einen Beamten, wenn sie oder er die Beteiligung des Personalrats beantragt. Die Beamtin oder der Beamte ist von der Maßnahme rechtzeitig vorher in Kenntnis zu setzen.
7. Maßnahmen zur Beschäftigungsförderung,
8. grundlegenden Änderungen von Arbeitsabläufen bei Wirtschaftsbetrieben.

§ 74

(1) Der Personalrat bestimmt mit bei ordentlichen Kündigungen durch den Arbeitgeber. § 72 Absatz 1 Satz 2 gilt entsprechend.

(2) Der Personalrat ist vor Abmahnungen, bei Kündigungen in der Probezeit, bei außerordentlichen Kündigungen, bei Aufhebungs- oder Beendigungsverträgen und bei Mitteilungen an Auszubildende darüber, dass deren Einstellung nach beendeter Ausbildung nicht beabsichtigt ist, anzuhören. Hierbei sind die Gründe, auf die sich die beabsichtigte Abmahnung oder Kündigung stützen soll, vollständig anzugeben.

(3) Eine ohne Beteiligung des Personalrates ausgesprochene Kündigung oder ein ohne Beteiligung des Personalrates geschlossener Aufhebungs- oder Beendigungsvertrag ist unwirksam.

(4) Der Personalrat kann vor einer Stellungnahme die betroffene Arbeitnehmerin oder den betroffenen Arbeitnehmer anhören. Erhebt der Personalrat Einwendungen gegen die beabsichtigte Maßnahme oder Vereinbarung, hat er der betroffenen Arbeitnehmerin oder dem betroffenen Arbeitnehmer eine Abschrift seiner Stellungnahme zuzuleiten.

(5) Stimmt der Personalrat einer beabsichtigten ordentlichen Kündigung nicht zu, gilt § 66 Absatz 2 und 3 sinngemäß. Das weitere Verfahren regelt sich nach § 66 Absatz 5 und Absatz 7 Satz 1 und 2.

(6) Hat der Personalrat gegen eine beabsichtigte Kündigung in der Probezeit oder gegen eine außerordentliche Kündigung Einwendungen, gibt er diese binnen drei Arbeitstagen der Dienststelle schriftlich zur Kenntnis. Absatz 4 gilt entsprechend.

(7) Will der Personalrat gegen einen Aufhebungs- oder Beendigungsvertrag Einwände erheben, gibt er diese binnen einer Woche schriftlich der Dienststelle zur Kenntnis. Absatz 4 gilt entsprechend.

(8) Bei Initiativanträgen des Personalrats gilt § 66 Absatz 4 und 6 entsprechend.

§ 75

(1) Der Personalrat ist anzuhören bei
1. der Vorbereitung der Entwürfe von Stellenplänen, Bewertungsplänen und Stellenbesetzungsplänen,
2. grundlegenden Änderungen von Arbeitsverfahren und Arbeitsabläufen,
3. der Planung von Neu-, Um- und Erweiterungsbauten sowie der Anmietung von Diensträumen,

4. der Anordnung von amts- und vertrauensärztlichen Untersuchungen zur Feststellung der Arbeits- oder Dienstfähigkeit,

5. der wesentlichen Änderung oder Verlagerung von Arbeitsplätzen.

(2) Die Anhörung hat so rechtzeitig zu erfolgen, daß die Äußerung des Personalrats noch Einfluß auf die Willensbildung der Dienststelle nehmen kann.

§ 76

An Prüfungen, die eine Dienststelle von den Beschäftigten ihres Bereichs abnimmt, kann ein Mitglied des für diesen Bereich zuständigen Personalrats, das von diesem benannt ist, beratend teilnehmen; Teilnahme und Beratung beschränken sich auf den Ablauf der mündlichen Prüfung. Mitglieder des Personalrats dürfen bei Prüfungen, die sie noch abzulegen haben, nicht nach Satz 1 tätig werden.

§ 77

(1) Der Personalrat hat bei der Bekämpfung von Unfall- und Gesundheitsgefahren die für den Arbeitsschutz zuständigen Behörden, die Träger der gesetzlichen Unfallversicherung und die übrigen in Betracht kommenden Stellen durch Anregung, Beratung und Auskunft zu unterstützen und sich für die Durchführung der Vorschriften über den Arbeitsschutz und die Unfallverhütung in der Dienststelle einzusetzen.

(2) Die Dienststelle und die für den Arbeitsschutz zuständigen Stellen sind verpflichtet, den Personalrat oder die von ihm bestimmten Mitglieder des Personalrats bei allen im Zusammenhang mit dem Arbeitsschutz oder der Unfallverhütung stehenden Besichtigungen und Fragen und bei Unfalluntersuchungen hinzuzuziehen. Die Dienststelle hat dem Personalrat unverzüglich die den Arbeitsschutz und die Unfallverhütung betreffenden Auflagen und Anordnungen der in Satz 1 genannten Stellen mitzuteilen.

(3) An den Besprechungen der Dienststelle mit den Sicherheitsbeauftragten nach § 22 Abs. 2 des Siebten Buches Sozialgesetzbuch nehmen vom Personalrat beauftragte Personalratsmitglieder teil.

(4) Der Personalrat erhält die Niederschriften über Untersuchungen, Besichtigungen und Besprechungen, zu denen er nach den Absätzen 1 und 2 hinzuzuziehen ist.

(5) Die Dienststelle hat dem Personalrat eine Durchschrift der nach § 193 Abs. 5 des Siebten Buches Sozialgesetzbuch vom Personalrat zu unterschreibenden oder der nach beamtenrechtlichen Vorschriften zu erstattenden Unfallanzeige auszuhändigen.

Vierter Abschnitt
Beteiligung der Stufenvertretung und des Gesamtpersonalrats
§ 78

(1) In Angelegenheiten, in denen die Dienststelle nicht zur Entscheidung befugt ist, ist an Stelle des Personalrats die bei der zuständigen übergeordneten Dienststelle gebildete Stufenvertretung zu beteiligen. In mitbestimmungs- und mitwirkungspflichtigen Angelegenheiten, in denen die Landesregierung auf Vorschlag einer obersten Landesbehörde entscheidet oder eine

oberste Landesbehörde eine Entscheidung mit Wirkung über ihren Geschäftsbereich hinaus trifft, ist die Stufenvertretung am Vorschlag oder der Entscheidung der obersten Landesbehörde zu beteiligen. Betrifft der Vorschlag oder die Entscheidung nur Beschäftigte oberster Landesbehörden, tritt an die Stelle der Stufenvertretung der bei der obersten Landesbehörde gebildete Personalrat.

(2) Vor einem Beschluß in Angelegenheiten, die einzelne Beschäftigte oder Dienststellen betreffen, gibt die Stufenvertretung den Personalräten Gelegenheit zur Äußerung. In diesem Fall verdoppeln sich die Fristen der §§ 66 und 69.

(3) Werden im Geschäftsbereich mehrstufiger Verwaltungen Maßnahmen von einer Dienststelle beabsichtigt, bei der keine für eine Beteiligung an diesen Maßnahmen zuständige Personalvertretung besteht, ist an ihrer Stelle die Stufenvertretung bei der nächsthöheren Dienststelle zu beteiligen. Sofern in den Fällen des Absatzes 1 Satz 1 und 2 eine Stufenvertretung nicht besteht, tritt an deren Stelle der dortige Personalrat. Sofern in den Fällen des § 66 Absatz 5 oder des § 69 Absatz 3 eine Stufenvertretung zu beteiligen ist und diese nicht besteht, ist an ihrer Stelle die Personalvertretung bei der nächstniedrigerenDienststelle zu beteiligen.

(4) Absatz 1 Satz 1 und die Absätze 2 und 3 gelten entsprechend für die Verteilung der Zuständigkeit zwischen Personalrat und Gesamtpersonalrat.

(5) Für die Beteiligung der Stufenvertretungen und des Gesamtpersonalrats gelten die §§ 62 bis 66 und 68 bis 77 entsprechend.

(6) Die Hauptpersonalräte bei den obersten Landesbehörden können eine Arbeitsgemeinschaft bilden.

Neuntes Kapitel
Gerichtliche Entscheidung

§ 79

(1) Die Verwaltungsgerichte, im dritten Rechtszug das Bundesverwaltungsgericht, entscheiden in den Fällen der §§ 7, 22, 25 und 43 Abs. 2 sowie über

1. Wahlberechtigung und Wählbarkeit,
2. Wahl, Zusammensetzung und Amtszeit der Personalvertretungen und der in den §§ 54 und 60 genannten Vertretungen,
3. Zuständigkeit und Geschäftsführung der Personalvertretungen und der in den §§ 54 und 60 genannten Vertretungen,
4. Rechtsstellung der Mitglieder von Personalvertretungen und der in den §§ 54 und 60 genannten Vertretungen,
5. Bestehen oder Nichtbestehen von Dienstvereinbarungen,
6. Streitigkeiten aus § 67.

(2) Die Vorschriften des Arbeitsgerichtsgesetzes über das Beschlußverfahren gelten entsprechend, der § 89 Abs. 1 Arbeitsgerichtsgesetz mit der Maßgabe, dass die Dienststellen auf die Prozessvertretung durch eine Rechtsanwältin oder einen Rechtsanwalt verzichten können.

(3) Das Beschlussverfahren kann auf die Unterlassung oder Durchführung einer Handlung oder Maßnahme gerichtet sein. § 23 Absatz 3 Betriebsverfassungsgesetz gilt entsprechend. Für einstweilige Verfügungen gilt § 85 Absatz 2 Arbeitsgerichtsgesetz. Die Zwangsvollstreckung findet nach § 85 Absatz 1 Arbeitsgerichtsgesetz statt.

§ 80

(1) Für die nach diesem Gesetz zu treffenden Entscheidungen sind bei den Verwaltungsgerichten des ersten und zweiten Rechtszuges Fachkammern (Fachsenate) zu bilden. Die Zuständigkeit einer Fachkammer kann auf die Bezirke anderer Gerichte oder Teile von ihnen erstreckt werden.

(2) Die Fachkammer (der Fachsenat) besteht aus einer oder einem Vorsitzenden und ehrenamtlichen Richterinnen und Richtern. Die ehrenamtlichen Richterinnen und Richter müssen Beschäftigte des Landes, einer Gemeinde, eines Gemeindeverbandes oder einer sonstigen der Aufsicht des Landes unterstehenden Körperschaft, Anstalt oder Stiftung des öffentlichen Rechts sein. Sie werden durch die Landesregierung oder eine von ihr bestimmte Stelle je zur Hälfte auf Vorschlag
1. der unter den genannten Beschäftigten vertretenen gewerkschaftlichen Spitzenorganisationen und
2. der obersten Landesbehörden
berufen. Für die Berufung und Stellung der ehrenamtlichen Richterinnen und Richter und ihre Heranziehung zu den Sitzungen gelten die Vorschriften des Arbeitsgerichtsgesetzes über ehrenamtliche Richterinnen und Richter entsprechend.

(3) Die Fachkammer (der Fachsenat) wird tätig in der Besetzung mit einer oder einem Vorsitzenden und zwei ehrenamtlichen Richterinnen oder Richtern, von denen je eine oder einer nach Absatz 2 Satz 3 Nummer 1 und 2 berufen worden ist.

Zehntes Kapitel
Sondervorschriften für besondere Verwaltungszweige und die Behandlung von Verschlußsachen

Erster Abschnitt
Polizei

§ 81

Für die im Landesdienst stehenden Beschäftigten der Polizei bei den in § 82 bezeichneten Polizeidienststellen gelten die Vorschriften der Kapitel 1 bis 9 und 11 insoweit, als in diesem Abschnitt nichts anderes bestimmt ist.

§ 82 Dienststellen

Dienststellen im Sinne dieses Gesetzes sind die Kreispolizeibehörden, das Landeskriminalamt, das Landesamt für Zentrale Polizeiliche Dienste, das Landesamt für Ausbildung, Fortbildung und Personalangelegenheiten der Polizei und die Deutsche Hochschule der Polizei.

§ 83 Wahlberechtigung

(1) Abgeordnete Polizeivollzugsbeamtinnen und Polizeivollzugsbeamte sind nur bei ihrer Stammdienststelle wahlberechtigt und wählbar; § 10 Abs. 2 und § 26 Abs. 2 finden keine Anwendung.

(2) Auf die Kommissaranwärterinnen und Kommissaranwärter findet § 72 Abs. 1 Satz 1 Nr. 1 bei Einstellungen und § 72 Abs. 1 Satz 1 Nr. 11 keine Anwendung.

§ 84 Hauptpersonalrat

Beim Innenministerium wird ein Hauptpersonalrat gebildet, dessen Mitglieder von den Beschäftigten der in § 82 bezeichneten Dienststellen gewählt werden.

Zweiter Abschnitt
Lehrkräfte

§ 85

(1) Für Lehrkräfte gelten die Vorschriften der Kapitel 1 bis 6, 8, 9 und 11 insoweit, als in diesem Abschnitt oder in § 69 Schulgesetz NRW nichts anderes bestimmt ist. Für die nach dem Schulgesetz NRW gebildeten Lehrerräte gelten in den Fällen des § 69 Absatz 3 Schulgesetz NRW die §§ 7 Absatz 1, 33, 37, 62 bis 77 und 85 Absatz 4 entsprechend.

(2) Abweichend von § 8 Abs. 1 handelt für das Ministerium, das für das Schulwesen zuständig ist, noch eine andere den Hauptpersonalräten benannte Person mit Entscheidungsbefugnis.

(3) Die Vorschriften über die Gruppen gelten nicht. Als Lehrkräfte im Sinne dieses Abschnitts gelten auch die in der Ausbildung zu einem Lehrerberuf stehenden Beschäftigten sowie pädagogische und sozialpädagogische Mitarbeiterinnen und Mitarbeiter gemäß § 58 Schulgesetz NRW. Lehrkräfte im Dienst der Landwirtschaftskammer gelten nicht als Lehrkräfte im Sinne dieses Abschnitts.

(4) Abweichend von § 63 treten die Dienststelle (§ 92 Satz 1 Nr. 2) und der Personalrat einmal im Schulhalbjahr zu einer gemeinschaftlichen Besprechung zusammen.

(5) In Dienststellen mit in der Regel 100 bis 199 Beschäftigten ist ein Personalratsmitglied von seiner dienstlichen Tätigkeit mit 12 Unterrichtsstunden in der Woche freizustellen. Auf Antrag kann die Dienststelle in den Fällen des § 42 Absatz 2 aus Gründen der Verwaltungsvereinfachung wegen der Teilnahme an Personalratssitzungen und der Erledigung der damit in unmittelbarem Zusammenhang stehenden Aufgaben eine dem durchschnittlichen Zeitaufwand entsprechende Ermäßigung der regelmäßigen wöchentlichen Arbeitszeit bewilligen.

(6) Absatz 4 gilt für das Ministerium, das für das Schulwesen zuständig ist und die bei diesem gebildeten Lehrer-Hauptpersonalräte entsprechend.

§ 86

Im Bereich der Schulen und der Studienseminare werden für Lehrkräfte besondere gemeinsame Personalvertretungen gebildet.

§ 87

(1) Für die im Landesdienst beschäftigten Lehrkräfte an Schulen und an Studienseminaren werden Personalvertretungen – getrennt nach Schulformen und besonderen Einrichtungen des Schulwesens – gebildet.

(2) Für nicht im Landesdienst beschäftigte Lehrkräfte kann die oberste Dienstbehörde bestimmen, daß getrennte Personalvertretungen entsprechend Absatz 1 gebildet werden. Werden getrennte Personalvertretungen nicht gebildet, bilden die Lehrkräfte der verschiedenen Schulformen je eine Lehrergruppe. Für diese Lehrergruppen gelten die Vorschriften dieses Gesetzes über die Gruppenwahl und die Rechte der Gruppen entsprechend, jedoch findet in den Fällen des § 34 Abs. 2 eine gemeinsame Beratung nicht statt.

§ 88

(1) Für die im Landesdienst beschäftigten Lehrkräfte sind die Schulen und die Studienseminare nicht Dienststellen im Sinne dieses Gesetzes.

(2) Dienststellen im Sinnes dieses Gesetzes für nicht im Landesdienst beschäftigte Lehrkräfte sind die Verwaltungen der Gemeinden, Gemeindeverbände und sonstigen der Aufsicht des Landes unterstehenden Körperschaften, Anstalten und Stiftungen des öffentlichen Rechts, bei denen die Lehrkräfte beschäftigt sind.

(3) § 1 Abs. 3 findet keine Anwendung.

§ 89

(1) Bei den aufgrund von § 92 Satz 1 Nr. 2 bestimmten Dienststellen und bei den in § 88 Abs. 2 genannten Dienststellen werden Personalräte gebildet. Für die im Landesdienst beschäftigten Lehrkräfte werden außerdem – getrennt nach Schulformen und besonderen Einrichtungen des Schulwesens –
1. bei den Mittelbehörden Lehrer-Bezirkspersonalräte und
2. bei dem für das Schulwesen zuständigen Ministerium Lehrer- Hauptpersonalräte
gebildet.

(2) Die Bezirkspersonalräte für Lehrkräfte an Hauptschulen und an Förderschulen nehmen bei beteiligungspflichtigen fachaufsichtlichen Maßnahmen der Schulämter die Aufgaben nach diesem Gesetz wahr. In diesen Fällen ist der jeweilige Lehrer-Hauptpersonalrat zuständige Stufenvertretung.

§ 90

(1) Schulleiterinnen und Schulleiter sind wahlberechtigt und wählbar. Sie gelten als Lehrkräfte der Schulform, der die Schule angehört, die sie leiten. Sofern sie Mitglied eines Personalrats sind, dürfen sie dann nicht beratend oder entscheidend tätig werden, wenn sie selbst oder die Schule, die sie leiten, durch die Angelegenheit unmittelbar betroffen sind. Die Sätze 1 und 3 gelten entsprechend für die Ansprechpartnerinnen für Gleichstellungsfragen an Schulen.

(2) Mitarbeiterinnen und Mitarbeiter gemäß § 58 SchulG gelten als Lehrkräfte der Schulform, in der sie überwiegend verwendet werden. Die in der Ausbildung zu einem Lehrerberuf stehenden Beschäftigten gelten als Lehrkräfte der Schulform, der sie im Rahmen der schulpraktischen

Ausbildung zugewiesen werden. Ausbilderinnen und Ausbilder an Studienseminaren gelten als Lehrkräfte der Schulform, in der sie verwendet werden oder vor der Tätigkeit am Studienseminar gemäß § 6 LABG verwendet worden sind.

§ 91

(1) Bei Lehrkräften gilt als Versetzung oder Abordnung im Sinne des § 72 Abs. 1 Nrn. 5 und 6 die Versetzung oder Abordnung an eine Schule oder ein Studienseminar.

(2) Bei Versetzungen von Lehrkräften an eine Schule oder ein Studienseminar gibt der bei der abgebenden Dienststelle gebildete Personalrat dem bei der aufnehmenden Dienststelle gebildeten Personalrat Gelegenheit zur Äußerung. Die Frist zur Äußerung gemäß § 66 Abs. 2 Satz 3 beträgt vier Wochen.

(3) Abordnungen von Lehrkräften nach § 72 Abs. 1 Satz 1 Nr. 6 unterliegen nur dann der Mitbestimmung, wenn sie länger als bis zum Ende des laufenden Schulhalbjahres andauern.

(4) Bei Stellenausschreibungen gemäß § 73 Nr. 2 wirkt der Personalrat nur mit, wenn die Ausschreibung nicht der Vorbereitung einer Maßnahme gemäß § 72 Abs. 1 Satz 1 Nr. 1 oder Nr. 3 dient.

§ 92

Das für das Schulwesen zuständige Ministerium bestimmt durch Rechtsverordnung
1. die Schulformen und besonderen Einrichtungen des Schulwesens, für die getrennte Personalvertretung nach § 87 Abs. 1 und § 89 Abs. 1 Satz 2 zu bilden sind,
2. die Stellen, die für die im Landesdienst beschäftigten Lehrkräfte Dienststellen nach § 88 Abs. 1 sind.
Es hat dabei die Schulstruktur und die Organisation der Schulverwaltung zu berücksichtigen. Schulformübergreifende Versuchsschulen können als besondere Schulform behandelt werden, wenn sie voraussichtlich länger als die Wahlperiode der Personalvertretungen bestehen werden.

Dritter Abschnitt
Staatsanwältinnen, Staatsanwälte und Justizvollzug

§ 93

Für die Staatsanwältinnen und Staatsanwälte gelten die Vorschriften der Kapitel 1 bis 9 und 11 insoweit, als in diesem Abschnitt nichts anderes bestimmt ist.

§ 94

(1) Für Staatsanwältinnen und Staatsanwälte werden besondere Personalvertretungen gebildet, und zwar
1. bei den Staatsanwaltschaften Personalräte,
2. bei den Generalstaatsanwaltschaften Personalräte und Bezirkspersonalräte,
3. beim Justizministerium ein Hauptpersonalrat.

(2) Die Staatsanwältinnen und Staatsanwälte sind nur zu diesen Personalvertretungen wahlberechtigt.

§ 94a

Für die Beschäftigten im Justizvollzug gelten die Vorschriften der Kapitel 1 bis 9 und 11 insoweit, als in diesem Abschnitt nichts anderes bestimmt ist.

§ 94b

(1) Für die Beschäftigten im Justizvollzug wird beim Justizministerium ein besonderer Hauptpersonalrat gebildet.

(2) Die Mitglieder des Hauptpersonalrates werden von den zum Justizvollzug gehörenden Beschäftigten gewählt. Nur zu dieser Stufenvertretung sind sie wahlberechtigt.

Vierter Abschnitt
Referendarinnen und Referendare im juristischen Vorbereitungsdienst

§ 95

Für Referendarinnen und Referendare im juristischen Vorbereitungsdienst gelten die Vorschriften der Kapitel 1 bis 6, 8, 9 und 11 insoweit, als in diesem Abschnitt nichts anderes bestimmt ist.

§ 96

(1) Für Referendarinnen und Referendare im juristischen Vorbereitungsdienst werden besondere Personalvertretungen gebildet, und zwar bei den
1. zu Stammdienststellen bestimmten Landgerichten Personalräte und
2. Oberlandesgerichten Bezirkspersonalräte.

(2) Dienststellen im Sinne dieses Gesetzes sind für Referendarinnen und Referendare im juristischen Vorbereitungsdienst die zu Stammdienststellen bestimmten Landgerichte.

§ 97

(1) Referendarinnen und Referendare im juristischen Vorbereitungsdienst sind nur zum Personalrat der Referendarinnen und Referendare bei dem Landgericht wahlberechtigt, das zu ihrer Stammdienststelle bestimmt ist.

(2) Nicht wahlberechtigt sind Referendarinnen und Referendare im juristischen Vorbereitungsdienst, die am Wahltage
a) unter Wegfall der Unterhaltsbeihilfe beurlaubt oder
b) einer Ausbildungsstelle außerhalb des Landes Nordrhein-Westfalen zugewiesen sind.

(3) Wählbar sind nur wahlberechtigte Referendarinnen und Referendare im juristischen Vorbereitungsdienst, die am Wahltage
1. sich seit mindestens drei Monaten im Vorbereitungsdienst befinden und
2. noch mindestens vier Monate der vorgeschriebenen Ausbildung zu durchlaufen haben.

§ 98

Wahlvorschläge müssen abweichend von § 16 Abs. 5 und 6 nur von mindestens fünf vom Hundert der wahlberechtigten Referendarinnen und Referendare, jedoch von mindestens drei wahlberechtigten Referendarinnen und Referendaren unterzeichnet werden.

§ 99

Die Wahlperiode beträgt zwölf Monate.

§ 100

(1) Der Bezirkspersonalrat beim Oberlandesgericht besteht aus Referendarinnen und Referendaren, die von den Personalräten der Referendarinnen und Referendare bei den Landgerichten des Oberlandesgerichtsbezirks gewählt werden.

(2) In den Bezirkspersonalrat wird für jeweils bis zu 150 Referendarinnen und Referendare, für die das Landgericht zur Stammdienststelle bestimmt ist, eine Referendarin oder ein Referendar gewählt. Wählbar sind Referendarinnen und Referendare, die dem Personalrat beim Landgericht als Mitglied oder als Ersatzmitglied angehören.

(3) Die §§ 17, 18, 50 Abs. 3 Satz 5 und 6 gelten entsprechend. Im übrigen ist § 50 auf den Bezirkspersonalrat der Referendarinnen und Referendare beim Oberlandesgericht nicht anzuwenden. Scheidet ein Mitglied aus dem Bezirkspersonalrat aus, so wählt der Personalrat beim Landgericht, von dem das ausscheidende Mitglied entsandt worden ist, ein neues Mitglied.

§ 101

(1) Auf die Mitglieder der Personalvertretungen der Referendarinnen und Referendare finden § 40 Abs. 2 und § 42 Abs. 3 bis 5 keine Anwendung.

(2) Mitglieder der Personalvertretungen der Referendarinnen und Referendare dürfen gegen ihren Willen einer Ausbildungsstelle außerhalb des Bezirks ihrer Stammdienststelle nur zugewiesen werden, wenn dies auch unter Berücksichtigung der Mitgliedschaft in der Personalvertretung aus dienstlichen oder ausbildungsmäßigen Gründen unvermeidbar ist. Im übrigen soll bei der Zuweisung zu einer Ausbildungsstelle Rücksicht auf die Mitgliedschaft in der Personalvertretung genommen werden. § 43 findet keine Anwendung.

§ 102

(1) Bei Grundsätzen über die Durchführung des juristischen Vorbereitungsdienstes (§ 72 Absatz 4 Nummer 13) sowie bei den anderen in den §§ 62 bis 65 und 72 bis 74 bezeichneten Angelegenheiten, soweit diese ausschließlich Referendarinnen und Referendare im juristischen Vorbereitungsdienst betreffen, sind an Stelle der nach den allgemeinen Vorschriften gebildeten Personalvertretungen die Personalvertretungen der Referendarinnen und Referendare zuständig. § 72 Abs. 1 Satz 1 Nr. 1 ist für die Aufnahme in den juristischen Vorbereitungsdienst nicht anzuwenden.

(2) In Angelegenheiten, die nicht ausschließlich Referendarinnen und Referendare im juristischen Vorbereitungsdienst betreffen, haben die Personalvertretungen der Referendarinnen und Referendare die Befugnisse einer Jugend- und Auszubildendenvertretung.

(3) In den zur Zuständigkeit der Bezirksregierung gehörenden Angelegenheiten ist nach Maßgabe von Absatz 1 und 2 der Bezirkspersonalrat der Referendarinnen und Referendare bei dem Oberlandesgericht zu beteiligen, in dessen Bezirk die Bezirksregierung ihren Sitz hat. In diesen Angelegenheiten nimmt im Rahmen von § 30 Absatz 4 auch eine Vertreterin oder ein Vertreter der Bezirksregierung an der Sitzung teil.

(4) Im Anschluß an das Verfahren nach § 66 Abs. 1 bis 5 können die Präsidentin oder der Präsident des Oberlandesgerichts oder der Bezirkspersonalrat der Referendarinnen und Referendare beim Oberlandesgericht eine Angelegenheit dem Justizministerium vorlegen, welches nach Verhandlung mit dem Bezirkspersonalrat endgültig entscheidet.

§ 103

Die Präsidentin oder der Präsident des Oberlandesgerichts oder des Landgerichts kann sich über § 8 Absatz 1 hinaus auch durch ihre oder seine Ausbildungsleiterin oder ihren oder seinen Ausbildungsleiter vertreten lassen.

Fünfter Abschnitt
Hochschulen

§ 104

Für Dozentinnen und Dozenten nach § 20 FHGöD, wissenschaftliche und künstlerische Mitarbeiterinnen und Mitarbeiter, Lehrkräfte für besondere Aufgaben sowie nach § 78 Hochschulgesetz nicht übernommene Beamtinnen und Beamte und entsprechende Angestellte an den Hochschulen, soweit sie nicht nach § 5 Abs. 4 Buchstabe a von der Geltung dieses Gesetzes ausgenommen sind, gelten die Vorschriften der Kapitel 1 bis 9 und 11 insoweit, als in diesem Abschnitt nichts anderes bestimmt ist. Die Vorschriften über die Gruppen gelten nicht.

§ 105

(1) Für die Beschäftigten nach § 104 werden besondere Personalvertretungen gebildet, und zwar jeweils ein Personalrat bei den Hochschulen und bei den Universitätskliniken. Die Beschäftigten nach § 110 sind nur für die Wahl zu diesen Personalvertretungen wahlberechtigt. § 8 Abs. 3 gilt nicht; für die Hochschule handelt die Präsidentin oder der Präsident oder die Rektorin oder der Rektor, für die Universitätsklinik die Ärztliche Direktorin oder der Ärztliche Direktor.

(2) Werden Medizinische Einrichtungen in der Rechtsform einer Anstalt des öffentlichen Rechts geführt, so handelt für diese die Ärztliche Direktorin oder der Ärztliche Direktor. Beschäftigte nach § 104, die Aufgaben in der Anstalt nach Satz 1 wahrnehmen, gelten personalvertretungsrechtlich auch als Beschäftigte dieser Anstalt; die Beschäftigteneigenschaft bei der Universität bleibt unberührt. Sie sind für die Wahl zu den nach Absatz 1 Satz 1 gebildeten Personalvertretungen wahlberechtigt.

(3) Abweichend von Absatz 1 Satz 2 sind die in § 104 bezeichneten Personen an den Kunsthochschulen auch für die Wahl zum Hauptpersonalrat wahlberechtigt. Sie bilden eine weitere Gruppe im Sinne von § 14 Abs. 1 Satz 1, soweit der Hauptpersonalrat aus mindestens drei Mitgliedern besteht. § 8 Abs. 3 gilt nicht; für die Hochschule handelt die Präsidentin oder der Präsident oder die Rektorin oder der Rektor.

§ 105a

(1) Die Personalräte der Hochschulen gemäß § 105 einerseits sowie die Personalräte der Hochschulen, die die sonstigen Hochschulbeschäftigten vertreten, und die Personalräte der

Universitätskliniken andererseits können sich auf Landesebene jeweils zu einer Arbeitsgemeinschaft (Landespersonalrätekonferenz) zusammenschließen und sich eine Satzung geben. Die Satzungen sind zu veröffentlichen.

(2) Zu den Aufgaben der Landespersonalrätekonferenzen gehört die Koordination der Belange von Hochschulpersonalräten auf Landesebene und die vertrauensvolle Zusammenarbeit mit dem für die Hochschulen zuständigen Ministerium.

(3) Wenn eine Stufenvertretung für die Beschäftigten in Hochschulen und Universitätskliniken nicht besteht, werden die Kosten für den Geschäftsbedarf der Landespersonalrätekonferenzen entsprechend § 40 von dem für die Hochschulen zuständigen Ministerium übernommen, ebenso wie die Kosten einer Freistellung pro Landespersonalrätekonferenz.

(4) Reisen zu den Sitzungen der Landespersonalrätekonferenzen gelten als Dienstreisen der Personalratsmitglieder in Anwendung des Landesreisekostengesetzes.

§ 105b

In den Hochschulen und den Universitätskliniken soll auf Antrag eines oder des Personalrats ein Wirtschaftsausschuss (§ 65 a) gebildet werden. Zu den wirtschaftlichen Angelegenheiten im Sinne des § 65 a Absatz 1 Satz 2 gehört auch die Personalplanung und die Hochschulentwicklungsplanung.

Sechster Abschnitt
Behandlung von Verschlusssachen

§ 106

(1) Die Beteiligung eines Personalrats in beteiligungspflichtigen Angelegenheiten nach diesem Gesetz, die als Verschlusssache mindestens des Geheimhaltungsgrades „VS-Vertraulich" eingestuft sind, setzt voraus, dass die mitwirkenden Personalratsmitglieder nach den dafür geltenden Bestimmungen ermächtigt sind, Kenntnis von Verschlusssachen des in Betracht kommenden Geheimhaltungsgrades zu erhalten.

(2) In Angelegenheiten nach Absatz 1 sind die §§ 30 Abs. 3, 4. Alternative, 31 Abs. 2 Satz 2, 32, 35 und 36 nicht anzuwenden. Diese Angelegenheiten werden in der Personalversammlung nicht behandelt.

(3) Ein Personalrat, dessen Mitglieder sämtlich im Sinne des Absatzes 1 ermächtigt sind, ist in beteiligungspflichtigen Angelegenheiten mindestens des Geheimhaltungsgrades „VS-Vertraulich" insgesamt zu beteiligen. Er kann für die Beteiligung einen Ausschuss bilden, der aus dem Vorstand besteht; er hat diesen Ausschuss zu bilden, wenn die Ermächtigung aller Mitglieder nicht zustande kommt.

(4) Für das Verfahren in der Einigungsstelle und die Beteiligten nach § 67 gilt Absatz 1 sinngemäß. Kommt die Ermächtigung aller Mitglieder der Einigungsstelle nicht zustande, tritt an ihre Stelle ein Gremium, das aus der oder dem Vorsitzenden der Einigungsstelle und je einer oder einem von der obersten Dienstbehörde oder der Personalvertretung vorgeschlagenen Beisitzerin oder Beisitzer besteht.

(5) Die oberste Dienstbehörde kann anordnen, dass in Angelegenheiten nach Absatz 1 den Beteiligten nach Absatz 3 und Absatz 4 Unterlagen nicht vorgelegt und Auskünfte nicht erteilt werden dürfen, soweit dies zur Vermeidung von Nachteilen für das Wohl der Bundesrepublik Deutschland oder eines ihrer Länder oder aufgrund internationaler Verpflichtungen geboten ist. Im Verfahren nach § 79 sind die Voraussetzungen für die Anordnung glaubhaft zu machen.

Elftes Kapitel
Sonder- und Schlussvorschriften

§ 107

Dieses Gesetz findet keine Anwendung auf Kirchen, Religionsgemeinschaften und ihre karitativen und erzieherischen Einrichtungen ohne Rücksicht auf ihre Rechtsform; ihnen bleibt die selbständige Ordnung eines Personalvertretungsrechts überlassen.

§ 108

Vertretungen und Vertrauensleute nach diesem Gesetz wurden im Juni 1975 gewählt. Ihre Wahlperiode beginnt am 1. Juli 1975.

§ 109

Zur Regelung der nach den §§ 10 bis 22, 50, 53, 55 bis 57, 60, 97, 98 und 105 erforderlichen Wahlen erlässt die Landesregierung durch Rechtsverordnung Vorschriften über
a)   die Vorbereitung der Wahl, insbesondere die Aufstellung der Wählerlisten und die Berechnung der Vertreterzahl,
b)   die Frist für die Einsichtnahme in die Wählerlisten und die Erhebung von Einsprüchen,
c)   die Wahlvorschlagslisten und die Frist für ihre Einreichung,
d)   das Wahlausschreiben und die Fristen für seine Bekanntmachung,
e)   die Stimmabgabe,
f)   die Feststellung des Wahlergebnisses und die Fristen für seine Bekanntmachung,
g)   die Aufbewahrung der Wahlakten.

§ 110

Die nach § 3 Abs. 4, § 16 Abs. 4 und 7, § 17 Abs. 2, §§ 19, 20, 22 Abs. 1, § 25 Abs. 1, § 32 Abs. 1, §§ 35, 37 Abs. 2, § 46 Abs. 3 und § 49 den Gewerkschaften zustehenden Rechte haben auch die in der Dienststelle vertretenen Berufsverbände, die einer gewerkschaftlichen Spitzenorganisation angeschlossen sind.

§ 111

§ 70 Abs. 4 Satz 2 findet keine Anwendung auf Dienstvereinbarungen, die vor Inkrafttreten dieses Gesetzes beschlossen worden sind.

§ 112

Abweichend von § 10 Absatz 2 können Beschäftigte, denen gemäß § 44 b Absatz 1 und Absatz 2 Zweites Buch Sozialgesetzbuch Aufgaben der gemeinsamen Einrichtungen zugewiesen sind oder werden, bei den abgebenden Dienststellen wählen oder gewählt werden.

§ 113

(1) Die Regelungen über den Vorsitz gemäß § 29, über die Freistellung gemäß § 42 Absatz 4 und über die Bildung von Personalräten bei den Staatsanwaltschaften gemäß § 94 Absatz 1 finden erstmals bei Neuwahlen Anwendung.

(2) § 1 Abs. 3, 2. Halbsatz findet für die Vertretung des Landes Nordrhein-Westfalen beim Bund keine Anwendung.

§ 114

Dieses Gesetz tritt am 1. Juli 1975 in Kraft. Das Gesetz tritt mit Ablauf des 31. Dezember 2017 außer Kraft.

Personalvertretungsrechtliche Übergangsregelungen im Zusammenhang mit der Änderung des Polizeiorganisationsgesetzes vom 23. Mai 2006

1. Der jeweilige Vorsitzende oder einer seiner Stellvertreter der gemäß § 82 Abs. 2 Landespersonalvertretungsgesetz gewählten Personalvertretungen ist berechtigt, für die laufende Wahlperiode an allen Sitzungen des bei dem jeweiligen Polizeipräsidium gebildeten Personalrats beratend teilzunehmen.

2. Für die bei den Bezirksregierungen verbleibenden Beschäftigten im Sinne von § 82 Abs. 2 Landespersonalvertretungsgesetz sind für die laufende Wahlperiode die nach § 84 Abs. 1 Nr. 1 Landespersonalvertretungsgesetz gebildeten Stufenvertretungen die zuständigen Personalvertretungen.

3. Der Vorsitzende oder sein Stellvertreter der gemäß § 82 Abs. 1 Landespersonalvertretungsgesetz beim Präsidium für die Wasserschutzpolizei gewählten Personalvertretung ist berechtigt, für die laufende Wahlperiode an allen Sitzungen des Personalrats des Polizeipräsidiums gem. § 3 Abs. 1 Polizeiorganisationsgesetz NRW beratend teilzunehmen.

Erläuterung des Landespersonalvertretungsgesetzes

Erstes Kapitel
Allgemeine Vorschriften

§ 1

(1) Bei den Dienststellen des Landes, der Gemeinden, der Gemeindeverbände und der sonstigen der Aufsicht des Landes unterstehenden Körperschaften, Anstalten und Stiftungen des öffentlichen Rechts werden Personalvertretungen gebildet.

(2) Dienststellen im Sinne dieses Gesetzes sind, soweit nicht im Zehnten Kapitel etwas anderes bestimmt ist, die Behörden, Einrichtungen und Betriebe des Landes sowie die Kunsthochschulen des Landes, die Schulen und die Gerichte; bei den Gemeinden, den Gemeindeverbänden und den sonstigen der Aufsicht des Landes unterstehenden Körperschaften, Anstalten und Stiftungen des öffentlichen Rechts bilden die Verwaltungen, die Eigenbetriebe und die Schulen gemeinsam eine Dienststelle.

(3) Nebenstellen oder Teile einer Dienststelle können von der obersten Dienstbehörde zu selbständigen Dienststellen im Sinne dieses Gesetzes erklärt werden, sofern der Nebenstelle oder dem Teil einer Dienststelle eine selbständige Regelungskompetenz im personellen und sachlichen Bereich zusteht.

1. Dienststellen

Dienststellen sind wesentliche Organe des Personalvertretungsrechts; bei ihnen werden Personalvertretungen gebildet. Ohne eine Dienststelle i.S.d. Landespersonalvertretungsgesetzes gibt es demnach keinen Personalrat. Dienststelle und Personalrat stehen sich gleichberechtigt gegenüber (vgl. Anm. 1 und 2 zu § 2).

Angesprochen sind aber nur selbständige Dienststellen. Eine Dienststelle verliert ihre Selbständigkeit, wenn sie keine eigenen Aufgaben mehr besitzt, die es rechtfertigen, einen eigenen Personalrat zu bilden. Von einer Dienststelle kann im personalvertretungsrechtlichen Sinne nur dann die Rede sein, wenn die Dienststelle in personellen, sozialen, organisatorischen und sonstigen innerdienstlichen Angelegenheiten einen eigenen Entscheidungs- und Handlungsspielraum hat. (BVerwG, 6 P 7.00 vom 29.3.2001)

Krankenhäuser, die von einer Gemeinde als Eigenbetrieb geführt werden und die nach der Satzung eigene Organe mit Rechtspersönlichkeit besitzen, sind selbständige Dienststellen. (VGH Baden-Württemberg, PL S 326/99 v0m29.6.1999)

In einer Kommune kann der Rat einen Teil der Verwaltung, der eine organisatorische Selbständigkeit besitzt, durch einen entsprechenden Ratsbeschluss für selbständig erklären. Dadurch entsteht eine eigenständige Dienstselle mit einem eigenen Personalrat.

Für den Wegfall der personalvertretungsrechtlichen Selbständigkeit und des Nicht-Bestehens einer Personalvertretung finden die Grundsätze der Geltendmachung der Nichtigkeit einer Personalratswahl Anwendung, wenn die Dienststelle während der Wahlzeit aufhört zu bestehen. (BVerwG, Beschl. vom 18.1.1990 a.a.O.)

Im Zehnten Kapitel werden Sonderregelungen getroffen, die den allgemeinen Dienststellenbegriff z.B. für Lehrerdienststellen, Polizeidienststeilen usw. verändern.

2. Der Begriff „Personalvertretung"

Den Begriff „Personalvertretung" setzt das Gesetz als bekannt voraus. Auch § 105 LBG spricht lediglich davon, dass „die Personalvertretung" der Beamtinnen und Beamten durch Gesetz geregelt wird. Unter diesen Oberbegriff fallen die örtlichen Personalräte, die Gesamtpersonalräte (§ 52), die Bezirkspersonalräte und die Hauptpersonalräte als Stufenvertretungen (§ 50). Für die Polizei, für die im Landesdienst beschäftigten Lehrer, für Dozenten nach HFG, wissenschaftliche und künstlerische Mitarbeiter, Lehrkräfte für besondere Aufgaben sowie nach § 78 Hochschulgesetz nicht übernommene Beamtinnen und Beamte und entsprechende Angestellte an den Hochschulen und für die Staatsanwälte werden besondere Stufenvertretungen gebildet (§§ 81 ff). Die Jugend- und Auszubildendenvertretungen (§ 54) sowie die Personalvertretungen für Referendare im juristischen Vorbereitungsdienst (§ 95) sind Sondervertretungen. Zu erwähnen sind auch die Personalkommissionen (§ 44), die Rechte des Personalrats vorübergehend wahrnehmen. Ebenso nimmt die Schwerbehindertenvertretung Aufgaben nach dem LPVG wahr (§ 95 u. 96 SGB IX).

Die Bildung von Personalvertretungen ist zwar zwingend vorgeschrieben, ihre Wahl kann aber nicht durchgesetzt werden, wenn die Beschäftigten von ihrem Wahlrecht keinen Gebrauch machen. Völlig unzulässig ist die Einsetzung eines Personalrats durch die Dienststelle.

3. Personalvertretungsgesetz

Die im Personalvertretungsgesetz geregelten Aufgaben und Befugnisse der Personalvertretungen dienen zwar dem Schutz der Beschäftigten, doch die Schutzwirkung ist nicht der eigentliche Gesetzeszweck, sondern ist eine sich aus dem Mitbestimmungsrecht ergebende Folge. Das Personalvertretungsgesetz ist deshalb kein Schutzgesetz im Sinne des § 823 BGB. Ansprüche der einzelnen Beschäftigten auf Schadensersatz, Unterlassung oder Beseitigung gegen den Dienstherrn, auch wenn Bestimmungen des Personalvertretungsgesetzes verletzt werden, bestehen nicht. Die Vorschriften, die das Mitbestimmungsrecht regeln, begründen auch keine arbeitsvertraglichen Pflichten, auf deren Erfüllung der einzelne Mitarbeiter einen klagbaren zivilrechtlichen Anspruch hätte.

4. Der Personalrat

Der Personalrat ist ein öffentlich-rechtliches Organ, das zwar keine reine Interessenvertretung darstellt, aber die Aufgabe hat, die berechtigten Interessen der Beschäftigten in den Dienststellen der öffentlichen Verwaltung wahrzunehmen und auf einen Interessenausgleich zwischen den Dienststellen und den Beschäftigten hinzuwirken. Der Personalrat ist aber kein Organ der Verwaltung und demnach auch nicht in die verwaltungsmäßige Hierarchie eingebunden. Er besitzt keine eigene Rechtspersönlichkeit und ist ohne Vermögen, aber er ist parteifähig in verwaltungsgerichtlichen Verfahren. Der Personalrat kann aber nicht verklagt werden. Es können z.B. keine Schadensersatzansprüche gegen ihn geltend gemacht werden. Das Recht der Personalvertretungen gehört im Unterschied zum Betriebsverfassungsgesetz dem öffentlichen Recht an. Da die Personalräte Rechte und Interessen aller in der Dienststelle vertretenen

Beschäftigten wahrzunehmen haben und nicht zur Unterstützung der spezifischen Ziele der Koalitionen, z.b. der Gewerkschaften, tätig werden dürfen, ist ihre Tätigkeit nicht durch Artikel 9 Abs. 3 GG geschützt. (BVerfG, Beschl. vom 27. 3. 1979, ZBR 1979, 122)

5. Der Geltungsbereich des LPVG

Die Vorschrift umschreibt den sachlichen Geltungsbereich des LPVG. Zu den Dienststellen des Landes gehören alle Behörden und Einrichtungen wie die obersten Landesbehörden, die Landesoberbehörden, die Landesmittelbehörden und die unteren Landesbehörden sowie die Einrichtungen, die einen eigenen Bestand an Personal und technischen Mitteln haben. Auch die der Aufsicht des Landes unterstehenden Körperschaften, Landesbetriebe, Anstalten und Stiftungen des öffentlichen Rechts fallen unter das Gesetz. Nach den Vorschriften des WDR-Gesetzes gehört auch der WDR zu den Anstalten, in denen das Landespersonalvertretungsgesetz NRW anzuwenden ist. Auszug aus dem WDR-Gesetz:

VI . ÜBERGANGS- UND SCHLUSSBESTIMMUNGEN

*§ 55 Anwendung des **Landespersonalvertretungsgesetzes***

(1) Das Landespersonalvertretungsgesetz (LPVG) ist nach Maßgabe der folgenden Bestimmungen anzuwenden.

(2) § 66 Abs. 7 Satz 4 LPVG gilt in den Fällen des § 72 Abs. 1 Satz 1 LPVG entsprechend, soweit es sich um Angelegenheiten von Beschäftigten handelt, die maßgeblich an der Programmgestaltung beteiligt sind.

(3) In den in Absatz 2 bestimmten Fällen entscheidet die Intendantin oder der Intendant endgültig.

(4) § 72 Abs. 1 Satz 1 LPVG gilt nicht für Beschäftigte, die aufgrund eines Tarifvertrags auf Produktionsdauer beschäftigt werden.

6. Kommunale Dienststellen

Zu den Gemeindeverbänden zählen insbesondere die Kreise und die Landschaftsverbände sowie der Kommunalverband Ruhrgebiet. Schulen im Sinne des Gesetzes sind nur öffentliche Schulen, für die das Land, eine Gemeinde oder ein Gemeindeverband oder eine Körperschaft des öffentlichen Rechts Schulträger ist (§§ 78 ff SchulG). Eigenbetriebe sind ausschließlich gemeindliche Unternehmen ohne eigene Rechtspersönlichkeit im Sinne des § 93 GO NW. Kommunale Versorgungsbetriebe mit eigener Rechtspersönlichkeit in privater Rechtsform unterliegen dem Betriebsverfassungsgesetz, auch wenn sich ihre Anteile sämtlich in öffentlicher Hand befinden. Der § 130 BetrVG lässt erkennen – er nimmt die Verwaltungen und Betriebe des Bundes, der Länder, der Gemeinden und sonstigen Körperschaften, Anstalten und Stiftungen des öffentlichen Rechts vom Anwendungsbereich des Gesetzes aus –, dass es ausschließlich auf die Rechtsform der Einrichtungen, nicht aber auf ihre Funktionen ankommt.

Nicht zu den Verwaltungen zählen Kirchen und Religionsgemeinschaften und ihre karitativen und erzieherischen Einrichtungen (sog. Tendenzbetriebe). Auszug aus dem BetrVG:

§ 118 Geltung für Tendenzbetriebe und Religionsgemeinschaften

(1) Auf Unternehmen und Betriebe, die unmittelbar und überwiegend

1. *politischen, koalitionspolitischen, konfessionellen, karitativen, erzieherischen, wissenschaftlichen oder künstlerischen Bestimmungen oder*

2. *Zwecken der Berichterstattung oder Meinungsäußerung, auf die Artikel 5 Abs. 1 Satz 2 des Grundgesetzes Anwendung findet,*

dienen, finden die Vorschriften dieses Gesetzes keine Anwendung, soweit die Eigenart des Unternehmens oder des Betriebs dem entgegensteht. Die §§ 106 bis 110 sind nicht, die §§ 111 bis 113 nur insoweit anzuwenden, als sie den Ausgleich oder die Milderung wirtschaftlicher Nachteile für die Arbeitnehmer infolge von Betriebsänderungen regeln.

(2) Dieses Gesetz findet keine Anwendung auf Religionsgemeinschaften und ihre karitativen und erzieherischen Einrichtungen unbeschadet deren Rechtsform.

7. Sonstige Dienststellen

Bezüglich der Hochschulen wird auf einschlägigen Vorschriften (HFG, HG) verwiesen. Die medizinischen Einrichtungen sind wegen ihrer weitgehenden Selbständigkeit zu besonderen Dienststellen erklärt worden. Gerichte sind selbständig organisierte Dienststellen, die Aufgaben der rechtsprechenden Gewalt ausüben. Richter selbst fallen nicht unter das Gesetz, da sie eigene Richtervertretungen bilden (vgl. LRiG). Für die im Landesdienst beschäftigten Lehrer sind besondere Dienststellen geschaffen worden (Anm. 1 zu § 92).

8. Nebenstellen

Nebenstellen einer Dienststelle sind räumlich und organisatorisch weitgehend selbständige Einrichtungen wie Außenstellen, während Teile einer Dienststelle nur ein geringes Maß an organisatorischer Selbständigkeit besitzen. Es sind dies häufig Abteilungen oder Ämter einer Dienststelle, die sich von dieser durch ihre räumliche Lage abgrenzen. Entscheidend kommt es dabei nicht auf die reine Kilometerentfernung an. Wesentlich ist vielmehr, ob die Verkehrsverhältnisse gewährleisten, dass der Personalrat seine Aufgaben gegenüber der Teil- oder Nebendienststelle auch unter Berücksichtigung der jeweiligen Verkehrsverhältnisse erfüllen kann. (BVerwG, Beschl. vom 11. 7. 1977—VII P 31.77; VG Oldenburg, Beschl. vom 25. 4. 1988, PersR 1990, 31) Die Eigenständigkeit einer Teildienststelle richtet sich nicht danach, dass ihr im Verhältnis zur Gesamtdienststelle wesentliche Entscheidungskompetenzen in personellen und sozialen Angelegenheiten zugewiesen sind. (VGH Bayern, 17 9 97.1167 vom 26.11.1997)

Mit der seit 2007 eingefügten Ergänzung (...*sofern der Nebenstelle oder dem Teil einer Dienststelle eine selbständige Regelungskompetenz im personellen und sachlichen Bereich zusteht*...) wird sichergestellt, dass Teilpersonalräte nur eingerichtet werden dürfen, wenn dort personalvertretungsrechtlich relevante Entscheidungen getroffen werden. Damit wird der mit der Teilungserklärung verfolgte Zweck, die Personalratstätigkeit zu erleichtern, gestützt. Die Formulierung lehnt sich an die Rechtsprechung des Bundesverwaltungsgerichts zum Dienststellenbegriff an. Die Bildung von Teilpersonalräten darüber hinaus davon abhängig zu machen, dass die Teildienststelle räumlich weit von der Hauptdienststelle entfernt ist (wie z.B. beim Bund), ist nicht erforderlich, weil solche Einschränkungen den landesspezifischen Besonderheiten, insbesondere im kommunalen Bereich, nicht gerecht werden. Deshalb wird an der von einer Entscheidung der obersten Dienstbehörde abhängigen flexibleren Landesregelung festgehalten.

Die Dienststelleneigenschaft ist zu verneinen, wenn die Nebenstelle hinsichtlich der Mehrzahl der bedeutsamen Maßnahmen als verantwortlicher Partner/in eines Personalrats ausscheidet.

Die neben der abgrenzbaren Eigenständigkeit der Aufgabenbereiche erforderliche Eigenständigkeit der Organisation bedeutet, dass die Nebenstelle eine von der (Haupt-) Dienststelle abgrenzbare organisatorische Stellung hat, auf deren Grundlage der Nebenstelle gegenüber den dort Beschäftigten erhebliche eigenständige personalvertretungsrechtlich relevante Befugnisse zustehen. Eine Verselbständigung kann dann erfolgen, wenn die Betreuung der Beschäftigten eines ausgegliederten Dienststellenteils durch den Personalrat nur unter sehr ungünstigen Umständen möglich ist. Die Verselbständigung eines Dienststellenteils erfordert nicht, dass der Dienststellenteil personalvertretungsrechtliche Befugnisse besitzt. Die Mehrheit der wahlberechtigten Beschäftigten des zu verselbständigenden Dienststellenteils, nicht lediglich die Mehrheit der an der Abstimmung teilnehmenden wahlberechtigten Beschäftigten, muss die Verselbständigung befürworten.

Bei der Erklärung zu selbständigen Dienststelle bestimmt der Personalrat mit (§ 72 Abs. 4 Nr. 12). Die Entscheidung der obersten Dienstbehörde kann gerichtlich nicht überprüft werden. Das gleiche gilt auch für den Widerruf der Erklärung zur selbständigen Dienststelle. Wird eine Nebenstelle oder ein Teil einer Dienststelle für selbständig erklärt, so sind in der Hauptdienststelle neben dem örtlichen Personalrat ein Gesamtpersonalrat, in der Nebenstelle oder Teildienststelle ebenfalls ein Teilpersonalrat zu errichten (§ 52). Die Erklärung ist jederzeit möglich, wirkt aber erst für die folgende Personalratswahl. (VG Berlin, Beschl. vom 15. 5. 1987, PersR 1988, 112) Wegen der Aufgabenverteilung zwischen einem Gesamtpersonalrat und einem örtlichen Personalrat wird auf Anm. 9 zu § 78 hingewiesen.

Zu den näheren Voraussetzungen der personalvertretungsrechtlichen Verselbständigung von „Nebenstellen" wird auf BVerwG, Beschl. vom 18.1.1990, ZfPR 1990, 113 hingewiesen.

Das Vorhandensein einer Nebenstellenleiterin oder eines Nebenstellenleiters ist nicht zwingend erforderlich für die Rechtswirksamkeit einer personalvertretungsrechtlichen Verselbstständigung. Der Personalrat einer Nebenstelle, die keine Dienststellenleiterin oder keinen Dienststellenleiter hat, kann gegenüber der Hauptdienststelle keinen Informationsanspruch nach § 65 geltend machen. Die Hauptdienststelle muss für die verselbstständigte Nebenstelle auch keine Leiterin oder keinen Leiter berufen. BVerwG, Beschluss v. 13.9.2010 – 6 P 14.09 –

Tritt der Personalrat einer verselbständigten Nebenstelle während der laufenden Wahlperiode zurück und bleibt der Personalrat der Hauptstelle im Amt, so bleibt es bei der Wirksamkeit des Beschlusses nach 1 Abs. 3 für die Dauer der Amtsperiode des Personalrats der Hauptstelle. Dies hat zur Folge, dass in der Nebenstelle für diese Zeit ein neuer Personalrat gewählt werden muss. (OVG NRW, OVG 1 A 2382/98.PVB vom 25.8.1999)

9. Organisatorische Änderungen

Dienststellen unterliegen organisatorischen Änderungen durch Eingliederung einer in der Regel kleineren Dienststelle in eine größere Dienststelle oder durch Verschmelzung mehrerer Dienststellen zu einer einheitlichen neuen Dienststelle. Bei der Eingliederung ist zu prüfen, ob die Voraussetzungen des § 24 Abs. 1 Buchst. a vorliegen. Bei der Verschmelzung muss eine neue Personalvertretung gebildet werden, wobei gemäß § 44 Abs. 1 die Rechte des zu wählenden Personalrats zunächst von der Personalkommission wahrgenommen werden. Bei einer Teilung einer Dienststelle bleibt der Personalrat nach Maßgabe des § 44 Abs. 6 zunächst für die Teile der Dienststelle im Amt (siehe Anm. 5 zu § 44).

Wird eine Dienststelle aufgelöst, verliert die bei ihr gebildete Personalvertretung ihre Existenz, während eine örtliche Verlegung einer organisatorisch unveränderten Dienststelle den Bestand der Personalvertretung nicht berührt.

10. Handlungsfähigkeit einer Dienststelle

Wie bereits in der Übersicht über das Landespersonalvertretungsgesetz NRW weiter oben ausgeführt, hat der Gesetzgeber im gesamten Gesetz eine geschlechtsneutrale Sprache verwendet. Wie hier in § 1 Abs. 3 LPVG und auch an anderen Stellen ist der Begriff Dienststellenleiter wegen der besseren Lesbarkeit nicht durch Dienststellenleiterin/Dienststellenleiter ersetzt worden, sondern durch den Begriff „Dienststelle". Das wirft die Frage auf, ob eine Dienststelle handlungsfähiger Beteiligter sein kann.

Aus dem BPersVG ergibt sich aus § 6 Abs. 1, dass Dienststellen im Sinne dieses Gesetzes die einzelnen Behörden, Verwaltungsstellen und Betriebe der in § 1 genannten Verwaltungen sowie die Gerichte sind. Die Handlungsfähigkeit ist geregelt im Verwaltungsverfahrensgesetz.

§ 12 VwVfG

Handlungsfähigkeit
(1) Fähig zur Vornahme von Verfahrenshandlungen sind
1. *natürliche Personen, die nach bürgerlichem Recht geschäftsfähig sind,*
2. *natürliche Personen, die nach bürgerlichem Recht in der Geschäftsfähigkeit beschränkt sind, soweit sie*
   für den Gegenstand des Verfahrens durch Vorschriften des bürgerlichen Rechts als geschäftsfähig oder
   durch Vorschriften des öffentlichen Rechts als handlungsfähig anerkannt sind,
3. *juristische Personen und Vereinigungen (§ 11 Nr. 2) durch ihre gesetzlichen Vertreter oder durch besonders Beauftragte,*
4. *Behörden durch ihre Leiter, deren Vertreter oder Beauftragte.*

Demnach kann die Dienststelle handlungsfähiger Beteiligter sein, da die Behörde (Dienststelle) durch ihren Leiter Verfahrenshandlungen vornehmen kann. Dienststelle ist im Sprachgebrauch ein Synonym für Behörde.

§ 2

(1) Dienststelle und Personalvertretung arbeiten zur Erfüllung der dienstlichen Aufgaben und zum Wohle der Beschäftigten im Rahmen der Gesetze und Tarifverträge vertrauens-

voll zusammen; hierbei wirken sie mit den in der Dienststelle vertretenen Gewerkschaften und Arbeitgebervereinigungen zusammen.

(2) Dienststelle und Personalvertretung haben alles zu unterlassen, was geeignet ist, die Arbeit und den Frieden der Dienststelle zu beeinträchtigen. Insbesondere dürfen Dienststelle und Personalvertretung keine Maßnahmen des Arbeitskampfes gegeneinander durchführen. Arbeitskämpfe tariffähiger Parteien werden hierdurch nicht berührt.

(3) Außenstehende Stellen dürfen erst angerufen werden, wenn eine Einigung in der Dienststelle nicht erzielt worden ist. Dies gilt nicht für Gewerkschaften, Berufsverbände und Arbeitgeberverbände.

1. Zusammenarbeit zwischen Dienststelle und Personalrat

Aus der Formulierung „Dienststelle und Personalvertretung" ergibt sich die Aufgabenstellung der Personalvertretung in doppelter Hinsicht. Organisatorisch wird deutlich, dass die Personalvertretung Teil der Verwaltung ist und als solches ihre Aufgaben wahrzunehmen hat. Zum anderen wird die partnerschaftliche Stellung von Dienststelle und Personalvertretung hervorgehoben. Die Personalvertretung steht der Leiterin oder dem Leiter der Dienststelle als gleichberechtigter Partner gegenüber (BVerwG vom 03.10. 1983, ZBR 1984, 150 = PersV 1985, 506). Der Personalrat ist der gewählte und damit demokratisch legitimierte Repräsentant der Beschäftigten gegenüber der Dienststelle und nicht deren sozialer Gegenspieler. Das Gebot soll gewährleisten, dass sich Personalvertretung und Dienststellenleitung gegenseitig unterstützen. Ihre Arbeit soll dem Wohle der Beschäftigten dienen und ermöglichen, dass die Dienststelle die ihr obliegenden Aufgaben erfüllt. Das Gebot soll darüber hinaus sicherstellen, dass die Parteien nicht gegeneinander arbeiten.

Die beiden vom Gesetzgeber definierten Ziele der Zusammenarbeit stehen demzufolge gleichrangig nebeneinander. (BVerwG vom 20.08.1962, ZBR 1963, 35; BVerwG vom 25.06.1984, PersV 1984, 500 = ZBR 1985, 26) Der Aufgabenerfüllung der Dienststelle darf in einem Konfliktfall folglich nicht automatisch der Vorrang eingeräumt werden. (BVerwG vom 25.06.1984, PersV 1984, 500 = ZBR 1985, 26) Durch diese Regelung wird außerdem rechtlich umschrieben, dass der Personalrat keine reine Interessenvertretung der Beschäftigten ist, sondern gleichzeitig zur Erfüllung dienstlicher Aufgaben innerhalb der Dienststelle berufen wird. Der Personalrat ist danach auch nicht für das Wohl einzelner Beschäftigter, sondern für das Wohl aller Beschäftigten zuständig. Dies schließt ein, dass er auch Entscheidungen treffen muss, die nachteilig für einzelne, aber vorteilhaft für eine größere Zahl von Beschäftigten ist.

2. Grundsatz der vertrauensvollen Zusammenarbeit

Das Personalvertretungsrecht ist nicht auf Konflikt und Kampf, auf Streit und Auseinandersetzung, sondern auf Partnerschaft und Diskussion angelegt.

Der Grundsatz der vertrauensvollen Zusammenarbeit, hier als Hauptmaxime des Personalvertretungsrechts bewusst an den Anfang des Gesetzes gestellt, ist kein bloßer Programmsatz, sondern unmittelbar geltendes Recht und die Generalklausel für die Zusammenarbeit zwischen Dienststelle und Personalrat. (BVerwG, Beschl. vom 12.3.1986, PV 1986, 417) Dadurch kann aber weder der Aufgabenkatalog des Personalrats erweitert noch die Rechtsstellung der einzelnen Mitglieder einer Personalvertretung verändert werden. Vielmehr gilt der Grundsatz der vertrauensvollen Zusammenarbeit nur im Rahmen des Landespersonalvertretungsgesetzes. Es geht um die Art und Weise, nicht um die rechtlichen Grundlagen der bei Beteiligungsrechten und sonstigen personalvertretungsrechtlichen Aufgaben notwendigen Zusammenarbeit. (BVerwG, Beschl. vom 6.12.1978, ZBR 1979, 240) Das Gesetz enthält insoweit ein allgemeines Verhaltensgebot für die Dienststellenleitung und den Personalrat, die zur einvernehmlichen Lösung von Streitfragen bereit sein und gegenseitig ihren gesetzlichen Aufgabenbereich respektieren müssen. (Hess. VGH, Beschluss vom 23.1.1991, DVBl. 1991, 714) Es ist von einer Dienststellenleiterin oder einem Dienststellenleiter im Rahmen der vertrauensvollen Zusammenarbeit zu erwarten, den Personalrat auch über seine beabsichtigten Maßnahmen, die nicht der Beteiligung nach den Vorschriften der §§ 72 bis 75 unterliegen, so rechtzeitig zu informieren, dass der Personalrat noch die Möglichkeit hat, Einwendungen zu erheben. Auf die Möglichkeiten der Personalvertretung im Rahmen der allgemeinen Aufgaben wird auf die Ausführungen zu §§ 64 und 65 verwiesen.

Die Personalvertretung ist nach dem Gebot der vertrauensvollen Zusammenarbeit verpflichtet, die Dienststelle innerhalb der Ausschlussfristen auf vermeintlich formelle Fehler bei der Einleitung des Beteiligungsverfahrens hinzuweisen. (BVerwG vom 26.8.87 – 6 P 11.86) Die gleiche Verpflichtung gilt für die Dienststellenleitung gegenüber der Personalvertretung.

Der Personalrat darf kein Flugblatt herausgeben, in dem der Dienststellenleiter angegriffen und verdeckt zum Rücktritt aufgefordert wird. (BVerwG vom 27.11.81 – 6 P 38.79, PersV 83, 408) Ein Personalrat verstößt nicht gegen die vertrauensvolle Zusammenarbeit, wenn er bei Gesetzesverstößen und gescheiterten Verhandlungen das Gericht zur Klärung anruft. Keine Verletzung der vertrauensvollen Zusammenarbeit ist die Information der Beschäftigten über allgemeine Angelegenheiten, die sie betreffen, z.B. Rationalisierungsmaßnahmen, Einführung neuer Arbeitsmethoden etc.

Zur Anhörung des Personalrats bei einer Kündigungsmaßnahme gehört nicht nur die Information über eine erteilte Abmahnung, sondern auch über eine bereits hierzu vorliegende Gegendarstellung des Arbeitnehmers. Der Grundsatz der vertrauensvollen Zusammenarbeit kann es dann insgesamt gebieten, dem Personalrat mit einer solchen Gegendarstellung auch Umstände mitzuteilen, die gegen den Ausspruch einer Kündigung sprechen (im Anschluss an BAG-Urteil vom 2.11.1983 – 7 AZR 65/82, DB 1984 S. 407 = AP Nr. 29 zu § 102 BetrVG 1972).

Schwere Verstöße des Personalrats oder einzelner Mitglieder gegen das Gebot der vertrauensvollen Zusammenarbeit können gemäß § 25 zur Auflösung des Personalrats oder zum Ausschluss eines Mitglieds führen. Verstöße von Dienststellenleiterinnen und Dienststellenleitern gegen diesen Grundsatz können disziplinarrechtliche Maßnahmen nach sich ziehen (Hess. VGH, Beschl. vom 30.3.1988 – HPV TL 495/84 – n. v.). Wegen möglicher Sanktionen gegen Dienststellenleiterinnen und Dienststellenleitern wird auf § 79 Abs. 3 und die entsprechenden Erläuterungen verwiesen.

Es besteht kein rechtliches Interesse der Dienststelle an der Feststellung, dass der Personalrat durch ein in der Vergangenheit liegendes und nicht weiterwirkendes Verhalten gegen gesetzliche Fristen verstoßen hat. (BVerwG, 6 P 2.02 vom 12 11.2002 Das BVerwG bringt damit zum Ausdruck, dass vertrauensvolle Zusammenarbeit ab dem Zeitpunkt, in dem Verfehlungen hiergegen abgestellt wurden, wieder unterstellt wird. Ein Nachwirken der Verfehlungen darf es von beiden Seiten nicht geben.

Elemente der vertrauensvollen Zusammenarbeit sind:
* Partnerschaft
* Vertrauen, Offenheit, gegenseitiger Respekt und verlässliche kontinuierliche Arbeit beider Seiten
* Verlässlichkeit, das die Verschwiegenheitspflicht nicht verletzt wird (§ 9)
* Keine einseitige Interessenvertretung
* Vertretung der Beschäftigten bei gleichzeitigem Blick für die Erledigung der Aufgaben der Dienststelle
* Friedenspflicht
* Gemeinschaftliche Besprechungen (§ 63)
* Neutralität
* Anrufung außenstehender Stellen nur bei absoluter Notwendigkeit und im Rahmen der Vorschriften des LPVG
* Rechtzeitige und umfassende Unterrichtung über alle die Beschäftigten angehenden Belange
* Recht und Billigkeit.

3. Die Bindung an Gesetze und Tarifverträge

Das Gebot der Zusammenarbeit im Rahmen der Gesetze und Tarifverträge ist ein Grundsatz der gesamten öffentlichen Verwaltung und somit selbstverständlich. Ohnehin kann das Personalvertretungsrecht weder durch Tarifvertrag noch durch Dienstvereinbarung abweichend von diesem Gesetz geregelt werden (§ 4). Zu den gesetzlichen Normen gehören insbesondere das Haushaltsrecht, das Beamtenrecht, das Tarifvertragsgesetz, die Kündigungsschutzbestimmungen und sonstige Schutzbestimmungen im Bereich des Mutter-, Jugend- und Datenschutzes.

4. Das Zusammenwirken mit Gewerkschaften und Arbeitgebervereinigungen

Die Vorschrift enthält eine generelle Öffnungsklausel für Gewerkschaften und Arbeitgebervereinigungen in den Dienststellen. Das Zusammenwirken dieser Institutionen wird im Einzelnen geregelt. Entscheidungsbefugnisse haben diese Stellen nicht, dagegen im Wesentlichen beratende und unterstützende Funktionen. Die Rechte der Gewerkschaften ergeben sich insbesondere aus § 110.

5. Der Gewerkschaftsbegriff

Zum Gewerkschaftsbegriff vgl. BVerfG, Urteil vom 20.10.1981, BVerfGE 58.233. Eine Gewerkschaft i.S. dieses Gesetzes ist ein Verband, der die dienstrechtlichen Belange der Beschäftigten gegenüber dem Dienstherrn vertritt. (OVG Münster, Beschl. vom 5.2.1983 – CB 32/82) Tariffähigkeit und Streikbereitschaft gehören zumindest bei den Beamtenorganisationen nicht zu den entscheidenden Merkmalen der Gewerkschaft. Die Zubilligung der Eigenschaft als Gewerkschaft kann nicht von der Bereitschaft zum Arbeitskampf abhängig gemacht werden. Dies würde eine verfassungsrechtliche unzulässige Beschränkung der Koalitionsfreiheit darstellen, denn es ist den Organisierten überlassen, sich ihre Organisationsformen und die im Rahmen der Rechtsordnung zulässigen Mittel zur Durchsetzung ihrer Ziele frei auszuwählen. (BVerwG, Beschl. vom 23.11.1962, ZBR 1963, 394) Im Übrigen ist das Merkmal einer Gewerkschaft „Durchsetzungsfähigkeit" (Leistungsstärke, Mächtigkeit, Druck und Gegendruck, Verbandsmacht) auch dann erfüllt, wenn ein Verband über seinen Bundesverband Mitglied einer Tarifgemeinschaft ist. (Hess. VGH, Urteil vom 30.3.1988 – HPV TL 712/87)

Auch die Unterorganisationen (z.B. Orts- oder Kreisverwaltungen) sind Gewerkschaften, wenn sie die notwendige eigene korporative Verfassung, eigenes Vermögen und die Legitimation besitzen, die Gestaltung der dienstrechtlichen Verhältnisse selbständig für ihren Bereich durchzuführen. (BVerwG, Beschl. vom 5.11.1957, BVerwGE, 5.324) Dabei sind Name und Organisationsform unerheblich. (OVG Münster, Beschl. vom 25.2.1975, ZBR 1975, 209) Rechte nach diesem Gesetz haben neben den Gewerkschaften auch Berufsverbände, die einer gewerkschaftlichen Spitzenorganisation angeschlossen sind (§ 110). Andere Berufsverbände haben keine Rechte oder Befugnisse im personalvertretungsrechtlichen Sinn.

In der Dienststelle gelten Gewerkschaften und Berufsverbände als vertreten, wenn ihnen auch nur ein Beschäftigter in der Dienststelle angehört (BAG, Beschl. vom 25.3.1992, DB 1993, 95).

6. Friedenspflicht

Die in Abs. 2 genannte Friedenspflicht verbietet Störungen des betrieblichen Friedens und ist insoweit das Gegenstück zum Gebot der vertrauensvollen Zusammenarbeit, somit eine weitere Maxime des Personalvertretungsrechts. Bereits ihre Gefährdung ist eine Pflichtverletzung. Kein Partner darf den anderen verunglimpfen. Den Personalratsmitgliedern ist z.B. das Verteilen von Flugblättern oder Beiträge in einer eigenen Homepage untersagt, in denen an der Dienststelle eine unsachliche, übertriebene Kritik geübt wird. (vgl. VGH Baden-Württemberg, Beschl. vom 6.9.1988, PV 1990, 133) Die in einem solchen Flugblatt erkennbare Aufforderung zum Rücktritt ist geeignet, den Frieden in der Dienststelle nachhaltig zu stören und die Rechtmäßigkeit der Amtsführung erheblich zu erschüttern. Darin liegt eine grobe Pflichtverletzung, die zur Auflösung des Personalrats führen kann. (BVerwG, Beschl. vom 27.11.1981, PV 1983, 408) Vgl. Anm. 3 zu § 25.

Weder der Dienststelle noch der Personalvertretung ist eine unzutreffende und den Partner herabwürdigende Information der Beschäftigten gestattet. Das verbietet der Grundsatz der vertrauensvollen Zusammenarbeit. (VG Ansbach, Beschluss v. 23.3.2010 – AN 8 P 10.00128 –)

Die Aufforderung einer vorsitzenden Person des Personalrats zur Arbeitsniederlegung kann außerdem zu disziplinarrechtlichen Maßnahmen führen. (BVerwG, Beschl. vom 23.2.1994, ZBR 1994, 280) Zur Wahrung des Arbeitsfriedens ist Zurückhaltung beider Partner geboten. Es ist jedoch disziplinarrechtlich nicht zu beanstanden, wenn eine Beamtin oder ein Beamter als Personalratsmitglied die Interessen der Beschäftigten gegenüber dem Dienststellenleiter überdeutlich und mit Nachdruck vertritt und sich dabei einer Sprachweise bedient, die sonst im Umgang zwischen Vorgesetzten und Untergebenen nicht üblich ist, denn auch die Friedenspflicht gestattet sachliche Kritik und eine entsprechende Schärfe in der Redewendung. (Entscheidung d. Bundesdisziplinargerichts vom 17.8.1993, PersR 1994, 28)

Der Arbeitsfriede kann insbesondere durch eine parteipolitische Agitation in der Dienststelle gefährdet werden. (BAGE 1, 185) Das Verbot des Arbeitskampfes für den Personalrat schließt auch arbeitskampfähnliche Maßnahmen wie Dienst nach Vorschrift ein. Beim Streik, an dem das einzelne Personalratsmitglied in seiner Eigenschaft als Arbeitnehmer teilnehmen kann, muss es strikte Neutralität bewahren.

Den in der Dienststelle vertretenen Gewerkschaften steht ein Zugangsrecht zur Wahrnehmung ihrer personalvertretungsrechtlichen Aufgaben zu. Dazu gehören die ausdrücklich im Gesetz aufgeführten Aufgaben, aber auch alle weiteren Angelegenheiten, die in irgendeinem Zusammenhang mit dem Personalvertretungsgesetz stehen. (BAG vom 26.6.73 – 1 ABR 24/72, ArbuR 73, 279 = BAGE 25, 242; anders Grabendorff u.a., § 2 BPersVG Rn. 17 ff.) Beauftragten einer in der Dienststelle vertretenen Gewerkschaft ist der Zutritt zur Dienststelle zu gewähren, wenn dieser auf Ersuchen des Personalrats an einer Besichtigung des Arbeitsplatzes einer oder eines Beschäftigten durch den Personalrat zur Überprüfung der Eingruppierung teilnehmen soll. (BAG vom 17.1.89 – 1 AZR 805/87, PersR 89, 138)

7. Außenstehende Stellen

Außenstehende Stellen sind insbesondere Presseorgane, Rundfunkanstalten, Parlamentarier, Parteien und alle Dienststellen, die nicht zum eigenen Geschäftsbereich gehören, sowie die gemäß § 79 zur Entscheidung berufenen Verwaltungsgerichte, die erst angerufen werden sollten, wenn trotz nachhaltiger Bemühungen keine Einigung zu erzielen ist. Da die Bestimmung nur als „Vorschaltbremse" verstanden werden, muss steht dem Personalrat jedoch auch das Petitionsrecht nach Artikel 17 GG i. V. m. Artikel 41 a LV NW zu.

Nicht zu den außenstehenden Stellen gehören Gewerkschaften, Berufsverbände und Arbeitgebervereinigungen, die nach diesem Gesetz besondere Funktionen erhalten. Um die Abgrenzungen erkennen zu können, sind die Organe und Institutionen des Personalvertretungsrechts in einer Tabelle zusammengestellt (Anhang 2).

Im Rahmen des Arbeitsschutzes ist es dem Personalrat erlaubt, zuständige Behörden und Träger der Unfallverhütung in Anspruch zu nehmen (Anm. 2 zu § 77).

§ 3

(1) Die Dienststelle und die Personalvertretung in der Dienststelle haben jede parteipolitische Betätigung zu unterlassen; die Behandlung von Tarif-, Besoldungs- und Sozialangelegenheiten wird hierdurch nicht berührt.

(2) Beschäftigte, die Aufgaben nach diesem Gesetz wahrnehmen, werden dadurch in der Betätigung für ihre Gewerkschaft in der Dienststelle nicht beschränkt.

(3) Die Aufgaben der Gewerkschaften und Vereinigungen der Arbeitgeber, insbesondere die Wahrnehmung der Interessen ihrer Mitglieder, werden durch dieses Gesetz nicht berührt.

(4) Zur Wahrnehmung der in diesem Gesetz genannten Aufgaben und Befugnisse der in der Dienststelle vertretenen Gewerkschaften ist deren Beauftragten nach Unterrichtung der Dienststelle Zugang zu der Dienststelle zu gewähren, soweit dem nicht unumgängliche Notwendigkeiten des Dienstablaufs, zwingende Sicherheitsvorschriften oder der Schutz von Dienstgeheimnissen entgegenstehen.

1. Verbot parteipolitischer Betätigung

Das Verbot der parteipolitischen Betätigung wird herausgestellt, weil eine solche Betätigung von Mitgliedern des Personalrats in der Dienststelle besonders dazu geeignet ist, den Arbeitsfrieden zu gefährden (§ 2 Abs. 2). Parteipolitische Propaganda jeder Art ist in der Dienststelle unzulässig. Das gilt insbesondere für die Verteilung von Flugschriften. Artikel 9 Abs. 3 GG schützt nicht die Wahlwerbung einer Partei im Betrieb vor den allgemeinen politischen Wahlen, stellt das BVerfG fest. (Beschl. vom 21.4.1976, DVBl. 1976, 709) Von der politischen Agitation ist die politische Diskussion zu trennen, die schon mit Rücksicht auf das Grundrecht der freien Meinungsäußerung nicht einfach untersagt werden kann (Artikel 5 GG). Personalratssitzungen sind allerdings nicht dazu geeignet, politische Fragen zu erörtern. Hier ist der Personalrat ohnehin auf die Bereiche beschränkt, die zu seinen Aufgaben gehören. Außerhalb der Dienststelle ist es selbstverständlich den Mitgliedern des Personalrats erlaubt, sich parteipolitisch zu betätigen.

2. Gewerkschaftliche Betätigung in der Dienststelle

Den Mitgliedern des Personalrats wird zugestanden, sich auch in der Dienststelle gewerkschaftlich zu betätigen. Dies auch den Beamten zugestandene Recht ergibt sich bereits aus § 103 LBG. Dazu gehört auch traditionell und legitim die Betätigung in Personalvertretungen. (BVerfGE 19, 303, 312) Die Neutralität, die sich bereits aus dem Gleichbehandlungsgebot gemäß § 62 herleitet, darf gegenüber den Beschäftigten allerdings nicht leiden. Zu den durch das Grundgesetz geschützten Tätigkeiten einer Gewerkschaft gehört auch die Mitgliederwerbung. Auch ein einzelnes Gewerkschaftsmitglied aus dem Kreis der Personalratsmitglieder darf Mitgliederwerbung betreiben, auch während der Arbeitszeit. (BVerfG, Beschl. vom 14.11.1995, ZfPR 1996, 77)

Eine übertriebene Werbung muss allerdings zwangsläufig Zweifel an der gewerkschaftsneutralen Amtsführung auslösen und ist deshalb unzulässig. Das gilt insbesondere dann, wenn das Personalratsmitglied die Werbung unter Ausnutzung seiner Stellung durchführt und die Beschäftigten befürchten müssen, dass bei der Ausübung der Beteiligungsrechte durch den Personalrat die Zugehörigkeit zu einer bestimmten Gewerkschaft eine Rolle spielt.

Der Neutralitätspflicht des Personalrats widerspricht es z.B., in seinen Büroräumen Werbematerial für eine Gewerkschaft auszulegen, auszuhängen oder zu verteilen (OVG Lüneburg, Beschl. vom 29.9.1972, ZBR 1973, 122 und Bay. VGH, Urteil vom 27.4.1977, ZBR 1977, 411). Kalender, Schreibtischauflagen, Zettelboxen oder Vergleichbares sind jedoch nicht zu beanstanden, auch wenn das Logo einer Gewerkschaft oder ihr Name deutlich erkennbar angebracht ist. Der Gebrauchsnutzen übersteigt hierbei den Werbenutzen, Im Übrigen ist Wahlpropaganda nur dann zulässig, wenn sie nicht gegen gesetzliche Bestimmungen (z.B. § 185 StGB) oder gegen die guten Sitten verstößt. Eine polemische oder in der Sache übertriebene Werbung darf nicht die Grenzen des Anstandes überschreiten und Verunglimpfungen von Konkurrenten enthalten. Die Werbung einer Gewerkschaft für ihre Kandidatinnen und Kandidaten ist auch dort zulässig, wo diese Gewerkschaft nicht vertreten ist. Ihre Beauftragten sind berechtigt, Werbematerial auszulegen oder zu verteilen. (Bay. VGH, Urteil vom 17.7.1974, PV 1975, 220) Beauftragte von Gewerkschaften können auch Beschäftigte der Dienststelle sein, die ein satzungsmäßiges Mandat ihrer Gewerkschaft innehaben.

Die Aufgaben der Gewerkschaften und Arbeitgebervereinigungen, die sich unmittelbar aus der Koalitionsfreiheit des Art. 9 Abs. 3 GG ergeben, bleiben vom Personalvertretungsgesetz unberührt. Dazu gehören für die Gewerkschaften insbesondere die Betreuungstätigkeit und die Mitgliederwerbung in der Dienststelle oder im Betrieb. Unabhängig von Abs. 2 besteht hierzu ein generelles Zugangsrecht. Das BVerfG hat ursprünglich nur die Gewährleistung des Kernbereichs der gewerkschaftlichen Betätigung auch in der Personalvertretung anerkannt. (BVerfG vom 18.12.85 – 1 BvR 143/83, AP Nr. 15 zu § 87 BetrVG 1972 Arbeitszeit) Danach ist insbesondere die Plakatwerbung, die Verteilung von Informationsmaterial und Nutzung schwarzer Bretter zulässig.

Nach dem Beschluss des BVerfG vom 14.11.1995 – 1 BvR 601/92 dürfen auch freigestellte Mitgliedern von Personalvertretungen werbend für die Gewerkschaft tätig werden. Sie haben aber das Gebot der neutralen Amtsführung zu beachten. (Altvater § 2 Rn. 52)

3. Aufgaben der Gewerkschaften

Die Grundlage für den gewerkschaftlichen Zusammenschluss von Beamten bildet § 103 LBG (vgl. Anm. 2).

Auszug aus dem LBG NRW:

§ 103 LBG NRW

(1) Auf Grund der Vereinigungsfreiheit haben die Beamten das Recht, sich in Gewerkschaften oder Berufsverbänden zusammenzuschließen. Sie können die für sie zuständigen Gewerkschaften oder Berufsverbände mit ihrer Vertretung beauftragen, soweit durch Gesetz nichts anderes bestimmt ist.

(2) Kein Beamter darf wegen Betätigung für seine Gewerkschaft oder seinen Berufsverband dienstlich gemaßregelt oder benachteiligt werden.

Die Aufgaben der Gewerkschaften bestehen gem. Artikel 9 GG darin, die Arbeits- und Wirtschaftsbedingungen zu wahren und zu fördern. Ihnen steht kraft Gesetzes das Recht zu, bei der Vorbereitung allgemeiner Regelungen der beamtenrechtlichen Verhältnisse mitzuwirken, sog. Anhörung bei Gesetzesvorhaben oder vor dem Erlass von Rechtsverordnungen (§ 106 LBG). Für die Arbeitnehmerinnen und Arbeitnehmer im Sinne des Gesetzes steht im Vordergrund, durch Tarifverträge Löhne, Gehälter und günstige Arbeitsbedingungen auszuhandeln. Während die Aufgaben der Gewerkschaften schwerpunktmäßig in der allgemeinen Wahrnehmung der Interessen ihrer Mitglieder über den Bereich der Dienststellen hinaus liegen, werden den Personalvertretungen Aufgaben zugewiesen, die sich in der Regel auf den Bereich der Dienststellen beschränken. Ebenso wie gesetzliche schließen auch tarifrechtliche Regelungen eine Beteiligung des Personalrats im Wege der Mitbestimmung aus (§ 72 Abs. 3 erster Halbsatz und § 72 Abs. 4 erster Halbsatz). Das Monopol der Sozialpartner (Arbeitgeberorganisationen und Gewerkschaften) für die Regelung der Arbeitsbedingungen durch Tarifverträge und Gesetze bzw. Rechtsverordnungen bleibt somit unangetastet.

Wegen des Begriffs „Beauftragte der Gewerkschaften" wird auf Anm. 2 zu § 110 hingewiesen. § 110 enthält auch Hinweise auf die gewerkschaftlichen Tätigkeitsbereiche im Rahmen des Personalvertretungsrechts. Danach haben die Gewerkschaften im Wesentlichen eine Beratungs- und Unterstützungsfunktion gegenüber den Personalvertretungen.

4. Zugangsrecht der Gewerkschaften

Neben dem Recht der Gewerkschaften, an Sitzungen des Personalrats und an Personalversammlungen teilzunehmen, haben die Gewerkschaften auch ein allgemeines Zugangsrecht. Dieses besteht aber nur insoweit, als es zur sinnvollen Wahrnehmung der den Gewerkschaften nach diesem Gesetz zugewiesenen Aufgaben und Befugnisse erforderlich ist. Abs. 4 stellt keine abschließende Regelung des Zutrittsrechts dar. Es besteht immer dann, wenn Gewerkschaftsbeauftragte Aufgaben wahrnehmen wollen, die in einem inneren Zusammenhang mit dem Gesetz stehen und an deren Lösung die Gewerkschaft ein berechtigtes Interesse hat. Es handelt sich also nicht um ein voraussetzungsfreies Zugangsrecht. Hierzu vgl. auch BAG, Urteil vom 14.2.1978, BB 1978, 710.

Das Zugangsrecht besteht, soweit dem nicht unumgängliche Notwendigkeiten des Dienstablaufs, zwingende Sicherheitsvorschriften oder der Schutz von Dienstgeheimnissen entgegenstehen. Dies bedeutet aber nicht, dass die Dienststellenleitung hier ein Ermessen ausüben kann. Der Gesetzesvorbehalt kann im Einzelfall dazu führen, dass das Zugangsrecht auf die Zeit der Pausen während der Arbeitszeit beschränkt ist. Die Unterrichtung der Dienststelle soll die Prüfung ermöglichen, ob der Gesetzesvorbehalt gegeben ist. Wird dies negativ entschieden, darf der ungehinderte Zugang zur Dienststelle nicht verwehrt werden. Dieses Recht der Gewerkschaften eröffnet allerdings nicht die generelle Möglichkeit, jederzeit Besprechungen mit Beschäftigten durchzuführen. Im Einzelfall ist dies möglich, wenn dem Beschäftigten Dienstbefreiung erteilt wird, denn das Recht, Sprechstunden abzuhalten, hat nur der Personalrat (§ 39). Es ist allgemein nicht zu beanstanden und ist in den meisten Bereichen der öffentlichen Verwaltung in NRW auch so geregelt, wenn eine Gewerkschaft einmal jährlich gegen Ende des Dienstbetriebes in den Räumen der Dienststelle eine Versammlung mit ihren Mitgliedern abhält. Der Dienstbetrieb darf hierdurch jedoch nicht beeinträchtigt werden. Die Dienststellenleitung hat ihr Einverständnis hierzu vorher zu erteilen.

Das Zugangsrecht kann auch zum Gegenstand eines verwaltungsgerichtlichen Beschlussverfahrens gemacht werden.

§ 4

Durch Tarifvertrag oder Dienstvereinbarung kann das Personalvertretungsrecht nicht abweichend von diesem Gesetz geregelt werden.

1. Tarifverträge und Dienstvereinbarungen

Während betriebsverfassungsrechtliche Regelungen durch Tarifverträge getroffen werden können (§ 1 TVG, § 3 BetrVG), ist dies für den Bereich des Personalvertretungsrechts durch den § 4 ausgeschlossen.

Die im Gesetz getroffenen Regelungen sind der vertraglichen Disposition, z.B. durch Dienstvereinbarungen, entzogen. Damit ist die einheitliche Anwendung des Personalvertretungsrechts sichergestellt. Deshalb können z.B. die den Personalvertretungen zustehenden Befugnisse weder eingeengt noch erweitert werden. (BAG, Urteil vom 15. 7. 1986 – 1 AZR 645 184) Der Abschluss von Dienstvereinbarungen ist nur im Rahmen der Beteiligung nach § 72 (§ 66 Abs. 4 Satz 1) zulässig. Die Personalvertretung kann nicht gegen den Wortlaut des Gesetzes eigene Regelungen setzen, insbesondere nicht Aufgaben z.B. auf Gewerkschaften, delegieren.

Ein solcher Verzicht ist von dem bei der Wahl zum Ausdruck gekommenen Willen der Beschäftigten nicht mit eingeschlossen. (BVerwG, Beschl. vom 16.9.1977, BVerwGE 32, 186)

2. Rechtsfolgen

Wenn schon keine abweichende Regelung durch Tarifvertrag oder durch Dienstvereinbarung möglich ist, muss davon ausgegangen werden, dass dies schon gar nicht durch stillschweigende Duldung zulässig ist. „Kann nicht geregelt werden" bedeutet, dass jede Gesetzesabweichung unzulässig und nichtig ist.

§ 5

(1) Beschäftigte im Sinne dieses Gesetzes sind die Beamtinnen und Beamten und Arbeitnehmerinnen und Arbeitnehmer und arbeitnehmerähnlichen Personen im Sinne des § 12a Tarifvertragsgesetz der in § 1 bezeichneten Körperschaften, Anstalten und Stiftungen des öffentlichen Rechts einschließlich der Personen, die sich in der Berufsausbildung befinden. Beschäftigte im Sinne dieses Gesetzes sind auch diejenigen, die in der Dienststelle weisungsgebunden tätig sind oder der Dienstaufsicht unterliegen, unabhängig davon, ob ein Arbeits- oder Dienstverhältnis zur Dienststelle besteht. Richterinnen und Richter sind nicht Beschäftigte im Sinne dieses Gesetzes.

(2) Wer Beamtin oder Beamter ist, bestimmen die Beamtengesetze. Als Beamtin oder Beamter gelten auch Beschäftigte in einem öffentlich-rechtlichen Ausbildungsverhältnis.

(3) Arbeitnehmerinnen und Arbeitnehmer im Sinne dieses Gesetzes sind Beschäftigte, die nach dem für die Dienststelle maßgebenden Tarifvertrag oder nach der für die Dienststelle geltenden Dienstordnung oder nach ihrem Arbeitsvertrag Arbeitnehmerinnen oder Arbeitnehmer sind oder als übertarifliche Arbeitnehmerinnen oder Arbeitnehmer beschäftigt werden einschließlich der zu ihrer Berufsausbildung Beschäftigten.

(4) Als Beschäftigte im Sinne dieses Gesetzes gelten nicht
   a) Hochschullehrerinnen und Hochschullehrer, Lehrbeauftragte mit einem Lehrumfang unter vier Lehrveranstaltungsstunden, studentische Hilfskräfte, nach § 78 Hochschulgesetz nicht übernommene Hochschullehrerinnen und Hochschullehrer, Fachhochschullehrerinnen und Fachhochschullehrer und entsprechende Beschäftigte an Hochschulen, Hochschuldozentinnen und Hochschuldozenten, wissenschaftliche und künstlerische Assistentinnen und Assistenten, Oberassistentinnen und Oberassistenten, Oberingenieurinnen und Oberingenieure und entsprechende Beschäftigte an Hochschulen,
   b) Professorinnen und Professoren an der Sozialakademie,
   c) Ehrenbeamtinnen und Ehrenbeamte,
   d) Rechtspraktikantinnen und Rechtspraktikanten,
   e) Personen, die überwiegend zu ihrer Heilung, Wiedereingewöhnung, sittlichen Besserung oder Erziehung beschäftigt werden,
   f) Personen, die nur vorübergehend ausschließlich zur Behebung eines durch höhere Gewalt bedingten Notstandes beschäftigt werden.

(5) Bei gemeinsamen Dienststellen des Landes und anderer Körperschaften gelten die im Landesdienst Beschäftigten als zur Dienststelle des Landes und die im Dienst der Körperschaft Beschäftigten als zur Dienststelle der Körperschaft gehörig.

1. Beschäftigtenbegriff

Beschäftigter ist der Oberbegriff für die Beamtinnen und Beamten und Arbeitnehmerinnen und Arbeitnehmer, wozu auch die in der Berufsausbildung stehenden Verwaltungslehrlinge, Auszubildende, Anwärterinnen und Anwärter und Praktikantinnen und Praktikanten gehören. Beschäftigter ist, wer in die Dienststelle eingegliedert und Weisungen unterworfen ist; d.h., es müssen personelle und soziale Bindungen bestehen, die den personalvertretungsrechtlichen Schutz erfordern (BVerwG, Beschl. vom 11.2.1981 – 6 P 14.80). Die Beschäftigteneigenschaft setzt in der Regel ein rechtswirksames Dienst- oder Arbeitsverhältnis voraus. Ein sog. faktisches Arbeitsverhältnis genügt jedoch, wenn es sich um eine Einordnung in die Dienststelle von gewisser Dauer und mit Weisungsgebundenheit handelt (BVerwG, Beschl. vom 19.6.1980, ZBR 1981, 69). Personen, die aufgrund eines Gestellungsvertrages (z.B. Religionslehrer der Kirchen) für die Dienststelle tätig sind, stehen in keiner arbeits- oder dienstrechtlichen Beziehung zu dieser Dienststelle (BVerwG, Beschl. vom 3.9.1990, ZTR 1991, 38). Im parlamentarischen Verfahren ist in Absatz 1 der Satz 2 aufgenommen worden, der die Rechte der Leiharbeitnehmerinnen und Leiharbeitnehmer stärkt. In § 14 AÜG ist für den Bereich des Betriebsverfassungsgesetztes und des BPersVG zwar anderes geregelt, aber nach der Förderalismusreform I ist es den Ländern unbenommen, eigenständige Regelungen zu treffen. Die Rechtsprechung entwickelt sich ebenfalls in die jetzt vom LPVG NRW normierte Regelung. So der VGH Hessen: Den von einem privaten Verleiher in einer Dienststelle eingesetzten Leiharbeitnehmerinnen und Leiharbeitnehmern steht nach ihrer Eingliederung und einer Beschäftigungsdauer von länger als drei bzw. sechs Monaten ein aktives bzw. passives Wahlrecht für den Personalrat der entleihenden Beschäftigungsdienststelle zu. (VGH Hessen, Beschluss v. 18.11.2010 – 22 A 959/10.PV) Ob die Beschäftigten hauptamtlich oder nebenberuflich, mit regelmäßiger oder herabgesetzter Arbeitszeit tätig sind, ist unerheblich. Für die Begriffsbestimmung kommt es auch weder auf die Dauer der Zugehörigkeit zur Dienststelle noch auf die Dauer der Arbeitszeit an. Wenn allerdings keine regelmäßig dauernde, sondern nur vorübergehende und geringfügige Tätigkeit (z.B. vorübergehende Ferienbeschäftigung von etwa zwei Monaten (Beschl. d. BVerwG vom 25.9.1995, ZfPR 1996, 51) vorliegt, so führt dies zu keiner Bindung an die Dienststelle und zu keiner Eingliederung in sie. Eine Unterordnung solcher Personen unter das Personalvertretungsrecht ist nicht gerechtfertigt. (BVerwG, Beschl. vom 27.11.1991, ZfPR 1992, 76) Beschäftigte können auch in mehreren Dienststellen haupt- oder nebenberuflich tätig sein und besitzen in diesen Dienststellen jeweils die Stellung eines Beschäftigten. (Engelhard-Ballerstedt, Anm. 7 zu § 3)

2. Der Beamtenbegriff

Nach § 1 LBG ist Beamtin oder Beamter, wer zum Land, zu einer Gemeinde, einem Gemeindeverband oder einer sonstigen der Aufsicht des Landes unterstehenden Körperschaft, Anstalt oder Stiftung des öffentlichen Rechts in einem öffentlich-rechtlichen Dienst- und Treueverhältnis (Beamtenverhältnis) steht. Die Beamtin oder der Beamte wird gemäß § 15 Abs. 2 LBG durch Aushändigung einer Ernennungsurkunde ernannt, die bestimmten Erfordernissen genügen muss. Beamtinnen und Beamte, die im Disziplinarverfahren vorläufig ihres Dienstes enthoben worden sind, behalten ihre Stellung als Beschäftigter. Dagegen ruht die Mitgliedschaft im Personalrat gemäß § 27.

3. Der Begriff Arbeitnehmerin/Arbeitnehmer

Das Gesetz stellt hierbei auf die maßgebenden Tarifverträge (TVL/TvöD) ab. Da der im Tarifvertrag normierte Begriff Beschäftigte im Personalvertretungsrecht anderweitig belegt ist, werden die Arbeitnehmerinnen und Arbeitnehmer vom Tarifvertrag abweichend im LPVG so benannt.

4. Beschäftigte in der Berufsausbildung

Die Beschäftigten in der Berufsausbildung gemäß § 1 BBiG zählen zu der Gruppe, die der Tätigkeit entspricht, zu der sie ausgebildet werden. Die in einem öffentlich- rechtlichen Ausbildungsverhältnis stehenden Beamtinnen und Beamten auf Widerruf und die Praktikantinnen und Praktikanten sind der Gruppe der Beamtinnen und Beamten zuzurechnen. Alle übrigen in der Ausbildung befindlichen Beschäftigten werden durchweg der Gruppe der Arbeitnehmerinnen und Arbeitnehmer zugeordnet. Die tatsächliche Eingliederung der Auszubildenden in die Dienststelle ist aber nicht ausreichend, wenn die Auszubildenden in Dienststellen tätig sind, andererseits ein privatrechtliches Arbeitsverhältnis zu einem privaten Arbeitgeber besteht. (BVerwG, Beschl. vom 18.3.1982, PV 193, 70) Sie sind lediglich Empfänger der Ausbildungsleistung und nehmen keine Aufgaben der Dienststelle wahr. Vgl. auch BVerwG, Beschl. vom 3.7.1984 – 6 P 39.82.

5. Herausgenommene Personen

Absatz 4 schränkt den Personenkreis ein, der nicht zu den Beschäftigten i. S. des Gesetzes zählt. Die Vorschrift ist eng auszulegen, denn der Kreis der Beschäftigten, deren Angelegenheiten nicht der Beteiligung der Personalvertretung unterliegen soll, ist auf ein Mindestmaß zu beschränken.

Die Herausnahme der in Buchstabe a Genannten aus dem Kreis der Beschäftigten ist darauf zurückzuführen, dass ihre Belange durch die im Gesetz oder durch Satzung bestimmten Organe der Hochschulen als Selbstverwaltungskörperschaften wahrgenommen werden. Für das wissenschaftliche Personal sind Sondervertretungen zu bilden (§ 104). Studentische Tutoren, die ihre Tätigkeit an einer anderen Hochschule ausüben als an der, an der sie immatrikuliert sind, sowie akademische Tutoren sind Beschäftigte i. S. des Personalvertretungsrechts. Sie gehören zur Gruppe der Arbeitnehmer und nicht zur Gruppe der wissenschaftlich Beschäftigten. (BVerwG, Beschl. vom 18.3.1981, PV 1982, 280)

Lehrbeauftragte und Arbeitnehmer, die aufgrund eines mit einer Hochschullehrerin oder einem Hochschullehrer abgeschlossenen Dienstvertrages für ein aus Mitteln Dritter finanziertes Forschungsvorhaben arbeiten und aus diesen Mitteln bezahlt werden, sind keine Beschäftigten i. S. des Personalvertretungsrechts. (BVerwG, Beschl. vom 30.6.1980, ZBR 1981, 130) Das Gleiche gilt für unter vier Stunden beschäftigte Lehrbeauftragte, auch wenn dies ihre einzige Erwerbsquelle ist.

Weitere Beschränkungen sind nicht vorgesehen, so dass auch Personen, deren Beschäftigung durch Beweggründe karitativer oder religiöser Art bestimmt sind, zu den Beschäftigten zählen, sofern sie in einem Arbeitsverhältnis zu einer juristischen Person i. S. des § 1 stehen.

6. Beschäftigte bei gemeinsamen Dienststellen

Bei gemeinsamen Dienststellen des Landes und anderer Körperschaften werden die im Landesdienst Beschäftigten der Dienststelle des Landes und die im Dienst der Körperschaft Beschäftigten der Dienststelle der Körperschaft zugeordnet.

7. Arbeitnehmerähnliche Personen

Die Aufnahme arbeitnehmerähnlicher Personen im Sinne des § 12a Tarifvertragsgesetz ist ein weiterer Schritt, möglichst alle abhängig Beschäftigte, die nicht unter den Schutz des BetrVG fallen, zu Beschäftigten i. S. d. des LPVG zu machen. Die arbeitnehmerähnlichen Personen sind nichtangestellte Beschäftigte, die die Hälfte (bzw. ein Drittel) ihres Einkommens bei einem Arbeitgeber erhalten.

Auszug aus dem Tarifvertragsgesetz:

§ 12a Arbeitnehmerähnliche Personen

(1)   Die Vorschriften dieses Gesetzes gelten entsprechend

1. *für Personen, die wirtschaftlich abhängig und vergleichbar einem Arbeit- nehmer sozial schutzbedürftig sind (arbeitnehmerähnliche Personen), wenn sie auf Grund von Dienst- oder Werkverträgen für andere Personen tätig sind, die geschuldeten Leistungen persönlich und im wesentlichen ohne Mitarbeit von Arbeitnehmern erbringen und*

   a) *überwiegend für eine Person tätig sind oder*

   b) *ihnen von einer Person im Durchschnitt mehr als die Hälfte des Entgelts zusteht, das ihnen für ihre Erwerbstätigkeit insgesamt zusteht; ist dies nicht voraussehbar, so sind für die Berechnung, soweit im Tarifvertrag nichts anderes vereinbart ist, jeweils die letzten sechs Monate, bei kürzerer Dauer der Tätigkeit dieser Zeitraum, maßgebend,*

2. *für die in Nummer 1 genannten Personen, für die die arbeitnehmerähnlichen Personen tätig sind, sowie für die zwischen ihnen und den arbeit- nehmerähnlichen Personen durch Dienst- oder Werkverträge begründeten Rechtsverhältnisse.*

(2) Mehrere Personen, für die arbeitnehmerähnliche Personen tätig sind, gelten als eine Person, wenn diese mehreren Personen nach der Art eines Konzerns (§ 18 des Aktiengesetzes) zusammengefasst sind oder zu einer zwischen ihnen bestehenden Organisationsgemeinschaft oder nicht nur vorübergehenden Arbeitsgemeinschaft gehören.

(3) Die Absätze 1 und 2 finden auf Personen, die künstlerische, schriftstellerische oder journalistische Leistungen erbringen, sowie auf Personen, die an der Erbringung, insbesondere der technischen Gestaltung solcher Leistungen unmittelbar mitwirken, auch dann Anwendung, wenn ihnen abweichend von Absatz 1 Nr. 1 Buchstabe b erster Halbsatz von einer Person im Durchschnitt mindestens ein Drittel des Entgelts zusteht, das ihnen für ihre Erwerbstätigkeit insgesamt zusteht.

(4) Die Vorschrift findet keine Anwendung auf Handelsvertreter im Sinne des § 84 des Handelsgesetzbuchs.

Diese Regelung gilt unter anderem für Dozentinnen und Dozenten der Volkshochschulen, freiberufliche Wissenschaftler an den Hochschulen des Landes und für die beim WDR beschäftigten freien Mitarbeiterinnen und Mitarbeiter.

§ 6

Beamtinnen und Beamte sowie Arbeitnehmerinnen und Arbeitnehmer bilden je eine Gruppe.

Durch die neuen Tarifverträge (TVöD und TVL) wurde die bisherige Unterscheidung zwischen Angestellten und Arbeiterinnen und Arbeitern aufgegeben. Der in den Tarifverträgen verwendete Begriff „Beschäftigte" konnte nicht übernommen werden, da mit Beschäftigte im Sinne des LPVG alle Mitarbeiterinnen und Mitarbeiter einer Dienststelle bezeichnet werden.

§ 7

(1) Personen, die Aufgaben oder Befugnisse nach diesem Gesetz wahrnehmen, dürfen darin nicht behindert werden und wegen ihrer Tätigkeit nicht benachteiligt oder begünstigt werden; dies gilt auch für ihre berufliche Entwicklung.

(2) Beabsichtigt der Arbeitgeber, eine oder einen in einem Berufsausbildungsverhältnis nach dem Berufsbildungsgesetz, dem Krankenpflegegesetz oder dem Hebammengesetz stehende Beschäftigte oder stehenden Beschäftigten (Auszubildende oder Auszubildenden), die oder der Mitglied einer Personalvertretung oder einer Jugend- und Auszubildendenvertretung ist, nach erfolgreicher Beendigung des Berufsausbildungsverhältnisses nicht in ein Arbeitsverhältnis auf unbestimmte Zeit zu übernehmen, so hat er dies drei Monate vor Beendigung des Berufsausbildungsverhältnisses der oder dem Auszubildenden schriftlich mitzuteilen.

(3) Verlangt eine oder ein in Absatz 2 genannte Auszubildende oder genannter Auszubildender innerhalb der letzten drei Monate vor Beendigung des Berufsausbildungsverhältnisses schriftlich vom Arbeitgeber ihre oder seine Weiterbeschäftigung, so gilt zwischen der oder dem Auszubildenden und dem Arbeitgeber im Anschluss an das erfolgreiche Berufsausbildungsverhältnis ein Arbeitsverhältnis auf unbestimmte Zeit als begründet.

(4) Die Absätze 2 und 3 gelten auch, wenn das Berufsausbildungsverhältnis vor Ablauf eines Jahres nach Beendigung der Amtszeit der Personalvertretung oder der Jugend- und Auszubildendenvertretung erfolgreich endet.

(5) Der Arbeitgeber kann spätestens bis zum Ablauf von zwei Wochen nach Beendigung des Berufsausbildungsverhältnisses beim Verwaltungsgericht beantragen,
   a) festzustellen, dass ein Arbeitsverhältnis nach den Absätzen 3 oder 4 nicht begründet wird, oder
   b) das bereits nach den Absätzen 3 oder 4 begründete Arbeitsverhältnis aufzulösen,
wenn Tatsachen vorliegen, aufgrund derer dem Arbeitgeber unter Berücksichtigung aller Umstände die Weiterbeschäftigung nicht zugemutet werden kann. In dem Verfahren vor dem Verwaltungsgericht ist die Personalvertretung, bei einem Mitglied der Jugend- und Auszubildendenvertretung auch diese beteiligt.

(6) Die Absätze 3 bis 5 sind unabhängig davon anzuwenden, ob der Arbeitgeber seiner Mitteilungspflicht nach Absatz 2 nachgekommen ist.

1. Verbot der Behinderung, Benachteiligung und Begünstigung

Der Begriff der Behinderung ist umfassend zu verstehen als jedes Tun oder pflichtwidriges Unterlassen, das eine wie auch immer geformte Beeinträchtigung von Beschäftigten bei der freien Wahrnehmung von Aufgaben und Befugnissen nach diesem Gesetz nach sich zieht. Die Behinderung ist unabhängig von dem subjektiven Empfinden des Betroffenen. Eine Einwilligung in die konkrete Behinderung würde den Tatbestand einer Behinderung ausschließen. Durch die Ausgrenzung des § 43 Abs. 2 ist die Versetzung, Umsetzng und Abordnung kein Fall des Halbsatzes 1.

Auch der Personalrat darf seine Mitglieder nicht behindern. (VGH Kassel, PersV 1975, S. 64; PersV 1976, S. 347)

Durch ein Unterlassen wird nur dann gegen das Behinderungsverbot verstoßen, wenn eine Rechtspflicht zum Handeln besteht. (VGH Kassel, PersV 1991, S. 538) Dies kann z.b. dadurch geschehen, dass dem Personalrat kein geeigneter Sitzungsraum und/oder verschließbare Möbel zur Verfügung gestellt werden oder dem Wahlvorstand keine Wahlurne oder ein Wahlraum verweigert wird.

Eine besondere Ausprägung des Benachteiligungsverbots wäre es, wenn die Berechtigung zur Versäumnis von Arbeitszeit im Sinne von § 42 Abs. 2 ausgeschlossen würde.

Die Untersagung einer Benachteiligung verbietet eine Zurücksetzung oder Schlechterstellung des Beschäftigten gegenüber mandatslosen, sonst aber vergleichbaren Beschäftigten (vgl. BAG, PersV 1984, S. 331), unabhängig davon, ob sie auf eine konkrete mandatsbezogene Tätigkeit der Mandatsinhaberin oder des Mandatsinhabers bezogen werden kann. Dabei reicht es nicht aus, wenn die Maßnahme auch einen anderen Beschäftigten treffen könnte. So kann eine diskriminierende Umsetzung, die nur den Mandatsinhaber betrifft, gegen das Verbot verstoßen. (BAG, PersV 1984, S. 331)

Hält ein Arbeitgeber einen Mitbewerber für besser als ein Personalratsmitglied, weil dies nicht mehr über dieselben fachlichen Leistungen verfügt oder solche nicht mehr feststellbar sind, liegt auch dann eine Benachteiligung vor, wenn die Entscheidung zu Gunsten des Mitbewerbers nicht zu beanstanden ist. (BAG, NZA 1999, S. 717 – PersV 1999, S. 416)

Auch die Benachteiligung ist unabhängig von dem subjektiven Empfinden des Betroffenen, doch würde auch hierbei eine Einwilligung die Pflichtverletzung ausschließen. Andererseits setzt die Verletzung des Benachteiligungsverbots genauso wie die Verletzung des Begünstigungsverbots beim Handelnden ein Verschulden voraus.

Zur Verweigerung der Zustimmung durch den Personalrat bei Einstellung eines außenstehenden Bewerbers wegen drohender Benachteiligung eines Personalratsmitglieds vgl. BVerwG, DVBl 1987, S.1160.

Die Begünstigung ist im Grunde eine Sonderform der Behinderung, da sie mit einem Tun oder pflichtwidrigen Unterlassen in der Regel im Nachhinein eine Bevorzugung bietet. Auch die Bevorzugung ist unabhängig von dem subjektiven Empfinden des Betroffenen. Eine Einwilligung würde die Pflichtverletzung hierbei nicht ausschließen.

Eine unzulässige Begünstigung läge z.B. vor, wenn dem Mitglied eine sachlich nicht gerechtfertigte Dienstbefreiung bewilligt würde (siehe aber § 42 Abs. 2).

Damit eine Benachteiligung oder Vergünstigung vermieden wird, ist es grundsätzlich verboten, die Personalratstätigkeiten in dienstliche Beurteilungen aufzunehmen. (BAG, PersV 1996, S. 26)

Die Vorschrift sichert die erforderliche innere Unabhängigkeit als Entsprechung zur äußeren Unabhängigkeit. Aus der Vorschrift ergibt sich, dass Personalratsmitglieder bei der Erfüllung ihrer Aufgaben nicht behindert und wegen ihrer Tätigkeit nicht begünstigt oder benachteiligt werden dürfen.

Aus der Wahrnehmung des Ehrenamts ist zu folgern, dass jede Bevorzugung durch vorzeitige Beförderung, Höhergruppierung oder Zuweisung eines besseren Dienstpostens zu unterbleiben hat. Dieses Begünstigungsverbot bezieht sich also auf das Verbot materieller Zuwendungen und auf die Verpflichtung der Dienststellen, Personalratsmitglieder in ihrer beruflichen Entwicklung genauso zu behandeln wie sonstige Beschäftigte. Das Begünstigungsverbot und das Benachteiligungsverbot gelten für alle Personen, die Aufgaben und Befugnisse nach dem Personalvertretungsgesetz wahrnehmen, z.B. auch für die Teilnehmerinnen und Teilnehmer an Personalversammlungen und für Beschäftigte, die sich mit Bitten und Beschwerden an den Personalrat wenden. Das bedeutet, dass die Teilnahme an Personalversammlung durch Vorgesetzte nicht behindert oder gar verhindert werden darf. In Zeiten höherer Belastung der einzelnen Beschäftigten durch den Personalabbau gewinnt dies zunehmend an Bedeutung.

Zur möglichen Beeinträchtigung des beruflichen Werdeganges siehe Anm. 7 zu § 42.

Aus der Rechtsprechung:

Es liegt jedoch keine Benachteiligung vor, wenn das Personalratsmitglied sonst mögliche Vergünstigungen nicht in Anspruch nehmen kann (LAG Halle, PersR 1997, S. 409) oder wenn Umstände in der Freistellung auftreten, in ihr aber nicht begründet sind (OVG Koblenz, PersV 1997, S. 30).

Es liegt keine Behinderung des Personalrats vor, wenn, wenn die Zielnummern seiner Telefongespräche erfasst werden. (BVerwG, NVwZ 1990, S. 74 – PersV 1989, S. 468), Keinesfalls dürfen diese Nummern aber den direkten Vorgesetzten zur Kontrolle und Stellungnahme zugeleitet werden. (BVerwG, NVwZ 1990, S. 71 – PersV 1989, S. 488)

Auch ein die vorsitzende Person des Personalrats hat die Pflicht zur sicheren Aufbewahrung eines ausgehändigten Dienstschlüssels wie alle anderen Beschäftigten. Diese Aufbewahrung ist nicht Ausfluss der besonderen personalvertretungsrechtlichen Funktion. Daher ist für eine Haftungsfreistellung der vorsitzenden Person kein Raum. (VGH Hessen, Beschluss v. 3.8.2009 – 1 A 1474/09.Z –)

Bei der Abordnung eines Beamten zum Zwecke der Erprobung nach § 40 Satz 2 Nr. 3 LVO NRW (Aufstieg) bedarf es keiner Ermessenserwägungen über eine Gestaltung der Erprobung, die dem Beamten abweichend von § 26 Abs. 2 LPVG NRW die Mitgliedschaft im Personalrat der abordnenden Behörde erhält.

Auch eine Erprobung, die einen Wechsel in die Laufbahn des höheren Dienstes und die Verleihung eines entsprechenden Beförderungsamtes vorbereiten soll, muss bei einem an der tatsächlichen Durchführung der Erprobung gehinderten Mitglied eines Personalrats durch fiktive Laufbahnnachzeichnung möglich sein. (OVG Nordrhein-Westfalen, Beschluss v. 30.10.2009 – 6 B 1496/09 –)

Die sechsmonatige Abordnung eines Mitglieds des Polizei-Hauptpersonalrats an das zuständige Ministerium im Rahmen eines Auswahlverfahrens zur Aufstiegsausbildung für den höheren Polizeivollzugsdienst führt zum Erlöschen der Mitgliedschaft in dieser Personalvertretung. Eine solche ausnahmslos vorgesehene Abordnung verstößt jedoch für am Auswahlverfahren teilnehmende Mitglieder des Polizei-Hauptpersonalrats gegen das Benachteiligungsverbot des § 8 SächsPersVG (§ 7 LPVG NRW). (OVG Sachsen, Beschluss v. 27.4.2010 – PL 9 A 453/08 –)

Die Teilnahme an Lehrgängen, Tagungen oder Schulungen in einer anderen Dienststelle führt – anders als die Abordnung – nicht zu einer Eingliederung in diese andere Dienststelle. Das freigestellte Personalratsmitglied darf nicht vor die Wahl gestellt werden, entweder die Freistellung und damit die durch die Personalratswahl erlangte Stellung aufzugeben oder jegliches berufliche Fortkommen zurückzustellen. Freigestellte Personalratsmitglieder sind vor einer Beförderung nicht ausnahmslos verpflichtet, eine Erprobungszeit auf einem höherwertigen Dienstposten abzuleisten.

Die Regelungen in § 39 Abs. 1 Satz 2, Abs. 9 Satz 2 BremPersVG enthalten – wie § 8, § 46 Abs. 3 Satz 6 BPersVG und § 78 Satz 2 BetrVG (und § 7 Abs. 1 und § 42 Abs. 1 LPVG NRW) – die an den Arbeitgeber gerichtete Verpflichtung, dem Personalratsmitglied die berufliche Entwicklung zukommen zu lassen, die ihr ohne die Personalratstätigkeit möglich gewesen wäre. Der Anspruch kommt insbesondere bei einer Freistellung für Personalratstätigkeiten in Betracht. In einem solchen Fall ist eine fiktive Nachzeichnung des beruflichen Werdegangs ohne die Freistellung erforderlich. Hierdurch darf das Personalratsmitglied weder besser noch schlechter gestellt werden als vergleichbare Beschäftigte ohne Personalratsmandat.

Will das Personalratsmitglied geltend machen, dass es ohne Ausübung der Personalratstätigkeit oder ohne die Freistellung befördert worden wäre, hat es hierzu mehrere Möglichkeiten. Es kann darlegen, dass eine Bewerbung auf eine bestimmte Stelle gerade wegen der Personalratstätigkeit und/oder Freistellung erfolglos geblieben ist. Es kann ferner darlegen, dass es eine Bewerbung auf eine bestimmte Stelle wegen der Personalratstätigkeit unterlassen hat und die Bewerbung erfolgreich gewesen wäre oder nach Art. 33 Abs. 2 GG hätte sein müssen. Schließlich kann es auch geltend machen, dass eine tatsächliche oder fiktive Bewerbung ausschließlich deshalb keinen Erfolg gehabt hat oder gehabt hätte, weil ihr die erforderlichen aktuellen Fachkenntnisse insbesondere wegen der Personalratstätigkeit und/oder der Freistellung fehlten. (BAG, Urteil v. 14.7.2010– 7 AZR 359/09 –)

Auszug aus Art. 33 GG

(2) Jeder Deutsche hat nach seiner Eignung, Befähigung und fachlichen Leistung gleichen Zugang zu jedem öffentlichen Amte.

2. Schutzvorschrift für Jugend- und Auszubildendenvertretungen

Die Regelungen der Abs. 2 ff. legen fest, dass ein/e in der Ausbildung befindliche/r Beschäftigte oder Beschäftigter, die/der Mitglied einer Personalvertretung oder einer Jugend- und Auszubildendenvertretung ist, nach erfolgreicher Beendigung des Berufsausbildungsverhältnisses in ein Arbeitsverhältnis auf unbestimmte Zeit übernommen werden muss, falls sie oder er dies wünscht. Umschulungen, die die qualitativen Voraussetzungen einer Ausbildung erfüllen, sind einem Berufsausbildungsverhältnis gleichzusetzen. (BVerwG, Beschl. vom 31.5.1990, ZfPR 1990, 107) Mit Arbeitsverhältnis auf unbestimmte Zeit ist ein Vollzeitarbeitsverhältnis gemeint. (für das BetrVG: BAG, Urteil vom 25.5.1988 – 7 AZA 627/87)

Der Begriff der „Unzumutbarkeit" (der Weiterbeschäftigung) in Abs. 5b ist weiter als der in § 626 Abs. 1 BGB verwendete Begriff. Die gesetzlich angeordnete Einstellung in den öffentlichen Dienst ist dann unzumutbar, wenn gesetzliche (z.b. gesundheitliche) Voraussetzungen nicht erfüllt sind oder tarifliche Einstellungshindernisse oder haushaltsrechtliche Wiederbesetzungssperren entgegenstehen. (BVerwG, Beschl. vom 2.11.1994, PV 1995, 232) Stehen solche Hindernisse entgegen, so ist der öffentliche Dienstherr zur Einleitung des Verfahrens nach Abs. 5 (Verfahren vor dem Verwaltungsgericht) verpflichtet, weil er sonst gegen das Gesetz verstoßen und zudem eine nach Abs. 1 verbotene Begünstigung zulassen würde. (BVerwG, Beschl. vom 16.6.1981 – 6 P 71.78 n. v.) Der Arbeitgeber ist allerdings nicht verpflichtet, eine Planstelle oder einen Arbeitsplatz einzurichten, um seiner Beschäftigungspflicht nachzukommen. (BAG, Beschl. vom 29.11.1989, ZTR 1991, 135)

Der öffentliche Arbeitgeber kann sich gegenüber dem Weiterbeschäftigungsverhältnis eines Mitglieds der Jugend- und Auszubildendenvertretung jedoch nicht auf ein von ihm selbst beschlossenes Einstellungshindernis berufen. Die Weiterbeschäftigung ist für einen öffentlichen Arbeitgeber nur dann unzumutbar, wenn ihm auf Grund einer Entscheidung des Haushaltsgesetzgebers (des Landtags durch Haushaltsgesetz) keine entsprechende Stelle zur Verfügung steht. (OVG Berlin, 60 PV 6.01 vom 18.12.2001) Nicht entscheidend ist, wann die oder der Auszubildende Mitglied einer Personalvertretung oder einer Jugend- und Auszubildendenvertretung geworden ist. (Hess. VGH, Beschl. vom 25.5.1963, ZBR 1983, 364) Zum Weiterbeschäftigungsanspruch einer Jugendvertreterin oder eines Jugendvertreters bei Wahl kurz vor Ausbildungsende gilt Folgendes: „Der Arbeitgeber ist im Zeitraum vor der Wahl einer oder eines Auszubildenden zum Mitglied der Jugend- und Auszubildendenvertretung nicht verpflichtet, zu ihren bzw. dessen Gunsten einen ihrer bzw. seiner Ausbildung entsprechenden Arbeitsplatz freizuhalten. (BVerwG, Beschluss v. 20.11.2007 – 6 PB 14.07)

Weitere Beispiele aus der Rechtsprechung:

Im Haushalt ausgewiesene, freie Stellen sind nur dann nicht besetzbar, wenn der Haushaltsgesetzgeber (Landtag oder Gemeinderat) eine Stellenbesetzungssperre ausgebracht hat. (OVG Thüringen, Beschluss v. 25.10.2007 – 5 PO 527/06)

Für den Anspruch auf Weiterbeschäftigung eines Mitglieds der Jugendvertretung einer Stadtverwaltung kommt es auf die freien, ausbildungsadäquaten Dauerarbeitsplätze im gesamten Bereich der unmittelbaren Stadtverwaltung an, nicht nur auf die Stellen des Amtes, bei dem die Ausbildung stattgefunden hat. (VGH Hessen, Beschluss v. 25.6.2009 – 22 A 1895/08.PV)

Die oder der Auszubildende genießt den Schutz des § 9 BPersVG (§ 8 LPVG NRW) auch dann, wenn sie oder er erst kurz vor Ausbildungsende zum Mitglied der Jugend- und Auszubildendenvertretung gewählt worden ist. Eine Diskriminierung von Jugendvertretern liegt nicht vor, wenn Ausnahmen von einem verwaltungsseitigen Einstellungsstopp auf Fälle eines unabweisbaren vordringlichen Personalbedarfs beschränkt sind. (BVerwG, Beschluss v. 22.9.2009 – 6 PB 26.09)

Ein Mitglied der JAV-Stufenvertretung hat im Verhältnis zum örtlichen Jugendvertreter keinen vorrangigen Weiterbeschäftigungsanspruch. (BVerwG, Beschluss v. 12.10.2009 – 6 PB 28.09)

§ 8

(1) Für die Dienststelle handelt ihre Leiterin oder ihr Leiter. Sie oder er kann sich durch ihre oder seine ständige Vertretung oder durch die Leiterin oder den Leiter der für Personalangelegenheiten zuständigen Abteilung sowie in Gemeinden und Gemeindeverbänden durch die Leiterin oder den Leiter des für Personalangelegenheiten zuständigen Dezernats oder Amts vertreten lassen, soweit diese oder dieser entscheidungsbefugt ist. Das Gleiche gilt für sonstige Beauftragte, sofern die Personalvertretung sich mit dieser Beauftragung einverstanden erklärt.

(2) Im Bereich der Sozialversicherung handelt bei den der Aufsicht des Landes unterstehenden Körperschaften und Anstalten des öffentlichen Rechts für die Dienststelle der Vorstand, soweit er die Entscheidungsbefugnis nicht auf die Geschäftsführung übertragen hat. Er kann sich durch eines oder mehrere seiner Mitglieder vertreten lassen.

(3) Für Hochschulen mit Ausnahme der Fachhochschulen für den öffentlichen Dienst handelt vorbehaltlich des § 105 die Vizepräsidentin oder der Vizepräsident für den Bereich Wirtschafts- und Personalverwaltung oder die Kanzlerin oder der Kanzler, für die Universitätsklinik die Kaufmännische Direktorin oder der Kaufmännische Direktor.

(4) Abweichend von den Absätzen 1 bis 3 ist bei verfahrenseinleitenden Maßnahmen und bei anderen schriftlichen Äußerungen der Dienststelle gegenüber der Personalvertretung unabhängig von dem jeweiligen Stand des Verfahrens auch eine Vertretung entsprechend der geschäftsordnungsmäßig allgemein oder im Einzelfall erteilten Zeichnungsbefugnis zulässig. Die Dienststelle hat der Personalvertretung die Zeichnungsbefugten namentlich zu benennen.

1. Rechtliche Stellung der Dienststellenleiterin bzw. des Dienststellenleiters

Die Dienststelle ist in der Regel keine juristische Person, deshalb muss jemand für sie tätig werden. Das Gesetz bestimmt, dass für die Dienststelle die Dienststellenleiterin bzw. der Dienststellenleiter zu handeln hat, weil sie oder er die Repräsentantin oder der Repräsentant der Dienststelle und die Partnerin oder der Partner des Personalrats ist. Im Falle ihrer/seiner Verhinderung handelt ihr/seine geschäftsplanmäßiger Vertreterin oder ihr/sein geschäftsplanmäßiger Vertreter. Dies gilt für die Einleitung von Beteiligungsverfahren sowie für die Wahrnehmung von sonstigen Aufgaben und Befugnissen nach dem Personalvertretungsgesetz, z.B. für das Vierteljahresgespräch (§ 63), für die Teilnahme an Personalratssitzungen (§ 30 Abs. 4), für die Teilnahme an Personalversammlungen, die Wahrnehmung der Informationspflicht (§65) sowie für die mit dem Personalrat vorgeschriebenen Erörterungen (§ 66 Abs. 2, § 69 Abs. 1).

Es ist nicht erforderlich, dass die Dienststellenleiterin oder der Dienststellenleiter zur rechtsgeschäftlichen Vertretung der Behörde befugt ist oder sie oder er Dienstvorgesetzte/r i.S. des § 3 Abs. 2 LBG sein. In der Regel ergibt sich aus den Organisations- und Geschäftsverteilungsplänen oder aus den Satzungen der Körperschaften wer Dienststellenleiterin bzw. Dienststellenleiter ist.

Bei den Gemeinden ist dies der Hauptgemeindebeamte (vgl. BVerwG, Beschl. vom 14.1.1983 – 6 P 93.78). Bei einem kommunalen Eigenbetrieb ist die (Ober-) Bürgermeisterin oder der (Ober-) Bürgermeister der Gemeinde dann Dienststellenleiterin bzw. Dienststellenleiter im personalvertretungsrechtlichen Sinne, wenn der Gemeindeverwaltung und nicht der Betriebsleitung des Eigenbetriebs die Befugnis zu Entlassungen zusteht. Sind der Betriebsleitung eines kommunalen Eigenbetriebs nicht die Befugnisse der oder des Dienstvorgesetzten übertragen, so ist Dienststellenleiterin oder Dienststellenleiter für den Eigenbetrieb die (Ober-) Bürgermeisterin oder der (Ober-) Bürgermeister der Gemeinde. (OVG Frankfurt a.M., 23 L 1910/00 (V) vom 28.8.2000)

Bei den verselbständigten Dienststellen i.S. von § 1 Abs. 3 nehmen ihre Leiterinnen oder Leiter die Aufgaben einer Dienststellenleiterin oder eines Dienststellenleiters wahr, soweit sie personalvertretungsrechtliche Entscheidungen treffen.

2. Vertretung des Dienststellenleiters

Die Dienststellenleiterin oder der Dienststellenleiter kann sich durch ihren/seinen ständige Vertreterin oder ständigen Vertreter vertreten lassen. Wer dies ist, ergibt sich in der Regel aus den Organisations- und Geschäftsverteilungsplänen. Nur die- oder derjenige kommt in Betracht, der die Dienststellenleiterin oder den Dienststellenleiter nach dem Organisationsplan allgemein vertritt. Die Bestellung von Sondervertretern ist unzulässig. Eine Vertretung ist auch möglich durch die Leiterin bzw. den Leiter der für Personalangelegenheiten zuständigen Abteilung, in Gemeinden und Gemeindeverbänden durch die Leiterin bzw. den Leiter des für Personalangelegenheiten zuständigen Dezernats oder Amtes, soweit diese Personen ermächtigt sind, eigenverantwortliche Entscheidungen in Personalangelegenheiten zu treffen (Nr. 1 Erl.Erl.).

3. Sonderregelung für den Bereich Sozialversicherung

Abs. 2 ist § 88 Nr. 2 BPersVG nachbildet. Bei den Landesversicherungsanstalten und den sonstigen der Aufsicht des Landes unterstehenden Trägern der Sozialversicherung sind gemäß § 36 SGB der Geschäftsführerin oder dem Geschäftsführer bzw. der Geschäftsführung die laufenden Verwaltungsgeschäfte zu übertragen. Als Dienststellenleiterin bzw. Dienststellenleiter wird deshalb die Geschäftsführerin oder der Geschäftsführer angesehen. Der Personalrat ist nicht berechtigt, mit dem Vorstand oder einem seiner Mitglieder unmittelbar zu verhandeln. Dies gilt aber nur, soweit der Vorstand seine Befugnisse übertragen hat. Ansonsten ist der Vorstand Partner des Personalrats, was allerdings dazu führt, dass zwischen der Dienststellenleitung und dem obersten Organ i.S. von § 6 Identität besteht. Wenn der Vorstand seine Befugnisse nicht übertragen hat, ist es auch möglich, ein Mitglied des Vorstandes als Dienststellenleiter/in zu bestimmen.

4. Beauftragte

Mit dem Zusatz in Abs. 1 Satz 3 wird eine wortgleiche Regelung des BPersVG übernommen. Es sollen hierdurch die Handlungsspielräume erweitert werden und der Dienststellenleiterin oder dem Dienststellenleiter und dem Personalrat ermöglicht werden, im Wege der Vereinbarung weitere Beauftragte festzulegen. Mit dieser Regelung wird die Behördenleitung entlastet und dem Personalrat ein/e weitere/r Gesprächs- und Verhandlungspartner/in zur Verfügung gestellt. Deren/dessen Kompetenz ist dadurch sichergestellt, dass der Personalrat einen Beschluss über den Vorschlag der Dienststellenleiterin oder des Dienststellenleiters fassen muss und ihr bzw. ihm sein Einverständnis signalisieren muss.

5. Schriftliche Äußerungen

Die von der Dienststellenleiterin bzw. dem Dienststellenleiter oder ihren bzw. seinen Stellvertreterinnen/Stellvertretern entschiedenen Maßnahmen können bzw. müssen auf schriftlichem Wege an den Personalrat herangetragen werden. Abs. 4 ist insoweit keine Ausnahmevorschrift. Auch andere als in den Absätzen 1 bis 3 genannten Personen können von ihrer Unterschriftsvollmacht Gebrauch machen. Diese Zeichnungsbefugten müssen dem Personalrat zu Beginn der Amtszeit namentlich benannt werden. Änderungen in der bekannt gegebenen Mitteilung müssen dem Personalrat sofort mitgeteilt werden. Auf diese Weise ist gewährleistet, dass die Personalvertretung im einzelnen davon Kenntnis erhält, wer zeichnungsbefugt ist. Mit der Ergänzung in Abs. 4 Satz 1 wird sichergestellt, dass auch verfahrenseinleitende Maßnahmen und schriftliche Äußerungen gegenüber der Personalvertretung von nachgeordneten Verantwortungsträgern eingeleitet werden können, wenn dies die jeweiligen Geschäftsordnungen oder eine im Einzelfall erteilte Zeichnungsbefugnis vorsehen.

6. Personalvertretungsrechtliche Sonderstellung

Die Leiterin oder der Leiter der Dienststelle und ihre oder seine Vertreter/innen sind mit Ausnahme der Minister Beschäftigte (§ 5), nehmen aber personalvertretungsrechtlich eine Sonderstellung ein. Sie sind zum Personalrat nicht wahlberechtigt (§ 10 Abs. 3 Buchst. d) und deshalb nicht wählbar (§ 11 Abs. 1 erster Halbsatz). Eine Beteiligung des Personalrats bei Personalangelegenheiten ist nur auf ihren Antrag möglich (§ 72 Abs. 1 Satz 2).

§ 9

(1) Personen, die Aufgaben oder Befugnisse nach diesem Gesetz wahrnehmen oder wahrgenommen haben, sind verpflichtet, über die ihnen dabei bekanntgewordenen Angelegenheiten und Tatsachen zu schweigen.

(2) Die Schweigepflicht besteht nicht für Angelegenheiten oder Tatsachen, die offenkundig sind oder ihrer Bedeutung nach keiner Geheimhaltung bedürfen. Sie gilt ferner nicht gegenüber den von Maßnahmen gemäß § 72 Abs. 1 unmittelbar erfaßten Beschäftigten. Abgesehen von den Fällen des § 65 Abs. 3 gilt die Schweigepflicht nicht im Verhältnis der Mitglieder der Personalvertretungen und der Jugend- und Auszubildendenvertretung zu den Mitgliedern dieser Vertretungen und zu den Vertrauensleuten sowie für die in § 36 genannten Personen; sie entfällt ferner in den Verfahren nach den §§ 66 bis 69 und 78 Absatz 2 bis 4 und 6 zwischen den dort bezeichneten Stellen.

(3) Bei Rechtsstreitigkeiten kann für die Mitglieder der Personalvertretung und der in den §§ 54, 60, 85 und 86 genannten Vertretungen Aussagegenehmigung durch diese Vertretungen im Einvernehmen mit der Dienststelle erteilt werden.

1. Verschwiegenheitspflicht

Die Vorschrift über die Verpflichtung zur Verschwiegenheit liegt im Interesse der Verwaltung und der Personalvertretung und dient dem Schutz aller Beschäftigten. Die Pflicht zur Verschwiegenheit besteht über das Ende der Amtszeit hinaus und erstreckt sich auf alle Angelegenheiten und Tatsachen, die im Zusammenhang mit der Tätigkeit nach diesem Gesetz bekannt geworden sind, und zwar ohne Rücksicht darauf, ob sie als vertraulich bezeichnet werden.

Die Verschwiegenheitspflicht besteht grundsätzlich gegen jedermann, also auch gegenüber der Gewerkschaft, der das Personalratsmitglied angehört, es sei denn, die Gewerkschaften nehmen Aufgaben nach diesem Gesetz wahr. (Lorenzen Eckstein, Anm. 12 zu § 10) Wegen der Ausnahmeregelung wird auf Anm. 5 verwiesen.

2. Inhalt

Geschützt werden alle Angelegenheiten und Tatsachen sofern ein Zusammenhang mit der Personalratstätigkeit besteht, also nicht nur die Inhalte aus Sitzungsterminen. Aus dem Grundsatz der Nichtöffentlichkeit der Personalratssitzung (§ 31 Abs. 2) ergibt sich allerdings die Absicht des Gesetzes, besonders die in Sitzungen bekannt gewordenen Angelegenheiten nicht Dritten zugänglich zu machen. Außerdem soll ein Vertrauensverhältnis unter den Beteiligten begünstigt werden. Jeder soll sich auf den anderen bei der Meinungsbildung und beim Beratungsverlauf verlassen können, dass seine Ansichten und Überzeugungen nicht „nach draußen" gelangen. Andererseits besteht die Pflicht zu einer sachlichen Auseinandersetzung. Ein Personalratsmitglied kann auch seinen vom Mehrheitsbeschluss abweichenden Standpunkt vertreten. Es darf aber nicht den Meinungsprozess, den Diskussionsverlauf sowie den Standpunkt der übrigen Personalratsmitglieder im Rahmen dieser Kritik nach außen tragen. Deshalb darf auch das Abstimmungsverhalten eines einzelnen Personalratsmitglieds nicht bekannt gegeben werden (BVerwG, Beschl. vom 6.2.1979 – 6 P 14.78). Noch viel weniger ist es erlaubt, das Abstimmungsverhalten geschlossener Gruppen, z.B. anderer Listenvertreter, der Öffentlichkeit preiszugeben. Ein offener Kommunikationsprozess in den Sitzungen darf nicht dazu führen, dass die Willensbildung innerhalb der Gremien und die Beiträge ihrer Mitglieder offenkundig wären. (VGH Bayern, Beschluss v. 2.11.2009 – 17 P 08.2325 –)

Beispiele für der Verschwiegenheit unterliegende Tatsachen:

- schriftlich (auch per E-Mail oder Telefax) oder mündlich (auch per Telefon) gemachte Äußerungen,
- Kenntnisse aus den Sprechstunden des Personalrats,
- alle Unterlagen in persönlichen Angelegenheiten der Beschäftigen,
- Inhalt von Personalakten,
- Inhalt von Bewerbungsunterlagen,
- von der Dienststelle zur Ausübung der Beteiligungsrechte dem Personalrat überlassene Unterlagen (Dienstalterslisten, Behindertenverzeichnisse, Personalbewirtschaftungsunterlagen),
- Angaben bei Wohnungsbewerbungen,
- Krankenstandsübersichten,
- Ergebnisse von Tests und Leistungsprüfungen,
- Hintergründe von Abmahnungen und Kündigungen,
- Angaben zu dienststelleninternen Prüfungen und Auswahlverfahren,
- Angaben von Beschwerdeführern
- interne Vorgänge der Personalvertretung wie Anträge, Diskussionsbeiträge und Abstimmungsverhalten einzelner Mitglieder.

Die Schweigepflicht greift nach der gesetzlichen Vorschrift in den genannten Fällen immer dann ein, wenn die Umstände dem zur Verschwiegenheit Verpflichteten „dabei" (bei der personalvertretungsrechtlichen Tätigkeit) bekannt geworden sind. Es muss also eine Verbindung zwischen der personalvertretungsrechtlichen Tätigkeit und der Kenntnisnahme bestehen. Das bedeutet, der zur Verschwiegenheit Verpflichtete muss auf Grund oder im Zusammenhang - also auch nur gelegentlich – mit der Wahrnehmung von personalvertretungsrechtlichen Aufgaben und Befugnissen von den Angelegenheiten und Tatsachen erfahren haben.

3. Personenkreis

Zur Verschwiegenheit verpflichtet sind vor allem die Mitglieder des Personalrats und der Jugend- und Auszubildendenvertretung, die Vertreter der schwerbehinderten Menschen, die Vertrauensleute der Polizeivollzugsbeamten, die Mitglieder der Wahlvorstände, die Gewerkschaftsbeauftragen, die Mitglieder der Personalkommissionen und der Einigungsstellen. Auch die Dienststellenleiterinnen und Dienststellenleiter, ihre Vertreterinnen und Vertreter und die Beauftragten (§ 8 Abs. 1) unterliegen der Verschwiegenheitspflicht nach dieser Vorschrift.

Daneben sind Beamtinnen und Beamte bereits gemäß § 37 BeamtStG zur Geheimhaltung dienstlicher Vorgänge verpflichtet. Arbeitnehmerinnen und Arbeitnehmer dürfen gemäß TVL/TvöD keine Angelegenheiten der Verwaltung, deren Geheimhaltung durch gesetzliche Vorschriften vorgesehen oder angeordnet ist, unbefugt verbreiten. Die Schweigepflicht der Arbeitnehmer besteht nur in den durch Gesetz vorgesehenen oder vom Arbeitgeber angeordneten Fällen und unterscheidet sich dadurch von der beamtenrechtlichen Verschwiegenheitspflicht.

Nach § 37 Abs.1 BeamtStG hat die Beamtin bzw. der Beamte über bei amtlichen Tätigkeiten bekannt gewordene dienstliche Angelegenheiten Verschwiegenheit zu bewahren. Diese Pflicht gilt auch nach Eintritt des Ruhestandes fort. Nach § 37 Abs.2 BeamtStG gilt die Verschwiegenheitspflicht nicht

* für Mitteilungen im dienstlichen Verkehr oder
* bei Tatsachen, die offenkundig sind oder
* ihrer Bedeutung nach keiner Geheimhaltung bedürfen oder
* gegenüber der zuständigen obersten Dienstbehörde, einer Strafverfolgungsbehörde oder einer durch Landesrecht bestimmten weiteren Behörde oder außerdienstlichen Stellen, wenn ein durch Tatsachen begründeter Verdacht einer Korruptionsstraftat nach den §§ 331 bis 337 Strafgesetzbuch angezeigt wird.

Auch bleiben die gesetzlich begründeten Pflichten, geplante Straftaten anzuzeigen und für die Erhaltung der freiheitlich demokratischen Grundordnung einzutreten, unberührt.

Die Pflicht zur Amtsverschwiegenheit gehört zum ständigen Pflichtenkreis einer jeden Beamtin und eines jeden Beamten. Die Dienstverschwiegenheitspflicht betrifft grundsätzlich alle bei der dienstlichen Tätigkeit bekannt gewordenen Angelegenheiten und gilt gegenüber jedermann.

Auszug aus dem BeamtStG

§ 37 Verschwiegenheitspflicht

(1) Beamtinnen und Beamte haben über die ihnen bei oder bei Gelegenheit ihrer amtlichen Tätigkeit bekannt gewordenen dienstlichen Angelegenheiten Verschwiegenheit

zu bewahren. Dies gilt auch über den Bereich eines Dienstherrn hinaus sowie nach Beendigung des Beamtenverhältnisses.

(2) Absatz 1 gilt nicht, soweit

1. *Mitteilungen im dienstlichen Verkehr geboten sind,*
2. *Tatsachen mitgeteilt werden, die offenkundig sind oder ihrer Bedeutung nach keiner Geheimhaltung bedürfen, oder*
3. *gegenüber der zuständigen obersten Dienstbehörde, einer Strafverfolgungsbehörde oder einer durch Landesrecht bestimmten weiteren Behörde oder außerdienstlichen Stelle ein durch Tatsachen begründeter Verdacht einer Korruptionsstraftat nach den §§ 331 bis 337 des Strafgesetzbuches angezeigt wird.*

Im Übrigen bleiben die gesetzlich begründeten Pflichten, geplante Straftaten anzuzeigen und für die Erhaltung der freiheitlichen demokratischen Grundordnung einzutreten, von Absatz 1 unberührt.

(3) Beamtinnen und Beamte dürfen ohne Genehmigung über Angelegenheiten, für die Absatz 1 gilt, weder vor Gericht noch außergerichtlich aussagen oder Erklärungen abgeben. Die Genehmigung erteilt der Dienstherr oder, wenn das Beamtenverhältnis beendet ist, der letzte Dienstherr. Hat sich der Vorgang, der den Gegenstand der Äußerung bildet, bei einem früheren Dienstherrn ereignet, darf die Genehmigung nur mit dessen Zustimmung erteilt werden. Durch Landesrecht kann bestimmt werden, dass an die Stelle des in den Sätzen 2 und 3 genannten jeweiligen Dienstherrn eine andere Stelle tritt.

(4) Die Genehmigung, als Zeugin oder Zeuge auszusagen, darf nur versagt werden, wenn die Aussage dem Wohl des Bundes oder eines deutschen Landes erhebliche Nachteile bereiten oder die Erfüllung öffentlicher Aufgaben ernstlich gefährden oder erheblich erschweren würde. Durch Landesrecht kann bestimmt werden, dass die Verweigerung der Genehmigung zur Aussage vor Untersuchungsausschüssen des Deutschen Bundestages oder der Volksvertretung eines Landes einer Nachprüfung unterzogen werden kann. Die Genehmigung, ein Gutachten zu erstatten, kann versagt werden, wenn die Erstattung den dienstlichen Interessen Nachteile bereiten würde.

(5) Sind Beamtinnen oder Beamte Partei oder Beschuldigte in einem gerichtlichen Verfahren oder soll ihr Vorbringen der Wahrnehmung ihrer berechtigten Interessen dienen, darf die Genehmigung auch dann, wenn die Voraussetzungen des Absatzes 4 Satz 1 erfüllt sind, nur versagt werden, wenn die dienstlichen Rücksichten dies unabweisbar erfordern. Wird sie versagt, ist Beamtinnen oder Beamten der Schutz zu gewähren, den die dienstlichen Rücksichten zulassen.

(6) Beamtinnen und Beamte haben, auch nach Beendigung des Beamtenverhältnisses, auf Verlangen des Dienstherrn oder des letzten Dienstherrn amtliche Schriftstücke, Zeichnungen, bildliche Darstellungen sowie Aufzeichnungen jeder Art über dienstliche Vorgänge, auch soweit es sich um Wiedergaben handelt, herauszugeben. Die gleiche Verpflichtung trifft ihre Hinterbliebenen und Erben.

Auszug aus dem TV-L

§ 3 Allgemeine Arbeitsbedingungen

(2) Die Beschäftigten haben über Angelegenheiten, deren Geheimhaltung durch gesetzliche Vorschriften vorgesehen oder vom Arbeitgeber angeordnet ist, Verschwiegenheit zu wahren; dies gilt auch über die Beendigung des Arbeitsverhältnisses hinaus.

Das für den Personalrat tätige Büropersonal (§ 40 Abs. 3) fällt ebenfalls unter Abs. 1 und ist über die anlässlich der Tätigkeit für den Personalrat bekannt gewordenen Angelegenheiten und Tatsachen auch gegenüber Vorgesetzten zur Verschwiegenheit verpflichtet (Nr. 2 Erl.Erl.).

4. Datengeheimnis/-schutz

Die Dienststelle und die Personalvertretung haben das Datenschutzgesetz zu beachten, wobei der Personalrat als Teil der Dienststelle nicht unter § 16 Abs. 1 DSG NW fällt.

Auszug aus dem DSG NW hinsichtlich der Datenverarbeitung bei Dienst- und Arbeitsverhältnissen:

§ 29 Datenverarbeitung bei Dienst- und Arbeitsverhältnissen

(1) Daten von Bewerbern und Beschäftigten dürfen nur verarbeitet werden, wenn dies zur Eingehung, Durchführung, Beendigung oder Abwicklung des Dienst- oder Arbeitsverhältnisses oder zur Durchführung organisatorischer, personeller und sozialer Maßnahmen, insbesondere auch zu Zwecken der Personalplanung und des Personaleinsatzes, erforderlich ist oder eine Rechtsvorschrift, ein Tarifvertrag oder eine Dienstvereinbarung dies vorsieht. Abweichend von § 16 Abs. 1 ist eine Übermittlung der Daten von Beschäftigten an Personen und Stellen außerhalb des öffentlichen Bereichs nur zulässig, wenn der Empfänger ein rechtliches Interesse darlegt, der Dienstverkehr es erfordert oder die betroffene Person eingewilligt hat. Die Datenübermittlung an einen künftigen Dienstherrn oder Arbeitgeber ist nur mit Einwilligung der betroffenen Person zulässig.

(2) Die beamtenrechtlichen Vorschriften über die Führung von Personalakten (§§ 102 ff. Landesbeamtengesetz) sind für alle nicht beamteten Beschäftigten einer öffentlichen Stelle entsprechend anzuwenden, soweit nicht die Besonderheiten des Tarif- und Arbeitsrechts hinsichtlich der Aufnahme und Entfernung von bestimmten Vorgängen und Vermerken eine abweichende Behandlung erfordern.

(3) Die Weiterverarbeitung der bei ärztlichen oder psychologischen Untersuchungen und Tests zum Zwecke der Eingehung eines Dienst- oder Arbeitsverhältnisses erhobenen Daten ist nur mit schriftlicher Einwilligung der betroffenen Person zulässig. Die Einstellungsbehörde darf vom untersuchenden Arzt in der Regel nur die Übermittlung des Ergebnisses der Eignungsuntersuchung und dabei festgestellter Risikofaktoren verlangen.

(4) Personenbezogene Daten, die vor der Eingehung eines Dienst- oder Arbeitsverhältnisses erhoben wurden, sind unverzüglich zu löschen, sobald feststeht, dass ein Dienst- oder Arbeitsverhältnis nicht zustande kommt, es sei denn, dass die betroffene Person in die weitere Speicherung eingewilligt hat.

Nach Beendigung eines Dienst- oder Arbeitsverhältnisses sind personenbezogene Daten zu löschen, wenn diese Daten nicht mehr benötigt werden, es sei denn, dass Rechtsvorschriften entgegenstehen; § 19 Abs. 3 Satz 2 und 3 sowie Abs. 4 finden Anwendung.

(5) Die Ergebnisse medizinischer oder psychologischer Untersuchungen und Tests der Beschäftigten dürfen automatisiert nur verarbeitet werden, wenn dies dem Schutz der Beschäftigten dient.

(6) Soweit Daten der Beschäftigten im Rahmen der Durchführung der technischen und organisatorischen Maßnahmen nach § 10 gespeichert werden, dürfen sie nicht zu Zwecken der Verhaltens- oder Leistungskontrolle genutzt werden.

(7) Beurteilungen dürfen nicht allein auf Informationen gestützt werden, die unmittelbar durch automatisierte Datenverarbeitung gewonnen werden.

Im Übrigen wird wegen des Datenschutzes bei personenbezogenen Daten auf Anm. 4 und 5 zu § 65 hingewiesen.

5. Ausnahmeregelung

Von der Vorschrift herausgenommen sind Mitglieder von Personalvertretungen untereinander. Die Verschwiegenheitspflicht entfällt selbstverständlich auch in den vorgeschriebenen Verfahren, z.B. gegenüber der Einigungsstelle. Dagegen unterliegen Angelegenheiten und Tatsachen, die durch Einsichtnahme in die Personalakten bekannt geworden sind (§ 65 Abs. 3), der Verschwiegenheitspflicht gegenüber den übrigen Mitgliedern des Personalrats, soweit nicht die Bekanntgabe für eine Beschlussfassung des Gremiums unbedingt erforderlich ist. Die Unterrichtung muss auf das notwendige Maß beschränkt bleiben. Die Schweigepflicht entfällt auch gegenüber der Vertretung schwerbehinderter Menschen, die an allen Sitzungen des Personalrats ein Teilnahmerecht hat (§ 36) und die ihrerseits auch von ihrer Schweigepflicht gegenüber dem Personalrat entbunden ist (§ 96 SGB IX).

6. Nicht der Verschwiegenheit unterliegende Angelegenheiten

Schon aus dem Prinzip der Nichtöffentlichkeit der Personalratssitzungen (§ 31 Abs. 2) folgt, dass die innerhalb der Personalvertretung behandelten Angelegenheiten nicht jedem außenstehenden Dritten bekannt gegeben werden dürfen, es sei denn, es handelt sich um offenkundige Angelegenheiten oder Tatsachen, von denen jeder verständige oder erfahrene Mensch regelmäßig ohne weiteres Kenntnis hat oder von denen er sich durch Benutzung allgemein zugänglicher Quellen ohne weitere Mühen überzeugen kann. Offenkundig aber ist nicht schon deshalb eine Angelegenheit, weil sie z.B. vor einem größeren Publikum (z.B. in einer Personalversammlung) bekannt gegeben worden ist.

7. Mitteilung an Beschäftigte

Werden Beschäftigte von Personalmaßnahmen direkt betroffen, besteht insofern ihnen gegenüber keine Schweigepflicht. Es muss sich aber um konkrete namentlich bezeichnete Maßnahmen handeln und der Personalrat die Weitergabe der Informationen beschlossen haben. Dabei kann auch festgelegt werden, welches Personalratsmitglied ermächtigt ist, Informationen an einzelne Beschäftigte weiterzugeben, da grundsätzlich die vorsitzende Person den Personalrat nach außen vertritt (§ 29 Abs. 2). Eine Unterrichtungspflicht gegenüber dem einzelnen Beschäftigten besteht jedoch nicht. Ausnahme ist die Unterrichtungspflicht nach § 74 Abs. 4, wenn der Personalrat bei einem Kündigungsverfahren eine Stellungnahme abgegeben hat. Bei nachteiligen Behauptungen müssen die Betroffenen nach § 66 Abs. 3 Satz 5 durch den Personalrat angehört werden.

8. Aussagegenehmigung

Der Personalrat muss eine zu erteilende Aussagegenehmigung beschließen und hierüber mit der Dienststelle Einvernehmen erzielen. Dies ist z.b. erforderlich, wenn ein Personalratsmitglied als Zeuge vernommen werden soll. Allerdings steht dem Personalratsmitglied in Zivilprozessen ein Zeugnisverweigerungsrecht zu (§ 383 Abs. 1 Nr. 6 ZPO). In Strafprozessen gibt es kein Zeugnisverweigerungsrecht für ein Personalratsmitglied, denn es zählt nicht zu dem Personenkreis, der nach § 53 StPO zur Aussageverweigerung berechtigt wäre. (BVerfG, Beschl. vom 19.1.1979, NJW 1979,1286)

9. Folgen der Verletzung der Verschwiegenheitspflicht

Der Verstoß gegen die Verschwiegenheitspflicht kann gemäß §§ 203 und 353 b StGB zur Bestrafung führen. Die Vorschriften sind nachfolgend abgedruckt:

Auszug aus dem StGB

*Stand: Neugefasst durch Bek. v. 13.11.1998 I 3322;
zuletzt geändert durch Art. 12c G v. 24. 8.2004 I 2198*

§ 203 *Verletzung von Privatgeheimnissen*

(1) Wer unbefugt ein fremdes Geheimnis, namentlich ein zum persönlichen Lebensbereich gehörendes Geheimnis oder ein Betriebs- oder Geschäftsgeheimnis, offenbart, das ihm als
1. ......- 6.....
anvertraut worden oder sonst bekannt geworden ist, wird mit Freiheitsstrafe bis zu einem Jahr oder mit Geldstrafe bestraft.

(2) Ebenso wird bestraft, wer unbefugt ein fremdes Geheimnis, namentlich ein zum persönlichen Lebensbereich gehörendes Geheimnis oder ein Betriebs- oder Geschäftsgeheimnis, offenbart, das ihm als
1. .....- 2....
3. Person, die Aufgaben oder Befugnisse nach dem Personalvertretungsrecht wahrnimmt,
4. ......- 5.....
anvertraut worden oder sonst bekanntgeworden ist. Einem Geheimnis im Sinne des Satzes 1 stehen Einzelangaben über persönliche oder sachliche Verhältnisse eines anderen gleich, die für Aufgaben der öffentlichen Verwaltung erfasst worden sind; Satz 1 ist jedoch nicht anzuwenden, soweit solche Einzelangaben anderen Behörden oder sonstigen Stellen für Aufgaben der öffentlichen Verwaltung bekanntgegeben werden und das Gesetz dies nicht untersagt.

§ 353b Verletzung des Dienstgeheimnisses und einer besonderen Geheimhaltungspflicht

(1) Wer ein Geheimnis, das ihm als

1. Amtsträger,
2. für den öffentlichen Dienst besonders Verpflichteten oder
3. Person, die Aufgaben oder Befugnisse nach dem Personalvertretungsrecht wahrnimmt,

anvertraut worden oder sonst bekanntgeworden ist, unbefugt offenbart und dadurch wichtige öffentliche Interessen gefährdet, wird mit Freiheitsstrafe bis zu fünf Jahren oder mit Geldstrafe bestraft. Hat der Täter durch die Tat fahrlässig wichtige öffentliche Interessen gefährdet, so wird er mit Freiheitsstrafe bis zu einem Jahr oder mit Geldstrafe bestraft.

(2) ....

(3) Der Versuch ist strafbar.

(4) ....."

„Unbefugt" im strafrechtlichen Sinne heißt, dass eine Berechtigung zur Offenbarung des Geheimnisses nicht besteht. „Anvertrauen" ist die Bekanntgabe eines bestimmten Lebenssachverhalts in der Erwartung, dass dieser weder durch Wort noch Schrift weitergegeben wird. „Offenbaren" ist jede Art der Mitteilung an Dritte. Zum persönlichen Lebensbereich gehören insbesondere die Personalakten einer Beamtin oder eines Beamten und die ihm hinsichtlich der Geheimhaltung gleichstehenden Personalunterlagen der Arbeitnehmerinnen und Arbeitnehmer. Dabei ist es unerheblich, ob zu den Personalakten oder Personalunterlagen an anderer Stelle Unterordner (z.B. mit Beihilfen-, Urlaubs- oder Krankheitsakten) geführt werden. Diese sind in gleicher Weise geschützt.

Der Tatbestand des § 353 b StGB ist bereits dann erfüllt, wenn eine Gefährdung, nicht erst wenn eine Verletzung wichtiger öffentlicher Interessen eingetreten ist.

Da bereits der Versuch strafbar ist, kommt jede Handlung in Betracht, die einen Anfang der Ausführung darstellt und die Ausführung selbst unmittelbar nach sich zieht oder ziehen kann. Während ein Verstoß gegen § 203 StGB ein Antragsdelikt ist (§ 205 StGB), d.h., die Staatsanwaltschaft nur tätig werden kann, wenn der durch die unbefugte Offenbarung eines Geheimnisses Verletzte ausdrücklich Strafantrag stellt, handelt es sich bei einem Verstoß gegen § 353b StGB um ein Delikt, bei dem die Staatsanwaltschaft von Amts wegen tätig werden muss.

9. Pflichtverletzung

Für Mitglieder von Personalvertretungen stellt die Verletzung der Schweigepflicht außerdem eine grobe Pflichtverletzung dar und kann zum Ausschluss führen (siehe auch § 25). Verletzt ein Personalratsmitglied auf Grund eines fahrlässigen Irrtums über den Sachverhalt seine Schweigepflicht, so rechtfertigt das seinen Ausschluss aus dem Personalrat nur dann, wenn zu erwarten ist, dass auch in Zukunft keine ordnungsgemäße Aufgabenerfüllung zu erwarten ist. (VGH Bayern, 17 P 99/1582 vom 8.12.1999)

Gegenüber Beamtinnen und Beamten sind Disziplinarmaßnahmen möglich, bei Arbeitneh-merinnen und Arbeitnehmern kann die außerordentliche Kündigung gerechtfertigt sein (Fischer-Goeres, RdNr. 18 zu § 10 BPersVG). Allerdings kann die Verletzung der Schweige-pflicht nicht Gegenstand eines Feststellungsantrags gemäß § 79 Abs. 1 Nr. 3 sein, weil sie als solche weder mit der Geschäftsführung der Personalvertretung noch mit einem anderen der in § 79 genannten Tatbestände in Zusammenhang steht. (Bay. VGH, Beschl. vom 31.7.1985, ZBR 1986, 92) Verletzt eine Vertrauensperson schwerbehinderter Menschen in grober Weise die Schweigepflicht und besteht Wiederholungsgefahr, kann sie von der weiteren Teilnahme an Personalratssitzungen ausgeschlossen werden. Liegen diese Voraussetzungen nicht vor, kann die Vertrauensperson schwerbehinderter Menschen die Teilnahme durch eine einstweili-ge Anordnung erzwingen.

Ist durch die Verletzung der Schweigepflicht ein Schaden entstanden, so kann die oder der Geschädigte dafür nicht den Schädiger in Anspruch nehmen, denn das Landespersonal-vertretungsgesetz ist kein Schutzgesetz i.S. von § 823 Abs. 2 BGB (Anm. 1 zu § 1). Hierzu wird allerdings in der Literatur auch eine andere Auffassung vertreten (vgl. Havers, Anm. 10 zu § 9).

10. Arbeitsgemeinschaft der Hauptpersonalräte bei den obersten Landesbehörden

Mit der Novellierung des LPVG NRW in 2011 ist die seit Jahren geltende Praxis, dass die Hauptpersonalräte bei den obersten Landesbehörden eine Arbeitsgemeinschaft bilden mit dem § 78 Abs. 6 sanktioniert (Näheres siehe dort.). Durch die folgerichtige Ergänzung in Abs. 2 Satz 3 entfällt auch in den Verfahren bei der Arbeitsgemeinschaft der Hauptpersonal-räte die Verschwiegenheitspflicht. Welche Verfahren dies sein können, hat der Gesetzgeber offen gelassen. In der Regel werden dies Absprachen über ein gemeinsames Vorgehen bei res-sortübergreifenden Angelegenheiten sein. Soweit hierzu unerlässlich, können Tatsachen aus den Zuständigkeitsbereichen der einzelnen Hauptpersonalräte offenbart werden. Die Teil-nehmer an der Arbeitsgemeinschaft unterliegen aber nach außen ebenfalls der Verschwie-genheitspflicht.

Zweites Kapitel
Personalrat

Erster Abschnitt
Wahl und Zusammensetzung

§ 10

(1) Wahlberechtigt sind alle Beschäftigten, die am Wahltage das 18. Lebensjahr vollendet haben.

(2) Wer zu einer Dienststelle abgeordnet ist oder im Wege einer Zuweisung oder Personal-gestellung Dienst- oder Arbeitsleistungen erbringt, wird in ihr wahlberechtigt, sobald die Abordnung, die Zuweisung oder die Personalgestellung länger als sechs Monate gedau-ert hat; im gleichen Zeitpunkt tritt, außer im Falle der Gestellung, der Verlust des Wahlrechts bei der bisherigen Dienststelle ein.

(3) Wahlberechtigt sind nicht Beschäftigte, die

a) infolge Richterspruchs das Recht, in öffentlichen Angelegenheiten zu wählen oder zu stimmen, nicht besitzen,

b) voraussichtlich nur für einen Zeitraum von höchstens sechs Monaten beschäftigt werden,

c) am Wahltag seit mehr als achtzehn Monaten unter Wegfall der Bezüge beurlaubt sind.

d) in § 8 Abs. 1 Satz 1 und 2, Abs. 2 und 3 genannt sind,

e) bei Altersteilzeit im Blockmodell in die Freistellungsphase eintreten.

(4) Beschäftigte in der Berufsausbildung sind nur bei der Dienststelle wahlberechtigt, die von der die Ausbildung leitenden Stelle als Stammdienststelle erklärt wird.

(5) Beamtinnen und Beamte in der Schulaufsicht bei den Bezirksregierungen sind bei der Dienststelle wahlberechtigt, der sie angehören. Beamtinnen und Beamte in der Schulaufsicht bei den Schulämtern sowie im Landesdienst beschäftigtes Verwaltungspersonal an Schulen sind zu dem bei der jeweiligen Bezirksregierung gebildeten Bezirkspersonalrat der allgemeinen Verwaltung wahlberechtigt.

1. Wahlberechtigung

Die Wahlberechtigung ist abhängig von der Eigenschaft als Beschäftigter i.S. des § 5. Nicht erforderlich ist das Wahlrecht zu den allgemeinen politischen Wahlen in der Bundesrepublik, deshalb sind auch Ausländer wahlberechtigt. Auf die Dauer der Zugehörigkeit zur Dienststelle kommt es ebenfalls nicht an. Voraussetzung ist jedoch die völlige Eingliederung in die Dienststelle (BVerwG, Beschl. vom 2.9.1983, ZBR 1984, 80). Lediglich Beschäftigte, die voraussichtlich und absehbar nur für einen Zeitraum von höchstens sechs Monaten beschäftigt werden, sind nicht wahlberechtigt (Abs. 3 Buchst. b). Auch Teilzeitbeschäftigte sind wahlberechtigt. (LAG Hamm, Urteil vom 11.5.1979, DB 1979, 2380) Das gilt auch für sogenannte unterhälftig Teilzeitbeschäftigte. Nur dann, wenn die Beschäftigung so geringfügig ist, dass sie für den Betroffenen und für die Dienststelle keinerlei Bedeutung hat, entfällt das aktive und passive Wahlrecht. (BVerwG, Beschl. vorn 25.9.1995, ZBR 1996, 265) Geringfügige Tätigkeit, die keine Wahlberechtigung auslöst, ergibt sich aus der Begriffsbestimmung des § 8 Abs. 1 und 2 SGB. (BVerwG, Beschl. vom 1.2.1981, ZBR 1982, 156) Wenn der Gesetzgeber eine von ihm näher bestimmte Tätigkeit für so unbedeutend für den Auszuübenden hält, dass ein sozialversicherungsrechtlicher Schutz nicht erforderlich ist, so kann man eine solche Tätigkeit im Bereich des Personalvertretungsrechts ebenso behandeln (BVerwG a.a.O.).

Auszug aus dem SGB IV

§ 8 SGB IV Geringfügige Beschäftigung und geringfügige selbständige Tätigkeit

(1) Eine geringfügige Beschäftigung liegt vor, wenn

1. das Arbeitsentgelt aus dieser Beschäftigung regelmäßig im Monat 400 Euro nicht übersteigt,

2. die Beschäftigung innerhalb eines Kalenderjahres auf längstens zwei Monate oder 50 Arbeitstage nach ihrer Eigenart begrenzt zu sein pflegt oder im Voraus vertrag-

lich begrenzt ist, es sei denn, dass die Beschäftigung berufsmäßig ausgeübt wird und ihr Entgelt 400 Euro im Monat übersteigt.

(2) Bei der Anwendung des Absatzes 1 sind mehrere geringfügige Beschäftigungen nach Nummer 1 oder Nummer 2 sowie geringfügige Beschäftigungen nach Nummer 1 mit Ausnahme einer geringfügigen Beschäftigung nach Nummer 1 und nicht geringfügige Beschäftigungen zusammenzurechnen. Eine geringfügige Beschäftigung liegt nicht mehr vor, sobald die Voraussetzungen des Absatzes 1 entfallen. Wird beim Zusammenrechnen nach Satz 1 festgestellt, dass die Voraussetzungen einer geringfügigen Beschäftigung nicht mehr vorliegen, tritt die Versicherungspflicht erst mit dem Tag ein, an dem die Entscheidung über die Versicherungspflicht nach § 37 des Zehnten Buches durch die Einzugsstelle nach § 28i Satz 5 oder einen anderen Träger der Rentenversicherung bekannt gegeben wird. Dies gilt nicht, wenn der Arbeitgeber vorsätzlich oder grob fahrlässig versäumt hat, den Sachverhalt für die versicherungsrechtliche Beurteilung der Beschäftigung aufzuklären.

(3) Die Absätze 1 und 2 gelten entsprechend, soweit an Stelle einer Beschäftigung eine selbständige Tätigkeit ausgeübt wird. Dies gilt nicht für das Recht der Arbeitsförderung.

Weder Krankheit noch dienstliche Abwesenheit oder Urlaub (abgesehen von Abs. 3 Buchst. c) beeinflussen die Wahlberechtigung, auch nicht die vorläufige Dienstenthebung im förmlichen Disziplinarverfahren. Bei einer Beschäftigung in mehreren Dienststellen ist eine mehrfache Wahlberechtigung möglich, was in der Praxis insbesondere für die Lehrer in Betracht kommen kann, die nebenamtlichen oder nebenberuflichen Unterricht an der Schule einer anderen Schulform erteilen.

2. Förmliche Voraussetzung für die Ausübung des Wahlrechts

Voraussetzung für die Ausübung des Wahlrechts ist die Eintragung im Wählerverzeichnis. Die Wahlberechtigung ergibt sich aber aus dem Gesetz und nicht aus der Wahlordnung. Insofern bleibt das materielle Wahlrecht auch bei der Nichteintragung in das Wählerverzeichnis erhalten. Durch eine irrtümliche Eintragung eines nicht wahlberechtigten Beschäftigten in das Wählerverzeichnis wird jedoch kein Wahlrecht erworben. Streitigkeiten über die Wahlberechtigung im Zusammenhang mit einem Wahlverfahren können im Wege der Wahlanfechtung ausgetragen werden. (BVerwGE 9,249; vgl. Anm. 2 zu § 79)

3. Wahlalter

Der Beschäftigte muss zur Ausübung des Wahlrechts das 18. Lebensjahr vollendet haben. Es genügt, wenn das 18. Lebensjahr am Wahltag vollendet wird (§ 187 Abs. 2 Satz 2 BGB). Bei Wahlen, die sich über mehrere Tage erstrecken, reicht es aus, wenn das 18. Lebensjahr am letzten Wahltag vollendet wird, wobei es nicht auf den individuellen Zeitpunkt der Wahl ankommt. Der Wahlvorstand ist verpflichtet, das Wählerverzeichnis bis zum Abschluss der Stimmabgabe auf dem neuesten Stand zu halten und muss ggf. Beschäftigte, die erst am Wahltag das 18. Lebensjahr vollendet haben, in die Liste aufnehmen. Beschäftigte unter 18 Jahren wählen nur eine Jugend- und Auszubildendenvertretung nach §§ 54 ff. Das gleiche gilt für Auszubildende, Beamtenanwärter und Praktikanten, und zwar ohne jede Altersbeschränkung (§ 55). Sie haben demnach die Möglichkeit, sowohl ihre Sondervertretung und den Personalrat zu wählen, sofern sie das 18. Lebensjahr vollendet haben.

4. Wahlberechtigung bei Abordnung

Bei einer Versetzung wird das aktive Wahlrecht vom ersten Tage an erworben. Dagegen behält der abgeordnete Beschäftigte zunächst das Wahlrecht bei seiner bisherigen Dienststelle und zwar ohne Wahlberechtigung in der neuen Dienststelle, solange die Abordnung nicht länger als sechs Monate dauert. Dabei sind nicht nur Abordnungen angesprochen, die im Geltungsbereich des LPVG NW durchgeführt werden. Der Begriff der Abordnung im personalvertretungsrechtlichen Sinne ist nicht ohne weiteres mit dem beamtenrechtlichen Begriff der Abordnung gleichzusetzen. (BVerwG, Beschl. vom 2.9.1983, ZBR 1984, 80) Maßgebend ist nämlich, ob durch die getroffene Maßnahme ein tatsächliches Beschäftigungsverhältnis in der neuen Dienststelle begründet wird. Es muss also auf der einen Seite eine Ausgliederung aus der bisherigen Dienststelle und auf der anderen Seite eine Eingliederung in die neue Dienststelle vorliegen. Die Wahlberechtigung in der neuen Dienststelle wird erworben, wenn der abgeordnete Beschäftigte am letzten Wahltag der neuen Dienststelle mindestens einen Tag länger als sechs Monate angehört. Entscheidend ist der Tag der Eingliederung, nicht der Tag der Bekanntgabe der Abordnungsverfügung. Auf die Gesamtdauer der Abwesenheit von der alten Dienststelle kommt es nicht an. Bei einer mehrfachen Abordnung ist entscheidend, ob die Dauer der einzelnen Abordnung sechs Monate übersteigt. Die Wahlberechtigung in der neuen Dienststelle wird auch nicht erworben, wenn diese Frist noch nicht abgelaufen ist, aber unumstößlich feststeht, dass der Beschäftigte an seine alte Dienststelle nicht zurückkehren wird. In diesem Fall besteht die Wahlberechtigung noch bei der alten Dienststelle. Wegen der Abordnung von Polizeivollzugsbeamten vgl. Anm. 1 zu § 83, wegen der Abordnung von Lehrern § 91.

Eine formale Abordnung, die erforderlich ist, um bei Verlagerung von Arbeit aus einer Dienststelle aus einem überlasteten Ballungsraum in eine weniger belastete Dienststelle im Rahmen einer Zuständigkeitsverordnung tätig werden zu können, ist keine Abordnung im Sinne des LPVG, die das aktive oder passive Wahlrecht verändert, da weiterhin die Eingliederung in die bisherige Dienststelle vorhanden ist.

Beschäftigte, die mit ihrer Arbeitsleistung dauerhaft und vollständig in einen Privatbetrieb weisungsgebunden eingegliedert sind, verlieren bei der entsendenden Dienststelle ihr Wahlrecht. (VGH Bayern, 17 P 98.2843 vom 16.6.1999)

5. Wahlberechtigung bei Zuweisung und Personalgestellung

Die Ergänzung trägt der entsprechenden Änderung im Dienstrecht und Tarifrecht Rechnung. Da Zuweisung und Personalgestellung im personalvertretungsrechtlichen Sinne wie eine Abordnung gewertet werden muss, entfällt auch bei einer Zuweisung und Personalgestellung nach sechs Monaten das aktive und passive Wahlrecht bei der bisherigen Dienststelle und das bei der neuen Dienststelle wird begründet.

6. Ausschluss der Wahlberechtigung

Abs. 3 schließt fünf Gruppen von Beschäftigten von der Wahlberechtigung aus. Es handelt sich zunächst um die gemäß § 45 Abs. 5 StGB Verurteilten, denen bei Vorliegen bestimmter Tatbestände für die Dauer von zwei bis fünf Jahren das Wahlrecht entzogen wird.

Personalvertretungsgesetz NRW

Bei den für kurze Zeit (höchstens sechs Monate) Beschäftigten handelt es sich in der Regel um solche, die vorübergehend zur Bewältigung eines plötzlich auftretenden Arbeitsanfalls eingesetzt werden, z.b. in Behörden und Ämtern mit Aufgaben der Volkszählung oder Statistik oder bei Forstbehörden (Waldarbeiter). Zwecks Feststellung der „Voraussichtlichkeit" wird in der Regel auf den Arbeitsvertrag zurückgegriffen werden können.

Bei längerer Beurlaubung fehlt es an der erforderlichen Eingliederung in die Dienststelle. Vom Wahlrecht ausgenommen sind Beschäftigte, die Urlaub ohne Bezüge erhalten, z.b. Erziehungsurlaub aufgrund des § 71 LBG oder aufgrund einer vertraglichen Gestaltung, soweit die Achtzehn-Monats-Frist überschritten wird.

Die in § 8 genannten Personen dürfen ebenfalls nicht wählen. Dadurch soll gewährleistet sein, dass die Zusammensetzung der Personalvertretungen nicht durch die Stimmen der Personen beeinflusst wird, die wegen ihrer Funktion dem Personalrat gegenüber konträre Standpunkte oder Interessen vertreten müssen. Jedoch sind die nunmehr im § 8 Abs. 1 Satz 3 genannten Beauftragten hiervon ausgenommen. Der Gesetzgeber führt in der Begründung zur Gesetzesänderung in 2007 aus: „Da der Kreis der aktiv und passiv Wahlberechtigten hinreichend bestimmbar sein muss, bleibt das Wahlrecht für diesen Personenkreis erhalten.". Die in § 8 Abs. 1 Sätze 2 und 3 genannten und vom Wahlrecht ausgeschlossenen Personen üben dauerhaft ein Amt aus, während die Beauftragten auch gelegentlich, nur für bestimmte Aufgaben oder nur kurzzeitig beauftragt werden. Es liegt hierin zwar ein Konfliktpotential, dass aber dadurch minimiert werden kann, dass sich der Personalrat bei seiner Einverständniserklärung nach § 8 Abs. 1 Satz 3 über das Wahlrecht und mögliche Konsequenzen im Klaren ist und im Zweifel einer Beauftragung eben nicht zustimmt.

Vom Wahlrecht ausgeschlossen sind die Beschäftigten, die nach beamtenrechtlichen oder tarifvertraglichen Vorschriften Altersteilzeit im Blockmodell machen in der so genannten Freistellungsphase. Dies hat sich bei der Einführung der Altersteilzeit als regelungsbedürftig erwiesen. Infolge des endgültigen Ausscheidens aus der Dienststelle mit Beginn der Freistellung erlöschen die Bindungen zur Dienststelle in einem Umfang, der den Ausschluss vom aktiven und passiven Wahlrecht gerechtfertigt.

7. Beschäftigte in der Berufsausbildung

Beschäftigte in der Berufsausbildung absolvieren ihre Ausbildung häufig in mehreren Dienststellen, sind aber nur bei der Dienststelle wahlberechtigt, die als Einstellungsbehörde bzw. als Stammdienststelle gilt. Etwas anderes gilt bei Bundesbeamtenanwärterinnen und -anwärtern, die zur Ausbildung zu einer Landesbehörde entsendet werden und sowohl die Ausbildung an einer Fach- oder Fachhochschule des Landes als auch die berufspraktische Ausbildung bei der Landesbehörde ableisten, zu der sie entsendet wurden. Wegen der Ausbildung für den Lehrerberuf wird auf §§ 85 ff. verwiesen.

8. Beamte in der Schulaufsicht

Die Schulaufsichtsbeamten bei den Bezirksregierungen sind wahlberechtigt zu den örtlichen Personalvertretungen ihrer Dienststellen, weil sie wegen ihrer Funktion keinem Lehrerpersonalrat zuzuordnen sind. Das gilt auch für die Schulaufsichtsbeamten bei den Schulämtern, die den Bezirkspersonalrat der allgemeinen Verwaltung mit wählen (vgl. Anm. 3 zu § 50).

§ 11

(1) Wählbar sind alle Wahlberechtigten, die am Wahltage seit sechs Monaten derselben Körperschaft, Anstalt oder Stiftung angehören.

(2) Nicht wählbar sind Beschäftigte, die
a) infolge Richterspruch die Fähigkeit, Rechte aus öffentlichen Wahlen zu erlangen, nicht besitzen,
b) zu selbständigen Entscheidungen in Personalangelegenheiten der Dienststelle befugt sind sowie die in § 8 Abs. 1 Satz 3 genannten sonstigen Beauftragten, sofern diese nach einer Wahl die mit der Beauftragung eingeräumten Befugnisse weiter ausüben,
c) am Wahltag seit mehr als sechs Monaten unter Wegfall der Bezüge beurlaubt sind,
d) nach der Wahl Aufgaben einer Gleichstellungsbeauftragten der Dienststelle wahrnehmen.

(3)   Nicht wählbar sind Arbeitnehmerinnen und Arbeitnehmer der Gemeinden und der Gemeindeverbände, die dem in deren Verfassung vorgesehenen obersten Organ angehören.

1. Wählbarkeit

Grundvoraussetzung für die Wählbarkeit ist die Wahlberechtigung i.S.v. § 10. Die Voraussetzungen der Wählbarkeit müssen zum Zeitpunkt der Wahl vorliegen. Ausnahmen, werden durch die §§ 11 und 12 zwingend und abschließend geregelt. Dienststellenleiter sind weder in der eigenen Dienststelle noch bei einer Stufenvertretung wählbar sind. (OVG Münster, Beschl. vom 6. 12. 1988 – CL 21/87)

Mitglieder von Jugend- und Auszubildendenvertretungen sind wählbar, sofern sie das 18. Lebensjahr vollendet haben. Wegen der Doppelmitgliedschaft wird auf Anm. 2 zu § 55 verwiesen. Hinsichtlich ihrer Wählbarkeit gibt es Einschränkungen bei Beschäftigten in der Berufsausbildung, soweit es sich um eine Mitgliedschaft in Stufenvertretungen handelt (§ 50 Abs. 3 Satz 2). Zu den in der Ausbildung befindlichen Beschäftigten gehören auch die Praktikantinnen und Praktikanten, die lediglich von einer außerhalb der Dienststelle stehenden Stelle bezahlt werden, sofern sich ihr Ausbildungsziel nur in der jeweiligen Dienststelle erreichen lässt. (OVG Münster, Beschl. vom 27.1.1981 – CB 5/80)

Selbstverständlich sind auch Ausländerinnen und Ausländer wählbar; dies ist wichtig, da sie in zunehmenden Maße auch in öffentlichen Verwaltungen tätig sind (vgl. Anm. 1 zu § 10).

Auch Mitglieder des Wahlvorstandes sind grundsätzlich wählbar und dürfen auch Wahlvorschläge unterzeichnen (§ 16 Abs. 4 und 5). Zur Wahrung der Unparteilichkeit sollten jedoch Mitglieder eines Wahlvorstandes nach Möglichkeit von einer Kandidatur absehen. (OVG Niedersachsen, 18 L 4507/96 vom 15.7.1998)

Weitere Voraussetzung für die Wählbarkeit ist die sechsmonatige Zugehörigkeit zur Dienststelle desselben Geschäftsbereichs (Landesdienst) oder zur selben Körperschaft, Anstalt oder Stiftung. Wegen der Ausnahmeregelung bei „jungen Dienststellen" wird auf § 12 verwiesen. Eine Abordnung, die nicht sechs Monate überschreitet, ist unschädlich. In der neuen Dienststelle ist der abgeordnete Beschäftigte jedoch erst nach sechsmonatiger Dienststellenzugehörigkeit wählbar. Zu den formal erforderlichen Abordnungen wegen Arbeitsverlagerungen siehe Anm. 4 zu § 10. Kurzfristige Unterbrechungen wie Erkrankung, Durchführung eines Heilverfahrens und Urlaub zählen bei der Berechnung der Frist nicht. Wiederwahl ist unbeschränkt zulässig. Die Mitgliedschaft in einem Personalrat schließt die Mitgliedschaft in einem anderen Personalrat nicht aus. Die oder der zu Wählende muss mit ihrer oder seiner schriftlichen Zustimmung in einen Wahlvorschlag aufgenommen worden sein (§ 8 Abs. 6 WO).

2. Ausschluss der Wählbarkeit

Abs. 2 regelt die Tatbestände, die zur Nichtwählbarkeit von Beschäftigten führen.

Wer infolge Richterspruchs die Fähigkeit verloren hat, Rechte aus anderen öffentlichen Wahlen zu erlangen, kann auch nicht in eine Personalvertretung gewählt werden.

Zu den übrigen vom passiven Wahlrecht ausgeschlossenen Personen, die bereits gemäß § 10 Abs. 3 i.V.m. § 8 Abs. 1 bis 3 kein aktives Wahlrecht besitzen, gehören die Dienststellenleiter und ihre ständigen Vertreter, nicht dagegen weitere Vertreter.

Die bisherige Einschränkung auf die in § 72 Absatz 1 Satz 1 geregelten Personalangelegenheiten wurde aufgegeben. Wichtige Personalangelegenheiten werden auch in anderen Mitbestimmungsbereichen getroffen und können Interessenkonflikte verursachen. Vorbereitende Maßnahmen bis hin zur „Entscheidungsreife" fallen jedoch weiterhin **nicht** unter den Begriff der „Personalangelegenheiten", da es sich um die Entscheidung als solche handeln muss.

Beauftragte im Sinne des § 8 Abs. 1 Satz 3 sind ebenfalls nicht wählbar. Mit dieser Neuregelung wird dem Umstand Rechnung getragen, dass auch die sonstigen Beauftragten in einen Interessenkonflikt geraten können, wenn sie als Personalratsmitglied tätig sind. Insofern ist es angemessen, dass auch diese Beschäftigten von der Wählbarkeit ausgeschlossen werden, wenn sie nach der Wahl ihre Befugnisse weiter wahrnehmen. Insoweit fallen aktives und passives Wahlrecht auseinander.

Die dritte Personengruppe, die kein passives Wahlrecht besitzt, sind die Beschäftigten, die zu selbständigen Entscheidungen in Personalangelegenheiten der Dienststelle befugt sind. Dazu gehören auch Beschäftigte bei Mittelbehörden und obersten Landesbehörden, bei denen diese Befugnis nur hinsichtlich der zum Geschäftsbereich der Mittelbehörde oder obersten Landesbehörde gehörenden nachgeordneten Behörden besteht. (OVG Münster, Beschl. vom 7. 10. 1992, ZfPR 1993, 158) Der Abwesenheitsvertreter des Leiters des Personalamtes einer Kommune ist nicht in den Personalrat wählbar, da er im Vertretungsfall in Personalangelegenheiten i.S.d. 72 Abs. 1 entscheidet.

Die am Wahltag seit mehr als 18 Monaten beurlaubten Beschäftigten verlieren erst dann ihre Wahlberechtigung, während ihre Wählbarkeit bereits nach sechs Monaten nicht mehr besteht. Es kann nicht davon ausgegangen werden, dass die so lange beurlaubten Beschäftigten die Interessen ihrer Kolleginnen und Kollegen in dem erforderlichen Maß kennen und vertreten wie aktive Beschäftigte.

Auch Gleichstellungsbeauftragte werden von der Wählbarkeit ausgeschlossen, wenn sie nach der Wahl ihr Amt als Gleichstellungsbeauftragte weiter wahrnehmen. Im Ergebnis entspricht die Regelung der Rechtslage beim Bund (§ 16 Absatz 5 BGleichG). Mit dieser Neuregelung wird dem Umstand Rechnung getragen, dass auch Gleichstellungsbeauftragte in einen Interessenkonflikt geraten können, wenn sie als Personalratsmitglied tätig sind. Schulfachliche Gleichstellungsbeauftragte sind von der Wählbarkeit zur Personalvertretung der allgemeinen Verwaltung nicht ausgeschlossen, da sich angesichts ihrer Aufgaben insoweit kein Interessenkonflikt ergibt.

Im Kommunalwahlgesetz (§ 13) ist geregelt, dass nur Beamtinnen und Beamte und Angestellte von der Wählbarkeit in die obersten Organe ausgeschlossen sind, während Arbeiterinnen und Arbeiter in diese Organe gewählt werden können. Das Kommunalwahlgesetz geht insoweit davon aus, dass Arbeiterinnen und Arbeiter keinem durch die Tätigkeit bedingten Interessenkonflikt ausgesetzt sind. Die Nichtwählbarkeit soll auch nach dem durch tarifvertraglich bedingten Wegfall des BegriffsArbeiterinnen und Arbeiter auf Beamte und Arbeitnehmer im bisherigen Sinne beschränkt bleiben. Mit der Einführung des Begriffs des Arbeitnehmers in Absatz 3 bleibt nach wie vor die Wählbarkeit in den Personalrat auf die Arbeitnehmerinnen und Arbeitnehmer beschränkt, die als „Arbeiter" in die obersten Organe der Gemeinden bzw. Gemeindeverbände gewählt werden können. Es kommt hierbei also auf die ausgeübte Tätigkeit an.

Durch die Zuweisung (in ein Jobcenter) nach § 44 g Abs. 1 SGB II verliert ein Arbeitnehmer sein Wahlrecht und seine Wählbarkeit zum Personalrat der Stammdienststelle. LAG Berlin-Brandenburg (Urteil v. 12. 8. 2011 – 13 SaGa 1.015/11)

3. Streitigkeiten

Wenn einer oder einem Beschäftigten das Wahlrecht bestritten wird, kann darüber eine Entscheidung im Beschlussverfahren herbeigeführt werden (Anm. 2 zu § 79).

Ist die Wahl aber durchgeführt, ohne dass die oder der Beschäftigte zur Wahl zugelassen wurde, kann der Rechtsstreit nur in einem Wahlanfechtungsverfahren weitergeführt werden. (BVerwG, Beschl. vom 23.10.1959, BVerwGE 9,249) Es besteht allerdings für den außerhalb eines Wahlverfahrens gestellten Antrag einer oder eines Beschäftigten auf Feststellung, dass ihre oder seine Wählbarkeit nicht durch die von ihr oder ihm ausgeübten Funktionen ausgeschlossen ist, grundsätzlich ein Rechtsschutzinteresse. (BVerwG, Beschl. vom 8.10.1977, ZBR 1978, 202)

§ 12

Besteht die Körperschaft, Anstalt oder Stiftung oder in der Landesverwaltung die Dienststelle, der die oder der Beschäftigte angehört, weniger als sechs Monate, so bedarf es für die Wählbarkeit nicht der Voraussetzungen des § 11 Abs. 1.

1. Zusätzliche Regelung für die Wählbarkeit

Das Erfordernis der sechsmonatigen Zugehörigkeit zu einer Körperschaft, Anstalt oder Stiftung entfällt, wenn diese selbst am Wahltag weniger als sechs Monate bestehen. Alle übrigen Wählbarkeitsvoraussetzungen müssen aber gegeben sein. Diese Regelung gilt auch bei der Verselbständigung von Nebenstellen oder Teildienststellen. Damit wird vom Gesetzgeber zum Ausdruck gebracht, dass er möglichst in allen Dienststellen Personalvertretungen bilden möchte und deshalb ausnahmsweise von dem Erfordernis der sechsmonatigen Zugehörigkeit dann absieht, wenn die Körperschaft, Anstalt oder Stiftung oder in der Landesverwaltung die oberste Dienstbehörde weniger als sechs Monate besteht.

§ 13

(1) In allen Dienststellen mit in der Regel mindestens fünf wahlberechtigten Beschäftigten, von denen drei wählbar sind, werden Personalräte gebildet.

(2) Dienststellen des Landes, bei denen die Voraussetzungen des Absatzes 1 nicht gegeben sind, werden von der übergeordneten Dienststelle im Einvernehmen mit der Stufenvertretung einer benachbarten Dienststelle zugeteilt.

(3) Der Personalrat besteht in Dienststellen mit in der Regel
5 bis 20 wahlberechtigten Beschäftigten aus einer Person,
21 bis 50 wahlberechtigten Beschäftigten aus drei Mitgliedern,
51 bis 150 Beschäftigten aus fünf Mitgliedern,
151 bis 300 Beschäftigten aus sieben Mitgliedern,
301 bis 600 Beschäftigten aus neun Mitgliedern,
601 bis 1000 Beschäftigten aus elf Mitgliedern.
Die Zahl der Mitglieder erhöht sich in Dienststellen mit 1001 bis 5000 Beschäftigten um je zwei für je weitere angefangene 1000, mit 5001 und mehr Beschäftigten um je zwei für je weitere angefangene 2000.

(4) Die Höchstzahl der Mitglieder beträgt fünfundzwanzig.

1. Pflicht zur Bildung von Personalräten

Die Formulierung in Abs. 1 „werden gebildet" bedeutet, dass bei Vorliegen der Voraussetzungen die Pflicht besteht, Personalräte zu bilden. Auch die Dienststelle ist verpflichtet, Maßnahmen zu ergreifen, die zur Wahl eines Personalrats führen (§§ 18 und 19). Allerdings kann eine Wahl nicht erzwungen werden, denn die letzte Entscheidung liegt bei den Wählern. (OVG Lüneburg, Urteil vom 16.12.1960, ZBR 1961, 69) Einen „Zwangs"personalrat darf es nicht geben.

2. Personalratspflichtige Dienststellen – „In der Regel beschäftigt" –

Der Dienststelle müssen „in der Regel" mindestens fünf wahlberechtigte Beschäftigte angehören. Maßgebend ist also die regelmäßige Beschäftigung, wobei es auf den Zeitpunkt der Wahl nicht ankommt. Zeiten mit besonders großem Arbeitsanfall, der vorübergehend einen erhöhten Personaleinsatz erfordert, bleiben ebenso wie Zeiten mit vermindertem Arbeitsanfall und geringerem Personalbedarf außer Betracht. (BVerwG, Beschl. vom 5.5.1978, PV 1979, 288) Ausschlaggebend ist die Zahl der „in der Regel" Beschäftigten, die für Daueraufgaben tatsächlich beschäftigt gewesen sind. Der Stellenplan kann hierfür ein Anhalt sein. Danach ist derjenige Beschäftigtenstand zugrunde zu legen, der während des überwiegenden Teils der Amtszeit der Personalvertretung mindestens zu erwarten ist oder sogar überschritten wird. (BVerwG, Beschl. vom 3.7.1991, ZfPR 1991, 164) Für die Ermittlung der Zahl der in der Regel Beschäftigten im Wahlausschreiben ist nicht allein der Ist-Zustand zum Zeitpunkt des Wahlausschreibens maßgebend. Es ist eine prognostische Einschätzung vorzunehmen, wie sich die Beschäftigtenzahlen in der gesamten Wahlperiode entwickeln werden. Ist die Zahl der Beschäftigten seit längerer Zeit rückläufig, muss die Einschätzung, dieser Trend werde in der Zukunft umgekehrt, substantiiert begründet werden. Für eine Prognose sind die Ist-Zahlen am Tag des Wahlausschreibens die Regelannahme. Für eine Prognose, die Zahl der Beschäftigten werde steigen, muss ein hohes Maß an Gewissheit vorhanden sein. Dieses „Mehr" an Gewissheit muss so eindeutig sein, dass es gerechtfertigt ist, die Regel außer Acht zu lassen. (OVG NW, A 3281/02.PVB, vom 15.4.2003 n.v.) Für Anwärter gespeiste Verwaltungen, bei denen zu dem Zeitpunkt der Anstellung der Anwärterinnen und Anwärter die jeweils höchste Beschäftigtenzahl erreicht wird, ist dieser Zeitpunkt als Maßstab zu wählen.

Personen, die aufgrund einer Arbeitsbeschaffungsmaßnahme gemäß §§ 91 ff. des Arbeitsförderungsgesetzes für die Dauer von mindestens sechs Monaten in eine Dienststelle eingestellt werden, gehören zu den in der Regel Beschäftigten, denn die rechtliche Ausgestaltung der jeweiligen Beschäftigungsverhältnisse ist für die Feststellung der regelmäßig Beschäftigten unerheblich. (VG Gelsenkirchen, Beschl. vom 9.10.1987 – PVL 14/87) Zu der Zahl der in der Regel Beschäftigten sind auch die Beschäftigten anderer Dienststellen hinzuzurechnen, die ausgelagerte Arbeit übernehmen, da die Dienststelle bestrebt sein muss, die Arbeitsverlagerungen durch Personalzuführungen auszugleichen. Siehe hierzu aber auch Anm. 4 zu § 10.

Auch Teilzeitbeschäftigte gehören zu diesem Kreis, wenn sie nicht nur gelegentlich zu geringfügigen und unbedeutenden Arbeiten herangezogen werden (z.B. Schüleraushilfen). Ebenso gehören die so genannten unterhälftig Beschäftigten dazu. Aushilfskräfte gehören nur dazu, wenn nach der Art der Dienststelle ein Bedürfnis für die Beschäftigung von Aushilfskräften während mindestens 6 Monaten im Jahr besteht. (LAG Hamm, Urteil vom 11.5.1979, DB 1979, 2380)

Wenn während der Amtszeit des Personalrats die Stärke der Dienststelle unter fünf wahlberechtigte Beschäftigte absinkt, existiert der Personalrat nicht mehr.

3. Zuteilung von Kleinstdienststellen i.S.d. Abs. 2

Die Zuteilung von Kleinstdienststellen an eine benachbarte Dienststelle kann nur mit der Zustimmung der bei der übergeordneten Dienststelle gebildeten Stufenvertretung erfolgen, woraus sich ergibt, dass eine solche Zuteilung nur in der Landesverwaltung möglich ist. Wird nicht zugestimmt, kann die Kleinstdienststelle einer benachbarten Dienststelle nicht zugeteilt werden. Hierbei besteht kein Ermessensspielraum. Eine Verpflichtung zur vorherigen Anhörung der Beschäftigten, die bei der neuen Dienststelle das aktive und passive Wahlrecht erhalten, besteht nicht. Die Zuteilung ist aufzuheben, wenn die Zwergdienststelle anwächst und nach Abs. 1 personalratspflichtig wird.

4. Ermittlung der Beschäftigtenzahl

Wenn der Dienststelle mehr als 21 wahlberechtigte Beschäftigte angehören, wird hinsichtlich der übrigen Beschäftigten nicht mehr auf deren Wahlberechtigung abgestellt, weil mit der Feststellung der Wahlberechtigung ein zu großer Aufwand verbunden ist. Die Zahl der in der Regel Beschäftigten ist vom Wahlvorstand festzustellen (§ 2 Abs. 1 WO). Dabei ist auf den Tag des Wahlausschreibens abzustellen, wobei jedoch offenbare Unrichtigkeiten des Wahlausschreibens jederzeit zu berichtigen sind. Die nach dem Gesetz zulässige Stärke des Personalrats **muss** stets ausgeschöpft werden.

5. Zahl der Mitglieder des Personalrats

Die Zahl der Mitglieder des Personalrats wird nach dem jeweiligen Regelbestand der Beschäftigten zwingend festgelegt, wobei die Höchstzahl 25 beträgt (§ 5 Abs. 1 WO). Eine zwingende Festlegung ist aber nur möglich, wenn ausreichend Wahlbewerber zur Verfügung stehen. Der Auftrag des Gesetzes, überhaupt eine Personalvertretung zu bilden, ist höher zu bewerten, als der Zwang zur Vollständigkeit. (vgl. auch: BVerwG, Beschl. vom 20.6.1990, PV 1990, 536) Dem Wahlvorstand fällt die oft schwierige Aufgabe zu, in Zweifelsfällen, wie z.b. bei vorübergehend abgeordneten Beschäftigten zu entscheiden, ob diese zum Regelbestand gehören. Wenn weniger wählbare Beschäftigte zur Verfügung stehen, als gewählt werden können, ist es nicht zulässig, auf die nächstniedrigere Stufe zurückzugreifen, um dadurch die Bildung eines Personalrats mit ungerader Zahl zu erreichen. Vielmehr ist der Personalrat mit so vielen Mitgliedern zu besetzen, wie gewählte Kandidaten vorhanden sind. Wenn während der Amtszeit Änderungen in der Personalstärke eintreten, ist ggf. der Personalrat gemäß § 24 Abs. 1 Buchst. a neu zu wählen.

Die in mehrstufigen Verwaltungen zu wählenden Stufenvertretungen haben höchstens 15 Mitglieder (§ 50 Abs. 3), ebenso die nach § 52 zu wählenden Gesamtpersonalräte (§ 53).

6. Sonderfall der Beschäftigteneigenschaft

Beschäftigte oder Beschäftigter einer Dienststelle kann nur sein, wer in dieser und für diese tätig zu sein. Er muss also Aufgaben dieser Dienststelle erfüllen und nicht nur integriert sein. (BVerwGE 7, 331) Polizeiratsanwärter bei der Polizei-Führungsakademie sind an der Erfüllung der Aufgaben der Akademie nicht beteiligt, sie sind vielmehr Gegenstand der Aufgabe, Polizeiratsanwärter auszubilden. Sie werden deshalb bei der Zahl der in der Regel Beschäftigten nicht mitgerechnet. (BVerwG, Beschl. vom 19.6.1980, ZBR 1981,69)

7. Streitigkeiten

Über Streitigkeiten entscheidet gemäß § 79 das Verwaltungsgericht, wobei die Wahlanfechtung nicht zur Nichtigkeit der Wahl, sondern nur zur Feststellung des richtigen Wahlergebnisses führt, wenn bei der Wahl von einer nicht zutreffenden Zahl der „in der Regel" Beschäftigten ausgegangen worden ist.

§ 14

(1) Sind in der Dienststelle Angehörige verschiedener Gruppen beschäftigt, so muß jede Gruppe entsprechend ihrer Stärke im Personalrat vertreten sein, wenn dieser aus mindestens drei Mitgliedern besteht. Bei gleicher Stärke der Gruppen entscheidet das Los. Macht eine Gruppe von ihrem Recht, im Personalrat vertreten zu sein, keinen Gebrauch, so verliert sie ihren Anspruch auf Vertretung.

(2) Der Wahlvorstand berechnet die Verteilung der Sitze auf die Gruppen nach den Grundsätzen der Verhältniswahl.

(3) Eine Gruppe erhält mindestens
bei weniger als 51 Gruppenangehörigen ein Mitglied,
bei   51 bis   200 Gruppenangehörigen zwei Mitglieder,
bei   201 bis   600 Gruppenangehörigen drei Mitglieder,

bei 601 bis 1000 Gruppenangehörigen vier Mitglieder,
bei 1001 bis 3000 Gruppenangehörigen fünf Mitglieder,
bei 3001 und mehr Gruppenangehörigen sechs Mitglieder.

(4) Eine Gruppe, der in der Regel nicht mehr als fünf Beschäftigte angehören, erhält nur dann eine Vertretung, wenn sie mindestens ein Zwanzigstel der Beschäftigten der Dienststelle umfaßt. Erhält sie keine Vertretung und findet Gruppenwahl statt, so kann sich jede oder jeder Angehörige dieser Gruppe durch Erklärung gegenüber dem Wahlvorstand einer Gruppe anschließen.

(5) Der Personalrat soll sich aus Mitgliedern der verschiedenen Beschäftigungsarten zusammensetzen.

(6) Frauen und Männer sollen ihrem zahlenmäßigen Anteil in der Dienststelle entsprechend vertreten sein.

1. Gruppenprinzip und Gruppenstärke

Bei der Verteilung der Personalratssitze auf die einzelnen Gruppen tritt das Gruppenprinzip in Erscheinung. Es wirkt sich jedoch bei kleinen Dienststellen bis zu 20 Wahlberechtigten nicht aus, weil hier nur eine Person zu wählen ist. Für die Ermittlung der Gruppenstärke werden die gleichen Grundsätze wie bei der Feststellung der wahlberechtigten Beschäftigten angewandt (§ 13). Bei der Verteilung der Personalratssitze auf die Gruppen ist nicht auf die Zahl der tatsächlich, sondern der „in der Regel" Beschäftigten Gruppenangehörigen abzustellen. Zum Begriff „in der Regel" beschäftigt wird auf Anm. 2 zu § 13 hingewiesen.

Wenn kein Wahlvorschlag für eine Gruppe eingereicht wird oder die Gruppenangehörigen sich nicht an der Wahl beteiligen, so verliert die Gruppe ihren Anspruch, im Personalrat vertreten zu sein. Die dadurch frei werdenden Sitze fallen der anderen Gruppe zu (BVerwG, Beschl. vom 23.10.1970, ZBR 1971, 120,122), sofern es sich nicht um einen überzähligen Sitz (Abs. 4) handelt. (BVerwG, Beschl. vom 20.6.1990, PV 1990, 536) Das gleiche gilt, wenn eine Gruppe die ihr zustehenden Sitze nicht vollzählig besetzt. Insoweit tritt das Gruppenprinzip gegenüber dem Gebot des § 13 nach einem vollständigen Personalrat zurück.

Zu beachten ist hierbei, dass der Wahlvorstand gemäß § 10 WO verpflichtet ist, eine Nachfrist für die Einreichung von Wahlvorschlägen zu setzen, wenn nicht für jede Gruppe ein gültiger Wahlvorschlag eingegangen ist.

2. Verhältniswahl

Bei der Wahl eines aus mehr als 3 Mitgliedern bestehenden Personalrats erfolgt die Verteilung der Sitze durch den Wahlvorstand auf die einzelnen Gruppen nach den Grundsätzen der Verhältniswahl, also nach dem d'Hondt'schen Höchstzahlenverfahren (§ 5 Abs. 1 WO). Die Zahl der Gruppenangehörigen ist jeweils durch 1, 2, 3, 4 usw. so lange zu teilen, bis so viele Sitze errechnet sind, wie sie dem Personalrat zur Verfügung stehen (Beispiel für die Berechnung siehe Anmerkung zu § 5 WO). Bei gleichen Höchstzahlen entscheidet das Los. Ebenso wird verfahren, wenn die Gruppen gleich stark sind. Diese Regelung gilt auch für die Wahl der Stufenvertretung (§ 50 Abs. 3) und für die Wahl des Gesamtpersonalrats (§ 53). Bei der

Losziehung ist ein Verfahren mit verdeckten Zetteln angemessen. Ein Losentscheid durch Würfeln ist nicht zulässig. (OVG Münster, Beschl. vom 6.7.1987, ZBR 1988, 155)

3. Minderheitenschutz

Die Absätze 3 und 4 regeln den Minderheitenschutz. Zunächst erhält eine Gruppe mindestens einen Vertreter. Allerdings erhält eine Gruppe mit 5 oder weniger wahlberechtigten Beschäftigten keine eigene Vertretung, es sei denn, dass sie mindestens ein Zwanzigstel der wahlberechtigten Beschäftigten der Dienststelle umfasst. Der Anschluss an die andere Gruppe ist aber möglich, auch wenn diese weniger als 6 Beschäftigte umfasst. Durch die gegenüber dem Wahlvorstand abgegebene Erklärung werden sie aber nicht Angehörige der Gruppe, der sie sich bei der Wahl anschließen. Sie sind keine Gruppenangehörigen i. S. des Abs. 3 und scheiden deshalb bei der Sitzverteilung aus, weil sie nicht berücksichtigungsfähig sind. Sie behalten aber ihre Gruppenzugehörigkeit im personalvertretungsrechtlichen Sinne, was insbesondere für die Frage der Gruppenbeschlüsse (§§ 29, 34) von Bedeutung ist. (BVerwG, Beschl. vom 10.5.1982, ZBR 1983, 137)

Wenn während der Amtszeit eines Personalrats die Zahl der Gruppenangehörigen unter 5 absinkt, behält der Gruppenvertreter sein Mandat, weil § 26 abschließend die Fälle aufführt, die zum Erlöschen der Mitgliedschaft im Personalrat führen.

4. Beschäftigungsarten und Geschlechterproporz

Die in Abs. 5 getroffene Regelung ist nicht zwingender Natur, ihre Nichtbeachtung führt zu keiner Wahlanfechtung. Der Begriff „Beschäftigungsarten" ist nicht definiert. Man kann darunter sowohl verschiedene Laufbahngruppen oder Fachrichtungen als auch besondere Dienste (Innendienst, Außendienst, technische Dienste) verstehen. Mit dieser Vorschrift wird kein Paritätsgrundsatz aufgestellt. Denen, die zur Einreichung von Wahlvorschlägen (§ 16 Abs. 4) berechtigt sind, sollte bewusst gemacht werden, dass sich möglichst alle Beschäftigte vertreten fühlen sollten.

Der in Abs. 6 festgelegte Geschlechterproporz ist verfassungsrechtlich zulässig. (Hess. VerfG, Urteil vom 13.10.1993, ZfPR 1994, 116) Es handelt sich um einen Appell an alle, die am Zustandekommen einer Personalvertretung beteiligt sind und nicht um eine rechtstechnische Sollvorschrift. Ihre Nichtbeachtung aus wichtigen Gründen kann keine Wahlanfechtung zur Folge haben.

§ 15

(1) Die Verteilung der Mitglieder des Personalrats auf die Gruppen kann abweichend von § 14 geordnet werden, wenn jede Gruppe dies vor der Neuwahl in getrennter geheimer Abstimmung beschließt.

(2) Für jede Gruppe können auch Angehörige anderer Gruppen vorgeschlagen werden. Die Gewählten sind Mitglieder derjenigen Gruppe, für die sie vorgeschlagen worden sind.

1. Abweichende Verteilung der Sitze

Durch inhaltlich übereinstimmende Beschlüsse der Gruppen kann eine abweichende Verteilung der Sitze sowohl bei der Gruppenwahl als auch bei der Gemeinschaftswahl herbeigeführt werden. Die Vorabstimmung ist in § 4 WO geregelt und muss nicht vom Wahlvorstand geleitet werden. Im Übrigen sind an diese Vorabstimmung die gleichen Anforderungen zu stellen wie an jede andere Wahl, vgl. Anm. 2 zu § 16. Abstimmungsberechtigt sind im Gegensatz zu § 16 Abs. 2 alle Beschäftigten ohne Rücksicht auf ihre Wahlberechtigung. Zum Beschluss bedarf es der Mehrheit der Angehörigen jeder Gruppe, die Mehrheit der abgegebenen Stimmen reicht also nicht aus. Die Gruppen müssen gleichlautende Beschlüsse über die Verteilung fassen, wozu die Aufstellung eines Verteilungsplans erforderlich ist. Es ist auch ein Beschluss zulässig, demzufolge eine Gruppe überhaupt nicht im Personalrat vertreten sein soll, da gemäß § 14 Abs. 1 jede Gruppe auf ihre Vertretung im Personalrat verzichten kann. Es besteht auch die Möglichkeit, einer nach § 14 Abs. 5 nicht vertretenen Gruppe zu einem Sitz im Personalrat zu verhelfen (vgl. Anm. 3 zu § 14). Die Vorschrift gilt auch für die Stufenvertretung und den Gesamtpersonalrat.

2. Durchbrechung des Gruppenprinzips

Das Gruppenprinzip wird durchbrochen, wenn einer Gruppe aus besonderen Gründen daran gelegen ist, einen Beschäftigten der anderen Gruppe zu ihrem Vertreter zu wählen. Wenn ein gruppenfremder Bewerber bereits auf einem Wahlvorschlag seiner eigenen Gruppe aufgeführt ist, muss ihn der Wahlvorstand gemäß § 9 Abs. 3 WO auffordern, zu erklären, für welche Gruppe er kandidieren will. Der in die andere Gruppe Gewählte gilt in jeder Hinsicht als ihr Vertreter, z.B. bei der Vorsitzendenwahl und bei Gruppenentscheidungen. Der gruppenfremde Bewerber kann während der Amtszeit des Personalrats keinen Wechsel der Gruppe vornehmen, wenn z.B. die Wahl erfolgreich angefochten worden ist und er in einer anderen Gruppe erneut als Bewerber benannt wird. (VGH Baden-Württemberg, Beschl. vom 19.7.1983, ZBR 1984, 153)

3. Streitigkeiten

Bei Streitigkeiten, ob eine ordnungsgemäße Abstimmung stattgefunden hat, entscheidet zunächst der Wahlvorstand (§ 4 Abs. 1 WO), dann ggf. das VG, wobei die Anfechtung nicht zur Unwirksamkeit der Wahl, sondern nur zur Berichtigung der Sitzverteilung führt.

§ 16

(1) Der Personalrat wird in geheimer und unmittelbarer Wahl gewählt.

(2) Besteht der Personalrat aus mehr als einer Person, wählt jede Gruppe ihre Mitglieder (§ 14) je in getrennten Wahlgängen, es sei denn, daß die wahlberechtigten Angehörigen jeder Gruppe vor der Neuwahl in getrennten geheimen Abstimmungen die gemeinsame Wahl beschließen. Der Beschluß bedarf der Mehrheit der Stimmen aller wahlberechtigten Beschäftigten jeder Gruppe.

(3) Die Wahl wird nach den Grundsätzen der Verhältniswahl durchgeführt. Wird nur ein Wahlvorschlag eingereicht, so findet Personenwahl statt. In Dienststellen, deren Personalrat aus einer Person besteht, wird dieser mit einfacher Stimmenmehrheit gewählt. Das gleiche gilt für Gruppen, denen nur ein Mitglied im Personalrat zusteht.

(4) Zur Wahl des Personalrats können die wahlberechtigten Beschäftigten und die in der Dienststelle vertretenen Gewerkschaften Wahlvorschläge machen. Die nach § 11 Abs. 2

nicht wählbaren Beschäftigten dürfen keine Wahlvorschläge machen oder unterzeichnen. Die oder der Beschäftigte darf nur einen Wahlvorschlag unterzeichnen.

(5) Bei einer Wahl in getrennten Wahlgängen muß jeder Wahlvorschlag der Beschäftigten von mindestens einem Zwanzigstel der wahlberechtigten Gruppenangehörigen, jedoch von mindestens drei wahlberechtigten Gruppenangehörigen, unterzeichnet sein; in jedem Fall genügt die Unterzeichnung durch 100 wahlberechtigte Gruppenangehörige.

(6) Bei gemeinsamer Wahl muß jeder Wahlvorschlag der Beschäftigten von mindestens einem Zwanzigstel der wahlberechtigten Beschäftigten, jedoch von mindestens drei wahlberechtigten Beschäftigten, unterzeichnet sein; in jedem Fall genügt die Unterzeichnung durch 100 wahlberechtigte Beschäftigte. Werden bei gemeinsamer Wahl für eine Gruppe gruppenfremde Bewerberinnen und Bewerber vorgeschlagen, muß der Wahlvorschlag von mindestens einem Zwanzigstel der wahlberechtigten Angehörigen dieser Gruppe unterzeichnet sein.

(7) Jeder Wahlvorschlag einer Gewerkschaft muß von einer von ihr beauftragten Person unterzeichnet sein.

(8) Die oder der Beschäftigte darf nur auf einem Wahlvorschlag benannt werden.

1. Wahlgrundsätze

Abs. 1 gewährleistet die Wahlfreiheit durch die eine dem wirklichen Willen der Wählerinnen und Wähler entsprechende Wahl sichergestellt wird. (OVG Münster, Beschl. vom 6.8.1962, ZBR 1962, 390) Die Wahlfreiheit soll auch durch das Behinderungs- und Beeinflussungsverbot des § 21 garantiert werden. Geheime Stimmabgabe bedeutet, dass die Wählerinnen und Wähler subjektiv das Gefühl haben müssen, unbeobachtet seine Stimme abgeben zu können. Objektiv müssen diese Voraussetzungen dafür geschaffen werden, dass tatsächlich eine unbeobachtete Stimmabgabe erfolgen kann. Zur Geheimhaltung der Wahl gehört die Ausübung des Wahlrechts unter Verwendung von Stimmzetteln in Wahlumschlägen. Der Wahlvorstand hat alle Vorkehrungen zur Sicherung des Wahlgeheimnisses zu treffen, z.B. Wahlkabinen oder entsprechende Vorrichtungen aufzustellen. Auch die Wählerinnen und Wähler dürfen während des Wahlvorgangs auf den Schutz der Geheimhaltung bei der Stimmabgabe nicht verzichten. Wählerinnen und Wähler dürfen im Wahlanfechtungsverfahren nicht darüber befragt werden, wie sie gewählt haben, selbst wenn sie dazu bereit sind. Die Gerichte dürfen eidesstattliche Versicherungen der Wählenden, wie sie abgestimmt haben, nicht entgegennehmen. (BVerwG, Beschl. vom 21.7.1975, ZBR 1975, 353)

Unmittelbare Wahl bedeutet, dass die Stimmabgabe persönlich und nicht durch Beauftragte oder Wahlmänner vorgenommen wird. Eine besondere Bestimmung für die Stimmabgabe von Wählerinnen und Wählern mit körperlichen Gebrechen enthält § 15 Abs. 1 WO, wonach diesem Personenkreis besondere Hilfe zugestanden wird. Es wird ihnen gestattet, sich einer Person ihres Vertrauens bei der Stimmabgabe zu bedienen.

Bei der schriftlichen Stimmabgabe (Briefwahl) darf jedoch die Überbringerin oder der Überbringer der Wahlunterlagen nicht die oder den Wählenden in seinem Beisein auffordern, den Stimmzettel aus zufüllen. Darin kann ein Verstoß gegen den Grundsatz der freien und geheimen Wahl gesehen werden. (Cecior, RdNr. 12 zu § 16)

2. Gruppenwahl – gemeinsame Wahl

Die Gruppenwahl findet in getrennten Wahl statt, abgesehen von der Wahl nur eines Personalratsmitglieds. Hier kommt die Ausgestaltung des Gruppenprinzips besonders zum Ausdruck. Von diesem Regelfall der Wahl kann nur unter erschwerten gesetzlichen Bedingungen abgewichen werden.

Die gemeinsame Wahl bedarf der Mehrheit der Stimmen der Wahlberechtigten jeder Gruppe und nicht nur der Mehrheit der abgegebenen Stimmen. Die Vorschrift ist verbindlich. Wenn in einer Gruppe eine solche Mehrheit nicht zustande kommt, erübrigt sich eine noch ausstehende Abstimmung in der anderen Gruppe. Das Wahlergebnis der zuerst abstimmenden Gruppe darf nämlich vor Abstimmung der anderen Gruppe bekannt gegeben werden. Die Zahl der den einzelnen Gruppen gemäß § 14 zustehenden Sitze wird durch die gemeinsame Wahl nicht berührt, die sich nur dadurch von der Gruppenwahl unterscheidet, dass alle Wahlberechtigten über alle Gruppenvertreterinne und -vertreter mitbestimmen, deren Stellung als Vertreterin bzw. Vertreter ihrer Gruppe sich dadurch nicht ändert. Die Durchführung der Vorabstimmung kann einem Abstimmungsvorstand (§ 4 WO) oder dem Wahlvorstand übertragen werden. Für die Vorabstimmung gelten die in Abs. 1 aufgeführten Wahlgrundsätze, insbesondere der Grundsatz der geheimen Wahl.

Übernimmt ein Abstimmungsvorstand diese Aufgabe, liegt es in der Natur der Sache, dass sich diese Beschäftigten dafür einsetzen, dass die Vorabstimmung das damit angestrebte Ergebnis hat. Wären sie nämlich gegen eine gemeinsame Wahl, würden sie diese Initiative nicht ergreifen bzw. eine solche Aufgabe nicht übernehmen. Es kann deshalb nicht beanstandet werden, dass die Mitglieder des Abstimmungsvorstandes zu dieser Vorabstimmung auffordern und den Nutzen einer gemeinsamen Wahl aus ihrer Sicht in der Bekanntmachung herausstellen. Darin liegt weder eine Wahlwerbung im eigentlichen Sinne des Begriffs noch eine unzulässige Wahlbeeinflussung, sondern lediglich die Aufforderung, eine bestimmte Form der Wahl, nicht aber die Wahl bestimmter Kandidatinnen und Kandidaten zu unterstützen. Trotzdem darf ein Druck auf die Beschäftigten nicht ausgeübt werden und die Wahl selbst muss unbeeinflusst und geheim bleiben. (BVerwG, Beschl. vom 21.7.1980 – 6 P 13.80) Dem Erfordernis der geheimen Stimmabgabe steht grundsätzlich eine Briefwahl nicht entgegen. (vgl. für das BetrVG; SAG, Urteil vom 14.2.1978, DB 1978, 1451)

3. Verhältniswahl – Personenwahl

Die Wahl erfolgt in der Regel sowohl bei der Gruppenwahl als auch bei der gemeinsamen Wahl als Verhältniswahl, die als Listenwahl nach dem d'Hondt'schen Höchstzahlenverfahren durchgeführt wird. Bei der Verhältniswahl werden die auf eine Minderheit entfallenen Stimmen angemessen berücksichtigt, während sich die Personenwahl mit dem Begriff der Mehrheitswahl deckt. Sie findet statt bei der Gruppenwahl und bei der Gemeinschaftswahl, wenn nur ein gültiger Wahlvorschlag eingereicht ist (§ 26 Abs. 1 WO). Wenn bei der Gruppenwahl nur eine Vertreterin oder ein Vertreter und bei gemeinsamer Wahl nur ein Personalratsmitglied zu wählen ist, kann auch nach den Grundsätzen der Personenwahl gewählt werden (§ 26 Abs. 3 WO), selbst wenn mehrere Wahlvorschläge eingereicht worden und alle Beteiligten mit dieser Wahlform einverstanden sind.

4. Wahlvorschläge

Der Wahlvorschlag ist eine aus der Bewerber- und der Unterschriftenliste bestehende Urkunde. (BVerwG, Beschl. vom 10.8.1978, ZBR 1979, 180) Besteht sie aus mehreren Stücken, müssen diese fest miteinander verbunden werden. Da Empfänger des Wahlvorschlages der Wahlvorstand ist, der zur Entgegennahme durch ein Mitglied bereit sein muss, wird er erst mit seiner Einreichung beim Wahlvorstand verbindlich. Bis zu diesem Zeitpunkt sind Änderungen oder Rücknahmen von Unterschriften zulässig, allerdings nur mit Zustimmung sämtlicher Unterzeichnerinnen und Unterzeichner des Wahlvorschlages (Anm. 5). Die Bewerberliste darf nicht geändert werden.

Das Einreichen des Wahlvorschlages kann auf die Dienststunden beschränkt werden und ist auch per Post möglich.

5. Vorschlagsberechtigte

Vorschlagsberechtigt sind nicht nur die wahlberechtigten Beschäftigten, sondern auch die in der Dienststelle vertretenen Gewerkschaften, also nicht nur die Spitzenorganisationen i.S. des § 106 LBG. Das gleiche Recht steht auch den Berufsverbänden zu, die einer gewerkschaftlichen Spitzenorganisation angeschlossen sind (§ 125). Eine Gewerkschaft ist in der Dienststelle bereits dann vertreten, wenn ihr nur ein Beschäftigter als Mitglied angehört. Es genügt nach Abs. 7 die Unterzeichnung des Wahlvorschlages durch eine Beauftragte oder einen Beauftragten, die oder der auch der örtlichen Untergliederung angehören kann. Voraussetzung für die Unterzeichnung ist nicht das aktive oder passive Wahlrecht. (VG Münster, Beschl. vom 16.12.1992— 1 A 222 5/91 PVB) Es muss als ausreichend angesehen werden, wenn der Wahlvorschlag von der oder dem in der Dienststelle tätigen Beauftragten einer Gewerkschaft oder eines Berufsverbandes unterzeichnet wird, selbst wenn keine örtliche Gliederung besteht. Dies ist häufig bei Fachverbänden auf Landesebene der Fall. Bestehen in einem solchen Fachverband sogenannte Fachgruppen, so gilt die oder der Vorsitzende dieser Fachgruppe bzw. Stellvertreter als Beauftragte oder Beauftragter des Berufsverbandes. Falls Wahlvorschläge von ihr oder ihm Vollmachten verlangen, wirken diese auch, wenn sie nach der Einreichungsfrist der Wahlvorschläge vorgelegt werden. (VG Gelsenkirchen, Beschl. vom 2.4.1976 – PVL 4/75)

Falls Beschäftigte Wahlvorschläge machen wollen, müssen diese bei der getrennten Wahl von mindestens einem Zwanzigstel der wahlberechtigten Gruppenangehörigen und bei der gemeinsamen Wahl von mindestens einem Zwanzigstel der wahlberechtigten Beschäftigten unterzeichnet sein. Es genügt jedoch in jedem Fall die Unterzeichnung durch 100 Wahlberechtigte, auch wenn dadurch ein Zwanzigstel nicht erreicht wird. (vgl. BVerfG, Urteil vom 16.10.1984, ZBR 1984, 377) Gruppenfremde Beschäftigte, die nach § 15 Abs. 2 durch eine andere Gruppe vorgeschlagen werden, dürfen den Wahlvorschlag dieser Gruppe nicht unterzeichnen. Auch Mitglieder von Wahlvorständen dürfen nicht nur selbst kandidieren, sondern auch Wahlvorschläge unterzeichnen. Für die Zahl der Unterschriften kommt es auf den Zeitpunkt der Einreichung des Wahlvorschlages an. Werden Unterschriften später widerrufen, aber zeitlich nach der Unterschrift auf dem Wahlvorschlag, so ist der Widerruf wirksam. Wenn jedoch nachträglich ein Wahlvorschlag ohne ausdrückliche Zustimmung des Unterzeichners geändert wird, ist der Wahlvorschlag ungültig (BVerwG, Beschl. vom 1.3.1984, PV 1986, 155).

Sämtliche in § 16 enthaltenen Regelungen sind wesentliche Vorschriften über das Wahlrecht und das Wahlverfahren und rechtfertigen bei ihrer Verletzung eine Wahlanfechtung (§ 22).

§ 17

(1) Spätestens drei Monate vor Ablauf der Amtszeit bestellt der Personalrat drei wahlberechtigte Beschäftigte als Wahlvorstand und eine oder einen von ihnen als vorsitzende Person. Sind in der Dienststelle Angehörige verschiedener Gruppen beschäftigt, so soll jede Gruppe im Wahlvorstand vertreten sein. Hat die Dienststelle weibliche und männliche Beschäftigte, sollen dem Wahlvorstand Frauen und Männer angehören. Für jedes Mitglied des Wahlvorstandes kann ein Ersatzmitglied benannt werden.

(2) Besteht zwei Monate vor Ablauf der Amtszeit des Personalrats kein Wahlvorstand, so beruft die Dienststelle auf Antrag von mindestens drei wahlberechtigten Beschäftigten oder einer in der Dienststelle vertretenen Gewerkschaft eine Personalversammlung zur Wahl des Wahlvorstandes ein. Absatz 1 Satz 2 und 3 gilt entsprechend. Die Personalversammlung wählt eine Person als Versammlungsleitung.

1. Wahlvorstand

Während eine ohne Bestellung eines Wahlvorstandes durchgeführte Wahl nichtig ist (vgl. 2 Anm. zu § 22), begründet ein Mangel bei der Bestellung des Wahlvorstandes, der sich in der Regel als ein Verstoß gegen wesentliche Wahlvorschriften darstellt, nur die Anfechtung der Wahl. Eine spätere Bestellung des Wahlvorstandes als spätestens drei Monate vor Ablauf der Amtszeit ist zulässig, solange die Bestellung nicht durch die Personalversammlung erfolgt ist. Bei der Bestellung ist § 33 zu beachten, d.h., es muss ein Beschluss mit einfacher Stimmenmehrheit der anwesenden Mitglieder des Personalrats gefasst werden. Für jedes Mitglied des Wahlvorstandes kann ein Ersatzmitglied bestellt werden. Dies ist sogar dringend zu empfehlen, weil nur ein vollständig besetzter Wahlvorstand die in § 1 Abs. 3 WO geforderten Beschlüsse fassen kann (einfache Stimmenmehrheit). Die vorsitzende Person ist vom Personalrat zu bestimmen. Es müssen jeweils drei Beschäftigte bestellt werden, die das aktive Wahlrecht besitzen. Das gilt auch, wenn nur ein Personalratsmitglied zu wählen ist (§ 13 Abs. 3). Wegen der Rechtsstellung des Wahlvorstandes wird auf Anm. 4 zu § 21 verwiesen.

Der Wahlvorstand kann zu seiner Unterstützung Wahlhelferinnen und Wahlhelfer hinzuziehen (§ 1 Abs. 1 Satz 2 WO).

2. Berücksichtigung der Gruppen

Die Beachtung des Gruppenprinzips ist nicht zwingend vorgeschrieben. Durch die „Sollvorschrift" müssen aber gewichtige Gründe vorliegen, wenn eine Gruppe bei der Bestellung von Mitgliedern des Wahlvorstandes nicht berücksichtigt wird. Dies könnte der Fall sein, wenn eine Gruppe weniger als fünf Beschäftigte umfasst. Bei einem Verzicht der Gruppe auf Vertretung im Wahlvorstand bleibt sie ohnehin unberücksichtigt. Bei der Benennung von Ersatzmitgliedern (§ 17 Abs. 1 Satz 3) gilt insoweit das Gruppenprinzip entsprechend.

3. Personenkreis

Der Personalrat ist bei der Auswahl der Mitglieder des Wahlvorstandes nicht gebunden. Es empfiehlt sich jedoch eine Konsultation innerhalb der Dienststelle und bei den betreffenden Vorgesetzten, bevor eine förmliche Bestellung beschlossen wird.

Es dürfen auch Beschäftigte in den Wahlvorstand berufen werden, die sich nach Kenntnis des Personalrats an einem Wahlvorschlag beteiligen oder selbst kandidieren wollen. (BVerwGE 13, 296) Dem Wahlvorstand kommt keine derartige Machtfülle zu, die es als unerträglich erscheinen ließe, dass ein Mitglied des Wahlvorstandes gleichzeitig Wahlbewerber für den zu wählenden Personalrat ist. (vgl. für das BetrVG: BAG, Beschl. vom 4.11.1977, DB 1978, 254) Trotzdem sollte möglichst darauf verzichtet werden, Wahlbewerber in den Wahlvorstand zu berufen, um den Schein einer Wahlbeeinflussung zu vermeiden. Es ist zulässig, aber bedenklich, wenn nur die Angehörigen einer von mehreren in der Dienststelle vertretenen Gewerkschaften zu Mitgliedern bestellt werden. Bei Vorliegen besonderer Umstände kann eine solche Maßnahme ermessensfehlerhaft sein und unnötige Streitverfahren hervorrufen. Die Regelung in Abs. 1 Satz 3 unterstützt die mit dem Gesetz zur Gleichstellung von Frauen und Männern für das Land Nordrhein-Westfalen verfolgten Ziele.

4. Wahl des Wahlvorstandes durch die Personalversammlung

Bestellt ein Personalrat, der im Amt ist oder die Geschäfte gemäß § 24 Abs. 2 weiter- führt, keinen Wahlvorstand oder kein Ersatzmitglied für ein ausgeschiedenes Mitglied, so hat der Dienststelle auf Antrag eine Personalversammlung einzuberufen. Da diese nur ersatzweise tätig wird, kann der Personalrat von seinem Recht der Bestellung Gebrauch machen, solange die Personalversammlung noch keinen Wahlvorstand bestellt hat. Antragsberechtigt sind drei wahlberechtigte Beschäftigte, die nicht das passive Wahlrecht zu besitzen brauchen, oder eine Gewerkschaft, die selbst dann in der Dienststelle als vertreten gilt, wenn ihr nur ein selbst nicht antragsberechtigtes Mitglied angehört. Die Personalversammlung wählt mit einfacher Mehrheit einen Versammlungsleiter. Bis dahin übernimmt dies vorläufig die Leiterin oder der Leiter der Dienststellen. Der Wahlvorstand wird von der Mehrheit der anwesenden Beschäftigten gewählt, wobei es auf ihr aktives oder passives Wahlrecht nicht ankommt. Die Wahl braucht nicht mittels Stimmzettel, sondern kann durch Handzeichen erfolgen, also formlos. Zwar findet die Wahl nicht nach Gruppen statt, jedoch kann aus den in der Dienststelle vertretenen Gruppen ein Mitglied gewählt werden. Die Wahl der vorsitzenden Person erfolgt erst nach der Bestellung der Mitglieder des Wahlvorstandes. Dieser hat dann selbst die vorsitzende Person aus seinen Reihen zu bestimmen, wenn die Personalversammlung dies unterlassen hat. Die Vorschrift gilt nur für den örtlichen Personalrat, da es bei Stufenvertretungen keine Personalversammlung gibt. Hier muss der Dienststellenleiter den Wahlvorstand bestellen (§ 50 Abs. 3).

§ 18

Besteht in einer Dienststelle, die die Voraussetzungen des § 13 Abs. 1 erfüllt, kein Personalrat, so beruft die Dienststelle auf Antrag von mindestens drei wahlberechtigten Beschäftigten oder einer in der Dienststelle vertretenen Gewerkschaft eine Personalversammlung zur Wahl des Wahlvorstandes ein. § 17 Abs. 2 Satz 3 gilt entsprechend.

1. Einberufung einer Personalversammlung durch den Dienststellenleiter

Nach dieser Vorschrift ist zu verfahren, wenn eine Dienststelle neu eingerichtet wird, Nebenstellen oder Teile einer Dienststelle verselbständigt werden oder eine bisher nicht personalratsfähige Dienststelle durch Erhöhung der Zahl der regelmäßig Beschäftigten personalratspflichtig geworden ist. Ist die Wahl mit Erfolg angefochten (§ 22 Abs. 3) oder der Personalrat durch

Gerichtsbeschluss aufgelöst worden (§ 25 Abs. 1), so erfolgt die Bestellung des Wahlvorstandes durch das Gericht.

2. Folgen der Nichteinberufung einer Personalversammlung

Die Personalversammlung ist von der Dienststelle einzuberufen, und zwar in Anlehnung an § 17 Abs. 2 auf Antrag von mindestens drei wahlberechtigten Beschäftigten oder einer in der Dienststelle vertretenen Gewerkschaft. Geschieht das nicht, liegt darin eine Wahlbehinderung nach § 21 durch die Dienststellenleiterin oder den Dienststellenleiter vor. Tritt die Personalversammlung trotz Einberufung nicht zusammen oder wählt sie keinen Wahlvorstand, so ist gemäß § 19 zu verfahren.

§ 19

Findet eine Personalversammlung (§ 17 Abs. 2, § 18) nicht statt oder wählt die Personalversammlung keinen Wahlvorstand, so bestellt ihn die Dienststelle auf Antrag von mindestens drei wahlberechtigten Beschäftigten oder einer in der Dienststelle vertretenen Gewerkschaft.

Bestellung des Wahlvorstandes durch den Dienststellenleiter

Eine Wahl kann nicht erzwungen werden, obwohl sie gesetzlich vorgeschrieben ist. Mindestens aber soll der Versuch unternommen werden, sie zustande zu bringen.

Dies ist aber nicht ohne Wahlvorstand möglich. Deswegen erfolgt seine Bestellung durch die Dienststelle, jedoch nicht von Amts wegen, sondern nur auf Antrag von mindestens drei wahlberechtigten Beschäftigten oder einer in der Dienststelle vertretenen Gewerkschaft. Bei der Auswahl der zu Bestellenden ist die Dienststelle frei, ist also nicht an Vorschläge der antragstellenden Personen gebunden. Außer der vorsitzenden Person sind auch die Ersatzmitglieder von der Dienststelle zu bestimmen.

Diese Vorschrift findet auch Anwendung, wenn die Personalversammlung zwar den Wahlvorstand gewählt hat, die Bestellung aber daran gescheitert ist, dass niemand das Amt angenommen hat. Die Dienststelle ist nicht verpflichtet, eine erneute Personalversammlung einzuberufen.

§ 20

(1) Der Wahlvorstand hat die Wahl fristgerecht vorzubereiten; sie soll spätestens zwei Wochen vor Ablauf der Amtszeit des Personalrats stattfinden. Kommt der Wahlvorstand dieser Verpflichtung nicht nach, so beruft die Dienststelle auf Antrag von mindestens drei wahlberechtigten Beschäftigten oder einer in der Dienststelle vertretenen Gewerkschaft eine Personalversammlung zur Wahl eines neuen Wahlvorstands ein. § 17 Abs. 2 Satz 3 und § 19 gelten entsprechend.

(2) Der Wahlvorstand hat seine Sitzungen den in der Dienststelle vertretenen Gewerkschaften bekanntzugeben. Je eine von ihnen beauftragte Person ist berechtigt, mit beratender Stimme teilzunehmen.

(3)Unverzüglich nach Abschluß der Wahl zählt der Wahlvorstand öffentlich die Stimmen, stellt das Ergebnis in einer Niederschrift fest und gibt es den Beschäftigten der Dienststelle durch Aushang bekannt. Der Dienststelle und den in der Dienststelle vertretenen Gewerkschaften ist eine Abschrift der Niederschrift zu übersenden.

1. Aufgaben des Wahlvorstandes

Zur Vorbereitung der Wahl gehören alle Maßnahmen, die nach der Wahlordnung zur Durchführung der Wahl erforderlich sind. Solche Maßnahmen sind beispielsweise sofortige Bekanntgabe der Bestellung des Wahlvorstandes durch Aushang, die Feststellung der Beschäftigtenzahl, die Aufstellung des Wählerverzeichnisses, die Verteilung der Sitze auf die Gruppen, der Erlass des Wahlausschreibens, die Entgegennahme der Wahlvorschläge und die Durchführung der eigentlichen Wahlhandlung

Die Tätigkeit des Wahlvorstandes hat sich daran zu orientieren, dass die von ihm vorbereitete Wahl spätestens zwei Wochen vor Ablauf der Amtszeit des Personalrats stattfinden soll. Er ist bei der Festlegung eines Wahltermins nicht gebunden; vor Bekanntgabe des Termins soll sich der Wahlvorstand mit dem Personalrat abstimmen. In der Landesverwaltung wird ein Wahltermin in der Regel bereits durch die Stufenvertretung für ihren Geschäftsbereich nach Abstimmung in der Dienststelle bestimmt werden. Gepflogenheit in NRW ist, dass der Hauptpersonalrat beim MIK im Benehmen mit der Arbeitsgemeinschaft der Hauptpersonalräte (§ 78 Abs. 6) den Termin bestimmt. Die Tätigkeit des Wahlvorstandes endet mit der Feststellung und Bekanntgabe des Wahlergebnisses und Einberufung des neu gewählten Personalrats zur konstituierenden Sitzung, die von ihm zu leiten ist § (30 Abs. 1). Eine anschließende Berichtigung des Wahlergebnisses durch den Wahlvorstand ist unzulässig, da sein Amt mit der abgeschlossenen Wahl erloschen ist. (OVG Berlin, Beschl. vom 21.4.1975, PV 1977, 68)

Bei der Zweiwochenfrist handelt es sich um eine Soll-Vorschrift, die den Wahlvorstand zur rechtzeitigen Erfüllung seiner Pflichten anhalten soll, ihre Nichtbeachtung führt nicht zur Wahlanfechtung.

2. Abberufung des Wahlvorstandes

Wenn der Wahlvorstand seiner Verpflichtung zur Vorbereitung der Wahl nicht nachkommt, ist er in einer einzuberufenden Personalversammlung abzuwählen. Nicht jede Pflichtverletzung des Wahlvorstandes genügt dafür, es muss sich vielmehr um wesentliche Verstöße handeln wie völlige Untätigkeit oder erhebliche Verzögerung der Wahlvorbereitung Es ist gesetzlich nicht vorgesehen, dass sich der Wahlvorstand selbst auflöst. Eine solche Auflösung durch Mehrheitsbeschluss ist auch kein demokratisches Grundrecht eines gewählten und bestellten Gremiums. (LAG Düsseldorf, Beschl. vom 26.3.1975, DB 1975, 840) Wenn eine Personalversammlung zur Bestellung des Wahlvorstandes nicht zustande kommt oder ohne Ergebnis bleibt, ist gemäß § 19 zu verfahren.

3. Zugangsrecht der Gewerkschaften

Die den Gewerkschaften nach § 3 Abs. 4 eingeräumten Zugangsrechte sind in dieser Vorschrift weiter konkretisiert, indem je eine beauftragte Person der Gewerkschaften das Recht erhält, an allen Sitzungen des Wahlvorstandes mit beratender Stimme teilzunehmen. Dabei ist es unerheblich, ob die betreffende Gewerkschaft einen Wahlvorschlag eingereicht hat. Die Teilnahme an den Sitzungen ist auch zulässig, während Abstimmungen durchgeführt werden, denn sonst würde das Zugangsrecht der Gewerkschaften nicht seinen vom Gesetzgeber gewollten Zweck erfüllen. Die Vorschrift bezweckt, Manipulationen des Wahlvorstandes zu vermeiden, diesen aber auch bei seiner oft schwierigen Tätigkeit zu beraten, um dadurch Wahlanfechtungen infolge Fehlentscheidungen nach Möglichkeit zu verhindern.

4. Auszählung der Stimmen

Die Vorschrift ist eigentlich Gegenstand der Wahlordnung. Der Gesetzgeber hat diese Aufgabe des Wahlvorstandes für so wesentlich erachtet, dass sie an dieser Stelle in das Gesetz aufgenommen worden ist.

Da die Auszählung der Stimmen öffentlich zu erfolgen hat, muss der Wahlvorstand Ort und Zeit der Auszählung rechtzeitig bekannt geben. Jede oder jeder Beschäftigte der Dienststelle sowie ein oder mehrere Vertreterinnen oder Vertreter der Gewerkschaften können daran teilnehmen. Das dienststellenbezogene Öffentlichkeitsprinzip der Wahlhandlung ist als wesentliche Vorschrift des Wahlverfahrens im Sinne des § 22 anzusehen. (OVG Münster, Beschl. vom 3.6.1980, RiA 1981,178)

5. Verstöße des Wahlvorstandes gegen Wahlvorschriften

Verstöße des Wahlvorstandes gegen Wahlvorschriften können durch das Gericht nicht besonders festgestellt, sondern nur im Wahlanfechtungsverfahren geltend gemacht werden. (BVerwGE 9, 249)

§ 21

(1) Niemand darf die Wahl des Personalrats behindern oder in einer gegen die guten Sitten verstoßenden Weise beeinflussen. Insbesondere darf keine wahlberechtigte Person in der Ausübung des aktiven und passiven Wahlrechts beschränkt werden. § 43 gilt für Mitglieder des Wahlvorstands und für Wahlbewerberinnen und Wahlbewerber entsprechend.

(2) Die Kosten der Wahl trägt die Dienststelle. Notwendige Versäumnis von Arbeitszeit infolge der Ausübung des Wahlrechts, der Teilnahme an den in § 17 Abs. 2 und in den §§ 18 und 20 Abs. 1 genannten Personalversammlungen oder der Betätigung im Wahlvorstand hat keine Minderung der Bezüge oder des Arbeitsentgelts zur Folge. Für die Mitglieder des Wahlvorstands gelten § 40 Abs. 1 Satz 2 und 3 sowie § 42 Abs. 2 Satz 2 und Abs. 5 entsprechend.

1. Wahlbehinderung

Eine Wahlbehinderung liegt vor, wenn die Dienststelle nicht die für die Durchführung der Wahl erforderlichen Räumlichkeiten und Sachmittel wie Wahlzettel und Angaben für die Aufstellung der Wählerlisten zur Verfügung stellt, dem Wahlvorstand nicht die erforderliche Zeit zur Vorbereitung der Wahl gewährt, also keine notwendige Entlastung von dienstlichen Obliegenheiten vornimmt oder unnötigerweise Dienstreisen und sonstige Maßnahmen anordnet, die den Beschäftigten daran hindern, an der aktiven oder passiven Wahl teilzunehmen. Eine Behinderung durch den Wahlvorstand liegt vor, wenn er die Wahlvorbereitungen bewusst verzögert oder sich nicht zur Entgegennahme von Wahlvorschlägen bereithält. Da das dienststellenbezogene Öffentlichkeitsprinzip der Wahlhandlung zu den wesentlichen Elementen demokratischer Wahlen gehört, ist auch die Verletzung dieses Prinzips als eine Behinderung durch den Wahlvorstand anzusehen. Auf die Anm. 4 zu § 20 wird hingewiesen.

2. Wahlbeeinflussung

Eine sittenwidrige Wahlbeeinflussung liegt vor, wenn der Tatbestand gegen das Gefühl aller vernünftig und gerecht denkenden Menschen verstößt. Finanzielle Zuwendungen jeder Art sind ebenso verboten wie Zusagen schnellerer Beförderung oder Höhergruppierung. Wahlpropaganda ist jedoch erlaubt. Sie kann auch nicht an der Wahrheit gemessen werden. Die Werbung um die Stimmen der Wählerinnen und Wähler muss sich jedoch im üblichen Rahmen eines Wahlkampfes halten, dagegen wird die Wahl durch bösartige Wahlmanöver und Wahlschwindel unzulässig beeinflusst, wenn hierdurch die Entscheidungsfreiheit der Wählerinnen und Wähler ernsthaft beeinträchtigt werden kann. (OVG Lüneburg, Urteil vom 26.11.1957, OVGE 12, 398) Das gilt auch, wenn z.b. der Umlauf eines Wahlvorschlages zur Sammlung der erforderlichen Unterschriften unterbrochen oder fehlgeleitet wird. (Bay. VGH, Beschl. vom 28.3.1984 – 18 C 83 A. 2174) Kandidiert eine Wahlbewerberin oder ein Wahlbewerber auf einer Liste mit dem Kennwort „Nicht organisierte Arbeitnehmer", liegt eine gegen die guten Sitten verstoßende Wahlbeeinflussung vor, wenn er seinen vor der Wahl vollzogenen Eintritt in eine Gewerkschaft nicht allen Wählerinnen und Wählern bekannt gibt. (BVerwGE 34, 117) Wahlvorschläge müssen auch eindeutig gekennzeichnet werden, die Wählerinnen und Wähler dürfen durch den Namen (Kennwort) der Liste nicht in die Irre geführt werden. Wenn beispielsweise Einzelpersonen eine Liste einreichen, darf kein einer Gewerkschaft zuzuordnendes Kennwort verwendet werden, wenn die betreffende Gewerkschaft hierzu keine Legitimation erteilt hat. (VG Potsdam, 16 K 2312/98.PVL vom 26.8.1998) Ebenso ist es unzulässig eine Liste mit dem Kennwort „gewerkschaftsfreie Liste" zu bezeichnen, wenn auf dieser Liste auch nur ein Mitglied einer Gewerkschaft aufgestellt ist.

Der Wahlvorstand handelt grob sittenwidrig und verstößt gegen seine Neutralitätspflicht, wenn er die Eignung eines Wahlbewerbers in Zweifel zieht und deswegen eine Personalversammlung abhält. (VG Berlin, Beschl. vom 23.10.1975, PV 1975, 426) Das Gleiche gilt selbstverständlich auch für die Dienststelle.

3. Wahlbeeinflussung durch Gewerkschaften

Umstritten ist die Wahlbeeinflussung durch die Gewerkschaften, da im Wahlkampf gegensätzliche Meinungen aufeinanderprallen. Dies führt zu Auseinandersetzungen und scharfer Kritik an gegnerischen Gewerkschaften oder Listen. Eine solche Kritik ist zulässig, wobei es wünschenswert wäre, wenn die Personalratswahl nicht zum Anlass völlig unsachlicher und polemischer Hetze gemacht würde. Von ihren Mitgliedern können die Gewerkschaften jedoch Verbandsdisziplin fordern und verlangen, dass sie nicht den Interessen der Gewerkschaft zuwider handeln. Sie können z.B. ihren Mitgliedern untersagen, auf Vorschlagslisten konkurrierender Gewerkschaften zu kandidieren und ihnen Ausschluss androhen. Es kann nicht Sinn des Beeinflussungsverbotes sein, einer Gewerkschaft das Verbleiben von Mitgliedern in ihrem Verband zuzumuten, die sich derart gewerkschaftsschädlich verhalten. (BGH, Urteil vom 13.6.1966, PV 1966, 236; OLG Celle, Urteil vom 7.1.1980, NJW 1980, 1004) Der Widerstreit zwischen Verbandsdisziplin und Wahlfreiheit ist jedoch noch nicht völlig ausgestanden. Geklärt ist jedoch, dass der Ausschluss aus einer Gewerkschaft nicht angedroht werden kann, wenn ein Mitglied auf einer fremden Liste kandidiert, die weder durch ihr Programm noch durch überbehördliche Bindungen oder personelle Besetzung über den Wettbewerb um Stimmen hinaus gegen die Gewerkschaft gerichtet ist. (BGH, Urteil vom 27.2.1978, NJW 1978,1370; BGH, Urteil vom 19.1.1981, DB 1982, 130)

4. Rechtsstellung der Mitglieder des Wahlvorstandes und der Wahlbewerberinnen und Wahlbewerber

Die Mitglieder des Wahlvorstandes und Wahlbewerberinnen und Wahlbewerber genießen Versetzungs-, Abordnungs- und Umsetzungsschutz (Anm. 4 und 5 zu § 43). Eine Umsetzung kann auch ohne Wechsel des Dienstortes unter Umständen auch eine Behinderung darstellen (siehe Anm. 2 zu § 43). Der so genannte Entfernungsschutz beginnt mit der Bestellung zum Wahlvorstand. (OLG Saarland, Beschl. vom 20.6.1985, PV 1986, 336)

Gemäß § 15 Abs. 3 KSchG ist die Kündigung eines Mitglieds des Wahlvorstandes vom Zeitpunkt seiner Bestellung an, die Kündigung einer Wahlbewerberin oder eines Wahlbewerbers vom Zeitpunkt der Aufstellung des Wahlvorschlags an, jeweils bis zur Bekanntgabe des Wahlergebnisses, unzulässig, es sei denn, dass Tatsachen vorliegen, die den Arbeitgeber aus wichtigem Grund ohne Einhaltung einer Kündigungsfrist berechtigen und dass die erforderliche Zustimmung des Personalrats vorliegt oder durch eine verwaltungsgerichtliche Entscheidung ersetzt ist. Das heißt aber nicht, dass mit dem genannten Zeitpunkt der Kündigungsschutz entfällt. Gemäß § 15 Abs. 3 Satz 2 KSchG ist für eine Übergangszeit von sechs Monaten nur eine außerordentliche Kündigung zulässig, wobei die Zustimmung der Personalvertretung im Sinne des § 43 Abs. 2 nicht mehr vorgesehen ist (nachwirkender, abgeschwächter Kündigungsschutz). Die Beteiligung des zuständigen Personalrats gemäß § 74 wird durch diese Verfahren nicht ersetzt.

Dagegen fällt unter das Behinderungsverbot die Kündigung einer oder eines noch nicht als Wahlbewerber angesehenen Arbeitnehmerin oder Arbeitnehmers, die anlässlich der Betätigung für die Personalratswahl oder im Zusammenhang mit ihr gerade deswegen ausgesprochen wird, um die Wahl dieses Beschäftigen zu verhindern oder wegen des Einsatzes bei der Personalratswahl zu maßregeln. Der Beschäftigte ist aber nur bei rechtmäßigen Verhalten geschützt, während eine Verletzung arbeitsvertraglicher oder gesetzlicher Pflichten nicht durch das Behinderungsverbot gedeckt wird. (vgl. für das BetrVG: BAG, Urteil vom 13.10.1977, DB 1978, 641)

Eine Behinderung von Wahlbewerberinnen und Wahlbewerbern kann darin bestehen, dass ihre Wahlwerbung durch die Dienststelle unterbunden wird. (VG Sigmaringen, Beschl. vom 5.9.1977, ZBR, 346)

Darüber hinaus genießt dieser Personenkreis Unfallschutz. Gemäß § 42 Abs. 6 finden, falls eine Beamtin oder ein Beamter anlässlich der Wahrnehmung von Rechten oder Erfüllung von Pflichten nach dem Personalvertretungsrecht einen Unfall erleidet, der im Sinne der beamtenrechtlichen Unfallfürsorgevorschriften ein Dienstunfall wäre, diese Vorschriften entsprechende Anwendung.

Der Unfallschutz vor Tarifbeschäftigten richtet sich nach den Vorschriften des SGB VII.

5. Kosten der Wahl

Kosten der Wahl sind nur solche Ausgaben und Aufwendungen, die Beschäftigten in Wahrnehmung der ihnen aufgrund wahlrechtlicher Vorschriften obliegenden Aufgaben entstanden sind. Die Dienststelle hat nicht nur die Sachkosten, sondern auch die personellen Kosten zu übernehmen. Als Anspruchsberechtigte kommen nur Beschäftigte in Betracht, die bei der

Vorbereitung und Durchführung der Wahl tätig geworden sind und die im Rahmen ihrer Tätigkeit für die Erfüllung ihrer Aufgaben erforderliche Aufwendungen gemacht haben. (BVerwG, Beschl. vom 27.7.1983 – 6 P 7.81) Die außergerichtlichen Kosten eines Wahlanfechtungsverfahrens entstehen nicht bei der Wahrnehmung von Aufgaben aufgrund wahlrechtlicher Vorschriften, sondern auf Grund eigener Initiativen, z.b. um Gültigkeit bzw. Ungültigkeit der einzelnen Wahlvorschläge feststellen zu lassen. Das führt zu dem Ergebnis, dass diejenigen, die eine Personalratswahl anfechten, selbst die dadurch entstehenden außergerichtlichen Kosten zu tragen haben. (BVerwG, Beschl. vom 25.2.1983, PV 1984, 82)

Das Wahlanfechtungsverfahren und die Voraussetzungen dazu sind in § 22 geregelt.

6. Reisekosten und Dienstbefreiung, Schulungen

Abs. 2 Satz 3 stellt klar, dass Mitglieder des Wahlvorstandes bei der Durchführung von Reisen, wie sie besonders im Bereich der Stufenvertretungen oder im Zusammenhang mit Schulungs- und Bildungsveranstaltungen notwendig sind, die gleiche Reisekostenvergütung wie bei Reisen von Personalratsmitgliedern erhalten und ihnen bei Mehrarbeit Dienstbefreiung zu gewähren ist. Notwendige Reisen müssen durch den Wahlvorstand beschlossen und der Dienststelle angezeigt werden. Eine Dienstreisegenehmigung entfällt. Dies gilt wegen des Hinweises auf § 42 Abs. 5 auch für Schulungs- und Bildungsveranstaltungen. Die Kosten für die Teilnahme sind von der Dienststelle zu tragen.

Der Ersatz von Unfallschäden bei Benutzung des eigenen Pkw kommt dann in Betracht, wenn die Dienststelle die Benutzung ausdrücklich gewünscht hat oder diese erforderlich war, damit das Mitglied des Wahlvorstandes seine gesetzlichen Aufgaben wahrnehmen konnte. (BAG, Urteil vom 3.3.1983, NJW 1984, 198) Wegen des Unfallschutzes vgl. Anm. 4.

7. Streitigkeiten

Im Falle der Wahlbehinderung oder der sittenwidrigen Wahlbeeinflussung können die Verstöße nur im Wahlanfechtungsverfahren geltend gemacht werden. Nach Ablauf der Wahlanfechtungsfrist ist im Allgemeinen kein Rechtsschutzbedürfnis für einen Antrag auf Feststellung derartiger Verstöße mehr gegeben. Es muss aber zulässig sein, rechtzeitig gegen solche Verstöße im Wege der einstweiligen Anordnung durch das Verwaltungsgericht und der einstweiligen Verfügung durch das ordentliche Gericht bei Fehlverhalten Dritter zwecks Unterbindung vorzugehen. Nach Durchführung der Wahl ist jedoch das anhängige Verfahren in eine Wahlanfechtung umzuwandeln (Hess. VGH, Beschl. vom 14.7.1976, PV 1978, 128).

§ 22

(1) Mindestens drei wahlberechtigte Beschäftigte, jede in der Dienststelle vertretene Gewerkschaft oder die Dienststelle können innerhalb von zwei Wochen nach dem Tage der Bekanntgabe des Wahlergebnisses die Wahl beim Verwaltungsgericht anfechten, wenn gegen wesentliche Vorschriften über das Wahlrecht, die Wählbarkeit oder das Wahlverfahren verstoßen worden und eine Berichtigung nicht erfolgt ist, es sei denn, daß durch den Verstoß das Wahlergebnis nicht geändert oder beeinflußt werden konnte.

(2) Wird die Wahl des Personalrats oder einer Gruppe mit Erfolg angefochten, so setzt die oder der Vorsitzende der Fachkammer des Verwaltungsgerichts einen Wahlvorstand ein.

Wird die Wahl einer Gruppe mit Erfolg angefochten, so ist der Wahlvorstand aus Angehörigen dieser Gruppe zu bilden. Der Wahlvorstand hat unverzüglich eine neue Wahl einzuleiten. Bis zur Neuwahl nimmt er die dem Personalrat oder der Gruppe nach diesem Gesetz zustehenden Befugnisse und Pflichten wahr.

(3) Im Falle des Absatzes 2 Satz 1 bleiben die vom Personalrat oder von der Gruppe bis zum Eintritt der Rechtskraft des die Ungültigkeit oder Nichtigkeit feststellenden Urteils gefaßten Beschlüsse rechtswirksam.

1. Antragsberechtigte

Anfechtungsberechtigt sind neben drei wahlberechtigten Beschäftigten und der Dienststelle die Gewerkschaften, auch wenn sie im Zeitpunkt der Antragsstellung nur durch ein einziges Mitglied der Dienststelle vertreten sind. (OVG Münster, Beschl. vom 27.1.1981 – C 8 5/80) Das gleiche gilt für die Berufsverbände (Anm. 2 zu § 110). Hierzu, zu den Gewerkschaften und Berufsverbänden, zählen nicht die Spitzenorganisationen, die lediglich Mitgliedsverbände organisieren, selbst aber keine Mitglieder haben. (BVerwG, Beschl. vom 11.2.1981, OOV 1981, 836) Bei dem Antragsrecht der wahlberechtigten Beschäftigten ist zu berücksichtigen, dass ein im Verlauf der Wahlanfechtung eintretender Verlust der Wahlberechtigung für künftige Wahlen die Anfechtungsbefugnis nicht berührt. (BVerwG, Beschl. vom 27.4.1983, ZBR 1984, 81) Haben dagegen drei Anfechtungsberechtigte die Wahl angefochten und scheidet einer dieser Beschäftigten während des Verfahrens aus, so kann nach Ablauf der Frist nicht ein anderer Beschäftigter die Wahlanfechtung ersatzweise weiter betreiben. (VGH Baden-Württemberg, Beschl. vom 4.3.1988, ZBR 1989, 184) Die Gruppenwahl kann auch von drei wahlberechtigten Beschäftigten angefochten werden, die einer anderen Gruppe angehören. (BVerwG, Beschl. vom 10.5.1982, ZBR 1983, 137)

2. Wahlanfechtung und Nichtigkeit der Wahl

Zwischen Anfechtbarkeit und Nichtigkeit einer Wahl ist zu unterscheiden. Nichtigkeit, die jederzeit und in jeder Form geltend gemacht werden kann, ist jedoch nur ausnahmsweise gegeben. Grundsätze für eine ordnungsgemäße Wahl müssen in so hohem Maße verletzt sein, dass selbst der Anschein einer gesetzmäßigen Wahl nicht mehr vorliegt. (BVerwGE 7,251) Bei einer Wahl ohne einen ordnungsgemäß bestellen Wahlvorstand ist von einer Nichtigkeit auszugehen. Das ist jedoch nicht der Fall, wenn nur bei einzelnen der gewählten Wahlvorstandsmitgliedern die Wählbarkeitsvoraussetzungen nicht vorgelegen haben. (BAG, Urteil vom 28.11.1977, Dok. Ber. 1978, 634)

Die Anfechtung der Wahl setzt voraus, dass gegen wesentliche Vorschriften über das Wahlrecht, die Wählbarkeit oder das Wahlverfahren verstoßen worden, eine nach der Wahlordnung zulässige Berichtigung nicht erfolgt und die Möglichkeit einer Beeinflussung des Wahlergebnisses durch den Verstoß nicht auszuschließen ist.

3. Wesentliche Vorschriften

Welche Vorschriften als wesentlich angesehen werden, darüber gibt es eine umfangreiche Rechtsprechung. Grundsätzlich ist festzuhalten, dass eine Wahlanfechtung nicht auf die Verletzung reiner Ordnungsvorschriften und nicht auf einen reinen Verstoß gegen Sollvorschriften gestützt werden kann. Sind dagegen nicht nur einzelne, sondern zahlreiche Sollvorschriften verletzt worden, ist eine Anfechtung zulässig. Zu den wesentlichen Vorschriften über das Wahlverfahren gehören Mussvorschriften von nicht unerheblicher Bedeutung (Lorenzen-Eckstein, Anm. 5 zu § 25).

Beispiele in der Rechtsprechung:

- Nicht ordnungsgemäße Zusammensetzung des Wahlvorstandes; (OVG Sachsen, Beschl. vom 13.7.1995, PersR 1995, 495)
- Nichtberücksichtigung der genauen Zahl der Mitglieder eines Personalrats durch den Wahlvorstand; (SAG, Beschl. vorn 12.10.1976, JurZ 1977,11)
- Geht der Wahlvorstand fälschlich von einer zu großen Belegschaft aus und lässt deshalb einen zu großen Personalrat wählen, führt dies nicht zu Nichtigkeit der Wahl, sondern bietet einen Anfechtungsgrund. (LAG Köln, 5 TaBV 20/98 vom 17.4.1998) Im Umkehrschluss bedeutet dies, dass ohne eine Anfechtung der Personalrat in der zu großen Zusammensetzung bestehen bleibt.
- Fehlerhafte Verteilung der Sitze auf die Gruppen; (OVG Rheinland-Pfalz, Beschl. vom 9.8.1994, ZfPR 1995, 92)
- Festsetzung einer Uhrzeit für die Abgabe von Wahlvorschlägen am letzten Tag der Einreichungsfrist bei der Bekanntgabe des Wahlausschreibens; (BVerwG, Beschl. vom 17.7.1980 – 6P 4.80)
- Mangelhaftigkeit des Wahlausschreibens, falsche Fristangabe für die Einreichung eines Wahlvorschlages; (VG Gelsenkirchen, Beschl. vom 2.4.1976— PVL 4,75)
- Berichtigung des Wahlausschreibens, obwohl eine Berichtigung wegen offenbarer Unrichtigkeit nicht möglich ist; (OVG Hamburg, Beschl. vom 7.6.1983, PV 1984, 105)
- Berücksichtigung der Zurücknahme der Unterschrift auf einem Wahlvorschlag, der nach seiner Einreichung beim Wahlvorstand eingegangen ist; (BVerwG, Beschl. vom 5.2.1971, ZBR 1971, 247)
- Unterlassene Übersendung von Briefwahlunterlagen; (Bay. VGH, Beschl. vom 17.10.1990, PersR 1991,394)
- Öffnen der Wahlumschläge bei der Briefwahl durch Unbefugte; (VGH Baden-Württemberg, Beschl. vom 31.5.1985, PV 1985, 334)
- Verweisung eines Gewerkschaftsbeauftragten aus dem Wahlraum durch den Wahlvorstand; (OVG Münster, Beschl. vom 3.6.1980, RiA 1981,178)
- Stimmabgabe in einem vom Wahlraum nicht einsehbaren Nebenraum; (OVG Münster, Beschl. vom 22.10.1979— CL 11179)
- Die Bezeichnung „Personalrat" als Beschäftigungsstelle auf dem Stimmzettel bzw. der dort aufgeführten Vorschlagsliste stellt einen Verstoß gegen eine wesentliche Vorschrift des Wahlverfahrens i.S.d. § 22 Abs. 1 LPVG dar. Dieser Verstoß begründet die erfolgreiche Wahlanfechtung, weil er geeignet ist, die Entscheidung der Wähler und damit das Wahlergebnis zu beeinflussen. (VG Aachen, Beschluss v. 30.10.2008 – 16 K 1304/08.PVL)
- Es liegt ein Verstoß gegen wesentliche Verfahrensvorschriften vor, welcher die Wahlanfechtung begründet sein lässt, wenn die Sitzung des Wahlvorstands, in der das Wahlergebnis ermittelt und festgestellt wurde, nicht über ihre gesamte Zeitdauer öffentlich zugänglich war und es nicht ausgeschlossen werden kann, dass durch diesen Verstoß gegen wesentliche Vorschriften über das Wahlverfahren das Wahlergebnis geändert oder beeinflusst werden konnte. (VG Karlsruhe, Beschluss v. 30.7.2010 – PL 12 K 837/10 – ZfPR 2/2011)

Die Wahlanfechtung entfällt bei durchgeführter Berichtigung, die nur bei Fehlern möglich ist, die sich ohne weiteres beheben lassen, wie z.b. unrichtige Verteilung der Sitze auf die Gruppen, versehentlich falsche Bezeichnung des Gewählten und offenbare Unrichtigkeiten. Die Berichtigung setzt einen Beschluss des Wahlvorstandes voraus, der bis zum Beginn der Stimmabgabe erfolgt sein muss.

4. Verfahren

Zur Einleitung des Wahlanfechtungsverfahrens ist lediglich ein Antrag erforderlich, der bei Gericht schriftlich einzureichen oder zu Protokoll der Geschäftsstelle zu erklären ist. Eine Begründung des Antrages kann nachgereicht werden. Die Wahlanfechtung richtet sich gegen den Personalrat, der aber kein eigentlicher Anfechtungsgegner, sondern Beteiligter im Verfahren ist.

Die Anfechtung kann sich auf die Wahl einer Gruppe beschränken, was aber nicht bedeutet, dass Gruppenangehörige nur die Wahl ihrer Gruppe anfechten könnten. (OVG Münster, Beschl. vom 6.9.1989, ZBR 1990, 332)

Die Wahl eines einzelnen Personalratsmitglieds kann nicht angefochten werden, da die Wahl eines Einzelnen nicht aus dem Gesamtwahlvorgang ausgeklammert werden kann. (BVerwG, Beschl. vom 7.11.1975, ZBR 1976, 228) Wenn ein einzelner Beschäftigter nicht wählbar ist, ist die Wahl der betreffenden Gruppe anzufechten.

Auch in Teilbereichen kann eine Anfechtung der Wahl zulässig sein, z.B., wenn die Anfechtung der Wahl eines Hauptpersonalrats für Lehrer an Grund- und Hauptschulen auf den Wahlbereich eines einzelnen Schulamts beschränkt wird. (BVerwG, Beschl. vom 16.12.1966, ZBR 1967, 271) Trotzdem wird der gesamte Hauptpersonalrat suspendiert, bis durch eine Neuwahl im Teilbereich die Stimmen für den Hauptpersonalrat ausgezählt worden sind. Auch für diese Nachwahl ist ein Wahlvorstand zu bestellen. (Vgl. auch OVG Lüneburg, Beschl. vom 21.3.1990, PV 1994, 27)

Die Anfechtungsfrist beträgt zwei Wochen, die auch durch Einreichung des Antrags bei einem örtlich unzuständigen Verwaltungsgericht gewahrt wird. Fristablauf beginnt am ersten Arbeitstag nach der Bekanntgabe des Wahlergebnisses. (VG Düsseldorf, Beschl. vom 30.7.1956, PV 1958, 41) Falls der Aushang an mehreren Stellen erfolgt, ist der Tag des letzten Aushanges maßgebend. Bei der Anfechtungsfrist handelt es sich um eine Ausschlussfrist mit der Folge, dass eine Fristverlängerung oder eine Wiedereinsetzung in den vorherigen Stand nicht in Betracht kommt. Das Fristversäumnis einer Antragstellerin oder eines Antragstellers kann auch nicht in der Weise geheilt werden, indem sie oder er als eine „Beteiligte" oder ein „Beteiligter" im Verfahren eines fristgemäß gestellten Antrags einer oder eines anderen Berechtigten auftritt. (OVG Hamburg, Beschl. vom 21.7.1993, ZfPR 1994, 161)

5. Folgen der Wahlanfechtung

Wird der Antrag nicht als unzulässig oder unbegründet zurückgewiesen, wird die Wahl entweder für ungültig erklärt oder das Wahlergebnis berichtigt, wenn lediglich dem Wahlvorstand bei der Feststellung des Wahlergebnisses ein Fehler unterlaufen ist. Bei einer erfolgreichen Anfechtung muss die Wahl wiederholt werden. Die erforderlich werdende Wahl ist keine Neuwahl, sondern die fehlerfreie Nachholung der ungültigen Wahl. Das hat z.B. zur Folge, dass zwischenzeitlich neu eingestellte, wahlberechtigte Beschäftigte nicht an der Wiederholungswahl teilnehmen dürfen. Dies gilt für einen zwischenzeitlichen Gruppenwechsel entsprechend. (BVerwG, Beschl. vom 15.2.1994, PV 1995, 21) Falls im Verlauf des Rechtsstreits eine Neuwahl infolge Rücktritt oder Amtsniederlegung der Personalratsmitglieder stattgefunden hat, wird das Anfechtungsverfahren in der Regel nicht gegenstandslos. Das Rechtsschutzbedürfnis entfällt nicht deshalb, weil vor der Entscheidung des Gerichts eine Neuwahl stattgefunden hat. Die nach Rechtskraft der Entscheidung ungültig gewählte Personalvertretung führt die laufenden Geschäfte nicht weiter. Stattdessen nimmt der Wahlvorstand die dem Personalrat nach diesem Gesetz zustehenden Befugnisse und Pflichten wahr. Insofern kann für eine Übergangszeit, nämlich bis zur Bestellung des Wahlvorstandes, eine vertretungslose Periode entstehen.

6. Einsetzung eines Wahlvorstandes

Der Wahlvorstand wird von der oder dem Vorsitzenden der Fachkammer des Verwaltungsgerichts bestellt, deren Entscheidung nicht anfechtbar ist, weil es sich um keinen Akt der Rechtsprechung handelt. Diese Ansicht muss auch im Interesse der Rechtssicherheit bei der notwendigen Neuwahl eines Personalrats vertreten werden. Für die Bestellung gelten die Grundsätze des § 17 Abs. 1. Die Einsetzung eines Wahlvorstandes ist erst nach Rechtskraft der verwaltungsgerichtlichen Entscheidung über die Wahlanfechtung möglich.

Zweiter Abschnitt
Amtszeit

§ 23

(1) Die regelmäßige Amtszeit des Personalrats beginnt und endet mit der jeweiligen Wahlperiode. Sie beträgt vier Jahre.

(2) Wird ein Personalrat während einer Wahlperiode gewählt, so beginnt seine Amtszeit mit dem Tage der Wahl. Sie endet mit Ablauf der laufenden Wahlperiode, wenn bis dahin mehr als ein Jahr verstrichen ist, sonst mit Ablauf der folgenden Wahlperiode. Entsprechendes gilt für die Gruppe, wenn die Mitglieder einer Gruppe während einer Wahlperiode neu gewählt werden.

(3) Nach Ablauf der Amtszeit des bisherigen Personalrats führt dieser die Geschäfte weiter, bis der neue Personalrat zu seiner ersten Sitzung zusammengetreten ist.

1. Dauer der Amtszeit – Wahlperiode

Der Begriff der Wahlperiode ist deshalb in das Gesetz eingeführt, weil die Amtszeit nur den Zeitraum umfasst, in dem der Personalrat amtiert und diese Amtszeit vorzeitig enden kann. Die Vorschrift ist zwingend und lässt eine Verkürzung oder Verlängerung der Wahlperiode nicht zu. Eine Abweichung ist nur möglich, wenn ein neu gewählter Personalrat bei Ablauf der Wahlperiode weniger als ein Jahr im Amt ist. Dann erstreckt sich die Amtszeit auch über die neue Wahlperiode, eine Amtszeit von fast fünf Jahren ist deshalb denkbar, weil eine Neuwahl erst zu Beginn der übernächsten Wahlperiode erforderlich wird.

Nach der ersten grundlegenden Novellierung des Gesetzes ist der Beginn der Wahlperiode auf den 1.7.1975 festgelegt worden (Anm. zu § 108, § 114). Eine neue Wahlperiode beginnt daher immer am 1.7. eines Jahres und endet am 30.6. des vierten Jahres.

2. Abweichungen von der regelmäßigen Amtszeit

Erfolgt die Neuwahl erst nach Ablauf der Wahlperiode, weil sie sich aus irgendwelchen Gründen verzögert oder findet eine vorzeitige Neuwahl statt, so beginnt die Amtszeit mit dem Beginn des Tages der Wahl, bei mehreren Wahltagen mit dem letzten Tag der Stimmabgabe. Maßgebend ist hierbei also der Wahltag und nicht etwa der Tag der konstituierenden Sitzung.

Die Amtszeit endet im Regelfall mit dem Ablauf der Wahlperiode, auch wenn diese auf einen Sonnabend, Sonntag oder Feiertag fällt. Das letztere gilt auch bei einer vorzeitigen Neuwahl des gesamten Personalrats oder der Gruppenvertretung nach § 24. Die Amtszeit endet auch, wenn die Dienststelle aufgelöst, umgebildet oder neu gebildet wird. Eine Bestandsgarantie bis zum Ablauf der regulären Amtszeit gibt es nicht. (BVerwG, Beschl. vom 20.2.1976, Dok. Ber. 1976, 213) Wegen der ggf. zu bildenden Personalkommission wird auf § 44 verwiesen. Wird eine Dienststelle lediglich verlegt, so endet die Amtszeit nur dann, wenn die bisherige Dienststellengemeinschaft aufgelöst und ein neuer Personalkörper aufgebaut wird.

3. Weiterführung der Geschäfte

Damit zwischen dem Ablauf der Wahlperiode und der erst danach durchgeführten Neuwahl kein personalvertretungsloser Zustand eintritt, führt der bisherige Personalrat die Geschäfte weiter bis zum Tag, an dem der Personalrat zu seiner konstituierenden Sitzung zusammentritt. Der bisherige Personalrat bleibt also zunächst mit allen ihm zustehenden Befugnissen und Pflichten im Amt und ist nicht nur auf die Weiterführung der laufenden Geschäfte beschränkt. Die Weiterführung ist im Gesetz zeitlich nicht beschränkt, jedoch muss der Personalrat die Zeit der Geschäftsführung möglichst kurz halten. Kommt jedoch keine Neuwahl zustande, wird der geschäftsführende Personalrat seinen Rücktritt beschließen müssen oder es ist seine Auflösung nach § 25 Abs. 1 herbeizuführen. Geschähe dies nicht, bliebe der Personalrat auch die nächste Wahlperiode als geschäftsführender Personalrat im Amt.

4. Zuständigkeit vor Ablauf der Amtszeit

Da in den meisten Fällen – bei regelmäßiger Amtszeit – der Zeitpunkt der Neuwahl des Personalrats in die ablaufende Wahlperiode fällt, existieren nebeneinander zwei Personalräte, was bei Personenidentität unproblematisch ist. Andernfalls ist der Handlungsbereich deutlich abzustecken, auch wenn nur ein neu gewähltes Mitglied existiert. Während der zu ersetzende Personalrat noch im „Amt" und bis zum Ablauf der Wahlperiode allein für alle beteiligungspflichtigen Angelegenheiten zuständig ist, kann sich die Beschlussfähigkeit des neu gebildeten Personalrats ausschließlich auf eigene interne Angelegenheiten erstrecken, z.B. Erlass einer Geschäftsordnung, Festlegung von Sitzungsterminen in der neuen Amtsperiode, Bildung von Ausschüssen, Freistellung von Personalratsmitgliedern (Anm. 1 zu § 30).

§ 24

(1) Der Personalrat ist neu zu wählen, wenn

  a) mit Ablauf von vierundzwanzig Monaten nach dem Tage der Wahl die Zahl der regelmäßig Beschäftigten um die Hälfte, mindestens aber um 50 gestiegen oder gesunken ist oder

  b) die Gesamtzahl der Mitglieder des Personalrats auch nach Eintreten sämtlicher Ersatzmitglieder um mehr als ein Viertel der vorgeschriebenen Zahl gesunken ist oder

  c) der Personalrat mit der Mehrheit seiner Mitglieder seinen Rücktritt beschlossen hat oder

  d) die Wahl des Personalrats mit Erfolg angefochten worden ist oder

  e) der Personalrat durch gerichtliche Entscheidung aufgelöst worden ist.

Satz 1 Buchstabe b gilt nicht, wenn es sich bei den dort bezeichneten Mitgliedern des Personalrats ausschließlich um Mitglieder einer Gruppe handelt.

(2) In den Fällen des Absatzes 1 Buchstabe a bis c führt der Personalrat die Geschäfte weiter, bis der neue Personalrat zu seiner ersten Sitzung zusammengetreten ist.

(3) Die Mitglieder einer Gruppe sind neu zu wählen, wenn die Gesamtzahl der Mitglieder dieser Gruppe auch nach Eintreten sämtlicher Ersatzmitglieder um mehr als ein Viertel der vorgeschriebenen Zahl gesunken ist. Absatz 2 gilt entsprechend.

1. Voraussetzungen für Neuwahlen

Die Fälle einer vorzeitigen Neuwahl vor Ablauf der Wahlperiode sind in Abs. 1 abschließend geregelt.

Eine Neuwahl nach Abs. 1 Buchst. a ist an die doppelte Voraussetzung gebunden, dass die Zahl der regelmäßig Beschäftigten um die Hälfte gestiegen oder gesunken ist und außerdem die Erhöhung oder Verminderung mindestens 50 Beschäftigte beträgt. Bei dem Begriff der „regelmäßig Beschäftigten" ist davon auszugehen, dass er mit dem in § 13 Abs. 1 genannten Begriff „in der Regel Beschäftigten" identisch ist. Keine Neuwahl findet z.B. bei einem Bestand von 90 Beschäftigten und einem Zugang von 48 Beschäftigten statt, weil zwar die Zahl der Beschäftigten um mehr als die Hälfte, aber um weniger als 50 gestiegen ist. Ob bei einer Neuwahl die Größe des Personalrats nach § 13 Abs. 1 unverändert bleiben würde, darauf kommt es ebenso wenig an wie darauf, welche Veränderungen innerhalb der einzelnen Gruppen erfolgt sind.

Es ist erforderlich, dass mit Ablauf von 24 Monaten nach dem Wahltag die Zahl der regelmäßig Beschäftigten gestiegen oder gesunken ist. So ist also die Zahl der Beschäftigten am Wahltag mit der Zahl 24 Monate danach zu vergleichen. Veränderungen vor oder nach dem Stichtag führen nicht zur Neuwahl. Das Gesetz schreibt nicht vor, wer diese Prüfung vorzunehmen hat. Da die Vorschrift zwingend ist, muss der Personalrat bei Vorliegen dieser Voraussetzungen tätig werden, d.h. einen Wahlvorstand bestellen. Unterlässt er dies, liegt eine grobe Pflichtverletzung vor, die zur Auflösung des Personalrats nach § 25 führen kann. Es ist demnach folgerichtig, dass die zur Auflösung Antragsberechtigten, wahlberechtigte Beschäftigte oder eine in der Dienststelle vertretene Gewerkschaft, den Personalrat auf einen drohenden

Pflichtverstoß aufmerksam machen können und ihn so zur Prüfung der Voraussetzung des § 24 Abs. 1a und zur Handlung bewegen.

2. Verringerung des Personalrats

Die Voraussetzung des Abs. 1 Buchst. b liegen vor, wenn zu irgendeinem Zeitpunkt die Mitgliederzahl des Personalrats auf weniger als drei Viertel gesunken ist. Maßgebend ist dabei die in § 13 Abs. 3 vorgeschriebene Zahl. Die zeitweilige Verhinderung eines Personalratsmitglieds, für das kein Ersatzmitglied zur Verfügung steht, bleibt außer Betracht. Der Eintritt der Ersatzmitglieder ist gruppengebunden, so dass nicht auf Angehörige einer anderen Gruppe zurückgegriffen werden kann, selbst wenn die Mitglieder einer Gruppe ihr Amt niedergelegt haben, um Neuwahlen zu erzwingen. (OVG Münster, Beschl. vom 9.12.1982, RiA 1983, 158)

3. Rücktritt des Personalrats

Der Rücktritt nach Abs. 1 Buchst. c kann nur von der Mehrheit aller Mitglieder des Personalrats beschlossen werden. Es genügt entgegen der Regelung des § 33 Abs. 1 nicht die Stimmenmehrheit der in der Sitzung anwesenden Mitglieder. Der Rücktrittsbeschluss ist unwiderruflich und wirkt auch gegen etwa durch Verhinderung abwesende Mitglieder. (Bay. VGH, Beschl. vom 31.7.1985, ZBR 1986, 90) Die Motive, welche die Mehrheit zum Rücktritt bewogen haben, sind für die Wirksamkeit des Beschlusses ohne Bedeutung. Eine gerichtliche Überprüfung des Beschlusses auf Ermessensfehler ist unzulässig. (BVerwG, Beschl. vom 26.11.1992, ZTR 1993, 126) Vom Rücktritt ist die Amtsniederlegung einzelner Personalratsmitglieder oder sämtlicher Mitglieder und Ersatzmitglieder zu unterscheiden (§ 26 Abs. 1 Buchst. c).

4. Weiterführung der Geschäfte

Bei erfolgreicher Wahlanfechtung und gerichtlicher Auflösung des Personalrats nimmt der Wahlvorstand die Aufgaben und Befugnisse des Gremiums bis zur Neuwahl wahr. In den übrigen Fällen führt der Personalrat die Geschäfte weiter, wobei eine zeitliche Begrenzung nicht vorgesehen ist. Weiterführung der Geschäfte bedeutet, dass sämtliche in den Zuständigkeitsbereich der Personalvertretung fallenden Geschäfte, insbesondere die Wahrnehmung der Beteiligungsrechte und die Bestellung eines Wahlvorstandes zur Wahl einer neuen Personalvertretung gehören. Das letztere ist sicherlich die wichtigste Aufgabe des die Geschäfte weiterführenden Personalrats. Auf § 17 wird verwiesen. Bei der Beschlussfähigkeit dieses geschäftsführenden Personalrats ist auf die Restzahl der Personalratsmitglieder abzustellen. (BAG, Urteil vom 18.8.1982, DB 1983, 288)

5. Neuwahl innerhalb einer Gruppe

Wenn sich der Personalrat nur im Bereich einer Gruppe verringert, ist nicht der gesamte Personalrat neu zu wählen, sondern nach Abs. 3 zu verfahren. Die Neuwahl innerhalb einer Gruppe findet unter den gleichen Voraussetzungen wie die Neuwahl nach Abs. 1 Buchst. b statt. Bis zur neuen Gruppenwahl führen die noch vorhandenen Vertreter der betroffenen Gruppe die Geschäfte weiter. Der Wahlvorstand ist durch den Personalrat zu bestellen, in dem alle Gruppen vertreten sein sollen, da es keinen besonderen Wahlvorstand für die Gruppenwahl gibt.

Beispiel: Liste A und Liste B derselben Gruppe stellen je 1 Personalratsmitglied. Auf der Liste A sind einschließlich aller Ersatzmitglieder keine Gruppenmitglieder mehr vorhanden, auf der Liste B existiert noch das Personalratsmitglied und 3 Ersatzmitglieder. Die Gruppe ist insgesamt neu zu wählen, weil die Zahl der Gruppenmitglieder um mehr als ein Viertel gesunken ist. Nach heute unbestrittener Auffassung ist ein Übergreifen auf eine andere Vorschlagsliste derselben Gruppe, hier Liste B, nicht statthaft.

6. Verweisung auf andere Vorschriften des Gesetzes

Die Vorschrift gilt entsprechend für die Stufenvertretung (§ 51), den Gesamtpersonalrat (§ 53) und die Jugend- und Auszubildendenvertretung (§ 57 Abs. 2) mit Ausnahme des Abs. 1 Buchst. a.

§ 25

(1) Auf Antrag eines Viertels der wahlberechtigten Beschäftigten oder einer in der Dienststelle vertretenen Gewerkschaft kann das Verwaltungsgericht den Ausschluß eines Mitglieds aus dem Personalrat oder die Auflösung des Personalrats wegen grober Vernachlässigung seiner gesetzlichen Befugnisse oder wegen grober Verletzung seiner Pflichten nach diesem Gesetz beschließen. Der Personalrat kann aus den gleichen Gründen den Ausschluß eines Mitglieds beantragen. Die Dienststelle kann den Ausschluss eines Mitgliedes aus dem Personalrat oder die Auflösung des Personalrats wegen grober Verletzung seiner gesetzlichen Pflichten beantragen.

(2) Ist der Personalrat aufgelöst, so gilt § 22 Abs. 2 entsprechend.

1. Abberufung von Personalratsmitgliedern

Ein einzelnes Personalratsmitglied kann während der laufenden Wahlperiode nur wegen grober Pflichtverletzung oder wegen grober Vernachlässigung seiner gesetzlichen Befugnisse und nur aufgrund einer Entscheidung eines Gerichts aus der Personalvertretung entfernt werden. Denn muss ein Personalratsmitglied damit rechnen, dass es während der laufenden Wahlperiode jederzeit ohne besonderen Grund abberufen wird, so kann es seine Aufgaben nicht unabhängig und mit der gebotenen Objektivität und Neutralität erfüllen. Die Möglichkeit der Abberufung einzelner Personalratsmitglieder durch Mehrheitsbeschluss der Personalversammlung lässt sich auch deshalb mit dem Bundesrahmenrecht nicht vereinbaren. (BVerwG, Beschl. vom 27.3.1979, ZBR 1979, 122) Der Personalrat selbst darf keine Mitglieder, auch nicht vorübergehend, ausschließen. Es bedarf immer eines förmlichen Ausschlussantrags und des Verfahrens und Beschlusses des Verwaltungsgerichts. Andererseits können grobe und schuldhafte Pflichtverletzungen eines Personalratsmitglieds auch nicht durch Mehrheitsbeschluss des gesamten Personalrats ungeschehen gemacht werden. (OVG Lüneburg, Beschl. vom 5.11.1974, PV 1976, 349)

2. Ausschluss aus dem Personalrat

Bei einem Ausschluss eines Mitglieds aus dem Personalrat wegen grober Vernachlässigung der gesetzlichen Befugnisse oder grober Verletzung seiner Pflichten kann sowohl der eine wie der andere Tatbestand vorliegen. Die Pflichtverletzung muss in der Eigenschaft als Mitglied des Personalrats begangen worden sein, deshalb stellt die Pflichtverletzung als Staatsbürger (z.B.

unterbliebene Unterhaltszahlung oder Steuerhinterziehung) keine solche Pflichtverletzung dar, weil sie die Tätigkeit des Personalrats nicht berührt. Ob eine grobe Pflichtverletzung vorliegt, lässt sich nur anhand der besonderen Umstände des Einzelfalls entscheiden, wobei nicht nur objektive Gesichtspunkte, sondern auch subjektive in der Person des Betroffenen liegende Umstände zu berücksichtigen sind. Grob sind alle Pflichtverletzungen, die ein mangelndes Pflichtbewusstsein des Personalratsmitglieds erkennen lassen oder auf die Tätigkeit des Personalrats von nicht unbedeutendem Einfluss sein können. Es genügt nicht ein objektiv schwerwiegender Verstoß, dieser muss subjektiv auch schuldhaft sein, also auf Vorsatz oder auf Fahrlässigkeit beruhen, wobei jede Art von Fahrlässigkeit genügt. (BVerwG, Beschl. vorn 14.2.1969, ZBR 1969, 185)

Beispiele aus der Rechtsprechung:

- Als grobe Pflichtverletzung muss die Verletzung der Schweigepflicht gem. § 9 angesehen werden. (BVerwG, Beschl. vom 15.3.1968, BVerwGE 29, 219)
- Die Unterrichtung eines Außenstehenden über die in einer Personalratssitzung gemachten Wortbeiträge einzelner Personalratsmitglieds rechtfertigt schon den Ausschluss aus dem Personalrat. Eine Wiederholungsgefahr muss nicht bestehen. Die Verschwiegenheitspflicht gilt insbesondere bei politisch umstrittenen Themen, die zur Störung des Arbeitsfriedens innerhalb der Dienststelle beitragen können. Dass möglicherweise die gleichen Diskussionen auch außerhalb des Personalrats geführt werden, ändert nichts an der Schweigepflicht der Personalratsmitglieder über die Diskussionsinhalte in der Sitzung. (VGH Bayern, Beschluss v. 2.11.2009 – 17 P 08.2325 –)
- Eine Anhörung des Personalratsmitglieds, das der Personalrat wegen Verletzung der Schweigepflicht ausschließen möchte, ist vor einem entsprechenden Personalratsbeschluss gesetzlich nicht zwingend vorgeschrieben, aber gleichwohl sinnvoll. Die Verletzung der Schweigepflicht als Ausschlussgrund setzt eine höchstpersönliche Verfehlung voraus. (VGH Bayern, Beschluss v. 26.4.2010 – 17 P 09.3079)
- Ein Personalratsmitglied, das den Sitzungen des Personalrats ohne eine Mitteilung der Verhinderung überwiegend fernbleibt, verletzt seine gesetzlichen Pflichten grob und kann aus dem Personalrat ausgeschlossen werden. (VGH Baden-Württemberg, PL 15 S vom 19.11.2002).
- Das unentschuldigte Fehlen bei mehr als einem Drittel der Sitzungen des Personalrats kann eine grobe Vernachlässigung der gesetzlichen Pflichten des Personalratsmitglieds anzusehen sein und den Ausschluss aus dem Personalrat rechtfertigen. (VG Mainz, Urteil v. 25.3.2008 – 5 K 790/07.MZ –)
- Anträge oder Schreiben eines Personalratsmitglied im Namen des Personalrats an die Dienststelle, die nicht auf Beschlüssen des Personalrats beruhen und nicht nach den Regelungen der §§ 33 ff ergangen sind, stellen einen Vertrauensbruch dar, der den Ausschluss aus dem Personalrat rechtfertigt.
- Beantragt der Personalrat einer Dienststelle nach § 25 Abs. 1 Satz 2 den Ausschluss eines Personalratsmitglieds, bleibt dieses grundsätzlich bis zur rechtskräftigen Entscheidung mit allen Rechten und Pflichten Mitglied des Personalrats. Nur bei besonders groben Verstößen, die es dem Rest des Personalrats objektiv unmöglich machen, auch nur vorübergehend mit diesem Mitglied zusammenzuarbeiten, kann durch Erlass einer einstweiligen Anordnung die weitere Amtsführung untersagt werden. Ein in diesem Sinne besonders gro-

ber Verstoß ist zum Beispiel gegeben, wenn ein Personalratsmitglied das Abstimmungsverhalten des Personalratsgremiums öffentlich macht und auch zu verstehen gibt, dies auch weiterhin tun zu wollen. (OVG Niedersachsen, 18 M 4676/97 vom 15.12.1997)

3. Auflösung des Personalrats

Im Falle der Auflösung des Personalrats ist es keine Voraussetzung, dass die Vernachlässigung gesetzlicher Befugnisse oder die Pflichtverletzung auf Verschulden beruhen. Vielmehr ist davon auszugehen, dass die Personalvertretung als Organ, das lediglich nach Maßgabe der Willensbildung seiner Mitglieder tätig wird, nicht schuldhaft handeln kann. (Engelhard-Ballerstedt, Anm. 11 zu § 34)

Da der Aufgaben- und Pflichtenkatalog gesetzlich umschrieben ist, könnte man davon ausgehen, dass auch ein Untätigbleiben einer Personalvertretung eine Pflichtverletzung darstellt, die eine Auflösung des Gremiums rechtfertigt. Allerdings schließt das Handlungsermessen der Personalvertretung ein, an sich zulässige Handlungen zu unterlassen. (VGH Baden-Württemberg, Beschl. vom 24.3.1981, ZBR 1982, 219)

Beispiel für eine grobe Pflichtverletzung, die zur Auflösung eines Personalrats führen kann:

Die Herausgabe eines Flugblatts, in dem der Leiter der Dienststelle abwertend beurteilt wird und an ihn die Aufforderung gerichtet ist, zurückzutreten. Das BVerwG sieht in einer solchen Äußerung eine Verletzung der Friedenspflicht. (Beschl. vom 27.11.1981, PV 1983, 408) Auf die Anm. 6 zu § 2 wird hingewiesen.

4. Pflichtverletzung bei gewerkschaftlicher Betätigung

Besonders umstritten ist die Frage, unter welchen Voraussetzungen eine gewerkschaftliche Betätigung innerhalb der Dienststelle eine grobe Pflichtverletzung darstellt. Eine einseitige und nachhaltige Werbung für eine von mehreren in der Dienststelle vertretenen Gewerkschaften kann zum Ausschluss führen. (BVerwGE 22, 96) Die dagegen eingelegte Verfassungsbeschwerde ist zurückgewiesen worden. (BVerwGE 28, 295) Zur Begründung wurde darauf hingewiesen, die Einflussmöglichkeiten des Personalrats auf den beruflichen Werdegang der Beschäftigten verlangten von den Personalratsmitgliedern in der Dienststelle ein Verhalten, das nicht einzelnen Beschäftigten zu der Befürchtung Anlass gibt, bei der Ausübung der Beteiligung werde die Mitgliedschaft in einer bestimmten Gewerkschaft eine Rolle spielen. Daran ändert sich auch durch die in § 3 Abs. 2 getroffene Regelung nichts, wonach Beschäftigte, die Aufgaben nach diesem Gesetz wahrnehmen, in der Betätigung für ihre Gewerkschaft in der Dienststelle nicht beschränkt sind. Die gewerkschaftliche Betätigung wird nämlich durch das Objektivitäts- und Neutralitätsgebot insbesondere auf dem Gebiet der Werbung eingegrenzt. Im Konfliktfall geht die Pflicht zur unparteiischen Amtsführung vor. Ein Personalrat handelt z.B. grob pflichtwidrig, wenn er mit einer öffentlichen Stellungnahme über eine angemessene Reaktion auf einen Angriff durch eine Gewerkschaft hinausgeht und unbegründete Unterstellungen und Verleumdungen ausspricht. Die Grenzen einer zulässigen Gegenäußerung werden überschritten, wenn der Personalrat der Gewerkschaft unterstellt, sie benachteilige Mitarbeiterinnen und Mitarbeiter, auch bei ihr organisierte Mitarbeiterinnen und Mitarbeiter, um ihren Führungskräften Vorteile zu verschaffen. (OVG Rheinland-Pfalz, Beschl. vom 19.2.1991, PV 1995, 42)

5. Ausschlussantrag durch den Dienststellenleiter

Mit dieser Ergänzung wird der Kreis der Antragsberechtigten um die Dienststelle erweitert; dies entspricht der Regelung in § 28 BPersVG. Die in § 2 herausgestellte partnerschaftliche und vertrauensvolle Zusammenarbeit (Anm. 1 und 2 zu § 2) wird hierdurch stark beeinträchtigt. In den ersten Entwürfen des vorliegenden Gesetzes war dieser Satz gestrichen, da auch die regierungstragenden Fraktionen im Landtag hier ein zu starkes Recht der Dienststelle sahen, dem kein Ausgleich beim Personalrat entgegenstehe. Da aber im Laufe der Beratungen im Gesetzgebungsverfahrens in § 79 Abs. 3 gleiche Sanktionsmöglichkeiten wie im BetrVG (dort § 23 Abs. 3) des Personalrats gegen die Dienststelle aufgenommen wurden, sah der Gesetzgeber das Gleichgewicht hergestellt (siehe Anm. zu § 79 Abs. 3). Ein Ausschlussantrag durch die Dienststelle kann nur das allerletzte Mittel sein, ohne dass der Frieden in der Dienststelle nicht mehr herzustellen ist. Selbst in Anbetracht der Schwere der hierbei zugrunde zu legenden Verstöße ist eine solche Ausdehnung kaum gerechtfertigt.

6. Verfahren beim Ausschluss von Personalratsmitgliedern

Es bedarf immer eines förmlichen Ausschlussantrages, der auch dann nicht von einem einzelnen Beschäftigten gestellt werden kann, wenn dieser sich durch das Verhalten der oder des Auszuschließenden unmittelbar in seinen Rechten betroffen fühlt. Der Antrag muss während der Amtszeit gestellt werden, in der ein Verstoß begangen worden ist. Er kann demnach nicht darauf gestützt werden, dass die oder der Betroffene als Mitglied eines früheren Personalrats sich einer groben Pflichtverletzung schuldig gemacht hat. Der Antrag ist an keine Frist gebunden. Das Antragsrecht wird aber nach den Grundsätzen von Treu und Glauben (§ 242 BGB) verwirkt, wenn die oder der Antragsberechtigte nicht innerhalb angemessener Frist den Ausschlussantrag stellt. (OVG Münster, Beschl. vom 4.9.1984, ZBR 1985, 87) Hierbei ist allgemein von einem Kalenderjahr nach Bekanntwerden der Pflichtverletzung auszugehen. Nach Beendigung der Amtszeit ist eine Fortsetzung des Aussschlussverfahrens ohnehin nicht mehr möglich. (BVerwG, Beschl. vom 12.8.1988, ZfPR 1989, 7)

6. Rechtsstellung des Betroffenen

Während des Aussschlussverfahrens ist die oder der Betroffene an der Ausübung seiner Tätigkeiten nicht gehindert. (BVerwG, Beschl. vom 28.4.1967, ZBR 1968, 20) Es wird jedoch als zulässig angesehen, bei besonders schwerwiegenden Verstößen und in dringenden Fällen im Wege der einstweiligen Anordnung dem auszuschließenden Mitglied die weitere Amtsführung bis zur rechtskräftigen Entscheidung über den Ausschlussantrag zu untersagen. (OVG Münster, Beschl. vom 8.4.1981 – CBD 20/81) Nach rechtskräftigem Ausschluss tritt ein Ersatzmitglied in den Personalrat ein. Im Falle der Auflösung ist der Personalrat neu zu wählen. Der aufgelöste Personalrat darf bis zur Neuwahl die Geschäfte nicht weiterführen, die hat der vom Verwaltungsgericht eingesetzte Wahlvorstand zu übernehmen (§ 17).

7. Andere Folgen eines pflichtwidrigen Handelns

Der Vorwurf einer groben Pflichtverletzung kann nicht zu einer Abmahnung oder einem Disziplinarverfahren führen, denn die Verletzung personalvertretungsrechtlicher Pflichten ist der Verletzung dienstlicher Pflichten nicht gleichzusetzen. Trotzdem kann ausnahmsweise und in schwerwiegenden Fällen ein für ein Ausschlussverfahren relevanter Pflichtenverstoß zugleich eine Verletzung des Dienst- oder Arbeitsverhältnisses sein. (Hecker, PV 1985, 403; OVG Berlin, Beschl. vom 23.9.1994, PersR 1995, 340)

§ 26

(1) Die Mitgliedschaft im Personalrat erlischt durch
   a) Ablauf der Amtszeit,
   b) erfolgreiche Anfechtung der Wahl,
   c) Niederlegung des Amtes,
   d) Beendigung des Dienstverhältnisses,
   e) Ausscheiden aus der Dienststelle,
   f) Verlust der Wählbarkeit,
   g) gerichtliche Entscheidung nach § 25 Abs. 1,
   h) Feststellung nach Ablauf der in § 22 Abs. 1 bezeichneten Frist, daß die oder der Gewählte nicht wählbar war.

(2) Die Mitgliedschaft im Personalrat erlischt ferner, wenn eine Beurlaubung ohne Besoldung oder Arbeitsentgelt während der Amtszeit des Personalrats länger als sechs Monate andauert.

(3) Die Mitgliedschaft im Personalrat wird durch einen Wechsel der Gruppenzugehörigkeit eines Mitglieds nicht berührt; dieses bleibt Mitglied der Gruppe, für die es gewählt wurde.

1. Beendigung der Mitgliedschaft im Personalrat

Wenn der Personalrat aufhört zu bestehen, weil z.B. die Dienststelle aufgelöst wird oder die Zahl der Beschäftigten unter fünf gesunken ist (§ 13 Abs. 1), endet damit automatisch die Mitgliedschaft im Personalrat. Werden die Geschäfte durch den Personalrat nach Ablauf der Amtszeit weitergeführt (§ 23 Abs. 3 und § 24 Abs. 2 und 3), endet die Amtszeit i. S. dieser Vorschrift erst, wenn der neue Personalrat zu seiner ersten Sitzung zusammengetreten ist. Wird die Wahl durch gerichtliche Entscheidung für unwirksam erklärt, ist nicht davon auszugehen, dass überhaupt keine Mitgliedschaft im Personalrat bestanden hat. Diesem Schluss würde § 22 Abs. 3 entgegenstehen.

2. Niederlegung des Amtes

Die Niederlegung des Amtes ist jederzeit ohne Angabe von Gründen möglich. Die einseitige empfangsbedürftige Willenserklärung bedarf keiner Form und ist nicht gegenüber der Dienststelle, sondern gegenüber dem Personalrat oder der vorsitzenden Person abzugeben. Der Wahlvorstand ist zuständig, wenn die Amtsniederlegung nach der Wahl aber vor der konstituierenden Sitzung des Personalrats erfolgt. Die Erklärung kann nicht an Bedingungen geknüpft werden, muss unmissverständlich sein und ist unwiderruflich. (OVG Lüneburg, Beschl. vom 9.9.1994, ZfPR 1995, 51) Eine Amtsniederlegung kann auch erfolgen, wenn die Geschäfte durch den Personalrat nur weitergeführt werden.

Legen alle Personalratsmitglieder durch persönliche Erklärung ihr Amt nieder, treten, soweit vorhanden, Ersatzmitglieder dauerhaft in den Personalrat ein. Sind keine Ersatzmitglieder vorhanden oder legen auch diese alle ihr Amt nieder, existiert der Personalrat nicht mehr. Es müssen sofort Neuwahlen durchgeführt werden. Eine Weiterführung der Geschäfte des Personalrats wie bei einer beschossenen Auflösung nach 24 Abs. 1 c ist nicht möglich. Die zuständige Stufenvertretung tritt nach § 78 Abs. 3 bis zur Neuwahl (konstituierenden Sitzung) in die Funktion des nicht mehr existenten Personalrats.

Legen alle Personalratsmitglieder einschließlich der Ersatzmitglieder bis auf ein Mitglied gleichgültig aus welcher Gruppe, führt dieses einzige Mitglied die Geschäfte des Personalrats bis zu einer Neuwahl, die nach § 24 Abs. 1b erforderlich wird, weiter.

3. Beendigung des Dienstverhältnisses

Unter welchen Voraussetzungen das Dienstverhältnis der Beamtinnen und Beamten endet, ergibt sich aus dem BeamtStG, dem LBG sowie aus den Rechtsstellungsgesetzen der in den Bundestag, den Landtag oder die kommunalen Gebietskörperschaften gewählten Beamtinnen und Beamten. Bei den Arbeitnehmerinnen und Arbeitnehmern wird das Dienstverhältnis durch Kündigung oder Zeitablauf, bei unbefristeten Arbeitsverträgen durch Erreichen der Altersgrenze sowie durch vertragliche Auflösung beendet. Die ordentliche Kündigung eines Personalratsmitglieds ist gemäß § 15 Abs. 2 KSchG nur zulässig, wenn bestimmte im Gesetz genannte Gründe vorliegen (Anm. 5 zu § 43). Solange über die Rechtmäßigkeit der Kündigung vor dem Gericht gestritten wird, ist das Personalratsmitglied nur zeitweilig verhindert (§ 28 Abs. 1), so dass ein Ersatzmitglied einzutreten hat. (Hess. VGH, Beschl. vom 26.3.1975, PV 1976, 346) Bei Ableistung des freiwilligen Wehrdienstes nach § 1 des Arbeitsplatzschutzgesetzes ruht bei Arbeitnehmerinnen und Arbeitnehmern das Arbeitsverhältnis während des freiwilligen Wehrdienstes. Beamtinnen und Beamte werden nach diesem Gesetz beurlaubt und sind deshalb gemäß Abs. 2 nach Ablauf von sechs Monaten aus dem Personalrat ausgeschieden. Solange die Mitgliedschaft noch besteht, sind die Betroffenen an der Ausübung ihres Amtes zeitweilig verhindert (§ 28 Abs. 1).

Auszug aus dem Artikelgesetz zur Änderung (Artikel 6) des Arbeitsplatzschutzgesetzes

Dem § 16 des Arbeitsplatzschutzgesetzes in der Fassung der Bekanntmachung vom 16. Juli 2009 (BGBl. I S. 2055) wird folgender Absatz 7 angefügt:

(7) Dieses Gesetz gilt auch im Falle des freiwilligen Wehrdienstes nach Abschnitt 7 des Wehrpflichtgesetzes mit der Maßgabe, dass die Vorschriften über den Grundwehrdienst anzuwenden sind.

Auszug aus dem Wehrpflichtgesetz

§ 56 Status

Regelungen in anderen Gesetzen oder Rechtsverordnungen, die an die Ableistung des Grundwehrdienstes (§ 5) oder des freiwilligen zusätzlichen Wehrdienstes im Anschluss an den Grundwehrdienst (§ 6b) anknüpfen, sind auf Personen, die Wehrdienst nach diesem Abschnitt leisten, soweit keine ausdrückliche Regelung vorhanden ist, entsprechend anzuwenden.

4. Beendigung des Beamtenverhältnisses eines Beamten auf Widerruf

Nach § 4 Abs. 4 a BeamtStG endet das Beamtenverhältnis einer Beamtin oder eines Beamten auf Widerruf im Vorbereitungsdienst mit dem Bestehen der Prüfung, soweit dies durch Gesetz,

Rechtsverordnung oder allgemeine Verwaltungsverordnung bestimmt ist. Die Mitgliedschaft im Personalrat erlischt gemäß § 26 Abs. 1 Buchst. d wegen Beendigung des Dienstverhältnisses auch dann, wenn unmittelbar im Anschluss an ein Beamtenverhältnis auf Widerruf ein (neues) Beamtenverhältnis auf Probe bei derselben Dienststelle begründet wird. Das gilt entsprechend für Anwartschaften auf eine Ersatzmitgliedschaft im Personalrat (BVerwG, Beschl. vom 4.9.1995, ZfPR 1996, 40). Bedeutsam ist dies insbesondere für die beamteten Mitglieder der Jugend- und Auszubildendenvertretungen, die während ihrer Amtszeit die Laufbahnprüfung ablegen und dadurch das Beamtenverhältnis auf Widerruf beenden, auch wenn sie durch Aushändigung der Ernennungsurkunde nach bestandener Prüfung zur Beamtin oder zum Beamten auf Probe ernannt werden. (§ 57 Abs. 2 Satz 3) Sie scheiden deshalb am Tag der Laufbahnprüfung aus der Jugend- und Auszubildendenvertretung aus.

5. Ausscheiden aus der Dienststelle

Aus der Dienststelle scheidet ein Personalratsmitglied durch Versetzung oder Abordnung aus, sofern diese länger als sechs Monate dauert, nicht aber bei Erprobungen oder Fortbildungsveranstaltungen. Solange diese Maßnahmen angefochten werden, liegt nur eine zeitweilige Verhinderung vor (§ 28 Abs. 1). Bei einer Abordnung kommt es nicht darauf an, ob bei ihrer Anordnung bereits feststeht, dass die oder der Betroffene nicht mehr in seine Dienststelle zurückkehrt. Mit dem Ausscheiden aus der Dienststelle ist jedoch nicht zugleich ein Ausscheiden aus der Stufenvertretung verbunden. Handelt es sich bei der oder dem Ausscheidenden um ein freigestelltes Mitglied des Personalrats (§ 42 Abs. 3), so gelangt ein eintretendes Ersatzmitglied nicht automatisch in diese Freistellung; hierüber ist ein neuer Beschluss zu fassen. (VGH Bayern, Beschl. vom 30.1.1994, ZfPR 1995, 204)

Das Personalratsmandat erlischt auch bei Ausgliederung eines Teils der Dienststelle, in dem das Personalratsmitglied beschäftigt ist, zu einer anderen Dienststelle, es sei denn, das Beschäftigungsverhältnis selbst geht nicht mit über. (OVG Berlin, OVG PV 5.95 vom 26.6.1995)

6. Verlust der Wählbarkeit

Der nachträgliche Verlust der Wählbarkeit (§ 11) tritt insbesondere ein beim Verlust der Fähigkeit, Rechte aus öffentlichen Wahlen zu erlangen und Eintritt in den Kreis der von der Wählbarkeit ausgeschlossenen Beschäftigten (§ 11 Abs. 2c).

7. Feststellung der Nichtwählbarkeit

Buchst. h bietet die Möglichkeit, nach Ablauf der Wahlanfechtungsfrist die Nichtwählbarkeit gerichtlich feststellen zu lassen (§ 79 Abs. 1 Nr. 1). Eine Frist ist dabei nicht einzuhalten. Das Antragsrecht kann nicht deshalb verwirkt werden, weil ein Verfahren z.B. erst achtzehn Monate nach der Personalratswahl in Gang gesetzt worden ist. Der Mangel der Nichtwählbarkeit eines einzelnen Personalratsmitglieds ist von ähnlichem Gewicht wie ein Mangel, der zur Nichtigkeit einer Wahl führt. Antragsberechtigt ist, wer ein rechtlich beachtliches Interesse an der gerichtlichen Nachprüfung geltend machen kann, insbesondere aber die in § 22 Genannten. (BVerwG, Beschl. vom 7.11.1975, PV 1977, 22) Bei der verwaltungsgerichtlichen Entscheidung muss der Mangel der Wählbarkeit bei Schluss der Verhandlung der letzten Tatsacheninstanz noch gegeben sein. Wer also am Wahltag wegen der Dauer der Zugehörigkeit zur Dienststelle oder zur öffentlichen Verwaltung noch nicht wählbar war, kann durch Zeitablauf inzwischen wählbar geworden sein, so dass sich eine Entscheidung erübrigt.

8. Beurlaubung ohne Besoldung oder Arbeitsentgelt

Die Regelung in Abs. 2 beruht auf dem Gedanken, dass ein Personalratsmitglied, das ohne Bezüge für länger als sechs Monate beurlaubt ist, die Verbindung zur Dienststelle und zum Personalrat verliert und deshalb die Interessen der Beschäftigten nicht mehr sachgerecht vertreten kann. Das Interesse der oder des Betroffenen, im Personalrat zu verbleiben, muss hinter dem Wählerinteresse zurücktreten. Unter Abs. 2 fällt auch eine Beurlaubung innerhalb eines befristeten Arbeitsverhältnisses, wenn die Beurlaubung für die gesamte Dauer ausgesprochen worden ist. Die besoldungsrechtlichen Auswirkungen für Beamtinnen, die als Mitglied eines Personalrats Mutterschaftsurlaub erhalten, sind in der MuSchVB geregelt. Sie scheiden nicht aus dem Personalrat aus, sondern sind lediglich verhindert (§ 28 Abs. 1). Die Inanspruchnahme von Elternzeit nach dem Wahltag führt ebenfalls nicht zum Verlust der Wählbarkeit und zum Ausscheiden aus dem Personalrat. (VGH Baden-Württemberg, Beschl. vom 20.9.1995 – PB 155. 1138/95)

Mit dem Eintritt in die Freistellungsphase beim Blockmodell der Altersteilzeit ist ein Personalratsmitglied dauerhaft an der Ausübung seines Personalratmandats verhindert und deshalb von jeder Tätigkeit in der Personalvertretung ausgeschlossen. Da er ab Eintritt in die Freistellungsphase nicht mehr in die Dienststelle eingegliedert ist, verliert er den zur Ausübung der Personalratstätigkeit notwendigen Kontakt zu den Beschäftigten in der Dienststelle. Für dieses Personalratsmitglied rückt dauerhaft und endgültig ein Ersatzmitglied in den Personalrat nach. (BVerwG, 6 P 8.01 vom 15.5.2002)

9. Wechsel der Gruppenzugehörigkeit

Durch Abs. 3 wird eindeutig klargestellt, dass ein Gruppenwechsel die Mitgliedschaft im Personalrat unberührt lässt.

§ 27

(1) Die Mitgliedschaft einer Beamtin oder eines Beamten im Personalrat ruht, solange ihr oder ihm die Führung der Dienstgeschäfte verboten oder sie oder er wegen eines gegen sie oder ihn schwebenden Disziplinarverfahrens vorläufig des Dienstes enthoben ist.

(2) In den Fällen des § 26 Abs. 1 Buchstaben d und e ruht die Mitgliedschaft im Personalrat bis zur Rechtskraft der Entscheidung.

1. Ruhen der Mitgliedschaft eines Beamten

Bei Beamtinnen und Beamten ruht die Mitgliedschaft bei der Zwangsbeurlaubung nach dem BeamtStG und LBG sowie bei der Dienstenthebung im Disziplinarverfahren nach §§ 38 ff LDG NRW. Zwar kann eine Beamtin oder ein Beamter auf Probe oder auf Widerruf bei Vorliegen disziplinärer Tatbestände des Dienstes vorläufig enthoben werden, gegen sie bzw. ihn findet jedoch kein förmliches Disziplinarverfahren statt. Sie bzw. er wird aber wie eine Beamtin bzw. ein Beamter zu behandeln sein, der oder dem die Führung der Dienstgeschäfte verboten worden ist. Diese Wirkungen treten allerdings erst bei Unanfechtbarkeit der beiden Maßnahmen ein. Bis zur Unanfechtbarkeit der Entscheidung ist die Beamtin oder der Beamte verhindert, an den Sitzungen des Personalrats teilzunehmen (§ 28 Abs. 1).

Auszug aus dem LDG NRW

§ 38 Dienstenthebung

(1) Die nach § 32 zuständige Stelle kann eine Beamtin oder einen Beamten gleichzeitig mit oder nach der Einleitung des Disziplinarverfahrens vorläufig des Dienstes entheben, wenn im Disziplinarverfahren voraussichtlich auf Entfernung aus dem Beamtenverhältnis erkannt werden oder wenn bei einer Person im Beamtenverhältnis auf Probe oder auf Widerruf voraussichtlich eine Entlassung nach § 34 Abs. 1 Nr. 1 und Abs. 4 sowie § 35 des Landesbeamtengesetzes erfolgen wird. Sie kann die Beamtin oder den Beamten außerdem vorläufig des Dienstes entheben, wenn durch das Verbleiben im Dienst der Dienstbetrieb oder die Ermittlungen wesentlich beeinträchtigt würden und die vorläufige Dienstenthebung zu der Bedeutung der Sache und der zu erwartenden Disziplinarmaßnahme nicht außer Verhältnis steht.

(2) Die nach § 32 zuständige Stelle kann gleichzeitig mit oder nach der vorläufigen Dienstenthebung anordnen, dass bis zu 50 Prozent der monatlichen Dienst- oder Anwärterbezüge einbehalten werden, wenn im Disziplinarverfahren voraussichtlich auf Entfernung aus dem Beamtenverhältnis erkannt werden oder bei einer Person im Beamtenverhältnis auf Probe oder auf Widerruf voraussichtlich eine Entlassung nach § 34 Abs. 1 Nr. 1 und Abs. 4 sowie § 35 des Landesbeamtengesetzes erfolgen wird.

(3) Die nach § 81 zuständige Stelle kann gleichzeitig mit oder nach der Einleitung des Disziplinarverfahrens anordnen, dass bis zu 30 Prozent des Ruhegehalts einbehalten werden, wenn im Disziplinarverfahren voraussichtlich auf Aberkennung des Ruhegehalts erkannt werden wird.

(4) Entscheidungen nach den Absätzen 1 bis 3 sind zuzustellen.

Für Arbeitnehmer fehlt es an einer entsprechenden Regelung, obwohl auch diese vom Dienst suspendiert werden können.

2. Beendigung des Dienstverhältnisses/Ausscheiden aus der Dienststelle

Das Ruhen der Mitgliedschaft beginnt mit der Bekanntgabe einer Maßnahme i.S.d. § 26 Abs. 1d und e bis zu deren Rechtskraft. Die Rechtskraft der Entscheidung ist zu dem Zeitpunkt gegeben, in dem eine Gerichtsentscheidung über die Rechtmäßigkeit der Maßnahme unanfechtbar geworden ist. Die Ruhenszeit ist auch zu Ende, wenn die Maßnahme aufgehoben oder durch Gerichtsentscheid für ungültig erklärt wird.

§ 28

(1) Scheidet ein Mitglied aus dem Personalrat aus, so tritt ein Ersatzmitglied ein. Ist ein Mitglied zeitweilig verhindert oder ruht seine Mitgliedschaft, so tritt ein Ersatzmitglied für die Zeit der Verhinderung oder des Ruhens ein.

(2) Die Ersatzmitglieder werden der Reihe nach aus den nicht gewählten Beschäftigten derjenigen Vorschlagslisten entnommen, denen die zu ersetzenden Mitglieder angehören. Ist

das zu ersetzende Mitglied mit einfacher Stimmenmehrheit gewählt, so tritt die oder der nicht gewählte Beschäftigte mit der nächsthöheren Stimmenzahl als Ersatzmitglied ein.

(3) § 26 Abs. 3 gilt entsprechend bei einem Wechsel der Gruppenzugehörigkeit vor dem Eintritt des Ersatzmitglieds in den Personalrat.

(4) Im Falle des § 24 Abs. 1 Satz 1 Buchstaben d und e treten Ersatzmitglieder nicht ein.

1. Ersatzmitglieder

Eintritt von Ersatzmitgliedern in den Personalrat bedeutet Vollmitgliedschaft. Deshalb nehmen sie nicht nur an den Sitzungen teil, sondern können auch andere Rechte des Personalrats wahrnehmen, z.b. Teilnahme an Prüfungen gem. § 76. Solange Ersatzmitglieder noch nicht endgültig oder vorübergehend in den Personalrat eingetreten sind, ist die Rechtsstellung durch das Gesetz nicht besonders geschützt. (BVerwG, Beschl. vom 27.9.1984, DVBl. 1985, 450) Ersatzmitglieder übernehmen keinesfalls den Freistellungsanspruch des verhinderten Mitglieds. (OVG Münster, Beschl. vom 21.6.1988, PV 1990, 78) Ob ein Ersatzmitglied eintritt oder nicht, kann grundsätzlich nicht von der Dauer der Verhinderung des ordentlichen Personalratsmitglieds abhängen. Der Gesetzgeber hat offensichtlich eine vollständige Besetzung des Personalrats gewollt und die notwendige Repräsentation der einzelnen Gruppen durch diese Regelung gewährleistet. Geringe Verspätungen oder kurzfristiges Verlassen der Sitzung bedeutet keine Verhinderung, sondern ggf. eine Störung der Personalratsarbeit. Die Wahrnehmung von Tätigkeiten eines Personalratsmitglieds, die mit der Personalratsarbeit im Zusammenhang stehen, außerhalb des Sitzungsortes oder in der Weise, dass eine Teilnahme an einer Personalratssitzung nicht möglich ist, ist eine Verhinderung, für die ein Ersatzmitglied eingeladen werden muss.

2. Aufgaben der vorsitzenden Person im Zusammenhang mit Ersatzmitgliedern

Der die vorsitzende Person eines Personalrats ist bei unangezeigtem Nichterscheinen eines zur Sitzung eingeladenen Personalratsmitglieds nicht verpflichtet, sich danach zu erkundigen, ob ein Verhinderungsfall vorliegt, auf Grund dessen er ein Ersatzmitglied einladen müsste. (OVG Sachsen, P 5 S 20/97 vom 7.4.1998)

Steht ein Verhinderungsfall jedoch fest, muss ein Ersatzmitglied geladen werden. Tritt die Verhinderung erst nach der Ladung der Mitglieder des Personalrats ein oder wird sie erst zu diesem Zeitpunkt bekannt, so hat die vorsitzende Person des Personalrats das einzutretende Ersatzmitglied unverzüglich zu verständigen und ihm den Sitzungstermin und Tagesordnung mitzuteilen. Wird ein Ersatzmitglied grundlos herangezogen, sind Beschlüsse des Personalrats wegen seiner falschen Zusammensetzung fehlerhaft. Ist dem einzutretenden Personalratsmitglied die Verhinderung des ordentlichen Personalratsmitglieds bekannt, muss es auch unabhängig von einer Ladung oder Entscheidung der vorsitzenden Person oder des Personalrats zu der Personalratssitzung erscheinen, denn die Rechte eines Personalratsmitglieds werden durch die Vorschrift unmittelbar erworben. Ist die vorsitzende Person verhindert, wird zwar ein Ersatzmitglied heran gezogen, kann aber nicht an ihre Stelle treten und ihre Funktion übernehmen. Diese übernimmt die stellvertretende vorsitzende Person. Nach beendeter Verhinderung des Mitglieds tritt an die Stelle des Ersatzmitglieds wieder das Personalratsmitglied.

3. Verhinderung aus rechtlichen oder aus tatsächlichen Gründen

Eine rechtliche Verhinderung liegt gemäß § 27 vor, wenn die Mitgliedschaft einer Beamtin oder eines Beamten im Personalrat wegen des Verbots der Führung der Dienstgeschäfte ruht oder eine Beamtin bzw. ein Beamter wegen eines schwebenden Disziplinarverfahrens des Dienstes enthoben wurde (vgl. Anm. 1 zu § 27) und bei der Einberufung zum freiwilligen Wehrdienst vor. Tatsächliche Gründe sind z.b. Urlaub, Kur, dienstliche Abwesenheit aus sonstigen Anlässen. Bei Dienst- oder Arbeitsunfähigkeit oder bei Erholungsurlaub darf ein Personalratsmitglied oder ein Ersatzmitglied nicht an den Personalratssitzungen teilnehmen. (VGH Bayern, 17 P 03.18 vom 23.07.2003) Bei Urlaub ist diese Entscheidung in der Literatur nicht unumstritten, da es eine Beurlaubung von der Personalratstätigkeit nicht geben könne. Es empfiehlt sich daher, diese Frage zu Beginn einer Amtsperiode in einem Geschäftsordnungsbeschluss im Personalrat zu entscheiden. Das Ersatzmitglied ist auch dann ordnungsgemäß geladen, wenn sich später herausstellt, dass das abwesende Personalratsmitglied nicht krank gewesen war, sondern unberechtigt dem Dienst ferngeblieben ist. (BAG, Urteil vom 5.9.1986 – 7 AZR 175/85) Von einer tatsächlichen Verhinderung ist auch dann auszugehen, wenn ein Mitglied bewusst und willkürlich einer Sitzung fernbleibt und dies vor der Sitzung eindeutig zu erkennen gibt. Im Interesse der Erreichung des Ziels einer vollständigen Besetzung kann nicht zwischen notwendiger und willkürlich herbeigeführter Abwesenheit unterschieden werden. (Grabendorff-Windscheid-Ilbertz, Anm. 11 zu § 31) Es ist allerdings den Mitgliedern des Personalrats nicht freigestellt, durch Auswechseln zwischen ordentlichen und Ersatzmitgliedern einen unzulässigen Einfluss auf die Zusammensetzung des Personalrats zu nehmen. (BVerwG, Beschl. vom 14.2.1969, PV 1970, 60) Ein Mitglied des Personalrats darf grundsätzlich nicht durch dienstliche Tätigkeiten von der Teilnahme an den Sitzungen des Personalrates abgehalten werden. Die Tätigkeit im Personalrat geht dienstlichen Aufgaben in der Regel vor.

4. Selbstbeteiligung in eigener Sache

Im Schrifttum wird die Meinung vertreten, dass im Falle der so genannten Selbstbeteiligung in eigener Sache eine zeitweilige Verhinderung vorliegen könnte. Die neuere Rechtsprechung hat diese Auffassung bekräftigt. In folgenden Fällen gilt ein Personalratsmitglied als befangen:

1. in allen seine Person betreffenden personellen Angelegenheiten,
2. in Bezug auf den Antrag auf Ausschluss aus dem Personalrat und
3. in Bezug auf seine eigene Kündigung.

Ein persönlich Betroffener befindet sich in einem Interessenkonflikt, in dem eine objektive von den eigenen Interessen unbeeinflusste Entscheidung nicht getroffen werden kann. (BVerwG, PersV 1968 vom 28.4.1967)

Ein Beschluss an dem ein befangenes Mitglied teilgenommen hat, ist rechtswidrig. Das befangene Personalratsmitglied gilt als verhindert und der Vorsitzende des Personalrats ist verpflichtet, für den entsprechenden Tagesordnungspunkt ein Ersatzmitglied einzuladen.

Bei einem Ausschlussantrag (§ 25) darf sich das Personalratsmitglied, über dessen Ausschluss beraten und entschieden werden soll, weder bei der Beratung noch bei der Beschlussfassung beteiligen. Anderenfalls ist der Beschluss – gleichgültig mit welchem Ergebnis – unwirksam. (VGH Baden-Württemberg, Beschl. vom 23.2.1996, n. v.)

5. Eintritt von Ersatzmitgliedern aus den Vorschlagslisten

Abs. 2 besagt, dass ein Übergreifen auf andere Wahlvorschläge der Gruppe des ausgeschiedenen oder verhinderten Mitglieds ebenso unzulässig ist wie ein Rückgriff auf Bewerberinnen und Bewerber einer anderen Gruppe, wenn die in Betracht kommende Liste erschöpft ist. Hier kann auch nicht ersatzweise § 24 Abs. 2 WO herangezogen werden, wonach überschüssige Sitze auf andere Vorschlagslisten verteilt werden können. Bei einer Gruppenwahl nach den Grundsätzen der Verhältniswahl rückt diejenige Bewerberin oder derjenige Bewerber aus der gleichen Vorschlagsliste nach, die oder der auf dieser Liste als nächster nicht mehr gewählte Kandidatin oder gewählter Kandidat steht. Bei der Gruppenwahl, die als Personenwahl stattgefunden hat, rückt diejenige Bewerberin oder derjenige Bewerber nach, die oder der die höchste Stimmenzahl nach der bzw. dem letztgewählten Kandidatin bzw. Kandidaten erhalten hat. Bei der Gemeinschaftswahl nach den Grundsätzen der Verhältniswahl tritt die Bewerberin oder der Bewerber ein, der von den der gleichen Gruppe angehörenden Kandidatinnen und Kandidaten die nächsthöchste Stimmenzahl erhalten hat. Bei der Gemeinschaftswahl, die als Personenwahl durchgeführt worden ist, rückt diejenige Bewerberin oder derjenige Bewerber nach, die oder der die höchste Stimmenzahl in der Gruppe nach der bzw. dem letztgewählten Kandidatin bzw. Kandidaten in dieser Gruppe erzielt hat. Ist nur eine Person gewählt oder steht einer Gruppe nur eine Vertreterin oder ein Vertreter im Personalrat zu, so tritt die oder der nicht gewählte Kandidatin oder Kandidat mit der nächsthöheren Stimmenzahl als Ersatzmitglied ein, falls keine Listenwahl stattgefunden hat. Andernfalls gilt das zuvor Gesagte. Ein Zurückgreifen auf Listen, die keine Sitze bei der Wahl erhalten haben, ist unzulässig. (Grabendorff-Windscheid-Ilbertz, Anm. 13 zu § 31)

Nach § 23 Abs. 2 Satz 1 MBG SH (§28 Abs. 2 entsprechend) werden die Ersatzmitglieder aus den nicht gewählten Beschäftigten derjenigen Vorschlagslisten entnommen, denen die zu ersetzenden Personalratsmitglieder angehören; damit ist ein Rückgriff auf andere Vorschlagslisten ausgeschlossen, und zwar auch dann, wenn zugleich die Voraussetzungen für eine außerordentliche Personalratsneuwahl nach § 20 Abs. 1 Nr. 2 MBG SH eintreten. (BVerwG, Beschluss v. 30.11.2010 – 6 PB 16.10 –) Nach dem eindeutigen Wortlaut aller Personalvertretungsgesetze kann beim Ausscheiden eines Mitglieds einer Personalvertretung nur auf die Vorschlagsliste zurückgegriffen werden, der das ausgeschiedene Mitglied angehört hat. Dies gilt grundsätzlich selbst dann, wenn die entsprechende Wahlvorschlagsliste erschöpft ist und auch dann, wenn durch das Ausscheiden die Gesamtzahl der Personalratsmitglieder unter ein Viertel der vorgeschriebenen Zahl sinkt.

Zum Rechtsschutz für Ersatzmitglieder (z.B. Kündigungsschutz) wird auf Anm. 1 zu § 43 hingewiesen. Die Vorschrift des § 26 Abs. 2 Buchst. d, wonach die Mitgliedschaft im Personalrat mit der Beendigung des Dienstverhältnisses erlischt, gilt entsprechend für Anwartschaften auf eine Ersatzmitgliedschaft im Personalrat (BVerwG, Beschl. vom 4.9.1995, ZfPR 1996, 40). Auf Anm. 4 zu § 26 wird hingewiesen.

Dritter Abschnitt
Geschäftsführung

§ 29

(1) Der Personalrat wählt aus seiner Mitte die vorsitzende Person und Stellvertreterinnen oder Stellvertreter. Die Reihenfolge der Stellvertretung bestimmt der Personalrat. Sofern im Personalrat Beamtinnen und Beamte sowie Arbeitnehmerinnen und Arbeitnehmer vertreten sind, darf die erste Stellvertreterin oder der erste Stellvertreter nicht derselben Gruppe angehören wie die vorsitzende Person.

(2) Die vorsitzende Person führt die laufenden Geschäfte und vertritt den Personalrat im Rahmen der von diesem gefassten Beschlüsse.

1. Wahl der vorsitzenden Person und der Stellvertreterinnen und Stellvertreter

Die vorsitzende Person und ihre Stellvertreterinnen und Stellvertreter sind mit der Mehrheit der Stimmen der Mitglieder des Personalrats zu wählen. Die Wahlvorschriften finden hierbei keine Anwendung, da es sich hierbei um einen Akt der Geschäftsführung, der in Form eines Beschlusses zu treffen ist (§ 33), handelt. Die Mehrheit der Stimmen der anwesenden Mitglieder reicht für die Wahlen der vorsitzenden Person und ihrer Vertreterinnen und Vertreter aus. (BVerwG, Beschl. vom 3.8.1983, DVBl. 1984, 47) Die Wahl ist nicht an besondere Formvorschriften gebunden. Bei Stimmengleichheit bietet sich kein anderes Mittel als das Losverfahren an. (BVerwG, Beschl. vom 15.5.1991, ZfPR 1991, 172) Wegen der Zulässigkeit von Losverfahren s. Anm. 2 zu § 14. Dabei sind alle Personalratsmitglieder aufgerufen, sich zu beteiligen. Die Verweigerung an einer notwendig werdenden Losentscheidung ist eine grobe Pflichtverletzung. (BVerwGE 13, 242) Die Wahl soll gemäß § 30 Abs. 1 in der konstituierenden Sitzung des Personalrats stattfinden. Wird sie nachgeholt, muss sie ebenfalls vom Wahlvorstand geleitet werden. Über die Wahl ist eine Niederschrift zu fertigen.

Besteht der Personalrat nur aus einem Mitglied (bei 5 bis 20 Wahlberechtigten § 13 Abs. 3), ist dieses Mitglied gleichzeitig in der Funktion der vorsitzenden Person, ohne dass ein Wahl durchgeführt wird. (BVerwG, NZA-RR 1998, S. 192 = PersR 1998, S. 113)

2. Wahl der Stellvertreterinnen und Stellvertreter

Da es seit der Änderung des Tarifrechts im Bereich der Tarifbeschäftigten nur noch höchstens zwei Gruppen gibt, könnte die Auffassung vertreten werden, dass die Zahl der Stellvertreterinnen oder Stellvertreter auf eine Person beschränkt ist. Das ist aus dem Gesetz aber nicht abzuleiten. Es ist lediglich zum Ausdruck gebracht, dass die erste stellvertretende Person nicht der gleichen Gruppe wie die vorsitzende Person angehören darf. Danach kann der Personalrat eine notwendige Anzahl an weiteren stellvertretenden Personen wählen. Es ist auf Anm. 1 hinzuweisen. Bei der Wahl der Stellvertreterinnen und Stellvertreter ist das Gruppenprinzip zu beachten, wonach die Stellvertreterinnen und Stellvertreter der anderen Gruppe angehören muss als die vorsitzende Person. Da es in der Landesverwaltung Bereiche mit nur einer Gruppe gibt (z.B. Lehrer und Referendare), geht die Gruppenregelung hier ins Leere.

3. Abberufung der vorsitzenden Person und ihrer Stellvertreterinnen und Stellvertreter

Die vorsitzende Person und ihre Stellvertreterinnen und Stellvertreter können jederzeit abgewählt werden, jedoch nur durch den Personalrat, der sie gewählt hat. (BVerwGE 36, 1974) Sie genießen keinen „Statusschutz". (Hess. VGH, Beschl. vom 10.11.1982, PV 1983, 283) Die Abberufung ist sogar ohne weitere Begründung möglich, nur mit dem Hinweis, es fehle am Vertrauen der Mehrheit im Personalrat. Abberufung und Neuwahl müssen nicht „im Block" durchgeführt werden. Es ist möglich, nur einzelne Stellvertreterinnen oder Stellvertreter oder nur die vorsitzende Person abzuberufen, sofern bei der Neuwahl Abs. 1 beachtet wird. Im Übrigen ist die Einhaltung einer bestimmten Reihenfolge bei den Wahlen nicht zwingend vorgeschrieben. (BVerwG, Beschl. vorn 10. 2. 1981, PV 1983, 290)

4. Aufgaben der vorsitzenden Person

Die vorsitzende Person ist nicht die gesetzliche Vertreterin, sondern die Sprecherin des Personalrats in der Erklärung, nicht aber in der Willensbildung. (BAG, Urteil vom 26.9.1963, PV 1964, 65) Sie hat folgende allgemeine Aufgaben:

- Anberaumung von Sitzungen,
- Festsetzung der Tagesordnung,
- Ladung der Personalratsmitglieder und der teilnahmeberechtigten Personen,
- Leitung der Sitzung,
- Ausübung des Hausrechts in den Sitzungsräumen,
- Unterzeichnung von Niederschriften,
- Anberaumung und Leitung von Personalversammlungen,
- Vertretung des Personalrats im Rahmen der gefassten Beschlüsse.

Zunächst spricht immer eine Vermutung dafür, dass ihre Erklärungen durch Beschlüsse des Personalrats gedeckt sind. Der Gegenbeweis ist aber zulässig. Gelingt er, liegt eine fehlerhafte Beteiligung des Personalrats vor. Die abzugebenden Erklärungen müssen die Unterschrift der vorsitzenden Person oder einer stellvertretenden vorsitzenden Person tragen.

5. Aufgaben der Stellvertreterinnen und Stellvertreter

Die Stellvertreterinnen und Stellvertreter übernehmen in der Reihenfolge ihrer Bestellung die Aufgaben der vorsitzenden Person im Falle ihrer Verhinderung- Darin erschöpfen sich ihre Aufgaben aber nicht. Weil sie in der Regel aus einer gruppenbezogenen Wahl hervorgegangen sind, ist es ihre Aufgabe, im Personalrat verstärkt gruppenspezifische Angelegenheiten zu vertreten. Zu diesem Zweck sind sie über den üblichen für alle Personalratsmitglieder gültigen Rahmen hinaus von der vorsitzenden Person laufend über die Angelegenheiten zu unterrichten, die ihre Gruppe betreffen. „Stellvertretung" bedeutet auch, die vorsitzende Person bei ihrer Aufgabenerledigung zu unterstützen. Dies gilt insbesondere für die Führung der laufenden Geschäfte. Abzugebende Erklärungen gegenüber der Dienststelle können auch die Unterschrift einer stellvertretenden vorsitzenden Person tragen. Im Übrigen wird auf Anm. 6 hingewiesen. Aufgaben dürfen nicht beliebig auf einzelne Personalratsmitglieder übertragen werden (z.B. Protokollführung). Dazu bedarf es eines Beschlusses des Plenums. (Bay. VGH, Beschl. vom 17.9.1992, ZfPR 1993, 203)

6. Führung der laufenden Geschäfte

Die Abgrenzung der laufenden Geschäfte von den Befugnissen, die dem Plenum zustehen, ist von besonderer Bedeutung. Zu den laufenden Geschäften gehört nicht die Erledigung von Angelegenheiten, die zum Gegenstand eines Beschlusses gemacht werden. Dazu gehören alle Maßnahmen aus den Beteiligungskatalogen. Dagegen können folgende Angelegenheiten zu den laufenden Geschäften gezählt werden:

- Vorbereitung von Plenumsentscheidungen (BVerwG, Beschl. vom 7.11.1969, ZBR 1970, 331),
- Einholen von Informationen (Hess VGH, Beschl. vom 22.5.1974, PV 1975, 64),
- allgemeine Auswertung von Beschlüssen,
- Vorbereitung von Arbeitsgruppensitzungen,
- Postbearbeitung in der Geschäftsstelle,
- allgemeiner Schriftverkehr.

Regelmäßig wiederkehrende Angelegenheiten gehören nicht dazu, denn der Begriff ist eng auszulegen. Der Personalrat kann den Begriff auch nicht beliebig definieren. (BVerwG, Beschl. vom 5.2.1971, PV 1971, 271)

Es bestehen keine Bedenken, wenn auch den Stellvertreterinnen und Stellvertretern Angelegenheiten der laufenden Geschäftsführung zu Miterledigung übertragen werden. Diese Ansicht wird auf die Rechtsprechung gestützt, wonach sogar im Einzelfall anderen Mitgliedern des Personalrats die Vertretung nach außen durch Beschluss übertragen werden kann, denn der Vorsitzende ist nicht der gesetzliche Vertreter des Personalrats, sondern nur der Vertreter in der Erklärung. (vgl. Anm. 4; BVerwG, Beschl. vom 21.7.1982 – 6 P 14.79)

§ 30

(1) Spätestens eine Woche nach dem Wahltag hat der Wahlvorstand die Mitglieder des Personalrats zur Vornahme der vorgeschriebenen Wahlen einzuberufen und die Sitzung zu leiten.

(2) Die weiteren Sitzungen beraumt die vorsitzende Person des Personalrats an. Sie setzt die Tagesordnung fest und leitet die Verhandlung. Die vorsitzende Person hat die Mitglieder des Personalrats und die in § 36 genannten Personen zu den Sitzungen rechtzeitig unter Mitteilung der Tagesordnung zu laden.

(3) Auf Antrag eines Viertels der Mitglieder des Personalrats, der Mehrheit der Mitglieder einer Gruppe, der Dienststelle, in Angelegenheiten, die besonders schwerbehinderte Beschäftigte betreffen, der Schwerbehindertenvertretung oder in Angelegenheiten, die besonders Beschäftigte im Sinne von § 55 Abs. 1 betreffen, der Mehrheit der Mitglieder der Jugend- und Auszubildendenvertretung, hat die vorsitzende Person eine Sitzung anzuberaumen und den Gegenstand, dessen Beratung beantragt ist, auf die Tagesordnung zu setzen.

(4) Die Dienststelle nimmt an den Sitzungen teil, die auf ihren Antrag anberaumt sind oder zu denen sie ausdrücklich eingeladen ist. Sie kann ein Mitglied der Arbeitgebervereinigung, der die Dienststelle angehört, hinzuziehen.

1. Aufgaben des Wahlvorstandes nach der Wahl

Als letzte Aufgabe wird dem Wahlvorstand übertragen, ohne Verzögerung (innerhalb einer Woche) den Personalrat zur ersten Sitzung einzuladen, wobei diese Sitzung nicht innerhalb dieser Woche stattfinden muss. Wird zur Wahlsitzung nicht ordnungsgemäß eingeladen, die Wahl aber gleichwohl durchgeführt, kann diese Wahl mit Erfolg angefochten werden. (VG Münster, Beschl. vom 24.8.1979 – PVL 21/78) Eine ordnungsgemäße Einberufung zur konstituierenden Sitzung des Personalrats liegt nur dann vor, wenn nicht nur die Mitglieder, sondern auch die Ersatzmitglieder geladen werden, sofern sie an die Stelle eines Mitglieds treten. Insofern besteht zwischen einer ersten (konstituierenden) Sitzung und sonstigen Sitzungen kein Unterschied.

Die Teilnahme anderer Personen als Wahlvorstand und neu gewählter Personalrat, ggf. Ersatzmitglieder ist nicht zulässig. Dies ergibt sich daraus, dass in § 30 Abs. 1 keine weiteren Personen genannt sind, die Teilnahme anderer Personen an „normalen", weiteren Sitzungen aber ausdrücklich in §§ 30 ff geregelt ist. Dies gilt auch für die Vertrauensperson schwerbehinderter Menschen. Hier liegt kein Widerspruch zu § 95 Abs. 4 SGB IX, weil die konstituierende Sitzung keine „normale" Personalratssitzung ist.

Das Amt des Wahlvorstandes erlischt nach Durchführung der Wahl der vorsitzenden Person und der Stellvertreterinnen und Stellvertreter. Es ist unzulässig, dass der Wahlvorstand zu diesem Zeitpunkt noch eine Korrektur des Wahlergebnisses vornimmt (OVG Berlin, Beschl. vom 21.4.1975, PV 1977, 68).

Der Wahlvorstand ist auch nicht befugt, für die Gründungssitzung andere Punkte auf die Tagesordnung zu setzen. Die Behandlung weiterer Tagesordnungspunkte ist von der Zustimmung aller Personalratsmitglieder abhängig. Amtiert der alte Personalrat noch, darf der neu gewählte Personalrat nicht in dessen Amtsgeschäfte eingreifen. (BVerwGE 9,217) Der neue Personalrat kann aber bereits Beschlüsse über die künftige Freistellung von Personalratsmitgliedern oder die Übernahme der bisherigen Geschäftsordnung fassen. Siehe auch Anm. 4 zu § 23.

2. Sitzungen des Personalrats

Die Anberaumung der weiteren Sitzungen steht im pflichtgemäßen Ermessen der vorsitzenden Person, soweit die Geschäftsordnung keine regelmäßigen Sitzungen vorsieht (§ 38). Davon unberührt bleiben die sich aus Abs. 3 ergebenden Rechte der jeweiligen qualifizierten Mehrheit bzw. Minderheit, die Anberaumung einer Sitzung zu beantragen und den Gegenstand, dessen Beratung beantragt ist, auf die Tagesordnung zu setzen.

Die Einberufung muss so rechtzeitig ergehen, dass sich alle Personalratsmitglieder vorbereiten können. (Cecior, Anm. 29 zu § 30) Eine Unterlassung ist ein grober Pflichtverstoß, der einen Ausschluss aus dem Personalrat rechtfertigt. (BVerwG, Beschl. vom 14.2.1969, ZPR 1969, 252) Mit der Einberufung ist die Tagesordnung mitzuteilen. Die Tagesordnung selbst, die ausnahmsweise auch nachgereicht werden kann, darf sich nicht auf allgemeine Angaben (z.B. Personalmaßnahmen) beschränken. Vielmehr müssen die einzelnen Beratungsgegenstände so exakt bezeichnet werden, so dass sich ein genaues Bild ergibt, was zur Beratung und Beschlussfassung in der Sitzung ansteht. (OVG Niedersachsen, Beschl. vom 20.9.1995 – 17 M 826/95 n.v.) Die in einer Sitzung des Personalrats gefassten Beschlüsse sind unwirksam, wenn nicht rechtzeitig geladen oder die Tagesordnung nicht rechtzeitig mitgeteilt worden ist, es sei denn, dass alle Mitglieder erschienen und mit der Beschlussfassung einverstanden sind. (OVG Saarlouis, Beschl. vom 4.2.1975, PV 1977, 140; OVG Münster, Beschl. vom 27.11.1956,

ZBR 1957, 25; LAG Schleswig-Holstein, Beschl. vom 28.9.1989, NZA 1990, 288) Unter dem Tagesordnungspunkt „Verschiedenes' kann eine Personalvertretung nur dann wirksame Beschlüsse fassen, wenn sie vollständig versammelt ist und kein Personalratsmitglied der Beschlussfassung widerspricht. (BAG, Beschl. vom 28.10.1992, BB 1993, 580; OVG Niedersachsen, Beschl. vom 18.3.1992, PV 1994, 28) Steht eine Angelegenheit nicht auf der Tagesordnung, kann ein wirksamer Beschluss hierzu nur erfolgen, wenn alle Personalratsmitglieder anwesend sind und mit der Beschlussfassung einverstanden sind (Erweiterung der Tagesordnung).

3. Tagesordnung

Überstrenge Anforderungen an die Tagesordnung sollten allerdings nicht gestellt werden. Unter dem Gesichtspunkt, dass die gesetzlich vorgeschriebene Informationsquelle für die Personalratsmitglieder die Sitzung selbst ist, besteht kein Anspruch darauf, dass mit der Tagesordnung Abschriften aller dem Personalrat vorliegenden Unterlagen übersandt oder sonstige Informationen gegeben werden. Die Mitglieder des Personalrats haben auch nicht das Recht, vor der Sitzung die Einsicht in Akten oder sonstige Unterlagen zu verlangen, um sich auf die Sitzung vorbereiten zu können. Ansonsten besteht ein Informationsanspruch der einzelnen Personalratsmitglieder gegenüber der vorsitzenden Person. (Hess. VGH, Beschl. vom 9.4.1980, PV 1982, 377; VG Gelsenkirchen, Beschl. vom 4.4.1986, PV 1986, 334)

Die Übersendung von Abschriften von der vorsitzenden Person oder den stellvertretenden vorsitzenden Personen zur Verfügung stehenden Unterlagen an die Personalratsmitglieder kann dazu dienen, den Informationsvorsprung, den die vorsitzende Person des Personalrats aufgrund ihrer Stellung und ihrer Aufgaben hat, auszugleichen. Zudem ist den Personalratsmitgliedern eine sachverständige Mitarbeit zumindest in tatsächlich und/oder rechtlich schwierigen Fällen nur möglich, wenn sie sich anhand der Informationen auf die Behandlung des Tagesordnungspunktes vorbereiten können. Da dieser Zweck durch eine Information nach der Sitzung nicht mehr erfüllt werden kann, besteht auch kein Anspruch auf Aushändigung von Abschriften und/oder Kopien dieser Unterlagen. (OVG Sachsen, Beschluss v. 2.2.2010 – PL 9 B 393/08 –; ZfPR 9/2010)

Die vorsitzende Person bzw. ihre Stellvertreterinnen oder Stellvertreter sind allerdings nicht berechtigt, die Mitglieder des Gremiums in getrennten Vorberatungen je nach Gewerkschaftszugehörigkeit über einzelne Tagesordnungspunkte zu unterrichten. (Bay. VGH, Beschl. vom 13.7.1994, PersR 1995, 87) Der Ablauf einer Personalratssitzung ist in einem Verlaufsdiagramm dargestellt (Anlage 3).

4. Verhandlungsleitung

Die Verhandlungsleitung liegt bei der vorsitzenden Person. Das ihr zustehende Hausrecht schließt nicht die Befugnis ein, ein Mitglied des Personalrats bei einem störenden Verhalten von der Teilnahme an der Sitzung auszuschließen. Schon gar nicht ist es zulässig, einzelnen Mitgliedern das Wort zu entziehen, was bei anderen laut §§ 30 ff zugelassenen Teilnehmern erlaubt ist.

Auf die Möglichkeit, durch eine Geschäftsordnung (§ 38) Regelungen zu treffen, wird hingewiesen. Bei ungebührlichem Verhalten muss ggf. die Sitzung unterbrochen werden, wobei je nach Schwere der Verfehlung der Personalrat darüber abzustimmen hat, ob ein Ausschlussverfahren eingeleitet werden soll.

5. Einberufung der Sitzungen

Anderen als den Antragsberechtigten nach Abs. 3 steht das Recht, die Einberufung einer Sitzung zu verlangen, den Gewerkschaften nicht zu. Das Antragsrecht der Schwerbehindertenvertretung in Angelegenheiten, die besonders schwerbehinderte Beschäftigte betreffen, ist bei der vorletzten Novelle in das Gesetz aufgenommen worden. Im Übrigen darf die Einberufung einer Sitzung und die Festlegung von beantragten Tagesordnungspunkten nur dann zurückgewiesen werden, wenn die Gegenstände nicht in die Zuständigkeit des Personalrats fallen. Andere Ablehnungsmöglichkeiten bestehen nicht. (Hess. VGH, Beschl. vom 23.6.1976 – 1176) Einzelne Personalratsmitglieder haben kein Antragsrecht. Zulässigen Anträgen kann auch dadurch entsprochen werden, dass die für eine bereits anberaumte Sitzung erstellte Tagesordnung um zusätzliche Gegenstände erweitert wird.

6. Teilnahmerecht der Dienststelle

Die Dienststelle hat nicht nur das Recht, sondern auch die Pflicht, an den Sitzungen teilzunehmen, die auf ihren hin Antrag anberaumt worden sind oder zu denen sie ausdrücklich geladen worden ist. Ein unbegründetes Fernbleiben verstößt gegen den Grundsatz der vertrauensvollen Zusammenarbeit (§ 2 Abs. 1). Eine Vertretungsmöglichkeit wird durch § 8 eröffnet. Die Dienststelle hat weder ein Antrags- noch ein Stimmrecht. Jedoch ist sie zu einer intensiven Beratung dann berechtigt und verpflichtet, wenn auf ihre Veranlassung Tagesordnungspunkte behandelt werden.

Zu den Arbeitgebervereinigungen gehören z.b. die kommunalen Spitzenverbände (z.B. Städtetag usw.). Sie sind ebenfalls berechtigt, an den Sitzungen teilzunehmen, um die Dienststelle zu beraten.

§ 31

(1) Die Sitzungen des Personalrats finden in der Regel während der Arbeitszeit statt. Der Personalrat hat bei der Anberaumung seiner Sitzungen die dienstlichen Erfordernisse zu berücksichtigen. Die Dienststelle ist vom Zeitpunkt der Sitzung rechtzeitig zu verständigen.

(2) Die Sitzungen des Personalrats sind nicht öffentlich. Der Personalrat kann die Teilnahme des ihm nach § 40 Abs. 3 zur Verfügung gestellten Büropersonals sowie sachkundiger Personen gestatten.

1. Sitzungen während der Arbeitszeit

Abweichend von der Regel können Sitzungen ausnahmsweise auch außerhalb der Arbeitszeit durchgeführt werden, z.B. wegen dienstlicher Erfordernisse. Dies sind alle Umstände, die es zwingend erfordern, dass eine Personalratssitzung außerhalb der Arbeitszeit durchgeführt wird. In einer Behörde mit ganztägigem Publikumsverkehr könnte eine solche Notwendigkeit bestehen. Ggf. ist gem. § 42 Abs. 2 nicht freigestellten Personalratsmitgliedern ein Freizeitausgleich zu gewähren. Dies gilt auch für Personalratsmitglieder, die Schicht- und Wechseldienst verrichten.

Im Geltungsbereich dieses Gesetzes gibt es immer mehr Teilzeitbeschäftigte, die insbesondere Beruf und Familie in Einklang bringen wollen. Die Arbeitszeit wird wegen der Kinderbetreuungseinrichtungen und der Schulen in der Regel auf vormittags gelegt. Soweit möglich, ist auf teilzeitbeschäftigte Personalratsmitglieder Rücksicht zu nehmen und die Sitzungstermine mit deren Arbeitszeit abzustimmen. Geht dies nicht, weil z.b. morgens Publikumsverkehr ist oder Unterricht in den schulischen Einrichtungen, haben die teilzeitbeschäftigten Personalratsmitglieder Anspruch auf Freizeitausgleich, wenn die Sitzungen außerhalb ihrer Arbeitszeit stattfinden.

Die Rücksichtnahme auf dienstliche Erfordernisse kann allerdings nicht dazu führen, dass die Dienststelle eine Verlegung der Sitzung verlangt; sie ist nur rechtzeitig zu verständigen. In den Fällen des § 30 Abs. 4 ist allerdings der Zeitpunkt der Sitzung im Einvernehmen mit der Dienststelle festzusetzen um der Dienststellenleiterin bzw. dem Dienststellenleiter eine Teilnahme auch zu ermöglichen.

2. Grundsatz der Nichtöffentlichkeit

Der Grundsatz der Nichtöffentlichkeit bedeutet, dass nur solche Personen an einer Sitzung teilnehmen dürfen, die neben den Personalratsmitgliedern ein besonderes in diesem Gesetz ausdrücklich genanntes Teilnahmerecht besitzen. Die Teilnahme von anderen Personen als den nach dem Gesetz zugelassenen ist somit ausgeschlossen. Die rechtswidrige Zulassung von nicht teilnahmeberechtigten Personen kann zur Unwirksamkeit der Beschlüsse führen. Dies gilt jedoch nur dann, wenn sich objektive Anhaltspunkte dafür ergeben, dass die unberechtigte Teilnahme von nicht teilnahmeberechtigten Personen Einfluss auf das Beratungs- und/oder Abstimmungsergebnis hatte. (OVG Sachsen, P 5 S 20/97 vom 7.4.1998)

3. Teilnahmerecht anderer Personen

Die Teilnahmerechte anderer Personen sind zunächst in den § 32 und 36 geregelt. Die nach § 40 Abs. 3 dem Personalrat zur Verfügung gestellten Personen können aufgrund eines besonderen Beschlusses an den Sitzungen teilnehmen. Dies dient der Beschleunigung des Sitzungsablaufs und der Erleichterung der Personalratsarbeit. Damit wird gestattet, dass bereits in der Sitzung Erklärungen und Beschlüsse des Personalrats im Beisein aller Personalratsmitglieder diktiert werden können, was spätere Beanstandungen ausschließt.

Außerdem erlaubt die Vorschrift die Anwesenheit und damit die unmittelbaren Äußerungen sachkundiger Personen in allen Fällen, in denen dem Personalrat die Beratungsmöglichkeiten durch die Dienststelle nicht ausreichen und in denen er weitergehende oder unabhängige Unterrichtung für erforderlich hält. Damit ist der Gesetzgeber weit über die Regelung in § 80 Abs. 3 BetrVG hinausgegangen. Ausgeschlossen ist die Hinzuziehung von Personen, die an den Entscheidungsprozessen der Dienststelle beteiligt sind oder den politischen Organen angehören. So ist der bei einer Gemeinde gebildete Personalrat nicht berechtigt, die eigenen Ratsmitglieder als sachkundige Personen zu den Sitzungen einzuladen (OVG Münster, Beschl. vom 4.11.1992, ZTR 1993, 173), es sei denn der Hauptgemeindebeamte stimmt zu.

Zu den sachkundigen Personen gehören z.B. Sicherheitsbeauftragte, Betriebs- oder Vertrauensärzte, Spezialisten der Rechenzentren oder Datenverarbeitungszentralen ohne Rücksicht auf die Dienststellenzugehörigkeit, aber auch die zuständige Gleichstellungsbeauftragte. Die Hinzuziehung sachkundiger Mitarbeiterinnen und Mitarbeiter der eigenen Dienststelle ist nur mit Zustimmung der Dienststelle rechtmäßig. (OVG Münster, Beschl. vom 13.8.1996, NWVBl. 1997, 3)

Soweit bei dieser Hinzuziehung Kosten entstehen, ist § 40 Abs. 1 anzuwenden. Dabei hat der Personalrat die Pflicht, die Grundsätze der Wirtschaftlichkeit und Sparsamkeit zu beachten (§ 7 LHO). Auf die Anm. 1 zu § 40 wird hingewiesen.

Der Personalrat darf – nach Unterbrechung einer Sitzung – Beschäftigte in deren eigener Sache hören und ist, falls ein entsprechender Beschluss gefasst wird, auch befugt, Sachverständige zur Begutachtung einer bestimmten Frage zu hören. In diesen Fällen ist aber eine Teilnahme dieser Personen an den Beratungen unzulässig. Schon gar nicht besteht die Möglichkeit, an der Beschlussfassung mitzuwirken.

§ 32

(1) Auf Antrag von einem Viertel der Mitglieder oder der Mehrheit einer Gruppe des Personalrats können Beauftragte einer im Personalrat vertretenen Gewerkschaft an den Sitzungen beratend teilnehmen.

(2) Der Personalrat kann beschließen, daß beauftragte Mitglieder der Stufenvertretungen, die bei übergeordneten Dienststellen bestehen, sowie des Gesamtpersonalrats berechtigt sind, mit beratender Stimme an seinen Sitzungen teilzunehmen.

1. Teilnahmerecht von Gewerkschaftsbeauftragten

Die in Abs. 1 getroffene Regelung ist zwingend und kann weder eingeschränkt noch ausgedehnt werden. Insbesondere ist die Ausdehnung auf andere nicht im Personalrat vertretene Gewerkschaften unzulässig. Ohne Vorliegen der Voraussetzungen nach Abs. 1 darf auch die vorsitzende Person des Personalrats keine Gewerkschaftsbeauftragten einladen. (BVerwG, Beschl. vom 16.6.1982, ZBR 1983, 163) Die Personalvertretung kann auch nicht generell – in Form eines Sammelbeschlusses oder in ihrer Geschäftsordnung – beschließen, regelmäßig Gewerkschaftsbeauftragte zu ihren Sitzungen zu laden. Wegen des in § 31 Abs. 2 Satz 1 normierten Grundsatzes der Nichtöffentlichkeit muss von Fall zu Fall ein entsprechender Antrag gestellt werden. Dies sollte nach Möglichkeit in der Sitzung geschehen, die derjenigen vorausgeht, zu der Gewerkschaftsbeauftragte geladen werden sollen. Damit ist sichergestellt, dass die von der Personalvertretung gewünschten Informationen von den Gewerkschaftsbeauftragten gegeben werden können. Von einem Viertel der Mitglieder oder der Mehrheit einer Gruppe kann auch der Antrag gestellt werden, alle im Personalrat vertretenen Gewerkschaften zu einer bestimmten Sitzung zu laden. Wegen des Minderheitenschutzes kann ein Antrag eines Viertels des Personalrats bzw. der Mehrheit einer Gruppe auf Hinzuziehung von Beauftragten einer bestimmten Gewerkschaft nicht von der Mehrheit des Personalrats abgelehnt werden. Die vorsitzende Person muss dem Antrag entsprechen. (OVG Münster, Beschl. vom 8.5.1995, ZfPR 1996, 164)

Die Gewerkschaften sind in der Auswahl derjenigen Personen, die sie zur Teilnahme an einer Personalratssitzung entsenden, frei. (BVerfG, Beschl. vom 30.11.1965, ZBR 1966; 152, BVerwG, Beschl. vom 14.6.1968, PV 1968, 276) Das Auswahlrecht der Gewerkschaften kann auch nicht durch den Personalrat ersetzt werden, indem er nur bestimmten Beauftragten Zutritt zu den Sitzungen gestattet. Damit würde er nämlich in das Auswahlrecht der Gewerkschaften in unzulässiger Weise eingreifen. (Hess. VGH, Beschl. vom 13.10.1971, ZBR 1972, 30)

Die strittige Frage, ob Gewerkschaftsbeauftragte auch bei der Beschlussfassung des Personalrats anwesend sein dürfen, ist für NRW entschieden. Darüber zu befinden ist Angelegenheit des Personalrats; denn auch aus der Befugnis der beratenden Teilnahme an den Sitzungen kann nicht ohne weiteres das Recht abgeleitet werden, auch bei der Beschlussfassung zugegen zu sein (Ausschuss für Innere Verwaltung des Landtags NRW, Sitzung vom 10.10.1974, APr 7/1 638, 117/A 6). Diese Frage kann auch in der Geschäftsordnung geregelt werden. Wenn ein Personalrat Ausschüsse gebildet hat, so können Gewerkschaftsbeauftragte auch zu den Sitzungen dieser Ausschüsse geladen werden, falls ein Bedürfnis besteht, sich sachkundiger gewerkschaftlicher Beratung zu bedienen. (vgl. BAG, Beschl. vom 18.11.1980 – 1 ABR 31/78)

2. Teilnahmerecht von Mitgliedern der Stufenvertretung und des Gesamtpersonalrats

Abs. 2 lässt zu, dass in einstufigen Verwaltungen auch Mitglieder des Gesamtpersonalrats an den Sitzungen des Teilpersonalrats anwesend sein dürfen und ein Beratungsrecht ausüben. Das gleiche gilt für die Stufenvertretungen in mehrstufigen Verwaltungen, so dass Mitglieder des Bezirkspersonalrats und des Hauptpersonalrats an den Sitzungen eines örtlichen Personalrats teilnehmen dürfen oder die Mitglieder eines Hauptpersonalrats an den Sitzungen eines Bezirkspersonalrats. Der Unterschied zur Regelung in Abs. 1 besteht darin, dass das Teilnahmerecht immer von einem Mehrheitsbeschluss des gesamten Personalrats abhängig ist; einen Minderheitsschutz gibt es hierfür nicht.

§ 33

(1) Die Beschlüsse des Personalrats werden mit einfacher Stimmenmehrheit der anwesenden Mitglieder gefaßt. Stimmenthaltungen bleiben bei der Ermittlung der Mehrheit außer Betracht. Bei Stimmengleichheit ist ein Antrag abgelehnt.

(2) Der Personalrat ist nur beschlußfähig, wenn mindestens die Hälfte seiner Mitglieder anwesend ist; Stellvertretung durch Ersatzmitglieder ist zulässig.

1. Beschlüsse des Personalrats

Die Willensbildung des Personalrats geschieht durch Beschlussfassung in einer unter Mitteilung der Tagesordnung einberufenen Sitzung. Beschlüsse im Umlaufverfahren sind unzulässig und mithin unwirksam. Unzulässig sind auch telefonische Abstimmungen, selbst bei sog. Konferenzschaltungen. Auch Videokonferenzen sind danach als unzulässige Form einer Sitzung anzusehen. Die gesetzlich vorgeschriebene „gemeinsame Beratung" (§ 34) setzt körperliche Anwesenheit voraus. (LAG Düsseldorf 13 (18) SA 1001/01 vom 22.11.2001) Dabei ist zu beachten, dass die Sitzung oft die einzige Informationsquelle für Personalratsmitglieder ist. (BVerwG, Beschl. vom 29 8.1975, PV 1976, 385) Auch aus dem Teilnahme- und Beratungsrecht anderer Personen (§§ 32 und 36) ergibt sich, dass wirksame Beschlüsse nur in Sitzungen gefasst werden können. Diese Vorschrift ist zwingend und kann auch nicht durch die Geschäftsordnung oder durch Beschlüsse oder durch stillschweigende Duldung anderer Teilnahmeberechtigter umgangen werden.

2. Abstimmungsformen

Über die Art und Weise der Abstimmung enthält das Gesetz keine Regelung. Die Abstimmung kann offen oder geheim erfolgen oder durch die Geschäftsordnung (§ 38) geregelt werden.

Das Gesetz stellt klar, dass für die Berechnung nur die „Ja" oder „Nein" -Stimmen zu werten sind. Bei dem Begriff „Antrag", der bei Stimmengleichheit abgelehnt ist, sind sowohl die Anträge der Dienststelle (§ 66 Abs. 2) als auch andere mit Anträgen versehene Angelegenheiten, die der Beschlussfassung unterliegen, gemeint.

Personalratsmitglieder, die sich bei Abstimmungen der Stimme enthalten (weder mit ja noch mit nein stimmen) sind zwar anwesend, werden bei der Ermittlung der zur Beschlussfassung erforderlichen Mehrheit nach Abs. 2 aber nicht berücksichtigt. Die einfache Stimmenmehrheit der anwesenden Mitglieder führt zu einem positiven Beschluss. Enthaltungen wirken sich nach Abs. 1 Satz 2 nicht aus. Es müssen bei festgestellter Beschlussfähigkeit (Abs. 2) mehr Mitglieder mit Ja als mit Nein stimmen.

Beispiele:

Der Personalrat besteht aus sieben Mitgliedern.

3 Ja-Stimmen	Der Antrag ist angenommen, obwohl nur eine Minderheit der
2 Nein-Stimmen	Mitglieder den Antrag befürworten. Ohne die Enthaltungen
2 Enthaltungen	ist die einfache Stimmenmehrheit (drei von fünf) erreicht.

3 Ja-Stimmen	Der Antrag ist, obwohl weniger als die Hälfte mit ja gestimmt haben,
4 Enthaltungen	angenommen.

Der Personalrat besteht aus fünfzehn Mitgliedern, dreizehn sind anwesend. Zur Beschlussfassung erforderlich sind acht Mitglieder, der Personalrat ist somit beschlussfähig (Abs. 2 Satz 1).

6 Ja-Stimmen	Enthaltungen zählen nicht mit, somit ist der Antrag angenommen,
7 Enthaltungen	obwohl nur eine Minderheit (6 von 15 Mitgliedern insgesamt)
	für den Antrag votiert haben.

Die Abstimmung muss aber einheitlich und, abgesehen von Gruppenangelegenheiten, gemeinsam durchgeführt werden.

3. Beschlussfähigkeit

Die Beschlussfähigkeit setzt die Anwesenheit von mindestens der Hälfte der Mitglieder im Zeitpunkt der Abstimmung voraus. Bei einem Personalrat von 9 Mitgliedern müssen 5 Mitglieder anwesend sein. Beschlussfähigkeit muss lediglich bei der Abstimmung, nicht aber schon bei der Beratung vorliegen. Beschlussunfähigkeit muss nicht durch den Vorsitzenden festgestellt werden, sie ist kraft Gesetzes gegeben. Sind für ausgeschiedene oder verhinderte Mitglieder nicht ausreichend Ersatzmitglieder erschienen, so bleiben bei der Feststellung der Beschlussfähigkeit die nicht vertretenen Sitze außer Betracht. Wird die Beschlussunfähigkeit vorsätzlich durch Fernbleiben oder Verlassen des Sitzungszimmers herbeigeführt, liegt darin ein pflichtwidriges Verhalten, das zum Ausschluss des Mitglieds führen kann, das alles zu unterlassen hat, was dem Erfordernis einer konstruktiven Arbeit der Personalvertretung abträglich ist. (OVG Münster, Beschl. vom 8.5.1961, ZBR 1962,162)

Ordnungsgemäß gefasste, aber noch nicht vollzogene Beschlüsse können geändert oder aufgehoben werden. Das gilt jedenfalls dann, wenn die Personalratsmitglieder, die an dem ersten Beschluss mitgewirkt haben, an dem neuen Beschluss beteiligt sind. (BVerwG, Beschl. vom

5.5.1989, PV 1989, 485) Solange ein Personalratsbeschluss noch keine Außenwirkung erlangt hat, kann er jederzeit durch einen neuen Beschluss geändert werden.

Bei der Weiterführung der Geschäfte eines Restpersonalrats (§ 24 Abs. 2) ist bei der Ermittlung der Beschlussfähigkeit vom Restbestand auszugehen. (BAG, Beschl. vom 18.8.1982, SB 1983, 251) Dies gilt auch für den Fall, dass der Personalrat nur noch aus einem Mitglied besteht, siehe Anm. zu § 26 Abs. 2.

Die in den Abs. 1 und 2 getroffene Regelung gilt auch für Gruppenbeschlüsse. Auch hier ist die Anwesenheit der Hälfte sämtlicher Personalratsmitglieder erforderlich und nicht nur die Hälfte der Vertreter der betreffenden Gruppe. Die Gruppe selbst kann auch mit einer geringeren Stärke wirksame Beschlüsse fassen.

4. Nichtigkeit und Unwirksamkeit von Beschlüssen

Beschlüsse des Personalrats können nichtig oder unwirksam sein. Nichtigkeit ist nur ausnahmsweise gegeben, wenn die Mängel des Beschlusses so schwerwiegend sind, dass er nicht als gefasst betrachtet werden muss. Für die Beurteilung sind die in § 44 VwVfG zum Ausdruck gekommenen Rechtsgrundsätze heranzuziehen. (BVerwG, Beschl. vom 13.10.1986, PV 1987, 336) Die Nichtigkeit kann jederzeit und von jedermann und in jedem Verfahren geltend gemacht werden. Auch ein in seiner personalvertretungsrechtlichen Stellung berührter örtlicher Personalrat kann in dieser Weise gegen einen Beschluss der Stufenvertretung angehen. (BVerwG, Beschl. vom 13.10.1986, a.a.O.)

Auszug aus dem VwVfG

§ 44 Nichtigkeit des Verwaltungsaktes

(1) Ein Verwaltungsakt ist nichtig, soweit er an einem besonders schwerwiegenden Fehler leidet und dies bei verständiger Würdigung aller in Betracht kommenden Umstände offensichtlich ist.

(2) Ohne Rücksicht auf das Vorliegen der Voraussetzungen des Absatzes 1 ist ein Verwaltungsakt nichtig,
1. *der schriftlich oder elektronisch erlassen worden ist, die erlassende Behörde aber nicht erkennen lässt;*
2. *der nach einer Rechtsvorschrift nur durch die Aushändigung einer Urkunde erlassen werden kann, aber dieser Form nicht genügt;*
3. *den eine Behörde außerhalb ihrer durch § 3 Abs. 1 Nr. 1 begründeten Zuständigkeit erlassen hat, ohne dazu ermächtigt zu sein;*
4. *den aus tatsächlichen Gründen niemand ausführen kann;*
5. *der die Begehung einer rechtswidrigen Tat verlangt, die einen Straf- oder Bußgeldtatbestand verwirklicht;*
6. *der gegen die guten Sitten verstößt.*

(3) Ein Verwaltungsakt ist nicht schon deshalb nichtig, weil
1. *Vorschriften über die örtliche Zuständigkeit nicht eingehalten worden sind, außer wenn ein Fall des Absatzes 2 Nr. 3 vorliegt;*
2. *eine nach § 20 Abs. 1 Satz 1 Nr. 2 bis 6 ausgeschlossene Person mitgewirkt hat;*

3. *ein durch Rechtsvorschrift zur Mitwirkung berufener Ausschuss den für den Erlass des Verwaltungsaktes vorgeschriebenen Beschluss nicht gefasst hat oder nicht beschlussfähig war;*
4. *die nach einer Rechtsvorschrift erforderliche Mitwirkung einer anderen Behörde unterblieben ist.*

(4) Betrifft die Nichtigkeit nur einen Teil des Verwaltungsaktes, so ist er im Ganzen nichtig, wenn der nichtige Teil so wesentlich ist, dass die Behörde den Verwaltungsakt ohne den nichtigen Teil nicht erlassen hätte.

(5) Die Behörde kann die Nichtigkeit jederzeit von Amts wegen feststellen; auf Antrag ist sie festzustellen, wenn der Antragsteller hieran ein berechtigtes Interesse hat.

Unwirksame Beschlüsse sind vom Verwaltungsgericht im Beschlussverfahren aufzuheben. Antragsberechtigt sind die Mitglieder des Personalrats, die über die Rechtmäßigkeit der Beschlüsse zu wachen haben. Die Dienststelle selbst kann in der Regel von der Rechtswirksamkeit der Beschlüsse ausgehen und ist nur verpflichtet, ausnahmsweise oder wenn ihr Mängel der Beschlüsse bekannt sind, diesen nachzugehen. Den Personalräten steht nämlich in der Regel bei der Wahrnehmung ihrer Rechte und der Erfüllung ihrer Pflichten ein weiter Spielraum zu, den sie nach sachgerechten Gesichtspunkten auszufüllen haben. Im Übrigen vollzieht sich die Arbeit in Sitzungen nach parlamentarischen Regeln. (Hess. VOH, Beschl. vom 15.3.1978, PV 1980, 468)

§ 34

(1) Über die gemeinsamen Angelegenheiten der Gruppen wird vom Personalrat gemeinsam beraten und beschlossen. Die in § 72 Absatz 2 bezeichneten Angelegenheiten gelten auch dann als gemeinsame Angelegenheiten, wenn sie nur einzelne Beschäftigte betreffen.

(2) Über Angelegenheiten, die lediglich die Angehörigen einer Gruppe betreffen, wird nach gemeinsamer Beratung vom Personalrat beschlossen, sofern die Mehrheit der Mitglieder der betreffenden Gruppe nicht widerspricht; bei Widerspruch beschließen nur die Mitglieder der Gruppe. Satz 1 gilt entsprechend für Angelegenheiten, die lediglich die Angehörigen von zwei Gruppen betreffen.

1. Gemeinsame Angelegenheiten

Diejenigen Angelegenheiten, die beide Gruppen in gleicher Weise berühren, sind gemeinsam zu beraten und zu entscheiden. Handelt es sich um andere als Personalangelegenheiten, spricht die Vermutung dafür, dass die Angehörigen aller Gruppen betroffen werden. Ob eine Angelegenheit gemeinsame oder nur Gruppenangelegenheit ist, hängt vom Einzelfall und davon ab, welche Interessen unmittelbar berührt sind. (Hess. VGH, Beschl. vom 19.11.1984, ZBR 1985, 285) Die Auswahl der freizustellenden Personalratsmitglieder ist eine gemeinsame Angelegenheit. Auch die Bestellung des Wahlvorstandes gehört zu den gemeinsamen Angelegenheiten, obwohl sich hier das Gruppenprinzip auswirkt. Das gleiche gilt für die Bestellung von Beisitzerinnen und Beisitzern für die Einigungsstelle gem. § 67 Abs. 3. (OVG Münster, Beschl. vom 3.2.1981 – CL 23/79) Überhaupt ist davon auszugehen, dass Angelegenheiten der Geschäftsführung gemeinsame Angelegenheiten sind, auch wenn das Gruppenprinzip dabei beachtet werden muss. Die in § 72 Abs. 2 aufgeführten Angelegenheiten werden durch das Gesetz als gemeinsame Angelegenheiten bezeichnet, obwohl es sich im Einzelfall bei der Anwendung um einzelne Personen betreffende Angelegenheiten handelt, z.B. Gewährung eines Vorschusses.

2. Gruppenangelegenheiten

Gruppenangelegenheiten sind in erster Linie die Einzelpersonalien der Arbeitnehmerinnen und Arbeitnehmer und Beamtinnen und Beamten, die dem Personalrat im Rahmen des Beteiligungsverfahrens zugeleitet werden. Dazu zählen auch die die Rechtsposition berührenden Angelegenheiten einer Gruppe (z.B. Beschreiten des Rechtsweges).

Wann Angelegenheiten vorliegen, die die Angehörigen beider Gruppen betreffen, ist oft schwierig zu entscheiden. Soll beispielsweise eine bisher von einer Beamtin oder einem Beamten wahrgenommene Tätigkeit einer Arbeitnehmerin oder einem Arbeitnehmer übertragen werden, so sind beide Gruppen betroffen. Die Versetzung einer Arbeitnehmerin oder eines Arbeitnehmers auf den als Planstelle für eine Beamtin oder einen Beamten ausgewiesenen Dienstposten einer anderen Dienststelle berührt unmittelbar nur die Gruppe der Arbeitnehmerinnen und Arbeitnehmer. (BVerwG, Beschl. vom 5.2.1971, ZBR 1971, 249)

Eine Gruppenentscheidung liegt auch dann vor, wenn sich daraus mittelbare Rückwirkungen auf die Interessen der anderen Gruppe ergeben. Wenn aus dem Kreis mehrerer Arbeitnehmerinnen und Arbeitnehmer eine oder einer zur Beamtin oder zum Beamten ernannt werden soll, sind nur die Vertreterinnen und Vertreter der aufnehmenden Gruppe der Beamtinnen und Beamten zuständig, obwohl auch die Arbeitnehmergruppe an der Auswahl interessiert ist.

Der Satz 2 des Absatzes 2 ist irreführend, überflüssig und stammt aus der Zeit, in der es in der Regel noch drei Gruppen gab. Bereits bei der letzten Novellierung hätte er gestrichen werden müssen.

3. Widerspruch der Gruppe

Eine Unterscheidung zwischen den gemeinsamen Angelegenheiten und den Gruppenangelegenheiten ist nicht deshalb entbehrlich, weil das Gesetz in beiden Fällen von einer gemeinsamen Beratung ausgeht. Nach einem Widerspruch der Mehrheit der betreffenden Gruppen nämlich werden Angelegenheiten, die lediglich Angehörige einer Gruppe betreffen, nur von dieser Gruppe beschlossen. Der Widerspruch kann sich also nur auf Gruppenangelegenheiten beziehen (Anm. 2). Die Widerspruchsmöglichkeit kann nicht durch Geschäftsordnung oder Vereinbarung ausgeschlossen werden, auch nicht durch Mehrheitsbeschluss des Personalrats. Dem würde der notwendige Schutz von Gruppenbelangen entgegenstehen.

Der Widerspruch der Gruppe muss zu den jeweiligen Tagesordnungspunkten einer Personalratssitzung ausgesprochen werden. Geschieht das nicht, werden alle der Beschlussfassung unterliegenden Angelegenheiten gemeinsam beraten und beschlossen. Auch eine Aussetzung des Beschlusses ist nicht möglich, wenn z.B. irrtümlich unterlassen worden ist, den gesetzlich vorgesehenen Widerspruch zu erheben.

4. Verfahren im Personalrat

Die Beschlüsse des Personalrats werden in ordnungsgemäß einberufenen Sitzungen gefasst (Anm. 1 zu § 33). Die Beschlüsse einer Gruppe sind im Beteiligungsverfahren durch den Personalrat, vertreten durch die vorsitzende Person bekannt zu geben (§ 29 Abs. 2). Nach außen darf jedoch nicht in Erscheinung treten, wie die interne Willensbildung zustande gekommen ist. (OVG Münster, Beschl. vom 29.11.1988, ZBR 1990, 159; BVerwG, Beschl. vom 8.7.1977, PV 1978, 309) Der Widerspruch einer Gruppe und eine entsprechende Behandlung der Angelegenheit darf also nicht nach draußen dringen.

§ 35

(1) Erachtet die Mehrheit der Mitglieder einer Gruppe oder der Jugend- und Auszubildendenvertretung einen Beschluß des Personalrats als eine erhebliche Beeinträchtigung wichtiger Interessen der durch sie vertretenen Beschäftigten, so ist auf ihren Antrag der Beschluß auf die Dauer einer Woche vom Zeitpunkt der Beschlußfassung an auszusetzen. In dieser Frist soll, gegebenenfalls mit Hilfe der unter den Mitgliedern des Personalrats oder der Jugend- und Auszubildendenvertretung vertretenen Gewerkschaften, eine Verständigung versucht werden.

(2) Die Antragsteller können verlangen, daß an der nach Ablauf der Aussetzungsfrist stattfindenden Sitzung des Personalrats, in der über die Angelegenheit neu zu beschließen ist, eine beauftragte Person der von ihnen benannten und unter den Mitgliedern des Personalrats vertretenen Gewerkschaft mit beratender Stimme teilnimmt. Wird der erste Beschluß bestätigt, so kann der Antrag auf Aussetzung nicht wiederholt werden.

(3) Die Absätze 1 und 2 gelten entsprechend, wenn die Schwerbehindertenvertretung einen Beschluß des Personalrats als eine erhebliche Beeinträchtigung wichtiger Interessen der schwerbehinderten Beschäftigten erachtet.

1. Vetorecht

Unter Veto im Sinne des § 35 ist der Einspruch einer Gruppe oder der Jugend- und Auszubildendenvertretung gegen einen Plenumsbeschluss zu verstehen. Dieses Vetorecht mit aufschiebender Wirkung (Suspensiveffekt von lat. suspendere „zum Schweben bringen") dient dem Minderheitenschutz und bedarf der Mehrheit sämtlicher Vertreterinnen und Vertreter einer Gruppe. Die einfache Mehrheit der anwesenden Gruppenmitglieder genügt nicht, da es sich nicht um einen Beschluss gem. § 33 Abs. 1 handelt. Das Vetorecht der Jugend- und Auszubildendenvertretung kann nur von der Mehrheit der gesamten Jugend- und Auszubildendenvertretung ausgeübt werden und nicht von einem einzelnen Mitglied, das an der Sitzung des Personalrats teilgenommen hat. Das Vetorecht einer Gruppe kann sich auch gegen gemeinsame Beschlüsse richten. Bei einem Gruppenbeschluss (§ 34 Abs. 2) kann auch eine am Beschluss nicht beteiligte Gruppe die Aussetzung beantragen. (BVerwG, Beschl. vom 29.1.1992,68)

Ein Aussetzungsantrag ist weder gegen die Wahl des Vorsitzenden und seiner Stellvertreter noch gegen Maßnahmen bei der Führung der laufenden Geschäfte zulässig, weil die Aussetzungsbefugnis einen Beschluss des Personalrats voraussetzt.

Hat die Mehrheit der Vertreterinnen und Vertreter einer Gruppe für einen Aussetzungsbeschluss gestimmt, kann sie hinterher keinen Aussetzungsantrag stellen, um einen neuen Beschluss herbeizuführen. Dagegen ist es zulässig, dass solche Gruppenvertreterinnen und -vertreter, die zunächst für den Beschluss gestimmt haben, sich hinterher an dem Aussetzungsantrag beteiligen.

2. Erhebliche Beeinträchtigung wichtiger Interessen

Die erhebliche Beeinträchtigung wichtiger Interessen muss ein beachtliches Gewicht für eine bestimmte Gruppe haben. Dies kann nicht ausschließlich nach objektiven Gesichtspunkten beurteilt werden, vielmehr ergibt sich aus dem Begriff erachten, dass die subjektive Vorstellung über die möglichen negativen Folgen eines Plenumsbeschlusses ausreicht. Eine gerichtliche Nachprüfung ist auch allenfalls unter dem Gesichtspunkt der missbräuchlichen Rechtsausübung möglich. Das offensichtliche Vorschieben von Gründen für die angebliche Beeinträchtigung von Gruppeninteressen ist jedoch unzulässig und ergibt kein wirksames Gruppenveto. (BVerwG, Beschl. vom 29.1.1992, a.a.O.)

3. Verfahren

Der Antrag der das Veto einlegenden Gruppe oder der Jugend- und Auszubildendenvertretung ist formlos an die vorsitzende Person der Personalvertretung zu richten. Aus Beweisgründen empfiehlt sich allerdings die Schriftform. Eine Antragsfrist sieht das Gesetz nicht vor, sie ergibt sich aber mittelbar daraus, dass der angegriffene Beschluss nur auf die Dauer einer Woche vom Zeitpunkt der Beschlussfassung und nicht vom Antrag an ausgesetzt werden darf und diese Frist durch Beschluss des Personalrats nicht verlängert werden kann. Die Fristen der § 66 Abs. 3 und § 69 Abs. 2 verlängern sich in den Fällen der Aussetzung jeweils um eine Woche.

Während der Aussetzung soll ggf. mit Hilfe der unter den Mitgliedern des Personalrats oder der Jugend- und Auszubildendenvertretung vertretenen Gewerkschaften eine Verständigung versucht werden. Nach Ablauf der Aussetzungsfrist ist ein neuer Beschluss in einer Sitzung zu fassen. Wird der zunächst gefasste Beschluss bestätigt, so ist das Veto zurückgewiesen. Selbstverständlich kann auch ein geänderter Beschluss aufgrund des Vetos gefasst werden. Zweifelhaft ist, ob gegen einen neuen geänderten Beschluss die Gruppe ein erneutes Veto einlegen kann, wenn die durch das Veto vorgebrachten Gründe berücksichtigt worden sind. Es ist wohl davon aus zugehen, dass ein erneuter Aussetzungsantrag nur gestellt werden kann, wenn und soweit ein abweichender Beschluss gefasst wird.

4. Vetorecht der Vertrauenspersonen schwerbehinderter Menschen

Das Vetorecht der Vertrauenspersonen schwerbehinderter Menschen ergibt sich bereits aus § 95 SGB IX. Hiernach ist den Vertrauenspersonen schwerbehinderter Menschen das Recht eingeräumt, durch einen entsprechenden Antrag die Aussetzung eines Beschlusses für eine Woche zu erreichen, sofern sie diesen als eine erhebliche Beeinträchtigung wichtiger Belange der schwerbehinderten Beschäftigten erachtet. In dieser Woche können z.B. Fachleute der örtlichen Fürsorgestelle oder der Hauptfürsorgestelle eingeschaltet, Sachfragen geklärt und eine Einigung erzielt werden.

§ 36

(1) Ein Mitglied der Jugend- und Auszubildendenvertretung, das von dieser benannt wird, und die Schwerbehindertenvertretung können an allen Sitzungen des Personalrats beratend teilnehmen; auf Beschluß des Personalrats können weitere Mitglieder teilnehmen. Der Vertrauensmann der Zivildienstleistenden kann an Sitzungen beratend teilnehmen, wenn Angelegenheiten behandelt werden, die auch die Dienstleistenden betreffen.

(2) Die gesamte Jugend- und Auszubildendenvertretung kann an Sitzungen des Personalrats, in denen Angelegenheiten behandelt werden, die besonders Beschäftigte im Sinne von § 55 Abs. 1 betreffen, teilnehmen und bei Beschlüssen mitstimmen.

1. Teilnahmerechte

Mit der Vorschrift wird die Teilnahme von solchen Personen an einer Personalratssitzung ermöglicht, die selbst diesem Gremium nicht angehören. Auch wenn keine Angelegenheiten auf der Tagesordnung stehen, die die Interessen der betreffenden Gruppen berühren, sind diese Personen zu allen Sitzungen unter Beifügung einer Tagesordnung einzuladen. Die vorsitzende Person des Personalrats verstößt grob gegen ihre Pflichten, wenn sie dies unterlässt. Wen die Jugend- und Auszubildendenvertretung als Mitglied entsendet, entscheidet sie nach pflichtgemäßem Ermessen. Bei Bedarf kann der Personalrat beschließen, dass auch mehr als ein Mitglied der Jugend- und Auszubildendenvertretung an einer Personalratssitzung teilnimmt. Bei Bedarf heißt, dass dazu jeweils ein besonderer Beschluss erforderlich ist.

2. Die Vertrauenspersonen der schwerbehinderten Beschäftigten

Gemäß § 95 SGB IX haben die Vertrauenspersonen schwerbehinderter Menschen das Recht, an allen Sitzungen des Personalrats und seiner Ausschüsse beratend teilzunehmen. Sie können beantragen, Angelegenheiten, die einzelne schwerbehinderte Beschäftigte oder die schwerbehinderten Beschäftigten als Gruppe besonders betreffen, auf die Tagesordnung der nächsten Sitzung zu setzen. Wegen des Vetorechts wird auf Anm. 4 zu § 35 verwiesen.

Die Vertrauenspersonen schwerbehinderter Menschen haben ferner das Recht, nicht nur an der Beratung, sondern auch an dem Teil der Sitzung teilzunehmen, in dem die Beschlussfassung stattfindet. Teilnahme bedeutet in diesem Zusammenhang nicht eine Beteiligung an der Abstimmung selbst durch Stimmabgabe, sondern nur seine Anwesenheit bei der Abstimmung. Die Schwerbehindertenvertretung kann durch ihre Beiträge bei der Beratung der einzelnen Tagesordnungspunkte Einfluss auf die Willensbildung der kollektiven Interessenvertretung nehmen. (vgl. OVG Lüneburg, Beschl. vom 29.1.1982, PV 1985, 343) Die Einladung zu den Sitzungen muss rechtzeitig übermittelt werden (vgl. Nr.4 Erl. Erl.).

Bei den gemeinschaftlichen Besprechungen gem. § 63 ist die Schwerbehindertenvertretung hinzuzuziehen (§ 95 SGB IX; Anm. 1 zu § 63).

Auszug aus dem SGB IX

§ 95 SGB IX Aufgaben der Schwerbehindertenvertretung

(1) Die Schwerbehindertenvertretung fördert die Eingliederung schwerbehinderter Menschen in den Betrieb oder die Dienststelle, vertritt ihre Interessen in dem Betrieb oder der Dienststelle und steht ihnen beratend und helfend zur Seite. Sie erfüllt ihre Aufgaben insbesondere dadurch, dass sie
1. darüber wacht, dass die zugunsten schwerbehinderter Menschen geltenden Gesetze, Verordnungen, Tarifverträge, Betriebs- oder Dienstvereinbarungen und Verwaltungsanordnungen durchgeführt, insbesondere auch die dem Arbeitgeber nach den §§ 71, 72 und 81 bis 84 obliegenden Verpflichtungen erfüllt werden,
2. Maßnahmen, die den schwerbehinderten Menschen dienen, insbesondere auch präventive Maßnahmen, bei den zuständigen Stellen beantragt,

3. *Anregungen und Beschwerden von schwerbehinderten Menschen entgegennimmt und, falls sie berechtigt erscheinen, durch Verhandlung mit dem Arbeitgeber auf eine Erledigung hinwirkt; sie unterrichtet die schwerbehinderten Menschen über den Stand und das Ergebnis der Verhandlungen.*

Die Schwerbehindertenvertretung unterstützt Beschäftigte auch bei Anträgen an die nach § 69 Abs. 1 zuständigen Behörden auf Feststellung einer Behinderung, ihres Grades und einer Schwerbehinderung sowie bei Anträgen auf Gleichstellung an die Agentur für Arbeit. In Betrieben und Dienststellen mit in der Regel mehr als 100 schwerbehinderten Menschen kann sie nach Unterrichtung des Arbeitgebers das mit der höchsten Stimmenzahl gewählte stellvertretende Mitglied zu bestimmten Aufgaben heranziehen, in Betrieben und Dienststellen mit mehr als 200 schwerbehinderten Menschen, das mit der nächsthöchsten Stimmzahl gewählte weitere stellvertretende Mitglied. Die Heranziehung zu bestimmten Aufgaben schließt die Abstimmung untereinander ein.

(2) Der Arbeitgeber hat die Schwerbehindertenvertretung in allen Angelegenheiten, die einen einzelnen oder die schwerbehinderten Menschen als Gruppe berühren, unverzüglich und umfassend zu unterrichten und vor einer Entscheidung anzuhören; er hat ihr die getroffene Entscheidung unverzüglich mitzuteilen. Die Durchführung oder Vollziehung einer ohne Beteiligung nach Satz 1 getroffenen Entscheidung ist auszusetzen, die Beteiligung ist innerhalb von sieben Tagen nachzuholen; sodann ist endgültig zu entscheiden. Die Schwerbehindertenvertretung hat das Recht auf Beteiligung am Verfahren nach § 81 Abs. 1 und beim Vorliegen von Vermittlungsvorschlägen der Bundesagentur für Arbeit nach § 81 Abs. 1 oder von Bewerbungen schwerbehinderter Menschen das Recht auf Einsicht in die entscheidungsrelevanten Teile der Bewerbungsunterlagen und Teilnahme an Vorstellungsgesprächen.

(3) Der schwerbehinderte Mensch hat das Recht, bei Einsicht in die über ihn geführte Personalakte oder ihn betreffende Daten des Arbeitgebers die Schwerbehindertenvertretung hinzuzuziehen. Die Schwerbehindertenvertretung bewahrt über den Inhalt der Daten Stillschweigen, soweit sie der schwerbehinderte Mensch nicht von dieser Verpflichtung entbunden hat.

(4) Die Schwerbehindertenvertretung hat das Recht, an allen Sitzungen des Betriebs-, Personal-, Richter-, Staatsanwalts- oder Präsidialrates und deren Ausschüssen sowie des Arbeitsschutzausschusses beratend teilzunehmen; sie kann beantragen, Angelegenheiten, die einzelne oder die schwerbehinderten Menschen als Gruppe besonders betreffen, auf die Tagesordnung der nächsten Sitzung zu setzen. Erachtet sie einen Beschluss des Betriebs-, Personal-, Richter-, Staatsanwalts- oder Präsidialrates als eine erhebliche Beeinträchtigung wichtiger Interessen schwerbehinderter Menschen oder ist sie entgegen Abs. 2 Satz 1 nicht beteiligt worden, wird auf ihren Antrag der Beschluss für die Dauer von einer Woche vom Zeitpunkt der Beschlussfassung an ausgesetzt; die Vorschriften des Betriebsverfassungsgesetzes und des Personalvertretungsrechtes über die Aussetzung von Beschlüssen gelten entsprechend. Durch die Aussetzung wird eine Frist nicht verlängert. In den Fällen des § 21e Abs. 1 und 3 des Gerichtsverfassungsgesetzes ist die Schwerbehindertenvertretung, außer in Eilfällen, auf Antrag eines betroffenen schwerbehinderten Richters oder einer schwerbehinderten Richterin vor dem Präsidium des Gerichtes zu hören.

(5) Die Schwerbehindertenvertretung wird zu Besprechungen nach § 74 Abs. 1 des Betriebsverfassungsgesetzes, § 66 Abs. 1 des Bundespersonalvertretungsgesetzes sowie den entsprechenden Vorschriften des sonstigen Personalvertretungsrechtes zwischen dem Arbeitgeber und den in Absatz 4 genannten Vertretungen hinzugezogen.

(6) Die Schwerbehindertenvertretung hat das Recht, mindestens einmal im Kalenderjahr eine Versammlung schwerbehinderter Menschen im Betrieb oder in der Dienststelle durchzuführen. Die für Betriebs- und Personalversammlungen geltenden Vorschriften finden entsprechende Anwendung.

(7) Sind in einer Angelegenheit sowohl die Schwerbehindertenvertretung der Richter und Richterinnen als auch die Schwerbehindertenvertretung der übrigen Bediensteten beteiligt, so handeln sie gemeinsam.

(8) Die Schwerbehindertenvertretung kann an Betriebs- und Personalversammlungen in Betrieben und Dienststellen teilnehmen, für die sie als Schwerbehindertenvertretung zuständig ist, und hat dort ein Rederecht, auch wenn die Mitglieder der Schwerbehindertenvertretung nicht Angehörige des Betriebes oder der Dienststelle sind.

3. Teilnahmerecht und Stimmrecht der Mitglieder der Jugend- und Auszubildendenvertretung

Bei den Angelegenheiten, die besonders Beschäftigte im Sinne des § 55 betreffen, handelt es sich um schützenswerte Interessen dieses Personenkreises. Zu den Angelegenheiten gehören selbstverständlich auch die, die sich ausschließlich auf jugendliche Beschäftigte und Auszubildende auswirken (z.B. Personalangelegenheiten). Hier hat die gesamte Sondervertretung neben dem Teilnahmerecht ein Stimmrecht. Bezüglich der Doppelmitgliedschaft im Personalrat und in der Jugend- und Auszubildendenvertretung und wegen der Ausübung des Stimmrechts wird auf Anm. 2 zu § 55 verwiesen. Wegen der sonstigen Befugnisse der Jugend- und Auszubildendenvertretung gegenüber dem Personalrat wird auf Anm. 5 zu § 61 verwiesen.

Es gilt, ein Jugend- und Auszubildendenvertreter kann an allen Sitzungen teilnehmen, hat aber kein Stimmrecht. Wenn nach Absatz 2 alle Jugend- und Auszubildendenvertreter an der Sitzung teilnehmen können, haben die dann anwesenden Jugend- und Auszubildendenvertreter alle ein Stimmrecht.

Das Teilnahmerecht der Jugend- und Auszubildendenvertretung an Sitzungen des Personalrats schließt ein, an den Sitzungen der Ausschüsse teilzunehmen, in denen wichtige für die Jugend- und Auszubildendenvertretung relevante Angelegenheiten behandelt werden. An den zur Entlastung eines Personalrats angesetzten Sitzungen eines sog. Ausbildungsausschusses können auch die Mitglieder einer Jugend- und Auszubildendenvertretung teilnehmen. (vgl. OVG Hamburg, Beschl. vom 22.6.1978, RiA 1980, 120)

4. Mitwirkung der Jugend- und Auszubildendenvertretung an Beschlüssen des Personalrats

Wenn an einem Beschluss des Personalrats entgegen der Vorschrift des § 36 Abs. 2 die Jugend- und Auszubildendenvertretung nicht mitgewirkt hat, so ist der Beschluss dann ohne Rechtswirksamkeit, wenn er die Jugend- und Auszubildendenvertretung benachteiligt. Das Gesetz geht in diesen Fällen nämlich von der Notwendigkeit der Teilnahme an der Beratung und der Beschlussfassung aus. Die Rechtswirksamkeit wird nur dann nicht in Frage gestellt, wenn es sich um einen Beschluss handelt, der zugunsten der Jugend- und Auszubildendenvertretung gefasst worden ist. In diesem Falle wäre es nämlich wenig sinnvoll, die Rechtswirksamkeit des Beschlusses, mit dem der Personalrat dem Antrag einer Jugend- und Auszubildendenvertretung nachgekommen ist, nur deshalb in Frage zu stellen, weil die Jugend- und Auszubildendenvertretung an der Beschlussfassung nicht beteiligt war. (vgl. für das BetrVG: BAG, Beschl. vom 6.5.1975, BB 1973,1112)

5. Zivildienstleistende

Der Wehrdienst wurde mit Wirkung Ablauf des 30.6.2011 ausgesetzt. Dem folgend wurde auch der Zivildienst ausgesetzt und durch einen Bundesfreiwilligendienst ersetzt. Die Freiwilligen wählen Sprecherinnen und Sprecher, die ihre Belange vertreten sollen. Es ist aber nicht zu beanstanden, dass sich die Freiwilligen, die im Geltungsbereich des LPVG Dienst leisten mit ihren Anliegen auch an den örtlich zuständigen Personalrat wenden. Eine Teilnahme an den Sitzungen des Personalrats, wie in Abs. 1 Satz 2 für die Vertrauensleute der Zivildienstleistenden vorgesehen, ist aber nicht möglich, da Sprecherinnen und Sprecher der Freiwilligen dort nicht erwähnt sind. Satz 2 des Abs. 1 geht somit ins Leere.

Auszug aus dem BundesfreiwilligendienstGesetz – BfdG

§ 10 Beteiligung der Freiwilligen

Die Freiwilligen wählen Sprecherinnen und Sprecher, die ihre Interessen gegenüber den Einsatzstellen, Trägern, Zentralstellen und der zuständigen Bundesbehörde vertreten. Das Bundesministerium für Familie, Senioren, Frauen und Jugend regelt die Einzelheiten der Wahlen in einer Rechtsverordnung, die nicht der Zustimmung des Bundesrates bedarf.

§ 37

(1) Über jede Verhandlung des Personalrats ist eine Niederschrift aufzunehmen, die mindestens den Wortlaut der Beschlüsse und die Stimmenmehrheit, mit der sie gefaßt sind, enthält. Die Niederschrift ist von der vorsitzenden Person und einem weiteren Mitglied zu unterzeichnen und dem Personalrat in der nächsten Sitzung zur Genehmigung vorzulegen. Der Niederschrift ist eine Anwesenheitsliste beizufügen, in die sich jede Teilnehmerin und jeder Teilnehmer eigenhändig einzutragen hat.

(2) Hat die Dienststelle an der Sitzung teilgenommen, so ist ihr der entsprechende Teil der Niederschrift in Abschrift zuzuleiten. Das gleiche gilt für Beauftragte von Gewerkschaften, die an der Sitzung teilgenommen haben. Einwendungen gegen die Niederschrift sind unverzüglich schriftlich zu erheben und der Niederschrift beizufügen.

1. Niederschrift

Die Niederschrift dient in erster Linie der Beweissicherung und ist eine Privaturkunde nach § 416 ZPO. Da sie über jede Verhandlung aufzunehmen ist, hat dies nicht nur nach einer förmlichen Sitzung des Personalrats zu geschehen. Auch Arbeitssitzungen und gemeinschaftliche Besprechungen nach § 63 fallen hierunter. Ob Beschlüsse gefasst worden sind, ist nicht entscheidend. Nur unverbindliche Besprechungen fallen nicht unter diese Vorschrift.

2. Inhalt der Niederschrift

Von wem und wie die Niederschrift anzufertigen ist, sagt das Gesetz nicht. Sie ist lediglich von der vorsitzenden Person und einem weiteren Mitglied zu unterzeichnen. Zweckmäßigerweise wird durch Geschäftsordnung eine Schriftführerin oder ein Schriftführer bestellt, was auch z.b. in der konstituierenden Sitzung eines Personalrats durch Beschluss geschehen kann. Auch die dem Personalrat zur Verfügung gestellte Bürokraft kann die Niederschrift anfertigen, aber nicht unterzeichnen, so dass sie im eigentlichen Sinne nicht Protokollführer ist. Aus der Niederschrift müssen Ort und Tag der Verhandlung, die Beratungsgegenstände, die gestellten Anträge, der Wortlaut der Beschlüsse und das Stimmenverhältnis ersichtlich sein.

3. Anspruch auf Überlassung der Niederschrift

Einen Anspruch auf Zuleitung einer Abschrift der Niederschrift haben nur die Dienststelle und die Beauftragten der in der Dienststelle vertretenen Gewerkschaften, sofern sie an der Sitzung teilgenommen haben. Die Abschrift erstreckt sich nur auf den Teil der Sitzung, an dem die betreffenden Personen teilgenommen haben. Einem einzelnen Personalratsmitglied braucht eine Niederschrift nicht zugeleitet werden, schon gar nicht einem Ersatzmitglied. Die Personalratsmitglieder einschließlich der Ersatzmitglieder, die an der entsprechenden Sitzung teilgenommen haben, haben in jedem Fall ein unbeschränktes Einsichtsrecht in die Niederschriften. (Bay. VGH, Beschl. vom 21.2.1975, ZBR 1976, 373) Die Personalratsmitglieder können sich Abschriften fertigen und evtl. Unterlagen ablichten lassen. Eine Beschäftigte oder eine Beschäftigte selbst haben keinen Anspruch darauf, dass ihr bzw. ihm ein Teil der Niederschrift überlassen wird, selbst wenn über sie bzw. ihn bzw. über ihre oder seine Angelegenheit Beschlüsse gefasst worden sind. Das gilt selbst dann, wenn diese oder dieser Beschäftigte im Hinblick auf ihr oder sein Anhörungsrecht nach § 66 Abs. 3 Satz 5 an einer Sitzung des Personalrats teilgenommen hat, denn wenn selbst den Personalratsmitgliedern die Niederschrift nicht automatisch zugeleitet werden braucht, dann kann sie einem Beschäftigten nicht zur Verfügung gestellt werden. (OVG Münster, Beschl. vom 4.11.1980 – CL 24/79)

4. Einwendungen gegen die Niederschrift

Nur unverzügliche, d.h. ohne schuldhaftes Zögern erhobene Einwendungen sind der Niederschrift beizufügen, führen aber nicht zu einer Berichtigung. Dies gilt auch, wenn nach Auffassung des Personalrats unbegründete Einwendungen erhoben werden. Nicht nur die Dienststelle und Gewerkschaftsbeauftragte können Einwendungen erheben, vielmehr ist jeder berechtigt, der an der Sitzung teilgenommen hat, also auch die Schwerbehindertenvertretung oder die Jugend- und Auszubildendenvertretung.

Allen Sitzungsteilnehmerinnen und -teilnehmern steht auch das Recht zu, unverzüglich schriftlich bei der vorsitzenden Person Einwendungen gegen die Niederschrift zu erheben. Daraus erwächst für die vorsitzende Person die Verpflichtung, diese schriftlichen Einwendungen der Niederschrift beizufügen. Die Tatsache, dass dies nicht ausdrücklich in § 37 zum Ausdruck kommt, ist unbedeutend. Wenn nicht dem Personalrat angehörende Personen die Niederschrift beanstanden können und deren Beanstandungen der Niederschrift schriftlich beizufügen sind, dann ist nicht einzusehen, dass die Personalratsmitglieder selbst von diesem Recht ausgeschlossen sein sollten. (Hess. VGH, Beschl. vom 15.3.1978 – BPVTK2/78)

5. Wirkung einer unrichtigen Niederschrift

Die Wirksamkeit von Beschlüssen wird von der Unrichtigkeit der Niederschrift nicht berührt. Der durch die Niederschrift geführte Beweis, dass ein bestimmter Beschluss gefasst worden ist, kann widerlegt werden. Die Niederschriften sind über die Amtsdauer des jeweiligen Personalrats hinaus aufzuheben, solange sie noch von rechtlicher Bedeutung sein können.

§ 38

Sonstige Bestimmungen über die Geschäftsführung können in einer Geschäftsordnung getroffen werden, die der Personalrat mit der Mehrheit der Stimmen seiner Mitglieder beschließt.

1. Geschäftsordnung des Personalrats

Der Erlass einer Geschäftsordnung wird nicht vorgeschrieben, ist aber zumindest für größere Personalräte zweckmäßig. Soweit sie in dem zulässigen Rahmen Befugnisse und Pflichten festlegt, ist sie verbindlich und enthält statuarische Rechte. (Bay. VGH, Beschl. vom 13.4.1988, PV 1989, 23) Ihre Aufstellung bedarf eines Beschlusses der Mehrheit aller und nicht nur der anwesenden Mitglieder. Die Geschäftsordnung bindet den gesamten Personalrat, die vorsitzende Person und die stellvertretenden vorsitzenden Personen und die einzelnen Mitglieder. Die Geschäftsordnung kann jederzeit durch einen Beschluss der Mehrheit aller Mitglieder aufgehoben oder geändert werden, denn für die Aufhebung oder Änderung kann bezüglich der Stimmenmehrheit nichts anderes gelten als für den Erlass. Ein unter Verletzung der Geschäftsordnung zustande gekommener Beschluss berührt seine Wirksamkeit nicht. Der Nachfolger des Personalrats wird durch die Geschäftsordnung nicht gebunden, weil er nicht Rechtsnachfolger seines Vorgängers ist. Eine Geschäftsordnung kann jedoch durch Beschluss oder durch ständige Anwendung übernommen werden.

2. Inhalt der Geschäftsordnung

Die Geschäftsordnung kann Richtlinien über den inneren Geschäftsbetrieb enthalten, sie darf nur Regelungen über Art und Weise der Aufgabenerfüllung des Personalrats treffen. Jedes Abweichen von zwingenden gesetzlichen Vorschriften ist unzulässig. (BVerwGE 8, 214 ZBR 1959, 204) Der Beschlussfassung des Personalrats unterliegende Angelegenheiten können der vorsitzenden Person auch nicht durch Geschäftsordnung als laufende Geschäfte zugewiesen werden. (BVerwGE 34, 180 = ZBR 1970, 331) Zulässig ist aber eine Regelung, die die laufenden Geschäfte von den übrigen Aufgaben des Personalrats abgrenzt. Im Übrigen wird auf Anm. 6 zu § 29 hin gewiesen.

3. Mustergeschäftsordnung für Personalräte

Was Inhalt der Geschäftsordnung sein kann, ergibt sich aus dem nachfolgenden Muster:

Der Personalrat bei der (Name der Dienststelle) hat in seiner Sitzung vom ..... gem. § 38 LPVG NW folgende Geschäftsordnung beschlossen:

§ 1 Aufgaben der vorsitzenden Person

(1) Die vorsitzende Person hat die Sitzung des Personalrats einzuberufen und zu leiten.

(2) Die vorsitzende Person hat den übrigen Teilnehmerinnen und Teilnehmern an der Sitzung, die durch Gesetz oder Personalratsbeschluss zu einer Teilnahme berechtigt sind, die Tagesordnung rechtzeitig, mindestens 3 Tage vor der Sitzung, mitzuteilen. Dies gilt insbesondere für die Jugend- und Auszubildendenvertretung und die Vertrauensperson schwerbehinderter Menschen. In Einzelfällen kann die in Satz 1 genannte Frist aus dringenden Gründen verkürzt werden.

(3) Die vorsitzende Person hat ordentliche und außerordentliche Personalversammlungen einzuberufen und zu leiten. Einladung und Tagesordnung sind mindestens eine Woche vor dem Tage der Versammlung in der Dienststelle bekannt zu machen.

(4) Die vorsitzende Person hat die vom Personalrat beschlossenen Dienstvereinbarungen zu unterzeichnen und die Einhaltung der Dienstvereinbarungen zu überwachen.

(5) Die vorsitzende Person führt die laufenden Geschäfte. Dabei haben sie ihre stellvertretenden vorsitzenden Personen zu unterstützen. Zu den laufenden Geschäften gehören insbesondere
a) Angelegenheiten, die der Vorbereitung von Entscheidungen im Personalrat dienen,
b) Einrichtung und Abhaltung von Sprechstunden,
c) Erteilung von Auskünften an Beschäftigte,
d) Entgegennahme von Beschwerden der Beschäftigten.

(6) Durch Geschäftsverteilungsplan, der mit der Mehrheit der Mitglieder des Personalrats beschlossen wird, können Geschäfte den stellvertretenden vorsitzenden Personen zugeteilt werden.

§ 2 Personalratssitzungen

(1) Die ordentlichen Sitzungen finden am .... jeder (jeder 2.) Woche statt.

(2) Außerordentliche Sitzungen sind einzuberufen, wenn
a) dringende Angelegenheiten behandelt werden müssen,
b) Antragsberechtigte einen entsprechenden Antrag stellen.

(3) Der Personalrat kann Arbeitsausschüsse bei Bedarf oder als ständige Einrichtung bilden.

(4) Die Einladung und die Tagesordnung müssen den Mitgliedern und, falls diese an einer Teilnahme verhindert sind, den Ersatzmitgliedern mindestens 3 Tage vor der Sitzung zugestellt werden. Einladungen und Tagesordnung können auch per Email zugestellt werden.

(5) Aus der Tagesordnung müssen die zur Beratung und Beschlussfassung anstehenden Angelegenheiten ersichtlich sein. Auf die genaue Bezeichnung der einzelnen Personalmaßnahmen kann je nach Umfang der Tagesordnung verzichtet werden.

(6) Wenn sich zwischen der Einladung und dem Sitzungstermin herausstellt, dass ein Mitglied oder Ersatzmitglied an einer Teilnahme verhindert ist, so hat der/die Ver-

hinderte dies unverzüglich der vorsitzenden Person mitzuteilen. Diese ist verpflichtet, ein Ersatzmitglied zu laden.

§ 3 Ablauf der Sitzungen

(1) Zu Beginn einer jeden Sitzung hat die vorsitzende Person die Beschlussfähigkeit festzustellen. Der Personalrat ist beschlussfähig, wenn mindestens die Hälfte seiner Mitglieder anwesend ist. Bei der derzeitigen Stärke des Personalrats ist die Hälfte der Mitglieder.......

(2) Anträge auf Abänderung oder Ergänzung der Tagesordnung sind vor Eintritt in die Tagesordnung zu stellen; hierüber muss der Personalrat einstimmig beschließen.

(3) Die Reihenfolge der Worterteilung bestimmt die vorsitzende Person. Die Redezeit kann durch Beschluss des Personalrats zeitlich begrenzt werden. Dies gilt nicht für die vorsitzende Person.

(4) Außerhalb der Reihenfolge wird das Wort nur erteilt, wenn Geschäftsordnungsfragen zu klären sind oder Anträge auf Schluss der Aussprache und der Rednerliste gestellt werden.

(5) Geheime Abstimmungen sind zulässig, wenn sie vom Personalrat vorher beschlossen worden sind. Im Übrigen werden Abstimmungen durch Handzeichen durchgeführt.

§ 4 Schriftführerin oder Schriftführer

(1) Der Personalrat bestimmt eines seiner Mitglieder zum/zur Schriftführer/in und regelt seine Vertretung.

(2) Der/die Schriftführer/in hat die Niederschriften über die Personalratssitzungen und die Personalversammlungen auszufertigen und den Schriftverkehr des Personalrats zu führen.

§ 5 Niederschriften

Die Niederschriften dienen der Beweissicherung und sind deshalb im Rahmen der laufenden Geschäfte von der vorsitzenden Person zu verwalten. Kopien dürfen weder den Mitgliedern noch den Ersatzmitgliedern ausgehändigt werden. Mitglieder des Personalrats haben aber ein unbeschränktes Einsichtsrecht im Personalratsbüro.

§ 6 Büropersonal

Soweit die Dienststelle dem Personalrat Büropersonal zur Erledigung seiner Aufgaben zur Verfügung stellt, nehmen die vorsitzende Person, sodann der/die Schriftführer/in und die stellvertretenden vorsitzenden Personen dieses Büropersonal in Anspruch. In den Räumen des Personalrats, in denen Büropersonal tätig ist, sowie in den Sitzungsräumen übt die vorsitzende Person das Hausrecht aus.

§ 7 Aufwandsdeckung

(1) Über die zur Verfügung gestellten Mittel beschließt der Personalrat im Einzelfall. Er kann die vorsitzende Person ermächtigen, aus diesen Mitteln regelmäßig wiederkehrende Ausgaben zu bestreiten.

(2) Ein beauftragtes Mitglied des Personalrats bewirtschaftet die Mittel und legt darüber Rechenschaft ab. Über die Ausgaben und den jeweiligen Bestand ist dem Personalrat mindestens einmal jährlich zu berichten.

§ 8 Sprechstunden

(1) Die gem. § 39 eingerichteten Sprechstunden werden durch die vorsitzende Person wahrgenommen. Der Personalrat kann jedoch durch Beschluss ein anderes ihm geeignet erscheinendes Mitglied für die Sprechstunden bestimmen.

(2) Die Sprechstunden können nach Gruppen getrennt abgehalten werden, falls dafür ein Bedürfnis besteht

§ 9 Inkrafttreten

Die Geschäftsordnung tritt mit Wirkung vom... in Kraft.

4. Zwingende Vorschriften

Die Geschäftsordnung kann nur regeln, was nicht bereits durch Gesetz verbindlich festgelegt ist. Daneben gibt es Normen, die die Geschäftsführung des Personalrats in besonderem Maße, betreffen, die unmittelbar beim Zustandekommen von Beschlüssen zu beachten sind. Zwingend zu beachtende Vorschriften in diesem Sinne sind:

a. § 29 Abs. 2   Vertretung des Personalrats nach Außen
b. § 30 Abs. 2   Einladungen zu Sitzungen/Tagesordnung
c. § 31 Abs. 2   Nichtöffentlichkeit der Sitzungen
d. § 33   Beschlussfassung
e. § 34 Abs. 2   Gruppenangelegenheiten
f. § 35   Vetorecht
g. § 36 Abs. 1   Teilnahmerechte
h. § 36 Abs. 2   Teilnahme der Jugend- und Auszubildendenvertretung.

§ 39

(1) Der Personalrat kann Sprechstunden während der Arbeitszeit einrichten. Die Zeit und den Ort bestimmt er im Benehmen mit der Dienststelle.

(2) Versäumnis von Arbeitszeit, die zur Inanspruchnahme des Personalrats erforderlich ist, hat keine Minderung der Bezüge oder des Arbeitsentgelts zur Folge.

1. Einrichtung von Sprechstunden

Der Personalrat entscheidet, falls er dies für erforderlich hält, entweder durch Geschäftsordnung oder durch einzelne Beschlüsse, ob und in welchen Abständen Sprechstunden innerhalb der Arbeitszeit eingerichtet werden sollen. Für die Stufenvertretung und für den Gesamtpersonalrat entfallen Sprechstunden (§§ 51 und 53). Die Einrichtung von Sprechstunden ist nicht abhängig von der Größe der Dienststelle. Mit der Novellierung 2011 reicht aus, wie vor der Novellierung 2007, ein Benehmen mit der Dienststelle herzustellen. Benehmen mit einer anderen Stelle zu treffen bedeutet in der Rechtswissenschaft, dass dieser Stelle Gelegenheit zur Stellungnahme zu geben ist, ohne dass ein Einverständnis erforderlich wäre. Die Stellungnahme muss aber wenigstens zur Kenntnis genommen und in die Überlegungen einbezogen werden.

Das Aufsuchen von Beschäftigten am Arbeitsplatz durch den Personalrat an Stelle der Einrichtung von Sprechstunden aus Gründen der Praktikabilität oder aus anderen Gründen ist ebenfalls nur im Benehmen mit der Dienststelle zulässig, denn die Informationsquelle für den Personalrat ist grundsätzlich die Sprechstunde. Der Grundsatz der vertrauensvollen Zusammenarbeit gebietet es aber, dass die Zustimmung des Dienststellenleiters auch hierbei nicht grundlos verweigert werden darf. Wird sie verweigert, müssen triftige Gründe geltend gemacht werden. (BVerwG, Beschl. vom 9. 3. 1990, ZfPR 1990, 75)

Auf jeden Fall muss auch das Benehmen mit der Dienststelle erreicht werden, wenn planmäßige Begehungsaktionen durchgeführt werden. (vgl. für das BetrVG: BAG, Urteil vom 2.1.1982, DB 1982, 1277)

2. Abhalten von Sprechstunden

Wer die Sprechstunden abhält, beschließt der Personalrat. Wenn nicht die vorsitzende Person oder die stellvertretenden vorsitzenden Personen diese Aufgabe übernehmen, können freigestellte Personalratsmitglieder damit betraut werden. (Bay. VGH, Beschl. vom 29.7.1987 – 17 C 87-01320)

Die Sprechstunden sind für alle Beschäftigten zugänglich. Die Jugend- und Auszubildendenvertretung kann gem. § 57 Abs. 3 gesonderte Sprechstunden im Benehmen mit dem Dienststellenleiter und sinnvollerweise nach Absprache mit dem Personalrat abhalten. Sollen durch Geschäftsordnung oder durch Beschluss des Personalrats Sprechstunden gruppenweise abgehalten werden, so werden damit zweckmäßigerweise Personalratsmitglieder der entsprechenden Gruppe beauftragt. Eine strikte Wahrung des Gruppenprinzips ist damit aber nicht verbunden, weil ein Beschäftigter auch außerhalb der allgemeinen Sprechstunden seinen Gruppenvertreter aufsuchen kann.

3. Dienstbefreiung für Sprechstunden

Die Beschäftigten brauchen zum Besuch der Sprechstunden keinen Antrag auf Dienstbefreiung zu stellen, sondern haben sich nur rechtzeitig vorher bei der oder dem Vorgesetzten abzumelden. Während die im Zusammenhang mit dem Abhalten von Sprechstunden dem Personalrat entstehende Kosten gem. § 40 Abs. 1 zu erstatten sind, kommt eine Fahrtkostenerstattung für den Beschäftigten, der eine Sprechstunde aufsuchen will, nicht in Betracht. Dies gilt auch, wenn eine Anreise von einer weiter entfernten Dienststelle notwendig ist. Deshalb und im Interesse des Dienstablaufs sollte der Personalrat je nach Lage der örtlichen Verhältnisse auch Sprechstunden in den Nebenstellen abhalten. Im Übrigen kann den Beschäftigten nicht verwehrt werden, in wichtigen Fällen sich auch außerhalb der Sprechstunden an den Personalrat zu wenden. (Bay. VGH, Beschl. vom 29.7.1987 a.a.O.)

4. Schutzvorschriften

Finanzielle Nachteile für die Beschäftigten entstehen gem. Abs. 2 nicht, wenn sie Sprechstunden des Personalrats aufsuchen, abgesehen von den nicht erstattungsfähigen, evtl. entstehenden Fahrtkosten. Beschäftigte, die Sprechstunden des Personalrats aufsuchen, nehmen aber Rechte nach § 42 Abs. 6 wahr. Dies gilt auch für den Weg von und zur Sprechstunde, der je nach Eigenart und Struktur der Dienststelle beträchtlich sein kann (z.B. bei Lehrerdienststellen). Erleiden sie dabei einen Unfall, so gelten die beamtenrechtlichen Unfallfürsorgevorschriften. Soweit Arbeitnehmer einen Unfall erleiden, gilt der Schutz des SBG VII.

5. Haftung für Auskünfte in den Sprechstunden

Da der Personalrat straf- und zivilrechtlich haftungsunfähig ist, haftet er auch nicht für die in der Sprechstunde erteilten Auskünfte (§ 676 BGB).

§ 40

(1) Die durch die Tätigkeit des Personalrats entstehenden Kosten trägt die Dienststelle. Reisen, die zur Erfüllung von Aufgaben des Personalrats notwendig sind, sind der Dienststelle rechtzeitig vorher anzuzeigen. Mitglieder des Personalrats erhalten bei solchen Reisen Reisekostenvergütungen nach dem Landesreisekostengesetz. Bei Fahrten zu der Stelle, bei der der Personalrat gebildet worden ist, und bei Fahrten zu regelmäßigen Sitzungen bei einer anderen Stelle und täglicher Rückkehr zum Wohnort finden die Bestimmungen des Trennungsentschädigungsrechts keine Anwendung. Dienststelle und Personalrat können sich im Rahmen eines Budgets über die voraussichtlich anfallenden notwendigen Kosten verständigen; der Personalrat entscheidet im Rahmen des Budgets eigenverantwortlich.

(2) Zur Deckung der dem Personalrat als Aufwand entstehenden Kosten sind ihm Haushaltsmittel zur Verfügung zu stellen. Ihre Höhe ist unter Berücksichtigung der Zahl der in der Regel vorhandenen Beschäftigten zu bemessen; sie wird durch Rechtsverordnung der Landesregierung festgesetzt. Über die Verwendung der Mittel beschließt der Personalrat. Er hat sie auf Verlangen gegenüber der für die Rechnungsprüfung zuständigen Stelle nachzuweisen.

(3) Für die Sitzungen, die Sprechstunden und die laufende Geschäftsführung hat die Dienststelle im erforderlichen Umfang Räume, den Geschäftsbedarf und Büropersonal zur Verfügung zu stellen.

(4) Der Personalrat ist im Rahmen seiner Aufgaben nach diesem Gesetz berechtigt, die Beschäftigten über Angelegenheiten, die sie unmittelbar betreffen, schriftlich oder elektronisch zu unterrichten. Ihm sind in allen Dienststellen geeignete Plätze für Bekanntmachungen zur Verfügung zu stellen und die Möglichkeit einer elektronischen Bekanntmachung zu eröffnen.

1. Kostentragungspflicht der Dienststelle

Die Dienststelle hat solche Kosten zu erstatten, die im unmittelbaren Zusammenhang mit der Wahrnehmung von Aufgaben stehen, die das Gesetz entweder dem Personalrat in seiner Gesamtheit oder aber einem einzelnen Mitglied übertragen hat. Zu den erstattungsfähigen Kosten gehören sämtliche Kosten der Geschäftsführung und die persönlichen, dem einzelnen Mitglied entstehenden Aufwendungen. Die Kosten dürfen einen vernünftigen wirtschaftlichen Rahmen nicht überschreiten, denn für die Personalvertretung gilt in gleicher Weise der für die gesamte Verwaltung geltende Grundsatz der Wirtschaftlichkeit und Sparsamkeit (§ 7 Abs. 1

LHO). Bei der Auswahl der Arbeitsmittel muss der Personalrat das Interesse an einer möglichst geringen Kostenbelastung zwar beachten, muss sich aber hiervon nicht ausschließlich leiten lassen. (vgl. BAG 7 ABR 22/95 vom 24.1.1996)

2. Anwaltskosten

Die in einem Beschlussverfahren entstandenen Kosten, insbesondere die Anwaltskosten, sind von der Dienststelle zu tragen. Weder der Personalrat noch ein einzelnes Mitglied, das am Beschlussverfahren beteiligt ist, können darauf verwiesen werden, sich z.b. durch eine Gewerkschaft kostenlos vertreten zu lassen. (BAG, Beschl. vom 3.10.1978, BB 1979, 163). Mit der Autonomie eines Personalrats ist es unvereinbar, die vorherige Zustimmung der Dienststelle für die Beauftragung eines Anwalts einzuholen. Der Personalrat kann von der Dienststelle die Freistellung von Anwaltskosten für die Durchführung eines personalvertretungsrechtlichen Beschlussverfahrens aber nur verlangen, wenn er die Inanspruchnahme des Anwalts vor der Durchführung des gerichtlichen Verfahrens und für jede einzelne Instanz gesondert beschlossen hat. Die nachträgliche Genehmigung der vom Vorsitzenden allein vorgenommenen Beauftragung ist nach Abschluss der jeweiligen Instanz in jedem Fall ausgeschlossen. (BVerwG 6 P 10.94 vom 19.12.1996) Ist der Personalrat Antragsgegner, sind die Anwaltskosten stets durch die Dienststelle zu übernehmen.

Hat eine Dienststelle die Gerichtskosten für ein vom Personalrat geführtes Beschlussverfahren gezahlt, so kann sie die Kosten nicht von einzelnen Personalratsmitgliedern zurückverlangen. Es fehlt an einer Rechtsgrundlage hierfür. Dies gilt selbst dann, wenn der Personalrat das Verfahren mutwillig und unbegründet einleitet. (OVG Rheinland-Pfalz 5 A 10654/96.OVG vom 9.7.1996)

Die Kosten eines erfolgreichen Ausschlussverfahrens hat die oder der Ausgeschlossene selbst zu tragen, weil es sich hierbei nicht um Kosten handelt, die aus einer gesetzlichen Verpflichtung des betreffenden Personalratsmitglieds herrühren. Aus einem groben Verstoß gegen gesetzliche Pflichten entstandene Kosten können nämlich nicht als durch die Tätigkeit des Personalrats entstandene Kosten gewertet werden. (OVG Münster, Beschl. vom 3.2.1982 – GB 25180) Ebenfalls nicht zu erstatten sind die Kosten der Antragstellerinnen und Antragsteller im Wahlanfechtungsverfahren (§ 22), denn bei der Anfechtung handelt es sich ebenfalls nicht um eine Tätigkeit des Personalrats. (BVerwG, Beschl. vom 14.4.1967, ZBR 1967, 276)

Weitere Beispiele aus der Rechtsprechung:

> Es ist in der Regel ermessensfehlerfrei, den Wert des Gegenstandes der anwaltlichen Tätigkeit in personalvertretungsrechtlichen Beschlussverfahren auf 4.000,00 € festzusetzen. (VGH Hessen, Urteil v. 9.4.2008 – 22 TL 2257/07)

> Die am personalvertretungsrechtlichen Beschlussverfahren beteiligte Dienststelle ist als erstattungspflichtiger Gegner berechtigt, einen Antrag auf Festsetzung des Gegenstandswertes der anwaltlichen Tätigkeit zu stellen. Der Gegenstandswert der anwaltlichen Tätigkeit bemisst sich im personalvertretungsrechtlichen Beschlussverfahren regelmäßig auf 4.000,00 € und ist entgegen der ständigen Rechtsprechung des Bundesverwaltungsgerichts nicht auf 5.000,00 € zu erhöhen. (VG Arnsberg, Beschluss v. 4.3.2010 – 20 K 273/09.PVL)

Beauftragt der Personalrat eine Rechtsanwältin oder einen Rechtsanwalt auf der Basis einer Vergütungsvereinbarung über ein Zeithonorar mit der Vertretung in einem personalvertretungsrechtlichen Beschlussverfahren, so hat die Dienststelle trotzdem regelmäßig nur die gesetzliche – und nicht die vereinbarte – Vergütung zu tragen. Dies gilt auch, wenn die vereinbarte Vergütung im Einklang mit den Bestimmungen des Rechtsanwaltsvergütungsgesetzes steht, da auch in solchen Fällen das Gebot der sparsamen Verwendung öffentlicher Mittel und der Grundsatz der Sparsamkeit und Wirtschaftlichkeit maßgebend sind. (VGH Baden-Württemberg, Beschluss v. 2.11.2010 – PB 15 S 127/10 –)

Die anwaltliche Beratung des Personalrats bei besonders schwierigen Rechtsfragen kann ausnahmsweise zu einer Kostentragungspflicht der Dienststelle führen. (BVerwG, Beschl. vom 15.11.1990, ZTR 1991, 132) Auf die Nr.8 Erl. Erl. wird hingewiesen.

Die Kosten für eine allgemeine Beratung durch externe Fachleute über alle denkbaren mit der Mitbestimmung zusammenhängende Fragen im EDV-Bereich muss die Verwaltung nur dann übernehmen, wenn der Personalrat die Verhältnismäßigkeit der Kosten und deren Notwendigkeit durch Anführung konkreter Einzelmaßnahmen erläutert. (OVG NRW, 1 PA 5943/98.PVL vom 8.11.2000) Dies gilt in vergleichbarer Weise auch für die mit der Binnenmodernisierung in Zusammenhang stehenden neuen Steuerungsmodelle, wie z.B. Kosten- und Leistungsrechnung, Controlling, Produktdefinition im Zusammenhang mit der Einführung des Produkthaushalts, EPOS NRW (Einführung von Produkthaushalten zur Outputorientierten Steuerung – Neues RechnungsWesen) usw.

3. Geschäftsbedarf

Der Personalrat ist kein Vermögensträger, er verfügt nicht über Vermögen und darf für seine Zwecke keine Beiträge erheben oder annehmen (§ 41). In diesem Zusammenhang muss neben der Kostenerstattungspflicht auch die Verpflichtung der Dienststelle gesehen werden, den notwendigen Geschäftsbedarf zur Verfügung zu stellen (Abs. 3). Es ist weder mit den Pflichten des Personalrats noch mit der Kostentragungspflicht der Dienststelle vereinbar, den Personalrat auf fehlende Haushaltsmittel hinzuweisen. Auch die angespannte Haushaltslage bietet keine Möglichkeit, die Dienststelle von ihren Verpflichtungen zu entbinden. Andererseits darf der Personalrat keine kostenwirksamen Entscheidungen unter Missachtung des Haushaltsplanes treffen. (BVerwG, Beschl. vom 24.11.1986, DVBl. 1987, 420) Dies bedeutet, dass der Personalrat rechtzeitig den notwendigen Bedarf bei der Dienststelle anmelden sollte.

Zum Geschäftsbedarf gehört alles, was bei verständiger Betrachtung zur ordnungsgemäßen Amtsführung eines Personalrats unter Beachtung des Gebots der sparsamen Verwendung öffentlicher Mittel erforderlich ist. (Hess. VGH, Beschl. vom 20.2.1980, PV 1982, 161; vgl. auch Bay. VGH, Beschl. vom 13.4.1994, PR 1994, 525)

Beispiele für Geschäftsbedarf:

- Mobiliar,
- Papier,
- Schreibmaterialien,
- Portoaufwendungen,

- Stempel,
- Bildschirmarbeitsplatz mit Drucker und Scanner
- Kopierer,
- Diktiergerät,
- Telefon,
- Ggf. Laptop (bei Außenstellen),
- Anrufbeantworter (OVG Münster, Beschl. vom 3.7.1995 – 1 A. 1690/94 PVB – n.v.)
- Dienstwagen bei Bedarf,
- Texte der für die Arbeit der Personalvertretung bedeutsamen Rechtsvorschriften (BVerwG, Beschl. vom 21.1.1991, ZfPR 1991, 68),
- Kommentare (OVG Münster, Beschl. vom 9.4.1979, ZBR 1980, 259; BVerwG, Beschl. vom 30.1.1991, ZfPR 1991, 70),
- Fachzeitschriften (BVerwG, Beschl. vom 29.6.1988, ZfPR 1989, 10). Die Auswahl der Fachzeitschrift bleibt dem Personalrat überlassen. (OVG Münster, Beschl. vom 21.2.1989, PV 1989, 386)

Im Übrigen ist zur Feststellung des erforderlichen Umfangs auf Gegebenheiten der Dienststelle abzustellen, insbesondere auf die Größe, d. h. die Anzahl der von dem Personalrat zu betreuenden Beschäftigten und des sich daraus ergebenden Umfangs der laufenden Geschäfte. Die Mitglieder einer Stufenvertretung, die häufig von auswärts anreisen müssen, dürfen nicht auf die Benutzung der Bücherei in der Dienststelle oder auf einen Umlauf in der Dienststelle verwiesen werden, bei der die Stufenvertretung gebildet ist, denn die für die Vorbereitung der Sitzung erforderliche Zeit verbringen die Mitglieder einer Stufenvertretung in der Regel nicht am Sitzungsort. Bei kleinen Dienststellen (unter 300 Beschäftigte) mit einem zentralen Sitzungsraum des Personalrats und kurzen Wegen zur Bücherei kann eine solche Benutzung jedoch zumutbar sein. (BVerwG, Beschl. vom 5.10.1989, DVBl. 1990, 295; OVG Münster, Beschl. vom 7.6.1990, ZTR 1991, 41)

Die Ausstattung eines Personalrats mit einer konkreten Informations- und Kommunikationstechnik richtet sich danach, ob eine entsprechende Ausstattung für die konkrete Aufgabenerfüllung dieses Personalrats erforderlich ist. Danach ist die Erforderlichkeit einer bestimmten Ausstattung erforderlich, wenn der Personalrat sonst seine Aufgaben nicht angemessen und in zumutbarer Weise erledigen kann. Aus der gesamten neueren Rechtsprechung ergibt sich, immer unter dem Vorbehalt sparsamer Haushaltsführung, dass der Personalrat hinsichtlich seines Bürobedarfs eine vergleichbare Ausstattung wie die Dienststelle haben sollte. Der Personalrat sollte grundsätzlich nicht schlechter, aber auch nicht besser ausgerüstet sein wie der Dienststellenleiter. Nähere Informationen hierzu siehe auch ZfPR 5/2002 141.

4. Büropersonal

Neben dem Sachbedarf müssen die Dienststellen auch Büropersonal zur Verfügung stellen. Wegen der Schweigepflicht dieses Personals wird auf Anm. 2 zu § 9 hingewiesen. Unter Büropersonal werden nicht nur Schreibkräfte verstanden, sondern auch Sachbearbeiterinnen oder Sachbearbeiter für besondere Aufgaben. Eine Einschränkung ist nur darin zu sehen, dass kein hochqualifiziertes Personal (z.B. wissenschaftliche Mitarbeiterinnen bzw. Mitarbeiter oder Referentinnen bzw. Referenten) bereitgestellt werden muss (Ausschuss für Innere Verwaltung des Landtags NW, 116. Sitzung am 13.11.1974, APr S.4811), so dass auch Beschäftigte bis zur Endstufe des gehobenen Dienstes (Entgeltgruppe 12 TVL/TVöD) in Frage kommen können. Die Bereitstellung hat in dem Umfang zu erfolgen, der bei verständiger Betrachtung der Aufgaben des Personalrats erforderlich ist. Die Dienststelle darf den Personalrat nicht darauf hinweisen, dass mehrere Personalratsmitglieder von ihrer eigentlichen dienstlichen Tätigkeit freigestellt sind. Die Freistellung nämlich erfolgt zur Erledigung der dem Personalrat nach dem Gesetz obliegenden Aufgaben. Die Erledigung der dabei anfallenden Schreib- oder Büroarbeiten gehört aber nicht zu diesen Aufgaben. (Hess. VGH, Beschl. vom 20.2.1980, PV 1982, 161)

Dem Personalrat Büropersonal „zur Verfügung zu stellen" bedeutet, dass er „in seinen Räumen" darüber verfügen kann. (Bay. VGH, Beschl. vom 10.2.1993, PV 1994, 470) In kleineren Dienststellen wird der Personalrat nicht genug Büroarbeit für in Vollzeit beschäftigte Kräfte haben, hier muss an Teilzeitkräfte, ggf. unterhälftig beschäftigt, gedacht werden. In vielen Fällen wird es ausreichen, wenn der Personalrat stundenweise auf Bürokräfte – aber in seinen Räumen - zurückgreifen kann.

Beispiele aus der Rechtsprechung:

Bei der Auswahl einer Bürokraft für die Erledigung von Personalratsarbeit steht dem Personalrat lediglich ein beschränktes Mitspracherecht hinsichtlich der beruflichen und fachlichen Qualifikation und der notwendigen Vertrauenswürdigkeit zu. (Leitsatz der Schriftleitung) VGH Bayern, Beschluss v. 25.9.2008 – 17 PC 08.475 –

Der Personalrat hat Anspruch auf Zuteilung einer qualifizierten Bürokraft, wenn und soweit dies für die ordnungsgemäße Wahrnehmung seiner Aufgaben erforderlich ist. Hierbei ist eine typisierende Betrachtungsweise zulässig. Es ist zu beachten, dass die Personalvertretungsgesetze den Personalrat im Interesse der Konzentration auf seine eigentliche Tätigkeit bewusst von Büroarbeiten freihalten will. Die Auswahl erfolgt grundsätzlich durch die Dienststelle; das Mitspracherecht des Personalrats beschränkt sich auf die fachliche Qualifikation, die für die Tätigkeit für ihn erforderlich ist sowie die notwendige Vertrauenswürdigkeit. Die im Urteilsfall vom Beteiligten angebotene Bürokraft scheidet nach Meinung der Kammer bereits deshalb aus, weil sie in erster Linie auf der Ebene der Abteilungsleiter tätig ist, also einem Personenkreis, der zumindest hinsichtlich des ständigen Vertreters im Amt unter Art. 14 Abs. 3 BayPVG (entspricht § 10 Abs. 3d LPVG NRW) fällt. (VG Ansbach, Beschluss v. 23.3.2010 – AN 8 P 10.00006 –)

5. Reisen

Die Reisen der Mitglieder von Personalvertretungen sind nicht genehmigungspflichtig. Ob sie zur Erfüllung der gesetzlichen Aufgaben notwendig sind, entscheidet der Personalrat nach pflichtgemäßer Prüfung durch Beschluss. Mit der im Gesetz geforderten Anzeige gegenüber der Dienststelle wird der Zweck verfolgt, über die Abwesenheit von Mitgliedern der Personalvertretungen zu unterrichten. Der erforderliche Beschluss des Personalrats kann auch ausnahmsweise nachgeholt werden. Etwaige Bedenken gegen die Notwendigkeit der Reise kann die Dienststelle anbringen, die Durchführung der Reise aber nicht verhindern. Im Streitfall kann nur das zuständige Verwaltungsgericht eine Entscheidung treffen.

Da die Reisekosten nur zu erstatten sind, wenn die Reisen zur sachgerechten Erfüllung von Aufgaben oder zur Wahrnehmung von Befugnissen der Personalvertretung notwendig sind, entsteht häufig Streit darüber, was notwendig ist und was sachgerechte Erfüllung von Aufgaben bedeutet. Notwendig sind z.b. die Reisen zum Sitzungsort, denn der Personalrat hat eine Sitzungspflicht (§ 33). Ebenso sind alle Reisen zur Wahrnehmung von Prüfungsterminen (§ 76) und die Reisen zum Abhalten von Sprechstunden (§ 39) notwendig. Die Reisen, die zu Gerichtsterminen in den Verfahren nach § 79 (z.b. Wahrnehmung eines Anhörungstermins) notwendig sind, fallen ebenfalls hierunter. Zu Gerichtsterminen in Beschlussverfahren darf nur ein Mitglied der jeweiligen Personalvertretung entsandt werden. (BVerwG, Beschl. vom 21.7.1982, ZBR 1983,167)

Die Kosten für Reisen zur Teilnahme an Schulungs- und Bildungsveranstaltungen (§ 42 Abs. 5) sind ebenfalls erstattungsfähig (Anm. 8 zu § 42).

Da nach höchstrichterlicher Rechtsprechung der Personalvertretung lediglich dann ein Anspruch auf Reisekostenerstattung durch die Dienststelle zusteht, wenn die Reise zur Erfüllung einer konkreten, in der Zuständigkeit des Personalrats liegenden Aufgabe notwendig ist, können auch Beratungen länger erkrankten Kolleginnen und Kollegen in deren dienstlichen Angelegenheiten Krankenbesuche rechtfertigen. Die Kosten einer von einem Mitglied einer Personalvertretung unternommenen Reise, die dem Zweck dient, vor der Sitzung der Personalvertretung die der vorsitzenden Person vorliegenden Unterlagen einzusehen, sind nicht erstattungsfähig, denn die Informationsquelle für Personalratsmitglieder ist die Sitzung. (BVerwG, Beschl. vom 29.8.1975, PV 1976, 305) Reisen zu Treffen mehrerer Personalräte sind dann erstattungsfähig, wenn bei dem Treffen Angelegenheiten besprochen werden, in denen ein abgestimmtes Vorgehen für die eigene Personalratsarbeit notwendig ist. Dies wird z.B. bei Personalausgleichen zwischen mehreren Dienststellen der Fall sein.

Die Reisekostenvergütung richtet sich bei Personalratsmitgliedern nach dem LRKG, soweit in den Dienststellen dieses Gesetz Anwendung findet.

Wie bereits erwähnt, müssen Reisekosten erstattet werden, die sich daraus ergeben, dass Personalratsmitglieder an einer Sitzung teilnehmen. Sofern ein Beschäftigter, der Dienst im Wechsel- und Schichtdienst verrichtet, an einem dienstfreien Tag an einer Personalratssitzung teilnimmt und er deswegen zwangsläufig zusätzliche Fahrtauslagen hat, führt dies auch zur Erstattung der notwendigen Fahrtkosten. Auch hier gilt der das Reisekostenrecht beherrschende Gedanke, dass Fürsorgepflicht und Billigkeit es gebieten, die Beamtin und den Beamten in bestimmten Grenzen von finanziellen Belastungen freizustellen, die auf einer dem Bereich des Diensthern zuzurechnenden Maßnahme beruhen. (BVerwG, Beschl. vom 26.6.1981, 6 C 8579) Dazu gehört auch die Fahrt zwischen Wohnung und Dienststelle, wenn sie zeitlich außerhalb der üblichen Arbeitszeit des jeweiligen Personalratsmitglieds liegt. Entscheidend ist, dass die Fahrt nach Zeitpunkt und Anlass unumgänglich war und zu der üblichen Dienstleistung der Beamtin oder des Beamten hinzukommt. Die Voraussetzungen für eine Kostenerstattung sind nur dann nicht erfüllt, wenn das Personalratsmitglied die zusätzlichen Fahrten hätte vermeiden können. Die Notwendigkeit der Fahrt mit der Möglichkeit einer Vertretung (Eintritt eines Ersatzmitgliedes) anzuzweifeln, ist unzulässig, weil die ordnungsgemäße Besetzung des Personalrats das Ergebnis einer Wahl ist und nicht Kostenerwägungen unterworfen werden darf.

Auch die Benutzung eines privateigenen Kraftfahrzeuges zur Ausübung von Personalratsaufgaben ist zulässig. Allerdings ist bei dem Antrag eines Personalratsmitglieds auf Anerkennung der Kosten für die Benutzung seines Kraftfahrzeuges zu beachten, dass die Benutzung des privaten Kraftfahrzeugs im Sinne des LRKG erforderlich ist. Dies ist dann der Fall, wenn die Benutzung öffentlicher Verkehrsmittel zu einem erheblichen zeitlichen Mehraufwands führt, wenn die Fahrt sonst zu unzumutbaren Zeiten begonnen werden muss oder mehrere Dienstreisen an einem Tag mit dem privaten Kraftfahrzeug möglich werden. Wenn ihm in zumutbarer Weise ein Dienstwagen zur Verfügung gestellt wird, hat er keinen Anspruch auf Fahrkostenerstattung, wenn die Reise mit dem eigenen Pkw durchgeführt wird. (BVerwG, Beschl. vom 27.8.1990, ZfPR 1990, 171) Zu den Reisekosten gehören auch die Mehraufwendungen für Verpflegung im Sinne des LRKG in Form eines Tagegelds oder einer Aufwandsentschädigung. Es gilt hierbei: Besteht die Möglichkeit zur Teilnahme an Essen in einer behördeneigenen Kantine oder Gemeinschaftsverpflegung, so ist Mitgliedern des Personalrats auf Dienstreisen in Personalvertretungsangelegenheiten lediglich eine Aufwandsentschädigung statt Tagegeld nach Maßgabe des LRKG zu gewähren. (OVG Niedersachsen, Beschluss v. 11.2.2009 – 17 LP 13/07 –)

6. Budget

Der bei in 2007 eingeführten Regelung, ein eigenverantwortliches Budget mit der Dienststelle zu vereinbaren, ist mit Misstrauen zu begegnen. Die bisher aus der Rechtsprechung abgeleiteten Grundsätze der Rechtsprechung, die in die o.a. Anmerkungen eingeflossen sind, stellen sicher, dass die notwendigen Aufwendungen der Personalratsarbeit von der Dienststelle erstattet werden müssen. Eine Reise des Personalrats oder eine anwaltliche Beratung muss notwendig im Sinne der o.a. Aufwendungen sein. Es ist unerheblich, ob der Personalrat sein Budget selbst verwaltet oder die Erstattung der Aufwendungen von der Dienststelle fordert, ohne einen Nachweis der Notwendigkeit dürfen Aufwendungen nicht getätigt werden. Der Gesetzgeber begründet die Änderung, die im BPersVG keine Entsprechung findet, in seiner Beschlussvorlage vom 24.4.2007 (Drucksache 14/4239) wie folgt:

„Mit dieser Regelung werden die Handlungsspielräume in den Dienststellen erweitert. Wird in den Dienststellen von dieser Möglichkeit Gebrauch gemacht, so ist zunächst darauf zu achten, dass den Personalräten ein Budget zur Verfügung gestellt wird, dem aufgrund einer prognostischen Beurteilung die notwendigen Kosten zugrunde liegen. Für die Höhe des Budgets dürfte in erster Linie auf den finanziellen Aufwand in den vergangenen Jahren abzustellen sein. Mit einer Budgetierung wird erreicht, dass den Dienststellen die oft schwierige Prüfung einer Kostenübernahme im Einzelfall abgenommen werden kann. Des Weiteren wird die Eigenverantwortlichkeit der Personalräte gestärkt, die selbständig im Rahmen der rechtlichen Vorgaben entscheiden können."

Dieser Begründung können keine wesentlichen Erkenntnisse entnommen werden, die eine Budgetvereinbarung notwendig machen oder den bisherigen Zustand als schlechter darstellen. Insbesondere ist es nicht erforderlich, die Eigenverantwortung der Personalräte zu stärken. Personalräte, die ihre Rechte ordnungsgemäß wahrnehmen, handelten auch ohne diese Budgetregelung höchst eigenverantwortlich.

Es besteht bei einem Budget auch schnell die Gefahr, dass außerplanmäßige und unvorhersehbare Aufwendungen bei der Budgetvereinbarung nicht abgedeckt werden konnten und die Personalräte diesen Mehrbedarf der Dienststelle, die sich auf die „Eigenverantwortung" im Sinne der Begründung des Gesetzgebers beruft, abverhandeln müssen. Es wird daher von der Inanspruchnahme dieser Vorschrift des Abs. 1 letzter Satz abgeraten.

7. Unfallfürsorge

Die Reisen der Personalratsmitglieder fallen unter die beamtenrechtlichen Unfallfürsorgevorschriften (§ 109 BPersVG). Der Umfang der Unfallfürsorge richtet sich nach den §§ 30 ff. des Beamtenversorgungsgesetzes und schließt ein

- Erstattung von Sachschäden und besonderen Aufwendungen,
- Heilverfahren,
- Unfallausgleich,
- Unfallruhegehalt oder Unterhaltsbeitrag,
- Unfall-Hinterbliebenenversorgung,
- einmalige Unfallentschädigung.

Soweit Arbeitnehmerinnen und Arbeitnehmer einen Unfall erleiden, so gelten diese als Betriebsunfälle, die nach den allgemeinen unfallversicherungsrechtlichen Vorschriften zu entschädigen sind (SGB VII).

Sachschäden, soweit sie bei einem Unfall während einer Reise aus Anlass der Personalratstätigkeit entstanden sind, werden im Rahmen der geltenden Vorschriften ersetzt.

8. Aufwandsdeckung

Es handelt sich dabei um die pauschale Erstattung von Aufwendungen, für die eine Kostentragungspflicht der Dienststelle nach Abs. 1 nicht besteht. Die Rechtsverordnung der Landesregierung (Abs. 2) über die Höhe der zu zahlenden Beträge ist nachfolgend abgedruckt:

Verordnung
über die Höhe der Aufwandsdeckung
für Personalvertretungen
(Aufwandsdeckungsverordnung)

Vom 25. Februar 1976

Aufgrund des § 40 Abs. 2 Satz 2 des Landespersonalvertretungsgesetzes vom 3. Dezember 1974 (GV. N W S 1 :S 14) sowie des § 12 Satz 2 des Landesrichtergesetzes vom 29. März 1966 (GV. NW. S. 217), zuletzt geändert durch Gesetz vom 3. Dezember 1974 (GV. NW. S. 1514), wird verordnet:

§ 1

Der Betrag, der dem Personalrat zur Deckung der als Aufwand entstehenden Kosten jährlich zur Verfügung zu stellen ist, wird in Dienststellen mit

1. bis zu 20 Beschäftigten auf 51,20 Euro,
2. mehr als 20 bis zu 100 Beschäftigten auf 76,70 Euro,

3. mehr als 100 bis zu 1000 Beschäftigten auf 76,70 Euro für die ersten 100 Beschäftigten zugleich 0,60 Euro für jeden weiteren Beschäftigten,

4. mehr als 1000 Beschäftigten auf 616,70 Euro für die ersten 1000 Beschäftigten zuzüglich 0,30 Euro für jeden weiteren Beschäftigten, höchstens jedoch auf 2.556,50 Euro,

festgesetzt. Er ist nach der Zahl der im Stellenplan ausgebrachten Stellen zu berechnen.

§ 2

Stufenvertretungen und Gesamtpersonalräte erhalten zur Deckung der als Aufwand entstehenden Kosten jährlich 25,60 Euro je Mitglied. Gesamtpersonalräte können mit Personalräten vereinbaren, daß unter Berücksichtigung der zwischen ihnen bestehenden Aufgabenverteilung Gesamtpersonalräte zusätzlich einen Anteil der Beträge erhalten, die den Personalräten nach § l zustehen.

§ 3

Die in den §§ 1 und 2 genannten Beträge sind den Personalvertretungen zu Beginn des Haushaltsjahres zur Verfügung zu stellen. Beginnt oder endet die Amtszeit einer Personalvertretung im Laufe des Haushaltsjahres, so vermindern sich die Beträge im Verhältnis der tatsächlichen Amtszeit, zum Haushaltsjahr.

§ 4

Die §§ 1 bis 3 gelten für Richterräte, die §§ 2 und 3 auch für Präsidialräte entsprechend.

§ 5

Diese Verordnung tritt mit Wirkung vom 1. Januar 1976 in Kraft.

Nach Abs. 2 ist die Höhe der der Personalvertretung zur Verfügung gestellten Mittel unter Berücksichtigung der Zahl der in der Regel vorhandenen Beschäftigten zu bemessen. Die Aufwandsdeckungsverordnung stellt dagegen darauf ab, dass der Betrag nach der Zahl der im Stellenplan ausgebrachten Stellen zu berechnen ist. Selbst wenn dadurch Teilzeitbeschäftigte nicht ausreichend berücksichtigt werden, ist die in der Verordnung getroffene Regelung nicht nur praktikabler, sondern entspricht auch dem vom Gesetzgeber geforderten Zweck, einen Pauschalbetrag entsprechend der Beschäftigtenstärke zu gewähren.

Der Katalog der Aufwendungen (Nr. 6 Erl. Erl.) ist beispielhaft und deshalb unvollständig. Unzulässig ist aber die Verwendung der Mittel für Beschaffungen, bei der eine Kostentragungspflicht der Dienststelle besteht, diese aber z.B. die Erstattung abgelehnt hat. Die Höhe der Mittel hat eine Vielzahl von Novellierungen und die Einführung des Euro überstanden, ohne dass je eine Erhöhung vorgenommen wurde.

9. Informationen und Bekanntmachungen für Beschäftigte

Der Personalrat ist berechtigt, die Beschäftigten über die sie unmittelbar betreffenden Angelegenheiten auch schriftlich zu unterrichten und ist dabei nicht nur auf die mündliche Information in Personalversammlungen und in Sprechstunden oder durch die Anschläge an den „Schwarzen Brettern" beschränkt. Mit den schriftlichen Informationen sind aber keine periodischen Schriften gemeint, sondern die erforderliche Unterrichtung in einem vertretbaren

Umfang und Kostenrahmen (Landtags-Drucksache 9/3091, S. 35). Nur ausnahmsweise, und zwar in unmittelbarem Zusammenhang mit seinen Aufgaben (Einladung zur Personalversammlung), dürfen periodische Schriften herausgegeben werden. (OVG Münster, Beschl. vom 10.2.1993, NW VBl. 1993, 15) Durch die Unterrichtung soll sichergestellt werden, dass die Beschäftigten über die sie unmittelbar betreffenden Angelegenheiten informiert sind.

Der Personalrat darf die Beschäftigten seiner Dienststelle über sie berührende Vorgänge und entsprechenden Entscheidungen schriftlich informieren, die im Rahmen der gemeinschaftlichen Besprechungen i.S.d. § 63 behandelt wurden. Er darf hierbei aber nicht als Vollzugsorgan dieser Entscheidungen auftreten. (OVG PV (Berlin) 15/94 vom 25.10.1995)

In größeren Dienststellen kann es auch erforderlich sein, mehrere Plätze für Bekanntmachungen zur Verfügung zu stellen. Für die Einzelbekanntmachung ist die Zustimmung des Dienststellenleiters nicht erforderlich. Die Anschläge und Bekanntmachungen dürfen aber keine parteipolitische oder gewerkschaftliche Werbung enthalten. Im Übrigen muss sich die Personalvertretung bei den Bekanntmachungen im Rahmen ihrer gesetzlichen Aufgaben halten, insbesondere darf sie durch die Bekanntmachung keine strafbaren Handlungen begehen, unsachlichen Druck ausüben oder Inhalte veröffentlichen, die offensichtlich Beleidigungen und Kränkungen der für die Dienststelle handelnden Personen enthalten. Info-Blätter sind im Rahmen der vertrauensvollen Zusammenarbeit (§ 2 Abs. 1) kein legales Mittel, um Meinungsverschiedenheiten mit dem Dienststellenleiter darzustellen. (VGH Baden-Württemberg, Beschl. vom 6.9.1988, PV 1990, 133) Der Dienststelle darf daher gegen Veröffentlichungen der Personalvertretung am Schwarzen Brett nur einschreiten, wenn und insoweit die Mitteilungen gesetzeswidrig sind. (vgl. für das BetrVG: LAG Berlin, Beschl. vom 23.6.1980, DB 1980, 1704; OVG Hamburg, 8 Bf 436/99 vom 22.5.2000)

Hat die Dienststelle ein IT-Netzwerk, mit der ein großer Teil der Arbeitsplätze verbunden ist, eingerichtet und bedient sich die Dienststelle dieser Einrichtung mit E-Mails und der Einrichtung eines dienststelleninternen Intranets zur Information und betriebsinternen Kommunikation, so sind dem Personalrat diese Möglichkeiten ebenfalls zur Verfügung zu stellen. Im Rahmen des Abs. 4 und der o.a. Ausführungen kann der Personalrat diese Medien (E-Mail und Intranet) in gleichen Umfang nutzen wie Printmedien. Die Dienststelle darf den Personalrat nicht auf das „Schwarze Brett" oder Rundschreiben in herkömmlicher Form verweisen.

Die Informationen des Personalrats dürfen jedoch nicht in einer durch die Dienststelle eingerichteten allgemein zugänglichen Internet-Homepage abrufbar sein. Der Personalrat ist ausdrücklich auf Bekanntmachungen an Beschäftigte beschränkt. Keinesfalls darf der Personalrat eine eigene, allgemein zugängliche Internet-Homepage einrichten, auf der betriebsinterne Informationen abrufbar sind. Hierbei würde es sich zusätzlich um einen Verstoß gegen das Gebot der vertrauensvollen Zusammenarbeit handeln.

Einzelheiten zum Thema Informationsarbeit der Personalvertretungen im „digitalen Zeitalter" siehe Aufsatz von Dr. Jens Kersten, Berlin, ZfPR 6/2004, Seite 175.

Haben in einer Dienststelle die überwiegende Zahl der Beschäftigten Zugang zum betriebsinternen Intranet und ein nicht unerheblicher Teil der Beschäftigten Zugang zum Internet, kann der Personalrat zu Recht darauf bestehen, dass auch ihm in angemessener Zahl Zugangsmöglichkeiten zum Internet eingeräumt werden. Dieses Recht steht dem Personalrat insbesondere dann zu, wenn dem Dienstherrn auf Grund der technischen Ausstattung der Dienststelle keine zusätzlichen Kosten entstehen und keine sonstigen Beeinträchtigungen vorliegen. (BAG, 7 ABR 7/03 und 7 ABR 12/03 vom 3.9.2003) Dieses Urteil ist entsprechend für das Personalvertretungsrecht übertragbar. Gestattet die Dienststelle dem Personalrat die Benutzung eines dienststelleninternen E-Mail-Systems, so darf die Weiterleitung von Bekanntmachungen des Personalrats – von den Fällen strafbaren Verhaltens abgesehen – von der Dienststelle nicht zensiert werden; hält die Dienststelle eine Veröffentlichung für unzulässig, so muss sie gerichtlichen Rechtsschutzes nach § 79 in Anspruch nehmen. (BVerwG, Beschluss v. 27.10.2009 – 6 P 11.08 –)

§ 41

Der Personalrat darf für seine Zwecke von den Beschäftigten keine Beiträge erheben oder annehmen.

1. Verbot der Beitragserhebung

Erheben oder Annehmen von Beiträgen bedeutet die Entgegennahme, das Anfordern oder die Erhebung von Leistungen jeder Art. Der Personalrat darf zur ordnungsgemäßen Durchführung seiner Aufgaben weder einmalige noch laufende Beträge fordern oder entgegennehmen. Auch den einzelnen Personalratsmitgliedern ist es untersagt, persönliche Geldgeschenke oder Leistungen anzunehmen. Das Verbot ist gerechtfertigt, weil die Dienststelle die Kosten, die durch die Tätigkeit des Personalrats entstehen, insbesondere die Kosten der Geschäftsführung des Personalrats, zu tragen hat und darüber hinaus Aufwandsdeckungsmittel zur Verfügung stellen muss.

2. Sonstige Zuwendungen

Auch freiwillige Zuwendungen von Beschäftigten oder von dritter Seite (z.B. von Gewerkschaften) an den Personalrat oder eines seiner Mitglieder dürfen nicht angenommen werden, damit die Unabhängigkeit des Personalrats gewährleistet bleibt. Die kostenlose Herstellung von Schriften durch Dritte für Zwecke des Personalrats ist unzulässig. (BVerwG, Beschl. vom 10.10.1990, ZTR 1991, 38) Dem Personalrat ist es auch nicht gestattet, einen Fonds zu bilden und Sammlungen durchzuführen. An privaten Sammlungen sollen sich Personalratsmitglieder nach Möglichkeit nicht beteiligen, es sei denn, sie können deutlich machen, dass sie bei Sammlungen wie alle Beschäftigte handeln. Dagegen bestehen keine Bedenken, wenn bei den von der Dienststelle veranstalteten Betriebsfesten oder Betriebsausflügen der Personalrat treuhänderisch die Verwaltung der Kostenbeiträge übernimmt.

Das Verbot des § 41 erstreckt sich nicht nur auf die Beiträge für eigene, sondern auch für fremde Zwecke. Der Personalrat ist z.B. nicht befugt, für gewerkschaftliche oder wirtschaftliche Organisationen wie Versicherungen usw. das Inkasso-Geschäft zu betreiben.

In vielen Dienststellen eingerichtete Kassen (Freud- und Leidkassen), aus denen bei persönlichen Anlässen (Hochzeiten, Geburten, Jubiläen o.ä.) den Beschäftigten kleine Geldgeschenke oder Sachmittel überreicht werden, dürfen weder vom Personalrat eingerichtet oder verwaltet werden, noch darf auf Personalversammlungen hierüber Rechenschaft abgelegt werden oder Beschlüsse gefasst werden. Für diese in der Regel als Freud- und Leidkassen bezeichneten

Kassen sollte ein nicht eingetragener Verein mit Satzung gegründet werden. Es ist nicht zu beanstanden, wenn Personalratsmitglieder diesem Verein angehören, wenn deutlich wird, dass keine Verbindung zum Personalrat besteht. Es ist ebenso zulässig, wenn mit einer gesonderten Einladung des Vereins in unmittelbarem zeitlichen Zusammenhang mit einer Personalversammlung zu einer Vereinsversammlung eingeladen wird. Die vorsitzende Person des Personalrats muss die Personalversammlung vor Beginn einer solchen Versammlung aber ausdrücklich beenden.

Vierter Abschnitt
Rechtsstellung der Mitglieder

§ 42

(1) Die Mitglieder des Personalrats führen ihr Amt unentgeltlich als Ehrenamt.

(2) Versäumnis von Arbeitszeit, die zur ordnungsgemäßen Durchführung der Aufgaben des Personalrats erforderlich ist, hat keine Minderung der Bezüge oder des Arbeitsentgelts zur Folge. Werden Personalratsmitglieder durch die Erfüllung ihrer Aufgaben über ihre individuelle Arbeitszeit hinaus beansprucht, so ist ihnen Dienstbefreiung in entsprechendem Umfang zu gewähren.

(3) Mitglieder des Personalrats sind durch die Dienststelle von ihrer dienstlichen Tätigkeit ganz oder teilweise freizustellen, wenn und soweit es nach Umfang und Art der Dienststelle zur ordnungsgemäßen Durchführung ihrer Aufgaben erforderlich ist und der Personalrat die Freistellung beschließt. Dabei ist zunächst die vorsitzende Person und sodann je ein Mitglied der Gruppe, der die vorsitzende Person nicht angehört, unter Beachtung der in dieser Gruppe am stärksten vertretenen Liste zu berücksichtigen. Die übrigen Freistellungen richten sich nach der Gruppenstärke; Gewerkschaften, die zur selben Spitzenorganisation gehören sowie freie Listen können sich hierfür gruppenübergreifend zusammenschließen. Die Freistellung hat keine Minderung der Besoldung oder des Arbeitsentgelts zur Folge und darf nicht zur Beeinträchtigung des beruflichen Werdegangs führen.

(4) Von ihrer dienstlichen Tätigkeit sind nach Absatz 3 freizustellen in Dienststellen mit in der Regel 100 bis 199 Beschäftigten ein Mitglied für 12 Arbeitsstunden in der Woche. Im Einvernehmen zwischen Personalrat und Dienststelle kann bei außergewöhnlichem, anlassbezogenem Bedarf vorübergehend abgewichen werden.

Von ihrer dienstlichen Tätigkeit sind nach Absatz 3 ganz freizustellen in Dienststellen mit in der Regel

200 bis	500	Beschäftigten ein Mitglied,
501 bis	900	Beschäftigten zwei Mitglieder,
901 bis	1 500	Beschäftigten drei Mitglieder,
1 501 bis	2 000	Beschäftigten vier Mitglieder,
2 001 bis	3 000	Beschäftigten fünf Mitglieder,
3 001 bis	4 000	Beschäftigten sechs Mitglieder,
4 001 bis	5 000	Beschäftigten sieben Mitglieder,
5 001 bis	6 000	Beschäftigten acht Mitglieder,

6 001 bis 7 000 Beschäftigten neun Mitglieder,
7 001 bis 8 000 Beschäftigten zehn Mitglieder,
8 001 bis 9 000 Beschäftigten elf Mitglieder,
9 001 bis 10 000 Beschäftigten zwölf Mitglieder.

In Dienststellen mit mehr als 10000 Beschäftigten ist für je angefangene weitere 2000 Beschäftigte ein weiteres Mitglied freizustellen. Von den Sätzen 3 und 4 kann im Einvernehmen zwischen Personalrat und Dienststelle abgewichen werden. Auf Antrag des Personalrats können mehrere Mitglieder anteilig freigestellt werden.

(5) Die Mitglieder des Personalrats und Ersatzmitglieder, die regelmäßig zu Sitzungen des Personalrats herangezogen werden, sind unter Fortzahlung der Bezüge und Erstattung der angemessenen Kosten für die Teilnahme an Schulungs-und Bildungsveranstaltungen vom Dienst freizustellen, soweit diese Kenntnisse vermitteln, die für die Tätigkeit im Personalrat erforderlich sind. Dienststelle und Personalrat können sich im Rahmen eines Budgets über die voraussichtlich anfallenden notwendigen Kosten verständigen; der Personalrat entscheidet im Rahmen des Budgets eigenverantwortlich.

(6) Erleidet eine Beamtin oder ein Beamter anlässlich der Wahrnehmung von Rechten oder der Erfüllung von Pflichten nach diesem Gesetz einen Unfall, der im Sinne der beamtenrechtlichen Unfallfürsorgevorschriften ein Dienstunfall wäre, so finden diese Vorschriften entsprechende Anwendung.

1. Ehrenamt

Die Mitglieder des Personalrats erhalten für ihre Tätigkeit keine Entschädigung. Ihr Amt gehört demnach zu den Ehrenämtern im weiteren Sinne, die unentgeltlich ausgeübt werden müssen, also keinen finanziellen Reiz bieten. So dürfen weder Honorare noch Sitzungsgelder, schon gar nicht verdeckte Zuwendungen gezahlt werden. Gesetzlich untersagt ist die Erhebung von Beiträgen (§ 41).

Die Vorschrift sichert die erforderliche innere Unabhängigkeit als Wechselbeziehung zur äußeren Unabhängigkeit. Bereits aus § 7 Abs. 1 ergibt sich, dass Personalratsmitglieder bei der Erfüllung ihrer Aufgaben nicht behindert und wegen ihrer Tätigkeit nicht begünstigt oder benachteiligt werden dürfen.

Aus der Wahrnehmung des Ehrenamts ist zu folgern, dass jede Bevorzugung durch vorzeitige Beförderung, Höhergruppierung oder Zuweisung eines besseren Dienstpostens zu unterbleiben hat. Dieses Begünstigungsverbot bezieht sich also auf das Verbot materieller Zuwendungen und auf die Verpflichtung der Dienststellen, Personalratsmitglieder in ihrer beruflichen Entwicklung genauso zu behandeln wie sonstige Beschäftigte. Das Begünstigungsverbot und das Benachteiligungsverbot gelten für alle Personen, die Aufgaben und Befugnisse nach dem Personalvertretungsgesetz wahrnehmen, z.B. auch für die Teilnehmerinnen und Teilnehmer an Personalversammlungen und für Beschäftigte, die sich mit Bitten und Beschwerden an den Personalrat wenden (Begründung zum Regierungsentwurf des BPersVG, Bundestags-Drucksache IV/3721). Das bedeutet, dass die Teilnahme an Personalversammlungen durch Vorgesetzte nicht behindert oder gar verhindert werden darf. In Zeiten höherer Belastung der einzelnen Beschäftigten durch den Personalabbau gewinnt dies zunehmend an Bedeutung.

2. Verbot der Minderung der Bezüge und des Arbeitsentgelts

Versäumte Arbeitszeit bleibt unberücksichtigt, wenn ein Personalratsmitglied dies aufgrund objektiv vorliegender Tatsachen und bei vernünftiger Würdigung aller Umstände für notwendig halten durfte. Daraus ergibt sich, dass ein Personalratsmitglied grundsätzlich keine ausdrückliche Dienstbefreiung beantragen muss. Das Gesetz erwähnt nicht, ob sich ein Personalratsmitglied, das zur Erfüllung seiner Aufgaben seinen Arbeitsplatz und/oder die Dienststelle verlässt, bei der Dienststelle abmelden muss. In Auslegung des § 42 Abs. 2 ergibt sich aber insbesondere bei nicht oder teilfreigestellten Personalratsmitgliedern die Notwendigkeit, sich beim nächsten Dienstvorgesetzten abzumelden, wenn die Personalratstätigkeit eine Abwesenheit vom Arbeitsplatz erfordert. Das Verlassen des Arbeitsplatzes bedarf aber keinesfalls der Zustimmung der oder des Vorgesetzten und die Abmeldung muss nicht in einer bestimmten Form erfolgen. Das Personalratsmitglied kann auch verpflichtet werden, nähere Angaben zu der beabsichtigten Tätigkeit zu machen. Nach Rückkehr erfolgt eine kurze Mitteilung an den Vorgesetzten. Näheres hierzu siehe ZfPR 11/2000, 318. Auch teil- und vollfreigestellte Personalratsmitglieder müssen im Rahmen der Ermittlung der Arbeitszeit installierte Zeiterfassungsgeräte bedienen. Dies ergibt sich aus der Rechtsprechung des Bundesarbeitsgerichtes zur Abmeldepflicht von Betriebsratsmitgliedern, das insoweit auch für den Bereich des Landespersonalvertretungsgesetzes NRW gilt.

Die Personalratstätigkeit braucht nicht außerhalb der regelmäßigen Arbeitszeit erledigt zu werden. Ist bei einem Lehrer nur eine teilweise Freistellung von der Regelpflichtstundenzahl erfolgt, so muss ihm für die Teilnahme an Sitzungen außerdem Dienstbefreiung gewährt werden. Eine Versagung ist nicht mit dem Hinweis möglich, dass die ausgeübte Tätigkeit ein evtl. freigestelltes Personalratsmitglied hätte übernehmen sollen. (BAG, Urteil vom 19.9.1985, RiA 1986, 182)

Für die Sitzungen des Personalrats muss den Mitgliedern neben der Freistellung Dienstbefreiung mit entsprechender Entlastung gewährt werden. Das BVerwG führt hierzu aus: „Die Freistellung von Mitgliedern des Personalrats dient dazu, dass die außerhalb von Sitzungen der Personalvertretung anfallenden Geschäfte ordnungs- und sachgemäß wahrgenommen werden und dadurch eine wirksame Erfüllung der dem Personalrat übertragenen Aufgaben und Befugnisse sichergestellt wird. Bei diesem Arbeitsanfall handelt es sich um die - vom Vorstand geführten laufenden Geschäfte, die sich auf die Vorbereitung und Durchführung der vom Personalrat zu fassenden oder gefassten Beschlüsse beziehen." (BVerwG vom 12.1.2009 – 6PB 24.08)

Nach der Rechtsprechung des OVG NRW und des BVerwG dient die pauschale Freistellung gemäß § 42 Abs. 3 und 4 LPVG der Erledigung gesetzlicher, außerhalb der Sitzungen regelmäßig anfallender Geschäfte. Dazu gehören etwa die Vorbereitung der Sitzung, die Einberufung der Mitglieder, die Aufbereitung der Tagesordnungspunkte, die Umsetzung der Beschlüsse sowie Büro- und Routinearbeiten. Nach § 42 Abs. 2 S. 3 LPVG ist die Freistellung vorrangig mit der Funktion der vorsitzenden Person bzw. bis zur Neuwahl des Vorstands verbunden. Dieser bzw. diesem obliegt die Führung der laufenden Geschäfte.

Freigestellte Personalratsmitglieder sind hinsichtlich ihrer Dienstbezüge und Arbeitsentgelte so zu stellen, als würden sie auch weiterhin in vollem Umfang ihrer Tätigkeit vor der Freistellung nachgehen. Zulagen, die Bestandteil der Besoldung, bzw. des Entgeltes sind, stehen ihnen weiter zu. Dies gilt auch für Zulagen wegen der Hinzuziehung zu Nacht-, Feiertags- und Wochenenddiensten. Auf Zulagen, die wegen besonderer Aufwendungen bei der Arbeit gezahlt werden (z.B. Bekleidungszuschuss), besteht mit Beginn der Freistellung kein Anspruch mehr. (BVerwG, 2 C 34.00 vom 13.9.2001)

Das Verbot der Minderung der Bezüge und des Arbeitsentgelts wird sich aber meist nur bei freigestellten Personalratsmitgliedern auswirken. Die Vorschrift stellt sicher, dass ein freigestelltes Personalratsmitglied keine finanziellen Einbußen erleidet. (BVerwG, Beschl. vom 11.9.1984, ZBR 1985,117) Auf Nr.9 Erl. Erl. wird hingewiesen.

Eine Dienstbefreiung für die Personalratstätigkeit kann nicht mit der Begründung versagt werden, sie sei aus zwingenden dienstlichen Gründen nicht möglich. Das würde nämlich voraussetzen, dass eine Mehrarbeitsentschädigung oder eine Überstundenvergütung gezahlt werden darf, was jedoch das Gesetz nicht vorsieht und sich erst recht von selbst versteht. (vgl. BVerwG, Beschl. vom 30.1.1986, ZBR 1986, 307) Als Ausgleich für eine Inanspruchnahme für Personalratstätigkeit über die normale Arbeitszeit hinaus darf nur Freizeit gewährt werden. Der Anspruch der Personalratsmitglieder auf Zeitausgleich besteht, soweit sie über ihre individuelle Arbeitszeit hinaus durch Erfüllung der Personalratsaufgaben beansprucht werden. Das gilt gleichermaßen für Teilzeitbeschäftigte. (LAG Köln, Urteil vom 17.5.1989, PersR 1989, 280; BAG, Beschl. vom 7.6.1989, BB 1990, 993) Wegen des Freizeitausgleichs bei Schulungs- und Bildungsveranstaltungen (§ 42 Abs. 5) wird auf Anm. 8 hingewiesen. Der Anspruch auf Freizeitausgleich fällt unter die Ausschlussfrist gem. § 37 TVL/TVöD, d.h. 6 Monate nach Fälligkeit entfällt der Anspruch. (BAG, Urteil vom 26.2.1992, NZA 1993, 423) Insofern wird auch hier eine Bevorzugung vermieden.

3. Freistellungen

Die erforderliche äußere Unabhängigkeit der Personalräte wird u.a. dadurch ermöglicht, dass ihre Mitglieder ganz oder teilweise von ihrer dienstlichen Tätigkeit freigestellt werden können. Die Freistellung dient dazu, dass die außerhalb von Sitzungen der Personalvertretung anfallenden Geschäfte ordnungs- und sachgemäß wahrgenommen werden und dadurch eine wirksame Erfüllung der dem Personalrat übertragenen Aufgaben und Befugnisse sichergestellt wird. (BVerwG, Beschl. vom 26.10.1977, ZBR 1978, 242)

Das OVG führt in einem „Gütebeschluss" aus, dass die Beratung von Beschäftigten und Gespräche mit der Dienststelle wurden oftmals als Tätigkeiten angesehen wurden, die ausschließlich im Rahmen der gewährten Freistellungen zu erbringen seien. Freigestellte Tätigkeiten seien etwa die Vorbereitung der Sitzung, die Einberufung der Mitglieder, die Aufbereitung der Tagesordnungspunkte, die Umsetzung der Beschlüsse sowie Büroarbeiten und Routinearbeiten etwa gemäß Geschäftsordnung. Es hat klargestellt. dass entsprechende Tätigkeiten zu Dienstbefreiungen außerhalb der zustehenden Freistellungskontingente führen. Diese Hinweise des Senats haben eine nicht zu unterschätzende Bedeutung. (OVG NRW – Fachsenat für Landespersonalvertretungssachen – Az.: 16 A 2008/09.PVL vom 18.2.2011)

Ob und welche Mitglieder freizustellen sind, entscheidet neben den Betroffenen selbst der Personalrat durch Mehrheitsbeschluss. Dabei hat er zunächst zu prüfen, ob die im Gesetz geforderten Voraussetzungen vorliegen (Abs. 3 Satz 1 2. Halbsatz). Die im Gesetz vorgesehene Staffelung gibt den Dienststellen nur in zwei Fällen eine rechtliche Möglichkeit, die Notwendigkeit der Freistellung zu prüfen:

- in Dienststellen unter 100 Beschäftigten, für die eine besondere Freistellungsquote nicht vorgesehen ist,
- für Stufenvertretungen und Gesamtpersonalräte, weil auf diese Vertretungen die Staffelung keine Anwendung findet (§§ 51 und 53). (Vgl. auch OVG Münster, Beschl. vom 16.1.1984, ZBR 1984, 243) und
- wenn der Personalrat nachweist, dass die pauschaliert vorgesehene Freistellung nicht ausreicht (s.u.).

Die Freistellungshöhe nach der Freistellungsstaffel richtet sich nach der Zahl der in der Regel Beschäftigten. Hierbei ist nicht von der Sollstärke nach Stellenplan, sondern nach der Zahl der tatsächlich Beschäftigten auszugehen, wobei jede Teilzeitkraft, auch unterhälftig Beschäftigte, als Beschäftigte in diesem Sinne zählen. Nicht mitgerechnet werden lediglich Aushilfskräfte, wenn sie nur kurze Zeit beschäftigt werden (nicht mehr als 3 Monate).

Von einer starren Freistellungsautomatik hat der Gesetzgeber auch deshalb abgesehen, weil nicht jeder Betroffene einen Anspruch auf Freistellung geltend machen wird (z.B. eine Beschäftigte oder ein Beschäftigter in der Berufsausbildung).

Kommt nur eine Freistellung in Betracht, ist dafür die vorsitzende Person vorzusehen. Falls die vorsitzende Person und die stellvertretende Person aus der anderen Gruppe auf eine Freistellung verzichtet, ist der Personalrat bei seiner Entscheidung nicht an starre Regelungen gebunden.

Sollen die im Gesetz vorgesehenen Freistellungen ausgeschöpft werden, ist nach der vorsitzenden Person die zweite Gruppe, der die vorsitzende Person nicht angehört, zu berücksichtigen. Dabei hat der Personalrat, sofern Listenwahl stattgefunden hat, eine Vertreterin oder einen Vertreter der Liste vorzuschlagen, die die höchste Sitzzahl bei der Wahl erreicht hat. (OVG Münster, Beschluss vom 16. Dezember 1993, Az: 1 B 2477/93.PVL) Der Listenschutz berechtigt aber nicht die Angehörigen der Liste, eine Kandidatin oder einen Kandidaten ihrer Wahl zu bestimmen. Die Auswahl bleibt dem gesamten Personalrat vorbehalten. (Bay. VGH, Beschl. vom 12.4.1989, ZfPR 1990, 117) Dieses Urteil wird modifiziert durch eine Entscheidung des OVG Münster (Beschluss vom 7. August 1998, Az: 1 A 6489/96.PVL), danach kann der stärksten Liste von der Mehrheit des Personalrats nicht vorgeschrieben werden, wen sie für die Freistellung vorschlagen. Listenvertreter/innen dürfen aber nicht übergangen werden, weil sie nicht der Mehrheitsfraktion angehören. Derartige Beschlüsse des Personalrats, die nur aus dem genannten Grund von der Freistellungsstaffel abweichen, können rechtsmissbräuchlich sein und einen Verstoß gegen Artikel 9 Abs. 3 GG (Koalitionsfreiheit) bedeuten. (Hess. VGH, Beschl. vom 29.11.1989, ZTR 1990, 303; OVG Münster, Beschl. vom 27.1.1993, ZfPR 1993, 31; BVerwG, Beschl. vom 11.7.1996, PersR 1997, 22) Um dies zu vermeiden, können sich Gewerkschaften, die zur selben Spitzenorganisation gehören sowie freie Listen gruppenübergreifend zusammenschließen.

Dem Personalrat steht bei Festlegung der Reihenfolge der Freistellungen kein Ermessen zu. Stehen einem Personalrat auf Grund der Größe der Dienststelle drei Freistellungen zu, sind zunächst die vorsitzende Person und dann die stellvertretende Person aus der zweiten Gruppe freizustellen. Einer stellvertretenden vorsitzenden Person kann nicht mit der Begründung, sie vertrete nur eine zahlenmäßig kleine Gruppe von Beschäftigten und würde deswegen nur in geringen Umfang in Anspruch genommen, eine Freistellung verwehrt werden. (OVG NRW, A 6325/96.PVL vom 12.6.1997)

Da die Gruppenstärke vorrangig ist, kann bei weiteren Freistellungen nach der Gruppenstärke verfahren werden, so dass auch eine Vertreterin oder ein Vertreter der Gruppe, der die vorsitzende Person angehört, in Betracht kommt.

Für kleine Dienststellen von 100 bis 199 Beschäftigte ist bei der Novelle in 2007 eine zusätzliche pauschale Freistellung in Höhe von 12 Wochenstunden normiert worden. Bei diesen Personalräten kann bei außergewöhnlichem, anlassbezogenem Bedarf von dieser pauschalen Freistellung vorübergehend abgewichen werden. Außergewöhnliche Anlässe können vielfältiger Natur sein, zu denken ist an Fusionen oder Neugründungen von Dienststellen, erhebliche Umstrukturierung der Arbeit in der Dienststelle oder Einführung völlig neuer Arbeitsmethoden oder Technik. Da der Gesetzgeber dieses Abweichen von der zwölfstündigen pauschalen Freistellung im die pauschalen Freistellungen regelnden Absatz 4 normiert hat, bedeutet dies lediglich ein vorübergehendes Aufweichen der festen Stundenzahl für die kleinen Dienststellen. Eine Nachweismöglichkeit, die die Rechtsprechung vorsieht, um eine höhere als die pauschale Freistellung zu erlangen, wenn die Freistellung zur ordnungsgemäßen Durchführung der Aufgaben der Personalräte erforderlich ist, wird dadurch nicht ausgeschlossen(s.u.).

Die Freistellungsstaffel des Abs. 4 Sätze1 und 4 gilt nur für die laufende Amtszeit. Sie bezieht sich auf die Personalratsmitglieder, für die ein entsprechender Beschluss gefasst und für welche die Dienststelle die Freistellung ausgesprochen hat. Wenn aus besonderen Gründen die Freistellung eines Personalratsmitgliedes aufgehoben werden soll und an seine Stelle ein anderes Mitglied tritt, ist dafür eine erneute Beschlussfassung und eine Freistellung im Einzelfall erforderlich. (Bay. VGH, Beschl. vom 30.11.1994 – 18 PC 94.3730) Keinesfalls übernehmen aber Ersatzmitglieder den Freistellungsanspruch eines verhinderten Mitglieds (Anm. 1 zu § 28).

Wie bereits gesagt, ist die Auswahl, welche Personalratsmitglieder freigestellt werden sollen, allein Aufgabe des Personalrats. Aus dem Zweck der Freistellung ergibt sich aber, dass eine gewisse Kontinuität in der Amtsführung der Freigestellten erforderlich ist. Eine Freistellung im „rollierenden System" wird man ausnahmsweise dann für zulässig halten können, wenn alle Mitglieder einer Personalvertretung eine volle Freistellung abgelehnt haben und ihnen eine solche Freistellung auch nicht zugemutet werden kann. (BVerwG, Beschl. vom 10.5.1984, PV 1986, 160) Im Übrigen kann im Einvernehmen mit der Dienststelle von der Freistellungsstaffel für die Dienststellen ab 200 Beschäftigte abgewichen werden (Abs. 4 Satz 6).

Im Streit um den zeitlichen Umfang von Freistellungen von Personalratsmitgliedern ist nur der Personalrat antragsbefugt. Einzelnen Mitgliedern des Personalrats steht diese Befugnis nicht zu, weil sie nicht unmittelbar in ihrer personalvertretungsrechtlichen Stellung betroffen sind. (VG Arnsberg, Beschluss v. 17.11.2008 – 20 L 697/08.PVL –)

Die pauschalierten Regelungen der Freistellungen nach § 42 Abs. 4 LPVG gelten nur für die örtlichen Personalvertretungen. Die Staffelung enthält Mindestzahlen, die den Normalfall regeln. Daher kann eine Dienststelle dem Personalrat, der die pauschalierte Freistellung voll ausschöpfen will, nicht entgegenhalten, dass diese Freistellung nicht erforderlich sei. (OVG Münster vom 15.4.1991, RiA 1992, 149; OVG Lüneburg vom 05.10.1993, PersR 1993,

568) Die Personalvertretung ihrerseits ist verpflichtet, die vom Gesetz eingeräumte Zahl der Freistellungen auszunutzen, um eine möglichst hohe Effektivität der Personalratsarbeit zu erreichen. (BVerwG vom 26.10.1977, ZBR 1978, 242 = PersV 1979, 112) Verzichtet eine Personalvertretung auf eine ihr nach der Staffelregelung zustehende Freistellung, kann dies unter Umständen eine Pflichtverletzung im Sinne des § 25 Abs. 1 LPVG darstellen. Die in der Freistellungsstaffel vorgesehene Zahl von Personalratsmitgliedern darf grundsätzlich nicht durch Teilfreistellungen überschritten werden. Eine Aufteilung der Freistellungsquote auf Teilfreistellungen ist nur dann zulässig, wenn die Ablehnung der vollen Freistellung auf stichhaltigen, sachlich nachvollziehbaren Gründen beruht. (OVG Berlin vom 14.2.1997 – OVG 70 PV 9/94 = ZfPR 1997, 151) Teilfreistellungen sind aber immer im Einvernehmen zwischen Personalrat und Dienststelle möglich, wenn sachlich anzuerkennende Gründe dafür vorliegen.

Im Einvernehmen mit dem Dienststellenleiter kann allerdings das Freistellungskontingent des Abs. 4 Sätze 4 und 5 abgeändert werden. Eine Abweichung nach oben ist sicherlich stets möglich, der Personalrat wird dann unter konkreter Darlegung einer vielleicht temporär besonders hohen Aufgabenbelastung (z.B. bei Umstrukturierungsmaßnahmen) über eine Erhöhung des Kontingentes verhandeln; ebenso ist häufig in den Grenzbereichen der Staffel bei entsprechender Belastung mit personalvertretungsrechtlichen Aufgaben eine Aufrundung des Volumens begründbar. Die Staffelsätze sollen schließlich „in der Regel" gelten und ermöglichen durchaus eine flexible, am Aufgabenvolumen orientierte Handhabung.

Sinkt bei einer Dienststelle erheblich und dauerhaft die Zahl der Beschäftigten mit der Folge, dass ein für die Freistellung maßgeblicher Schwellenwert unterschritten wird, kann die Dienststelle auch während einer laufenden Amtsperiode auf eine Verminderung der Freistellungen hinwirken. (BVerwG 6 P 3.95 vom 2.9.1996) Allerdings sagt das Gericht, dass sich die Dienststelle an die Grundsätze der vertrauensvollen Zusammenarbeit halten muss. Sie darf nicht einseitig, ohne die Personalvertretung zu beteiligen, tätig werden, sondern muss mit der Personalvertretung rechtzeitig mit dem Ziel der Verständigung diskutieren.

4. Teilfreistellungen

Eine Freistellung kann ganz oder teilweise erfolgen. Abs. 4 Satz 7 eröffnet die Möglichkeit, anstelle einer ganzen Freistellung eines Mitglieds mehrere Freistellungen auszusprechen. Erforderlich sind lediglich ein Beschluss des Personalrats und ein entsprechender Freistellungsantrag an die Dienststelle. Ein Einvernehmen mit dem Dienststellenleiter ist dafür nicht erforderlich. Keinesfalls kann der Dienststellenleiter Teilfreistellungen ohne zwingende Gründe ablehnen. (BAG, Beschl. vom 26.6.1996, BB 1996, 2356)

Auch in Dienststellen mit weniger als 100 Beschäftigten sind Teilfreistellungen grundsätzlich zulässig. Der Personalrat wird hierzu die Notwendigkeit belegen müssen, z.B. in dem er für einen repräsentativen, mit dem Dienststellenleiter abzusprechenden Zeitraum Zeitaufzeichnungen über die gesamte Personalratstätigkeit in einfacher Listenform aufstellt. (OVG Münster, Beschl. vom 13.5.1981, PV 1983, 508) Tut er dies nicht, erhalten der Personalrat und die einzelnen Mitglieder eine jeweils anlassbezogene Dienstbefreiung und eine dem Zeitaufwand entsprechende Arbeitsentlastung. Der Abs. 2 sieht vor, dass Personalratsmitgliedern genügend Zeit zur Wahrnehmung ihrer Aufgaben zur Verfügung stehen soll. Deshalb geht die dienstliche Tätigkeit der Personalratstätigkeit nach, wenn personalvertretungsrechtliche Aufgaben zu erfüllen sind. Das einzelne Personalratsmitglied hat einen gesetzlichen Anspruch auf Dienstbefreiung. Für die Wahrnehmung von Personalratsaufgaben bedarf es deshalb keiner ausdrücklichen Dienstbefreiung. Ausreichend ist ein entsprechendes Abmelden am Arbeitsplatz beim Vorgesetzten.

5. Entlastung von den dienstlichen Aufgaben

Unabhängig davon, ob der Vorsitzende und/oder weitere Mitglieder des Personalrats eine pauschale Freistellung erhalten oder eine Dienstbefreiung im vorgenannten Sinne, gilt das Folgende bei der Bemessung der dienstlichen Arbeit der Personalratsmitglieder. Bei der Bemessung des Arbeitsvolumens im Vergleich zu den anderen Beschäftigten muss die Dienststelle die Personalratstätigkeit eines Beschäftigten in angemessener Form berücksichtigen. (Ilbertz/Widmaier, § 46 Anm. 13 BPersVG; vgl. für das BetrVG: BAG vom 27.6.1990, BAGE 65, 230 = BB 1991, 759 = DB 199, 973) Die Verpflichtung der Dienststelle zur Freistellung erledigt sich nicht schon dadurch, dass die zur Wahrnehmung der Aufgaben erforderliche freie Zeit gewährt wird, um den Personalratsmitgliedern anschließend das volle Arbeitsvolumen abzuverlangen, das auf eine Diensttätigkeit vergleichbarer Beschäftigter ohne Personalratszugehörigkeit zugeschnitten worden ist.

Das Personalratsmitglied würde dadurch von der Dienststelle in die Zwangslage gebracht, die ihm übertragenen dienstlichen Aufgaben oder die Personalratstätigkeit zu vernachlässigen. Das Personalratsmitglied müsste sich folglich zwischen einem dienst- oder arbeitsrechtlichen Vergehen und einem Pflichtverstoß entscheiden. Aus dem Grundsatz der vertrauensvollen Zusammenarbeit heraus muss die Dienststelle solche Konfliktsituationen vermeiden und die ordnungsgemäße Wahrnehmung personalvertretungsrechtlicher Aufgaben sicherstellen. In einzelnen Fällen kann durchaus auch ein Verstoß des Dienststellenleiters gegen § 7 Abs. 1 LPVG vorliegen. Diese Vorschrift schließt grundsätzlich jede Form der Erschwerung oder Beeinträchtigung, Störung oder Belastung aus. Aus dem Sinngehalt des Gesetzes, insbesondere auch § 42 Abs. 2 LPVG ist eindeutig abzuleiten, dass es der Gesetzgeber nicht gewollt hat, dass die Mitglieder des Personalrats Freizeit für ihre Tätigkeit in Anspruch nehmen müssen.

Die Ausübung der Personalratstätigkeit geht für die Personalratsmitglieder dem eigenen planmäßigen Dienst vor (OVG Münster vom 26.10.1956, ZBR 1957, 93 für Mitglieder des Wahlvorstandes), denn sie dient der vom Gesetz geforderten ordnungs- und sachgemäßen Erfüllung der dem Personalrat übertragenen Aufgaben. (BVerwG vom 16.10.1997, ZBR 1978, 242; PersV 1979, 112)

Die Mitglieder der Personalvertretungen müssen jedoch die Dringlichkeit der beruflichen Tätigkeit und der Personalratsarbeit gegeneinander abwägen. (Ilbertz/Widmaier, § 46 Anm. 3 BPersVG)

Ist die Wahrnehmung der dienstlichen Aufgabe im Ausnahmefall unabweisbar dringend erforderlich, so ist ihr der Vorzug zu geben (vgl. für das BetrVG: BAG v. 11.6.1997, Leits. ZBVR 1998, 73 = ZTR 1997, 524).

6. Rechtliche Stellung und Aufgaben der freigestellten Personalratsmitglieder

Auch das freigestellte Personalratsmitglied erfüllt seine personalvertretungsrechtlichen Pflichten in völliger Anbindung an seine Dienststelle. Selbst eine ganze Freistellung bedeutet lediglich die Loslösung von Arbeits- und Dienstleistungspflicht, nicht aber von arbeits- und beamten-rechtlichen Pflichten (Cecior, Anm. 19 zu § 25). Das Personalratsmitglied genießt insoweit keine Immunität.

Wie bereits erwähnt, dient die Freistellung dazu, dass die außerhalb von Sitzungen der Perso-nalvertretungen anfallenden Geschäfte ordnungs- und sachgemäß wahrgenommen werden und dadurch eine wirksame Erfüllung der vom Personalrat zu erledigenden Aufgaben und Befugnisse sichergestellt wird. Kraft Gesetzes erhält aber ein freigestelltes Personalratsmitglied keine besonderen Aufgaben und Befugnisse, die über die der übrigen Personalratsmitglieder hinausgehen, zumal alle Aufgaben dem Plenum übertragen worden sind, und nicht den frei-gestellten Mitgliedern in besonderer Weise. (OVG Münster, Beschl. vom 7.12.1978, ZBR 1980, 132) Die freigestellten Mitglieder können aber für Sonderaufgaben (z.b. Vorbereitung von Arbeitssitzungen) herangezogen werden. Es ist auch unbedenklich, wenn von diesen Personalratsmitgliedern die Aufgaben der Schriftführung übernommen werden. Sie können aber keinesfalls an die Stelle des Vorsitzenden oder seiner Stellvertreter treten und deren durch Gesetz übertragene Aufgaben erfüllen.

7. Keine Beeinträchtigung des beruflichen Werdeganges

Die Freistellung darf nicht zu einer Beeinträchtigung des beruflichen Werdeganges führen. Es handelt sich dabei zunächst um das Gegenstück zum allgemeinen Benachteiligungsverbot (Siehe auch Anm. 1 zu § 7). Konkret stellt sich aber für freigestellte Personalratsmitglieder, die ihre Beziehung zum Arbeitsplatz ihrer Dienststelle verloren haben, die Frage nach einer beruf-lichen Förderung, auf die sie einen Anspruch haben. Eine solche Maßnahme darf auf keinen Fall scheitern, weil niemand ein vom Dienst freigestelltes Personalratsmitglied dienstlich beur-teilen kann. Auch ohne Beurteilung durch die vor der Freistellung zuständigen Vorgesetzten müssen sowohl Beförderung als auch Höhergruppierung möglich sein, wenn man bei der Freistellung nicht zu einer negativen Auslese kommen will (vgl. Nr. 10 Erl. Erl.). Es ist sachge-recht, für die Entscheidung über die Beförderung oder Höhergruppierung eine berufliche Entwicklung nachzuzeichnen, wobei vergleichbare Beschäftigte und ihr Werdegang herange-zogen werden können. (BVerwG, Beschl. vom 7.11.1991, ZfPR 1992, 117) Bei einer Fort-schreibung einer dienstlichen Beurteilung (Nachzeichnung), die für ein freigestelltes Personalratsmitglied zuletzt vor seiner Freistellung erstellt wurde, darf der Dienstherr eine Leistungsentwicklung zu Grunde legen, wie sie sich in Anlehnung an den Werdegang ver-gleichbarer Beamter voraussichtlich ergeben hätte. Hierbei darf kein Ausnahmefall zum Maßstab genommen werden, vielmehr bedarf es einer gewissen Mindestzahl von Beamten in der Vergleichsgruppe. (OVG Saarlouis, 1 W 30/02 vom 23.1.2003)

Das Personalratsmitglied hat Anspruch auf die sich aus dieser Nachzeichnung ergebende Vergütung (LAG Sachsen, Beschl. vom 3.5.1996, PersR 1996, 405). Es wird jedoch für zulässig erachtet, dass bei einem Laufbahngruppenwechsel die Freistellung vorübergehend zum Zwecke der Bewährung aufgehoben wird. (OVG Münster, Beschl. vom 24.6.1980, PV 1982, 75)

Wird ein freigestelltes Personalratsmitglied von berufsbezogenen Fortbildungsmaßnahmen ausgeschlossen, obwohl die im Rahmen der Fortbildung vermittelten Kenntnisse für die dienst-liche Aufgabenwahrnehmung erforderlich sind und eine Rückkehr des Personalratsmitglieds an seine alten Arbeitsplatz wahrscheinlich ist, liegt ein Verstoß gegen das Benachteiligungsverbot aus § 42 Abs. 3 Satz 4 vor. Mit der Rückkehr an den alten Arbeitsplatz ist auf Grund des Wahlamtes auch bei langjährig freigestellten Personalratsmitglieds zu rechnen. (VGH Hessen, 22 TL 756/96 vom 16.1.1997) Ein freigestelltes Personalratsmitglied kann sich auf jeden freien, höher dotierten Arbeitsplatz bewerben. Er darf bei seiner Bewerbung gegenüber Mitbewerbern nicht benachteiligt, aber auch nicht vorgezogen werden. Der Dienststellenleiter benachteiligt das Personalratsmitglied nicht, wenn er einem objektiv qualifizierteren Mitbewerber den Vorrang einräumt. Eine Benachteiligung liegt jedoch vor, wenn er den Mitbewerber für qualifizierter hält, da das Personalratsmitglied auf Grund seiner Freistellung nicht mehr über dieselben fachlichen Leistungen verfügt oder diese nicht feststellbar sind. Das freigestellte Personalratsmitglied hat in diesem Fall einen Anspruch auf die höhere Vergütung. (BAG, 7 AZR 676/96 vom 29.10.1998) Vergleichbares gilt auch bei freigestellten Personalratsmitgliedern aus der Beamtengruppe.

8. Schulungs- und Bildungsveranstaltungen

Schulungs- und Bildungsveranstaltungen können sowohl von Mitgliedern des Personalrats als auch von Ersatzmitgliedern, die regelmäßig zu Sitzungen des Personalrats herangezogen werden, besucht werden. Ersatzmitglieder, die nur vorübergehend und nur selten ein zeitweilig verhindertes Mitglied vertreten, können nicht entsandt werden. (BVerwG, Beschl. vom 27.4.1979, PV 1980, 237) Bei der Prüfung der Erforderlichkeit der Entsendung eines Ersatzmitglieds ist auch die im Zeitpunkt der Beschlussfassung zu erwartende Tätigkeit künftiger Vertretungsfälle zu berücksichtigen. (BAG. Beschl. vom 15.5.1986, Verwaltungsrundschau 1987, 63; Bay. VGH, Beschl. vom 3.11.1993, ZfPR 1994, 161)

Die Schulung hat den Zweck, Personalratsmitglieder auf ihre Aufgaben vorzubereiten und ihnen Kenntnisse zu vermitteln, die zur sachgerechten Beurteilung der zu entscheidenden Maßnahmen notwendig sind. Damit wird versucht, den erheblich besseren Kenntnisstand der Dienststelle und ihrer Mitarbeiter auszugleichen. Das Gesetz schreibt nicht vor, wie oft und für welche Dauer die Mitglieder der Personalvertretungen für den Besuch der Veranstaltungen freizustellen sind. Mithin ist die Dauer nach dem Maßstab der Erforderlichkeit und der Verhältnismäßigkeit zu bestimmen. Aus diesem Maßstab lässt sich aber keine Obergrenze von fünf Arbeitstagen ableiten. (BVerwG, Beschl. vom 14.11.1990, ZTR 1991, 129) Eine solche Einschränkung ergibt sich allerdings aus Nr. 12.3 Erl. Erl. Die im Erlass des Innenministers des Landes NRW vom 6.7.1977 (MBINW S. 856) in Nr. 10.5.3 festgelegte Obergrenze für die Erstattung der Schulungskosten bindet aber nicht die Gerichte, weil das Landespersonalvertretungsgesetz NRW hierfür keine Rechtsgrundlage bietet. (OVG NRW, 1 A 3978/95.PVL vom 5.2.1997)

Der Personalrat selbst trifft die Auswahl der für die Schulung vorzuschlagenden Mitglieder nach pflichtgemäßem Ermessen durch Beschluss. Der Personalrat muss jedoch den Leiter der Dienststelle rechtzeitig über die getroffene Auswahl und die zeitliche Inanspruchnahme unterrichten. Es bedarf der Freistellung vom Dienst durch den Dienststellenleiter. Hierbei handelt es sich um eine akzessorische Entscheidung, die als dienstrechtliche Maßnahme die Teilnahme an der Schulungsveranstaltung ermöglicht. (BVerwG, Beschl. vom 27.4.1979, PV 1987, 422; OVG Münster, Beschl. vom 4.3.1993, R1A 1993,307) Beachtet der Personalrat bei seiner Auswahl die Grundsätze der Erforderlichkeit und der Verhältnismäßigkeit, hat der Dienststellenleiter kein Ermessen, die Freistellung zu verweigern. Im Streitfall muss der Personalrat ein personalvertretungsrechtliches Beschlussverfahren beim Verwaltungsgericht beantragen. (OVG Münster, Beschl. vom 4.3.1993, ZTR 1993, 436)

Beispiele für Schulungsthemen:

- Dienstrecht
  Beamten- und Tarifrecht,
  Eingruppierungsrecht (VOH Baden-Württemberg, Beschl. vom 19.5.1987, PV 1989, 224),
- Personalvertretungsrecht Grundschulung (Bay. VGH, Beschl. vom 9.3.1989, ZBA 1990, 226),
  neuere Bestimmungen (BAG, Beschl. vom 7.6.1989, BB 1990, 137),
  Rechtsprechung Personalvertretungsrecht (BAG, Beschl. vom 20.12.1995, BB 1996, 1169),
- Elektronische Datenverarbeitung
  Personalinformationssysteme (BVerwG, Beschl. vom 28.2.1984 – 6 P 36.82)
  Bürokommunikationssysteme (BAG, Beschl. vom 14.9.1994, AB 1995, 201),
- Arbeitsschutz und Unfallverhütung
  Arbeitssicherheit (BAG, Beschl. vom 29.4.1992, NZA 1993, 375),
- Personalplanung und Arbeitsorganisation (VG Schleswig-Holstein, Beschl. vom 21.2.1990, PersR 1990,193),
- Gesprächstechnik und Verhandlungsführung,
- Schwerbehindertenrecht (Hess. VGH, Beschl. vom 16.11.1989, ZfPR 1990, 94),
  Kündigungsschutz für Schwerbehinderte (OVG Münster, Beschl. vom 23.9.1992, PersR 1993, 224).
- Mit der Einführung der Möglichkeit, einen Wirtschaftsausschuss zu bilden (§ 65a) wird ggf. auch eine Schulung der rechtlichen Grundlagen der Arbeit eines Wirtschaftsausschusses zu den notwendigen Schulungsthemen gehören.

Weitere Beispiele aus der Rechtsprechung, die auch für vergleichbare Schulungen Anhaltspunkte liefern:

- Eine Schulung zum Thema Mobbing hat einen konkreten Bezug zu den gesetzlichen Aufgaben der Personalvertretung. Die Kosten hierfür hat die Dienststelle aber nur zu tragen, wenn die Teilnahme an einer solchen Schulung für die sachgerechte Bewältigung dieser Aufgaben in der Dienststelle erforderlich ist. Hierzu muss eine konkrete Konfliktlage in der Dienststelle vorliegen, zu deren Lösung das bei der Schulung vermittelte Wissen notwendig ist. (BAG, 7 ABR 14/96 vom 15.1.1997)
- Was anderes gilt bei Schulungen zum Thema Suchterkrankungen am Arbeitsplatz; hier wird eine bis zu 5 Tagen dauernde Schulung einzelner Personalratsmitglieder vom Dienstherrn anzuerkennen sein, da zumindest in größeren Dienststellen das Problem der Suchterkrankungen latent vorhanden ist und jederzeit konkret werden kann. (LAG Düsseldorf, 4 TaBV 38/95 vom 9.8.1995)
- Es ist nicht zu beanstanden, wenn von neun Personalratsmitgliedern eines Personalrats bis zu zwei Mitglieder an einer „Vertiefungsschulung" teilnehmen, auf der Wissen zu besonders aktuellen Themen vermittelt wird, welches immer wieder Gegenstand von Beteiligungsfällen ist. Solche Schulungen sind zur ordnungsgemäßen Personalratsarbeit erfor-

derlich. Die Dienststelle muss die Kosten hierfür übernehmen. (OVG Niedersachsen, 17 L 2371/96 vom 21.5.1997)

- Auch wenn jedes Personalratsmitglied Anspruch auf für die Arbeit als geeignet anerkannte Schulungsmaßnahmen hat, muss der Personalrat prüfen, ob eine Schulung kurz vor Ende der Amtszeit eines Personalratsmitgliedes während der restlichen Amtszeit noch Bedeutung erlangen kann. (Vgl. BAG 7 AZR 840/96 vom 28.8.1996)

- Die Dienststelle muss auch die Kosten für eine Schulung tragen, auf der Personalratsmitgliedern Kenntnisse über die Vergabe leistungsbezogener Bezügebestandteile und die entsprechenden Rechtsgrundlagen vermittelt werden. (VG Köln, 33 K 5020/99.PVB vom 16.1.2001)

- Insbesondere bei größeren Dienststellen kann die Schulung von Personalratsmitgliedern auf dem Gebiet der betrieblichen Öffentlichkeitsarbeit grundsätzlich als erforderlich angesehen werden. Nur so kann der Personalrat seiner allgemeinen Aufgabe i.S.d. 40 Abs. 4 nachkommen, die Beschäftigten über die eigene Tätigkeit und allgemein interessierende Vorgänge innerhalb der Dienststelle zu informieren. (VG Köln, 34 K 10183/96.PVL vom 23.6.1997)

- Die Teilnahme eines Personalratsmitglieds an einer Schulungsveranstaltung mit dem Titel „Mediation: Wie vermittle ich in Konfliktsituationen?" ist, wenn ein konkreter Bezug zur Tätigkeit des Personalrats fehlt, nicht erforderlich, d.h. die Dienststelle ist nicht verpflichtet, hierfür die Kosten zu übernehmen. (OVG Berlin, 60 PV 11.97 vom 23.9.1998)

- Die Schulung der vorsitzenden Person des Personalrats und ggf. eines weiteren Personalratsmitglieds zu dem Thema Kosten- und Leistungsrechnung ist im Rahmen einer Spezialschulung erforderlich, wenn in der Dienststelle solche Verfahren eingesetzt werden sollen. (VG Schleswig-Holstein, PB 25/98 vom 21.7.1998)

- Ist ein Ersatzmitglied des Personalrats bei 21 Sitzungen des Personalrats höchstens zweimal herangezogen worden und hat es daneben an einer personalvertretungsbezogenen Klausurtagung teilgenommen, begründet das keine Freistellung vom Dienst für die Teilnahme an einer personalvertretungsbezogenen Fortbildungsveranstaltung. (VG Gelsenkirchen, Beschluss v. 7.11.2008 – 12 c K 5490/08.PVL)

- Eine Schulung zum Thema „Personalrat und Datenschutz" ist für ein Personalratsmitglied erforderlich und für eine vertrauensvolle und offensive Zusammenarbeit von Personalrat und Dienststelle besonders förderlich. Der Personalrat hat bei Auswahlmöglichkeiten zwischen mehreren gleichqualifizierten Schulungsveranstaltungen stets die kostengünstigere zu wählen, um den Kostenerstattungsanspruch nicht zu verlieren. (VG Potsdam, 10 K 4576/97.PV vom 15.10.1997)

- Dem Beschluss des Personalrats über die Entsendung eines Mitglieds in eine Schulungsveranstaltung muss sich entnehmen lassen, dass der Personalrat eine Erforderlichkeitsprüfung durchgeführt hat. Der Beschluss muss deshalb sowohl das ausgewählte Mitglied, als auch die ausgewählte Veranstaltung konkret benennen sowie darüber hinaus Angaben zur objektiven und subjektiven Erforderlichkeit der Schulungsmaßnahme enthalten. Droht der Schulungsanspruch wegen des nahenden Endes der Amtszeit des Personalrats unterzugehen, kann eine einstweilige Verfügung in Betracht kommen. Auch bei eingeschränkter Zuständigkeit des Personalrats hat dieser Anspruch auf Teilnahme an einer Schulung über die allgemeinen personalvertretungsrechtlichen Beteiligungsrechte. Eine Grundschulung muss die wichtigsten, die personalvertretungsrechtliche Praxis in den Dienststellen typischerweise prägenden Mitbestimmungs- und Mitwirkungstatbestände behandeln. Ein bloßer Überblick reicht insoweit nicht aus. (VG Stade, Beschluss v. 4.4.2011– 7 B 384/11 –)

- Der Personalrat ist nicht berechtigt, ein behördeninternes Fortbildungsangebot, welches sich nicht bereits bei überschlägiger Betrachtung als nicht gleichwertig erweist, zu Gunsten einer wesentlich kostenaufwändigeren gewerkschaftlichen Schulung auszuschlagen. (BVerwG, Beschluss v. 16.6.2011 – 6 PB 5.11 –) Der Personalrat muss bei allen Entscheidungen, die er im Rahmen seiner gesetzlichen Aufgabenstellung trifft, das Gebot der sparsamen Verwendung öffentlicher Mittel beachten. Eine Personalvertretung hat aber Anspruch auf Teilnahme ihrer Mitglieder an einschlägigen Schulungsveranstaltungen, „soweit diese Kenntnisse vermitteln, die für die Tätigkeit im Personalrat erforderlich sind" (vgl. u.a. § 46 Abs. 6 BPersVG).

- Ein Seminar, das die Grundlagen des TVöD vermittelt, ist als arbeitsrechtliche Grundschulung anzusehen, so dass die Teilnahme aller Personalratsmitglieder erforderlich ist. (OVG Nordrhein-Westfalen, Beschluss v. 16.4.2008 – 1 A 4630/06.PVB –) Die Teilnahme an einer arbeitsrechtlichen Grundschulung steht nach Auffassung des Gerichts allerdings nur den Arbeitnehmervertretern im Personalrat zu und nur solchen, die – wie im Übrigen bei anderen Grundschulungen auch – nicht schon zuvor an einer Veranstaltung teilgenommen haben, bei der entsprechende Kenntnisse vermittelt worden sind.

Weitere Erläuterungen siehe auch ZfPR 3/2002, 92.

Mit dem Gebot der sparsamen Verwendung öffentlicher Mittel ist es nicht zu vereinbaren, Personalratsmitglieder über Sachgebiete zu schulen, mit denen die betreffende Personalvertretung nicht oder nur am Rande befasst ist (Hess. VGH, Beschl. vom 10.8.1988, PV 1990, 183). Ob eine Dienststelle verpflichtet ist, Personalratsmitgliedern die Kosten der Teilnahme an einer von Seiten einer Gewerkschaft veranstalteten (Personalräte-) Konferenz zu erstatten, hängt davon ab, ob sich diese Kosten auf eine Tätigkeit des Personalrats zurückführen lassen und ob der Besuch der Konferenz objektiv zur Erfüllung der Aufgaben des Personalrats und subjektiv für das entsandte Personalratsmitglied erforderlich war (BVerwG, Beschl. vom 1.8.1996, ZfPR 1996, 185).

9. Kosten für Schulungs- und Bildungsveranstaltungen; Zeitausgleich

Die Dienststellen erstatten die entstehenden Kosten in einem angemessenen Rahmen (OVG Münster, Beschl. vom 5.2.1997 – 1 A3978/95 PVL). Dazu gehören die Reisekosten und die sonst entstehenden Sachkosten. Auf Nr. 12 Erl.Erl. wird hingewiesen. Die Festlegung von Höchstgrenzen für die Kostenerstattung ist eine die Gerichte nicht bindende interne Verwaltungsvorschrift. (BVerwG, Beschl. vom 7.12.1994, ZfPR 1995, 85) Ansprüche von Personalratsmitgliedern auf Erstattung von Schulungskosten können an den Veranstalter der Schulung, der die Kosten verauslagt hat, abgetreten werden. (BVerwG, Beschl. vom 20.3.1995, PersR 1995,338)

Nicht zuzustimmen ist dem BVerwG in seiner Auffassung, dass Mittel für die Teilnahme an Schulungsveranstaltungen bei fehlenden Haushaltsmitteln nur dann von der Dienststelle zu übernehmen sind, wenn der Schulungsbedarf unaufschiebbar ist. Dies sei spätestens nach achtzehn Monaten der Fall. (BVerwG, 6 P 9.02 vom 26.2.2003) Das BVerwG geht in seiner

Entscheidung selbst davon aus, dass die Personalvertretung nur dann als gleichberechtigte und sachkundige Partnerin der Dienststelle auftreten kann, wenn sie zumindest über einen Grundbestand an personalvertretungsrechtlich relevantem Wissen verfügt. Deshalb muss der Schulungsanspruch unmittelbar nach der Wahl verwirklicht werden. Das Haushaltsrecht enthält so viel Flexibilität, dass Mittel für die Schulungsmaßnahmen auch dann zur Verfügung gestellt können, wenn die für die Erstattung der Kosten der Personalvertretung eingeplanten Mittel aufgebraucht sind. Es ist der Dienststelle jedenfalls anzulasten, dass sie bei der Planung des Haushalts hierfür trotz Kenntnis von Neuwahlen keine ausreichende Vorsorge getroffen hat. Anders stellt sich die Situation bei fehlenden Haushaltsmitteln für Spezialschulungen (z.b. Umgang mit Suchtkranken, Mobbing) dar. Hier ist der akute und konkrete Handlungsbedarf dazulegen. (BVerwG, 6 P 10.02 vom 26.2.2003) Ist eine Schulung unaufschiebbar notwendig, sind Mittel hierfür von der Dienststelle bereitzustellen. Unaufschiebbar ist eine Schulung, wenn dort Kenntnisse vermittelt werden, die einem akuten Handlungsbedarf genügen, z.b. Mitwirkung eines Personalratsmitglieds in einer von der Dienststelle eingerichteten Projektgruppe oder drohende Schließung von Nebenstellen. (BVerwG, 6 P 10.02 vom 26.2.2003)

Freizeitausgleich ist bei solchen Veranstaltungen nicht zu gewähren, weil es sich nicht um Personalratstätigkeit im eigentlichen Sinne handelt. (BAG, Beschl. vom 20.10.1993, DB 1993, 2235). Dies gilt nach bundesdeutscher Rechtsprechung auch für teilzeitbeschäftigte Personalratsmitglieder. Demgegenüber hat der EuGH (Beschl. vom 4.6.1992, DB 1992, 1481) die Nichtgewährung eines entsprechenden Freizeitausgleichs als Diskriminierung teilzeitbeschäftigter Frauen im Verhältnis zu vollzeitbeschäftigten Personalratsmitgliedern angesehen (vgl. Art. 177 Abs. 1 Buchst. a und Abs. 3 EWG-Vertrag).

10. Trägerschaft für Schulungs- und Bildungsveranstaltungen

Es ist unerheblich, wer Schulungs- und Bildungsveranstaltungen durchführt, falls die Dienststellen kein entsprechendes Fortbildungsangebot haben. Veranstalter können demnach Gewerkschaften, Kirchen, Akademien oder auch die Personalvertretungen sein. Entscheidend ist auch nicht, wie diese Schulungs- und Bildungsveranstaltungen bezeichnet werden, ob sie in Form von Seminaren oder Konferenzen durchgeführt werden. Ausschlaggebend ist nur, dass der dargebotene Wissensstoff Kenntnisse vermittelt, die für die Tätigkeit im Personalrat erforderlich sind. Es ist auch zulässig, dass eine Gewerkschaft nur für ihre Mitglieder Schulungs- und Bildungsveranstaltungen durchführt, da die Gewerkschaften insofern staatsentlastende Tätigkeiten übernehmen. (BVerwG, Beschl. vom 24.7.1979, ZBR 1980, 19)

Ein Personalratsmitglied, das einer bestimmten Gewerkschaft angehört, kann nicht verpflichtet werden, bei einer als notwendig erachteten Schulungsveranstaltung allein aus Kostengründen preiswertere Alternativangebote anderer Gewerkschaften zu wählen. Unvermeidbare Mehrkosten sind jedoch darzulegen und glaubhaft zu machen. Ein gewerkschaftlicher Träger kann von den Teilnehmern einer Schulungsveranstaltung nur die nachweisbaren tatsächlichen Kosten, nicht aber allgemeine Vorhaltekosten in Rechnung stellen. (OVG Berlin, 60 PV 5.98 vom 20.12.1999; VGH Bayern, 17 P 99.3639 vom 3.5.2000)

Dienststelleninterne Schulungen

    a) Dienststelleninterne Schulungen sind grds. zulässig.

    b) Das Recht der Personalvertretung auf Auswahl unter den anbietenden Wettbewerbern, bei der der Grundsatz der sparsamen Verwendung öffentlicher Mittel zu berücksichtigen ist, bleibt aber auch hier erhalten.

c) Keinesfalls kann der Dienststellenleiter kraft seines Direktionsrechts anordnen, die Personalratsmitglieder hätten an einer dienststelleninternen Schulungsveranstaltung teilzunehmen.

d) Ein genereller Anmeldestopp für gewerkschaftliche (oder in anderer Trägerschaft liegende) Schulungen bis zum Abschluss der Wirtschaftlichkeitsberechnung bzw. der Vorbereitung dienststelleneigener Schulungen ist für die Personalvertretung nicht verbindlich. Diese entscheiden in eigener Verantwortung, ob das Zuwarten mit der Schulung der neu gewählten Personalratsmitglieder bis zu diesem – ungewissen – Zeitpunkt mit dem Erfordernis einer verantwortungsvollen und sachgerechten Aufgabenerfüllung vereinbar ist. (Auszug aus ZfPR 10/2000,284)

11. Sonderurlaub für Personalratsmitglieder; Zusatzurlaub

Gem. § 48 Abs. 7 BPersVG sind Personalratsmitglieder während ihrer Amtszeit zur Teilnahme an Schulungs- und Bildungsveranstaltungen, die von der Bundeszentrale für politische Bildung als geeignet anerkannt sind, zusätzlich für drei Wochen freizustellen. Für neu hinzugekommene Personalratsmitglieder verlängert sich der Freistellungszeitraum auf vier Wochen. Diese Vorschrift besteht in Nordrhein-Westfalen nicht. Falls Personalratsmitglieder an Schulungsveranstaltungen teilnehmen wollen, die für die unmittelbare Personalratstätigkeit nicht erforderlich sind, sondern der allgemeinen staatspolitischen Bildung dienen, kann Sonderurlaub nach der Verordnung über den Sonderurlaub der Beamtinnen und Beamten und Richterinnen und Richter im Lande Nordrhein-Westfalen gewährt werden. Diese Vorschrift findet auch auf Arbeitnehmerinnen und Arbeitnehmer (§29 TVL/TVöD) Anwendung. Nach diesen Vorschriften kann für die Teilnahme an Tagungen und Veranstaltungen, die staatsbürgerlichen, wissenschaftlichen oder anderen fachlichen, politischen, kirchlichen, gewerkschaftlichen, karitativen, sportlichen oder ähnlichen Zwecken dienen, Urlaub unter Beschränkung auf das notwendige Maß bewilligt werden, soweit die Ausübung der Tätigkeit außerhalb der Dienstzeit nicht möglich ist und dienstliche Gründe nicht entgegenstehen. Insgesamt können für diese Zwecke 5 Arbeitstage im Urlaubsjahr bewilligt werden, wobei die oberste Dienstbehörde in Ausnahmefällen bis zu 10 Tagen gewähren kann. Da es sich um eine Kannvorschrift handelt, steht es im Ermessen der Dienststelle, ob Personalratsmitglieder für diese Zwecke Sonderurlaub erhalten. Im Hinblick auf die bestehende bundesgesetzliche Regelung muss von diesem Ermessen in einem weiten Rahmen Gebrauch gemacht werden.

Anspruch auf Erholungsurlaub besteht für Personalratsmitglieder uneingeschränkt. Zusatzurlaub, den ein Personalratsmitglied vor seiner Freistellung erhalten hat, ist auch während der Freistellung zu gewähren. (BVerwG, Beschl. vom 18.9.1985, PV 1988, 351)

12. Budgetrecht

Zum Budgetrecht für notwendige Schulungsveranstaltungen gilt uneingeschränkt Anm. 6 zu § 40. Der Personalrat würde gerade bei einem Budget für Schulungsveranstaltungen seine durch die o.a. erwähnte, durch Rechtsprechung erhärtete Rechtsposition deutlich einschränken. Die Vereinbarung eines Budgets, die durch die Dienststelle nicht vorgeschrieben werden kann, sollte daher genau überlegt sein.

13. Unfallfürsorge

Die Reisen der Personalratsmitglieder fallen unter die beamtenrechtlichen Unfallfürsorgevorschriften. Der Umfang der Unfallfürsorge richtet sich nach den §§ 30 ff. des Beamtenversorgungsgesetzes und schließt ein

- Erstattung von Sachschäden und besonderen Aufwendungen,
- Heilverfahren,
- Unfallausgleich,
- Unfallruhegehalt oder Unterhaltsbeitrag,
- Unfall-Hinterbliebenenversorgung,
- einmalige Unfallentschädigung.

Soweit Arbeitnehmerinnen und Arbeitnehmer einen Unfall erleiden, so gelten diese als Betriebsunfälle, die nach den allgemeinen unfallversicherungsrechtlichen Vorschriften zu entschädigen sind (SGB VII).

Sachschäden, soweit sie bei einem Unfall während einer Reise aus Anlass der Personalratstätigkeit entstanden sind, werden im Rahmen der geltenden Vorschriften ersetzt.

§ 43

(1) Eine Versetzung, Abordnung, Umsetzung nach § 72 Absatz 1 Satz 1 Nummer 5, Zuweisung oder Gestellung darf gegen den Willen des Mitglieds des Personalrats nur erfolgen, wenn dies auch unter Berücksichtigung der Mitgliedschaft im Personalrat aus wichtigen dienstlichen Gründen unvermeidbar ist, und der Personalrat, dem das Mitglied angehört, zustimmt. Dies gilt entsprechend für Ersatzmitglieder, solange sie gemäß § 28 Abs. 1 in den Personalrat eingetreten sind.

(2) Die außerordentliche Kündigung von Mitgliedern des Personalrats, die in einem Arbeitsverhältnis stehen, bedarf der Zustimmung des Personalrats. Verweigert der Personalrat seine Zustimmung oder äußert er sich nicht innerhalb von drei Arbeitstagen nach Eingang des Antrags, so kann das Verwaltungsgericht sie auf Antrag der Dienststelle ersetzen, wenn die außerordentliche Kündigung unter Berücksichtigung aller Umstände gerechtfertigt ist. In dem Verfahren vor dem Verwaltungsgericht ist die betroffene Arbeitnehmerin oder der betroffene Arbeitnehmer Beteiligte oder Beteiligter.

1. Schutzvorschrift

Die Vorschrift soll die kontinuierliche Arbeit des Personalrats gewährleisten und den Dienststellen verwehren, unliebsame und unbequeme Personalratsmitglieder von ihrem Amt fernzuhalten oder ihre Arbeit zu erschweren. Der Schutz beginnt mit dem Tage der Wahl und nicht erst mit dem Beginn der Amtszeit. Satz 2 schließt Ersatzmitglieder ein, solange sie – wenn auch nur vorübergehend – in den Personalrat eingetreten sind. Angesprochen sind Versetzungen, Abordnungen und Umsetzungen.

2. Versetzungen, Abordnungen, Umsetzungen

Die Begriffsbestimmungen für Versetzung und Abordnung ergeben sich aus dem LGB, während es für den Begriff der Kündigung keine spezielle arbeitsrechtliche Bestimmung gibt. Das gleiche gilt für den Umsetzungsbegriff, der weder beamtenrechtlich noch arbeitsrechtlich beschrieben werden kann (vgl. Anm. 19 zu § 72). Im Sinne des § 43 gilt folgende Definition: Umsetzung ist die Übertragung eines anderen Aufgabengebietes oder der Wechsel des Dienstortes. Nicht jede dieser Maßnahmen unterliegt der Mitbestimmung i.S.d. 72 Abs. 1 Nr. 5. Die Schutzvorschrift des § 43 soll verhindern, dass eine Dienststelle unbequeme Personalratsmitglieder „abschieben" kann. Deshalb ist der Umsetzungsbegriff bei § 43 weiter auszulegen. Es reicht, wenn die Arbeit des Personalrats oder die personalratsinterne Kommunikation nicht unwesentlich beeinflusst wird. (OVG Berlin, 60 PV 12.02 vom 11.2.2003)

3. Vermeidbarkeit der Maßnahme – Zustimmung des Personalrats

Die Mitglieder des Personalrats genießen den Schutz des Gesetzes bei vermeidbaren Maßnahmen. Auch wichtige dienstliche Gründe allein reichen nicht aus, um solche Maßnahmen gegen den Willen der Betroffenen anzuordnen. Zusätzlich muss die Zustimmung des Personalrats vorliegen, denn die Maßnahme ist an zwei Voraussetzungen geknüpft.

Allgemeine Grundsätze über die Unvermeidbarkeit lassen sich nicht aufstellen. Es ist vielmehr vom Einzelfall auszugehen, wobei zu prüfen ist, ob eine Versetzung oder Abordnung aus schwerwiegenden dienstlichen Gründen nicht umgangen werden kann und ohne die geplante Maßnahme der Dienstbetrieb gar unmöglich gemacht würde.

Die Abordnung eines Personalratsmitglieds kann dann unvermeidbar sein, wenn das Vertrauensverhältnis zwischen dem Personalratsmitglied und der Dienststelle unheilbar zerstört ist. Da in der Regel ohne großen Aufwand feststellbar ist, ob ein Personalratsmitglieds als Funktionär eines Berufsverbandes oder in seiner Funktion als Personalratsmitglied tätig wird, spricht die Häufung beider Funktionen in einer Person für sich allein nicht für die Unvermeidbarkeit einer Abordnung. Ob die von Öffentlichkeitsarbeit geprägte Verbandstätigkeit eines Personalratsmitglieds überhaupt nicht als Begründung für eine Zustimmungsersetzung nach § 40 Abs. 2 PersVG M-V (§ 43 LPVG NRW) heranzuziehen ist, bleibt offen. Je nach den Umständen des Einzelfalles kann eine Grenze etwa bei Straftaten zu Lasten von Vorgesetzten (z.B. üble Nachrede, Verleumdung) zu ziehen sein. (OVG Mecklenburg-Vorpommern, Beschluss v. 27.6.2007 – 8 L 191/06 –) In jedem Fall sind sehr strenge Maßstäbe anzulegen.

4. Verfahren

Die Zustimmung des Personalrats fällt nicht unter die Verfahrensvorschrift des § 66, mithin kann auch die Einigungsstelle nicht angerufen werden. Diese Maßnahmen fallen vielmehr als Sondermaßnahmen zusätzlich in den Katalog der Mitbestimmungsmaßnahmen, weshalb dieses Verfahren gesondert durchzuführen ist. Es ist auch nicht davon auszugehen, dass sich das Beteiligungsverfahren nach § 66 durch die nach dieser Vorschrift erteilte Zustimmung erübrigt, weil beide Verfahren unterschiedlichen Zwecken dienen, sogar verschiedene Personalvertretungen zuständig sein können. Die fehlende Zustimmung kann auch nicht durch das Verwaltungsgericht ersetzt werden. Die Verweigerung der Zustimmung beendet das Verfahren. Ein einzelnes Personalratsmitglied kann hierbei die Feststellung der Verletzung der Rechte des Personalrats im personalvertretungsrechtlichen Beschlussverfahren beantragen. (BVerwG, Beschl. vom 11.12.1991, ZBR 1992, 251)

Die mit Willen des Mitglieds beabsichtigen Maßnahmen bedürfen nicht der Zustimmung des Personalrats nach § 43 (BVerwG, Beschl. vom 18.10.1977, ZBR 1978, 204), aber ggf. eine im Rahmen eines Beteiligungsverfahrens nach den §§ 66 und 72.

5. Kündigungsschutz

Da die bisher geltenden Regelungen zu außerordentlichen Kündigungen in § 108 Absatz 1 BPersVG im LPVG NRW keine (ausdrückliche) Entsprechung fanden, wurden sie durch die Einfügung des Absatzes 2 in Landesrecht überführt. Über die Verweise in den §§ 21 50, 52 und 55 wird der Schutz auf die Mitglieder der Stufenvertretungen und der Gesamtpersonalräte, die Mitglieder der Jugend- und Auszubildendenvertretungen einschließlich der Mitglieder der Wahlvorstände und der Wahlbewerber erstreckt.

Zu beachten ist auch der Kündigungsschutz, der in § 15 Abs. 2 des KSchG enthalten ist.

Ein Auszug aus dem letztgenannten Gesetz ist nachstehend abgedruckt:

Auszug aus dem Kündigungsschutzgesetz

§ 15 Unzulässigkeit der Kündigung

(1) Die Kündigung eines Mitglieds eines Betriebsrats, einer Jugend- und Auszubildendenvertretung, einer Bordvertretung oder eines Seebetriebsrats ist unzulässig, es sei denn, daß Tatsachen vorliegen, die den Arbeitgeber zur Kündigung aus wichtigem Grund ohne Einhaltung einer Kündigungsfrist berechtigen, und daß die nach § 103 des Betriebsverfassungsgesetzes erforderliche Zustimmung vorliegt oder durch gerichtliche Entscheidung ersetzt ist Nach Beendigung der Amtszeit ist die Kündigung eines Mitglieds eines Betriebsrats, einer Jugendvertretung oder eines Seebetriebsrats innerhalb eines Jahres, die Kündigung eines Mitglieds einer Bordvertretung innerhalb von sechs Monaten, jeweils vom Zeitpunkt der Beendigung der Amtszeit an gerechnet, unzulässig, es sei denn, daß Tatsachen vorliegen, die den Arbeitgeber zur Kündigung aus wichtigem Grund ohne Einhaltung einer Kündigungsfrist berechtigen; dies gilt nicht, wenn die Beendigung der Mitgliedschaft auf einer gerichtlichen Entscheidung beruht

(2) Die Kündigung eines Mitglieds einer Personalvertretung oder einer Jugend- und Auszubildendenvertretung ist unzulässig, es sei denn, daß Tatsachen vorliegen, die den Arbeitgeber zur Kündigung aus wichtigem Grund ohne Einhaltung einer Kündigungsfrist berechtigen, und daß die nach dem Personalvertretungsrecht erforderliche Zustimmung vorliegt oder durch gerichtliche Entscheidung ersetzt ist Nach Beendigung der Amtszeit der in Satz 1 genannten Personen ist ihre Kündigung innerhalb eines Jahres, vom Zeitpunkt der Beendigung der Amtszeit an gerechnet, unzulässig, es sei denn, daß Tatsachen vorliegen, die den Arbeitgeber zur Kündigung aus wichtigem Grund ohne Einhaltung einer Kündigungsfrist berechtigen; dies gilt nicht, wenn die Beendigung der Mitgliedschaft auf einer gerichtlichen Entscheidung beruht.

(3) Die Kündigung eines Mitglieds eines Wahlvorstands ist vom Zeitpunkt seiner Bestellung an, die Kündigung eines Wahlbewerbers vom Zeitpunkt der Aufstellung des Wahlvorschlags an, jeweils bis zur Bekanntgabe des Wahlergebnisses unzulässig, es sei denn, daß Tatsachen vorliegen, die den Arbeitgeber zur Kündigung aus wichtigem

Grund ohne Einhaltung einer Kündigungsfrist berechtigen, und daß die nach § 103 des Betriebsverfassungsgesetzes oder nach dem Personalvertretungsrecht erforderliche Zustimmung vorliegt oder durch eine gerichtliche Entscheidung ersetzt ist. Innerhalb von sechs Monaten nach Bekanntgabe des Wahlergebnisses ist die Kündigung unzulässig, es sei denn, daß Tatsachen vorliegen, die den Arbeitgeber zur Kündigung aus wichtigem Grund ohne Einhaltung einer Kündigungsfrist berechtigen; dies gilt nicht für Mitglieder des Wahlvorstands, wenn dieser durch gerichtliche Entscheidung durch einen anderen Wahlvorstand ersetzt worden ist

(4) Wird der Betrieb stillgelegt, so ist die Kündigung der in den Absätzen 1 bis 3 genannten Personen frühestens zum Zeitpunkt der Stillegung zulässig, es sei denn, daß ihre Kündigung zu einem früheren Zeitpunkt durch zwingende betriebliche Erfordernisse bedingt ist

(5) Wird eine der in den Absätzen 1 bis 3 genannten Personen in einer Betriebsabteilung beschäftigt, die stillgelegt wird, so ist sie in eine andere Betriebsabteilung zu übernehmen. Ist dies aus betrieblichen Gründen nicht möglich, so findet auf ihre Kündigung die Vorschrift des Absatzes 4 über die Kündigung bei Stillegung des Betriebs sinngemäß Anwendung.

Der Absatz 2 ergänzt § 15 KSchG, wonach u. a. die Kündigung eines Personalratsmitglieds unzulässig ist, es sei denn, dass Tatsachen vorliegen, die den Arbeitgeber zur Kündigung aus wichtigem Grund ohne Einhaltung einer Kündigungsfrist berechtigen und dass die nach dem Personalvertretungsrecht erforderliche Zustimmung vorliegt oder durch gerichtliche Entscheidung ersetzt ist. Diese materielle Regelung des besonderen Kündigungsschutzes der Personalratsmitglieder, die, vom Fall der Betriebsstilllegung (§ 15 Abs. 4 und 5 KSchG) abgesehen, lässt nur die Möglichkeit einer außerordentlichen Kündigung offen. (Fischer-Goeres, RdNr. 6 zu § 47) Auf die Anm. 1 wird hingewiesen.

Zuständige Personalvertretung i. S. des § 108 Abs. 1 Satz 2 BPersVG ist die Personalvertretung, deren Mitglied die Person ist, die gegen eine ungerechtfertigte außerordentliche Kündigung geschützt werden soll. (BVerwG, Beschl. vom 9.7.1980 – 8 P 43.79) Gehört ein Beschäftigter mehreren Personalvertretungen als Mitglied an, so bedarf es zu seiner Kündigung der Zustimmung aller dieser Vertretungen. (BVerwG, Beschl. vom 8.12.1966, PV 1987, 426) Auf die Zustimmung oder die Ersetzung der Zustimmung kommt es entscheidend an. Das Gericht hat dabei lediglich eine Rechtsentscheidung zu treffen. Es hat also nicht zu prüfen, ob der Personalrat bei der Verweigerung seiner Zustimmung einen Ermessens- oder Beurteilungsspielraum überschritten hat. (Hess. VGH, Beschl. vom 21.12.1983, ZBR 1984, 283) Die zu treffende Rechtsentscheidung umfasst auch die Feststellung, dass die Ausschlussfrist des § 626 Abs. 2 BGB gewahrt ist. (OVG Münster, Beschl. vom 19.12.1983, ZBR 1984, 284)

So ist eine außerordentliche Kündigung eines Personalratsmitglieds, die vor Erteilung der erforderlichen Zustimmung der Personalvertretung ausgesprochen wird, unheilbar nichtig. Die Kündigung kann weder durch die nachträgliche Zustimmung noch durch deren spätere Ersetzung im Beschlussverfahren wirksam werden. Dies gilt auch für Änderungskündigungen, selbst wenn alle Beschäftigten einer Dienststelle betroffen sind. (BAG, Beschl. vom 29.1.1981, 2 – AZR 778/78)

Personalratsmitglieder, die ihr Amt freiwillig niedergelegt haben, genießen ebenfalls den nachwirkenden Kündigungsschutz im Nachwirkungszeitraum des § 15 Abs. 2 Satz 2 KSchG. (BAG, Beschl. vom 5.7.1977 – 2 AZR 521/77) Das gleiche gilt für zeitweilig eingetretene Ersatzmitglieder, auch wenn sie nur an einer Sitzung teilgenommen haben. (BVerwG, Beschl. vom 8.12.1986, PV 1987, 426; BAG, Urteil vom 5.9.1986, PV 1988, 457)

Die außerordentliche Kündigung eines Mitglieds der Jugend- und Auszubildendenvertretung bedarf der Zustimmung des Personalrats (Anm. 3 zu § 58). Auch Wahlbewerber genießen den Kündigungsschutz gem. § 15 Abs. 3 KSchG.

Drittes Kapitel
Personalkommission

§ 44

(1) Wird in der Landesverwaltung durch Zusammenlegung von Dienststellen oder von Teilen von Dienststellen eine neue Dienststelle gebildet, die die Voraussetzungen des § 13 Abs. 1 erfüllt, so werden die Rechte des bei der neuen Dienststelle zu wählenden Personalrats von einer Personalkommission wahrgenommen, bis der Personalrat zu seiner ersten Sitzung zusammengetreten ist. Das gilt auch für die Umbildung von Gemeinden, Gemeindeverbänden und sonstigen Körperschaften, Anstalten oder Stiftungen des öffentlichen Rechts, wenn im Zusammenhang mit der Umbildung keine besonderen personalvertretungsrechtlichen Vorschriften erlassen werden.

(2) Die Mitglieder der Personalkommission müssen für den Personalrat der neuen Dienststelle wählbar sein. § 13 Abs. 3 und 4 gilt entsprechend. Die Mitglieder sind von den Personalräten der von der Organisationsmaßnahme betroffenen Dienststellen zu bestellen; die anteilige Zahl der Mitglieder wird entsprechend dem Verhältnis der von der Organisationsmaßnahmen betroffenen wahlberechtigten Beschäftigten der bisherigen Dienststellen an der Gesamtzahl der wahlberechtigten Beschäftigten der neuen Dienststelle nach dem d'Hondt'schen Höchstzahlenverfahren ermittelt. Sind in der neuen Dienststelle Angehörige verschiedener Gruppen beschäftigt, so soll jede Gruppe entsprechend ihrer Stärke vertreten sein.

(3) Für die Geschäftsführung der Personalkommission und die Rechtsstellung ihrer Mitglieder gelten die §§ 29 bis 43 entsprechend.

(4) Die Personalkommission hat spätestens zwei Monate nach Wirksamwerden der Organisationsmaßnahmen einen Wahlvorstand für die Wahl des Personalrats zu bestellen. Die §§ 17 und 19 gelten entsprechend.

(5) Wird durch eine Organisationsmaßnahme im Sinne des Absatzes 1 eine Dienststelle betroffen, bei der eine Stufenvertretung besteht, so werden auch die Rechte der bei der neuen Dienststelle zu wählenden Stufenvertretung von einer Personalkommission wahrgenommen, bis die Stufenvertretung zu ihrer ersten Sitzung zusammengetreten ist. Die Absätze 2 bis 4 gelten entsprechend.

(6) Wird eine Dienststelle geteilt, umgewandelt oder aufgelöst, so bleibt deren Personalrat im Amt und führt die Geschäfte für die ihm bislang zugeordneten Dienststellenteile weiter,

die die Voraussetzungen des § 13 Absatz 1 erfüllen und nicht in eine Dienststelle eingegliedert werden, in der ein Personalrat besteht (Übergangsmandat). Absatz 4 gilt entsprechend. Das Übergangsmandat endet, sobald ein neuer Personalrat zu seiner ersten Sitzung zusammengetreten ist, spätestens jedoch sechs Monate nach der Teilung. Ist eine Dienststelle betroffen, in der eine Stufenvertretung besteht, gelten Satz 1 bis 3 entsprechend.

1. Voraussetzung für die Bildung von Personalkommissionen

Die Vorschrift sieht für die Landesverwaltung Personalkommissionen vor, wenn eine neue Dienststelle gebildet wird. Für die Gemeinden, Gemeindeverbände und sonstige Körperschaften, Anstalten und Stiftungen des öffentlichen Rechts werden ebenfalls Personalkommissionen gebildet, falls keine Sondervorschriften erlassen werden. Die Bildung einer Dienststelle kann durch Gesetz, Rechtsverordnung oder einfache Anordnung der Landesregierung erfolgen. Deshalb wird auch nicht auf das Inkraftsetzen solcher Anordnungen, sondern auf das Wirksamwerden der Maßnahme abgestellt, wenn ein Wahlvorstand nach Abs. 4 zu bestellen ist. Wird eine Dienststelle vollständig oder teilweise in eine andere Dienststelle oder mehrere andere Dienststellen eingegliedert, so handelt es sich nicht um eine Neubildung. In solchen Fällen ist nach § 24 Abs. 1 Buchst. b zu prüfen, ob eine Neuwahl des Personalrats erforderlich wird. Liegen die Voraussetzungen dafür nicht vor, zieht die Umbildung der Dienststelle keine personalvertretungsrechtlichen Folgen nach sich. Auch wenn eine Dienststelle völlig aufgelöst, statt dessen eine neue Dienststelle gebildet und das Personal der aufgelösten Dienststelle in die neue Dienststelle überführt wird, liegen die Voraussetzungen für die Bildung einer Personalkommission nicht vor, in einem solchen Fall ist nach § 18 zu verfahren und ein neuer Personalrat zu bilden.

2. Aufgaben der Personalkommission

Die Personalkommission nimmt bis zur konstituierenden Sitzung des neu gewählten Personalrats sämtliche einer Personalvertretung zustehenden Aufgaben wahr und besitzt die Rechtsstellung eines Personalrats. Das wird in Abs. 3 hinsichtlich der Geschäftsführung der Personalkommission und der Rechtsstellung ihrer Mitglieder ausdrücklich hervorgehoben. Hauptaufgabe aber ist die Bestellung eines Wahlvorstandes (Abs. 4). Art und Umfang der Beteiligung der Personalkommission richten sich nach diesem Gesetz. Es entspricht dem Grundsatz der vertrauensvollen Zusammenarbeit (§ 2 Abs. 1), dass unabhängig vom Beteiligungskatalog die Personalkommission bei Personalplanungen allgemeiner Art frühzeitig einzuschalten ist. Die Vorbesprechungen hierzu sollten jedoch bereits vor der Zusammenlegung mit den noch bestehenden Personalvertretungen geführt werden.

3. Zusammensetzung der Personalkommission

Wie sich die Personalkommission zusammensetzt, ergibt sich aus Abs. 2. Danach ist die Zahl der in die Personalkommission zu entsendenden Mitglieder nach dem d'Hondt'schen Höchstzahlenverfahren zu ermitteln. Obwohl eine entsprechende Vorschrift für die Bestellung der Gruppenvertreter fehlt, wird auch insoweit das Höchstzahlenverfahren anzuwenden sein, weil sich nur dadurch die Zahl der Gruppenvertreter einfach und einwandfrei bestimmen lässt. Dem steht auch nicht die Sollvorschrift entgegen, da hiervon nur aus zwingenden Gründen abgewichen werden darf. Wegen des Verfahrens vgl. Anm. zu § 23 WO.

4. Stufenvertretung

In Fällen des Abs. 5 sind in der Regel zwei Personalkommissionen zu bilden, deren Mitglieder einmal von den örtlichen Personalräten und zum anderen von den Stufenvertretungen bzw. von einer Stufenvertretung zu bestellen sind.

5. Teilung von Dienststellen

Im Hinblick auf die neue Regelung in Absatz 6 ist die Regelung für den Fall der Teilung einer Dienststelle in Absatz 1 gestrichen. Führt die Teilung einer Dienststelle zur Bildung von einer oder mehreren neuen Dienststellen, die die Voraussetzung des § 13 Abs. 1 erfüllt, soll der bestehende Personalrat der bisherigen Dienststelle die Aufgaben des Personalrats nach diesem Gesetz für die bzw. alle neuen Dienststellen zunächst fortsetzen. Der Partner des bisherigen Personalrats ist/sind dann die neue/n Dienststelle/n. Somit ist die kontinuierliche Fortsetzung der Vertretung der Beschäftigten der bisherigen Dienststelle gewährleistet. Auch wenn nicht ausdrücklich erwähnt, ist vorauszusetzen, dass schnellstmöglich ein Wahlvorstand bestellt wird, da sonst nach sechs Monaten kein Personalrat mehr besteht. Die Aufgaben dieses Personalrats enden mit der konstituierenden Sitzung des neu gebildeten Personalrats, spätestens nach sechs Monaten. Besteht in einem Dienststellenteil bereits ein Personalrat, übernimmt dieser die Vertretung der aufgenommenen Beschäftigten. Für Stufenvertretungen sind diese Regelungen analog anzuwenden.

Viertes Kapitel
Personalversammlung

§ 45

(1) Die Personalversammlung besteht aus den Beschäftigten der Dienststelle. Sie wird von der vorsitzenden Person des Personalrats geleitet. Sie ist nicht öffentlich.

(2) Kann nach den dienstlichen Verhältnissen eine gemeinsame Versammlung aller Beschäftigten nicht stattfinden, so sind Teilversammlungen abzuhalten. Das gleiche gilt, wenn dies zur Erörterung der besonderen Belange eines Teils der Beschäftigten erforderlich ist.

1. Die Personalversammlung

Die Personalversammlung ist das oberste Organ der Personalverfassung und findet grundsätzlich nur für den Bereich einer Dienststelle i. S. des § 1 statt (vgl. BVerwGE 14,206 [208] 49, 259 [68]). Die Dienststelle ist zur Einberufung einer Personalversammlung nicht berechtigt. (BVerwG, Beschl. vom 23.5.1986, ZBR 1986, 305) Nach einer Verselbständigung von Dienststellen gem. § 1 Abs. 3 sind Personalversammlungen getrennt für jede verselbständigte Nebenstelle oder Teildienststelle abzuhalten. Das Gesetz gibt keine Möglichkeit, Personalversammlungen für die Gesamtdienststelle oder für den Bereich einer Stufenvertretung durchzuführen. Personalversammlungen sind auch nicht von der Personalvertretung für Referendarinnen und Referendare im juristischen Vorbereitungsdienst abzuhalten (§§ 95 ff) Soweit aber eine Mittelbehörde zur Dienststelle für Lehrerinnen und Lehrer erklärt worden ist, gelten die Personalvertretungen als örtliche Personalräte mit der Folge, dass dort Personalversammlungen abgehalten werden müssen (§ 89).

2. Teilversammlungen

Die Personalversammlung ist in der Regel eine Vollversammlung für sämtliche Beschäftigte der Dienststelle. Teilversammlungen sind jedoch zulässig, wenn eine Vollversammlung wegen der dienstlichen Verhältnisse scheitert. Das kann der Fall sein, wenn Teile der Dienststelle, die nicht verselbständigt sind, räumlich weit auseinander liegen oder es im öffentlichen Interesse nicht zu vertreten ist, die Dienststelle völlig unbesetzt zu lassen (z.B. bei Versorgungsbetrieben oder bei Dienststellen mit Schichtdienst oder Publikumsverkehr). Wenn Teilversammlungen durchgeführt werden müssen, können diese sowohl regional als auch nach Schichtdiensten aufgegliedert werden. Besondere Belange, die einen Teil der Beschäftigten betreffen und die es ermöglichen, auch aus solchen Gründen Teilversammlungen durchzuführen, sind z.B. fachspezifische Probleme bestimmter Lehrergruppen, Besonderheiten von Laufbahn- oder Statusgruppen oder Interessen von Teilzeitbeschäftigten.

3. Einberufung

Ob Vollversammlungen oder Teilversammlungen abgehalten werden, darüber entscheidet allein der Personalrat, der aber dabei die dienstlichen Verhältnisse berücksichtigen muss. Insbesondere muss er sich bei seiner Entscheidung davon leiten lassen, dass der Dienstbetrieb nicht völlig zum Erlahmen kommt. Nachdem der Personalrat einen entsprechenden Beschluss gefasst hat, muss die vorsitzende Person die Personalversammlung einberufen. Sie hat auch das Leitungsrecht und alle demokratischen Rechte eines Versammlungsleiters. Ihr steht auch das Hausrecht im Versammlungsraum zu. Der Dienststelle stehen diese Rechte nicht zu (Anm. 1).

4. Grundsatz der Nichtöffentlichkeit

Teilnahmeberechtigt sind sämtliche Beschäftigten einer Dienststelle, auch wenn sie nicht wahlberechtigt sind, außerdem die in § 49 aufgeführten Personen. Aus dem Grundsatz der Nichtöffentlichkeit folgt, dass andere Personen an den Personalversammlungen nicht teilnehmen dürfen. Die Vorschrift ist zwingend und kann auch nicht durch ein Votum der Personalversammlung umgangen werden. Während sich das Teilnahmerecht für die Beauftragten von Gewerkschaften, der Dienststelle und Beauftragte der Arbeitgebervereinigungen, für Stufenvertretungen und für Gesamtpersonalräte unmittelbar aus § 49 Satz 1 ergibt, kann durch Beschluss des Personalrats gestattet werden, dass sachkundige Personen an der Personalversammlung teilnehmen und auch dort Informationen geben (§ 49 Satz 4).

§ 46

(1) Der Personalrat hat einmal in jedem Kalenderjahr in einer Personalversammlung über seine Tätigkeit zu berichten.

(2) Der Personalrat ist berechtigt und auf Antrag der Dienststelle oder eines Viertels der wahlberechtigten Beschäftigten verpflichtet, zusätzliche Personalversammlungen einzuberufen und den Gegenstand, dessen Beratung beantragt ist, auf die Tagesordnung zu setzen.

(3) Auf Antrag einer in der Dienststelle vertretenen Gewerkschaft muß der Personalrat vor Ablauf von zwölf Arbeitstagen nach Eingang des Antrags eine Personalversammlung einberufen, wenn im vorhergegangenen Kalenderjahr keine Personalversammlung und keine Teilversammlung durchgeführt worden ist.

1. Ordentliche Personalversammlungen

Es ist zu unterscheiden zwischen ordentlichen Personalversammlungen, die in jedem Kalenderjahr als Pflichtversammlungen stattfinden müssen, und außerordentlichen Personalversammlungen, die der Personalrat bei Bedarf oder auf Antrag der in Abs. 2 und 3 Genannten einzuberufen hat. Innerhalb des Zeitraums von einem Kalenderjahr bestimmt der Personalrat den Termin, wobei ein Abstand von 12 Monaten nicht eingehalten werden muss. Kommt der Personalrat seiner Verpflichtung nicht nach, kann das zu einer Auflösung nach § 25 führen. (Hess. VGH, Beschl. vom 17.5.1972, ZBR 1973, 123) Eine geringfügige Überschreitung der Frist bedeutet jedoch keine grobe Pflichtverletzung. Eine Personalversammlung im Februar 2000 und die nächste im September 2001 wäre fristgerecht; die nächste im Januar 2002 wäre nicht mehr fristgerecht.

2. Tagesordnung und Personalversammlung

Aus dem Einberufungsrecht des Personalrats folgt auch sein Recht, eine Tagesordnung aufzustellen. Unter Berücksichtigung des Zugangsrechts der Gewerkschaften gemäß § 49 hat er schon dabei auf eine ausgewogene und nicht einseitig gewerkschaftlich orientierte Tagesordnung zu achten. Die Personalversammlung ist sorgfältig vorzubereiten, damit nicht schon im organisatorischen Ablauf Störungen eintreten.

3. Tätigkeitsbericht

In einer ordentlichen Personalversammlung ist ein mündlicher Tätigkeitsbericht zu erstatten. Da dieser dem Personalrat und nicht seiner vorsitzenden Person obliegt, bedarf es einer vorherigen Beratung und Beschlussfassung des Personalrats. Die Erstattung des Berichts gehört keinesfalls zu den „laufenden Geschäften" i.S. des § 29 Abs. 2. Es ist jedoch ausreichend, wenn der Personalrat den Bericht in seinen Grundzügen festlegt. (OVG Münster, Beschl. vom 31.7.1975, ZAR 1975, 357) Die Vorlage eines schriftlich vollständig formulierten Entwurfs ist nicht erforderlich. Bei der Erstattung des Berichts ist § 9 zu beachten. Der Tätigkeitsbericht darf keine offene oder versteckte Werbung für eine Gewerkschaft enthalten. Die Berichterstattung selbst liegt bei der vorsitzenden Person oder ihren Stellvertreterinnen und Stellvertretern. Der Personalrat kann aber auch jedes andere Mitglied damit beauftragen. Ein grober Pflichtverstoß liegt vor, wenn der Personalrat keinen Tätigkeitsbericht erstattet.

4. Inhalt des Tätigkeitsberichts

Der Bericht soll ein möglichst umfassendes Bild über die Tätigkeit des Personalrats vermitteln. Ob in dem Bericht mehr allgemein auf das Geschehen in der Dienststelle eingegangen oder zu Einzelfragen Stellung genommen wird, bleibt dem Personalrat überlassen. Dieser sollte sich von dem Gedanken leiten lassen, dass durch den Bericht das gegenseitige Verständnis zwischen dem Dienststellenleiter und den Beschäftigten gefördert werden kann, selbst wenn damit Kritik an Maßnahmen der Dienststelle verbunden ist. Der Dienststelle ist es nicht verwehrt, zu dem Bericht Stellung zu nehmen und auf allgemeine oder besondere Probleme der Dienststelle, insbesondere des Personal- oder des Sozialwesens, einzugehen. Der Personalrat kann bei seinem Bericht Schwerpunkte setzen, wie z.B. Arbeitsverdichtung, Umorganisationen in der Dienststelle o.ä.. In jedem Fall muss ein konkreter Bezug zur Dienststelle und der Arbeit des Personalrats gegeben sein. Dies schließt aus, dass in einem Tätigkeitsbericht auf allgemeine politische Probleme eingegangen wird.

5. Außerordentliche Personalversammlungen

Eine außerordentliche Personalversammlung muss auf Antrag der Dienststelle oder eines Viertels der wahlberechtigten Beschäftigten einberufen werden. Bei der Berechnung des Viertels ist auf den Zeitpunkt des Antrags abzustellen. Der Antrag kann formlos unter Angabe der Tagesordnungspunkte gestellt werden, mit denen sich die Personalversammlung befassen soll. Er kann nicht abgelehnt werden, es sei denn, dass die Beratung von nicht zum Aufgabenbereich der Personalversammlung gehörenden Fragen verlangt wird. Auch der Antrag auf Einberufung einer Teilversammlung ist zulässig, wobei bei der Berechnung des Viertels von der Zahl der wahlberechtigten Beschäftigten in dem nicht verselbständigten Dienststellenteil auszugehen ist. Bei den anderen möglichen Gruppen gilt dies entsprechend. Den Termin der außerordentlichen Personalversammlung setzt der Personalrat durch Beschluss fest, wobei er die Tagesordnung rechtzeitig bekannt zu geben hat. Diese Tagesordnung kann noch nachträglich ergänzt werden.

6. Initiativrecht der Gewerkschaften

Den Gewerkschaften steht nach Abs. 3 ein Initiativrecht zu, das nur ausgeübt werden kann, wenn im vorhergegangenen Kalenderjahr keine Personalversammlung stattgefunden hat. Die Einberufung einer Vollversammlung kann auch verlangt werden, wenn nur eine Teilversammlung stattgefunden hat. Die Frist von 12 Arbeitstagen bezieht sich nur auf den Zeitpunkt der Einberufung der Versammlung, sie muss aber nicht innerhalb dieser Frist stattfinden.

§ 47

Personalversammlungen finden während der Arbeitszeit statt, soweit nicht die dienstlichen Verhältnisse eine andere Regelung erfordern. Die Teilnahme an der Personalversammlung hat keine Minderung der Bezüge oder des Arbeitsentgelts zur Folge. Soweit in den Fällen des Satzes 1 Personalversammlungen aus dienstlichen Gründen außerhalb der Arbeitszeit stattfinden müssen, ist den Teilnehmerinnen und Teilnehmern Dienstbefreiung in entsprechendem Umfang zu gewähren. Fahrtkosten, die den Beschäftigten durch die Teilnahme an einer Personalversammlung nach Satz 1 entstehen, sind von der Dienststelle in entsprechender Anwendung des Landesreisekostengesetzes zu erstatten.

1. Zeitliche Lage der Personalversammlung

Die die in § 46 Abs. 1 genannten ordentlichen Personalversammlungen finden grundsätzlich während der Arbeitszeit statt. Bei der Einschränkung „soweit nicht die dienstlichen Verhältnisse eine andere Regelung erfordern" handelt es sich um eine eng auszulegende Ausnahmevorschrift, auch wenn im Gegensatz zu § 44 Abs. 1 BetrVG „eine andere Regelung" nicht „zwingend" erforderlich sein muss. Bei Dienststellen, die in mehreren Schichten arbeiten, führt eine Vollversammlung zwangsläufig dazu, dass sie für einen Teil der Beschäftigten außerhalb der Arbeitszeit stattfindet. Bei Schichtdienst können jedoch Teilversammlungen stattfinden, wobei sich die Frage stellt, ob einer Vollversammlung im Interesse der Förderung der Betriebsgemeinschaft der Vorrang zu geben ist. Da es grundsätzlich Sache des Personalrates ist, den Zeitpunkt für Personalversammlungen festzulegen, entscheidet er auch darüber, wann die Personalversammlungen „während der Arbeitszeit" stattzufinden haben. Der Grundsatz der vertrauensvollen Zusammenarbeit erfordert aber eine vorherige Absprache mit dem Dienststellenleiter, wobei beachtliche Gründe dafür sprechen können, eine Personalversammlung außerhalb der Zeiten mit Publikumsverkehr bzw. außerhalb von Unterrichtszeiten festzulegen. (OVG Münster, Beschl. vom 4.9.1989, ZBR 1990,30) So kann die Rücksichtnahme auf dienstliche Erfordernisse es gebieten, Personalversammlungen der Lehrer nicht in die Zeit des Unterrichts zu legen. (OVG Münster, Beschl. vom 9.12.1981, PV 1984, 332; BVerwG, Beschl. vom 25.6.1984 – 6 P 2.83; VGH Baden-Württemberg, PL 15 S 526/01 vom 30.10.2001) Der Personalrat hat abzuwägen, ob die hohe Anzahl der Teilzeitbeschäftigten, die überwiegend morgens arbeiten es rechtfertigt, trotz eventuellen Publikumsverkehrs, die Personalversammlung morgens abzuhalten. Teilzeitbeschäftigten, die kleine Kinder zu betreuen haben, ist mit einem Freizeitausgleich oftmals nicht geholfen.

2. Fortzahlung der Bezüge

Die Vorschrift, dass die Teilnahme an der Personalversammlung zu keiner Minderung der Bezüge oder des Arbeitsentgelts führen darf, schützt insbesondere die Arbeitnehmerinnen und Arbeitnehmer. Zu den Entgelten zählen auch Überstundenzuschläge und Zulagen aller Art. Bei Akkordarbeiterinnen und -arbeitern, Kraftfahrerinnen und Kraftfahrern usw. wird auf die in den Tarifverträgen enthaltenen Regelungen zurückgegriffen werden können, andernfalls sind Durchschnittssätze zu zahlen. Da die Teilnahme an der Personalversammlung nicht wie Arbeitszeit zu vergüten ist, sondern diese nur zu keiner Minderung der Bezüge führen darf, ist ein Anspruch insoweit nicht gegeben, als die Personalversammlung sich über das Ende der Arbeitszeit erstreckt oder außerhalb der regelmäßigen Arbeitszeit stattfindet. Dies gilt auch für Teilzeitbeschäftigte, bei denen der Ausgleich allerdings nicht an die individuelle, sondern an die allgemeine Arbeitszeit geknüpft ist. Beschäftigte, die ihren Arbeitsplatz verlassen, aber nicht der Personalversammlung teilnehmen, haben keinen Anspruch auf Entgelt.

3. Zeitausgleich

Bei außerhalb der Arbeitszeit oder über die Arbeitszeit hinaus stattfindenden Personalversammlungen ist den Teilnehmern Freizeitausgleich zu gewähren, der nicht durch eine Mehrarbeitsentschädigung oder Überstundenvergütung abgegolten werden kann. (BAG, Beschl. vom 19.4.1989 – AZR 217/88) Der Ausgleich ist an die allgemeine, nicht an die individuelle Arbeitszeit gebunden, wenn z.B. der Teilnehmer mit einer geringeren Stundenzahl beschäftigt wird. Der Zeitausgleich erstreckt sich allerdings nicht auf Wegezeit. (BVerwG, Beschl. vom 28.10.1982, ZBR 1983, 191)

4. Kosten

Für die Erstattung der durch die Personalversammlung entstehenden Kosten für Geschäftsbedarf ist § 40 anzuwenden, denn der Personalrat ist Träger und Veranstalter der Personalversammlung. Wenn keine geeigneten Räume in der Dienststelle zur Verfügung stehen, können Räume angemietet werden. Die Kosten hat die Dienststelle zu tragen. (OVG Münster, Beschl. vom 26.8.1993, PV 1995, 497) Was zum Geschäftsbedarf gehört, ist von Art, Dauer und dem thematischen Inhalt der Versammlung abhängig. Overheadprojektor, Beamer, Laptop, Leinwand und Beschallungsanlage sind bei Bedarf von der Dienststelle zu stellen oder können angemietet werden. Die Personalversammlung findet grundsätzlich in der Dienststelle statt. Da sie nichtöffentlich ist, dürfen Außenstehende nicht an der Personalversammlung teilnehmen. Daher ist auch nicht statthaft, dass eine Personalversammlung mangels anderer Möglichkeiten in einer Mensa, einem Casino oder einer anderen Räumlichkeit stattfindet, bei der nicht der Dienststelle angehörendes Personal an der Personalversammlung gewollt oder ungewollt teilnimmt und sei es nur durch ungewolltes Zuhören oder Zusehen. Besteht keine Möglichkeit, dies zu verhindern, muss die Personalversammlung außerhalb der Dienststelle stattfinden. Die dadurch entstehenden Kosten muss die Dienststelle tragen.

Fahrtkosten sind für alle Teilnehmerinnen und Teilnehmer an der Personalversammlung zu erstatten, auch wenn diese außerhalb der Arbeitszeit abgehalten wird, Die Vorschrift hat praktische Bedeutung, wenn die Personalversammlung nicht in der Dienststelle selbst, sondern an einem weiter entfernten Ort abgehalten wird, z.B. bei Lehrer-Dienststellen. Aus dem Sinn der Vorschrift ergibt sich, dass nur die Fahrtkosten erstattet werden, die entstehen würden, wenn der Beschäftigte von seinem regelmäßigen Aufenthaltsort (Nebenstelle der Dienststelle oder Schule) zum Ort der Personalversammlung anreist, nicht etwa von einem Urlaubs- oder Kurort. Die Erstattung setzt voraus, dass Fahrtkosten tatsächlich entstanden sind, was z.B. nicht bei unentgeltlich zur Verfügung gestellten Beförderungsmitteln der Fall ist. Auf sonstige Reisekostenerstattung besteht kein Anspruch.

5. Unfälle

Unfälle einschließlich Wegeunfälle anlässlich einer Personalversammlung sind bei Beamtinnen und Beamten wie Dienstunfälle, bei Arbeitnehmerinnen und Arbeitnehmern wie Arbeitsunfälle zu behandeln, da Personalversammlungen dienstliche Veranstaltungen i.S. des Unfallrechts sind (§ 42, SGB VII).

§ 48

Die Personalversammlung kann dem Personalrat Anträge unterbreiten und zu seinen Beschlüssen Stellung nehmen. Sie darf alle Angelegenheiten behandeln, die die Dienststelle oder ihre Beschäftigten unmittelbar betreffen, insbesondere Tarif-, Besoldungs- und Sozialangelegenheiten, Fragen der Förderung der Gleichstellung von Frauen und Männern und der Vereinbarkeit von Familie und Beruf. § 2 Abs. 2 und § 3 Abs. 1 gelten für die Personalversammlung entsprechend.

1. Das Organ „Personalversammlung"

Die Personalversammlung übernimmt nicht die Funktion eines Ersatzparlaments. Wegen der dienstlichen Funktion aller Beschäftigten des öffentlichen Dienstes ist bei der Abgrenzung des zulässigen Themenkreises sogar darauf zu achten, dass die Personalversammlung nicht zum Ersatzforum für Angelegenheiten wird, die in die Verantwortung der Verwaltung gegenüber dem Parlament fallen. (OVG Münster, Beschl. vom 19.3.1979, ZBR 1980, 130) Sie ist aber ein Ausspracheforum, jedoch ohne Direktionsrecht und dem Personalrat gegenüber nicht übergeordnet. Ihre Beschlüsse haben keine unmittelbare rechtliche Wirkung, was auch für ein Misstrauensvotum gilt. Sie ist darauf beschränkt, Anregungen zu geben und Anträge zu unterbreiten, sowie zu Beschlüssen des Personalrats positiv oder negativ Stellung zu nehmen. Kritik an Missständen darf geübt werden, was aber nicht zu Ehrverletzungen oder zu Störungen des Betriebsfriedens führen darf. Die Friedenspflicht gemäß § 2 Abs. 2 gilt auch für die Personalversammlung, so dass zu gewerkschaftlichen Kampfmaßnahmen in einer Personalversammlung nicht Stellung genommen werden darf. Völlig untersagt ist es, gewerkschaftspolitische Gegensätze auszutragen.

2. Aufgaben der Personalversammlung

Die Personalversammlung darf sich mit allen Fragen befassen, die die Dienststelle und ihre Beschäftigten unmittelbar betreffen. Es genügt also nicht, dass sie die Dienststelle oder ihre Beschäftigten lediglich berühren. Die Angelegenheiten müssen auch für die Beschäftigten in ihrer Eigenschaft als Beamtinnen und Beamte oder Arbeitnehmerinnen und Arbeitnehmer der betroffenen Dienststelle von Bedeutung sein. (OVG Münster, Beschl. vom 9.8.1989 – CB 12/88) Es reicht nicht aus, dass sie von ihnen in ihrer Eigenschaft als Staatsbürgerinnen und Staatsbürger oder als Gewerkschaftsmitglieder oder in ihren sonstigen Interessen betroffen werden. (OVG Münster, Beschl. vom 19.3.1979, ZBR 1980, 130) Tarif-, Besoldungs- und Sozialangelegenheiten sind nur Beispielfälle, da der Gesetzgeber bewusst von der Aufstellung eines abschließenden Aufgabenkatalogs abgesehen hat. Die Abgrenzung zwischen den zulässigen und den nicht zulässigen Fragen aus dem politischen, parteipolitischen, gewerkschaftlichen und wirtschaftlichen Bereich kann gelegentlich auf Schwierigkeiten stoßen. Es wird dem Gesetz auch nicht gerecht, wenn eine Personalversammlung förmlich geschlossen wird, um z.B. Politikerinnen oder Politikern zu allgemeinen Themen das Wort zu erteilen. (Ilbertz, PV 1976, 75) Die Behandlung der genannten Themen ist allerdings nur insoweit zulässig, als sie nicht auf politische Forderungen hinauslaufen. Diese Gefahr ist gegeben, wenn z.B. Beauftragte von Gewerkschaften in einer Personalversammlung zur Tarifpolitik Stellung nehmen. (OVG Münster, Beschl. vom 18.6.1982 – CB 7/81) Die Verhandlungsleitung der Personalversammlung hat dafür zu sorgen, dass diese ihren Zuständigkeitsbereich nicht unvertretbarer Weise überschreiten, andernfalls verletzt sie ihre Pflichten nach diesem Gesetz.

Fragen der Förderung der Gleichstellung von Frauen und Männern und insbesondere der Vereinbarkeit von Familie und Beruf sind auf Grund der ungünstigen demografischen Entwicklung eine äußerst wichtige gesellschaftliche Aufgabe. Durch die vorgenommene Ergänzung in Satz 2 werden die Behandlung von Fragen der Förderung der Gleichstellung von Frauen und Männern und der Vereinbarkeit von Familie und Beruf auf einer Personalversammlung ausdrücklich zugelassen und die Bedeutung dieser Themen unterstrichen. Damit wird die Zielsetzungen des Gesetzes zur Gleichstellung von Frauen und Männern für das Land Nordrhein-Westfalen auch im Personalvertretungsrecht unterstützt.

3. Anträge

Antragsberechtigt ist jeder Beschäftigte. Bei zur Abstimmung gestellten Anträgen wird der Beschluss der Personalversammlung mit Stimmenmehrheit gefasst. Die Beschlussfähigkeit in der Personalversammlung setzt keine Mindestteilnehmerzahl voraus und wird deswegen auch nicht berührt, wenn nur sehr wenige Beschäftigte erschienen sind. Nicht stimmberechtigt sind die in § 49 genannten Personen, weshalb auch Gewerkschaftsbeauftragte keine Anträge stellen können. Ob der Personalrat den Beschlüssen, an die er nicht gebunden ist, nachkommen will, entscheidet er nach eigenem Ermessen und in eigener Verantwortung.

§ 49

Die Dienststelle, Beauftragte aller in der Dienststelle vertretenen Gewerkschaften, eine beauftragte Person der Arbeitgebervereinigung, der der Dienststelle angehört, je ein beauftragtes Mitglied der Stufenvertretungen oder des Gesamtpersonalrats sowie je eine beauftragte Person der Dienststellen, bei denen die Stufenvertretungen bestehen, sind berechtigt, mit beratender Stimme an der Personalversammlung teilzunehmen. Der Personalrat hat die Einberufung der Personalversammlung der Dienststelle und den in Satz 1 genannten Gewerkschaften mitzuteilen. An Versammlungen, die auf Antrag der Dienststelle einberufen sind oder zu denen sie ausdrücklich eingeladen ist, hat sie teilzunehmen. Der Personalrat kann sachkundigen Personen die Teilnahme an der Personalversammlung gestatten.

1. Teilnahmerechte und Nichtöffentlichkeit

Das Teilnahmerecht an der Personalversammlung wird hier abschließend geregelt. Wegen der Themen, die in einer Personalversammlung behandelt werden dürfen, werden auf Anm. 2 zu § 48 hingewiesen. Die Dienststelle oder die in § 8 benannten Personen sind berechtigt, an allen Personalversammlungen teilzunehmen. Zur Teilnahme verpflichtet ist sie bei auf ihren Antrag hin einberufenen Personalversammlungen oder wenn sie ausdrücklich eingeladen worden ist. Ein besonderes Einladungsschreiben ist nicht erforderlich, ihr ist lediglich eine Mitteilung über Ort und Zeit zu machen sowie eine Tagesordnung der Personalversammlung in geeigneter Form zuzustellen. Auch Beauftragte der vorgesetzten Dienststellen sind teilnahmeberechtigt, wobei nach dem Wortlaut der Vorschrift die Teilnahme nicht auf die Leiterin oder den Leiter oder die Vertreter gemäß § 8 beschränkt ist.

2. Gewerkschaften und Arbeitgebervereinigungen

Den Gewerkschaften steht ein selbständiges und uneingeschränktes Teilnahmerecht zu, soweit sie in der Dienststelle vertreten sind. Selbst gegen den Willen des Personalrats sind sie berechtigt, an der Personalversammlung teilzunehmen. Wer entsandt wird, bestimmt allein die Gewerkschaft, die nach der Fassung des Gesetzes nicht darauf beschränkt ist, nur eine Vertreterin oder einen Vertreter zu entsenden. Die Arbeitgebervereinigungen dürfen jedoch nur eine Beauftragte oder einen Beauftragten entsenden. Die Gewerkschaftsvertreterinnen und -vertreter sind nicht auf die Zuhörerrolle beschränkt, sondern können zu allen Fragen das Wort ergreifen. Äußern sie sich zu Fragen, die nicht zum Zuständigkeitsbereich der Personalversammlung gehören, muss ihnen die Versammlungsleitung das Wort entziehen. Kritik wird nicht ausgeschlossen, sie muss sich aber in zulässigen Grenzen halten. Die Gewerkschaftsvertreterinnen und -vertreter müssen eine Mitteilung über Zeit und Ort der Sitzung sowie über die Themen, die behandelt werden sollen, erhalten, damit sie ihr Teilnahmerecht ausüben können. (VGH Baden-Württemberg, Beschl. vom 21.3.1988, ZBR 1989, 153) Der Dienststelle bleibt es überlassen, die Arbeitgebervereinigung von der einberufenen Personalversammlung zu unterrichten. (Ausschuss für Innere Verwaltung des Landtags NW, Bericht zur 2. Lesung, Landtags-Drucksache 7/4343, S. 19) Die Arbeitgebervereinigung kann stets eine oder einen ihrer Angestellten, auch eine oder einen Beschäftigten aus der gleichen oder einer anderen Dienststelle mit ihrer Vertretung beauftragen. Das gleiche gilt für die Gewerkschaften, soweit die oder der Beauftragte eine Funktion in dieser Gewerkschaft wahrnimmt.

Lädt der Personalrat ein Mitglied einer in der Dienststelle vertretenen Gewerkschaft zur Personalversammlung, muss er auch allen anderen in der Dienststelle vertretenen Gewerkschaften die Gelegenheit zur Teilnahme geben. Dies gilt auch dann, wenn die oder der Gewerkschaftsbeauftragte als Referentin oder Referent zu einem bestimmten Thema geladen wird. (VG Ansbach, Beschluss v. 5.5.2011 – AN 8 PE 11.00950 –)

3. Stufenvertretung und Gesamtpersonalrat

Beim Teilnahmerecht je eines Mitglieds der Stufenvertretungen – also sowohl des Bezirks- als auch des Hauptpersonalrats (vgl. Nr. 14 Erl. Erl.) oder des Gesamtpersonalrats handelt es sich um einen selbständigen Anspruch, der nicht einer Beschlussfassung des Personalrats oder der Personalversammlung unterliegt. Für die Entsendung eines Mitglieds der Stufenvertretungen oder des Gesamtpersonalrats ist aber ein entsprechender Beschluss dieser Gremien erforderlich. Entsendungsfähig sind nur Mitglieder dieses Gremiums. Eine generelle Beauftragung der vorsitzenden Person oder ihrer Stellvertreter mit Substitutionsrecht ist unzulässig. (BVerwG, Beschl. vom 18.3.1981, ZBR 1982, 56)

4. Sachkundige Personen

Im Gegensatz zu dem selbständigen und uneingeschränkten Teilnahmerecht der Gewerkschaftsbeauftragten, der Beauftragten der Arbeitgebervereinigungen, der Dienststellen, der Stufenvertretungen oder der Gesamtpersonalräte haben sachkundige Personen nur ein Teilnahmerecht an Personalversammlungen, wenn der Personalrat einen entsprechenden Beschluss fasst. Sachkundige Personen können sowohl Sachverständige als auch Auskunftspersonen sein.

Vor einem Beschluss ist zu prüfen, ob sachkundige Auskünfte und Informationen von anderen als den teilnahmeberechtigten Personen einzuholen sind. Auch von Sachkundigen sind nur solche Themen zu behandeln, die die Dienststelle und ihre Beschäftigten unmittelbar betreffen (§ 48). Die Behandlung allgemeiner politischer Themen wird dadurch nicht ermöglicht. Das Gebot der Nichtöffentlichkeit wird verletzt, wenn der Personalrat – zumal in Wahlkampfzeiten – Landtagsabgeordnete verschiedener Parteien zur Behandlung sozialpolitischer Fragen hinzuzieht. (BVerwG, Beschl. vom 10.3.1995, ZfPR 1995, 195) Ebenso ist es nicht zulässig, Mitglieder des Kreistages zu einer Personalversammlung der Kreisverwaltung einzuladen. (OVG Münster, Beschl. vom 24.2.1994, RiA 1995, 147)

Personalversammlungen sollen eben einen dienststelleninternen Charakter haben. Es soll damit sichergestellt werden, dass der Personalrat, die Beschäftigten und der Dienststellenleiter offen und sachlich miteinander diskutieren können. Ein politischer Mandatsträger, im Urteilsfall ein Landtagsabgeordneter darf grundsätzlich nicht an einer Personalversammlung teilnehmen, es sei denn, er würde als sachkundige Person eingeladen. Jede politische Einflussnahme und Auseinandersetzung muss vermieden werden. Die Sachkunde muss so herausragend sein, dass keine andere Person als sachkundig anzusehen ist. (OVG Berlin, 60 PV 5.02 vom 27.5.2002)

5. Mitteilungspflicht

Eine Verpflichtung, die Durchführung einer Personalversammlung mitzuteilen, besteht nur gegenüber der Dienststelle und den Gewerkschaften. Bei den Gewerkschaften ist darauf zu achten, dass die Mitteilungspflicht nur gegenüber den in der Dienststelle vertretenen Gewerkschaften besteht, soweit ihr wenigstens eine Beschäftigte oder ein Beschäftigter angehört. Der Personalrat kommt seiner Sorgfaltspflicht nach, wenn er die Gewerkschaften benachrichtigt, von deren Vorhandensein in der Dienststelle er Kenntnis hat. Eine umfangreiche Prüfung, ob ein bisher nicht bekanntes Gewerkschaftsmitglied erfordert, dessen Gewerkschaft über die Personalversammlung zu informieren, besteht nicht.

Eine vorsitzende Person des Personalrats darf es nicht den gewerkschaftlich organisierten Mitgliedern einer Personalvertretung überlassen, ob sie die Gewerkschaften über Zeit und Ort einer Personalversammlung informieren. Als vorsitzende Person führt sie die laufenden Geschäfte und hat auf der Grundlage von § 49 „die Einberufung der Personalversammlung ... den Gewerkschaften mitzuteilen".

Fünftes Kapitel
Stufenvertretungen

§ 50

(1) In der Landesverwaltung werden für den Geschäftsbereich mehrstufiger Verwaltungen bei den Mittelbehörden Bezirkspersonalräte und bei den obersten Landesbehörden Hauptpersonalräte gebildet.

(2) Die Mitglieder des Bezirkspersonalrats werden von den zum Geschäftsbereich der Mittelbehörde, die Mitglieder des Hauptpersonalrats von den zum Geschäftsbereich der obersten Landesbehörde gehörenden Beschäftigten gewählt. Soweit bei Mittelbehörden die Personalangelegenheiten der Beschäftigten zum Geschäftsbereich verschiedener oberster Landesbehörden gehören, sind diese Beschäftigten für den Hauptpersonalrat bei der jeweils zuständigen obersten Landesbehörde wahlberechtigt.

(3) Die §§ 10 bis 12, 13 Abs. 3, 14 Abs. 1, 2, 5 und 6, §§ 15 bis 18 und 20 bis 22 gelten entsprechend. Die in § 10 Abs. 4 genannten Beschäftigten sind nicht wählbar. § 11 Abs. 2 Buchstabe b gilt nur für die Beschäftigten der Dienststelle, bei der die Stufenvertretung zu errichten ist. Die Stufenvertretung hat höchstens fünfzehn Mitglieder. Eine Personalversammlung zur Bestellung des Bezirks- oder Hauptwahlvorstands findet nicht statt. An ihrer Stelle übt die Dienststelle, bei der die Stufenvertretung zu errichten ist, die Befugnis zur Bestellung des Wahlvorstands nach § 17 Abs. 2, §§ 18 und 20 Abs. 1 aus.

(4) Werden in einer Verwaltung die Personalräte und die Stufenvertretungen gleichzeitig gewählt, so führen die bei den Dienststellen bestehenden Wahlvorstände die Wahlen der Stufenvertretungen im Auftrag des Bezirks- oder Hauptwahlvorstands durch; andernfalls

bestellen auf sein Ersuchen die Personalräte oder, wenn solche nicht bestehen, die Dienststellen die örtlichen Wahlvorstände für die Wahl der Stufenvertretungen.

(5) In den Stufenvertretungen erhält jede Gruppe mindestens ein Mitglied.

1. Stufenvertretungen

Da Angelegenheiten von größerer Bedeutung in der Regel von den obersten Landesbehörden oder Mittelbehörden entschieden werden, ist die Bildung von Stufenvertretungen in vertikal gegliederten Verwaltungen vorgesehen. Wegen der Aufgaben der Stufenvertretungen wird auf §§ 66, 69 und 78 verwiesen. Zwischen den Stufenvertretungen und den örtlichen Personalräten besteht kein Über- und Unterordnungsverhältnis, so dass keine Weisungs- oder Überwachungsbefugnis besteht. Insbesondere haben die Stufenvertretungen keine allgemeinen Aufsichtsbefugnisse gegenüber den Personalräten der nachgeordneten Behörden. (BVerwG, Beschl. vom 24.11.1961, ZBR 1962, 63)

2. Hauptpersonalrat, Bezirkspersonalrat

Bei den obersten Landesbehörden (Ministerien/Staatskanzlei und Landesrechnungshof) werden Hauptpersonalräte gebildet, nicht dagegen bei der Landesregierung. Gemäß § 7 LOG sind Landesmittelbehörden, die einer obersten Landesbehörde unmittelbar unterstehenden Behörden, die für einen Teil des Landes zuständig sind. Diese Definition kann jedoch zur Auslegung des personalvertretungsrechtlichen Begriffs „Mittelbehörde" nicht übernommen werden. Mittelbehörden im Sinne dieses Gesetzes sind alle den obersten Dienstbehörden unmittelbar nachgeordneten Behörden, denen wiederum Dienststellen nachgeordnet sind. Dies hat zur Folge, dass auch bei Landesoberbehörden, denen Dienststellen nachgeordnet sind, Stufenvertretungen gebildet werden. Bei einem vierstufigen Verwaltungsaufbau wie in der Justizverwaltung sind wie bei einer Dreistufigkeit auch nur zwei Stufenvertretungen zu bilden. Die den Oberlandesgerichten nachgeordneten Landgerichte erhalten keine Stufenvertretung, obwohl ihnen Amtsgerichte nachgeordnet sind. Wegen der Abgrenzung der Zuständigkeit zwischen Stufenvertretung und Personalrat wird auf § 78 hingewiesen. In § 52 Satz 2 ist neu geregelt, dass in den landeseigenen Betrieben (Bau- und Liegenschaftsbetrieb, Landesbetrieb für Straßen) und bei den Landschaftsverbänden die wegen der zu selbstständigen Dienststellen nach § 1 Abs. 3 erklärten Niederlassungen zu wählenden Gesamtbetriebsräte (§§ 52,53) die Aufgaben eines Hauptpersonalrates wahrnehmen. In den Landesbetrieben war das bisher durch Zusatzgesetze geregelt und hat sich dort in der Praxis bewährt. Für die Gesamtpersonalräte der Landschaftsverbände ist dies nun auch geregelt und somit nicht mehr davon abhängig, dass eine Benehmensherstellung mit der Dienststelle erfolgt.

Mit dem Gesetz zur Modernisierung des Justizvollzuges in Nordrhein-Westfalen (Justizvollzugsmodernisierungsgesetz – JVollzMoG) ist das Landesjustizvollzugsamt als Mittelbehörde aufgelöst worden. Im Artikelgesetz ist das LPVG entsprechend geändert worden. In der Folge verliert die Justizvollzugsverwaltung die Mittelbehörde, bei der ein Bezirkspersonalrat gebildet war. Bei dem Justizministerium wird ein besonderer Hauptpersonalrat gebildet.

Auszug aus dem JVollMoG:

Das Personalvertretungsgesetz für das Land Nordrhein-Westfalen (Landespersonalvertretungsgesetz - LPVG) vom 3. Dezember 1974 (GV. NRW. S. 1514), zuletzt geändert durch Artikel 3 des Gesetzes vom 31. Oktober 2006 (GV. NRW. S. 474), wird wie folgt geändert:

Im Zehnten Kapitel wird die Überschrift des Dritten Abschnitts wie folgt geändert „Staatsanwälte und Justizvollzug".

Nach § 94 werden folgende § 94a und § 94b eingefügt:

§ 94a

Für die Beschäftigten im Justizvollzug gelten die Vorschriften der Kapitel 1 bis 9 und 11, insoweit, als in diesem Abschnitt nichts anderes bestimmt ist.

§ 94b

(1) Für die Beschäftigten im Justizvollzug wird beim Justizministerium ein besonderer Hauptpersonalrat gebildet.

(2) Die Mitglieder des Hauptpersonalrates werden von den zum Justizvollzug gehörenden Beschäftigten gewählt. Nur zu dieser Stufenvertretung sind sie wahlberechtigt."

3. Wahl der Stufenvertretung

Die Mitglieder der Stufenvertretung werden in geheimer und unmittelbarer Wahl von den Beschäftigten gewählt, die zum Geschäftsbereich der Mittelbehörde bzw. der obersten Landesbehörde gehören, bei denen Bezirkspersonalräte oder Hauptpersonalräte zu bilden sind.

Bei den Bezirksregierungen gilt wegen ihrer Bündelungsfunktion eine Sonderregelung insofern, als ihre Beschäftigten für den Hauptpersonalrat bei der obersten Landesbehörde wahlberechtigt sind, die über ihre personellen Angelegenheiten entscheidet. Die bei einer obersten Landesbehörde Beschäftigten sind zu dem bei dieser Behörde gebildeten Hauptpersonalrat wahlberechtigt. (BVerwG, Beschl. vom 14.9.1977, PV 1980, 103) Auch die bei Zwergdienststellen ohne einen eigenen Personalrat Beschäftigten nehmen an der Wahl der Stufenvertretung teil. Auf die Wahl finden die allgemeinen Wahlvorschriften entsprechende Anwendung mit folgenden Abweichungen:

Während gemäß § 13 Abs. 4 die Höchstzahl der Mitglieder der örtlichen Personalräte 25 beträgt, ist die Höchstzahl für Stufenvertretungen auf 15 Mitglieder begrenzt. Von der Wählbarkeit ausgeschlossen sind die in der Berufsausbildung Beschäftigten. Der Ausschluss der Wählbarkeit für die in § 11 Abs. 2 Buchst. c genannten Personen beschränkt sich auf die Angehörigen der Dienststelle, bei der die Stufenvertretung zu bilden ist. Davon unberührt bleibt die Vorschrift des § 72 Abs. 1 Satz 2, wonach die Beteiligung der Personalvertretung an den Personalmaßnahmen dieses Personenkreises antragsabhängig ist. Das Gruppenprinzip gilt auch für die Stufenvertretung, so dass jede Gruppe gemäß § 14 Abs. 1 entsprechend ihrer Stärke vertreten sein muss. Der Wahlvorstand berechnet die Verteilung der Sitze auf die Gruppen nach den Grundsätzen der Verhältniswahl. § 14 Abs. 3 und 4 findet keine Anwendung. Bei der Bestellung des Wahlvorstands tritt an die Stelle der Personalversammlung die Dienststelle.

4. Wahlvorstände

Bei den Mittelbehörden und obersten Landesbehörden werden Bezirks- und Hauptwahlvorstände nach den Vorschriften der §§ 17 ff. gebildet. Sie beauftragen die bei den örtlichen

Dienststellen bestehenden Wahlvorstände mit der Durchführung der Wahlen zu den Stufenvertretungen. Ggf. ist der örtliche Wahlvorstand durch die Dienststelle zu bestellen; es bedarf nicht der Einberufung einer Personalversammlung, dies wäre auch nicht möglich (Anm.1 zu § 45). Die örtlichen Wahlvorstände sind an die Weisungen des Bezirks- oder Hauptwahlvorstandes gebunden; sie übersenden nach Beendigung der Wahlhandlung die Wahlniederschrift (§ 35 Abs. 2 WO) an den Wahlvorstand der Stufenvertretung, der das Wahlergebnis feststellt und die Verteilung der Stimmen auf die Sitze vornimmt. Werden die Wahlen für die Personalräte und die Stufenvertretungen nicht gleichzeitig durchgeführt, so wird der örtliche Wahlvorstand vom Personalrat oder, wenn ein solcher nicht besteht, von der Dienststelle bestimmt. Anfechtungen der Wahlen zu den örtlichen Personalräten oder zu den Stufenvertretungen müssen gesondert erfolgen, auch wenn die Verstöße auf den gleichen Tatbeständen beruhen.

Ein Bezirkswahlvorstand ist an die Zahlen, die ihm zu den in den Dienststellen in der Regel Beschäftigten und zu deren Verteilung auf die Gruppen von den örtlichen Wahlvorständen mitgeteilt wurden, nicht gebunden, wenn diese Zahlen mit den materiell-rechtlichen Vorgaben zur Ermittlung der regelmäßigen Personalstärke in den Gruppen nicht in Einklang stehen. (BVerwG, Beschluss v. 27.5.2010 – 6 PB 2.10)

§ 51

Für die Amtszeit und die Geschäftsführung der Stufenvertretungen sowie für die Rechtsstellung ihrer Mitglieder gelten §§ 23, 24 Abs. 1 Satz 1 Buchstaben b bis e und Satz 2, Abs. 2 und 3, §§ 25 bis 38, 40, 41, 42 Absatz 1 bis 3, 5 und 6 und § 43 entsprechend. § 42 Abs. 3 Satz 1 findet mit der Maßgabe Anwendung, dass höchstens fünf Mitglieder freigestellt werden dürfen. In begründeten Fällen kann im Einvernehmen zwischen Dienststelle und Stufenvertretung von Satz 2 abgewichen werden, um die ordnungsgemäße Wahrnehmung der Aufgaben durch die Stufenvertretung zu gewährleisten. § 30 Abs. 1 gilt mit der Maßgabe, daß die Mitglieder der Stufenvertretung spätestens zwei Wochen nach dem Wahltag einzuberufen sind.

1. Amtszeit und Geschäftsführung der Stufenvertretungen

Die Vorschriften für den örtlichen Personalrat hinsichtlich der Amtszeit, der Geschäftsführung und der Rechtsstellung ihrer Mitglieder gelten für die Stufenvertretung entsprechend. So ist z.B. der Begriff der „laufenden Geschäfte" i.S. des § 29 Abs. 2 für die Stufenvertretung nicht anders auszulegen als für einen örtlichen Personalrat. (BVerwGE 8,214) Demgemäß haben auch die Mitglieder der Stufenvertretung die gleichen Rechte und Pflichten wie die Mitglieder eines örtlichen Personalrats. Gemäß § 26 Abs. 1 Buchst. e erlischt die Mitgliedschaft im Personalrat durch Ausscheiden aus der Dienststelle. Die entsprechende Anwendung dieser Vorschrift auf die Stufenvertretung ergibt, dass die Mitgliedschaft nur beim Ausscheiden aus dem Geschäftsbereich der Mittelbehörde oder der obersten Dienstbehörde erlischt. Das gilt auch, wenn ein Mitglied der Stufenvertretung ein Arbeitsverhältnis beendet und ein neues bei einer Dienststelle desselben Geschäftsbereichs begründet. (BAG, Beschl. vom 11.7.1990, PersR 1990)

2. Abweichende Regelungen

Im Einzelfall gelten für die Stufenvertretungen abweichende Regelungen. So ist z.B. die Stufenvertretung nicht neu zu wählen, wenn die Zahl der Beschäftigten um die Hälfte, mindestens aber um 50 gestiegen oder gesunken ist, da § 24 Abs. 1 Buchst. a keine Anwendung findet. Entgegen der Regelung in § 39 für den örtlichen Personalrat kann die Stufenvertretung während der Arbeitszeit keine Sprechstunden einrichten. Die wesentliche Abweichung besteht darin, dass die in § 42 Abs. 4 über die pauschalierten Freistellungsquoten getroffene Regelung auf Stufenvertretungen keine Anwendung findet. Deshalb sind Freistellungen ausschließlich nach § 42 Abs. 3 vorzunehmen. Im Regelfall allerdings auf fünf Freistellungen begrenzt. Mit der Novellierung in 2011 hat der Gesetzgeber entsprechend der Regelung in § 42 Abs. 4 Satz 5 im Einzelfall eine Öffnung auf mehr als fünf Freistellungen ermöglicht, um die ordnungsgemäße Wahrnehmung der im LPVG vorgesehenen Aufgaben durch die Stufenvertretung zu ermöglichen. Die Stufenvertretung wird einen Freistellungsbedarf über fünf begründen müssen. Die bei § 42 dargestellte Wertung und die ergangene Rechtsprechung gelten hierbei entsprechend.

Außerdem hat die Einberufung der Mitglieder des Personalrats zur Vornahme der vorgeschriebenen Wahl der vorsitzenden Person und ihrer Stellvertreterinnen und Stellvertreter nicht eine Woche, sondern zwei Wochen nach dem Wahltag zu erfolgen.

3. Freistellungen

Aus dem Wortlaut „dass höchstens fünf Mitglieder freigestellt werden dürfen" könnte man schließen, dass der Gesetzgeber eine Verteilung des Volumens von 500 v.H. Freistellungen auf mehr als fünf Personen nicht vorgesehen hat. Da aber keine weiteren Einschränkungen in § 51 LPVG normiert sind, gilt auch für Stufenvertretungen der § 42 Abs. 4 letzter Satz LPVG, wonach auf Antrag des Personalrats mehrere Mitglieder anteilig freigestellt werden können. Das bedeutet, dass bei Vorliegen sachlicher Gründe z.B. auch 10 Personalratsmitglieder zur Hälfte von ihren dienstlichen Tätigkeiten freigestellt werden könnten.

Hierzu aus ZfPR 6/2009:

Eine Freistellung ist grundsätzlich in Form der Vollfreistellung eines Personalratsmitglieds vorzunehmen. Ist dies aus zwingenden Gründen nicht möglich (u.a. fehlende, auf zutreffenden sachlichen Erwägungen beruhende Bereitschaft zur Vollfreistellung), ist eine Teilfreistellung mehrerer Personalratsmitglieder möglich. Zwar kann ein Dienststellenleiter im Interesse der Sicherstellung eines reibungslosen Ablaufs dienstlicher Aufgaben in Einzelfällen eine Teilfreistellung verweigern. Dies setzt aber eine ernsthafte Auseinandersetzung mit den Interessen der Personalvertretung an einer – gesetzlich vorgeschriebenen – sachgerechten Aufgabenwahrnehmung voraus. Eine Abwägung der unterschiedlichen Interessenlagen ist unausweichlich notwendig.

Auch für Stufenvertretungen gilt, wie bei § 42 LPVG ausgeführt, dass die Sitzungsteilnahme nicht zur zu beantragenden Freistellung gehört. Somit haben über die Personalratsmitglieder, die das Volumen von 500 v.H. ausschöpfen, hinaus auch die übrigen Mitglieder ohne Freistellung einen Rechtsanspruch auf angemessene Entlastung. Dies bedeutet bei den in der Landeshauptstadt oder anderweitig zentral angesiedelten Stufenvertretungen, die bedingt durch die Fristen der §§ 66 und 69 LPVG mindestens zweiwöchentliche Sitzungen durchführen müssen, für deren Mitglieder eine erforderliche Entlastung bis zu einem Tag pro alle zwei Wochen. Bei anderen Sitzungsrhythmen gilt dies entsprechend. Dies ist nicht mit einer pauschalierten Freistellung zu verwechseln, muss aber, wie oben dargestellt, zu einer entsprechenden Verringerung der üblichen Arbeitsmenge führen. Hierauf hat das einzelne Personalrats-mitglied einen Rechtsanspruch. (Ilbertz/Widmaier, § 46 Anm. 13 BPersVG; vgl. für das BetrVG: BAG vom 27.6.1990, BAGE 65, 230 = BB 1991, 759 = DB 199, 973)

Sechstes Kapitel
Gesamtpersonalrat

§ 52

In den Fällen des § 1 Absatz 2 Halbsatz 2 und Absatz 3 ist neben den einzelnen Perso-nalräten ein Gesamtpersonalrat zu errichten. Die Gesamtpersonalräte der Landschafts-verbände, des Landesbetriebs Straßenbau NRW und des Bau- und Liegenschaftsbetriebs NRW nehmen die Aufgaben des Hauptpersonalrates wahr.

1. Errichtung von Gesamtpersonalräten

Wenn nach § 1 Abs. 3 Nebenstellen oder Teile einer Dienststelle von der obersten Dienstbe-hörde zur selbständigen Dienststelle erklärt werden, muss ein Gesamtpersonalrat gebildet werden. Bei der zu treffenden Maßnahme hat der zuständige Personalrat gemäß § 72 Abs. 4 Nr. 12 ein Mitbestimmungsrecht. Die Bildung eines Gesamtpersonalrats ist allerdings nur zu-lässig, wenn es sich um Nebenstellen oder Teile einer Dienststelle handelt. Grundsätzlich sind Nebenstellen und Teile einer Dienststelle der Hauptstelle zuzurechnen, mit der sie eine Einheit bilden. Daraus folgt, dass Dienststellen im Sinne dieses Gesetzes nur solche Einheiten sein können, die mit einem eigenständigen Aufgabenbereich und organisatorischer Selbständigkeit ausgestattet sind. (Fischer-Goeres, RdNr. 12 zu § 6) Das ist häufig in kommunalen Dienst-stellen der Fall, z.B. bei Einheiten wie

- Allgemeine Verwaltung,
- Bauverwaltung,
- Schlacht- und Viehhof,
- Reinigungsamt und Fuhrpark,
- Feuerwehr,
- Theater,
- Stadtwerke (falls ohne Rechtspersönlichkeit).

2. Initiativrecht des Personalrats

Der Personalrat kann aufgrund seines Initiativrechts beantragen, dass die oberste Dienstbe-hörde über die Verselbständigung von Nebenstellen oder Teilen einer Dienststelle entscheidet. Die Entscheidung ist widerruflich, weil im Gegensatz zu § 6 Abs. 3 BPersVG nicht die Mehrheit der wahlberechtigten Beschäftigen in geheimer Abstimmung entsprechende Beschlüsse fassen kann, die über die folgende Wahl und die Amtszeit eines Personalrats hinauswirken. Hat die oberste Dienstbehörde den Antrag des Personalrats abgelehnt, kann die Einigungsstelle zwar angerufen werden, die aber nur auf eine Empfehlung an die endgültig entscheidende Stelle beschränkt ist (§ 68). Beim Initiativantrag des Personalrats ist zu beachten, dass auch diejeni-gen Einheiten der öffentlichen Verwaltung, die ein nach außen an die Allgemeinheit gerichtetes Verwaltungshandeln zum Ziel haben, verselbständigt werden können. Dabei ist es unerheblich, ob es sich um hoheitliche oder nicht hoheitliche Tätigkeiten handelt. (OVG Münster, Beschl. vom 3.2.1982-CB 19/80)

3. Zuordnung der Gesamtpersonalräte zu den Personalräten

Während die Stufenvertretungen vertikal gegliedert sind, werden durch den Gesamtpersonalrat die Personalräte auf horizontaler Ebene zusammengefasst. Der Gesamtpersonalrat und die Personalräte stehen nebeneinander, ohne dass ein Über- oder Unterordnungsverhältnis besteht. Durch die Bildung des Gesamtpersonalrats wird das Beteiligungsverfahren erleichtert, weil für die Dienststelle in Angelegenheiten, von denen alle Beschäftigten in den verselbstständigten Dienststellenteile betroffen werden, die Gesprächspartner nicht die einzelnen Personalräte, sondern der Gesamtpersonalrat ist. Der Gesamtpersonalrat ist aber nicht befugt, die den Personalräten seines Bereichs zustehenden Beteiligungsrechte im eigenen Namen geltend zu machen. (BVerwG, Beschl. vom 15.8.1983, DVBl. 1984, 266) Der Gesamtpersonalrat ist keinesfalls eine Stufe in einem Stufenverfahren (§§ 66 u. 69).

Wegen der Abgrenzung der Zuständigkeiten zwischen Personalrat und Gesamtpersonalrat wird auf § 78 Abs. 4 hingewiesen, ebenfalls auf Anm. 9 zu § 78.

In Satz 2 ist neu geregelt, dass die Gesamtpersonalräte der Landschaftsverbände, des Landesbetriebs Straßenbau NRW und des Bau- und Liegenschaftsbetriebs NRW zusätzlich die Aufgaben des Hauptpersonalrates wahrnehmen, siehe auch Anm. 2 zu § 50.

§ 53

Für die Wahl, die Amtszeit und die Geschäftsführung des Gesamtpersonalrats sowie für die Rechtsstellung seiner Mitglieder gelten § 50 Abs. 2 bis 5 und § 51 entsprechend.

1. Wahl und Amtszeit des Gesamtpersonalrats

Die in den § 50 und 51 enthaltenen Regelungen sind mit den entsprechenden Abweichungen auch für die Wahl und Amtszeit des Gesamtpersonalrats anzuwenden. Die Stärke des Gesamtpersonalrats ist abhängig von der Zahl der in seinem Bereich Beschäftigten und beträgt höchstens 15 Mitglieder. Die Beschränkung des § 11 Abs. 2 Buchst. c gilt nur für die Beschäftigten der Hauptdienststelle, bei der der Gesamtpersonalrat gebildet wird. Zu Personalentscheidungen befugte Personen der verselbständigten Teildienststellen sind also in den Gesamtpersonalrat wählbar. Bei gleichzeitiger Wahl des Gesamtpersonalrats und des Personalrats führen die örtlichen Wahlvorstände die Wahl des Gesamtpersonalrats im Auftrag des Wahlvorstands beim Gesamtpersonalrat durch. Wird die Wahl nicht gleichzeitig durchgeführt, bestellen die örtlichen Personalräte oder die Dienststelle örtlichen Wahlvorstände. Die für die Stufenvertretung geltenden Regelungen sind entsprechend anzuwenden. Die Befugnisse der Jugend- und Auszubildendenvertretung nach § 36 bestehen auch gegenüber dem Gesamtpersonalrat (Anm. 2 zu § 60). Dieser kann ebenso wenig wie die Stufenvertretung Sprechstunden abhalten. Beauftragte Mitglieder des Gesamtpersonalrats sind gemäß § 32 Abs. 2 berechtigt, an den Sitzungen der Teilpersonalräte teilzunehmen, wenn ein entsprechender Beschluss des Teilpersonalrats vorliegt.

2. Geschäftsführung des Gesamtpersonalrats

Die Mitglieder des Gesamtpersonalrats haben die gleichen Rechte und Pflichten wie die Mitglieder aller übrigen Personalvertretungen. Auch Freistellungen sind möglich, jedoch findet die Freistellungsstaffel des § 42 Abs. 4 keine Anwendung. Aus diesem Grunde sind Freistellungen ausschließlich nach § 42 Abs. 3 vorzunehmen.

Siebtes Kapitel
Jugend- und Auszubildendenvertretung

§ 54

In Dienststellen mit in der Regel mindestens fünf zur Jugend- und Auszubildendenvertretung wahlberechtigten Beschäftigten werden Jugend- und Auszubildendenvertretungen gebildet.

1. Die Stellung der Jugend- und Auszubildendenvertretung

Bei der Jugend- und Auszubildendenvertretung handelt es sich um eine Sondervertretung, die jedoch nicht in eigener Zuständigkeit Beteiligungsrechte unmittelbar gegenüber der Dienststelle ausübt, sondern über den jeweiligen Personalrat tätig wird. Die Bildung einer Jugend- und Auszubildendenvertretung ist demnach vom Bestehen einer Personalvertretung abhängig. Daraus kann aber nicht gefolgert werden, dass sie während einer nur kurzen personalratslosen Zeit aufzulösen wäre. Es gilt der Grundsatz, dass die Interessen aller Beschäftigten in ihrer Gesamtheit gegenüber der Dienststelle von der Personalvertretung wahrzunehmen sind, so dass in den Angelegenheiten, die sich auf jugendliche Beschäftigte und Auszubildende beziehen, nicht die Jugend- und Auszubildendenvertretung, sondern ausschließlich die Personalvertretung gegenüber der Dienststelle tätig wird. (BVerwG, Beschl. vom 8.7.1977! ZBR 1978, 173) Ansprechpartner der Jugend- und Auszubildendenvertretung ist der Personalrat und nicht die Dienststelle. Die Jugendlichen und Auszubildenden werden von der Jugend- und Auszubildendenvertretung gegenüber dem Personalrat und vom Personalrat gegenüber dem Dienststelle vertreten. Siehe zum Verhältnis auch ZfPR 3/2002, 94. Die Befugnisse der Jugend- und Auszubildendenvertretung gegenüber dem Personalrat ergeben sich u. a. aus den §§ 35 und 36 (Vetorecht und Stimmrecht).

2. Bildung von Jugend- und Auszubildendenvertretungen

Die Jugend- und Auszubildendenvertretung ist eine nicht ins Belieben gestellte Einrichtung, sondern sie muss bei Vorliegen der Voraussetzungen gebildet werden. Soweit eine Jugend- und Auszubildendenvertretung nicht besteht, hat der Personalrat dafür zu sorgen, dass entsprechende Wahlen stattfinden. Er bestimmt auch den Wahlvorstand und dessen vorsitzende Person(§ 57 Abs. 1 Satz 1).

Der Begriff „in der Regel beschäftigt" schließt eine vorübergehende Unterschreitung der Zahl von 5 Beschäftigten nicht aus, sie muss jedoch für einen größeren Teil der Amtszeit gegeben sein. Maßgebend ist der Tag des Wahlausschreibens.

Dienststelle und Personalrat haben die Bildung der Jugend- und Auszubildendenvertretung zu fördern. Die wahlberechtigten Beschäftigten können aber nicht gezwungen werden, von ihrem Wahlrecht Gebrauch zu machen.

§ 55

(1) Wahlberechtigt sind alle jugendlichen Beschäftigten, die das 18. Lebensjahr noch nicht vollendet haben, sowie Auszubildende, Beamtenanwärterinnen und Beamtenanwärter und Praktikantinnen und Praktikanten. § 10 Abs. 2 bis 4 gilt entsprechend.

(2) Wählbar sind Beschäftigte, die am Wahltag noch nicht das 27. Lebensjahr vollendet haben, sowie Auszubildende, Beamtenanwärter und Praktikanten. §§ 11 und 12 gelten entsprechend.

1. Wahlberechtigung

Wahlberechtigt sind zunächst alle jugendlichen Beschäftigten. Dass das 18. Lebensjahr noch nicht vollendet sein darf, entspricht der Regelung über das aktive und passive Wahlrecht für die allgemeinen Wahlen, das mit der Vollendung des 18. Lebensjahres beginnt. Außerdem gehören zu diesem Kreis alle Auszubildenden, Beamtenanwärterinnen und Beamtenanwärter sowie Praktikantinnen und Praktikanten, unabhängig vom Lebensalter, also auch Referendarinnen und Referendare, soweit sie nicht als Referendarinnen und Referendare im juristischen Vorbereitungsdienst eigene Vertretungen bilden (§§ 95 bis 101). Die Aufstiegsbeamtinnen und Aufstiegsbeamten (§ 30 LVO) sind ebenfalls nicht wahlberechtigt, auch wenn sie während des Aufstiegsverfahrens eine Ausbildung absolvieren, weil diese Ausbildung lediglich zusätzliche Kenntnisse zu einer bereits stattgefundenen Ausbildung vermitteln soll.

2. Wählbarkeit

Eine Mindestaltersgrenze sieht das Gesetz nicht vor, während das Höchstalter auf die Vollendung des 27. Lebensjahres festgesetzt ist. Die Altersvoraussetzung ist auf den Stichtag bezogen (Wahltag) und kann danach nicht mehr wegfallen. Die Mitgliedschaft erlischt also auch nicht, wenn das Mitglied der Vertretung das 27. Lebensjahr im Laufe der Amtszeit vollendet (§ 67 Abs. 2 Satz 4).

Im Gegensatz zu § 61 Abs. 2 BetrVG ist eine Doppelmitgliedschaft in Personalrat und Jugend- und Auszubildendenvertretung möglich. Die Ausschlussklausel ist erst durch den Ausschuss für Arbeit und Sozialordnung des Bundestages mit folgender Begründung aufgenommen worden:

> *Durch die Ergänzung:"... soll eine nach der Ansicht des Ausschusses unerwünschte gleichzeitige Mitgliedschaft in Jugendvertretung und Betriebsrat ausgeschlossen werden, die insbesondere bedenklich ist, soweit die Jugendvertreter nach § 68 im Betriebsrat stimmberechtigt sind."*

Dieser Rechtsgedanke kann ohne weiteres auf dieses Gesetz übertragen werden, das zwar die Doppelmitgliedschaft zulässt, ein Doppelstimmrecht aber nicht vorsieht.

Andere als in Abs. 2 genannte materielle Voraussetzungen für die Wählbarkeit werden nicht aufgestellt, so dass auch Ausländerinnen und Ausländer in die Jugend- und Auszubildendenvertretung gewählt werden können. Die Entscheidung über das aktive und passive Wahlrecht trifft auch bei der Jugend- und Auszubildendenvertretung der Wahlvorstand. Er hat schon bei den Wahlvorbereitungen darauf zu achten, ob Wählbarkeit gemäß § 11 vorliegt (Abs. 2 Satz 2). Das setzt z.b. die sechsmonatige Zugehörigkeit zur Dienststelle desselben Geschäftsbereichs (Landesdienst) oder zur selben Körperschaft, Anstalt oder Stiftung voraus. Wegen der Ausnahmeregelung wird auf § 12 verwiesen.

§ 56

(1) Die Jugend- und Auszubildendenvertretung besteht in Dienststellen mit in der Regel

5 bis	20 wahlberechtigten Beschäftigten	aus einer Person,
21 bis	50 wahlberechtigten Beschäftigten	aus drei Mitgliedern,
51 bis	200 wahlberechtigten Beschäftigten	aus fünf Mitgliedern,
201 bis	300 wahlberechtigten Beschäftigten	aus sieben Mitgliedern,
301 bis	500 wahlberechtigten Beschäftigten	aus elf Mitgliedern,
501 bis	1000 wahlberechtigten Beschäftigten	aus dreizehn Mitgliedern,
mehr als	1000 wahlberechtigten Beschäftigten	aus fünfzehn Mitgliedern.

(2) § 14 Abs. 5 und 6 gelten entsprechend.

1. Größe der Jugend- und Auszubildendenvertretung

Die Größe der Jugend- und Auszubildendenvertretung richtet sich nach der Zahl der in der Dienststelle Beschäftigten i.S.d. § 55 Abs. 1. Auch hier ist die regelmäßige Zahl der Beschäftigten zugrunde zu legen, wobei auf den Tag des Wahlausschreibens abzustellen ist. Wenn sich die Zahl der Beschäftigten nach der Wahl ändert, findet selbst bei einer erheblichen Vergrößerung oder Verkleinerung keine Neuwahl statt, weil § 24 Abs. 1 Buchst. a für die Jugend- und Auszubildendenvertretung nicht gilt (§ 57 Abs. 2). Die einmal gewählte Jugend- und Auszubildendenvertretung hat für die Dauer der Wahlperiode Bestand, selbst wenn irrtümlich zu viel Vertreterinnen und Vertreter gewählt worden sind, es sei denn, die Wahl wird rechtzeitig angefochten.

Um eine ordnungsgemäße Arbeit der Jugend- und Auszubildendenvertretung in Dienststellen mit eine sehr großen Zahl wahlberechtigter Beschäftigten sicher zu stellen, hat der Gesetzgeber bei der Novellierung eine weiter Stufe zwischen 501 bis 1000 wahlberechtigten Beschäftigten geschaffen, bei der die Zahl der zu wählenden Jugend- und Auszubildendenvertreterinnen und -vertreter 13 beträgt.

2. Beschäftigungsarten und Geschlechterproporz

Die Jugend- und Auszubildendenvertretung soll sich aus Vertreterinnen und Vertretern der verschiedenen Beschäftigungsarten zusammensetzen (Verweis in Abs. 2 auf § 14 Abs. 5). Es handelt sich um eine Sollvorschrift, deren Nichtbeachtung die Gültigkeit der Wahl nicht beeinträchtigt. Wegen des Begriffs „Beschäftigungsarten" wird auf Anm. 4 zu § 14 hingewiesen.

Auch die Jugend- und Auszubildendenvertretung soll sich entsprechend ihrem zahlenmäßigen Anteil von Frauen und Männern zusammensetzen (Verweis in Abs. 2 auf § 14 Abs. 6). Die Anteile sind allerdings nur bei den wahlberechtigten Beschäftigten im Sinne von § 55 Abs. 1 zu ermitteln und nicht bei der Gesamtzahl der in der Dienststelle Beschäftigten.

Die Vorschriften über die Gruppenwahl und über den Minderheitenschutz finden keine Anwendung.

§ 57

(1) Der Personalrat bestimmt den Wahlvorstand und ihre vorsitzende Person. Für die Wahl der Jugend- und Auszubildendenvertretung gelten § 16 Abs. 1, 3, 4, 6 Satz 1, Abs. 7 und 8, § 20 Abs. 2, §§ 21 und 22 entsprechend.

(2) Die regelmäßige Amtszeit der Jugend- und Auszubildendenvertretung beginnt und endet mit der jeweiligen Wahlperiode. Sie beträgt zwei Jahre. Im Übrigen gelten für die Amtszeit der Jugend- und Auszubildendenvertretung § 23 Abs. 2 und 3, § 24 Abs. 1 Satz 1 Buchstaben b bis e und Abs. 2 und §§ 25, 26 Abs. 1 und 2 sowie §§ 27 und 28 Abs. 1, 2 und 4 entsprechend. Die Mitgliedschaft in der Jugend- und Auszubildendenvertretung erlischt nicht dadurch, daß ein Mitglied während der Amtszeit das 27. Lebensjahr vollendet.

(3) Besteht die Jugend- und Auszubildendenvertretung aus drei oder mehr Mitgliedern, so wählt sie aus ihrer Mitte eine vorsitzende Person und deren Stellvertreterin oder Stellvertreter. Im übrigen gelten für die Geschäftsführung die §§ 30 bis 33 und 37 bis 39, § 40 Abs. 1, 3 und 4 und § 41 entsprechend. An den Sitzungen der Jugend- und Auszubildendenvertretung kann ein vom Personalrat beauftragtes Mitglied des Personalrats teilnehmen.

1. Wahlvorstand

Die Bestellung des Wahlvorstandes erfolgt ausschließlich durch den Personalrat. Bereits hieraus ergibt sich, dass es ohne Personalrat keine Jugend- und Auszubildendenvertretung in einer Dienststelle geben kann. Kommt der Personalrat seiner Verpflichtung nicht nach, erfolgt keine Ersatzbestellung in entsprechender Anwendung der §§ 17 Abs. 2 und 19. Vielmehr bleibt in einem solchen Falle nur übrig, die Auflösung des Personalrats nach § 25 Abs. 1 einzuleiten.

2. Wahl

Auf die Wahl finden die allgemeinen Wahlvorschriften Anwendung, soweit diese sich nicht auf die Gruppenwahl beziehen, da die Jugend- und Auszubildendenvertretung stets durch eine Gemeinschaftswahl gewählt wird (§ 40 WO). Ist nur eine Person zu wählen, findet Personenwahl statt. § 20 Abs. 1 wird nicht angewendet.

3. Amtszeit und Wahlperiode

Die Wahlperiode beträgt abweichend von der Wahlperiode des Personalrats zwei Jahre. Abweichend von den Vorschriften über die Amtszeit des Personalrats findet keine Neuwahl statt, wenn die Voraussetzungen des § 24 Abs. 1 Buchst. a gegeben sind. Die entsprechende Anwendung des § 22 über die Wahlanfechtung bedeutet, dass neben den Gewerkschaften und der Dienststelle die Antragsberechtigung nur drei Beschäftigten i.S. von § 55 Abs. 1 zusteht. Das gleiche gilt für das Ausschluss- oder Auflösungsverfahren nach § 25. Durch Abs. 2 Satz 4 wird klargestellt, dass im Interesse der Kontinuität der Jugend- und Auszubildendenvertretung ein Mitglied im Amt bleibt, das im Laufe der Amtszeit das 27. Lebensjahr vollendet.

4. Wahl der vorsitzenden Person und der stellvertretenden vorsitzenden Person

Die Wahl der vorsitzenden Person und der stellvertretenden vorsitzenden Person erfolgt in einer gemeinsamen Wahl, da es bei der Jugend- und Auszubildendenvertretung auf die Gruppenzugehörigkeit nicht ankommt. Die vorsitzende Person und ihre stellvertretende vorsitzende Person können deshalb derselben Gruppe angehören. Sie sind in gesonderten Wahlgängen zu wählen, so dass nicht derjenige, der bei der Wahl zur vorsitzenden Person die nächstniedrigere Stimmenzahl erhalten hat, damit automatisch zur stellvertretenden vorsitzenden Person gewählt worden ist. Die vorsitzende Person oder im Falle ihrer Verhinderung ihre stellvertretende vorsitzende Person vertritt die Jugend- und Auszubildendenvertretung im Rahmen der von ihr gefassten Beschlüsse.

5. Geschäftsführung

Die sich auf die Geschäftsführung des Personalrats beziehenden Vorschriften gelten auch für die Jugend- und Auszubildendenvertretung. Wegen der fehlenden Verweisung auf § 40 Abs. 2 werden für die Jugend- und Auszubildendenvertretung keine Aufwandsmittel bereitgestellt. Soweit im Einzelfall Kosten für Repräsentationsaufwand entstehen, können diese Mittel durch den Personalrat bewilligt werden. Hinsichtlich der Reiseanzeigen wird auf Anm. 6 verwiesen. Die Jugend- und Auszubildendenvertretung kann eigene Sprechstunden während der Arbeitszeit abhalten. Damit soll ihr Gelegenheit gegeben werden, die Sorgen der Beschäftigten kennen zu lernen und sich von ihnen unterrichten lassen, damit für die Jugend- und Auszubildendenvertretung Schwerpunkte für ihre Arbeit festgelegt werden können. Außerdem sollen die Jugendlichen und Auszubildenden die Möglichkeit haben, ihrer Vertretung auch persönliche, dienstliche und soziale Angelegenheiten sowie Beschwerden vorzutragen, damit das Gremium diese durch Verhandlung mit dem Personalrat abstellen kann. Die Kosten für die Einrichtung und den Betrieb der Sprechstunde einschließlich der notwendigen Fahrtkosten trägt die Dienststelle, die im erforderlichen Umfang Räume und Geschäftsbedarf zur Verfügung zu stellen hat.

6. Sitzungen

Die Jugend- und Auszubildendenvertretung hat eine Sitzungspflicht, d.h., entsprechende Beschlüsse können nur in ordnungsgemäß einberufenen Sitzungen gefasst werden. Das Teilnahmerecht eines vom Personalrat beauftragten Mitglieds setzt voraus, dass der Personalrat jeweils rechtzeitig über eine Sitzung der Jugend- und Auszubildendenvertretung unterrichtet wird, was jedoch nicht bedeutet, dass ihre Einberufung im Einvernehmen mit dem Personalrat zu geschehen hat. Es bedarf jedoch eines Beschlusses des Personalrats, wenn zu diesen Sitzungen der Jugend- und Auszubildendenvertretung auswärtige Teilnehmerinnen und Teilnehmer anreisen, weil eine Anzeige gegenüber der Dienststelle einen Beschluss des zuständigen Personalrats voraussetzt, an dem Beschluss wird die Jugend- und Auszubildendenvertretung beteiligt. Aus der entsprechenden Anwendung des § 30 Abs. 3 ergibt sich nicht ausdrücklich, dass auch der Personalrat die Einberufung einer Sitzung verlangen kann. Das Recht wird ihm aber zugestanden werden müssen, weil sich dies aus seiner Beratungsfunktion ergibt.

Die Teilnahme von Gewerkschaftsbeauftragten an Sitzungen der Jugend- und Auszubildendenvertretung erfolgt nur auf Antrag von einem Viertel der Mitglieder. Wegen der entsprechenden Anwendung des § 32 Abs. 1 muss genügen, wenn die Gewerkschaft im Personalrat, also nicht in der Jugend- und Auszubildendenvertretung vertreten ist.

Die Vorschriften über die konstituierende Sitzung des Personalrats und die weiteren Sitzungen des Personalrats gelten sinngemäß für die Jugend- und Auszubildendenvertretung. Deshalb hat die vorsitzende Person die Mitglieder unter Mitteilung einer Tagesordnung rechtzeitig zu laden. Dabei ist zu beachten, dass die Tagesordnung sämtliche Angelegenheiten enthält, die der Beratung durch das Gremium bedürfen. Die Ladung der Mitglieder durch die vorsitzende Person hat so rechtzeitig zu erfolgen, dass sich jeder auf die Sitzung vorbereiten kann. Es ist allerdings nicht erforderlich, dass jedem einzelnen Mitglied die schriftlichen Unterlagen übersandt werden, die der vorsitzenden Person zur Verfügung stehen; denn auch hier gilt, was für die Personalvertretung Gültigkeit hat, dass die einzige vollständige Informationsquelle die Sitzung selbst ist. Werden in einer Sitzung der Jugend- und Auszubildendenvertretung, zu der nicht rechtzeitig geladen und zu der die Tagesordnung nicht rechtzeitig mitgeteilt worden ist, Beschlüsse gefasst, so sind diese unwirksam. Dies gilt nicht, wenn in der Sitzung alle Mitglieder anwesend sind und Beschlüsse einstimmig gefasst werden oder aber einstimmig beschlossen worden ist, die entsprechenden Punkte nachträglich auf die Tagesordnung zu setzen.

Das Verlaufsdiagramm soll verdeutlichen, wie eine Sitzung der Jugend- und Auszubildendenvertretung gestaltet werden kann (Anlage 4).

§ 58

Für die Rechtsstellung der Mitglieder der Jugend- und Auszubildendenvertretung gelten § 42 Abs. 1, 2, 3 Satz 1 und 4, Abs. 5 und 6 und § 43 entsprechend.

1. Rechtsstellung der Jugend- und Auszubildendenvertretung

Die Rechtsstellung der Jugend- und Auszubildendenvertretung ist im Wesentlichen die gleiche wie die der übrigen Personalvertretungen. Abweichend von den Vorschriften gilt hinsichtlich der Freistellung nur der in § 42 Abs. 3 enthaltene Grundsatz. Eine Freistellungsstaffel besteht nicht. Mitglieder einer Jugend- und Auszubildendenvertretung können aber von ihrer dienstlichen Tätigkeit ganz oder teilweise freigestellt werden, wenn und soweit es nach Umfang und Art der Dienststelle zur ordnungsgemäßen Durchführung ihrer Aufgaben erforderlich ist, wobei die Freistellung nicht zu einer Beeinträchtigung des beruflichen Werdegangs oder zur Gefährdung des Ausbildungsziels führen darf.

2. Schulungs- und Bildungsveranstaltungen

Für die Teilnahme von Mitgliedern einer Jugend- und Auszubildendenvertretung an Schulungs- und Bildungsveranstaltungen gilt § 42 Abs. 5 entsprechend. Der darin enthaltene Begriff „erforderlich" ist auf die besondere Tätigkeit einer Jugend- und Auszubildendenvertretung abzustellen. Unter Berücksichtigung der zweijährigen Amtszeit ist die zeitliche Dauer dieser Veranstaltungen zu bemessen. Bei der Themenwahl ist zu bedenken, dass die Mitglieder einer Jugend- und Auszubildendenvertretung effektiv und nutzbringend für die zu Vertretenden tätig sein sollen. Ein Mitglied der Jugend- und Auszubildendenvertretung benötigt nicht die gleichen Kenntnisse wie ein Personalratsmitglied. Zu den Schulungsthemen können z.B. Fragen der Berufsausbildung, des Jugendarbeitsschutzes und der sozialen Betreuung jugendlicher Beschäftigter gehören. Im Hinblick auf die durch § 61 Abs. 1 Nr. 2 übertragenen Aufgaben ist es auch vertretbar, Mitgliedern dieser Gremien über „Gesundheitsschutz" in der Dienststelle zu schulen, wenn dabei der Jugendschutz im Mittelpunkt steht. (BAG, Beschl. vom 6.5.1975, BB 1975,1112) In jedem Falle ist die Dienststelle verpflichtet, erstmals gewählten Vertreterinnen und Vertreter für eine Schulungs- und Bildungsveranstaltung freizustellen, wenn die oder der Betroffene bisher an keiner Veranstaltung teilgenommen hat (VG Oldenburg, Beschl. vom 14.6.1983 – PB 6/83)

Für die Freistellung zur Durchführung einer Schulung ist ein Beschluss des Personalrats erforderlich. Die Auswahl der Teilnehmerinnen und Teilnehmer, die dem Personalrat vorgeschlagen werden, trifft die Jugend- und Auszubildendenvertretung selbst. Wenn die Veranstaltungen nicht außerhalb des Berufsschulunterrichts durchgeführt werden können, ist die Schulleitung verpflichtet, Unterrichtsbefreiung zu erteilen. Bei Beamtenanwärterinnen und Beamtenanwärter gilt entsprechendes während der Unterrichts- und Studienzeiten an den Schulen oder Fachhochschulen; hier gilt aber besonders, dass die Teilnahme an einer solchen Fortbildungs- und Schulungsveranstaltung nicht zu einer Beeinträchtigung des beruflichen Werdegangs oder zur Gefährdung des Ausbildungsziels führen darf.

3. Kündigungsschutz

Zum Kündigungsschutz der Mitglieder der Jugend- und Auszubildendenvertretung siehe Anm. 5 zu § 43.

§ 59

Die Jugend- und Auszubildendenvertretung hat einmal in jedem Kalenderjahr eine Jugend- und Auszubildendenversammlung durchzuführen, die von der vorsitzenden Person der Jugend- und Auszubildendenvertretung geleitet wird. Außer dieser kann eine weitere Jugend- und Auszubildendenversammlung während der Arbeitszeit stattfinden. Die vorsitzende Person des Personalrats oder ein vom Personalrat beauftragtes anderes Mitglied soll an der Jugend- und Auszubildendenversammlung teilnehmen. Im übrigen sind die Vorschriften des Vierten Kapitels auf die Jugend- und Auszubildendenversammlung entsprechend anzuwenden.

1. Jugend- und Auszubildendenversammlung

Die Jugend- und Auszubildendenversammlung muss ebenso wie die Personalversammlung mindestens einmal im Kalenderjahr stattfinden. Aus der Formulierung „kann **eine** weitere ... stattfinden" ergibt sich, dass die Anzahl der möglichen Versammlungen auf zwei im Kalenderjahr beschränkt ist. Da die Vorschriften über die Personalversammlung entsprechende Anwendung finden, erfolgt die Einberufung durch Beschluss der Jugend- und Auszubildendenvertretung. Dass dies im Einvernehmen mit dem Personalrat zu geschehen hat, sieht das Gesetz im Gegensatz zu § 71 BetrVG nicht vor, doch empfiehlt es sich, zumindest ein Benehmen mit dem Personalrat herzustellen. Die Leitung der Jugend- und Auszubildendenversammlung obliegt der vorsitzenden Person der Jugend- und Auszubildendenvertretung.

2. Teilnahmerechte

Die Jugend- und Auszubildendenversammlung besteht aus den wahlberechtigten Beschäftigten i.S. von § 55 Abs. 1 der betreffenden Dienststelle. Zur Teilnahme verpflichtet ist eine Vertreterin oder ein Vertreter des Personalrats, da die Voraussetzungen für ein Abweichen von der Sollvorschrift so gut wie nicht gegeben sein dürften. Teilnahmeberechtigt sind außerdem die in § 49 genannten Personen. Daraus folgt, dass die Einberufung auch den in der

Dienststelle vertretenen Gewerkschaften mitzuteilen ist. Das Teilnahmerecht der Gewerkschaften besteht auch, wenn sie nur „erwachsene" Mitglieder organisieren (VGH Baden-Württemberg, Beschl. vom 21.3.1988 – 15 S 2438/8 7), im Übrigen siehe Anm. 5 zu § 2.

3. Themen der Jugend- und Auszubildendenversammlung

In der Versammlung dürfen nur Themen behandelt werden, die den Teilnehmerkreis berühren. Dazu gehören Tarif-, Besoldungs- und Sozialangelegenheiten, insbesondere aber Ausbildungsangelegenheiten. Allgemeine politische, parteipolitische oder wirtschaftliche Fragen scheiden aus. Insofern ist die Jugend- und Auszubildendenversammlung das Forum der freien Meinungsäußerung in allen Angelegenheiten, welche die besonderen Belange des teilnehmenden Personenkreises unmittelbar betreffen. Im Übrigen wird auf die §§ 45 bis 49 verwiesen, die entsprechend anwendbar sind.

§ 60

(1) In der Landesverwaltung werden für den Geschäftsbereich mehrstufiger Verwaltungen, in denen Stufenvertretungen bestehen, bei den Mittelbehörden Bezirksjugend- und Auszubildendenvertretungen und bei den obersten Landesbehörden Hauptjugend- und Auszubildendenvertretungen gebildet. Für sie gelten § 50 Abs. 2 und 4, §§ 55, 56, 58 und 61 entsprechend, ferner § 57 mit der Maßgabe, daß die Einrichtung von Sprechstunden entfällt. Die Jugend- und Auszubildendenstufenvertretung hat höchstens fünf Mitglieder.

(2) Bestehen in Fällen des § 1 Abs. 3 mehrere Jugend- und Auszubildendenvertretungen, so ist neben diesen eine Gesamtjugend- und Auszubildendenvertretung zu errichten. Für sie gilt Absatz 1 Satz 2 und 3 entsprechend.

1. Jugend- und Auszubildendenstufenvertretungen

Die Bildung von Jugend- und Auszubildendenstufenvertretungen ist für den Geschäftsbereich mehrstufiger Verwaltungen zwingend vorgeschrieben. Die für die allgemeinen Stufenvertretungen bestehenden Vorschriften gelten entsprechend mit der Maßgabe, dass die Jugend- und Auszubildendenstufenvertretung aus höchstens fünf Mitgliedern besteht. § 50 Abs. 3 über die Wahlberechtigung, Nichtwählbarkeit und die Bildung des Wahlvorstandes findet keine entsprechende Anwendung. Insofern gelten die §§ 55 und 57. Eine Verweisung auf § 51 Satz 2 enthält die Vorschrift nicht, obwohl die Einberufung der Jugend- und Auszubildendenstufenvertretung auch nicht früher als innerhalb von zwei Wochen nach dem Wahltag möglich ist, weil eine Wochenfrist für die Ermittlung des Wahlergebnisses nicht ausreicht. Diese Problematik hat der Gesetzgeber leider bei der Novellierung nicht geheilt. Wie bei § 30 Abs. 1 gilt, dass die Jugend- und Auszubildendenstufenvertretung ohne Verzögerung (innerhalb einer Woche) den zur ersten Sitzung einzuladen ist, wobei auch hier diese Sitzung nicht innerhalb dieser einen Woche stattfinden muss. Wird zur Wahlsitzung nicht fristgemäß eingeladen, die Wahlen aber gleichwohl durchgeführt, könnte diese Wahl mit Erfolg angefochten werden. (VG Münster, Beschl. vom 24.8.1979— PVL 21/78)

Im Übrigen gelten die allgemeinen Vorschriften über die Geschäftsführung und Rechtsstellung der Mitglieder der örtlichen Jugend- und Auszubildendenvertretung bis auf das Recht, Sprechstunden einzurichten. Die Jugend- und Auszubildendenstufenvertretung übt ihre Befugnisse über ihre jeweilige Stufenvertretung aus, die allein nach außen hin vertretungsberechtigt ist. Jugend- und Auszubildendenversammlungen dürfen nur auf örtlicher Ebene abgehalten werden. Hieran kann wegen der Verweisung auf § 49 auf Beschluss je ein Mitglied der Jugend- und Auszubildendenstufenvertretungen teilnehmen.

2. Gesamtjugend- und Auszubildendenvertretung

Abs. 2 schreibt die Errichtung einer Gesamtjugend- und Auszubildendenvertretung zwingend vor, wenn in einer Dienststelle mehr als eine Jugend- und Auszubildendenvertretung besteht. Voraussetzung ist, dass ein Gesamtpersonalrat vorhanden ist und weitere Teilpersonalräte bestehen, die auch den Wahlvorstand für die Wahl der Gesamtjugend- und Auszubildendenvertretung bestellen. Diese ist darauf beschränkt, ihre Aufgaben gegenüber dem Gesamtpersonalrat bzw. über ihn wahrzunehmen. Sie kann sich also nur mit solchen Angelegenheiten befassen, für welche die Zuständigkeit des Gesamtpersonalrats gegeben ist. Dieser hat insbesondere die Aufgabe, die Gesamtjugend- und Auszubildendenvertretung in Jugend- und Ausbildungsfragen zu unterstützen. Für ihr Teilnahmerecht an Sitzungen des Gesamtpersonalrats gilt das gleiche wie für die Teilnahme der Jugend- und Auszubildendenvertretung an Personalratssitzungen.

§ 61

(1) Die Jugend- und Auszubildendenvertretung hat folgende allgemeine Aufgaben:

1. Maßnahmen, die den Beschäftigten im Sinne von § 55 Abs. 1 dienen, insbesondere in Fragen der Berufsbildung und der Entscheidung über die Übernahme der Auszubildenden in ein Beschäftigungsverhältnis, beim Personalrat zu beantragen,

2. darüber zu wachen, daß die zugunsten der Beschäftigten im Sinne von § 55 Abs. 1 geltenden Gesetze, Verordnungen, Unfallverhütungsvorschriften, Tarifverträge, Dienstvereinbarungen und Verwaltungsanordnungen durchgeführt werden,

3. Anregungen und Beschwerden von Beschäftigten im Sinne von § 55 Abs. 1, insbesondere in Fragen der Berufsbildung, entgegenzunehmen und, falls sie berechtigt erscheinen, beim Personalrat auf eine Erledigung hinzuwirken; die Jugend- und Auszubildendenvertretung hat die betroffenen Beschäftigten im Sinne von § 55 Abs. 1 über den Stand und das Ergebnis der Verhandlungen zu informieren.

(2) Die Befugnisse der Jugend- und Auszubildendenvertretung gegenüber dem Personalrat bestimmen sich nach § 30 Abs. 3, § 35 Abs. 1 und 2 und § 36. Sie beziehen sich auf die in den §§ 72 bis 75 genannten beteiligungspflichtigen Angelegenheiten der Beschäftigten im Sinne von § 55 Abs. 1.

(3) Zur Durchführung ihrer Aufgaben ist die Jugend- und Auszubildendenvertretung durch den Personalrat rechtzeitig und umfassend zu unterrichten. Die Jugend- und Auszubildendenvertretung kann verlangen, daß ihr der Personalrat die zur Durchführung ihrer Aufgaben erforderlichen Unterlagen zur Verfügung stellt.

(4) Der Personalrat hat die Jugend- und Auszubildendenvertretung zu den Besprechungen zwischen Dienststelle und Personalrat nach § 63 beizuziehen, wenn Angelegenheiten behandelt werden, die besonders Beschäftigte im Sinne von § 55 Abs. 1 betreffen. Im übri-

gen kann ein Mitglied der Jugend- und Auszubildendenvertretung, das von dieser benannt wird, an Besprechungen nach § 63 beratend teilnehmen.

(5) An der Auswahl der ausbildenden Personen, soweit eigene Ausbildungsbezirke in den Dienststellen existieren, und an der Auswahl der Ausbildungsleiterin oder des Ausbildungsleiters nimmt ein Mitglied der Jugend-und Auszubildendenvertretung teil. Hierzu ist die Jugend- und Auszubildendenvertretung frühzeitig und fortlaufend zu informieren.

1. Allgemeine Aufgaben

Entsprechend der Regelung in § 64, wonach dem Personalrat allgemeine Aufgaben zugewiesen werden, wo andere Beteiligungsrechte nicht bestehen, enthält der Katalog auch für die Jugend- und Auszubildendenvertretung bestimmte Beteiligungsrechte, die allerdings nur über den jeweils zuständigen Personalrat wahrgenommen werden können (Abs. 2). Die Aufgaben sind allerdings überwiegend überwachender bzw. beratender Art und stellen keine eigenen durchsetzbaren Mitbestimmungsrechte dar. Zu beachten ist aber das Vetorecht nach § 35 Abs. 1 und das Recht, bei Beschlüssen in Angelegenheiten, die besonders Beschäftigte im Sinne des § 55 Abs. 2 betreffen mit allen Mitgliedern teilzunehmen und bei Beschlüssen in Gesamtheit mitzustimmen (§ 36 Abs. 2).

2. Antragsrechte

Die Jugend- und Auszubildendenvertretung kann Maßnahmen, die den Beschäftigten i.S. von § 55 Abs. 1 dienen, beantragen. Auch dieses Initiativrecht kann nur gegenüber dem zuständigen Personalrat wahrgenommen werden und nur solche Maßnahmen betreffen, für die dem Personalrat eigene Beteiligungsrechte zustehen. Von Bedeutung sind hier Fragen der Berufsbildung und der Entscheidung über die Übernahme der Auszubildenden in ein Beschäftigungsverhältnis. Darüber hinaus kann die Jugend- und Auszubildendenvertretung vor allem solche Maßnahmen beantragen, die sich auf Sozialeinrichtungen, Arbeitszeit, Urlaubsregelung und andere soziale Angelegenheiten beziehen. Es kann auch beantragt werden, dass der Personalrat von seinem Mitbestimmungsrecht bei der Erstellung oder Änderung von Grundsätzen über die Durchführung der Berufsausbildung der Arbeitnehmer in bestimmter Weise Gebrauch macht (§ 72 Abs. 4 Nr. 13). Der Personalrat ist verpflichtet, sich mit dem Antrag zu befassen, ist daran aber nicht gebunden, sondern kann die Jugend- und Auszubildendenvertretung auch abschlägig bescheiden, wenn er den Antrag infolge Überschreitens seiner Zuständigkeit für unzulässig oder für nicht sachdienlich hält. Vor einer ablehnenden Haltung wird er allerdings sorgfältig zu prüfen haben, ob er seiner Verpflichtung aus § 64 Nr. 9 gerecht wird, wonach er mit der Jugend- und Auszubildendenvertretung zur Förderung der Belange der von ihr vertretenen Beschäftigten eng zusammenarbeiten muss.

Vor einem Antrag der Jugend- und Auszubildendenvertretung hat diese zunächst einen Beschluss zu fassen. Falls Bereitschaft besteht, den Antrag anzunehmen, und ein entsprechender Beschluss gefasst wird, muss der Personalrat durch Verhandlungen mit der Dienststelle diesen Antrag aufgreifen und auf seine Annahme drängen. Folgt der Personalrat dem Antrag der Jugend- und Auszubildendenvertretung nicht, so hat er diese über seine Entscheidung zu unterrichten. Dies hat entweder mündlich in einer Personalratssitzung oder schriftlich zu geschehen.

3. Überwachung

Die Überwachungspflicht in Abs. 1 Nr. 2 entspricht der des Personalrats (§ 64 Nr. 2) und bezieht sich auf alle Normen und Vorschriften, die zugunsten der Beschäftigten im Sinne von § 55 Abs. 1 erlassen worden sind. Dabei ist es nicht erforderlich, dass sich die Normen ausschließlich auf diesen Personenkreis beziehen. Sie brauchen auch nicht ausschließlich für ihn zu gelten. Stellt die Jugend- und Auszubildendenvertretung Missstände fest, so hat sie gegenüber dem Personalrat auf ihre Beseitigung zu drängen, der seinerseits wiederum gegenüber dem Dienststellenleiter tätig werden muss. Zu den genannten Vorschriften gehören insbesondere das Jugendarbeitsschutzgesetz, die Verordnung über den Arbeitsschutz für jugendliche Beamte im Lande Nordrhein-Westfalen, das Arbeitsplatzschutzgesetz, Durchführungsbestimmungen des Finanzministers und des Ministeriums für Inneres und Kommunales, die sich mit der Durchführung des Jugendarbeitsschutzgesetzes für jugendliche Arbeitnehmer und Auszubildende befassen.

Solche Normen sind auch das BBiG, die Unfallverhütungsvorschriften und solche Normen, die ausschließlich für den betreffenden Personenkreis erlassen worden sind.

Die Aufgabe der Jugend- und Auszubildendenvertretung besteht vornehmlich darin, sich bei Nichteinhaltung von Vorschriften an den Personalrat zu wenden, der die gleiche Überwachungsaufgabe hat und für Abhilfe sorgen muss. (BAG, Urteil vom 21.1.1982, DB 1982, 1277) Dies gilt insbesondere auch für Einhaltung der Vorschriften über die Arbeitszeit der Jugendlichen in der Ausbildung, z.B. beim berufsbegleitenden Unterricht und Berufsschulunterricht.

4. Anregungen und Beschwerden

Die Jugend- und Auszubildendenvertretung ist verpflichtet, Anregungen und Beschwerden entgegenzunehmen und diese in einer Sitzung zu behandeln. Gegebenenfalls ist der Personalrat zu veranlassen, auf Abhilfe hinzuwirken. Zu diesem Zweck kann sie nach § 30 Abs. 3 verlangen, dass die Angelegenheit auf die Tagesordnung der nächsten Personalratssitzung gesetzt wird. Die Beschäftigten i.S. von § 55 Abs. 1 sind nicht gezwungen, die Angelegenheit an die Jugend- und Auszubildendenvertretung heranzutragen, weil sie sich auch unmittelbar an den Personalrat wenden können (§ 64 Nr. 5). In diesem Fall geht die Informationspflicht des Abs. 1 Nr. 3, 2. Halbsatz auf den Personalrat über. Die Jugend- und Auszubildendenvertretung erhält die Informationen in der Personalratssitzung, in der die Angelegenheit behandelt wurde.

Weder aus der Regelung des Abs. 1 Nr. 2 noch aus der Verpflichtung des Abs. 1 Nr. 3 kann die Jugend- und Auszubildendenvertretung folgern, die von ihnen zu vertretenden Kolleginnen und Kollegen am Arbeitsplatz aufsuchen zu können. Dazu darf der Personalrat auch keine generelle Einwilligung geben. Gegebenenfalls hat die Jugend- und Auszubildendenvertretung dem Personalrat unter Angabe des konkreten Falles mitzuteilen, dass sie zur Erfüllung ihrer Aufgaben Arbeitsplätze aufsuchen möchte. Dazu bedarf es aber der Einwilligung der jeweiligen Personalvertretung, die ihrerseits ein Einvernehmen mit der Dienststelle herstellen muss. Für die Ausübung des Überwachungsrechts ist kein konkreter Verdacht Voraussetzung. (vgl. für das BetrVG: BAG, Urteil vom 21.1.1982, DB 1982, 1277)

5. Die Befugnisse der Jugend- und Auszubildendenvertretung gegenüber dem Personalrat

Die Befugnisse der Jugend- und Auszubildendenvertretung bestehen in der Möglichkeit, eine Personalratssitzung anberaumen zu lassen (§ 30 Abs. 3), im Vetorecht (§ 35 Abs. 1 und 2) sowie vor allem in dem Teilnahmerecht an Personalratssitzungen (§ 36). Da den Mitgliedern der Jugend- und Auszubildendenvertretung Stimmrecht zusteht, können sie dieses in sämtlichen der Beteiligung des Personalrats unterliegenden Angelegenheiten, soweit besonders Beschäftigte i. S. des § 55 Abs. 1 betroffen sind, ausüben. Dieses Recht ergibt sich bereits aus § 36, so dass Abs. 2 Satz 1 nur der Klarstellung dient. Zur Klarstellung: Steht der Jugend- und Auszubildendenvertretung ein Stimmrecht nach § 36 Abs. 2 zu, kann (sollte) sie mit allen Mitgliedern an der Sitzung des Personalrats teilnehmen und mit allen Mitgliedern mitstimmen. Ansonsten kann (sollte) ein Mitglied ohne ein Stimmrecht teilnehmen. Zur Teilnahme der gesamten Jugend- und Auszubildendenvertretung ohne Stimmrecht bei Nichtvorliegen der Voraussetzung des § 36 Abs. 2 ist ein Beschluss des Personalrats erforderlich.

6. Das Informationsrecht der Jugend- und Auszubildendenvertretung

Das Informationsrecht nach Abs. 3 besteht nur gegenüber dem Personalrat, der die Jugend- und Auszubildendenvertretung von sich aus auf mündlichem oder schriftlichem Wege nicht nur rechtzeitig, sondern auch vollständig zu unterrichten hat. Diese darf also bei ihrer Aufgabenerledigung nicht vor vollendete Tatsachen gestellt werden. Unterlagen sind nur auf Verlangen insoweit zur Verfügung zu stellen, als der Personalrat selbst über solche verfügt, ggf. muss der Personalrat aber die zur Durchführung der Aufgaben der Jugend- und Auszubildendenvertretung erforderlichen Unterlagen von der Dienststelle anfordern. Zu diesen Unterlagen können auch Gesetzestexte, Tarifbestimmungen oder sonstiges Schrifttum gehören. Im Übrigen gilt hier dasselbe wie für das Informationsrecht des Personalrats gegenüber der Dienststelle (§ 65 Abs. 1).

7. Besprechungen mit Personalrat und Dienststellenleiter

Wenn Angelegenheiten behandelt werden, die besonders Beschäftigte. i.S. von § 55 Abs. 1 betreffen, steht nach Abs. 4 der Jugend- und Auszubildendenvertretung in ihrer Gesamtheit ein Teilnahmerecht am Vierteljahresgespräch zu. Die Jugend- und Auszubildendenvertretung kann sich aber darauf beschränken, einen oder mehrere Vertreter zu entsenden. Auch wenn keine Angelegenheiten dieser Art behandelt werden, ist die Jugend- und Auszubildendenvertretung berechtigt, sich durch ein Mitglied vertreten zu lassen. Da dieses von der Jugend- und Auszubildendenvertretung zu benennen ist, bedarf es eines entsprechenden Beschlusses dieses Gremiums. Die vorsitzende Person des Personalrats ist verpflichtet, die Jugend- und Auszubildendenvertretung rechtzeitig zu den gemeinschaftlichen Besprechungen zu laden.

8. Teilnahme an der Auswahl ausbildender Personen

Mit der Novellierung 2011 wurde die Vorschrift des Abs. 5 neu aufgenommen. Wenn in einer Dienststelle eigene Ausbildungsbezirke existieren, nimmt ein Mitglied der Jugend- und Auszubildendenvertretung an der Auswahl der dort Ausbildenden teil. Der Begriff Ausbildungsbezirke ist hierbei nicht zu eng auszulegen, da dem Willen des Gesetzgebers sonst nicht

Rechnung getragen würde. In der Begründung des Gesetzes kommt zum Ausdruck, dass die Jugend- und Auszubildendenvertretung bei der Auswahl beteiligt werden soll. Bei den Ausbildungsbezirken sind alle Einheiten gemeint, in denen die gesamte oder ein wesentlicher Teil der Ausbildung gebündelt wird. An der Auswahl teilnehmen bedeutet, mit den Vertretern des Personalrats und der Dienststelle Bewerbungen zu sichten, Auswahlbesprechungen durchzuführen, an möglichen Auswahlgesprächen teilnehmen und an der Entscheidung für eine oder mehrere Personen mitzuwirken. Das Gleiche gilt bei der Auswahl der Ausbildungsleiterinnen und Ausbildungsleiter. Dies ist, da der Gesetzgeber keine Einschränkung gemacht hat, unabhängig von der dienstrechtlichen Stellung (Sachgebietsleiter, Dezernent, Abteilungsleiter o.ä.).

Das Gesetz lässt offen, wer die Jugend- und Auszubildendenvertretung frühzeitig und fortlaufend informiert. Es ist aber davon auszugehen, dass wie in den anderen Rechten der Jugend- und Auszubildendenvertretung, die Information über den Personalrat erfolgen muss. Ein eigenes Recht gegenüber der Dienststelle besteht nicht. Frühzeitig und fortlaufend ist die Information, wenn die Jugend- und Auszubildendenvertretung über jede Bewerbung so frühzeitig informiert wird, dass sie an der Auswahl gestaltend mitwirken kann.

Achtes Kapitel
Beteiligung der Personalvertretung
Erster Abschnitt
Allgemeines
§ 62

Dienststelle und Personalvertretung haben darüber zu wachen, dass alle Angehörigen der Dienststelle nach Recht und Billigkeit behandelt werden, insbesondere, dass jede Benachteiligung von Personen aus Gründen ihrer Rasse oder wegen ihrer ethnischen Herkunft, ihrer Abstammung oder sonstigen Herkunft, ihrer Nationalität, ihrer Religion oder Weltanschauung, ihrer Behinderung, ihres Alters, ihrer politischen oder gewerkschaftlichen Betätigung oder Einstellung oder wegen ihres Geschlechts oder ihrer sexuellen Identität unterbleibt.

1. Beteiligungsrechte

Mit dem Achten Kapitel des Gesetzes werden die Beteiligungsrechte der Personalvertretung abschließend dargestellt, angefangen von der Überwachungspflicht bis zu den sonstigen Beteiligungsrechten. Diese Beteiligungsrechte sind in den Katalogen zwingend und abschließend geregelt. (OVG Münster, Beschl. vom 7.12.1978, ZBR 1980, 132) Die Beteiligungsrechte können wie folgt gegliedert werden:

1.1   Förmliche Beteiligungsrechte
1.1.1 Mitbestimmung (§ 72)
1.1.2 Mitwirkung (§§ 73, 74 Abs. 1 u. 3)
1.2   Nichtförmliche Beteiligungsrechte (§§ 62 – 64, 74 Abs. 4 – 77).

Die Aufgaben sind dem Personalrat als Plenum übertragen, nicht dem einzelnen Mitglied (Anm. 1 zu § 64).

Beim Zusammentreffen verschiedenartiger Beteiligungsrechte ist der Personalrat in allen in Betracht kommenden Beteiligungsformen zu beteiligen. (BAG, Urteil vom 29.6.1988, Verwaltungsrundschau 1989, 316) Das gilt nicht, wenn aus der Entstehungsgeschichte der Norm ersichtlich ist, dass der Gesetzgeber eine schwächere Beteiligungsform bewusst gewählt hat. Diese ist dann für die Einschaltung des Personalrats allein maßgebend.

2. Recht und Billigkeit

Eine Behandlung nach Recht und Billigkeit erfordert es, dass alle Rechtsvorschriften zu beachten sind und das Rechtsgefühl breiter Bevölkerungskreise, der Grundsatz von Treu und Glauben und der soziale Gedanke durchgreifend sein müssen.

3. Gleichbehandlungsgebot

Die Personalvertretungen erfüllen ihre Aufgaben im Interesse aller Beschäftigten. Sie sind kein Organ der Dienststelle und ihr gegenüber nicht in besonderer Weise verpflichtet. Insbesondere enthält das Gesetz keinen Pflichtenkatalog für Personalvertretungen. Der dennoch im Gesetz enthaltene abstrakte Pflichtenkreis bezieht sich mehr auf das Verhältnis zwischen dem Personalrat und den Beschäftigten. So hat der Personalrat eine umfassende Überwachungspflicht. Neben dem Gebot der vertrauensvollen Zusammenarbeit ist dies die herausragende Bestimmung der Personalverfassung. (Dietz-Richardi zu § 75 BetrVG) Der das gesamte Personalvertretungsrecht beherrschende Grundsatz der Gleichbehandlung, wonach niemand bevorzugt oder benachteiligt werden darf, ist auch in § 105 BPersVG enthalten und hier übernommen worden. Dienststelle und Personalrat müssen sich bei allen Entscheidungen von diesem Grundsatz leiten lassen und von Fall zu Fall prüfen, ob ihre Überlegungen, ihre Motive und ihre Argumente Recht und Billigkeit entsprechen (Anm. 2).

4. Unterschiedslose Behandlung

Die Vorschrift ist eine Wiederholung und Ergänzung der in Artikel 3 Abs. 3 GG enthaltenen Verfassungsregel und enthält eine Konkretisierung dieses Grundsatzes. Durch die Novellierung wurde eine Anpassung und Erweiterung der bisherigen Antidiskriminierungsklausel an Bundesrecht und insbesondere an das Allgemeine Gleichbehandlungsgesetz (AGG) vorgenommen.

5. Definition

a) Rasse:
    Rasse ist ein biologischer Begriff, der darauf verweist, dass es von einer Spezies oder Gattung (z.B. dem Menschen) mehrere verschiedene Arten oder Rassen gibt, die sich durch vererbliche äußerliche Merkmale unterscheiden lassen.

b) Ethnische Herkunft
    Die „ethnische Herkunft" umfasst die Abstammung und den nationalen Ursprung eines Menschen, aber auch seine Hautfarbe und die sonstigen biologischen Merkmale. Für eine ethnische Gruppe ist charakteristisch, dass sie eine lange gemeinsame Geschichte hat, die von der Gruppe bewusst als andersartig im Vergleich zu anderen Gruppen wahrgenommen wird und deren Erinnerung lebendig gehalten wird. Eine

weitere charakteristische Eigenschaft einer ethnischen Gruppe ist, dass sie eine eigene kulturelle Tradition besitzt, die familiäre und gesellschaftliche Sitten und Gebräuche mit einbezieht und häufig – wenn auch nicht zwingend – mit der Befolgung von religiösen Geboten verbunden ist.

c) Abstammung

Die „Abstammung" bezeichnet die natürliche biologische Beziehung eines Menschen zu seinen Vorfahren.

d) Herkunft

Unter „Herkunft" ist die von den Vorfahren abgeleitete soziale standesmäßige Verwurzelung zu verstehen (BVerfGE 9, 124; 23, 258), nicht die von der durch eigene Lebensumstände begründete Zugehörigkeit zu einer bestimmten sozialen Schicht.

e) Nationalität

Der Begriff „Nationalität" stellt es im Gegensatz zur Abstammung auf die Staatsangehörigkeit ab.

f) Religion und Weltanschauung

Der Begriff „Religion" ist weit auszulegen und umfasst jede Weltanschauung. Als Weltanschauung bezeichnet man das Gesamtverständnis von Individuen über die Welt, in der sie leben.

g) Behinderung

Der Begriff der Behinderung ist weit zu fassen. Nach dem AGG liegt eine Behinderung vor, wenn die körperlichen Funktionen, die geistigen Fähigkeiten oder die seelische Gesundheit soweit beeinträchtigt sind, dass die Teilhabe am Leben in der Gesellschaft zumindest beeinträchtigt ist. Dies kann schon der Fall sein, wenn ein Arbeitnehmer starkes Übergewicht hat oder unter einer Erkrankung wie Neurodermitis leidet.

h) Politische Betätigung bedeutet insbesondere parteipolitische Betätigung oder parteigebundene Anschauung.

i) Gewerkschaftliche Betätigung

Von besonderer Bedeutung ist das Verbot der Bevorzugung oder Zurücksetzung wegen gewerkschaftlicher Betätigung oder Einstellung, weil gerade im öffentlichen Dienst die Gewerkschaften und die Berufsverbände oftmals in einem scharfen Konkurrenzkampf zueinander stehen, durch den Personalratsmitglieder in einen Gewissenskonflikt geraten können. Die gewerkschaftlichen Rivalitäten dürfen sich aber auf die Personalratsarbeit überhaupt nicht auswirken. (BVerwGE 13, 341) Im Übrigen wird auf Anm. 4 zu § 64 hingewiesen.

j) Sexuelle Identität

Sexuelle Identität wird häufig synonym für sexuelle Orientierung verwendet. Dies ist auch in der Rechtssprache der Fall. Umstritten ist, ob die Begriffe tatsächlich deckungsgleich sind.

6. Benachteiligung wegen des Geschlechts

Frauen dürfen bei Personalmaßnahmen nicht übergangen werden. Dies gilt bei Einstellungen und bei sonstigen Maßnahmen, insbesondere bei Beförderungen und Eingruppierungen. Im Rahmen des Landesgleichstellungsgesetzes sind Frauen sogar zu bevorzugen. Auszug aus dem LGG:

„Ziel des Gesetzes

(1) Dieses Gesetz dient der Verwirklichung des Grundrechts der Gleichberechtigung von Frauen und Männern. Nach Maßgabe dieses Gesetzes und anderer Vorschriften zur Gleichstellung von Frauen und Männern werden Frauen gefördert, um bestehende Benachteiligungen abzubauen. Ziel des Gesetzes ist es auch, die Vereinbarkeit von Beruf und Familie für Frauen und Männer zu verbessern.

(2) Frauen und Männer dürfen wegen ihres Geschlechts nicht diskriminiert werden. Eine Diskriminierung liegt auch dann vor, wenn sich eine geschlechtsneutral formulierte Regelung oder Maßnahme tatsächlich auf ein Geschlecht wesentlich häufiger nachteilig oder seltener vorteilhaft auswirkt und dies nicht durch zwingende Gründe objektiv gerechtfertigt ist. Maßnahmen zur Förderung von Frauen mit dem Ziel, tatsächlich bestehende Ungleichheiten zu beseitigen, bleiben unberührt."

Wegen der natürlichen Unterschiede zwischen Mann und Frau können aber auf anderen Gebieten Differenzierungen gerechtfertigt sein. An den Maßnahmen, die der Durchsetzung der tatsächlichen Gleichberechtigung von Frauen und Männern, insbesondere bei der Einstellung, Beschäftigung, Aus-, Fort- und Weiterbildung und dem beruflichen Aufstieg dienen, ist der Personalrat nach § 72 Abs. 4 Nr. 18 zu beteiligen. Siehe hierzu Anm. 59 zu § 72. Die Überwachungsvorschrift ist somit eher ein Programmsatz, der mit der objektiven Beteiligung nach § 72 Abs. 4 Nr. 18 mit Leben erfüllt werden muss.

7. Durchführung des Auftrags

Die zur Ausübung seiner Überwachungspflicht notwendigen Informationen kann sich der Personalrat auf den im Gesetz ausdrücklich vorgesehenen Wegen verschaffen, z.B. durch die Sprechstunde (§ 39), die jeder Angehörige der Dienststelle aufsuchen darf. Der Personalrat kann außerdem sein umfangreiches Informationsrecht nach § 65 in Anspruch nehmen. Ebenso kann er sich in Personalversammlungen, in Besprechungen oder durch briefliche Mitteilungen informieren. Weitere Informationen können auch durch das Aufsuchen der Beschäftigten am Arbeitsplatz eingeholt werden, wenn dazu ein Einvernehmen mit der Dienststelle hergestellt wird. Dieses Einvernehmen darf dann nicht verweigert werden, wenn eine in den Zuständigkeitsbereich des Personalrats fallende Aufgabe nicht in der Sprechstunde sachgerecht erledigt werden kann, wenn also ein Aufsuchen am Arbeitsplatz unumgänglich ist. (OVG Saarlouis, Beschl. vom 30.7.1975, PV 1977, 146) Auf Anm. 1 zu § 39 wird hingewiesen.

§ 63

Die Dienststelle und der Personalrat müssen mindestens einmal im Vierteljahr zu gemeinschaftlichen Besprechungen zusammentreten. In ihnen soll auch die Gestaltung des Dienstbetriebs behandelt werden, insbesondere alle Vorgänge, die die Beschäftigten wesentlich berühren. Sie haben über strittige Fragen mit dem ernsten Willen zur Einigung zu verhandeln und Vorschläge für die Beilegung von Meinungsverschiedenheiten zu machen. Im Rahmen der Besprechungen unterrichtet die Dienststelle den Personalrat zweimal im Jahr über die Haushaltsplanung und die wirtschaftliche Entwicklung, sofern kein Wirtschaftsausschuss nach § 65a besteht. Die Dienststelle ist berechtigt, zu der Besprechung für Personal- und Organisationsangelegenheiten zuständige Beschäftigte hinzuzuziehen.

1. Teilnehmerkreis

Der Kreis der Teilnehmer an den gemeinschaftlichen Besprechungen (Vierteljahresgespräche) ist abschließend geregelt. An ihnen nehmen zunächst alle Mitglieder des Personalrats teil. Die Vorschrift gilt auch für Stufenvertretungen und Gesamtpersonalräte. Das Teilnahmerecht der Jugend- und Auszubildendenvertretung ergibt sich aus § 61 Abs. 4. Die Vertretung der schwerbehinderten Menschen ist auch dann hinzuzuziehen, wenn keine Angelegenheiten von Schwerbehinderten behandelt werden. Diese Verpflichtung ergibt sich unmittelbar aus § 95 Abs. 5 SGB IX.

Auszug aus dem SGB IX

§ 95 SGB IX Aufgaben der Schwerbehindertenvertretung

....

(4) Die Schwerbehindertenvertretung hat das Recht, an allen Sitzungen des Betriebs-, Personal-, Richter-, Staatsanwalts- oder Präsidialrates und deren Ausschüssen sowie des Arbeitsschutzausschusses beratend teilzunehmen; sie kann beantragen, Angelegenheiten, die einzelne oder die schwerbehinderten Menschen als Gruppe besonders betreffen, auf die Tagesordnung der nächsten Sitzung zu setzen. Erachtet sie einen Beschluss des Betriebs-, Personal-, Richter-, Staatsanwalts- oder Präsidialrates als eine erhebliche Beeinträchtigung wichtiger Interessen schwerbehinderter Menschen oder ist sie entgegen Absatz 2 Satz 1 nicht beteiligt worden, wird auf ihren Antrag der Beschluss für die Dauer von einer Woche vom Zeitpunkt der Beschlussfassung an ausgesetzt; die Vorschriften des Betriebsverfassungsgesetzes und des Personalvertretungsrechtes über die Aussetzung von Beschlüssen gelten entsprechend. Durch die Aussetzung wird eine Frist nicht verlängert. In den Fällen des § 21e Abs. 1 und 3 des Gerichtsverfassungsgesetzes ist die Schwerbehindertenvertretung, außer in Eilfällen, auf Antrag eines betroffenen schwerbehinderten Richters oder einer schwerbehinderten Richterin vor dem Präsidium des Gerichtes zu hören.

(5) Die Schwerbehindertenvertretung wird zu Besprechungen nach § 74 Abs. 1 des Betriebsverfassungsgesetzes, § 66 Abs. 1 des Bundespersonalvertretungsgesetzes sowie den entsprechenden Vorschriften des sonstigen Personalvertretungsrechtes zwischen dem Arbeitgeber und den in Absatz 4 genannten Vertretungen hinzugezogen.

....

(8) Die Schwerbehindertenvertretung kann an Betriebs- und Personalversammlungen in Betrieben und Dienststellen teilnehmen, für die sie als Schwerbehindertenvertretung zuständig ist, und hat dort ein Rederecht, auch wenn die Mitglieder der Schwerbehindertenvertretung nicht Angehörige des Betriebes oder der Dienststelle sind.

Für die Dienststelle nimmt der die Leiterin oder der Leiter teil, die oder der sich ausnahmsweise im Falle einer Verhinderung vertreten lassen kann. Es entspricht nicht der Vorschrift, wenn die Dienststelle die volle Vertretungsmöglichkeit des § 8 regelmäßig in Anspruch nimmt. Wenn ein Bedürfnis besteht, kann die Leiterin oder der Leiter dienststelleninterne Fachleute mit Detailkenntnissen hinzuziehen. Ebenso kann der Personalrat sachverständige Personen zum Vierteljahresgespräch hinzuziehen. In beiden Fällen muss zwingend das Einverständnis der jeweils anderen Partei vorliegen. (Siehe auch Lorenzen/Schmitt/Etzel/Gerhold/Albrecht/Schlatmann, BPersVG, Rdz. 9 zu § 66)

2. Themen

Soweit ein Bedürfnis besteht, sind die gemeinschaftlichen Besprechungen häufiger als einmal im Vierteljahr durchzuführen. Alle Fragen, die die Beschäftigten persönlich berühren, können erörtert werden, auch bevorstehende Maßnahmen auf personellem, sozialem oder organisatorischem Gebiet. Es können auch Angelegenheiten behandelt werden, die nicht in der Entscheidungsgewalt der Dienststelle liegen, die ggf. verpflichtet ist, Informationen von der vorgesetzten Dienststelle einzuholen. Strittige Fragen sollen nicht nur angesprochen werden, vielmehr ist stets ernsthaft mit dem Willen zur Einigung zu verhandeln. Jede Seite ist verpflichtet, Vorschläge für die Beilegung von Meinungsverschiedenheiten zu machen. Dieses Ziel kann nur durch gegenseitige Offenheit (BVerwG, Beschl. vom 25.2.1960, BVerwGE 10, 196) und durch die Bereitschaft zu umfassender Information erreicht werden.

3. Haushaltsplanung und wirtschaftliche Entwicklung

Die Haushaltsplanung sowie die wirtschaftliche Entwicklung nehmen zunehmend Einfluss auf die Wahrnehmung der Aufgaben des Personalrates. Deshalb soll dieser frühzeitig über die anstehenden Planungen informiert werden. Die wirtschaftliche Entwicklung ist insbesondere in den Dienststellen der öffentlichen Verwaltung von Bedeutung, auf die Budgetverantwortung übertragen wurde oder die sich, wie etwa in Eigenbetrieben, an betriebswirtschaftlichen Grundsätzen ausrichten. Die Haushaltsplanung erfolgt im Bereich der Landesverwaltung im Wesentlichen nicht bei den Dienststellen, sondern in den Ministerien, die in den gemeinschaftlichen Besprechungen zweimal jährlich die Hauptpersonalräte informieren. Die Gemeinden, Gemeindeverbände und die sonstigen der Dienstaufsicht des Landes unterstehenden Körperschaften, Anstalten und Stiftungen des öffentlichen Rechts informieren entsprechend ihre Personalräte. Auskünfte müssen erteilt werden z.B. über die freien und besetzbaren Stellen, das Personalkostenbudget (Bestand, Verbrauch und voraussichtliche Entwicklung), auf Ortsebene ggf. über Flexmittel. Diese Neuregelung findet ihre Entsprechung im Betriebsverfassungsgesetz, geht teilweise sogar darüber hinaus.

Auszug aus dem BetrVG

§ 43 Regelmäßige Betriebs- und Abteilungsversammlungen

(1) ....

(2) Der Arbeitgeber ist zu den Betriebs- und Abteilungsversammlungen unter Mitteilung der Tagesordnung einzuladen. Er ist berechtigt, in den Versammlungen zu sprechen. Der Arbeitgeber oder sein Vertreter hat mindestens einmal in jedem Kalenderjahr in einer Betriebsversammlung ...., über die wirtschaftliche Lage und Entwicklung des Betriebs ...., soweit dadurch nicht Betriebs- oder Geschäftsgeheimnisse gefährdet werden.

(3) ....

Eine zweimal im Jahr stattfindende Information über die Haushaltsplanung sowie die wirtschaftliche Entwicklung findet statt, wenn der Personalrat keinen Wirtschaftsausschuss initiiert hat. Im Wirtschaftsausschuss muss der Personalrat die Informationen im Detail einfordern, im Rahmen der gemeinschaftlichen Besprechungen besteht eine Verpflichtung der Dienststelle über alle Fragen im Zusammenhang mit der Haushaltsplanung sowie der wirtschaftlichen Entwicklung einschließlich des Budgetbestandes unaufgefordert zu unterrichten.

4. Verfahren

Besondere Verfahrensregelungen zur Durchführung der gemeinschaftlichen Besprechung enthält das Gesetz nicht, weshalb noch Raum für gemeinsame Gestaltung ist. Die Besprechungen können im Rahmen einer Personalratssitzung stattfinden, wobei die Aufstellung einer Tagesordnung zwar nicht erforderlich, aber zur Vorbereitung der Besprechung hilfreich ist. Punkte zur Tagesordnung können und sollten von beiden Seiten, also sowohl von der Dienststelle als auch vom Personalrat benannt werden. Die Befugnisse aus § 63 nehmen die Dienststelle und der Personalrat gleichberechtigt wahr. Aus diesem Grunde kann von keiner Seite ein Vorsitz oder eine Verhandlungsleitung beansprucht werden. Trotzdem ist es zur Koordinierung der Aussprache gelegentlich nützlich, wenn eine Gesprächsleitung bestimmt wird. Dem Charakter einer gemeinschaftlichen Besprechung entspricht es, sich von Sitzung zu Sitzung in der Gesprächsleitung abzulösen oder dem die Gesprächsleitung zu überlassen, der Beratungspunkte zur Behandlung vorschlägt. Über die Vierteljahresgespräche sollten Niederschriften gefertigt werden, obwohl dazu keine zwingende Notwendigkeit besteht. (OVG Münster, Beschl. vom 4.10.1990, ZTR 1991,133)

§ 64

Der Personalrat hat folgende allgemeine Aufgaben:

1. Maßnahmen, die der Dienststelle, ihren Angehörigen oder im Rahmen der Aufgabenerledigung der Dienststelle der Förderung des Gemeinwohls dienen, zu beantragen,
2. darüber zu wachen, daß die zugunsten der Beschäftigten geltenden Gesetze, Verordnungen, Tarifverträge, Dienstvereinbarungen und Verwaltungsanordnungen durchgeführt werden,
3. sich für die Wahrung der Vereinigungsfreiheit der Beschäftigten einzusetzen,
4. auf die Verhütung von Unfall- und Gesundheitsgefahren zu achten, die für den Arbeitsschutz zuständigen Stellen durch Anregung, Beratung und Auskunft zu unterstützen und sich für die Durchführung gesundheitsfördernder Maßnahmen und des Arbeitsschutzes einzusetzen,
5. Anregungen und Beschwerden von Beschäftigten entgegenzunehmen und, falls sie berechtigt erscheinen, durch Verhandlung mit der Dienststelle auf ihre Erledigung hinzuwirken,
6. die Eingliederung und berufliche Entwicklung schwerbehinderter Beschäftigter und sonstiger schutzbedürftiger, insbesondere älterer Personen, zu fördern,
7. Maßnahmen zur beruflichen Förderung schwerbehinderter Beschäftigter zu beantragen,
8. an der Entwicklung der interkulturellen Öffnung der Verwaltung mitzuwirken und die Eingliederung von Beschäftigten mit Migrationshintergrund in die Dienststelle sowie das Verständnis zwischen Beschäftigten unterschiedlicher Herkunft zu fördern,
9. mit der Jugend- und Auszubildendenvertretung zur Förderung der Belange der von ihr vertretenen Beschäftigten eng zusammenzuarbeiten,

10. die Verwirklichung des Grundrechts der Gleichberechtigung von Frauen und Männern zu fördern,

11. Maßnahmen, die dem Umweltschutz in der Dienststelle dienen, anzuregen.

1. Allgemeine Aufgaben

Die Norm hat die Funktion eines Auffangtatbestandes, denn die dem Personalrat zugewiesenen Aufgaben sind auch dort gegeben, wo ein anderes Beteiligungsrecht nicht besteht. Sie sind aber nicht als über das Gesetz hinausgehende Befugnisse zu verstehen, den Beschäftigten umfassend zu vertreten. Schon gar nicht ist darunter ein Mandat zu verstehen. Allgemeine Grundrechte der Beschäftigten können gegenüber der Dienststelle aufgrund dieser Vorschrift nicht durchgesetzt werden. (BVerwG, Beschl. vom 26.5.1970, PV 1970, 260) Die dem Personalrat übertragenen Aufgaben sind dem Plenum übertragen und nicht dem einzelnen Mitglied, schon gar nicht nur den freigestellten Mitgliedern in besonderer Weise. (OVG Münster, Beschl. vom 7.12.1978, ZBR 1980,132)

2. Nichtformales Verfahren

Beschäftigte können sich zum einen durch sie betreffende belastende Maßnahmen, die nicht der Mitbestimmung unterliegen, andererseits durch Nichtberücksichtigung bei durchgeführten Maßnahmen beschwert fühlen. Im Rahmen dieser Vorschrift können sie sich an den Personalrat wenden und diesen bitten, sich bei der Dienststelle für sie einzusetzen. Ein formelles Verfahren wie bei einem mitbestimmungspflichtigen Tatbestand wird damit nicht ausgelöst, andererseits hat der Personalrat die Möglichkeit mit der Dienststelle auf Abhilfe verhandeln. Diese kann keinesfalls die Gespräche mit dem Hinweis, das LPVG sehe entsprechende Beteiligungstatbestände nicht vor, ablehnen.

3. Antragsrechte

Dem Antragsrecht nach Nr. 1 kommt zum zunächst im Bereich der sozialen Angelegenheiten große Bedeutung zu. Es muss sich allerdings um Maßnahmen handeln, für die die Dienststelle zuständig ist. Ggf. ist die Stufenvertretung oder der Gesamtpersonalrat einzuschalten. Das allgemeine Antragsrecht führt nicht dazu, dass sich beantragte Maßnahmen gegen den Willen der Dienststelle durchsetzen lassen. Der Halbsatz: „oder im Rahmen der Aufgabenerledigung der Dienststelle der Förderung des Gemeinwohls dienen" soll verdeutlichen, dass der Personalrat seine Aufgaben nicht isoliert und ohne ausreichende Beachtung der bürgerorientierten Aufgabenerfüllung der Dienststelle wahrnimmt. Damit kann der Personalrat gesellschaftlichen Entwicklungen und den damit verbundenen Auswirkungen auf die Aufgabenerfüllung besser Rechnung tragen. Die Neufassung dient im Übrigen der umfassenden Wahrnehmung der Beschäftigtenbelange. Das normierte Antragsrecht ist nicht ausdrücklich im Gesetz geregelt. Der Personalrat erwirbt damit den Anspruch, dass sich die Dienststelle mit seinen Anträgen in angemessener Frist befasst und eine Entscheidung im Rahmen des Pflichtgemäßen Ermessens trifft. Es gibt kein Stufenverfahren. Ebenso ist ein Anrufen des Verwaltungsgerichts nach § 79 nicht möglich, es sei denn, das Verhalten der Dienststelle, nicht zu entscheiden oder ermessensfehlerhaft ablehnend zu entscheiden verstoße gegen die vertrauensvolle Zusammenarbeit nach § 2.

4. Überwachungspflicht

Welche Vorschriften unter Nr. 2 fallen, ist davon abhängig, ob sie zugunsten der Beschäftigten erlassen sind. Bei dieser Vorschrift handelt es sich um eine weitere Konkretisierung der Überwachungspflicht nach § 62. Die Personalräte sind verpflichtet, darauf hinzuwirken, dass die zugunsten der Beschäftigten geltenden Vorschriften und Bestimmungen durchgeführt werden. Zu diesen Regelungen gehören insbesondere die Schutzvorschriften, die zugunsten der Arbeitnehmerinnen und Arbeitnehmer erlassen worden sind, wie z.b. Sicherheitsvorschriften, Vorschriften über die Abwehr gesundheitlicher Gefährdungen, Mutterschutzvorschriften, Jugendschutzvorschriften und die Vorschriften des Datenschutzes. Weitere Schutzvorschriften sind im Beschäftigungsschutzgesetz, Artikel 10 des Gesetzes zum Schutze der Beschäftigten vor sexueller Belästigung am Arbeitsplatz und im Landesgleichstellungsgesetz, im Arbeitsschutzgesetz, das aufgrund der EG-Rahmenrichtlinie Arbeitsschutz erlassen worden ist und im Allgemeinen Gleichbehandlungsgesetz (AGG), enthalten. Dagegen gehört es nicht zu den Aufgaben des Personalrats, darüber zu wachen, dass Zusicherungen beamtenrechtlicher Art gehalten oder Verpflichtungen aus einzelnen Arbeitsverträgen erfüllt werden. Alle Regelungen, die lediglich Ausfluss der Funktionsteilung innerhalb von Behörden oder Selbstverwaltungseinrichtungen sind, sind keine zugunsten der Beschäftigten bestehenden Regelungen i.S. dieser Vorschrift. (OVG Münster, Beschl. vom 16.11.1978 – CL 12178)

Im Rahmen der allgemeinen Überwachungspflicht gehört es auch nicht zu den Aufgaben des Personalrats, die Beschäftigten in Rechtsfragen zu beraten oder gar vor Gericht zu vertreten. Etwas anderes gilt, wenn ein Beschäftigter ausdrücklich die Unterstützung durch ein Mitglied des Personalrats wünscht.

Große Unsicherheit besteht bei den Beschäftigten beim Einsatz der automatisierten Datenverarbeitung sowohl im Personalwesen als auch in der täglichen Büroarbeit, beispielhaft seien aufgezählt:

- Arbeitszeiterfassungsgeräte (bei gleitender Arbeitszeit),
- Protokollierung der IT (Datensicherung),
- Telefondatenerfassung (Zielnummernerfassung),
- Personalverwaltungssysteme (Stellenbewirtschaftung und Personalverwaltung (geplantes PersNRW).

Die Personalvertretung muss unabhängig von Mitbestimmungsverfahren nach § 72 Abs. 3 sicherstellen, dass durch den Einsatz dieser Informationssysteme der Persönlichkeitsschutz aller im Betrieb Beschäftigten gewahrt bleibt. Für den Begriff „personenbezogene Daten" kann das DSG NW herangezogen werden. Ein Auszug aus dem Gesetz ist nachstehend abgedruckt:

Gesetz zum Schutz personenbezogener Daten
(Datenschutzgesetz Nordrhein-Westfalen – DSG NRW –)
in der Fassung der Bekanntmachung vom 9. Juni 2000 (Stand 16.7.2011)

§ 3 Begriffsbestimmungen

(1) Personenbezogene Daten sind Einzelangaben über persönliche oder sachliche Verhältnisse einer bestimmten oder bestimmbaren natürlichen Person (betroffene Person).

(2) Datenverarbeitung ist das Erheben, Speichern, Verändern, Übermitteln, Sperren, Löschen sowie Nutzen personenbezogener Daten. Im Einzelnen ist

1. *Erheben (Erhebung) das Beschaffen von Daten über die betroffene Person,*
2. *Speichern (Speicherung) das Erfassen, Aufnehmen oder Aufbewahren von Daten auf einem Datenträger zum Zwecke ihrer weiteren Verarbeitung,*
3. *Verändern (Veränderung) das inhaltliche Umgestalten gespeicherter Daten,*
4. *Übermitteln (Übermittlung) das Bekanntgeben gespeicherter oder durch Datenverarbeitung gewonnener Daten an einen Dritten in der Weise, dass die Daten durch die verantwortliche Stelle weitergegeben oder zur Einsichtnahme bereitgehalten werden oder dass der Dritte zum Abruf in einem automatisierten Verfahren bereitgehaltene Daten abruft,*
5. *Sperren (Sperrung) das Verhindern weiterer Verarbeitung gespeicherter Daten,*
6. *Löschen (Löschung) das Unkenntlichmachen gespeicherter Daten,*
7. *Nutzen (Nutzung) jede sonstige Verwendung personenbezogener Daten,*

ungeachtet der dabei angewendeten Verfahren.

(3) Verantwortliche Stelle ist die Stelle im Sinne des § 2 Abs. 1, die personenbezogene Daten in eigener Verantwortung selbst verarbeitet oder in ihrem Auftrag von einer anderen Stelle verarbeiten lässt.

(4) Empfänger ist jede Person oder Stelle, die Daten erhält. Dritter ist jede Person oder Stelle außerhalb der verantwortlichen Stelle. Dritte sind nicht die betroffene Person sowie diejenigen Personen oder Stellen, die im Inland oder im übrigen Geltungsbereich der Rechtsvorschriften zum Schutz personenbezogener Daten der Mitgliedstaaten der Europäischen Union personenbezogene Daten im Auftrag verarbeiten.

(5) Automatisiert ist eine Datenverarbeitung, wenn sie durch Einsatz eines gesteuerten technischen Verfahrens selbsttätig abläuft.

(6) Eine Akte ist jede der Aufgabenerfüllung dienende Unterlage, die nicht Teil der automatisierten Datenverarbeitung ist.

(7) Anonymisieren ist das Verändern personenbezogener Daten derart, dass die Einzelangaben über persönliche oder sachliche Verhältnisse nicht mehr oder nur mit einem unverhältnismäßigen Aufwand einer bestimmten oder bestimmbaren natürlichen Person zugeordnet werden können.

(8) Pseudonymisieren ist das Verändern personenbezogener Daten derart, dass die Einzelangaben über persönliche oder sachliche Verhältnisse ohne Nutzung der Zuordnungsfunktion nicht oder nur mit einem unverhältnismäßigen Aufwand einer bestimmten oder bestimmbaren natürlichen Person zugeordnet werden können. Die datenverarbeitende Stelle darf keinen Zugriff auf die Zuordnungsfunktion haben; diese ist an dritter Stelle zu verwahren.

§ 4 Zulässigkeit der Datenverarbeitung

(1) Die Verarbeitung personenbezogener Daten ist nur zulässig, wenn
    a) dieses Gesetz oder eine andere Rechtsvorschrift sie erlaubt oder
    b die betroffene Person eingewilligt hat.

Die Einwilligung ist die widerrufliche, freiwillige und eindeutige Willenserklärung der betroffenen Person, einer bestimmten Datenverarbeitung zuzustimmen. Sie bedarf der Schriftform, soweit nicht wegen besonderer Umstände eine andere Form angemessen ist. Soll die Einwilligung zusammen mit anderen Erklärungen schriftlich erteilt werden, ist die betroffene Person auf die Einwilligung schriftlich besonders hinzuweisen. Sie ist in geeigneter Weise über die Bedeutung der Einwilligung, insbesondere über den Verwendungszweck der Daten, bei einer beabsichtigten Übermittlung über die Empfänger der Daten aufzuklären; sie ist unter Darlegung der Rechtsfolgen darauf hinzuweisen, dass sie die Einwilligung verweigern und mit Wirkung für die Zukunft widerrufen kann. Die Einwilligung kann auch elektronisch erklärt werden, wenn sichergestellt ist, dass

1. sie nur durch eine eindeutige und bewusste Handlung der handelnden Person erfolgen kann,

2. sie nicht unerkennbar verändert werden kann,

3. ihr Urheber erkannt werden kann,

4. die Einwilligung bei der verarbeitenden Stelle protokolliert wird und

5. der betroffenen Person jederzeit Auskunft über den Inhalt ihrer Einwilligung gegeben werden kann.

(2) Die Planung, Gestaltung und Auswahl informationstechnischer Produkte und Verfahren haben sich an dem Ziel auszurichten, so wenig personenbezogene Daten wie möglich zu erheben und weiterzuverarbeiten (Datenvermeidung). Produkte und Verfahren, deren Vereinbarkeit mit den Vorschriften über den Datenschutz und die Datensicherheit in einem förmlichen Verfahren (Datenschutzaudit) festgestellt wurde, sollen vorrangig berücksichtigt werden.

(3) Die Verarbeitung personenbezogener Daten über die rassische oder ethnische Herkunft, politische Meinungen, religiöse oder weltanschauliche Überzeugungen, die Gewerkschaftszugehörigkeit, die Gesundheit oder das Sexualleben ist nur zulässig, wenn sie in einer Rechtsvorschrift geregelt ist, die den Zweck der Verarbeitung bestimmt sowie angemessene Garantien zum Schutz des Rechtes auf informationelle Selbstbestimmung vorsieht. Darüber hinaus ist die Verarbeitung dieser Daten zulässig, wenn

1. die betroffene Person eingewilligt hat,

2. sie ausschließlich im Interesse der betroffenen Person liegt,

3. sie sich auf Daten bezieht, die die betroffene Person selbst öffentlich gemacht hat,

4. sie a) auf der Grundlage der §§ 15, 28 und 29,

   b) zur Geltendmachung rechtlicher Ansprüche vor Gericht oder

   c) für die Abwehr von Gefahren für die öffentliche Sicherheit, für Zwecke der Strafrechtspflege oder zum Schutz vergleichbarer Rechtsgüter

erforderlich ist.

(4) Soweit gesetzlich unter Wahrung der berechtigten Interessen der betroffenen Person nichts anderes bestimmt ist, dürfen Entscheidungen, die für die betroffene Person eine rechtliche Folge nach sich ziehen oder sie erheblich beeinträchtigen, nicht ausschließlich auf eine automatisierte Verarbeitung personenbezogener Daten zum Zweck der

Bewertung einzelner Persönlichkeitsmerkmale gestützt werden, ohne dass der betroffenen Person die Geltendmachung der eigenen Interessen möglich gemacht worden ist.

(5) Wenn die betroffene Person schriftlich begründet, dass der im Übrigen rechtmäßigen Verarbeitung ihrer Daten oder einer bestimmten Datenverarbeitungsform ein schutzwürdiges besonderes persönliches Interesse entgegensteht, erfolgt die Verarbeitung ihrer personenbezogenen Daten nur, wenn eine Abwägung im Einzelfall ergibt, dass das Interesse der datenverarbeitenden Stelle gegenüber dem Interesse der betroffenen Person überwiegt. Die betroffene Person ist über das Ergebnis zu unterrichten.

(6) Die Datenverarbeitung soll so organisiert sein, dass bei der Verarbeitung, insbesondere der Übermittlung, der Kenntnisnahme im Rahmen der Aufgabenerfüllung und der Einsichtnahme, die Trennung der Daten nach den jeweils verfolgten Zwecken und nach unterschiedlichen Betroffenen möglich ist. Sind personenbezogene Daten in Akten derart verbunden, dass ihre Trennung nach erforderlichen und nicht erforderlichen Daten auch durch Vervielfältigung und Unkenntlichmachung nicht oder nur mit unverhältnismäßigem Aufwand möglich ist, sind auch die Kenntnisnahme, die Weitergabe innerhalb der datenverarbeitenden Stelle und die Übermittlung der Daten, die nicht zur Erfüllung der jeweiligen Aufgaben erforderlich sind, zulässig, soweit nicht schutzwürdige Belange der betroffenen Person oder Dritter überwiegen. Die nicht erforderlichen Daten unterliegen insoweit einem Verwertungsverbot.

§ 4a Verbunddateien

(1) Die Einrichtung gemeinsamer oder verbundener automatisierter Verfahren, in und aus denen mehrere öffentliche Stellen personenbezogene Daten verarbeiten sollen, ist nur zulässig, wenn dies unter Berücksichtigung der schutzwürdigen Belange der betroffenen Personen und der Aufgaben der beteiligten Stellen angemessen ist. Die Vorschriften über die Zulässigkeit des einzelnen Abrufs bleiben unberührt. Die beteiligten Stellen haben die Datenart, die Aufgaben jeder beteiligten Stelle, den Zweck und den Umfang ihrer Verarbeitungsbefugnis sowie diejenige Stelle festzulegen, welche die datenschutzrechtliche Verantwortung gegenüber den betroffenen Personen trägt. Der Landesbeauftragte für Datenschutz und Informationsfreiheit ist vorab zu unterrichten.

(2) Innerhalb einer öffentlichen Stelle bedarf die Einrichtung gemeinsamer oder verbundener automatisierter Verfahren, mit denen personenbezogene Daten aus unterschiedlichen Aufgabengebieten verarbeitet werden sollen, der Zulassung durch die Leitung der Stelle. Für die Zulässigkeit gilt Absatz 1 Satz 1 und 2 entsprechend.

§ 5 Rechte der betroffenen Person

Jeder hat nach Maßgabe dieses Gesetzes ein Recht auf

1. Auskunft, Einsichtnahme (§ 18),
2. Widerspruch aus besonderem Grund (§ 4 Abs. 5),
3. Unterrichtung (§§ 12 Abs. 2, 13 Abs. 2 Satz 2, 16 Abs. 1 Satz 2 und 3),
4. Berichtigung, Sperrung oder Löschung (§ 19),
5. Schadensersatz (§ 20),
6. Anrufung des Landesbeauftragten für Datenschutz und Informationsfreiheit (§ 25 Abs. 1),

7. Auskunft aus dem beim zuständigen behördlichen Datenschutzbeauftragten geführten Verfahrensverzeichnis (§ 8).

Diese Rechte können auch durch die Einwilligung der betroffenen Person nicht ausgeschlossen oder beschränkt werden.

§ 6 Datengeheimnis

Denjenigen Personen, die bei öffentlichen Stellen oder ihren Auftragnehmern dienstlichen Zugang zu personenbezogenen Daten haben, ist es untersagt, solche Daten unbefugt zu einem anderen als dem zur jeweiligen rechtmäßigen Aufgabenerfüllung gehörenden Zweck zu verarbeiten oder zu offenbaren; dies gilt auch nach Beendigung ihrer Tätigkeit.

§ 7 Sicherstellung des Datenschutzes

Die obersten Landesbehörden, die Gemeinden und Gemeindeverbände sowie die sonstigen der Aufsicht des Landes unterstehenden juristischen Personen des öffentlichen Rechts und deren Vereinigungen ungeachtet ihrer Rechtsform haben jeweils für ihren Bereich die Ausführung dieses Gesetzes sowie anderer Rechtsvorschriften über den Datenschutz sicherzustellen.

§ 29 Datenverarbeitung bei Dienst- und Arbeitsverhältnissen

(1) Daten von Bewerbern und Beschäftigten dürfen nur verarbeitet werden, wenn dies zur Eingehung, Durchführung, Beendigung oder Abwicklung des Dienst- oder Arbeitsverhältnisses oder zur Durchführung organisatorischer, personeller und sozialer Maßnahmen, insbesondere auch zu Zwecken der Personalplanung und des Personaleinsatzes, erforderlich ist oder eine Rechtsvorschrift, ein Tarifvertrag oder eine Dienstvereinbarung dies vorsieht. Abweichend von § 16 Abs. 1 ist eine Übermittlung der Daten von Beschäftigten an Personen und Stellen außerhalb des öffentlichen Bereichs nur zulässig, wenn der Empfänger ein rechtliches Interesse darlegt, der Dienstverkehr es erfordert oder die betroffene Person eingewilligt hat. Die Datenübermittlung an einen künftigen Dienstherrn oder Arbeitgeber ist nur mit Einwilligung der betroffenen Person zulässig.

(2) Die beamtenrechtlichen Vorschriften über die Führung von Personalakten (§ 50 Beamtenstatusgesetz, §§ 84 - 92 des Landesbeamtengesetzes für das Land Nordrhein-Westfalen) sind für alle nicht beamteten Beschäftigten einer öffentlichen Stelle entsprechend anzuwenden, soweit nicht die Besonderheiten des Tarif- und Arbeitsrechts hinsichtlich der Aufnahme und Entfernung von bestimmten Vorgängen und Vermerken eine abweichende Behandlung erfordern.

(3) Die Weiterverarbeitung der bei ärztlichen oder psychologischen Untersuchungen und Tests zum Zwecke der Eingehung eines Dienst- oder Arbeitsverhältnisses erhobenen Daten ist nur mit schriftlicher Einwilligung der betroffenen Person zulässig. Die Einstellungsbehörde darf vom untersuchenden Arzt in der Regel nur die Übermittlung des Ergebnisses der Eignungsuntersuchung und dabei festgestellter Risikofaktoren verlangen.

(4) Personenbezogene Daten, die vor der Eingehung eines Dienst- oder Arbeitsverhältnisses erhoben wurden, sind unverzüglich zu löschen, sobald feststeht, dass ein

Dienst- oder Arbeitsverhältnis nicht zustande kommt, es sei denn, dass die betroffene Person in die weitere Speicherung eingewilligt hat. Nach Beendigung eines Dienst- oder Arbeitsverhältnisses sind personenbezogene Daten zu löschen, wenn diese Daten nicht mehr benötigt werden, es sei denn, dass Rechtsvorschriften entgegenstehen; § 19 Abs. 3 Satz 2 und 3 sowie Abs. 4 finden Anwendung.

(5) Die Ergebnisse medizinischer oder psychologischer Untersuchungen und Tests der Beschäftigten dürfen automatisiert nur verarbeitet werden, wenn dies dem Schutz der Beschäftigten dient.

(6) Soweit Daten der Beschäftigten im Rahmen der Durchführung der technischen und organisatorischen Maßnahmen nach § 10 gespeichert werden, dürfen sie nicht zu Zwecken der Verhaltens- oder Leistungskontrolle genutzt werden.

(7) Beurteilungen dürfen nicht allein auf Informationen gestützt werden, die unmittelbar durch automatisierte Datenverarbeitung gewonnen werden.

§ 29a Mobile personenbezogene Datenverarbeitungssysteme

(1) Informationstechnische Systeme zum Einsatz in automatisierten Verfahren, die an die Betroffenen ausgegeben werden und die über eine von der ausgebenden Stelle oder Dritten bereitgestellte Schnittstelle Daten automatisiert austauschen können (mobile Datenverarbeitungssysteme, z.B. Chipkarten), dürfen nur mit Einwilligung der betroffenen Person nach ihrer vorherigen umfassenden Aufklärung eingesetzt werden.

(2) Für die Betroffenen muss jederzeit erkennbar sein,
1. ob und durch wen Datenverarbeitungsvorgänge auf dem mobilen Datenverarbeitungssystem oder durch dieses veranlasst stattfinden,
2. welche personenbezogenen Daten der betroffenen Person verarbeitet werden und
3. welcher Verarbeitungsvorgang im Einzelnen abläuft oder angestoßen wird.
Den Betroffenen müssen die Informationen nach Nummer 2 und 3 auf ihren Wunsch auch schriftlich in Papierform mitgeteilt werden.

(3) Die Betroffenen sind bei der Ausgabe des mobilen Datenverarbeitungssystems über die ihnen nach § 5 zustehenden Rechte aufzuklären. Sofern zur Wahrnehmung der Informationsrechte besondere Geräte oder Einrichtungen erforderlich sind, hat die ausgebende Stelle dafür Sorge zu tragen, dass diese in angemessenem Umfang zur Verfügung stehen.

§ 29b Optisch-elektronische Überwachung

(1) Die nicht mit einer Speicherung verbundene Beobachtung öffentlich zugänglicher Bereiche mit optisch-elektronischen Einrichtungen ist zulässig, soweit dies der Wahrnehmung des Hausrechts dient und keine Anhaltspunkte dafür bestehen, dass schutzwürdige Interessen betroffener Personen überwiegen. Die Tatsache der Beobachtung ist, soweit nicht offenkundig, den Betroffenen durch geeignete Maßnahmen erkennbar zu machen.

(2) Die Speicherung von nach Absatz 1 Satz 1 erhobenen Daten ist nur bei einer konkreten Gefahr zu Beweiszwecken zulässig, wenn dies zum Erreichen der verfolgten Zwecke unverzichtbar ist. Die Daten sind unverzüglich zu löschen, wenn sie hierzu nicht mehr erforderlich sind; dies ist in angemessenen Zeitabständen zu prüfen.

(3) Werden die gespeicherten Daten einer bestimmten Person zugeordnet und verarbeitet, so ist diese jeweils davon zu benachrichtigen. Von einer Benachrichtigung kann abgesehen werden, solange das öffentliche Interesse an einer Strafverfolgung das Benachrichtigungsrecht der betroffenen Person erheblich überwiegt.

5. Koalitionsfreiheit

Der Personalrat hat sich nach dieser Vorschrift für die Wahrung der Koalitionsfreiheit einzusetzen. Das bedeutet mehr als die in § 62 enthaltene Verpflichtung, dafür zu sorgen, dass niemand wegen seiner gewerkschaftlichen Betätigung oder Einstellung bevorzugt oder benachteiligt wird. Da durch Artikel 9 Abs. 3 GG auch die negative Koalitionsfreiheit gewährleistet wird, darf auf die Beschäftigten kein Druck ausgeübt werden, in eine Gewerkschaft, schon gar nicht in eine bestimmte Gewerkschaft einzutreten. Die Verpflichtung des Personalrats zur gewerkschaftspolitischen Neutralität ist noch wichtiger als die zur parteipolitischen Neutralität, weil gerade in Dienststellen der öffentlichen Verwaltung durch Gewerkschaften versucht wird, Druck auf die Beschäftigten und auf die Personalvertretungen auszuüben.

6. Unfall- und Gesundheitsgefahren

Die Aufgabe des Personalrats nach Nr. 4 besteht nicht nur darin, das Einhalten von Unfallverhütungsvorschriften zu überwachen, die die Berufsgenossenschaften als Träger der gesetzlichen Unfallversicherung erlassen. Die Unfallverhütung ist nämlich nur ein Teilgebiet des Arbeitsschutzes, für den der Personalrat einzutreten hat. Es gehören dazu alle gesundheitsschützenden Maßnahmen, die im Zusammenhang mit den Regelungen über die Arbeitszeit sowie über den Urlaub, dem Jugendarbeitsschutzgesetz, dem Mutterschutzgesetz, dem Sozialgesetzbuch IX (hier insbesondere § 84 mit der Regelung des betrieblichen Eingliederungsmanagements (BEM)), der Gewerbeordnung und den Arbeitszeitvorschriften stehen. Auf diesem Gebiet soll der Personalrat nicht nur passiv, sondern auch aktiv, nämlich anregend und beratend gegenüber den zuständigen Stellen tätig werden und diesen Auskünfte zu erteilen. Dabei ist er nicht nur darauf beschränkt, sich an die eigene Dienststelle zu wenden. Darüber hinaus steht ihm gemäß § 72 Abs. 4 Nr. 7 bei Maßnahmen zur Verhütung von Dienst- und Arbeitsunfällen sowie sonstigen Gesundheitsschädigungen ein förmliches Beteiligungsrecht zu, das auch als Initiativrecht ausgeübt werden kann.

7. Anregungen und Beschwerden

Nicht nur Anregungen, sondern auch Beschwerden von Beschäftigten sind nach Nr. 5 entgegenzunehmen und zu überprüfen. Die Beschwerde setzt voraus, dass der Beschäftigte sich benachteiligt oder ungerecht behandelt fühlt. Wenn auch der Kreis der beschwerdefähigen Angelegenheiten, worunter auch die Geltendmachung von Rechtsansprüchen fällt, umfassender Natur ist, muss doch ein Zusammenhang mit dem Dienst- oder Arbeitsverhältnis gegeben sein. Dem Beschäftigten wird ausdrücklich die Möglichkeit eingeräumt, sein Anliegen der Personalvertretung vorzutragen. Gegenstand der Beschwerde kann auch das Verhalten eines Personalratsmitglieds sein, aber nicht die Amtstätigkeit des Personalrats als solche.

Da auch Anregungen entgegenzunehmen sind, hat der Personalrat nicht nur tätig zu werden, wenn der Beschäftigte sich in seiner eigenen Person beeinträchtigt fühlt, sondern sich auf allgemeine Missstände oder ein mangelhaftes Betriebsklima beruft. Der Beschäftigte hat in jedem Fall einen Anspruch darauf, vom Personalrat beschieden zu werden, und ist im Übrigen nicht daran gehindert, statt an diesen heranzutreten, unmittelbar bei der Dienststelle eine Dienstaufsichtsbeschwerde einzulegen oder den Rechtsweg zu beschreiten. Das Beteiligungsrecht des Personalrats geht aber weiter als in den Fällen, in denen z.b. ein Beamter sein individuelles Beschwerderecht nach § 179 LBG selbst ausübt. (OVG Münster, Beschl. vom 7.12.1978 – CB 4/78)

Auszug aus dem LBG

§ 179 Beschwerden, Dienstweg

(1) Der Beamte kann Anträge und Beschwerden vorbringen; hierbei hat er den Dienstweg einzuhalten. Der Beschwerdeweg bis zur obersten Dienstbehörde steht offen.

(2) Richtet sich die Beschwerde gegen den unmittelbaren Vorgesetzten (§ 3 Abs. 5), so kann sie bei dem nächsthöheren Vorgesetzten unmittelbar eingereicht werden.

(3) Der Beamte kann jederzeit Eingaben an den Landtag unmittelbar richten.

Zuständig für die Entgegennahme von Anregungen und Beschwerden ist der bei der Dienststelle gebildete Personalrat. Handelt es sich jedoch um eine Angelegenheit, für die nicht die Dienststelle, sondern die übergeordnete Dienststelle entscheidungsbefugt ist, so ist die dort gebildete Stufenvertretung für die Entgegennahme und Bearbeitung zuständig. (BVerwG, Beschl. vom 24.10.1969, ZBR 1970, 98) Auf die Anm. 10 zu §78 wird hingewiesen.

Bevor der Personalrat beabsichtigt, entsprechende Maßnahmen einzuleiten, hat er zu prüfen, ob die Anregung sachgerecht bzw. die Beschwerde berechtigt erscheint. Bei dieser Prüfung ist kein zu enger Maßstab anzulegen, es reicht, wenn der Beschäftigte subjektiv überzeugt ist, das seine Beschwerde oder Anregung berechtigt ist. Der Personalrat entscheidet nach pflichtgemäßem Ermessen und durch Beschluss. Die nach § 64 herangetragenen Angelegenheiten sind keine Angelegenheiten der laufenden Geschäftsführung. Im Übrigen siehe oben Anmerkung 2.

7. Berufliche Eingliederung schwerbehinderter Menschen und berufliche Förderung

Der Auftrag der Nrn. 6 und 7 ergibt sich für die Personalvertretungen bereits aus § 93 SGB IX. Die den Dienststellen obliegenden Pflichten im Rahmen des Schwerbehindertenrechts sind in den „Richtlinien zur Durchführung des Schwerbehindertengesetzes im öffentlichen Dienst im Lande Nordrhein-Westfalen" (Fürsorgeerlass) niedergelegt. Dieser Erlass ist dem Kommentar als Anlage 14 beigefügt.

Ergänzende und erläuternde Hinweise für schwerbehinderte Lehrerinnen und Lehrer und der ermäßigten Pflichtstundenzahl dieses Personenkreises sind vom Ministerium, das für das Schulwesen zuständig ist, erlassen worden.

Der Behindertenschutz hat seit dem 15.11.1994 Verfassungsrang (Art. 3 Abs. 3 Satz 2 GG). Das LPVG enthält konkrete Schutzaufgaben. Es ist u. a. Aufgabe des Personalrats, darauf hinzuwirken, dass eine bestimmte Quote der Arbeitsplätze mit Schwerbehinderten besetzt wird, diese entsprechend ihren Fähigkeiten und Kenntnissen beschäftigt werden, ihr berufliches Fortkommen gefördert wird, sie bei innerbetrieblichen Maßnahmen der beruflichen Bildung bevorzugt berücksichtigt und die Arbeitsplätze entsprechend ausgestattet werden.

Umfang der Beschäftigungspflicht schwer behinderter Menschen in den Dienststellen (§§ 73, 74 SGB IX)

Anzahl der Arbeitsplätze	Pflichtzahl
1 – 19	0
20 – 39	1
40 – 59	2
60 – 69	3
70 – 89	4
90 – 109	5
110 – 129	6
130 – 149	7
150 – 169	8
Je weitere angefangene 20	+ 1

Der Personalrat hat auch darauf zu achten, dass eine Vertretung schwerbehinderter Menschen gewählt wird (§ 94 SBG IX). Eine enge Zusammenarbeit mit der Vertretung der schwerbehinderten Menschen, die gemäß § 36 an allen Sitzungen des Personalrats beratend teilnehmen kann, ist Aufgabe des Personalrats. Er hat auch z.B. bei der Neubesetzung von Arbeitsplätzen zu prüfen, ob die Aufgabe nicht durch einen schwerbehinderten Menschen erfüllt werden kann. Bewerbungen von Schwerbehinderten sind mit der Vertretung schwerbehinderter Menschen zu erörtern und mit ihrer Stellungnahme dem Personalrat zuzuleiten (§ 81 SGB IX). In diesem Rahmen kann auch die Vertretung schwerbehinderter Menschen ihr Vetorecht ausüben (§ 35 Abs. 3).

Der Personalrat kann zusammen mit der Vertretung schwerbehinderter Menschen und der Dienststelle nach § 83 SGB IX eine Integrationsvereinbarung abschließen. Musterdienstvereinbarung und Erläuterungen dazu siehe ZfPR 1/2003 21. Die Initiative hierzu sollte durchaus vom Personalrat ausgehen.

8. Schutzbedürftige Personen

Dem Personalrat obliegt es weiterhin schutzbedürftige, insbesondere ältere Personen zu fördern und zu deren Gunsten mit Anregungen an die Dienststelle heranzutreten. Dazu gehören die körperlich, geistig oder seelisch Behinderten und solche Personen, die durch Alkoholismus, Drogenabhängigkeit oder andere Suchterkrankungen erkrankt sind. Die Fürsorge des Personalrats hat insbesondere den älteren Personen zu gelten, deren Unterbringung unter den üblichen Bedingungen des Arbeitsmarktes erschwert ist.

9. Eingliederung von Ausländern in die Dienststelle

Eine besondere Pflicht des Personalrats besteht nach Nr. 8 darin, die Eingliederung von Beschäftigten mit Migrationshintergrund zu fördern, also darauf zu achten, dass solche Mitarbeiterinnen und Mitarbeiter nicht anders als Beschäftigte deutscher Abstammung behandelt werden. Dazu gehört, dass dieser Personenkreis die gleiche berufliche Entwicklung erfahren kann wie Deutsche mit vergleichbarer Vor- und Ausbildung und sonstiger Eignung. Der Personalrat soll darüber hinaus im Rahmen der Betriebsgemeinschaft alles daran setzen, dass etwa vorhandene Vorurteile gegen Mitarbeiterinnen und Mitarbeiter mit Migrationshintergrund abgebaut werden, d.h., Integrationsfunktion im Rahmen der eigenen Zuständigkeit übernehmen. Der jetzt verwendete Begriff geht deutlich weiter als die bisherige Formulierung ausländische Beschäftigte.

Das Sozialministerium erhebt eine Statistik zur Ermittlung von Beschäftigung und Arbeitslosigkeit der Arbeitnehmer und über die Leistungen der Arbeitsförderung. Danach liegt ein Migrationshintergrund (§ 6 Satz 2) vor, wenn die Person nicht die deutsche Staatsangehörigkeit besitzt oder der Geburtsort der Person außerhalb der heutigen Grenzen der Bundesrepublik Deutschland liegt und eine Zuwanderung in das heutige Gebiet der Bundesrepublik Deutschland nach 1949 erfolgte oder der Geburtsort mindestens eines Elternteiles der Person außerhalb der heutigen Grenzen der Bundesrepublik Deutschland liegt sowie eine Zuwanderung dieses Elternteiles in das heutige Gebiet der Bundesrepublik Deutschland nach 1949 erfolgte.

Die Stadt Herne hat bereits früh ein Handlungskonzept zur „Interkulturellen Öffnung der Verwaltung" entwickelt. Nachfolgend ein Auszug:

> „Interkulturelle Öffnung bezeichnet die Ausrichtung von Institutionen auf die Anforderungen der Einwanderungsgesellschaft. Dabei geht es bei der Verwaltung im Wesentlichen darum, dass sie auf allen Ebenen die Realität der Einwanderungsgesellschaft wahrnimmt und bei der Definition und Durchführung ihrer Aufgaben berücksichtigt. Noch immer bestehen Zugangsprobleme für die nichtdeutschen Bevölkerungsgruppen gegenüber den Dienststellen der öffentlichen Verwaltung. Auch wo Migrantinnen und Migranten als Klienten, Antragssteller usw. zahlreich in Erscheinung treten, kommt es oft zu Verständigungsschwierigkeiten, Verzögerungen und Konflikten. Diese Probleme und Hemmnisse beruhen nicht nur auf sprachlichen Kommunikationsproblemen. Oft ist das fehlende Wissen über kulturelle Hintergründe sowie über die besondere soziale und rechtliche Situation der Migrantinnen und Migranten der Grund für Konflikte. Bei Migrantinnen und Migranten gibt es wiederum Schwellenängste und Informationsdefizite hinsichtlich der Leistungen und Vorgehensweisen kommunaler Dienststellen. Interkulturelle Öffnung erfordert Produkte, Strukturen und Prozesse, die die Zugangsbarrieren für Migrantinnen und Migranten so niederschwellig wie möglich halten."

10. Zusammenarbeit mit der Jugend- und Auszubildendenvertretung

Nr. 9 enthält den allgemeinen Grundsatz, wonach der Personalrat eng mit der Jugend- und Auszubildendenvertretung zusammenarbeiten soll. Dies hat sich zunächst in den durch das Gesetz vorgeschriebenen Formen zu vollziehen, wie sie sich aus § 61 Abs. 2 bis 4 ergeben. Auf die Anm. 5 und 6 zu § 61 wird hingewiesen. Darüber hinaus haben Personalrat und Jugend- und Auszubildendenvertretung laufend Kontakt zu halten, was nicht nur für Ausbildungsfragen gilt. Der Personalrat ist gut beraten, die Jugend- und Auszubildendenvertretung so zu behandeln, dass hieraus ein Nachwuchspotential für die Personalvertretung erwächst.

11. Gleichstellung von Frau und Mann

Durch das Änderungsgesetz vom 27. September 1994 ist § 64 um Nr. 10 ergänzt und mit der Novelle von 2007 weiter konkretisiert worden. Dadurch wird verdeutlicht, dass korrespondierend mit der Verpflichtung der Dienststelle der Personalrat als Teil der Dienststelle die allgemeine Aufgabe hat, den Gleichberechtigungsgrundsatz in die soziale Wirklichkeit umzusetzen, und bei seinen Maßnahmen und Aktivitäten die vielschichtigen und unterschiedlichen Lebenssituationen von Frauen und Männern zu bedenken. Diese Vorschrift korrespondiert mit dem LGG Nordrhein-Westfalen und dem Bundesgesetz zur Durchsetzung der Gleichberechtigung von Frauen und Männern (vgl. Anm. 3). Bereits in den Vorschriften über Benachteiligungsverbote, u.a. wegen des Geschlechts, werden die Aufgaben des Personalrates als nicht nur passive oder mitwirkende Rolle beschrieben, sondern als aktiv gestaltende (vgl. Anm. 6 zu § 62). Förmliche Mitwirkungsrechte können vom Personalrat im Rahmen des § 72 Abs. 4 Nr. 18 wahrgenommen werden (siehe dort).

12. Umweltschutzmaßnahmen

Um der wachsenden Bedeutung des Umweltschutzes Rechnung zu tragen, wurde diese Vorschrift aufgenommen, um dem Personalrat ein allgemeines Initiativrecht in diesen Fragen einzuräumen. Hiernach hat der Personalrat das Recht und die Verpflichtung, z.B. Fragen der Energieeinsparung (Klima, Beleuchtung), Müllvermeidung (recycelte Produkte, Mülltrennung), Vermeidung von Elektronikschrott, umweltgerechte Getränke und Essen in den Kantinen und vieles andere mehr.

13. Verfahren

Ein besonderes Verfahren ist für die Wahrnehmung der Aufgaben gemäß § 64 nicht vorgeschrieben. Schriftform ist nicht vorgesehen, Fristenregelungen gelten nicht. Gerade deshalb ist der Grundsatz der vertrauensvollen Zusammenarbeit (§ 2 Abs. 1) besonders zu beachten, der die Dienststelle verpflichtet, innerhalb eines angemessenen Zeitraumes auf Anträge zu reagieren. Eine eventuelle Ablehnung ist zu begründen. Widersetzt sich die Dienststelle ohne nähere und überzeugende Erklärung, ist der Personalrat nicht gehindert, auch Dienstaufsichtsbeschwerde einzulegen oder das Verwaltungsgericht wegen Verletzung von Beteiligungsrechten oder des Verstoßes der vertrauensvollen Zusammenarbeit anzurufen. Mündliche Anträge können auch im Rahmen einer gemeinschaftliche Besprechung behandelt werden. Aufgrund des Aufgabenkatalogs sind mündliche oder schriftliche Informationen zu geben (§ 65). Der Informationsanspruch des Personalrats erstreckt sich auch auf die Vorlage schriftlicher Unterlagen. (BVerwG, Beschl. vom 27.7.1983, ZBR 1984, 79) Von dem allgemeinen Antragsrecht ist das förmliche Initiativrecht im Rahmen der Mitbestimmung scharf zu trennen (§ 66 Abs. 4).

14. Allgemeine Aufgaben und Informationsrechte

Die Durchführung der allgemeinen Aufgaben des Personalrats nach § 64 erfordert es nicht, dass die Dienststelle ihm zur Wahrung seines Informationsrechts nach § 65 einen Online-Zugang zu den in die Arbeitszeitkonten aller Beschäftigten der Dienststelle geben muss. (OVG Niedersachsen, Beschluss v. 21.12.2010 – 18 LP 14/06 –) Eine Personalvertretung ist kein allgemeines Kontrollorgan der Dienststelle, so dass sie nicht ohne konkreten Anlass Anspruch auf Informationen geltend machen kann („aufgabenbezogener Informationsanspruch"). Eine Personalvertretung hat den gesetzlichen Auftrag, darüber zu wachen, dass die zugunsten der Beschäftigten bestehenden Bestimmungen eingehalten bzw. durchgeführt werden. Infolgedessen kann sie auch „präventiv" tätig werden, um zu verhindern, dass es zu Rechtsverletzungen und Ungleichbehandlungen kommt. Sie hat aber unter dem Gesichtspunkt der Erforderlichkeit nur Anspruch auf solche Informationen, die es ihr tatsächlich ermöglichen zu überprüfen, ob aufgrund tatsächlicher Gegebenheiten Rechtsverletzungen und Ungleichbehandlungen zu befürchten sind. Im Zusammenhang mit persönlichen Daten sind der Personalvertretung Informationen deshalb nur in der Weise zu geben, dass Persönlichkeitsrechte unangetastet bleiben (hier: anonymisierte Offenlegung von Arbeitszeitkonten). Der Informationsanspruch einer Personalvertretung richtet sich unmittelbar an die Dienststelle. Diese muss die Informationen „liefern". Die Personalvertretung kann sich grundsätzlich nicht selbst informieren; ihr steht also kein Online-Zugriff auf Daten zu. (ZfPR 8/2011)

§ 65

(1) Der Personalrat ist zur Durchführung seiner Aufgaben rechtzeitig und umfassend zu unterrichten. Ihm sind die dafür erforderlichen Unterlagen vorzulegen. Vor Organisationsentscheidungen der Dienststelle, die beteiligungspflichtige Maßnahmen zur Folge haben, ist der Personalrat frühzeitig und fortlaufend zu informieren. An Arbeitsgruppen, die der Vorbereitung derartiger Entscheidungen dienen, kann der Personalrat beratend teilnehmen.

(2) Bei Einstellungen sind ihm auf Verlangen die Unterlagen aller Bewerberinnen und Bewerber vorzulegen. An Gesprächen, die im Rahmen geregelter oder auf Übung beruhender Vorstellungsverfahren zur Auswahl unter mehreren dienststelleninternen oder dienststellenexternen Bewerbern von der Dienststelle geführt werden, kann ein Mitglied des Personalrats teilnehmen; dies gilt nicht in den Fällen des § 72 Abs. 1 Satz 2. Ein Mitglied der Jugend- und Auszubildendenvertretung kann zusätzlich teilnehmen, wenn zu den Gesprächen Beschäftigte im Sinne des § 55 Absatz 1 eingeladen sind.

(3) Personalakten oder Sammlungen von Personaldaten dürfen nur mit Zustimmung der oder des Beschäftigten und nur von den von ihr oder ihm bestimmten Mitgliedern des Personalrats eingesehen werden; dies gilt nicht für listenmäßig aufgeführte Personaldaten, die regelmäßig Entscheidungsgrundlage in beteiligungspflichtigen Angelegenheiten sind. Dienstliche Beurteilungen sind auf Verlangen der oder des Beschäftigten dem Personalrat zur Kenntnis zu bringen. Ein Mitglied des Personalrats kann auf Wunsch der oder des Beschäftigten an Besprechungen mit entscheidungsbefugten Personen der Dienststelle teilnehmen, soweit dabei beteiligungspflichtige Angelegenheiten berührt werden. Das Gleiche gilt für ein Mitglied der Jugend- und Auszubildendenvertretung soweit es um beteiligungspflichtige Angelegenheiten der von ihr vertretenen Beschäftigten geht.

(4) Die Einhaltung des Datenschutzes obliegt dem Personalrat. Der Dienststelle sind die getroffenen Maßnahmen mitzuteilen.

1. Informationspflicht der Dienststelle

Der Informationspflicht der Dienststelle steht das Informationsrecht des Personalrats gegenüber. Es besteht gegenüber der Dienststelle, bei der der Personalrat gebildet ist (Nr. 16.1 Erl. Erl.).

Die Pflicht zur Unterrichtung ist nur insoweit gegeben, als der Personalrat Aufgaben nach diesem Gesetz wahrzunehmen hat. Dabei kommt es auf Sinn und Zweck des jeweils in Frage stehenden Beteiligungsrechts an. (OVG Münster, Beschl. vom 31.5.1988— CL 20/86) Jedenfalls gehören zu diesen Aufgaben auch die allgemeinen Aufgaben wie die Überwachungspflichten des Personalrats und die allgemeinen Aufgaben nach § 64 (siehe aber Anm. 14 zu § 64).

Die der Dienststelle aufgelegte Verpflichtung zur umfassenden Unterrichtung schließt aber nicht eine generelle oder abstrakte Information ein, vielmehr muss sie auf die Durchführung der Aufgaben bezogen, d.h. im Einzelfall gegeben sein. (OVG Münster, Beschl. vom 22.1.1986, PV 1986, 161; BVerwG, Beschl. vom 21.9.1984, ZBR 1985, 58; BVerwG, Beschl. vom 29.8.1990, ZTR 1991, 130) Es bleibt jedoch, dass es zur umfassenden Unterrichtung des Personalrats unbedingt erforderlich ist, ihm vollständige Informationen zur Verfügung zu stellen. Es gilt der Grundsatz, dass Dienststelle und Personalrat über einen „identischen" Informationsstand verfügen müssen. (BVerwG, Beschl. vom 26.1.1994, ZfPR 1994, 76)

Der zur Informationspflicht führende Anlass muss konkretisiert werden können. Dagegen entsteht der im Rahmen der Einführung neuer Technologien vorhandene Informationsanspruch bereits bei der Planung der Maßnahme, weil andernfalls die Gefahr besteht, dass alternative Lösungen nicht mehr entwickelt werden können. Wenn eine interne Entscheidung getroffen ist, kann auf den Planungs- und Entscheidungsprozess nicht genügend Einfluss genommen werden. Der Personalrat hat z.B. Anspruch auf eine rechtzeitige und umfassende Unterrichtung über technische Einrichtungen zur Personalüberwachung, selbst wenn dazu die Erstellung von zusätzlichen Programmen erforderlich ist. (BAG, Beschl. vom 6.12.1983, DB 1984, 775)

Diesem Anspruch hat der Gesetzgeber mit der prozessbegleitenden Mitbestimmung im Sinne des § 66 Abs. 1 Satz 2 Rechnung getragen, mit dem der der in § 65 Abs. 1 Satz 3 und 4 korrespondiert. Danach ist der Personalrat, beispielsweise bei Auflösungen, Zusammenlegungen (Fusion) oder Neubildungen von Dienststellen so frühzeitig vor diesen Entscheidungen zu informieren, dass die kollektiven Interessen, insbesondere die Gleichbehandlung der betroffen Beschäftigten, effektiv sichergestellt werden können. Wenn die förmliche Beteiligung bei den Einzelmaßnahmen eingeleitet wird, ist es oftmals zu spät und wegen der einzelfallbezogenen Behandlung der Maßnahme ist dies auch nicht das richtige Verfahren. In der Regel werden bei wichtigen Organisationsentscheidungen, die personalvertretungsrechtliche Auswirkungen haben, Arbeitsgruppen eingesetzt. Um die frühzeitige Information im Sinne der prozessbegleitenden Mitbestimmung sicher zu stellen, kann der Personalrat an Arbeitsgruppen, die der Vorbereitung derartiger Entscheidungen dienen, beratend teilnehmen (Abs. 1 Satz 4). Dem Personalrat kann trotz der möglichen Brisanz und der nötigen Vertraulichkeit keinesfalls eine beratende Teilnahme verwehrt werden.

Grundsätzlich gilt aber, dass das Informationsrecht ein unselbständiges Beteiligungsrecht ist und an andere förmliche und nichtförmliche Beteiligungsrechte (siehe Anm. 1 zu § 72) gebunden werden muss. Bei einer der Mitbestimmung unterliegenden Maßnahme ist zunächst eine interne Entscheidung der Dienststelle erforderlich, bevor das Informationsrecht in Anspruch genommen werden kann. (Bay. VGH, Beschl. vom 22.12.1982, PV 1984, 458) Die interne Entscheidung darf aber noch keine unumkehrbaren Fakten geschaffen haben; sonst ginge die prozessbegleitende Mitbestimmung ins Leere. Davon ausgenommen sind Einstellungen von Schwerbehinderten. Sie sind stets mit der Schwerbehindertenvertretung zu erörtern und mit ihrer Stellungnahme dem Personalrat vorzulegen, auch wenn konkret noch keine Einstellungsabsicht besteht (§ 81 SGB IX).

Die Unterrichtungspflicht besteht nicht schon dann, wenn eine Änderung erwogen wird und ihr etwaiger Rationalisierungseffekt und die zu erwartenden personellen Auswirkungen geprüft und erörtert werden. Unterrichtet werden muss erst, wenn die Änderung konkret beabsichtigt ist und feststeht, dass die vorgesehene Maßnahme voraussichtlich für Arbeitnehmer auch zu einem Wechsel der Beschäftigung oder zur Beendigung des Arbeitsverhältnisses führen kann. Rechtzeitig ist die Unterrichtung, wenn die Stellungnahme der Personalvertretung noch in die Überlegungen zur Durchführung der beabsichtigten Änderung gestaltend oder abwehrend einfließen kann. Rechtzeitig wäre sie dann nicht mehr, wenn sie erst nach dem endgültigen Beschluss über die Durchführung der Maßnahme oder der Schaffung von Fakten (z.B. Kauf eines Grundstücks bei beabsichtigter Fusion von Dienststellen) erfolgen würde.

Umfassend ist die Unterrichtung, wenn sich die Personalvertretung aufgrund der ihr gegebenen Informationen eine klare Vorstellung von der beabsichtigten Änderung machen und darauf ihre Stellungnahme stützen kann.

Die Beratungspflicht bezieht sich nur auf die personellen und sozialen Auswirkungen der Maßnahme, nicht auf deren Art und Umfang sowie deren Zweckmäßigkeit. Die Beratung ist mehr als eine bloße Anhörung. Die Dienststelle soll die sich bei der Beratung über die personellen und sozialen Auswirkungen ergebenden Gesichtspunkte in ihre weiteren Überlegungen einbeziehen.

In welcher Weise die Unterrichtung stattfinden soll, darüber müssen sich Dienststelle und Personalrat gemeinsam verständigen. Sie kann mündlich oder schriftlich oder durch Verwendung von Formblättern erfolgen, wobei es dem Personalrat freisteht, von Fall zu Fall weitere Informationen zu verlangen. Hier ist allerdings bei Mitbestimmungsverfahren darauf zu achten, dass der Beginn der Erklärungsfrist daran gebunden ist, dass dem Personalrat die erforderlichen Unterlagen zur Verfügung gestellt worden sind (Anm. 6 zu § 66). Das unbegründete Verlangen nach weiteren Informationen unterbricht die Erklärungsfrist nicht. „Erforderlich" sind immer einzelfallbezogene Ausführungen. (BVerwG, Beschl. vom 29.1.1996, ZBR 1997, 26) Zum Informationsanspruch des Personalrats siehe auch ZfPR 3/2001, 95.

2. Erforderliche Unterlagen

Welche Unterlagen erforderlich sind, richtet sich nach der jeweiligen Aufgabe, die der Personalrat zu erfüllen hat. In Zweifelsfällen muss er darlegen, weshalb er die Vorlage bestimmter Unterlagen wünscht. Dies bedeutet aber nicht, dass die Dienststelle nur auf entsprechende Anträge tätig werden muss, denn unabhängig vom Informationsanspruch des Personalrats besteht die Informationspflicht und die Pflicht zur Vorlage der Unterlagen (Nr. 16 Erl. Erl.). Aus dem Grundsatz der vertrauensvollen Zusammenarbeit ist die Vorschrift extensiv auszulegen. (Engelhard-Ballerstedt, Anm. 12 2u § 67)

Zu den Unterlagen gehören z.B.:

- Sozialdaten eines zu kündigenden Beschäftigten (BVerwG, Beschl. vom 9.10.1996, ZfPR 1997, 12).

- Eignungsgutachten über Einstellungsbewerberinnen und Einstellungsbewerber (VGH Baden-Württemberg, Beschl. vom 2.3.1982, DÖD 1983,393),
- Eignungstests (Schreibmaschinen- und Übersetzungstests, LAG Köln, Beschl. vom 7.3.1989, PersR 1990, 70),
- Bewerberlisten (OVG Münster, Beschl. vom 8.11.1988 – CL 41/86),
- Unterlagen über Versetzungsbewerber, aus denen Erkenntnisse zur Eignung, Befähigung und fachliche Leistung hervorgehen (BVerwG, Beschl. vom 26.1.1994, PV 1994,539),
- Beförderungslisten (BVerwG, Beschl. vom 13.5.1960, ZBR 1960, 269),
- Planstellenbesetzungslisten,
- Listen über die Einstufung und über die Tätigkeitsbereiche von Arbeitnehmerinnen und Arbeitnehmern,
- Listen über Bruttolohn und Gehalt (BVerwG, Beschl. vom 27.2.1985, ZBR 1985, 173),
- Gleitzeitauszüge (LAG Baden-Württemberg, Beschl. vom 21.2.1994, DB 1995, 51),
- Gesundheitszeugnisse (OVG Münster, Beschl. vom 16.11.1978 – CL 10/78),
- schriftlich fixierte Arbeitsplatzbeschreibungen (VG Berlin, Beschl. vom 18.8.1980, PV 1980,192),
- Dienstalterslisten und entsprechende Listen für Arbeitnehmerinnen und Arbeitnehmer,
- Listen, aus denen hervorgeht, wann Arbeitnehmerinnen und Arbeitnehmer tariflichen Anspruch auf eine andere Leistungsstufe haben,
- Übersicht der gezahlten Zuschläge, Zulagen und übertariflichen Leistungen (BVerwG, Beschl. vom 22.12.1993, PV 1994, 523),
- Stellungnahmen des oder der Datenschutzbeauftragten (BVerwG, Beschl. vom 8.11.1989, ZfPR 1990, 86).
- Der Anspruch des Personalrats gegen die Dienststelle auf Vorlage von Unterlagen wird durch den Grundsatz der Erforderlichkeit begrenzt. Die Dienststelle muss daher in jedem Einzelfall über Art und Umfang der Unterrichtung entscheiden. Ein globaler, ein elektronischer Zugriff auf die in einem Dienstplanprogramm gespeicherten Personaldaten ist damit unvereinbar. Dienststelle und Personalrat können den Vorlageanspruch nicht in einer Dienstvereinbarung über die vom Gesetzgeber vorgesehenen Beteiligungstatbestände hinaus erweitern. (VG Frankfurt am Main, Beschluss v. 31.5.2010 – 23 K 500/10.F.PV(V))
- Die Dienststelle hat gegenüber der Personalvertretung eine umfassende Unterrichtungspflicht. Das Informationsrecht besteht nicht nur hinsichtlich beteiligungspflichtiger Angelegenheiten. (VG Münster, Beschluss v. 3.3.2010 – 22 K 687/09.PVL)
- Der Personalrat hat einen Anspruch auf eine ihm dauerhaft zu überlassende Liste der Beschäftigten einer Niederlassung einschließlich der aktuellen Inanspruchnahme von Elternzeit nach Maßgabe der Elternzeitverordnung EZVO (für Beamtinnen und Beamte) bzw. des Bundesgesetzes zum Elterngeld und zur Elternzeit (für Arbeitnehmerinnen und Arbeitnehmer) und deren Dauer. Die Mitteilung über Schwerbehinderungen gehört zu den persönlichkeitsgeschützten Daten, die dem Personalrat, wenn überhaupt, nur mit Zustimmung des Beschäftigten bekannt gegeben werden dürfen. Angaben über Dienstjubiläen als Ergänzung der Beschäftigtenliste sind nicht erforderlich. Zu einer dauerhaften Überwachung der Dienststelle, ob diese die mit einem Dienstjubiläum verbundenen Vergünstigungen auch tatsächlich gewährt, ist der Personalrat nicht befugt. (VG Düsseldorf, Beschluss v. 16.12.2010 – 34 K 2416/10.PVL –)

- Die Durchführung der allgemeinen Aufgaben des Personalrats nach § 59 NPersVG (§ 62 LPVG NRW) erfordert es nicht, dass die Dienststelle ihm zur Wahrung seines Informationsrechts nach § 60 NPersVG (§ 65 Abs. 1 LPVG NRW) einen Online-Zugang und damit die Möglichkeit einräumt, Einsicht in die Arbeitszeitkonten aller Beschäftigten der Dienststelle zu nehmen. (OVG Niedersachsen, Beschluss v. 21.12.2010 – 18 LP 14/06 –)
- Ein Mitbestimmungsrecht bei Beförderungen ergibt sich aus § 76 Abs. 1 Nr. 2 BPersVG (§ 72 Abs. 1 Nr. 2 LPVG NRW). Nach § 68 Abs. 2 BPersVG (§ 65 Abs. 3 LPVG NRW) ist der Personalrat auch ohne besonderen Anlass über alles zu unterrichten, was er zur Durchführung seiner Aufgaben und zur Ausübung seiner Beteiligungsrechte wissen muss. Ein Personalrat kann verlangen, über alles unterrichtet zu werden, was ihn in die Lage versetzt, die Beachtung der Grundsätze eines der Chancengleichheit verpflichteten Auswahlverfahrens zu kontrollieren. (VG Frankfurt a. M., Beschluss v. 11.3.2011 – 22 L 650/11.F.PV –)

Weitere Beispiele aus der Rechtsprechung:

Wegen der Vorlage von Bewerbungsunterlagen bei Einstellungen enthält Abs. 1, 1. Satz bereits eine Sonderregelung (vgl. Nr. 16.2 Erl. Erl.). Danach ist der Personalrat berechtigt, sämtliche Bewerbungsunterlagen einzusehen, sobald die Dienststelle eine Auswahl getroffen hat und dem Personalrat mitteilt, welche Person sie einzustellen beabsichtigt. Dieses Recht besteht ohne Rücksicht darauf, ob eine Stelle ausgeschrieben worden ist oder nicht. (BVerwG, Beschl. vom 11.2.1981, ZBR 1983,195).

Der Personalrat hat grundsätzlich kein Recht, diejenigen Personaldaten eines Beschäftigten, der verhaltensbedingt gekündigt werden soll, einzusehen, aus denen sich die Unterhaltsverpflichtungen gegenüber Familienangehörigen ergeben. Die Dienststelle ist nur dann verpflichtet, diese Personaldaten dem Personalrat vorzulegen, wenn dieser vertretbar begründet, dass ein entsprechendes Informationsbedürfnis vorliegt. Muss die Dienststelle davon ausgehen, dass derartige Daten für die Beurteilung der Wirksamkeit der Kündigung von Bedeutung sind, muss sie dem Personalrat von sich aus über diese Daten unterrichten.

Daten, die für die Berechnung der Kündigungsfrist (z.B. § 622 Abs. 2 BGB, § 10 KSchG) von Bedeutung sind, hat er dem Personalrat immer unaufgefordert mitzuteilen, es sei denn, er kann davon ausgehen, dass die Daten dem Personalrat bereits bekannt sind. (BVerwG 6 P 1.94 vom 9.10.1996) Im Übrigen ist der Personalrat über sämtliche Gründe, die für die Kündigung maßgeblich sind, zu informieren.

Ein Personalrat entscheidet alleine, welche Unterlagen er zur Meinungsbildung benötigt. Ein von einer personellen Maßnahme betroffener Beschäftigter kann deshalb nicht geltend machen, eine Personalvertretung habe zu seinen Lasten eine Entscheidung getroffen, ohne über genügend einschlägige Unterlagen verfügt zu haben. (VGH Hessen, Beschluss v. 17.1.2008 – 1 TG 1899/07 –)

Steht nicht fest, ob eine bestimmte Information für die sachgerechte Beurteilung einer beteiligungspflichtigen Maßnahme von Bedeutung ist, so ist die Pflicht zur umfassenden Unterrichtung der Dienststelle im Sinne von § 20 Satz 1 SBG auch dann erfüllt, wenn dem Personalrat substantiiert und nachvollziehbar erläutert wird, dass und warum diese Information für die Beurteilung der konkret zu treffenden Maßnahme nicht relevant ist. (BVerwG, Beschluss v. 25.6.2008 – 1 WB 5.07 –)

Bei der Einleitung eines Mitbestimmungsverfahrens zur Beförderung eines Beschäftigten muss der Personalrat Auskünfte oder Unterlagen darüber erhalten, die es ihm erlauben, eine Benachteiligung anderer auszuschließen (Beförderungslisten). Ist eine bestimmte Beurteilungsnote für eine Beförderung vor anderen erforderlich, sind die Endurteile aller in Frage kommender Beamten mitzuteilen. Ist bei gleichen Beurteilungsnoten der Rückgriff auf die Einzelurteile in einer Beurteilung zur Bestenauslese erforderlich, sind dem Personalrat auch die Einzelurteile mitzuteilen.

Die Informationspflicht bezieht sich in der Regel auf bereits vorhandene Unterlagen. Der Personalrat kann aber aus begründetem Anlass verlangen, dass neue Unterlagen erstellt werden, sofern damit nicht für die Dienststelle ein unverhältnismäßig hoher Aufwand verbunden ist. Die Vorlagepflicht bezieht sich allerdings nicht auf Unterlagen, die der verwaltungsinternen Vorbereitung der Entscheidung der Dienststelle dienen, so genannte Entscheidungsvorschläge. (OVG Münster, Beschl. vom 25.5.1987, ZBR 1988, 107)

Die Formulierung in § 65 Abs. 1 macht deutlich, dass der Personalrat auf den Wissensstand gebracht werden soll, der es ihm ermöglicht, die ihm gesetzlich übertragenen Aufgaben wahrzunehmen. Der Kenntnisstand muss ihm erlauben, mit dem Dienststellenleiter sachgerecht zusammen zu arbeiten. Entsprechende Unterlagen müssen dem Personalrat in Kopie dauerhaft überlassen werden. Dies gilt auch für Personalbedarf-, Personalbeschaffungs-, Personalentwicklungs- und Personaleinsatzplanungen. Der Grundsatz der gleichberechtigten vertrauensvollen Zusammenarbeit verbietet eine kleinliche Verfahrensweise hinsichtlich der Übergabe häufig oder regelmäßig gebrauchter Unterlagen. Die Dienststelle darf den Personalrat insoweit nicht in die Rolle eines Bittstellers drängen. (BVerwG, 6 P 5.01 vom 23.1.2002; OVG NRW, 1 A 1061/01 vOm 20.9.2002)

3. Vorstellungsverfahren

Das Teilnahmerecht des Personalrats nach Abs. 2 Satz 2 bezieht sich auf alle verfahrensmäßig geregelten Auswahlgespräche der Dienststelle, die diese mit mehreren Bewerbern durchführt. Auf die Dienststellenzugehörigkeit der Bewerberinnen oder Bewerber kommt es nicht an (Landtags-Drucksache 11/5258, S. 37). Voraussetzung für das Teilnahmerecht des Personalrats ist allerdings, dass die Auswahlgespräche durch die Dienststellen selbst und nicht im Auftrag dieser Dienststellen durch externe Unternehmen oder Institutionen durchgeführt werden (Nr. 16.3. Erl. Erl.).

Welche Verfahren angewandt werden, darauf kommt es nicht an. Überstrenge Anforderungen an die Verfahren dürfen nicht gestellt werden, da sie dazu dienen, vakante Stellen zu besetzen. Nicht unter diese Vorschrift fallen so genannte Bewerbergespräche, die mit einzelnen Interessenten für vakante oder höherwertige Posten geführt werden. Insofern trifft der Beschluss des BVerwG vom 2. 6. 1993 auf das nordrhein-westfälische Recht nicht zu (PersR 1993, 444). Bei einzelnen Gesprächen mit internen Bewerbern für höherwertige Posten besteht allerdings für den Personalrat nach Abs. 3 Satz 3 die Möglichkeit, auf Wunsch des Beschäftigten an solchen Gesprächen teilzunehmen. (OVG Münster, Beschl. vom 13.12.1989, ZTR 1990, 297) Bei der Besetzung von Posten, die unter die Vorschrift des § 72 Abs. 1 Satz 2 fallen, unterbleibt eine Beteiligung des Personalrats. Dieser Personenkreis ist durch diese Vorschrift ausdrücklich herausgenommen.

An Vorstellungsgesprächen ist der Personalrat zu beteiligen, der bei der entscheidungsbefugten Dienststelle (hier Bezirksregierung) gebildet ist. Dies gilt unabhängig davon, ob eine andere Dienststelle vorbereitende Maßnahmen für die Entscheidung, hier Vorstellungsgespräche durch eine Auswahlkommission bei einer Schule, trifft. (BVerwG, 6 P 1.01 vom 21.12.2001) Der Personalrat entscheidet, welches Mitglied an der Vorstellungsrunde teilnehmen soll. In der Regel nehmen die freigestellten Mitglieder an den Gesprächen teil. Ansonsten ist darauf zu achten, dass an den Vorstellungsgesprächen die der jeweiligen Gruppe angehörigen Personalratsmitglieder teilnehmen.

Neu in das Gesetz aufgenommen wurde die Teilnahmemöglichkeit an Vorstellungsgesprächen der Jugend- und Auszubildendenvertretungen, wenn zu den Gesprächen Beschäftigte im Sinne des § 55 eingeladen sind. Die Jugend- und Auszubildendenvertretungen haben bei den Vorstellungsgesprächen die gleichen Rechte wie der Personalrat. Eine weitere Beschränkung sieht das Gesetz nicht vor. In der Begründung bringt der Gesetzgeber dies zum Ausdruck: „Mit der Änderung in § 65 wird das Teilnahmerecht der Jugend- und Auszubildendenvertretungen (JAV) an Auswahlgesprächen für Neueinstellungen in den Dienststellen analog der Beteiligung der Personalräte normiert." Damit bestimmt die Jugend- und Auszubildendenvertretung nach Beschluss ob und wer aus ihrem Gremium an den Vorstellungsgesprächen teilnimmt.

4. Personalakten und Sammlungen von Personaldaten

Das Informationsrecht des Personalrats erfährt durch Abs. 3 1. Halbsatz eine wesentliche Einschränkung. Es darf nur ausgeübt werden, wenn der Beschäftigte seine Zustimmung erteilt. Wird die Zustimmung versagt, hat der Personalrat keine Möglichkeit der Einsichtnahme. Wird sie erteilt, besteht ein uneingeschränktes Einsichtsrecht.

Das Personalaktenrecht ist durch das Sechste Gesetz zur Änderung dienstrechtlicher Vorschriften durch Einfügung der §§ 102a bis 102d LBG geregelt worden. Zu den Personalakten gehören alle die Beschäftigten betreffenden Vorgänge mit Ausnahme der Prüfungsakten. Die Vorgänge müssen die dienstlichen oder persönlichen Verhältnisse, die Rechtsstellung oder die dienstliche Verwendung betreffen oder im Zusammenhang mit den Rechten und Pflichten aus dem Dienstverhältnis stehen. (BAG, Beschl. vom 13.4.1988, BB 1988, 1893) Ob ein Schriftstück als Teil der Personalakten anzusehen ist, bestimmt sich in erster Linie nach seinem Inhalt und ist nicht davon abhängig, ob es in die Personalakten eingeheftet worden ist. Die Personalakten selbst müssen ein möglichst vollständiges Bild von der Persönlichkeit des Beschäftigten ergeben und ein lückenloses Bild der Entstehung und Entwicklung des Dienstverhältnisses als historischen Geschehensablauf vermitteln. (BVerwGE 49, 89, 91/BVerwGE 56, 102, 104) Die Personalakte ist ein einheitliches Ganzes. Gesonderte Akten (Nebenakten) dürfen nicht geführt werden, auch nicht als Sachakten. (OVG Rheinland-Pfalz, Urteil vom 7.12.1980, DÖD 1982, 92) Wegen des verfassungsrechtlich gewährleisteten Persönlichkeitsschutzes ist der Arbeitgeber verpflichtet, die Personalakten der Arbeitnehmerinnen und Arbeitnehmer sorgfältig zu verwahren, bestimmte Informationen vertraulich zu behandeln und für die vertrauliche Behandlung durch die Sachbearbeiterinnen und Sachbearbeiter zu sorgen. Der Kreis der mit Personalakten befassten Mitarbeiterinnen und Mitarbeiter ist möglichst eng zu halten. (BVerwG, Beschl. vom 28.8.1988, NJW 1987, 1214; BAG, Urteil vom 15.7.1987, NJW 1988, 791)

Was zu den Sammlungen von Personaldaten gehört, ist im Einzelfall und im Kontext mit dem Begriff „Personalakten" zu prüfen. Da im Zuge der fortschreitenden Automatisierung anstelle der Personalakten oder ergänzend dazu auch Sammlungen von Personaldaten geführt werden, sind diese ebenso gegen Zugriffe geschützt und dürfen nur mit Zustimmung der Beschäftigten zur Kenntnis des Personalrats gelangen. Nicht unter diese einengende Vorschrift fallen aber Sammlungen, die wie Stellendateien oder Dienstalterslisten oder ähnliche Datenbestände komplexe Informationen über Personengruppen enthalten. Abs. 3 2. Halbsatz stellt deshalb klar, dass listenmäßig aufgeführte Personaldaten, die regelmäßig Entscheidungsgrundlage in beteiligungspflichtigen Angelegenheiten sind, nicht der genannten Begrenzung unterliegen, somit auch ohne Zustimmung der Beschäftigten an den Personalrat weitergegeben werden dürfen. Hierzu gehören folgende listenmäßig aufgeführte Personaldaten:

- Name, Vorname,
- Geburtsjahr,
- Hinweis auf Ausbildung (z.B. Dipl. Volkswirt),
- Eintritt in den Vorbereitungsdienst,
- Ernennungsdaten,
- Abteilungs-, Sachgebiets-, Dezernatszugehörigkeit,
- Beurlaubung und Ermäßigung der Arbeitszeit;
- zusätzlich bei Arbeitnehmern: Datum der letzten Eingruppierung, Vergütungsgruppe und Leistungsstufe,
- feste Zulagen (Landtags-Drucksache 11/5258, S.38).

5. Beurteilungen

Obwohl dienstliche Beurteilungen stets zu den Personalakten zu nehmen sind (§ 104 Abs. 1 LBG), bedurfte es einer Sonderregelung, weil den Beschäftigten vor Aufnahme in die Personalakten Gelegenheit zu geben ist, Kenntnis von der Beurteilung zu nehmen. Zur Kenntnis des Personalrats ist die Beurteilung zu geben, wenn eine Aufnahme in die Personalakten noch nicht stattgefunden hat. Dazu ist allerdings ein Antrag des betreffenden Beschäftigten erforderlich. Die Kenntnisnahme der Beurteilung dient der Information des Personalrats für eine sachgerechte Entscheidung.

Berichte und Auskünfte, die die oder der zuständige Dienstvorgesetzte zur Vorbereitung einer dienstlichen Beurteilung einholen kann, müssen nicht isoliert zur Kenntnis des Personalrats gebracht werden, selbst wenn ein Beschäftigter dies wünscht. (BVerwG, Beschl. vom 2.4.1981, ZBR 1981,341) Dazu zählen auch die vorbereitenden Leistungsberichte, Werturteile über eine Person und Besetzungsberichte (z.B. bei einer Stellenausschreibung).

6. Besprechungen mit entscheidungsbefugten Personen

Ebenfalls von einem Antrag des Beschäftigten ist es abhängig, ob ein Mitglied des Personalrats an Besprechungen entscheidungsbefugter Personen teilnehmen darf, soweit dabei beteiligungspflichtige Angelegenheiten berührt werden. Der Begriff der beteiligungspflichtigen Angelegenheiten ist sehr weit gefasst und betrifft alle Beteiligungsrechte, die sich aus dem Gesetz ergeben. Dazu zählen sowohl die Überwachungsrechte nach §§ 62 und 64, die förmlichen Beteiligungsrechte nach §§ 72 und 73 und die nicht nichtförmlichen Beteiligungsrechte nach den §§ 74 und 75. An einem sog. Beurteilungsgespräch kann ein Mitglied des Personalrats nicht teilnehmen, selbst wenn eine Beschäftigte oder ein Beschäftigter dies wünschen (BVerwG,

Beschl. vom 11.3.1983, PV 1984, 317), weil die Beurteilung selbst kein beteiligungspflichtiger Vorgang ist. Dagegen ist davon auszugehen, dass bei den Arbeitsplatzüberprüfungen ein Teilnahmerecht entsteht, besonders dann, wenn die Überprüfung in Interviewform durchgeführt wird. Vom Einvernehmen der Dienststelle ist es abhängig, wenn der Personalrat Beschäftigte am Arbeitsplatz aufsuchen möchte, um dort gemeinsam mit entscheidungsbefugten Personen Gespräche zu führen. (BVerwG, Beschl. vom 9.3.1990, ZTR 1990,254) Mit einer pauschalen Ablehnung eines solchen Ersuchens braucht sich der Personalrat nicht zufrieden geben. Hier wird der Grundsatz der vertrauensvollen Zusammenarbeit besonders tangiert. Das Aufsuchen von Beschäftigten am Arbeitsplatz kann nämlich ein sachgerechtes Mittel sein, weitere wichtige Informationen bei der Ausübung konkreter Beteiligungsrechte zu erhalten. (OVG Münster, Beschl. vom 4.3.1993, ZTR Igg3, 390)

Im Umkehrschluss ist nach Abs. Satz 3 nicht möglich, ohne dessen Zustimmung an Besprechungen eines Beschäftigten mit entscheidungsbefugten Personen teilzunehmen, auch wenn zwischen Dienststelle und Personalrat Einigkeit besteht, dass dies sinnvoll und hilfreich wäre (z.b. bei Dienstvereinbarungen zum Umgang mit Suchtkranken). Neu ist geregelt, dass die Jugend- und Auszubildendenvertretung hierbei die gleichen Rechte wie der Personalrat hat, soweit es sich um beteiligungspflichtige Angelegenheiten der Beschäftigten im Sinne des § 55 handelt.

7. Ausübung des Einsichtsrechts in Personalakten und Sammlungen von Personaldaten

Den Beschäftigten bleibt es überlassen, welchen Mitgliedern des Personalrats, die nicht ihrer Gruppe angehören müssen, sie ihr Vertrauen schenken wollen. Obwohl das Gesetz nicht den Begriff „Einwilligung" verwendet, was gemäß § 183 BGB die vorherige Zustimmung bedeutet, wird davon auszugehen sein, dass diese nicht nachträglich erteilt werden kann (§ 184 BGB). Die Einsichtnahme hat im Personalbüro der Dienststelle und nicht im Dienstzimmer des Personalrats zu erfolgen. Bei der Einsichtnahme dürfen Aufzeichnungen über den Inhalt oder Abschriften einzelner Schriftstücke angefertigt werden.

Der Ablauf bei der Ausübung des Informationsrechts ist in Anlage 5 dargestellt.

8. Datenschutz

Der oft übliche Streit zwischen Dienststelle und Personalrat, ob die Dienststelle aus datenschutzrechtlichen Gründen gehindert ist, dem Personalrat Informationen zu geben bzw. Unterlagen zur Verfügung zu stellen, ist beseitigt worden. Durch das Dritte Gesetz zur Änderung des LPVG wird in Abs. 4 klargestellt, dass der Personalrat als Teil der Dienststelle verpflichtet ist, im Rahmen der ihm zugegangenen Informationen die Belange des Datenschutzes zu beachten (Landtags-Drucksache 11/5258 S. 38). Die Einhaltung des Datenschutzes obliegt also dem Personalrat, der allerdings der Dienststelle die entsprechenden Maßnahmen mitzuteilen hat. In größeren Dienststellen ist es sogar zur Erfüllung der dem Personalrat obliegenden Aufgaben zulässig, Personaldaten im Wege der elektronischen Datenverarbeitung zu speichern. Damit soll z.B. die Ausübung des Überwachungsrechts sichergestellt werden können. Die Zustimmung der Beschäftigten zur Speicherung der Daten ist dann nicht erforderlich. (BVerwG, Beschl. vom 4.9.1990, ZfPR 1990, 179) Die trotzdem notwendige Datensicherung wird davon nicht berührt. Allerdings sind Unterlagen mit personenbezogenen Daten, die dem Personalrat aus Anlass seiner Beteiligung an einer bestimmten Maßnahme zur Verfügung gestellt werden, der Dienststelle nach Abschluss des Beteiligungsverfahrens zurückzugeben bzw. vom Personalrat zu vernichten.

Das BDSG gilt also auch für die Datenverarbeitung des Personalrats. Die Kontrollbefugnis nach §§ 36 und 37 BDSG des Datenschutzbeauftragten der Dienststelle gilt jedoch nicht. (BAG, 1 ABR 21/97 vom 11.11.1997) Um jedem Anschein entgegenzuwirken, der Personalrat ginge mit den persönlichen Daten der Beschäftigten in der Dienststelle, die er zur Erfüllung seiner Aufgaben speichert und verarbeitet, leichtfertig um, sind praktikable Lösungen zu finden. Eine Möglichkeit wäre, den behördlichen Datenschutzbeauftragten zu verpflichten, die im Rahmen seiner Überwachung der Datenbestände des Personalrats gewonnenen Erkenntnisse keinesfalls dem Dienststellenleiter zu offenbaren. Datenschutzrechtliche Missstände müssten einvernehmlich gelöst werden.

Im Übrigen wird auf Nr. 16.5.2 Erl. Erl. hingewiesen.

§ 65a

(1) In Dienststellen mit in der Regel mehr als einhundert ständig Beschäftigten soll auf Antrag des Personalrats ein Wirtschaftsausschuss gebildet werden. Der Wirtschaftsausschuss hat die Aufgabe, wirtschaftliche Angelegenheiten der Dienststelle im Sinne des Absatzes 3 zu beraten und den Personalrat zu unterrichten.

(2) Die Dienststelle hat den Wirtschaftsausschuss rechtzeitig und umfassend über die wirtschaftlichen Angelegenheiten unter Vorlage der erforderlichen Unterlagen zu unterrichten - soweit dadurch nicht die Betriebs- und Geschäftsgeheimnisse oder Dienstgeheimnisse gefährdet werden – sowie die sich daraus ergebenden Auswirkungen auf die Personalplanung darzustellen.

(3) Zu den wirtschaftlichen Angelegenheiten im Sinne des Absatzes 1 Satz 2 gehören insbesondere

1. die wirtschaftliche und finanzielle Lage der Dienststelle,
2. Veränderungen der Produktpläne,
3. beabsichtigte Investitionen,
4. beabsichtigte Partnerschaften mit Privaten,
5. Stellung der Dienststelle in der Gesamtdienststelle,
6. Rationalisierungsvorhaben,
7. Einführung neuer Arbeits- und Managementmethoden,
8. Fragen des betrieblichen Umweltschutzes,
9. Verlegung von Dienststellen oder Dienststellenteilen,
10. Neugründung, Zusammenlegung oder Teilung der Dienststelle oder von Dienststellenteilen,
11. Kooperation mit anderen Dienststellen im Rahmen interadministrativer Zusammenarbeit,
12. sonstige Vorgänge und Vorhaben, welche die Interessen der Beschäftigten der Dienststelle wesentlich berühren können.

253

(4) Der Wirtschaftsausschuss besteht aus mindestens drei und höchstens sieben Mitgliedern, die der Dienststelle angehören müssen, darunter mindestens einem Personalratsmitglied. Die Mitglieder sollen die zur Erfüllung ihrer Aufgaben erforderliche fachliche und persönliche Eignung besitzen. Sie werden vom Personalrat für die Dauer seiner Amtszeit bestimmt.

(5) Der Wirtschaftsausschuss soll vierteljährlich einmal zusammentreten. Er hat über jede Sitzung dem Personalrat unverzüglich und vollständig zu berichten.

(6) An den Sitzungen des Wirtschaftsausschusses hat die Dienststelle teilzunehmen. Sie kann weitere sachkundige Beschäftigte hinzuziehen.

1. Bildung eines Wirtschaftsausschusses

Neu in das LPVG NRW wurde die Einrichtung eines Wirtschaftsausschuss aufgenommen. Weder in den Personalvertretungsgesetzen der Länder noch im BPersVG gibt es ein Beispiel. Der Gesetzgeber hat sich weitgehend an den Regelungen über den Wirtschaftsausschuss in §§ 106 bis 108 BetrVG orientiert. In Dienststellen mit mehr als 100 Beschäftigten soll ein Wirtschaftsausschuss auf Antrag des Personalrats eingerichtet werden. Nur der Personalrat kann also einen Wirtschaftsausschuss ins Leben rufen. Da es sich um eine Sollvorschrift handelt und der Gesetzgeber in § 63 Abs. 1 eine Alternative vorgesehen hat, ist der Personalrat weitgehend frei in seiner Entscheidung. Die Dienststelle darf keinen Wirtschaftsausschuss einrichten und dies auch nicht vom Personalrat verlangen.

Der Gesetzgeber hat nicht eindeutig geregelt, ob Stufenvertretungen die Einrichtung eines Wirtschaftsausschusses für ihren Zuständigkeitsbereich beantragen können. Der Wortlaut des § 65a LPVG „in Dienststellen" scheint der Bildung eines eigenen Wirtschaftausschusses der Stufenvertretung entgegenzustehen. Die Rechtsprechung auf dem Gebiet des BetrVG geht in die gleiche Richtung: „Der Konzernbetriebsrat kann keinen Wirtschaftsausschuss errichten.". (BAG v. 23.08.1989 – 7 ABR 39/88; AP Nr. 7 zu 106 BetrVG 1972) Es ist allerdings zweifelhaft, ob diese Rechtsprechung für den Geltungsbereich des LPVG NRW gelten kann. Der Wunsch einiger Stufenvertretungen nach einem Wirtschaftsausschuss war bei Drucklegung nicht entschieden. Die Entwicklung, insbesondere die Rechtsprechung muss abgewartet werden.

Ein Hauptpersonalrat wird jeweils bei den obersten Dienstbehörden gebildet. Eine Konkurrenz mit den örtlichen Personalräten der obersten Dienstbehörden widerspricht den Grundsätzen des LPVG nach dem Vorrang der örtlichen Personalvertretung. Ein solches Recht ist auch in den Regelungen für die Stufenvertretungen der §§ 50 und 51 LPVG nicht enthalten. Die Stufenvertretungen müssten daher auf die Vierteljahresgespräche nach § 63 LPVG verwiesen werden. Danach hat die Dienststelle in den Fällen, in denen kein Wirtschaftsausschuss besteht, zweimal im Jahr über die Haushaltsplanung und die wirtschaftliche Entwicklung zu unterrichten (Anm. 3 zu § 63).

2. Aufgaben des Wirtschaftsausschuss

Der Wirtschaftsausschuss hat die Aufgabe die wirtschaftlichen Angelegenheiten der Dienststelle (siehe Anm. 4) zu beraten und den Personalrat über die Ergebnisse der Beratungen zu unterrichten. Der Wirtschaftsausschuss ist kein Organ des Personalrats und unterliegt damit nicht den formalen Vorschriften des LPVG. Er nimmt keine gestaltenden Aufgaben wahr, sondern hat gegenüber dem Personalrat eine beratende Funktion. Auch wenn nur ein Mitglied des Wirtschaftsausschuss dem Personalrat angehören muss, ist der Ausschuss in seiner Gesamtheit nicht der Dienststelle, sondern nur dem Personalrat verpflichtet.

3. Aufgaben der Dienststelle

Die Dienststelle hat die Verpflichtung, den Wirtschaftsausschuss rechtzeitig und umfassend über die wirtschaftlichen Angelegenheiten (siehe Anm. 4) zu unterrichten und die sich daraus ergebenden Auswirkungen darzustellen. Hierzu hat sie die erforderlichen Unterlagen vorzulegen, soweit dadurch nicht Betriebs-, Geschäfts- und Dienstgeheimnisse gefährdet werden. Es ist zu vertreten auch gegenüber dem Wirtschaftsausschuss die Regelungen des § 65 entsprechend anzuwenden. Sie hierzu auch die Anm. 1, 2 und 8.

Rechtzeitig ist die Unterrichtung, wenn der Personalrat noch die Möglichkeit hat, auf die Entscheidung Einfluss zu nehmen. Die Umsetzung der geplanten Maßnahme darf also noch nicht begonnen haben. Umfassend ist eine Unterrichtung nur dann, wenn der Personalrat in die Lage versetzt wird, der Dienststelle als gleichgewichtiger Verhandlungspartner gegenüberzutreten. Der Personalrat muss also über Inhalt, Gründe und Auswirkungen der beabsichtigten Maßnahme möglichst ausführlich und anhand von nachvollziehbaren Informationen und Unterlagen informiert werden. Die Verpflichtung, den Wirtschaftsausschuss des Personalrats rechtzeitig und umfassend zu unterrichten, soll sicherstellen, dass der Personalrat vor Durchführung der Maßnahme seine Beratungsaufgaben bezüglich der Gesamtplanung wahrnehmen kann, weil sich die Gesamtplanung in der Regel auch auf die Personalplanung auswirkt. (zum BetrVG BAG 20.11.1984, EzA § 106 BetrVG 1972 Nr. 6)

Geheimhaltungspflichtige Informationen können dem Wirtschaftsausschuss nicht unter Hinweis auf die Geheimhaltungspflicht oder den Datenschutz vorenthalten werden. Der Wirtschaftsausschuss ist Teil der Verwaltung, die Mitglieder unterliegen der Verschwiegenheitspflicht (als Beamtinnen und Beamte nach § 37 Abs.1 BeamtStG, als Arbeitnehmerin und Arbeitnehmer § 3 TVL). Insofern reicht eine mögliche oder vermutete Gefährdung der Betriebs-, Geschäfts- und Dienstgeheimnisse zur Vorenthaltung der Informationen nicht aus. Die Dienststelle wird konkret begründen müssen, warum sie diese Gefahr sieht.

4. Wirtschaftliche Angelegenheiten

Aus dem Gesetz ergeben sich in § 65a keine Einschränkungen, ob die Dienststelle, deren Personalrat einen Wirtschaftsausschuss einrichten will, sich wirtschaftlich betätigen muss. Eine wirtschaftliche Betätigung gibt es unter anderem im kommunalen Bereich, bei Kliniken und Hochschulen, aber auch in den Justizvollzugsanstalten. Auch der WDR ist hierunter zu sehen.

In seiner Begründung spricht der Gesetzgeber zwar von wirtschaftlicher Betätigung, aber abgesehen davon, dass der Text des § 65a maßgebend ist, wird auch in der Begründung von allen Dienststellen ausgegangen.

Auszug aus der Begründung zu § 65a:

In Teilen der öffentlichen Verwaltung ist eine zunehmende wirtschaftliche Betätigung zu verzeichnen. Insofern erscheint es angebracht, für diese Bereiche bewährte Strukturen

– wie die Wirtschaftsausschüsse- aus dem Betriebsverfassungsrecht zu übernehmen. In Bereichen, in denen keine Wirtschaftsausschüsse eingerichtet werden, verbleibt es bei der in § 63 vorgesehenen Unterrichtung des Personalrats im Rahmen des „Vierteljahresgesprächs". Durch den Wirtschaftsausschuss als Informations- und Beratungsgremium des Personalrats soll dieser in die Lage versetzt werden, die teilweise komplexen wirtschaftlichen Zusammenhänge in der Dienststelle nachzuvollziehen und durch regelmäßige Befassung mit wirtschaftlichen Themen Informationen angemessen prüfen und bewerten zu können. Die Beteiligungsrechte des Personalrats bleiben durch die Tätigkeit der Wirtschaftausschüsse unberührt.

Um den Wirtschaftsausschuss nicht zu stark einzuschränken, hat der Gesetzgeber im Beratungsverfahren die Einschränkung: *„Ein Wirtschaftsausschuss wird nur in Dienststellen gebildet, deren Aufgaben überwiegend auf die Ausübung einer wirtschaftlichen Tätigkeit gerichtet sind"* fallen gelassen.

Nach dem Vorbild von § 106 Abs. 3 BetrVG sind die wirtschaftlichen Angelegenheiten, mit denen sich der Wirtschaftsausschuss zu befassen hat, in § 65a Abs. 3 LPVG NRW aufgeführt. Von den insgesamt zwölf aufgeführten Angelegenheiten sind hervorzuheben,

die wirtschaftliche und finanzielle Lage der Dienststelle,

beabsichtigte Investitionen,

Partnerschaften mit Privaten,

Stellung der Dienststelle in der Gesamtdienststelle,

Rationalisierungsvorhaben/Einführung neuer Arbeits- und Managementmethoden,

Verlegung von Dienststellen oder Dienststellenteilen,

Neugründung, Zusammenlegung oder Teilung von Dienststellen,

Kooperation mit anderen Dienststellen im Rahmen interadministrativer Zusammenarbeit.

Da das Gesetz nur eine beispielhafte Aufzählung enthält und in Nummer 12 der Vorschrift „sonstige Vorgänge und Vorhaben, welche die Interessen des Beschäftigten der Dienststelle wesentlich berühren können", aufgeführt sind, wird letztlich alles, was für die Dienststelle von finanziellem Interesse ist, beraten werden können. Es ist an dieser Stelle zu früh, Maßgaben zu definieren oder Einschränkungen aufzuzeigen.

5. Besetzung des Wirtschaftsausschuss

Die Mitglieder des Wirtschaftsausschusses müssen der Dienststelle angehören und die zur Erfüllung dieser Aufgabe erforderliche fachliche und persönliche Eignung haben. Zur persönlichen Eignung zählen Loyalität und Integrität, zur fachlichen Eignung die Befähigung mit gesundem Menschenverstand wirtschaftliche Zusammenhänge zu erkennen und zu werten. Der Personalrat beruft nach einem Beschluss drei höchstens sieben Mitglieder, von denen mindestens eines dem Personalrat angehören muss. Der Wirtschaftsausschuss wird grundsätzlich bis zu Ende der Amtszeit des berufenden Personalrats bestimmt.

6. Sitzungen

Der Wirtschaftsausschuss tagt, anders als im BetrVG geregelt, vierteljährlich. Da es sich hierbei um eine Sollvorschrift handelt, ist es dem Wirtschaftsausschuss unbenommen bei Bedarf auch öfter zu tagen. An den Sitzungen hat die Dienststelle teilzunehmen. Mit Dienststelle ist hier die Vertretung im Sinne des § 8 gemeint. Die Dienststelle kann weitere sachkundige Beschäftigte hinzuziehen, die nicht zwingend der Dienststelle angehören müssen. Der Wirtschaftsausschuss hat den Personalrat nach jeder Sitzung unverzüglich und vollständig zu berichten. Dies wird in jedem Fall in einer Sitzung des Personalrats und grundsätzlich durch das Personalratsmitglied, das dem Wirtschaftsausschuss angehört, erfolgen.

Da nicht auf die Vorschriften zur Geschäftsführung im LPVG verwiesen wird, ist es zweckmäßig, dass sich der Wirtschaftsausschuss eine Geschäftsordnung gibt, in der mindestens Einladung, Aufgaben, Verfahrensfragen und Protokoll geregelt sind. Der Wirtschaftsausschuss hat das Recht zur Einsicht in die wirtschaftlichen Unterlagen der Dienststelle. Jahresabschlüsse mit Bilanz und Gewinn- und Verlustrechnung der Dienststelle müssen dem Wirtschaftsausschuss erläutert werden. Eine rechtliche Grundlage, die Unterlagen auch in schriftlicher Form zu bekommen, sie zu kopieren etc., gibt es aber nicht. Jedoch hat der Wirtschaftsausschuss die Möglichkeit, die Unterlagen der Dienststelle zu sichten und sich entsprechende Notizen anzufertigen.

Zweiter Abschnitt
Formen und Verfahren
§ 66

(1) Soweit eine Maßnahme der Mitbestimmung des Personalrats unterliegt, kann sie nur mit seiner Zustimmung getroffen werden. Eine Maßnahme im Sinne des Satzes 1 liegt bereits dann vor, wenn durch eine Handlung eine mitbestimmungspflichtige Maßnahme vorweggenommen oder festgelegt wird.

(2) Die Dienststelle unterrichtet den Personalrat von der beabsichtigten Maßnahme und beantragt seine Zustimmung. Der Personalrat kann verlangen, dass die Dienststelle die beabsichtigte Maßnahme begründet; der Personalrat kann außer in Personalangelegenheiten auch eine schriftliche Begründung verlangen. Der Beschluss des Personalrats über die beantragte Zustimmung ist der Dienststelle innerhalb von zwei Wochen mitzuteilen; in dringenden Fällen kann die Dienststelle diese Frist auf eine Woche verkürzen. In den Fällen des § 35 verlängert sich die Frist um eine Woche. Die Maßnahme gilt als gebilligt, wenn nicht der Personalrat innerhalb der genannten Frist die Zustimmung unter Angabe der Gründe schriftlich verweigert.

(3) Sofern der Personalrat beabsichtigt, der Maßnahme nicht zuzustimmen, hat er dies nach Zugang des Antrags innerhalb der Fristen des Absatzes 2 Satz 3 oder Satz 4 der Dienststelle mitzuteilen; in diesen Fällen ist die Maßnahme mit dem Ziel einer Verständigung zwischen der Dienststelle und dem Personalrat innerhalb von zwei Wochen zu erörtern; die Frist kann im Einvernehmen zwischen der Dienststelle und dem Personalrat verlängert werden. In dringenden Fällen kann die Dienststelle verlangen, dass die Erörterung innerhalb einer Frist von einer Woche durchzuführen ist. In den Fällen einer Erörterung beginnt die Frist des Absatzes 2 Satz 3 und 4 mit dem Tag der Erörterung. Absatz 2 Satz 5 gilt entsprechend. Die Dienststelle ist berechtigt, zu der Erörterung für Personal- und Organisationsangelegenheiten zuständige Beschäftigte hinzuzuziehen. Soweit Beschwerden oder Behauptungen tatsächlicher Art vorgetragen werden, die für

eine Beschäftigte oder einen Beschäftigten ungünstig sind oder ihr oder ihm nachteilig werden können, ist der oder dem Beschäftigten Gelegenheit zur Äußerung zu geben; die Äußerung ist aktenkundig zu machen. Soweit anstelle der Dienststelle das verfassungsmäßig zuständige oberste Organ oder ein von diesem bestimmter Ausschuss über eine beabsichtigte Maßnahme zu entscheiden hat, ist der Personalrat so rechtzeitig zu unterrichten, dass seine Stellungnahme bei der Entscheidung von dem zuständigen Organ oder Ausschuss berücksichtigt werden kann. Die vorsitzende Person der zuständigen Personalvertretung und ein Mitglied der betreffenden Gruppe sind berechtigt, an den Sitzungen des verfassungsmäßig zuständigen obersten Organs oder des von ihm bestimmten Ausschusses mit Ausnahme der Beschlussfassung teilzunehmen und die Auffassung der Personalvertretung darzulegen, sofern personelle oder soziale Angelegenheiten der Angehörigen der Dienststelle behandelt werden. Termin und Tagesordnung sind der Personalvertretung rechtzeitig bekannt zu geben.

(4) Im Rahmen seiner Aufgaben nach § 72 kann der Personalrat in allen personellen, sozialen, organisatorischen und sonstigen innerdienstlichen Angelegenheiten Maßnahmen bei der Dienststelle beantragen, die die Beschäftigten der Dienststelle insgesamt, Gruppen von ihnen oder einzelne Beschäftigte betreffen oder sich auf sie auswirken. Der Personalrat hat die Maßnahme schriftlich vorzuschlagen und zu begründen. Die Entscheidung über seinen Vorschlag ist dem Personalrat innerhalb von zwei Wochen nach Zugang des Vorschlags bei der Dienststelle mitzuteilen. Sofern beabsichtigt ist, dem Vorschlag nicht zu entsprechen, hat die Dienststelle dies innerhalb der Frist des Satzes 3 nach Zugang des Vorschlags dem Personalrat mitzuteilen; in diesen Fällen gelten Absatz 3 Satz 1 Halbsatz 2 und 3 und Satz 2 und 3 entsprechend. Bei einer Ablehnung des Vorschlags sind die Gründe anzugeben.

(5) Kommt eine Einigung über eine von der Dienststelle beabsichtigte Maßnahme nicht zustande, so kann sie innerhalb von zwei Wochen die Angelegenheit der im Verwaltungsaufbau übergeordneten Stelle, bei der eine Stufenvertretung besteht, vorlegen. Für das Stufenverfahren gelten die Absätze 2 und 3 entsprechend. Kommt eine Einigung über eine vom Personalrat beantragte Maßnahme nicht zustande oder trifft die Dienststelle innerhalb der in Absatz 4 Satz 3 genannten Frist keine Entscheidung, so kann der Personalrat innerhalb von zwei Wochen nach Ablauf der in Absatz 3 genannten Frist die Angelegenheit der Stufenvertretung, die bei der im Verwaltungsaufbau übergeordneten Stelle besteht, vorlegen. Für das Stufenverfahren gilt Absatz 4 entsprechend. Die Dienststelle und der Personalrat unterrichten sich gegenseitig, wenn sie die Angelegenheit der übergeordneten Stelle oder der bei ihr bestehenden Stufenvertretung vorlegen.

(6) Bei Anträgen des Personalrats nach Absatz 4, die Maßnahmen nach § 72 Abs. 1 zum Gegenstand haben, entscheidet in der Landesverwaltung die oberste Landesbehörde und bei den Gemeinden, den Gemeindeverbänden und den sonstigen der Aufsicht des Landes unterstehenden Körperschaften, Anstalten und Stiftungen des öffentlichen Rechts die Dienststelle (§ 1 Abs. 2 Halbsatz 2) endgültig.

(7) Ergibt sich bei Maßnahmen, die von der Dienststelle beabsichtigt sind, und bei den vom Personalrat beantragten Maßnahmen, die nach § 72 Abs. 2 bis 4 seiner Mitbestimmung unterliegen,

a) in der Landesverwaltung zwischen der obersten Landesbehörde,

b) bei den Gemeinden, den Gemeindeverbänden und den sonstigen der Aufsicht des Landes unterstehenden Körperschaften, Anstalten und Stiftungen des öffentlichen Rechts zwischen der Dienststelle (§ 1 Abs. 2 Halbsatz 2 und Abs. 3)

und der dort bestehenden zuständigen Personalvertretung keine Einigung, so entscheidet auf Antrag der Dienststelle (§ 1 Abs. 2 Halbsatz 2) oder der Personalvertretung die Einigungsstelle (§ 67). Die Personalvertretung kann die Entscheidung der Einigungsstelle auch dann beantragen, wenn die Dienststelle über einen Antrag nach Absatz 4 nicht innerhalb der in Absatz 4 Satz 3 vorgesehenen Frist entscheidet. In den Fällen des § 72 Absatz 1, 3 und 4 Satz 1 Nummer 2, 6, 11, 12, 14 bis 17, 19 bis 22 und des § 74 Absatz 1 beschließt die Einigungsstelle eine Empfehlung an die in diesen Fällen endgültig entscheidende Stelle (§ 68). Wurde über eine Maßnahme nach Satz 1, die wegen ihrer Auswirkungen auf das Gemeinwohl wesentlicher Bestandteil der Regierungsgewalt sein kann, durch bindenden Beschluss der Einigungsstelle entschieden, können die beteiligten Dienststellen innerhalb eines Monats nach Zustellung des Beschlusses auf dem Dienstweg die nach § 68 zuständige Stelle anrufen. Den beteiligten Personalräten ist von dieser Stelle Gelegenheit zur Stellungnahme zu geben; hierfür kann eine Frist gesetzt werden. Die nach § 68 zuständige Stelle stellt fest, ob der Beschluss der Einigungsstelle wegen der Maßnahme, die aufgrund ihrer Auswirkungen auf das Gemeinwohl wesentlicher Bestandteil der Regierungsgewalt ist, nur empfehlenden Charakter hat und entscheidet über die Maßnahme abschließend. Die Entscheidung ist zu begründen. Liegen diese Voraussetzungen nicht vor, verbleibt es beim Beschluss der Einigungsstelle. Die vorsitzende Person der Einigungsstelle sowie die am Einigungsverfahren beteiligten Dienststellen und Personalvertretungen sind unverzüglich über die Entscheidung und deren Gründe schriftlich zu informieren.

(8) Die Dienststelle kann bei Maßnahmen, die der Natur der Sache nach keinen Aufschub dulden, bis zur endgültigen Entscheidung vorläufige Regelungen treffen. Sie hat dem Personalrat die vorläufige Regelung mitzuteilen und zu begründen und unverzüglich das Verfahren nach den Absätzen 2, 3, 5 und 7 einzuleiten oder fortzusetzen.

1. Formen und Verfahren der Beteiligung

Der Zweite Abschnitt des Achten Kapitels behandelt zwei Formen der Beteiligung, nämlich Mitbestimmung und Mitwirkung. Ohne das vorgeschriebene Verfahren werden die Beteiligungsformen nicht in Gang gesetzt. Hier tritt die Förmlichkeit des Gesetzes besonders in Erscheinung.

2. Mitbestimmung

Das Wesen der Mitbestimmung besteht darin, dass Dienststelle und Personalrat gleichberechtigt und gleichverantwortlich bei dem Zustandekommen der Maßnahmen zusammenwirken. (BVerwGE 13,291) Maßnahmen, die der Mitbestimmung unterliegen, können nur mit der Zustimmung des Personalrats durchgeführt werden.

Beispiele aus der Rechtsprechung:

• Der o.a. Grundsatz gilt auch dann, wenn sich im Einzelfall bei einer Versetzung der Betroffene ausdrücklich mit der Maßnahme einverstanden erklärt. (OVG Berlin, OVG 60 PV19/95 vom 6.3.1995)

- Wenn eine Maßnahme in einer Dienststelle der Mitbestimmung unterliegt, ist es unerheblich, ob der Dienststellenleiter oder eine andere Person die Maßnahme veranlasst. (OVG NRW, 1 A 3775/94.PVL vom20.3.1997)
- Auch bei Maßnahmen, die unmittelbar dem Allgemeinwohl dienen, z.b. polizeiliche Großeinsätze bei Veranstaltungen, können mitbestimmungspflichtige Angelegenheiten betroffen sein. Das Mitbestimmungsrecht kann daher nicht von vornherein deshalb ausgeschlossen sein, weil eine zeitgerechte (polizeiliche) Aufgabenerfüllung andernfalls gefährdet wäre. Der Gesetzgeber hat in § 66 ausreichend Möglichkeiten geschaffen, die Interessen des Allgemeinwohls und die Rechte der Personalvertretung angemessen zu berücksichtigen. (BVerwG, 6 B 131.98 vom 4.2.1999)
- Auch im Verhältnis zwischen Dienststelle einerseits und Personalvertretung andererseits greift das Rechtsinstitut des Verzichts. Dies bedeutet, dass die eine Seite bei längerer Untätigkeit der anderen Seite darauf vertrauen kann, dass von dem zunächst behaupteten Recht kein Gebrauch gemacht und auch kein personalvertretungsrechtliches Beschlussverfahren mehr eingeleitet wird. Die Frist, innerhalb derer eine Personalvertretung zu einer beteiligungspflichtigen Angelegenheit Stellung nehmen muss, ist als gesetzliche Ausschlussfrist nicht einvernehmlich verlängerbar. Dagegen können Dienststellenleiter und Personalvertretung eine Vereinbarung darüber treffen, zu welchem Zeitpunkt die Erklärungsfrist beginnt. (VG Ansbach, Beschluss v. 23.3.2010 – AN 8 P 09.01962 –)
- Die Beteiligung des Personalrats bezieht sich auf Maßnahmen, welche die Dienststelle, der der Personalrat zugeordnet ist, treffen will. Eine Maßnahme im Sinne des § 66 Abs. 1 LPVG NRW erfordert eine Handlung oder Entscheidung der Dienststelle in eigener Zuständigkeit. Bei einer Personalgestellung ist im Hinblick auf die personalvertretungsrechtliche Mitbestimmung zu unterscheiden, welche Entscheidung im Hinblick auf die geteilten Arbeitgeberbefugnisse in Frage steht. (VG Münster, Beschluss v. 3.3.2010 – 22 K 531/09.PVL –)
- Hat der Personalrat die Zustimmung zu einer Maßnahme (hier: Versetzung) verweigert und ist kein Stufenverfahren durchgeführt worden, so kann die Dienststelle verlangen, dass der Personalrat einen neuen, dieselbe Maßnahme betreffenden Antrag umfassend und sachgerecht behandelt. Beruft sich der Personalrat ohne erneute Sachbefassung auf die für den Dienststellenleiter bindend gewordene Zustimmungsverweigerung, so gilt die Maßnahme als gebilligt, es sei denn, der erneute Antrag erweist sich im Einzelfall als rechtsmissbräuchlich. Es ist rechtsmissbräuchlich, wenn die Dienststelle nach Verweigerung der Zustimmung den Antrag dem urlaubsbedingt anders zusammengesetzten Personalrat sogleich erneut vorlegt. (OVG Hamburg, Beschluss v. 24.3.2011 – 7 Bf 129/10 – (n.rkr.))

Zu unterscheiden ist zwischen der uneingeschränkten Mitbestimmung unter der Einschaltung einer unabhängigen Einigungsstelle mit Letztentscheidung sowie einer modifizierten Mitbestimmung, bei der die Einigungsstelle nur eine Empfehlung an das oberste Organ beschließt (§ 68), das dann endgültig entscheidet. Streitigkeiten über das Bestehen oder Nichtbestehen von Mitbestimmungsrechten sind von den Verwaltungsgerichten zu klären. (BVerwG, Beschl. vom 27.7.1990, PersR 1990, 297)

3. Folgen einer unterbliebenen oder fehlerhaften Beteiligung

Aus dem Begriff der Mitbestimmung (Anm. 2) ergibt sich, dass eine unterbliebene Beteiligung des Personalrats oder eine Nichtbeachtung seiner wirksamen Ablehnung bei mitbestimmungspflichtigen Maßnahmen schwerwiegende Folgen hat. Mängel bei der Einleitung eines Mitbestimmungsverfahrens muss der Personalrat sofort rügen. (BVerwG, Beschl. vom 23.2.1989, GÖV 1989, 682) Weitergehende Rechtsfolgen aus einer unterbliebenen oder fehlerhaften Beteiligung sind im Gesetz nicht ausdrücklich festgelegt. Aus der in Abs. 1 verwendeten Formulierung „kann ... nur" lässt sich wenig entnehmen. Die Ungenauigkeit des Ausdrucks lässt keine Deutung zu. Lediglich aus dem Wesen der Mitbestimmung kann gefolgert werden, dass nicht nur bei Kündigungen Unwirksamkeit vorliegt, wenn der Personalrat nicht oder nicht richtig beteiligt worden ist. Bei den Rechtsfolgen ist allerdings zu unterscheiden, ob die getroffene Maßnahme dem öffentlichen Recht zugeordnet ist oder dem Privatrecht. Werden mitbestimmungspflichtige Maßnahmen gegenüber Beamten durchgeführt, so ergehen sie im Rahmen eines öffentlich-rechtlichen Dienst- und Treueverhältnisses. Als Personalangelegenheiten betreffen sie den Beamten als eine dem Dienstherrn mit selbständigen Rechten gegenüberstehende Rechtspersönlichkeit. (BVerwGE 14, 84) Die herrschende Meinung folgert daraus, dass diese Maßnahmen auch dann wirksam sind, wenn die Zustimmung des Personalrats fehlt, denn diese Zustimmung erfolgt nur als interne Beteiligung und tritt dem Beamten gegenüber nicht in Erscheinung. Eine unter Verletzung des Mitbestimmungsrechts erfolgte Ernennung ist aber rechtswidrig. (VGH Kassel, Beschl. vom 29.1.1994, ZBR 1996,96) Da diese Folgerung aus dem für Verwaltungsakte typischen Bestandsschutz abzuleiten ist, lässt sie sich auf privatrechtliche Maßnahmen gegenüber Arbeitnehmern nicht übertragen. Dem Grundsatz nach liegt hier immer Unwirksamkeit vor, wenn der Personalrat bei Mitbestimmungsmaßnahmen nicht oder nicht wirksam beteiligt worden ist. Daraus folgt, Eingruppierungen, Herabgruppierungen und Umsetzungen sind unwirksam, wenn dabei ein zuständiger Personalrat nicht beteiligt worden ist.

Eine Heilung durch nachträgliche Zustimmungserklärung ist in der Regel nicht möglich. Ist eine mitbestimmungspflichtige Maßnahme ohne Beteiligung des Personalrats durchgeführt worden, so kann dieser unter der Voraussetzung, dass die Maßnahme tatsächlich und rechtlich zurück genommen werden kann oder abänderbar ist, von der Dienststelle die nachträgliche Einleitung des Mitbestimmungsverfahrens verlangen. (BVerwG, Beschl. vom 15.3.1995, RiA 1996, 134)

Fehlerhafte Verwaltungsakte müssen von den Betroffenen selbst angefochten werden. Die Dienststelle kann belastende Verwaltungsakte auch zurücknehmen, die Möglichkeit entfällt jedoch bei begünstigenden Verwaltungsakten wie Anstellung und Beförderung. Der Personalrat kann Rücknahmen nicht erzwingen, er kann allerdings, wie bereits erwähnt, die Verletzung seines Mitbestimmungsrechts gerichtlich feststellen lassen (§ 79). Mit der Novellierung hat der Gesetzgeber eine an das BetrVG anlehnte Sanktionsmöglichkeit in § 79 Abs. 3 eingeführt, der Personalrat bekommt so die Möglichkeit, seine Rechte vor dem Verwaltungsgericht zu erzwingen. Siehe Anm. zu § 79 Abs. 3.

4. Prozessbegleitende Mitbestimmung (Abs. 1 Satz 2)

Mit Satz 2 wurde die prozessbegleitende Mitbestimmung eingeführt. Dadurch ist das Mitbestimmungsverfahren deutlich aufgewertet worden. Der Begriff Maßnahme, die Gegenstand der Mitbestimmung sein kann, ist erweitert worden. Eine Maßnahme soll Abs. 1 Satz 2 bereits dann vorliegen, wenn durch eine Handlung eine mitbestimmungspflichtige Maßnahme vorweggenommen oder festgelegt wird. Dadurch soll, so die Gesetzesbegründung, eine prozessbegleitende Mitbestimmung eingeführt werden, die durch das erweiterte Informationsrecht bei Organisationsentscheidungen (§ 65 Abs. 1 Satz 3) und nicht zuletzt auch durch die vorgelagerten Informationsrechte des Wirtschaftsausschusses (§ 65a) ergänzt und begleitet wird. Diese Einfügung stellt sicher, dass der Personalrat in den durch die Formulierung genannten Fallen nicht nur informiert, sondern auch im Rahmen des Mitbestimmungsrechtes einbezogen wird. Voraussetzung für die prozessbegleitende Mitbestimmung ist, dass durch eine Handlung eine mitbestimmungspflichtige Maßnahme im Sinne des § 72 vorweggenommen oder festgelegt wird. Vorweggenommene oder festlegende Handlungen können beispielsweise Ausschreibungen sein, Grundstücksvorverhandlungen, Anschaffung von IT-Lizenzen oder Gerät, das für die Maßnahme notwendig ist. Klargestellt wird allerdings, dass rein vorbereitende Handlungen noch nicht in den Anwendungsbereich des § 66 LPVG NRW fallen. Hierzu auszugsweise die Begründung des Gesetzgebers: *„Dies gewährleistet, dass der Personalrat in den durch die Formulierung genannten Fällen nicht nur informiert, sondern auch einbezogen wird. Mit der getroffenen Formulierung soll gewährleistet werden, dass sich die Dienststelle tatsächlich schon im Handlungsstadium befindet; vorbereitende Handlungen der Dienststelle fallen nicht in den Anwendungsbereich des § 66 Absatz 1 Satz 1."*

5. Beabsichtigte Maßnahme (Abs. 2 Satz 1)

Eine Maßnahme ist beabsichtigt, d.h. vorbereitende Handlungen sind abgeschlossen, wenn sie zwar noch gestaltungsfähig, die ihr vorausgegangene Willensbildung aber abgeschlossen ist. Gestaltungsfähig ist z.B. eine Maßnahme nicht mehr, wenn die Dienststelle bei Einstellungen ein bindendes Angebot an einen Bewerber abgibt, weil hierin keine „Absicht" mehr im rechtlichen Sinne zu verstehen ist.

Eine beabsichtigte Maßnahme muss auf eine Veränderung des bestehenden Zustands gerichtet sein. Der Begriff der Maßnahme umfasst dabei jede Handlung und Entscheidung, die insbesondere den Rechtsstand der Beschäftigten oder eines einzelnen Beschäftigten berührt. (BVerwG, Beschl. vom 1.8.1983, DVBl. 1984, 46) Die Entscheidung selbst muss im Kompetenzbereich der Dienststelle oder ihrer Funktionsträger liegen.

Die Ablehnung oder Unterlassung einer beantragten oder angeregten Veränderung des bestehenden Rechtsstandes erfüllt diese Voraussetzung nicht, weil die dienst- oder arbeitsrechtliche Stellung des Beschäftigten nicht berührt wird. Der bestehende Zustand wird belassen; eine Änderung tritt nicht ein.

Anders müssen die Maßnahmen im sozialen Bereich gesehen werden, bei denen eine Veränderung des Rechtsstandes nicht eintreten kann. Zuwendungen, z.B. bei Unterstützungen oder Gewährung von Darlehen, verändern lediglich den Vermögenszustand. Schuldrechtliche Verpflichtungen berühren auch nicht das Dienst- oder Arbeitsverhältnis. Im Bereich der sozialen Maßnahmen ist ein Personalrat auch bei negativen Entscheidungen zu beteiligen, z.B. bei der Ablehnung eines Antrags auf Gewährung eines Gehaltsvorschusses (§ 72 Abs. 2 Nr. 1). Wiederum anders sind die beabsichtigten Maßnahmen im organisatorischen Bereich zu beurteilen (§ 72 Abs. 3 und 4). Insbesondere bei der Einführung technischer Einrichtung und bei der Einführung grundlegend neuer Arbeitsmethoden (§ 72 Abs. 3 wird sich das personalvertretungsrechtliche Mitbestimmungsverfahren nicht auf konkrete und beabsichtigte Maßnahmen beschränken können, denn es handelt sich um kontinuierliche Prozesse mit vielen Wirkungszusammenhängen. Im Übrigen unterliegen nach ständiger Rechtsprechung des BVerwG bereits Vorentscheidungen über beteiligungspflichtige Maßnahmen der Mitbestimmung. Insoweit ist der Gesetzgeber der Rechtsprechung mit der Formulierung in Abs. 1 Satz 2 gefolgt.

Dem Mitbestimmungsrecht steht auch nicht entgegen, wenn zuvor eine übergeordnete Dienststelle, ein anderes Ministerium oder der Landesrechnungshof eine Regelung festlegt, die von der Dienststelle für ihren Zuständigkeitsbereich „umgesetzt" wird, denn mit dieser Umsetzung wird eine konkrete personalvertretungsrechtliche Maßnahme beabsichtigt. (BVerwG, Beschl. vom 19.10.1983– 6 P 16.81, OVG Münster, Beschl. vom 29.7.1994, ZfPR 1995, 14)

Für die Unterrichtung des Personalrats über eine beabsichtigte Maßnahme der Dienststelle ist Schriftform nicht vorgeschrieben, sie kann außer bei Personalangelegenheiten vom Personalrat aber von der Dienststelle verlangt werden. Ebenso kann der Personalrat verlangen, dass die Dienststelle die beabsichtigte Maßnahme begründet. Zwecks Wahrung der Fristen ist es angebracht, den Eingang beim Personalrat oder den Zeitpunkt der Unterrichtung aktenkundig zu machen.

6. Maßnahmen im kommunalen Bereich

Im kommunalen Bereich ist zu unterscheiden, ob der Hauptverwaltungsbeamte selbst zur Entscheidung befugt ist oder diese auf seinen Vorschlag hin das oberste Organ oder der von ihm bestimmte Ausschuss trifft. Wie sich aus Abs. 2 letzter Satz ergibt, liegt eine beabsichtigte Maßnahme bereits vor, wenn die Dienststelle diese dem obersten Organ oder dem von ihm bestimmten Ausschuss zur Beschlussfassung vorschlagen will. Partner des Personalrats ist jedoch die Behördenleiterin oder der Behördenleiter, auch wenn der Rat seine Entscheidungsbefugnis nicht delegiert hat. Sollte die Leiterin bzw. der Leiter (z.B. weil sie bzw. er von einer Zustimmung des Rats ausgegangen ist) den Personalrat bei einer Maßnahme beteiligt haben und stellt sich nachträglich heraus, dass der Rat (oder der Ausschuss) von dem Vorschlag der Leiterin oder des Leiters abweichen will, so darf die Maßnahme erst durchgeführt werden, wenn das Mitbestimmungsverfahren im Hinblick auf die nunmehr beabsichtigte Maßnahme nachgeholt und abgeschlossen ist. Diese spezifische Verfahrensregelung für den kommunalen Bereich Abs. 3 Satz 7 bleibt bestehen und wird durch die Sätze 8 und 9 ergänzt, die eine Regelungslücke im Sinne der Rechtsprechung (OVG NRW) schließen. Bei Körperschaften, in denen personalvertretungsrechtlich relevante Entscheidungen nicht von der Dienststelle, sondern von dem obersten zuständigen Organ getroffen werden, hat zukünftig die Personalvertretung das Recht, ihren Standpunkt vor der Beschlussfassung auch an geeigneter Stelle darzulegen. Ein besonderes Anhörungsrecht gegenüber dem Rat oder einem Ausschuss besitzt der Personalrat nicht. Entsprechendes gilt für den Bereich der Nichtgebietskörperschaften und Anstalten des öffentlichen Rechts.

7. Fristen

Gemäß § 48 WO finden für die Berechnung von Fristen nach dieser Verordnung die §§ 186 bis 193 des BGB entsprechende Anwendung. Es bestehen keine Bedenken, wenn im Rahmen dieser Vorschrift ebenfalls so verfahren wird. Ein Auszug aus dem BGB ist als Anhang zur Wahlordnung abgedruckt.

Fristen im Landespersonalvertretungsgesetz NRW sind genau zu beachten. Es handelt sich um zwingendes Recht, das der Disposition der Betroffenen entzogen ist. (OVG Münster, Beschl. vom 10.5.1988, ZBR 1989, 215) Auch eine zwischen Personalrat und Dienststelle einvernehmlich getroffene Vereinbarung, die Fristen zur Stellungnahme der Personalvertretung in mitbestimmungspflichtigen Angelegenheiten auf einen Tag zu verkürzen, ist unwirksam. Eine solche Vereinbarung käme einem Verzicht auf das Mitbestimmungsrecht gleich. (ArbG Freiburg 11 Ca 421/02 vom 6.2.2003)

Die Erklärungsfrist des Personalrats wird durch die Einleitung des Mitbestimmungsverfahrens in Lauf gesetzt. Sie beginnt mit der Zustellung des Antrags der Dienststelle und nicht erst mit der Begründung im Sinne des Abs. 2 Satz 2.

Im LPVG ist von Ereignisfristen auszugehen. Diese sind an Ereignisse geknüpft, wie z.B. die Unterrichtung des PR und die Beantragung der Zustimmung. Ereignisfristen beginnen mit dem Ablauf des Ereignistages, daher wird der Ereignistag selbst bei der Fristberechnung nicht mitgezählt. Für das Fristende ist bei der Berechnung nach Wochen der Bezug zum gleichen Wochentag herzustellen (Benennung, z.B. „Mittwoch"). Die Frist endet mit dem Ablauf des Wochentags, der für den Anfang der Frist maßgeblich war. Das ist der Tag, welcher durch seine Benennung dem Tag entspricht, in den das Ereignis fällt. Fällt das reguläre Fristende auf einen Sonnabend, Sonntag oder Feiertag, so endet die Frist mit Ablauf des folgenden Werktages (§ 193 BGB). Heiligabend und Silvester gehören zu den Werktagen.

Die Frist endet nach § 188 Abs. 2 BGB mit dem Ablauf von zwei Wochen nach Abschluss des Tages, an dem der Antrag dem Personalrat zugestellt oder bekanntgemacht wurde. Die Frist von zwei Wochen (Abs. 2 Satz 3) verdoppelt sich bei der Beteiligung der Stufenvertretung und des Gesamtpersonalrats (§ 78 Abs. 2). Wenn eine Gruppe, die Jugend- und Auszubildendenvertretung oder die Schwerbehindertenvertretung von ihrem Vetorecht nach § 35 Gebrauch machen, verlängert sich die Frist um eine Woche. Zur Wahrung der Fristen empfiehlt es sich, Eingänge aktenkundig zu machen oder in ein Tagebuch mit Datum und entsprechender Fortschreibung einzutragen. Bei der Abkürzung von Fristen durch die Dienststelle, die nur aus wichtigen Gründen möglich ist (BVerwG, Beschl. vom 15.11.1995, ZfPR 1996, 88), kann der Personalrat widersprechen. Geschieht das berechtigterweise, wird aber die Maßnahme gleichwohl durchgeführt, so ist der Personalrat nicht wirksam beteiligt worden. Da die Frage der Berechtigung des Widerspruchs zweifelhaft sein kann, empfiehlt es sich für den Personalrat, in solchen Fällen die Zustimmung vorsorglich innerhalb der abgekürzten Frist schriftlich mit Begründung zu verweigern.

Beabsichtigt der Personalrat nicht zuzustimmen, muss er dies der Dienststelle innerhalb der Fristen (zwei Wochen oder bei Verkürzung durch die Dienststelle eine Woche) mitteilen. In diesen Fällen muss innerhalb von zwei Wochen eine Erörterung durchgeführt werden. Diese Frist kann im Einvernehmen mit der Dienststelle verlängert werden. Die gesetzliche Frist von zwei Wochen kann bei Vorliegen von wichtigen Gründen durch die Dienststelle verkürzt werden und zwar auf eine Woche. Ab dem Tag der Erörterung beginnen die Fristen der Sätze 3 (zwei Wochen) und 4 (eine Woche), innerhalb derer der Personalrat seine Entscheidung der Dienststelle bekannt geben muss, entweder der Maßnahme zustimmen oder unter Angabe der Gründe schriftlich die Zustimmung verweigern. Eine Zustimmungsfiktion ist gegeben, wenn der Personalrat sich nicht oder nach Verstreichen der Frist äußert.

8. Erörterungen

Erörterungen werden in der Praxis oftmals nicht an einem (bestimmten) Tag abgeschlossen werden können, sondern aus vielerlei Gründen einvernehmlich über längere Zeit laufen. An die Frist zur Erörterung innerhalb von zwei Wochen (bzw. einer Woche) ist im Falle der Überschreitung ohne einvernehmliche Verlängerung keine Sanktion geknüpft. Sie soll der Verfahrensbeschleunigung dienen. Wenn Dienststelle und Personalrat Einvernehmen darüber erzielen, dass die Erörterung aus nachvollziehbaren Gründen erst nach der Frist des Satzes 5 enden kann, würden sie eine Rechtsverletzung begehen, wenn sie die Frist am letzten Tag der Erörterung beginnen ließen. Diese Rechtsverletzung bliebe aber sanktionsfrei, eine Zustimmungsfiktion könnte die Dienststelle hieraus nicht ableiten. Gründe für eine solche „längere" Erörterung können z.B. dadurch entstehen, dass Personen, die befragt werden müssen, vorübergehend nicht erreichbar sind oder dass die Dienststelle noch Unterlagen und Informationen beschaffen muss. Rechtmäßige Lösungen können sein, dass die Dienststelle ihre Anfrage zurück zieht und bei „Erörterungsreife" erneut stellt oder dass sich die Dienststelle und Personalrat bei möglicherweise strittigen Anfragen vor Einleitung des förmlichen Mitbestimmungsverfahrens verständigen.

Das Berufen auf Fristablauf ist aber grundsätzlich kein Verstoß gegen den Grundsatz der vertrauensvollen Zusammenarbeit gemäß § 2 Abs. 1. (Bay. VGH, Beschl. vom 10.12.1986– Nr. 17 C 86.02301) Etwas anderes gilt, wenn der Dienststellenleiter bisher die Frist für eine Zustimmungsverweigerung abweichend vom Gesetz berechnet hat und nach dieser Berechnung Erklärungen auch dann als fristgemäß behandelt hat, die, richtig berechnet, verspätet gewesen wären und seine abweichende Berechnung ohne Ankündigung ändert.

Der Beginn der Erklärungsfrist ist daran gebunden, dass dem Personalrat die erforderlichen Unterlagen (Anm. 2 zu § 65) zur Verfügung gestellt worden sind. (BVerwG, Beschl. vom 10.8.1987, PV 1988,357) Auf die Anm. 8 wird hingewiesen.

Um sein Mitbestimmungsrechts bei der Arbeitszeitgestaltung ausüben zu können, muss der Personalrat wissen, für welche Beschäftigten wie lange eine bestimmte Dienstzeitenregelung in Betracht kommen soll. Soll in einer Dienststelle in mehreren Schichten gearbeitet werden, sind ihm deshalb die Namen der den einzelnen Schichten zugeteilten Beschäftigten mitzuteilen. Rügt ein Personalrat in diesem Zusammenhang, dass diese Auskünfte nicht erteilt worden sind, ist eine damit begründete Zustimmungsverweigerung ausreichend und zwingt zur Einleitung des Stufen- oder Einigungsstellenverfahrens. (VG Frankfurt a.M., Beschluss v. 3.11.2008 – 23 K 1643/08.F.PV –)

Die Pflicht, die Stellungnahme der Vertrauensperson bzw. des Personalrats zu einer beabsichtigten Personalmaßnahme zu erörtern, setzt einen wechselseitigen Informations- und Meinungsaustausch voraus, der grundsätzlich mündlich in einem Gespräch zwischen der Vertrauensperson/dem Personalrat und der oder dem Disziplinarvorgesetzten bzw. der Dienststelle zu erfolgen hat. Die bloße Abgabe einer schriftlichen Gegenäußerung zu der Stellungnahme stellt keine ordnungsgemäße Erörterung dar. BVerwG, Beschluss v. 17.2.2009 – 1 WB 37.08 –

9. Ablehnung der beabsichtigten Maßnahmen durch den Personalrat/Erörterung

In allen Fällen, in denen der Personalrat nicht zustimmt, ist eine Erörterung der Maßnahme mit dem Ziel der Verständigung erforderlich. Dabei ist es ohne Bedeutung, ob der Personalrat zweifelsfrei auch in Zukunft bei seiner Ablehnung bleiben will. Dies ergibt sich aus dem Sinn des Erörterungsverfahrens und auch aus dem Grundsatz der vertrauensvollen Zusammenarbeit (§ 2 Abs. 1). Zum Sinngehalt der Erörterung zwischen Personalrat und Dienststelle gehört, dass in diesem Gespräch eine Verständigung angestrebt werden soll. Es entspricht nicht diesem Ziel, vorher gegensätzliche Standpunkte unverrückbar aufzubauen. Auch im Mitbestimmungsverfahren ist eine partnerschaftliche Zusammenarbeit anzustreben, was nicht erreicht wird, wenn eine unmittelbare Ablehnung ohne Erörterung gegenüber der Dienststelle ausgesprochen wird.

Bei der Erörterung handelt es sich nicht um eine Sitzung des Personalrats i. S. des § 30, weshalb auch die Hinzuziehung weiterer zur Dienststelle gehörender Personen möglich ist, sofern der Personalrat dagegen keine Einwendungen erhebt. (OVG Münster, Beschl. vom 4.3.1993, ZTR 1993, 390) Zur Klarstellung hat der Gesetzgeber wieder im Abs. 3 Satz 5 aufgenommen, dass die Dienststelle die für Personal- und Organisationsangelegenheiten zuständigen Beschäftigten zur Erörterung hinzuziehen kann.

Die Zustimmung gilt als erteilt (gesetzliche Fiktion), wenn diese nicht fristgerecht unter Angabe der Gründe verweigert wird. Schweigen bedeutet demnach Zustimmung. Auch die ohne schriftliche Begründung geäußerte Ablehnung ist fiktiv eine Zustimmung, denn nicht nur das Verstreichenlassen einer Frist, sondern auch die ohne schriftliche Begründung erfolgte fristgerechte Verweigerung gilt als Zustimmung des Personalrats.

Nach § 66 Abs. 2 Satz 5 muss die Zustimmungsverweigerung schriftlich erfolgen. Sie muss der Dienststelle am letzten Tag der Frist bis 24:00 Uhr zugestellt sein, wobei es nicht auf die üblichen Bürostunden ankommt, da das LPVG NRW keine diesbezüglichen Einschränkungen macht. Allerdings trägt der Personalrat die Beweislast für die fristgerechte Zustellung. Die Zustimmungsverweigerung mit der abschließenden Begründung kann zur Fristwahrung **nicht** per Telefax zugestellt werden, da Schriftform gemäß § 126 BGB grundsätzlich bedeutet, dass die „Urkunde" von dem Aussteller eigenhändig durch Namensunterschrift unterzeichnet werden muss. Bei einer Zustellung per E-Mail, die nach dem neuen § 126 Abs. 3 BGB die Schriftformnorm erfüllt, müssen alle Zeichnungsverpflichteten nach § 126a Abs. 1 BGB der E-Mail eine qualifizierte digitale Signatur hinzufügen.

Die Mitteilung des Personalrats nach Abs. 3 Satz 1, dass er beabsichtigt, der Maßnahme nicht zustimmen zu wollen, muss noch nicht begründet werden, wohl aber muss er dies nach erfolgter Erörterung und endgültiger Ablehnung tun. Eine einmal erteilte Zustimmung ist unwiderruflich (OVG Münster, Urteil vom 22.10.1984, ZBR 1985, 117); eine zunächst erfolgte Ablehnung kann durch nachträgliche Zustimmung allerdings rückgängig gemacht werden.

10. Ablehnungsgründe

Die der Entscheidung des Personalrats zugrunde liegenden Überlegungen für eine Ablehnung können vielgestaltig sein. Es sind alle sachgerechten Ablehnungsgründe denkbar.

Beispiele aus der Rechtsprechung:

- Die vom Personalrat genannten Gründe müssen in einem inneren und sachgerechten Zusammenhang mit der Maßnahme selbst stehen. Rechtsmissbräuchlich ist eine Zustimmungsverweigerung, die sich, ohne auf den konkreten Fall einzugehen, in allgemeinen

Redewendungen, inhaltslosen Floskeln oder substanzloser Polemik erschöpft. (BVerwG, Beschl. vom 20.6.1986, Verwaltungsrundschau 1987,25)

- Die Gründe für eine Zustimmungsverweigerung des Personalrats können vom Dienststellenleiter allenfalls auf offensichtlichen Rechtsmissbrauch, nicht auf Schlüssigkeit oder Stichhaltigkeit überprüft werden. (BVerwG, Beschl. vom 27.7.1979 – 6 P 38.78; OVG Münster, Beschl. vom 29.7.1980, PV 1981, 375)

- Die Personalvertretung muss, wenn sie ihre Zustimmung verweigern will, **alle** für ihre Verweigerung maßgeblichen Gründe vorbringen. Das Nachschieben anderer Gründe ist nicht möglich. (OVG Münster, Beschl. vom 16.12.1981 – CL 3680)

- Auf Fristablauf und fiktiver Zustimmung (wenn der Personalrat innerhalb von 10 Arbeitstagen nicht schriftlich unter Angabe der Gründe verweigert hat) kann sich die Dienststelle nicht berufen, wenn das Zustimmungsersuchen an einen unzuständigen (z.B. statt Gesamtpersonalrat) Personalrat gerichtet worden ist, denn eine Frist kann nur gegenüber dem richtigen Adressaten in Lauf gesetzt werden. (SAG, Urteil vom 27.8.1974, PV 1975, 378)

- Die Begründung des Personalrats muss eindeutig und sachgerecht sein. Die Billigungsfiktion (Anm. 7) tritt allerdings nicht ein, wenn der Leiter der Dienststelle den Personalrat nicht ordnungsgemäß unterrichtet hat. (OVG Münster, Beschl. vom 19.4.1993, ZTR 1993, 436; BVerwG. Beschl. vorn 8.11.1989, ZfPR 1990,86)

Grundsätzlich ist ein Dienststellenleiter nicht berechtigt, ein Mitbestimmungsverfahren dann abzubrechen, wenn er mit dem Personalrat zu keiner Einigung kommt und die Maßnahme einfach durchführen. Ausnahmsweise darf er dies, wenn die Personalvertretung

1. ihre durch den jeweiligen Mitbestimmungstatbestand begrenzten Kompetenzen eindeutig überschreitet oder
2. rechtsmissbräuchlich, wider besseres Wissen oder uneinsichtig handelt.

Wenn diese Voraussetzungen nicht erfüllt sind, muss der Dienststellenleiter das nach § 66 vorgeschriebene Verfahren einhalten. (BVerwG, 6 P 9.00 vom 30.4.2001) Der ersten Alternative als Ausnahmetatbestand ist zu folgen, wenn die Begründung der Ablehnung sich auf Sachverhalte bezieht, die mit der angefragten Maßnahme in keinem Zusammenhang stehen. Die zweite Alternative dürfte zu großen Problemen führen, weil zumindest die unbestimmten Rechtsbegriffe „wider besseres Wissen und uneinsichtig" zu wenig greifbar sind. Das Verfahren sollte im Interesse beider Seiten auch in diesen Fällen streng nach den Regeln des § 66 durchgeführt werden, wenn man vermeiden will, dass sich die Verwaltungsgerichte hiermit befassen. Rechtsmissbrauch auf Seiten der Personalvertretung ließe sich zwar objektiv belegen, solche Tatbestände sind aber, wenn man die erste Alternative ausklammert, nur schwer vorstellbar.

11. Beschluss des Personalrats

Die Dienststelle kann sich in der Regel darauf verlassen, dass der Beschluss des Personalrats wirksam ist. Nur ausnahmsweise muss sie eventuell bestehenden Zweifeln nachgehen. Die Maßnahme der Dienststelle wird nicht fehlerhaft, wenn die interne Willensbildung des Personalrats nicht ordnungsgemäß zustande gekommen ist. (BVerwG, Beschl. vom 27.9.1962, ZBR 1963, 213); siehe Anmerkung 4 zu § 33.

12. Anspruch auf rechtliches Gehör

Die in Abs. 3 Satz 6 getroffene Regelung beruht auf dem verfassungsrechtlichen Grundsatz des Anspruchs auf rechtliches Gehör und ergänzt insoweit das in § 102b LBG enthaltene Gebot, dass der Beamte über nachteilige Beschwerden und Behauptungen tatsächlicher Art vor Aufnahme in die Personalakte zu hören ist. Vergleichbares ergibt sich auch aus den Tarifverträgen des öffentlichen Dienstes. Wegen der fehlenden Verweisung dieser Regelung in Abs. 4 ist davon auszugehen, dass ein solcher Rechtsanspruch bei der Ausübung des Initiativrechts des Personalrats nicht besteht. Trotzdem ist zu empfehlen, auch bei einem Initiativverfahren vergleichbar zu verfahren, um den Betriebsfrieden nicht zu stören.

Wird eine Anhörung durchgeführt, haben die Betroffenen keinen Anspruch darauf, die zu fertigenden Niederschriften zu erhalten, selbst dann, wenn die Anhörung im Rahmen einer Personalratssitzung stattgefunden hat. Auf die Anm. 3 zu § 37 wird hingewiesen.

13. Initiativrecht

Das Wesen des Initiativrechts besteht darin, dass die Personalvertretung mit ihren Anträgen Mitbestimmungsbefugnisse in aktiver Form ausüben kann, ohne die gesetzlichen Mitbestimmungsbefugnisse inhaltlich zu erweitern. Insofern hat der Personalrat die Möglichkeit, bei allen Maßnahmen, die der Mitbestimmung nach § 72 unterliegen, von sich aus Anträge zu stellen und damit das Mitbestimmungsverfahren in Gang zu setzen. Der Personalrat kann auch bei Maßnahmen Anträge stellen, bei denen eine Beschäftigte oder ein Beschäftigter selbst einen klagbaren Anspruch hat, denn das Initiativrecht des Personalrats umfasst auch Einzelpersonalien (Landtags-Drucksache 11/5258 S. 39). Dabei ist der Gesetzgeber davon ausgegangen, dass der Personalratsbeschluss über eine Einzelmaßnahme notwendigerweise die Belange anderer Beschäftigter sowie die der Dienststelle insgesamt berücksichtigt

Die Anträge des Personalrats müssen wie bei Maßnahmen der Dienststelle (Dienststelleninitiative) auf eine Veränderung des bestehenden Zustands gerichtet sein. Für einen Initiativantrag, mit dem der Personalrat das Unterlassen mitbestimmungspflichtiger Maßnahmen verlangt, besteht schon deshalb kein Raum, weil der Personalrat durch Verweigerung seiner Zustimmung in den von der Dienststelle betriebenen Mitbestimmungsverfahren in der Lage ist, eine Entscheidung im Stufenverfahren herbeizuführen, jedenfalls in der Landesverwaltung. (Hess. VGH, Beschl. vom 1.9.1982, PV 1983, 281) Die Personalvertretung nimmt im Falle der Ausübung dieses Rechts dieselbe Stellung ein wie bei den von der Dienststelle initiierten Maßnahmen. (OVG Münster, Beschl. vom 9.12.1980 – CL 58/78) Wenn der Personalrat einer mitbestimmungspflichtigen Maßnahme zugestimmt hat, die Dienststelle aber die Durchführung der Maßnahme unterlässt, so kann der Personalrat auch noch von seinem Initiativrecht Gebrauch machen. (Bay. VGH, Beschl. vom 30.11.1994, ZfPR 1995, 127)

Beispiel aus der Rechtsprechung:

• Die Dienststelle darf einen Initiativantrag nicht ablehnen, weil sie ein Mitbestimmungsrecht nicht für gegeben hält. Darüber zu entscheiden fällt in die Zuständigkeit der Verwaltungsgerichte. (Hess. VGH, Beschl. vom 9.11.1988, ZTR 1989, 203)

14. Verfahren bei der Ausübung des Initiativrechts

Der Personalrat muss bei der Ausübung des Initiativrechts den Antrag schriftlich stellen und begründen. Die Dienststelle ist verpflichtet, ihre Entscheidung innerhalb von zwei Wochen dem Personalrat mitzuteilen. Für eine beabsichtigte Ablehnung gilt die gleiche Frist. Zuvor hat eine Erörterung stattzufinden, wenn die Dienststelle beabsichtigt, dem Antrag nicht zu entspreche. Eine nach Erörterung endgültige Ablehnung ist zu begründen. Wenn die Entscheidung der Dienststelle nicht oder nicht fristgerecht erfolgt, gilt der Antrag des Personalrats nicht als gebilligt. Besteht der Personalrat auf der von ihm beantragten Maßnahme, kann er innerhalb von zwei Wochen nach Ablauf der in Abs. 2 genannten Frist die nächsthöhere Stufenvertretung anrufen. Er ist auch berechtigt, von der übergeordneten Dienststelle ggf. die Fortsetzung des Stufenverfahrens zu verlangen. (BVerwG, Beschl. vom 20.1.1993, ZTR 1993, 435) Ist eine Stufenvertretung nicht vorhanden, weil die Maßnahme z.B. auf der obersten Ebene oder in einer Kommunalverwaltung entschieden werden soll, kann die zuständige Dienststelle, die sich in Schweigen gehüllt hat, durch Beschluss des Verwaltungsgerichts verpflichtet werden, über den Antrag des Personalrats zu entscheiden. Schweigen bedeutet demnach nicht Zustimmung.

Bei einigen Personalmaßnahmen, die in die Zuständigkeit der nachgeordneten Behörden fallen, besteht ein Zustimmungsvorbehalt der obersten Dienstbehörde. Dieser Zustimmungsvorbehalt wird gelegentlich zum Anlass genommen, das Initiativrecht des Personalrats zu bestreiten, wenn eine Meinungsverschiedenheit zwischen Dienststelle und Personalrat besteht. Der Zustimmungsvorbehalt berührt aber das Initiativrecht des Personalrats nicht. Dies trifft auch zu, wenn bezüglich der Maßnahme selbst Einvernehmen zwischen der örtlichen Dienststelle (in einer mehrstufigen Verwaltung) und dem dort gebildeten Personalrat besteht. In jedem Falle muss der Dienststellenleiter eine formelle Entscheidung treffen, um die Initiative des Personalrats nicht zu unterlaufen. Nach einer ablehnenden Entscheidung der Dienststelle kann ggf. das Einigungsverfahren in Gang gesetzt werden.

Der Verfahrensablauf ist in einem Schema dargestellt (Anlage 8).

15. Einigungsverfahren im Bereich mehrstufiger Verwaltung

Abs. 5 regelt das Vorlageverfahren in den Fällen, in denen eine Einigung zwischen Personalrat und Dienststelle über eine mitbestimmungspflichtige Maßnahme nicht erzielt werden konnte und die Dienststelle nicht bereit ist, die Maßnahme zurückzunehmen. Die Vorschriften sind zwingend, weshalb es unzulässig ist, durch Verwaltungsanordnung oder auf anderem Wege andere oder darüber hinausgehende Verfahrensregelungen aufzustellen. (OVG Münster, Beschl. vom 13.5.1981, PV 1983, 292)

Hat der Personalrat seine Zustimmung zu der beabsichtigten Maßnahme form- und fristgerecht verweigert, muss der Dienststellenleiter die übergeordnete Dienststelle anrufen, falls er nicht selbst von der Durchführung der Maßnahme absehen will. Für das Verfahren im Rahmen des Abs. 4 gilt, dass der Personalrat bei Ablehnung der von ihm beantragten Maßnahmen die Angelegenheit der Stufenvertretung, die bei der im Verwaltungsaufbau übergeordneten Stelle besteht, vorlegen muss (Anm. 13). Diese übernimmt dann die Initiative des antragstellenden Personalrats.

Die Frist von zwei Wochen wird nicht mit dem Zugang der Verweigerung des Personalrats oder des ablehnenden Bescheides der Dienststelle in Lauf gesetzt, sondern beginnt mit den in Abs. 3 und 4 genannten Fristen.

Das Verfahren zwischen der übergeordneten Dienststelle und der Stufenvertretung richtet sich nach den für den ersten Verfahrenszug geltenden Vorschriften. Die übergeordnete Dienststelle hat die Stufenvertretung zu unterrichten, ihre Zustimmung zu beantragen und die beabsichtigte Maßnahme ggf. zu begründen, falls sie nicht von der Maßnahme Abstand nehmen will. Andernfalls ist das Verfahren zügig fortzusetzen. Gibt die Stufenvertretung ihre Absicht bekannt, der Maßnahme nicht zuzustimmen, ist eine Erörterung mit dem Ziel der Einigung erforderlich. In diesem Stadium ist die Stufenvertretung nicht befugt, im Wege des Initiativverfahrens die Ausdehnung der betreffenden Maßnahme auf andere Dienststellen des Geschäftsbereichs zu beantragen. (BVerwG, Beschl. vom 20.1.1993, ZTR 1993, 435)

Ein Schaubild verdeutlicht dieses Verfahren bei einer mehrstufigen Verwaltung. (Anlage 6 und 8).

16. Einigungsverfahren im kommunalen Bereich, bei Nichtgebietskörperschaften, Hochschulen und anderen einstufigen Verwaltungen

Abs. 5 findet keine Anwendung bei Dienststellen ohne hierarchischen Verwaltungsaufbau wie bei den Gemeinden, Gemeindeverbänden, Hochschulen und Nichtgebietskörperschaften. Ausgehend von der in § 68 getroffenen Regelung über die Zuständigkeit der letztentscheidenden Stelle ist für die Maßnahmen im kommunalen Bereich zu beachten, dass auch in den Fällen, in denen anstelle der Leiterin oder des Leiters der Dienststelle ein verfassungsmäßig zuständiges oberstes Organ entscheidet, ein Beteiligungsverfahren nach den Regeln des § 66 stattfindet. Allerdings soll sich dieses Verfahren nicht unmittelbar zwischen dem obersten Organ und dem Personalrat abwickeln, sondern durch die oder den zwischengeschalteten Leiterin oder Leiter der Dienststelle, die oder der wegen seiner verantwortlichen Stellung auf jeden Fall Kenntnis haben und u.U. auch reagieren muss. Schließlich wird auch für diese Situation die rechtzeitige Unterrichtung des Personalrats verlangt, damit seine Vorstellungen überhaupt Berücksichtigung finden können. Die in Abs. 2 und 4 vorgesehenen Erörterungen können nur mit der Dienststelle durchgeführt werden. Dies gilt auch, wenn aufgrund des § 54 GO allein der Rat oder der von ihm bestimmte Ausschuss zuständig ist. Ihnen gegenüber hat der Personalrat kein Beteiligungs- oder Erörterungsrecht. (BVerwG, Beschl. vom 14.1.1983, PV 1984, 30) Der Personalrat kann auch nicht beanspruchen, an den Sitzungen des Gemeinderates oder eines Ausschusses, in denen über beteiligungspflichtige Angelegenheiten beraten oder beschlossen wird, teilzunehmen oder beauftragte Mitglieder zu entsenden. (BVerwG, Beschl. vom 14.1.1984 a.a.O.)

Durch das Hochschulfreiheitsgesetz ist das Ministerium für Innovation, Wissenschaft und Forschung nicht mehr das oberste Organ. Hier ist analog der oben beschriebenen Regelung im kommunalen Bereich zu verfahren, das heißt, oberstes Organ ist der Landtag Nordrhein-Westfalen, bzw. der entsprechende Ausschuss. Näheres hierzu hat der Gesetzgeber noch nicht geregelt, so dass hierzu noch Erfahrungen gesammelt bzw. Gerichtsverfahren abgewartet werden müssen.

Auszug aus dem HFG:

§ 2 Rechtsstellung

(1) Die Hochschulen nach § 1 Abs. 2 sind vom Land getragene, rechtsfähige Körperschaften des öffentlichen Rechts. Durch Gesetz können sie auch in anderer Rechtsform errichtet oder in eine andere Rechtsform umgewandelt oder in die Trägerschaft einer Stiftung überführt werden. Sie haben das Recht der Selbstverwaltung im Rahmen der Gesetze (Artikel 16 Abs. 1 der Verfassung für das Land Nordrhein-Westfalen).

(2) Die Hochschulen nehmen die ihnen obliegenden Aufgaben als Selbstverwaltungsangelegenheiten wahr. Soweit dieses Gesetz nichts anderes zulässt, erledigen sie ihre Aufgaben in Forschung, Entwicklung und Kunst, Lehre und Studium in öffentlich-rechtlicher Weise.

(3) Das Personal steht im Dienst der jeweiligen Hochschule. Die Hochschulen besitzen das Recht, Beamte zu haben. Das Land stellt nach Maßgabe des Landeshaushalts die Mittel zur Durchführung der Aufgaben der Hochschulen bereit.

(4) Die Hochschulen erlassen die zur Erfüllung ihrer Aufgaben erforderlichen Ordnungen sowie nach Maßgabe dieses Gesetzes und ausschließlich zur Regelung der dort bestimmten Fälle ihre Grundordnung. Alle Ordnungen sowie zu veröffentlichenden Beschlüsse gibt die Hochschule in einem Verkündungsblatt bekannt, dessen Erscheinungsweise in der Grundordnung festzulegen ist. Dort regelt sie auch das Verfahren und den Zeitpunkt des In-Kraft-Tretens der Ordnungen. Prüfungsordnungen sind vor ihrer Veröffentlichung vom Präsidium auf ihre Rechtmäßigkeit einschließlich ihrer Vereinbarkeit mit dem Hochschulentwicklungsplan zu überprüfen.

(5) Die Hochschulen können sich in ihrer Grundordnung eigene Namen geben und Wappen und Siegel führen; die Fachhochschulen können zudem ihrer gesetzlichen Bezeichnung nach § 1 Abs. 2 Satz 2 die Bezeichnung „Hochschule für angewandte Wissenschaften" hinzufügen. Hochschulen ohne eigene Wappen und Siegel führen das Landeswappen und das kleine Landessiegel.

Im Übrigen richtet sich das Verfahren nach Abs. 7, wie es in dem Schaubild dargestellt ist (Anlage 7).

17. Anrufen der Einigungsstelle

Nach Erschöpfung des Stufenverfahrens in mehrstufigen Verwaltungen oder nach Abschluss des Einigungsverfahrens in anderen Verwaltungen besteht die Möglichkeit, die Einigungsstelle anzurufen. Bei der Festschreibung der für eine Letztentscheidung der Einigungsstelle vorgesehenen Möglichkeiten hatte der Gesetzgeber den verfassungsrechtlich gezogenen Rahmen zu beachten. (BVerfG, Urteil vom 27.9.1959, BVerfGE 9/268)

Durch das Urteil des BVerfG vom 24.5.1995 zum Mitbestimmungsgesetz Schleswig-Holstein sind die Grenzen zwischen dem Schutzzweck des Mitbestimmungsrechts einerseits und dem Erfordernis demokratischer Legitimation bei Ausübung von Staatsgewalt andererseits zu Lasten des Mitbestimmungsrechts noch weiter eingeschränkt worden. Das BVerfG hat drei Legitimationsstufen entwickelt:

- Legitimationsstufe 1: Bei innerdienstlichen Maßnahmen, die in ihrem Schwerpunkt die Beschäftigten in ihrem Beschäftigungsverhältnis betreffen, typischerweise aber nicht oder nur unerheblich die Wahrnehmung von Amtsaufgaben gegenüber dem Bürger berühren, sei volle Mitbestimmung mit Entscheidung einer weisungsunabhängigen Einigungsstelle zulässig.

- Legitimationsstufe 2: Bei innerdienstlichen Maßnahmen, die den Binnenbereich des Beschäftigungsverhältnisses betreffen, die Wahrnehmung des Amtsauftrages jedoch typischerweise nicht nur unerheblich berühren, müsse die Möglichkeit der verbindlichen Letztentscheidung stets einem gegenüber Volk und Parlament verantwortlichen Amtsträger vorbehalten bleiben. Zulässige Regelungsmöglichkeiten seien:
  ein Letztentscheidungsrecht einer Einigungsstelle mit sog. doppelter Mehrheit
  oder ein Letztentscheidungsrecht eines parlamentarisch verantwortlichen Amtsträgers.

- Legitimationsstufe 3: Bei innerdienstlichen Maßnahmen, die schwerpunktmäßig die Erledigung von Amtsaufgaben betreffen, die mit anderen Worten erhebliche Auswirkungen auf die Wahrnehmung der Aufgaben der öffentlichen Verwaltung haben, sei nur eine eingeschränkte Mitbestimmung zulässig: Die Entscheidung der Einigungsstelle dürfe nur den Charakter einer Empfehlung an die zuständige Dienstbehörde haben.

Bei der Novellierung des Gesetzes in 2010 hat der Gesetzgeber diese Rechtsauffassung des BVerfG umgesetzt, in dem er in den in § 66 Abs. 7 Satz 3 bezeichneten Fällen der Landesregierung, bzw. dem verfassungsmäßig zuständige oberste Organ die Letztentscheidung zuschreibt. Aus der Begründung des Gesetzgebers: „Dass die Letztentscheidung nach einer Empfehlung der Einigungsstelle bei der Stelle liegt, die die Maßnahme eingeleitet hat oder sich im Stufenverfahren zu eigen gemacht hat schwächt das auf eine Schlichtung vor der Einigungsstelle ausgerichtete Mitbestimmungsverfahren. Um die Empfehlung der Einigungsstelle aufzuwerten, wird der Rechtszustand vor der Novelle 2007 wiederhergestellt und die abschließende Entscheidung bei Beschäftigten des Landes auf die Landesregierung zurückverlagert.".

Die Einigungsstelle kann nicht angerufen werden, wenn im Laufe des Einigungsverfahrens Streit darüber entsteht, ob es sich überhaupt um einen Mitbestimmungsfall handelt. Hierüber zu entscheiden, fällt in die Zuständigkeit des Verwaltungsgerichts. (BVerwG, Beschl. vom 2.2.1990, – 6 PB 13.89; Beschl. vom 27.7.1990, PersR 1990, 297; Beschl. vom 4.2.1992, PersR 1993, 384) Die Dienststelle darf das Einigungsverfahren nicht abbrechen und die Maßnahme durchführen, wenn sie das vom Personalrat in Anspruch genommene Mitbestimmungsrecht nicht für gegeben hält. (BVerwG, Beschl. vom 12.3.1986, PV 1986, 417)

Bei Initiativanträgen des Personalrats in Personalangelegenheiten, die nach Abs. 6 (Maßnahmen nach § 72 Abs. 1) nicht der Einigungsstelle zur Entscheidung oder Empfehlung zugeleitet werden, trifft die oberste Landesbehörde eine Letztentscheidung.

18. Übersicht über die Letztentscheidung

Letztentscheidungsrecht in mitbestimmungspflichtigen Angelegenheiten

(§§ 66 Abs. 6 u. 7 u. § 68 Nr. 1 LPVG)

Maßnahmen des § 72 Abs. 1, 3 und 4 Satz 1 Nummer 2, 6, 11, 12, 14 bis 17, 19 bis 22 und des § 74 Abs. 1 LPVG :

Nach Empfehlung der Einigungsstelle entscheidet:

1. bei Beschäftigten des Landes die **Landesregierung,**
2. bei Beschäftigten der Gemeinden, der Gemeindeverbände und der sonstigen der Aufsicht des Landes unterstehenden Körperschaften, Anstalten und Stiftungen des öffentlichen Rechts **deren verfassungsmäßig zuständiges oberstes Organ oder der von ihm bestimmte Ausschuss**

endgültig.

Bei Maßnahmen im Bereich der Verwaltung des Landtags tritt an die Stelle der Landesregierung die Präsidentin oder der Präsident des Landtags im Benehmen mit dem Präsidium, im Geschäftsbereich des Landesrechnungshofs die Präsidentin oder der Präsident des Landesrechnungshofs und im Bereich des Landesbeauftragten für Datenschutz und Informationsfreiheit die oder der Landesbeauftragte für Datenschutz und Informationsfreiheit.

Maßnahmen des § 72 Abs. 2 LPVG und Abs. 4 Satz 1 Nr. 1, 3, 4, 5, 7 bis 10, 13 und 18: **Endgültige Entscheidung der Einigungsstelle.**

19. Evokationsrecht

Das Evokationsrecht in Abs. 7 wurde grundlegend geändert. Wenn die beteiligten Dienststellen der Auffassung sind, dass eine Maßnahme, die durch die Einigungsstelle abschließend entschieden ist, wegen ihrer Auswirkung auf das Gemeinwohl wesentlicher Bestandteil der Regierungsgewalt sein kann, können sie innerhalb eines Monats nach der Zustellung des Einigungsstellenbeschlusses die Landesregierung bzw. bei Beschäftigten der Gemeinden, der Gemeindeverbände und der sonstigen der Aufsicht des Landes unterstehenden Körperschaften, Anstalten und Stiftungen des öffentlichen Rechts deren verfassungsmäßig zuständiges oberstes Organ oder den von ihm bestimmte Ausschuss anrufen. Den (im Einigungsstellenverfahren) beteiligten Personalräten ist, ggf. unter Fristsetzung von der angerufenen Stelle Gelegenheit zur Stellungnahme zu geben. Danach stellt die angerufene Stelle fest, ob die Maßnahme tatsächlich Auswirkung auf das Gemeinwohl hat und somit wesentlicher Bestandteil der Regierungsgewalt sein muss. Bejaht sie dies, entscheidet sie abschließend, wobei sie den Beschluss der Einigungsstelle als Empfehlung ansieht. Verneint sie dies, bleibt es beim endgültigen Beschluss der Einigungsstelle. Über die Entscheidung ist die vorsitzende Person der Einigungsstelle, die beteiligten Dienststellen und die beteiligten Personalräte schriftlich zu informieren.

Die Voraussetzungen für eine abweichend getroffene Entscheidung im Rahmen dieser Evokation müssen sehr streng ausgelegt werden. Es müssen wegen des Beschlusses Auswirkungen auf das Gemeinwesen, die wesentlicher Bestandteil der Regierungsgewalt sind, gegeben sein. Gemeinwesen ist ein Sammelbegriff, der sämtliche gegenwärtigen und historischen Organisationsformen des menschlichen Zusammenlebens bezeichnet die über den Familienverband hinausgehen. Zurzeit ist der Staat die beinahe ausschließliche existente Form des Gemeinwesens. Aber auch die Kommunen als seine elementaren Teilsysteme können als Gemeinwesen aufgefasst werden. Wann die notwendigen Auswirkungen auf das Gemeinwesen wesentlicher Bestandteil der Regierungsverantwortung sein können, ist rechtlich unbestimmt und wird die Gerichte beschäftigen müssen. Diese Einschränkung des Mitbestimmungsrechtes der Personalvertretung kann keinesfalls von dem Urteil des BVerfG vom 24.5.1995 abgeleitet werden. Teilweise wird die Rechtsprechung zu Abs. 8 zu Rate gezogen werden können. Vorstellbare Entscheidungen müssen ganz erheblich sein, der Beschluss der Einigungsstelle, der durch die Evokation aufgehoben werden soll, muss sozusagen den Staat (für das Gemeinwesen) in seinen Grundfesten erschüttern. Bei den Mitbestimmungstatbeständen, die nach Abs. 7 in der Letztentscheidung der Einigungsstelle verbleiben, ist es äußerst fraglich, sich Konstellationen vorzustellen, die im Sinne des oben Gesagten entsprechend gravierend sind. In jedem Fall sei es den Personalvertretungen, die hiervon betroffen werden, angeraten, den Rechtsweg zu beschreiten.

20. Unaufschiebbare Maßnahmen

Die in Abs. 8 getroffene Regelung ist eng auszulegen und muss auf Ausnahmefälle beschränkt werden. Eilbedürftigkeit genügt nicht. Die Dienststelle hat dem Personalrat die vorläufige Regelung in vollem Wortlaut zur Kenntnis zu bringen. Dem Erfordernis, den Personalrat die vorläufige Regelung unverzüglich zur Kenntnis zu bringen, ist nicht genügt, wenn dies erst nach drei Arbeitstagen geschieht. (OVG Hamburg, Beschl. vom 1.12.1994, PersR 1995, 342) Das BVerwG führt dazu aus: „Da ein solches Vorgehen des Dienststellenleiters die Mitbestimmung des Personalrats faktisch ausschließt, kann es nur hingenommen werden, wenn die durch die Beteiligung der Personalvertretung eintretende Verzögerung zu einer Schädigung überragender Gemeinschaftsgüter oder -interessen führen würde, hinter denen der in der Mitbestimmung liegende Schutz der Beschäftigten ausnahmsweise gänzlich zurückstehen muss.". (Beschl. vom 19.4.1988, ZBR 1988, 284; Beschl. vom 22.8.1988, Z 1989, 69; Beschl. vom 14.3.1989, ZfPR 1989, 101; Beschl. vom 16.12.1992, PersR 1993, 123) Ob eine vorläufige Regelung getroffen werden muss, ist von Fall zu Fall von der Dienststelle nach pflichtgemäßem Ermessen zu entscheiden. Eine Regelung ist jedenfalls nur dann als vorläufig anzusehen, wenn sie der endgültigen Entscheidung nicht in der Art vorgreift, dass diese unwiderruflich festgelegt ist. (BVerwG, Beschl. vom 22.8.1989, ZfPR 1990, 69) Maßnahmen, die nicht mehr rückgängig gemacht werden können, wie Einstellung, Beförderung, Höhergruppierung, Kündigung sind unzulässig. Eine vorläufige Regelung kann in jedem Stadium des Einigungsverfahrens durchgeführt werden. Die vorgesetzte Dienststelle kann die zuständige Dienststelle anweisen, eine vorläufige Regelung zu treffen. Gemäß § 79 Abs. 1 Nr. 3 hat das Verwaltungsgericht über Anträge und über Streitigkeiten bezüglich der Zuständigkeit der Personalvertretungen zu entscheiden. Dazu gehört auch die Überprüfung von vorläufigen Maßnahmen. Das Verwaltungsgericht kann diese darauf überprüfen, ob sie keinen Aufschub dulden und vorläufiger Natur waren. Wegen des Rechtsschutzbedürfnisses vgl. Anm. 12 zu § 79.

Beispiele aus der Rechtsprechung:

• Als unaufschiebbar wird der Erlass eines Leistungsbescheides angesehen, der zur Heranziehung eines Beamten auf Schadenersatz erforderlich wird, denn dies ist dann der Natur der Sache nach unaufschiebbar, wenn die Verjährung des Schadenersatzanspruchs bevorsteht. (BVerwG, Beschl. vom 25.10.1989, ZfPR 1980, 162)
• Bei einer beabsichtigten Versetzung, z.B. eines Lehrers, die aus Gründen des öffentlichen Interesses keinen Aufschub duldet, kann statt der Versetzung eine Abordnung als vorläufige Maßnahme gewählt werden. Aber auch eine Abordnung fällt nicht unter die durch

Abs. 8 getroffene Regelung, wenn es sich um eine langfristig vorhersehbare Maßnahme handelt. Auch eine vorläufige Umsetzung ist keine Maßnahme mit zeitlicher Begrenzung. (BVerwG, Beschl. vom 16.12.1992, a.a.O.)

- Eine Maßnahme ist jedenfalls nicht nach Abs. 8 unaufschiebbar, wenn das Mitbestimmungsverfahren von der Dienststelle aus Gründen, die sie zu vertreten hat, verspätet eingeleitet wird oder aber vor Anordnung der vorläufigen Regelung nicht alle auf die Erlangung der vorherigen Zustimmung gerichteten Möglichkeiten des Beteiligungsverfahrens ausgeschöpft worden sind. (BVerwG, Beschl. vom 4.2.1992– 6 P 20.91)

Weitere Beispiele für unaufschiebbare Maßnahmen:

- Abordnung zur Abdeckung von Unterrichtsbedarf an einer anderen Schule zur Abwendung von drohendem Unterrichtsausfall
- Kurzfristig wirksame Maßnahmen in personellen Angelegenheiten (Vertretungsfälle), die sich voraussichtlich vor Abschluss des Beteiligungsverfahrens bereits erledigt haben, wenn davon die Aufgabenerfüllung der Dienststelle abhängt
- Anordnung von Mehrarbeit und Überstunden sind als vorläufige Maßnahme zulässig bei einem Engpass im Reinigungsdienst eines großen Klinikums während einer andauernden Hitzeperiode, weil die Abwehr der sonst drohenden gesundheitlichen Gefahren ein überragendes Gemeinschaftsgut ist. Dies soll deutlich machen, wie hoch der Rahmen bei der vorläufigen Anordnung von Mehrarbeit und Überstunden gesteckt ist.

§ 67

(1) Bei jeder obersten Dienstbehörde wird für die Dauer der Wahlperiode der Personalvertretung eine Einigungsstelle gebildet. Sie besteht aus einer unparteiischen vorsitzenden Person, ihrer Stellvertreterin oder ihrem Stellvertreter und Beisitzerinnen und Beisitzern. Auf die vorsitzende Person und deren Stellvertreterin oder Stellvertreter haben sich die oberste Dienstbehörde und die bei ihr bestehende Personalvertretung innerhalb von zwei Monaten nach Beginn der Wahlperiode zu einigen. Kommt eine Einigung nicht zustande, so entscheidet auf Antrag der obersten Dienstbehörde oder der Personalvertretung die Präsidentin oder der Präsident des Oberverwaltungsgerichts. Die Beisitzerinnen und Beisitzer werden für das jeweilige Einigungsstellenverfahren benannt; sie müssen Beschäftigte im Geltungsbereich eines Personalvertretungsgesetzes sein.

(2) Die Mitglieder der Einigungsstelle sind unabhängig und üben ihre Tätigkeit als Ehrenamt in eigener Verantwortung aus. Für sie gilt § 40 Abs. 1 Sätze 1 bis 4 und Abs. 3 und, soweit sie Beschäftigte im Geltungsbereich dieses Gesetzes sind, § 42 Abs. 2 entsprechend. Der vorsitzenden Person kann eine Entschädigung für Zeitaufwand gewährt weden. Die Mitglieder scheiden aus der Einigungsstelle außer durch Zeitablauf (Absatz 1 Satz 1) oder Niederlegung des Amtes nur unter den in § 50 Abs. 1 Nr. 1 und 2 des Landesdisziplinargesetzes bezeichneten Voraussetzungen aus, die Beisitzerinnen und Beisitzer ferner bei Beendigung des Dienst- oder Arbeitsverhältnisses im Geltungsbereich eines Personalvertretungsgesetzes.

(3) Die Einigungsstelle wird tätig in der Besetzung mit der vorsitzenden Person oder, falls sie verhindert ist, der Stellvertreterin oder dem Stellvertreter und sechs Beisitzerinnen und

Beisitzern, die auf Vorschlag der obersten Dienstbehörde und der Personalvertretung je zur Hälfte benannt werden.

(4) Die Sitzungen der Einigungsstelle sind nicht öffentlich. Den Beteiligten ist die Anwesenheit nur bei der Verhandlung zu gestatten; sachverständigen Personen kann die Teilnahme gestattet werden. Den Beteiligten ist Gelegenheit zur mündlichen Äußerung zu geben, die mit ihrem Einverständnis auch schriftlich erfolgen kann.

(5) Die Einigungsstelle entscheidet durch Beschluß über die Anträge der Beteiligten, sie kann den Anträgen auch teilweise entsprechen. Die Einigungsstelle soll binnen zwei Monaten nach der Erklärung einer oder eines Beteiligten, die Entscheidung der Einigungsstelle herbeiführen zu wollen, entscheiden. Der Beschluß muß sich im Rahmen der geltenden Rechtsvorschriften, insbesondere des Haushaltsgesetzes, halten. Der Beschluß wird mit Stimmenmehrheit gefaßt.

(6) Der Beschluß der Einigungsstelle ist zu begründen und den Beteiligten zuzustellen. Er bindet diese, soweit er eine Entscheidung im Sinne des Absatzes 5 enthält; § 66 Abs. 7 Satz 4 bleibt unberührt. Eine Bindung besteht nicht in den Fällen des § 66 Abs. 7 Satz 3.

(7) Für die Geschäftsführung der Einigungsstelle gilt § 40 Abs. 1 Sätze 1 bis 4 und Abs. 3 entsprechend.

(8) Besteht bei einer obersten Dienstbehörde ein Hauptpersonalrat oder ein Gesamtpersonalrat, so nimmt dieser die Befugnisse der Personalvertretung nach Absatz 1 Satz 3 und 4 und Absatz 3 wahr.

(9) In den Fällen des § 84, des § 89 Absatz 1 Satz 2 Nummer 2, § 94 Absatz 1 Nummer 3 und des § 94 b Absatz 1 ist die Einigung nach Absatz 1 Satz 3 zwischen der obersten Dienstbehörde und allen Hauptpersonalräten des Geschäftsbereichs herbeizuführen. Bei der Verhandlung von Angelegenheiten aus dem Zuständigkeitsbereich der Hauptpersonalräte nach § 84, § 89 Absatz 1 Satz 2 Nummer 2, § 94 Absatz 1 Nummer 3 und § 94 b Absatz 1 üben diese Hauptpersonalräte das Vorschlagsrecht nach Absatz 3 aus.

1. Bildung von Einigungsstellen

Die Einigungsstelle ist eine Schieds- und Schlichtungsstelle, die angerufen werden kann, wenn zwischen der obersten Dienstbehörde und der zuständigen Personalvertretung bei Maßnahmen, die der Mitbestimmung unterliegen, keine Einigung zu erzielen ist. Die Einigungsstelle ist ein gemeinsames Organ der Verwaltung und der Personalvertretung eigener Art.

Die Einigungsstelle ist keine Einrichtung, die nach Bedarf gebildet wird. Sie ist bei Beginn der Wahlperiode der Personalvertretung ohne Rücksicht darauf, ob sie angerufen wird, zu bilden. Da bei jeder obersten Dienstbehörde eine Einigungsstelle gebildet werden muss, ist die Errichtung gemeinsamer Einigungsstellen weder in der Landesverwaltung noch im kommunalen Bereich zulässig (Anm. 6). Das schließt nicht aus, dass z.B. auf der Ebene eines Kreises nur eine vorsitzende Person bestellt wird, wenn sie mit den Beisitzerinnen und Beisitzern tätig ist, die von den kreisangehörigen Gemeinden und deren Personalräten bestellt sind.

Für den Begriff „oberste Dienstbehörde" gibt § 3 Abs. 1 LBG einen Anhalt. In der Landesverwaltung ist der Ministerpräsident, die Landesministerien (Innen und Kommunales, Finanz usw.), der Präsident des Landtags und der Präsident des Landesrechnungshofs jeweils oberste Landesbehörde. Für die Gemeinden ist der Rat der Gemeinde, für die Landschaftsverbände der Landschaftsausschuss, für die Kreise der Kreistag, für die Zweckverbände die Verbandsversammlung und für die Hochschulen der Landtag jeweils oberste Dienstbehörde (siehe Anm. 15 zu § 66). Mit der Änderung des § 68 Satz 2 erscheint es erforderlich, auch der Landesbeauftragte bzw. dem Landesbeauftragten für Datenschutz und Informationsfreiheit die Funktion einer obersten Dienstbehörde im Sinne des § 67 zu geben, mit der Folge, dass auch hier eine Einigungsstelle eingerichtet werden muss.

Welche Stelle oberste Dienstbehörde i. S. dieser Vorschrift für die übrigen Personen des öffentlichen Rechts ist, ergibt sich aus den entsprechenden Gesetzen, Satzungen oder den Sondervorschriften. Bei den verselbständigten Teildienststellen (§ 1 Abs. 3) werden keine Einigungsstellen gebildet. Dementsprechend kann auch nur der Leiter der Gesamtdienststelle die (einzige) Einigungsstelle anrufen. (OVG Münster, Beschl. vom 2.12.1993, PersR 1994, 428)

2. Zusammensetzung der Einigungsstelle

An die Person der vorsitzenden Person und der stellvertretenden vorsitzenden Person werden keine besonderen Voraussetzungen geknüpft. Sie brauchen weder Beschäftigte im öffentlichen Dienst sein noch eine besondere Qualifikation besitzen. Schon gar nicht wird verlangt, dass sie die Befähigung zum Richteramt oder zum höheren Verwaltungsdienst besitzen. Entscheidend ist die Unparteilichkeit. Übermäßig strenge Anforderungen sind an die Unparteilichkeit aber nicht zu stellen. Abstrakte Unparteilichkeit liegt schon vor, wenn beide Seiten sich auf die Person ohne große Schwierigkeiten einigen können. Es empfiehlt sich jedoch, keine Personen aus dem Bereich der jeweiligen obersten Dienstbehörde mit diesen Aufgaben zu betrauen. Soweit Beisitzerinnen und Beisitzer von der obersten Dienstbehörde bestellt werden, sollte es sich nicht um Personen i.S. des § 8 handeln. Im Übrigen ist nicht ausgeschlossen, dass auch Beisitzerinnen und Beisitzer benannt werden, die an den der Entscheidung der Einigungsstelle vorausgehenden Beschlüssen beteiligt sind. Insofern ist die Bestellung sog. „befangener" Beisitzerinnen und Beisitzer nicht fehlerhaft. (BVerwG, Beschl. vom 21.6.1982, ZBR 1983, 161). Vorsitzende Personen und deren Stellvertreterinnen und Stellvertreter können allerdings von den Beteiligten wegen Besorgnis der Befangenheit abgelehnt werden. (BAG, Beschl. vom 9.5.1995 – 1 ABR 56/94 n.v.) Die entsprechenden Vorschriften des VwVfG über Ausschüsse finden auf die Einigungsstelle keine Anwendung. Die Beisitzerinnen und Beisitzer brauchen keine persönlichen Voraussetzungen erfüllen, sondern nur Beschäftigte im Geltungsbereich eines Personalvertretungsgesetzes sein. Abweichend vom Bundesrecht ist zunächst nur die vorsitzende Person und aus Gründen der Zweckmäßigkeit ihre Stellvertreterin oder ihr Stellvertreter zu bestimmen. Bei Anrufen der Einigungsstelle werden die Beisitzerinnen und Beisitzer von der jeweiligen obersten Dienstbehörde und dem jeweilig zuständigen Personalrat benannt. Damit besteht die Möglichkeit, nur solche Beisitzerinnen und Beisitzer zu den Sitzungen heran zu ziehen, die mit den nötigen Fachkenntnissen ausgestattet sind. Wenn die Einigungsstelle angerufen wird, benennen die oberste Dienstbehörde und die Personalvertretung der vorsitzenden Person oder der stellvertretenden vorsitzenden Person je drei für die Behandlung der Angelegenheit geeignete Beisitzer. Zur Zusammensetzung der Einigungsstelle siehe Schaubild 11.

Wenn die oberste Dienstbehörde oder die Personalvertretung für eine bestimmte Sitzung keine oder zu wenig Beisitzerinnen und Beisitzer benannt oder benannte Beisitzerinnen und Beisitzer ihre Mitwirkung versagen, kann die Einigungsstelle nicht rechtswirksam tätig werden. Sie darf aber dadurch nicht blockiert werden, weshalb für eine oder einen die Teilnahme oder die Mitwirkung verweigernden Beisitzerin oder Beisitzer unverzüglich eine oder ein neuer zu bestellen ist.

3. Rechtsstellung der Mitglieder der Einigungsstelle

Da die Mitglieder der Einigungsstelle unabhängig und eigenverantwortlich tätig werden und damit eine quasi richterliche Funktion ausüben, darf weder die Verwaltung noch die Personalvertretung auf die Meinungsbildung und Entscheidung der von ihnen benannten Personen Einfluss nehmen. Sie brauchen für die Übernahme und für die Ausübung ihres Amtes keine Genehmigung, etwa unter dem Gesichtspunkt des Nebenamtes. Dies gilt jedenfalls für die Beisitzerinnen und Beisitzer, die insofern wie Personalratsmitglieder im Sinne des LPVG NRW anzusehen sind. Die Gründe für das Ausscheiden aus der Einigungsstelle sind abschließend in Abs. 2 aufgezählt. Nach § 50 Abs. 1 Nr. 1 und 2 des Landesdisziplinargesetzes erlischt das Amt einer Beamtenbeisitzerin oder eines Beamtenbeisitzers, wenn sie oder er im Strafverfahren zu einer Freiheitsstrafe oder stattdessen zu einer Geldstrafe verurteilt oder wenn im Disziplinarverfahren eine Geldbuße oder eine schwere Disziplinarmaßnahme verhängt wird.

Auszug aus dem LDG NRW

§ 50 Erlöschen des Amtes der Beamtenbeisitzerin oder des Beamtenbeisitzers

(1) Das Amt der Beamtenbeisitzerin oder des Beamtenbeisitzers erlischt, wenn

1. *sie oder er im Strafverfahren rechtskräftig zu einer Freiheitsstrafe verurteilt worden ist,*

2. *im Disziplinarverfahren gegen sie oder ihn unanfechtbar eine Disziplinarmaßnahme mit Ausnahme eines Verweises ausgesprochen worden ist,*

3. *sie oder er in ein Amt außerhalb des Bezirks, für den das Gericht zuständig ist, versetzt wird,*

4. *das Beamtenverhältnis endet oder*

5. *die Voraussetzungen für das Amt des Beamtenbeisitzers nach § 46 Abs. 3 Satz 1 von Anfang an nicht vorlagen.*

Im Falle des Satzes 1 Nr. 3 tritt das Erlöschen des Amtes der Beamtenbeisitzerin oder des Beamtenbeisitzers mit Ablauf eines Monats nach Zustellung der Versetzungsverfügung ein.

(2) In besonderen Härtefällen kann die Beamtenbeisitzerin oder der Beamtenbeisitzer auch auf Antrag von der weiteren Ausübung des Amtes entbunden werden. Über den Antrag entscheidet die vom Präsidium für jedes Geschäftsjahr im Voraus bestimmte Kammer durch Beschluss. Der Beschluss ist unanfechtbar.

Die Mitgliedschaft in der Einigungsstelle ist ein Ehrenamt, weshalb eine Vergütung oder Entschädigung nicht gezahlt wird. Die durch die Tätigkeit der Einigungsstelle entstehenden Kosten sind durch die Dienststelle zu tragen. Der vorsitzenden Person kann eine Entschädigung für Zeitaufwand gewährt werden (Abs. 2 Satz 3), weil sie wegen der Sitzungsvorbereitung und der Abfassung der Beschlüsse zeitlich besonders belastet ist. Durch diese Entschädigung soll auch erreicht werden, dass qualifizierte Personen als vorsitzende Personen gewonnen werden können. Eine Entschädigung für den Zeitaufwand wird aber ausdrücklich auf die vorsitzende Person bzw. ihrer Stellvertreterin oder Stellvertreter im Verhinderungsfalle beschränkt. Diese richtet sich nach § 3 des Gesetzes über die Entschädigung von Zeugen und Sachverständigen (Nr. 18 Erl. Erl.).

4. Das Verfahren vor der Einigungsstelle

Der Gesetzgeber hat davon abgesehen, das Verfahren vor der Einigungsstelle im Einzelnen zu regeln. Die Einladung ist von der vorsitzenden Person zu erstellen. (BVerwG, Beschl. vom 2.11.1994, ZfPR 1995, 39) Der Grundsatz der Nichtöffentlichkeit schränkt den Teilnehmerkreis ein und bedeutet, dass die Verhandlungen der Einigungsstellen vertraulich sind. Teilnahmeberechtigt sind bei den Verhandlungen Vertreterinnen und Vertreter der obersten Dienstbehörde und der Personalvertretung, denen rechtliches Gehör gewährt werden muss. Die Beteiligten können selbst darüber entscheiden, ob sie sich mit einer schriftlichen Stellungnahme begnügen wollen. Sie werden es aber vielfach vorziehen, sich auch mündlich zu äußern.

Die Einigungsstelle soll binnen zwei Monaten nach der Erklärung der Dienststelle oder der Personalvertretung die Entscheidung gefällt haben. Liegen keine zwingenden Gründe vor, hat ein Überschreiten dieser Frist zur Folge, dass es der Einigungsstelle nicht mehr möglich ist, Beschlüsse zu fassen. Insofern wird aus der Soll- eine Muss-Vorschrift. (BAG, PersR 1996, S. 507) Bereits gefasste Beschlüsse können den Beteiligten jedoch nach Ablauf der Frist wirksam zugestellt werden.

Obwohl die entsprechende Vorschrift, „Die Einigungsstelle ist beschlussfähig, wenn der Vorsitzende und je drei Beisitzer anwesend sind." mit der Novellierung 2007 gestrichen wurde, ergibt sich aus Abs. 3 Satz 1, dass der Gesetzgeber grundsätzlich weiterhin von einer Besetzung mit sieben Personen ausgeht. Der Beschluss der Einigungsstelle wird mit einfacher Stimmenmehrheit der anwesenden Mitglieder gefasst. Der Gesetzgeber kann nicht gewollt haben, dass es zu Situationen kommt, in denen lediglich zwei Mitglieder der Einigungsstelle einen Beschluss fassen, weil die übrigen Mitglieder gerade nicht anwesend sind. Dieses wäre ebenso mit den der Einigungsstelle obliegenden Aufgaben als Schieds- und Schlichtungsstelle unvereinbar, wie Stimmenthaltung zu üben. (Engelhard-Ballerstedt, Anm. 6 zu § 73) Der Beschluss der Einigungsstelle bedarf der Schriftform. (BVerwG, Beschl. vom 10.3.1987, DÖD 1987, 739). Für die Beschlussfassung muss die Hälfte der von den gesetzlichen Mitgliedern abgegebenen Stimmen überschritten sein. (auch Komm. Andreas Reich, Anm. 10 zu § 71 BPersVG) Dies gilt auch für die Begründung. Beides muss von sämtlichen Mitgliedern der Einigungsstelle unterschrieben werden. (OVG Hamburg, OVG Bs PH 1/95 vom 21.1.1997)

5. Entscheidungen der Einigungsstelle

Von besonderer Bedeutung ist die Verpflichtung der Einigungsstelle, das geltende Recht zu beachten. Dazu zählt auch das Haushaltsrecht. Es dürfen demnach keine Entscheidungen ergehen, die mit den Vorschriften der Landeshaushaltsordnung kollidieren. So darf z.B. ein Amt nur in Verbindung mit der Einweisung in eine besetzbare Planstelle verliehen werden (§ 49 LHO). Die Personalvertretung kann mit Hilfe der Einigungsstelle keine haushaltswirksamen Maßnahmen durchsetzen. (Hess. VGH, Beschl. vom 18.3.1993, PersR 1994, 123)

Soweit die Einigungsstelle nicht auf eine Empfehlung beschränkt ist, ist ihre Entscheidung vorbehaltlich des Evokationsrechts nach § 66 Abs. 7 nur für die Beteiligten bindend, also nicht für den Beschäftigten, der seine Ansprüche ggf. auf dem Rechtswege weiter verfolgen kann. (BVerwG, Beschl. vom 13.2.1976, ZBR 1976, 228)

Die Beschlüsse der Einigungsstelle unterliegen im personalvertretungsrechtlichen Beschlussverfahren der Rechtskontrolle, wobei als Grundlage der Entscheidung nur die Beschlussformel gilt. Die Überprüfung kann sich auch darauf erstrecken, ob gegen Verfahrensvorschriften verstoßen worden ist oder darauf, ob überhaupt die Zuständigkeit der Einigungsstelle gegeben war (§ 79 Abs. 1 Nr. 6). Das Gericht kann einen Beschluss für unwirksam erklären oder ihn aufheben, selbst wenn eine Bindungswirkung bei Entscheidungen mit Empfehlungscharakter fehlt. Beschlüsse, die sich nicht im Rahmen der geltenden Rechtsvorschriften halten, entfalten überhaupt keine Bindungswirkung. Siehe zur Entscheidungsbefugnis aber Anm. 17 bis 19 zu § 66.

6. Anbindung der Einigungsstelle an die oberste Dienstbehörde

Abs. 8 sieht vor, dass allein dem Hauptpersonalrat oder dem Gesamtpersonalrat die Befugnis zusteht, bei der Bildung der Einigungsstelle mitzuwirken. Aus dieser Regelung folgt, dass bei jeder obersten Dienstbehörde auch nur eine Einigungsstelle für den gesamten Geschäftsbereich zu errichten ist. Der Gesetzgeber hat davon abgesehen, für den Bereich jedes Hauptpersonalrats eine eigene Einigungsstelle zu bilden, wenn bei einer obersten Dienstbehörde mehrere Hauptpersonalräte bestehen (z.B. Ministerium für Inneres und Kommunales). Diese haben aber bei der Bildung insgesamt mitzuwirken. Wird die Einigungsstelle tätig, steht den jeweilig zuständigen Hauptpersonalräten das alleinige Recht zu, Beisitzerinnen und Beisitzer zu benennen. Dadurch soll sichergestellt werden, dass die Einigungsstelle stets in der Besetzung entscheiden kann, die den Interessen des jeweils in Betracht kommenden Hauptpersonalrats gerecht wird. Durch die Regelung in Abs. 1 und 9 werden in der Landesverwaltung verhältnismäßig wenig Einigungsstellen gebildet. Dagegen müssen im Bereich der Gebietskörperschaften, anderen Körperschaften, Stiftungen und Anstalten des öffentlichen Rechts viele Einigungsstellen bestehen.

§ 68

In den in § 66 Abs. 7 Satz 3 bezeichneten Fällen entscheidet

1. bei Beschäftigten des Landes die Landesregierung,
2. bei Beschäftigten der Gemeinden, der Gemeindeverbände und der sonstigen der Aufsicht des Landes unterstehenden Körperschaften, Anstalten und Stiftungen des öffentlichen Rechts deren verfassungsmäßig zuständiges oberstes Organ oder der von ihm bestimmte Ausschuß

endgültig. Bei Maßnahmen im Bereich der Verwaltung des Landtags tritt an die Stelle der Landesregierung die Präsidentin oder der Präsident des Landtags im Benehmen mit dem Präsidium, im Geschäftsbereich des Landesrechnungshofs die Präsidentin oder der Präsident des Landesrechnungshofs und im Bereich des Landesbeauftragten für Datenschutz und Informationsfreiheit die oder der Landesbeauftragte für Datenschutz und Informationsfreiheit.

1. Endgültige Entscheidung nach Empfehlung der Einigungsstelle

Wenn die Einigungsstelle zur Entscheidung nicht befugt ist und lediglich eine Empfehlung aussprechen kann, entscheiden die in dieser Vorschrift genannten Stellen. Sie sind dabei an die Empfehlung nicht gebunden. Es ist aber davon auszugehen, dass sie sich darüber nicht ohne weiteres hinwegsetzen können. Der Personalvertretung steht nicht die Befugnis zu, vor der Entscheidung der zuständigen Stelle noch gehört zu werden. Umgekehrt steht es der Stelle frei, die Personalvertretung vor der Entscheidung noch mal zu hören. Aber weder hier noch im kommunalen Bereich besteht dazu eine rechtliche Verpflichtung.

2. Körperschaften, Anstalten, Stiftungen

Nr. 2 spricht die Gemeinden und Gemeindeverbände aber auch die sonstigen Körperschaften, Anstalten, Stiftungen an. Grundsätzlich gilt, dass bei den Gemeinden und Gemeindeverbänden der Rat der Gemeinde (oder der Kreistag) als das verfassungsmäßig zuständige oberste Organ anzusehen ist. Bei Personalangelegenheiten der Beamtinnen und Beamten gemäß § 72 Abs. 1 ist der Hauptverwaltungsbeamte endgültig entscheidendes Organ. (BVerwG, Beschl. vom 17.3.1987 – 6 P 15.85) Dies gilt für die Gemeinden und Kreise, in denen die Bürgermeisterin oder der Bürgermeister bzw. die Landrätin oder der Landrat Hauptverwaltungsbeamtin oder Hauptverwaltungsbeamter ist und die Hauptsatzung keine andere Regelung für die beamten-, arbeits- und tarifrechtlichen Entscheidungen getroffen hat (Nr. 19.1 Erl. Erl.). In Gemeinden und Kreisen, in denen eine hauptamtliche Bürgermeisterin oder ein hauptamtlicher Bürgermeister bzw. eine hauptamtliche Landrätin oder ein hauptamtlicher Landrat noch nicht gewählt worden ist, gilt dies allerdings nicht bei beabsichtigten Ernennungen, Beförderungen oder Entlassungen von Beamtinnen und Beamten. Für die übrigen Entscheidungen, insbesondere für Angelegenheiten des § 72 Abs. 3 und Abs. 4 bleibt es bei dem Grundsatz, dass der Rat bzw. der Kreistag oberstes und damit endgültig entscheidendes Organ ist (Nr. 19.1 Erl. Erl.).

Bei der Wahrnehmung von Aufgaben nach § 66 Abs. 7 Satz 3 durch einen Ausschuss ist darauf zu achten, dass das verfassungsmäßig zuständige oberste Organ diese Aufgabe konkret übertragen hat. Der Haupt- und Finanzausschuss einer Gemeinde kann z.B. dann nicht endgültig entscheiden, wenn er wegen der Eilbedürftigkeit im Falle des § 57 GO NW an die Stelle des Rates tritt. (BVerwG, Beschl. vom 20.6.1969, PV 1970, 183). Gegen die Übertragung von Entscheidungsbefugnissen auf einen Ausschuss bestehen dann Bedenken, wenn derselbe Ausschuss für die betreffende Maßnahme zuständig war, bevor die Einigungsstelle angerufen wurde. Es widerspricht dem Sinn und dem Zweck der Vorschrift, wenn derselbe Ausschuss endgültig entscheidet, der bereits mit der Angelegenheit befasst war. Gegen die Übertragung der Entscheidungsbefugnis auf einen anderen Ausschuss bestehen keine Bedenken.

Zweifel, welche Stelle als oberstes Organ anzusehen ist, können bei den Nichtgebietskörperschaften auftreten, ebenso bei Anstalten und Stiftungen des öffentlichen Rechts. Es ist davon auszugehen, dass das verfassungsmäßig zuständige oberste Organ ein vorgegebener Begriff ist, der in diesem Gesetz bei der Vielzahl der Nichtgebietskörperschaften mit unterschiedlicher Verfassung nicht geregelt werden konnte (Ausschuss für Innere Verwaltung des Landtags NW, Sitzung am 28.6.1974, APr 7/1519, 108./A 6 S. 18).

Für die Hochschulen sind diese Regelungen entsprechend anzuwenden (siehe Anm. 15 zu § 66).

3. Sonderregelungen für Landesrechnungshof und den Bereich des Landesbeauftragten für Datenschutz und Informationsfreiheit

Der Landesrechnungshof nimmt als Dienststelle eine Sonderstellung wahr. Seine in Art. 87 der Landesverfassung garantierte Unabhängigkeit gegenüber der Legislative und Exekutive, machen es erforderlich, ihn auch hinsichtlich der Letztentscheidung in im Sinne des § 66 unabhängig von der Landesregierung zu machen.

Auszug aus der Landesverfassung:

Artikel 87

(1) Der Landesrechnungshof ist eine selbständige, nur dem Gesetz unterworfene oberste Landesbehörde. Seine Mitglieder genießen den Schutz richterlicher Unabhängigkeit.

(2) Der Präsident, der Vizepräsident und die anderen Mitglieder des Landesrechnungshofes werden vom Landtag ohne Aussprache gewählt und sind von der Landesregierung zu ernennen.

(3) Das Nähere wird durch Gesetz geregelt.

Der Gesetzgeber begründet die Sonderregelung des Landesrechnungshofes wie folgt: *„Mit der in Art. 87 der Landesverfassung garantierten unabhängigen Stellung des Landesrechnungshofes ist untrennbar auch die unabhängige und unbeeinflussbare Entscheidungskompetenz in allen den Landesrechnungshof betreffenden Fragen verbunden. Dies betrifft insbesondere den Bereich der Personalentscheidungen. Hiermit ist die in Satz 1 Nummer 1 neu festgelegte Entscheidungsbefugnis der Landesregierung auch zu strittigen Personalfragen des Landesrechnungshofes nicht zu vereinbaren.".*

Geregelt werden musste auch die Letztentscheidung im Bereich der oder des Landesbeauftragten für Datenschutz und Informationsfreiheit. Nach den Vorgaben des europäischen Rechts ist die rechtliche Stellung der oder des Landesbeauftragten für Datenschutz und Informationsfreiheit so auszugestalten, dass die Aufgaben in völliger Unabhängigkeit wahrgenommen werden; eine unmittelbare sowie mittelbare Beeinflussung ist auszuschließen. Folge der Ausgestaltung der völlig unabhängigen rechtlichen Selbständigkeit ist die abschließende Zuständigkeit für Personalangelegenheiten der Beschäftigten, die künftig durch eine eigene Personalvertretung vertreten werden. Bei Drucklegung zeichnete sich ab, dass dies spätestens mit der Wahl der Personalvertretung zum 1. Juli 2012 erfolgen soll. Daraus ergibt sich das Erfordernis, entsprechend der Vorgaben des europäischen Rechts, die Zuständigkeit für die Letztentscheidung im Rahmen des § 68 LPVG abweichend von der allgemeinen Regelung im Landesbereich (Landesregierung) festzulegen.

§ 69

(1) Soweit der Personalrat an Entscheidungen mitwirkt, ist die beabsichtigte Maßnahme vor der Durchführung mit dem Ziel einer Verständigung rechtzeitig und eingehend mit ihm zu erörtern. § 66 Absatz 3 Satz 7 bis 9 gilt entsprechend.

(2) Äußert sich der Personalrat nicht innerhalb von zwei Wochen oder hält er bei Erörterung seine Einwendungen oder Vorschläge nicht aufrecht, so gilt die beabsichtigte Maßnahme als gebilligt. Erhebt der Personalrat Einwendungen, so hat er der Dienststelle

die Gründe mitzuteilen. § 66 Absatz 3 Satz 6 gilt entsprechend. Entspricht die Dienststelle den Einwendungen des Personalrats nicht oder nicht in vollem Umfang, so teilt sie dem Personalrat ihre Entscheidung unter Angabe der Gründe schriftlich mit.

(3) Der Personalrat einer nachgeordneten Behörde kann innerhalb von zwei Wochen nach Zugang der Mitteilung (Absatz 2 Satz 4) die Entscheidung der im Verwaltungsaufbau übergeordneten Stelle, bei der eine Stufenvertretung besteht, beantragen. Diese entscheidet nach Verhandlung mit der bei ihr bestehenden Stufenvertretung. Eine Abschrift des Antrags leitet der Personalrat seiner Dienststelle zu.

(4) Ist ein Antrag nach Absatz 3 Satz 1 gestellt, so ist eine beabsichtigte Maßnahme bis zur Entscheidung der angerufenen Stelle auszusetzen.

(5) § 66 Abs. 8 gilt entsprechend.

(6) In den Fällen des Absatzes 2 Satz 4 kann der Personalrat einer Gemeinde, eines Gemeindeverbandes oder einer sonstigen der Aufsicht des Landes unterstehenden Körperschaft, Anstalt oder Stiftung des öffentlichen Rechts die Entscheidung des verfassungsmäßig zuständigen obersten Organs oder des von ihm bestimmten Ausschusses beantragen. Die Absätze 3 bis 5 gelten entsprechend.

1. Mitwirkung

Das Wesen der Mitwirkung besteht darin, dass der Personalrat auf die eigenverantwortliche Entscheidung der Dienststelle Einfluss nehmen, ihre alleinige Entscheidungsbefugnis aber nicht einschränken kann. (BVerwGE 13,291) Die Mitwirkung ist neben der Mitbestimmung das einzige förmliche Beteiligungsrecht des Personalrats, das in der Landesverwaltung dreistufig ausgestaltet ist. Betroffen sind die Maßnahmen gemäß § 73, die der Mitwirkung zwingend unterliegen.

2. Verfahren

Bei einer der Mitwirkung unterliegenden Maßnahme hat der Personalrat Anspruch auf Erörterung seiner Bedenken mit der Dienststelle, um das Verfahren mit dem ernsten Willen zur Einigung betreiben zu können. Im Falle der Nichteinigung in diesem Erörterungsverfahren hat der Personalrat Anspruch darauf, dass seine Bedenken ausdrücklich im Einzelnen beschieden werden. (OVG Rheinland-Pfalz, 5 A 10318/00 vom 6.6.2000) Die Entscheidung durch die Dienststelle im Falle der Nichteinigung hat schriftlich zu erfolgen.

Bei der Erörterung dürfen fachlich zuständige Beschäftigte der Dienststelle anwesend sein. Die Erörterung darf nur dann unterbleiben, wenn sie vom Personalrat nicht gewünscht wird. (BAG, Urteil vom 3.2.1982, PV 1984, 32) Die Maßnahme muss von der Dienststelle beabsichtigt sein, sie darf z.B. noch nicht von der Vertretungskörperschaft einer Gemeinde beschlossen worden sein. Der Personalrat ist vielmehr zu beteiligen, bevor die geplante Maßnahme der Vertretung oder dem entscheidungsbefugten Ausschuss vorgelegt wird (Abs. 1 Satz 2). Der vor einer Beteiligung der Personalvertretung gefasste Beschluss der Vertretungskörperschaft würde das Mitwirkungsrecht des Personalrats verletzen. Die vorgeschriebene Erörterung muss nicht mündlich, sie kann auch schriftlich stattfinden. Eine mündliche Erörterung muss mit dem gesamten Personalratsgremium durchgeführt werden. In welcher Form – mündlich oder schriftlich – erörtert wird, darüber müssen sich beide Seiten verständigen. Rechtzeitig bedeutet, dass die Erörterung so frühzeitig wie möglich stattfindet, damit Gegenvorstellungen des Personalrats noch berücksichtigt werden können. Zur eingehenden Erörterung gehört auch die Erteilung von Informationen, welche der Personalrat zur sachgemäßen und sinnvollen Erfüllung der ihm gestellten Aufgaben bedarf. Das Informationsrecht ergibt sich unmittelbar aus § 65.

Der Personalrat hat im Rahmen der Mitwirkung kein förmliches Initiativrecht. Auch im Mitwirkungsverfahren gilt Schweigen innerhalb der vorgesehenen Frist als Zustimmung. Der Eingang der Maßnahme und die stattgefundene Erörterung sind zweckmäßigerweise aktenkundig zu machen. Bevor der Personalrat ausdrücklich oder durch Schweigen zu erkennen gibt, dass er zustimmen will, ist im Personalrat ein Beschluss zu fassen. Für beide Seiten besteht Begründungszwang. Für den Personalrat, wenn er Einwendungen erhebt, für die Dienststelle, wenn sie den Einwendungen nicht oder nicht im vollem Umfang folgen will.

Die Entscheidung der Dienststelle über die Einwendungen des Personalrats im Mitwirkungsverfahren nach § 72 Abs. 3 HesPersVG ((§ 66 Abs. 3 LPVG NRW) leidet nur dann unter einem Begründungsmangel, wenn die Gründe fehlen oder wenn der Personalrat anhand der angegebenen Gründe nicht sachgerecht beurteilen kann, ob er von seinem Recht zur Anrufung der übergeordneten Dienststelle bzw. der obersten Dienstbehörde Gebrauch machen soll. (BVerwG, Beschluss v. 10.11.2010 – 6 PB 13.10 –)

3. Stufenverfahren

Von einem örtlichen Personalrat kann im Falle der Nichteinigung die Angelegenheit über die Mittelbehörde bis zur obersten Dienstbehörde als letzter Instanz ausgetragen werden, falls Stufenvertretungen bestehen. Ist die Maßnahme von der obersten Dienstbehörde beabsichtigt, so entscheidet diese im Falle der Nichteinigung endgültig. Das gilt auch für Maßnahmen der Mittelbehörde, die bei Nichteinigung zur Entscheidung der obersten Dienstbehörde vorgelegt werden und über die mit der dort bestehenden Stufenvertretung keine Einigung erzielt werden kann.

Das Verfahren ist in einem Ablaufschema dargestellt (Anlage 9).

4. Fristen

Die Ablehnung muss innerhalb der gesetzlichen Frist erfolgen. Die Frist kann nicht abgekürzt werden, verdoppelt sich aber bei der Einschaltung von Stufenvertretungen gemäß § 78 Abs. 2. Der Antrag der Personalvertretung ist unmittelbar und nicht über die eigene Dienststelle vorzulegen. Die Dienststelle erhält lediglich eine Abschrift über die Abgabe an die Stufenvertretung. Die übergeordnete Dienststelle kann den Leiter der nachgeordneten Dienststelle anweisen, den Einwendungen des Personalrats zu entsprechen. Geschieht das nicht, muss sie mit der Stufenvertretung über den Antrag des Personalrats in Verhandlung eintreten und eine ablehnende Entscheidung begründen, für die eine Frist nicht gesetzt ist, die aber schon aus dem Gesichtspunkt der vertrauensvollen Zusammenarbeit nicht hinausgezögert werden darf.

5. Aussetzen der Entscheidung

Ist die Entscheidung der übergeordneten Stelle beantragt, darf die beabsichtigte Maßnahme nicht vollzogen werden. Der Dienststellenleiter kann jedoch in jedem Stadium des Verfahrens vorläufige Regelungen nach § 66 Abs. 8 treffen (vgl. Anm. 19 zu § 66).

6. Einigungsverfahren bei Körperschaften, Anstalten und Stiftungen sowie Hochschulen

Bei Dienststellen außerhalb der Landesverwaltung ist der Antrag nach Abs. 3 an das oberste Organ oder den von ihm bestimmten Ausschuss zu richten (Abs. 6). Durch die entsprechende Anwendung des Abs. 3 ist eine Verhandlung erforderlich, die auf Wunsch des Personalrats auch als mündliche Erörterung durchgeführt wird. Die Verhandlung selbst ist aber mit dem Dienststellenleiter zu führen, der das oberste Organ oder den Ausschuss über das Ergebnis zu unterrichten hat.

Insbesondere bei größeren Körperschaften wird das zuständige oberste Organ einen Ausschuss bestimmen. Es sollte aber nicht der Ausschuss beauftragt werden, der bereits mit der beabsichtigten Maßnahme befasst war. Die Stellungnahme des zuständigen Personalrats muss dem betreffenden Ausschuss rechtzeitig zugeleitet werden, damit sie bei der Entscheidung berücksichtigt werden kann.

Die Feststellung, bei welchem verfassungsmäßig zuständigen obersten Organ oder Ausschuss der bei einer Kreisverwaltung gebildete Personalrat eine Entscheidung gemäß § 69 Abs. 6 Satz 1 LPVG NRW beantragen kann, ist keine organisationsrechtliche Streitfrage und deshalb im personalvertretungsrechtlichen Beschlussverfahren zu treffen. Entspricht der Dienststellenleiter den gegen eine Stellenausschreibung erhobenen Einwendungen des Personalrats nicht, ist als zuständiges oberstes Organ nicht der Kreisausschuss, sondern als Hauptverwaltungsbeamter der Landrat zur Entscheidung berufen. (VG Arnsberg, Beschluss v. 11.12.2008 – 20 K 2063/07.PVL –)

Aus der schematischen Darstellung ergibt sich das Verfahren (Anlage 10).

§ 70

(1) Dienstvereinbarungen sind zulässig, soweit nicht gesetzliche oder tarifliche Regelungen entgegenstehen. Sie sind unzulässig, soweit sie Arbeitsentgelte oder sonstige Arbeitsbedingungen betreffen, die durch Tarifvertrag geregelt sind oder üblicherweise geregelt werden; dies gilt nicht, wenn ein Tarifvertrag ergänzend Dienstvereinbarungen zuläßt.

(2) Dienstvereinbarungen, die für einen größeren Bereich gelten, gehen den Dienstvereinbarungen für einen kleineren Bereich vor.

(3) Dienstvereinbarungen bedürfen der Schriftform, sie sind von beiden Seiten zu unterzeichnen und von der Dienststelle in geeigneter Weise bekanntzumachen.

(4) Dienstvereinbarungen können, soweit nichts anderes vereinbart ist, mit einer Frist von drei Monaten gekündigt werden. Nach Kündigung oder Ablauf einer Dienstvereinbarung gelten ihre Regelungen in Angelegenheiten, in denen der Spruch der Einigungsstelle die Einigung zwischen Dienststelle und Personalrat ersetzen kann, weiter, bis sie durch eine neue Dienstvereinbarung ersetzt wird. Die Nachwirkung kann ausgeschlossen werden.

1. Dienstvereinbarungen

Eine Dienstvereinbarung ist ein öffentlich-rechtlicher Vertrag. Dienstvereinbarungen sind auszulegen und anzuwenden wie Gesetze. Deshalb ist kein Raum für die Feststellung eines vom Wortlaut abweichenden Parteiwillens. (Hess. VGH, Beschl. vom 29.7.1987 – BPV TK 1991/86 n.v.)

Die materiellen Voraussetzungen für den Abschluss von Dienstvereinbarungen sind in dieser Vorschrift nicht angesprochen. Es ist aber davon auszugehen, dass alle Maßnahmen der Beteiligungskataloge, insbesondere der §§ 72 und 73, durch Dienstvereinbarungen geregelt werden können.

2. Voraussetzungen für den Abschluss von Dienstvereinbarungen

Gemäß § 4 kann durch Tarifvertrag oder Dienstvereinbarung das Personalvertretungsrecht nicht abweichend von diesem Gesetz geregelt werden. Damit ist negativ abgegrenzt, auf welchem Gebiet Dienstvereinbarungen nicht abgeschlossen werden dürfen. (vgl. Hess. VGH, Beschl. vom 18.4.1983, NJW 1983, 1139) Der § 72 Abs. 3 und 4 enthält außerdem eine Sperrwirkung, denn danach ist der Abschluss von Dienstvereinbarungen nicht möglich, falls eine gesetzliche oder tarifliche Regelung besteht. Tarifverträge enthalten aber zuweilen die Ermächtigung zum Abschluss ergänzender Dienstvereinbarungen, die aber selten in Anspruch genommen wird.

Der Anspruch des Personalrats gegen die Dienststelle auf Vorlage von Unterlagen wird durch den Grundsatz der Erforderlichkeit begrenzt. Die Dienststelle muss daher in jedem Einzelfall über Art und Umfang der Unterrichtung entscheiden. Ein globaler elektronischer Zugriff auf die in einem Dienstplanprogramm gespeicherten Personaldaten ist damit unvereinbar. Dienststelle und Personalrat können den Vorlageanspruch nicht in einer Dienstvereinbarung über die vom Gesetzgeber vorgesehenen Beteiligungstatbestände hinaus erweitern. (VG Frankfurt am Main, Beschluss v. 31.5.2010 – 23 K 500/10.F.PV(V) –)

Der Personalrat kann auch Anträge stellen, wenn er eine Dienstvereinbarung abschließen möchte. Daraus ergibt sich aber nicht ein Anspruch gegenüber der Dienststelle. Es ergibt sich aus dem Erfordernis eines gemeinsamen Beschlusses von Dienststelle und Personalrat als Wirksamkeitsvoraussetzung für eine Dienstvereinbarung, dass die Entscheidung im Ermessen beider Partner liegt. Insofern kann das Initiativrecht nur als Vorschlagsrecht ausgeübt werden, das ebenso wenig einen Anspruch gegen der Dienststelle auf Zustimmung zu einer Dienstvereinbarung begründet wie der Antrag der Dienststelle an den Personalrat für diesen eine Rechtspflicht begründet, der vorgeschlagenen Maßnahme zuzustimmen. (OVG Münster, Beschl. vom 24.2.1983, PV 1985, 126).

3. Ausschlussgründe für Dienstvereinbarungen

Dienstvereinbarungen über Arbeitsentgelte und sonstige Arbeitsbedingungen sind schon dann unzulässig, wenn sie durch Tarifvertrag zwar noch nicht geregelt sind, aber üblicherweise durch Tarifvertrag geregelt werden, dies ist eine Auswirkung des in § 3 Abs. 3 enthaltenen Grundsatzes, dass die Aufgaben der Tarifvertragsparteien durch dieses Gesetz nicht berührt werden. Unter Arbeitsentgelten und sonstigen Arbeitsbedingungen sind nach überwiegender Ansicht nicht die formellen Arbeitsbedingungen zu verstehen, die sich mit der Ordnung in der Dienststelle und dem Verhalten der Beschäftigten befassen, sondern nur die materiellen Arbeitsbedingungen, wie Fragen der Lohngestaltung, der Mehrarbeit, der Pausen, der Einarbeitungszeiten, der Arbeitsbedingungen von Arbeitnehmern an Bildschirmgeräten usw., also das, was üblicherweise in Tarifverträgen geregelt wird.

Die in Absatz 1 geregelte Sperrwirkung entfällt, wenn und soweit der Tarifvertrag die Ergänzung durch eine Dienstvereinbarung ausdrücklich zulässt. Es genügt nicht, dass Dienststelle und Personalrat den Tarifvertrag entsprechend auslegen, vielmehr muss der Tarifvertrag eine ausdrückliche Bestimmung für eine ergänzende Dienstvereinbarung enthalten. Dies ist der Fall bei den Tarifverträgen:

TVL und TvöD bei
§ 5 (Qualifizierung),
§ 10 (Arbeitszeitkonto)

und beim TvöD
§ 23 (Jubiläumszuwendung) und
§ 27 (Zusatzurlaub).

4. Zustandekommen einer Dienstvereinbarung

Die Dienstvereinbarung kommt durch einen gemeinsamen Beschluss der Dienststelle und des Personalrats zustande und wird durch Austausch der übereinstimmenden Willenserklärungen wie ein Vertrag abgeschlossen. Sie setzt auf Seiten der Dienststelle voraus, dass die Dienststelle im Rahmen ihrer Organisationsgewalt eine Regelungsbefugnis besitzt. Hat sie es z.b. unterlassen, die erforderliche Zustimmung der vorgesetzten Dienststelle einzuholen, führt das zur Unwirksamkeit der Dienstvereinbarung. Für sie ist Schriftform und die Unterzeichnung beider Seiten auf der gleichen Urkunde vorgeschrieben. Aus Gründen der Rechtssicherheit muss die Dienstvereinbarung bekannt gemacht werden. Das gilt sowohl für den normativen als auch für den obligatorischen Teil. Die Nichtbekanntmachung der Dienstvereinbarung führt aber nicht ohne weiteres zur Unwirksamkeit.

5. Dauer der Dienstvereinbarung

Da Dienstvereinbarungen in der Regel für längere Dauer abgeschlossen werden, bleiben sie von einem Wechsel im Personalrat unberührt, brauchen also nach Neuwahlen nicht erneut abgeschlossen zu werden. Das gleiche gilt, wenn z.b. die Dienststelle unter Wahrung ihrer Identität in einen anderen Geschäftsbereich überführt wird. Dienstvereinbarungen enden durch Inkrafttreten einer Rechtsnorm, z.B. Gesetz oder Tarifvertrag. Sie enden aber auch durch Zeitablauf, wenn sie befristet vereinbart worden sind. Falls eine Vereinbarung über die Zeitdauer nicht besteht und auch keine Kündigungsfrist vorgesehen ist, können die in Abs. 4 genannten Möglichkeiten in Anspruch genommen werden. Eine Kündigung ist also auch möglich, wenn die Dienstvereinbarung keine Kündigungsklausel enthält. Eine Teilkündigung setzt eine entsprechende Vereinbarung voraus. Das gleiche gilt für die Nachwirkung von durch Zeitablauf oder Kündigung beendeten Dienstvereinbarungen. Die Nachwirkung (Abs. 4) findet bei Dienstvereinbarungen keine Anwendung, die vor dem 22.1.1985 (Inkrafttreten des Änderungsgesetzes vom 18. Dezember 1984) abgeschlossen worden sind. Die Nachwirkung gekündigter oder ausgelaufener Dienstvereinbarung wurde durch die Novellierung 2007 beschränkt auf die Fälle, in denen die Einigungsstelle abschließend entscheiden kann. Siehe hierzu Anm. 17 zu § 66.

Das im Gesetz von 2007 normierte Evokationsrecht wurde gestrichen.

6. Zuständigkeitsregelung

Die in Abs. 2 getroffene Regelung trägt der Zuständigkeitsabgrenzung zwischen den Dienststellen Rechnung. So wird z.B. eine von der Dienststelle abgeschlossene Dienstvereinbarung verdrängt, wenn eine solche mit vergleichbarem Inhalt von der obersten Dienstbehörde mit dem dort gebildeten Hauptpersonalrat oder Gesamtpersonalrat abgeschlossen wird, auch wenn die Zuständigkeit der Mittelbehörde in den der Mitbestimmung unterliegenden Angelegenheiten gegeben ist. Die für den größeren Bereich geltende Dienstvereinbarung muss aber eine konkrete Regelung enthalten und darf sich nicht darauf beschränken, eine für einen kleineren Bereich bestehende Dienstvereinbarung lediglich aufzuheben. Wegen der Entscheidung von Streitigkeiten durch das Verwaltungsgericht wird auf § 79 Abs. 1 Nr. 5 verwiesen.

§ 71

(1) Entscheidungen, an denen der Personalrat beteiligt war, führt die Dienststelle durch, es sei denn, dass im Einzelfall etwas anderes vereinbart ist.

(2) Wird eine Maßnahme, der der Personalrat zugestimmt hat, von der Dienststelle nicht unverzüglich durchgeführt, so hat diese den Personalrat unter Angabe von Gründen zu unterrichten.

1. Vollzugsrecht der Dienststelle

Die Willensbildung der Dienststelle ist im Bereich der beteiligungspflichtigen Maßnahmen durch die Einschaltung des Personalrats eingeschränkt, auf den Vollzug der Maßnahme nimmt der Personalrat aber keinen Einfluss. Die Dienststelle trägt die alleinige Verantwortung. Deswegen müssen die Entscheidungen auch von **ihr** durchgeführt werden. Ein Recht auf Durchführung oder auch nur Mitdurchführung steht der Personalvertretung nicht zu. (OVG Münster, Beschl. vom 24.2.1982 – CL 31/80 –; Hess. VGH, Beschl. vom 14.1.1993 – HVPL 1217/19 n. v.)

Die Vorschrift enthält auch keine Regelung in dem Sinne, dass dadurch die Dienststelle gezwungen wäre, die unter Beteiligung des Personalrats beschlossenen Maßnahmen durchzuführen. Es handelt sich lediglich um eine Zuständigkeitsregelung. (OVG Hamburg, Beschl. vom 5.4.1982, PV 1984, 245) Das Unterlassen der beabsichtigten Maßnahme unterliegt nicht der Mitbestimmung. (OVG Hamburg, Beschl. vom 5.4.1982, a.a.O.).

Entscheidungen, an denen der Personalrat beteiligt ist, sind nicht nur solche, die in einem förmlichen Beteiligungsverfahren zustande gekommen sind, sondern auch Entscheidungen und Vereinbarungen, die sich aus anderen Beteiligungsrechten ergeben (§§ 62 bis 64, §§ 74 und 75).

2. Ausnahmen

Ausnahmsweise kann der Personalrat selbst Beschlüsse ausführen, wenn darüber ein Einvernehmen zwischen Personalrat und Dienststelle besteht, z.B. bei Veranstaltung von Betriebsfeiern oder Betriebsausflügen. Bei der Vorbereitung und Durchführung derartiger Veranstaltungen – ein traditionelles Tätigkeitsgebiet der Personalräte – müsste sogar ein „Auftrag" der Dienststelle vorliegen. In diesen Fällen können Personalratsmitglieder auch Kostenersatz geltend machen. (Hess. VGH, Beschl. vom 15.12.1975, PV 1977, 137) Ebenso kann der Personalrat, wenn auch im Namen und Auftrag der Dienststelle, eine Kantine als Sozialeinrichtung führen. Für rechtsgeschäftliche Erklärungen muss die Dienststelle haften. In seinem eigenen Wirkungskreis muss der Personalrat ohnehin selbständig tätig werden, z.B. bei der Einberufung einer Personalversammlung (§ 46).

3. Vollzugspflicht der Dienststelle

Falls der Personalrat von sich aus Maßnahmen beantragt, insbesondere von seinem Initiativrecht Gebrauch macht (§ 66 Abs. 4), besteht für die Dienststelle eine Pflicht zur Durchführung, falls im Verfahren dem Antrag zugestimmt worden ist. Dies gilt auch, wenn die Einigungsstelle eine Entscheidung zugunsten des Personalrats getroffen hat. Eine Vollzugspflicht kann sich auch aus dem Abschluss von Dienstvereinbarungen ergeben.

4. Information bei Nichtdurchführung einer Maßnahme

Auch wenn die Dienststelle, außer bei Maßnahmen nach dem Initiativrecht, nicht verpflichtet ist, Maßnahmen mit Beteiligung des Personalrats durch zu führen, besteht gemäß Abs. 2 ein Begründungszwang gegenüber dem Personalrat, wenn der Leiter der Dienststelle eine Maßnahme nicht oder nicht unverzüglich (ohne schuldhaftes Zögern) durchführt. Darüber hinaus kann der Personalrat von seinem Initiativrecht Gebrauch machen, wenn er einer Maßnahme zugestimmt hat, der Leiter der Dienststelle aber die Durchführung unterlässt.

Dritter Abschnitt
Beteiligungspflichtige Angelegenheiten
§ 72

(1) Der Personalrat hat mitzubestimmen in Personalangelegenheiten bei

1. Einstellung, Nebenabreden zum Arbeitsvertrag, erneuter Zuweisung eines Arbeitsplatzes gemäß Arbeitsplatzsicherungsvorschriften sowie nach Beendigung eines Urlaubs ohne Dienstbezüge nach § 70 und § 71 des Landesbeamtengesetzes und nach Beendigung der Jahresfreistellung nach § 64 des Landesbeamtengesetzes bzw. den entsprechenden Regelungen für Arbeitnehmerinnen und Arbeitnehmer und nach der Rückkehr aus der Elternzeit ohne gleichzeitige Teilzeit, Verlängerung der Probezeit, Befristung von Arbeitsverträgen,
2. Beförderung, Zulassung zum Aufstieg, Übertragung eines anderen Amtes mit niedrigerem Endgrundgehalt,
3. Laufbahnwechsel,
4. Eingruppierung, Höhergruppierung, Herabgruppierung, Übertragung einer höher oder niedriger zu bewertenden Tätigkeit, Stufenzuordnung und Verkürzung und Verlängerung der Stufenlaufzeit gemäß Entgeltgrundsätzen, Bestimmung der Fallgruppen innerhalb einer Entgeltgruppe, wesentliche Änderung von Arbeitsverträgen,
5. Versetzung zu einer anderen Dienststelle, Umsetzung innerhalb der Dienststelle für eine Dauer von mehr als drei Monaten, Umsetzung innerhalb der Dienststelle, die mit einem Wechsel des Dienstortes verbunden ist, wobei das Einzugsgebiet im Sinne des Umzugskostenrechts zum Dienstort gehört,
6. Abordnung, Zuweisung von Beamtinnen und Beamten gemäß § 20 des Beamtenstatusgesetzes, Zuweisung von Arbeitnehmerinnen und Arbeitnehmern gemäß tarif-

rechtlicher Vorschriften, für eine Dauer von mehr als drei Monaten und ihrer Aufhebung,

7. Kürzung der Anwärterbezüge oder der Unterhaltsbeihilfe,

8. Entlassung von Beamtinnen und Beamten auf Lebenszeit, auf Probe oder Widerruf oder Entlassung aus einem öffentlich-rechtlichen Ausbildungsverhältnis, wenn die Entlassung nicht selbst beantragt wurde,

9. vorzeitiger Versetzung in den Ruhestand, Feststellung der begrenzten Dienstfähigkeit und der Polizeidienstunfähigkeit, wenn die Maßnahme nicht selbst beantragt wurde,

10. Weiterbeschäftigung von Beamtinnen und Beamten und Arbeitnehmerinnen und Arbeitnehmern über die Altersgrenze hinaus,

11. Anordnungen, welche die Freiheit in der Wahl der Wohnung beschränken,

12. Versagung, Untersagung oder Widerruf der Genehmigung einer Nebentätigkeit,

13. Ablehnung eines Antrags auf Teilzeitbeschäftigung oder Urlaub gemäß §§ 63 bis 67 oder §§ 70, 71 des Landesbeamtengesetzes sowie Ablehnung einer entsprechenden Arbeitsvertragsänderung bei Arbeitnehmerinnen und Arbeitnehmern,

14. Ablehnung eines Antrags auf Einrichtung eines Arbeitsplatzes außerhalb der Dienststelle.

Satz 1 gilt für die in § 8 Absatz 1 bis 3 und § 11 Absatz 2 Buchstabe b bezeichneten Beschäftigten und für Dozentinnen und Dozenten gemäß § 20 Fachhochschulgesetz öffentlicher Dienst nur, wenn sie es beantragen; er gilt nicht

1. für die in § 37 des Landesbeamtengesetzes bezeichneten Beamtinnen und Beamten,

2. für Beamtenstellen von der Besoldungsgruppe B 3 an aufwärts, für Stellen der Abteilungsleitung der Generalstaatsanwaltschaften sowie für Arbeitnehmerinnen und Arbeitnehmer, die ein der Besoldungsgruppe B 3 an aufwärts vergleichbares Entgelt erhalten,

3. für überwiegend und unmittelbar künstlerisch tätige Beschäftigte an Theatern, die unter den Geltungsbereich des Normalvertrages (NV) Bühne fallen,

4. für kommunale Wahlbeamtinnen und Wahlbeamte,

5. für Leiterinnen und Leiter von öffentlichen Betrieben in den Gemeinden, den Gemeindeverbänden und den sonstigen der Aufsicht des Landes unterstehenden Körperschaften, Anstalten und Stiftungen des öffentlichen Rechts.

Satz 1 Nr. 5 gilt nicht für Beschäftigte in der Berufsausbildung.

(2) Der Personalrat hat mitzubestimmen in sozialen Angelegenheiten bei

1. Gewährung und Versagung von Unterstützungen, Vorschüssen, Darlehen und entsprechenden Zuwendungen,

2. Zuweisung und Kündigung von Wohnungen, über die die Beschäftigungsdienststelle verfügt, und Ausübung eines Vorschlagsrechts sowie der allgemeinen Festsetzung der Nutzungsbedingungen,

3. Zuweisung von Dienst- und Pachtland und Ausübung eines Vorschlagsrechts sowie Festsetzung der Nutzungsbedingungen,

4. Errichtung, Verwaltung und Auflösung von Sozialeinrichtungen ohne Rücksicht auf ihre Rechtsform,

5. Aufstellung von Sozialplänen einschließlich Plänen für Umschulungen zum Ausgleich von Härtefällen sowie Milderung wirtschaftlicher Nachteile infolge von Rationalisierungsmaßnahmen.

(3) Der Personalrat hat, soweit eine gesetzliche oder tarifliche Regelung nicht besteht, mitzubestimmen in Rationalisierungs-, Technologie- und Organisationsangelegenheiten bei

1. Einführung, Anwendung, wesentlicher Änderung oder wesentlicher Erweiterung von automatisierter Verarbeitung personenbezogener Daten der Beschäftigten außerhalb von Besoldungs-, Gehalts-, Lohn-, Versorgungs- und Beihilfeleistungen sowie Jubiläumszuwendungen,
2. Einführung, Anwendung und Erweiterung technischer Einrichtungen, es sei denn, dass deren Eignung zur Überwachung des Verhaltens oder der Leistung der Beschäftigten ausgeschlossen ist,
3. Einführung grundlegend neuer, wesentlicher Änderung und wesentlicher Ausweitung von Arbeitsmethoden,
4. Maßnahmen, die die Hebung der Arbeitsleistung oder Erleichterungen des Arbeitsablaufs zur Folge haben sowie Maßnahmen der Änderung der Arbeitsorganisation,
5. Einführung, wesentlicher Änderung oder wesentlicher Ausweitung betrieblicher Informations- und Kommunikationsnetze,
6. Einrichtung von Arbeitsplätzen außerhalb der Dienststelle.

(4) Der Personalrat hat, soweit eine gesetzliche oder tarifliche Regelung nicht besteht, mitzubestimmen über

1. Beginn und Ende der täglichen Arbeitszeit und der Pausen sowie Verteilung der Arbeitszeit auf die einzelnen Wochentage, Einführung, Ausgestaltung und Aufhebung der gleitenden Arbeitszeit,
2. Anordnung von Überstunden oder Mehrarbeit, soweit sie vorauszusehen oder nicht durch Erfordernisse des Betriebsablaufs oder der öffentlichen Sicherheit und Ordnung bedingt sind, sowie allgemeine Regelung des Ausgleichs von Mehrarbeit,
3. Zeit, Ort und Art der Auszahlung der Dienstbezüge und Arbeitsentgelte,
4. Aufstellung des Urlaubsplans, Festsetzung der zeitlichen Lage des Erholungsurlaubs für einzelne Beschäftigte, wenn zwischen der Dienststelle und der oder dem beteiligten Beschäftigten kein Einverständnis erzielt wird,
5. Fragen der Gestaltung des Entgelts innerhalb der Dienststelle, insbesondere die Aufstellung von Entgeltgrundsätzen, die Einführung und Anwendung von neuen Entgeltmethoden und deren Änderung sowie die Festsetzung der Akkord- und Prämiensätze und vergleichbarer leistungsbezogener Entgelte, einschließlich der Geldfaktoren, sowie entsprechende Regelungen für Beamtinnen und Beamte,
6. Bestellung und Abberufung von Vertrauens- und Betriebsärztinnen und Vertrauens- und Betriebsärzten sowie Sicherheitsfachkräften und Bestellung der oder des Datenschutzbeauftragten,
7. Maßnahmen zur Verhütung von Dienst- und Arbeitsunfällen und sonstigen Gesundheitsschädigungen einschließlich Maßnahmen vorbereitender und präventiver Art,
8. Grundsätze über die Prämierung von anerkannten Vorschlägen im Rahmen des behördlichen und betrieblichen Vorschlagswesens,

9. Regelung der Ordnung in der Dienststelle und des Verhaltens der Beschäftigten,
10. Gestaltung der Arbeitsplätze,
11. Geltendmachung von Ersatzansprüchen gegen eine oder einen Beschäftigten,
12. Maßnahmen nach § 1 Abs. 3,
13. Grundsätze über die Durchführung der Berufsausbildung der Beschäftigten,
14. Richtlinien für die personelle Auswahl bei Einstellungen, bei Versetzungen, bei Höhergruppierungen und bei Kündigungen,
15. Beurteilungsrichtlinien,
16. allgemeine Fragen der Fortbildung der Beschäftigten, Auswahl der Teilnehmerinnen und Teilnehmer an Fortbildungsveranstaltungen,
17. Inhalt von Personalfragebogen,
18. Maßnahmen, die der Durchsetzung der tatsächlichen Gleichberechtigung von Frauen und Männern, insbesondere bei der Einstellung, Beschäftigung, Aus-, Fort- und Weiterbildung und dem beruflichen Aufstieg dienen,
19. Grundsätze der Arbeitsplatz- und Dienstpostenbewertung in der Dienststelle,
20. Abschluss von Arbeitnehmerüberlassungs- oder Gestellungsverträgen,
21. Aufstellung von Grundsätzen zu Arbeitszeitmodellen und erstmalige Einführung grundlegend neuer Formen der Arbeitsorganisation,
22. Übertragung von Arbeiten der Dienststelle, die üblicherweise von ihren Beschäftigten vorgenommen werden, auf Dauer an Privatpersonen oder auf Dritte in jeglicher Rechtsform (Privatisierung).

In den Fällen des Satzes 1 Nr. 11 bestimmt der Personalrat nur auf Antrag der oder des Beschäftigten mit; diese oder dieser ist von der beabsichtigten Maßnahme rechtzeitig vorher in Kenntnis zu setzen. Satz 1 Nr. 17 gilt nicht für den Inhalt von Personalfragebogen, die der Finanzkontrolle durch den Landesrechnungshof dienen.

(5) Der Personalrat hat in den Fällen der Absätze 3 und 4 auch mitzubestimmen, wenn eine Maßnahme probeweise oder befristet durchgeführt werden soll.

1. Mitbestimmung in Personalangelegenheiten (Abs. 1)

Die Formvorschriften über die Behandlung von mitbestimmungspflichtigen Personalangelegenheiten enthält § 66. Wegen des Begriffs „Mitbestimmung" wird auf Anm. 1 zu § 66 verwiesen. Die einzelnen Tatbestände sind in Abs. 1 für Beamte, Angestellte und Arbeiter in einem Ausschließlichkeitskatalog zusammengefasst, der weder erweitert noch eingeengt werden darf.

2. Einstellung (Abs. 1 Nr. 1)

Bei Beamten ist die Einstellung eine Ernennung unter Begründung eines Beamtenverhältnisses (§ 3 Abs. 1 LVO). Das Beamtenverhältnis kann auf Widerruf, auf Probe, auf Zeit oder auf Lebenszeit begründet werden (§ 5 LBG).

Gegenstand der Mitbestimmung ist nur die dienstrechtliche Maßnahme, nicht etwa die Zuweisung des Dienstortes. Das gilt auch, wenn für den dienstlichen Einsatz mehrere weiter entfernt Dienststellen oder Einsatzorte in Betracht kommen können. Die Beteiligung erstreckt sich allerdings nicht nur auf die Eingliederung in die Dienststelle, sondern auch auf die auszuübende Tätigkeit. (Bay. VGH, Beschl. vom 2.3.1979, ZBR 1980, 132)

Bei Arbeitnehmern fallen Abschluss des Arbeitsvertrages und Einstellung meist zusammen, maßgebend aber ist die tatsächliche Eingliederung in die Dienststelle, um den Tatbestand der Einstellung zu verwirklichen. (BVerwG, Beschl. vom 25.9.1995 – 6 P 44.93) Zum Tatbestand „Mitbestimmung" gehört auch die erstmalige Einreihung in eine Vergütungs- oder Lohngruppe. (OVG Berlin, Beschl. vom 9.9.1994, PersA 1995, 302) Das BAG hat ein Mitbestimmungsrecht bereits bejaht, wenn Personen „in den Betrieb" eingegliedert werden, um zusammen mit den im Betrieb schon beschäftigten Arbeitnehmern den arbeitstechnischen Zweck des Betriebs durch weisungsgebundene Tätigkeit zu verwirklichen. (BB 1986, 1986) So ist auch der Abschluss von Honorarverträgen mit freien Mitarbeitern einer Dienststelle, z.B. die Beschäftigung von Musiklehrern in einer Musikschule, eine beteiligungspflichtige Einstellung. (OVG Münster, Beschl. vom 5.4.1990, ZBR 1991, 124)

Das Mitbestimmungsrecht wirkt sich bereits aus, wenn die Dienststelle ein bindendes Angebot an einen Bewerber abgeben will. (LAG Hamm, Urteil vom 23.8.1979, PV 1982, 51) Auch die Einstellung eines Arbeitnehmers im Rahmen einer Arbeitsbeschaffungsmaßnahme nach §§ 91 ff. AFG, der vom Arbeitsamt zugewiesen worden ist, unterliegt personalvertretungsrechtlich der Mitbestimmung. (Bay. VGH, Beschl. vom 29.5.1987, PersR 1988, 84)

Abs. 1 Nr. 1 (Einstellungen) findet aufgrund besonderer gesetzlicher Vorschriften in folgenden Fällen keine Anwendung:

1. Auf neu einzustellende Polizeivollzugsbeamte (§ 83 Abs. 5),
2. auf Beschäftigte, die aufgrund eines Tarifvertrages auf Produktionsdauer beim Westdeutschen Rundfunk beschäftigt werden (§ 55 WDR-Gesetz).

Eine Besonderheit besteht noch bei der Einstellung von Abrufkräften, die in einer Abrufliste aufgenommen werden und bei denen der Zeitpunkt der Dienstaufnahme und die voraussichtliche Dauer der Beschäftigung nicht feststehen. Mitbestimmungspflichtige Maßnahme ist aber der zusammengehörige Lebensvorgang, der mit der Aufnahme der Bewerber in die Liste beginnt und alle nachfolgenden Arbeitsverhältnisse umfasst, die auf der Grundlage der Liste für ein und dieselbe Person geschlossen werden. Aus diesem Grunde ist bei der Einstellung von Abrufkräften für dieselbe Person und denselben Arbeitsplatz nur ein einheitliches Mitbestimmungsverfahren durchzuführen. (BVerwG, Beschl. vom 3.2.1993, ZfPR 1993,127)

Beispiele aus der Rechtsprechung:

• Die Aufnahme der Tätigkeit einer DRK-Krankenschwester auf der Grundlage eines Gestellungsvertrages zwischen Krankenhausträger und DRK-Schwesternschaft unterliegt als Einstellung der Mitbestimmung des Personalrats, wenn die DRK-Krankenschwester dabei der Pflegedienstleitung des Krankenhauses unterstellt wird. Dies gilt generell bei der Einstellung von „Drittkräften", die einem öffentlichen Arbeitgeber „leihweise" zur Verfügung gestellt werden, sofern das Weisungsrecht bei dem öffentlichen Arbeitgeber besteht. Die Höhe der wöchentlichen Arbeitszeit und des Entgelts spielen dabei keine Rolle. Eine Mitbestimmung ist nur dann zu verneinen, wenn die Tätigkeit bei dem öffentlichen Arbeitgeber weniger als zwei Monate dauern soll. (BVerwG, 6 P 7.95 vom 27.8.1997)

- Dies gilt auch dann, wenn die weisungsbefugte Pflegedirektorin (Pflegedienstleitung) ebenfalls von der Schwesternschaft gestellt wird. (BVerwG, 6 P 12.01 vom 18.6.2002)
- Es handelt sich um eine mitbestimmungspflichtige Einstellung, wenn ein Teilzeitarbeitsverhältnis nicht nur geringfügig und nicht nur vorübergehend aufgestockt wird. Bei einer Dauer von mindestens 2 Monaten oder bei einem Umfang, der auch eine Neueinstellung einer weiteren Teilzeitarbeitskraft gerechtfertigt hätte, ist hiervon regelmäßig auszugehen. (BVerwG, 6 P 10.97 vom 23.3.1999)
- Der Einsatz von ehrenamtlichen Arbeitnehmern einer freiwilligen Feuerwehr in einer ständig besetzten Feuerwache einer großen kreisfreien Stadt unter Einsparung von hauptamtlichen Kräften ist eine mitbestimmungspflichtige Einstellung. (OVG NRW, 1 A 5193/97.PVL vom 27.10.1999)
- Die vor der Einstellung von zwei Halbtagskräften zwischen diesen und dem Dienststellenleiter getroffene Vereinbarung, dass die beiden sich bei aufeinander abgestimmter Arbeitszeit einen Arbeitsplatz teilen (Jobsharing) ist für sich nicht mitbestimmungspflichtig. (OVG Berlin, OVG 60 PV 14.96 vom 17.6.1998)
- Eine Stellenausschreibung zu einer personellen Maßnahme, der ein Auswahlverfahren zu Grunde liegt, muss ein spezifisches Anforderungsprofil für den ausgeschriebenen Dienstposten enthalten. Hierauf muss der Personalrat achten. Der Auswahlentscheidung muss ein aktueller Leistungsvergleich (Beurteilung) zu Grunde gelegt werden, der es der Personalvertretung ermöglicht, auf der Grundlage einer möglichst zeitnahen Einschätzung von Eignung, Leistung und Befähigung den vom Dienststellenleiter vorgenommenen Vergleich nachvollziehen zu können. Das Gericht geht von einer höchsten 12 Monate zurückliegenden Beurteilung aus. (VGH Hessen, 1 TG 2902/00 vom 19.9.2000)
- Die Einstellung eines Lehrers an einer Schule für Erziehungshilfe (Förderschule), der nicht über die Lehrbefähigung für das Lehramt für Sonderpädagogik, sondern lediglich für das Lehramt für die Primarstufe oder die Sekundarstufe I verfügt, gilt nicht gemäß § 66 Abs. 3 Satz 4 als gebilligt, wenn der Personalrat seine Zustimmungsverweigerung u.a. damit begründet, dass die Maßnahme dauerhaft zu erheblichen Mehrbelastungen der bereits an der Schule tätigen Lehrer führe, da es an Förderschulen eine Reihe von Tätigkeiten gebe, die nur von Lehrkräften mit einer Lehrbefähigung für das Lehramt für Sonderpädagogik wahrgenommen werden könnten. (OVG Nordrhein-Westfalen, I A 2575/02.PVL vom 30.7.2003)
- Personalräte haben ein Mitbestimmungsrecht bei der Besetzung so genannter Ein-Euro-Jobs. Der Personalrat hat im Interesse der übrigen Beschäftigten zu prüfen, ob der betreffende Einzustellende für die fragliche Tätigkeit geeignet ist und ob die ausgewählten Einsatzbereiche das Merkmal der Zusätzlichkeit erfüllen. Damit soll sichergestellt werden, dass keine regulären Beschäftigungsmöglichkeiten verdrängt werde. (BVerwG; 6 P 4.06 vom 21. März 2007)
- Mitbestimmung des Personalrats bei Einstellung und Eingruppierung § 67 Abs. 1 Nr. 1 SAPersVG erlaubt es dem Personalrat, der von der Dienststelle beabsichtigten Einstellung eines Arbeitnehmers zuzustimmen und zugleich der vorgesehenen Eingruppierung zu widersprechen; in diesem Fall hat die übergeordnete Dienststelle auf Verlangen des Personalrats das Stufenverfahren einzuleiten. (BVerwG, Beschluss v. 22.11.2007 – 6 P 1.07-ausführlich: ZfPR online 2/2008, S.2)
- Die Ernennung von Anwärterinnen und Anwärtern des gehobenen und mittleren Dienstes auf Probe ist als Einstellung mitbestimmungspflichtig, wenn das zuvor bestehende Beam-

tenverhältnis auf Widerruf im Zeitpunkt des Wirksamwerdens der Ernennung zu Probe-beamten bereits beendet war. Das gilt auch, wenn sich das Beamtenverhältnis auf Wider-ruf und das Beamtenverhältnis auf Probe lückenlos aneinander reihen. Der lückenlose Anschluss eines Beamtenverhältnisses auf Probe an ein solches auf Widerruf stellt sich nicht als (mitbestimmungsfreie) Umwandlung eines Beamtenverhältnisses dar. (VG Arns-berg, Beschluss v. 22.7.2011 – 20 K 1530/10.PVL –)

• Die mitbestimmungspflichtige Eingruppierung von Beschäftigten anlässlich ihrer Einstellung i.S.d. § 75 Abs.1 Nr. 2 BPersVG (§ 72 Abs. 1 Nr. 1 LPVG NRW) umfasst neben ihrer Eingruppierung in eine Entgeltstufe (Eingruppierung im tarifrechtlichen Sinne) auch ihre Einstufung in eine Erfahrungsstufe i. S. d. § 16 TVöD Bund und § 16 TVL Land. (VGH Hessen, Beschluss v. 2.9.2010 – 21 A 21/10.PV –)

• Eine für die Dauer von mehr als einem Monat vorgesehene Erhöhung der Arbeitszeit einer Arbeitnehmerin oder eines Arbeitnehmers von mindestens zehn Stunden pro Woche ist eine nach § 99 Abs. 1 Satz 1 BetrVG mitbestimmungspflichtige Einstellung. (BAG, Be-schluss v. 9.12.2008 – 1 ABR 74/07 –)

3. Nebenabreden (Abs. 1 Nr. 1)

Gemäß § 2 TVL/TVöD wird bei der Einstellung ein Arbeitsvertrag schriftlich abgeschlossen. Dabei ist es möglich, Nebenabreden zutreffen, die für ihre Wirksamkeit ebenfalls der Schriftform bedürfen. Grundsätzlich ist eine Nebenabrede die Vereinbarung zusätzlicher, tariflich dem Arbeitnehmer nicht zustehender Leistungen. (BAG, Urteil vom 9.2.1972 – 4 AZR 149/71) Nebenabreden, durch die die Tarifbeschäftigten zu besonderen Dienst-leistungen verpflichtet werden sollen, sind nur wirksam, wenn die Formvorschriften erfüllt sind. Das gleiche gilt, wenn durch Nebenabreden Vergünstigungen verabredet werden. Andernfalls liegt Nichtigkeit vor (§ 125 BGB). Nebenabreden können z.b. getroffen werden über

–   Verzicht auf die Probezeit oder Abkürzung der Probezeit,

–   Anrechnung von Vordienstzeiten als Beschäftigungszeit,

–   Anrechnung von Vordienstzeiten als Dienstzeit,

–   Vereinbarung einer Pauschalvergütung,

–   Regelung der Arbeitszeit bei Lehrkräften,

–   Gewährung eines Essenszuschusses,

–   Vereinbarung über außer- oder übertarifliche Leistungen,

–   Vereinbarung über Bereitschaftsdienst und Rufbereitschaft sowie deren Bezahlung,

–   Vereinbarung, während eines befristeten Arbeitsverhältnisses ordentlich kündigen zu kön-nen und

–   Verpflichtung des Angestellten zur Rückzahlung von Ausbildungskosten für den Fall des vorzeitigen Ausscheidens aus dem Arbeitsverhältnis. (BAG, Beschl. vom 9. 11. 1972 — 5 AZR 252/72)

In der Nebenabrede kann eine besondere Kündigungsmöglichkeit für die Nebenabrede ver-einbart werden, durch die ggf. der Bestand des Arbeitsverhältnisses und der übrige Inhalt des Arbeitsvertrages nicht berührt werden.

Der Personalrat hat bei der Ausübung des Mitbestimmungsrechts darauf zu achten, dass bei der Vereinbarung von Nebenabreden der Gleichbehandlungsgrundsatz nicht verletzt wird. Besonders bei Nebenabreden, die nicht ausschließlich zum Vorteil der Beschäftigten sind, hat der Personalrat bereits beim Abschluss des Arbeitsvertrages auf ausgewogene und sachgerechte Vertragsgestaltung zu achten.

4. Erneute Zuweisung des Arbeitsplatzes gemäß Arbeitsplatzsicherungsvorschriften (Abs. 1 Nr. 1)

Unter Arbeitsplatzsicherungsvorschriften sind alle Gesetze zu verstehen, die der Absicherung des Arbeitsplatzes der Beschäftigten nach längerer Abwesenheit dienen. In erster Linie ist damit das Arbeitsplatzschutzgesetz vom 14. April 1980 (BGBl. 1 S.425), zuletzt geändert durch Gesetz 16. Juli 2009 (BGBl. I S. 2055) angesprochen.

Die erneute Zuweisung eines Arbeitsplatzes an Beschäftigte, die ihren freiwilligen Wehrdienst beendet haben, entspricht einer Umsetzung und ist deshalb personalvertretungsrechtlich gleichbedeutend. Dabei ist zu berücksichtigen, dass eine Beamtin oder ein Beamter, der freiwilligen Wehrdienst ableistet, für die Dauer des Grundwehrdienstes ohne Bezüge beurlaubt wird. Bei Tarifbeschäftigten dagegen ruht das Arbeitsverhältnis während des freiwilligen Wehrdienstes. Nimmt die oder der Tarifbeschäftigte im Anschluss an den freiwilligen Wehrdienst in seinem bisherigen Betrieb oder seiner bisherigen Dienststelle die Arbeit wieder auf, so darf ihr oder ihm aus der Abwesenheit, die durch den freiwilligen Wehrdienst veranlasst war, in beruflicher und betrieblicher Hinsicht kein Nachteil entstehen. Aus diesem Grunde erwächst dem Personalrat die Aufgabe, bei der Neuzuweisung eines Arbeitsplatzes, der nicht dem bisherigen Arbeitsplatz entspricht, eine Schutzfunktion für die betreffenden Beschäftigten zu übernehmen. Dabei hat er insbesondere das Benachteiligungsverbot zu beachten, da das Arbeitsplatzschutzgesetz insofern als eine zugunsten des Beschäftigen geltende Regelung anzusehen ist (§ 64 Nr. 2).

5. Erneute Zuweisung des Arbeitsplatzes nach Beendigung eines Urlaubs ohne Dienstbezüge gemäß §§ 70 und 71 des Landesbeamtengesetzes und nach Beendigung der Jahresfreistellung nach § 64 des Landesbeamtengesetzes bzw. den entsprechenden Regelungen für Arbeitnehmerinnen und Arbeitnehmer und nach der Rückkehr aus der Elternzeit ohne gleichzeitige Teilzeit (Abs. 1 Nr. 1)

Durch die §§ 70 und 71 des Landesbeamtengesetzes sind für Beamtinnen und Beamte Möglichkeiten zur Beurlaubung und Teilzeitbeschäftigung geschaffen worden (§ 70 LBG: Urlaub aus arbeitsmarktpolitischen Gründen, § 71 LBG: Urlaub aus familiären Gründen). Die Maßnahmen erfassen nicht nur Beamtinnen und Beamte, sondern auch Tarifbeschäftigte, sofern entsprechende vertragliche Regelungen bestehen; sie entsprechen einer Umsetzung und einer erneuten Wiedereingliederung in die Dienststelle nach einer längeren Abwesenheit. Die Rückkehr aus der Jahresfreistellung (§ 64 LBG) und aus der Elternzeit ohne gleichzeitige Teilzeit unterliegt erst bei einer Beurlaubungsdauer von mind. 6 Monaten der Mitbestimmung. Damit werden die Fälle, in denen Beschäftigte nur die sog. Vätermonate beantragen, nicht von dieser Regelung erfasst. Ein persönlicher Anspruch der Betroffenen auf Zuweisung des verlassenen Arbeitsplatzes besteht nicht. Der Personalrat hat darüber zu wachen, dass bei der Zuweisung des Arbeitsplatzes an die frühere Tätigkeit angeknüpft werden kann, andererseits aber jeder Verdrängungswettbewerb vermieden wird.

6. Verlängerung der Probezeit (Abs. 1 Nr. 1)

Die Vorschrift hat weder im BPersVG noch im BetrVG ein Vorbild. Die Verlängerung der Probezeit von Beamtinnen und Beamten ist ein Verwaltungsakt, der nicht stillschweigend oder durch Unterlassung der Anstellung, sondern nur durch ausdrückliche Willenserklärung der Dienststelle ergehen kann. (OVG Lüneburg, Urteil vom 17.12.1985, ZBR 1966, 212) Nicht der Mitbestimmung unterliegt die Fortsetzung des Probebeamtenverhältnisses, z.b. wegen Fehlens einer haushaltsrechtlich erforderlichen Planstelle. Nicht nur die Verlängerung der Probezeit bei Beamtinnen und Beamten, sondern auch bei Tarifbeschäftigten ist von der Zustimmung des Personalrats abhängig, der darauf zu achten hat, dass die Maßnahme nicht willkürlich oder mit wenig überzeugenden Gründen durchgeführt wird.

7. Befristung von Arbeitsverhältnissen (Abs. 1 Nr. 1)

Neben der Einstellung (Anm. 2) ist auch die Befristung des Arbeitsverhältnisses bei Arbeitnehmern der Mitbestimmung des Personalrats unterworfen worden. Soweit weicht die Bestimmung vom BPersVG ab. (BVerwG, Beschl. 15.11.1989, ZBR 1990, 212) Beide Tatbestände werden in der Regel gleichzeitig vorliegen. Durch das Arbeitsförderungsgesetz ist u.a. die rechtliche Möglichkeit eröffnet worden. befristete Arbeitsverträge bis zu 18 Monaten abzuschließen. Der Vorrang der Tarifverträge bleibt jedoch bestehen. Nach wie vor dürfen Zeitbeschäftigte nur eingestellt werden, wenn hierfür sachliche oder in der Person des Tarifbeschäftigten liegende Gründe vorliegen. Die Dienststelle kann sogar verpflichtet sein, einen befristeten Arbeitsvertrag auf unbestimmte Zeit fortzusetzen, wenn sie bei dem Tarifbeschäftigten den Eindruck erweckt hat, er werde bei Eignung und Befähigung weiterbeschäftigt. (BAG, Urteil vom 16.3.1989 – 2 AZR 325/88) Fehlt die Zustimmung des Personalrats zur Befristung eines Arbeitsvertrages, ist die trotzdem vereinbarte Befristung unwirksam. Die Zustimmung des Personalrats kann nicht nachgeholt werden. Es kommt ein unbefristetes Arbeitsverhältnis zu Stande. (BAG 7 AZR 707/00 vom 20.2.2002)

Auch die erneute Befristung eines Arbeitsverhältnisses (Folgevertrag) unterliegt der Mitbestimmung und muss von der Dienststelle gegenüber dem Personalrat hinsichtlich des Befristungsgrundes begründet werden. (LAG Brandenburg, 7 Sa 371/96 vom 18.11.1997) Bei einer nachträglichen Umwandlung eines unbefristet eingegangenen Arbeitsverhältnisses in ein befristetes liegt dagegen der Tatbestand der Nr. 4 (wesentliche Änderung des Arbeitsvertrages) vor. Die Verlängerung eines befristeten Arbeitsverhältnisses unterliegt ebenfalls der Mitbestimmung. (BAG, Beschl. vom 7.8.1990, ZTR 1991, 42) Hat der Personalrat einer Einstellung für ein 1 Jahr dauerndes Arbeitsverhältnis zugestimmt, können die Vertragsparteien nicht anschließend einen Zeitvertrag von kürzerer Dauer abschließen, da diese Befristung wegen Verletzung des Mitbestimmungsrechts unwirksam ist. Dies hat zur Folge, dass ein Arbeitsverhältnis auf Dauer entsteht und nicht nur für den ursprünglich geplanten Zeitraum. (BAG, 7 AZR 308/97 vom 8.7.1998)

Die Bedeutung der Beteiligung des Personalrats liegt darin, dass er zwar einer Einstellung zustimmen, eine Befristung des Vertrages aber ablehnen kann, weil nach seiner Meinung bei einer Vertragsgestaltung von einem Dauerarbeitsverhältnis ausgegangen werden soll. Andererseits kann der Personalrat im Interesse des Personals der Dienststelle und aus stellenmäßigen Gründen befristete Arbeitsverhältnisse sogar favorisieren und sogar in diesem Sinne von seinem Initiativrecht Gebrauch machen (§ 66 Abs. 4).

Der Abschluss befristeter Arbeitsverträge mit wissenschaftlichen Mitarbeitern an Hochschulen und Forschungseinrichtungen ist zulässig, wenn dafür ein sachlicher Grund vorliegt.

8. Beförderung und beförderungsgleiche Maßnahmen (Abs. 1 Nr. 2)

Auch bei der Beförderung ist von dem laufbahnrechtlichen Begriff auszugehen, wie er durch § 3 Abs. 3 LVO für die Beförderung selbst und für beförderungsgleiche Maßnahmen festgelegt ist. Eine Beförderung ist eine Ernennung unter Verleihung eines anderen Amtes mit höherem Endgrundgehalt und anderer Amtsbezeichnung. Wird ein anderes Amt mit höherem Endgrundgehalt übertragen, ohne dass sich die Amtsbezeichnung ändert, steht dies einer Beförderung gleich. Das gleiche gilt auch für die Gewährung von Amtszulagen, da diese als Bestandteil des Grundgehaltes gelten, nicht dagegen für ruhegehaltsfähige Stellenzulagen.

Die Beförderungsmaßnahmen sind in das pflichtgemäße Ermessen des Dienstherrn gestellt. Die Personalvertretungen müssen aber in der Lage sein, bei der Auswahl der zu befördernden Personen die angewandten Auswahlkriterien nachzuvollziehen, denn die zu treffende Personalentscheidung ist ein Akt wertender Erkenntnis. (BVerwG, Urteil vom 7.5.1981, RiA 1981 217) Die Auswahlmerkmale können vom Personalrat mit überprüft werden. Die Zustimmungsverweigerung zur beabsichtigen Beförderung, mit der der Personalrat die dienststelleninterne Bewertung des Dienstpostens in Frage stellt, ist allerdings unbeachtlich und verpflichtet nicht zur Einleitung eines Stufenverfahrens. (OVG Münster, Beschl. vom 26.2.1996 NWBl. 1996, 352)

Dienstliche Beurteilungen sind dabei nicht das alleinige Auswahlkriterium, sondern auch der Fortbildungsbereitschaft (§ 48 Abs. 3 LVO).

Die Missachtung der Auswahlkriterien kann einen Schadensersatzanspruch der Beamtin oder des Beamten auslösen (BVerwGE, Beschl. vom 25. 8. 1988, ZfPR 1989, 52).

9. Zulassung zum Aufstieg (Abs. 1 Nr. 2)

Bei der Zulassung zum Aufstieg ist die Maßnahme von der eigentlichen Beförderung zu trennen. Es handelt sich dabei um solche Zulassungen, die entweder in einem geordneten Verfahren oder im Einzelfall ausgesprochen werden. Hierbei ist insbesondere für den Bereich der Landesverwaltung die Aufstiegs- und Laufbahnverordnung zu beachten. Darüber hinaus hat der Personalrat auch ein Mitbestimmungsrecht, wenn sonstige Aufstiegsmöglichkeiten gesetzlich geregelt werden. Hierbei hat der Personalrat auf Chancengleichheit der für einen Aufstieg vorgesehenen Personen zu achten.

10. Übertragung eines anderen Amtes mit niedrigerem Endgrundgehalt (Abs. 1 Nr. 2)

Durch diese Vorschrift wird klargestellt, dass nicht nur die Übertragung einer niedriger zu bewertenden Tätigkeit (Abs. 1 Nr. 4), sondern auch die Übertragung eines Amtes an Beamtinnen und Beamte, das mit einem niedrigeren Endgrundgehalt ausgestattet ist, der Mitbestimmung unterliegt. Darunter ist jedoch nicht die interne Umbewertung von Beamtendienstposten zu fassen, bei der ein Personalrat kein Mitbestimmungsrecht hat. (BVerwG, Beschl. vom 30.10.1979, ZBR 1980, 158)

Die Dienststelle muss allerdings bei solchen Maßnahmen eine, wenn auch eingeschränkte, Entscheidungsgewalt besitzen. Deswegen entfallen z.B. Maßnahmen im Lehrerbereich, wenn der Inhalt der Tätigkeit wegen Absinken der Schülerzahl unter den gesetzlichen Schwellenwert sinkt und deswegen für den Stelleninhaber ein Amt mit geringerem Endgrundgehalt sich aus dem zu Grunde gelegten Besoldungsgesetz ergibt. (OVG Münster, Beschl. vom 25.2.1980, PV 1981, 334)

11. Laufbahnwechsel (Abs. 1 Nr. 3)

Der Laufbahnwechsel ist keine Beförderung und keine beförderungsgleiche oder beförderungsähnliche Maßnahme. Er ist nur zulässig, wenn der Beamte die Befähigung für die neue Laufbahn besitzt oder die bisher erworbene Befähigung als Befähigung für eine gleichwertige Laufbahn anerkannt wird (§ 12 LVO). Über die Anerkennung selbst entscheidet die oberste Dienstbehörde ohne Beteiligung des Personalrats, der erst eingeschaltet wird, wenn dem Beamten ein Amt der neuen Laufbahn übertragen werden soll. Welche Laufbahnen bereits als gleichwertig anerkannt worden sind, d. h., wann eine Einzelentscheidung entfällt, ergibt sich aus dem RdErl. des Innenministeriums vom 9.6.1982 (SMBl. NW 203001) betr. Laufbahnwechsel in Laufbahnen, die das Innenministerium gemäß § 16 LBG ordnet. Ein Laufbahnwechsel findet z.B. beim Übertritt aus einer Laufbahn des gehobenen nichttechnischen Dienstes in der allgemeinen Verwaltung im Lande NW in eine Laufbahn des gehobenen nichttechnischen Dienstes in den Gemeinden und Gemeindeverbänden im Lande NW statt.

Da dies in der Regel durch eine Versetzung geschieht, bei der nur der abgebende Personalrat beteiligt wird, muss der zuständige Personalrat im Bereich der aufnehmenden Dienststelle bei der eigentlichen Maßnahme (des Laufbahnwechsels) beteiligt werden. Das gleiche gilt für den umgekehrten Fall.

12. Eingruppierung, Höhergruppierung, Herabgruppierung (Abs. 1 Nr. 4)

Sowohl bei der Höhergruppierung als auch bei der Herabgruppierung ist das entscheidende Merkmal des beteiligungspflichtigen Vorganges der Wechsel der Entgeltgruppe. (BVerwG, Beschl. vom 30.1.1979, ZBR 1980, 32) Grundlage sind deshalb die tarifrechtlichen Merkmale. Trotzdem gilt, dass nicht nur die konkrete Entgeltgruppe, sondern der Gehaltsrahmen zugrunde zu legen ist. (BVerwG, Beschl. vom 22.2.1989, ZfPR 1969, 108)

Der Mitbestimmung unterliegt auch die Korrektur einer unrichtigen Eingruppierung, wenn es sich nicht um die Berichtigung eines offensichtlichen Irrtums handelt. (BVerwG, Beschl. vom 10.7.1995, ZfPR 1996,9) Bei der Eingruppierung ist zu beachten, dass sie meist mit dem Abschluss eines Arbeitsvertrages oder mit der Eingliederung in eine Dienststelle zusammenfällt, während die Herabgruppierung eine Änderung des Arbeitsvertrages voraussetzt. (BVerwG, Beschl. vom 4.8.1988, PV 1989, 266) Die Eingruppierung kann aber auch als selbständiger Beteiligungsfall der Mitbestimmung unterliegen, so dass die Personalvertretung die Möglichkeit hat, der Einstellung zuzustimmen, aber eine möglicherweise unrichtige Eingruppierung abzulehnen.

Das Mitbestimmungsrecht des Personalrats besteht nicht nur dort, wo der Dienststelle eine Ermessensentscheidung zusteht. Vielmehr kann der Personalrat auch bei Maßnahmen, die lediglich ein Vollzug des geltenden Tarifvertrags sind, sein Mitbestimmungsrecht als zusätzliche Kontrolle der Richtigkeit ausüben. Dem steht die Automatik der tariflichen Eingruppierungsmerkmale nicht entgegen, denn der Personalrat soll auf die Wahrung des Tarifgefüges in der

Dienststelle achten und damit gleichzeitig zur Wahrung des Betriebsfriedens beitragen. Er kann verhindern, dass durch eine mehr oder minder wohlwollende Beurteilung, z.b. im Rahmen korrigierender Höhergruppierungen, einzelne Tarifbeschäftigte bevorzugt, andere dagegen benachteiligt werden. (BVerwG, Beschl. vom 10.4.1984 – 6 P 10.82)

Weitere Beispiele aus der Rechtsprechung:

- Die Gefahr der Bevorzugung besteht besonders bei übertariflicher Eingruppierung, die ebenso wie eine tarifmäßige Maßnahme der Mitbestimmung unterliegt. (OVG Münster, Beschl. vom 4.5.1987 – CL 25/85)
- Das Mitbestimmungsrecht erstreckt sich auch auf den Zeitpunkt einer korrigierenden Höhergruppierung. Sieht die beabsichtigte Maßnahme eine Höhergruppierung nur für die Zukunft vor, so kann der Personalrat seine Zustimmungsverweigerung darauf stützen, dass die Höhergruppierung auch für einen zurückliegenden Zeitraum erfolgen müsse. (BVerwG, Beschl. vom 6.10.1992, ZfPR 1993, 17)
- Eine Begründung zur Zustimmungsverweigerung darf sich nicht auf die persönlichen, finanziellen und wirtschaftlichen Belange des Beschäftigten beziehen, vielmehr muss eine detaillierte Beanstandung der Eingruppierung vorliegen und damit ein Verstoß gegen geltendes Tarifrecht (§ 66 Abs. 3 Nr. 1). Die von der Dienststelle vorgelegte Tätigkeitsbeschreibung bindet den Personalrat, er darf durch eine eigene Bewertung die der Dienststelle nicht ersetzen. (OVG Niedersachsen, 17 L 4895/98 vom 20.4.2001)
- Das Beteiligungsrecht setzt noch nicht ein, wenn der Arbeitsplatz zunächst zu überprüfen ist, denn diese Überprüfung dient nur der Feststellung der vom Inhaber zu erledigenden Aufgaben und damit der Tätigkeitsmerkmale. (BVerwG, Beschl. vom 6.2.1979, DVBl. 1979, 469)
- Werden einem Tarifbeschäftigten neue Aufgaben übertragen, die auf einem neuen, bisher bezüglich der Eingruppierung noch nicht bewerteten Arbeitsplatz anfallen, ist dies –unabhängig von den übrigen Vorschriften des Landespersonalvertretungsgesetz NRW- eine mitbestimmungspflichtige Eingruppierung. Dies gilt auch dann, wenn es weder zu einer Höher-, Um- oder Herabgruppierung kommt. Der Personalrat soll hierdurch in die Lage versetzt werden, die Tätigkeitsbeschreibung und Höhe der Eingruppierung zu überprüfen. (BVerwG, 6 P 3.98 vom 8.12.1999)

13. Übertragung einer höher oder niedriger zu bewertenden Tätigkeit (Abs. 1 Nr. 4)

Mitbestimmungspflichtig ist die Übertragung einer höher oder niedriger zu bewertenden Tätigkeit ohne Rücksicht darauf, ob die Übertragung vorübergehender Art sein soll oder lediglich im Rahmen einer Vertretung. Der Tatbestand setzt nicht voraus, dass der Beschäftigte eine niedrigere Vergütung erhält (BVerwG, Beschl. vom 25.8.1988 – 6 P 36.85). Hier ist durch die Novellierung 2007 eine erhebliche Verbesserung eingetreten, da die Einschränkung „für eine Dauer von mehr als drei Monaten" fallen gelassen wurde.

Die Vorschrift findet auf Beamtinnen und Beamte und Arbeitnehmerinnen und Arbeitnehmer Anwendung. Dies ist auch von der Sache her zu begründen, weil nicht nur für Arbeitnehmerinnen und Arbeitnehmer, sondern auch für Beamtinnen und Beamte mit der Übertragung einer höher oder niedriger zu bewertenden Tätigkeit eine wichtige Vorentscheidung für spätere Beförderung getroffen wird. Der Mitbestimmungstatbestand der „Übertragung einer höher oder niedriger zu bewertenden Tätigkeit" (§ 68 Abs. 1 Nr. 6 PersVG MV) ist auch für Beamte anwendbar und erfasst auch die nur vorübergehende Übertragung. (OVG Mecklenburg-Vorpommern, Beschluss v. 8.1.2010 – 8 L 124/09 –)

Die Übertragung eines Dienstpostens, der im Vergleich zum statusrechtlichen Amt des Beamten unterwertig ist, löst die Mitbestimmung bei der Übertragung einer niedriger zu bewertenden Tätigkeit aus. (BVerwG, Beschluss v. 2.12.2009 – 6 PB 33.09 –)

Die Übertragung der Planstelle einer höheren Besoldungsgruppe an eine Beamtin oder einen Beamten unterliegt selbst dann der Mitbestimmung, wenn sich der Aufgabenkreis nicht verändert. (BVerwG, Beschl. vom 26.11.1979, ZBR 1980, 323) Auch dann, wenn durch organisatorische Umschichtung vor der Haushaltsentscheidung (wegen der Planstelle) neue Stellen im funktionellen Sinne eingerichtet werden, kommt es für deren Wertigkeit darauf an, wie diese Stellen nach den Gesamtumständen künftig planstellenmäßig eingestuft werden sollen. (VGH Baden-Württemberg, ZBR 1988, 106) Die Übertragung setzt einen ausdrücklichen Übertragungsakt der Dienststelle voraus. (OVG Münster, Beschl. vom 3.7.1986, PV 1988, 535) Ist die Vertretungsregelung jedoch im Geschäftsverteilungs- und/oder Vertretungsplan der Dienststelle enthalten, entfällt die Mitbestimmung im Hinblick auf das Direktionsrecht des Dienststellenleiters. (BVerwG, 6 P 9.95 vom 8.10.1997)

Die Übertragung einer höherwertigen Tätigkeit liegt im Übrigen bereits dann vor, wenn damit nur eine Stellenzulage verbunden ist, die weder unwiderruflich noch ruhegehaltsfähig ist (§ 42 BBesG). Wird eine der Arbeitnehmerin oder dem Arbeitnehmer zunächst nur befristet vorübergehend übertragene Tätigkeit nach Ablauf der Befristung mit Wissen und Billigung der Dienststelle fortgeführt, kann darin die konkludente Übertragung dieser Tätigkeit auf Dauer gesehen werden. (BAG, Urteil vom 10.3.1982, PV 1984,281)

Bei der Übertragung von Tätigkeiten, die einen Umgang mit neuen Informations- und Kommunikationstechnologien voraussetzen, hat der Personalrat ganz besonders auf die qualitativen Auswirkungen auf die Arbeitsplätze zu achten. Hierin kann eine bedeutende Änderung der Arbeitsinhalte und der äußeren Bedingung der Arbeit liegen und eine Tätigkeit ab- oder aufwerten.

Bei der Übertragung einer höherwertigen Funktion (hier: Übertragung einer Schulleiterstelle) ist der Personalrat selbst dann im Wege der Mitbestimmung zu beteiligen, wenn die künftige Stelleninhaberin oder der künftige Stelleninhaber aus dem Bereich eines anderen Personalrats und im Wege der Versetzung in diese Position gelangen soll. (OVG Münster, Beschl. vom 6.6.1983, RiA 1984, 13)

14. Stufenzuordnung, Stufenlaufzeit

Das Mitbestimmungsrecht der Personalvertretung erstreckt sich bei einer Eingruppierung auch auf eine damit verbundene Stufenzuordnung nach § 16 Abs. 2, Abs. 3 Satz 1 bis 3 und Abs. 5 Satz 2 TVöD-Bund (entsprechend TV-L). Belange des Datenschutzes und die Wahrung des Schutzes des Persönlichkeitsrechts stehen der Verpflichtung des Dienststellenleiters zur umfassenden Information als Voraussetzung einer sachgerechten Mitbestimmung des Personalrats nicht entgegen. Der Dienststellenleiter ist zur Unterrichtung des Personalrats über personenbezogene Daten vor allem im Zusammenhang mit personellen Angelegenheiten der jeweils betroffenen Beschäftigten verpflichtet. Der Personalrat als Gremium und jedes einzelne Personalratsmitglied sind zur Geheimhaltung verpflichtet. In den Fällen des § 16 Abs. 3 Satz 4 TVöD-Bund (Vorliegen einschlägiger Berufserfahrung) kommt ein Mitbestimmungsrecht bei Eingruppierung nur dann zum Zuge, wenn der zuständige Dienststellenleiter Grundsätze zur Anrechnung förderlicher Berufstätigkeit beschlossen hat. BVerwG, Beschluss v. 7.3.2011 – 6 P 15.10 –

Sind zwei Mitbestimmungstatbestände gegeben und informiert die Dienststelle den Personalrat nur über einen der beiden ausreichend, ist das Mitbestimmungsverfahren insgesamt nicht wirksam eingeleitet. Das Mitbestimmungsverfahren ist nicht wirksam eingeleitet worden, wenn dem Personalrat keine Stufenzuordnung mitgeteilt worden ist. Die Mitbestimmung bei der Eingruppierung nach § 72 Abs. 1 Ziff. 4 LPVG NW erstreckt sich auch auf die Stufenzuordnung. (VG Köln, Beschluss v. 10.2.2010 – 34 K 4350/09.PVL)

Die Mitbestimmung des Personalrats bei der Eingruppierung neu einzustellender Arbeitnehmerinnen und Arbeitnehmer erstreckt sich auf die Stufenzuordnung nach § 16 Abs. 2 TV-L. (BVerwG, Beschluss v. 27.8.2008 – 6 P 5.08 –)

Die Mitbestimmung des Personalrats bei Ein-, Höher- und Rückgruppierung erstreckt sich auf die Stufenzuordnung nach § 16 Abs. 2 Satz 1 bis 3 und § 17 Abs. 4 Satz 1 und 4 TV-L. Für die Fälle des § 16 Abs. 2 Satz 4 TV-L eröffnet sich ein zweistufiges Mitbestimmungsmodell. Vergleichbares kommt für andere Varianten der Stufenzuordnung in Betracht. Ob andere im Zusammenhang mit einer Eingruppierung denkbare Varianten der Stufenzuordnung (§ 16 Abs. 2 Satz 4, Abs. 2a und 5 TV-L) Gegenstand mitbestimmungspflichtiger Eingruppierung sind, hängt davon ab, ob und in welcher Weise der öffentliche Arbeitgeber von seinem dahingehenden Ermessen Gebrauch macht.

Im Einzelnen:

1. Die Stufenzuordnung nach § 16 Abs. 2 Satz 1 bis 3 TV-L, abhängig von einer einschlägigen Berufserfahrung, unterliegt dem Mitbestimmungsrecht bei Eingruppierung.

2. Will ein Arbeitgeber bei Neueinstellungen zur Deckung des Personalbedarfs nach § 16 Abs. 2 Satz 4 TV-L Zeiten einer vorherigen beruflichen Tätigkeit ganz oder teilweise für die Stufenzuordnung berücksichtigen, so ist diese Entscheidung – insoweit hat das Bundesverwaltungsgericht seine Rechtsprechung jetzt wieder geändert – mitbestimmungsfrei und kann auch nicht durch das Initiativrecht erzwungen werden. Beabsichtigt die Dienststelle insoweit die Aufstellung allgemeiner Grundsätze, ist der Personalrat im Wege der Mitbestimmung bei der Lohngestaltung an der Aufstellung zu beteiligen. Gibt es keine solchen Grundsätze, berücksichtigt die Dienststelle jedoch in einer nennenswerten Anzahl von Einzelfällen die Zeiten vorheriger beruflicher Tätigkeit, so kann der Personalrat über sein Initiativrecht die Aufstellung von Grundsätzen zur Stufenzuordnung betreiben.

3. Die Ausführungen zu Ziffer 3 gelten entsprechend für die Stufenanrechnung aus einem Arbeitsverhältnis im öffentlichen Dienst nach § 16 Abs. 2a TV-L, für die Vorweggewährung von Stufen nach § 16 Abs. 5 TV-L sowie für die Verkürzung und Verlängerung der Stufenlaufzeiten nach § 17 Abs. 2 TV-L, weil auch hier die Stufenzuordnungen beim Vorliegen der tatbestandlichen Voraussetzungen jeweils im Ermessen des Arbeitgebers stehen. Eine Mitbestimmung bei Eingruppierung kommt hier allenfalls unter der Voraussetzung in

Betracht, dass der Arbeitgeber – soweit erforderlich mit Zustimmung des Personalrats – abstrakt-generelle Regelungen zur Ausfüllung der genannten tariflichen Ermächtigungen erlässt.

4. Das Mitbestimmungsrecht bei Eingruppierung erstreckt sich nicht auf das Erreichen der nächsten Stufe nach Ablauf der regelmäßigen Stufenlaufzeit gemäß § 16 Abs. 3 und 4 TV-L („isolierte Stufenzuordnung"). Hier greift nur das allgemeine Überwachungsrecht des Personalrats.

5. Das Mitbestimmungsrecht bei Höher- und Rückgruppierung erstreckt sich auf die Stufenzuordnung nach § 17 Abs. 4 Satz 1 und 4 TV-L. (BVerwG, Beschluss v. 13.10.2009 – 6 P 15.08 –) (ZfPR 2/2010)

15. Wesentliche Änderungen des Arbeitsvertrages (Abs. 1 Nr. 4)

Voraussetzung für das Mitbestimmungsrecht des Personalrats ist, dass eine Maßnahme den Arbeitsvertrag wesensmäßig umgestaltet. Einzelvertragliche Regelungen von geringerer Bedeutung sind wegen der freien Gestaltungsmöglichkeiten der Vertragspartner dem Einfluss des Personalrats entzogen. (BVerwG, Beschl. vom 7.8.1989 – 6 P 11.87) Eine wesentliche Änderung des Arbeitsvertrages liegt z.B. vor, wenn eine Halbtagsbeschäftigung in eine Ganztagsbeschäftigung umgewandelt oder die individuelle wöchentliche Arbeitszeit verändert wird (BVerwG, Beschl. vom 2.6.1993, ZfPR 1993, 110). „Wesentliche" Änderung des Arbeitsvertrages ist auch die Verlängerung eines bisher befristeten Arbeitsvertrages. (BAG, DB 1987, 847) Das gleiche liegt vor, wenn Art und Umfang von Nebentätigkeiten vertraglich festgelegt werden.

16. Versetzung (Abs. 1 Nr. 5)

Beamtenrechtlich liegt eine Versetzung gemäß § 28 LBG vor, wenn der Beamtin oder dem Beamten ein anderes Amt einer Laufbahn, für die sie oder er die Befähigung besitzt, übertragen werden soll. Innerhalb des Bereichs einer Dienststelle kann weder eine Abordnung noch eine Versetzung im beamtenrechtlichen Sinne erfolgen. Dagegen können Beamtinnen und Beamte über den Bereich des Bundes oder eines Landes hinaus zu einem anderen Dienstherrn versetzt oder abgeordnet werden. Für Tarifbeschäftigte enthalten die Tarifverträge entsprechende Regelungen. Auch die Rechtsprechung lehnt sich an die für Beamtinnen und Beamte geltende Regelung an. Danach ist die Versetzung die Übertragung einer Dauerbeschäftigung bei einer anderen Dienststelle desselben Arbeitgebers unter Aufrechterhaltung des bisherigen Arbeitsverhältnisses. Die auf dem Direktionsrecht des Arbeitgebers beruhende Versetzung ist nur zulässig, wenn sie tarifvertraglich (§ 4 TVL) oder einzelvertraglich vorgesehen ist. Während der Probezeit darf ein Tarifbeschäftigter ohne Zustimmung weder versetzt noch abgeordnet werden. Sowohl bei der Versetzung von Beamtinnen und Beamten als auch bei Tarifbeschäftigten bestimmt der Personalrat mit, ohne Rücksicht darauf, ob die Maßnahme von der Dienststelle aus dienstlichen Gründen beabsichtigt ist oder der Beschäftigte seine Versetzung selbst beantragt. (vgl. BVerwG, Beschl. vom 22.3.1984 – 6 P 26.82) Ob der für die mitbestimmungspflichtige Versetzung notwendige Dienststellenwechsel vorliegt, beurteilt sich nach Dienst- und Organisationsrecht; der personalvertretungsrechtliche Dienststellenbegriff ist nicht maßgeblich.

Zuständig ist der Personalrat der Dienststelle, die über die Maßnahme entscheidet. (OVG Münster, Beschl. vom 6.1.1983 – CB 2/82) Sinn und Zweck der gesetzlichen Regelung führt dazu, dass bei der Versetzung grundsätzlich auch die Personalvertretung der aufnehmenden Dienststelle zu beteiligen ist (Nr. 20 Erl. Erl.). Geschützt werden sollen durch dieses Mitbestimmungsrecht nicht nur die Interessen der oder des zu Versetzenden oder der übrigen Beschäftigten der abgebenden, sondern auch diejenigen der Beschäftigten der aufnehmenden Dienststelle. Es ist nicht zu verkennen, dass sich die Versetzung aus der Sicht der aufnehmenden Dienststelle jedenfalls in ihren Wirkungen wie eine Einstellung ausnimmt. Denn Wesensmerkmal sowohl der Einstellung als auch der Versetzung ist jeweils die Eingliederung in eine neue Dienststelle; bei der Versetzung kommt lediglich die gleichzeitige Ausgliederung aus der alten Dienststelle hinzu. Der Versetzung kommt immer eine Doppelwirkung zu. (BVerwG, Beschl. vom 16.9.1994, ZfPR 1995,4)

Eine Doppelbeteiligung kommt allerdings nicht in Betracht, wenn der Gesetzgeber dies ausdrücklich im Gesetz anders geregelt hat (vgl. für den Lehrerbereich § 91 Abs. 2).

Die jeweilige Versetzungsmaßnahme kann erst ausgesprochen werden, wenn die Beteiligungsverfahren abgeschlossen sind.

Beispiele aus der Rechtsprechung:

* Wird eine Dienststelle durch die Zusammenlegung bzw. Eingliederung mit einer anderen Dienststelle lediglich neu organisiert und werden die Rechtsverhältnisse der Beschäftigten der eingebrachten Dienststelle nicht berührt, so handelt es sich bei dieser Maßnahme nicht um eine der Mitbestimmung des Personalrats unterliegende Versetzung der eingegliederten Beschäftigten. (Hess. VOH, Beschl. vom 14.1.1993, PersR 1993, 460)
* Maßgebliches Kriterium für eine Versetzung sowohl im organisationsrechtlichen als auch im personalvertretungsrechtlichen Sinne ist der Behördenwechsel. Die Zuweisung eines neuen Arbeitsplatzes/Dienstpostens, die mit einem Wechsel der Dienststelle im personalvertretungsrechtlichen nicht aber im organisationsrechtlichen Sinne verbunden ist, ist demnach keine Versetzung, sondern eine Umsetzung. Beispiel: Ein Beschäftigter wechselt von einer Hochschule zu den medizinischen Einrichtungen derselben Hochschule. Handelt es sich um eine Versetzung, sind sowohl der aufnehmende als auch der abgebende Personalrat im Rahmen des 72 Abs. 1 Nr. 1 zu beteiligen. (OVG NRW, 1A 2617/97.PVL vom 29.1.1999)
* Für die Mitbestimmung bei der Versetzung ist nicht zu verlangen, dass der dem Beschäftigten in der neuen Dienststelle übertragene Aufgabenbereich sich wesentlich von demjenigen in der alten Dienststelle unterscheidet. (BVerwG, Beschluss v. 30.3.2009 – 6 PB 29.08 –)
* Die in § 72 Abs. I Satz I Nr. 5 genannten Personalmaßnahmen Umsetzung und Versetzung sind im Wesentlichen entsprechend den dienst- und beamtenrechtlichen Rechtsbegriffen zu bewerten. Der von einem Studienseminar veranlasste Wechsel von Schule zu Schule gilt für die betroffenen Lehramtsanwärterinnen und Lehramtsanwärter, denen als Beamtinnen und Beamte auf Widerruf kein Amt im konkret- oder abstrakt-funktionellen Sinne übertragen ist, lediglich als nicht mitbestimmungspflichtige Überweisung. Der Umstand, dass Lehramtsanwärterinnen und Lehramtsanwärter in planmäßiger Weise mit der Erteilung von Unterricht betraut werden und ihre Verwendung im Stellenplan entsprechend berücksichtigt wird, steht der rechtlichen Anknüpfung an ihren Status als Widerrufsbeamtinnen und -beamte ebenso wenig entgegen wie die in den §§ 85 ff. enthaltenen Sonderregelungen für

Lehrer. Die Überweisung von Lehramtsanwärtern an andere Schulen ist in der Regel eine Maßnahme des Studienseminars und nicht des Schulamtes, welches lediglich die von der Leitung des Studienseminars bzw. der Bezirksregierung getroffenen Personalentscheidungen umsetzt, ohne an diesen Entscheidungen seinerseits in einer mitbestimmungsrechtlich relevanten Weise beteiligt zu sein. (OVG Nordrhein-Westfalen, I A 1094/01. PVL vom 26.11.2003)

17. Umsetzung innerhalb der Dienststelle für eine Dauer von mehr als drei Monaten (Abs. 1 Nr. 5)

Umsetzungsmaßnahmen der Dienststellen sind in der Regel keine Verwaltungsakte. (BVerwG, Urteil vom 22.5.1980, NJW 1981, 67) Ausnahmsweise können jedoch diese Maßnahmen als Verwaltungsakte angesehen werden, wenn sie ausdrücklich mit einem der Beamtin oder dem Beamten zur Last gelegten Fehlverhalten begründet werden. (OVG Münster, Urteil vom 29.1.1976, 183; a.A.: OVG Saarland, Beschl. vom 20.6.1985, PV 1986, 335) Im Allgemeinen entfällt deshalb eine Anfechtungsmöglichkeit für die Betroffene oder den Betroffenen. Aus diesem Grunde besteht ein besonders schutzwürdiges Interesse (auch der Tarifbeschäftigten) an einer Beteiligung der Personalvertretung. Der fehlende gerichtliche Rechtschutz gegen Missbräuche der Verwaltung soll durch die Mitbestimmung des Personalrats ausgeglichen werden.

Bei Umsetzungsverfügungen, die an Beamtinnen und Beamte ergehen, wird nicht das konkrete Amt im statusrechtlichen Sinne beeinträchtigt. (BVerwG, Urteil vom 22.5.1980, NJW 1981, 67) Dagegen ist „Umsetzung" jede das statusrechtliche Amt und das funktionelle Amt im abstrakten Sinn unberührt lassende Zuweisung eines anderen Dienstpostens innerhalb der Behörde, unabhängig davon, ob im Einzelfall Rechte der oder des Betroffenen beeinträchtigt worden sind. (BVerwG, Beschl. vom 3.4.1984 – 6 P 3.83) Entscheidend ist, ob die Maßnahme einen Wechsel des Dienstpostens oder Arbeitsplatzes bedingt, also eingreift in den durch Geschäftsverteilung, Zuweisung, Bestellung, Beauftragung oder entsprechende Anordnung der Dienststelle übertragenen dienstlichen Aufgabenbereich. Umsetzung ist demnach die Abberufung vom bisherigen Arbeitsplatz und die Zuweisung eines anderen Arbeitsplatzes. (OVG Münster, Beschl. vom 10.4.1984, ZBR 1994, 339) Für den Umsetzungsbegriff ist also nicht erforderlich, dass im Einzelfall tatsächlich Rechte des Betroffenen beeinträchtigt werden, weil die Umsetzung als innerbehördliche Organisationsmaßnahme zu qualifizieren ist. (OVG Münster, Beschl. vom 11.9.1985 – CL 20/84) Mit Hilfe des Organisations- und Geschäftsverteilungsplanes lässt sich häufig feststellen, ob eine Umsetzungsmaßnahme i.S. des Abs. 1 Nr. 5 vorliegt.

Keine Umsetzung liegt vor, wenn das Aufgabengebiet lediglich angereichert oder verringert wird. (OVG Münster, Beschl. vom 8.5.1984, RiA 1984,283) Auch Veränderungen des sozialen Umfeldes (Austausch von Vorgesetzten oder Kolleginnen und Kollegen) fallen nicht unter den Begriff. Wenn sich die Tätigkeit des Beschäftigten überhaupt nicht ändert, entfällt die Mitbestimmung. Auch der Wechsel einer ganzen Organisationseinheit, der den individuellen Arbeitsplatz nicht verändert, erfüllt den Begriff der Umsetzung nicht. Örtliche Veränderungen des Arbeitseinsatzes sind dann nicht als Umsetzung anzusehen, wenn der ständige Wechsel gerade zu den Eigenarten des Aufgabenbereichs gehört (Außendiensttätigkeit, Baustellentätigkeit usw.). Auch sog. Umzüge (von einem Dienstzimmer in das andere) fallen nicht unter den

Begriff der Umsetzung. Hier trifft u.U. der Tatbestand in Abs. 4 Nr. 10 „Gestaltung der Arbeitsplätze" zu.

Beispiele aus der Rechtsprechung:

- Unerheblich für den Tatbestand der Umsetzung ist, ob die oder der betroffene Beschäftigte an der neuen Stelle Aufgaben zu erfüllen hat, die nach Eigenart und Verantwortung denen ihrer oder seiner früheren Verwendung gleichen. (BVerwG, Beschl. vom 3. 4. 1984— 6 P 3.83)
- Wird bei einer Umsetzungsmaßnahme der Personalrat nicht beteiligt oder wird sie trotz Zustimmungsverweigerung durchgeführt, ist sie rechtsunwirksam. (BVerwG, Beschl. vom 13.11.1986, DVBl. 1987, 416)
- Eine Umsetzung i.S.d. 72 Abs.1 Nr. 5 ist eine auf Dauer angelegte Zuweisung eines anderen Arbeitsplatzes oder der Wechsel des Dienstortes innerhalb der Dienststelle. Verfügt die Dienststelle bei einer unbefristeten Umsetzung, dass während einer Einarbeitungszeit beide Seiten jederzeit die Rückkehr an den alten Arbeitsplatz oder Dienstort verlangen können, so führt diese Rückumsetzung auf Verlangen des Dienstherrn oder auf Wunsch des Beschäftigten zu einem neuen Mitbestimmungsverfahren nach 72 Abs. 1 Nr. 5. (OVG Hamburg OVG Bs PB 3/95 vom 15.8.1996)
- Von einer mitbestimmungspflichtigen (Teil-) Umsetzung ist dann auszugehen, wenn der entzogene Aufgabenteil prägend für den Dienstposten ist und der Dienstposten durch den Aufgabenbereich eine neue, andere Prägung erhält. Werden an einer Universität Fachbereiche neu geordnet, ist die daraus folgende Zuordnung einer wissenschaftlichen oder künstlerischen Mitarbeiterin oder eines wissenschaftlichen oder künstlerischen Mitarbeiters zu einem anderen Fachbereich an sich noch keine mitbestimmungspflichtige Umsetzung, weil erst andere zuständige Gremien Änderungen des Aufgabenbereichs vornehmen. (BVerwG 6 P 8.95 vom 18.12.1996)
- Bei einer Umsetzung ist der Personalrat der Behörde, innerhalb derer sich die Umsetzung vollzieht, zu beteiligen. Gehören zu dieser Behörde i.S.d. § 1 Abs. 3 personalvertretungsrechtlich zwei selbständige Dienststellen, ist sowohl der Personalrat des abgebenden als auch des aufnehmenden Behördenteils zu beteiligen. (BVerwG, 6 P 6.99 vom 16.6.2000)
- Die Bestellung einer Beschäftigten der Dienststelle zur Gleichstellungsbeauftragten ist eine mitbestimmungspflichtige Umsetzung. (BVerwG, 6 P 3.03 vom 22.7.2003)
- Ein noch ausstehendes Mitbestimmungsverfahren bei Neueingruppierung hindert nicht den Vollzug einer mitbestimmungsfreien Umsetzung. (BVerwG, Beschluss v. 11.11.2009 – 6 PB 25.09)
- Eine Teilumsetzung liegt vor, wenn einem Beschäftigten zusätzlich zu seinem beibehaltenen Dienstposten ein weiterer Dienstposten übertragen wird. (VG Köln, Beschluss v. 9.10.2009 – 33 K 3225/09.PVB –)

18. Umsetzung innerhalb der Dienststelle, die mit einem Wechsel des Dienstortes verbunden ist (Abs. 1 Nr. 5)

Um den Personaleinsatz bei Stoßgeschäften und im Falle von Urlaubs- und Krankheitsvertretungen flexibel gestalten zu können, ist die Mitbestimmung auf eine Umsetzung von mehr als drei Monaten beschränkt worden. Bei der zweiten Alternative (Wechsel des Dienstortes) wird in der Regel auch die erste Alternative gegeben sein. Einzugsgebiet ist das inländische Gebiet, in dem sich Wohnungen befinden, die auf einer üblicherweise befahrenen Strecke nicht mehr als 10 km von der Gemeindegrenze des Dienstortes entfernt liegen (§ 2 des Bundesumzugskostengesetzes i. V. m. § 1 des Landesumzugskostengesetzes.

Beispiele aus der Rechtsprechung:

• Ein angeordneter Wechsel des Dienstortes innerhalb der gleichen Dienststelle ist in jedem Fall auch dann mitbestimmungspflichtig, wenn hiermit keine Änderung der bisherigen Tätigkeit verbunden ist. (VGH Hessen, 22 TL 848/02 vom 24.4.2003)

• Die mit einem Wechsel des Dienstorts verbundene vorübergehende Umsetzung eines Polizeibeamten innerhalb der Dienststelle für die Dauer von zwei Monaten unterliegt nicht der Mitwirkung der Personalvertretung. (VGH Baden-Württemberg, PL 15 S 1104/03 vom 16.9.2003)

19. Abordnung für eine Dauer von mehr als drei Monaten und ihre Aufhebung (Abs. 1 Nr. 6)

Der Abordnungsbegriff ergibt sich für Beamtinnen und Beamte aus § 29 LBG. Für Arbeitnehmerinnen und Arbeitnehmer gilt § 4 TVL/TVöD. Personalvertretungsrechtlich ist der Begriff der Abordnung mit dem beamtenrechtlichen Begriff nicht ohne weiteres gleichzusetzen. Dessen ungeachtet handelt es sich bei der Abordnung um die vorübergehende Zuweisung einer Tätigkeit in einer anderen Dienststelle unter Aufrechterhaltung des Dienst- oder Arbeitsverhältnisses und der Zugehörigkeit zur eigenen Dienststelle. Der Dienststellenwechsel ist also entscheidend. In der Protokollerklärung zum TVL/TVöD heißt es hierzu für die Arbeitnehmer: *„Abordnung ist die vom Arbeitgeber veranlasste vorübergehende Beschäftigung bei einer anderen Dienststelle oder einem anderen Betrieb desselben oder eines anderen Arbeitgebers unter Fortsetzung des bestehenden Arbeitsverhältnisses."*

Keine Abordnung liegt vor, wenn der Beschäftigte bei einer anderen Dienststelle Aufgaben wahrzunehmen hat, die zum Zuständigkeitsbereich der eigenen Dienststelle gehören, wie das bei Ausübung von Kontrollaufgaben, Instandsetzungsarbeiten, Erprobungen und Fortbildungsveranstaltungen der Fall sein kann.

Mitbestimmungsbedürftig ist auch eine von der Übertragung eines Nebenamtes oder einer Nebenbeschäftigung zu unterscheidende Teilabordnung, die z.B. vorliegt, wenn Lehrerinnen und Lehrer im Rahmen seiner Pflichtstundenzahl beauftragt wird, noch an einer anderen Schule zu unterrichten. Die Aufspaltung der Haupttätigkeit auf mehrere Dienststellen unterliegt der Mitbestimmung. (BVerwGE 20, 106) Auf die Anm. 1 und 2 zu § 91 wird hingewiesen.

Befristete Teilabordnungen (über drei Monate), z.B. die Beauftragung von Lehrerinnen und Lehrern mit der Wahrnehmung von Tätigkeiten aus dem Aufgabenbereich der Schulbehörde unter Anrechnung auf die Pflichtstundenzahl, sind ebenfalls mitbestimmungspflichtig. (BVerwG; 6 P 9.01 vom 28.5.2002)

Nur eine über die Dauer von drei Monaten hinausgehende Abordnung unterliegt der Mitbestimmung. Wird dagegen eine für kürzere Dauer verfügte Abordnung um einen Zeitraum verlängert, durch den insgesamt drei Monate überschritten werden, bedarf diese Maßnahme ebenfalls der Mitbestimmung. (BVerwG, Beschl. vom 7.2.1980, ZBIR 1981, 67) Durch das

Aufeinanderreihen von kürzeren Abordnungen darf die Mitbestimmung nicht umgangen werden. Unbeachtlich ist insoweit, wenn die Kurzabordnungen nacheinander zu verschiedenen Dienststellen erfolgen und wenn zwischen den Kurzabordnungen ein Feiertag oder ein arbeitsfreies Wochenende liegt. (VGH Baden-Württemberg, Beschl. vom 7.12.1993, ZfPR 1994, 156) Grundsätzlich unterliegen Teilabordnungen der Mitbestimmung. (OVG Münster, Beschl. vom 3.7.1986, RiA 1987, 71)

Beamtinnen und Beamte auf Widerruf im Vorbereitungsdienst und in der Ausbildung befindliche Arbeitnehmerinnen und Arbeitnehmer werden weder versetzt noch abgeordnet, sondern anderen Dienststellen zur Ableistung der einzelnen Ausbildungsabschnitte zugewiesen. Die Rücknahme einer Abordnung bzw. ihrer Aufhebung wird personalvertretungsrechtlich der Abordnung gleichgestellt, weil sie insbesondere bei längeren Abordnungszeiträumen die gleiche Wirkung entfaltet.

Bei der Abordnung ist grundsätzlich der Personalrat mitbestimmungsberechtigt, der bei der Dienststelle gebildet ist, die die Abordnungsmaßnahme verfügt. Wie bei einer Versetzung (Anm. 16) ist aber im Einzelfall neben dem Personalrat der abgebenden Stelle auch der Personalrat der aufnehmenden Stelle dann zu beteiligen, wenn diese von sich aus einen bestimmenden Einfluss auf die Abordnung ausgeübt hat (Nr. 20.4 Erl. Erl.).

20. Zuweisung von Beamten § 21 BeamtStG / Zuweisung von Arbeitnehmern gemäß tarifrechtlicher Vorschriften (Abs. 1 Nr.6)

In Abs. 1 Nr. 6 werden Konsequenzen aus der Einführung des dienstrechtlichen Begriffs der Zuweisung (§ 21 BeamtStG, § 4 Abs. 2 TVL/TVöD,) gezogen. In der Protokollerklärung zum TVL/TVöD heißt es hierzu für die Arbeitnehmer:

„Zuweisung ist – unter Fortsetzung des bestehenden Arbeitsverhältnisses – die vorübergehende Beschäftigung bei einem Dritten im In- und Ausland, bei dem der TV-L nicht zur Anwendung kommt."

Wie die Abordnung unterliegt auch die für eine Dauer von mehr als drei Monaten vorgesehene Zuweisung sowie deren Aufhebung der Mitbestimmung. Die Regelung trägt der Tatsache Rechnung, dass mehr und mehr Beschäftigte vorübergehend bei öffentlichen Einrichtungen außerhalb der Bundesrepublik Deutschland oder auch bei internationalen oder supranationalen Organisationen in der Bundesrepublik verwendet werden. Dazu zählen insbesondere die Einrichtungen der Europäischen Union, insbesondere die in Brüssel installierten Verbindungsbüros des Bundes und der Länder.

21. Kürzung der Anwärterbezüge (Abs. 1 Nr. 7)

Gemäß § 66 Abs. 1 BBesG kann die oberste Dienstbehörde oder die von ihr bestimmte Stelle den Anwärtergrundbetrag um 30 v. H. des Grundgehalts, das einer Beamtin oder einem Beamten der entsprechenden Laufbahn in der ersten Dienstaltersstufe zusteht, herabsetzen, wenn die Anwärterin oder der Anwärter die vorgeschriebene Laufbahnprüfung nicht bestanden hat oder sich die Ausbildung aus einem vom Anwärter zu vertretenden Grunde verzögert. Gemäß § 66 Abs. 2 Nr. 2 BBesG ist in besonderen Härtefällen von der Kürzung abzusehen.

Auszug aus dem BBesG

§ 66 Kürzung der Anwärterbezüge

(1) Die oberste Dienstbehörde oder die von ihr bestimmte Stelle kann den Anwärtergrundbetrag bis auf 30 vom Hundert des Grundgehaltes, das einem Beamten der entsprechenden Laufbahn in der ersten Stufe zusteht, herabsetzen, wenn der Anwärter die vorgeschriebene Laufbahnprüfung nicht bestanden hat oder sich die Ausbildung aus einem vom Anwärter zu vertretenden Grunde verzögert.

(2) Von der Kürzung ist abzusehen
1. *bei Verlängerung des Vorbereitungsdienstes infolge genehmigten Fernbleibens oder Rücktritts von der Prüfung,*
2. *in besonderen Härtefällen.*

(3) Wird eine Zwischenprüfung nicht bestanden oder ein sonstiger Leistungsnachweis nicht erbracht, so ist die Kürzung auf den sich daraus ergebenden Zeitraum der Verlängerung des Vorbereitungsdienstes zu beschränken

In der allgemeinen Verwaltungsvorschrift zum BBesG ist zu § 66 bestimmt worden, dass der Anwärtergrundbetrag in der Regel um 15 Prozent gekürzt werden soll, wenn die Anwärterin oder der Anwärter die vorgeschriebene Laufbahnprüfung nicht bestanden hat. Die Anwärterinnen und Anwärter sind auf die mögliche Kürzung der Anwärterbezüge spätestens bei Beginn des Vorbereitungsdienstes hinzuweisen. Der Personalrat wird insbesondere dann zur Mitbestimmung aufgerufen sein, wenn zu prüfen ist, ob der Grund für die Verzögerung der Ausbildung in der Person der Anwärterin oder des Anwärters liegt. Das gleiche gilt, wenn die Dienststelle darüber zu befinden hat, ob die Kürzung zu einer besonderen Härte i.S. des § 66 Abs. 2 Nr. 3 BBesG führen würde. Die Kürzung ist eine konstitutive Maßnahme, die nicht rückwirkend ausgesprochen werden kann. (VG Düsseldorf, Beschl. vom 3.9.1981 – PVL 19/81) Zuständig ist der Personalrat, der bei der für die Entscheidung zuständigen Stelle gebildet ist.

22. Entlassung von Beamtinnen und Beamten auf Probe oder Widerruf oder Entlassung aus einem öffentlich-rechtlichen Ausbildungsverhältnis (Abs. 1 Nr. 8)

Nach § 34 LBG NRW kann eine Beamtin oder ein Beamter auf Probe aus folgenden Gründen entlassen werden:

.... Der Beamte auf Probe kann ferner entlassen werden, wenn einer der folgenden Entlassungsgründe vorliegt:

(1) Ein Verhalten, das bei einem Beamten auf Lebenszeit eine Disziplinarmaßnahme zur Folge hätte, die nur im förmlichen Disziplinarverfahren verhängt werden kann, oder

(2) mangelnde Bewährung (Eignung, Befähigung, fachliche Leistung) in der Probezeit oder

(3) Dienstunfähigkeit (§§ 45, 194 Abs. 1), wenn der Beamte nicht nach § 49 in den Ruhestand versetzt wird, oder

(4) Auflösung der Beschäftigungsbehörde oder auf landesrechtlicher Vorschrift beruhende wesentliche Änderung des Aufbaus oder Verschmelzung dieser Behörde mit

einer anderen (§ 28 Abs. 2 Satz 2), wenn das Aufgabengebiet des Beamten von der Auflösung oder Umbildung berührt wird und eine anderweitige Verwendung nicht möglich ist.

Die Mitbestimmung entfällt, wenn die Beamtin oder der Beamte die Maßnahme selbst beantragt hat. Die Entlassung nach § 34 Abs.1 Nr. 1 LBG ist nur nach Durchführung eines Verfahrens gemäß §§ 35 ff LDG zulässig. Vor der Einleitung einer disziplinarrechtlichen Untersuchung braucht der Personalrat nicht beteiligt zu werden, weil es sich nicht um eine „beabsichtigte Maßnahme" handelt. (BVerwG, Beschl. vom 15.9.1978, ZBR 1979, 238) Nach § 34 Abs. 1 Nr. 1 LBG kann die Beamtin oder der Beamte auf Probe entlassen werden, wenn sie oder er ein Verhalten gezeigt hat, das bei einer Beamtin oder einem Beamten auf Lebenszeit eine Disziplinarmaßnahme zur Folge hätte, die nur im förmlichen Disziplinarverfahren verhängt werden kann. Da nach dem LDG NW nur Warnung, Verweis und Geldbuße ohne förmliches Disziplinarverfahren verhängt werden können, sind als Disziplinarmaßnahmen i.S. von § 34 Abs. 1 Nr. 1 LBG alle schweren Disziplinarmaßnahmen, also mindestens Gehaltskürzung anzusehen Der Entlassungsgrund tritt bei Beamtinnen und Beamten auf Probe an die Stelle des bei ihnen nicht zulässigen förmlichen Disziplinarverfahrens. (OVG Münster, Urteil vom 11.3.1982, ZBR 1984, 17)

Der Personalrat hat bei der Ausübung des Mitbestimmungsrechts darauf zu achten, ob bei der Entscheidung das zwingend vorgeschriebene Untersuchungsverfahren durchgeführt worden ist (§ 125 DO NW). Ebenso ist darauf zu achten, ob das vom Lebensalter abhängige Persönlichkeitsbild hinreichend gewürdigt wird und ob der Beamtin oder dem Beamten die Möglichkeit gegeben worden ist, sich über alle statusrechtlichen Konsequenzen zu informieren.

Bei der Entlassung wegen mangelnder Eignung in der Probezeit (§ 34 Abs. 1 Nr. 2 LBG), wegen Dienstunfähigkeit, wenn die Beamtin oder der Beamte nicht nach § 49 LBG in den Ruhestand versetzt wird (§ 34 Abs. 1 Nr. 3 LBG) und bei wesentlichen organisatorischen Änderungen von Behörden (§ 34 Abs. 1 Nr. 4 LBG) ist ebenfalls die Zustimmung des Personalrats erforderlich.

Beamtinnen und Beamte auf Widerruf können nach § 23 Abs. 4 BeamtStG jederzeit entlassen werden. Die Beteiligung des Personalrats kann bis zum Abschluss eines Vorverfahrens nachgeholt werden. (BVerwG, Urteil vom 24.11.1983 – 2 0 9.82) Die Entlassung darf jedoch nicht aus sachfremden Erwägungen durchgeführt werden. Bei den Beamtinnen und Beamten im Vorbereitungsdienst ist das Ermessen der Verwaltung durch § 23 Abs. 4 BeamtStG dahingehend eingeschränkt, das den Betroffenen Gelegenheit zur Ableistung des Vorbereitungsdienstes und zur Ablegung der Laufbahnprüfung zu geben ist. Deshalb können nur schwerwiegende in der Person des Anwärters liegende Gründe zu einer Entlassung führen, z.B. mangelnde körperliche Eignung, charakterliche Mängel oder fachliche Unfähigkeit.

Nach bestandener oder erfolgloser Wiederholungsprüfung endet das Beamtenverhältnis auf Widerruf. Einer Entlassung bedarf es nicht mehr.

Neu in das LPVG aufgenommen wurde die Mitbestimmung bei der Entlassung von Auszubildenden aus einem öffentlich rechtlichen Ausbildungsverhältnis. Die Verfahrensweise ist die gleiche wie bei den Beamtinnen und Beamten auf Widerruf. Grundlage sind die Tarifverträge zur Ausbildung.

Auszug aus dem Tarifvertrag für Auszubildende im öffentlichen Dienst (TVAöD)

§ 23 Beendigung des Berufsausbildungsverhältnisses

1) Das Berufsausbildungsverhältnis endet mit dem Ablauf der Ausbildungszeit. Besteht der Auszubildende vor Ablauf der Ausbildungszeit die Abschlußprüfung, endet das Berufsausbildungsverhältnis mit Bestehen dieser Prüfung.

Besteht der Auszubildende die Abschlußprüfung nicht, verlängert sich das Berufsausbildungsverhältnis auf sein Verlangen bis zur nächstmöglichen Wiederholungsprüfung, höchstens um ein Jahr.

2) Während der ersten drei Monate (Probezeit) kann das Berufsausbildungsverhältnis jederzeit ohne Einhalten einer Kündigungsfrist gekündigt werden.

3) Nach der Probezeit kann das Berufsausbildungsverhältnis nur gekündigt werden
   a) aus einem wichtigen Grund ohne Einhalten der Kündigungsfrist,
   b) vom Auszubildenden mit einer Kündigungsfrist von vier Wochen, wenn er die Berufsausbildung aufgeben oder sich für eine andere Berufstätigkeit ausbilden lassen will.

Eine Kündigung aus einem wichtigen Grund ist unwirksam, wenn die ihr zugrundeliegenden Tatsachen dem zur Kündigung Berechtigten länger als zwei Wochen bekannt sind. Ist ein vorgesehenes Güteverfahren vor einer außergerichtlichen Stelle eingeleitet, wird bis zu dessen Beendigung der Lauf dieser Frist gehemmt.

4) Die Kündigung muß schriftlich und in den Fällen des Absatzes 3 Unterabs. 1 unter Angabe der Kündigungsgründe erfolgen.

Auch hierbei greift die Mitbestimmung nur, wenn die oder der Auszubildende nicht selbst kündigt (§ 23 Abs. 3a TVAöD).

Die ohne Beteiligung des Personalrats durchgeführten Maßnahmen sind grob fehlerhaft und deshalb nach fristgerechter Anfechtung durch den Betroffenen aufzuheben. (vgl. BVerwG, Beschl. vom 28.8.1986, ZBR 1987, 159)

23. Vorzeitige Versetzung in den Ruhestand und Feststellung der begrenzten Dienstfähigkeit und der Polizeidienstunfähigkeit (Abs. 1 Nr. 9)

Die vorzeitige Versetzung einer Beamtin oder eines Beamten in den Ruhestand, die also nicht wegen Erreichens der Altersgrenze erfolgt, unterliegt der Mitbestimmung, sofern die Beamtin oder der Beamte dies nicht selbst beantragt hat. Der Personalrat ist bereits bei der Anordnung der amtsärztlichen Untersuchung anzuhören (Anm. 6 zu § 75).

Für den Ablauf des Beteiligungsverfahrens sind in der Rechtsprechung Regeln aufgestellt worden. (vgl. BVerwG, Beschl. vom 19.11.1965, PV 1966, 61) Die Mitteilung über die beabsichtigte Zwangspensionierung an die Beamtin oder den Beamten gemäß § 34 LBG und an den Personalrat erfolgen gleichzeitig. Werden seitens der oder des Betroffenen gegen die beabsichtigte Maßnahme keine Einwendungen erhoben und stimmt der Personalrat zu, kann die Zwangspensionierung durchgeführt werden. Auch wenn die betroffenen Beamtin oder der betroffene Beamte keine Einwendungen erheben, können in diesem Verfahrensstadium die vom Personalrat vorgebrachten Gesichtspunkte die Dienststelle veranlassen, von der Maßnahme abzusehen. Falls Einwendungen von der oder dem Betroffenen erhoben werden und will die Dienststelle nach deren Prüfung gleichwohl an der Maßnahme festhalten, wird das Verfahren gemäß § 34 LBG fortgesetzt, sobald die Zustimmung des Personalrats vorliegt.

Die Durchführung eines betrieblichen Eingliederungsmanagements gem. § 84 Abs. 2 SGB IX (BEM) ist nicht formelle Rechtmäßigkeitsvoraussetzung eines Bescheides, mit dem die Versetzung eines Beamten in den Ruhestand wegen Dienstunfähigkeit verfügt wird. (OVG Nordrhein-Westfalen, Beschluss v. 21.5.2010 – 6 A 816/09 –)

Bei einer Fortsetzung des Verfahrens können Teile der Dienstbezüge gemäß § 34 Abs. 3 LBG einbehalten werden. Die Einbehaltung ist eine Folge der getroffenen Entscheidung, die kraft Gesetzes eintritt. An diesem Vorgang wird deshalb ein Personalrat nicht erneut beteiligt. Auch vor oder nach dem Abschluss der Ermittlungen des „Untersuchungsführers" kommt die Beteiligung nicht in Betracht. Beteiligungstatbestand ist die beabsichtigte Versetzung in den Ruhestand, nicht ein einzelner Verfahrensschritt.

Der Beamte auf Probe ist unter bestimmten Voraussetzungen in den Ruhestand zu versetzen. Da die Feststellung der Dienstunfähigkeit, die nicht im förmlichen Verfahren zu treffen ist, nicht der Mitbestimmung des Personalrats unterliegt, braucht dieser lediglich im Wege der Anhörung nach § 74 Abs. 2 eingeschaltet zu werden, wenn die Versetzung in den Ruhestand erfolgen soll. Beabsichtigt jedoch die Dienststelle, den Beamten zu entlassen, weil trotz vorhandener Dienstunfähigkeit die sonstigen Voraussetzungen gemäß § 28 BeamtStG nicht vorliegen oder von der Kann-Vorschrift gemäß § 28 Abs. 2 BeamtStG kein Gebrauch gemacht werden soll, so ist der Personalrat nach Abs. 1 Nr. 8 zu beteiligen, der alsbald zu prüfen hat, ob nicht doch statt der Entlassung eine Zurruhesetzung möglich ist.

Die Feststellung der begrenzten Dienstfähigkeit und der Polizeidienstunfähigkeit, die zur Herabsetzung der Arbeitszeit um mindestens der Hälfte der regelmäßigen Arbeitszeit führt bzw. zur Überführung in ein Amt einer anderen Laufbahn bei einem der in § 1 bezeichneten Dienstherren, ist mit erheblichen Nachteilen verbunden. Deshalb hat der Gesetzgeber den Personalrat durch die Novelle in 2010 in die Lage versetzt, im Rahmen der Mitbestimmung eine Kontrollfunktion wahrzunehmen.

Auszug aus dem Beamtenstatusgesetz:

§ 27 Begrenzte Dienstfähigkeit

(1) Von der Versetzung in den Ruhestand wegen Dienstunfähigkeit soll abgesehen werden, wenn die Beamtin oder der Beamte unter Beibehaltung des übertragenen Amtes die Dienstpflichten noch während mindestens der Hälfte der regelmäßigen Arbeitszeit erfüllen kann (begrenzte Dienstfähigkeit).

(2) Die Arbeitszeit ist entsprechend der begrenzten Dienstfähigkeit herabzusetzen.

Mit Zustimmung der Beamtin oder des Beamten ist auch eine Verwendung in einer nicht dem Amt entsprechenden Tätigkeit möglich.

Auszug aus dem LBG:

§ 116 Dienstunfähigkeit

(1) Der Polizeivollzugsbeamte ist dienstunfähig, wenn er den besonderen gesundheitlichen Anforderungen für den Polizeivollzugsdienst nicht mehr genügt und nicht zu erwar-

ten ist, dass er seine volle Verwendungsfähigkeit innerhalb von zwei Jahren wiederer-
langt (Polizeidienstunfähigkeit), es sei denn, die auszuübende Funktion erfordert bei
Beamten auf Lebenszeit diese besonderen gesundheitlichen Anforderungen auf Dauer
nicht mehr uneingeschränkt.

(2) Vor der Zurruhesetzung eines Polizeivollzugsbeamten wegen Dienstunfähigkeit ist
ein amtliches Gutachten der unteren Gesundheitsbehörde oder ein Gutachten eines
beamteten Polizeiarztes einzuholen.

(3) Wird der Polizeivollzugsbeamte polizeidienstunfähig, so soll er, falls nicht zwingende
dienstliche Gründe entgegenstehen, in ein Amt einer anderen Laufbahn bei einem der
in § 1 bezeichneten Dienstherren versetzt werden, wenn die sonstigen Voraussetzungen
des § 25 erfüllt sind. Soweit der Polizeivollzugsbeamte für die neue Laufbahn die
Befähigung nicht besitzt, hat er die ihm gebotene Gelegenheit wahrzunehmen, die
ergänzenden Kenntnisse und Fähigkeiten nach Maßgabe der Rechtsverordnungen zu
den §§ 5 und 6 zu erwerben. § 26 Abs.1 Satz 3 und Abs. 2 BeamtStG bleiben unberührt.

Das Ermessen des Personalrats ist durch die gesetzlichen Vorgaben sehr stark eingeschränkt.
In allen drei Fallgestaltungen knüpft der Gesetzgeber an die

Dienstfähigkeit die zwingende Folge der vorzeitigen Versetzung in den Ruhestand, der begrenzten Dienstfähigkeit oder der Polizeidienstunfähigkeit. Der Personalrat hat die Rechte der
betroffenen Beamtinnen und Beamten in der Form wahrzunehmen, dass er die Einhaltung der
Vorschriften überwacht und darauf, dass die betroffenen Beamtinnen und Beamten Möglichkeiten hatten, Einwendungen zu erheben.

24. Weiterbeschäftigung von Beamtinnen und Beamten und Arbeitnehmerinnen und Arbeitnehmern über die Altersgrenze hinaus (Abs. 1 Nr. 10)

Bei einer Weiterbeschäftigung von Arbeitnehmerinnen und Arbeitnehmern, die nur ausnahmsweise möglich ist (§ 33 TVL/TVöD), ist ein neuer Arbeitsvertrag unter Beteiligung des Personalrats abzuschließen.

Unter diesen Tatbestand fällt auch die Weiterbeschäftigung von Beamtinnen und Beamten,
wenn z.B. der Eintritt in den Ruhestand bis zu einer Dauer von drei Jahren gemäß § 32 LBG
hinausgeschoben wird. Das gleiche gilt, wenn Ruhestandsbeamtinnen und -beamte im Arbeit-
nehmerverhältnis weiterbeschäftigt werden. Soll jedoch ein wegen Dienstunfähigkeit vorläufig
in den Ruhestand versetzter Beamter erneut ernannt werden, so unterliegt diese Maßnahme
nach Nr. 1 als „Einstellung" der Mitbestimmung. (Hess. VGH, Beschl. vom 29.11.1994, ZfPR
1995, 163) Auch die Weiterbeschäftigung auf einem anderen Arbeitsplatz oder in einer anderen Dienststelle ist als Einstellungsmaßnahme zu qualifizieren (Welkoborsky, Anm. 35 zu § 72).
Der Personalrat hat hier nicht nur die Interessen der freiwillig verlängernden Beschäftigten,
sondern auch die jüngeren Beamtinnen und Beamten und Arbeitnehmerinnen und Arbeitnehmern im Auge zu haben, deren Weiterkommen sich möglicherweise verzögert.

25. Anordnungen, welche die Freiheit in der Wahl der Wohnung beschränken (Abs. 1 Nr. 11)

Für Beamtinnen und Beamten besteht zwar keine allgemeine Residenzpflicht mehr; sie unterliegen aber nach § 44 LBG in der Wahl ihrer Wohnung trotz des Grundrechts der Freizügigkeit

gewissen Einschränkungen. Wenn sie angewiesen werden sollen, ihre Wohnung innerhalb einer bestimmten Entfernung von ihrer Dienststelle zu nehmen, ist der Personalrat zu beteiligen. Das gleiche gilt für die Zuweisung einer Dienstwohnung, soweit damit eine Beschränkung der Freizügigkeit verbunden ist, was nicht immer der Fall sein dürfte. Wenn die oder der Betroffene eine Dienstwohnung beziehen will, sich also in der Wahl der Wohnung nicht beschränkt fühlt, wird der Personalrat nicht beteiligt. Auch Arbeitnehmerinnen und Arbeitnehmer unterliegen aufgrund tarifrechtlicher Vorschriften insoweit Beschränkungen, als sie angewiesen werden können, Werkdienstwohnungen zu beziehen. Ist die Wohnung an einen Dienstposten gebunden, so entfällt die Mitbestimmung, da bei derartigen Posten eine Beschränkung der Freizügigkeit der Wohnung Folge des Dienstpostens ist (z.B. Forstbeamtinnen und Forstbeamte, Hausmeister). Wegen der funktionsgebundenen Dienst- oder Werkdienstwohnungen wird auf Anm. 42 zu § 72 hingewiesen.

26. Versagung oder Widerruf der Genehmigung einer Nebentätigkeit (Abs. 1 Nr. 12)

Die Mitbestimmung des Personalrats erstreckt sich nicht auf die Genehmigung, sondern nur auf die Versagung oder den Widerruf der Genehmigung. Die Nebentätigkeit ist der Oberbegriff für das Nebenamt und die Nebenbeschäftigung (§ 49 LBG). Während das Nebenamt ebenso wie das Hauptamt die Ausübung hoheitlicher oder ihnen gleichgestellter Aufgaben zum Inhalt hat, ist die Nebenbeschäftigung jede sonstige Nebentätigkeit der Beamtin oder des Beamten innerhalb und außerhalb des öffentlichen Dienstes. Dabei ist zwischen der genehmigungsfreien und der genehmigungspflichtigen Nebentätigkeit zu unterscheiden (§§ 49 ff LBG i.V.m. der Nebentätigkeitsverordnung).

Gemäß § 49 LBG ist die Genehmigung z.B. bei der Übernahme einer Vormundschaft, Pflegschaft oder Testamentsvollstreckung nach pflichtgemäßem Ermessen zu erteilen. Sie ist stets zu versagen, wenn eine Beeinträchtigung dienstlicher Interessen zu befürchten ist. Für die Versagung der Genehmigung einer Nebentätigkeit genügt nicht eine abstrakte Gefährdung dienstlicher Interessen oder der in § 49 LBG genannten Gründe. Nur die im Einzelfall begründete Befürchtung der Beeinträchtigung dienstlicher Interessen rechtfertigt die Versagung der Genehmigung dieser Tätigkeit. Gemäß § 49 Abs. 4 LBG ist eine bereits erteilte Genehmigung zu widerrufen, wenn sich eine Beeinträchtigung dienstlicher Interessen ergibt.

Für den Personalrat ergibt sich die besondere Aufgabe, auf eine einheitliche Anwendung dieser Vorschriften zu achten und Benachteiligungen für einzelne Betroffene zu verhindern.

27. Ablehnung eines Antrags auf Teilzeitbeschäftigung oder Urlaubs nach §§ 63-67 oder §§ 70, 71 Landesbeamtengesetzes sowie Ablehnung einer entsprechenden Arbeitsvertragsänderung bei Angestellten und Arbeitern (Abs. 1 Nr. 13)

Die Beteiligung des Personalrats ist nur bei der Ablehnung eines Antrages auf Teilzeitbeschäftigung oder Beurlaubung gegeben. Dies gilt im Beamten- und Arbeitnehmerbereich sowohl für die erstmalige Antragstellung, als auch für Verlängerungsanträge. Die Ablehnung von Anträgen von Beamtinnen und Beamten und Tarifangehörigen, die auf Erhöhung ihrer Teilzeitbeschäftigung von beispielsweise 50 v.H. auf 60 v.H. gerichtet sind, unterliegen jedoch nicht der Mitbestimmung. Die antragsgemäße Gewährung eines Antrages auf Teilzeitbeschäftigung oder Beurlaubung oder die Ablehnung von Altersteilzeit sind ebenfalls nicht mitbestimmungspflichtig. (OVG Niedersachsen, 17 L 2469/99 vom 30.1.2002)

Die Ablehnung der Anträge auf Teilzeitbeschäftigung oder Beurlaubung nach § 63 LBG (voraussetzungslos) darf von der Dienststelle nur aus dienstlichen Gründen erfolgen. Die Ablehnung der Anträge auf Teilzeitbeschäftigung oder Beurlaubung nach § 66 LBG setzt zur Ablehnung zwingende dienstliche Gründe voraus. Solange in den einzelnen Ressorts noch Haushaltsstellen mit einem kw-Vermerk (künftig wegfallend) im Haushaltsgesetz versehen sind, dürfte es dem Dienststellenleiter schwer fallen, dienstliche oder zwingende dienstliche Gründe für eine Ablehnung solcher Anträge geltend zu machen. Eine bloße Unbequemlichkeit, die daraus resultiert, dass in der Dienststelle Umsetzungen vorgenommen werden müssen oder ein Ausgleich zwischen den einzelnen Dienststellen erforderlich ist, reicht in beiden Fällen nicht aus.

Die Ablehnung der Anträge auf Beurlaubung nach § 70 LBG (voraussetzungslos) darf von der Dienststelle nur aus dienstlichen Gründen erfolgen. Die Ablehnung der Anträge auf Beurlaubung nach § 71 LBG setzt zur Ablehnung zwingende dienstliche Gründe voraus. Aber auch hier gilt das oben Gesagte.

Die Ablehnung von Anträgen auf Altersteilzeit von Beamtinnen und Beamten und Arbeitnehmerinnen und Arbeitnehmern unterliegt nicht der Mitbestimmung, da die Arten der Teilzeitbeschäftigung, deren Ablehnung zu einem Mitbestimmungsrecht führt, in 72 Abs. 13 abschließend aufgezählt sind.

28. Ablehnung eines Antrages auf Einrichtung eines Arbeitsplatzes außerhalb der Dienststelle (Abs. 1 Nr. 14)

Diese Vorschrift korrespondiert mit der Vorschrift des § 72 Abs. 3 Nr. 6, wonach die generelle Einrichtung von Arbeitsplätzen außerhalb der Dienststelle mitbestimmungspflichtig ist. In Betracht kommt hierbei im Wesentlichen die sogenannte Tele-Arbeit. Soll der Antrag einzelner Beschäftigter von der Dienststelle abgelehnt werden, greift die Nummer 14. Auch hier muss der Personalrat die schutzwürdigen Interessen der Betroffenen und der gesamten Dienststelle berücksichtigen. Eine unbegrenzte Zahl von solchen Arbeitsplätzen wird aus IT-Gründen, organisatorischen Gründen und aus der Sicht des Haushalts nicht möglich sein. Der Personalrat wird deshalb eine Entscheidung treffen müssen, der eine soziale Abstufung zu Grunde liegt. Der Personalrat wird auch berücksichtigen müssen, dass ein kollegialer Zusammenhalt in der Dienststelle mit vielen Arbeitsplätzen außerhalb der Dienststelle schwierig wird.

29. Einschränkungen oder Ausschluss der Mitbestimmung (Abs. 1 Satz 2 und 3)

Abs. 1 Satz 2 und 3 betrifft Beschäftigtengruppen, bei denen die Mitbestimmung entweder von einem Antrag der Betroffenen abhängig oder völlig ausgeschlossen ist. Die Regelung soll Interessenkollisionen vermeiden, die Unabhängigkeit des betreffenden Personenkreises gegenüber dem Personalrat sichern.

Nach herrschender Meinung unterliegen der Einschränkung oder dem Ausschluss der Mitbestimmung auch diejenigen, die erst in die betreffenden Positionen hineingelangen sollen. Das Mitbestimmungsrecht einer Personalvertretung bei der Besetzung von Stellen ab der Besoldungsgruppe B 3 ist auch dann von einer entsprechenden Antragstellung des Betroffenen abhängig, wenn diesem erst eine solche Aufgabe übertragen werden soll. Dies gilt auch dann, wenn es sich um eine Stelle im nachgeordneten Bereich einer Verwaltung handelt, die von der vorgesetzten Dienstbehörde besetzt wird. In diesem Fall ist der (örtliche) Personalrat der betreffenden Verwaltung durch die zuständige Stufenvertretung anzuhören. Daher ist der Betroffene insoweit auch „Kontrahent" des (örtlichen) Personalrats. (BVerwG, 6 P 6.01 vom 20.3.2002) Antragsabhängig ist z.b. die Beteiligung des Personalrats bei der Beförderung eines Beamten, dem eine Position nach § 8 übertragen werden soll. Ist dagegen lediglich die probeweise Übertragung des entsprechenden Aufgabenbereichs beabsichtigt, dann unterliegt diese Maßnahme entweder als Umsetzung oder als Übertragung einer höherwertigen Tätigkeit der uneingeschränkten Mitbestimmung, denn die Vorschrift umschreibt nur Ämter oder Stellen im statusrechtlichen Sinne, nicht dagegen die teils nur probeweise oder vertretungsweise Übertragung der Aufgabenbereiche. Wird ein Beschäftigter aus einem solchen Amt zu einer anderen Dienststelle abgeordnet, ist die Mitbestimmung des aufnehmenden Personalrats nicht von einem Antrag abhängig. (BVerwG, Beschl. vom 21.10.1993, ZBR 1994, 21)

30. Antragsabhängige Beteiligung (Abs. 1 Satz 2)

Die antragsabhängige Beteiligung setzt voraus, dass die Beschäftigten über ihre Antragsrechte informiert werden. Dazu sind sowohl die Dienststelle als auch der Personalrat verpflichtet. Die Informationspflicht der Dienststelle muss allerdings erheblich höher bewertet werden. Bei dem genannten Personenkreis handelt es sich um die Leiterin oder den Leiter der Dienststelle und ihre Vertreterinnen oder Vertreter sowie um Beschäftigte, die zu selbständigen Entscheidungen der in § 72 Abs. 1 Satz 1 genannten Personalangelegenheiten befugt sind. Das gilt auch, wenn die Personalmaßnahme von der übergeordneten Dienststelle getroffen wird und die Stufenvertretung zuständig ist. (BAG, Urteil vom 10.11.1987, PV 1988, 549) Bei der Anwendung dieser Vorschrift kommt es nicht auf den Umfang der der Dienststelle eingeräumten Entscheidungsbefugnis an. (BAG, Urteil vom 21.6.1978, RiA 1979, 33)

31. Antragsabhängige Beteiligung bei wissenschaftlich tätigen Personen (Abs. 1 Satz 2)

Bestimmte Gruppen von Beschäftigten, die wissenschaftliche Tätigkeit verrichten, insbesondere Professorinnen und Professoren und Hochschulassistentinnen und Hochschulassistenten, gelten gemäß § 5 Abs. 5 Buchst. a nicht zu den Beschäftigten i.S. dieses Gesetzes und fallen deshalb völlig aus der Beteiligung des Personalrats heraus.

Für die übrigen Beschäftigten werden gemäß § 105 eigene Personalvertretungen (wissenschaftliches und künstlerisches Personal an den wissenschaftlichen Hochschulen und Fachhochschulen) gebildet. Für diesen Personenkreis und für sonst wissenschaftlich Tätige gilt, dass die Mitbestimmung in Personalangelegenheiten von einem entsprechenden Antrag abhängig ist (vgl. Anm. 32). Für das Verwaltungspersonal an den Hochschulen gilt das Gesetz ohne Einschränkung.

Wissenschaftliche Mitarbeiterinnen und Mitarbeiter werden durch § 44 HFG beschrieben. Zweck der Vorschrift nach Satz 2 ist es, den besonderen Schutz, den gemäß Artikel 5 Abs. 3 GG Wissenschaft und Forschung genießen, dadurch Rechnung zu tragen, dass einerseits den Personalverwaltungen eine größere Unabhängigkeit bei ihren Personalentscheidungen eingeräumt wird, andererseits diese Dienstkräfte den Einflussmöglichkeiten der Personalvertretungen weitgehend entzogen werden sollen. (Fischer-Goeres, RdNr. 5 zu § 77)

Die Beschäftigten üben nur dann überwiegend eine wissenschaftliche Tätigkeit aus, wenn sich ihre Arbeit vorwiegend auf Lehre und Forschung erstreckt. Dabei muss es sich um eine selbständige wissenschaftliche Forschungsarbeit oder Gutachtertätigkeit handeln. Im Bereich der Wissenschaft besteht diese schöpferische Tätigkeit in dem Erfassen, Darstellen, Einordnen, Erklären, Deuten und Bewerten von Teilbereichen der wirklichen Welt. (OVG Lüneburg, Beschl. vom 29.1.1982, PV 1982, 20; OVG Münster, Beschl. vom 24.6.1982 – CL 45/81)

Auf die Vor- und Ausbildung der Beschäftigten kommt es nicht an und auch nicht darauf, ob sie daneben oder sogar überwiegend verwaltungsmäßige oder organisatorische Aufgaben erledigen. (BVerwG, Beschl. vom 24.3.1988, ZBR 1988, 257)

32. Ausschluss der Mitbestimmung der überwiegend und unmittelbar künstlerisch Tätigen an Theatern (Abs. 1 Satz 2)

Bei der künstlerischen Tätigkeit muss es sich um eine eigene schöpferische Leistung handeln. Vorwiegend künstlerisch ist die Tätigkeit der Bühnenkünstlerinnen und Bühnenkünstler und der Orchestermitglieder. Dabei ist es unerheblich, ob die auf künstlerischem Gebiet tätigen Beschäftigten auch nebenbei Verwaltungsaufgaben erledigen. Auch hier kommt es nicht auf Vor- und Ausbildung an, sondern nur auf die auszuübende oder ausgeübte Tätigkeit. Weiter sind die Beschäftigten an Theatern, die unter einen Bühnennormalvertrag fallen, von der Beteiligung ausgeschlossen. Darunter fallen Spielleiterinnen und Spielleiter, Dramaturginnen und Dramaturgen, Ballettmeisterinnen und Ballettmeister, Solo-Personal und Personen in ähnlicher Stellung. Durch den Ausschluss der Beteiligung soll die künstlerische Gestaltungsfreiheit der Intendantin oder des Intendanten gewährleistet werden. (BVerwG, Beschl. vom 18.10.1981 – 6 P 26.79)

33. Ausschluss der Mitbestimmung in anderen Fällen (Abs. 1 Satz 2)

Von der Beteiligung des Personalrats bei Personalmaßnahmen sind die in §§ 119 ff LBG bezeichneten Beamtinnen und Beamten (sog. politische Beamtinnen und Beamte) ausgenommen. Das gleiche gilt für Beamtinnen und Beamte von der Besoldungsgruppe B 3 an aufwärts, so dass die Beteiligung bei Beamtinnen und Beamten der Besoldungsgruppe B 2 endet. Für die besoldungsrechtliche Einordnung einer Beamtenstelle ist aber nicht die interne Bewertung des Dienstpostens maßgebend, sondern die durch Zuordnung einer entsprechenden Planstelle zum Ausdruck kommende besoldungsrechtliche Bewertung. Die vom Dienstherrn praktizierte interne Dienstpostenbewertung ohne Änderung der für den Dienstposten ausgeworfenen Planstelle ändert an der besoldungsrechtlichen Einstufung der Dienstposteninhaberin oder des Dienstposteninhabers nichts. Begrifflich ist hier die sog. „Topfwirtschaft" angesprochen, d.h. es fehlt an einer festen Verknüpfung zwischen Dienstposten und Planstellen. (OVG Münster, Beschl. vom 30.8.1985, R 1985, 286) Andererseits ergibt sich daraus, dass die Zuweisung der Planstelle einer höheren Besoldungsgruppe das entscheidende Kriterium für das Vorliegen des Mitbestimmungstatbestandes „Übertragung einer höher zu bewertenden Tätigkeit" darstellt. (OVG Münster, Beschl. Vom 22.8.1983, ZBR 1984, 215)

Personalangelegenheiten von Arbeitnehmerinnen und Arbeitnehmer, die eine über die Entgeltgruppe 15 des TV-L/TVöD hinaus gehende Vergütung erhalten und damit in den Bereich der B-Gehälter hineinragen, unterliegen ebenfalls nicht der Mitbestimmung. Es kommt dabei allein auf die Höhe der Vergütung, nicht auf die Funktion an. (OVG Münster, Beschl. vom 30.9.1980 – CL 20/79)

Der Ausschluss der Beteiligung des Personalrats in Personalangelegenheiten bei kommunalen Wahlbeamtinnen und Wahlbeamten ist vorgesehen, weil nicht alle bereits der Besoldungsgruppe B 3 oder einer höheren Besoldungsgruppe angehören oder weil für sie, sofern es sich um Hauptgemeindebeamte oder Vertreter handelt, die Beteiligungspflicht nur auf Antrag ausgelöst wird. Um der kommunalen Selbstverwaltung in diesem entscheidenden Personalbereich zu entsprechen, soll deutlich gemacht werden, dass die autonome Wahlentscheidung des Rates keiner Bestätigung durch den Personalrat bedarf.

Ausgenommen sind schließlich die Leiter von öffentlichen Betrieben. Zweck der Regelung ist, diesen Personenkreis, auch soweit es sich nicht um Beamtinnen und Beamte der Besoldungsgruppe von B 3 an aufwärts oder um außertarifliche Arbeitnehmerinnen und Arbeitnehmer handelt, wegen ihrer herausragenden Position innerhalb der Verwaltungsstruktur aus der Mitbestimmung herauszunehmen.

Gemäß § 55 Abs. 4 des Gesetzes über den Westdeutschen Rundfunk sind solche Tarifbeschäftigte ausgeschlossen, die in der Produktion tätig sind.

34. Beschäftigte in der Berufsausbildung (Abs. 1 Satz 3)

Dass die unter Abs. 1 Satz 1 Nr. 5 aufgeführten Maßnahmen für Beschäftigte in der Berufsausbildung nicht der Beteiligung unterliegen dient der Klarstellung, weil Überweisungen an die verschiedenen Ausbildungsstätten ohnehin nicht als Versetzung oder Umsetzung angesehen werden können. Der Wechsel der Ausbildungsstelle vollzieht sich auch nicht im Wege der Abordnung. (OVG Rheinland-Pfalz, Beschl. vom 23.12.1974, PV 1975, 179) Die hier vorgesehenen Maßnahmen dienen dem Ausbildungszweck und ergeben sich entweder aus den Ausbildungs- und Prüfungsordnungen oder aus den Ausbildungsplänen. Im Interesse der in der Ausbildung befindlichen Beschäftigten können jedoch die Personalvertretungen bzw. die Jugend- und Auszubildendenvertretungen Maßnahmen gemäß § 64 Nr. 1 oder 2 beantragen, falls diese dem Ausbildungszweck nicht zuwiderlaufen.

35. Unterstützungen (Abs. 2 Nr. 1)

Die Gewährung von einmaligen oder laufenden Unterstützungen ist in den Unterstützungsgrundsätzen (RdErl. des Finanzministers NW vom 5.5.1972, zuletzt geändert am 11.10.2001) geregelt. Sie finden auf Arbeitnehmerinnen und Arbeitnehmer entsprechende Anwendung. Eine Unterstützung kann nur im Rahmen der Haushaltsansätze bereitgestellt werden. Andererseits kann aus dem Vorhandensein von Haushaltsmitteln kein Anspruch auf Gewährung einer Unterstützung abgeleitet werden. Der Personalrat ist zu beteiligen bei positiven und negativen Entscheidungen. Damit wird der Grundsatz durchbrochen, dass der Personalrat nur bei Maßnahmen zu beteiligen ist, die auf eine Veränderung des bestehenden Zustandes gerichtet sind. Der Personalrat hat bei der Ausübung seines Mitbestimmungsrechts zu prüfen, ob die Unterstützung zur Beseitigung einer Notlage gewährt wird. Ihm sind die erforderlichen Unterlagen zur Verfügung zu stellen.

36. Vorschüsse (Abs. 2 Nr. 1)

Beschäftigte können Vorschüsse auf die laufenden Bezüge, Vergütungen oder Löhne erhalten. Sie werden nach den Vorschussrichtlinien (MBl.NRW. 2003 S.1150) gewährt und dürfen eine bestimmte Höhe nicht übersteigen. Auch wenn Gehaltsvorschüsse nach anderen Vorschriften gezahlt werden, unterliegt die Gewährung oder die Ablehnung der Mitbestimmung des Personalrats. Bei den sog. Abschlägen, also den kurzfristigen Vorauszahlungen der Bezüge oder der Entgelte, wird der Personalrat nicht beteiligt.

37. Darlehen (Abs. 2 Nr. 1)

Die Bewilligung von Arbeitgeberdarlehen unterliegt der Mitbestimmung des Personalrats, wobei in der Regel ein Darlehensvertrag abgeschlossen wird. Das Beteiligungsrecht setzt bereits ein, wenn die darlehensgewährende Stelle eine Entscheidung über den Darlehensantrag getroffen hat, also bei der Darlehenszusage. Dies gilt jedoch nicht bei der Gewährung von Familienheimdarlehen, da kein „sozialer Charakter" zu erkennen ist. (BVerwG, Beschl. vom 21.3.1980, ZBR 1981, 221)

Bei der Gewährung von Arbeitgeberdarlehen, die regelmäßig gewährt werden, kann es sich darüber hinaus um eine Sozialeinrichtung gemäß Abs. 2 Nr. 4 handeln. (BAG, Urteil vom 24.10.1980 – 3 AZR 329,79) Auch die von einer Sparkasse ihren Beschäftigten gewährten Darlehen fallen unter diese Regelung. Gewährung von Darlehen ist zwar für Sparkassen ein übliches Geschäft, aber nicht gegenüber ihren eigenen Beschäftigten. Werden solche Darlehen allerdings zu Konditionen gewährt, die auch anderen Kundinnen und Kunden der Sparkasse eingeräumt werden, ist für eine Beteiligung des Personalrats kein Raum.

38. Entsprechende Zuwendungen (Abs. 2 Nr. 1)

Bei den sonstigen „entsprechenden" Zuwendungen ist davon auszugehen, dass nach der systematischen Einordnung dieser Vorschrift nicht nur Maßnahmen angesprochen werden sollen, die ausschließlich der Behebung eines Notstandes dienen. Die Maßnahmen müssen aber den vorgenannten Unterstützungen, Vorschüssen und Darlehen entsprechen und zumindest soziale Komponenten enthalten. Aus diesem Grunde fallen Leistungen nach den Beihilfevorschriften, dem Landesreisekostengesetz und der Trennungsentschädigungsverordnung nicht unter diese Vorschrift. Das gleiche gilt für Billigkeitszuwendungen im Rahmen eines Sachschadenersatzes. (BVerwG, Beschl. vom 30.3.1989, PV 1989, 362) Alle übrigen Zuwendungen, die der Behebung einer Notlage dienen, unterliegen der Mitbestimmung, auch wenn entsprechende Rechts- oder Verwaltungsvorschriften für ihre Gewährung oder Entziehung nicht bestehen. Falls für die Gewährung derartiger Zuwendungen Richtlinien aufgestellt werden, ist daran der Personalrat nicht zu beteiligen, sondern lediglich bei der Gewährung oder Entziehung im Einzelfall.

39. Zuweisung und Kündigung von Wohnungen (Abs. 2 Nr. 2)

Beim Mitbestimmungstatbestand Zuweisung und Kündigung von Wohnungen, über die die Dienststelle verfügt, ist der Begriff „Verfügung" nicht zivilrechtlich auszulegen, sondern allgemein als Übertragungsmöglichkeit eines Nutzungsrechts, also auch Vermietung. Die Dienststelle verfügt nämlich nicht nur über Wohnungen in solchen Gebäuden, die in ihrem Eigentum stehen, sondern auch über Wohnungen, bei deren Vermietung ihr gegenüber dem Vermieter ein Besetzungsrecht zusteht. (BVerwG, Beschl. vom 25.9.1984, ZBR 1985, 60) Überlässt die zur Verfügung berechtigte Dienststelle die Wohnung einer oder einem Außenstehenden, so ist eine solche Maßnahme nicht beteiligungsbedürftig, wenn sich kein Beschäftigter der Dienststelle um sie beworben hat. (OVG Münster, Beschl. vom 16.1.1984, ZBH 1984, 284) Die Umwandlung einer einzelnen Dienstwohnung in eine Mietwohnung unterliegt allerdings nicht der Mitbestimmung des Personalrats. (OVG Münster, Beschl. vom 26.8.1994)

Die geforderte Zustimmung des Personalrats zur Kündigung von Wohnungen ist Wirksamkeitsvoraussetzung für die Kündigung, allerdings nur bis zur rechtswirksamen Auflösung des Dienst- oder Arbeitsverhältnisses. (OLG Frankfurt, Beschl. Vom 14.8.1992, DÖV 1993, 400)

Die Zuweisung von funktionsgebundenen Dienstwohnungen oder Werkdienstwohnungen fällt allerdings nicht unter die Mitbestimmung des Personalrats. Diese Maßnahme ist als Bestandteil der Arbeits- und Tarifbedingungen anzusehen, die z.b. bei einer Arbeitnehmerin oder einem Arbeitnehmer bei der Einstellung festgelegt werden. Insofern können Mitbestimmungsrechte des Personalrats nur bei der Einstellung selbst ausgeübt werden. Bei der Zuweisung einer Dienstwohnung an Beamtinnen und Beamte oder bei ihrem Entzug sind ausschließlich dienstliche Gesichtspunkte maßgebend (§ 44 LBG). Zum Begriff Dienstwohnung vgl. § 1 der Dienstwohnungsverordnung vom 9. November 1965, zuletzt geändert durch Verordnung vom 31. Dezember 2008).

Auszug aus der Dienstwohnungsverordnung:

§ 1 Dienstwohnung

(1) Dienstwohnungen sind solche Wohnungen oder einzelne Wohnräume, die Beamten als Inhabern bestimmter Dienstposten unter ausdrücklicher Bezeichnung als Dienstwohnung ohne Abschluß eines Mietvertrages zugewiesen werden und im Haushaltsplan als solche bezeichnet sind.

(2) Dienstwohnungen können sich in Gebäuden oder Gebäudeteilen befinden, die im Eigentum, in der Verwaltung oder Benutzung des Landes, der Gemeinden, der Gemeindeverbände oder der Landesversicherungsanstalten stehen.

(3) Dienstwohnungen dürfen nicht unentgeltlich überlassen werden.

(4) Die Aufsicht über Dienstwohnungen des Landes führt die der obersten Dienstbehörde nachgeordnete Behörde (aufsichtführende Behörde). Die oberste Dienstbehörde kann eine abweichende Regelung treffen.

Wenn die Dienststelle unter mehreren Dienstwohnungen oder Berechtigten auswählen kann, unterliegt allerdings die Zuweisung der Mitbestimmung. (BVerwG, Beschl. vom 16.11.1987, PV 1989, 65; BAG, Beschl. vom 28.7.1992, ZTR 1993, 129) Bei Wahlmöglichkeiten der Dienststelle wird die Organisationshoheit nicht berührt.

40. Festsetzung der Nutzungsbedingungen (Abs. 2 Nr. 2)

Das Beteiligungsrecht des Personalrats bei der Festsetzung der Nutzungsbedingungen kann nur bei der generellen Festlegung der Grundsätze über die Vertragsbedingungen und der allgemeinen Grundsätze der Mietpreisgestaltung ausgeübt werden. Die Mitbestimmung ist auf Wohnungen beschränkt, bei deren Vergabe ein Mietvertrag abgeschlossen worden ist. Eine Beteiligung des Personalrats bei der Mietpreisfestsetzung im Einzelfall entfällt. (BVerwG, 6 P 3.00 vom 20.12.2000) Maßnahmen der Dienststelle, die Dienst- oder Werkdienstwohnungen betreffen, insbesondere die Bestimmung der Dienstwohnungsvergütung der Beamtinnen und Beamten, unterliegt nicht der Mitbestimmung. (OVG Münster, Beschl. vom 24.2.1982 – CL 35/80)

41. Zuweisung von Dienst- und Pachtland (Abs. 2 Nr. 3)

Bei der Zuweisung von Dienst- und Pachtland, das in der Regel zur landwirtschaftlichen oder gärtnerischen Nutzung entgeltlich oder unentgeltlich abgegeben wird, handelt es sich um Land, über das die Dienststelle allein verfügt. Nur wenn das Land Beschäftigten der eigenen Dienststelle zugewiesen werden soll, also nicht außen stehenden Personen oder Angehörigen anderer Dienststellen, trifft dieser Mitbestimmungstatbestand zu. Steht der Dienststelle nur ein Vorschlagsrecht gegenüber der übergeordneten Dienststelle zu, so ist auch an der Ausübung des Vorschlagsrechts der Personalrat zu beteiligen.

Da die Festsetzung der Nutzungsbedingungen im Gegensatz zu Abs. 2 Nr. 2 mitbestimmungspflichtig ist, fällt darunter auch die im Einzelfall festzulegende Pacht. Solche Nutzungsbedingungen werden vielfach von der obersten Dienstbehörde für den gesamten Geschäftsbereich festgelegt, so dass dabei im Bereich der Landesverwaltung die Stufenvertretung zu beteiligen ist.

42. Errichtung, Verwaltung und Auflösung von Sozialeinrichtungen ohne Rücksicht auf ihre Rechtsform (Abs. 2 Nr. 4)

Sozialeinrichtungen sind auf Dauer organisierte Veranstaltungen oder Einrichtungen, die von der Verwaltung allein oder mit den Beschäftigten gemeinsam errichtet werden, um ihnen oder einzelnen Gruppen Vorteile zukommen zu lassen. (BVerwG, Beschl. vom 16.9.1977, PV 1979, 63) Die Begriffe „Errichtung, Verwaltung und Auflösung" umfassen alle Maßnahmen, die sich auf die organisatorische Form und die Ausgestaltung der Sozialeinrichtung erstrecken Ob sie als unselbständige Einrichtung oder als selbständige juristische Person zu errichten ist, unterliegt der Mitbestimmung. Die Beteiligung bei der Verwaltung einer Sozialeinrichtung ist nicht auf die Festlegung allgemeiner Grundsätze beschränkt, sondern erstreckt sich auch auf die einzelnen Verwaltungsmaßnahmen. Das Mitbestimmungsrecht kann auch durch den Abschluss einer Dienstvereinbarung über die Geschäftsführung einer Sozialeinrichtung ausgeübt werden. Wenn dabei nach der Errichtung unter Beteiligung des Personalrats die Organisation der Sozialeinrichtung und ihre Ausgestaltung festgelegt worden ist, ist eine Einschaltung des Personalrats in Einzelfällen nicht mehr möglich. (BVerwG, Beschl. vom 8.7.1983, ZBR 1984, 79) Beim Vollzug ist der Personalrat nicht zu beteiligen. (BVerwG, Beschl. vom 26.3.1986, PV 1986, 510)

Da es sich um Einrichtungen handelt, die „verwaltet" werden können, ist eine gewisse Organisation und eine finanzielle Ausstattung erforderlich. Der Mitbestimmung des Personalrats unterliegt aber nicht die Bereitstellung von Mitteln seitens der Dienststelle für eine solche Sozialeinrichtung. (BVerwG, Beschl. vom 12.7.1984, ZBR 1985, 28) Die nicht mehr gewährten Zuschüsse gelten nicht als mitbestimmungspflichtige „Auflösung der Sozialeinrichtung". (BVerwG, Beschl. vom 5.9.1986, PV 1987, 333; BAG, Urteil vom 15.1.1988, Pers 1988, 110)

Zu den Sozialeinrichtungen gehören Kantinen. Das Mitbestimmungsrecht der Personalvertretung wird nicht dadurch ausgeschlossen, dass eine Kantineneinrichtung auch von anderen

Dienststellenangehörigen benutzt wird. (BVerwG, Beschl. vom 15.12.1978, ZBR 1979, 342) Die Mitbenutzung der Mensa einer Universität durch die Beschäftigten der Universitätsverwaltung stellt insofern eine Sozialeinrichtung i.S. der Nr.4 dar. (OVG Münster, Beschl. vom 25.5.1977 – CL 1/77) Das gleiche gilt, wenn die übliche Nutzung beschränkt wird, indem z.b. Jubiläumsfeiern nicht mehr in der Kantine durchgeführt werden dürfen (BAG, Urteil vom 15.9.1987, DB 1988, 404) oder wenn ein städtisches Parkhaus während der Dienststunden der Stadtverwaltung auch durch Dritte, also nicht Beschäftigte der Stadt, genutzt wird. (Hess. VGH, Beschl. vom 24.6.1993, ZBR 1993, 383) Voraussetzung ist, dass die Dienststelle ein ausschlaggebendes Einflussrecht auf die Errichtung, Verwaltung oder Auflösung der Einrichtungen hat. (OVG Münster, Beschl. vom 17.2.1983, PV 1985, 122) Unter „Errichtung" einer Sozialeinrichtung kann auch die Bereitstellung von Verkaufsräumen an einen Betreiber gesehen werden, wenn die Dienststelle durch die Gestaltung des Pachtvertrages Einfluss auf den Betrieb und die Preisgestaltung der Verkaufsstelle nimmt. (BAG, Beschl. vom 19.12.1980, BAGE 34, 297)

Da sich die Mitbestimmung auch auf Sozialeinrichtungen erstreckt, die als selbständige juristische Personen errichtet sind, stellt sich die Frage, wie diese auszuüben ist. Sie richtet sich nur gegen die Dienststelle und nicht gegen die Sozialeinrichtung als solche, zu der keine personalvertretungsrechtlichen Beziehungen bestehen. (Hess. VGH, Beschl. vom 9.4.1982, 378) Dabei ist der Personalrat an allen Maßnahmen zu beteiligen, durch welche die Dienststelle Einfluss auf den Betrieb der Sozialeinrichtung mittelbar oder unmittelbar nimmt.

43. Aufstellung von Sozialplänen einschließlich Plänen für Umschulungen zum Ausgleich von Härtefällen sowie Milderung wirtschaftlicher Nachteile infolge von Rationalisierungsmaßnahmen (Abs. 2 Nr. 5)

Gegenstand der Planung ist der Ausgleich von Härtefällen sowie die Milderung wirtschaftlicher Nachteile von Rationalisierungsmaßnahmen. Der volle Ausgleich anstelle der Milderung wirtschaftlicher Nachteile kann nach der Vorstellung des Gesetzgebers offenbar nur bei Vorliegen von Härtefällen geplant werden.

Eine Begriffsbestimmung für Rationalisierungsmaßnahmen findet sich in dem Tarifvertrag über den Rationalisierungsschutz Arbeitnehmer

Auszug aus dem Tarifvertrag über den Rationalisierungsschutz für Angestellte (RatSchTV Ang) vom 9. Januar 1987 RV d. JM vom 14. April 1987 (2512 - I C. 36) in der Fassung vom 2. April 2002 (2512 – I B. 19)

§ 1 Begriffsbestimmung

(1) Rationalisierungsmaßnahmen im Sinne dieses Tarifvertrages sind vom Arbeitgeber veranlasste erhebliche Änderungen der Arbeitstechnik oder wesentliche Änderungen der Arbeitsorganisation mit dem Ziel einer rationelleren Arbeitsweise, wenn diese Maßnahmen für Angestellte zu einem Wechsel der Beschäftigung oder zur Beendigung des Arbeitsverhältnisses führen.

Unter den Voraussetzungen des Unterabsatzes I kommen als Maßnahmen z.B. in Betracht:

   a) Stillegung oder Auflösung einer Verwaltung/eines Betriebes bzw. eines Verwaltungs-/Betriebsteils,

b) *Verlegung oder Ausgliederung einer Verwaltung/eines Betriebes bzw. eines Verwaltungs-/Betriebsteils,*

c) *Zusammenlegung von Verwaltungen/Betrieben bzw. von Verwaltungs-/Betriebsteilen,*

d) *Verlagerung von Aufgaben zwischen Verwaltungen/ Betrieben,*

e) *Einführung anderer Arbeitsmethoden und Fertigungsverfahren, auch soweit sie durch Nutzung technischer Veränderungen bedingt sind.*

(2) Maßnahmen, deren Ziel der Abbau von Arbeitsbelastungen ist (durch die z. B. die Lage der Arbeitszeit geändert oder die Dienstplangestaltung oder äußere Umstände der Arbeit verbessert werden), sind keine Maßnahmen im Sinne des Absatzes I. Maßnahmen mit dem Ziel einer rationelleren Arbeitsweise sind unter den Voraussetzungen des Absatzes I Unterabs. I jedoch auch dann Rationalisierungsmaßnahmen, wenn durch sie zugleich Arbeitsbelastungen abgebaut werden.

(3) Dieser Tarifvertrag gilt nicht für Fälle des Betriebsübergangs im Sinne des § 613a BGB.

Protokollnotizen zu Absatz I:

1. *Ob eine Änderung erheblich bzw. wesentlich ist, ist von der Auswirkung der Maßnahme her zu beurteilen. Eine Rationalisierungsmaßnahme liegt auch dann vor, wenn sich aus der begrenzten Anwendung einzelner Änderungen zunächst zwar keine erheblichen bzw. wesentlichen Auswirkungen ergeben, aber eine Fortsetzung der Änderungen beabsichtigt ist, die erhebliche bzw. wesentliche Auswirkungen haben wird.*
Eine Änderung, die für die gesamte Verwaltung bzw. den gesamten Betrieb nicht erheblich bzw. nicht wesentlich ist, kann für einen Verwaltungs- bzw. Betriebsteil erheblich bzw. wesentlich sein.
Ist die Änderung erheblich bzw. wesentlich, ist es nicht erforderlich, dass sie für mehrere Angestellte zu einem Wechsel der Beschäftigung oder zur Beendigung des Arbeitsverhältnisses führt.

2. *Keine Maßnahmen im Sinne des Absatzes I sind Maßnahmen, die unmittelbar z.B. durch*
   - *voraussichtlich nicht nur kurzfristigen Nachfragerückgang,*
   - *eine von Dritten (insbesondere durch gesetzgeberische Maßnahmen) verursachte Aufgabeneinschränkung,*
   - *Wegfall zweckgebundener Drittmittel*
veranlasst sind.

3. *Eine wesentliche Änderung der Arbeitsorganisation kann auch vorliegen, wenn aufgrund von Arbeitsverträgen geleistete Arbeiten künftig aufgrund Werkvertrages durchgeführt werden sollen (z.B. bei Privatisierung des Reinigungsdienstes).*

§ 2 Unterrichtungspflicht

(1) Der Arbeitgeber hat die zuständige Personalvertretung/Betriebsvertretung rechtzeitig und umfassend über eine vorgesehene Rationalisierungsmaßnahme zu unterrichten. Er hat die personellen und sozialen Auswirkungen mit der Personalvertretung/Betriebsvertretung zu beraten.

(2) Die Beteiligungsrechte der Personalvertretungen/ Betriebsvertretungen sind zu beachten. Sie werden durch diesen Tarifvertrag nicht berührt.

(3) Unbeschadet der Absätze 1 und 2 soll der Arbeitgeber die Angestellten, deren Arbeitsplätze von der vorgesehenen Rationalisierungsmaßnahme voraussichtlich betroffen werden, rechtzeitig vor deren Durchführung unterrichten.

§ 3 Arbeitsplatzsicherung

(1) Der Arbeitgeber ist dem von einer Rationalisierungsmaßnahme im Sinne des § 1 betroffenen Angestellten nach den Absätzen 2 bis 5 zur Arbeitsplatzsicherung verpflichtet. Die Sicherung setzt erforderlichenfalls eine Fortbildung oder Umschulung des Angestellten voraus.

(2) Der Arbeitgeber ist verpflichtet, dem Angestellten einen mindestens gleichwertigen Arbeitsplatz zu sichern.

Ein Arbeitsplatz ist gleichwertig im Sinne des Unterabsatzes 1, wenn sich durch die neue Tätigkeit die bisherige Eingruppierung nicht ändert und der Angestellte in der neuen Tätigkeit vollbeschäftigt bzw. im bisherigen Umfang nicht vollbeschäftigt bleibt.

Bei der Sicherung eines gleichwertigen Arbeitsplatzes bei demselben Arbeitgeber gilt folgende Reihenfolge:

a) Arbeitsplatz in derselben Verwaltung/demselben Betrieb an demselben Ort,
b) Arbeitsplatz in derselben Verwaltung/demselben Betrieb an einem anderen Ort oder in einer anderen Verwaltung/einem anderen Betrieb an demselben Ort,
c) Arbeitsplatz in einer anderen Verwaltung/einem anderen Betrieb an einem anderen Ort.

Von der vorstehenden Reihenfolge kann im Einvernehmen mit dem Angestellten abgewichen werden.

Steht ein gleichwertiger Arbeitsplatz nach Maßgabe des Unterabsatzes 3 nicht zur Verfügung, soll der Angestellte entsprechend fortgebildet oder umgeschult werden, wenn ihm dadurch ein gleichwertiger Arbeitsplatz bei demselben Arbeitgeber zur Verfügung gestellt werden kann.

(3) Kann dem Angestellten kein Arbeitsplatz im Sinne des Absatzes 2 zur Verfügung gestellt werden, ist der Arbeitgeber verpflichtet, dem Angestellten einen anderen Arbeitsplatz anzubieten. Absatz 2 Unterabs. 3 und 4 gilt entsprechend.

Die spätere Bewerbung um einen gleichwertigen Arbeitsplatz ist im Rahmen der Auswahl unter gleichgeeigneten Bewerbern bevorzugt zu berücksichtigen.

(4) Kann dem Angestellten kein Arbeitsplatz im Sinne der Absätze 2 und 3 zur Verfügung gestellt werden, ist der Arbeitgeber verpflichtet, sich um einen Arbeitsplatz bei einem anderen Arbeitgeber des öffentlichen Dienstes an demselben Ort zu bemühen.

(5) Kann dem Angestellten kein Arbeitsplatz im Sinne der Absätze 2 bis 4 zur Verfügung gestellt werden, kann der Arbeitgeber dem Angestellten auch einen Arbeitsplatz bei einem anderen Arbeitgeber im Sinne des § 29 Abschn. B Abs. 7 BAT, vorzugsweise an demselben Ort, nachweisen.

(6) Der Angestellte ist verpflichtet, einen ihm angebotenen Arbeitsplatz im Sinne der Absätze 2 bis 5 anzunehmen, es sei denn, dass ihm die Annahme nach seinen Kenntnissen und Fähigkeiten billigerweise nicht zugemutet werden kann.

Protokollnotiz zu Absatz 4:

Öffentlicher Dienst im Sinne des Absatzes 4 ist eine Beschäftigung

a) *beim Bund, bei einem Land, bei einer Gemeinde oder einem Gemeindeverband oder bei einem sonstigen Mitglied eines Arbeitgeberverbandes, der der Vereinigung der kommunalen Arbeitgeberverbände oder der Tarifgemeinschaft deutscher Länder angehört,*

b) *bei einer Körperschaft, Anstalt oder Stiftung des öffentlichen Rechts, die den BAT, den BAT-O oder einen Tarifvertrag wesentlich gleichen Inhalts anwendet.*

§ 4 Fortbildung, Umschulung

(1) Ist nach § 3 eine Fortbildung oder Umschulung erforderlich, hat sie der Arbeitgeber rechtzeitig zu veranlassen oder auf seine Kosten durchzuführen.

Der Angestellte darf seine Zustimmung zu einer Fortbildungs- oder Umschulungsmaßnahme nicht willkürlich verweigern.

(2) Der Angestellte ist für die zur Fortbildung oder Umschulung erforderliche Zeit, längstens für zwölf Monate, von der Arbeit freizustellen. Für ganze Arbeitstage der Freistellung ist die Urlaubsvergütung zu zahlen, im übrigen sind die Bezüge fortzuzahlen. Wird durch die Fortbildung oder Umschulung die durchschnittliche regelmäßige wöchentliche Arbeitszeit überschritten, ist dem Angestellten ein entsprechender Freizeitausgleich bis zur Dauer der vereinbarten regelmäßigen wöchentlichen Arbeitszeit zu gewähren.

(3) Setzt der Angestellte nach der Fortbildung oder Umschulung aus einem von ihm zu vertretenden Grunde das Arbeitsverhältnis nicht für mindestens einen der Dauer der Fortbildung oder Umschulung entsprechenden Zeitraum fort, ist der Arbeitgeber berechtigt, das nach Absatz 2 Satz 2 gezahlte Entgelt und die Kosten der Fortbildung oder Umschulung zurückzufordern.

Protokollnotiz zu Absatz I Unterabs. 2:

Gibt ein Angestellter, der das 55. Lebensjahr vollendet hat, seine Zustimmung zu einer Fortbildungs- oder Umschulungsmaßnahme nicht, kann dies nicht als willkürliche Verweigerung angesehen werden.

Den Rationalisierungsschutzabkommen kann entnommen werden, welche allgemeinen Maßnahmen Gegenstand der Planung (Sozialplan) sein können. Die Arbeitsplatzsicherung ist dabei vorrangig.

Durch die ausdrückliche Hervorhebung der „Pläne für Umschulungen" soll bewirkt werden, dass nicht nur die Planung beteiligungspflichtig ist, die die unmittelbaren wirtschaftlichen Nachteile von Rationalisierungsmaßnahmen behandelt, sondern auch die Pläne, die die Überleitung der Beschäftigten in eine andere berufliche Tätigkeit.

Stimmt der Personalrat einem Sozialplan zu, so bleibt davon seine Befugnis, bei Einzelmaß-nahmen wie Versetzungen, Umsetzungen, Abordnungen und Kündigungen mitzubestimmen, unberührt. Die Vorschrift dient auch dazu, den Sozialplan von seiner Aufstellung an im Einver-nehmen mit dem Personalrat laufend an alle zwischenzeitlich eintretenden Änderungen der personalwirtschaftlichen und persönlichen Verhältnisse, soweit diese bedeutsam sind, anzu-passen und ständig auf dem neuesten Stand zu halten. Bei einem Wechsel der Tätigkeit oder einer zu diesem Zweck notwendig werdenden Umschulung soll ein Einvernehmen hinsichtlich der Zumutbarkeit solcher Maßnahmen zwischen dem Leiter der Dienststelle und dem Perso-nalrat hergestellt werden.

44. Rationalisierungs-, Technologie- und Organisationsangelegenheiten (Abs. 3)

Alle in Abs. 3 angesprochenen Maßnahmen bestimmen das Arbeitsleben auch im öffentlichen Dienst. Sie haben Auswirkungen auf die Organisation der Verwaltung, die Qualifikation der Beschäftigten, auf Arbeitsinhalte und Arbeitsumfeld, die Mitarbeiterorientierung und Bürgerfreundlichkeit. Die Landesregierung und fast alle Kommunen haben sich die Realisierung des e-gouvernment und weitgehende Bearbeitung mit IT-Unterstützung als wich-tiges Ziel gesteckt.

Die frühzeitige Beteiligung der Personalvertretung am gesamten Planungs- und Einführungs- und Weiterentwicklungsprozess hat für die Verwaltung selbst folgende Vorteile:

- Einbringung individueller Erfahrungen mit Arbeitsinhalten und Arbeitsabläufen,
- Förderung von Motivation, Eigeninitiative und Kreativität,
- Förderung der Chancen für ein rechtzeitiges Einüben neuer Arbeitsgewohnheiten,
- Förderung der Bereitschaft, neue Technologien anzunehmen und sie im Interesse einer Leistungssteigerung der öffentlichen Verwaltung bei der Arbeitserledigung einzusetzen.

Mit der IT wird die Arbeit in den Verwaltungen rationalisiert und Arbeitsplätze abgebaut. Wenn in NRW auch bisher betriebsbedingte Kündigungen durch Rationalisierungseffekte ausgeblie-ben sind, besteht doch die große Gefahr, dass eine permanent steigende Arbeitsverdichtung stattfindet. Stellen, die in der Hoffnung, die Arbeit würde mit IT schneller und effektiver abge-wickelt werden können, werden kw-gestellt (d.h. die Stellen sind im Haushaltsgesetz als künf-tig wegfallend gekennzeichnet und werden nicht neu besetzt. Die Personalvertretung muss dar-auf hinwirken, dass hierdurch keine Überbelastung der Beschäftigten entsteht.

Bei einer ressortübergreifenden Maßnahme, für die eine oberste Landesbehörde aufgrund besonderer Rechtsvorschrift allein zuständig ist, wird nur der Hauptpersonalrat beteiligt, der bei dieser obersten Landesbehörde gebildet ist. Im Übrigen wird wegen des Verfahrens auf § 78 hingewiesen. Ganz anders wirkt sich das Mitbestimmungsrecht aus, wenn mehrere Ministerien gemeinsame Maßnahmen planen und sich bezüglich der Konkretisierung und Durchführung der Maßnahmen auf eine oberste Dienstbehörde einigen. In diesem Falle sind alle betroffenen Hauptpersonalräte von den jeweiligen obersten Dienstbehörden zu beteiligen, denn der Entschluss eines Ressorts, die Regelung des federführenden Ministeriums zu überneh-men, stellt die eigene beabsichtigte Maßnahme (§ 66 Abs. 2) dar. Wegen der Beteiligung der Hauptpersonalräte bei Maßnahmen der Landesregierung wird auf Anm. 4 und 5 zu § 78 hin-gewiesen.

45. Einschränkung der Beteiligungspflicht (Abs. 3)

Eine Mitbestimmung kommt nicht in Betracht, wenn die in Abs. 3 aufgeführten Tatbestände gesetzlich oder tariflich geregelt sind. Unter gesetzlicher Regelung fallen alle Gesetze im materiell rechtlichen Sinne, Rechtsverordnungen und auf Grund autonomen Satzungsrechts einer öffentlich rechtlichen Körperschaft erlassene Satzungen. Dieser Vorbehalt gilt aber nur insoweit, als die entsprechende Regelung Ausschließlichkeitscharakter besitzt, sie also vollständig, umfassend und erschöpfend ist. Soweit sie der Dienststelle bei der Umsetzung einen eigenen Ermessensspielraum belässt, hat die Personalvertretung mitzubestimmen. (BVerwG, 6 P 13.03 vom 18.5.2004)

46. Einführung, Anwendung, wesentliche Änderung oder wesentliche Erweiterung von automatisierter Verarbeitung personenbezogener Daten der Beschäftigten außerhalb von Besoldungs-, Gehalts-, Lohn-, Versorgungs- und Beihilfeleistungen sowie Jubiläumszuwendungen (Abs. 3 Nr. 1)

Der Einsatz der automatisierten Datenverarbeitung sowohl im Personalwesen als auch in der täglichen Büroarbeit ist auch in öffentlichen Verwaltungen weitgehend verwirklicht. Ermöglicht wird dies z.B. durch

Arbeitszeiterfassungsgeräte (bei gleitender Arbeitszeit),
Protokollierung der IT (Datensicherung),
Telefondatenerfassung (Zielnummernerfassung),
Personalverwaltungssysteme (Stellenbewirtschaftung und Personalverwaltung (geplantes PersNRW).

Mit der Einschaltung der Personalvertretung soll sichergestellt werden, dass durch den Einsatz dieser Informationssysteme die Machtverhältnisse nicht geändert und der Persönlichkeitsschutz aller im Betrieb Beschäftigten gewahrt bleibt. Für den Begriff „personenbezogene Daten" kann das DSG NW herangezogen werden.

Ein Auszug aus dem Gesetz ist nachstehend abgedruckt:

Gesetz zum Schutz personenbezogener Daten (Datenschutzgesetz Nordrhein-Westfalen – DSG NRW –)in der Fassung der Bekanntmachung vom 9. Juni 2000
§ 3 Begriffsbestimmungen

(1) Personenbezogene Daten sind Einzelangaben über persönliche oder sachliche Verhältnisse einer bestimmten oder bestimmbaren natürlichen Person (betroffene Person).

(2) Datenverarbeitung ist das Erheben, Speichern, Verändern, Übermitteln, Sperren, Löschen sowie Nutzen personenbezogener Daten. Im Einzelnen ist

1. *Erheben (Erhebung) das Beschaffen von Daten über die betroffene Person,*
2. *Speichern (Speicherung) das Erfassen, Aufnehmen oder Aufbewahren von Daten auf einem Datenträger zum Zwecke ihrer weiteren Verarbeitung,*
3. *Verändern (Veränderung) das inhaltliche Umgestalten gespeicherter Daten,*
4. *Übermitteln (Übermittlung) das Bekanntgeben gespeicherter oder durch Datenverarbeitung gewonnener Daten an einen Dritten in der Weise, dass die Daten durch die verantwortliche Stelle weitergegeben oder zur Einsichtnahme bereitgehal-*

ten werden oder dass der Dritte zum Abruf in einem automatisierten Verfahren bereitgehaltene Daten abruft,

5. Sperren (Sperrung) das Verhindern weiterer Verarbeitung gespeicherter Daten,
6. Löschen (Löschung) das Unkenntlichmachen gespeicherter Daten,
7. Nutzen (Nutzung) jede sonstige Verwendung personenbezogener Daten, ungeachtet der dabei angewendeten Verfahren.

(3) Verantwortliche Stelle ist die Stelle im Sinne des § 2 Abs. 1, die personenbezogene Daten in eigener Verantwortung selbst verarbeitet oder in ihrem Auftrag von einer anderen Stelle verarbeiten lässt.

(4) Empfänger ist jede Person oder Stelle, die Daten erhält. Dritter ist jede Person oder Stelle außerhalb der verantwortlichen Stelle. Dritte sind nicht die betroffene Person sowie diejenigen Personen oder Stellen, die im Inland oder im übrigen Geltungsbereich der Rechtsvorschriften zum Schutz personenbezogener Daten der Mitgliedstaaten der Europäischen Union personenbezogene Daten im Auftrag verarbeiten.

(5) Automatisiert ist eine Datenverarbeitung, wenn sie durch Einsatz eines gesteuerten technischen Verfahrens selbsttätig abläuft.

(6) Eine Akte ist jede der Aufgabenerfüllung dienende Unterlage, die nicht Teil der automatisierten Datenverarbeitung ist.

(7) Anonymisieren ist das Verändern personenbezogener Daten derart, dass die Einzelangaben über persönliche oder sachliche Verhältnisse nicht mehr oder nur mit einem unverhältnismäßigen Aufwand einer bestimmten oder bestimmbaren natürlichen Person zugeordnet werden können.

(8) Pseudonymisieren ist das Verändern personenbezogener Daten derart, dass die Einzelangaben über persönliche oder sachliche Verhältnisse ohne Nutzung der Zuordnungsfunktion nicht oder nur mit einem unverhältnismäßigen Aufwand einer bestimmten oder bestimmbaren natürlichen Person zugeordnet werden können. Die Daten verarbeitende Stelle darf keinen Zugriff auf die Zuordnungsfunktion haben; diese ist an dritter Stelle zu verwahren.

§ 4 Zulässigkeit der Datenverarbeitung

(1) Die Verarbeitung personenbezogener Daten ist nur zulässig, wenn

a) dieses Gesetz oder eine andere Rechtsvorschrift sie erlaubt oder
b) die betroffene Person eingewilligt hat.

Die Einwilligung ist die widerrufliche, freiwillige und eindeutige Willenserklärung der betroffenen Person, einer bestimmten Datenverarbeitung zuzustimmen. Sie bedarf der Schriftform, soweit nicht wegen besonderer Umstände eine andere Form angemessen ist. Soll die Einwilligung zusammen mit anderen Erklärungen schriftlich erteilt werden, ist die betroffene Person auf die Einwilligung schriftlich besonders hinzuweisen. Sie ist in geeigneter Weise über die Bedeutung der Einwilligung, insbesondere über den Verwendungszweck der Daten, bei einer beabsichtigten Übermittlung über die Empfänger der Daten aufzuklären; sie ist unter Darlegung der Rechtsfolgen darauf hinzuweisen, *dass sie die Einwilligung verweigern und mit Wirkung für die Zukunft widerrufen kann. Die Einwilligung kann auch elektronisch erklärt werden, wenn sichergestellt ist, dass*

1. *sie nur durch eine eindeutige und bewusste Handlung der handelnden Person erfolgen kann,*
2. *sie nicht unerkennbar verändert werden kann,*
3. *ihr Urheber erkannt werden kann,*
4. *die Einwilligung bei der verarbeitenden Stelle protokolliert wird und*
5. *der betroffenen Person jederzeit Auskunft über den Inhalt ihrer Einwilligung gegeben werden kann.*

(2) Die Planung, Gestaltung und Auswahl informationstechnischer Produkte und Verfahren haben sich an dem Ziel auszurichten, so wenig personenbezogene Daten wie möglich zu erheben und weiterzuverarbeiten (Datenvermeidung). Produkte und Verfahren, deren Vereinbarkeit mit den Vorschriften über den Datenschutz und die Datensicherheit in einem förmlichen Verfahren (Datenschutzaudit) festgestellt wurde, sollen vorrangig berücksichtigt werden.

(3) Die Verarbeitung personenbezogener Daten über die rassische oder ethnische Herkunft, politische Meinungen, religiöse oder weltanschauliche Überzeugungen, die Gewerkschaftszugehörigkeit, die Gesundheit oder das Sexualleben ist nur zulässig, wenn sie in einer Rechtsvorschrift geregelt ist, die den Zweck der Verarbeitung bestimmt sowie angemessene Garantien zum Schutz des Rechtes auf informationelle Selbstbestimmung vorsieht. Darüber hinaus ist die Verarbeitung dieser Daten zulässig, wenn

1. *die betroffene Person eingewilligt hat,*
2. *sie ausschließlich im Interesse der betroffenen Person liegt,*
3. *sie sich auf Daten bezieht, die die betroffene Person selbst öffentlich gemacht hat,*
4. *sie*
   a) *auf der Grundlage der §§ 15, 28 und 29,*
   b) *zur Geltendmachung rechtlicher Ansprüche vor Gericht oder*
   c) *für die Abwehr von Gefahren für die öffentliche Sicherheit, für Zwecke der Strafrechtspflege oder zum Schutz vergleichbarer Rechtsgüter erforderlich ist.*

(4) Soweit gesetzlich unter Wahrung der berechtigten Interessen der betroffenen Person nichts anderes bestimmt ist, dürfen Entscheidungen, die für die betroffene Person eine rechtliche Folge nach sich ziehen oder sie erheblich beeinträchtigen, nicht ausschließlich auf eine automatisierte Verarbeitung personenbezogener Daten zum Zweck der Bewertung einzelner Persönlichkeitsmerkmale gestützt werden, ohne dass der betroffenen Person die Geltendmachung der eigenen Interessen möglich gemacht worden ist.

(5) Wenn die betroffene Person schriftlich begründet, dass der im Übrigen rechtmäßigen Verarbeitung ihrer Daten oder einer bestimmten Datenverarbeitungsform ein schutzwürdiges besonderes persönliches Interesse entgegensteht, erfolgt die Verarbeitung ihrer personenbezogenen Daten nur, wenn eine Abwägung im Einzelfall ergibt, dass das Interesse der datenverarbeitenden Stelle gegenüber dem Interesse der betroffenen Person überwiegt. Die betroffene Person ist über das Ergebnis zu unterrichten.

(6) Die Datenverarbeitung soll so organisiert sein, dass bei der Verarbeitung, insbesondere der Übermittlung, der Kenntnisnahme im Rahmen der Aufgabenerfüllung und der

Einsichtnahme, die Trennung der Daten nach den jeweils verfolgten Zwecken und nach unterschiedlichen Betroffenen möglich ist. Sind personenbezogene Daten in Akten derart verbunden, dass ihre Trennung nach erforderlichen und nicht erforderlichen Daten auch durch Vervielfältigung und Unkenntlichmachung nicht oder nur mit unverhältnismäßigem Aufwand möglich ist, sind auch die Kenntnisnahme, die Weitergabe innerhalb der datenverarbeitenden Stelle und die Übermittlung der Daten, die nicht zur Erfüllung der jeweiligen Aufgaben erforderlich sind, zulässig, soweit nicht schutzwürdige Belange der betroffenen Person oder Dritter überwiegen. Die nicht erforderlichen Daten unterliegen insoweit einem Verwertungsverbot.

§ 4a Verbunddateien

(1) Die Einrichtung gemeinsamer oder verbundener automatisierter Verfahren, in und aus denen mehrere öffentliche Stellen personenbezogene Daten verarbeiten sollen, ist nur zulässig, wenn dies unter Berücksichtigung der schutzwürdigen Belange der betroffenen Personen und der Aufgaben der beteiligten Stellen angemessen ist. Die Vorschriften über die Zulässigkeit des einzelnen Abrufs bleiben unberührt. Die beteiligten Stellen haben die Datenart, die Aufgaben jeder beteiligten Stelle, den Zweck und den Umfang ihrer Verarbeitungsbefugnis sowie diejenige Stelle festzulegen, welche die datenschutzrechtliche Verantwortung gegenüber den betroffenen Personen trägt. Der Landesbeauftragte für den Datenschutz ist vorab zu unterrichten.

(2) Innerhalb einer öffentlichen Stelle bedarf die Einrichtung gemeinsamer oder verbundener automatisierter Verfahren, mit denen personenbezogene Daten aus unterschiedlichen Aufgabengebieten verarbeitet werden sollen, der Zulassung durch die Leitung der Stelle. Für die Zulässigkeit gilt Absatz 1 Satz 1 und 2 entsprechend.

§ 5 Rechte der betroffenen Person

Jeder hat nach Maßgabe dieses Gesetzes ein Recht auf

1. Auskunft, Einsichtnahme (§ 18),
2. Widerspruch aus besonderem Grund (§ 4 Abs. 5),
3. Unterrichtung (§§ 12 Abs. 2, 13 Abs. 2 Satz 2, 16 Abs. 1 Satz 2 und 3),
4. Berichtigung, Sperrung oder Löschung (§ 19),
5. Schadensersatz (§ 20),
6. Anrufung des Landesbeauftragten für den Datenschutz (§ 25 Abs. 1),
7. Auskunft aus dem beim zuständigen behördlichen Datenschutzbeauftragten geführten Verfahrensverzeichnis (§ 8).

Diese Rechte können auch durch die Einwilligung der betroffenen Person nicht ausgeschlossen oder beschränkt werden.

§ 6 Datengeheimnis

Denjenigen Personen, die bei öffentlichen Stellen oder ihren Auftragnehmern dienstlichen Zugang zu personenbezogenen Daten haben, ist es untersagt, solche Daten unbefugt zu einem anderen als dem zur jeweiligen rechtmäßigen Aufgabenerfüllung gehörenden Zweck zu verarbeiten oder zu offenbaren; dies gilt auch nach Beendigung ihrer Tätigkeit.

§ 7 Sicherstellung des Datenschutzes

Die obersten Landesbehörden, die Gemeinden und Gemeindeverbände sowie die sonstigen der Aufsicht des Landes unterstehenden juristischen Personen des öffentlichen Rechts und deren Vereinigungen ungeachtet ihrer Rechtsform haben jeweils für ihren Bereich die Ausführung dieses Gesetzes sowie anderer Rechtsvorschriften über den Datenschutz sicherzustellen.

§ 29 Datenverarbeitung bei Dienst- und Arbeitsverhältnissen

(1) Daten von Bewerbern und Beschäftigten dürfen nur verarbeitet werden, wenn dies zur Eingehung, Durchführung, Beendigung oder Abwicklung des Dienst- oder Arbeitsverhältnisses oder zur Durchführung organisatorischer, personeller und sozialer Maßnahmen, insbesondere auch zu Zwecken der Personalplanung und des Personaleinsatzes, erforderlich ist oder eine Rechtsvorschrift, ein Tarifvertrag oder eine Dienstvereinbarung dies vorsieht. Abweichend von § 16 Abs. 1 ist eine Übermittlung der Daten von Beschäftigten an Personen und Stellen außerhalb des öffentlichen Bereichs nur zulässig, wenn der Empfänger ein rechtliches Interesse darlegt, der Dienstverkehr es erfordert oder die betroffene Person eingewilligt hat. Die Datenübermittlung an einen künftigen Dienstherrn oder Arbeitgeber ist nur mit Einwilligung der betroffenen Person zulässig.

(2) Die beamtenrechtlichen Vorschriften über die Führung von Personalakten (§§ 102 ff. Landesbeamtengesetz) sind für alle nicht beamteten Beschäftigten einer öffentlichen Stelle entsprechend anzuwenden, soweit nicht die Besonderheiten des Tarif- und Arbeitsrechts hinsichtlich der Aufnahme und Entfernung von bestimmten Vorgängen und Vermerken eine abweichende Behandlung erfordern.

(3) Die Weiterverarbeitung der bei ärztlichen oder psychologischen Untersuchungen und Tests zum Zwecke der Eingehung eines Dienst- oder Arbeitsverhältnisses erhobenen Daten ist nur mit schriftlicher Einwilligung der betroffenen Person zulässig. Die Einstellungsbehörde darf vom untersuchenden Arzt in der Regel nur die Übermittlung des Ergebnisses der Eignungsuntersuchung und dabei festgestellter Risikofaktoren verlangen.

(4) Personenbezogene Daten, die vor der Eingehung eines Dienst- oder Arbeitsverhältnisses erhoben wurden, sind unverzüglich zu löschen, sobald feststeht, dass ein Dienst- oder Arbeitsverhältnis nicht zustande kommt, es sei denn, dass die betroffene Person in die weitere Speicherung eingewilligt hat. Nach Beendigung eines Dienst- oder Arbeitsverhältnisses sind personenbezogene Daten zu löschen, wenn diese Daten nicht mehr benötigt werden, es sei denn, dass Rechtsvorschriften entgegenstehen; § 19 Abs. 3 Satz 2 und 3 sowie Abs. 4 finden Anwendung.

(5) Die Ergebnisse medizinischer oder psychologischer Untersuchungen und Tests der Beschäftigten dürfen automatisiert nur verarbeitet werden, wenn dies dem Schutz der Beschäftigten dient.

(6) Soweit Daten der Beschäftigten im Rahmen der Durchführung der technischen und organisatorischen Maßnahmen nach § 10 gespeichert werden, dürfen sie nicht zu Zwecken der Verhaltens- oder Leistungskontrolle genutzt werden.

(7) Beurteilungen dürfen nicht allein auf Informationen gestützt werden, die unmittelbar durch automatisierte Datenverarbeitung gewonnen werden.

§ 29a Mobile personenbezogene Datenverarbeitungssysteme

(1) Informationstechnische Systeme zum Einsatz in automatisierten Verfahren, die an die Betroffenen ausgegeben werden und die über eine von der ausgebenden Stelle oder Dritten bereitgestellte Schnittstelle Daten automatisiert austauschen können (mobile Datenverarbeitungssysteme, z.B. Chipkarten), dürfen nur mit Einwilligung der betroffenen Person nach ihrer vorherigen umfassenden Aufklärung eingesetzt werden.

(2) Für die Betroffenen muss jederzeit erkennbar sein,

1. ob und durch wen Datenverarbeitungsvorgänge auf dem mobilen Datenverarbeitungssystem oder durch dieses veranlasst stattfinden,

2. welche personenbezogenen Daten der betroffenen Person verarbeitet werden und

3. welcher Verarbeitungsvorgang im Einzelnen abläuft oder angestoßen wird.

Den Betroffenen müssen die Informationen nach Nummer 2 und 3 auf ihren Wunsch auch schriftlich in Papierform mitgeteilt werden.

(3) Die Betroffenen sind bei der Ausgabe des mobilen Datenverarbeitungssystems über die ihnen nach § 5 zustehenden Rechte aufzuklären. Sofern zur Wahrnehmung der Informationsrechte besondere Geräte oder Einrichtungen erforderlich sind, hat die ausgebende Stelle dafür Sorge zu tragen, dass diese in angemessenem Umfang zur Verfügung stehen.

§ 29b Optisch-elektronische Überwachung

(1) Die nicht mit einer Speicherung verbundene Beobachtung öffentlich zugänglicher Bereiche mit optisch-elektronischen Einrichtungen ist zulässig, soweit dies der Wahrnehmung des Hausrechts dient und keine Anhaltspunkte dafür bestehen, dass schutzwürdige Interessen betroffener Personen überwiegen. Die Tatsache der Beobachtung ist, soweit nicht offenkundig, den Betroffenen durch geeignete Maßnahmen erkennbar zu machen.

(2) Die Speicherung von nach Absatz 1 Satz 1 erhobenen Daten ist nur bei einer konkreten Gefahr zu Beweiszwecken zulässig, wenn dies zum Erreichen der verfolgten Zwecke unverzichtbar ist. Die Daten sind unverzüglich zu löschen, wenn sie hierzu nicht mehr erforderlich sind; dies ist in angemessenen Zeitabständen zu prüfen.

(3) Werden die gespeicherten Daten einer bestimmten Person zugeordnet und verarbeitet, so ist diese jeweils davon zu benachrichtigen. Von einer Benachrichtigung kann abgesehen werden, solange das öffentliche Interesse an einer Strafverfolgung das Benachrichtigungsrecht der betroffenen Person erheblich überwiegt.

Die vorgenannten datenschutzrechtlichen Vorschriften sollten insbesondere dann berücksichtigt werden, wenn es zum Abschluss von Dienstvereinbarungen kommt (§ 70).

In der Rechtsprechung sind inzwischen Leitsätze zu den Begriffen des Mitbestimmungstatbestandes entwickelt worden. (vgl. BVerwG, Beschl. vom 16.12.1987, PersR 1988,51) Unter Einführung im Sinne der Nr. 1 ist die Entscheidung über Art, Umfang und technische Durchführung der Beschaffung von IT, die geeignet sind, personenbezogene Daten zu verarbeiten, zu verstehen. Anwendung ist die tatsächliche Inbetriebsetzung der erworbenen Anlage nach deren Installation, Änderung ist der Tatbestand, dass die bisher erhobenen Daten in anderer Weise verknüpft oder ausgewertet und hierdurch aus dem bisherigen Datenstand weitere Erkenntnisse gewonnen werden können. Als Änderung der Anwendung der technischen Einrichtung ist z.b. anzusehen, wenn neu festgelegt wird, an welchem Ort der Dienststelle ein Zeiterfassungsgerät von den Beschäftigten zu benutzen ist. (BVerwG, Beschl. vom 13.8.1992, ZTR 1993, 128) Eine Erweiterung hält die Rechtsprechung für gegeben, wenn über die bisher erhobenen Daten hinaus weitere Daten erhoben und dem bisherigen Verarbeitungsprozess zugeführt werden. (VG Gelsenkirchen, Beschl. vom 6.11.1987 – PVL 42/86) Eine Änderung ist wesentlich, wenn die bisherige Datenauswertung eine Programmänderung erforderlich macht oder sich durch eine solche ergibt. Dabei ist nicht nur auf die mehr technische Änderung, sondern auf die Auswirkungen auf den Anwender der Anlage abzustellen.

Beispiele für die Verarbeitung personenbezogener Daten:

- Erfassung von Benutzerdaten an Bildschirmgeräten, (LAG Düsseldorf, DB 1981, 379)
- System zur Feststellung der in einzelnen Arbeitsbereichen durch die einzelnen Beschäftigten aufgewandten Arbeitsstunden, (VG Gelsenkirchen, Beschl. vom 6.11.1987 – PVL42/86)
- Anlage einer Personaldatei, die aufgrund von Verarbeitungsprogrammen die Auswertung der gespeicherten Informationen nach einheitlichen Kriterien ermöglicht, (VG Münster, Beschl. vom 12.12.1986 – PVL 13/86)
- IT-gestützte Mengen- und Zeiterfassung. (OVG Münster, Beschl. vom 21.9.1987, PV 1991, 303)

Wenn in der Vorbereitungsphase dieser Maßnahmen Personaldaten formularmäßig erhoben werden, kommt außerdem das Mitbestimmungsrecht gemäß Abs. 4 Nr. 18 (Personalfragebogen) in Betracht. Die Personalvertretung ist im Vorfeld außerdem zu beteiligen, wenn Beurteilungsmerkmale festgelegt und IT-gestützt verarbeitet werden (Abs. 4 Nr. 16, Beurteilungsrichtlinien). Beurteilungen selbst dürfen nicht allein auf Informationen gestützt werden, die unmittelbar durch automatisierte Datenverarbeitung gewonnen werden (§ 29 Abs. 7 DSG NW). Vor Abschluss einer etwaigen datenschutzrechtlichen Prüfung der Maßnahme durch die oder den Landesdatenschutzbeauftragte/n kann der Personalrat nicht wirksam beteiligt werden. (BVerwG, Beschl. vom 8.11.1989, DÖD 1990, 566) Auf die Anm. 6 zu § 66 wird hingewiesen.

Gestattet die Rektorin oder der Rektor einer Hochschule die Bereitstellung von personenbezogenen Daten der wissenschaftlichen Mitarbeiterinnen und Mitarbeiter auf dem Server eines Instituts für den Zugriff im Intranet der Hochschule oder im Internet, so unterliegt dies der Mitbestimmung nach Abs. 3 Nr. 1. (OVG NRW, 1 A 128/98.PVL vom 20.1.2000)

Die automatisierte Verarbeitung personenbezogener Daten von der Dienststelle angehörenden Bewerberinnen und Bewerbern unterliegt nicht der Mitbestimmung nach Abs. 3 Nr. 1. (OVG NRW, 1 A 2014/98.PVL vom 29.11.2000)

47. Einführung, Anwendung, wesentliche Änderung oder wesentliche Erweiterung technische Einrichtungen, es sei denn, dass deren Eignung zur Überwachung des Verhaltens oder die Leistung der Beschäftigten ausgeschlossen ist (Abs. 3 Nr. 2)

Das Mitbestimmungsrecht des Personalrats wird auch dann ausgelöst, wenn die Dienststelle durch die Maßnahme nicht das Ziel verfolgt, die Beschäftigten zu überwachen oder die durch eine Überwachung gewonnenen Daten auszuwerten. Es genügt nicht nur die Möglichkeit, dass erst durch zusätzliche anderweitige Anordnungen oder bestimmte Gestaltungen z.B. zusätzliche Software künftig Beschäftigte überwacht werden könnten. (BVerwG, Beschl. vom 16.12.1987, DVBl. 1988, 355; BVerwG, Beschl. vom 2.2.1990 – 6 PB-11/89) Die Überwachung muss ausgeschlossen sein, wenn der Mitbestimmungstatbestand nicht greift. Das Mitbestimmungsrecht des Personalrats wird grundsätzlich dann ausgelöst, wenn die Dienststelle durch die Maßnahme das Ziel verfolgt, die Beschäftigten zu überwachen oder die durch eine Überwachung gewonnenen Daten auszuwerten oder sie müssen zur Überwachung lediglich geeignet sein (zur objektiv-finalen Betrachtungsweise vgl. BVerwG, PersV 1993, S. 225, 227; PersV 1990, S. 439 = VBl 1988, S. 355 = ZBR 1988, S. 350; Vogelgesang, PersV 1994, S. 97). Der Gesetzgeber hat es nunmehr verstanden, die neuere Rechtsprechung zum inhaltsgleichen Tatbestand des BPersVG zu berücksichtigen.

Wenn mit Hilfe einer technischen Einrichtung Daten gesammelt werden können, die unmittelbare Rückschlüsse auf das Verhalten oder die Leistung bestimmter Beschäftigter erlauben (BAG, Beschl. vom 22.2.1983, NJW 1983, 1510) oder möglich machen, (Hess. VGH, Beschl. vom 29.3.1989 – BPV TK 3572/87) dann trifft der Mitbestimmungstatbestand auch zu.

Der Schutzgedanke der Norm ist es, Eingriffe in den Persönlichkeitsbereich der Beschäftigten durch Verwendung anonymer technischer Kontrolleinrichtungen nur bei gleichberechtigter Mitbestimmung der Personalvertretung zuzulassen.

Zu den Begriffen Einführung, Anwendung, wesentliche Änderung oder Erweiterung wird auf Anm. 48 hingewiesen.

Bereits bei der Einführung und Anwendung eines Personalinformationssystems kann der Personalrat Mitbestimmungsrechte geltend machen, wenn durch dieses System die Überwachung des Verhaltens und der Leistung der Beschäftigten nicht ausgeschlossen ist. Das wird immer der Fall sein, wenn die systematische IT-gestützte Erfassung der Personaldaten zu dem Zweck erfolgt, nicht nur eine unkomplizierte und schnellere Verfügbarkeit dieser Daten zu erhalten, sondern auch eine Kontrollmöglichkeit in Bezug auf das Verhalten der Beschäftigten möglich zu machen. Dies könnte erfolgen durch Verbinden der gewonnenen Daten mit den Gleitzeitdaten, den Krankendaten, der Fortbildungsbereitschaft, Controlling- oder Statistikwerten usw..

Zu den technischen Einrichtungen gehören:

- Filmkameras, mit der die Tätigkeit von Arbeitnehmerinnen und Arbeitnehmern an ihren Arbeitsplätzen gefilmt wird, (BAG, Beschl. vom 10.7.1979, NJW 1980, 359)
- die Einführung eines IT-gesteuerten Zugangskontrollsystems, (OVG Hamburg, ZBR 1989, 94)
- die Anwendung von Zeiterfassungsgeräten zur Gleitzeiterfassung,
- die Verwendung von Multimoment-Filmkameras, die in regelmäßigen Abständen Aufnahmen von Arbeitsplätzen machen, (BAG, Beschl. vom 14.5.1974 – 1 ABR 45/73)
- die Inbetriebnahme von technischen Einrichtungen, mit der neben der Maschinenüberwachung auch Daten erfasst werden, die unmittelbare Rückschlüsse auf das Verhalten oder die Leistung der Arbeitnehmer zulassen, (BAG, Beschl. vom 9.9.1975 – 1 ABR 20/74)
- und bei der Anbringung von Fahrtenschreibern in Kraftfahrzeugen. (BAG, Urteil vom 10.7.1979, DB 1979, 2428) Dieses Recht der Personalvertretung besteht aber nur dann, wenn ein Arbeitgeber Fahrtenschreiber in solchen Fahrzeugen anbringen möchte, für die

die Verwendung dieser Geräte nicht vorgeschrieben ist. Eine solche gesetzliche Sperrwirkung hat § 57a Straßenverkehrszulassungsordnung.

Auch bei der Verarbeitung personenbezogener Daten ist z.b. die Eingabe einer Personen-Identifikations-Nummer (PIN) o.ä. und die Zuordnung eines jeden Arbeitsvorganges zu dieser Pin meist erforderlich zur Erfüllung der gesetzlich vorgeschriebenen Datensicherungsmaßnahmen bei ADV-Geräten (§ 7 DSG NW). Durch diesen gesetzlichen Zwang entfällt aber nicht das Mitbestimmungsrecht des Personalrats, jedenfalls dann nicht, wenn dem Arbeitgeber Ausgestaltungsmöglichkeiten bei der Realisierung der Kontrolle und Auswertung der Kontrolldaten offen stehen.

Auch eine automatische Telefonabrechnungsanlage ist eine technische Einrichtung, bei der es in der Regel nicht ausgeschlossen ist, das Verhalten oder die Leistung der Beschäftigten zu überwachen und auch zu erfassen. (BAG, Beschl. vom 27.5.1986, NJW 1987, 674; OVG Münster, Beschl. vom 26.2.1987, ZBR 1988, 71) Vor einer entsprechenden Installation ist der Personalrat außerdem unter dem Gesichtspunkt „Regelung der Ordnung in der Dienststelle und des Verhaltens der Beschäftigten" zu beteiligen. Gegenstand der Mitbestimmung ist nur die Frage, wie die Gesprächsdatenerfassung hinsichtlich der Daten der einzelnen Beschäftigten genutzt wird. Im Mitbestimmungsverfahren kann der Personalrat nicht fordern, dass es den Beschäftigten erlaubt sein soll, private Telefongespräche zu führen. Erlaubt das die Dienststelle dennoch, handelt es sich um eine zusätzliche, freiwillige Leistung der Dienststelle. Die Abwicklung der Abrechnung ist jedoch Gegenstand der Mitbestimmung, wenn schutzbedürftige Daten (angewählte Telefonnummern) zum Zweck der Abrechnung gespeichert werden.

Dient eine IT-Anlage objektiv nicht der Überwachung des Verhaltens und der Leistung der Beschäftigten, weil die gewonnenen Daten den Beschäftigten nicht zugeordnet werden können, da die Daten unter Code-Nummern gespeichert sind und keine technische Möglichkeit gegeben ist, die Daten weiterzugeben, liegt kein Mitbestimmungstatbestand vor. (VGH Baden-Württemberg, PL 15 S 518/00 vom 12.12.2000) Diese Entscheidung ist mit der neuen Formulierung nicht mehr haltbar; die heutige Standard-Software ist geeignet, durch normierte Befehlsfolgen (copy und paste) Daten aus beliebigen Programmen heraus in Standard-Programme (Datenbanken) einzufügen und dort beliebig weiter zu verarbeiten. Damit ist es nahezu nie ausgeschlossen, die Eignung und des Verhaltens der Beschäftigte zu überwachen.

Pünktlichkeitskontrollen mit Hilfe einer Uhr ohne besondere technische Einrichtung ist kein Vorgang, der personalvertretungsrechtlich in die Vorschrift eingeordnet werden kann. Das gleiche gilt für die Durchführung einer Organisationsuntersuchung mit Hilfe von Stoppuhren. (LAG Hamm, Beschl. vom 17.9.1978, 1987; OVG Münster, Beschl. vom 16.11.1978, DÖD 1979, 289)

Weitere Beispiele für mitbestimmungspflichtige Maßnahmen:

- Video- und Aufzeichnungsgeräte mit Kontrollcharakter (BVerwG, PersR 1988, 271 vom 31.8.1988)
- IT-gestützte Auswertung von Verhaltens- und Leistungsdaten, unabhängig davon, ob die Daten erst eingegeben werden müssen oder ob sie „Abfall"produkt des IT-Systems sind. (BVerwG, PersV 1989, 68 vom 16.12.1987) Hierzu zählen auch die für Zwecke der reinen Systemüberwachung automatisch vom Betriebssystem angelegten Logfiles.

- Einführung und Anwendung von Hardware, auch wenn diese noch nicht über eine zur Kontrolle geeignete Software verfügt, wenn das Betriebssystem eine solche Software problemlos zulässt. (BVerwG, PersV 1993, 173 vom 23.9.1992)
- Einführung einer IT-gestützten Parkerlaubnisverwaltung, bei der auch Parkverstöße, Abmahnungen, Verwarnungen oder der Entzug der Parkerlaubnis erfasst und gespeichert werden. (BVerwG, PersV 1994, 173 vom 9.12.1992)
- Einführung eines Mitarbeiterberichtssystems (Tätigkeitsberichte), bei dem die Mitarbeiterberichte in ein IT-System eingegeben und ausgewertet werden.
- IT-gestützte Speicherung und Auswertung von Fragebögen, in denen Studenten die Qualität von Lehrveranstaltungen. (OVG Berlin, PersR 1991, 422 vom 8.7.1991)
- Video- und Aufzeichnungsgeräte mit Kontrollcharakter (BVerwG, PersR 1988, 271 vom 31.8.1988)

Beispiele für nicht mitbestimmungspflichtige Maßnahmen:

- Einsatz von Aufsichts- oder Kontrollpersonal ohne besondere zusätzliche technische Ausrüstung,
- Manuelle Selbstaufschreibung (OVG NRW, ZBR 1984, 346), es sei denn, die Daten würden gezielt einer IT-gestützten Auswertung zugeführt, (BVerwG, PersR 88, 271)
- Anonyme Erhebungsbögen im Rahmen einer Arbeits- oder Organisationsuntersuchung; (OVG NRW vom 10.1.1977, ZBR 1978, 178)
- Manuelle Führung von Abwesenheitslisten, (BVerwG vom 19.6.1990, ZfPR 1990, 142)
- Manuelle Führung von Aufgabenerledigungslisten (Statistiken). (OVG Bremen, PersV 1990, 267)

Mit den heutigen in der Standardsoftware oder in den Betriebssystemen enthaltenen Logfiles, Protokolldateien oder ähnlichen Dateien ist grundsätzlich die Möglichkeit nicht ausgeschlossen, das Verhalten und die Leistung der Beschäftigten zu überwachen. Durch Anmeldung der Nutzer mit ihrer nachvollziehbaren Nutzerkennung in das dienststelleneigene Netz ist jede Tätigkeit mit einer Person in Zusammenhang zu bringen und auswertbar. Es liegt ein Mitbestimmungstatbestand des Abs. 3 Nr. 2 vor. Dies gilt auch, wenn kleinere, überschaubare Gruppen von Beschäftigten (Arbeitsgruppen, Teams o.ä.) die gleiche Nutzerkennung haben. Auch hierbei muss die Auswertung der Daten zur Überwachung des Verhaltens und der Leistung nicht beabsichtigt sein, es reicht die bloße Möglichkeit. Änderungen (Updates) sind ebenfalls mitbestimmungspflichtig.

Wird ein Internetanschluss eingeführt, so wird seine Nutzung in der Regel durch eine Firewall-Software erfasst und überwacht. Die damit gespeicherten Daten können ebenfalls ausgewertet werden und geben die Möglichkeit, das Verhalten und die Leistung der Beschäftigten zu überwachen. Daher ist auch hier ein mitbestimmungspflichtiger Tatbestand nach 72 Abs. 3 Nr. 2 verwirklicht. die Dienststelle ist bei einem konkreten Verdacht einer übermäßigen privaten Nutzung der dienstlichen PC wegen seiner Verpflichtung zur Dienstaufsicht berechtigt, Internetverlaufsprotokolle auszudrucken und auszuwerten. Die Daten dürfen jedoch dann nicht verwertet werden, wenn der Personalrat bei der Einführung des Internetzugangs nicht beteiligt wurde. (OVG Mecklenburg-Vorpommern, 2 M 64/00 vom 21.12.2000)

Die Möglichkeit, vom Arbeitsplatz aus E-Mails zu empfangen und zu versenden, ist ebenfalls nach 72 Abs. 3 Nr. 2 mitbestimmungspflichtig, da Zeitpunkt und Zahl der empfangenen und gesendeten E-Mails gespeichert werden und hierdurch, ggf. in Verbindung mit anderen Daten Rückschlüsse auf das Verhalten und die Leistung der Beschäftigten möglich sind. Der Mitbestimmung unterliegt nur das „Wie" der Einführung. Ob ein E-Mail-Verfahren eingeführt wird, kann der Personalrat nicht verhindern. Dies ergibt sich aus der Formulierung „... bei ... der Einführung ... betrieblicher Informations- und Kommunikationsnetze". Das Mitbestimmungsrecht erstreckt sich also auf die Art und Weise der Nutzung von E-Mail.

Die Anordnung, bei Abwesenheit die eingehenden E-Mails weiterzuleiten, ist mitbestimmungspflichtig nach § 75 Abs. 3 Nr. 17 BPersVG (§ 72 Abs. 3 Nr. 2 LPVG NRW). (VG Dresden, Beschluss v. 31.8.2007 – PB 8 K 863/07 –)

Das unmittelbar anwendbare Mitbestimmungsrecht aus § 75 Abs. 3 Nr. 17 BPersVG (entsprechend § 72 Abs. 3 Nr. 2 LPVG NRW) ist schon bei technischen Einrichtungen gegeben, die zur Überwachung lediglich objektiv geeignet sind, ohne dass die Dienststellenleitung bei ihrer Einführung und Anwendung subjektiv die Absicht hat, sie zu diesem Zweck einzusetzen. Der jederzeit mögliche Einblick in die Terminierungspraxis der Dienstkräfte mit Hilfe des Outlook ermöglicht Einschätzungen über deren Verhalten und deren Leistung. Es lässt sich durch die Anzahl, Breite und Platzierung der blauen Balken, auch ohne den konkreten Inhalt der Termine zu kennen, im Verlauf zahlreicher Monate ein Verabredungsprofil erstellen. (VG Berlin, Beschluss v. 31.7.2009 – 71 K 1/09 PVG –)

Einer Personalvertretung steht bei der Einführung und Anwendung technischer Einrichtungen, die zur Überwachung von Leistung und Verhalten der Beschäftigten geeignet sind, ein Mitbestimmungsrecht zu unabhängig davon, in welchem Umfang die Dienststelle die einzelnen Programme nutzen will. Allein entscheidend ist die objektive Geeignetheit (Möglichkeit) der Einrichtung zur Überwachung der Beschäftigten. Das Mitbestimmungsrecht bei der Einführung und Anwendung technischer Einrichtungen erstreckt sich auch auf die spätere Anweisung zur Nutzung des Systems, wenn es darum geht, bestimmte Arbeitsabläufe künftig IT gestützt durchzuführen. (Aus ZfPR 1/2011)

48. Einführung grundlegend neuer, wesentlicher Änderung und wesentlicher Ausweitung von Arbeitsmethoden (Abs. 3 Nr. 3)

Das Mitbestimmungsrecht der Personalvertretung bei der Einführung neuer Arbeitsmethoden dient dem Schutz der Beschäftigten vor Überforderung und Überlastung, die im Zusammenhang mit der Einführung neuer Arbeitsmethoden, insbesondere Maßnahmen der technischen Rationalisierung, entstehen können. Deswegen werden vom Mitbestimmungsrecht der Personalvertretung alle Maßnahmen erfasst, die sich direkt an die Beschäftigten einer Dienststelle wenden und die Gestaltung ihrer Arbeit zum Inhalt haben.

Neben der Einführung neuer Arbeitsmethoden sind die wesentliche Änderung und die wesentliche Ausweitung von Arbeitsmethoden mitbestimmungspflichtig, weil häufig die Ausweitung einer neuen, zunächst nur begrenzt praktizierten Arbeitsmethode erheblich folgenreicher ist als ihre Einführung.

Die Einführung eines neuen EDV-Systems in Form eines Updates oder eines Release unterliegt nicht der Mitbestimmung, wenn im Vergleich zum alten System keine grundlegend neuen Arbeitsmethoden gegeben sind. Dies ist dann der Fall, wenn sich auf die Beschäftigten keine zusätzlichen körperlichen oder geistigen Auswirkungen ergeben. Die in der Regel komfortablere Bedienung allein erfüllt nicht den Mitwirkungstatbestand. (VGH Baden-Württemberg, PL 15 S 1865/01 vom 11.12.2001) Sind aber wesentliche Unterschiede zum bisherigen System vorhanden und laufen Arbeitsschritte anders ab als bisher, wird die Mitbestimmung bejaht. (Hess. VGH vom 24.8.1988) Der Mitbestimmung unterliegt demnach jedenfalls die Umstellung der Benutzeroberfläche von zeichenorientierter Oberfläche zu grafischer Oberfläche (Benutzung von Eingabegeräten wie Mouse, Trackball o.ä.) und die Neueinführung dialogorientierter Bearbeitung. Aber auch von einem Release/Update zum nächsten können gerade in einem größeren Komfort der Software zusätzliche körperliche oder geistige Auswirkungen liegen. Die Umstellung von der manuellen Eingabe von Daten auf Scanverfahren fällt ebenfalls unter diesen Mitbestimmungstatbestand.

Mitbestimmungspflichtig sind aber nur die von der Dienststelle gestalteten Maßnahmen. Gestattet die Dienststelle die Benutzung von Computern auf Wunsch der Beschäftigten, so entfällt die Einschaltung des Personalrats. (BVerwG, Beschl. vom 12.10.1969, DÖD 1990, 576) Das Gleiche gilt für die Erlaubnis, Tabletts, Smartphones o.ä. nutzen zu dürfen

Unter den Begriff „Arbeitsmethoden" fallen die Regeln, die die Ausführungen des Arbeitsablaufs durch den Menschen bei einem bestimmten Arbeitsverfahren betreffen. Sie besagen, in welcher Art und Weise der Mensch bei der Ausführung des Arbeitsablaufs beteiligt sein soll bzw. beteiligt ist. (BVerwG, Beschl. vom 7.2.1980, PV 1980, 238)

„Neu" ist eine Maßnahme auch, wenn sie zwar bekannt, in der Dienststelle aber noch nicht angewandt worden ist.

Wegen des Begriffs „Rationalisierung" wird auf § 1 des Tarifvertrages über den Rationalisierungsschutz verwiesen (Anm. 45).

Da häufig mit der Einrichtung von Bildschirmarbeitsplätzen auch eine neue Arbeitsmethode verbunden ist (OVG Münster, Beschl. vom 11.11.1981 – CL 34.80 zur Frage des Anschlusses einer Struktur- und Planungsdatenbank; BVerwG. Beschl. vom 13.3.1986, ZBR 1986, 370) ist die Kenntnis der Arbeitsbedingungen auf Bildschirmarbeitsplätzen von großer Bedeutung. Aufgrund des Art. 118a EWG-Vertrag hat der Rat der EU Einzelrichtlinien erlassen, u.a. die sog. „Bildschirmrichtlinie" (90/270/EWG). Diese Richtlinie enthält Mindestvorschriften, die bei der Umsetzung in nationales Recht nicht unterschritten werden dürfen. Durch Art. 3 der Verordnung zur Umsetzung von EG-Einzelrichtlinien zur EG-Rahmenrichtlinie Arbeitsschutz vom 4. Dezember 1996 (BGBl. 1, S. 1841) ist die Bildschirmarbeitsverordnung in Kraft gesetzt worden. Sie enthält in einem Anhang einen umfangreichen Katalog von an Bildschirm-Arbeitsplätze zu stellenden Anforderungen. Seit 1985 existiert eine Vereinbarung der Tarifpartner, deren Festlegungen zu beachten sind.

Der entsprechende Tarifvertrag ist nachfolgend abgedruckt:

Tarifvertrag vom 21. Februar/7. Oktober 1998 über die Arbeitsbedingungen von Arbeitnehmern an Bildschirmgeräten Gem. RdErl. d. Finanzministers und d. Innenministers vom 10. 6. 1985, zuletzt geändert durch RdErl. vom 5.7.1990

§ 1 Dieser Tarifvertrag gilt

a) für Angestellte des Landes NRW die unter den Geltungsbereich des Bundes Angestelltentarifvertrages (BAT) fallen, und

b) *für Arbeiter des Landes NRW die unter den Geltungsbereich des Manteltarif-vertrages für Arbeiter der Länder (MTArb) fallen und deren arbeitsvertraglich vereinbarte durchschnittliche regelmäßige Arbeitszeit mindestens die Hälfte der regelmäßigen Arbeitszeit eines entsprechenden vollbeschäftigten Arbeiters be-trägt,*

wenn sie auf Bildschirmarbeitsplätzen im Bürobereich und auf vergleichbaren Arbeits-plätzen außerhalb des Bürobereichs an Bildschirmgeräten für digitale Daten- und Textverarbeitung arbeiten.

§ 2

(1) Bildschirmarbeitsplätze sind Arbeitsplätze, bei denen die Arbeitsaufgabe mit und die Arbeitszeit am Bildschirmgerät bestimmend für die gesamte Tätigkeit sind.

(2) Bildschirmgeräte sind Geräte zur veränderlichen Anzeige von Zeichen oder grafi-schen Bildern, wie Bildschirmgeräte mit Kathodenstrahl- oder Plasma-Anzeige und ver-gleichbare Geräte.

(3) Als Bildschirmarbeitsplätze im Sinne dieses Tarifvertrages gelten auch Mikrofilm-Lesegeräte für Rollfilme, Mikrofiche und vergleichbare Systeme.

(4) Nicht zu den Bildschirmarbeitsplätzen im Sinne dieses Tarifvertrages gehören Fernsehgeräte, Monitore und Digitalanzeigegeräte sowie vergleichbare Anzeige- und Überwachungsgeräte, es sei denn, sie werden in bestimmenden Maße für digitale Daten- und Textverarbeitung eingesetzt.

Protokollnotiz zu Absatz 1

Die Arbeitszeit am Bildschirmgerät ist für die gesamte Tätigkeit dann bestimmend, wenn sie durchschnittlich mindestens die Hälfte der Wochenarbeitszeit des Arbeitnehmers beträgt.

§ 3 Ausstattung und Gestaltung von Bildschirmarbeitsplätzen

Bildschirmarbeitsplätze müssen den allgemeinen anerkannten Regeln der Technik unter Beachtung der arbeitsmedizinischen, arbeitsphysiologischen, arbeitspsychologischen und ergonomischen Erkenntnisse entsprechen. Nummer 4 der „Sicherheitsregeln für Bildschirm-Arbeitsplätze im Bürobereich" – GUV 17.8 –, herausgegeben vom Bundes-verband der Unfallversicherungsträger der öffentlichen Hand e.V – BAGUV –, Abteilung Unfallverhütung, Marsstraße 46–48, 8000 München 2, ist anzuwenden.

§ 4 Ärztliche Untersuchungen

(1) Vor der Aufnahme der Tätigkeit auf einem Bildschirmarbeitsplatz ist eine ärztliche Untersuchung der Augen durchzuführen.

(2) Nach- bzw. Wiederholungsuntersuchungen sind bei gegebener Veranlassung (§ 7 Abs. 2 BAT), ansonsten nach drei Jahren seit der jeweils letzten Untersuchung vorzu-nehmen.

(3) Die Untersuchungen gehören als arbeitsmedizinische Vorsorgeuntersuchungen gem. § 3 Abs. 1 Nr. 2 der Richtlinie für den betriebsärztlichen und sicherheitstechni-

schen Dienst in den Verwaltungen und Betrieben des Landes Nordrhein-Westfalen zu den Aufgaben der Betriebsärzte. Sie werden nach Maßgabe des berufsgenossenschaftlichen Grundsatzes für arbeitsmedizinische Vorsorgeuntersuchungen „Bildschirm-Arbeitsplätze (G 37)" vom hierzu besonders ermächtigten Betriebsarzt oder ermächtigten Personalarzt durchgeführt, der erforderlichenfalls eine augenärztliche Untersuchung veranlasst.

Ist ein personalärztlicher bzw. betriebsärztlicher Dienst nicht vorhanden, sind die Augen bei einem vom Arbeitgeber bestimmten überbetrieblichen arbeitsmedizinischen Dienst oder bei einem zur Durchführung der arbeitsmedizinischen Vorsorgeuntersuchung der Augen ermächtigten Arzt untersuchen zu lassen.

(4) Die Kosten der arbeitsmedizinischen Vorsorgeuntersuchung bei einem vom Arbeitgeber beauftragten Arzt oder einem überbetrieblichen Dienst einschließlich etwaiger notwendiger Kosten für eine Sehhilfe trägt das Land, soweit kein anderer Kostenträger zuständig ist Dies gilt nicht, sofern der Arbeitnehmer selbst einen ermächtigten Arzt seiner Wahl (freie Arztwahl) beauftragt

§ 5 Einweisung und Einarbeitung

(1) Vor dem Einsatz auf einen Bildschirmarbeitsplatz ist der Arbeitnehmer rechtzeitig und umfassend in die Arbeitsmethode und die Handhabung der Arbeitsmittel einzuweisen. Der Arbeitnehmer ist insbesondere mit der ergonomisch gebotenen Anpassung und Handhabung der Arbeitsmittel vertraut zu machen.

(2) Dem Arbeitnehmer ist ausreichend Zeit und Gelegenheit zur Einarbeitung zu geben.

§ 6 Schutzvorschriften

(1) Die Umstellung der Tätigkeit des Arbeitnehmers auf einen Bildschirmarbeitsplatz ist nach Möglichkeit so vorzunehmen, daß sie die Eingruppierung nicht beeinträchtigt.

(2) Kann ein Arbeitnehmer aus gesundheitlichen Gründen nicht mehr auf einem Bildschirmarbeitsplatz eingesetzt werden, so ist er auf einen anderen, möglichst gleichwertigen Arbeitsplatz umzusetzen. Er ist – soweit erforderlich – entsprechend einzuweisen und fortzubilden. Ihm ist ausreichend Zeit und Gelegenheit zur Einarbeitung zu geben.

(3) Eine Leistungserfassung mittels der eingesetzten Geräte ist für bezahlungsrelevante Feststellungen, jedoch nicht zum Zwecke der individuellen Leistungskontrolle zulässig.

(4) werdende Mütter dürfen nicht an Bildschirmarbeitsplätzen beschäftigt werden, soweit nach ärztlichem Zeugnis die Gesundheit von Mutter oder Kind bei Fortdauer der Beschäftigung gefährdet ist

(5) Der erstmalige Einsatz eines Arbeitnehmers auf einem Bildschirmarbeitsplatz bedarf der Zustimmung des Arbeitnehmers, wenn dieser das 55. Lebensjahr vollendet hat

§ 7 Arbeitsunterbrechungen

(1) Führt die Tätigkeit auf einem Bildschirmarbeitsplatz durch fast dauernden Blickkontakt zum Bildschirm oder laufenden Blickwechsel zwischen Bildschirm und Vorlage oder die dadurch gegebenenfalls verursachte einseitige Körperhaltung des Arbeit-

nehmers zur Ermüdung, ist nach 50minütiger Tätigkeit Gelegenheit zu einer Unterbrechung dieser Tätigkeit von zehn Minuten zu geben. Unterbrechungen nach Satz 1 entfallen, wenn Pausen und Tätigkeiten, die die Beanspruchungsmerkmale des Satzes 1 nicht aufweisen, anfallen.

Die Unterbrechungen dürfen nicht zusammengezogen und nicht an den Beginn oder das Ende der täglichen Arbeitszeit des Arbeitnehmers gelegt werden.

(2) Unterbrechungen nach Absatz 1 Satz 1 werden auf die Arbeitszeit angerechnet

§ 8 Mischarbeitsplätze

Bildschirmarbeitsplätze sind möglichst als Mischarbeitsplätze einzurichten, wenn es organisatorisch zweckmäßig ist

§ 9 Bildschirmunterstützte Tätigkeit

Erfordert die Tätigkeit an einem Bildschirmgerät (§ 2) fast dauernden Blickkontakt zum Bildschirm oder laufenden Blickwechsel zwischen Bildschirm und Vorlage über eine fortlaufende Zeit von wenigstens vier Stunden, ohne daß ein Bildschirmarbeitsplatz vorliegt, gilt § 7 entsprechend.

§ 10 Übergangsvorschriften

Die Untersuchung nach § 4 Absatz I ist bei bereits auf Bildschirmarbeitsplätzen tätigen Arbeitnehmern, soweit nicht in vergleichbarer Weise bereits vorher durchgeführt, unverzüglich nachzuholen.

§ 11 Inkrafttreten, Laufzeit

(1) Dieser Tarifvertrag tritt am 1. März 1985 in Kraft

(2) Er tritt außer Kraft, sobald ein von der Tarifgemeinschaft deutscher Länder für das Land NW geltender Tarifvertrag über die Arbeit an Bildschirmgeräten in Kraft tritt. Für diesen Fall wird die Nachwirkung gemäß § 4 Abs. 5 des Tarifvertragsgesetzes ausgeschlossen. Im Übrigen kann er mit einer Frist von drei Monaten zum Ende eines Kalenderjahres schriftlich gekündigt werden.

Durch Durchführung des Tarifvertrages weisen wir auf folgendes hin:

1. ....
2. ....
3. ....
4. ....
5. ....
6. Sonstiges
   a) Die Rechte und Pflichten der Personalvertretungen nach dem Landespersonalvertretungsgesetz bleiben durch den Tarifvertrag unberührt. Eine Beteiligung des Personalrats kann beispielsweise in Betracht kommen bei
      − der Umsetzung auf einen Bildschirmarbeitsplatz oder von einem Bildschirmarbeitsplatz im Sinne des § 72 Abs. 1 Satz 1 Nr. 5 LPVG,

- *der Anwendung von Bildschirmgeräten, soweit sie geeignet sind, das Verhalten oder die Leistung der Beschäftigten zu überwachen im Sinne des § 72 Abs. 3 Nr. 1 LPVG,*
- *der Einführung, wesentlicher Änderung oder wesentlicher Ausweitung von Bildschirmarbeitsplätzen, sofern damit im Sinne von § 72 Abs. 3 Nr. 3 LPVG eine Änderung der Arbeitsmethoden verbunden ist,*
- *Maßnahmen zur Verhütung von Dienst- und Arbeitsunfällen und sonstigen Gesundheitsschädigungen im Sinne des § 72 Abs. 4 Satz 1 Nr. 7 LPVG,*
- *der Gestaltung der Arbeitsplätze im Sinne des § 72 Abs. 4 Satz 1 Nr. 10 LPVG,*
- *der Vorbereitung von Organisationsplänen (Einrichtung von Mischarbeitsplätzen) im Sinne des § 75 Nr. 1 LPVG.*

Der Abschluss von Dienstvereinbarungen ist nach wie vor nicht zulässig (§ 70 Abs. 1 Satz 2 LPVG).

Bei der Anschaffung eines neuen Textverarbeitungssystems oder der Umstellung auf ein neues System steht dem Personalrat ein Mitbestimmungsrecht nach Nr. 3 zu. Dies gilt auch für IT-gestützte Vordruckschränke oder Textbausteinbibliotheken. Die Aufstellung von Faxgeräten oder Einführung von PC-Fax ist ebenfalls mitbestimmungspflichtig.

Wegen der Erfassung von Maßnahmen nach Nr. 3 durch Maßnahmen nach Nr. 5 wird auf Anm. 53 verwiesen.

49. Maßnahmen, die die Hebung der Arbeitsleistung oder Erleichterungen des Arbeitsablauts zur Folge haben sowie Maßnahmen zur Änderung der Arbeitsorganisation

Nr. 5 hat die Funktion einer Auffangnorm hinsichtlich der Mitbestimmungsrechte gem. Nrn. 2 und 3 und ist deshalb mit einem besonderen Schutzzweck versehen. Der Begriff Arbeitsleistung bezieht sich auf den körperlichen Einsatz und geistigen Aufwand, den eine Beschäftigte oder ein Beschäftigter zur Erfüllung eines von ihr oder ihm abverlangten Arbeitsergebnisses quantitativ und qualitativ erbringen muss. (OVG Münster, Beschl. vom 18.10.1993, ZBR 1994, 132) Maßnahmen zur Hebung der Arbeitsleistung können bestehen in dienstlichen Anordnungen, die Leistung zu steigern, in der Schaffung technischer Einrichtungen mit dem Ziel einer Leistungssteigerung und organisatorischen Maßnahmen. Nach dem Wortlaut der Vorschrift muss die Hebung der Arbeitsleistung oder die Erleichterung des Arbeitsablaufs nicht beabsichtigt sein, es reicht, wenn dies als Folge der Maßnahme eintritt.

Zu den organisatorischen Maßnahmen gehören auch Aufgaben im Bereich der Leitungsfunktionen. (Bay. VGH, Beschl. vom 9.3.1989, ZBR 1990, 327) Die Maßnahmen müssen darauf angelegt sein, die Arbeitsleistung der oder des einzelnen Beschäftigten zu heben, so dass das Verhältnis zwischen Arbeitsaufwand und Arbeitsergebnis verbessert wird. (OVG Münster, Beschl. vom 24.8.1988 – CL 40/86) Eine Maßnahme zur Hebung der Arbeitsleistung liegt immer dann vor, wenn eine Maßnahme auf eine erhöhte Inanspruchnahme der Beschäftigten zielt und zu gesteigerten körperlichen Anforderungen oder zu einer höheren geistig-psychischen Belastung auf Grund der Erhöhung des Arbeitstaktes und/oder eines geänderten Arbeitsablaufs führt.

Als Beispiel ist die Einrichtung eines zentralen Schreibdienstes zu nennen. sie zielt, von Ausnahmen abgesehen, darauf ab, die Effektivität der Arbeit qualitativ und quantitativ zu fördern. (OVG Münster, Beschl. vom 20.12.1989, NWVBl. 1990, 243) Nach Auffassung des BVerwG liegt keine mitbestimmungspflichtige Maßnahme zur Hebung der Arbeitsleistung vor, wenn von der rechtlichen Möglichkeit Gebrauch gemacht wird, an Schulen die Schülerzahl pro Klasse geringfügig über die vorgegebene Frequenzbandbreite hinaus zu erhöhen. (Beschl. vom 17.5.1995, ZfPR 1995,148) Die Begründung des Urteils ist wenig überzeugend. dass die mit dieser Maßnahme verbundene Arbeitsmehrbelastung der Lehrerinnen und Lehrer durch die Verringerung anderer Tätigkeiten oder durch die Verminderung der Arbeitsgüte ausgeglichen werden könne.

Maßnahmen zur Erleichterung des Arbeitsablaufs bestehen in technischen Vorrichtungen, in der Bereitstellung besonderer Dienste oder in organisatorischen Maßnahmen, die auf den Abbau von Belastungen durch den Arbeitsablauf gerichtet sind. (VGH Baden-Württemberg, Beschl. vom 27.11.1984, ZBR 1985, 175)

Arbeitsablauf ist die funktionelle, räumliche und zeitliche Abfolge der verschiedenen unselbständigen Arbeitsvorgänge bzw. Arbeitsschritte. (BVerwG, Beschl. vom 30.8.1985, ZBR 1986, 143) Auch eine Arbeitsumverteilung, die durch Zusammenfassung gleichartiger Arbeitsabläufe auf weniger Stellen bewirken soll, dass sich das Verhältnis von Arbeitsaufwand und Arbeitsergebnis verbessert, unterliegt der Mitbestimmung des Personalrats. (VGH Baden-Württemberg, Beschl. vom 3.7.1979, PV 1982, 18) Auf den Umfang der Maßnahme selbst kommt es nicht an. Auch bei geringfügigen Auswirkungen ist der Personalrat einzuschalten. (BVerwG, Beschl. vom 2.10.1990, ZfPR 1991, 5)

Die Maßnahmen zur Änderung der Arbeitsorganisation müssen für sich allein noch keine Hebung der Arbeitsleistung oder Erleichterung des Arbeitsablaufs mit sich bringen, jedoch in einem engen Zusammenhang damit stehen. Allgemeine Planungen der Arbeitsorganisation gehören deshalb nicht dazu, jedoch die konkrete Änderung von entsprechenden Dienstanweisungen oder sonstigen Anordnungen. Die Vergrößerung der Arbeitsmenge durch Hinzutreten neuer Arbeitsvorgänge ist dann als Maßnahme zur Hebung der Arbeitsleistung anzusehen, wenn die Mehrarbeit innerhalb einer vorgegebenen Zeit erbracht werden muss. (OVG Münster, Beschl. vom 28.4.1984, ZBR 1985, 119) Die Anordnung von Überstunden wird von diesem Tatbestand nicht erfasst. (BVerwG, Beschl. vom 23.1.1996, PV 1996, 457) Hier trifft allerdings das Mitbestimmungsrecht nach Abs. 4 Nr. 2 zu. Ebenfalls nicht mitbestimmungspflichtig ist eine Maßnahme zur Intensivierung der Leistung unter gleichzeitiger adäquater Reduzierung anderer Leistungen in einer bestimmten Organisationseinheit. (OVG Niedersachsen, Beschl. vom 20.9.1995, PersR 1996,366)

Weitere Beispiele aus der Rechtsprechung:

• Da Internetanschlüsse auch dazu geeignet sind, die Qualität und Quantität der Arbeit zu heben, liegt hierin auch ein Tatbestand des Abs. 3 Nr. 4 1. Alternative (Hebung der Arbeitsleistung). Unter die 2. Alternative „Erleichterung des Arbeitsablaufs" fällt die Erhöhung der Schrittfolge der Arbeit, dies könnte auch bei der Einrichtung von Internetanschlüssen gegeben sein.

• Eine innerbetriebliche Dienstanweisung zur vorübergehenden Intensivierung der Leistungskontrollen ist nicht auf eine Hebung der Arbeitsleistung ausgerichtet, wenn gleichzeitig angeordnet wird, dass für diesen Zeitraum alle sonstigen Aufgabenerhebungen auf ein Mindestmaß zurückzunehmen sind. Eine Mitbestimmung nach Nr. 4 ist somit nicht gegeben. (OVG Niedersachsen 17 L 4839/94)

- Eine aus Anlass der Schließung einer Station einer Hautklinik vorgenommene Reduzierung der Stellen für das Pflegepersonal der Hautklinik ist bei einer gleichzeitig angestrebten Kürzung der Verweildauer der Patienten eine Maßnahme zur Hebung der Arbeitsleistung und unterliegt der Mitbestimmung nach 72 Abs. 3 Nr. 5. (VGH Baden-Württemberg, PL 15 S 2110/95 vom 21.1.1997)

- Die Erhöhung der von Lehrkräften wöchentlich zu erteilenden Pflichtstunden von 25 auf 26 Unterrichtsstunden ist eine Maßnahme zur Hebung der Arbeitsleistung i.S.d. 72 Abs. 3 Nr. 5, wenn die inhaltlichen und pädagogischen Anforderungen an den Unterricht unverändert bleiben. (OVG Brandenburg, OVG 6 A 78/95 PVL vom 14.11.1996)

- Wird die Pflichtstundenzahl für Realschullehrer von 25 auf 26 Stunden erhöht, um so aus Kostengründen die Zahl der Lehrerstellen zu vermindern, ist dies eine mitbestimmungspflichtige Hebung der Arbeitsleistung der verbleibenden Lehrkräfte, es sei denn, es werden in diesem Zusammenhang konkrete Entlastungen angeordnet. Es reicht nicht aus, anzunehmen, erfahrene Realschullehrer würden im Rahmen ihrer pädagogischen Gestaltungsfreiheit möglicherweise weniger Vorbereitungszeit aufwenden. (BVerwG, 6 P 1.97 vom 28.12.1998)

- Die Verpflichtung von Lehrkräften in einer gymnasialen Oberstufe in der Kursphase statt bisher einer nunmehr im Kurshalbjahr zwei Klassenarbeiten schreiben zu lassen, stellt keine unausweislice Erhöhung ihrer Arbeitsleistung dar, da sie angesichts der ihnen zur Verfügung stehenden Möglichkeiten der Selbstentlastung Ausgleiche schaffen können. (OVG Berlin, 60 PV 2.96 vom 12.5.1998)

- Soll in einem Arbeitsamt (Agentur für Arbeit) die Häufigkeit der Gespräche mit den Leistungsempfängern auf Anweisung des Leitung eines Arbeitsamtes (Agentur für Arbeit)deutlich erhöht werden, so liegt dann eine mitbestimmungspflichtige Maßnahme vor, wenn nicht gleichzeitig Entlastungsmaßnahmen für die Arbeitsvermittler mit dieser Anweisung verbunden sind. (BVerwG, 6 P 1.95 vom 13.6.1997)

- Werden von einer übergeordneten Behörde Verwaltungsaufgaben auf nachgeordnete Behörden verlagert, liegt dann keine Maßnahme zur Hebung der Arbeitsleistung vor, wenn die Verlagerung von Aufgaben der Stärkung der Eigenverantwortung dient und die mit den verlagerten Aufgaben befassten Beschäftigten Gestaltungsspielraum haben, mit dem sie die Mehrarbeit kompensieren können. (OVG Berlin, 60 PV 10.98 vom 27.4.2000)

- Eine Arbeitsumverteilung, die für bestimmte Dienstkräfte mit einer Erhöhung der von ihnen zu erledigenden Fallzahlen verbunden ist, stellt dann keine Maßnahme zur Hebung der Arbeitsleistung dar, wenn diese Dienstkräfte in gleichem Umfang von anderen Aufgaben entlastet werden. (BVerwG, 1 WB 7.00 vom 12.4.2000)

- Im Regelfall liegt eine Maßnahme zur Hebung der Arbeitsleistung vor, wenn sie darauf abzielt, die Effektivität, d.h. Güte und/oder Menge der Arbeit qualitativ und/oder quantitativ zu erhöhen. Die Mitbestimmung ist dann gegeben, wenn eine Maßnahme zur Hebung der Arbeitsleistung unabhängig von den Absichten der Dienststelle für die betroffenen Beschäftigten zwangsläufig und unausweichlich zu einer höheren Arbeitsbelastung führt. (BVerwG, 6 P 13.03, vom 18.5.2004)

- Die Anordnung, von der Bearbeitung zurückgestellte Ermittlungsvorgänge („Vorgangshalde") bei der Kriminalpolizei abzuarbeiten, stellt dann keine Hebung der Arbeitsleistung dar, wenn die Dienststelle gleichzeitig deutliche Entlastungsmöglichkeiten für die Mitarbeiter schafft. Dabei ist es unerheblich, ob tatsächlich jeder einzelne Beschäftigte entlastet wird. (OVG Hamburg, 8 Bf 334/99.PVL vom 28.2.2000)
- Maßnahmen, die auf die Hebung der Arbeitsleistung der Beschäftigten oder einer Gruppe von ihnen abzielen, unterliegen der Mitbestimmung durch den Personalrat. Diese Voraussetzung ist dann erfüllt, wenn die Beschäftigten einen erhöhten körperlichen und/oder geistigen Aufwand zu leisten haben. (OVG Hamburg, 1 Bs 113/01 vom 24.4.2001)
- Die Mitbestimmung nach 72 Abs. 3 Nr. 4–3. Alternative – (Änderung der Arbeitsorganisation) setzt dem Grunde nach eine Änderung der Organisation der Arbeitsabläufe bei gleich bleibender Aufgabenstellung voraus. Mittelbare Folgewirkungen für die Arbeitsablauforganisation, die durch die Umsetzung einer veränderten Aufgabenstellung (Änderung der Geschäftsverteilung) verursacht werden, unterliegen nicht der Mitbestimmung. (OVG NRW, 1 A 5763/00.PVL vom 30.1. 2003)
- Eine Anordnung, mit der die Anzahl der Dienste von Orchestermusikern erhöht wird, ist eine Hebung der Arbeitsleistung und unterliegt als solche der Mitbestimmung. (BVerwG, 6 P 5.03 vom 8.7.2003)
- Wenn Beschäftigten – im Urteilsfall Lehrkräften – durch eine Zielvereinbarung aufgegeben werden soll, künftig zu ihren bisherigen Aufgaben weitere zu übernehmen (u. a. Teilnahme an Austauschtreffen), dann ist der Mitbestimmungstatbestand „Maßnahmen zur Hebung der Arbeitsleistung" wegen der mit der Maßnahme verbundenen Mehrarbeit erfüllt. Nicht dagegen ist der Mitbestimmungstatbestand „Regelung der Ordnung in der Dienststelle und des Verhaltens der Beschäftigten" gegeben, weil es nicht um die Sicherstellung eines einwandfreien und reibungslosen Ablaufs des Lebens in der Dienststelle, sondern ausschließlich um eine unmittelbar auf die Arbeitsleistung gerichtete Maßnahme geht. (VGH Hessen, Beschluss v. 18.2.2010 – 22 A 2457/08.PV –)
- Die bloße Auflösung des Geschäftsbereichs Patientenmanagement (Patientenaufnahme, Abrechnung, Forderungsmanagement, Prozessführung, Krankenhausplanung) eines Universitätsklinikums durch organisatorische Eingliederung der Aufgaben und des Personals in andere Geschäftsbereiche ist nicht beteiligungspflichtig. Es handelt sich lediglich um eine rein formalorganisatorische Veränderung („Organigramm-Änderung"). (OVG Nordrhein-Westfalen, Beschluss v. 23.3.2010 – 16 A 2209/08.PVL –)
- Der Einsatz eines Chat-Programms für die freiwillige interne Kommunikation von Bibliotheksbeschäftigten stellt zunächst keine Maßnahme zur Hebung der Arbeitsleistung im Sinne der ersten Alternative des § 72 Abs. 3 Nr. 4 LPVG (PersVG NW 2010) dar. Der Einsatz des Chat-Programms ist ferner keine Maßnahme zur Erleichterung des Arbeitsablaufs im Sinne der zweiten Alternative des § 72 Abs. 3 Nr. 4 LPVG (PersVG NW 2010). Darüber hinaus scheidet auch ein Mitbestimmungsrecht gemäß § 72 Abs. 3 Nr. 2 LPVG (PersVG NW 1974) aus. Nach dieser Vorschrift hat der Personalrat bei der Einführung und Anwendung technischer Einrichtungen mitzubestimmen, wenn nicht ausgeschlossen werden kann, das Verhalten oder die Leistung der Beschäftigten mit der Maßnahme zu überwachen. Schließlich hat die Dienststelle keine grundlegend neue Arbeitsmethode i.S.v. § 72 Abs. 3 Nr. 3 LPVG (PersVG NW 2010) eingeführt. (OVG Nordrhein-Westfalen, Beschluss v. 30.1.2009 – 16 A 2412/07.PVL – (Orientierungssätze))

Aber:

In der Einführung eines Chat-Programms ist entgegen der Auffassung des OVG Münster deshalb die Erfüllung des Mitbestimmungstatbestands „Maßnahmen zur Hebung der Arbeitsleistung" zu sehen, weil die Nutzung des Programms zu einer vermehrten geistig-physischen Belastung führt (u. a. Beschränkung der kommunikativen Ausdrucksformen). Die Freiwilligkeit der Nutzung des Programms steht der Mitbestimmung deshalb nicht entgegen, weil das Vorhandensein einer neuartigen technischen Einrichtung – wenn auch nur allmählich – zwangsläufig zu einer Nutzung durch immer mehr Beschäftigte u.a. deshalb führt, weil sich niemand dem Vorwurf/dem Verdacht der Unfähigkeit zur Nutzung neuer technischer Einrichtungen aussetzen möchte. Der Einsatz eines Chat-Programms erfüllt – ebenfalls entgegen der Auffassung des OVG Münster – den Mitbestimmungstatbestand „Einführung grundlegend neuer Arbeitsmethoden"; denn beim Chat werden Schriftlichkeit und Mündlichkeit vermischt; chatbasierte Kommunikationssituationen führen zu einer aufwändigeren Koordination als herkömmliche gemeinsame Besprechungen. (ZfPR 5/2009

50. Einführung, wesentliche Änderung oder wesentliche Ausweitung betrieblicher Informations- und Kommunikationsnetze (Abs. 3 Nr. 5)

Die angesprochenen Maßnahmen beziehen sich nicht auf einzelne Arbeitsplätze, sondern auf betriebliche Informations- und Kommunikationsnetze. Sie müssen auch den behördlichen und betrieblichen Bereich betreffen und nicht lediglich eine Übernahme von bereits in anderen Institutionen vorhandenen Systemen sein, wie das z.B. beim bestehenden herkömmlichen Telefonnetz der Fall ist.

Sowohl bei der Einführung als auch bei jeder wesentlichen Änderung oder Erweiterung ist der Personalrat zu beteiligen. Wegen der Begriffe „Einführung", „Änderung", „Erweiterung" und „wesentlich" wird auf Anm. 48 hingewiesen.

51. Neue Steuerungsmodelle

Hinter den Begriffen „Verwaltungsmodernisierung", „neue Verwaltungssteuerung", „Binnenmodernisierung" „Neue Steuerungsmodelle NSM" verbergen sich oft Maßnahmen, die im Zusammenhang mit mitbestimmungspflichtigen Maßnahmen nach Abs. 3 oder Abs. 4 stehen können. Dies soll an einigen nachfolgenden Beispielen erläutert werden.

IT-gestützte Dialogbearbeitung, Informationsmanagement	Einsatz von Computern	Abs. 3 Nr. 5
Übertragung aller herkömmlichen Karteikartensysteme in IT-Programme	Maßnahmen zur Erleichterung des Arbeitsablaufs	Abs. 3 Nr.4
flachere Hierarchien	Änderung von Arbeitsverfahren und Abläufen	Abs. 3 Nr.3
Teamarbeit	Übertragung anderer Tätigkeiten	Abs. 1 Nr. 4 und Nr. 5
Produktbeschreibungen	Änderung von Arbeitsverfahren und Abläufen	Abs. 3 Nr.3

Kosten- und Leistungsrechnung	Mehrarbeit und Überstunden	Abs. 4 Nr. 2
	Personalfragebogen	Abs. 4 Nr. 17
	Hebung der Arbeitsleistung	Abs. 3 Nr. 4
	Änderung oder Verlagerung von Arbeitsplätzen	§ 75 Nr. 5
Controlling	Überwachung des Leistungs-verhaltens	Abs. 3 Nr. 2
		Abs. 3 Nr. 4
	Hebung der Arbeitsleistung	Abs. 3 Nr. 5
	Einführung der neuen Software, Informationsnetze	
dezentrale Ressourcenverantwortung	Arbeitsplatzbewertungen	Abs. 1 Nr.4
	Umsetzungen	Abs. 1 Nr.5
Output-Steuerung	Organisationsänderungen	Abs. 3 Nr. 3
Mitarbeitergespräche / Zielvereinbarungen	Regelung des Verhaltens der Beschäftigten	Abs. 4 Nr. 9
Verwaltung der human ressourses (alle Maßnahmen, die mit den Mitarbeitern im Zusammenhang stehen	Lohn-, Gehaltszahlung, Aus- und Fortbildung Vorschüsse, Zuwendungen Nicht abschließend aufgeführt	Abs. 3 Nr. 1, Abs. 4 Nr. 5 Abs. 4 Nr. 13 u. 17, § 73 Nr. 4 Abs. 2 Nr. 2

An dieser Stelle zeigt sich, dass das Gesetz diese Begriffe aus der Betriebswirtschaft nicht wort-gleich übernommen hat und dass von Fall zu Fall eine „Übersetzungsarbeit" geleistet werden muss. Dies ist eine besondere Verpflichtung von Dienststelle und Personalrat, wobei Letzterer einen umfangreichen Informationsanspruch gegenüber der Dienststelle hat (§ 65). Es muss jeweils gefragt werden, was genau der Inhalt der Maßnahme ist; der Name ist vergleichswei-se unbedeutend.

52. Einrichtung von Arbeitsplätzen außerhalb der Dienststelle (Abs. 3 Nr. 6)

Die inzwischen dem Modellcharakter entwachsende Einführung der sog. Telearbeit oder Heimarbeit an Bildschirmarbeitsplätzen löste in vielerlei Hinsicht in der Vergangenheit Beteiligungstatbestände des zuständigen Personalrats aus. Die Telearbeit kann darin bestehen, dass die gesamte Arbeitszeit außerhalb der Dienststelle in einem häuslichen Arbeitszimmer an einem Bildschirmarbeitsplatz verbracht wird. Eine Variante ist die sog. alternierende Telearbeit, bei der regelmäßig auch die Anwesenheit in der Dienststelle Pflicht ist. In der Regel sind die im häuslichen Arbeitszimmer aufgestellten Rechner von der Dienststelle installiert und mit dem IT-Netzwerk der Dienststelle verbunden (online). Andere Formen der Arbeitsplätze außerhalb der Dienststelle sind ebenfalls denkbar. Obwohl der Gesetzgeber die Mitbestimmung bei allen Formen der Errichtung von Arbeitsplätzen außerhalb der Dienststelle deutlich vereinfacht hat (Aus der Begründung: *„Mit dem Tatbestand Nummer 4 wird die grundsätzliche Entscheidung über die Einrichtung von Arbeitsplätzen außerhalb der Dienststelle, z.B. von Telearbeitsplätzen,* *nunmehr der Mitbestimmung unterworfen."),* sollen die begleitenden Mitbestimmungstatbestände nachfolgend aufgezeigt werden:

Allgemeine Aufgaben:

64 Nr. 2
Überwachung der zugunsten der Beschäftigten geltenden Gesetze, Verordnungen, Tarifverträge, Dienstvereinbarungen und Verwaltungsanordnungen,

64 Nr. 4
auf die Verhütung von Unfall- und Gesundheitsgefahren zu achten, ... und sich für die Durchführung gesundheitsfördernder Maßnahmen und des Arbeitsschutzes einzusetzen, Uneingeschränkte Mitbestimmung

72 Abs. 3 Nr. 2
Einführung, ... von technischen Einrichtungen, bei denen nicht ausgeschlossen werden ist, dass das Verhalten oder die Leistung der Beschäftigten überwacht werden kann.

Allein die notwendige Aufzeichnung der Zeiten, in der der häusliche Arbeitsplatz online war und welche Datenmengen verarbeitet oder übermittelt wurden, ist geeignet, die Leistung dieses speziellen Beschäftigten zu überwachen,

72 Abs.3 Nr. 4
Maßnahmen, die die Hebung der Arbeitsleistung oder Erleichterung des Arbeitsablaufs zur Folge haben, sowie Maßnahmen zur Änderung der Arbeitsorganisation ...,

In der Regel werden alle drei Formen dieses Mitbestimmungstatbestandes zu prüfen sein. Hebung der Arbeitsleistung kann z.B. schon dadurch entstehen, dass die in Telearbeit beschäftigten keinen „Publikumsverkehr" haben und möglicherweise für Außenstehende telefonisch nicht oder nur eingeschränkt zu erreichen sind. Der übliche Arbeitsablauf wird für die Telearbeiter weitgehend vereinfacht und erleichtert, z.B. dialogorientierte Sachbearbeitung am „Fließband".

72 Abs. 4 Nr. 1
Beginn und Ende der täglichen Arbeitszeit und Pausen, sowie Verteilung der Arbeitszeit auf die einzelnen Wochentage,

Beschäftigte in der Telearbeit bestimmen ihre tägliche Arbeitszeit weitgehend selbst, gerade dies macht die Telearbeit bei kindererziehenden Beschäftigten interessant und attraktiv. Der Personalrat ist hier verpflichtet, den Beschäftigten vor sich selbst zu schützen und den Dienststellenleiter zu veranlassen, z.B. durch Beschränkung der möglichen Online-Zeiten eine Beschneidung der täglichen Arbeitszeit vorzunehmen. Die Regelung, wann an einzelnen Wochentagen die Beschäftigten in alternierender Telearbeit die Dienststelle aufsuchen müssen, ist im Rahmen der zweiten Alternative der Vorschrift mitbestimmungspflichtig,

72 Abs. 4 Nr. 7, 72 Abs. 4 Nr. 10
Maßnahmen von Dienst- und Arbeitsunfällen und sonstigen Gesundheitsschädigungen, Gestaltung der Arbeitsplätze,

Der Dienststellenleiter ist aus Fürsorgegründen und auf Grund gesetzlicher Verpflichtungen (z.B. Gesetz über die Durchführung von Maßnahmen des Arbeitsschutzes zur

Verbesserung der Sicherheit und des Gesundheitsschutzes der Beschäftigten bei der Arbeit – Arbeitsschutzgesetz - ArbSchG vom 7.8.1996) verpflichtet, auch den in Telearbeit eingesetzten Beschäftigten einen den arbeitsmedizinischen und ergonomischen Grundsätzen entsprechenden Arbeitsplatz zur Verfügung zu stellen. Hierzu muss er die entsprechenden Möbel und die Arbeitsplatzbeleuchtung am häuslichen Arbeitsplatz installieren. Die in Telearbeit Beschäftigten müssen einen den Mindestanforderungen hinsichtlich Größe, Beleuchtung und Belüftung entsprechenden Arbeitsplatz in ihrer Wohnung stellen können. Der Ergonomiebeauftragte der Dienststelle sollte sich hierüber einen Einblick verschaffen können. Alles dies unterliegt der Mitbestimmung des Personalrats und auch dem Initiativrecht nach 66 Abs. 4.

Siehe zu Telearbeit auch den Aufsatz von Prof. Dr. Peter Wedde, ZfPR 2/1998 Seiten 57 ff.

53. Beginn und Ende der täglichen Arbeitszeit und der Pausen sowie Verteilung der Arbeitszeit auf die einzelnen Wochentage (Abs. 4 Nr. 1)

Die Mitbestimmungstatbestände des Abs. 4 unterliegen der gleichen Beschränkung wie die in Abs. 3; gesetzliche oder tarifliche Regelungen gehen vor (siehe Anm. 47).

Die Arbeitszeit beginnt mit dem Betreten des Dienstgebäudes und endet mit dem Verlassen des Gebäudes. Bei abgelegenen Teilen des Dienstgebäudes gelten diese als Orte des Beginns oder des Endes der Arbeitszeit. (BAG, Beschl. vom 9.2.1990, DB 1990,331)

Die Dauer der Arbeitszeit unterliegt nicht der Mitbestimmung, weil sie gesetzlich oder tariflich geregelt ist. In Betracht kommen die Verordnung über die Arbeitszeit der Beamtinnen und Beamten im Lande Nordrhein-Westfalen, die Verordnung über die Arbeitszeit der Polizeivollzugsbeamtinnen und Polizeivollzugsbeamten sowie die Verordnung über die Arbeitszeit der Beamtinnen und Beamten des feuerwehrtechnischen Dienstes in den Feuerwehren der Gemeinden und Gemeindeverbände. Für die Lehrerinnen und Lehrer an öffentlichen Schulen gilt die Arbeitszeitverordnung nicht. Ihre Arbeitszeit ist durch die Pflichtstundenzahl geregelt. Bei Erstellung des Kommentars wurde vom Ministerium für Schule und Weiterbildung an einer neuen Arbeitsregelung gearbeitet (Jahresarbeitszeitmodell NRW). Außerdem gelten noch die Sondervorschriften über die Arbeitszeit der jugendlichen Beamtinnen und Beamten, Auszubildenden und Praktikantinnen und Praktikanten, das Jugendarbeitsschutzgesetz, die Verordnung über den Arbeitsschutz für jugendliche Beamtinnen und Beamte und die Mutterschutzverordnung. Gemäß § 19 ArbZG sind die in der Verordnung über die Arbeitszeit der Beamtinnen und Beamten im Lande Nordrhein-Westfalen getroffenen Vorschriften auch auf die Arbeitnehmerinnen und Arbeitnehmer des Landes NW übertragen, soweit tarif- oder arbeitsvertragliche Vereinbarungen nichts anderes bestimmen oder durch Dienstvereinbarung mit Zustimmung der obersten Dienstbehörde oder Einzelarbeitsvertrag keine andere Regelung getroffen wird. Dies hat zur Folge, dass in der Landesverwaltung die Mitbestimmung über Beginn und Ende der täglichen Arbeitszeit und der Pausen im Wesentlichen entfällt. Nur insoweit, als die gesetzliche Regelung noch Spielraum lässt, greift die Mitbestimmung Platz.

Der Personalrat hat mitzubestimmen, wenn die oberste Dienstbehörde von der allgemeinen Regelung über Beginn und Ende der Arbeitszeit für einzelne Verwaltungszweige, Dienststellen oder Teile von Dienststellen abweichen will, weil die wöchentliche Arbeitszeit aus dienstlichen Gründen auf mehr als fünf Wochentage verteilt werden muss.

Die Mitbestimmung beschränkt sich auf kollektive und abstrakte Regelungen, d.h. Regelungen, die entweder die gesamte Dienststelle oder aber nach abstrakten Merkmalen abgrenzbare Gruppen von Beschäftigten betreffen. Ein Anspruch auf Mitbestimmung bei der Festsetzung der Arbeitszeit einzelner Beschäftigter durch die Dienststelle besteht nicht. (BVerwG, Beschl. vom 12.9.1983, ZBR 1984, 78; Beschl. vom 4.4.1985, ZBR 1986, 283)

Die Mitbestimmung ist auf innerdienstliche Anordnungen beschränkt. Aus diesem Grunde scheidet eine Mitbestimmung im Lehrerbereich aus, wenn der Gesamtstundenplan oder der Lehrerstundenplan aufgestellt wird, denn diese Maßnahmen betreffen den Unterrichtsbetrieb, nicht aber die Arbeitszeit der Lehrerinnen und Lehrer. (BVerwG, Beschl. vom 23.12.1982, PV 1983, 413) Wird eine mitbestimmungspflichtige Maßnahme durch eine Verwaltungsanordnung geregelt, schließt dies aber nicht die notwendige Beteiligung des Personalrats aus. Eine Verordnung, nach der teilzeitbeschäftigte Lehrerinnen und Lehrer nur an einer bestimmten Zahl von Unterrichtstagen pro Woche eingesetzt werden dürfen, ist mitbestimmungspflichtig. (BVerwG 6 P 3.01 vom 24.4.2002)

Beispiele aus der Rechtsprechung:

- Wenn die Schichtregelung eines Dienstplans geändert werden soll, die die individuelle Schichtfolge und damit Beginn und Ende der Arbeitszeit der von dem Dienstplan betroffenen Beschäftigten weitgehend festlegt, steht der Personalvertretung ein Mitbestimmungsrecht zu. (BVerwG, Beschl. vom 15.2.1988, PV 1988, 437; BAG, Beschl. vom 26.3.1991, DB 1991, 1734)
- Der VGH Baden-Württemberg ist der Auffassung, die Einrichtung. einer Rufbereitschaft sei keine der Mitbestimmung unterliegende Maßnahme. Die Zeit in einer Rufbereitschaft sei keine Arbeitszeit, sondern nur die Bestimmung, anzugeben, wie man in kurzer Zeit erreichbar ist, um auf Anforderung eine Tätigkeit auszuüben. Mit der Rufbereitschaft würde somit eben nicht Dauer, Beginn und Ende der Arbeitszeit gefordert. (VGH Baden-Württemberg, PL 15 S1078/03 vom 16.9.2003) Dieser Auffassung ist nicht zu folgen. Der VGH übersieht den Schutzzweck der der Norm, wonach der Personalvertretung auch ein Mitspracherecht bei Einschränkungen der Freizeit der Beschäftigten zusteht und ihr die Möglichkeit geben soll, darüber zu wachen, dass alle vergleichbaren Beschäftigten nach gleichmäßigen Grundsätzen zur Rufbereitschaft herangezogen werden. Hier bietet sich eine Dienstvereinbarung zwischen Dienststelle und Personalrat an.
- Die Festlegung des Dienstbeginns für das bei einem privaten Schlachthof eingeteilte Fleischuntersuchungspersonal betrifft die Erfüllung der dem Landratsamt auf dem Gebiet des Fleischhygienerechts obliegenden Aufgaben nach Außen und unterliegt nicht der Mitbestimmung. (VGH Baden-Württemberg, PL 15 S 40/98 vom 23.6.1998).
- Es liegt keine mitbestimmungspflichtige Maßnahme vor, wenn die Arbeitszeit eines einzelnen Beschäftigten täglich um eine halbe Stunde nach hinten verschoben wird. (OVG NRW, 1 A 651/97.PVL vom 5.2.1998)
- Entscheidungen über Einführung und Ausgestaltung von Arbeitszeitkonten, Arbeitszeitkorridoren und Rahmenzeiten nach § 6 Abs. 6 und 7, § 10 Abs. 1 TVöD (und der entsprechenden Vorschriften des TV-L) betreffen Systeme zur Flexibilisierung der Arbeitszeit und damit mitbestimmungspflichtige Gegenstände des § 75 Abs. 3 Nr. 1 BPersVG (§ 72 Abs. 4 Nr. 1 LPVG NRW). Ein ministerieller Erlass mit Vorgaben für den Abschluss von Dienstver-

einbarungen nachgeordneter Dienststellen mit den Personalräten nach § 6 Abs. 6 und 7, § 10 Abs. 1 TVöD löst keine Mitbestimmungsbefugnis des beim Ministerium bestehenden Hauptpersonalrats aus, soweit darin den nachgeordneten Dienststellen Entscheidungsfreiheit über das „ob" und auch weitgehend das „wie" etwaiger Dienstvereinbarungen belassen wird (Anschluss an die Rechtsprechung des Bundesverwaltungsgerichts, z.B. Beschluss vom 10. März 1992 – BVerwG 6 P 13.91 – OVG Berlin-Brandenburg, Beschluss v 23.4.2009 – 62 PV 4.07 – ZfPR 5/2010)

• Nach § 80 Abs. 3 Nr. 1 SächsPersVG (entsprechend § 72 Abs. 4 Nr. 1) ist der Personalrat bei der Festlegung der sich aus der Berücksichtigung des Ferienüberhangs ergebenden Dauer der regelmäßig zu leistenden wöchentlichen Arbeitszeit von Musikschullehrerinnen und –lehrern an kommunalen Musikschulen nicht zu beteiligen. Hierbei geht es nicht um die Verteilung der Arbeitszeit auf einzelne Wochentage, sondern um die Bestimmung der Dauer der regelmäßigen Arbeitszeit der Musikschullehrerinnen und -lehrer außerhalb der Schulferien. (BAG, Urteil v. 9.11.2010 – 1 AZR 147/09 –ZfPR 5/2011)

54. Einführung, Ausgestaltung und Aufhebung der gleitenden Arbeitszeit (Abs. 4 Nr.1)

Das geltende Arbeitsrecht geht im Allgemeinen von einer festen Dienststundenregelung aus. „Regelmäßige Arbeitszeit" i.S. des 2. Absatzes der Arbeitszeitordnung ist nicht die regelmäßige Arbeitszeit des jeweiligen Betriebes, sondern die gesetzlich zulässige regelmäßige Arbeitszeit. (BAG, Beschl. vom 28.7.1981, NJW 1982, 1116) Wenn von dieser Arbeitszeitform abgewichen und die gleitende Arbeitszeit eingeführt oder von ihr abgerückt werden soll, betrifft dies die formellen Arbeitsbedingen, nicht die unternehmerische und arbeitstechnische Leitung des Betriebes. Aus diesem Grunde ist der Personalrat an solchen Maßnahmen im Wege der Mitbestimmung und durch den Abschluss einer Dienstvereinbarung zu beteiligen. Die Mitbestimmung bezieht sich zunächst auf die Einführung. Sie bezieht sich aber auch auf die Ausgestaltung, d. h. auf die festzulegenden Modalitäten eines Gleitzeitmodells. Der Personalrat ist auch zu beteiligen, wenn Gleitzeitmodelle außer Kraft gesetzt oder durch andere Modelle ersetzt werden sollen. Die gleitende Arbeitszeit kann auch für Teilbereiche einer Dienststelle unter Beteiligung des Teilpersonalrats eingeführt, ausgestaltet oder zurückgenommen werden. Dies bezieht sich auch auf die probeweise Einführung der gleitenden Arbeitszeit (Abs. 5). Eine probeweise und befristete Einführung neuer Arbeitszeitmodelle und eines elektronischen Zeiterfassungssystem unterliegt auch dann der Mitbestimmung, wenn die Teilnahme den Beschäftigten freigestellt ist.

Ist in einer Dienstvereinbarung zur Einführung der gleitenden Arbeitszeit zwischen Dienststelle und Personalrat vereinbart worden, dass amtsinterne Regelungen zu treffen sind, wenn während der Gleitzeit einzelne oder mehrere Beschäftigte anwesend sein müssen, so handelt es sich bei Anwendung dieser Vereinbarung aus Anlass der Einführung verlängerter Öffnungszeiten in einem Amt der Gemeindeverwaltung nicht (mehr) um eine „Ausgestaltung" der gleitenden Arbeitszeit i.S.d. 72 Abs. 4 Nr. 1. Dient diese Verlängerung der Öffnungszeiten der Erleichterung des Publikumsverkehrs, handelt es sich auch nicht um eine Maßnahme zur Hebung der Arbeitsleistung. (OVG NRW, 1 A 3125/95.PVL vom 20.11.1997)

Zur Mitbestimmung der elektronischen Zeiterfassung siehe auch Anmerkungen zu 72 Abs. 3 Nr. 2.

55. Anordnung von Überstunden oder Mehrarbeit (Abs. 4 Nr. 2)

Die Anordnung von Überstunden unterliegt der Mitbestimmung, soweit sie von der Dienststelle vorauszusehen sind. Der Begriff „Mehrarbeit" schließt den Kreis der Beamtinnen und Beamten mit ein. Bereits die einer bestimmten Betriebseinheit erteilte „Genehmigung", dort Überstunden anzuordnen, unterliegt der Mitbestimmung. (OVG Münster, Beschl. vom 5.4.1990, PV 1991, 316) Lediglich die Anordnung von Überstunden für einzelne Beschäftigte fällt nicht unter diesen Tatbestand. Die Mitbestimmung entfällt auch, wenn Erfordernisse des Betriebsablaufs Anlass für die Anordnung sind. Solche Ereignisse müssen plötzlich, also eben nicht vorhersehbar, und unabwendbar auftreten, d.h., sie sind von der Dienststelle nicht mehr zu beeinflussen oder abzuwenden. Dazu zählen z.B. Überstunden, deren Anordnung durch die Nachholung ausgefallener Theatervorstellungen erforderlich wird. (OVG Münster, Beschl. vom 26.4.1994, PersR 1994, 529) Regelmäßig wiederkehrende Arbeiten im Rahmen von Stoßgeschäften (z.B. Jahresabschlussarbeiten, politische Wahlen) gehören nicht zum „Erfordernis". Die Dienststelle ist deshalb verpflichtet, den Personalrat über entsprechende Maßnahmen zu unterrichten. Dies kann auch nachträglich geschehen. Dabei ist zu erläutern, welche Betriebsabläufe es erforderlich machen, über die regelmäßige Arbeitszeit hinaus Überstunden und Mehrarbeit anzuordnen. Das gilt auch, wenn derartige Anordnungen zur Aufrechterhaltung der öffentlichen Sicherheit und Ordnung getroffen werden. Sehr ausführlich setzt sich das OVG Münster (Beschl. vom 29.1.1996, NW VBI. 1996, 355) mit dieser Frage – Schichtdienstplan auf einer Intensivstation eines Krankenhauses – auseinander.

Der Informationsanspruch entfällt, wenn die Gründe augenscheinlich sind, wie dies bei plötzlich notwendig werdenden Einsätzen von Sicherheitsdiensten der Fall ist (z.B. Großbrände und Feuerwehreinsatz, Katastropheneinsatz, polizeilicher Großeinsatz, Gefangenenrevolte in einer Justizvollzugsanstalt).

Die Anordnung von Überstunden aller Beschäftigten einer Arbeitseinheit mit der Maßgabe, dass die Überstunden innerhalb von zwei Wochen abgeleistet werden müssen, aber es den Beschäftigten im Gleitzeitrahmen freistehe, wann genau sie diese ableisten, ist mitbestimmungspflichtig. (ZfPR 5/1999, 175)

56. Allgemeine Regelung des Ausgleichs von Mehrarbeit (Abs. 4 Nr. 2)

Die Vorschrift bezieht sich auf die Verteilung angeordneter Mehrarbeit und auf die Regelung des Ausgleichs. Unter die Vorschrift fallen sowohl Beamtinnen und Beamte als auch Arbeitnehmerinnen und Arbeitnehmer. Gemäß § 61 LBG ist eine Beamtin oder ein Beamter verpflichtet, ohne Entschädigung bei Vorliegen zwingender dienstlicher Gründe Mehrarbeit zu leisten, wobei ein Ausgleich durch Dienstbefreiung zu gewähren ist. Ist dies aus zwingenden dienstlichen Gründen innerhalb von drei Monaten nicht möglich, wird ihm eine Entschädigung nach der Verordnung über die Gewährung von Mehrarbeitsvergütung gezahlt. Nach tarifvertraglicher Regelung sind Überstunden grundsätzlich innerhalb bestimmter Fristen durch Arbeitsbefreiung auszugleichen. Es besteht also der Grundsatz der Vorrangigkeit des Freizeitausgleichs. Der Personalrat ist in erster Linie bei der Frage zu beteiligen, innerhalb welcher Zeit Mehrarbeit ausgeglichen werden soll.

57. Zeit, Ort und Art der Auszahlung der Dienstbezüge und Arbeitsentgelte (Abs. 4 Nr. 3)

Da alle wesentlichen Anwendungsbereiche der Vorschrift durch gesetzliche oder tarifvertragliche Bestimmungen bzw. Verordnungen geregelt sind, kommt dem Mitbestimmungsrecht nach 72 Abs. 4 Nr. 3 heute keine praktischen Bedeutung mehr zu. Weder die Dienststellen im Sinne des § 1 Abs. 2, noch die obersten Landesbehörden besitzen noch Entscheidungsmöglichkeiten, somit scheidet auch eine Beteiligung der Personalvertretung weitgehend aus.

58. Aufstellung des Urlaubsplans (Abs. 4 Nr. 4)

Bei der Aufstellung des Urlaubsplans kann das Verfahren, nach dem der Urlaub zu erteilen ist, festgelegt werden, z.B. durch Auslegen der Urlaubsliste, Festlegung des Zeitraums für die Eintragung usw.. Es genügt aber auch, allgemeine Grundsätze für eine gerechte Verteilung des Urlaubs unter Berücksichtigung der Belange der Dienststelle und der wirtschaftlichen, persönlichen und familiären Interessen der Beschäftigten anstelle einer starren Regelung aufzustellen, da diese häufig nur mit zahlreichen Änderungen durchführbar ist. Derartige Grundsätze können darin bestehen, dass Beschäftigte mit schulpflichtigen Kindern ihren Urlaub während der Schulferien nehmen, andere Beschäftigte nicht gezwungen werden, ihren Urlaub in ausgesprochen ungünstige Jahreszeiten zu verlegen und Ministerialbeamtinnen und -beamte ihren Urlaub möglichst in den Parlamentsferien zu nehmen haben. Die Verhängung einer Urlaubssperre für bestimmte Zeiträume ist nicht Bestandteil der Urlaubsplanung, sondern eine zeitlich und sachlich vorausgehende organisatorische Maßnahme, die nicht der Mitbestimmung unterliegt. (BVerwG, Beschl. vom 19.1.1993, ZTR 1 993, 304) Ebenfalls mitbestimmungsfrei ist die Festlegung nach der Allgemeinen Dienstordnung für Lehrerinnen und Lehrer, wonach sich diese in der letzten Woche vor Unterrichtsbeginn des neuen Schuljahres zur Dienstleistung für schulische Aufgaben bereithalten müssen. (OVG Münster, Beschl. vom 24.4.1996, PersR 1997, 77)

Sog. Urlaubslisten, die in abgegrenzten Arbeitseinheiten (Abteilungen, Gruppen, Referaten, Dezernaten oder Sachgebieten) von den dort Beschäftigten ausgefüllt werden müssen, um dem unmittelbaren Vorgesetzten eine Vorstellung von den Urlaubswünschen zu geben, sind nicht mitbestimmungspflichtig. Die Übernahme solcher Listen in die Urlaubspläne und verbindlichen Urlaubslisten der Dienststelle sind jedoch mitbestimmungspflichtig.

Mitbestimmungspflichtig ist auch die Änderung des Urlaubsplanes oder der verbindlichen Urlaubslisten wegen zwingender dienstlicher Notwendigkeiten.

Bittet die Dienststelle die Beschäftigten ihre Urlaubswünsche mitzuteilen und legt in Zusammenhang mit dieser Bitte Zeiten fest, in denen Beschäftigte in bestimmten Funktionen keinen Urlaub planen sollen, ist dies nicht mitbestimmungspflichtig. (OVG Münster, 1 A 697/98.PVL vom 17.2.2000)

Die Festlegung der Lage von Sonderurlaub nach der Sonderurlaubsverordnung und den Tarifverträgen fällt nicht unter diese Vorschrift, da in 72 Abs. 4 Nr. 4 ausdrücklich Erholungsurlaub geregelt ist.

59. Festsetzung der zeitlichen Lage des Erholungsurlaubs für einzelne Beschäftigte, wenn zwischen der Dienststelle und dem beteiligten Beschäftigten kein Einverständnis erzielt wird (Abs. 4 Nr. 4)

Die Erteilung des Urlaubs im Einzelfall unterliegt nicht der Mitbestimmung des Personalrats. Die Dauer des Urlaubs ist ohnehin durch die Erholungsurlaubsverordnung geregelt. Für Arbeitnehmerinnen und Arbeitnehmer gilt der § 26 TVL/TVöD.

Können sich die Dienststelle und der Beschäftigte über die zeitliche Lage nicht einigen, so ist der Personalrat zu beteiligen, der die Wünsche des Beschäftigten gegen die dienstlichen Erfordernisse abwägen muss.

Wird der zeitliche Rahmen des Erholungsurlaubs gegen den Willen des Beschäftigten eingeschränkt, hat der Personalrat mitzubestimmen, wenn zwischen dem Dienststellenleiter und dem Betroffenen kein Einverständnis erzielt wurde. In jeder Ablehnung eines Erholungsurlaubs aus zeitlichen Gründen liegt eine Festsetzung der zeitlichen Lage des Urlaubs im Sinne des Mitbestimmungstatbestandes. (VG Sigmaringen, Beschluss v. 7.11.2008 – PL 11 K 1505/08 –)

Kommt eine Einigung nicht zustande, d.h. stimmt der Personalrat der Ablehnung nicht zu, oder entscheidet die Einigungsstelle, ist eine Arbeitnehmerin bzw. ein Arbeitnehmer daran nicht zwingend gebunden. Unabhängig davon kann sie oder er Klage vor dem Arbeitsgericht erheben, wenn sie oder er der Ansicht ist, dass die zeitliche Lage ihres oder seines Urlaubs entgegen § 7 Bundesurlaubsgesetz und unbillig (§ 315 BGB) festgesetzt worden ist. Beamtinnen und Beamte können bei Ablehnung des Urlaubs Anfechtungsklage erheben. Die Ablehnung eines einmal genehmigten Urlaubs ist außer in zwingenden Notfällen unzulässig. (BAG, Beschl. vom 19.12.1992 – 2 AZR 367/92)

60. Fragen der Lohngestaltung innerhalb der Dienststelle, insbesondere die Aufstellung von Entlohnungsgrundsätzen, die Einführung und Anwendung von neuen Entlohnungsmethoden und deren Änderung sowie die Festsetzung der Akkord- und Prämiensätze und vergleichbarer leistungsbezogener Entgelte, einschließlich der Geldfaktoren, sowie entsprechende Regelungen für Beamtinnen und Beamte (Abs. 4 Nr. 5)

Die der Mitbestimmung nach Nr. 5 unterliegenden Angelegenheiten sind weitgehend tarifrechtlich bzw. Besoldungsgesetzen in geregelt. Bei der betrieblichen Lohngestaltung handelt es sich um den Oberbegriff unter den nicht die lohnpolitische Entscheidung über die Lohnhöhe fällt. Die Beteiligung des Personalrats dient der Lohnfindung unter dem Gesichtspunkt der Lohngerechtigkeit und erstreckt sich nicht auf die Lohngestaltung im Einzelfall. (Dietz-Richardi, Anm. 280 und 281 zu § 87). Insofern hat der Personalrat z.B. bei der Umstellung von Gedingeverfahren auf Lohn mit Leistungszulage bei Arbeitnehmerinnen und Arbeitnehmern mitzubestimmen. (BVerwG, Beschl. vorn 27.7.1979, ZBR 1980, 159) Die Beteiligung nach Nr. 5 bezieht sich jedoch nicht auf die Festsetzung von Leistungszulagen in Einzelfällen, sondern nur auf abstrakt-generelle Regelungen auf dem gesamten Gebiet der Lohngestaltung. (BVerwG, Beschl. vom 26.7.1979, ZBR 1980, 157)

Entlohnungsgrundsätze sind allgemeine Regelungen zur Errechnung des Arbeitsentgelts. Darunter fallen der Übergang vom Zeitlohn zum Akkordlohn und umgekehrt, die Einführung und Ausgestaltung von Prämienlöhnen, die Frage, ob die Berechnung des Arbeitsentgelts auf den

Stunden-, Wochen- oder den Monatslohn abzustellen ist, wie die Abschlagszahlung bei Monatslohn abzustellen ist, wie die Abschlagszahlung bei Monatslohn zu erfolgen hat, ob neben dem Barlohn Naturallohn zu gewähren und wie dieser auf den Gesamtlohn anzurechnen ist. (Dietz Richardi, Anm. 283 bis 289 zu § 87)

Entlohnungsmethoden sind gegenüber den Entlohnungsgrundsätzen der engere Begriff und legen die Durchführung der Entlohnung fest. Sie regeln z. B. beim Akkordlohn die Frage, nach welchem System die Akkorde bestimmt werden. (Grabendorff-Windscheid-Ilbertz, Anm. 188 ff. zu § 75) Der Mitbestimmung unterliegen auch die Festsetzung der Akkord- und Prämiensätze sowie vergleichbarer leistungsbezogener Entgelte, wobei nicht nur der Zeit-, sondern auch der Geldfaktor einbezogen wird. Das Bundesverwaltungsgericht hat auch die Einführung von Prämienrichtlinien (z.B. der Vereinigung kommunaler Arbeitgeber) für Angestellte im zentralen Schreibdienst als ein Mitbestimmungstatbestand angesehen. (BVerwG, Beschl. vom 23.12.1982, PV 1983, 506) Daraus folgert, dass sich der Mitbestimmungstatbestand auf alle Arbeitnehmerinnen und Arbeitnehmer bezieht und nicht nur auf die Beschäftigten, die unter den MTArb gefallen waren. (BVerwG, Beschl. vom 6.2.1987, v 1987, 428) Im Übrigen erstreckt sich die Mitbestimmung des Personalrats beim Prämienlohn insbesondere auf das Verfahren, also darauf, wie der Prämiensatz richtig zu ermitteln ist, und nicht auf die Höhe des Prämiensatzes.

Leistungsbezogene Bezügebestandteile:

Die Dienststelle muss den Personalrat vor der beabsichtigten Vergabe von Leistungsprämien und/oder -zulagen über das zur Verfügung stehende Gesamtbudget, Anzahl und Empfänger der Leistungen unterrichten und ihm Einsicht in die hierzu angefertigten Listen gewähren. Macht der Personalrat konkrete Einwände oder Unklarheiten geltend, muss sie die Vergabeentscheidung diesbezüglich begründen. Der Personalrat muss in die Lage versetzt werden, sich zu der Vergabeentscheidung zu äußern. Ein Mitbestimmungstatbestand nach 72 Abs. Nr. 5 ist jedoch nicht gegeben. (OVG NRW, 1 A 1061/01.PVB vom 20.9.2002; BVerwG, 6 PB 15.02 vom 10.2.2003 n.v.)

Beispiele aus der Rechtsprechung:

- Der Dienststellenleiter kann sich der Mitbestimmung des Personalrats bei der Lohngestaltung nicht dadurch entziehen, dass er übertarifliche Leistungen nur im Wege individueller Entscheidungen erbringt. Das Mitbestimmungsrecht bei der Lohngestaltung soll für ein durchsichtiges Vergütungsgefüge sorgen und die innerdienstliche Vergütungsgerechtigkeit gewährleisten. (BVerwG, Beschluss v. 28.5.2009 – 6 PB 5.09 –)
- Die Entscheidung des Innensenators von Berlin, den ab 1. März 2005 eingestellten Lehrkräften im Angestelltenverhältnis keine Jahreszuwendung und kein Urlaubsgeld zu gewähren, unterlag als Änderung von Entlohnungsgrundsätzen der Mitbestimmung des Hauptpersonalrats. (BVerwG, Beschluss v. 20.11.2008 – 6 P 17.07 –)
- Der Mitbestimmung bei der Lohngestaltung in Bezug auf die Pauschalierung unständiger Entgeltbestandteile nach § 9 Abs. 1 Satz 5, § 24 Abs. 6 TV-Ärzte KAH steht der Gesichtspunkt des Tarifvorrangs nicht entgegen. BVerwG, Beschluss v. 10.6.2011 – 6 PB 2.11 – Eine tarifliche Regelung schließt die Mitbestimmung nur aus, wenn darin ein Sachverhalt unmittelbar geregelt ist, kein Handlungsspielraum mehr besteht und es zum Vollzug keines Ausführungsaktes mehr bedarf.

61. Bestellung und Abberufung von Vertrauens- und Betriebsärztinnen und Vertrauens- und Betriebsärzten sowie Sicherheitsfachkräften und Bestellung der oder des Datenschutzbeauftragten (Abs. 4 Nr. 6)

Das Gesetz über Betriebsärzte, Sicherheitsingenieure und andere Fachkräfte für Arbeitssicherheit (ASiG), sieht die Bestellung von Betriebsärztinnen und Betriebsärzten und Fachkräften für Sicherheit durch den Arbeitgeber vor. Zur Durchführung dieses Gesetzes in den Verwaltungen und Betrieben des Landes Nordrhein-Westfalen ist die nachstehend abgedruckte Richtlinie erlassen worden:

Richtlinie für den betriebsärztlichen und sicherheitstechnischen Dienst in den Verwaltungen und Betrieben des Landes Nordrhein-Westfalen RdErl. d. Ministers für Arbeit, Gesundheit und Soziales vom 23.11.1979 (MBl. NW S. 2458)

Auszug

§ 8 Zusammenarbeit mit dem Personalrat

(1) Der Leiter der Verwaltung oder des Betriebes und der Personalrat arbeiten bei der Durchführung dieser Richtlinien vertrauensvoll zusammen (§ 2 Abs. 1 Landespersonalvertretungsgesetz). Die Betriebsärzte und die Fachkräfte für Arbeitssicherheit arbeiten bei der Erfüllung ihrer Aufgaben mit dem Personalrat zusammen.

(2) Die Betriebsärzte und die Fachkräfte für Arbeitssicherheit haben den Personalrat über wichtige Angelegenheiten des Arbeitsschutzes und der Unfallverhütung zu unterrichten; sie haben ihm den Inhalt eines Vorschlages mitzuteilen, den sie nach § 7 Abs. 3 der vorgesetzten Stelle machen. Sie haben den Personalrat auf sein Verlangen in Angelegenheiten des Arbeitsschutzes und der Unfallverhütung zu beraten.

(3) Bei der Bestellung der Betriebsärzte hat der Personalrat nach § 72 Abs. 4 Nr. 6 des Landespersonalvertretungsgesetzes mitzubestimmen; bei der Bestellung der Fachkräfte für Arbeitssicherheit sind diese Vorschriften entsprechend anzuwenden. Vor der Verpflichtung oder Entpflichtung eines freiberuflich tätigen Arztes, einer freiberuflich tätigen Fachkraft für Arbeitssicherheit oder dem Anschluss an einen überbetrieblichen Dienst ist der Personalrat zu hören.

§ 10 Arbeitsschutzausschuss

In Verwaltungen und Betrieben, in denen Betriebsärzte oder Fachkräfte für Arbeitssicherheit bestellt sind, bildet der Leiter der Verwaltung oder des Betriebes einen Arbeitsschutzausschuss. Dieser Ausschuss setzt sich zusammen aus:

dem Leiter der Verwaltung oder des Betriebes oder seinem Beauftragten,
zwei vom Personalrat bestimmten Personalratsmitgliedern,
Betriebsärzten, Fachkräften für Arbeitssicherheit
und Sicherheitsbeauftragten nach § 719 RVO.

Der Arbeitsschutzausschuss hat die Aufgabe, Anliegen des Arbeitsschutzes und der Unfallverhütung zu beraten. Der Arbeitsschutzausschuss soll mindestens einmal vierteljährlich zusammentreten.

Die Bestellung eines überbetrieblichen Dienstes von Betriebsärztinnen und Betriebsärzten oder Fachkräften für Arbeitssicherheit i.S.v. § 19 des Gesetzes über Betriebsärzte, Sicherheitsingenieure und andere Fachkräfte für Arbeitssicherheit (ASiG) unterliegt ebenso wie die Bestellung einzelner freiberuflicher Betriebsärztinnen und Betriebsärzte bzw. Sicherheitsfachkräfte der Mitbestimmung des Personalrats nach Abs. 4 Satz 1 Nr. 6 LPVG NRW. (OVG Nordrhein-Westfalen, Beschluss v. 10.12.2003 – I A 556/02.PVL)

Bei der Bestellung oder Abberufung von Vertrauens- und Betriebsärztinnen und -ärzten kann es sich sowohl um Personal der Dienststelle handeln als auch um sog. Vertragsärztinnen und -ärzte, die im Wege der Verpflichtung die Aufgaben übernehmen, die sich aus dem ASiG ergeben. Mit der Beteiligung des Personalrats soll erreicht werden, dass solche Ärztinnen und Ärzte nicht nur das Vertrauen der Dienststelle, sondern auch das der Beschäftigten genießen. Bei der Bestellung und Abberufung von Sicherheitsfachkräften handelt es sich um Sicherheitsingenieurinnen und Sicherheitsingenieure, Sicherheitstechnikerinnen und Sicherheitstechniker oder Sicherheitsmeisterinnen und Sicherheitsmeister. Auch hierbei kann es sich um Personal der jeweiligen Dienststelle oder um freiberuflich tätige Fachkräfte für Arbeitssicherheit handeln. Von der Mitbestimmung ausgenommen ist die Bestellung von Sicherheitsbeauftragten für Lehrveranstaltungen der Hochschulen. (BVerwG, Beschluss vom 18.5.1994, PV 1995, 30)

Die Mitbestimmung ist nunmehr auch gegeben bei der Bestellung der oder des Datenschutzbeauftragten. Eine Beteiligung des Personalrats bei der Abrufung hat der Gesetzgeber allerdings ausgeschlossen.

Im Hinblick auf die in § 32a Datenschutzgesetz NRW genannten Anforderungen an die fachliche Eignung der zu bestellenden Person soll der Personalrat im Wege der Mitbestimmung bei der Bestellung der oder des Datenschutzbeauftragten einbezogen werden.

Auszug aus dem Datenschutzgesetz:

§ 32a Behördliche Datenschutzbeauftragte

(1) Öffentliche Stellen, die personenbezogene Daten verarbeiten, haben einen internen Beauftragten für den Datenschutz sowie einen Vertreter zu bestellen. Der Beauftragte muss die erforderliche Sachkenntnis und Zuverlässigkeit besitzen.

Mehrere Stellen können gemeinsam einen Beauftragten für den Datenschutz bestellen, wenn dadurch die Erfüllung seiner Aufgabe nicht beeinträchtigt wird. Bei Bedarf kann eine Stelle auch mehrere Beauftragte sowie mehrere Vertreter bestellen. Der Beauftragte unterstützt die Stelle bei der Sicherstellung des Datenschutzes. Er berät die datenverarbeitende Stelle bei der Gestaltung und Auswahl von Verfahren zur Verarbeitung personenbezogener Daten und überwacht bei der Einführung neuer Verfahren oder der Änderung bestehender Verfahren die Einhaltung der einschlägigen Vorschriften. Er ist bei der Erarbeitung behördeninterner Regelungen und Maßnahmen zur Verarbeitung personenbezogener Daten frühzeitig zu beteiligen und hat die Einhaltung der datenschutzrechtlichen Vorschriften zu überwachen, die mit der Verarbeitung personenbezogener Daten befassten Personen mit den Bestimmungen dieses Gesetzes sowie den sonstigen Vorschriften über den Datenschutz vertraut zu machen und die Vorabkontrolle durchzuführen. Satz 5 findet auch Anwendung auf die Tätigkeit von Personalvertretungen, soweit bei diesen personenbezogene Daten verarbeitet werden.

(2) Der Beauftragte ist in seiner Eigenschaft als behördlicher Datenschutzbeauftragter der Leitung der öffentlichen Stelle unmittelbar zu unterstellen und in dieser Funktion weisungsfrei. Er darf wegen der Erfüllung seiner Aufgaben nicht benachteiligt werden. Während seiner Tätigkeit darf er mit keiner Aufgabe betraut sein, deren Wahrnehmung zu Interessenkollision führen könnte.

(3) Die verantwortliche Stelle ist verpflichtet, dem Beauftragten die Beschreibung aller automatisiert geführten Verfahren, in denen personenbezogene Daten verarbeitet werden, mit den nach § 8 Abs. 1 vorgesehenen Angaben vorzulegen. Der Beauftragte führt das Verfahrensverzeichnis. Er gewährt jeder Person unentgeltlich nach Maßgabe des § 8 Abs. 2 Einsicht in das Verfahrensverzeichnis. Das Einsichtsrecht in die Verfahrensverzeichnisse, die bei den in § 2 Abs. 2 Satz 1 genannten Stellen geführt werden, kann verwehrt werden, soweit damit Betriebs- oder Geschäftsgeheimnisse offenbart würden. Wird keine Einsicht gewährt, ist in geeigneter Weise Auskunft zu erteilen; die Gründe für die Verweigerung der Einsichtnahme sind aktenkundig zu machen und die einsichtverlangende Person ist darauf hinzuweisen, dass sie sich an den Landesbeauftragten für den Datenschutz wenden kann.

Dem Landesbeauftragten für den Datenschutz ist auf sein Verlangen Einsicht in das Verfahrensverzeichnis zu gewähren.

(4) Bedienstete der öffentlichen Stellen können sich jederzeit in Angelegenheiten des Datenschutzes unmittelbar an den Beauftragten wenden. Der Beauftragte ist zur Verschwiegenheit über die Identität der betroffenen Person sowie über Umstände, die Rückschlüsse auf diese zulassen, verpflichtet, soweit er von der betroffenen Person davon nicht befreit wurde.

62. Maßnahmen zur Verhütung von Dienst- und Arbeitsunfällen und sonstigen Gesundheitsschädigungen einschließlich Maßnahmen vorbereitender und präventiver Art (Abs. 4 Nr. 7)

Rechtsgrundlage für das Tätigwerden der Dienststellen und für die Einschaltung der Personalvertretungen ist z.B. das Gesetz zur Umsetzung der EG-Rahmenrichtlinie Arbeitsschutz und weiterer Arbeitsschutz-Richtlinien. Dieses Gesetz gilt auch für alle Dienststellen und Betriebe der Verwaltungen des Bundes, der Länder, der Gemeinden und der sonstigen Körperschaften, Anstalten und Stiftungen des öffentlichen Rechts. Nach den allgemeinen Grundsätzen des § 4 dieses Gesetzes hat der Arbeitgeber die Arbeit so zu gestalten, dass eine Gefährdung für Leben und Gesundheit möglichst vermieden und die verbleibende Gefährdung möglichst gering gehalten wird. Bei den Maßnahmen ist der Stand von Technik, Arbeitsmedizin und Hygiene sowie sonstige gesicherte arbeitswissenschaftliche Erkenntnisse zu berücksichtigen. Soweit in den Betrieben des öffentlichen Dienstes keine Vertretung der Beschäftigten besteht, hat der Arbeitgeber die Beschäftigten zu allen Maßnahmen zu hören, die Auswirkungen auf Sicherheit und Gesundheit der Beschäftigten haben können (§ 14 des Gesetzes). Beschäftigte können sich sogar außerhalb des Dienstweges an zuständige Stellen wenden, wenn sie der Auffassung sind und konkrete Anhaltspunkte bestehen, dass die vom Arbeitgeber getroffenen Maßnahmen und bereitgestellten Mittel nicht ausreichen, um die Sicherheit und den Gesundheitsschutz bei der Arbeit zu gewährleisten. Hierdurch dürfen den Beschäftigten keine Nachteile entstehen (§ 17 Abs. 2 des Gesetzes).

Die Mitbestimmung des Personalrats kommt nur insoweit in Betracht, als im Rahmen der allgemeinen Unfallverhütungsvorschriften noch Regelungen getroffen werden können. Die Ausübung des Beteiligungsrechts setzt eine intensive gegenseitige Information voraus. In den gemäß § 10 der Richtlinie genannten Arbeitsausschuss sind zwei vom Personalrat bestimmte Personalratsmitglieder zu berufen (Anm. 64). Die Mitarbeit der Personalvertretung ist besonders wichtig, weil bei den Maßnahmen zur Verhütung von Dienst- und Arbeitsunfällen nicht nur generelle Maßnahmen, sondern auch Einzelmaßnahmen eingeschlossen sind. So ist z.b. der Personalrat bei der Auswahl von Schutzkleidung für die Beschäftigten zu beteiligen. (VGH Baden Württemberg, Beschl. vom 27.9.1994, ZfPR 1995,127)

Darüber hinaus hat der Personalrat ein Anwesenheitsrecht bei Besichtigungen bzw. Untersuchungen im Zusammenhang mit dem Arbeitsschutz und Unfalluntersuchungen (§ 77 Abs. 2). Die Einschaltung des Personalrats nach dieser Vorschrift ist deshalb besonders geboten, weil er durch die dabei gewonnenen Erkenntnisse besser in die Lage versetzt wird, sein Beteiligungsrecht nach Nr. 7 auszuüben.

Da es sich bei den entsprechenden Vorschriften zur Verhütung von Dienst- oder Arbeitsunfällen oder sonstigen Gesundheitsschädigungen um Schutzvorschriften handelt, greift auch die Überwachungspflicht des Personalrats gemäß § 64 Nrn. 1 und 4 Platz.

Maßnahmen zur Verhütung von Gesundheitsschädigungen, bei denen der Personalrat mitzubestimmen hat, sind solche, die auf den gesundheitlichen Arbeitsschutz abzielen (BVerwG, Beschl. vom 17.2.1986, DÖV 1986, 664).

Beispiele aus der Rechtsprechung:

- Ein Alkoholverbot für Kraftfahrer ist z.B. eine Maßnahme, die Dienst- und Arbeitsunfälle verhindern soll, und deshalb der Mitbestimmung nach Nr. 7 unterliegt. (OVG Münster, Beschl. vom 4.5.1987, PersR 1990, 104)
- Eine Verwaltungsvorschrift zur Förderung des Steuerns von Dienstkraftfahrzeugen (sog. Selbstfahrer) unterliegt der Mitwirkung als innerdienstliche Maßnahme i.S.d. 73 Nr. 1. Dies schließt nicht aus, dass der Teil der Anordnung, der sich mit der Vermeidung von Unfällen befasst der Mitbestimmung unterliegt, wenn dieser Teil nicht völlig unbedeutend ist. (BVerwG, 6 P 16.02 vom19.5.2003)
- Die Schadstoffsanierung gehört zu den der Mitbestimmung unterliegenden Maßnahmen zur Verhütung von sonstigen Gesundheitsschädigungen. Das BVerwG hat die Beteiligung allerdings bei einer Hochschule ausgeschlossen, wenn ein Gesamtkonzept zur Schadstoffsanierung vorliegt, das die einzelnen Sanierungsmaßnahmen konkretisiert und im Hinblick auf die Weiterführung von Forschung und Lehre derart vorausplant, dass hinsichtlich des Zeitpunkts und der Art und Weise der Ausführung kein nennenswerter Spielraum mehr verbleibt. Ohne ein solches Gesamtkonzept habe der Personalrat ein Mitbestimmungsrecht bei solchen Sanierungsmaßnahmen, es sei denn, die Sanierungsmaßnahme führe zu einer nicht unerheblichen Beeinträchtigung der Erfüllung der Lehr- und Forschungsaufgabe (Hinweis des Gerichts auf die Anwendung des § 104 BPersVG unter Betrachtung jeden Einzelfalls). (BPersVG, 6 P 12.99 vom 23.8.2000) Dieses Urteil ist nicht nur von Bedeutung für Hochschulen, sondern auch für alle anderen Dienststellen, in denen eine umfassende Schadstoffsanierung die dem Allgemeinwohl dienenden Aufgaben nicht unerheblich beeinträchtigen würden.

- Die Einrichtung von Kurzpausen mit dem Ziel das Risiko von Gesundheitsschädigungen zu mindern, ist eine Maßnahme zur Verhütung sonstiger Gesundheitsschädigungen und ist dem entsprechend mitbestimmungspflichtig. Da es sich um bezahlte Arbeitszeit handelt, liegt keine Maßnahme i.S.d. 72 Abs. 4 Nr. 1 vor. (Verweis auf § 7 des Tarifvertrages vom 21.2./7.10.1998 über die Arbeitsbedingungen von Arbeitnehmern an Bildschirmgeräten)
- Zu den Maßnahmen zur Vermeidung von sonstigen Gesundheitsschädigungen gehört der Nichtraucherschutz. Haben die Bemühungen des Personalrats zu einem wirksamen Nichtraucherschutz bei der Dienststelle keinen Erfolg, kann der Personalrat im Rahmen seines Initiativrechts (66 Abs. 4) die Einführung eines Rauchverbots fordern. Im Zuge des anschließenden Mitbestimmungsverfahrens kann sich der Personalrat mit der Dienststelle auf eine entsprechende Dienstvereinbarung verständigen.
- Gleiches gilt, wenn der Personalrat Krankengespräche mit dem Ziel, herauszufinden, ob bestimmte dienststellenbezogene Ursachen der Erkrankungen vorliegen, „erzwingen" will. (VG Frankfurt a.M., 23 L 2237/01(V) vom 10.12.2001)

Die Beteiligungsmöglichkeiten des Personalrats beim Arbeits- und Gesundheitsschutz sind vielfältiger Natur. Zusammengefasst sind die Möglichkeiten in der Broschüre des dbb beamtenbund und tarifunion nrw „Arbeits- und Gesundheitsschutz im öffentlichen Dienst des Landes Nordrhein-Westfalen" von A. Langhans und W. Römer, aus der nachfolgend Auszüge abgedruckt sind:

4. Die Stellung des Personalrates beim Arbeits- und Gesundheitsschutz

4.1 Rechte und Pflichten

Gemäß § 64 Nr. 4 LPVG NRW obliegen dem Personalrat im Bereich des Gesundheits-/ Arbeitsschutzes folgende drei allgemeine Aufgaben:

- *Verhütung von Unfall- und Gesundheitsgefahren*
  Der Personalrat hat bestehende Gefahrenquellen aufzudecken, zu melden und auf ihre Beseitigung hinzuwirken. Er hat das Einhalten von Unfallverhütungsvorschriften und der gesundheitsschützenden Maßnahmen wie z.B. der Regelungen über die Arbeitszeit, den Urlaub, des Jugendschutzgesetzes, des Mutterschutzgesetzes, des Schwerbehindertengesetzes (jetzt SGB IX) usw. zu überwachen.

- *Unterstützung der für den Arbeitsschutz zuständigen Stellen durch Anregung, Beratung und Auskunft*
  Der Personalrat soll selbstständig aktiv tätig werden zum Zwecke des Arbeits- und Gesundheitsschutzes. Für den Arbeitsschutz ist primär der Dienststellenleiter verantwortlich. Dem Personalrat obliegt ein Mitbestimmungsrecht nach § 72 Abs. 4 Nr. 7 LPVG NRW, welches auch als Initiativrecht ausgeübt werden kann. Durch Rechts- und Verwaltungsvorschriften ist die Verantwortlichkeit auch auf interne (Betriebsärzte, Fachkräfte für Arbeitssicherheit, Sicherheitsbeauftragte) und externe Stellen zu übertragen. Der Personalrat hat auch diese Stellen unmittelbar durch Anregung, Beratung und Auskunft zu unterstützen, um die Arbeitssicherheit in der Dienststelle zu verbessern.

- *Einsatz für die Durchführung gesundheitsfördernder Maßnahmen und des Arbeitsschutzes.*

Der Arbeitsschutz ist durch gesetzliche Vorschriften geregelt, für deren Beachtung sich der Personalrat einzusetzen hat, z.B. durch Einsetzen für die Anbringung von Arbeitsschutzvorrichtungen usw.

4.2 Mitbestimmungsrecht

4.3

Der Personalrat hat gemäß § 72 Abs. 4 Nr. 6 und Nr. 7 LPVG NRW mitzubestimmen:

- *bei der Bestellung und Abberufung von Vertrauens- und Betriebsärzten und Sicherheitsfachkräften*
  Die Mitbestimmung soll dazu beitragen, dass die bestellten Sicherheitsfachkräfte das Vertrauen der Beschäftigten genießen. Daher muss der Personalrat sich von der Fachkunde der Sicherheitsfachkräfte überzeugen. Bei der Bestellung oder Abberufung von Vertrauens- und Betriebsärzten kann es sich sowohl um Personal der Dienststelle handeln als auch um Vertragsärzte, die im Wege der Verpflichtung die Aufgaben übernehmen, die sich aus dem ASiG ergeben. Bei den Sicherheitsfachkräften handelt es sich um Sicherheitsingenieure, Sicherheitstechniker und Sicherheitsmeister.

- *bei Maßnahmen zur Verhütung von Dienst- und Arbeitsunfällen und sonstigen Gesundheitsschädigungen.*
  Der Mitbestimmungstatbestand erfasst Arbeitsschutzmaßnahmen (generelle und Einzelmaßnahmen), die nach gesetzlicher Vorschrift oder aus freiem Entschluss des Dienststellenleiters ergriffen werden sollen und entscheidend von dem Zweck geprägt sind, der Unfallverhütung und Realisierung des Gesundheitsschutzes zu dienen. Hierbei sind im Einzelfall schwierige Abgrenzungen vorzunehmen. Die Mitbestimmung kommt nur in Betracht, soweit im Rahmen der geltenden Vorschriften noch Regelungen getroffen werden können, nicht aber, wenn durch die Regelungen die zu ergreifenden Maßnahmen bereits zwingend vorgeschrieben und eindeutig definiert sind.

4.3 Unterstützungspflicht und Informationsrecht

§ 77 Abs. 1 LPVG NRW stellt eine ergänzende bzw. erläuternde Regelung der in den oben genannten Vorschriften genannten Rechte und Pflichten des Personalrates zum Thema Arbeits- und Gesundheitsschutz dar.

Durch die Absätze 2-5 des § 77 LPVG NRW wird sichergestellt, dass der Personalrat an dem für die Entscheidungen erforderlichen Informationsfluss teilhat. Worüber der Personalrat zu unterrichten ist, wird genau geregelt:

- *Der Leiter der Dienststelle und die für den Arbeitsschutz zuständigen Stellen müssen den Personalrat oder die von ihm bestimmten Mitglieder des Personalrats bei allen im Zusammenhang mit dem Arbeitsschutz oder der Unfallverhütung stehenden Besichtigungen und Fragen und bei Unfalluntersuchungen hinzuziehen. Der Leiter der Dienststelle hat dem Personalrat unverzüglich die den Arbeitsschutz und die Unfallverhütung betreffenden Auflagen und Anordnungen den oben genannten Stellen mitzuteilen (Abs. 2).*

Der Personalrat muss rechtzeitig über entsprechende Termine informiert werden, hat ein Recht auf Anwesenheit, darf Fragen stellen, Erfahrungen darlegen und Vorschläge machen.

– *Die vom Personalrat beauftragten Personalratsmitglieder nehmen an den Besprechungen des Leiters der Dienststelle mit dem Sicherheitsbeauftragten oder dem Sicherheitsausschuss teil (Abs. 3).*
  Voraussetzung hier ist wiederum die rechtzeitige Information über die Termine. Es gelten die gleichen Grundsätze wie für Abs. 2.

– *Der Personalrat erhält die Niederschriften über Untersuchungen, Besichtigungen und Besprechungen, zu denen er hinzuzuziehen ist (Abs. 4).*
  Niederschriften sind auch Aktenvermerke, die nur die Besprechungsergebnisse festhalten. Zugang zu sonstigen Unterlagen kann der Personalrat nur nach der Regelung des § 65 Abs. 1 Satz 2 LPVG NRW beanspruchen.

– *Der Leiter der Dienststelle hat dem Personalrat eine Durchschrift der nach § 1552 RVO (jetzt § 193 Abs. 1 SGB VII) vom Personalrat zu unterschreibenden oder der nach beamtenrechtlichen Vorschriften zu erstattenden Unfallanzeige auszuhändigen (Abs. 5).*
  Die Unterschrift begründet keine Mitverantwortung für den Inhalt der Unfallanzeige, sondern dient lediglich als Nachweis, dass der Personalrat informiert wurde. Bei Beamten dürfte der Unfallbericht der Dienstunfallbericht gemäß § 45 Abs. 1 BeamtVG sein.

Die allgemeine Unterrichtungspflicht des Dienststellenleiters gemäß § 65 Abs. 1 Satz 1 LPVG NRW bleibt neben den Sonderregeln des § 77 LPVG NRW unberührt.

Bei Streitigkeiten aufgrund der Auslegung des § 77 LPVG NRW entscheiden die Verwaltungsgerichte nach § 79 Abs. 1 Nr. 3 i.V. m. Abs. 2 LPVG NRW im personalvertretungsrechtlichen Beschlussverfahren, Das Verfahren nach §§ 66 f. LPVG NRW findet keine Anwendung.

Dem Gesundheitsschutz kommt in den Dienststellen eine immer größere Bedeutung zu. Ursachenforschungen und Lösungsansätze werden mehr und mehr im Rahmen eines umfassenden Gesundheitsmanagements durchgeführt. Hierzu gehören Gespräche mit den Erkrankten, nicht, wie vielleicht noch vor einiger Zeit, mit dem Ziel der Sanktion, sondern zur Aufklärung, ob im Dienstbetrieb oder im betrieblichen/behördlichen Umfeld Ursachen von Erkrankungen liegen. Die Einführung und Durchführung dieser Gespräche wie auch die folgenden Bewertungen und Analysen der Arbeitsplätze unterliegen der Mitbestimmung. (VG Frankfurt, 23 L 2237/01 vom 10.12.2001) Hier greift grundsätzlich auch § 84 Abs. 2 SGB IX. Allerdings unterliegen Maßnahmen des betrieblichen Eingliederungsmanagements nach § 84 Abs. 2 SGB IX nicht der Mitbestimmung des Betriebsrats gemäß § 87 Abs. 1 Nr. 7 BetrVG (§ 72 Abs. 4 Nr. 7 LPVG NRW). (LAG Hamburg, Beschluss v. 21.5.2008 – H 3 TaBV 1/08 –) Das Mitbestimmungsrecht bei Maßnahmen zur Verhütung von Arbeitsunfällen wie auch bei Maßnahmen zur Regelung der Ordnung in Betrieben bzw. Dienststellen und des Verhaltens der Beschäftigten greift nur dann, wenn den betreffenden Maßnahmen ein kollektiver Bezug innewohnt. Wortlaut des § 84 Abs. 2 SGB IX:

§ 84 Prävention

(1) Der Arbeitgeber schaltet bei Eintreten von personen-, verhaltens- oder betriebsbedingten Schwierigkeiten im Arbeits- oder sonstigen Beschäftigungsverhältnis, die zur Gefährdung dieses Verhältnisses führen können, möglichst frühzeitig die Schwerbehindertenvertretung und die in § 93 genannten Vertretungen sowie das Integrationsamt ein, um mit ihnen alle Möglichkeiten und alle zur Verfügung stehenden Hilfen zur Beratung und mögliche finanzielle Leistungen zu erörtern, mit denen die Schwierigkeiten beseitigt werden können und das Arbeits- oder sonstige Beschäftigungsverhältnis möglichst dauerhaft fortgesetzt werden kann.

(2) 1Sind Beschäftigte innerhalb eines Jahres länger als sechs Wochen ununterbrochen oder wiederholt arbeitsunfähig, klärt der Arbeitgeber mit der zuständigen Interessenvertretung im Sinne des § 93, bei schwerbehinderten Menschen außerdem mit der Schwerbehindertenvertretung, mit Zustimmung und Beteiligung der betroffenen Person die Möglichkeiten, wie die Arbeitsunfähigkeit möglichst überwunden werden und mit welchen Leistungen oder Hilfen erneuter Arbeitsunfähigkeit vorgebeugt und der Arbeitsplatz erhalten werden kann (betriebliches Eingliederungsmanagement). 2Soweit erforderlich wird der Werks- oder Betriebsarzt hinzugezogen. 3Die betroffene Person oder ihr gesetzlicher Vertreter ist zuvor auf die Ziele des betrieblichen Eingliederungsmanagements sowie auf Art und Umfang der hierfür erhobenen und verwendeten Daten hinzuweisen. 4Kommen Leistungen zur Teilhabe oder begleitende Hilfen im Arbeitsleben in Betracht, werden vom Arbeitgeber die örtlichen gemeinsamen Servicestellen oder bei schwerbehinderten Beschäftigten das Integrationsamt hinzugezogen. 5Diese wirken darauf hin, dass die erforderlichen Leistungen oder Hilfen unverzüglich beantragt und innerhalb der Frist des § 14 Abs. 2 Satz 2 erbracht werden. 6Die zuständige Interessenvertretung im Sinne des § 93, bei schwerbehinderten Menschen außerdem die Schwerbehindertenvertretung, können die Klärung verlangen. 7Sie wachen darüber, dass der Arbeitgeber die ihm nach dieser Vorschrift obliegenden Verpflichtungen erfüllt.

(3) Die Rehabilitationsträger und die Integrationsämter können Arbeitgeber, die ein betriebliches Eingliederungsmanagement einführen, durch Prämien oder einen Bonus fördern.

Die neu eingeführte Formulierung: „... einschließlich Maßnahmen vorbereitender und präventiver Art." trägt der bisherigen Rechtsprechung und der Bedeutung des Gesundheitsschutzes Rechnung. Der Gesetzgeber führt in seiner Begründung aus: „Aufgrund der sich abzeichnenden gesundheitlichen und demographischen Entwicklungen ist es angezeigt, verstärkt präventive Maßnahmen zu ergreifen, die bereits der Mitbestimmung unterworfen sein sollen."

63. Grundsätze über die Prämierung von anerkannten Vorschlägen im Rahmen des behördlichen und betrieblichen Vorschlagswesens (Abs. 4 Nr. 8)

Auf dem Gebiet des behördlichen und betrieblichen Vorschlagswesens können Vorschläge in organisatorischer und technischer Hinsicht zu dem Zweck gemacht werden, den Arbeitsablauf und die Arbeitsweise rationeller zu gestalten und die Effizienz der Verwaltung zu erhöhen.

Erfindungen, die patent- oder gebrauchsmusterfähig sind, fallen nicht unter das betriebliche Vorschlagswesen, weil auf sie das Gesetz über Arbeitnehmererfindungen vom 25. Juli 1957

(BGBl. I S.756) Anwendung findet. Der Beteiligung des Personalrats unterliegen nur die Aufstellung oder die Änderung der grundsätzlichen Regelungen, nicht aber die Anerkennung von Vorschlägen im Einzelfall. Nur wenn überhaupt Prämien zum Anreiz für Verbesserungsvorschläge gezahlt werden, übt der Personalrat bei der Aufstellung der Grundsätze der Prämierung sein Beteiligungsrecht aus. Die Grundsätze können sich auch auf die Abgrenzung des berechtigten Personenkreises, auf Fragen der Verwertbarkeit der Vorschläge. auf die Höhe der Prämien und ihre Differenzierung erstrecken.

64. Regelung der Ordnung in der Dienststelle und des Verhaltens der Beschäftigten (Abs. 4 Nr. 9)

Bei der genannten „Ordnung in der Dienststelle" und dem „Verhalten der Beschäftigten" handelt es sich nicht um zwei verschiedene Begriffe. Das Mitbestimmungsrecht des Personalrats umfasst vielmehr die Gesamtheit aller Regelungen, die den einwandfreien und reibungslosen Ablauf des Lebens in der Dienststelle sicherstellen sollen. Das enge Zusammenleben und Zusammenwirken in der Dienststelle erfordert Verhaltensregeln, die das Miteinander der Beschäftigten und den Gebrauch der ihnen zur Verfügung gestellten Sachen zum Gegenstand haben. (BVerwG, Beschl. vom 11.3.1983, ZBR 1983, 215)

Aus dem Begriff „Regelung" ist zu schließen, dass es sich bei den Maßnahmen um solche mit allgemein verbindlicher Wirkung handeln muss. Bei der Regelung kann es sich sowohl um einzelne Maßnahmen, z.B. Hauserlasse, Hausverfügungen, als auch um generelle Anordnungen, z.B. Geschäftsordnungen, Hausordnungen, allgemeine Richtlinien oder Dienstanweisungen handeln, die sämtliche Beschäftigte oder wenigstens bestimmte Gruppen, z.B. solche mit bestimmten Aufgaben, betreffen. (BVerwG, Beschl. vom 11.11.1960, PV 1961, 103; BVerwG, Beschl. vom 19.6.1990, ZfPR 1990, 142)

Die Regelung muss sich aber auf das allgemeine Verhalten der Beschäftigten innerhalb der Dienststelle oder ihr Verhalten bei ihrer Tätigkeit beziehen. Anordnungen, die sich auf die Dienstleistungen der Beschäftigten selbst beziehen, z.B. Führen von Anwesenheitslisten, oder diensttechnische Anordnungen, die den Ablauf des Dienstes gestalten, rechnen hierzu nicht. (BVerwG, Beschl. vom 19.6.1990 a.a.O.)

Einzelanordnungen sind von der Mitbestimmung ausgeschlossen. Dies gilt auch für eine Anordnung, eine ärztliche Arbeitsunfähigkeitbescheinigung vorzulegen. (OVG Münster, Beschl. vom 30.4.1979 – CL 5/79) Auch die Missbilligung einer Arbeitnehmerin oder eines Arbeitnehmers (BVerwG, Beschl. vom 6.2.1979, ZPR 1980, 30) und die Verhängung einer Ordnungsstrafe im Einzelfall (OVG Münster, Beschl. vom 20.1.1982 – CL 30/80) fallen nicht unter Nr. 9. Außerhalb eines förmlichen Mitbestimmungsverfahrens ist jedoch die Personalvertretung in diesen Fällen aufzufordern, Stellung zu nehmen (§ 74 Abs. 2).

Als Regelungen, die das Verhalten der Beschäftigten berühren, sind insbesondere anzusehen:

* Veranstaltung eines Sicherheitswettbewerbs, der zu sicherheitsbewusstem Verhalten anregen soll mit der Auslobung von Prämien. (LAG Düsseldorf vom 24.7.1981, BB 1981, 1336)
* Anordnung von allgemeinen Alkoholtestes zur Feststellung, ob das bei einer Dienststelle geltende Alkoholverbot eingehalten wird. (VG Sigmaringen vom 29.4.1985, VBlBW 1986, 75)

- Anordnung der Dienststelle sie über Verdachtsfälle von dienstlichen Unregelmäßigkeiten zu informieren. (OVG Schleswig-Holstein vom 19.1.1993, ZfPR 1994, 130)
- Einführung von Kontroll-(Stech-)Uhren
- Verbot, in der Dienststelle Waren zu verkaufen
- Einführung von Leibesvisitationen oder Taschenkontrollen
- Anordnung, sich aus Sicherheitsgründen Fingerabdrücke abnehmen zu lassen (LAG Rheinland-Pfalz vom 8.3.1991, BB 1991, 1119)
- Anweisungen zum Einsatz privater Personalcomputer
- Torkontrollen
- Anordnung über die private Nutzung von Diensttelefonen (OVG NRW vom 26.2.1987, ZBR 1988, 71)
- Regelungen über die Benutzung von Material der Dienststelle im privaten Bereich
- Vorschriften über die Ordnung am Arbeitsplatz
- Erlass von Rauch- und Alkoholverboten (BVerwG, Beschl. vom 5.10.1989, ZfPR 1990, 13)
- Bekleidungsvorschriften,
- Anordnung, kein Radio zu hören (BAG, Urteil vom 14.1.1986, NJW 1986, 1952; BVerwG, Beschl. vom 30.12.1987, PV 1989, 71),
- Richtlinien betr. die Behandlung von Arbeitsgegenständen,
- Parkerlaubnisverwaltung (BVerwG, Beschl. vom 9.12.1992, ZfPR 1993, 118),
- Bestimmungen über die Form von Krankmeldungen,
- Führung formalisierter Krankengespräche zur Aufklärung eines überdurchschnittlichen Krankenstandes mit einer nach abstrakten Kriterien ermittelten Mehrzahl von Beschäftigten (BAG, Beschl. vom 8.11.1994, DB 1995, 132),
- Kantinen-Benutzerordnung
- Führt die Dienststelle eine Kostenpflicht für die Benutzung der bisher kostenlosen dienststelleneigenen Parkplätze ein, so ist dies eine mitbestimmungspflichtige Regelung der Ordnung und des Verhaltens der Beschäftigte. (VGH Hessen, 22 TL 2300/02 vom 25.9.2003)
- Strukturierte und formalisierte Mitarbeitergespräche mit Zielvereinbarung, die als Instrument der Personalführung eine Regelung des Umgangs von Vorgesetzten und ihren Mitarbeitern enthalten, stellen eine Regelung der Ordnung in der Dienststelle und des Verhaltens der Beschäftigten dar. Als solche ist die Einführung und Ausgestaltung der Mitarbeitergespräche in diesem Sinne mitbestimmungspflichtig. (VGH Baden-Württemberg, PL 15 S 2514/99 vom 9.5.2000) Siehe hierzu auch den Aufsatz von Jürgen Lorse, ZfPR 5/2003 Seite 142 ff. Daraus folgt, werden Regeln für Mitarbeitergespräche außerhalb von Zielvereinbarungsprozessen aufgestellt, unterliegt dies der Mitbestimmung. Umgekehrt ist die Einführung von Zielvereinbarungen ohne Regelung, wie die Zielvereinbarungsgespräche durchgeführt werden sollen, nicht mitbestimmungspflichtig, wobei dies in der Praxis schwer vorstellbar ist
- Schreibt die Dienststelle den Beschäftigten vor, bei Arztbesuchen während der Arbeitszeit ein von der Dienststelle entworfenes Formular mit Angaben über Zeitpunkt, Dauer und Dringlichkeit des Arztbesuches vom Arzt bescheinigen zu lassen, liegt eine mitbestimmungspflichtige Maßnahme nach § 72 Abs. 4 Nr. 9 vor. (BAG zu § 87 Abs. 1 Nr.1 BetrVG, 1 ABR 53/96 vom 21.1.1997; OVG NRW, 1 A 426/98.PVL vom 3.2.2000)

- Wird ein mit Schranken abgetrennter Teil eines Geländes einer Hochschule Beschäftigten der Hochschule als Parkplatz zur Verfügung gestellt, ist dies eine Regelung der Ordnung in der Dienststelle und unterliegt der Mitbestimmung. (OVG NRW, 1 A 2732/95.PVL vom 20.11.1997).

Beispiele für nicht mitbestimmungspflichtige Regelungen:

- Absolutes Alkoholverbot für waffentragende Beamte, da sich dieses Verbot auf die Dienstausübung bezieht. Ähnliches gilt sicher auch für Einsatzkräfte auf Kraftfahrzeugen.
- Pünktlichkeitskontrollen (OVG NRW vom 16.11.1978, PersV 1980, 248)
- Anordnungen, dass Beschäftigte auf einem Erfassungsbogen Namen, Personalnummer, Arbeitsstunden usw. eintragen müssen, um Kalkulation, Kostennachweis und Kostenverteilung zu ermöglichen (BAG vom 24.11.1981, BAGE 37, 112) Siehe aber auch Anmerkungen zu § 72 Abs. 4 Nr. 17.
- Anordnungen, die es gewerkschaftlichen Betriebsgruppen untersagen, Fragebögen zu dienstlichen Angelegenheiten der Dienststelle zu verteilen (OVG NRW vom 6.1.1983, PersV 1984, 333)
- Installierung von Zugangssicherungssystemen mit codierten Karten, soweit diese ausschließlich als Schlüsselersatz dienen. (BAG vom 10.4.1984, DB 1984, 2097) Zu beachten ist hierbei aber die in Anm. 49 zu § 72 dargestellte Rechtslage (objektiv finale Betrachtungsweise).
- Anordnung an einzelne Beschäftigte zur amtsärztlichen Untersuchung (BVerwG vom 31.1.1986, PersV 1986, 325)
- Vertretungsregelungen
- Anweisung einer Krankenhausleitung an das Pflegepersonal, die Arbeitszeit beginne nicht mit dem Durchschreiten der Krankenhauspforte, sondern erst mit dem Betreten der dem Dienstplan entsprechenden Pflegeabteilung in Dienst- und/oder Schutzkleidung (VGH Baden-Württemberg vom 23.11.1993, PL 15 F 3020/92 n.v.). Bei der gleitenden Arbeitszeit mit Zeiterfassungsgeräten gilt allerdings immer abweichend Beginn der Arbeitszeit ist das Betätigen des Zeiterfassungsgeräts.
- Dienstliche Anweisungen an die personalverwaltenden Stellen, wie diese mit häufig Kurzzeiterkrankten und Langzeiterkrankten umgehen sollen, da es sich hierbei um Arbeitsanweisungen handelt. (VGH Baden Württemberg vom 20.4.1993, PersV 1995, 131)
- Erhöhung der zu zahlenden Kosten für Privatgespräche auf dienstlichen Fernsprechanlagen (OVG NRW vom 10.1.1977, PersV 1989,431)
- Einführung der Registrierung der dienstlichen Telefongespräche (BVerwG vom 28.7.1989, PersV 1989, 488). Hierbei wird aber in der Regel der Mitbestimmungstatbestand des § 72 Abs. 3 Nr. 2 erfüllt sein, da die Auswertung der Dauer der dienstlich geführten Telefongespräche geeignet ist, Rückschlüsse auf das Verhalten der einzelnen Beschäftigten zu ziehen.
- Geschäftsverteilungs- und Organisationspläne, da es sich um interne Verwaltungsmaßnahmen handelt
- Wird ein öffentlich zugänglicher, gebührenpflichtiger Parkplatz in einem Teilbereich eines ansonsten von den Beschäftigten einer Dienststelle kostenlos genutzten Parkplatzes geschaffen, liegt keine Regelung der Ordnung in der Dienststelle oder des Verhaltens der Beschäftigten vor. Die Dienststelle trifft hiermit keine Regelung, die an die Beschäftigteneigenschaft anknüpft. (OVG NRW, 1 A 146/00.PVL vom 28.02.2002)

- Die Personalvertretung vertritt die Interessen der Beschäftigten im innerdienstlichen Bereich. Sie ist daher nicht an Maßnahmen zu beteiligen, die sich schwerpunktmäßig an Außenstehende richten und der Erfüllung der Aufgabe der Dienststelle gegenüber der Allgemeinheit dienen. Auch wenn, wie im Beispielsfall, „Verhaltensrichtlinien bei Unfällen, akuten Erkrankungen und Bränden" Rückwirkung auf Beschäftigte bestehen, ist der Personalrat hierbei nicht zu beteiligen. (OVG NRW, 1 A 5330/98 PVL vom 5.44.2001)

- Die Entscheidung über die Verlängerung der Schalteröffnungszeiten betrifft die Erfüllung der Aufgaben einer Sparkasse gegenüber der Allgemeinheit und unterliegt deshalb nicht der Mitbestimmung nach § 72 Abs. 4 Nr. 9, (VGH Baden-Württemberg, PL 15 S 326/99 vom 19.10.1999); dies gilt grds. auch für andere Dienststellen mit festgelegten Öffnungszeiten, Entsteht jedoch eine Erhöhung der Arbeitsleistung, dies gilt sicher immer dann, wenn die Arbeit in dem publikumsfreien Teil erledigt werden muss, ist § 72 Abs. 3 Nr. 3 zu prüfen.

- Die Einführung von Zielvereinbarungen zwischen Schulen und Schulverwaltung stellt – anders als die Einführung von Mitarbeitergesprächen mit Zielvereinbarung – keine Regelung der Ordnung in der Dienststelle und des Verhaltens der Beschäftigten dar und unterliegt daher nicht dem Mitbestimmungsrecht des Personalrats nach § 79 Abs. 1 Nr. 12 LPVG (PersVG BW, inhaltsgleich mit § 72 Abs. 4 Nr.9 LPVG NRW). (VGH Baden-Württemberg, Beschluss v. 27.1.2009 – PL 15 S 1/07 –) Bei Maßnahmen zur Regelung der Ordnung in der Dienststelle und des Verhaltens der Beschäftigten steht einer Personalvertretung immer dann ein Mitbestimmungsrecht zu, wenn das Verhalten von Beschäftigten bei Ausübung ihrer Tätigkeit oder ihr allgemeines Verhalten – auch zueinander – in einer Dienststelle betroffen ist. Wenn dagegen Anordnungen getroffen werden sollen, die sich auf die Erfüllung der dienstlichen Aufgaben beziehen und deshalb mit der Arbeitsleistung der Beschäftigten in unmittelbarem Zusammenhang stehen, dann steht einer Personalvertretung ebenso wenig ein Mitbestimmungsrecht zu wie bei diensttechnischen Maßnahmen, die den Ablauf des Dienstes regeln sollen. Bei Abgrenzungsschwierigkeiten ist darauf abzustellen, welcher Zweck im Vordergrund der Regelung steht, ist es das Verhalten der Beschäftigten bei ihrer Tätigkeit oder ihr allgemeines Verhalten (mitbestimmungspflichtig) oder ist es die Diensterfüllung (mitbestimmungsfrei); dabei ist unerheblich, ob als zwangsläufige Folge einer im Vordergrund stehenden Regelung zur Dienstausübung als zwangsläufige Folge auch Verhaltens- und Ordnungsmaßnahmen entstehen können. (ZfPR 9/2009)

65. Gestaltung der Arbeitsplätze (Abs. 4 Nr. 10)

Gemäß § 91 BetrVG soll bei der Gestaltung der Arbeitsplätze auf eine menschengerechte Gestaltung der Arbeit nach Maßgabe gesicherter arbeitswissenschaftlicher Erkenntnisse abgestellt werden. Einige Mindestanforderungen enthält die Arbeitsstättenverordnung vom 12.8.2004 (BGBl. I S. 2179, die allerdings nur für den Bereich der gewerblichen Wirtschaft erlassen worden ist.

Auszug aus der Arbeitsstättenverordnung:

§ 4 Besondere Anforderungen an das Betreiben von Arbeitsstätten

(1) Der Arbeitgeber hat die Arbeitsstätte instand zu halten und dafür zu sorgen, dass festgestellte Mängel unverzüglich beseitigt werden. Können Mängel, mit denen eine

unmittelbare erhebliche Gefahr verbunden ist, nicht sofort beseitigt werden, ist die Arbeit insoweit einzustellen.

(2) Der Arbeitgeber hat dafür zu sorgen, dass Arbeitsstätten den hygienischen Erfordernissen entsprechend gereinigt werden. Verunreinigungen und Ablagerungen, die zu Gefährdungen führen können, sind unverzüglich zu beseitigen.

(3) Der Arbeitgeber hat Sicherheitseinrichtungen zur Verhütung oder Beseitigung von Gefahren, insbesondere Sicherheitsbeleuchtungen, Feuerlöscheinrichtungen, Signalanlagen, Notaggregate und Notschalter sowie raumlufttechnische Anlagen, in regelmäßigen Abständen sachgerecht warten und auf ihre Funktionsfähigkeit prüfen zu lassen.

(4) Verkehrswege, Fluchtwege und Notausgänge müssen ständig freigehalten werden, damit sie jederzeit benutzt werden können. Der Arbeitgeber hat Vorkehrungen zu treffen, dass die Beschäftigten bei Gefahr sich unverzüglich in Sicherheit bringen und schnell gerettet werden können. Der Arbeitgeber hat einen Flucht- und Rettungsplan aufzustellen, wenn Lage, Ausdehnung und Art der Benutzung der Arbeitsstätte dies erfordern. Der Plan ist an geeigneten Stellen in der Arbeitsstätte auszulegen oder, auszuhängen. In angemessenen Zeitabständen ist entsprechend dieses Planes zu üben.

(5) Der Arbeitgeber hat Mittel und Einrichtungen zur ersten Hilfe zur Verfügung zu stellen und diese regelmäßig auf ihre Vollständigkeit und Verwendungsfähigkeit prüfen zu lassen.

§ 5 Nichtraucherschutz

(1) Der Arbeitgeber hat die erforderlichen Maßnahmen zu treffen, damit die nicht rauchenden Beschäftigten in Arbeitsstätten wirksam vor den Gesundheitsgefahren durch Tabakrauch geschützt sind. Soweit erforderlich, hat der Arbeitgeber ein allgemeines oder auf einzelne Bereiche der Arbeitsstätte beschränktes Rauchverbot zu erlassen.

(2) In Arbeitsstätten mit Publikumsverkehr hat der Arbeitgeber Schutzmaßnahmen nach Absatz 1 nur insoweit zu treffen, als die Natur des Betriebes und die Art der Beschäftigung es zulassen.

§ 6 Arbeitsräume, Sanitärräume, Pausen- und Bereitschaftsräume, Erste-Hilfe-Räume, Unterkünfte

(1) Der Arbeitgeber hat solche Arbeitsräume bereitzustellen, die eine ausreichende Grundfläche und Höhe sowie einen ausreichenden Luftraum aufweisen.

(2) Der Arbeitgeber hat Toilettenräume bereitzustellen. Wenn es die Art der Tätigkeit oder gesundheitliche Gründe erfordern, sind Waschräume vorzusehen. Geeignete Umkleideräume sind zur Verfügung zu stellen, wenn die Beschäftigten bei ihrer Tätigkeit besondere Arbeitskleidung tragen müssen und es ihnen nicht zuzumuten ist, sich in einem anderen Raum umzukleiden. Umkleide-, Wasch- und Toilettenräume sind für Männer und Frauen getrennt einzurichten oder es ist eine getrennte Nutzung zu ermöglichen. Bei Arbeiten im Freien und auf Baustellen mit wenigen Beschäftigten sind Waschgelegenheiten und abschließbare Toiletten ausreichend.

(3) Bei mehr als zehn Beschäftigten, oder wenn Sicherheits- oder Gesundheitsgründe dies erfordern, ist den Beschäftigten ein Pausenraum oder ein entsprechender Pausenbereich zur Verfügung zu stellen. Dies gilt nicht, wenn die Beschäftigten in Büroräumen oder vergleichbaren Arbeitsräumen beschäftigt sind und dort gleichwertige Voraussetzungen für eine Erholung während der Pause gegeben sind. Fallen in die Arbeitszeit regelmäßig und häufig Arbeitsbereitschaftszeiten oder Arbeitsunterbrechungen und sind keine Pausenräume vorhanden, so sind für die Beschäftigten Räume für Bereitschaftszeiten einzurichten. Schwangere Frauen und stillende Mütter müssen sich während der Pausen und, soweit es erforderlich ist, auch während der Arbeitszeit unter geeigneten Bedingungen hinlegen und ausruhen können.

(4) Erste-Hilfe-Räume oder vergleichbare Einrichtungen müssen entsprechend der Unfallgefahren oder der Anzahl der Beschäftigten, der Art der ausgeübten Tätigkeiten sowie der räumlichen Größe der Betriebe vorhanden sein.

(5) Für Beschäftigte auf Baustellen hat der Arbeitgeber Unterkünfte bereitzustellen, wenn Sicherheits- oder Gesundheitsgründe, insbesondere wegen der Art der ausgeübten Tätigkeit oder der Anzahl der im Betrieb beschäftigten Personen, und die Abgelegenheit der Baustelle dies erfordern und ein anderweitiger Ausgleich vom Arbeitgeber nicht geschaffen ist.

(6) Für Sanitärräume, Pausen- und Bereitschaftsräume, Erste-Hilfe-Räume und Unterkünfte nach den Absätzen 2 bis 5 gilt Absatz 1 entsprechend.

Unter der Gestaltung der Arbeitsplätze ist die gesamte Arbeitsumgebung zu verstehen, nicht nur die Neugestaltung bereits vorhandener, sondern auch die Errichtung und Ausgestaltung neuer Arbeitsplätze, wenn dabei Maßnahmen und Entscheidungen betreffend Licht-, Temperatur-, Sitz- oder sonstige räumliche Verhältnisse getroffen werden. (Hess. VGH, Beschl. vom 22.3.1989, ZBR 1989, 317)

Angesprochen sind also nur Arbeitsplätze im räumlichen Sinne. Planungen verfestigen sich zu einer konkreten Maßnahme, wenn die erkennbare Absicht zur Einrichtung des Arbeitsplatzes besteht. Dabei sind nur solche Festlegungen mitbestimmungspflichtig, die ihrem Wesen nach oder wegen ihrer Auswirkungen auf den dort Arbeitenden objektiv geeignet sind, das Wohlbefinden oder die Leistungsfähigkeit dieses Beschäftigten zu beeinflussen. (OVG Münster, Beschl. vom 22.7.1987 – CL 28/85)

Bei der Frage, was zum Arbeitsplatz gehört, ist auf die jeweilige Beschäftigtengruppe abzustellen. Arbeitsplatz der Verwaltungsbeamtin oder des Verwaltungsbeamten ist das jeweilige Büro, der Kraftfahrerin oder des Kraftfahrers sein Fahrzeug, bei der Krankenschwester die jeweilige Station im Krankenhaus, bei der Lehrerin oder beim Lehrer Klassenräume, Lehrerzimmer und Lehrmittelräume. Nicht zum Arbeitsplatz gehören Aufenthalts- und Pausenräume. (BVerwG, Beschl. vom 17.2.1986, DÖV 1986, 684)

Mit der Aufstellung von Computerbildschirmen ist häufig die Umgestaltung des Arbeitsplatzes verbunden. Zu achten ist hier auf den Abstand von Bildschirm zum Auge, der bei Standartbildschirmen 80 cm betragen muss. Häufig gibt es wegen des Raumzuschnitts Probleme, die durch entsprechende Möblierung oder Zuschnitt der Arbeitsplätze gelöst werden müssen. Wegen der Arbeitsbedingungen vgl. Anm. 65. In jedem Fall ist zu prüfen, ob die zu erledigenden Arbeiten einerseits und die Zielsetzung des Mitbestimmungstatbestandes andererseits, die Beschäftigten vor Gefährdungen und Überbeanspruchung zu schützen, in einem ausgewogenen Verhältnis zueinander stehen. Unbedeutende Umstellungen an einem Arbeitsplatz unterliegen daher nicht dem Mitbestimmungsrecht der Personalvertretung. (BVerwG, Beschl. vom 16.12.1992, ZfPR 1993, 113) Auch bei Neu- und Umbauten ist der Personalrat zu beteiligen, wenn die Ausgestaltung der Arbeitsräume und der Arbeitsplätze geplant wird.

Während die Gestaltung der Arbeitsplätze den einzelnen Arbeitsplatz betrifft, hat der Personalrat außerdem gemäß § 75 Nr. 3 ein Anhörungsrecht bei der Planung von Neu-, Um- und Erweiterungsbauten sowie der Anmietung von Diensträumen.

Ziel dieser Vorschrift ist es, die Beschäftigten bei der Arbeit vor Überbeanspruchung und Gefährdungen ihrer Gesundheit zu schützen. Daraus folgt, dass nicht jede, noch so geringe Veränderung am Arbeitsplatz als Gestaltung des Arbeitsplatzes i.S.d. der Vorschrift anzusehen ist. Die Änderungen müssen vielmehr objektiv geeignet sein, das Wohlbefinden und die Leistungsfähigkeit der Beschäftigten zu beeinflussen. (OVG NRW, 1 A 2277/99. pvl vom 31.5.2001)

Beispiele für die Mitbestimmung auslösende Gestaltungen der Arbeitsplätze:

*   Ein- oder Ausbau einer Klimaanlage zur Regelung der Luft- und Temperaturverhältnisse.
*   Vorhandensein, Größe und Gestaltung von Fenstern (Belüftungsmöglichkeiten).
*   Einrichtung des Arbeitsplatzes in einer Art und Weise, dass er zur regelmäßigen Reinigung geeignet ist.
*   Aufstellung von Raumplänen als Voraussetzung der Verlegung einer Dienststelle oder eines Teiles davon, wenn diese dazu führt, dass damit nicht nur unbedeutende Veränderungen des Arbeitsplatzes, insbesondere hinsichtlich Unterbringung, Ausstattung mit Geräten und Einrichtungsgegenständen, Beleuchtung und Belüftung u.ä. vorgenommen werden sollen. (BVerwG vom 16.12.1992 PersR1993, 164)
*   Erneute Einrichtung eines an einem anderen Ort mitbestimmungsfrei beseitigten Arbeitsplatzes an einer anderen Stelle.
*   Aufstellen eines Faxgerätes an einem Arbeitsplatz. (OVG NRW vom 10.2.1993, PersV 1995,459)

Beispiele, in denen das Mitbestimmungsrecht nicht eingreift:

*   Bloße Verlagerung von Arbeitsplätzen, sofern diese in der Ausgestaltung unverändert bleiben. (BVerwG vom 15.12.1978, ZBR 1981, 257)
*   Regelungen, in welchen Zeitabständen die Diensträume zu reinigen sind. (BVerwG vom 25.8.1986, PersV 1987, 287)
*   Verlegung von Diensträumen in ein angemietetes, mit Klimaanlage ausgestattetes Gebäude, wenn die Dienststelle keine unmittelbare Einwirkungsmöglichkeit auf die Steuerung der Klimaanlage hat und ansonsten keine wesentlichen Unterschiede zum bisherigen Arbeitsplatz bestehen. (BVerwG vom 27.7.1979, ZBR 1980, 160)
*   Zusammenführung von zwei bislang in eigenen Räumen untergebrachten Schreibkräften in einen Arbeitsraum, wenn keine besonderen weiteren Umstände hinzukommen. (OVG NRW vom 17.2.1982, RiA 1982, 199)
*   Verlegung von Arbeitsplätzen in demselben Gebäude von einem Raum in den anderen, auch wenn sich in dem neuen Raum Geruchs- und Geräuschbelästigungen bemerkbar

machen, da diese dem Gebäude als „Zustand" anhaften. (VGH Hessen vom 17.7.1985, ZBR 1986, 124) Sind die Geruchs- und Geräuschbelästigungen jedoch so stark, dass eine Gesundheitsgefährdung nicht auszuschließen ist, hat der Personalrat ein Mitbestimmungsrecht nach § 72 Abs. 4 Nr. 7, hierbei kann der Personalrat auch von seinem Initiativrecht nach § 66 Abs. 4 Gebrauch machen.

- Maßnahmen, die in künstlerischer oder ästhetischer Hinsicht einen Arbeitsplatz lediglich repräsentativer machen (Gardinen, Bilderschmuck).
- Gestaltung von Arbeitsplätzen, die nicht zur Dienststelle gehören, es sei denn, die Dienststelle hätte laut Mietvertrag das Recht zur Gestaltung der Arbeitsplätze i.S. der Vorschrift eingeräumt bekommen.

66. Geltendmachung von Ersatzansprüchen gegen eine oder einen Beschäftigten (Abs. 4 Nr. 11)

Der Personalrat bestimmt mit bei der Geltendmachung von Ersatzansprüchen, wenn die Beschäftigten dies beantragen (Abs. 4 Satz 2). Aus diesem Grunde ist die oder der Beschäftigte von der beabsichtigten Maßnahme rechtzeitig vorher in Kenntnis zu setzen. Das Antragserfordernis soll der oder dem Beschäftigten die Möglichkeiten geben, die Angelegenheit unter Ausschluss der Beteiligung Dritter zu bereinigen oder aber die Hilfe des Personalrats in Anspruch zu nehmen. Aus der Vorschrift ist unmittelbar die Pflicht der Dienststelle abzuleiten, betroffene Beschäftigte auf diese Möglichkeit hinzuweisen. (vgl. BVerwG, Beschl. vom 24.11.1983, RiA 1984, 117; Anm. 83 zu § 72 und BVerwG, Beschluss v. 2.6.2010 – 6 P 9.09 –) Der Antrag kann in jedem Verfahrensschritt gestellt werden, solange die Dienststelle noch keine Entscheidung getroffen hat.

Der Mitbestimmungstatbestand der Geltendmachung von Ersatzansprüchen ist eine rein rechtliche Mitkontrolle und die Prüfung, ob überhaupt ein Ersatzanspruch gegenüber dem Beschäftigten besteht und die Prüfung der Rechtmäßigkeit der Durchsetzung des festgestellten Anspruchs. (OVG Hamburg, OVG Bs PH 5/96 vom 25.11.1997)

Ersatzansprüche können aus Schäden entstehen, die die Beamtin oder der der Beamte in Ausübung eines ihm anvertrauten öffentlichen Amtes oder in Erfüllung privatrechtlicher Verrichtung seinem Dienstherrn unmittelbar zugefügt hat oder Schäden, die ein Dritter bei Erfüllung privatrechtlicher Verrichtung erlitten hat, für die aber der Dienstherr nach bürgerlich rechtlichen Vorschriften Ersatz leisten muss.

Die Aufgabe des Personalrats besteht in der Regel darin, darüber zu wachen, ob die Dienststelle ihrer Fürsorgepflicht nachkommt, eine Frage, die z.B. bei der sogenannten „gefahrgeneigten" Tätigkeit auftreten kann. Liegt sie vor, kann die Ersatzpflicht teilweise oder sogar völlig entfallen.

Besondere Bedeutung erhält der Zeitpunkt, zu dem der Personalrat zu beteiligen ist. Nach dem Wortlaut der Bestimmung beginnt die Beteiligung bereits im Stadium der Prüfung und Feststellung, ob überhaupt ein Ersatzanspruch gegen einen Beschäftigten besteht, und setzt sich fort bei der Prüfung der Rechtmäßigkeit der Durchsetzung des festgestellten Ersatzanspruchs. Für diese Auslegung sprechen insbesondere Sinn und Zweck des Mitbestimmungstatbestandes. Mit ihm soll auf die Gleichbehandlung der Beschäftigten hingewirkt und es soll die Berücksichtigung sozialer Belange gewährleistet werden. Bei der Aufklärung eines Schadens, der Feststellung der oder des dafür verantwortlichen Beschäftigten und der Berichterstattung an eine höhere Stelle, wenn die Dienststelle in ihrem Abschlussbericht das Absehen von der Geltendmachung eines Ersatzanspruchs aus Billigkeitsgründen vorschlägt, hat der Personalrat kein Mitbestimmungsrecht. (OVG Münster, Beschl. vom 25.2.1980, R 1980, 194) Macht die Behörde die Überzahlung von Dienstbezügen im Wege des Schadensersatzes geltend, so muss sie auf Antrag den Personalrat beteiligen. (OVG Münster, Urteil vom 18.11.1982, ZBR 1983, 240)

Gemäß § 3 TVL/TVöD finden für die Schadenshaftung der Arbeitnehmerinnen und Arbeitnehmer die für die Beamtinnen und Beamten des Arbeitgebers jeweils geltenden Vorschriften mit der Maßgabe Anwendung, dass der Ersatzanspruch ggf. vor dem Arbeitsgericht einzuklagen ist, es sei denn, dass es sich um einen Rückgriffsanspruch der Dienststelle nach Artikel 34 GG handelt, für den das ordentliche Gericht zuständig ist.

Da es sich um eine Schutzvorschrift für Beschäftigte handelt, entfällt die Mitbestimmung, wenn eine Ersatzforderung nach dem Ausscheiden aus dem Dienst geltend gemacht wird. (LAG Berlin, Urteil vom 22.10.1990, ZTR 1991,134)

67. Maßnahmen nach § 1 Abs. 3 (Abs. 4 Nr. 12)

Der Personalrat bestimmt mit, wenn die oberste Dienstbehörde nach § 1 Abs. 3 beabsichtigt, Nebenstellen oder Teile einer Dienststelle zu selbständigen Dienststellen i.S. dieses Gesetzes zu erklären. Der Personalrat kann auch von seinem Initiativrecht Gebrauch machen (§ 66 Abs. 4). Der Schutzzweck der Norm gebietet es, den Personalrat auch bei einem Widerruf der Maßnahme zu beteiligen. (Cecior, Anm. 440 zu § 72)

Im Nichteinigungsfall gibt die Einigungsstelle eine Empfehlung an die endgültig entscheidende Stelle (§ 68).

68. Grundsätze über die Durchführung der Berufsausbildung der Beschäftigten (Abs. 4 Nr. 13)

Rechtsgrundlagen für die Ausbildung der Arbeitnehmerinnen und Arbeitnehmer sind u. a. das BBiG, das Gesetz zur Ausführung des BBiG im öffentlichen Dienst, das insbesondere Regelungen für die Fachrichtungen Kommunalverwaltung, Handwerksorganisationen, Industrie- und Handelskammern und allgemeine Verwaltung des Landes NW enthält. Für die Beamtinnen und Beamten gelten eigene Rechtsvorschriften, die auf die jeweilige Fachrichtung abgestellt sind. Die Mitbestimmung beschränkt sich auf die Aufstellung allgemeiner Grundsätze für die Durchführung der Berufsausbildung. In solchen Grundsätzen können z.B. die Ausbildungsabschnitte nach Inhalt und zeitlicher Reihenfolge festgelegt werden.

Die Mitbestimmung kommt auch zum Tragen, wenn außerhalb solcher Normen Änderungen der Ausbildungsziele oder Ausbildungsinhalte angestrebt werden. Im Übrigen gehören zur Berufsausbildung alle Maßnahmen, die den Beschäftigten die Kenntnisse und Erfahrungen vermitteln sollen, die der Ausfüllung ihres Arbeitsplatzes und ihrer beruflichen Tätigkeit dienen, soweit diese Maßnahmen in den Dienststellen oder deren dezentrale oder zentralen Ausbildungseinrichtungen und nicht in externen schulischen Einrichtungen durchgeführt werden.

Der Tatbestand liegt auch vor, wenn die Ausbildung der späteren Übernahme in das Beamtenverhältnis dient. Der Mitbestimmung unterliegen auch die Umschulung von Beschäftigten und die Auswahl der Ausbilder. Auch die Festlegung von Ausbildungsdienststellen und die Zahl der auf diese Ausbildungsdienststellen entfallenden Bewerber unterliegt der Mitbestimmung des Personalrats. (OVG Münster, Beschl. vom 29.10.1979 – CB 19/78; Hess. VGH, Beschl. vom 22.9.1994 – TK 1792/93)

Die Aufstellung von Ausbildungsplänen unterliegt nur insoweit der Mitbestimmung, als die Pläne nicht lediglich Regelungen aus dem BBiG, dem Manteltarifvertrag für Auszubildende und der jeweiligen Ausbildungs- und Prüfungsordnungen wiederholen. (OVG Münster, Beschl. vom 24.6.1982 – CL46/81) Auch die Aufstellung von Ausbildungsplänen der Beamtinnen und Beamten ist nur insoweit mitbestimmungspflichtig, als die geltenden Gesetze und Verordnungen Spielraum lassen.

Bei der Ausübung seines Beteiligungsrechts wird es auch eine besondere Aufgabe des Personalrats sein, darauf zu achten, dass die Rechte der Jugend- und Auszubildendenvertretungen gewahrt werden (§ 61 Abs. 1 Nr. 1).

Der Aspekt der „Durchführung der Berufsausbildung" beinhaltet nicht die Mitbestimmung oder ein Initiativrecht zum Einsatz einer bestimmten Zahl qualifizierter und hauptamtlich tätiger Ausbilder. Hierbei handelt es sich vielmehr um Maßnahmen der Haushaltswirtschaft. (BVerwG, 6 P 1.96 vom 24.3.1998) Hierbei kommt allenfalls eine Anhörung nach § 75 Abs. 1 Nr. 1 bei der Aufstellung der Stellenpläne, die dem Haushalt beigefügt werden, in Betracht.

69. Richtlinien für die personelle Auswahl bei Einstellungen, bei Versetzungen, bei Höhergruppierungen und bei Kündigungen (Abs. 4 Nr. 14)

Solche Richtlinien haben den Zweck, eine einheitliche Praxis bei der Vielzahl der von der Dienststelle zu entscheidenden Einzelfälle zu gewährleisten. (Cecior, RdNr. 458 zu § 72) Nicht nur bei der Aufstellung, sondern auch bei der Änderung von Richtlinien ist der Personalrat zu beteiligen, der dabei die Aufgaben wahrzunehmen hat, wie sie sich aus §§ 62 und 64 ergeben. In welcher Form, für welche Dauer oder mit welcher Bindungswirkung diese Richtlinien erlassen werden sollen, ist dabei unerheblich.

70. Personelle Auswahl bei Einstellungen (Abs. 4 Nr. 14)

Was unter Auswahlrichtlinien zu verstehen ist, ist gesetzlich nicht festgelegt. Entsprechend der in § 95 Abs. 2 BetrVG enthaltenen Regelung ist davon auszugehen, dass in die Richtlinien vornehmlich die bei der Auswahl zu beachtenden fachlichen und persönlichen Voraussetzungen sowie soziale Gesichtspunkte aufzunehmen sind, die von unterschiedlichem Gewicht sein können. Zu den fachlichen Voraussetzungen gehören der berufliche Werdegang, die berufliche Ausbildung, abgelegte Prüfungen und das vorhandene Spezialwissen. Zu den persönlichen Voraussetzungen zählen das Alter und der Gesundheitszustand. Soziale Gesichtspunkte sind ebenfalls zu definieren: soziale Kompetenz, Teamfähigkeit, Durchsetzungsvermögen, weiterhin die familiären Verhältnisse und die Dauer einer evtl. Dienststellenzugehörigkeit.

Durch die Einführung der „schwarzen Liste" wird eine Richtlinie über die personelle Auswahl bei der Einstellung getroffen. Die staatlichen Schulämter als verantwortliche Stelle treffen mit der Entscheidung, dass eine Person nicht eingestellt werden soll, eine negative Vorauswahlentscheidung. (VG Wiesbaden, Beschluss v. 17.3.2010 – 23 K 43/10.WI.PV –)

Soweit der Grundlagenerlass über die Einstellung in den öffentlichen Schuldienst die beratende Teilnahme eines Lehrerratsmitglieds in der Auswahlkommission einführt, unterliegt er als Auswahlrichtlinie nach § 72 Abs. 4 Satz 1 Nr. 14 LPVG NRW der Mitbestimmung, und zwar unabhängig davon, ob ein solches Beratungsrecht tatsächlich besteht. Eine Frist, innerhalb der das Angebot vom ausgewählten Bewerber angenommen werden muss, ist jedoch keine Auswahlrichtlinie. (OVG NRW, Beschluss v. 6.10.2010 – 16 A 1539/09.PVL –)

Bei einer Festlegung, nach der für eine Übernahme in das Beamtenverhältnis nur solche Tarifbeschäftigten berücksichtigt werden sollen, die eine mehrjährige erfolgreiche Verwendung auf grundsätzlich mindestens zwei verschiedenen Dienstposten im öffentlichen Dienst sowie überdurchschnittliche Beurteilungen aufweisen können, handelt es sich um eine Richtlinie über die „personelle Auswahl bei Einstellungen" im Sinne von § 76 Abs. 2 Satz 1 Nr. 8 BPersVG (§ 72 Abs. 4 Nr. 14 LPVG NRW), bei der der Personalrat mitzubestimmen hat. (VG Braunschweig, Beschluss v. 28.9.2009 – 9 A) 2/09 –

Für die Beteiligung des Personalrats kommen auch Richtlinien in Betracht, die sich auf Einstellungsgespräche und Testverfahren beziehen. (OVG Münster, Beschl. vom 20.11.1986 – CL 16/85) Bereits die Festlegung von Mindestpunktzahlen innerhalb eines Bewerberverfahrens ist eine solche Richtlinie. (BVerwG, Beschl. vom 5.9.1990, ZTR 1991, 36). Die Mitbestimmung erstreckt sich jedoch nicht auf einzelne Stellenausschreibungen und auch nicht auf den Inhalt von Stellenausschreibungen, weil hierfür die schwächere Form der Mitwirkung vorgesehen ist (§ 73 Nr. 2).

71. Richtlinien bei Versetzungen (Abs. 4 Nr. 14)

Allgemeine Versetzungsrichtlinien werden sich in der öffentlichen Verwaltung nur in beschränktem Umfang aufstellen lassen. Wenn sie aufgestellt werden, spielen insbesondere soziale Gesichtspunkte eine Rolle, obwohl das dienstliche Bedürfnis, das letztlich im Interesse der Allgemeinheit liegt, Vorrang genießt. Falls solche Richtlinien aufgestellt sind, ist auch die für die Beschäftigten der aufzunehmenden Dienststelle zuständige Personalvertretung mitbestimmungsberechtigt. (OVG Münster, Beschl. vom 27.1.1983, PV 1984, 374)

Sollen gespeicherte Daten ausgewertet werden, um Versetzungsentscheidungen im Einzelfall vorzubereiten und mit IT-Unterstützung durchzuführen, ist bei der Auswertung der Personalrat zu beteiligen.

72. Richtlinien bei Höhergruppierungen (Abs. 4 Nr. 14)

Höhergruppierungsrichtlinien beziehen sich auf die Überführung von Arbeitnehmerinnen und Arbeitnehmern in andere Entgeltgruppen. Die Vorschrift ist auf Beamtinnen und Beamte nicht anwendbar, da sog. Beförderungsrichtlinien nicht der Mitbestimmung des Personalrats unterliegen.

73. Richtlinien bei Kündigungen (Abs. 4 Nr. 14)

Für den Erlass von Kündigungsrichtlinien liegt im Allgemeinen nur ein Bedürfnis vor, wenn Personal in größerem Umfang entlassen werden muss, wobei als Auswahlkriterien vornehmlich soziale Gesichtspunkte in Betracht kommen. Die Richtlinien können sich auf betriebsbedingte, nicht aber auch auf personen- oder verhaltensbedingte Kündigungen beziehen. Solche

Richtlinien bei Rationalisierungsmaßnahmen werden bereits in einem Sozialplan (Abs. 2 Nr. 5) enthalten sein. Soweit bei einer Kündigung gegen Auswahlrichtlinien verstoßen wird, kann dies der Personalrat in dem Mitbestimmungsverfahren nach § 74 geltend machen und die Kündigung mit dieser Begründung ablehnen.

74. Beurteilungsrichtlinien (Abs. 4 Nr. 15)

Der Mitbestimmung des Personalrats bei dem Erlass, der Änderung, der Ergänzung oder der Aufhebung von Beurteilungsrichtlinien kommt besondere Bedeutung zu. Dabei ist es unerheblich, welche Bezeichnung verwandt wird. Entscheidend ist die inhaltliche Ausgestaltung. (OVG Bremen, Beschl. vom 10.12.1991, PersR 1992, 513)

Dienstliche Beurteilungen sollen zu einer Versachlichung der Personalauslese und des Personaleinsatzes führen und damit im öffentlichen Interesse zu einer bestmöglichen Besetzung von Stellen beitragen. Gleichzeitig sollen sie den berechtigten Belangen der Beschäftigten im Rahmen des Leistungsgrundsatzes Rechnung tragen. (OVG Münster, Urteil vom 10.2.1982, DÖD 1984, 103) In den Richtlinien werden Bewertungsmerkmale festgelegt, die bei der Einzelbeurteilung zugrunde zu legen sind. Der Personalrat soll durch sein Mitbestimmungsrecht die einheitliche Anwendung derartiger Merkmale sicherstellen können. (OVG Münster, Beschl. vom 12.2.1987, PV 1987, 267)

Bei der Beurteilung im Einzelfall ist der Personalrat nicht zu beteiligen. Dienstliche Beurteilungen sind jedoch auf Verlangen des Beschäftigten dem Personalrat zur Kenntnis zu bringen (§ 65 Abs. 3 Satz 3). Werden Beurteilungsrichtlinien, die unter Verletzung des Mitbestimmungsrechts des Personalrats zustande gekommen sind, angewandt, dann hat der Beschäftigte einen Anspruch auf Entfernung einer dienstlichen Beurteilung aus den Personalakten. (BAG, Urteil vom 28.3.1979 – 5 AZR 80/77) Bei Beamtinnen und Beamten kann allerdings nur eine Fehlerhaftigkeit der Beurteilung angenommen werden. (Hess. VGH, Beschl. vom 13.3.1991 – 1 UE 2507/69) Auch wenn die Anwendung von Beurteilungsrichtlinien oder die Aufstellung von Grundsätzen über die Beurteilung der Beschäftigten noch keine unmittelbare Auswirkung hat, ist der Personalrat zu beteiligen.

In der Rechtsprechung ist sogar entschieden worden, dass die Festsetzung von Beurteilungsdurchschnittswerten der Mitbestimmung unterliegt. (Hess. VGH, Urteil vom 24.5.1989, ZfPR 1990, 50)

Die Anordnung von Zwischen- und Abschlussberichten während der Probezeit stellt eine Beurteilungsrichtlinie dar. (VG Frankfurt, Beschluss v. 5.10.2009 – 23 K 2427/09.F.PV –) Soweit in einer Regelung über das Auswahlverfahren für die Zulassung von Aufstiegsbeamtinnen und -beamten Beurteilungsmerkmale enthalten sind, unterliegt sie der Mitbestimmung nach dieser Vorschrift. (Hess. VGH, Beschl. vom 17.7.1985, ZPR 1986, 56)

Eine Weisung an die Schulaufsichtsbeamtinnen und -beamten, Unterrichtsbesuche nicht anzukündigen, stellt dann eine mitbestimmungspflichtige Beurteilungsrichtlinie dar, wenn davon auch Besuche erfasst werden, die der Vorbereitung dienstlicher Beurteilungen dienen und an diese Besuche Einzelbewertungen anknüpfen, die das spätere Leistungsurteil in der nachfolgenden dienstlichen Beurteilung entscheidend vorwegnehmen. (BVerwG, Beschl. vom 11.12.1991 – 6 P 20.89)

Sind in einer im Rahmen der Mitbestimmung ergangenen Beurteilungsrichtlinie keine Regelungen hinsichtlich einer Binnendifferenzierung enthalten, schließen solche aber auch nicht ausdrücklich aus, sind trotzdem im pflichtgemäßen Ermessen des Beurteilenden Abstufungen (im vollsten Umfang, im vollem Umfang etc.) im Rahmen des Gesamturteils möglich. Da die Beurteilungsrichtlinien hierdurch nicht geändert oder ergänzt werden, besteht kein Beteiligungsrecht des Personalrats. (OVG NRW, 6 B 2305/98 vom 7.12.1998)

Auch der Rückgriff auf die Einzelurteile in einer Beurteilung zur Bestenauslese bei gleichlautendem Gesamturteil zur Durchsetzung des Leistungsprinzips stellt keine Änderung bestehender Beurteilungsrichtlinien dar. (OVG NRW, 1 A 3522/9. PVL vom 20.5.1998)

Soweit Beurteilungsrichtlinien noch nicht erlassen sind, steht dem Personalrat ein Initiativrecht zu. Im Falle der Nichteinigung kann die Einigungsstelle angerufen werden, die allerdings auf eine Empfehlung beschränkt ist.

75. Allgemeine Fragen der Fortbildung der Beschäftigten (Abs. 4 Nr. 16)

Bei dem Begriff „Fortbildung" handelt es sich um die Vertiefung und Aktualisierung der fachlichen und beruflichen Kenntnisse der Beschäftigten, sofern es sich nicht nur um eine allgemeine Anpassung an technische, organisatorische oder rechtliche Neuerungen handelt. Die Grenzen sind allerdings fließend.

Gemäß § 48 Abs. 1 LVO sind Beamtinnen und Beamte verpflichtet, sich fortzubilden, damit sie über die Anforderungen ihrer Laufbahn unterrichtet bleiben und auch den steigenden Anforderungen ihres Amtes gewachsen sind. Die Mitbestimmung der Personalvertretung erstreckt sich auf die Anzahl der Veranstaltungen, die Themenkreise, die Grundsätze der Programmgestaltung, die Festlegung der Teilnahmebedingungen und der allgemeinen Auswahlmaßstäbe, nicht dagegen die Frage der Abkömmlichkeit von der Dienststelle. (OVG Münster, Beschl. vom 23.10.1986, PV 1989, 29) Der Mitbestimmung unterliegen auch die Festlegung von Lernzielen, Methoden, Anzahl und Dauer der Veranstaltungen.

Maßnahmen nach dem Gesetz zur Freistellung von Arbeitnehmerinnen und Arbeitnehmern zum Zwecke der beruflichen und politischen Weiterbildung (Arbeitnehmerweiterbildungsgesetz) vom 6. November 1984 (GV NW S. 678) fallen nur dann unter die Beteiligungsrechte, wenn sie der verwaltungsbezogenen beruflichen Weiterbildung dienen.

Die Auswahl von Lehrerinnen und Lehrern für die Teilnahme an der Weiterbildung zu Beratungslehrerinnen oder -lehrern unterliegt der Mitbestimmung. (BVerwG, Beschl. vom 19.9.1988, PV 1989, 274)

Zur Fortbildung und nicht zur Berufsausbildung zählen auch Lehrgänge, die wie bei der Polizei als Qualifikationsnachweis für die Beförderung oder den Aufstieg in eine andere Laufbahngruppe dienen, weil sie auf einen bereits vorhandenen Wissensgrundstoff aufbauen.

Nicht zur Fortbildung zählen regelmäßige Schulungen, der sich z.B. alle Polizeivollzugsbeamtinnen und -beamten zur Aufrechterhaltung des erforderlichen Leistungsstandes insbesondere durch Wiederholung der ihnen bereits vor Eintritt in die Laufbahn vermittelten Stoffgebiete und Anpassung ihrer Kenntnisse und Fähigkeiten an technische, organisatorische und sonstige Neuerungen unterwerfen müssen. (OVG Münster, Beschl. vom 24.8.1977, ZBR 1978, 180; VGH Baden-Württemberg, Beschl. vom 31.3.1972, PersR 1993, 129)

Erfasst werden auch die Fragen der Trägerschaft von Fortbildungsveranstaltungen (Gestaltung eigener Maßnahmen oder Mitbeteiligung in extern durchgeführten Veranstaltungen). Außerdem gehören zu den allgemeinen Fragen der Fortbildung auch Entscheidungen über zentral oder dezentral durchgeführte Veranstaltungen und über die Qualifikation der Dozenten.

76. Auswahl der Teilnehmerinnen und Teilnehmer an Fortbildungsveranstaltungen (Abs. 4 Nr. 16)

Die Auswahl der Teilnehmerinnen und Teilnehmer an Fortbildungsveranstaltungen betrifft nicht nur die generellen Fragen (z.b. Auswahlkriterien), sondern auch die konkreten Fragen, ob und welche Teilnehmer zu entsenden sind, also die personenbezogene Auswahl. (OVG Münster, Beschl. vom 12.10.1977, RiA 1978, 117) Dies gilt auch, wenn sich nur eine einzelne Beschäftigte oder ein einzelner Beschäftigter für eine Fortbildungsveranstaltung beworben hat. (BVerwG, Beschl. vom 7.3.1995, PV 1 450)

Die Beteiligung setzt ein, sobald die Dienststelle bestimmte Beschäftigte zur Teilnahme an Fortbildungsveranstaltungen benennt. Das gilt insbesondere dann, wenn es sich um die Zulassung zu Fortbildungsveranstaltungen für den Aufstieg handelt oder für die Teilnahme an den Lehrgängen für Verwaltungsfachangestellte I und II. (OVG Münster, Beschl. vom 25.3.1980, RiA 1980, 171) Dabei hat der Personalrat darüber zu wachen, dass die Dienststelle nach sachgerechten Gesichtspunkten eine Auswahl trifft und eine gerechte Verteilung der Fortbildungschancen gewährleistet ist. (Hess. VGH, Beschl. vom 10.1.1990, ZBR 1990, 361) Zur Auswahl gehört auch die Regelung der Frage der fachlichen Zulässigkeitsvoraussetzungen, die von den Beschäftigten erfüllt werden müssen. Dabei besteht eine Verpflichtung der Dienststelle, den Personalrat gemäß § 65 durch Vorlage von Unterlagen über die geplante Maßnahme und über die Auswahlkriterien zu unterrichten. (OVG Münster, Beschl. vom 24.2.1982, PV 1986, 435)

Bei ressort- oder landesübergreifenden Fortbildungsveranstaltungen bestimmt der Personalrat bei der Dienststelle mit, die für die Maßnahmen im Rahmen allgemeiner Fragen der Fortbildung oder der Auswahl der Teilnehmerinnen und Teilnehmer zuständig ist. Das schließt aber nicht aus, dass bereits bei dem Benennungsvorschlag auch der Personalrat der Beschäftigungsbehörde beteiligt wird.

Die Einrichtung und Ausgestaltung eines Assessment Centers zur Auswahl der Teilnehmerinnen und Teilnehmer an einer Fortbildungsveranstaltung, die Voraussetzung für den beruflichen Aufstieg ist, unterliegt der Mitbestimmung. (BVerwG, 6 P 16.01 vom 29.1.2003)

77. Inhalt von Personalfragebogen (Abs. 4 Nr. 17)

Unter Personalfragebogen sind formularmäßig gefasste Zusammenstellungen verschiedener auf die Person bezogener Fragen zu verstehen, die der Dienststelle Auskunft über die Person und die Eignung für die Verwendung an einem Arbeitsplatz geben sollen. (BVerwG, Beschl. vom 2.8.1989, PV 1990, 170) Demgegenüber ist eine Arbeitsplatzbeschreibung oder ein Fragebogen für Arbeitsplatzerhebung nur auf Inhalt und Bedeutung des Arbeitsplatzes ausgerichtet ohne Rücksicht auf den jeweiligen Inhaber. Er ist also sachbezogen. Personenbezug liegt vor, wenn die Dienststelle Personaldaten formularmäßig, d.h. einheitlich erheben will, um z.B. diese Daten in ein Personalinformationssystems einzuspeichern. Gleiches gilt, wenn von externen Stellen, z.B. von wissenschaftlichen Instituten, mit Billigung der Dienststelle Fragebogen entwickelt und zur Durchführung von soziologischen oder arbeitsmedizinischen Untersuchungen allen oder einer ausgewählten Gruppe von Beschäftigten zur Ausfüllung und Rücksendung übersandt werden. Das gilt auch für die Selbstausfüllung (durch die Dienststelle) von Fragebogen, die in Interviewform erstellt werden. (BAG, Beschl. vom 21.9.1993, DB 1994, 480)

Das Mitbestimmungsrecht bezieht sich nur auf den Inhalt der Fragebogen, aber nicht darauf, ob diese einzuführen sind. Dem Personalrat obliegt vornehmlich die Aufgabe, darauf zu achten, dass die Persönlichkeitssphäre der Befragten geschützt wird. Mithin dürfen Fragen nicht gestellt werden, die sich auf Religions-, Partei- oder Gewerkschaftszugehörigkeit beziehen oder der Gesinnungserforschung dienen. Auch Fragen nach Krankheiten oder Vorstrafen sind bei Arbeitnehmerinnen und Arbeitnehmern nur in beschränktem Umfang zulässig. Die zum Zwecke des Mutterschutzes gestellte Frage nach einer Schwangerschaft ist zulässig. (BAG, Urteil vom 20.2.1986 – 2 AZR 244/85)

Für das Mitbestimmungsrecht des Personalrats ist es ohne Bedeutung, ob Personalfragebogen für den Bereich der gesamten Dienststelle oder für einzelne Organisationseinheiten aufgestellt werden. Nicht unter die Mitbestimmung fallen Tätigkeitskataloge. (OVG Münster, Beschl. vom 24.6.1982, RiA 1983, 139). Das gleiche gilt für Erhebungsbogen, die mit Namen und Personalnummer versehen sind, wenn sie darüber hinaus Fragen über die für eine bestimmte Tätigkeit benötigte Zeit nach Stunden und Minuten enthalten. (BVerwG, Beschl. vom 16.12.1987, RiA 1988, 184) Auch Fragebogen, die sich auf eine Tätigkeit außerhalb des öffentlichen Dienstes beziehen, wie dies bei der Nebenbeschäftigung der Fall ist, fallen nicht unter die beteiligungspflichtigen Maßnahmen nach Nr.17 (BVerwG, Beschl. vom 30.11.1982, PV 1983, 411; BVerwG, Beschl. vom 10.1.1983, ZBR 1983, 308) Mitbestimmungsfrei sind gemäß Abs. 4 Satz 3 auch Personalfragebogen die der Finanzkontrolle durch den Landesrechnungshof dienen.

Die ohne Beteiligung des Personalrats erfolgte Verteilung von Selbstauskunftsbogen an die Beschäftigten im Zuge des nach dem Sächsischen Personalübergangsgesetz (SächsPÜG) vorgesehenen Übergangs verletzt das Mitbestimmungsrecht des Personalrats. Das Übergangsgesetz enthält keine abschließende Aufzählung der für die Auswahl der übergehenden Beschäftigten maßgeblichen sachlichen und persönlichen Kriterien. OVG Sachsen, Beschluss v. 17.5.2011 – PL 9 A 223/08 – Ein Personalfragebogen enthält Fragen nach der Person, den persönlichen Verhältnissen, dem beruflichen Werdegang, fachlichen Kenntnissen und sonstigen Fähigkeiten. (ZfPR 9/2011)

Ein Fragebogen, mit dem Patienten von Krankenhäusern in einer Art „Kundenbefragung" ihre Eindrücke während des Krankenhausaufenthalts schildern sollen, scheidet als ernst zu nehmende – gegebenenfalls gerichtsverwertbare – Grundlage für personelle Maßnahmen gegenüber Beschäftigten aus. Aus diesem Grund besteht insoweit kein Bedürfnis für einen kollektiven Schutz der Beschäftigten durch ihre Personalvertretung. (BVerwG, Beschluss v. 30.4.2008 – 6 PB 6.08) Das Mitbestimmungsrecht einer Personalvertretung über den Inhalt eines Personalfragebogens setzt voraus, dass in einem solchen Fragebogen personenbezogene, den Arbeitsplatz und die Aufgabenstellung umschreibende Fragen gestellt werden. Dagegen sind Fragebogen, die ausschließlich auf den Arbeitsplatz bezogen sind, keine Personalfragebogen im Sinne des Gesetzes.

78. Maßnahmen, die der Durchsetzung der tatsächlichen Gleichberechtigung von Frauen und Männern, insbesondere bei der Einstellung, Beschäftigung, Aus-, Fort- und Weiterbildung und dem beruflichen Aufstieg dienen.

Neu in den Mitbestimmungskatalog aufgenommen sind alle Maßnahmen, die der Durchsetzung der tatsächlichen Gleichberechtigung von Frauen und Männern, insbesondere bei der Einstellung, Beschäftigung, Aus-, Fort- und Weiterbildung und dem beruflichen Aufstieg, dienen.

Die Gleichstellung von Frauen und Männern ist ein erklärtes Verfassungsziel. Nach Art. 3 Abs. 2 Satz 2 GG (Gleichstellung von Frauen und Männern) fördert der Staat die tatsächliche Durchsetzung der Gleichberechtigung von Frauen und Männern und wirkt auf die Beseitigung bestehender Nachteile hin. Der Gesetzgeber geht also davon aus, dass die Gleichberechtigung im Sinn von Art. 3 Abs. 2 Satz 2 GG noch nicht in allen Lebensbereichen Wirklichkeit geworden ist.

Der Personalrat soll bei allen Maßnahmen mitbestimmen, die der tatsächlichen Gleichstellung von Frauen und Männern in den Bereichen der Einstellung, Beschäftigung, Aus-, Fort- und Weiterbildung und dem beruflichen Aufstieg dienen. Es fallen hierunter Maßnahmen, die geschlechtsspezifische Benachteiligungen ausgleichen, die z.b. durch Kindererziehungszeiten oder Pflege der Angehörigen entstehen. Arbeitszeit und Gleitzeitregelungen und Dienst- und Schichtpläne müssen dem angepasst werden. Der Personalrat kann hierbei Initiativanträge nach § 66 Abs. 4 beantragen. Hiermit können auch Behördenkindergärten oder Eltern- und Kindzimmer initiiert werden. Ebenfalls ist es wichtig, dass der Personalrat Schulungen, Fortbildungen usw. bereits während der Zeit einer Beurlaubung aus familienpolitischen Gründen fordert, um den Wiedereinstieg in den Beruf zu erleichtern bzw. erst zu ermöglichen.

Eine Stellenausschreibung mit dem Hinweis, dass das Land Nordrhein- Westfalen die berufliche Entwicklung von Frauen fördert und Bewerbungen von Frauen daher ausdrücklich erwünscht sind sowie Frauen bei gleicher Eignung, Befähigung und fachlicher Leistung bevorzugt berücksichtigt werden, sofern nicht in der Person eines Mitbewerbers liegende Gründe überwiegen, unterliegt grundsätzlich der Mitbestimmung gemäß § 72 Abs. 4 Satz 1 Nr. 18 LPVG NRW. Das Mitbestimmungsrecht wird durch das Mitwirkungsrecht des Personalrats aus § 73 Ziffer 2 LPVG NRW verdrängt, wenn die Stellenausschreibung ihrerseits – wie im Regelfall – mitwirkungspflichtig ist. (VG Arnsberg, Beschluss v. 22.12.2009 – 20 K 1205/09.PVL – (n.rkr.))

Der berufliche Aufstieg ist oft verknüpft mit Personalentwicklungskonzepte. Hier muss der Personalrat dafür sorgen, dass der Grundsatz des gender mainstreaming von vorneherein so angewandt wird, dass Frauen und Männer, die gleichen Chancen haben. Wird beispielsweise gefordert, dass zum Erreichen einer höheren Besoldungsstufe oder Entgeltgruppe Außendienst geleistet werden muss, kann das für Frauen (oder Männer) die kleine Kinder erziehen problematisch werden. Im Rahmen der Personalentwicklung ist es wegen der oft damit verbundenen notwendigen Rotation erforderlich, an Ausbildungen teilzunehmen. Finden die Fortbildungen außerhalb der Dienststelle statt, hat der Personalrat dafür Sorge zu tragen, dass ausreichende Kinderbetreuungsmöglichkeiten an der Fortbildungseinrichtung vorhanden sind.

Frauenförderpläne enthalten ebenfalls Maßnahmen im Sinne dieser Vorschrift und sind insoweit mitbestimmungspflichtig.

Auszug aus dem Landesgleichstellungsgesetz zu Frauenförderplänen:

Gesetz zur Gleichstellung von Frauen und Männern für das Land Nordrhein-Westfalen und zur Änderung anderer Gesetze vom 9. November 1999 (verkündet am 19.11.99; In-Kraft-Treten am 20.11.99)

§ 5a Erstellung und Fortschreibung von Frauenförderplänen

(1) Jede Dienststelle mit mindestens 20 Beschäftigten erstellt im Rahmen ihrer Zuständigkeit für Personalangelegenheiten jeweils für den Zeitraum von drei Jahren einen Frauenförderplan; in anderen Dienststellen kann ein Frauenförderplan aufgestellt werden. In der Hochschule besteht der Frauenförderplan aus einem Rahmenplan für die gesamte Hochschule und aus den Frauenförderplänen der Fachbereiche, der Verwaltung, der zentralen wissenschaftlichen Einrichtungen und der zentralen Betriebseinheiten, soweit mindestens 20 Beschäftigte vorhanden sind. Die Frauenförderpläne der Fachbereiche können weiter differenziert werden. Mehrere Dienststellen können in einem Frauenförderplan zusammengefaßt werden. Die Zusammenfassung darf eine erhebliche Unterrepräsentanz von Frauen in einer Dienststelle nicht durch eine erhebliche Überrepräsentanz von Frauen in anderen Dienststellen ausgleichen. Der Frauenförderplan ist fortzuschreiben.

(2) In der Landesverwaltung sind Frauenförderpläne der Dienststelle vorzulegen, die die unmittelbare allgemeine Dienstaufsicht über die Dienststellen ausübt, für die der Frauenförderplan aufgestellt ist. Über die Frauenförderpläne der Hochschulen beschließt der Senat. Widerspricht die Gleichstellungsbeauftragte einer nachgeordneten Dienststelle oder einer Hochschule dem Frauenförderplan, ist der Frauenförderplan der Dienststelle nach Satz 1 zur Zustimmung vorzulegen.

(3) Der Frauenförderplan beim Landtag wird im Benehmen mit dem Landtagspräsidium aufgestellt.

(4) In den Gemeinden und Gemeindeverbänden sind die Frauenförderpläne durch die Vertretung der kommunalen Körperschaft zu beschließen.

(5) Frauenförderpläne der sonstigen der Aufsicht des Landes unterstehenden juristischen Personen des öffentlichen Rechts werden im Benehmen mit deren verfassungsmäßig zuständigen obersten Organen aufgestellt.

(6) Nach Ablauf des Frauenförderplans hat die Dienststelle, die den Frauenförderplan aufstellt, einen Bericht über die Personalentwicklung und die durchgeführten Maßnahmen zu erarbeiten und der nach den Absätzen 2 bis 5 zuständigen Stelle gemeinsam mit der Fortschreibung des Frauenförderplanes vorzulegen. Sind während der Geltungsdauer des Frauenförderplans ergänzende Maßnahmen im Sinne des § 6 Abs. 5 ergriffen worden, sind die Gründe im Bericht darzulegen.

(7) Der Bericht zum Frauenförderplan in Hochschulen und deren medizinische Einrichtungen nimmt auch Stellung zu den durch die leistungsorientierte Mittelvergabe (§ 5) erreichten Fortschritten bei der Erfüllung des Gleichstellungsauftrages und der Umsetzung dieses Gesetzes.

(8) Die Frauenförderpläne, die Berichte über die Personalentwicklung und die nach Maßgabe des Frauenförderplans durchgeführten Maßnahmen sind in den Dienststellen, deren Personal sie betreffen, und in den Schulen bekannt zu machen.

79. Grundsätze der Arbeitsplatz- und Dienstpostenbewertung in der Dienststelle (Abs. 4 Nr. 19)

§ 18 BBesG normiert die Pflicht zur Bewertung von Beamtenstellen. Ein bestimmtes Bewertungsverfahren ist nicht vorgeschrieben, deshalb kann die Dienststelle aufgrund ihrer Personalhoheit eigene Verfahren entwickeln. (OVG Münster, Urteil vom 3.8.1979, ZBR 1980, 286)

Während z.B. nach Nr. 15 (Beurteilungsrichtlinien) Richtlinien genereller Art angesprochen sind, unterliegt die Aufstellung von Grundsätzen über die Arbeitsplatz- und Dienstpostenbewertung auch dann der Mitbestimmung, wenn nur wenige Beschäftigte betroffen sind. Die oder der einzelne Beschäftigte hat jedoch keinen Anspruch auf „richtige" Dienstpostenbewertung. (BVerwG, Beschl. vom 10.8.1978, DÖV 1979, 58)

80. Abschluss von Arbeitnehmerüberlassungs- oder Gestellungsverträgen (Abs. 4 Nr. 20)

Der Mitbestimmungstatbestand berücksichtigt Entwicklungen, die auf die wirtschaftliche Situation der Beschäftigten größten Einfluss nehmen können, da sie die Aufgabenerledigung mit Hilfe Dritter betrifft und die Existenz von gewachsenen Arbeitsplätzen innerhalb der Dienststelle unmittelbar berührt.

Auch ohne dass es bei den Maßnahmen, die sich insbesondere bei öffentlichen Kliniken und im Lehrerbereich auswirken können, zu weiteren personellen Maßnahmen kommt, ist der Personalrat zu beteiligen. Die Vorschrift gilt nunmehr auch für den Westdeutschen Rundfunk, da der im LPVG NRW vor 2007 in Abs. 4 Satz 4 geregelte Ausschluss nicht mehr aufgenommen wurde. Der Mitbestimmungstatbestand betrifft nur den Arbeitnehmerbereich. Zu unterscheiden ist zwischen dem Leiharbeitnehmerinnen und Leiharbeitnehmer und denjenigen, die aufgrund eines Gestellungsvertrages arbeiten. Personalvertretungsrechtliche Regelungen für Leiharbeitnehmer enthält das Arbeitnehmerüberlassungsgesetz:

Auszug

Gesetz zur Regelung der Arbeitnehmerüberlassung (Arbeitnehmerüberlassungsgesetz — AÜG) in der Fassung der Bekanntmachung vom 3. Februar 1995 (BGBl. I S. 158), zuletzt geändert durch Art. 26 d. Gesetzes vom 20. Dezember 2011 (BGBl. I S. 2854)

§ 14 Mitwirkungs- und Mitbestimmungsrechte

(1) Leiharbeitnehmer bleiben auch während der Zeit ihrer Arbeitsleistung bei einem Entleiher Angehörige des entsendenden Betriebs des Verleihers.

(2) Leiharbeitnehmer sind bei der Wahl der Arbeitnehmervertreter in den Aufsichtsrat im Entleiherunternehmen und bei der Wahl der betriebsverfassungsrechtlichen Arbeitnehmervertretungen im Entleiherbetrieb nicht wählbar. Sie sind berechtigt, die Sprechstunden dieser Arbeitnehmervertretungen aufzusuchen und an den Betriebs- und

Jugendversammlungen im Entleiherbetrieb teilzunehmen. Die §§ 81, 82 Abs. 1 und §§ 84 bis 86 des Betriebsverfassungsgesetzes gelten im Entleiherbetrieb auch in bezug auf die dort tätigen Leiharbeitnehmer.

(3) Vor der Übernahme eines Leiharbeitnehmers zur Arbeitsleistung ist der Betriebsrat des Entleiherbetriebs nach § 99 des Betriebsverfassungsgesetzes zu beteiligen. Dabei hat der Entleiher dem Betriebsrat auch die schriftliche Erklärung des Verleihers nach § 12 Abs. 1 Satz 2 vorzulegen. Er ist ferner verpflichtet, Mitteilungen des Verleihers nach § 12 Abs. 2 unverzüglich dem Betriebsrat bekanntzugeben.

(4) Die Absätze 1 und 2 Satz 1 und 2 sowie Absatz 3 gelten für die Anwendung des Bundespersonalvertretungsgesetzes sinngemäß.

Ein Gestellungsvertrag ist eine besondere Form des Arbeitsvertrages. Er wird mit Mitarbeiterinnen und Mitarbeitern abgeschlossen, die bei einem bestimmten Arbeitgeber formal beschäftigt sind (also auch ihr Gehalt beziehen), aber ihren Tätigkeiten bei einem anderen Arbeitgeber nachgehen. So kann z.B. eine Krankenschwester oder ein Pfleger in einem Mutterhaus angestellt sein, von dort ihr oder sein Gehalt beziehen, aber in einem städtischen Krankenhaus ihren bzw. seinen Dienst leisten und dort auch ganz „normal" wie die direkt am städtischen Krankenhaus Beschäftigten in den Dienstbetrieb eingebunden sein. Der Personal- oder Betriebsrat des städtischen Krankenhauses wäre in diesem konkreten Fall für diese Krankenschwester oder diesen Pfleger zuständig, da sie oder er dort in den dienstlichen Betrieb eingebunden ist.

Wegen der Beschäftigteneigenschaft wird auf Anm. 1 zu § 5 verwiesen.

Bei der Übernahme von Personen, die aufgrund eines Arbeitnehmerüberlassungs- oder Gestellungsvertrages tätig sind, hat der Personalrat ein Mitbestimmungsrecht (Abs. 1 Nr. 1). Bei Gestellungsverträgen handelt es sich häufig um Verträge zwischen kirchlichen oder karitativen Einrichtungen und Dienststellen wegen Überlassung von Personen, deren Beschäftigung nicht in erster Linie ihrem Erwerb dient, sondern vorwiegend durch Beweggründe religiöser oder karitativer Art bestimmt ist (z.B. Vertrag zwischen einem Orden und einem städtischen Krankenhaus wegen der Gestellung einer Ordensfrau als Stationsschwester oder der Gestellung einer Schwester durch das Rote Kreuz).

81. Aufstellung von Grundsätzen zu Arbeitszeitmodellen und erstmalige Einführung grundlegend neuer Formen der Arbeitsorganisation (Abs. 4 Nr. 21)

Dieser Mitbestimmungstatbestand ist weit in die Zukunft gerichtet. Der Personalrat soll bei allen Änderungen zu Arbeitszeitmodellen und grundlegend neuen Formen der Arbeitsorganisation rechtzeitig bei der Aufstellung der Grundsätze beteiligt werden. Der Wille des Gesetzgebers kommt in seiner nachfolgend abgedruckten Begründung zum Ausdruck.

Auch im Hinblick auf die Attraktivität des öffentlichen Dienstes werden in der Zukunft neue Arbeitszeitmodelle wie Teilzeit (§ 63 LBG), Altersteilzeit (§ 65 LBG), Jahresfreistellung (§ 64 LBG), Urlaub aus arbeitsmarktpolitischen Gründen und Arbeitszeitkonten eine wichtige Rolle spielen. Das Aufstellen von Grundsätzen stellt eine Verwaltungspraxis sicher und dient damit der Gleichbehandlung der Beschäftigten. Hierbei soll der Personalrat beteiligt werden. Wegen ihrer Auswirkungen auf die Beschäftigten werden auch Maßnahmen der Arbeitsorganisation zukünftig stärker in den Fokus treten. Darunter ist beispielsweise die Einrichtung von sog. Beschäftigtenpools zu verstehen, die in Teilen der Landesverwaltung bereits eingerichtet sind. Da nicht jede Maßnahme der Arbeitsorganisation der Mitbestimmung unterliegen kann, beschränkt sich die Mitbestimmung auf sie Einführung neuer Formen. Mit den neu aufgenommenen Tatbeständen wird die Mitbestimmung auf weitgehend durch Gesetze vorgezeichnete Bereiche bzw. auf Maßnahmen ausgedehnt, die im Rahmen der Organisationshoheit liegen. Daher ist die Bewährung dieser Regelungen in der Praxis im Rahmen der Evaluation besonders zu beobachten.

Dienststelle und Personalrat sind gehalten, hier Wege zu finden, wie dies mit Leben erfüllt werden kann.

82. Übertragung von Arbeiten der Dienststelle, die üblicherweise von ihren Beschäftigten vorgenommen werden, auf Dauer an Privatpersonen oder auf Dritte in jeglicher Rechtsform (Privatisierung) (Abs. 4 Nr. 22)

Privatisierung ist die Übertragung von bisher von der öffentlichen Hand wahrgenommener Aufgaben auf Private. Zu unterscheiden ist zwischen der Organisationsprivatisierung (formelle Privatisierung, d.h. Teile der Organisation werden ausgegliedert und durch private Unternehmer wahrgenommen) und der Aufgabenprivatisierung (materielle Privatisierung, d.h. einzelne Aufgaben werden auf private Unternehmer verlagert, z.B. Reinigung der Dienstgebäude). Neue rechtliche Bestimmungen zur Privatisierung der kommunalen Abfallentsorgung und Abwasserbeseitigung enthalten z. B. das am 7. Oktober 1996 in Kraft getretene Kreislaufwirtschafts- und Abfallgesetz und das seit dem 19. November 1996 geltende Wasserhaushaltsgesetz.

Bei der Ausübung dieses Mitbestimmungsrechts kommt der Informationspflicht der Dienststelle besondere Bedeutung zu. Werden in der Dienststelle bereits Arbeitnehmerinnen und Arbeitnehmer von Fremdfirmen beschäftigt, sind dem Personalrat die Verträge mit diesen Firmen zur Verfügung zu stellen. (BAG, Urteil vom 31.1.1989 – 1 ABR 72/87) Der Personalrat ist bereits einzuschalten, wenn entsprechende Maßnahmen vorbereitet werden. Wegen der Konsequenzen für konkrete Arbeitsplätze soll eine Beteiligung des Personalrats stattfinden. Dabei ist es nicht Voraussetzung, dass sich die Maßnahmen auf den Stellenbestand auswirken. So ist die Umwandlung von den bisher als Eigenbetrieb geführten Stadtwerken in eine GmbH mitbestimmungspflichtig, auch wenn der Rat der Stadt die Entscheidung über die Umwandlung getroffen hat und der Stellenbestand überhaupt nicht berührt ist. (Hess. VGH, Beschl. vom 1.6.1994, PersR 1994, 431) Auswirkungen auf den Stellenbestand ergeben sich häufig dann, wenn Fremdunternehmen mit Reinigungsaufgaben in der Dienststelle beschäftigt werden sollen und der eigene Reinigungsdienst damit entfällt, reduziert oder nur teilweise von Fremdfirmen übernommen wird. (OVG Münster, Beschl. vom 9.7.1987, PV 1988, 310) Das gleiche gilt für den Pförtnerdienst oder für Freizeiteinrichtungen bei Selbstverwaltungskörperschaften, wenn Fremdfirmen mit den entsprechenden Aufgaben betraut werden. (OVG Münster, Beschl. vom 9.11.1987, v 1988, 313)

Der Tatbestand „Privatisierung" ist häufig verbunden mit Änderungen der Arbeitsorganisation, die gemäß Nr.4 mitbestimmungspflichtig ist (Beispiel: Reinigungsdienst, vgl. BAG, Urteil vom 14.12.1982, 3AZR 821/79).

Die Übertragung auf Privatpersonen bedeutet die Übertragung auf natürliche Personen und juristische Personen des Privatrechts (§§ 1 ff. und 22 ff. BGB).

Wenn einzelne Aufträge durch saisonale Belastung in der Dienststelle an Fremdfirmen vergeben werden, entfällt die Mitbestimmung des Personalrats, weil Voraussetzung dafür die Übertragung auf Dauer ist. Bei der Einstellung der Beschäftigten des Privatunternehmens hat der Personalrat kein Mitbestimmungsrecht. (BVerwG, Beschl. vom 4.9.1995, ZfPR 1996, 13)

Beteiligungsrechte der Personalvertretung entfallen, wenn die Privatisierung auf gesetzlichen Bestimmungen erfolgt. Die gilt jedoch nur soweit der Dienststelle keinerlei Gestaltungsmöglichkeiten mehr verbleiben.

Die Entscheidung der Dienststelle, die Post nicht mehr durch eigene Beschäftigte beim Hauptpostamt abzuholen, sondern hiermit die Deutsche Post zu beauftragen, ist eine der Mitbestimmung unterliegende Maßnahme. (BVerwG, 6 P 8.03 vom 15.10.2003)

Es bleibt der Dienststelle überlassen, ob sie bei der Privatisierung des Reinigungsdienstes für jedes einzelne Gebäude ein gesondertes Mitbestimmungsverfahren einleitet oder die Privatisierung des gesamten Gebäudekomplexes zum Gegenstand eines einzigen Zustimmungsantrags macht. Diese Entscheidung der Dienststelle hat der Personalrat zu akzeptieren. Das Mitbestimmungsverfahren darf nicht erst bei der Vergabe an eines oder mehrere bestimmte Reinigungsunternehmen eingeleitet werden, sondern bereits dann, wenn dem Grunde nach die Entscheidung ansteht, eine bestimmte Art von Arbeiten (hier Reinigungsarbeiten) zu privatisieren und der Personalrat den Umfang und die Bedeutung für die Beschäftigten erkennen kann. (OVG NRW, 1 A 4469/98.PVL vom 25.3.1999)

Mit der Formulierung „.. in jeglicher Rechtsform .." ist sichergestellt, dass die Übertragung der Arbeit an alle Dritte, auch Anstalten des öffentlichen Rechts gemeint sind.

Typische Beispiele für Privatisierungen:

* Gebäudereinigung,
* Garten- und Grünanlagenpflege,
* Abfallbeseitigung,
* die Unterhaltung öffentlicher Trägerschaft liegender Sportanlagen,
* Straßenreinigung,
* Pförtner- und dienststelleninterne Botendienste,
* Parkraumbewirtschaftung,
* Öffentlicher Personennahverkehr,
* Flughafenfeuerwehren,
* Aufgaben oder Teilaufgaben der Friedhofämter,
* Kulturelle Einrichtungen,
* Aufgaben der Hausmeister und Haushandwerker.

Vgl. Helmuth Kunze, St. Augustin, ZfPR 3/97 S. 101 ff.

83. Antragsabhängige Beteiligung (Abs. 4 Satz 2)

In den Fällen des Abs. 4 Satz 2, also wenn nach Nr. 11 Ersatzansprüche gegen einen Beschäftigten geltend gemacht werden, hat der Personalrat nur auf Antrag des Beschäftigten mitzubestimmen. Die Verpflichtung zur rechtzeitigen Unterrichtung umfasst auch die Verpflichtung, den Beschäftigten auf sein Antragsrecht hinzuweisen. (OVG Münster, Beschl. vom 18.11.1982, ZBR 1983, 240) Die ohne entsprechende Unterrichtung ergangenen Erstattungsbescheide sind andernfalls rechtwidrig. (LAG Hamm, Beschl. vom 8.6.1989, Persfl 1990, 115)

84. Maßnahmen, die probeweise oder befristet durchgeführt werden sollen (Abs. 5)

Alle in Abs. 3 und 4 aufgeführten Maßnahmen unterliegen auch dann der Mitbestimmung der Personalvertretung, wenn sie lediglich erprobt werden sollen. Die Installation von Anlagen gemäß Abs. 3 erfordert teilweise einen erheblichen Investitionsaufwand, der bei einer späteren Ablehnung durch die Personalvertretung sich als unnötig herausstellt. Das gleiche gilt für die Befristung von Maßnahmen. Eine Ausnahme gilt lediglich hinsichtlich des Mitbestimmungstatbestandes gemäß Abs. 3 Nr.7 (Privatisierung), da lediglich die Übertragung der dort genannten Arbeiten „auf Dauer" an Privatpersonen oder wirtschaftliche Unternehmen der Mitbestimmung unterliegt. Eine probeweise oder befristete Übertragung scheidet damit aus.

§ 73

Der Personalrat wirkt, soweit eine gesetzliche oder tarifliche Regelung nicht besteht, mit bei

1. Verwaltungsanordnungen einer Dienststelle für die innerdienstlichen, sozialen oder persönlichen Angelegenheiten der Beschäftigten ihres Geschäftsbereichs,
2. Stellenausschreibungen, soweit die Personalmaßnahme der Mitbestimmung unterliegen kann,
3. Errichtung, Auflösung, Einschränkung, Verlegung oder Zusammenlegung von Dienststellen oder wesentlichen Teilen von ihnen,
4. behördlichen oder betrieblichen Grundsätzen der Personalplanung,
5. Aufträgen zur Überprüfung der Organisation oder Wirtschaftlichkeit einer Dienststelle durch Dritte,
6. Erhebung der Disziplinarklage gegen eine Beamtin oder einen Beamten, wenn sie oder er die Beteiligung des Personalrats beantragt. Die Beamtin oder der Beamte ist von der Maßnahme rechtzeitig vorher in Kenntnis zu setzen.
7. Maßnahmen zur Beschäftigungsförderung,
8. grundlegenden Änderungen von Arbeitsabläufen bei Wirtschaftsbetrieben.

1. Mitwirkung

Die Mitwirkung ist gegenüber der Mitbestimmung die schwächere Beteiligungsform und gehört neben der Mitbestimmung zu den förmlichen Beteiligungsrechten. Zum Wesen der Mitwirkung wird auf Anm. 1 zu § 69 hingewiesen. Das Verfahren ist zwar dreistufig ausgestaltet, die Letztentscheidung trifft aber die oberste Dienstbehörde. Die Einigungsstelle kann nicht angerufen werden, ebenfalls steht dem Personalrat kein förmliches Initiativrecht zu. Der Personalrat ist rechtzeitig und umfassend über die geplanten Maßnahmen zu informieren (§ 65).

2. Verwaltungsanordnungen einer Dienststelle (Nr. 1)

Bei der Vorbereitung von Verwaltungsanordnungen, die sich auf die innerdienstlichen, sozialen oder persönlichen Angelegenheiten der Beschäftigten beziehen, wirkt der Personalrat mit.

Dies gilt im Gegensatz zu § 78 Abs. 1 Nr. 1 BPersVG auch dann, wenn die Spitzenorganisationen der zuständigen Gewerkschaften und Berufsverbände gemäß § 106 LGB beim Zustandekommen beteiligt worden sind. Die Tatbestände der dienstlichen, sozialen und persönlichen Angelegenheiten können auch ineinander übergreifen.

Verwaltungsanordnungen sind nicht nur Verwaltungsanordnungen im technischen Sinne des Verwaltungsrechts. Sie unterscheiden sich von den Rechtsverordnungen dadurch, dass sie kein Recht nach außen setzen, sondern nur verwaltungsinterne Verbindlichkeit besitzen. Es muss sich vielmehr um allgemeine Weisungen und Anordnungen handeln, die im Rahmen der aus einem Dienst- oder Arbeitsverhältnis folgenden Weisungsrechte des Dienstherrn bzw. des Arbeitgebers ergehen. (BVerwG, Beschl. vom 23.7.1985, ZBR 1985, 285; VOH Baden-Württemberg, Beschl. vom 6.9.1988, ZBR 1989, 158)

Erläuterungen bereits bestehender Regelungen, die nur die Rechtsauffassung der Dienststelle wiedergeben und keinen eigenständigen, sondern nur einen erläuternden Inhalt haben, sind keine Verwaltungsanordnungen. Auch die sog. Einführungserlasse zu neuen gesetzlichen oder tariflichen Regelungen gehören nicht dazu, es sei denn, sie enthalten zugleich Regelungen, die aufgrund eines Ermessensspielraums der Dienststelle über die gesetzliche Regelung hinausgehen.

Zu einer Verwaltungsanordnung gehört, dass sie unmittelbar und gestaltend die innerdienstlichen, sozialen oder persönlichen Angelegenheiten von Beschäftigten regelt. Sie ist nur dann mitwirkungspflichtig, wenn sie sich an die Beschäftigten der Dienststelle in ihrer Gesamtheit oder an einen unbestimmten, nach abstrakten Merkmalen abgegrenzten Teil von ihnen richtet (z.B. Frauen, Jugendliche, räumlich abgrenzbare Gruppen usw.). Verwaltungsanordnungen, die nur Einzelfälle regeln, scheiden aus. Auch dienstliche Einzelanweisungen, die einen konkreten Personenkreis ansprechen, fallen nicht hierunter. (BVerwG, Beschl. vom 31.7.1990, ZfPR 1991, 16)

3. Inhalt der Verwaltungsanordnungen (Nr. 1)

Der Inhalt der Verwaltungsanordnungen ist nicht nur auf Maßnahmen beschränkt, die der förmlichen Beteiligung des Personalrats unterliegen. Auch der Katalog der Beteiligungsmaßnahmen nach § 72 gibt keinen Anhalt dafür, was unter innerdienstlichen, sozialen oder persönlichen Angelegenheiten zu verstehen ist. (BVerwG, Beschl. vom 6.2.1987, PV 1987, 464) Innerdienstliche oder persönliche Maßnahmen können im Grenzbereich auch Auswirkungen auf die außerdienstliche Sphäre des Beschäftigten haben (Landtags-Drucksache 7/4343, S. 23). Die Rücknahme einer rechtswidrigen Praxis, die aber für die Beschäftigten günstiger war, unterliegt als Verwaltungsanordnung der Mitwirkung des Personalrats. (BVerwG, Beschl. vom 22.5.1990, ZfPR 1990,110)

Beispiele für Verwaltungsanordnungen i. S. der Nr. 1:

* Kantinenrichtlinien,
* Büchereibenutzungsordnung,
* Garagenbenutzungsordnung,
* allgemeine Konferenzordnungen,
* Vorschriften über die Durchführung von Dienstreisen,

- Aufstellung von Lehrplänen,
- Richtlinien über die Gewährung von Unterstützungen usw.

Zuständigkeitsregelungen für den inneren Dienstbetrieb, in denen festgelegt wird, welche Befugnisse (z.b. Entscheidungs-, Anordnungs-, Koordinations- und Zeichnungsbefugnisse) der jeweiligen Inhaberin oder dem jeweiligen Inhaber bestimmter Dienstposten (z.b. Abteilungsleiterin oder Abteilungsleiter, Dezernentin oder Dezernent, Referatsleiterin oder Referatsleiter, Abschnittsleiterin oder Abschnittsleiter, Sachgebietsleiterin oder Sachgebietsleiter und Sachbearbeiterin oder Sachbearbeiter) zustehen, sind keine Anordnungen, welche die innerdienstlichen Angelegenheiten der Beschäftigten i.S.d. 73 Nr.1 betreffen. Dies gilt auch für den Bereich der inneren Verwaltung, z.b. Personalangelegenheiten, Gewährung von Urlaub, Dienstbefreiungen usw.. (OVG Berlin, OVG 70 PV 4.95 vom 24.1.1997)

Nicht zu den mitwirkungsbedürftigen Maßnahmen gehören sachliche und fachliche Regelungen, die sich an Dritte richten und der Erfüllung der verfassungsmäßigen Aufgaben dienen. Dies gilt auch, wenn sich aus den Maßnahmen Wirkungen auf die Beschäftigten ergeben, weil ausschließlich mittelbare Wirkungen nicht ausreichen, die Maßnahmen als mitwirkungsbedürftig anzusehen. (OVG Münster, Beschl. vom 22.6.1978 CL 6/78)

4. Stellenausschreibungen, soweit die Personalmaßnahme der Mitbestimmung unterliegen kann (Nr. 2)

Eine Stellenausschreibung ist der Hinweis auf freie Stellen mit der gleichzeitigen Aufforderung, sich hierfür zu bewerben. Mitwirkungspflichtig sind beabsichtigte Maßnahmen. Wird eine Stelle, die unter Mitwirkung des Personalrats ausgeschrieben wurde und die Ausschreibung blieb erfolglos, erneut ausgeschrieben, ist dies eine neue Maßnahme i.S.d. § 69, die wieder der Mitwirkung des Personalrats unterliegt. (OVG NRW 1 A 1471/92PVL vom 18.9.1995) Bei der personellen Auswahl hat der Personalrat ein Mitbestimmungsrecht, was sich aber nur auf die „Richtlinien" der Auswahl erstreckt (§ 72 Abs. 4 Nr. 14). Der Inhalt der Stellenausschreibung und die Stellenausschreibung selbst unterliegen der Mitwirkung, wobei der Personalrat zwischen einer internen und externen Ausschreibung zu unterscheiden hat. Die interne Ausschreibung wendet sich nur an die Angehörigen der eigenen Dienststelle oder des eigenen Geschäftsbereichs, während bei der externen Ausschreibung auch außerhalb der Verwaltung stehende Personen und damit der allgemeine Arbeitsmarkt angesprochen werden. Das Letztere wird immer dann der Fall sein, wenn keine oder nicht genügend eigene Bewerber in der Verwaltung vorhanden sind. Damit wird die Möglichkeit eröffnet, Stellen öffentlich in den Tageszeitungen, Fachblättern und amtlichen Bekanntmachungen auszuschreiben. Es ist aber auch eine Mischform denkbar, wobei die Dienststelle je nach Bedarf eine dieser Formen wählen kann.

Die Vorschrift geht über § 75 Abs. 3 Nr. 14 BPersVG hinaus, wonach der Personalrat zu beteiligen ist, wenn von vorgeschriebenen Ausschreibungen im Einzelfall abgesehen werden soll. Neuere Rechtsprechung geht aber sogar davon aus, dass der Personalrat zumindest eine interne Stellenausschreibung beantragen kann. (BVerwG, Beschl. vom 8.3.1988, ZBR 1988, 256) Dagegen ist das förmliche Absehen von einer solchen Maßnahme kein Vorgang, der einer Beteiligung des Personalrats unterliegt. (VG Minden, Beschl. vom 29.5.1991 PVL 28/90) Nach dem Landesgleichstellungsgesetz müssen bestimmte Stellen ausgeschrieben werden.

Versäumt dies die Dienststelle, muss dies der Personalrat im Rahmen seiner Überwachungspflicht (§ 64 Abs. 2) beanstanden. Personelle Maßnahmen, die ohne beachten dieser Vorschrift zur Mitbestimmung vorgelegt werden, kann der Personalrat mit der Begründung die erforderliche Stellenausschreibung fehle, ablehnen.

Auszug aus dem Landesgleichstellungsgesetz:

Gesetz zur Gleichstellung von Frauen und Männern für das Land Nordrhein-Westfalen und zur Änderung anderer Gesetze vom 9. November 1999 (verkündet am 19.11.99; In-Kraft-Treten am 20.11.99)

§ 7 Vergabe von Ausbildungsplätzen, Einstellungen, Beförderungen und Übertragung höherwertiger Tätigkeiten

(1) Bei gleicher Eignung, Befähigung und fachlicher Leistung sind Frauen bei Begründung eines Beamten- oder Richterverhältnisses nach Maßgabe von § 8 Abs. 4, § 199 Abs. 2 des Landesbeamtengesetzes bevorzugt zu berücksichtigen. Für Beförderungen gilt § 25 Abs. 6 des Landesbeamtengesetzes.

(2) Bei gleicher Eignung, Befähigung und fachlicher Leistung sind Frauen bei Begründung eines Arbeitsverhältnisses bevorzugt einzustellen, soweit in dem Zuständigkeitsbereich der für die Personalauswahl zuständigen Dienststelle in der jeweiligen Gruppe der Arbeitnehmerinnen und Arbeitnehmer weniger Frauen als Männer sind, sofern nicht in der Person eines Mitbewerbers liegende Gründe überwiegen. Satz 1 gilt auch für die Übertragung höherwertiger Tätigkeiten, soweit in der damit verbundenen Vergütungs- oder Lohngruppe der jeweiligen Gruppe der Arbeitnehmerinnen und Arbeitnehmer weniger Frauen als Männer sind.

(3) Gruppen der Arbeitnehmerinnen und Arbeitnehmer sind die Angestellten der Vergütungsgruppen des Bundes-Angestelltentarifvertrages (BAT) in Tätigkeiten, die im Bereich der Beamtinnen und Beamten in einer Laufbahn erfasst sind und deren Gruppenzugehörigkeit sich im Vergleich von Vergütungs- und Besoldungsgruppen unter Berücksichtigung des § 11 BAT bestimmen lässt. Arbeiterinnen und Arbeiter bis Lohngruppe 2a sowie ab Lohngruppe 3 der Lohngruppenverzeichnisse zum Manteltarifvertrag für Arbeiterinnen und Arbeiter des Bundes und der Länder (MTArb) und zum Bundesmanteltarifvertrag für Arbeiter gemeindlicher Verwaltungen und Betriebe (BMT-G II) bilden jeweils eine Gruppe der Arbeitnehmerinnen und Arbeitnehmer. Zu den Angestellten, Arbeiterinnen und Arbeitern gehören auch die Auszubildenden. In Bereichen, in denen die genannten Tarifverträge nicht gelten, bilden eine Gruppe der Arbeitnehmerinnen und Arbeitnehmer diejenigen Arbeitnehmerinnen und Arbeitnehmer in artverwandten und in aufeinander aufbauenden Tätigkeitsbereichen, deren Tätigkeiten üblicherweise eine gleiche Vorbildung oder eine gleiche Ausbildung oder eine gleiche Berufserfahrung voraussetzen.

(4) Für Professorinnen und Professoren, wissenschaftliche und künstlerische Mitarbeiterinnen und Mitarbeiter im Angestelltenverhältnis sowie für wissenschaftliche, künstlerische und studentische Hilfskräfte gilt als zuständige Dienststelle der Fachbereich. Soweit Professorinnen und Professoren im Angestelltenverhältnis beschäftigt werden sollen, werden Professorinnen und Professoren im Beamtenverhältnis in die Berechnung

nach Absatz 1 einbezogen. *Die Professorinnen und Professoren, die wissenschaftlichen und künstlerischen Mitarbeiterinnen und Mitarbeiter derselben Vergütungsgruppe, die wissenschaftlichen und künstlerischen Hilfskräfte und die studentischen Hilfskräfte gelten jeweils als eine Gruppe der Arbeitnehmerinnen und Arbeitnehmer.*

(5) Die Absätze 1 Satz 2 und 2 Satz 2 gelten entsprechend für Umsetzungen, soweit damit die Übertragung eines höherbewerteten Dienstpostens verbunden ist, und für die Zulassung zum Aufstieg.

§ 8 Ausschreibung

(1) In Bereichen, in denen Frauen nach Maßgabe des § 7 unterrepräsentiert sind, sind zu besetzende Stellen in allen Dienststellen des Dienstherrn oder Arbeitgebers auszuschreiben. Soweit Stellen auf Grund besonderer fachspezifischer Anforderungen mit Absolventinnen und Absolventen einschlägiger Ausbildungsgänge besetzt werden müssen, die nicht in allen Dienststellen beschäftigt sind, sind diese in den jeweiligen Dienststellen des Dienstherrn oder Arbeitgebers auszuschreiben. Darüber hinaus kann im Benehmen mit der Gleichstellungsbeauftragten von dienststellenübergreifender Ausschreibung abgesehen werden. Bei befristeten Beschäftigungsverhältnissen des wissenschaftlichen Personals an Hochschulen kann entsprechend den Sätzen 1 und 2 verfahren werden.

(2) Liegen nach einer Ausschreibung in allen Dienststellen des Dienstherrn oder Arbeitgebers keine Bewerbungen von Frauen vor, die die geforderte Qualifikation erfüllen, und ist durch haushaltsrechtliche Bestimmungen eine interne Besetzung nicht zwingend vorgeschrieben, soll die Ausschreibung öffentlich einmal wiederholt werden. Im Einvernehmen mit der Gleichstellungsbeauftragten kann von einer öffentlichen Ausschreibung abgesehen werden.

(3) Ausbildungsplätze sind öffentlich auszuschreiben. Beträgt der Frauenanteil in einem Ausbildungsgang weniger als 20 vom Hundert, ist zusätzlich öffentlich mit dem Ziel zu werben, den Frauenanteil zu erhöhen. Absatz 2 Satz 2 gilt entsprechend.

(4) In der Ausschreibung sind sowohl die männliche als auch die weibliche Form zu verwenden, es sei denn, ein bestimmtes Geschlecht ist unverzichtbare Voraussetzung für die Tätigkeit. In der Ausschreibung ist darauf hinzuweisen, dass Bewerbungen von Frauen ausdrücklich erwünscht sind und Frauen bei gleicher Eignung, Befähigung und fachlicher Leistung bevorzugt berücksichtigt werden, sofern nicht in der Person eines Mitbewerbers liegende Gründe überwiegen.

(5) Die Ausschreibung hat sich ausschließlich an den Anforderungen des zu besetzenden Arbeitsplatzes oder des zu übertragenden Amtes zu orientieren.

(6) Soweit zwingende dienstliche Belange nicht entgegenstehen, sind die Stellen einschließlich der Funktionen mit Vorgesetzten- und Leitungsaufgaben zur Besetzung auch in Teilzeit auszuschreiben.

(7) weiter Gehende Vorschriften über eine Ausschreibung bleiben unberührt.

(8) Von einer Ausschreibung im Sinne der Absätze 1 und 2 kann abgesehen werden bei

1. Stellen der Beamtinnen und Beamten im Sinne des § 38 des Landesbeamtengesetzes;

2. *Stellen, die Anwärterinnen und Anwärtern oder Auszubildenden vorbehalten sein sollen;*
3. *Stellen, deren Besetzung nicht mit der Übertragung eines höherbewerteten Dienstpostens verbunden sind;*
4. *Stellen der kommunalen Wahlbeamtinnen und -wahlbeamten.*

Die Einfügung des Halbsatzes: „.. soweit die Maßnahme der Mitbestimmung unterliegen kann," macht deutlich, dass es nicht auf ein späteres Mitbestimmungsverfahren nach § 72 Abs. 1 Nr. 5 ankommt.

5. Einrichtung, Auflösung, Einschränkung, Verlegung oder Zusammenlegung von Dienststellen oder wesentlichen Teilen von ihnen (Nr. 3)

Bei der Einrichtung, Auflösung, Einschränkung, Verlegung oder Zusammenlegung von Dienststellen oder wesentlichen Teilen von ihnen handelt es sich um organisatorische Maßnahmen, die in der Regel erhebliche personelle und soziale Folgewirkungen haben, an denen der Personalrat nach § 72 Abs. 1 im Einzelfall zu beteiligen ist. Zur wirksamen Aufgabenerfüllung für die Personalvertretung gehört, dass der Dienststellenleiter diese rechtzeitig informiert, bevor er darüber entschieden hat, ob und inwieweit die Auflösung oder Änderung erfolgt. Infolgedessen ist eine Information bereits bei der Planung notwendig. (BAG, Beschl. vom 14.9.1976, DB 1977, 142)

Die Organisationsmaßnahme muss einen inhaltlichen und einen räumlichen Aspekt haben, die aber nicht beide gleichzeitig gegeben sein müssen. Es ist auch denkbar, dass eine Einschränkung den Bestand der Dienststelle unberührt lässt. Eine Einschränkung liegt vor, wenn der sachliche oder örtliche Aufgaben- und Zuständigkeitsbereich der Dienststelle verringert und davon ein erheblicher Teil der Beschäftigten betroffen wird. (BVerwG, Beschl. vom 23.1.1985 – 6 P 40.82)

Die Ausgliederung von Städten oder Kreisen aus dem Gebiet eines Regierungsbezirks stellt eine solche Änderung der Dienststelle des Regierungspräsidenten dar, weil damit seine örtliche und sachliche Kompetenz angetastet wird. Wenn eine Dienststelle neu eingerichtet wird, ist der Personalrat der errichtenden Dienststelle zu beteiligen. Eine Dienststelle wird aufgelöst, wenn sie ersatzlos beseitigt wird und ihre Aufgaben entfallen oder auf andere Dienststellen übertragen werden. Mit der Verlegung der Dienststelle muss eine Veränderung ihres Ortes verbunden sein, wobei der Ort nicht mit der politischen Gemeinde gleichzusetzen ist. Eine Zusammenlegung von Dienststellen liegt vor, wenn eine Dienststelle in eine andere unter Aufgabe ihrer Selbständigkeit eingegliedert wird oder wenn mehrere Dienststellen zu einer Dienststelle verschmolzen werden.

Wesentliche Teile einer Dienststelle sind abgrenzbare Organisationseinheiten, deren Fortfall oder Veränderung sich auf den Aufgabenbereich oder die Struktur der Dienststelle derart auswirkt, dass sie zu einer wesensmäßig „anderen" Dienststelle wird. (BVerwG, Beschl. vom 30.9.1987, ZBR 1988, 104)

6. Behördliche oder betriebliche Grundsätze der Personalplanung (Nr. 4)

Die Aufstellung der behördlichen oder betrieblichen Grundsätze der Personalplanung unterliegt der Mitwirkung des Personalrats. Der Personalrat erhält also die Möglichkeit, bei den allgemeinen personellen Grundsatzentscheidungen, die die Grundlage für personelle Einzelentscheidungen bilden (§ 72 Abs. 1 Satz 1), ein gewichtiges Wort mitzureden. Sowohl die allgemeine Personalwirtschaft als auch die personellen Einzelentscheidungen werden dadurch objektiver und transparenter. Diese Regelung bleibt hinter § 92 Abs. 1 BetrVG zurück. Danach hat der Arbeitgeber den Betriebsrat über die Personalplanung insbesondere über den gegenwärtigen und künftigen Personalbedarf sowie über die sich daraus ergebenden personellen Maßnahmen rechtzeitig und umfassend zu unterrichten. Andererseits ist die stärkere Form der Mitwirkung eher geeignet, bereits über die Aufstellung von Grundsätzen der Personalplanung Einfluss auf die Einzelmaßnahmen selbst zu nehmen.

Analog zur Regelung des § 92 Abs. 2 BetrVG dürften keine Bedenken bestehen, wenn der Personalrat der Dienststelle Vorschläge für die Einführung einer Personalplanung und ihre Durchführung macht.

Der Antrag einer Dienststelle an ihre übergeordnete Dienststelle, auf Stellenbesetzungen zu verzichten und stattdessen Geldmittel in Anspruch zu nehmen, ist eine allgemeine Maßnahme der Personalplanung und unterliegt der Mitwirkung. (VGH Hessen, 22 TL 1592/96 vom 5.12.1996)

7. Aufträge zur Überprüfung der Organisation oder Wirtschaftlichkeit einer Dienststelle durch Dritte (Nr. 5)

Die Absicht der Politik, einen möglichst „schlanken" Staat zu schaffen, macht diesen Mitwirkungstatbestand sehr aktuell. Zur Wahrung seiner Ausgaben, die Beschäftigten vor Überbeanspruchung zu bewahren, ist der Personalrat ist bereits bei der Planung entsprechender Maßnahmen einzuschalten, wobei er nach § 65 von seinem Informationsrecht Gebrauch machen kann. Die an Dritte zu vergebenden Aufträge müssen nicht zum Ziel haben, Personaleinsparungen zu erreichen. Es genügt, wenn solche Überprüfungsaufträge an Fremdfirmen oder Institute vergeben werden, weil z.B. der Nachweis einer effektiven Verwaltung erbracht werden soll. Eine Auswirkung auf den Stellenbestand einer Dienststelle ist nicht Voraussetzung für die Einschaltung des Personalrats, wird aber, wie die Erfahrung gezeigt hat, die Regel sein. Die meisten Organisationsuntersuchungen haben überwiegend dazu geführt, dass Stellen abgebaut wurden. Die Überprüfung der Dienststelle durch den Landesrechnungshof oder durch vorgesetzte oder andere Fachdienststellen unterliegt nicht der Mitwirkung der Personalvertretung. Der Auftrag muss sich allerdings auf die Gesamtdienststelle auswirken. Die Begutachtung einer einzelnen Fachabteilung ist nicht ausreichend, um Mitwirkungsrechte auszulösen. (OVG Münster, Beschl. vom 12.6.1995, PersR 1996, 69)

8. Erhebung der Disziplinarklage gegen eine Beamtin oder einen Beamten, wenn sie oder er die Beteiligung beantragt (Nr. 6)

Bei einem Verweis, einer Geldbuße, einer Kürzung der Dienstbezüge oder des Ruhegehalts wird gegen einen Beamten eine Disziplinarverfügung ausgesprochen. Bei schwerwiegenderen Vergehen, wird eine Disziplinarklage erhoben. Auszug aus dem LDG:

§ 35 Erhebung der Disziplinarklage

(1) Soll gegen eine Beamtin oder einen Beamten auf Zurückstufung oder auf Entfernung aus dem Beamtenverhältnis oder gegen eine Ruhestandsbeamtin oder einen

Ruhestandsbeamten auf Aberkennung des Ruhegehalts erkannt werden, ist Diszipli-narklage zu erheben.

(2) Die höhere dienstvorgesetzte Stelle sowie die oberste Dienstbehörde können jeder-zeit die Befugnis einer nachgeordneten dienstvorgesetzten Stelle an sich ziehen; in den Fällen der §§ 79 Abs. 2, 80 Satz 2 gelten sie als Behörde des klagenden Dienstherrn.

Dem Personalrat obliegt hier nicht eine Mitwirkung in dem Sinne, dass er an der Frage der Schuld der Beamtin oder des Beamten und dem Strafmaß mitwirkt. In seiner Begründung macht der Gesetzgeber deutlich, dass er die Regelung des Bundesrechtes übernimmt. Letztlich verbleibt dem Personalrat somit lediglich die Überwachungspflicht, ob die Formvorschriften des LDG oder andere Gesetze, Verordnungen usw. verletzt wurden.

Die Beamtin oder der Beamte muss die Beteiligung des Personalrats förmlich beantragen. Deshalb ist die Beamtin oder der Beamte rechtzeitig von der beabsichtigten Erhebung der Disziplinarklage in Kenntnis zu setzen und auch darüber, dass sie oder er das Recht hat, die Beteiligung des Personalrats zu beantragen. Der fehlende Hinweis im Disziplinarverfahren auf das Antragsrecht zur Mitwirkung des Personalrats führt zur unheilbaren Rechtswidrigkeit der Disziplinarverfügung. (VG Stuttgart, Urteil v. 21.4.2010 – DL 20 K 2137/09 –)

9. Maßnahmen zur Beschäftigungsförderung (Nr. 7)

Der Gesetzgeber hat diesen Mitwirkungstatbestand bewusst sehr offen formuliert, um zukünf-tig alle denkbaren Formen der Beschäftigungsformen zu erfassen. Um Arbeitswilligen bzw. Langzeitarbeitslosen mit kaum überwindbaren Vermittlungshemmnissen eine Perspektive zu verschaffen, müssen neue Formen der Beschäftigungsförderung erdacht werden, die wegen ihrer Auswirkungen auf die Zusammenarbeit in den Dienststellen der Mitwirkung der Persona-lräte unterliegen müssen. Möglich sind beispielsweise freiwilliger sozialer Arbeitsmarkt, öffent-liche, auf Gemeinnützigkeit beschränkte Arbeitsangebote, Bürgerarbeit, Beschäftigungs-zuschuss, Gemeinwohl orientierter Arbeitsmarkt usw..Bei der Entscheidung, ob überhaupt sol-che Maßnahmen in Betracht kommen, hat der Personalrat kein Mitwirkungsrecht.

10. Grundlegende Änderungen von Arbeitsabläufen bei Wirtschaftsbetrieben (Nr. 8)

Nur wenn Arbeitsabläufe bei Wirtschaftsbetrieben grundlegend geändert werden (vgl. § 75 Nr. 2), wobei es sich im Wesentlichen um technische und wirtschaftliche Vorgänge handelt, wirkt der Personalrat mit. Als solche Wirtschaftsbetriebe kommen kommunale Eigenbetriebe, aber auch Zweckverbände mit wirtschaftlichen Aufgaben in Betracht.

Da es sich um grundlegende Änderungen handeln muss, scheiden Modernisierungsmaß-nahmen und bloße Verbesserungen aus. Die getroffene Regelung kann sich mit den Mit-bestimmungsangelegenheiten nach § 72 Abs. 3 überschneiden, da nicht recht ersichtlich ist, wie die Begriffe „Arbeitsmethoden" und „Arbeitsabläufe" voneinander scharf abzugrenzen sind. Treffen bei beabsichtigten Maßnahmen beide Tatbestände (Mitbestimmung und Mit-wirkung) zu, so ist der Personalrat in beiden Formen zu beteiligen. (BAG, Urteil vom 29.6.1988, Verwaltungsrundschau 1989, 316)

§ 74

(1) Der Personalrat bestimmt mit bei ordentlichen Kündigungen durch den Arbeitgeber. § 72 Absatz 1 Satz 2 gilt entsprechend.

(2) Der Personalrat ist vor Abmahnungen, bei Kündigungen in der Probezeit, bei außerordentlichen Kündigungen, bei Aufhebungs- oder Beendigungsverträgen und bei Mitteilungen an Auszubildende darüber, dass deren Einstellung nach beendeter Ausbildung nicht beabsichtigt ist, anzuhören. Hierbei sind die Gründe, auf die sich die beabsichtigte Abmahnung oder Kündigung stützen soll, vollständig anzugeben.

(3) Eine ohne Beteiligung des Personalrates ausgesprochene Kündigung oder ein ohne Beteiligung des Personalrates geschlossener Aufhebungs- oder Beendigungsvertrag ist unwirksam.

(4) Der Personalrat kann vor einer Stellungnahme die betroffene Arbeitnehmerin oder den betroffenen Arbeitnehmer anhören. Erhebt der Personalrat Einwendungen gegen die beabsichtigte Maßnahme oder Vereinbarung, hat er der betroffenen Arbeitnehmerin oder dem betroffenen Arbeitnehmer eine Abschrift seiner Stellungnahme zuzuleiten.

(5) Stimmt der Personalrat einer beabsichtigten ordentlichen Kündigung nicht zu, gilt § 66 Absatz 2 und 3 sinngemäß. Das weitere Verfahren regelt sich nach § 66 Absatz 5 und Absatz 7 Satz 1 und 2.

(6) Hat der Personalrat gegen eine beabsichtigte Kündigung in der Probezeit oder gegen eine außerordentliche Kündigung Einwendungen, gibt er diese binnen drei Arbeitstagen der Dienststelle schriftlich zur Kenntnis. Absatz 4 gilt entsprechend.

(7) Will der Personalrat gegen einen Aufhebungs- oder Beendigungsvertrag Einwände erheben, gibt er diese binnen einer Woche schriftlich der Dienststelle zur Kenntnis. Absatz 4 gilt entsprechend.

(8) Bei Initiativanträgen des Personalrats gilt § 66 Absatz 4 und 6 entsprechend.

1. Ordentliche Kündigungen (Abs. 1)

Die ordentliche Kündigung ist eine einseitige empfangsbedürftige Willenserklärung, durch die ein auf unbestimmte Zeit eingegangenes Arbeitsverhältnis beendet werden soll. Es ist hierbei das Ultima-Ratio-Prinzip zu beachten, d. h., die Maßnahme muss für den Kündigenden die unausweichlich letzte Möglichkeit sein. (BAG, Urteil vom 27.9.1984 – 2 AZR 62/83) Die ordentliche Kündigung unterliegt nach der Novellierung wieder der Mitbestimmung. Zu beachten ist § 72 Abs. 1 Satz 2, wonach bei den dort genannten Beschäftigten der Personalrat nur auf deren Antrag tätig werden darf oder die Mitbestimmung ausgeschlossen ist. Zu diesem Zweck sind die von Kündigung bedrohten Beschäftigten auf die mögliche Mitbestimmung des Personalrats hinzuweisen.

Die Kündigung ist nur zulässig, wenn sie sozial gerechtfertigt ist. Sozial ungerechtfertigt ist die Kündigung. wenn sie nicht durch Gründe, die in der Person oder in dem Verhalten der Arbeitnehmerin oder des Arbeitnehmers liegen oder durch dringende betriebliche Erfordernisse, die eine Weiterbeschäftigung der Arbeitnehmerin oder des Arbeitnehmers in diesem Betrieb entgegenstehen, bedingt ist. Weitere Voraussetzungen für eine solche Kündigung enthält § 1 des KSchG.

Die Kündigungsgründe müssen dem Personalrat unter näherer Umschreibung der Sachverhalte mitgeteilt werden. (BAG, Urteil vom 31.8.1989, PV 1990, 355). Eine pauschale oder stichwortartige Beschreibung genügt nicht. Die Begründung für die Kündigung muss so eindeutig sein, dass der Personalrat diese ohne eigene Nachforschungen überprüfen kann. (BAG, Urteil vom 24.8.1989 – 2 AZR 592/88) Wenn der öffentliche Arbeitgeber behauptet, er habe seine Auswahlentscheidung unter Beachtung sozialer Kriterien vorgenommen, dann ist er auch verpflichtet, die aus seiner Sicht entscheidenden Kriterien dem Personalrat mitzuteilen, um diesem die Nachprüfung zu ermöglichen, ob er von seinem Ablehnungsrecht Gebrauch machen kann. (BAG, Urteil vom 26.10.1995 n.v.)

Auch die so genannte Änderungskündigung unterliegt der Mitbestimmung, weil das Arbeitsverhältnis endet, wenn die Arbeitnehmerin oder der Arbeitnehmer mit den Bedingungen nicht einverstanden ist. (BAG, Urteil vom 30.11.1989, DB 1990, 993) Unerheblich ist auch, ob die Kündigung nur vorsorglich ausgesprochen wird, wie dies oft bei fristlosen Kündigungen vorkommt. Wenn eine Änderungskündigung deswegen erfolgt, weil der Betroffene eine Rückgruppierung nicht hinnehmen will, ist der Personalrat zweimal zu beteiligen (Abs. 1 Nr. 4).

Die Kündigung eines Schwerbehinderten bedarf der Zustimmung der Hauptfürsorgestelle. Die Kündigungsfrist beträgt mindestens vier Wochen (§ 86 SGB IX).

Eine ohne Beteiligung des Personalrats ausgesprochene Kündigung ist unwirksam (Abs. 3). Nach ständiger Rechtsprechung des BAG liegt in diesen Fällen auch zivilrechtlich Unwirksamkeit vor. (LAG Hamm, Urteil vom 12.3.1992, Pers 1992, 520)

Auszug aus dem Kündigungsschutzgesetz:

§ 1 Sozial ungerechtfertigte Kündigungen

o *Die Kündigung des Arbeitsverhältnisses gegenüber einem Arbeitnehmer, dessen Arbeitsverhältnis in demselben Betrieb oder Unternehmen ohne Unterbrechung länger als sechs Monate bestanden hat, ist rechtsunwirksam, wenn sie sozial ungerechtfertigt ist.*

o *Sozial ungerechtfertigt ist die Kündigung, wenn sie nicht durch Gründe, die in der Person oder in dem Verhalten des Arbeitnehmers liegen, oder durch dringende betriebliche Erfordernisse, die einer Weiterbeschäftigung des Arbeitnehmers in diesem Betrieb entgegenstehen, bedingt ist. Die Kündigung ist auch sozial ungerechtfertigt, wenn*

1. *in Betrieben des privaten Rechts*
   a) *die Kündigung gegen eine Richtlinie nach § 95 des Betriebsverfassungsgesetzes verstößt,*
   b) *der Arbeitnehmer an einem anderen Arbeitsplatz in demselben Betrieb oder in einem anderen Betrieb des Unternehmens weiterbeschäftigt werden kann und der Betriebsrat oder eine andere nach dem Betriebsverfassungsgesetz insoweit zuständige Vertretung der Arbeitnehmer aus einem dieser Gründe der Kündigung innerhalb der Frist des § 102 Abs. 2 Satz 1 des Betriebsverfassungsgesetzes schriftlich widersprochen hat,*

2. *in Betrieben und Verwaltungen des öffentlichen Rechts*
   a) *die Kündigung gegen eine Richtlinie über die personelle Auswahl bei Kündigungen verstößt,*
   b) *der Arbeitnehmer an einem anderen Arbeitsplatz in derselben Dienststelle oder in einer anderen Dienststelle desselben Verwaltungszweiges an demselben Dienstort einschließlich seines Einzugsgebietes weiterbeschäftigt werden kann*

und die zuständige Personalvertretung aus einem dieser Gründe fristgerecht gegen die Kündigung Einwendungen erhoben hat, es sei denn, daß die Stufenvertretung in der Verhandlung mit der übergeordneten Dienststelle die Einwendungen nicht aufrechterhalten hat.

Satz 2 gilt entsprechend, wenn die Weiterbeschäftigung des Arbeitnehmers nach zumutbaren Umschulungs- oder Fortbildungsmaßnahmen oder eine Weiterbeschäftigung des Arbeitnehmers unter geänderten Arbeitsbedingungen möglich ist und der Arbeitnehmer sein Einverständnis hiermit erklärt hat. Der Arbeitgeber hat die Tatsachen zu beweisen, die die Kündigung bedingen.

Ist einem Arbeitnehmer aus dringenden betrieblichen Erfordernissen im Sinne des Absatzes 2 gekündigt worden, so ist die Kündigung trotzdem sozial ungerechtfertigt, wenn der Arbeitgeber bei der Auswahl des Arbeitnehmers die Dauer der Betriebszugehörigkeit, das Lebensalter, die Unterhaltspflichten und die Schwerbehinderung des Arbeitnehmers nicht oder nicht ausreichend berücksichtigt hat; auf Verlangen des Arbeitnehmers hat der Arbeitgeber dem Arbeitnehmer die Gründe anzugeben, die zu der getroffenen sozialen Auswahl geführt haben. In die soziale Auswahl nach Satz 1 sind Arbeitnehmer nicht einzubeziehen, deren Weiterbeschäftigung, insbesondere wegen ihrer Kenntnisse, Fähigkeiten und Leistungen oder zur Sicherung einer ausgewogenen Personalstruktur des Betriebes, im berechtigten betrieblichen Interesse liegt. Der Arbeitnehmer hat die Tatsachen zu beweisen, die die Kündigung als sozial ungerechtfertigt im Sinne des Satzes 1 erscheinen lassen.

○ *Ist in einem Tarifvertrag, in einer Betriebsvereinbarung nach § 95 des Betriebsverfassungsgesetzes oder in einer entsprechenden Richtlinie nach den Personalvertretungsgesetzen festgelegt, wie die sozialen Gesichtspunkte nach Absatz 3 Satz 1 im Verhältnis zueinander zu bewerten sind, so kann die Bewertung nur auf grobe Fehlerhaftigkeit überprüft werden.*

Sind bei einer Kündigung auf Grund einer Betriebsänderung nach § 111 des Betriebsverfassungsgesetzes die Arbeitnehmer, denen gekündigt werden soll, in einem Interessenausgleich zwischen Arbeitgeber und Betriebsrat namentlich bezeichnet, so wird vermutet, dass die Kündigung durch dringende betriebliche Erfordernisse im Sinne des Absatzes 2 bedingt ist. Die soziale Auswahl der Arbeitnehmer kann nur auf grobe Fehlerhaftigkeit überprüft werden. Die Sätze 1 und 2 gelten nicht, soweit sich die Sachlage nach Zustandekommen des Interessenausgleichs wesentlich geändert hat. Der Interessenausgleich nach Satz 1 ersetzt die Stellungnahme des Betriebsrates nach § 17 Abs. 3 Satz 2.

Nach Nummer 2a kann der Personalrat gegen die Kündigung Einwendungen erheben, wenn nach seiner Ansicht die Kündigung gegen eine Richtlinie im Sinne des § 72 Abs. 4 Nr. 14 verstößt. Die Bestimmung findet in § 1 Abs. 2 Satz 2 Nr. 2 Buchstabe a KSchG mit dem Hinweis auf die mit § 72 Abs. 4 Nr.14 vergleichbare Regelung des § 95 Betriebsverfassungsgesetz eine Parallele. Obwohl diese Richtlinien keine Außenwirkung auslösen, schränken sie das Ermessen der Dienststelle durch Selbstbindung ein. Macht der Personalrat Einwendungen nach Nr. 2a geltend, kann sich die Dienststelle nicht darauf berufen, dass sie diese Richtlinie bisher nicht beachtet hat.

Nach Nummer 2b kann der Personalrat gegen die Kündigung Einwendungen erheben, wenn nach seiner Ansicht die zu kündigende Arbeitnehmerin oder der Arbeitnehmer an einem anderen Arbeitsplatz in derselben Dienststelle oder in einer anderen Dienststelle desselben Verwaltungszweiges an demselben Dienstort einschließlich seines Einzugsgebietes weiterbeschäftigt werden kann. Der Personalrat kann also hiernach einwenden, es hätte eine Versetzung oder Umsetzung vor der Kündigung geprüft werden müssen. (BAG, PersR 1996, S. 506) Die Einwendungen des Personalrats müssen konkrete Einsatzmöglichkeiten im obigen Sinne benennen, allgemeine Hinweise reichen nicht aus. (vgl. BAG, NZA 1999, S. 1154) Macht der Personalrat aber geltend, dass in einer bestimmten Abteilung Leiharbeitskräfte tätig sind, auf deren Arbeitsplatz die oder der Beschäftigte weiterbeschäftigt werden könnte, handelt es sich unabhängig davon, ob ein tatsächlicher Einsatz möglich ist, um einen zulässigen Widerspruch im Sinne des Kündigungsschutzgesetzes. (vgl. ArbG Stuttgart, NZA-RR 1997, S. 260)

Daneben kann der Personalrat gegen die Kündigung Einwendungen erheben, wenn nach seiner Ansicht die Weiterbeschäftigung der Arbeitnehmerin oder des Arbeitnehmers nach zumutbaren Umschulungs- oder Fortbildungsmaßnahmen möglich ist. Die Fortbildung ist die erforderliche Ergänzung des bestehenden beruflichen Wissens, die Umschulung stellt demgegenüber nicht auf die beruflichen Kenntnisse ab. Die erforderliche Zumutbarkeit ist eine weitere Einschränkung des Rechts des Personalrats zur Erhebung von Einwendungen. Da die Einwendung gegen die Dienststelle gerichtet ist, kommt es nicht darauf an, ob die Umschulungs- und Fortbildungsmaßnahmen für die Arbeitnehmerin oder den Arbeitnehmer, sondern nur, ob sie für die Dienststelle zumutbar sind. Dabei ist die Zumutbarkeit ausschließlich als eine finanzielle Belastung der Dienststelle zu verstehen, die mit den Folgen einer Kündigung für die oder den Beschäftigten abgewogen werden muss. Der Personalrat muss die Zumutbarkeit der Umschulungs- oder Fortbildungsmaßnahmen bei Erhebung der Einwendungen gegen die Kündigung darlegen. Das Ziel der Umschulungs- oder Fortbildungsmaßnahmen muss jedenfalls eine Weiterbeschäftigung der Arbeitnehmerin oder des Arbeitnehmers sein.

2. Abmahnungen (Abs. 2)

Regelungen. die das Verhalten der Beschäftigten betreffen, unterliegen gemäß § 72 Abs. 4 Nr. 9 der Mitbestimmung. Dabei handelt es sich jedoch um generelle Maßnahmen, während Einzelmaßnahmen wie eine Abmahnung nicht mitbestimmungspflichtig sind. (BVerwG, Beschl. vom 6.2.1979, PV 1980, 421) Vor jeder Abmahnung ist dem Personalrat im Rahmen der Anhörung Gelegenheit zur Stellungnahme zu geben. Die Abmahnung ist als eine Vorstufe zur Kündigung zu verstehen und deshalb als beteiligungspflichtige Maßnahme gesetzlich verankert, weil viele Arbeitnehmerinnen und Arbeitnehmer die Tragweite einer Abmahnung nicht richtig einschätzen. Der Personalrat hat Anspruch darauf, dass die Dienststelle die beabsichtigte Maßnahme konkret begründet. Ein Anspruch des Personalrats auf Unterrichtung über die

Texte geplanter Abmahnungen besteht allerdings nicht. (OVG Münster, Beschl. vom 12. 6. 1995, ZBR 1996, 31)

Eine Abmahnung unterliegt bereits auch dann der Beteiligung, wenn daraus keine weiteren dienstrechtlichen Konsequenzen gezogen werden. Als beteiligungspflichtig sind allerdings keine Maßnahmen zu verstehen, die lediglich auf bestehende dienst- oder arbeitsrechtliche Pflichten hinweisen. (OVG Münster, Beschl. vom 6.1.1982 – CB 24/80) Auf die Bezeichnung der Maßnahme kommt es nicht an, sie kann auch als Tadel oder Missbilligung ausgesprochen werden, muss aber eine gewisse Förmlichkeit besitzen und darf nicht nur das bloße mündliche Anhalten eines Vorgesetzten zum Arbeitseifer sein. (BVerwG, Beschl. vom 30.11.1982, PV 1983, 411) Darunter fällt auch nicht die Missbilligung eines vertragswidrigen Verhaltens eines Beschäftigten, wenn damit nicht ausschließlich eine Pflichtenmahnung verbunden ist.

Schriftliche Abmahnungen oder Verwarnungen von Tarifbeschäftigten sind nach den tarifvertraglichen Bestimmungen zu den Personalakten zu nehmen. Unterbleibt die vorgeschriebene vorherige Anhörung des Personalrats, besteht ein Rechtsanspruch auf Entfernung aus der Personalakte. (BAG, Urteil vom 14.12.1994, BB 1995, 524)

Der Personalrat muss eventuelle Bedenken dem Leiter der Dienststelle ohne schuldhaftes verzögern mitteilen. Dazu ist er nur in der Lage, wenn die Dienststelle die maßgeblichen Gründe für eine Abmahnung und eine eventuelle Gegendarstellung der oder des Betroffenen dem Personalrat mitgeteilt hat. (BAG, Urteil vom 31.8.1989 – 2 AZR 453/88)

3. Kündigungen in der Probezeit, außerordentliche Kündigungen, Aufhebungs- oder Beendigungsverträgen und Mitteilungen an Auszubildende darüber, dass deren Einstellung nach beendeter Ausbildung nicht beabsichtigt ist (Abs. 2)

Bei Kündigungen in der Probezeit, außerordentlichen Kündigungen, Aufhebungs- oder Beendigungsverträgen und Mitteilungen an Auszubildende darüber, dass deren Einstellung nach beendeter Ausbildung nicht beabsichtigt ist, ist der Personalrat lediglich anzuhören. Anhörung bedeutet, dass dem Personalrat Gelegenheit gegeben wird, eine Stellungnahme zu der Maßnahme abzugeben. „Wohlfundierten Stellungnahmen des Personalrats wird eine pflichtbewusste, den Wert personalvertretungsrechtlicher Arbeit richtig einschätzende Dienststelle soweit wie möglich Rechnung tragen!" sagt das BVerwG (Beschl. vom 5.2.1971, ZBR 1971, 285).

Wenn die Beteiligung des Personalrats Sinn haben soll, muss diese zu einem möglichst frühen Zeitpunkt der Vorbereitung erfolgen und dem Personalrat die notwendige Zeit zur Prüfung und Stellungnahme eingeräumt werden. Die Dienststelle ist verpflichtet, die beabsichtigte Maßnahme näher zu begründen und dabei ggf. auf die persönlichen Verhältnisse des Betroffenen einzugehen. Die für die beabsichtigte Maßnahme wichtigen Sachverhalte sind näher zu umschreiben und die Gründe vollständig anzugeben (Abs. 2 Satz 2). Pauschale oder schlag- und stichwortartige Bezeichnungen sind dabei zu vermeiden. (BAG, Beschl. vom 13.7.1978, BB 1979, 322) Die Personalvertretung ist nicht gehalten, sich die notwendigen Daten aus irgendwelchen Unterlagen herauszusuchen und selbst zu erschließen. (LAG Baden-Württemberg, Urteil vom 25.9.1993, PersR 1994, 342) Ob der Personalrat Bedenken geltend machen will, liegt in seinem pflichtgemäßen Ermessen. Er kann sowohl einwenden, dass ein wichtiger Grund für die beabsichtigte Maßnahme nicht vorliegt, oder aber auf sonstige Gesichtspunkte hinweisen, um die Dienststelle zu veranlassen, von der Maßnahme abzusehen. Dies kann in der Weise geschehen, dass der Personalrat diese Einwendungen in einer mündlichen Besprechung erörtert. Die Einwendungen selbst mit den Gründen müssen schriftlich erfolgen. Dies hat unverzüglich innerhalb von drei Arbeitstagen nach Aufforderung zur Stellungnahme zu geschehen, weil die Dienststelle gemäß § 626 Abs. 2 BGB innerhalb von zwei Wochen nach Kenntnis des Grundes die Kündigung aussprechen muss. Bei Einwendungen gegen Aufhebungs- oder Beendigungsverträge hat der Personalrat nach Abs. 7 hierzu eine Woche Zeit.

Da ein Probearbeitsverhältnis gesetzlich nicht geregelt ist, hat der Personalrat das Recht mit zu überprüfen, ob durch Sondervorschriften die Dauer des Probearbeitszeitverhältnisses festgelegt wird. Dies gilt z.b. gemäß § 2 TVL/TVöD für Arbeitnehmer, bei denen die ersten sechs Monate der Beschäftigung als Probezeit gelten, es sei denn, dass im Arbeitsvertrag auf eine Probezeit verzichtet oder eine kürzere Probezeit vereinbart worden ist oder der Arbeitnehmer im unmittelbaren Anschluss an ein erfolgreich abgeschlossenes Ausbildungsverhältnis bei derselben Dienststelle oder demselben Betrieb eingestellt wird. Innerhalb der Probezeit beträgt die Kündigungsfrist gemäß § 30 Abs. 4 TVL/TVöD zwei Wochen zum Monatsschluss.

Durch eine außerordentliche Kündigung wird das Arbeitsverhältnis ohne Einhaltung der durch Gesetz, Tarif- oder Arbeitsvertrag vorgesehenen Frist beendet. Sie kann fristlos, aber auch mit einer Auslauffrist erklärt werden, die auch der ordentlichen Kündigung entsprechen kann. Dabei muss der Arbeitgeber klarstellen, ob er eine außerordentliche Kündigung mit Auslauffrist oder eine ordentliche Kündigung aussprechen will. Die erstere setzt nach § 626 BGB einen wichtigen Grund voraus. Dieser ist gegeben, wenn Tatsachen vorliegen, die für den Arbeitgeber unter Berücksichtigung aller Umstände des Einzelfalles und unter Abwägung der Interessen beider Parteien die Fortsetzung des Arbeitsverhältnisses bis zum Ablauf der Kündigungsfrist unzumutbar macht. Auch das Arbeitsverhältnis von nach § 34 Abs. 2 TVL/TVöD „unkündbaren" Arbeitnehmerinnen und Arbeitnehmern kann aus in ihrer Person oder in ihrem Verhalten liegenden Gründen fristlos oder unter Einräumung einer Frist gekündigt werden.

Nach Abs. 3 ist jede Kündigung unwirksam, wenn eine Personalvertretung nicht beteiligt worden ist. Die Anhörung des Personalrats bei einer außerordentlichen Kündigung ist demnach Wirksamkeitsvoraussetzung. (BAG, Urteil vom 14.3.1979, PV 1980, 242; BVerwG, Beschl. vom 1.2.1982, RiA 1983, 56; LAG Hamm, Urteil vom 12.3.1992, PersR, 520)

4. Anhörung der Betroffenen durch den Personalrat

In pflichtgemäßem Ermessen kann der Personalrat die betroffene Arbeitnehmerin bzw. den betroffenen Arbeitnehmer vor seiner Stellungnahme an die Dienststelle hierzu anhören. Erhebt der Personalrat Einwendungen gegen die beabsichtigte Maßnahme, hat er der betroffenen Arbeitnehmerin oder dem betroffenen Arbeitnehmer eine Abschrift seiner Stellungnahme zuzuleiten.

§ 75

(1) Der Personalrat ist anzuhören bei

1. der Vorbereitung der Entwürfe von Stellenplänen, Bewertungsplänen und Stellenbesetzungsplänen,
2. grundlegenden Änderungen von Arbeitsverfahren und Arbeitsabläufen,

3. der Planung von Neu-, Um- und Erweiterungsbauten sowie der Anmietung von Diensträumen,

4. der Anordnung von amts- und vertrauensärztlichen Untersuchungen zur Feststellung der Arbeits- oder Dienstfähigkeit,

5. der wesentlichen Änderung oder Verlagerung von Arbeitsplätzen.

(2) Die Anhörung hat so rechtzeitig zu erfolgen, daß die Äußerung des Personalrats noch Einfluß auf die Willensbildung der Dienststelle nehmen kann.

1. Anhörung

Anhörung bedeutet, dass die Dienststelle den Personalrat rechtzeitig vorher über die geplanten Maßnahmen, die der Anhörung unterliegen, unterrichtet und ihm Gelegenheit zu einer ausführlichen Stellungnahme gibt. Im Gegensatz zu den Maßnahmen gemäß § 74 kann dies völlig formlos und ohne Einhaltung einer Frist geschehen. Dies gilt für beide Beteiligten. Aus dem Grundsatz der vertrauensvollen Zusammenarbeit ergibt sich aber, dass der Personalrat innerhalb einer angemessenen Zeit auf die vorgelegten Pläne, Entwürfe oder beabsichtigten Maßnahmen reagieren muss, wobei als äußerstes Maß die in §§ 66 und 69 genannten Fristen gelten sollten. Nach Abs. 2 hat der Dienststellenleiter den Personalrat so rechtzeitig zu informieren, dass die Äußerung des Personalrats noch Einfluss auf die Willensbildung der Dienststelle nehmen kann.

2. Vorbereitung der Entwürfe von Organisationsplänen, Stellenplänen, Bewertungsplänen und Stellenbesetzungsplänen (Nr. 1)

Vorbereitung der Entwürfe bedeutet, dass eine Beteiligung des Personalrats nicht erst bei der Aufstellung der Pläne, sondern schon dort einsetzt, wo vorbereitende Arbeiten geleistet oder Beiträge erstellt werden, also im Landesbereich schon bei den unteren Behörden. Das gilt insbesondere für die Stellenpläne, weil ihre Feststellung durch Haushaltsgesetz oder durch Haushaltssatzung erfolgt. Ein Stellenplan ist jährlich dem Haushaltsplan beizufügen, er wird aber dadurch nicht Bestandteil des Haushaltsplans. Der Gesetzgeber hat eine möglichst frühzeitige Beteiligung der ortsnahen Personalräte gewollt und sich deshalb für die Anhörung ausgesprochen, da sie eher geeignet sei, die Personalvertretungen viel früher und effektiver zu beteiligen.

3. Organisationspläne (Nr. 1)

Organisationsplan in diesem Sinne ist die Darstellung der Behördenstruktur, Zuständigkeitsordnung und Aufgabenverteilung, wie sie aufgrund des LOG von den obersten Dienstbehörden für den jeweiligen Geschäftsbereich festgelegt werden, was allerdings nicht für die Hochschulen gilt (§ 1 Abs. 2 Buchst. d LOG). Zu den Organisationsplänen gehören auch die Geschäftsverteilungspläne, wie sie z.B. nach der „Gemeinsamen Geschäftsordnung der Ministerien des Landes" vorgeschrieben sind. In vielen Bereichen werden sogar Organisations- und Geschäftsverteilungspläne gemeinsam aufgestellt. Auch aus dem Charakter eines Geschäftsverteilungsplanes als einer internen Verwaltungsmaßnahme kann nicht geschlossen werden, dass sie nicht unter die Beteiligung des Personalrats fällt, denn unter bestimmten Voraussetzungen werden gerade durch den Geschäftsverteilungsplan bereits Vorentscheidungen für Mitbestimmungs- oder Mitwirkungsmaßnahmen getroffen, so dass durch die Maßnahmen der Verwaltung eine Beteiligung des Personalrats im Einzelfall ausgelöst wird.

4. Grundlegenden Änderungen von Arbeitsverfahren und Arbeitsabläufen (Nr. 2)

Dieser Tatbestand kann als Auffangtatbestand zu § 72 Abs. 3 Nr. 3 und 4 gelten, der dann zum Zuge kommt, wenn eine Mitbestimmung im Sinne des § 66 verneint werden muss.

5. Planung von Neu-, Um- und Erweiterungsbauten sowie der Anmietung von Diensträumen (Nr. 3)

Zunächst sind hier alle baulichen Maßnahmen angesprochen, die den bestehenden Zustand verändern und nicht lediglich der Erhaltung der Bausubstanz dienen. Während nach § 72 Abs. 4 Nr. 10 die Gestaltung der Arbeitsplätze der Mitbestimmung unterliegt, werden Personalvertretungen bereits bei der Planung von Neu-, Um- und Erweiterungsbauten im Wege der Anhörung beteiligt. Wegen der Konkurrenz der beiden Beteiligungsrechte wird auf BVerwG, Beschl. vom 17.7.1987, PV 1989, 312, hingewiesen. Dabei soll der Personalrat insbesondere darauf achten, dass die neu gestalteten Arbeitsplätze menschengerecht und menschenwürdig sind. Auch dort, wo eine Gestaltung der Arbeitsplätze nur im Rahmen der abzuschließenden Mietverträge möglich ist, nämlich bei der Anmietung von Diensträumen, ist der Personalrat einzuschalten, der im Rahmen der Vertragsgestaltung Einfluss auf die Arbeitsplätze nehmen soll.

6. Anordnung von amts- und vertrauensärztlichen Untersuchungen zur Feststellung der Arbeits- oder Dienstfähigkeit

Rechtsgrundlage für die Anordnung der amtsärztlichen Untersuchung ist § 34 LBG. Hiernach ist die Beamtin oder der Beamte verpflichtet, sich nach Weisung der Behörde ärztlich untersuchen zu lassen, wenn Zweifel an ihrer oder seiner Dienstfähigkeit bestehen. Wie groß die Zweifel an der Dienstfähigkeit eines Beamten sind, ist unerheblich, deshalb kann eine solche Maßnahme auch nur insoweit überprüft werden, ob sie ermessensfehlerhaft oder willkürlich ist. (OVG Münster, Urteil vom 13.1.1982, DÖD 1983, 91) Auf die Anm. 24 zu § 72 wird hingewiesen. Analoge Regelungen bestehen für Arbeitnehmer hinsichtlich der vertrauensärztlichen Untersuchung. Auch die Einholung weiterer fachärztlicher Gutachten unterliegt der Beteiligung des Personalrats. (Cecior, Anm. 56 zu § 75)

7. Wesentliche Änderung oder Verlagerung von Arbeitsplätzen (Nr. 4)

Gemäß § 72 Abs. 1 Nr. 5 (zweite Alternative) unterliegt eine Umsetzung der Mitbestimmung des Personalrats. Darunter werden vielfach aber keine örtlichen Veränderungen gesehen, so dass die Veränderung oder Verlagerung von Arbeitsplätzen in örtlicher Hinsicht ohne Wechsel des Dienstortes im reisekostenrechtlichen Sinne der Anhörung des Personalrats unterliegt. Dies gilt also immer dann, wenn mit der Umsetzung keine Veränderung des Aufgabengebiets verbunden ist. Die Gestaltung der Arbeitsplätze unterliegt der Mitbestimmung gemäß § 72 Abs. 4 Nr. 10 (Anm. 68 zu § 72).

§ 76

An Prüfungen, die eine Dienststelle von den Beschäftigten ihres Bereichs abnimmt, kann ein Mitglied des für diesen Bereich zuständigen Personalrats, das von diesem benannt ist, beratend teilnehmen; Teilnahme und Beratung beschränken sich auf den Ablauf der mündlichen Prüfung. Mitglieder des Personalrats dürfen bei Prüfungen, die sie noch abzulegen haben, nicht nach Satz 1 tätig werden.

1. Art der Prüfungen

Das Recht der Teilnahme von Personalratsmitgliedern an Prüfungen ist dem Umfang nach durch diese Vorschrift verbindlich geregelt. Danach erstrecken sich Teilnahme und Beratung auf den Ablauf der mündlichen Prüfung. Mit dieser gesetzlichen Interpretation, die sich auch nach dieser Novellierung weiterhin eindeutig von § 80 BPersVG unterscheidet, sind vom Gesetzgeber zugleich Grenzen gezogen. Das Personalratsmitglied hat gegenüber den Prüflingen eine Betreuungs- und Vermittlungsposition und unterstützt die Prüfungskommission beim äußeren Prüfungsablauf. (BVerwG, Beschl. vom 17.2.1984, DÖD 1984, 811) Außerdem soll auf die Chancengleichheit der Prüflinge geachtet werden (vgl. BVerwG, Beschl. vom 16.1.1984, DÖD, 809). Die mündliche Prüfung ist beendet, wenn die Beratung über das Ergebnis der Prüfung beginnt, so dass daran das Personalratsmitglied nicht teilnehmen kann. (BVerwG, Beschl. vom 31.1.1979, DVBl. 1979, 467) Es ist jedoch rechtlich zulässig, dass vor Beginn einer Prüfung die Anwesenheit des jeweiligen Mitglieds des teilnehmenden Personalrat bekannt gegeben und der Zweck der Teilnahme den Prüflingen erläutert wird. Die Personalratsvertreterin oder der Personalratsvertreter kann auch eine Durchschrift der den Prüflingen vorgelegten Prüfungsfragen erhalten. Dagegen ist es unzulässig, eine Zusammenstellung aller Einzelleistungen der Prüflinge, die Noten der während des Lehrgangs gefertigten Klausuren und die Noten für die mündliche Lehrgangsleistung im jeweiligen Fach (Notenspiegel) auszuhändigen. (OVG Münster, Beschl. vom 24.8.1977 – CL 20/76)

Aus der beratenden Teilnahme während des mündlichen Teils der Prüfung folgt, dass ein Personalratsmitglied in die Prüfung zwar nicht eingreifen kann, aber berechtigt ist, dem Prüfungsablauf dienende Fragen zu stellen. Von irgendeiner Leistungsbewertung ist es allerdings ausgeschlossen. Entsprechend dem Willen des Gesetzgebers steht aber dem Personalratsmitglied nach der mündlichen Prüfung eine Gesprächsmöglichkeit mit der Prüfungskommission zu, sobald die Prüfungskandidaten nicht mehr anwesend sind. Dabei kann es evtl. festgestellte Unzulänglichkeiten der Prüfung bemängeln. Der Kommission steht es dabei frei, die von dem Personalratsmitglied vorgebrachten Anliegen bei der materiellen Prüfungserörterung mit zu verwerten.

2. Beratende Teilnahme an Prüfungen

Das Beratungsrecht erstreckt sich auf Prüfungen aller Art, worunter ein in bestimmter Weise geregeltes Verfahren zu verstehen ist, das der Feststellung von persönlichen und fachlichen Fähigkeiten und Eigenschaften der Prüflinge dient.

Zu den Prüfungen zählen auch Ausleseverfahren der Bewerber für den Aufstieg in eine andere Laufbahngruppe. Außerdem zählen zu den Prüfungen die Prüfungen der Arbeitnehmerinnen und Arbeitnehmer und die Lehrabschlussprüfungen, insbesondere aber die Laufbahnprüfungen der Beamtenanwärter. Da die Prüfungen aber nur von den Beschäftigten des jeweiligen Bereichs abgenommen werden, ist die Zuständigkeit des Personalrats auf interne Prüfungsverfahren beschränkt. (OVG Münster, Beschl. vom 14.10.1981, PV 1986, 436)

3. Zuständiger Personalrat

Zuständig ist der Personalrat, der bei der Dienststelle gebildet ist, die von den Beschäftigten ihres Bereichs Prüfungen abnimmt. Darunter ist nicht die räumliche, sondern die fachliche Zuständigkeit zu verstehen. Im Landesbereich wird dies in der Regel ein Hauptpersonalrat sein, weil in vielen Fällen nur die obersten Dienstbehörden oder die Prüfungsämter Prüfungen abnehmen. Im Bereich der Prüfungsämter für Fachhochschulabsolventen sind die Stufenvertretungen zu beteiligen, die einem Fachbereich zugeordnet sind. Wegen der Fachbereiche wird auf § 1 der Verordnung vom 6. September 1984 (GV NW S. 614) hingewiesen.

4. Persönliche Voraussetzungen der Personalratsmitglieder, die an Prüfungen beratend teilnehmen

Bei der personellen Auswahl durch den Personalrat handelt es sich nicht um eine Gruppenangelegenheit, sondern um eine Entscheidung des gesamten Personalrats. Obwohl es einem allgemeinen Grundsatz des Prüfungswesens entspricht, dass der Prüfer die Befähigung besitzen muss, die der Prüfling erwerben will, schließt die Vorschrift nur die Entsendung von solchen Personalratsmitgliedern aus, die selbst noch vor einer Prüfung stehen, an der sie teilnehmen sollen. Eine besondere Qualifikation darf von den Personalratsmitgliedern nicht gefordert werden.

§ 77

(1) Der Personalrat hat bei der Bekämpfung von Unfall- und Gesundheitsgefahren die für den Arbeitsschutz zuständigen Behörden, die Träger der gesetzlichen Unfallversicherung und die übrigen in Betracht kommenden Stellen durch Anregung, Beratung und Auskunft zu unterstützen und sich für die Durchführung der Vorschriften über den Arbeitsschutz und die Unfallverhütung in der Dienststelle einzusetzen.

(2) Die Dienststelle und die für den Arbeitsschutz zuständigen Stellen sind verpflichtet, den Personalrat oder die von ihm bestimmten Mitglieder des Personalrats bei allen im Zusammenhang mit dem Arbeitsschutz oder der Unfallverhütung stehenden Besichtigungen und Fragen und bei Unfalluntersuchungen hinzuzuziehen. Die Dienststelle hat dem Personalrat unverzüglich die den Arbeitsschutz und die Unfallverhütung betreffenden Auflagen und Anordnungen der in Satz 1 genannten Stellen mitzuteilen.

(3) An den Besprechungen der Dienststelle mit den Sicherheitsbeauftragten nach § 22 Abs. 2 des Siebten Buches Sozialgesetzbuch nehmen vom Personalrat beauftragte Personalratsmitglieder teil.

(4) Der Personalrat erhält die Niederschriften über Untersuchungen, Besichtigungen und Besprechungen, zu denen er nach den Absätzen 1 und 2 hinzuzuziehen ist.

(5) Die Dienststelle hat dem Personalrat eine Durchschrift der nach § 193 Abs. 5 des Siebten Buches Sozialgesetzbuch vom Personalrat zu unterschreibenden oder der nach beamtenrechtlichen Vorschriften zu erstattenden Unfallanzeige auszuhändigen.

1. Arbeitsschutz und Unfallverhütung

Wie sich aus § 64 Nr. 4, § 72 Abs. 4 Nr. 6 und 7 und aus dieser Vorschrift ergibt, wird der Beteiligung des Personalrats auf dem Gebiet des Arbeitsschutzes und der Unfallverhütung eine besondere Bedeutung beigemessen. In Abs. 1 ist die aktive Betätigung des Personalrats und seine Einwirkung auf die Dienststelle und die sonstigen für den Arbeitsschutz zuständigen Stellen geregelt. Unter den Arbeitsschutz fallen alle Bestimmungen, die der Erhaltung der Arbeitskraft dienen, z.B. das Arbeitsschutzrecht (vgl. 65 zu § 72), der Frauen- und Mutterschutz (MuSchG, MuSchV, RdErl. d. Finanzministeriums NRW „Anwendung des Mutterschutzgesetzes auf die im Landesdienst beschäftigten Arbeitnehmerinnen vom 9.6.1995, MBl. NW S. 1024), der Jugendarbeitsschutz (Jugendarbeitsschutzgesetz vom 12. April 1976 – BGBl. I S. 965), der Schwerbehindertenschutz (SGB IX) und der soziale Arbeitsschutz. Dazu zählt auch die Verpflichtung, für die einwandfreie Beschaffenheit der Arbeitseinrichtungen sowie die Anbringungen der erforderlichen Arbeitsschutzvorrichtungen in den Arbeitsräumen und an den Arbeitsgeräten zu sorgen (technischer Arbeitsschutz).

In einigen Gesetzen sind weitere personalvertretungsrechtliche Regelungen enthalten:

- Anhörungs- und Unterrichtspflicht gemäß § 21 der Gefahrstoffverordnung vom 15. November 1999 (BGBl. I S. 2233
- § 19 Chemikaliengesetz vom 20. Juni 2002 (BGBl. I S.2090),
- Bestellung des Strahlenschutzbeauftragten gemäß § 29 Strahlenschutzverordnung vom 20. Juli 2001 (BGBl. I S. 1869),
- Bestellung des Immissionsschutzbeauftragten gemäß Verordnung vom 30. Juli 1993 (BGBl. I S. 1433),
- Bestellung des Störfallbeauftragten gemäß § 58 c Abs. 1 Störfallverordnung i.d.F. der Bek. vom 26. April 2000 (BGBl. I S.603),
- § 30 Abs. 2 Nr. 10 Gentechnik-Sicherheitsverordnung vom 22. März 2004,
- § 16 Gesetz über Betriebsärzte, Sicherheitsingenieure und andere Fachkräfte für Arbeitssicherheit i. d. F. vom 25.11.2003(Anm. 42 zu § 72).

Zuständige Stellen sind die obersten Dienstbehörden und die von ihnen beauftragten Dienststellen sowie die Ämter für Arbeitsschutz und Immissionsschutz und die Gemeindeunfallversicherungsverbände.

2. Beteiligung des Personalrats

Der Personalrat oder die von ihm bestimmten Personalratsmitglieder sind zu allen im Zusammenhang mit dem Arbeitsschutz und der Unfallverhütung stehenden Besichtigungen und Fragen hinzuzuziehen, was insbesondere bei der Einführung und Prüfung von Arbeitsschutzeinrichtungen zu geschehen hat. Die Hinzuziehungspflicht ist bereits gegeben, wenn es sich lediglich um eine Vorprüfung darüber handelt, welche Einrichtungen in Betracht kommen und welche Besichtigungen an Ort und Stelle stattfinden. Dabei ist es gleichgültig, durch welche Stellen dies geschieht. Es ist stets der Personalrat derjenigen Dienststelle hinzuzuziehen, in deren Bereich die Besichtigung stattfindet. Die Mitteilungspflicht der Dienststelle nach Abs. 2 Satz 2 kann mündlich oder schriftlich erfüllt werden. Jedenfalls soll der Personalrat dadurch unter anderem befähigt sein, seine Überwachungspflicht nach § 64 Nr. 4 zu erfüllen. Dabei kann der Personalrat seine Rechte auch außerhalb der Dienststelle geltend machen, sofern es sich um Stellen handelt, die mit Aufgaben des Arbeitsschutzes betraut sind, deren Tätigkeit aber in den Betrieb der Dienststelle hineinwirkt. Insofern ist es möglich, dass entgegen der Vorschrift des § 2 Abs. 3 außenstehende Stellen angerufen werden können (Anm. 7 zu § 2). Auch vorgesetzten Dienststellen gegenüber ist der Personalrat, nicht etwa eine Stufenvertretung, zuständig. Gleiches gilt für das Verhältnis von Teildienststelle zur Gesamtdienststelle bzw. von Teilpersonalrat zum Gesamtpersonalrat.

3. Innerbetriebliche Unfalluntersuchungen

Der Personalrat ist auch bei der Untersuchung von Dienst- und Arbeitsunfällen ohne Rücksicht darauf hinzuzuziehen, durch welche Stellen die Untersuchung durchgeführt wird. Dies gilt allerdings nur für innerbetriebliche Unfalluntersuchungen, nicht für solche der Strafverfolgungsbehörden. Der Personalrat soll dadurch in die Lage versetzt werden, den ihm nach den §§ 64 Nr. 4 und 72 Abs. 4 Nr. 7 obliegenden Aufgaben nachzukommen. Voraussetzung dafür ist nicht, dass ein Beschäftigter zu Schaden gekommen ist, weil trotzdem Anlass zu Unfallverhütungsmaßnahmen gegeben sein kann. (BVerwGE, 13, 226) Der Personalrat ist auch zu solchen Unfalluntersuchungen hinzuzuziehen, bei denen lediglich dienststelleneigene Gegenstände beschädigt worden sind. Dies ergibt sich daraus, dass der Personalrat bei allen im Zusammenhang mit dem Arbeitsschutz oder der Unfallverhütung stehenden Besichtigungen und Fragen hinzuzuziehen ist und bei Unfalluntersuchungen aller Art. Denn vielfach stellt sich erst bei und nach solchen Untersuchungen heraus, ob der Unfall im Zusammenhang mit Fragen des Arbeitsschutzes oder der Unfallverhütung steht und eine Beteiligung des Personalrats gemäß § 72 Abs. 4 Nr. 7 notwendig ist. (Bay.VGH, Beschl. vom 27.10.1980 – AN – 7 P80 – A 0990). Dagegen wirkt der Personalrat nicht bei der Entscheidung darüber mit, ob ein Unfall als Dienstunfall i.S. des Beamtenversorgungsgesetzes oder als Arbeitsunfall nach den SGB anzuerkennen oder ob Unfallfürsorge zu gewähren ist. (OVG Saarland, Urteil vom 10.11.1965 PV 1967, 14)

4. Zuständiger Personalrat bei Unfällen

Grundsätzlich ist der Personalrat der Dienststelle hinzuzuziehen, die von einem Unfall betroffen ist. Wenn jedoch Unfalluntersuchungen zentral durch Mittel- oder oberste Dienstbehörden durchgeführt werden, ist die zuständige Stufenvertretung zu beteiligen. (OVG Lüneburg, Beschl. vom 3.7.1959, 259)

5. Sicherheitsbeauftragte, Sicherheitsbeauftragter

Nach § 22 Abs. 2 SGB VII sind in Dienststellen mit mehr als 20 Beschäftigten unter Mitwirkung des Personalrats Sicherheitsbeauftragte zu bestellen. Die oder der Sicherheitsbeauftragte soll mindestens einmal im Monat mit der Dienststelle zum Zwecke des Erfahrungsaustausches zusammentreten. An dieser Besprechung sind die vom Personalrat beauftragten Personalratsmitglieder zu beteiligen.

6. Niederschriften und Unfallanzeigen

Niederschriften über Untersuchungen usw., zu denen der Personalrat hinzuzuziehen ist, sind diesem auch dann zuzuleiten, wenn er daran nicht teilgenommen hat. Die Dienststellen haben jeden Unfall in ihrem Bereich binnen drei Monaten anzuzeigen, wenn durch den Unfall eine Beschäftigte oder ein Beschäftigter getötet oder erheblich verletzt worden ist oder für mehr als drei Tage völlig oder teilweise arbeitsunfähig wird. Diese Unfallanzeige ist vom Personalrat mit zu unterzeichnen, wobei ihm eine Durchschrift auszuhändigen ist. Das gleiche gilt für die nach beamtenrechtlichen Vorschriften zu erstattenden Unfallanzeigen.

Vierter Abschnitt
Beteiligung der Stufenvertretung und des Gesamtpersonalrats

§ 78

(1) In Angelegenheiten, in denen die Dienststelle nicht zur Entscheidung befugt ist, ist an Stelle des Personalrats die bei der zuständigen übergeordneten Dienststelle gebildete Stufenvertretung zu beteiligen. In mitbestimmungs- und mitwirkungspflichtigen Angelegenheiten, in denen die Landesregierung auf Vorschlag einer obersten Landesbehörde entscheidet oder eine oberste Landesbehörde eine Entscheidung mit Wirkung über ihren Geschäftsbereich hinaus trifft, ist die Stufenvertretung am Vorschlag oder der Entscheidung der obersten Landesbehörde zu beteiligen. Betrifft der Vorschlag oder die Entscheidung nur Beschäftigte oberster Landesbehörden, tritt an die Stelle der Stufenvertretung der bei der obersten Landesbehörde gebildete Personalrat.

(2) Vor einem Beschluß in Angelegenheiten, die einzelne Beschäftigte oder Dienststellen betreffen, gibt die Stufenvertretung den Personalräten Gelegenheit zur Äußerung. In diesem Fall verdoppeln sich die Fristen der §§ 66 und 69.

(3) Werden im Geschäftsbereich mehrstufiger Verwaltungen Maßnahmen von einer Dienststelle beabsichtigt, bei der keine für eine Beteiligung an diesen Maßnahmen zuständige Personalvertretung besteht, ist an ihrer Stelle die Stufenvertretung bei der nächsthöheren Dienststelle zu beteiligen. Sofern in den Fällen des Absatzes 1 Satz 1 und 2 eine Stufenvertretung nicht besteht, tritt an deren Stelle der dortige Personalrat. Sofern in den Fällen des § 66 Absatz 5 oder des § 69 Absatz 3 eine Stufenvertretung zu beteiligen ist und diese nicht besteht, ist an ihrer Stelle die Personalvertretung bei der nächstniedrigeren Dienststelle zu beteiligen.

(4) Absatz 1 Satz 1 und die Absätze 2 und 3 gelten entsprechend für die Verteilung der Zuständigkeit zwischen Personalrat und Gesamtpersonalrat.

(5) Für die Beteiligung der Stufenvertretungen und des Gesamtpersonalrats gelten die §§ 62 bis 66 und 68 bis 77 entsprechend.

(6) Die Hauptpersonalräte bei den obersten Landesbehörden können eine Arbeitsgemeinschaft bilden.

1. Beteiligung der Stufenvertretung und des Gesamtpersonalrats

Da in einer Vielzahl von Fällen Entscheidungen nicht durch die unteren Dienststellen, sondern durch vorgesetzte Dienststellen getroffen werden, ist der Aufbau der Personalvertretungen dem hierarchischen Aufbau der Verwaltung durch die Einrichtung von Stufenvertretungen ange-passt worden. Ihre Zuständigkeit ist gegeben, wenn die vorgesetzten Dienststellen, denen sie zugeordnet sind, allein zur Entscheidung befugt sind und nicht etwa die nachgeordneten Dienststellen. Das gleiche gilt, wenn eine Gesamtdienststelle und nicht die Teildienststelle zur Entscheidung befugt ist. In diesem Falle ist der Gesamtpersonalrat zu beteiligen.

2. Abgrenzung der Zuständigkeiten

Die Abgrenzung der Zuständigkeiten der Personalvertretungen richtet sich ausschließlich danach, welche Dienststelle im Behördenaufbau zur Entscheidung befugt ist. Dabei gilt der Grundsatz, dass sich die Zuständigkeit des Personalrats nach den Zuständigkeiten der Dienst-stelle richtet, bei der er gebildet ist. (BVerwG, Beschl. vom 23.7.1979, PV 1981, 70). Der Grundsatz, dass die Beteiligungsbefugnis stets der Regelungsbefugnis folgt, gilt auch dann, wenn eine nachgeordnete Dienststelle eine Entscheidung der vorgesetzten Dienststelle umfas-send vorbereitet hat und von der vorgesetzten Dienststelle unverändert übernommen wird. Da-bei ist die bei der vorgesetzten Dienststelle gebildete Stufenvertretung zu beteiligen. (BVerwG, Beschl. vom 7.8.1996, ZTR 1997, 44)

Soweit die Zuständigkeitsverteilung sich nicht aus der Verfassung, gesetzlichen Vorschriften oder Satzungen ergibt, wird sie in Organisations- und Geschäftsverteilungsplänen oder durch innerdienstliche Verwaltungsanordnungen und Einzelanweisungen geregelt. Darüber hinaus kann die vorgesetzte Dienststelle Entscheidungen an sich ziehen, soweit dem nicht gesetzliche Vorschriften entgegenstehen. Die Entscheidungsbefugnis der nachgeordneten Behörde entfällt allerdings nicht bereits dann, wenn die Entscheidung einer Zustimmung der vorgesetzten Dienststelle bedarf, denn der Zustimmungsvorbehalt besitzt nur verwaltungsinterne Bedeutung. (BVerwGE 27, 367) Handelt die nachgeordnete Dienststelle auf Weisung oder vollzieht sie eine allgemeine Anordnung einer übergeordneten Dienststelle für ihren Bereich, wobei sich der Vollzug nicht nur auf ihre Bekanntgabe beschränken darf, so wird dadurch das Beteili-gungsrecht des örtlichen Personalrats nicht ausgeschlossen. (Engelhard-Ballerstedt, Anm. 1a zu § 82 BPersVG)

Eine innerdienstliche Weisung der vorgesetzten Behörde kann das gesetzliche Beteiligungs-recht des Personalrats bei einer nachgeordneten Behörde nicht ausschalten. (BVerwG, Beschl. vom 5.2.1971, ZBR 1971, 286) Derartige interne Weisungen berühren die Entscheidungs-zuständigkeit der Dienststelle nicht; sie trifft vielmehr ihre Entscheidungen nach innen und außen eigenverantwortlich. (BVerwG, Beschl. vom 24.9.1985 – 6 P 21.83) Die Dienststelle ist allerdings nicht verpflichtet, Anregungen und Vorschläge des örtlichen Personalrats, die Beför-derungen und Höhergruppierungen von Beschäftigten der Dienststelle betreffen, mit dem ört-lichen Personalrat zu erörtern, wenn er für die begehrten Personalmaßnahmen nicht zuständig ist. Es entspricht aber dem Grundsatz der vertrauensvollen Zusammenarbeit zwischen Dienst-stelle und Personalrat, wenn die zur Regelung der Angelegenheiten nicht befugte Dienststelle vor Abgabe ihrer Stellungnahme gegenüber der zuständigen Dienststelle dem Personalrat Gelegenheit zur Äußerung gibt. (BVerwG, Beschl. vom 8.7.1977, ZBR 1978, 173) Zur Binnenmodernisierung gehört die Verlagerung von Verantwortlichkeiten auf nachgeordnete Instanzen durch zum Teil weitreichende Deregulierung. Die übergeordneten Dienststellen beschränken sich vielfach auf Vorschläge, die von den nachgeordneten Dienststellen in einem vorgegebenen Rahmen ausgefüllt und durchgeführt werden. Die vorangestellten Bemerkungen spielen daher eine immer größere Rolle.

Wenn Beschäftigte einer aufgelösten Dienststelle dem Übergang ihrer Arbeitsverhältnisse auf einen privaten Arbeitgeber nach § 613a BGB widersprechen, ist in personellen Angelegenheiten – auch Kündigungen – dieser Beschäftigten die bei der obersten Dienstbehörde gebildete Stufenvertretung zu beteiligen. Dies gilt auch dann, wenn nicht die oberste Dienstbehörde, sondern eine nachgeordnete Dienstbehörde entscheidungsbefugt ist. (BAG, 2 AZR 5/96 vom 22.8.1996)

3. Mittelbehörden

Die Dienststelleneinheit wird durch die Zuständigkeitsbestimmung dieser Vorschrift nicht berührt. Entscheidend für das Tätigwerden einer Mittelbehörde ist vielmehr, ob sie zur Entscheidung befugt ist. Dabei ist es unerheblich, wer von der Maßnahme betroffen wird. Auch bei Versetzungen von der Dienststelle Mittelbehörde in den nachgeordneten Bereich ist der örtliche Personalrat der Mittelbehörde und nicht die Stufenvertretung zuständig. Das gilt auch, wenn sich eine Angehörige oder ein Angehöriger einer nachgeordneten Behörde um einen Dienstposten bei der Mittelbehörde bemüht. (BVerwG, Beschl. vom 19.12.1975, ZBR 1976, 197) Wird jedoch eine freie Stelle im Rahmen einer Beförderung besetzt und dabei einer bestimmten nachgeordneten Behörde zugeteilt, dann hat die oder der für die Beförderung zuständige Leiterin oder Leiter der Mittelbehörde den bei ihr oder ihm gebildeten Bezirkspersonalrat zu beteiligen, selbst wenn die oder der zu befördernde Beamtin oder Beamte bei ihrer oder seiner Behörde selbst tätig ist und auch dort verbleibt. (BVerwG, Beschl. vom 7.2.1980, ZBR 1981, 67) Zur personalvertretungsrechtlichen Zuständigkeitsverteilung bei vertikaler Versetzung: „Im Falle der von der Leiterin oder dem Leiter einer Mittelbehörde verfügten vertikalen Versetzung einer Mitarbeiterin oder eines Mitarbeiters von einer nachgeordneten Dienststelle in den Geschäftsbereich der Mittelbehörde ist als Personalvertretung der aufnehmenden Dienststelle der örtliche Personalrat bzw. der Gesamtpersonalrat, nicht aber der Bezirkspersonalrat zu beteiligen. (OVG Rheinland-Pfalz, Beschluss v. 17.07.2007 – 4 A 11396/06)"

4. Beteiligung mehrerer Stufenvertretungen, ressortübergreifende Maßnahmen

Bei ressortübergreifenden Maßnahmen gemäß §§ 72 und 73 ist grundsätzlich die bei der obersten Landesbehörde gebildete Stufenvertretung zu beteiligen, wenn diese oberste Landesbehörde aufgrund besonderer Rechtsvorschrift allein zuständig ist. Anders wirken sich Mitbestimmungs- und Mitwirkungsrechte aus, wenn mehrere Ressorts gemeinsame Maßnahmen planen und sich bezüglich der Konkretisierung und Durchführung der Maßnahmen auf eine oberste Dienstbehörde einigen. In diesem Falle sind alle betroffenen Hauptpersonalräte von den jeweiligen obersten Dienstbehörden zu beteiligen, denn der Entschluss eines Ressorts, die Regelung des federführenden Ministeriums zu übernehmen, stellt eine eigene beabsichtigte Maßnahme i.S. von § 66 Abs. 2 dar.

5. Die Beteiligung der Hauptpersonalräte bei Entscheidungen der Landesregierung

Die Landesregierung hat ihre Entscheidungsbefugnis insbesondere in Personalangelegenheiten der Beschäftigten des höheren Dienstes nicht auf die obersten Dienstbehörden delegiert. Wie in solchen Fällen hinsichtlich der Beteiligung zu verfahren ist, ergibt sich aus Abs. 1

Satz 2. Bei den Personalangelegenheiten der Angehörigen der obersten Landesbehörde selbst wird der örtliche Personalrat, bei den Beschäftigten der übrigen Dienststellen im Geschäftsbereich wird der Hauptpersonalrat beteiligt. Im Falle der Nichteinigung greift das Einigungsverfahren in Mitbestimmungsangelegenheiten nach § 66 Abs. 7 Platz. Auch bei anderen als Personalangelegenheiten kommt der Beteiligung der Personalvertretungen bei Entscheidungen der Landesregierung besondere Bedeutung zu, falls der Beschluss der Landesregierung nicht eine verwaltungsinterne Regelung enthält. (BVerwG, Beschl. vom 7.5.1981 – 6 P 35.70). Besteht noch Raum – wenn auch nur in begrenztem Umfange – für eigene selbständige Entscheidungen eines Ressorts, so ist die jeweilige Stufenvertretung ebenfalls hinsichtlich dieser Spielräume zu beteiligen. Die Übertragung des formellen Vorschlagsrechts an eine Kommission oder ähnliche Ausschüsse (z.B. bei Aufgaben der Reorganisation der Verwaltung) zur Umgehung von Mitbestimmungsrechten des Personalrats ist unzulässig.

6. Zusammenwirken von Stufenvertretungen und Personalrat

Wenn es sich um Angelegenheiten handelt, von denen eine einzelne Beschäftigte oder ein einzelner Beschäftigter oder eine einzelne Dienststelle oder mehrere einzelne Beschäftigte oder mehrere einzelne Dienststellen betroffen werden, müssen die Stufenvertretungen den dafür zuständigen Personalräten Gelegenheit zur Äußerung geben. Die in Abs. 2 Satz 1 enthaltene Regelung führt aber nicht nur zu den Äußerungsmöglichkeiten des örtlichen Personalrats, in dessen Dienststelle sich die beabsichtigte Maßnahme auswirkt, sondern auch des Bezirkspersonalrats, sofern das Stufenverfahren bereits bis zur Ebene des Hauptpersonalrats geführt hat (Landtags-Drucksache 9/3091, S. 41).

Die Vorschrift ist zwingend. Der Zweck ist die Vermittlung von Informationen zur sachgerechten Ausübung des Beteiligungsrechts der Stufenvertretung, weil sie als „entferntere" Personalvertretung nicht über alle entscheidungserheblichen Informationen verfügt. Außerdem soll sichergestellt werden, dass der nicht zuständige, aber „beschäftigungsnahe" Personalrat Gelegenheit erhält, eine Stellungnahme abzugeben. (BVerwG, Beschl. vom 8.7.1977, PV 1978, 278) Obwohl eine Anhörungspflicht der Stufenvertretung besteht, handelt es sich um einen internen Vorgang der Willensbildung des Personalrats, der die Rechtmäßigkeit der beteiligungspflichtigen Maßnahme nicht berührt. (BVerwG, Beschl. vom 24.11.1983, RiA 1984, 167, 168) Jedoch hat die zuständige Personalvertretung die Stellungnahme in ihre Überlegungen mit einzubeziehen und in pflichtgemäßem Ermessen zu handeln. (Hess. VGH, Beschl. vom 13.9.1989, ZfPR 1991, 73) Diese Überlegungen sind im Plenum anzustellen. Sogenannte „Vorbehaltsbeschlüsse" des Hauptpersonalrats, die vor Eingang der Stellungnahme des örtlichen Personalrats getroffen werden, verletzen die Informationsrechte und Entscheidungsbefugnisse der Mitglieder des Hauptpersonalrats. (BVerwG, Beschl. vom 19.7.1994, ZfPR 1994, 185)

Der von der Stufenvertretung zu hörende Personalrat hat in dem Anhörungsverfahren kein selbständiges Informationsrecht gegenüber seiner Dienststelle. (Bay. VGH, Beschl. vom 8.7.1981, PV 1984, 414) Wegen der Möglichkeit der Anhörung wird auf Anm. 2 hingewiesen. Im Anhörungsverfahren hat eine örtliche Personalvertretung gegenüber der Stufenvertretung auch keinen Anspruch darauf, dass diese sich um weitere von ihr verlangte Informationen bemüht. Es reicht aus, wenn die Stufenvertretung den vollständigen Zustimmungsantrag der örtlichen Personalvertretung weitergibt. Unterlagen, die die Stufenvertretung darüber hinaus beschafft hat, kann sie der örtlichen Stufenvertretung vorenthalten. (BVerwG, 6 P 11.99 vom 2.10.2000)

Bei der Einschaltung der Personalvertretungen ist auf die Verdoppelung der Fristen zu achten (§§ 66, 69). Im Schrifttum wird allerdings die Auffassung vertreten, dass Abs. 2 nicht im Stufenverfahren gilt, d.h. keine Anhörungspflicht besteht und keine Verdoppelung der Fristen eintritt. (Grabendorff-Windscheid-Ilbertz, RdNr. 17 zu § 82) Dieser Auffassung muss widersprochen werden. Die Vorschrift des Abs. 1 stellt bei der Zuständigkeit der Stufenvertretung auf die Frage ab, ob es sich um eine Angelegenheit handelt, bei der die Dienststelle nicht zur Entscheidung befugt ist. Abs. 2 bezieht sich aber nicht allein auf diese Vorschrift, sondern auf die Fälle, die einzelne Beschäftigte oder Dienststellen betreffen. Deshalb ist für die Frage der Fristenverdoppelung nach dem Wortlaut des Abs. 2 lediglich darauf abzustellen, ob es sich um Angelegenheiten handelt, die einzelne Beschäftigte oder Dienststellen betreffen. Dabei ist es gleichgültig, ob die Stufenvertretung aufgrund originärer Zuständigkeit oder aufgrund der Verfahrensvorschriften gemäß §§ 66 bzw. 69 handelt. Trotz der verschiedenen Anknüpfungspunkte der Abs. 1 und 2 ergibt sich weder aus dem Wortlaut noch aus dem Sinn der Vorschrift, warum nur in einem der beiden von Abs. 2 erfassten Fälle eine Fristenverdoppelung möglich ist. Auch die im Stufenverfahren immer häufiger zu beobachtenden Abweichungen von der Entscheidung des ortsferneren Personalrats (das gilt auch für den Gesamtpersonalrat) sind in der Rechtsprechung nicht ausreichend gewürdigt worden. (OVG Münster, Beschl. vom 4.12.1985 – CL 15/84) Wie bereits erwähnt, ist die Stufenvertretung an die Stellungnahme des Personalrats nicht gebunden; vielmehr hat sie nach pflichtgemäßem Ermessen zu entscheiden, ob und welche Folgerungen sie daraus ziehen will. Sie ist gehalten, das Interesse einzelner Beschäftigter gegen möglicherweise höherrangige Interessen der Gesamtheit der Beschäftigten sorgsam gegeneinander abzuwägen. (Grabendorff-Windscheid-Ilbertz, RdNr. 21 zu § 82)

Die Äußerung des Personalrats gehört nicht zu den laufenden Geschäften der vorsitzenden Person, so dass es eines Beschlusses des Plenums bedarf.

Die gesetzlichen Regelungen für die Abgrenzung von Zuständigkeiten der Stufenvertretungen einerseits und der örtlichen Personalräte andererseits gelten für alle Beteiligungsangelegenheiten – also nicht nur für die Fälle der Mitbestimmung und der Mitwirkung. Die Stufenvertretung ist für die Überwachung der Einhaltung einer Verwaltungsvorschrift dann zuständig, wenn die übergeordnete Dienststelle, bei der sie gebildet ist, die entsprechende Verwaltungsvorschrift für alle Beschäftigten ihres Geschäftsbereichs oder für diejenigen der nachgeordneten Dienststellen selbst durchführt. Führt eine einzelne Dienststelle dagegen in eigener Verantwortung eine Verwaltungsvorschrift durch, dann ist die Zuständigkeit der dort gebildeten Personalvertretung gegeben. (BVerwG, Beschluss v. 12.8.2009 – 6 PB 18.09 –)

7. Die Einschaltung nicht zuständiger Personalvertretungen

Abs. 3 Satz 1 bezieht sich nicht darauf, dass eine im Gesetz vorgesehene Personalvertretung nicht gebildet worden ist, weil z.B. keine Wahl zustande kommen konnte. Sie bezieht sich vielmehr darauf, dass die Zuständigkeit einer bestehenden Personalvertretung nicht gegeben ist. (Grabendorff-Windscheid-Ilbertz, RdNr. 30 zu § 82) Die Vorschrift bestimmt auch eine besondere Beteiligungsform für Fälle, in denen eine Dienststelle Entscheidungen mit Wirkung für Angehörige anderer Dienststellen trifft, die ihr nicht nachgeordnet sind. Werden bestimmte Aufgaben bei einer Dienststelle zentralisiert, so dass diese mit Bindung für andere gleichrangige Dienststellen tätig wird und Entscheidungen trifft, so kann die bei einer solchen Dienststelle bestehende Personalvertretung nicht beteiligt werden, weil sie über den Kreis der von ihr zu vertretenden Beschäftigten nicht hinauswirken kann. Dies trifft z.B. für die sog. personalverwaltenden Stellen zu. In einem solchen Fall ist anstelle der nicht zuständigen Personalvertretung die Stufenvertretung bei der nächsthöheren Dienststelle zu beteiligen. Dies gilt auch, wenn auf einem Behördengelände mehrere Dienststellen untergebracht sind und einer Dienststelle die Verwaltung des Gebäudes oder der Gebäude übertragen worden ist. Bei beteiligungspflichtigen Maßnahmen tritt an die Stelle des bei dieser Behörde gebildeten Personalrats die Stufenvertretung. Wegen der Zuständigkeit einer Landesoberbehörde auf einem Behördengelände (Kantine als Sozialeinrichtung) im Verhältnis zu einer dort befindlichen unteren Landesbehörde vgl. OVG Münster, Beschl. vom 26.2.1996, ZBR 1996, 350.

8. Ersatzbeteiligung im Stufenverfahren (Abs. 3 Satz 2)

Während eine personalvertretungsrechtliche Beteiligung unterbleibt, wenn ein Personalrat z.B. wegen allgemeiner Wahlmüdigkeit nicht gebildet worden ist, darf jedoch im Stufenverfahren nicht deshalb ein Stillstand eintreten, weil eine Stufenvertretung, aus welchen Gründen auch immer, nicht besteht. Um hier ein Abbrechen des Verfahrens zu verhindern, ist diese Regelung eingeführt worden. Sollte eine Stufenvertretung nicht bestehen, wird das Verfahren nach § 66 Abs. 5 und § 69 Abs. 3 über die nächstniedrigere Stufe fortgesetzt, ggf. bis zur Anrufung der Einigungsstelle.

9. Verteilung der Zuständigkeit zwischen Personalrat und Gesamtpersonalrat

Die Zuständigkeit zwischen Personalrat und Gesamtpersonalrat wird entsprechend der Regelung abgegrenzt, die in Abs. 1 Satz 1 im Verhältnis zwischen Personalrat und Stufenvertretung getroffen worden ist. Bei der Stammdienststelle und den verselbständigten Dienststellen ist je ein Personalrat zu errichten, weiterhin ist ein Gesamtpersonalrat zu bilden (§ 52). Seine Zuständigkeit richtet sich grundsätzlich nach der Zuständigkeit der Stammdienststelle im Verhältnis zu den verselbständigten Dienststellen. Die Verselbständigung einer Teil- oder Nebendienststelle hat aber keinen Einfluss auf die Befugnisse der Dienststelle. Angelegenheiten, deren Entscheidung der Hauptdienststelle für ihren gesamten Bereich vorbehalten ist, sind solche, die die Leiterin oder der Leiter der Hauptdienststelle oder eine oder ein von ihr oder ihm Beauftragte bzw. Beauftragter mit Wirkung für den Bereich der Gesamtdienststelle zu treffen beabsichtigt. In diesen Fällen ist der Gesamtpersonalrat zu beteiligen. Betrifft eine Entscheidung der Gesamtdienststelle hingegen nur die Stammdienststelle, so ist der dort gebildete Personalrat zu beteiligen. (BVerwG, Beschl. vom 15.8.1983, DVBl. 1984, 266) Dies gilt insbesondere für Personalangelegenheiten. Die Befugnisse der Teildienststelle, auch wenn sie nur eine geringe Anzahl von Maßnahmen betreffen, lösen Beteiligungsrechte des Teilpersonalrats aus. (OVG Münster, Beschl. vom 7.6.1990, PV 1993, 476)

Die Beteiligung des richtigen Personalrats ist von besonderer Bedeutung. Die Dienststelle kann sich z.B. nicht auf die Regelung berufen, wonach eine Maßnahme als gebilligt gilt, wenn nicht der Personalrat die Zustimmung schriftlich verweigert, weil z.B. anstelle des zuständigen Gesamtpersonalrats der Teilpersonalrat beteiligt worden ist. (BAG, Urteil vom 27.8.1974, PV 1975, 378) Hier wird am Grundsatz festgehalten, dass eine Frist nur gegenüber dem richtigen Adressaten in Lauf gesetzt werden kann.

Der Gesamtpersonalrat muss bei einem Beschluss in Angelegenheiten, die einzelne Beschäftigte oder einzelne Teildienststellen betreffen, den jeweiligen Teilpersonalrat hören. In diesem Falle verdoppeln sich die Fristen (§§ 66 und 69). Auf die Anm. 6 wird hingewiesen.

10. Aufgaben und Befugnisse

Stufenvertretungen und Gesamtpersonalräte haben im Rahmen ihrer originären Zuständigkeit die gleichen Aufgaben, Befugnisse, Rechte und Pflichten wie Personalräte. Aus diesem Grunde gelten sämtliche Beteiligungskataloge des Gesetzes für diese Personalvertretungen, insbesondere auch § 64 und § 75.

11. Arbeitsgemeinschaft der Hauptpersonalräte

Mit der neu eingefügten Regelung, wonach die Hauptpersonalräte bei den obersten Landesbehörden Arbeitsgemeinschaften bilden können, legalisiert der Gesetzgeber eine seit Jahren praktizierten Praxis der Hauptpersonalräte, die bis dahin lediglich geduldet war. Die Arbeitsgemeinschaft organisiert sich auf Grund fehlender gesetzlicher Vorlagen selbst. Ihr sind keinerlei verfahrensrechtliche Zuständigkeiten im Rahmen des LPVG zugewiesen worden. Im Wesentlichen wird die Arbeitsgemeinschaft dem Informationsaustausch und der gegenseitigen Unterstützung dienen. Siehe auch Anm. 10 zu § 9.

Neuntes Kapitel
Gerichtliche Entscheidung

§ 79

(1) Die Verwaltungsgerichte, im dritten Rechtszug das Bundesverwaltungsgericht, entscheiden in den Fällen der §§ 7, 22, 25 und 43 Abs. 2 sowie über

1. Wahlberechtigung und Wählbarkeit,
2. Wahl, Zusammensetzung und Amtszeit der Personalvertretung und der in den §§ 54 und 60 genannten Vertretungen,
3. Zuständigkeit und Geschäftsführung der Personalvertretungen und der in den §§ 54 und 60 genannten Vertretungen,
4. Rechtsstellung der Mitglieder von Personalvertretungen und der in den §§ 54 und 60 genannten Vertretungen,
5. Bestehen oder Nichtbestehen von Dienstvereinbarungen,
6. Streitigkeiten aus § 67.

(2) Die Vorschriften des Arbeitsgerichtsgesetzes über das Beschlußverfahren gelten entsprechend, der § 89 Abs. 1 Arbeitsgerichtsgesetz mit der Maßgabe, dass die Dienststellen auf die Prozessvertretung durch eine Rechtsanwältin oder einen Rechtsanwalt verzichten können.

(3) Das Beschlussverfahren kann auf die Unterlassung oder Durchführung einer Handlung oder Maßnahme gerichtet sein. § 23 Absatz 3 Betriebsverfassungsgesetz gilt entsprechend. Für einstweilige Verfügungen gilt § 85 Absatz 2 Arbeitsgerichtsgesetz. Die Zwangsvollstreckung findet nach § 85 Absatz 1 Arbeitsgerichtsgesetz statt.

1. Zuständigkeit der Verwaltungsgerichte

Da das Personalvertretungsrecht dem öffentlichen Recht zugeordnet ist, sind die Verwaltungsgerichte zu gerichtlichen Entscheidungen berufen. Die Verwaltungsgerichte sind zwar zuständig, das Verfahren richtet sich jedoch nach den Vorschriften des ArbGG über das Beschlussverfahren (Anm. 11). Zunächst verweist die Vorschrift auf bereits bestehende Zuständigkeiten für das Fortbestehen eines Arbeitsverhältnisses (Anm. 2 zu § 7), für die Anfechtung der Personalratswahl und für die Auflösung einer Personalvertretung bzw. den Ausschluss einzelner Mitglieder (vgl. Anm. 4 zu § 22 und Anm. 1 und 5 und 6 zu § 25).

2. Wahlberechtigung und Wählbarkeit

Die Verwaltungsgerichte sind zuständig zur Nachprüfung der Wahlberechtigung und der Wählbarkeit. Die sich hierauf beziehenden Fragen treten häufig in Wahlanfechtungsverfahren auf. Zusätzlich zu diesem Verfahren kann eine isolierte Entscheidung über das aktive und passive Wahlrecht einer oder eines Beschäftigten nicht getroffen werden. Der Antrag auf Feststellung der Wählbarkeit vor Durchführung der Personalratswahl ist aber dann zulässig, wenn die gerichtliche Entscheidung eine Wahlanfechtung vermeidet. Das Verfahren nach Nr. 1 kommt auch in Betracht, wenn es sich darum handelt, ob bei einem Personalratsmitglied der Verlust der Wählbarkeit eingetreten ist oder nach Ablauf der Wahlanfechtungsfrist darum, dass die oder der Gewählte nicht wählbar war (§ 26 Abs. 1). In diesem Zusammenhang kommt der einstweiligen Verfügung (Anm. 16) besondere Bedeutung zu. Es besteht nämlich die Gefahr, dass durch die einstweilige Verfügung der Entscheidung in der Hauptsache vorgegriffen wird. Wird beispielsweise über die Wahlberechtigung eines Beschäftigten durch einstweilige Verfügung entschieden und nimmt er infolgedessen an der Wahl teil, so wird die Entscheidung in der Hauptsache in der Weise vorweggenommen, dass sie später nicht mehr oder nur noch unter besonderen Voraussetzungen im Wahlanfechtungsverfahren rückgängig gemacht werden kann. Deshalb kann eine einstweilige Verfügung im Wahlverfahren nur dann erlassen werden, wenn die Versagung für den Antragsteller zu völlig unvertretbaren Folgen, insbesondere zu einem irreparablen Zustand führt. Der Verfügungsgrund muss dann ersichtlich, d.h., mindestens mit an Sicherheit grenzender Wahrscheinlichkeit gegeben sein. (Hess. VGH, Beschl. vom 12.3.1984, ZBR 1982) Es muss also völlig unzumutbar sein, den Antragsteller auf die Durchsetzung seines Rechtes im Hauptverfahren zu verweisen. (OVG Münster, Beschl. vom 4.4.1985, RiA 1986, 282) Ferner kann auch die Frage, ob die nach § 13 Abs. 1 erforderliche Zahl der Wahlberechtigten zur Bildung eines Personalrats erreicht wird, einer Nachprüfung unterzogen werden. Das Rechtsschutzbedürfnis für einen konkreten, anlassbezogenen Feststellungsantrag ist zu bejahen, wenn die fragliche Maßnahme zwar vollzogen wurde, aber fortwirkt und für die Zukunft rückgängig gemacht oder abgeändert werden kann; dies muss tatsächlich möglich und rechtlich zulässig sein. (BVerwG, Beschluss v. 17.2.2010 – 6 PB 43.09 –)

3. Streitigkeiten über die Wahl

Die Verwaltungsgerichte entscheiden auch über Streitigkeiten bei der Wahl, worunter alle Meinungsverschiedenheiten fallen, die nicht im Wahlanfechtungsverfahren auszutragen sind. Dazu gehört z.B.:

*   Feststellung der Personalratsfähigkeit einer Dienststelle (§ 1),
*   Beachtung der Wahlgrundsätze (§ 16),

- Gültigkeit der Vorabstimmungen (§ 16 Abs. 2),
- Fragen der Behinderung oder Beeinflussung der Wahl (§ 21 Abs. 1),
- Kosten der Wahl (§ 21 Abs. 2),
- Verselbständigung von Nebenstellen und Teilen von Dienststellen (§ 1 Abs. 3),
- Zusammensetzung und Geschäftsführung des Wahlvorstands (§ 17),
- Nichtigkeit der Wahl nach Ablauf der Anfechtungsfrist (§ 22).

4. Zusammensetzung der Personalvertretungen

Die ordnungsgemäße Zusammensetzung der Personalvertretung kann gerichtlich überprüft werden, soweit die Nachprüfung nicht dem Wahlanfechtungsverfahren nach § 22 vorbehalten ist. Das ist nicht der Fall, wenn darüber zu entscheiden ist, ob der Wahlvorstand die Sitze auf die einzelnen Gruppen richtig verteilt hat. Das Gericht hat darüber zu entscheiden, ob ein Mitglied aus dem Personalrat ausgeschieden ist, ob es zeitweilig verhindert war und ob das richtige Ersatzmitglied gemäß § 28 Abs. 2 an die Stelle des ausgeschiedenen oder verhinderten Mitglieds in den Personalrat eingetreten ist.

5. Amtszeit der Personalvertretungen

Streitigkeiten über die Amtszeit werden durch das Gericht entschieden, worunter nicht nur die Amtszeit der Personalvertretung, sondern auch die Amtsdauer der einzelnen Mitglieder fällt. Die Gerichte entscheiden z.B. darüber, ob der Personalrat nach § 23 Abs. 2 über die nächste regelmäßige Personalratswahl hinaus im Amt verbleibt.

6. Zuständigkeit und Geschäftsführung

Die Gerichte entscheiden über alle Streitigkeiten, die mit der Zuständigkeit und der Geschäftsführung der Personalvertretung zusammenhängen. Die Vorschrift hat die Wirkung einer Generalklausel, durch die alle sich aus der Betätigung der Personalvertretung ergebenden Rechtsfragen erfasst werden. (BVerwG, BVerwGE 17, 250) Zur „Zuständigkeit der Personalvertretung" gehören Streitigkeiten über Art, Umfang, Abgrenzung und Durchführung der ihr übertragenen Aufgaben insbesondere im Rahmen der Beteiligungskataloge. Die Gerichte haben also auch über Zuständigkeitsstreitigkeiten zwischen den Stufenvertretungen und den örtlichen Personalräten zu befinden. Das gleiche gilt für Zuständigkeitsstreitigkeiten zwischen Gesamtpersonalräten und Teilpersonalräten. Da sie jedoch auf die Prüfung der Zuständigkeit beschränkt sind, sind sie nicht befugt, die Entscheidung der Personalvertretung z.B. daraufhin zu überprüfen, ob die Zustimmung in Beteiligungsangelegenheiten zu Recht erteilt oder verweigert worden ist.

7. Besondere Streitigkeiten über die Geschäftsführung

Zu den Streitigkeiten bezüglich der Geschäftsführung der Personalvertretung gehören alle Angelegenheiten, die mit der internen Tätigkeit des Personalrats zusammenhängen. Darunter fallen z.B. Streitigkeiten über Umfang und Führung der laufenden Geschäfte der vorsitzenden Person und ihrer Stellvertreterinnen und Stellvertreter, über die Ladung zu den Personalratssitzungen, das Teilnahmerecht an Personalratssitzungen und Personalversammlungen, die Beschlussfähigkeit des Personalrats, die Auswahl der für eine Freistellung vorzuschlagenden Mitglieder, das Informationsrecht der Personalratsmitglieder gegenüber der vorsitzenden Person, die Erstattung der Kosten des Personalrats und seiner Mitglieder einschließlich der technischen Ausstattung, die Einrichtung von Sprechstunden, die Behandlung von Personalratsakten, die Dienstbefreiung der Personalratsmitglieder, die Abberufung der vorsitzenden Person, das Fertigen von Niederschriften sowie über sonstige Fragen der Geschäftsführung. In derartigen Verfahren sind auch einzelne Mitglieder des Personalrats antragsberechtigt, wenn die Befugnisse einzelner Mitglieder, ihre Rechtsstellung oder ihre Funktion unmittelbar betroffen sind. Wegen der Rechtsstellung der Mitglieder von Personalvertretungen und ihrer gerichtlichen Überprüfung wird auf Anm. 8 verwiesen. Einzelne Mitglieder des Personalrats können auch das Verwaltungsgericht anrufen, um rechtswidrige Beschlüsse des Plenums abzuwehren. (BVerwG, Beschl. vom 16.9.1977, PV 1979, 63) Auch vergleichbare Geschäftsführungsstreitigkeiten der Einigungsstellen fallen hierunter.

8. Rechtsstellung von Mitgliedern der Personalvertretungen

Gemäß Abs. 1 Nr. 4 sind die Gerichte zuständig, wenn Streitigkeiten über die Rechtsstellung der Mitglieder der Personalvertretung entstehen. Dabei ist nicht die dienstrechtliche Rechtsstellung Gegenstand der Überprüfung, sondern die personalvertretungsrechtliche. Gemäß § 7 dürfen Personen, die Aufgaben oder Befugnisse nach dem Personalvertretungsrecht wahrnehmen, darin nicht behindert und wegen ihrer Tätigkeit nicht benachteiligt oder begünstigt werden. Adressat dieser Vorschrift ist in erster Linie der Personalrat und die einzelnen Mitglieder. Es ist z.B. Aufgabe der Gerichte, darüber zu entscheiden, ob gegen das in § 7 enthaltene Behinderungsverbot verstoßen worden ist, ob die ehrenamtliche Tätigkeit gewahrt worden ist oder die Dienststelle zu Unrecht Freistellungen von Personalratsmitgliedern verhindert. Das gleiche gilt, wenn Rechte gemäß §§ 42 und 43 verletzt werden. Hier kann auch das einzelne Personalratsmitglied als Antragsteller auftreten. Das Beschlussverfahren dient, abgesehen von Kostenerstattungsansprüchen gemäß § 40 Abs. 1 und § 40 Abs. 2, nicht der Verfolgung von Individualrechtsansprüchen, sondern hat die Klärung und Feststellung von Zuständigkeiten von personalvertretungsrechtlich festgelegten Befugnissen sowie gestaltenden Entscheidungen bei Wahlanfechtungen, Auflösung des Personalrats oder Ausschluss eines Mitglieds zum Gegenstand.

Das LPVG räumt ehemaligen Mitgliedern einer Personalvertretung keine Rechte ein, die sie im Beschlussverfahren verfolgen können. Ausgenommen sind die Individualrechte, die aus der früheren Tätigkeit im Personalrat resultieren. Dazu gehören Ansprüche wegen Kostenerstattung. (OVG Münster, Beschl. vom 10.6.1981, PV 1983, 23)

9. Dienstvereinbarungen

Die Verwaltungsgerichte entscheiden darüber, ob Dienstvereinbarungen zulässig (§ 70 Abs. 1) und rechtswirksam zustande gekommen sind (§ 70 Abs. 3), wie die darin enthaltenen Bestimmungen auszulegen und anzuwenden sind sowie ob und wann sie außer Kraft treten (§ 70 Abs. 4). Der Abschluss von Dienstvereinbarungen kann aber nicht durch Gerichtsbeschluss erzwungen werden. (OVG Münster, Beschl. vom 24.2.1983, RiA 1984, 14)

10. Streitigkeiten im Zusammenhang mit der Einigungsstelle

Die Verwaltungsgerichte sind zuständig, wenn Angelegenheiten der Bildung, Zuständigkeit und Geschäftsführung von Einigungsstellen streitig sind. Dies betrifft auch die Zusammensetzung der Einigungsstelle, das Prinzip der Nichtöffentlichkeit, das mündliche Äußerungsrecht, den Grundsatz des rechtlichen Gehörs, die Begründung des Beschlusses und die Zustellung des Beschlusses an die Beteiligten. Neben dieser Prüfung des Verfahrens kann das Gericht die Beschlüsse der Einigungsstelle auch inhaltlich überprüfen, also daraufhin, ob der Beschluss Bindungswirkung entfaltet oder wegen Verstoßes gegen Rechtsvorschriften unwirksam ist. (BVerwG, Beschl. vom 21.10.1983, ZBR 1984, 246) Die gerichtliche Kontrolle erstreckt sich jedoch nur auf die Frage, ob die Entscheidung der Einigungsstelle geltendes Recht verletzt; als Entscheidung ist allein die Schlussformel zu verstehen. (VG Berlin, Beschl. vom 29.6.1994, PersR 1994, 574)

Die Beschlüsse der Einigungsstelle unterliegen im personalvertretungsrechtlichen Beschlussverfahren auch der Kontrolle der Einhaltung der Ermessensgrenzen, soweit die Einigungsstelle eine Ermessensentscheidung getroffen hat. Führt die gerichtliche Überprüfung zur Fehlerhaftigkeit des Beschlusses der Einigungsstelle, so kann die Rechtswidrigkeit festgestellt und der Beschluss aufgehoben werden. (OVG Münster, Beschl. vom 20.2.1982, RiA 1982, 216) Auch die unbefristete Blockierung eines Beschlusses der Einigungsstelle durch die Dienststelle kann die Anrufung des Gerichts zur Folge haben.

11. Beschlussverfahren (Abs. 2)

Beim Beschlussverfahren nach den §§ 80 ff. ArbGG (Auszug aus dem ArbGG s.u.) handelt es sich um ein verwaltungsgerichtliches Verfahren besonderer Art. Bei diesem Beschlussverfahren geht es nicht um die Durchsetzung von Ansprüchen oder um die Feststellung des Bestehens oder Nichtbestehens von Rechtsverhältnissen, sondern um die Klärung und Feststellung von Zuständigkeiten, personalvertretungsrechtlichen Befugnissen und Pflichten sowie um eine gestaltende Entscheidung bei Wahlanfechtung, Auflösung oder Ausschluss.

Für die Einleitung sind Fristen nicht vorgesehen. Antragsteller können unter bestimmten Voraussetzungen jedoch ihr Antragsrecht verwirken. Eine Verwirkung des Antragsrechts ist aber nicht allein vom Zeitablauf abhängig, sondern davon, dass der Antragsteller über eine längere Zeit unzweifelhaft den Eindruck erweckt hat, als nehme er den von ihm angegriffenen Zustand hin. (OVG Münster, Beschl. vom 18.9.1995, ZBR 1996, 190)

Das Beschlussverfahren unterscheidet sich vom Urteilsverfahren dadurch, dass es keine Parteien, sondern lediglich Antragsteller und Beteiligte kennt. Das Gericht hat den streitigen Sachverhalt von Amts wegen aufzuklären, ist deshalb nicht auf den Vortrag der Beteiligten beschränkt und hat auf die Stellung sachdienlicher Anträge hinzuwirken (Untersuchungsgrundsatz der Offizialmaxime).

Weder können die Beteiligten bestimmen, von welchem Tatbestand auszugehen ist, noch trifft sie eine Beweislast im formellen Sinne.

Innerhalb des Verfahrens sind kurze Fristen festgelegt (Grundsatz der Beschleunigung). Damit soll erreicht werden, dass recht bald eine endgültige klärende Entscheidung herbeigeführt wird. So hat u.a. die oder der Vorsitzende des Gerichts den Termin zur Anhörung der Beteiligten, auf die nicht verzichtet werden kann, unverzüglich zu bestimmen, zuvor jedoch den Beteiligten Gelegenheit zu geben, sich schriftlich zu äußern. Im Übrigen hat das Gericht darauf hinzuwirken, dass in dem Anhörungstermin eine das Verfahren abschließende Entscheidung getroffen wird. Zu dem Anhörungstermin sind ggf. Zeugen und Sachverständige von Amts wegen zu laden. Das Beschlussverfahren wird durch einen Antrag, der die gleiche Funktion wie eine Klage in anderen Prozessen hat, in Gang gesetzt. Antragsberechtigt ist jede Person, der durch ausdrückliche Vorschrift ein Antragsrecht eingeräumt oder die aus sachlichen Gründen an der Entscheidung interessiert ist und ein rechtlich beachtliches Interesse an der gerichtlichen Nachprüfung geltend machen kann. Insbesondere steht dem Personalrat ein Antragsrecht in allen Angelegenheiten zu, die hinsichtlich seiner Zuständigkeit oder der Rechtmäßigkeit seiner Geschäftsführung umstritten sind. Die Dienststelle ist antragsberechtigt, wenn z.B. zwischen ihr und dem Personalrat Streitigkeiten über Art und Umfang der Beteiligungsrechte bestehen. Die gewerkschaftlichen Spitzenorganisationen oder Berufsverbände können als Antragsteller auftreten, wenn sie im Rahmen der ihnen abschließend zugewiesenen Rechte tätig werden. Dazu gehören die Befugnisse, die sich aus den §§ 22 und 25 ergeben. Dies gilt auch, wenn Ansprüche der Gewerkschaften streitig sind, die sich aus § 3 Abs. 3, § 17 Abs. 2, § 20 Abs. 1 und 2 und § 49 ergeben.

Auch einzelne Personalratsmitglieder können zur Abwehr eines ungesetzlichen Beschlusses des Personalrats das Gericht anrufen. Das Antragsrecht setzt voraus, dass die bzw. der Betroffene zum Zeitpunkt des Antrags in ihrer oder seiner personalvertretungsrechtlichen Funktion benachteiligt ist. Einzelne Mitglieder sind auch dann antragsberechtigt, wenn bestimmte Angelegenheiten personalvertretungsrechtliche Wirkungen gegen sie entfalten (z.B. bei der Unrechtmäßigkeit von Bestimmungen einer Geschäftsordnung). Darüber hinaus sind einzelne Personalratsmitglieder in allen Fällen beteiligt, in denen ihre vertretungsrechtliche Stellung berührt wird (z.B. Ausschlussantrag nach § 25).

Einer oder einem nicht der Personalvertretung angehörenden Beschäftigten steht ein Antragsrecht in den Fällen zu, in denen sie oder er in ihrer bzw. seiner personalverfassungsrechtlichen Stellung als Beschäftigte oder Beschäftigter unmittelbar betroffen ist, z.B. bei der Anfechtung der Wahl oder Auflösung der Personalvertretung oder Ausschluss eines einzelnen Mitglieds. Auch eine Gemeinschaft von mindestens drei Wahlberechtigten ist hinsichtlich der Wahlanfechtung der gesamten Personalvertretung antragsberechtigt (§ 22). Das gleiche gilt für eine Gruppe oder einem Viertel der Wahlberechtigten im Rahmen des Ausschlussverfahrens gemäß § 25 bzw. im Rahmen der Einberufung einer Personalversammlung gemäß § 45.

Auszug aus dem ArbGG:

§ 10 Parteifähigkeit

Parteifähig im arbeitsgerichtlichen Verfahren sind auch Gewerkschaften und Vereinigungen von Arbeitgebern sowie Zusammenschlüsse solcher Verbände; in den Fällen des § 2a Abs. 1 Nr. 1 bis 3f sind auch die nach dem Betriebsverfassungsgesetz, dem Sprecherausschussgesetz, dem Mitbestimmungsgesetz, dem Mitbestimmungsergänzungsgesetz, dem Drittelbeteiligungsgesetz, dem § 139 des Neunten Buches Sozialgesetzbuch, dem § 51 des Berufsbildungsgesetzes und den zu diesen Gesetzen ergangenen Rechtsverordnungen sowie die nach dem Gesetz über Europäische Betriebsräte, dem SE-Beteiligungsgesetz, dem SCE-Beteiligungsgesetz und dem Gesetz über die Mitbestimmung der Arbeitnehmer bei einer grenzüberschreitenden Verschmelzung beteiligten Personen und Stellen Beteiligte. Parteifähig im arbeitsgerichtlichen Verfahren sind in den Fällen des § 2a Abs. 1 Nr. 4 auch die beteiligten Vereinigungen von Arbeit-

nehmern und Arbeitgebern sowie die oberste Arbeitsbehörde des Bundes oder derjenigen Länder, auf deren Bereich sich die Tätigkeit der Vereinigung erstreckt.

Erster Rechtszug

§ 80 Grundsatz

(1) Das Beschlußverfahren findet in den in § 2a bezeichneten Fällen Anwendung.

(2) Für das Beschlußverfahren des ersten Rechtszugs gelten die für das Urteilsverfahren des ersten Rechtszugs maßgebenden Vorschriften über Prozeßfähigkeit, Prozeßvertretung, Ladungen, Termine und Fristen, Ablehnung und Ausschließung von Gerichtspersonen, Zustellungen, persönliches Erscheinen der Parteien, Öffentlichkeit, Befugnisse des Vorsitzenden und der ehrenamtlichen Richter, Vorbereitung der streitigen Verhandlung, Verhandlung vor der Kammer, Beweisaufnahme, gütliche Erledigung des Verfahrens, Wiedereinsetzung in den vorigen Stand und Wiederaufnahme des Verfahrens entsprechend; soweit sich aus den §§ 81 bis 84 nichts anderes ergibt. Der Vorsitzende kann ein Güteverfahren ansetzen; die für das Urteilsverfahren des ersten Rechtszugs maßgebenden Vorschriften über das Güteverfahren gelten entsprechend.

(3) § 48 Abs. 1 findet entsprechende Anwendung.

§ 81 Antrag

(1) Das Verfahren wird nur auf Antrag eingeleitet; der Antrag ist bei dem Arbeitsgericht schriftlich einzureichen oder bei seiner Geschäftsstelle mündlich zur Niederschrift anzubringen.

(2) Der Antrag kann jederzeit in derselben Form zurückgenommen werden. In diesem Fall ist das Verfahren vom Vorsitzenden des Arbeitsgerichts einzustellen. Von der Einstellung ist den Beteiligten Kenntnis zu geben, soweit ihnen der Antrag vom Arbeitsgericht mitgeteilt worden ist.

(3) Eine Änderung des Antrags ist zulässig, wenn die übrigen Beteiligten zustimmen oder das Gericht die Änderung für sachdienlich hält. Die Zustimmung der Beteiligten zu der Änderung des Antrags gilt als erteilt, wenn die Beteiligten sich, ohne zu widersprechen, in einem Schriftsatz oder in der mündlichen Verhandlung auf den geänderten Antrag eingelassen haben. Die Entscheidung, daß eine Änderung des Antrags nicht vorliegt oder zugelassen wird, ist unanfechtbar.

§ 82 Örtliche Zuständigkeit

(1) Zuständig ist das Arbeitsgericht, in dessen Bezirk der Betrieb liegt. In Angelegenheiten des Gesamtbetriebsrats, des Konzernbetriebsrats, der Gesamtjugendvertretung oder der Gesamt-Jugend- und Auszubildendenvertretung, des Wirtschaftsausschusses und der Vertretung der Arbeitnehmer im Aufsichtsrat ist das Arbeitsgericht zuständig, in dessen Bezirk das Unternehmen seinen Sitz hat. Satz 2 gilt entsprechend in Angelegenheiten des Gesamtsprecherausschusses, des Unternehmenssprecherausschusses und des Konzernsprecherausschusses.

(2) In Angelegenheiten eines Europäischen Betriebsrats, im Rahmen eines Verfahrens zur Unterrichtung und Anhörung oder des besonderen Verhandlungsgremiums ist das

Arbeitsgericht zuständig, in dessen Bezirk das Unternehmen oder das herrschende Unternehmen nach § 2 des Gesetzes über Europäische Betriebsräte seinen Sitz hat. Bei einer Vereinbarung nach § 41 des Gesetzes über Europäische Betriebsräte ist der Sitz des vertragschließenden Unternehmens maßgebend.

(3) In Angelegenheiten aus dem SE-Beteiligungsgesetz ist das Arbeitsgericht zuständig, in dessen Bezirk die Europäische Gesellschaft ihren Sitz hat; vor ihrer Eintragung ist das Arbeitsgericht zuständig, in dessen Bezirk die Europäische Gesellschaft ihren Sitz haben soll.

(4) In Angelegenheiten nach dem SCE-Beteiligungsgesetz ist das Arbeitsgericht zuständig, in dessen Bezirk die Europäische Genossenschaft ihren Sitz hat; vor ihrer Eintragung ist das Arbeitsgericht zuständig, in dessen Bezirk die Europäische Genossenschaft ihren Sitz haben soll.

(5) In Angelegenheiten nach dem Gesetz über die Mitbestimmung der Arbeitnehmer bei einer grenzüberschreitenden Verschmelzung ist das Arbeitsgericht zuständig, in dessen Bezirk die aus der grenzüberschreitenden Verschmelzung hervorgegangene Gesellschaft ihren Sitz hat; vor ihrer Eintragung ist das Arbeitsgericht zuständig, in dessen Bezirk die aus der grenzüberschreitenden Verschmelzung hervorgehende Gesellschaft ihren Sitz haben soll.

§ 83 Verfahren

(1) Das Gericht erforscht den Sachverhalt im Rahmen der gestellten Anträge von Amts wegen. Die am Verfahren Beteiligten haben an der Aufklärung des Sachverhalts mitzuwirken.

(1a) Der Vorsitzende kann den Beteiligten eine Frist für ihr Vorbringen setzen. Nach Ablauf einer nach Satz 1 gesetzten Frist kann das Vorbringen zurückgewiesen werden, wenn nach der freien Überzeugung des Gerichts seine Zulassung die Erledigung des Beschlussverfahrens verzögern würde und der Beteiligte die Verspätung nicht genügend entschuldigt. Die Beteiligten sind über die Folgen der Versäumung der nach Satz 1 gesetzten Frist zu belehren.

(2) Zur Aufklärung des Sachverhalts können Urkunden eingesehen, Auskünfte eingeholt, Zeugen, Sachverständige und Beteiligte vernommen und der Augenschein eingenommen werden.

(3) In dem Verfahren sind der Arbeitgeber, die Arbeitnehmer und die Stellen zu hören, die nach dem Betriebsverfassungsgesetz, dem Sprecherausschussgesetz, dem Mitbestimmungsgesetz, dem Mitbestimmungsergänzungsgesetz, dem Drittelbeteiligungsgesetz, den §§ 94, 95, 139 des Neunten Buches Sozialgesetzbuch, dem § 18a des Berufsbildungsgesetzes und den zu diesen Gesetzen ergangenen Rechtsverordnungen sowie nach dem Gesetz über Europäische Betriebsräte, dem SE-Beteiligungsgesetz, dem SCE-Beteiligungsgesetz und dem Gesetz über die Mitbestimmung der Arbeitnehmer bei einer grenzüberschreitenden Verschmelzung im einzelnen Fall beteiligt sind.

(4) Die Beteiligten können sich schriftlich äußern. Bleibt ein Beteiligter auf Ladung unentschuldigt aus, so ist der Pflicht zur Anhörung genügt; hierauf ist in der Ladung hin-

zuweisen. Mit Einverständnis der Beteiligten kann das Gericht ohne mündliche Verhandlung entscheiden.

(5) Gegen Beschlüsse und Verfügungen des Arbeitsgerichts oder seines Vorsitzenden findet die Beschwerde nach Maßgabe des § 78 statt.

§ 83a Vergleich, Erledigung des Verfahrens

(1) Die Beteiligten können, um das Verfahren ganz oder zum Teil zu erledigen, zur Niederschrift des Gerichts oder des Vorsitzenden einen Vergleich schließen, soweit sie über den Gegenstand des Vergleichs verfügen können, oder das Verfahren für erledigt erklären.

(2) Haben die Beteiligten das Verfahren für erledigt erklärt, so ist es vom Vorsitzenden des Arbeitsgerichts einzustellen. § 81 Abs. 2 Satz 3 ist entsprechend anzuwenden.

(3) Hat der Antragsteller das Verfahren für erledigt erklärt, so sind die übrigen Beteiligten binnen einer von dem Vorsitzenden zu bestimmenden Frist von mindestens zwei Wochen aufzufordern, mitzuteilen, ob sie der Erledigung zustimmen. Die Zustimmung gilt als erteilt, wenn sich der Beteiligte innerhalb der vom Vorsitzenden bestimmten Frist nicht äußert.

§ 84 Beschluß

Das Gericht entscheidet nach seiner freien, aus dem Gesamtergebnis des Verfahrens gewonnenen Überzeugung. Der Beschluß ist schriftlich abzufassen. § 60 ist entsprechend anzuwenden.

12. Rechtsschutzbedürfnis im Beschlussverfahren

Ein Antrag beim Verwaltungsgericht ist zulässig, wenn für die Antragstellerin oder den Antragsteller ein Rechtsschutzbedürfnis an der beabsichtigten Rechtsverfolgung besteht. Es ist nicht Aufgabe des Gerichts, theoretische Feststellungen zu treffen, die keine Rechtswirkung auslösen können. Jedoch ist das Rechtsschutzbedürfnis im Beschlussverfahren mit Rücksicht auf den objektiven Charakter dieses Verfahrens und auf die es weithin beherrschende Offizialmaxime anders als im Zivil- und Verwaltungsrechtsstreit nach objektiven, vom subjektiven Rechtsschutzbedürfnis der Antragstellerin oder des Antragstellers im konkreten Streitfall unabhängigen Maßstäben zu beurteilen. Selbst wenn sich der konkrete Fall erledigt hat, kann das Rechtsschutzbedürfnis fortbestehen, wenn mit dem wiederholten Auftreten der Streitfrage zu rechnen ist. (BVerwG, Beschl. vom 12.11.1993, ZfPR 1994, 54) Ein Rechtsschutzbedürfnis kann gegeben sein, obwohl ein konkreter Fall im Augenblick nicht vorliegt, jedoch jederzeit eintreten kann, weil der Antragstellerin bzw. dem Antragsteller nicht zuzumuten ist, den Eintritt eines solchen Falles abzuwarten. (BVerwG, Beschl. vom 12.8.1988, DÖV 1989, 125; Hess. VGH, Beschl. vom 1.6.1994, NZA 1994, 903; Thür. OVG, Beschl. vom 6.3.1996, PV 1996, 451) Andernfalls könnten auch Meinungsverschiedenheiten dazu führen, dass das Verhältnis von Personalvertretung und Dienststelle gestört wird. (OVG Münster, Beschl. vom 4.5.1987 – CL 25/85) Das Rechtsschutzbedürfnis muss nach Abschluss des ersten Rechtszuges weiter bestehen. Es entfällt nicht ohne weiteres bei einer Wahlanfechtung, wenn die Amtszeit endet, was insbesondere bei einem Nachweis der Wiederholungsgefahr gilt.

13. Rechtskontrolle

Das Verwaltungsgericht übt eine Rechtskontrolle aus. Ermessensentscheidungen können nur daraufhin überprüft werden, ob die gesetzlichen Grenzen des Ermessens überschritten sind oder von dem Ermessen nicht in einer dem Zweck der Ermächtigung entsprechenden Weise Gebrauch gemacht worden ist. Ob das Ermessen richtig ausgeübt worden ist, unterliegt der gerichtlichen Kontrolle. Dagegen kann das Gericht nicht in eine Wertung der Motivierung eintreten, die für die Ermessensentscheidung des Personalrats maßgebend gewesen ist.

14. Antragsteller und Beteiligte

Das Beschlussverfahren kennt Antragsteller (Anm. 11), dagegen keine Antragsgegner, sondern nur Beteiligte, die allerdings häufig die Rolle des Antragsgegners übernehmen und auch so bezeichnet werden. Wer Beteiligter ist, richtet sich nach den materiell-rechtlichen Vorschriften des Personalvertretungsrechts und ist schon deshalb im Einzelfall wegen der vom Gesetz zwingend vorgeschriebenen Anhörungspflicht der Beteiligten festzustellen. Die VwGO regelt die Beteiligungsfähigkeit (§ 61), die Prozessfähigkeit (§ 62), den Kreis der Beteiligten (§ 63), die Beiladung (§ 65) und die prozessualen Rechte der Beigeladenen (§ 66). Eine in § 61 VwGO entsprechende Bestimmung enthält das ArbGG im Rahmen seiner allgemeinen Vorschriften in § 10. Diese Vorschrift regelt allerdings die Partei- und Beteiligungsfähigkeit nicht abschließend, sondern knüpft an die ZPO an. Die Beteiligungsfähigkeit in einem Verfahren ist von Amts wegen zu prüfen und muss bis zur letzten Verhandlung vorliegen. Am Beschlussverfahren ist die- oder derjenige beteiligt, die oder der durch die Entscheidung des Gerichts in ihrer oder seiner personalvertretungsrechtlichen Stellung unmittelbar berührt wird. Beteiligt ist stets die Dienststelle. Eine übergeordnete Dienststelle ist selbst dann nicht Beteiligte, wenn sie in einer personalvertretungsrechtlichen Angelegenheit einer ihr untergeordneten Dienststelle Weisung erteilt hat.

Der Personalrat ist Beteiligter in allen Verfahren, die die Wahl, die Amtszeit, die Geschäftsführung usw. zum Gegenstand haben oder die sich gegen einzelne Personalratsmitglieder richten. Diese sind beteiligt an allen Streitigkeiten, die ihre vertretungsrechtliche Stellung im Personalrat berühren. Das trifft z.B. für die Abberufung der vorsitzenden Person oder für das Einrücken des Ersatzmitglieds zu (Anm. 7 und 8). Auch die Gewerkschaften können Beteiligte z.B. bei Wahlanfechtungsverfahren sein. Einzelne Beschäftigte sind selbst dann nicht Beteiligte, wenn es um eine sie betreffende Personalangelegenheit geht, weil es sich beim Mitbestimmungsverfahren um einen nur die Dienststelle und die Personalvertretung betreffenden Willensbildungsprozess innerhalb der Verwaltung handelt.

Auszug aus der VwGO:

§ 61

Fähig, am Verfahren beteiligt zu sein, sind
1. *natürliche und juristische Personen,*
2. *Vereinigungen, soweit ihnen ein Recht zustehen kann,*
3. *Behörden, sofern das Landesrecht dies bestimmt.*

§ 62

(1) Fähig zur Vornahme von Verfahrenshandlungen sind
1. *die nach bürgerlichem Recht Geschäftsfähigen,*

2. die nach bürgerlichem Recht in der Geschäftsfähigkeit Beschränkten, soweit sie durch Vorschriften des bürgerlichen oder öffentlichen Rechts für den Gegenstand des Verfahrens als geschäftsfähig anerkannt sind.

(2) Betrifft ein Einwilligungsvorbehalt nach § 1903 des Bürgerlichen Gesetzbuchs den Gegenstand des Verfahrens, so ist ein geschäftsfähiger Betreuter nur insoweit zur Vornahme von Verfahrenshandlungen fähig, als er nach den Vorschriften des bürgerlichen Rechts ohne Einwilligung des Betreuers handeln kann oder durch Vorschriften des öffentlichen Rechts als handlungsfähig anerkannt ist.

(3) Für Vereinigungen sowie für Behörden handeln ihre gesetzlichen Vertreter, Vorstände oder besonders Beauftragte.

(4) §§ 53 bis 58 der Zivilprozessordnung gelten entsprechend.

§ 63

Beteiligte am Verfahren sind
1. der Kläger,
2. der Beklagte,
3. der Beigeladene (§ 65),
4. der Vertreter des Bundesinteresses beim Bundesverwaltungsgericht oder der Vertreter des öffentlichen Interesses, falls er von seiner Beteiligungsbefugnis Gebrauch macht.

§ 64

Die Vorschriften der §§ 59 bis 63 der Zivilprozessordnung über die Streitgenossenschaft sind entsprechend anzuwenden.

§ 65

(1) Das Gericht kann, solange das Verfahren noch nicht rechtskräftig abgeschlossen oder in höherer Instanz anhängig ist, von Amts wegen oder auf Antrag andere, deren rechtliche Interessen durch die Entscheidung berührt werden, beiladen.

(2) Sind an dem streitigen Rechtsverhältnis Dritte derart beteiligt, dass die Entscheidung auch ihnen gegenüber nur einheitlich ergehen kann, so sind sie beizuladen (notwendige Beiladung).

(3) Kommt nach Absatz 2 die Beiladung von mehr als fünfzig Personen in Betracht, kann das Gericht durch Beschluss anordnen, dass nur solche Personen beigeladen werden, die dies innerhalb einer bestimmten Frist beantragen. Der Beschluss ist unanfechtbar. Er ist im elektronischen Bundesanzeiger bekannt zu machen. Er muss außerdem in Tageszeitungen veröffentlicht werden, die in dem Bereich verbreitet sind, in dem sich die Entscheidung voraussichtlich auswirken wird. Die Bekanntmachung kann zusätzlich in einem von dem Gericht für Bekanntmachungen bestimmten Informations- und Kommunikationssystem erfolgen. Die Frist muss mindestens drei Monate seit Veröffentlichung im elektronischen Bundesanzeiger betragen. In der Veröffentlichung in Tageszeitungen ist mitzuteilen, an welchem Tage die Frist abläuft. Für die Wiedereinsetzung in den vorigen Stand bei Versäumung der Frist gilt § 60 entsprechend. Das

Gericht soll Personen, die von der Entscheidung erkennbar in besonderem Maße betroffen werden, auch ohne Antrag beiladen.

(4) Der Beiladungsbeschluss ist allen Beteiligten zuzustellen. Dabei sollen der Stand der Sache und der Grund der Beiladung angegeben werden. Die Beiladung ist unanfechtbar.

§ 66

Der Beigeladene kann innerhalb der Anträge eines Beteiligten selbständig Angriffs- und Verteidigungsmittel geltend machen und alle Verfahrenshandlungen wirksam vornehmen. Abweichende Sachanträge kann er nur stellen, wenn eine notwendige Beiladung vorliegt.

15. Dreistufiger Instanzenzug

Das Beschlussverfahren sieht einen dreistufigen Instanzenzug vor (vgl. Anm. 3 zu § 80). Örtlich zuständig ist im ersten Rechtszug das Verwaltungsgericht, in dessen Bezirk die Dienststelle ihren Sitz hat.

Gegen die Beschlüsse des Verwaltungsgerichts ist stets die Beschwerde zulässig, die binnen zwei Wochen nach Zustellung des erstinstanzlichen Beschlusses einzulegen ist und innerhalb dieser Frist auch begründet werden muss. Weitere Gründe können nach Ablauf der Beschwerdefrist nachgeschoben werden. Gegen die Beschlüsse des Oberverwaltungsgerichts besteht die Möglichkeit, Rechtsbeschwerde beim Bundesverwaltungsgericht einzulegen. Sie ist zulässig, wenn das Oberverwaltungsgericht sie wegen der grundsätzlichen Bedeutung der Sache ausdrücklich zugelassen hat. Die Rechtsbeschwerde ist auch zulässig, wenn der Beschluss des Oberverwaltungsgerichts von der Rechtsprechung des Bundesverwaltungsgerichts abweicht und seine Entscheidung auf dieser Abweichung beruht. Ein Beschwerdeführer muss die Entscheidung, von der nach seiner Meinung abgewichen wurde, genau bezeichnen. Eine solche Divergenzrechtsbeschwerde ist nicht möglich, wenn Abweichungen von Entscheidungen der Oberverwaltungsgerichte oder der erstinstanzlichen Gerichte vorliegen. (BVerwG, Beschl. vom 21.8.1979 – 6 P 70.78) Die Divergenz (Meinungsverschiedenheit) kann auch nicht damit begründet werden, dass das Bundesverwaltungsgericht die Streitfrage noch nicht entschieden hat. Der abweichende entscheidende Rechtssatz darf auch nicht abstrakt, sondern muss konkret vorliegen. (BVerwG, Beschl. vom 8.12.1979, ZBR 1980, 162)

Eine Beschwerde gegen die Nichtzulassung der Rechtsbeschwerde kann nicht darauf gestützt werden, dass der Rechtssache grundsätzliche Bedeutung zukommt. (BVerwG, Beschl. vom 25.3.1980 – 6 P 39.79) Ist sie jedoch zugelassen, so ist innerhalb von zwei Wochen ein entsprechender Antrag zu stellen. Er kann nur damit begründet werden, dass Rechtsnormen nicht oder nicht richtig angewandt worden sind, weil es sich bei dem Rechtsbeschwerdeverfahren nicht mehr um eine Tatsacheninstanz handelt. Zulässig ist auch eine unselbständige Anschlussrechtsbeschwerde. Begründet z.B. der Antragsteller das von ihm in Anspruch genommene Mitbestimmungsrecht auf verschiedene Tatbestände, hat er ein anzuerkennendes Interesse daran, geklärt zu wissen, aus welchen Rechtsgründen er mitbestimmungsbefugt ist. (BVerwG, Beschl. vom 30.8.1985, ZBR 1986, 143) Eine Normenkontrolle bezüglich des Personalvertretungsrechts ist nicht möglich. (BVerwG, Beschl. vom 2.4.1980 – 6 P 4.79)

16. Einstweilige Verfügungen

Der Erlass einer einstweiligen Verfügung ist in Personalvertretungsangelegenheiten zulässig. Für das Verfahren gelten die Vorschriften des Achten Buchs der ZPO entsprechend (§ 85 Abs. 2 ArbGG). Nach § 940 ZPO sind einstweilige Verfügungen zum Zwecke der Regelung eines einstweiligen Zustandes in Bezug auf ein streitiges Rechtsverhältnis zulässig, wenn diese Regelung, insbesondere bei dauernden Rechtsverhältnissen, zur Abwendung wesentlicher Nachteile oder zur Verhinderung drohender Gewalt oder aus sonstigen Gründen notwendig erscheint. (BVerwG, Beschl. vom 27.7.1990, PersR 1990, 297) Der Erlass einer einstweiligen Verfügung setzt zunächst einen sog. Verfügungsgrund voraus, d. h., der Antragsteller hat darzulegen und glaubhaft zu machen, dass die begehrte gerichtliche Verfügung zur Abwehr wesentlicher Nachteile erforderlich ist (§ 85 Abs. 2 ArbGG, § 936 und § 920 Abs. 2 ZPO). Über den Erlass einer einstweiligen Verfügung entscheidet grundsätzlich die Fachkammer (Fachsenat) einschließlich der ehrenamtlichen Richter. (OVG Münster, Beschl. vom 11.5.1978 – CL 15/78) Über den Antrag kann unter bestimmten Voraussetzungen auch ohne mündliche Verhandlung durch den Vorsitzenden der Fachkammer entschieden werden. Dadurch soll vermieden werden, dass es durch die Heranziehung auch der ehrenamtlichen Richter zu einer unvertretbaren Verfahrensverzögerung kommt. Entsprechendes gilt auch für die Fachsenate in Beschwerdesachen. (Hess. VGH, Beschl. vom 12.3.1984, ZBR 1984, 192)

Einstweilige Verfügungen sind auch im Wahlverfahren zulässig. Voraussetzung ist, dass erhebliche Mängel des Wahlverfahrens vorliegen, die offensichtlich eine Anfechtung der Wahl rechtfertigen. Ein gerichtlicher Eingriff in das laufende Wahlverfahren ist allerdings ausgeschlossen, wenn er in einer Untersagung der durch das bisherige Verfahren in Gang gesetzten Wahl bestehen würde oder wenn diese Wahl nur mit neuen, ihrerseits die Anfechtung begründenden Mängeln durchgeführt werden könnte. Allerdings verdient das grundsätzliche Verbot der Vorwegnahme der Hauptsache gerade in Wahlsachen besondere Beachtung (vgl. Anm. 2). Eine einstweilige Verfügung im Wahlverfahren kann nur dann erlassen werden, wenn die Versagung für den Antragsteller zu schlechthin unvertretbaren Folgen, insbesondere zu einem irreparablen Zustand führt. (Hess. VGH, Beschl. vom 12.3.1984, a.a.O.)

Der Dienststelle kann allerdings nicht auf Antrag des Personalrats durch einstweilige Verfügung untersagt werden, eine der Mitbestimmung unterliegende Maßnahme zu treffen oder aufrechtzuerhalten. Der Charakter des Beschlussverfahrens als eines objektiven Verfahrens (Anm. 11) steht einem materiell-rechtlichen Unterlassungsanspruch entgegen. (BVerwG, Beschl. vom 27.7.1990, ZBR 1990, 354) Gegen den erstinstanzlichen Beschluss, mit dem in einem personalvertretungsrechtlichen Rechtsstreit der Antrag auf Erlass einer einstweiligen Verfügung abgelehnt wird, findet unabhängig davon, ob er aufgrund einer mündlichen Verhandlung ergangen ist, im Rahmen der entsprechenden Anwendung der Vorschriften des ArbGG über das Beschlussverfahren immer die Beschwerde statt. (OVG Münster, Beschl. vom 18.2.1994, ZBR 1994,191)

17. Vertretung

Im erstinstanzlichen Verfahren können Antragsteller und Beteiligte selbst auftreten oder sich durch Rechtsanwälte oder Beauftragte einer in der Dienststelle vertretenen Gewerkschaft vertreten lassen. Die Dienststelle kann mit ihrer Vertretung ihre Arbeitgeberorganisation beauftragen. Der Personalrat kann sich durch einen Gewerkschaftsvertreter vertreten lassen, sofern mindestens ein Mitglied des Personalrats der betreffenden Gewerkschaft angehört. Bei der Zugehörigkeit der Mitglieder des Personalrats zu verschiedenen Gewerkschaften muss der Personalrat durch Beschluss entscheiden, durch welche der im Personalrat vertretenen Gewerkschaft er sich vertreten lassen will. Auch das Beschwerdeverfahren kennt keinen Vertretungszwang durch Anwälte oder Verbandsvertreter. Die Beschwerdeschrift muss jedoch von einem Rechtsanwalt oder einem Verbandsvertreter unterzeichnet sein (§ 11 ArbGG). Dabei ist es nicht erforderlich, dass diese Vertreter die Schrift auch selbst verfasst haben. Auch die Beschwerdebegründung (§ 89 Abs. 2 Satz 2 ArbGG) muss von einem Anwalt oder von einer nach § 11 ArbGG vertretungsberechtigten Person unterzeichnet sein. (Hess. VGH, Beschl. vom 2.10.1985, NJW 1987, 341) Im Rechtsbeschwerdeverfahren vor dem Bundesverwaltungsgericht gelten für die Vertretung die gleichen Grundsätze wie im Beschwerdeverfahren. Sind Beschwerde und Rechtsbeschwerde formgerecht eingelegt und begründet, so kann der Beschwerdeführer im weiteren Verlauf des Rechtsmittelverfahrens sich auch anderweitig vertreten lassen oder gar selbst auftreten. Für den Beschwerdegegner gilt dies von Anfang an. (Hess. VGH, Beschl. vom 2.10.1985, a.a.O.)

18. Kosten

Die Gerichte treffen keine Kostenentscheidungen, weil Gerichtskosten, Gebühren und Auslagen nicht erhoben werden. Gemäß § 13 des Gerichtskostengesetzes ist jedoch ein Streitwert festzusetzen. Der objektive Charakter des Beschlussverfahrens, dem der Parteibegriff des Zivilprozesses unbekannt ist, schließt es in der Regel aus, unterschiedliche Bewertungen des Verfahrensgegenstandes vorzunehmen. Deshalb wird der Regelstreitwert auf 4000 € festgesetzt.

Der Personalrat und seine beteiligten Mitglieder haben einen Anspruch gegenüber der Dienststelle auf Erstattung der ihnen entstandenen Aufwendungen bei derartigen Beschlussverfahren. Dazu gehören auch die Anwaltskosten (Anm. 2 zu § 40).

19. Sanktionsrechte

Die Gerichte lehnten in der Regel einen Anspruch des Personalrats im Beschlussverfahren auf Rückgängigmachung rechtswidriger Maßnahmen und die Sicherstellung der Beteiligungsrechte des Personalrats in Form von Unterlassungsansprüchen, auch im Wege der einstweiligen Anordnung bisher ab. Mit der neuen Regelung in Abs. 3 wird klargestellt, dass das Beschlussverfahren auch auf die Unterlassung oder Durchführung einer mitbestimmungs- oder mitwirkungspflichtigen Maßnahme gerichtet sein kann. Der Hinweis auf § 85 Abs. 1 Arbeitsgerichtsgesetz (AGG) macht klar, dass bei groben Verstößen der Dienststelle der § 23 Abs. 3 BetrVG entsprechend angewendet werden kann.

Auszug aus dem AGG

§ 85 Zwangsvollstreckung

(1) Soweit sich aus Absatz 2 nichts anderes ergibt, findet aus rechtskräftigen Beschlüssen der Arbeitsgerichte oder gerichtlichen Vergleichen, durch die einem Beteiligten eine Verpflichtung auferlegt wird, die Zwangsvollstreckung statt. Beschlüsse der

Arbeitsgerichte in vermögensrechtlichen Streitigkeiten sind vorläufig vollstreckbar; § 62 Abs. 1 Satz 2 bis 5 ist entsprechend anzuwenden. Für die Zwangsvollstreckung gelten die Vorschriften des Achten Buches der Zivilprozeßordnung entsprechend mit der Maßgabe, daß der nach dem Beschluß Verpflichtete als Schuldner, derjenige, der die Erfüllung der Verpflichtung auf Grund des Beschlusses verlangen kann, als Gläubiger gilt und in den Fällen des § 23 Abs. 3, des § 98 Abs. 5 sowie der §§ 101 und 104 des Betriebsverfassungsgesetzes eine Festsetzung von Ordnungs- oder Zwangshaft nicht erfolgt.

(2) Der Erlaß einer einstweiligen Verfügung ist zulässig. Für das Verfahren gelten die Vorschriften des Achten Buches der Zivilprozeßordnung über die einstweilige Verfügung entsprechend mit der Maßgabe, daß die Entscheidungen durch Beschluß der Kammer ergehen, erforderliche Zustellungen von Amts wegen erfolgen und ein Anspruch auf Schadensersatz nach § 945 der Zivilprozeßordnung in Angelegenheiten des Betriebsverfassungsgesetzes nicht besteht.

Auszug aus dem BetrVG

§ 23 Verletzung gesetzlicher Pflichten

(3) Der Betriebsrat oder eine im Betrieb vertretene Gewerkschaft können bei groben Verstößen des Arbeitgebers gegen seine Verpflichtungen aus diesem Gesetz beim Arbeitsgericht beantragen, dem Arbeitgeber aufzugeben, eine Handlung zu unterlassen, die Vornahme einer Handlung zu dulden oder eine Handlung vorzunehmen. Handelt der Arbeitgeber der ihm durch rechtskräftige gerichtliche Entscheidung auferlegten Verpflichtung zuwider, eine Handlung zu unterlassen oder die Vornahme einer Handlung zu dulden, so ist er auf Antrag vom Arbeitsgericht wegen einer jeden Zuwiderhandlung nach vorheriger Androhung zu einem Ordnungsgeld zu verurteilen. Führt der Arbeitgeber die ihm durch eine rechtskräftige gerichtliche Entscheidung auferlegte Handlung nicht durch, so ist auf Antrag vom Arbeitsgericht zu erkennen, dass er zur Vornahme der Handlung durch Zwangsgeld anzuhalten sei. Antragsberechtigt sind der Betriebsrat oder eine im Betrieb vertretene Gewerkschaft. Das Höchstmaß des Ordnungsgeldes und Zwangsgeldes beträgt 10 000 Euro.

Die Inanspruchnahme der Verwaltungsgerichte unter Berufung auf § 79 Abs. 3 wird die „ultima ratio" sein, um dem Rechten des Personalrats nach dem LPVG NRW Nachdruck zu verleihen. NRW hat damit als erstes Land ein LPVG, das diesbezüglich dem BetrVG folgt.

§ 80

(1) Für die nach diesem Gesetz zu treffenden Entscheidungen sind bei den Verwaltungsgerichten des ersten und zweiten Rechtszuges Fachkammern (Fachsenate) zu bilden. Die Zuständigkeit einer Fachkammer kann auf die Bezirke anderer Gerichte oder Teile von ihnen erstreckt werden.

(2) Die Fachkammer (der Fachsenat) besteht aus einer oder einem Vorsitzenden und ehrenamtlichen Richterinnen und Richtern. Die ehrenamtlichen Richterinnen und Richter müssen Beschäftigte des Landes, einer Gemeinde, eines Gemeindeverbandes oder einer sonstigen der Aufsicht des Landes unterstehenden Körperschaft, Anstalt oder Stiftung des

öffentlichen Rechts sein. Sie werden durch die Landesregierung oder eine von ihr bestimmte Stelle je zur Hälfte auf Vorschlag

1. der unter den genannten Beschäftigten vertretenen gewerkschaftlichen Spitzenorganisationen und

2. der obersten Landesbehörden

berufen. Für die Berufung und Stellung der ehrenamtlichen Richterinnen und Richter und ihre Heranziehung zu den Sitzungen gelten die Vorschriften des Arbeitsgerichtsgesetzes über ehrenamtliche Richterinnen und Richter entsprechend.

(3) Die Fachkammer (der Fachsenat) wird tätig in der Besetzung mit einer oder einem Vorsitzenden und zwei ehrenamtlichen Richterinnen oder Richtern, von denen je eine oder einer nach Absatz 2 Satz 3 Nummer 1 und 2 berufen worden ist.

1. Bildung von Fachkammern und Fachsenaten

Die Fachkammern und Fachsenate werden durch die für die Gerichtsorganisation der Verwaltungsgerichtsbarkeit zuständige oberste Landesbehörde gebildet, also durch das Justizministerium. Fachkammern sind bei jedem Verwaltungsgericht des Landes eingerichtet. Ein Fachsenat besteht beim Oberverwaltungsgericht Münster. Die Zuständigkeit einer Fachkammer kann durch Verordnung auf andere Gerichtsbezirke oder Teile von Gerichtsbezirken ausgeweitet werden. Die Fachkammern und der Fachsenat setzen sich aus einer vorsitzenden Richterin oder einem vorsitzenden Richter, die den Vorsitz übernehmen und ehrenamtlichen Richterinnen und Richtern zusammen. Die oder der Vorsitzende des Spruchkörpers muss Berufsrichterin oder Berufsrichter sein. Mit dem ständigen Vorsitz der Fachkammern und des Fachsenats kann eine anderer Richterin oder ein anderer Richter nicht beauftragt werden. Die Bestellung der vorsitzenden Richterin oder des vorsitzenden Richters und der Stellvertreterinnen und Stellvertreter erfolgt durch die Geschäftsverteilung des jeweiligen Gerichts.

2. Ehrenamtliche Richterinnen und Richter

Die Berufung der ehrenamtlichen Richterinnen und Richter, die Beschäftigte im öffentlichen Dienst sein müssen, erfolgt je zur Hälfte auf Vorschlag der unter den Beschäftigten vertretenen gewerkschaftlichen Spitzenorganisationen und der obersten Landesbehörden. Zuständig für die Berufung ist der Justizminister gemäß § 1 der Verordnung über die Berufung der ehrenamtlichen Richter für die nach dem Landespersonalvertretungsgesetz zu bildenden Fachkammern vom 21. Oktober 1975(GV NW S. 598). Gewerkschaftliche Spitzenorganisationen im Lande NW sind gemäß § 106 LBG die Landesorganisationen des Deutschen Beamtenbundes und des Deutschen Gewerkschaftsbundes. Die ehrenamtlichen Beisitzerinnen und Beisitzer werden den Vorschlagslisten der Vorschlagsberechtigten in einem angemessenen Verhältnis entnommen und auf die Dauer von vier Jahren berufen. In den Vorschlagslisten der Gewerkschaft müssen beide Gruppen vertreten sein, so dass zwei Listen aufzustellen sind, aus denen die ehrenamtlichen Beisitzerinnen und Beisitzer zu den Sitzungen herangezogen werden. Diese müssen bestimmte Voraussetzungen nach den Vorschriften des ArbGG erfüllen, wobei zwischen Muss- und Sollvoraussetzungen unterschieden wird. Auch für ihre Rechtsstellung gelten die Vorschriften des ArbGG entsprechend. Das Amt, das in voller richterlicher Funktion ausgeübt wird, ist ein Ehrenamt.

3. Besetzung der Gerichte

Die Fachkammern und Fachsenate entscheiden als Spruchkammern in der Besetzung mit einer Berufsrichterin oder einem Berufsrichter als Vorsitzende oder Vorsitzenden und zwei ehrenamtlichen Beisitzerinnen und Beisitzern. Die Besetzung des zuständigen Senats beim Bundesverwaltungsgericht richtet sich nach § 10 VwGO. Der Senat entscheidet in der Besetzung mit fünf Berufsrichterinnen und Berufsrichtern.

Zehntes Kapitel
Sondervorschriften für besondere Verwaltungszweige und die Behandlung von Verschlußsachen
Erster Abschnitt
Polizei
§ 81

Für die im Landesdienst stehenden Beschäftigten der Polizei bei den in § 82 bezeichneten Polizeidienststellen gelten die Vorschriften der Kapitel 1 bis 9 und 11 insoweit, als in diesem Abschnitt nichts anderes bestimmt ist.

1. Sonderregelungen für die Polizei

Die Sondervorschriften der §§ 81 bis 86 berücksichtigen die besondere Organisation der Polizei und tragen der Ausbildung der Polizeivollzugsbeamtinnen und Polizeivollzugsbeamten in besonderen Ausbildungseinheiten bei den Polizeiausbildungsinstituten und Landespolizeischulen Rechnung. Sie haben unbedingten Vorrang gegenüber den Vorschriften in den Kapiteln 1 bis 9 und 11. Die allgemein geltenden Vorschriften finden demnach erst Anwendung, wenn eine spezielle Regelung für den Polizeibereich nicht besteht. Bei nur teilweise abweichenden Regelungen wird diese ergänzt durch die entsprechenden Vorschriften in den Kapiteln 1 bis 9 und 11. Die Sondervorschriften sind somit keine abschließende Regelung für die Polizei.

2. Anwendungsbereich

Unter die Sondervorschriften fallen nur die Beschäftigten bei den in § 82 Abs. 1 und 2 aufgeführten Polizeibehörden und -einrichtungen. Die Polizeivollzugsbeamtinnen und Polizeivollzugsbeamten im Innenministerium werden z.B. von den Sondervorschriften nicht erfasst.

3. Beschäftigtenbegriff

Beschäftigte der Polizei i.S. dieser Vorschrift sind nicht nur die Polizeivollzugsbeamtinnen und Polizeivollzugsbeamten, sondern sämtliche bei einer Polizeibehörde oder Polizeieinrichtung Beschäftigten, also auch die Verwaltungsbeamtinnen Verwaltungsbeamten und Arbeitnehmerinnen und Arbeitnehmer. Bei jeder Polizeibehörde und Polizeieinrichtung wird ein Personalrat gebildet, in dem die Polizeivollzugsbeamtinnen und Polizeivollzugsbeamten und die sonstigen Beamtinnen und Beamten einer Gruppe angehören.

§ 82 Dienststellen

Dienststellen im Sinne dieses Gesetzes sind die Kreispolizeibehörden, das Landeskriminalamt, das Landesamt für Zentrale Polizeiliche Dienste, das Landesamt für Ausbildung, Fortbildung und Personalangelegenheiten der Polizei und die Deutsche Hochschule der Polizei.

1. Dienststellen der Polizei

Gemäß § 2 des Gesetzes über die Organisation und die Zuständigkeit der Polizei im Lande Nordrhein-Westfalen – Polizeiorganisationsgesetz (POG NW) – vom 22.10.1994 (GV NW S. 851) bestehen folgende Kreispolizeibehörden:
*   Polizeipräsidenten einschließlich Polizeipräsident Wasserschutzpolizei,
*   Oberkreisdirektoren bzw. Landräte als Kreispolizeibehörden.

Auszug aus dem POG NW:

§ 2

(1) Polizeibehörden sind das Landeskriminalamt, das Landesamt für Zentrale Polizeiliche Dienste, das Landesamt für Ausbildung, Fortbildung und Personalangelegenheiten der Polizei und als Kreispolizeibehörden
1. die Polizeipräsidien in Polizeibezirken mit mindestens einer kreisfreien Stadt,
2. die Landrätinnen oder Landräte, soweit das Kreisgebiet nach Absatz 2 zu einem Polizeibezirk bestimmt wird.

(2) Die Landesregierung wird ermächtigt, durch Rechtsverordnung im Einvernehmen mit dem für Fragen der Inneren Sicherheit zuständigen Ausschuss des Landtags die Polizeipräsidien im Einzelnen einzurichten und zu bestimmen, ob und inwieweit ein Kreis einen Polizeibezirk bildet. Dabei kann sie Kreise, Teile von Kreisen und kreisfreie Städte zusammenfassen.

(3) Das Innenministerium wird ermächtigt,
1. durch Rechtsverordnung Polizeipräsidien zu Kriminalhauptstellen zu bestimmen, indem ihnen im Einzelnen zu bezeichnende Aufgaben der Strafverfolgung und der Gefahrenabwehr anderer Kreispolizeibehörden übertragen werden,
2. durch Rechtsverordnung die polizeilichen Aufgaben auf bestimmten Strecken von Straßen oder auf bestimmten Teilen von Gewässern im Grenzbereich zwischen Kreispolizeibehörden einer Kreispolizeibehörde zu übertragen, soweit das zur zweckmäßigen Aufgabenerfüllung erforderlich ist.

(4) Durch Vereinbarung mit einem anderen Land kann bestimmt werden, dass Nordrhein-Westfalen für bestimmte Strecken von Bundesautobahnen, anderen Straßen oder schiffbaren Wasserstraßen polizeiliche Aufgaben dem anderen Land überträgt oder von diesem übernimmt.

2. Polizeieinrichtungen

An Polizeieinrichtungen bestehen im Lande NW:

Unter unmittelbarer Aufsicht des Innenministeriums:
*   Direktion für Ausbildung der Polizei,

- Polizeifortbildungsinstitute Carl-Severin Münster und Neuss,
- Zentrale Polizeitechnische Dienste.

Unter der Aufsicht der Direktion für Ausbildung der Polizei:

- 6 Polizeiausbildungsinstitute,
- Landespolizeischule für Diensthundeführer
- Deutsche Hochschule der Polizei.

3. Weitere Polizeibehörden und Sonderdienste

Diese unter 1. und 2. aufgeführten Polizeibehörden und Polizeieinrichtungen sowie das Landeskriminalamt sind die Dienststellen im Bereich der Polizei, bei denen eigene Personalvertretungen zu bilden sind. Zu weiteren Dienststellen i.S. des Gesetzes werden jeweils die Polizeivollzugsbeamten der fünf Regierungspräsidenten mit den Beschäftigten der diesen zugehörigen Sonderdienste zusammengefasst, nämlich der Verkehrsüberwachungsbereitschaften, des Fernmeldedienstes, des Kraftfahrdienstes, der Funkstreifenleitstellen, des Sanitätsdienstes, der Waffenwerkstätten und der Polizeihubschrauberstaffeln. Dienststellenleiter mit den sich aus dem Gesetz ergebenden Befugnissen ist der Regierungspräsident.

§ 83 Wahlberechtigung

(1) Abgeordnete Polizeivollzugsbeamtinnen und Polizeivollzugsbeamte sind nur bei ihrer Stammdienststelle wahlberechtigt und wählbar; § 10 Abs. 2 und § 26 Abs. 2 finden keine Anwendung.

(2) Auf die Kommissaranwärterinnen und Kommissaranwärter findet § 72 Abs. 1 Satz 1 Nr. 1 bei Einstellungen und § 72 Abs. 1 Satz 1 Nr. 11 keine Anwendung.

1. Wahl bei Abordnungen

§ 10 Abs. 2 bestimmt, dass abgeordnete Beschäftigte in der Dienststelle, zu der sie abgeordnet sind, nach 6-monatiger Dauer der Abordnung wahlberechtigt werden. Diese Vorschrift findet auf Polizeivollzugsbeamtinnen und -beamte keine Anwendung. Abgeordnete Polizeivollzugsbeamtinnen und -beamte behalten also das aktive Wahlrecht bei ihrer Stammdienststelle ohne Rücksicht darauf, wie lange die Abordnung dauert.

Das gleiche gilt für das passive Wahlrecht. Damit wird der Tatsache Rechnung getragen, dass Polizeivollzugsbeamtinnen und -beamte aus dienstlichen Gründen häufiger und auch für längere Zeiträume abgeordnet werden müssen, als das in den übrigen Verwaltungsbereichen üblich und notwendig ist. Die Vorschrift findet keine Anwendung auf über 6 Monate hinaus abgeordnete Polizeivollzugsbeamte des Bundes oder anderer Bundesländer, die in der Polizei-Führungsakademie Dienst verrichten. Sie können an den Wahlen dieser Dienststelle teilnehmen und sind wahlberechtigt. (OVG Münster, Beschl. vom 16. Mai 1978, PV 1980, 243)

Durch die Verweisung auf § 26 Abs. 2 wird klargestellt, dass durch eine über 6 Monate andauernde Abordnung die Mitgliedschaft in einem Personalrat nicht erlischt. Die vorgenannten Gründe, die sich aus dem Polizeidienst ergeben, rechtfertigen diese Regelung. Nicht einzusehen ist dagegen, weshalb eine über 6 Monate andauernde Beurlaubung für die Mitgliedschaft im Personalrat einer Polizeidienststelle unschädlich sein soll (§ 26 Abs. 2, 2. Alternative).

2. Wahlberechtigung und Wählbarkeit

Im Übrigen finden die Vorschriften des § 10 Abs. 2 und § 11 Anwendung, soweit es sich um andere Beschäftigte von Polizeidienststellen handelt.

3. Ausschluss der Beteiligung (Abs. 2)

Bei der Einstellung der Bewerberinnen und Bewerber, die zur Ausbildung einberufen werden, hat der Personalrat nicht mitzubestimmen. Das gleiche gilt bei Anordnungen, welche die Freiheit in der Wahl der Wohnung beschränken.

§ 84 Hauptpersonalrat

Beim Innenministerium wird ein Hauptpersonalrat gebildet, dessen Mitglieder von den Beschäftigten der in § 82 bezeichneten Dienststellen gewählt werden.

1. Polizei-Stufenvertretung

Es wird lediglich ein Hauptpersonalrat beim Innenminister gebildet. Mit Wegfall der entsprechenden Dezernate bei den Bezirksregierungen sind Bezirkspersonalräte entbehrlich. Bei der verbleibenden Stufenvertretung, dem Hauptpersonalrat beim Innenminister, ist vorgesehen, dass dessen Mitglieder von den Beschäftigten der in § 82 bezeichneten Dienststellen gewählt werden. Da die Vorschrift das Innenministerium als Dienststelle nicht erwähnt, sind dessen Beschäftigte von der Wahl zum Polizei-Hauptpersonalrat ausgeschlossen. Sie wählen den Hauptpersonalrat für die allgemeine Verwaltung mit.

Zweiter Abschnitt
Lehrkräfte

§ 85

(1) Für Lehrkräfte gelten die Vorschriften der Kapitel 1 bis 6, 8, 9 und 11 insoweit, als in diesem Abschnitt oder in § 69 Schulgesetz NRW nichts anderes bestimmt ist. Für die nach dem Schulgesetz NRW gebildeten Lehrerräte gelten in den Fällen des § 69 Absatz 3 Schulgesetz NRW die §§ 7 Absatz 1, 33, 37, 62 bis 77 und 85 Absatz 4 entsprechend.

(2) Abweichend von § 8 Abs. 1 handelt für das Ministerium, das für das Schulwesen zuständig ist, noch eine andere den Hauptpersonalräten benannte Person mit Entscheidungsbefugnis.

(3) Die Vorschriften über die Gruppen gelten nicht. Als Lehrkräfte im Sinne dieses Abschnitts gelten auch die in der Ausbildung zu einem Lehrerberuf stehenden Beschäftigten sowie pädagogische und sozialpädagogische Mitarbeiterinnen und Mitarbeiter gemäß § 58 Schulgesetz NRW. Lehrkräfte im Dienst der Landwirtschaftskammer gelten nicht als Lehrkräfte im Sinne dieses Abschnitts.

(4) Abweichend von § 63 treten die Dienststelle (§ 92 Satz 1 Nr. 2) und der Personalrat einmal im Schulhalbjahr zu einer gemeinschaftlichen Besprechung zusammen.

(5) In Dienststellen mit in der Regel 100 bis 199 Beschäftigten ist ein Personalratsmitglied von seiner dienstlichen Tätigkeit mit 12 Unterrichtsstunden in der Woche freizustellen. Auf

Antrag kann die Dienststelle in den Fällen des § 42 Absatz 2 aus Gründen der Verwaltungsvereinfachung wegen der Teilnahme an Personalratssitzungen und der Erledigung der damit in unmittelbarem Zusammenhang stehenden Aufgaben eine dem durchschnittlichen Zeitaufwand entsprechende Ermäßigung der regelmäßigen wöchentlichen Arbeitszeit bewilligen.

(6) Absatz 4 gilt für das Ministerium, das für das Schulwesen zuständig ist und die bei diesem gebildeten Lehrer-Hauptpersonalräte entsprechend.

1. Sondervorschriften für Lehrer

Die Unterrichtstätigkeit in den Schulen und sonstige Besonderheiten, die die eigenständige Arbeit der Lehrkräfte mit sich bringt, erfordern in mehrfacher Hinsicht eine von dem allgemeinen Recht abweichende Regelung. So werden insbesondere im Bereich der Schulen und der Studienseminare unter Aufgabe des Gruppenprinzips für Beamtinnen und Beamte und Arbeitnehmerinnen und Arbeitnehmer gemeinsame Personalvertretungen gebildet (§ 88). Für die Lehrkräfte werden besondere Dienststellen im personalvertretungsrechtlichen Sinne gebildet. Die Dreistufigkeit der Personalvertretungen bezieht sich nur auf die Lehrerinnen und Lehrer an Grundschulen. Als Versetzung gilt auch die Versetzung an eine Schule oder ein Studienseminar (§ 91), Abordnungen und Einstellungen in befristete Arbeitsverhältnisse sind abweichend geregelt (§ 91), Einstellungen, Beförderungen, Ein- und Höhergruppierungen sind Einschränkungen unterworfen (§ 91). Wegen der im Lehrerbereich stattfindenden Personalversammlungen wird auf Anm. 1 und 2 zu § 45 und Anm. 1 zu § 47 hingewiesen.

Von den personalvertretungsrechtlichen Angelegenheiten sind deutlich zu trennen die Aufgaben der Lehrerräte nach § 66 SchulG. Wenn Abgrenzungszweifel bestehen, ist der Personalrat einzuschalten (§ 66 Abs. 3 SchulG). In Abs. 1 Satz 2 ist verdeutlicht, welche Vorschriften des LPVG NRW für die Lehrerräte unmittelbar gelten-

2. Lehrerbegriff

Für den Begriff der Lehrkraft im personalvertretungsrechtlichen Sinne ist die Ausübung einer Unterrichtstätigkeit ausschlaggebend. Dabei spielt es keine Rolle, ob diese von einer Beamtin oder einem Beamten oder Arbeitnehmerin oder Arbeitnehmer verrichtet wird. (BVerwG, Beschl. vom 18.9.1970, PV 1971, 61) Es werden nur Lehrkräfte an Schulen erfasst, deren Träger die in § 1 genannten Körperschaften sind. Die Lehrkräfte an staatlich anerkannten Ersatzschulen fallen also nicht unter das Gesetz. Ebenfalls nicht die in § 5 Abs. 5 genannten Beschäftigten, auch wenn sie eine Lehrtätigkeit ausüben. Lehrkräfte sind auch die Beschäftigten, die sich in der Ausbildung zu einem Lehrerberuf befinden. Für diese werden keine eigenen Personalvertretungen gebildet; vielmehr werden sie in personalvertretungsrechtlicher Hinsicht voll in den Lehrerbereich integriert. Werkstattlehrerinnen und -lehrer und technische Lehrerinnen und Lehrer an berufsbildenden Schulen sind, wie sich aus ihrer Zuordnung zum LABG ergibt, Lehrkräfte im personalvertretungsrechtlichen Sinne. Im Übrigen kommt es nicht darauf an, ob die Lehrkräfte die volle Lehrbefähigung besitzen, ob sie im Dienst des Landes oder einer öffentlich-rechtlichen Körperschaft stehen oder ob ihre Beschäftigung nur nebenamtlich, nebenberuflich oder aushilfsweise erfolgt. Die Unterrichtstätigkeit muss aber gegen Entgelt ausgeübt werden, so dass ehrenamtlich Religionsunterricht erteilende Geistliche, die auch von ihrer Anstellungskörperschaft dafür kein Entgelt erhalten, nicht zu den Lehrkräften i. S. des Gesetzes zählen. Auch Schulleiterinnen und Schulleiter sind Lehrkräfte, dagegen nicht die aus der Lehrerlaufbahn hervorgegangenen Beschäftigten des Schulaufsichtsdienstes. Ausdrücklich ausgenommen sind auch die Lehrkräfte im Dienst der Landwirtschaftskammern, weil diese außer ihrer Lehrtätigkeit noch andere Aufgaben als Geschäftsführer der Kreisstellen der Kammern und als Wirtschaftsberater wahrnehmen, also nicht überwiegend als Lehrkräfte tätig sind.

3. Abweichende Vorschriften

Für Lehrkräfte gelten alle Vorschriften des Gesetzes, soweit nicht die Sondervorschriften anzuwenden sind, und zwar nicht nur entsprechend, sondern unmittelbar. In Abs. 2 ist geregelt, dass auf der Ebene des Ministeriums, das für das Schulwesen zuständig ist, noch eine oder ein andere/r den Hauptpersonalräten benannte Vertreterin oder benannter Vertreter mit Entscheidungsbefugnis für das Ministerium handeln kann. Dabei muss es sich aber um Vertreterinnen oder Vertreter mit besonderer Entscheidungsbefugnis handeln, die auf der Ebene einer obersten Landesbehörde mindestens im Rang eines Referatsleiters sein müssen. Andernfalls würde der Grundgedanke des § 8 unterlaufen, der primär der Dienststelle die Handlungskompetenz gegenüber der zuständigen Personalvertretung zuweist.

Die Nichtanwendung des Gruppenprinzips hat nicht nur Konsequenzen für die Wahl und die Zusammensetzung der Personalvertretungen, sondern wirkt sich auch auf die Wahl der vorsitzenden Person eines Lehrerpersonalrats und der Stellvertreterinnen und Stellvertreter aus.

Die Regelung in Abs. 4 sieht vor, dass die Dienststelle einmal im Schulhalbjahr die gemeinschaftliche Besprechung mit den Personalräten führt. Damit ist eine von § 63 abweichende Regelung getroffen, wonach Dienststelle und Personalrat mindestens einmal im Vierteljahr zu gemeinschaftlichen Besprechungen zusammentreten. Nach Abs. 6 gilt diese Regelung auch für das Ministerium, das für das Schulwesen zuständig ist.

4. Freistellungen

In kleinen Dienststellen mit in der Regel 100 bis 199 Beschäftigten kann ein Personalratsmitglied mit bis zu 12 Unterrichtsstunden in der Woche von der dienstlichen Tätigkeit freigestellt werden. Diese Regelung entspricht, abgesehen davon, dass Unterrichtsstunden statt Wochenstunden freigestellt werden, den Regelungen in § 42, die Anm. 3 bis 5 zu § 42 gelten entsprechend.

Aus Vereinfachungsgründen kann als Folge der Rechtsprechung zur Teilnahme an Personalratssitzungen und den damit in Zusammenhang stehenden Aufgaben eine dem durchschnittlichen Zeitaufwand entsprechende Ermäßigung der regelmäßig zu leistenden wöchentlichen Arbeitszeit bewilligt werden. Auf die Anm. 2 zu § 42 und die dort aufgeführte Rechtsprechung wird verwiesen.

§ 86

Im Bereich der Schulen und der Studienseminare werden für Lehrkräfte besondere gemeinsame Personalvertretungen gebildet.

1. Besondere Personalvertretungen für Lehrer

Für Lehrkräfte werden weder an den Schulen noch an den Studienseminaren, sondern „im Bereich der Schulen und Studienseminare" gemeinsame Personalvertretungen gebildet. Wegen des Dienststellenbegriffs für im Landesdienst beschäftigte Lehrer einschließlich der an den Studienseminaren tätigen Lehrer wird auf § 92 hingewiesen. Lehrkräfte an Studienseminaren üben in jedem Fall, unabhängig vom Grad ihrer Beschäftigung, ihr Wahlrecht stets zu den Personalvertretungen für Lehrkräfte aus.

2. Personalvertretungen für das nichtpädagogische Personal

Während das nichtpädagogische Personal an den Schulen den Personalrat des Schulträgers mit wählt (Anm. 1 zu § 88), gelten für das nichtpädagogische Personal an den Studienseminaren die allgemeinen Wahlvorschriften. Wenn keine Personalratsfähigkeit gem. § 13 Abs. 1 vorliegt, können diese Dienststellen jeweils einer benachbarten Dienststelle (z.B. Bezirksregierung) zugeteilt werden (§ 13 Abs. 2).

§ 87

(1) Für die im Landesdienst beschäftigten Lehrkräfte an Schulen und an Studienseminaren werden Personalvertretungen – getrennt nach Schulformen und besonderen Einrichtungen des Schulwesens – gebildet.

(2) Für nicht im Landesdienst beschäftigte Lehrkräfte kann die oberste Dienstbehörde bestimmen, daß getrennte Personalvertretungen entsprechend Absatz 1 gebildet werden. Werden getrennte Personalvertretungen nicht gebildet, bilden die Lehrkräfte der verschiedenen Schulformen je eine Lehrergruppe. Für diese Lehrergruppen gelten die Vorschriften dieses Gesetzes über die Gruppenwahl und die Rechte der Gruppen entsprechend, jedoch findet in den Fällen des § 34 Abs. 2 eine gemeinsame Beratung nicht statt.

1. Personalvertretungen im Landesbereich

Die Schulformen, für die getrennte Personalvertretungen zu bilden sind, ergeben sich aus einer Rechtsverordnung des für die Schulen zuständigen Ministeriums (vgl. Anm. 1 zu § 92). Es besteht kein Unterschied zwischen den Lehrkräften an den Schulen und den Studienseminaren. Die Zuordnung der Lehrkräfte zu den einzelnen Schulformen richtet sich nach ihrer tatsächlichen Beschäftigung und nicht nach ihrer Anstellung. Anstellungsbehörde und Beschäftigungsbehörde fallen in der Regel nicht zusammen. Nicht selten sind Lehrkräfte zu mehr als einer Personalvertretung wahlberechtigt, weil sie z.B. bei einer Teilabordnung in einer anderen Schulform tätig sind.

2. Nicht im Landesdienst beschäftigte Lehrer

Für die nicht im Landesdienst beschäftigten Lehrkräfte werden im Bereich der Schulen ebenfalls Personalvertretungen gebildet, sofern die oberste Dienstbehörde dies anordnet. Es handelt sich im Wesentlichen um Lehrkräfte an Schulen, deren Träger die Innungen, die Handwerkskammern, die Industrie- und Handelskammern oder die Landwirtschaftskammern sind, sofern sie nicht staatliche Lehrkräfte beschäftigen

3. Gemeinschaftliche Personalräte der Lehrkräfte außerhalb des Landesdienstes

Wird eine Trennung nicht angeordnet, so werden die unterschiedlichen Interessen der einzelnen Schulformen dadurch gewahrt, dass zwar ein gemeinsamer Personalrat gebildet wird, bei dem aber die Lehrkräfte mit jeder darin vertretenen Schulform eine besondere Lehrergruppe bilden, soweit die Voraussetzungen des § 14 vorliegen. Ihre Vertreterinnen und Vertreter werden in getrennten Wahlgängen gewählt, falls keine gemeinsame Wahl beschlossen wird (§ 16).

§ 88

(1) Für die im Landesdienst beschäftigten Lehrkräfte sind die Schulen und die Studienseminare nicht Dienststellen im Sinne dieses Gesetzes.

(2) Dienststellen im Sinnes dieses Gesetzes für nicht im Landesdienst beschäftigte Lehrkräfte sind die Verwaltungen der Gemeinden, Gemeindeverbände und sonstigen der Aufsicht des Landes unterstehenden Körperschaften, Anstalten und Stiftungen des öffentlichen Rechts, bei denen die Lehrkräfte beschäftigt sind.

(3) § 1 Abs. 3 findet keine Anwendung.

1. Dienststellen der Lehrkräfte

Die Schulen und die Studienseminare sind zwar der Mittelpunkt der dienstlichen Tätigkeit der Lehrkräfte, sie werden aber nicht zu Dienststellen erklärt. Dies ergibt sich bereits aus der Formulierung „Im Bereich…" in § 86. Der personalvertretungsrechtliche Begriff der Dienststellen der Lehrkräfte ist von besonderer Bedeutung (vgl. Anm. 1 und 2 zu § 92). Die Schulen sind mithin nur Dienststellen für das nichtpädagogische Personal und bilden in den Gemeinden, Gemeindeverbänden und Nichtgebietskörperschaften mit diesen gemeinsam eine Dienststelle. Wegen des nichtpädagogischen Personals in den Studienseminaren wird auf Anm. 2 zu § 86 hingewiesen.

2. Dienststellen für nicht im Landesdienst beschäftigte Lehrkräfte

Für nicht im Landesdienst beschäftigte Lehrkräfte wird die Dienststellenzugehörigkeit geregelt. Es sind dies die Verwaltungen der Gemeinden, der Gemeindeverbände und der Nichtgebietskörperschaften. Bei diesen ist neben der allgemeinen Personalvertretung eine besondere Personalvertretung für Lehrkräfte zu errichten, die gemäß § 87 Abs. 2 nach Schulformen getrennt werden kann.

3. Anwendung des § 1 Abs. 3

Abs. 3 bestimmt ausdrücklich, dass § 1 Abs. 3 nicht anzuwenden ist. Eine Verselbständigung von Nebenstellen oder Teilen einer Dienststelle wird also ausgeschlossen. Daraus folgt, dass die Schulen nicht zu selbständigen Dienststellen erklärt werden können. Soweit bei den Gemeinden und bei den Nichtgebietskörperschaften ein Gesamtpersonalrat und ein Teilpersonalrat bestehen, sind die Schulen dem Teilpersonalrat der Stammdienststelle zuzuordnen.

§ 89

(1) Bei den aufgrund von § 92 Satz 1 Nr. 2 bestimmten Dienststellen und bei den in § 88 Abs. 2 genannten Dienststellen werden Personalräte gebildet. Für die im Landesdienst

beschäftigten Lehrkräfte werden außerdem – getrennt nach Schulformen und besonderen Einrichtungen des Schulwesens –

1. bei den Mittelbehörden Lehrer-Bezirkspersonalräte und
2. bei dem für das Schulwesen zuständigen Ministerium Lehrer- Hauptpersonalräte gebildet.

(2) Die Bezirkspersonalräte für Lehrkräfte an Hauptschulen und an Förderschulen nehmen bei beteiligungspflichtigen fachaufsichtlichen Maßnahmen der Schulämter die Aufgaben nach diesem Gesetz wahr. In diesen Fällen ist der jeweilige Lehrer-Hauptpersonalrat zuständige Stufenvertretung.

1. Bildung von Personalräten

Die Pflicht zur Bildung von Personalräten ergibt sich bereits aus § 13 Abs. 1. Bei welchen Dienststellen örtliche Personalräte und Stufenvertretungen für die im Landesdienst beschäftigten Lehrkräfte zu bilden sind, wird gemäß § 92 durch Rechtsverordnung des für die Schulen zuständigen Ministeriums geregelt. Auf die Anm. 1 zu § 92 wird hingewiesen.

2. Stufenvertretungen

Bei den Mittelbehörden (Bezirksregierungen) sind Lehrer-Bezirkspersonalräte und beim für die Schulen zuständigen Ministerium Lehrer-Hauptpersonalräte zu bilden. Da aufgrund der Rechtsverordnung zu § 92 mit Ausnahme der Lehrkräfte an Grundschulen die Mittelbehörden zu Dienststellen der Lehrer erklärt worden sind, wird das Prinzip der Dreistufigkeit der Personalvertretungen nach § 50 Abs. 1 nur im beschränkten Umfang durchgeführt. Für alle Lehrkräfte mit Ausnahme der Lehrer an Grundschulen werden also bei den Mittelbehörden nur örtliche Personalräte und keine Bezirkspersonalräte errichtet. Die örtlichen Personalräte nehmen auch nicht die Aufgabe einer Stufenvertretung wahr. Für die Lehrkräfte an Grundschulen sind die Schulämter Dienststellen i.S. des Personalvertretungsgesetzes. Sie sind untere Landesbehörden nach § 9 Abs. 2 LOG NW. Lehrer-Bezirkspersonalräte werden also nur für die Lehrer an Grundschulen gebildet.

Die Höchstzahl einer Lehrer-Stufenvertretung beträgt 15. Es bestehen keine Bedenken, dass die beim für die Schulen zuständigen Ministerium bestehenden Lehrer-Hauptpersonalräte einen losen Zusammenschluss nach Art einer Arbeitsgemeinschaft bilden.

Der Gesetzgeber hält sich nicht stringent an die erforderliche Sprachregelung für die Lehrerpersonalräte mit Ausnahme der Bezirkspersonalräte für Lehrer an Grundschulen örtliche Personalräte (auf Ebene der Bezirksregierungen), sondern bezeichnet sie fälschlicherweise auch als Bezirkspersonalräte (s.o. § 89 Abs. 2).

3. Wahlvorschriften

Das Gesetz regelt nicht wie für die Stufenvertretung der Polizei (§ 84) die Wahlberechtigung zu den Stufenvertretungen der Lehrkräfte. Es gelten daher die allgemeinen Vorschriften des § 50, was auch für die Amtszeit und die Geschäftsführung sowie für die Rechtstellung der Mitglieder zutrifft.

4. Zuständigkeit

Die Zuständigkeit der Stufenvertretung der Lehrkräfte richtet sich nach den allgemeinen Vorschriften. Sollen Lehrkräfte in den Schulaufsichtsdienst übernommen und dort zu schulfachlichen Schulaufsichtsbeamteninnen und -beamten befördert werden, so kommt eine Mitbestimmung nur auf Antrag des Betroffenen (§ 72 Abs. 1 Satz 2 i.V.m. § 11 Abs. 2 Buchst. c) in Betracht, für die aber nicht die Stufenvertretung für Lehrer, sondern die für Verwaltungsbeamte zuständig ist. Aufgrund gesetzlicher Vorschrift sind Beamtinnen und Beamte in der Schulaufsicht bei den Bezirksregierungen bei der Dienststelle wahlberechtigt, der sie angehören. Beamtinnen und Beamte in der Schulaufsicht bei den Schulämtern sind zu dem bei der jeweiligen Bezirksregierung gebildeten Bezirkspersonalrat der allgemeinen Verwaltung wahlberechtigt (§ 10 Abs. 5).

§ 90

(1) Schulleiterinnen und Schulleiter sind wahlberechtigt und wählbar. Sie gelten als Lehrkräfte der Schulform, der die Schule angehört, die sie leiten. Sofern sie Mitglied eines Personalrats sind, dürfen sie dann nicht beratend oder entscheidend tätig werden, wenn sie selbst oder die Schule, die sie leiten, durch die Angelegenheit unmittelbar betroffen sind. Die Sätze 1 und 3 gelten entsprechend für die Ansprechpartnerinnen für Gleichstellungsfragen an Schulen.

(2) Mitarbeiterinnen und Mitarbeiter gemäß § 58 SchulG gelten als Lehrkräfte der Schulform, in der sie überwiegend verwendet werden. Die in der Ausbildung zu einem Lehrerberuf stehenden Beschäftigten gelten als Lehrkräfte der Schulform, der sie im Rahmen der schulpraktischen Ausbildung zugewiesen werden. Ausbilderinnen und Ausbilder an Studienseminaren gelten als Lehrkräfte der Schulform, in der sie verwendet werden oder vor der Tätigkeit am Studienseminar gemäß § 6 LABG verwendet worden sind.

1. Wahlrecht der Schulleiter

Nach der Rechtsprechung des Bundesverfassungsgerichts steht dem Gesetzgeber bei der Ordnung des aktiven und passiven Wahlrechts nur ein eng bemessener Spielraum für Differenzierungen zur Verfügung; solche bedürfen stets der Rechtfertigung durch einen zwingenden Grund. Dieser ist anerkanntermaßen bei Beschäftigten gegeben, denen Entscheidungsbefugnisse in Personalangelegenheiten übertragen sind. Die Vermeidung von Interessen- und Pflichtenkollisionen erfordert hier, die Trennung zwischen den Funktionen der Personalverwaltung und den Aufgaben der Personalvertretung durch einen Ausschluss ihrer Wahlberechtigung sicherzustellen (s. § 11 Abs. 2 Buchst. b).

Im Unterschied dazu wird die Übertragung von Dienstvorgesetztenfunktionen auf die Schulleiter – entsprechend dem Leitbild der Eigenverantwortlichen Schule – in Abhängigkeit von der Schaffung geeigneter Unterstützungssysteme erfolgen. Der Umfang der Aufgabenübertragung ist noch offen. Das Festhalten an der Wahlberechtigung der Schulleiterinnen und Schulleiter wird durch die besondere Situation, die darin besteht, dass zahlreiche schulische Angelegenheiten durch Organe der Schulmitwirkung (z.B. Schulkonferenz, Lehrerkonferenz, Auswahlkommission bei schulscharfer Lehrereinstellung) bereits festgelegt sind und zukünftig auch bleiben, gerechtfertigt. Darüber hinaus wird auf diese Weise ein Gleichklang mit der personalvertretungsrechtlichen Stellung der Schulrätinnen und Schulräte hergestellt.

Sofern eine Schulleiterin oder ein Schulleiter Mitglied eines Personalrats ist, darf die hervorgehobene Position bei zu befürchtenden Interessenkollisionen jedoch nicht unberücksichtigt bleiben. Eine solche Situation liegt immer dann vor, wenn sie selbst oder die Schule, die sie leiten, in der Angelegenheit, mit der der Personalrat befasst ist, unmittelbar betroffen sind. In diesen Fällen darf die Schulleiterin oder der Schulleiter nicht in ihrer bzw., seiner Eigenschaft als Personalratsmitglied tätig werden. Es kommt somit zu der interessanten Konstellation, dass die Schulleiter wahlberechtigt und wählbar bleiben, obwohl der Gesetzgeber ihnen die Unterstützung eines Personalrats bei den Maßnahmen nach § 72 Abs. 1 versagt (§ 72 Abs. 1 Satz 2). Für Ansprechpartnerinnen für Gleichstellungsfragen, die bei der Übertragung von Dienstvorgesetzteneigenschaften auf die Schulleitungen die Gleichstellungsaufgaben wahrnehmen (§ 59 Abs. 5 Satz 2 SchulG) gilt Entsprechendes.

2. Zuordnung zu Schulformen

Die Regelung des Abs. 2 Satz 1 ergibt sich aus der Änderung in § 85 Abs. 3. Aufgrund der im Jahre 2002 eingeführten schulformübergreifenden Lehrämter „an Grund-, Haupt- und Realschulen und den entsprechenden Jahrgangsstufen der Gesamtschulen" sowie „an Gymnasien und Gesamtschulen" ist eine personalvertretungsrechtliche Zuordnung der Ausbilderinnen und Ausbilder an Studienseminaren über die Lehramtsbefähigung nicht mehr möglich. Daher wird diesbezüglich künftig auf die aktuelle oder ggf. die letzte vorangegangene Verwendung an einer Schule abgestellt.

3. Wahlberechtigung der in Ausbildung zum Lehrerberuf stehenden Beschäftigten

Die Regelungen werden jedoch mit Blick auf das LABG sowie die Ordnung des Vorbereitungsdienstes und der Zweiten Staatsprüfung für Lehrämter an Schulen (OVP) modifiziert. Jede Lehramtsanwärterin und jeder Lehramtsanwärter wird nach § 11 Abs. 2 OVP einer Schule zur schulpraktischen Ausbildung zugewiesen. Daraus lässt sich wie bei Lehrkräften die personalvertretungsrechtliche Zuständigkeit eindeutig ableiten. Da das LABG in § 3 keine Aussagen mehr zu „Schwerpunkten" enthält und über die Zuweisung zur schulpraktischen Ausbildung alle in der Ausbildung zu einem Lehrerberuf stehenden Beschäftigten erfasst werden können, wird letztere alleiniger Anknüpfungspunkt für die Frage der Personalvertretung. Der Verweis auf das LABG in Satz 2 wurde redaktionell angepasst.

Auszug aus der OVP:

Ordnung des Vorbereitungsdienstes und der Staatsprüfung für Lehrämter an Schulen (Ordnung des Vorbereitungsdienstes und der Staatsprüfung – OVP)

Vom 10. April 2011

§ 11 Ausbildung an Schulen

(1) Die schulpraktische Ausbildung findet an Schulen auf der Grundlage des Kerncurriculums (§ 1) statt. Alle Schulen sind Ausbildungsschulen. Die Bezirksregierung ordnet sie Zentren für schulpraktische Lehrerausbildung zu. Genehmigte Ersatzschulen im Sinne des § 100 Absatz 2 bis 4 des Schulgesetzes können mit Zustimmung des Trägers Ausbildungsschulen sein.

(2) Die Leiterin oder der Leiter des Zentrums für schulpraktische Lehrerausbildung weist nach vorangegangener Abstimmung im Auftrag der Bezirksregierung Lehramtsanwärterinnen und Lehramtsanwärter einer Schule zu. Zuweisungen an eine Ersatzschule erfol-

gen nur nach Zustimmung des Schulträgers, der Schulleitung und der Lehramtsanwärterin oder des Lehramtsanwärters.

(3) Die Ausbildung umfasst Hospitationen und Ausbildungsunterricht (Unterricht unter Anleitung und selbstständiger Unterricht). Sie erstreckt sich auf alle Handlungsfelder des Lehrerberufs. Die Seminarausbilderinnen und Seminarausbilder besuchen die Lehramtsanwärterinnen und Lehramtsanwärter im Unterricht. Die Besuche dienen der Anleitung, Beratung, Unterstützung und Beurteilung. Die Ausbildung umfasst auch Unterrichtshospitationen bei Seminarausbilderinnen und Seminarausbildern sowie bei Lehramtsanwärterinnen und Lehramtsanwärtern. Die Seminarausbilderinnen und Seminarausbilder legen im Benehmen mit der Lehramtsanwärterin oder dem Lehramtsanwärter die Termine für die Besuche fest. In den beiden Fächern finden, auch im Rahmen des selbstständigen Unterrichts, in der Regel insgesamt zehn Unterrichtsbesuche statt, zu denen die Lehramtsanwärterin oder der Lehramtsanwärter eine kurzgefasste Planung vorzulegen hat.

(4) Die Lehramtsanwärterin oder der Lehramtsanwärter soll im Verlauf der Ausbildung in unterschiedlichen Jahrgangsstufen sowie, soweit vorhanden, in unterschiedlichen Schulstufen und Bildungsgängen der jeweiligen Schulform eingesetzt werden.

(5) Die Ausbildung umfasst durchschnittlich 14 Wochenstunden. Davon entfallen auf den selbstständigen Unterricht in zwei vollständigen Schulhalbjahren durchschnittlich neun Wochenstunden.

(6) Von den insgesamt im Vorbereitungsdienst zu erteilenden 18 Wochenstunden selbstständigen Unterrichts erhält die Schule für Ausbildungszwecke insgesamt zwei Anrechnungsstunden.

(7) Die Schulleiterin oder der Schulleiter setzt im Benehmen mit der Seminarleiterin oder dem Seminarleiter die Lehramtsanwärterin oder den Lehramtsanwärter im selbstständigen Unterricht ein. Dabei sind Belange der Ausbildung und Wünsche der Lehramtsanwärterinnen und Lehramtsanwärter angemessen zu berücksichtigen.

(8) Über die Ausbildung hinausgehender selbstständiger zusätzlicher Unterricht kann Lehramtsanwärterinnen und Lehramtsanwärtern mit ihrer Zustimmung übertragen werden; bis zum erfolgreichen Ablegen der Unterrichtspraktischen Prüfungen jedoch nur im Umfang von bis zu zwei Wochenstunden. Ausbildung und Prüfung haben Vorrang vor der Erteilung zusätzlichen Unterrichts.

§ 91

(1) Bei Lehrkräften gilt als Versetzung oder Abordnung im Sinne des § 72 Abs. 1 Nrn. 5 und 6 die Versetzung oder Abordnung an eine Schule oder ein Studienseminar.

(2) Bei Versetzungen von Lehrkräften an eine Schule oder ein Studienseminar gibt der bei der abgebenden Dienststelle gebildete Personalrat dem bei der aufnehmenden Dienststelle gebildeten Personalrat Gelegenheit zur Äußerung. Die Frist zur Äußerung gemäß § 66 Abs. 2 Satz 3 beträgt vier Wochen.

(3) Abordnungen von Lehrkräften nach § 72 Abs. 1 Satz 1 Nr. 6 unterliegen nur dann der Mitbestimmung, wenn sie länger als bis zum Ende des laufenden Schulhalbjahres andauern.

(4) Bei Stellenausschreibungen gemäß § 73 Nr. 2 wirkt der Personalrat nur mit, wenn die Ausschreibung nicht der Vorbereitung einer Maßnahme gemäß § 72 Abs. 1 Satz 1 Nr. 1 oder Nr. 3 dient.

1. Abweichender Versetzungsbegriff – Abordnungen

Durch die Vorschrift wird für die Lehrkräfte ein von der allgemeinen Regelung abweichender Versetzungsbegriff geschaffen (§ 72 Abs. 1 Satz 1 Nrn. 5 und 6). Dies ist erforderlich, weil die Schulen nicht Dienststellen i.S. dieses Gesetzes sind. Ohne diese Regelung würde eine der Mitbestimmung unterliegende Versetzung oder Abordnung nur vorliegen, wenn sie unter einem Wechsel des Schulamtes oder der Bezirksregierung erfolgt. Eine Versetzung oder Abordnung liegt auch vor, wenn eine Lehrkraft von einem Studienseminar wieder zur Schule wechselt. Die Teilabordnung einer Lehrkraft von einer Schule an eine andere Schule bei einem Wechsel der Schulform unterliegt auch dann der Mitbestimmung des zuständigen Personalrats, wenn sich beide Schulen in einem Gebäudekomplex befinden. (OVG Münster, Beschl. vom 3.7.1986, PV 1988,536)

Obwohl die Vorschrift auch für Auszubildende gilt (§ 85 Absatz 3 Satz 2), unterliegt der Wechsel der Ausbildungsstelle nicht der Mitbestimmung, da es sich weder um eine Versetzung noch um eine Abordnung handelt (vgl. Anm. 8 zu § 72).

Eine nur formale (Teil-)Versetzung aus haushaltsrechtlichen Gründen an eine andere Schule unterliegt nicht der Mitbestimmung nach § 72 Abs. 1 Nr. 5, wenn sich an der bisherigen Beschäftigungssituation tatsächlich nichts ändert. (OVG NRW, 1 A 1/96 PVL vom 27.3.1998)

2. Beteiligung des aufnehmenden Personalrats

In der Rechtsprechung ist wiederholt die Auffassung vertreten worden, dass bei Versetzungen auch der Personalrat der aufnehmenden Dienststelle zu beteiligen ist. So hat das BVerwG z.B. entschieden, dass bei einem Wechsel der Schulform der Personalrat der aufnehmenden Dienststelle zu beteiligen ist, wenn die Interessen der dort Beschäftigten wesentlich berührt werden (Beschl. vom 3.7.1990, ZfPR 1990, 146). Dieser Rechtsprechung trägt Abs. 2 insofern Rechnung, als dem Personalrat der aufnehmenden Dienststelle das Recht eingeräumt wird, sich zu einer Versetzung innerhalb einer Frist von 4 Wochen zu äußern. Die Äußerungsfrist des § 66 Abs. 2 Satz 3, die der Personalrat der abgebenden Dienststelle zu beachten hat, wird demnach analog der Regelung zu § 78 Abs. 2 verdoppelt. Weitergehende Rechte sind dem Personalrat der aufnehmenden Dienststelle nicht eingeräumt worden.

3. Versetzung- und Abordnungsschutz für Mitglieder von Personalvertretungen

Soll ein Mitglied eines Lehrer-Personalrats an eine Schule oder ein Studienseminar versetzt oder abgeordnet werden, ist die Beachtung von § 43 zwingend erforderlich. Die danach notwendige Zustimmung des Personalrats im Rahmen des Versetzungs- und Abordnungsschutzes von Personalratsmitgliedern ist nicht identisch mit der Zustimmung nach § 72 Abs. 1 Satz 1 Nrn. 5 und 6 i.V.m. § 66 Abs. 1 und 2.

4. Einschränkung der Mitbestimmung bei Abordnungen

Gemäß § 72 Abs. 1 Nr. 6 unterliegen Abordnungen der Mitbestimmung, wenn sie für eine Dauer von mehr als drei Monaten vorgesehen sind. Für die Abordnung von Lehrkräften ist in Abs. 3 allerdings insofern eine Sonderregelung getroffen, dass auch über drei Monate hinausgehende Abordnungen keiner Mitbestimmung unterliegen, wenn sie nicht über das Ende des Schulhalbjahres andauern.

5. Einstellungen in befristete Arbeitsverhältnisse

Die Einstellung in ein befristetes Arbeitsverhältnis ist dann mitbestimmungsfrei, wenn sie der Sicherung eines unvorhersehbaren Vertretungsunterrichts dient und in der Laufzeit das Schuljahresende nicht überschreiten wird (Satz 1). Als unvorhersehbar kann ein Vertretungsbedarf dann angesehen werden, wenn er weniger als zwei Wochen bekannt ist. Die Dauer des befristeten Vertrages muss sich an dem prognostizierten zeitlichen Vertretungsbedarf orientieren. Die Mitbestimmung setzt allerdings ein, wenn der Lehrerrat der Schule gem. § 69 Abs. 3 SchulG der Einstellung wirksam widersprochen hat. Der Lehrerrat der Schule ist in allen Fällen einer befristeten Einstellung zur Sicherung eines nicht vorhersehbaren Vertretungsunterrichts nach § 69 SchulG zu beteiligen. Die Schulleitung muss gegenüber dem Lehrerrat darlegen, dass sie die schutzwürdigen Interessen von Einstellungsbewerbern beachtet hat. Stimmt der Lehrerrat nicht zu, lebt das Erfordernis der Beteiligung der Personalvertretung auch bei der nach § 91 Abs. 4 Satz 1 mitbestimmungsfreien Einstellung wieder auf.

Greift der Ausschluss nach § 91 Abs. 4 Satz 1 LPVG nicht – wenn die befristete Beschäftigung bei unvorhersehbarem Vertretungsunterricht über das Schuljahresende hinaus erfolgt – ist die Beteiligung des Lehrerrates nach § 69 SchulG durchzuführen und danach die des Personalrats nach § 72 Abs. 1 Satz 1 Nr. 1 i.V.m. § 66 LPVG. Diese Doppelregelung muss als der ausdrückliche Wille des Gesetzgebers angesehen werden.

§ 92

Das für das Schulwesen zuständige Ministerium bestimmt durch Rechtsverordnung
1. die Schulformen und besonderen Einrichtungen des Schulwesens, für die getrennte Personalvertretungen nach § 87 Abs. 1 und § 89 Abs. 1 Satz 2 zu bilden sind,
2. die Stellen, die für die im Landesdienst beschäftigten Lehrkräfte Dienststellen nach § 88 Abs. 1 sind.
Es hat dabei die Schulstruktur und die Organisation der Schulverwaltung zu berücksichtigen. Schulformübergreifende Versuchsschulen können als besondere Schulform behandelt werden, wenn sie voraussichtlich länger als die Wahlperiode der Personalvertretungen bestehen werden.

1. Schulformen und Dienststellen

Mit der von dem für das Schulwesen zuständigen Ministerium erlassenen Rechtsverordnung über die Errichtung von Personalvertretungen für die im Landesdienst beschäftigten Lehrer vom 1. Oktober 1984 (GV NW S.618) in der aktuellen Fassung sind die Schulformen, für die getrennte Personalvertretungen zu bilden sind, sowie die Stellen, die für die im Landesdienst beschäftigten Lehrer Dienststellen sind, bestimmt worden.

Diese Verordnung ist nachstehend abgedruckt:

**Verordnung
über die Errichtung von Personalvertretungen für
die im Landesdienst beschäftigten Lehrer**

Vom 1. Oktober 1984

Aufgrund des § 95 des Personalvertretungsgesetzes für das Land Nordrhein-Westfalen vom 3. Dezember 1974(GV. NW. S.1514) (Fn 2), zuletzt geändert durch Gesetz vom 29. Mai 1984(GV. NW. S.303), wird verordnet:

§ 1

(1) Für die im Landesdienst beschäftigten Lehrkräfte sind Schulformen im Sinne des § 87 Absatz 1 des Landespersonalvertretungsgesetzes
1. *die Grundschule,*
2. *die Hauptschule,*
3. *die Förderschulen und die Schule für Kranke,*
4. *die Realschule,*
5. *das Gymnasium, das Weiterbildungskolleg, das Oberstufen-Kolleg und das Kolleg für Aussiedlerinnen und Aussiedler,*
6. *das Berufskolleg,*
7. *die Gesamtschule und die Gemeinschaftsschule der Sekundarstufe I, die Gemeinschaftsschule der Primarstufe und der Sekundarstufe I sowie die Gemeinschaftsschule der Sekundarstufe I und der Sekundarstufe II.*

(2) Im Sinne dieser Verordnung gelten Beschäftigte in der Ausbildung
1. *für das Lehramt für die Primarstufe als Lehrkräfte der Schulform Grundschule,*
2. *für das Lehramt für die Sekundarstufe I und für das Lehramt für die Sekundarstufe II als Lehrkräfte der Schulform, in der der Schwerpunkt ihrer Ausbildung gemäß § 3 Abs. 4 des Lehrerausbildungsgesetzes liegt,*
3. *für das Lehramt für Sonderpädagogik als Lehrkräfte der Schulform Förderschulen und Schule für Kranke.*

§ 2

Für die im Landesdienst beschäftigten Lehrkräfte sind Dienststellen im Sinne des § 88 Abs. 1 des Landespersonalvertretungsgesetzes
1. *für Lehrkräfte an der Grundschule die Schulämter,*
2. *für Lehrkräfte an der Schule für Kranke, der Realschule, am Gymnasium, am Weiterbildungskolleg, am Oberstufen-Kolleg, am Kolleg für Aussiedlerinnen und Aussiedler, am Berufskolleg, an der Gesamtschule, an der Gemeinschaftsschule der Sekundarstufe I, an der Gemeinschaftsschule der Primarstufe und der Sekundarstufe I sowie an der Gemeinschaftsschule der Sekundarstufe I und der Sekundarstufe II die Bezirksregierungen,*
3. *für Lehrkräfte an Hauptschulen die Schulämter, soweit sie Aufgaben nach § 88 Absatz 3 Satz 3 Schulgesetz NRW wahrnehmen; im Übrigen die Bezirksregierungen,*

4. für Lehrkräfte an Förderschulen

   a) mit einem der Förderschwerpunkte Lernen, Sprache, emotionale und soziale Entwicklung, geistige Entwicklung sowie körperliche und motorische Entwicklung mit Ausnahme der Förderschulen im Bildungsbereich der Realschule, des Gymnasiums und des Berufskollegs,

   b) im Verbund (§ 20 Absatz 5 Schulgesetz NRW), sofern sie nicht im Bildungsbereich der Realschule, des Gymnasiums oder des Berufskollegs unterrichten oder einen der Förderschwerpunkte Hören und Kommunikation oder Sehen umfassen,

   die Schulämter, soweit sie Aufgaben nach § 88 Absatz 3 Satz 3 Schulgesetz NRW wahrnehmen; im Übrigen die Bezirksregierungen.

§ 3

Diese Verordnung tritt am 1. Januar 1985 in Kraft. Sie tritt mit Ablauf des 31. Dezember 2015 außer Kraft.

2. Die Schulämter als Dienststellen

Nach § 9 Abs. 2 LOG NW sind Schulämter untere Landesbehörden, die einer Landesoberbehörde oder einer Landesmittelbehörde unterstehen. Sie sind untere Schulaufsichtsbehörden, die die Schulaufsicht über die in § 2 der o.a. Verordnung aufgeführten, in ihrem Gebiet liegenden, Schulformen ausüben (§ 15 Abs. 3 SchVG). § 18 SchVG bestimmt Näheres über die Schulämter und führt aus:

§ 18 Organisation der unteren Schulaufsichtsbehörde

(1) Die Schulaufsicht wird in den kreisfreien Städten und in den Kreisen durch das Schulamt ausgeübt.

(2) Das Schulamt in der kreisfreien Stadt besteht aus dem Oberbürgermeister und dem schulfachlichen Schulaufsichtsbeamten. Das Schulamt im Kreis besteht aus dem Landrat und dem schulfachlichen Schulaufsichtsbeamten.

(3) Das Schulamt gliedert sich in den schulfachlichen, den verwaltungsfachlichen und den gemeinsamen Dienstbereich. Zum Dienstbereich des schulfachlichen Schulaufsichtsbeamten gehören die schulfachlichen, zum Dienstbereich des Oberbürgermeister oder des Landrates die rechtlichen, insbesondere die verwaltungsrechtlichen und die haushaltsrechtlichen Angelegenheiten. Jedes Mitglied entscheidet in seinem Dienstbereich selbständig, hat sich aber in wichtigen Angelegenheiten mit dem anderen Mitglied ins Benehmen zu setzen. Angelegenheiten, die beide Dienstbereiche betreffen, werden von den Mitgliedern des Schulamtes gemeinsam erledigt. Bestehen Zweifel über die Zuordnung der Angelegenheit, ist sie als gemeinsame Angelegenheit zu behandeln. Abschließende Entscheidungen im gemeinsamen Dienstbereich ergehen im Einvernehmen beider Mitglieder. Falls sie sich nicht einigen, entscheidet die Bezirksregierung.

(4) Einem Schulamt gehören in der Regel mehrere schulfachliche Schulaufsichtsbeamte an. Jeder Schulaufsichtsbeamte hat einen Schulaufsichtsbezirk, für den er gemäß Ab-

satz 2 tätig wird; die Aufgabenbereiche können auch nach Schulformen oder Schulstufen aufgeteilt werden. Daneben nimmt der Schulaufsichtsbeamte weitere Aufgaben wahr, die ihm für das Schulamtsgebiet übertragen sind.

(5) Schulfachliche Angelegenheiten, die im gesamten Gebiet des Schulamtes einheitlich geregelt werden müssen, werden von allen schulfachlichen Schulaufsichtsbeamten, die dem Schulamt angehören, gemeinsam beraten. Das Ergebnis ist durch Beschluß festzustellen. Diese Angelegenheiten gelten stets als wichtig im Sinne des Absatzes 3 Satz 3 und werden von einem Sprecher der schulfachlichen Schulaufsichtsbeamten vertreten. Der Sprecher vertritt auch die schulfachliche Seite des gemeinsamen Dienstbereichs, soweit nicht ein einzelner schulfachlicher Schulaufsichtsbeamter zuständig ist.

(6) Einzelheiten des Geschäftsablaufs im Schulamt regelt die Geschäftsordnung, die von dem für den Schulbereich zuständigen Ministerium erlassen wird.

(7) Der schulfachliche Schulaufsichtsbeamte ist Landesbeamter. Die Stellen der schulfachlichen Schulaufsichtsbeamten des Schulamtes werden nach Anhörung der beteiligten Kreise oder kreisfreien Städte besetzt. Der schulfachliche Schulaufsichtsbeamte ist im Sinne des Beamtenrechts Vorgesetzter der Schulleiter und Lehrer.

(8) Die Personalausgaben für den schulfachlichen Schulaufsichtsbeamten des Schulamtes trägt das Land. Die übrigen Kosten der Schulämter tragen die kreisfreien Städte und Kreise.

Nach Abs. 3 der Vorschrift wird eine Kompetenzverteilung derart vorgenommen, dass die Oberbürgermeisterin bzw. der Oberbürgermeister und die Landrätin bzw. der Landrat für die rechtlichen (verwaltungsrechtlichen und haushaltsrechtlichen) Angelegenheiten, die schulfachliche Schulaufsichtsbeamtin bzw. der schulfachliche Schulaufsichtsbeamte für die schulfachlichen Angelegenheiten zuständig ist. Daraus kann aber nicht gefolgert werden, dass es sich um eine Doppelbehörde handelt. Das Schulamt muss als Einheit unter einer kollegialen Leitung gesehen werden. Daran ändert auch nicht, dass jeder in seinem Bereich selbständige Entscheidungen treffen kann. Die Vorschrift sagt nämlich weiter, dass die Beteiligten in wichtigen Fragen ein Benehmen herstellen müssen. Angelegenheiten, die beide Dienstbereiche betreffen, müssen auch gemeinsam entschieden werden. Personalvertretungsrechtliche Aufgaben und Befugnisse sind aber weder rechtliche noch schulfachliche Angelegenheiten, sondern gemeinsame. Selbst wenn Zweifel bestehen würden, ob es sich um rechtliche oder schulfachliche Angelegenheiten handelt, ist die Wahrnehmung der Aufgaben und Befugnisse nach diesem Gesetz als eine gemeinsame Angelegenheit zu behandeln (§ 18 Abs. 3 Satz 5 SchVG). Diese Regelung muss auch unter Berücksichtigung des § 18 Abs. 4 SchVG gelten, wonach in einem Schulamt mehrere schulfachliche Schulaufsichtsbeamtinnen und Schulaufsichtsbeamte für ihren Schulaufsichtsbezirk tätig werden.

Bei der Ausübung personalvertretungsrechtlicher Befugnisse oder bei der Erfüllung von Aufgaben nach diesem Gesetz muss also die kollegiale Leitung tätig werden. Insofern geht die Vorschrift des § 8 jeder anderen Zuständigkeitsregelung vor. Der z.B. bei einem Schulamt einer Großstadt gebildete örtliche Personalrat für Lehrer an Grund- und Hauptschulen kann deshalb verlangen, dass nur die Oberbürgermeisterin bzw. der Oberbürgermeister und die schulfachliche Schulaufsichtsbeamtin bzw. der schulfachliche Schulaufsichtsbeamte (oder deren Vertreterinne und Vertreter) gemeinsam ihre Befugnisse nach dem LPVG ausüben (z.b. Vierteljahresgespräch mit dem Personalrat).

Keinesfalls ist die Leiterin oder der Leiter des Schulverwaltungsamtes als Dienststelle i.S. von § 8 Abs. 1 anzusehen (OVG Münster, Beschl. vom 14. 10. 1991, PV 1993, 478), selbst wenn das Schulamt organisatorisch als eine Abteilung des Schulverwaltungsamtes geführt wird.

Dritter Abschnitt
Staatsanwältinnen, Staatsanwälte und Justizvollzug

§ 93

Für die Staatsanwältinnen und Staatsanwälte gelten die Vorschriften der Kapitel 1 bis 9 und 11 insoweit, als in diesem Abschnitt nichts anderes bestimmt ist.

Von der Sonderregelung in den §§ 93 und 94 werden nur Staatsanwältinnen und Staatsanwälte i. S. der § 141 ff. des Gerichtsverfassungsgesetzes erfasst. Amtsanwälte, die das Amt der Staatsanwaltschaft nur bei den Amtsgerichten ausüben können, fallen nicht hierunter. Staatsanwältinnen und Staatsanwälte sind im Gegensatz zu den Richterinnen und Richtern Beschäftigte nach diesem Gesetz und können nur ernannt werden, wenn sie die Befähigung zum Richteramt besitzen. Sie verlieren personalvertretungsrechtlich ihren Status, wenn sie länger als sechs Monate (§ 10 Abs. 2) z.B. zum Justizministerium abgeordnet werden. Alle Vorschriften des Gesetzes sind auf die Personalvertretungen der Staatsanwälte unmittelbar anzuwenden. Es besteht allerdings eine Ausnahme in der anderweitigen Gestaltung des Dienststellenbegriffs. Handelt es sich um beteiligungspflichtige Angelegenheiten, die sowohl Staatsanwältinnen und Staatsanwälte als auch andere Beschäftigte der Staatsanwaltschaft betreffen, so findet im Gegensatz zu § 20 LRiG und auch zu anderen Länderregelungen keine gemeinsame Beratung und Beschlussfassung der beiden Personalvertretungen statt.

§ 94

(1) Für Staatsanwältinnen und Staatsanwälte werden besondere Personalvertretungen gebildet, und zwar
1. bei den Staatsanwaltschaften Personalräte,
2. bei den Generalstaatsanwaltschaften Personalräte und Bezirkspersonalräte,
3. beim Justizministerium ein Hauptpersonalrat.

(2) Die Staatsanwältinnen und Staatsanwälte sind nur zu diesen Personalvertretungen wahlberechtigt.

1. Personalvertretungen für Staatsanwälte

Bei den Staatsanwaltschaften der Landgerichte werden Personalvertretungen gebildet, bei den Generalstaatsanwaltschaften in Düsseldorf, Hamm und Köln örtliche Personalräte und jeweils ein Bezirkspersonalrat und beim Justizministerium ein Hauptpersonalrat. Damit wollte der Gesetzgeber die lückenlose Personalvertretung vor Ort nunmehr auch im staatsanwaltschaftlichen Bereich sicherstellen.

2. Wahlberechtigung

Die Wahlberechtigung der Staatsanwälte erstreckt sich ausschließlich auf die Wahl zu den Sondervertretungen. Die Staatsanwälte des jeweiligen Oberlandesgerichts-Bezirks wählen den örtlichen Personalrat, alle Staatsanwälte des Landes einen Bezirkspersonalrat in ihrem Oberlandesgerichts-Bezirk und den Hauptpersonalrat.

3. Beteiligungsverfahren

Bei der Beteiligung der Personalvertretungen für Staatsanwälte ist § 78 zu beachten. Auch für Staatsanwälte gilt der systematische Verfahrensweg, nach dem in beteiligungspflichtigen Angelegenheiten eine entscheidungsbefugte Dienststelle den ihr zugeordneten Personalrat zu beteiligen hat. Welche Dienststelle entscheidungsbefugt ist, beantwortet sich nicht nach dieser Vorschrift, sondern aufgrund der entsprechenden Organisationsnormen. So ist der bei der Generalstaatsanwältin oder beim Generalstaatsanwalt bestehende Personalrat der Staatsanwälte entweder von der Generalstaatsanwältin oder von dem Generalstaatsanwalt oder einer leitenden Oberstaatsanwältin oder einem leitenden Oberstaatsanwalt zu beteiligen. sofern sie im Rahmen ihrer Zuständigkeit eine beteiligungspflichtige Maßnahme beabsichtigen.

§ 94a

Für die Beschäftigten im Justizvollzug gelten die Vorschriften der Kapitel 1 bis 9 und 11 insoweit, als in diesem Abschnitt nichts anderes bestimmt ist.

§ 94b

(1) Für die Beschäftigten im Justizvollzug wird beim Justizministerium ein besonderer Hauptpersonalrat gebildet.

(2) Die Mitglieder des Hauptpersonalrates werden von den zum Justizvollzug gehörenden Beschäftigten gewählt. Nur zu dieser Stufenvertretung sind sie wahlberechtigt.

1. Beschäftigte im Justizvollzug

Zum Justizvollzug gehören die Beschäftigten des Justizvollzugsamtes, der 37 Justizvollzugsanstalten, 6 Jugendarrestanstalten und der Justizvollzugsschule.

2. Hauptpersonalrat für den Strafvollzug

Im Justizministerium wird ein zweiter Hauptpersonalrat für die Beschäftigten des Justizvollzugs gebildet. Nur zu diesem sind sie wahlberechtigt. In Abweichung vom Grundsatz der Dreistufigkeit im Personalvertretungsrecht besteht seit 2005 kein Bezirkspersonalrat mehr.

Vierter Abschnitt
Referendarinnen und Referendare im juristischen Vorbereitungsdienst
§ 95

Für Referendarinnen und Referendare im juristischen Vorbereitungsdienst gelten die Vorschriften der Kapitel 1 bis 6, 8, 9 und 11 insoweit, als in diesem Abschnitt nichts anderes bestimmt ist.

Sonderregelung für Referendarinnen und Referendare im juristischen Vorbereitungsdienst

Rechtsgrundlage für die Stellung der Referendarinnen und Referendare und ihre Ausbildung ist das Gesetz über die juristischen Staatsprüfungen und den juristischen Vorbereitungsdienst (Juristenausbildungsgesetz JAG). Außerdem gilt die Verordnung zur Durchführung des Gesetzes über die juristischen Staatsprüfungen und den juristischen Vorbereitungsdienst (Juristenausbildungsordnung JAO). Referendarinnen und Referendare im juristischen Vorbereitungsdienst sind Beschäftigte i.S. des Gesetzes, weshalb die gesamten Vorschriften der Kapitel 1 bis 6, 8, 9 und 11 anzuwenden sind, sofern nicht die Bestimmungen des Vierten Abschnitts etwas Abweichendes regeln. Die Rechtspraktikantinnen und Rechtspraktikanten, die über die einstufige Juristenausbildung ausgebildet werden, fallen nicht unter den Beschäftigtenbegriff (§ 5 Abs. 5 Buchst. d). Deshalb findet dieses Gesetz auf sie keine Anwendung.

§ 96

(1) Für Referendarinnen und Referendare im juristischen Vorbereitungsdienst werden besondere Personalvertretungen gebildet, und zwar bei den

1. zu Stammdienststellen bestimmten Landgerichten Personalräte und
2. Oberlandesgerichten Bezirkspersonalräte.

(2) Dienststellen im Sinne dieses Gesetzes sind für Referendarinnen und Referendare im juristischen Vorbereitungsdienst die zu Stammdienststellen bestimmten Landgerichte.

Bildung von Sondervertretungen

Die Bildung der Sondervertretungen erfolgt zweistufig. Bei den Landgerichten, die zu Stammdienststellen nach § 10 Abs. 4 erklärt sind, sind örtliche Personalräte und bei den Oberlandesgerichten in Düsseldorf, Hamm und Köln Bezirkspersonalräte zu errichten. Auf die Bildung eines Hauptpersonalrats ist verzichtet worden, weil gemäß § 21 JAG die gesamte Ausbildung der Referendarinnen und Referendare die Präsidentin oder der Präsident des Oberlandesgerichts leitet, in deren oder dessen Bezirk der Vorbereitungsdienst abgeleistet wird, und der Personalvertretung insbesondere die Aufgabe zufällt, auf dem Gebiet der Ausbildung tätig zu werden. Die Dienststelleneinteilung ist dahingehend beschränkt worden, dass Dienststellen der Referendare nur die Landgerichte sind, die den Schwerpunkt bei der Ausbildung darstellen.

§ 97

(1) Referendarinnen und Referendare im juristischen Vorbereitungsdienst sind nur zum Personalrat der Referendarinnen und Referendare bei dem Landgericht wahlberechtigt, das zu ihrer Stammdienststelle bestimmt ist.

(2) Nicht wahlberechtigt sind Referendarinnen und Referendare im juristischen Vorbereitungsdienst, die am Wahltage

    a) unter Wegfall der Unterhaltsbeihilfe beurlaubt oder
    b) einer Ausbildungsstelle außerhalb des Landes Nordrhein-Westfalen zugewiesen sind.

(3) Wählbar sind nur wahlberechtigte Referendarinnen und Referendare im juristischen Vorbereitungsdienst, die am Wahltage

1. sich seit mindestens drei Monaten im Vorbereitungsdienst befinden und
2. noch mindestens vier Monate der vorgeschriebenen Ausbildung zu durchlaufen haben.

1. Wahlberechtigung

Die Wahlberechtigung der Referendarinnen und Referendare erstreckt sich ausschließlich auf die Wahl der örtlichen Personalräte bei den Landgerichten als ihren Stammdienststellen, weil die Bezirkspersonalräte gemäß § 100 Abs. 1 nicht direkt gewählt werden. Wahlberechtigt sind alle Referendarinnen und Referendare, die sich im juristischen Vorbereitungsdienst befinden, der gemäß §§ 30 ff JAG mit der Verkündung der Entscheidung über das Bestehen der Prüfung oder das Nichtbestehen der ersten Wiederholungsprüfung endet. Im Gegensatz zur Wählbarkeit sind also auch solche Referendarinnen und Referendare wahlberechtigt, die ihre Ausbildung bereits abgeschlossen haben. Da § 25 JAG vorsieht, dass während des zweieinhalbjährigen Vorbereitungsdienstes ein Abschnitt von drei Monaten als Wahlstelle bei einer überstaatlichen, zwischenstaatlichen oder ausländischen Stelle oder bei einer ausländischen Rechtsanwältin oder einem ausländischen Rechtsanwalt abgeleistet werden kann, war es erforderlich, für diesen Zeitraum die Wahlberechtigung aufzuheben. Im Übrigen wird auf § 46 WO verwiesen, demzufolge die Stimmabgabe schriftlich erfolgt.

2. Wählbarkeit

Bei der Wählbarkeit musste darauf Bedacht genommen werden, dass der Vorbereitungsdienst nur zweieinhalb Jahre dauert. Deshalb ist die Zugehörigkeit zur Dienststelle von sechs Monaten auf drei Monate herabgesetzt worden. Sie muss mindestens vier Monate der vorgeschriebenen Ausbildung noch andauern. Hierbei ist insoweit nicht auf den Vorbereitungsdienst abzustellen, als in diesen auch noch einige Monate der Prüfungszeit fallen, da im Gegensatz zu Abs. 1 es auf die Ausbildung ankommt. In die Ausbildungszeit fällt jedoch nicht die Prüfung, die der Feststellung dient, ob der Zweck der Ausbildung erreicht worden ist und auch nicht die Zeit zwischen Beendigung der Ausbildung und Beginn der Prüfung.

§ 98

Wahlvorschläge müssen abweichend von § 16 Abs. 5 und 6 nur von mindestens fünf vom Hundert der wahlberechtigten Referendarinnen und Referendare, jedoch von mindestens drei wahlberechtigten Referendarinnen und Referendaren unterzeichnet werden.

Wahlvorschläge der Gewerkschaften

Das Recht der in der Dienststelle vertretenen Gewerkschaften, Wahlvorschläge zu machen, bleibt von dieser Regelung unberührt (§ 16 Abs. 4). Es ist berücksichtigt worden, dass die Referendare von der Möglichkeit eigener Wahlvorschläge in größerem Umfang Gebrauch machen werden, als dies für die übrigen Bereiche zutrifft.

§ 99

Die Wahlperiode beträgt zwölf Monate.

Dauer der Wahlperiode

Die Wahlperiode ist von vier Jahren nunmehr auf zwölf Monate verkürzt worden. Dies war erforderlich, weil die gesamte Ausbildungszeit in der Regel zweieinhalb Jahre nicht übersteigt. Die nunmehr um weiter sechs Monate verkürzte Wahlperiode ist dem Umstand geschuldet, dass bereits zum gegenwärtigen Zeitpunkt die Personalvertretungen der Referendare oft nur für zwölf Monate gewählt werden. Der Gesetzgeber begründet die Verkürzung in der Novellierung 2007 so: *„Dies hat seinen Grund in der Ausbildungsstruktur; unter Berücksichtigung, dass ein Referendar nur wählbar in den Personalrat ist, der sich am Wahltag bereits mindestens drei Monate im Vorbereitungsdienst befindet und noch mindestens vier Monate der vorgeschriebenen Ausbildung zu durchlaufen hat, sowie des Umstandes, dass bei achtzehn Monaten (+ drei Monate) sich der Referendar i.d.R. bereits im 21. Ausbildungsmonat und damit in dem Monat befindet, in dem die Klausuren geschrieben werden. Nur durch eine Verkürzung der Wahlperiode um sechs Monate dürfte sich zudem sicherstellen lassen, dass die in den Personalrat gewählten Rechtsreferendare ihre Tätigkeit im Personalrat unbeeinflusst von den Examensvorbereitungen wahrnehmen können."*

Dabei sind auch die besonderen Erfordernisse der Wahlberechtigung und der Wählbarkeit der Referendare im juristischen Vorbereitungsdienst zu berücksichtigen (§ 97).

§ 100

(1) Der Bezirkspersonalrat beim Oberlandesgericht besteht aus Referendarinnen und Referendaren, die von den Personalräten der Referendarinnen und Referendare bei den Landgerichten des Oberlandesgerichtsbezirks gewählt werden.

(2) In den Bezirkspersonalrat wird für jeweils bis zu 150 Referendarinnen und Referendare, für die das Landgericht zur Stammdienststelle bestimmt ist, eine Referendarin oder ein Referendar gewählt. Wählbar sind Referendarinnen und Referendare, die dem Personalrat beim Landgericht als Mitglied oder als Ersatzmitglied angehören.

(3) Die §§ 17, 18, 50 Abs. 3 Satz 5 und 6 gelten entsprechend. Im übrigen ist § 50 auf den Bezirkspersonalrat der Referendarinnen und Referendare beim Oberlandesgericht nicht anzuwenden. Scheidet ein Mitglied aus dem Bezirkspersonalrat aus, so wählt der Personalrat beim Landgericht, von dem das ausscheidende Mitglied entsandt worden ist, ein neues Mitglied.

1. Zusammensetzung des Bezirkspersonalrats

Der Grundsatz der Unmittelbarkeit der Wahl (§ 16 Abs. 1) wird durch Abs. 1 durchbrochen, der bestimmt, dass der Bezirkspersonalrat von den örtlichen Personalräten bei den Landgerichten gewählt wird, die damit die Funktion von „Zwischengremien" übernehmen. Dazu wird in der amtlichen Begründung zum Gesetzentwurf 1974 folgendes ausgeführt:

„Der Bezirkspersonalrat der Referendare beim Oberlandesgericht wird sich vornehmlich mit Fragen überregionaler Bedeutung zu befassen haben. Eine sachgemäße Wahrnehmung seiner Aufgaben setzt voraus, dass die regional unterschiedlichen Interessen angemessen repräsentiert werden; deshalb ist es erforderlich, dass dem Bezirkspersonalrat Referendare aus allen Teilen des Oberlandesgerichtsbezirks angehören. Bei einer direkten Wahl der Mitglieder des Bezirkspersonalrats ist das angesichts der sehr unterschiedlichen Verteilung der Referendarzahlen auf die verschiedenen Landgerichtsbezirke nicht sichergestellt. Deshalb würden voraussichtlich bei einer unmittelbaren Wahl wegen der regionalen Zersplitterung der Vorschläge in der Regel vornehmlich Bewerber aus den Bezirken mit sehr hohen Referendarzahlen die erforderliche Mehrheit finden. Eine regional einseitige Zusammensetzung des Bezirkspersonalrats wäre das Ergebnis." (Landtags-Drucksache 7/3543, S. 64).

2. Höchstzahl der Mitglieder des Bezirkspersonalrats

Die personelle Stärke des Bezirkspersonalrats ist abweichend von der allgemeinen Regelung für Stufenvertretungen auf ein Maß reduziert worden, dass der besonderen Aufgabenstellung des Bezirkspersonalrats für Referendarinnen und Referendare Rechnung trägt. Dies ergibt sich daraus, dass § 50 Abs. 3 Satz 4 (Höchstzahl für die Stufenvertretungen allgemein 15) nicht anwendbar ist.

3. Wahlvorschriften

Bei den Wahlvorschriften ist als wichtigste Abweichung die Nichtbeachtung des Grundsatzes der geheimen Wahl anzusehen. Wegen der Mittelbarkeit der Wahl (Anm. 1) ist auch der sonst das gesamte Wahlrecht durchziehende Grundsatz aufgegeben worden. Im Übrigen bestimmt Abs. 3, inwieweit die im Zweiten und Fünften Kapitel enthaltenen allgemeinen Wahlvorschriften anzuwenden sind. Alle Bestimmungen, die sich auf den Wahlvorstand beziehen, sind anzuwenden. Im Übrigen steht das Wahlverfahren zur Disposition der Personalvertretung. Es gelten die Vorschriften der § 46 und 47 WO.

§ 101

(1) Auf die Mitglieder der Personalvertretungen der Referendarinnen und Referendare finden § 40 Abs. 2 und § 42 Abs. 3 bis 5 keine Anwendung.

(2) Mitglieder der Personalvertretungen der Referendarinnen und Referendare dürfen gegen ihren Willen einer Ausbildungsstelle außerhalb des Bezirks ihrer Stammdienststelle nur zugewiesen werden, wenn dies auch unter Berücksichtigung der Mitgliedschaft in der Personalvertretung aus dienstlichen oder ausbildungsmäßigen Gründen unvermeidbar ist. Im übrigen soll bei der Zuweisung zu einer Ausbildungsstelle Rücksicht auf die Mitgliedschaft in der Personalvertretung genommen werden. § 43 findet keine Anwendung.

Rechtsstellung

Die den Mitgliedern der Personalvertretungen der Referendarinnen und Referendare zustehenden Rechte sind beschränkt worden. Sie erhalten z.B. nicht die nach § 40 Abs. 2 vorgesehenen Aufwandsdeckungsmittel. Außerdem können sie keine Freistellung von ihrer dienstlichen Tätigkeit und für die Teilnahme an Schulungs- und Bildungsveranstaltungen beanspruchen, weil eine solche Regelung mit den Besonderheiten des kurzfristigen Ausbildungsverhältnisses nicht vereinbar ist. Darüber hinaus ist an die Stelle des § 43 die Regelung des Abs. 2 getreten, weil Referendare weder versetzt noch abgeordnet, sondern nur anderen Ausbildungsstellen zugewiesen werden (Anm. 5 zu § 43).

§ 102

(1) Bei Grundsätzen über die Durchführung des juristischen Vorbereitungsdienstes (§ 72 Absatz 4 Nummer 13) sowie bei den anderen in den §§ 62 bis 65 und 72 bis 74 bezeichneten Angelegenheiten, soweit diese ausschließlich Referendarinnen und Referendare im juristischen Vorbereitungsdienst betreffen, sind an Stelle der nach den allgemeinen Vorschriften gebildeten Personalvertretungen die Personalvertretungen der Referendarinnen und Referendare zuständig. § 72 Abs. 1 Satz 1 Nr. 1 ist für die Aufnahme in den juristischen Vorbereitungsdienst nicht anzuwenden.

(2) In Angelegenheiten, die nicht ausschließlich Referendarinnen und Referendare im juristischen Vorbereitungsdienst betreffen, haben die Personalvertretungen der Referendarinnen und Referendare die Befugnisse einer Jugend- und Auszubildendenvertretung.

(3) In den zur Zuständigkeit der Bezirksregierung gehörenden Angelegenheiten ist nach Maßgabe von Absatz 1 und 2 der Bezirkspersonalrat der Referendarinnen und Referendare bei dem Oberlandesgericht zu beteiligen, in dessen Bezirk die Bezirksregierung ihren Sitz hat. In diesen Angelegenheiten nimmt im Rahmen von § 30 Absatz 4 auch eine Vertreterin oder ein Vertreter der Bezirksregierung an der Sitzung teil.

(4) Im Anschluß an das Verfahren nach § 66 Abs. 1 bis 5 können die Präsidentin oder der Präsident des Oberlandesgerichts oder der Bezirkspersonalrat der Referendarinnen und Referendare beim Oberlandesgericht eine Angelegenheit dem Justizministerium vorlegen, welches nach Verhandlung mit dem Bezirkspersonalrat endgültig entscheidet.

1.Aufgabenkreis der Personalvertretungen der Referendarinnen und Referendare

Für beteiligungspflichtige Angelegenheiten, soweit diese ausschließlich Referendarinnen und Referendare betreffen, sind allein die Personalvertretungen der Referendarinnen und Referendare zuständig. Maßgebend sind die Beteiligungskataloge dieses Gesetzes.

2. Hauptaufgaben

Diese Beteiligung der Personalvertretungen der Referendarinnen und Referendare erstreckt sich weiterhin nicht auf die Durchführung der Berufsausbildung schlechthin, sondern beschränkt sich auf die Grundsätze der Berufsausbildung (§ 72 Abs. 4 Nr. 13. Bei der Ausübung dieser Möglichkeiten wird die Personalvertretung der Referendarinnen und Referendare allerdings dadurch eingegrenzt, dass bereits das JAG und die JAO weitgehende Regelungen bezüglich des Vorbereitungsdienstes enthalten, so dass wenig Raum für eine Beteiligung verbleibt. Es gibt jedoch noch eine Reihe von Fragen, die weder im JAG noch in der JAO geregelt sind, die deshalb der Mithilfe des Personalrats sinnvollerweise bedürfen. Dazu gehört z.B. die Gestaltung oder die Durchführung von Arbeitsgemeinschaften und die Hinzuziehung von Vortragenden außerhalb des Kreises der eigentlichen Ausbilderinnen und Ausbilder (Ausschuss für Innere Verwaltung des Landtags NW, Sitzung vom 9.10.1974, APr 7/1629, 116./A 6, S. 26 und 30). An dem Zustandekommen entsprechender Regelungen ist die Personalvertretung der Referendarinnen und Referendare im vorgenannten Sinne zu beteiligen.

3. Einzelfälle der Beteiligung

Ansonsten kommt für eine Beteiligung der gesamte Katalog des Gesetzes in Betracht, soweit es sich ausschließlich um Referendarinnen und Referendare handelt. Aus dem allgemeinen Aufgabenkatalog des § 64 sind insbesondere die Nrn. 1, 2 und 5 zu nennen. Bei der Mitbestimmung in Personalangelegenheiten nach § 72 Abs. 1 scheidet kraft ausdrücklicher Vorschrift die Beteiligung bei der Übernahme in den Vorbereitungsdienst aus. Eine Mitbestimmung nach § 72 Abs. 1 Nr.5 und 6 kommt bei der Überweisung einer Referendarin oder eines Referendars von einer Ausbildungsstätte zur anderen auch dann nicht in Frage, wenn sie einen vorübergehenden Wechsel des ständigen Aufenthaltsorts der Referendarin oder des Referendars bedingt, weil solche Maßnahmen nicht als Versetzung, Abordnung oder Umsetzung angesehen werden (§72 Abs. 1 Satz 3). Solche Maßnahmen betreffen nämlich nur ein Amt im funktionellen Sinne, das eine Referendarin oder ein Referendar nicht innehat. (OVG Rheinland-Pfalz, Beschl. vom 23.12.1974, PV 1975, 179)

Auch von den in § 72 Abs. 3 und Abs. 4 genannten innerbetrieblichen und organisatorischen Angelegenheiten dürften nur wenige in Betracht kommen, von denen ausschließlich Referendarinnen und Referendare betroffen werden.

In Betracht kommt auch eine Beteiligung nach § 74. Danach ist der Personalrat vor Entlassungen ohne Einhaltung einer Frist anzuhören. Diese Vorschrift betrifft auch Beamtinnen und Beamte im Vorbereitungsdienst. Zwar kann die Beamtin oder der Beamte auf Widerruf jederzeit durch Widerruf entlassen werden, jedoch soll ihm die Möglichkeit gegeben werden, den Vorbereitungsdienst abzuleisten und eine Prüfung abzulegen. Jedoch gelten für die Entlassung der Beamtinnen und Beamten auf Probe die bestehenden Vorschriften entsprechend, was bedeutet, dass nach § 34 Abs. 4 i.V.m. § 35 Abs. 1 LBG die Beamtin oder der Beamte auf Widerruf ohne Einhaltung einer Frist bei einem Verhalten entlassen werden kann, das bei einer Beamtin oder einem Beamten auf Lebenszeit eine Disziplinarmaßnahme zur Folge hätte, die nur im förmlichen Disziplinarverfahren verhängt werden kann.

4. Befugnisse einer Jugend- und Auszubildendenvertretung

Den Personalvertretungen der Referendarinnen und Referendare werden in Angelegenheiten, die nicht ausschließlich Referendarinnen und Referendare betreffen, die Befugnisse einer Jugend- und Auszubildendenvertretung zugestanden. Der Gesetzgeber hat sich davon leiten lassen, dass beteiligungspflichtige Angelegenheiten im Einzelfalle sowohl Referendarinnen und Referendare als auch Richterinnen und Richter betreffen können. Da Richterinnen und Richter aber nicht unter dieses Gesetz fallen, sondern eigene Richtervertretungen bilden, würde in Angelegenheiten, die auch Richterinnen und Richter betreffen, die Alleinzuständigkeit des Personalrats der Referendarinnen und Referendare gegeben sein. Da dies nicht vertretbar ist, erschöpft sich die Beteiligung der Personalvertretungen der Referendarinnen und Referendare in den Befugnissen einer Jugend- und Auszubildendenvertretung. Diese ergeben sich aus § 61 Abs. 2. Das bedeutet, dass die Personalvertretungen der Referendarinnen und Referendare in die allgemeinen Personalvertretungen bei den Landgerichten und Oberlandesgerichten im gleichen Umfang wie die Jugend- und Auszubildendenvertretungen integriert werden. Sie können also gemäß § 30 Abs. 3 die Einberufung einer Sitzung des Personalrats zur Behandlung von Angelegenheiten, die besonders Referendarinnen und Referendare betreffen, verlangen. Ihnen steht gemäß § 35 ein Vetorecht gegen Beschlüsse des Personalrats zu. In Angelegenheiten, die zwar nicht ausschließlich die Referendarinnen und Referendare, jedoch in besonderem Maße die Referendarinnen und Referendare betreffen, kann die gesamte Personalvertretungen der Referendarinnen und Referendare an den Sitzungen des Personalrats beratend teilnehmen und bei Beschlüssen mitstimmen (§ 36 Abs. 2).

5. Letztentscheidung

Aus Abs. 4 ergibt sich, dass eine Einigungsstelle nicht vorgesehen ist, da die Zuständigkeit einer solchen Stelle nur gegeben sein kann, soweit bei der obersten Dienstbehörde eine Stufenvertretung besteht. Die Letztentscheidung liegt nach vorheriger Verhandlung mit dem

Bezirkspersonalrat beim Justizministerium. Ein Hauptpersonalrat wird nicht gebildet, weil im Rahmen der Ausbildung der Referendarinnen und Referendare alle wesentlichen Entscheidungen vom Präsidenten des Oberlandesgerichts getroffen werden.

§ 103

Die Präsidentin oder der Präsident des Oberlandesgerichts oder des Landgerichts kann sich über § 8 Absatz 1 hinaus auch durch ihre oder seine Ausbildungsleiterin oder ihren oder seinen Ausbildungsleiter vertreten lassen.

Leitung der Ausbildung

Gemäß § 33 JAO leiten die Präsidentinnen oder Präsidenten der Oberlandesgerichte die gesamte Ausbildung der Referendarinnen und Referendare. Zu ihrer Unterstützung werden bei den Oberlandesgerichten und bei den Landgerichten Ausbildungsleiterinnen und Ausbildungsleiter bestellt, die abweichend von § 8 die Dienststelle gegenüber der Personalvertretung der Referendarinnen und Referendare vertreten.

Fünfter Abschnitt
Hochschulen

§ 104

Für Dozentinnen und Dozenten nach § 20 FHGöD, wissenschaftliche und künstlerische Mitarbeiterinnen und Mitarbeiter, Lehrkräfte für besondere Aufgaben sowie nach § 78 Hochschulgesetz nicht übernommene Beamtinnen und Beamte und entsprechende Angestellte an den Hochschulen, soweit sie nicht nach § 5 Abs. 4 Buchstabe a von der Geltung dieses Gesetzes ausgenommen sind, gelten die Vorschriften der Kapitel 1 bis 9 und 11 insoweit, als in diesem Abschnitt nichts anderes bestimmt ist. Die Vorschriften über die Gruppen gelten nicht.

Anwendbarkeit des Personalvertretungsrechts auf Mitarbeiterinnen und Mitarbeiter der Hochschulen

Während § 5 Abs. 5 Buchst. a bestimmte Personengruppen nicht als Beschäftigte i.S. dieses Gesetzes bezeichnet, haben andere die Möglichkeit, selbständige Personalvertretungen zu bilden, die insoweit von den übrigen Personalvertretungen (Verwaltungspersonal) zu trennen sind. Von der Tätigkeit in diesen Sondervertretungen ist auch die Mitgliedschaft in Hochschulgremien zu trennen. Das Gruppenprinzip gilt nicht, weil es auf die Tätigkeit an den Hochschulen und nicht auf das Dienstverhältnis ankommt. Insofern hat der Gesetzgeber die gleichen Überlegungen angestellt wie bei der Tätigkeit der Lehrerinnen und Lehrer in den Schulen. Im Übrigen gelten die Vorschriften des Gesetzes uneingeschränkt, sofern nicht die besondere Organisation im Hochschulbereich Abweichungen erforderlich macht.

§ 105

(1) Für die Beschäftigten nach § 104 werden besondere Personalvertretungen gebildet, und zwar jeweils ein Personalrat bei den Hochschulen und bei den Universitätskliniken. Die Beschäftigten nach § 110 sind nur für die Wahl zu diesen Personalvertretungen wahlbe-

rechtigt. § 8 Abs. 3 gilt nicht; für die Hochschule handelt die Präsidentin oder der Präsident oder die Rektorin oder der Rektor, für die Universitätsklinik die Ärztliche Direktorin oder der Ärztliche Direktor.

(2) Werden Medizinische Einrichtungen in der Rechtsform einer Anstalt des öffentlichen Rechts geführt, so handelt für diese die Ärztliche Direktorin oder der Ärztliche Direktor. Beschäftigte nach § 104, die Aufgaben in der Anstalt nach Satz 1 wahrnehmen, gelten personalvertretungsrechtlich auch als Beschäftigte dieser Anstalt; die Beschäftigteneigenschaft bei der Universität bleibt unberührt. Sie sind für die Wahl zu den nach Absatz 1 Satz 1 gebildeten Personalvertretungen wahlberechtigt.

(3) Abweichend von Absatz 1 Satz 2 sind die in § 104 bezeichneten Personen an den Kunsthochschulen auch für die Wahl zum Hauptpersonalrat wahlberechtigt. Sie bilden eine weitere Gruppe im Sinne von § 14 Abs. 1 Satz 1, soweit der Hauptpersonalrat aus mindestens drei Mitgliedern besteht. § 8 Abs. 3 gilt nicht; für die Hochschule handelt die Präsidentin oder der Präsident oder die Rektorin oder der Rektor.

1. Personalrat und Stufenvertretung

Da die Hochschulen organisationsrechtlich nicht als nachgeordnete Dienststellen des Ministeriums für Innovation, Wissenschaft und Forschung gelten, war eine Regelung erforderlich, wonach ein Personalrat (örtlicher Personalrat) bei den Hochschulen und bei den medizinischen Einrichtungen zu bilden ist. Das gleiche gilt für die Bildung eines Hauptpersonalrats bei der obersten Landesbehörde. Durch Satz 2 wird klargestellt, dass die Beschäftigten nach § 104 ausschließlich für die Wahl zu ihren Sondervertretungen wahlberechtigt sind. Die betreffenden Personen müssen aber einen Beschäftigtenstatus besitzen und in die Dienststelle eingegliedert sein. Dies trifft nicht auf Arbeitnehmerinnen und Arbeitnehmer zu, die aufgrund eines mit einer Hochschullehrerin oder einem Hochschullehrer abgeschlossenen Dienstvertrages für ein aus Mitteln Dritter finanziertes Forschungsvorhaben arbeiten und aus diesen Mitteln bezahlt werden. (BVerwG, Beschl. vom 30.8.1980, ZBR 1981,130)

Beschäftigte mit Hochschulabschluss, die in der Studienberatung einer Hochschule tätig sind, sind zum Personalrat des Verwaltungspersonals wahlberechtigt. (OVG Münster, Beschl. vom 9.12.1982, ZBR 1985, 120) Im Übrigen gilt für die Zuordnung zum Personalrat für das wissenschaftliche Personal, ob die Beschäftigten einem Fachbereich, einer wissenschaftlichen Einrichtung oder einer Betriebseinheit im Sinne des § 60 Abs. 1 UG zugeordnet sind. (OVG Münster, Beschl. vom 24.2.1983, DVBl. 1985, 123) Bei einem in einem Universitätsklinikum eingesetzten Arzt im Praktikum handelt es sich um einen „wissenschaftlichen Mitarbeiter" i.S.d. § 104. (OVG NRW, 1 A 1038/01.PVL vom 30.7.2003)

Abweichend von § 8 Abs. 3 handelt für die Dienststelle die Rektorin oder der Rektor. Dies gilt auch für das wissenschaftliche Personal einer medizinischen Einrichtungen (OVG Münster, Beschl. vom 1.7.1994, PV 1994, 547).

2. Rechtsstellung

Durch die Verweisung in § 104 ist klargestellt, dass hinsichtlich der Rechtsstellung der Personalvertretungen an den Hochschulen nichts anderes gilt als für die übrigen Personalräte. Das gleiche gilt für Freistellungen gemäß § 42 Abs. 3 und Abs. 4. (OVG Münster, Beschl. vom 16.1.1984, ZAR 1984, 243)

3. Personen an Kunsthochschulen

Die in § 104 genannten Personen sind abweichend auch für die Wahl zum Hauptpersonalrat wahlberechtigt und bilden dort unter der Voraussetzung, dass der Hauptpersonalrat aus mindestens drei Mitgliedern besteht, neben Beamtinnen und Beamten und Arbeitnehmerinnen und Arbeitnehmern eine weitere Gruppe. Abweichend von § 8 Abs. 3 handelt für die entsprechende Kunsthochschule der Präsident oder Rektor.

§ 105a

(1) Die Personalräte der Hochschulen gemäß § 105 einerseits sowie die Personalräte der Hochschulen, die die sonstigen Hochschulbeschäftigten vertreten, und die Personalräte der Universitätskliniken andererseits können sich auf Landesebene jeweils zu einer Arbeitsgemeinschaft (Landespersonalrätekonferenz) zusammenschließen und sich eine Satzung geben. Die Satzungen sind zu veröffentlichen.

(2) Zu den Aufgaben der Landespersonalrätekonferenzen gehört die Koordination der Belange von Hochschulpersonalräten auf Landesebene und die vertrauensvolle Zusammenarbeit mit dem für die Hochschulen zuständigen Ministerium.

(3) Wenn eine Stufenvertretung für die Beschäftigten in Hochschulen und Universitätskliniken nicht besteht, werden die Kosten für den Geschäftsbedarf der Landespersonalrätekonferenzen entsprechend § 40 von dem für die Hochschulen zuständigen Ministerium übernommen, ebenso wie die Kosten einer Freistellung pro Landespersonalrätekonferenz.

(4) Reisen zu den Sitzungen der Landespersonalrätekonferenzen gelten als Dienstreisen der Personalratsmitglieder in Anwendung des Landesreisekostengesetzes.

Landespersonalrätekonferenz

Als Folge des Hochschulfreiheitsgesetzes war es erforderlich, dem losen Zusammenschluss der Personalräte zu einer Landespersonalrätekonferenz einen gesetzlichen Rahmen zu geben und die strukturellen, finanziellen und personellen Angelegenheiten dauerhaft zu sichern.

Die Landespersonalrätekonferenz der wissenschaftlich Beschäftigten an den Hochschulen und Universitätsklinika in Nordrhein-Westfalen (LPKwiss NRW) ist ein Zusammenschluss der Personalräte der wissenschaftlich, ärztlich und künstlerisch Beschäftigten (PRwiss) an den selbständigen Hochschulen und Universitätsklinika des Landes Nordrhein-Westfalen, um folgende Ziele gemeinsam zu verfolgen:

* Informations- und Erfahrungsaustausch sicherstellen,
* gemeinsame Anliegen gegenüber Dritten wie staatlichen Einrichtungen und anderen Organisationen der Wissenschaft und Gesellschaft wirksam zur Geltung bringen, z.B. durch Stellungnahmen zu Gesetzesinitiativen und Verordnungen,
* eine abgestimmte Informationspolitik gegenüber anderen Institutionen, der Politik oder der Öffentlichkeit betreiben,
* gemeinsame Aufgaben in Personalentwicklungsfragen wahrnehmen, z.B. die Koordinierung, Planung und Durchführung von Fortbildungsmaßnahmen, insbesondere solcher für Personalräte,
* Angelegenheiten, die die Rechtsaufsicht des Wissenschaftsministeriums betreffen, koordinieren und deren Erledigung verfolgen.

- Mitglieder sind die einzelnen PRwiss an den Hochschulen und Universitätsklinika. (www.lpkwiss.de)

Die Landespersonalrätekonferenz hat sich die nachfolgende Satzung gegeben:

Satzung für die Landespersonalrätekonferenz der wissenschaftlich Beschäftigten an den Hochschulen und Universitätsklinika in Nordrhein-Westfalen – LPKwiss NRW –

verabschiedet am 07. Februar 2007

§ 1

(1) Die Personalräte der wissenschaftlich und künstlerisch Beschäftigten (PRwiss) an den selbständigen Hochschulen und Universitätsklinika des Landes Nordrhein-Westfalen schließen sich zusammen, um folgende Ziele gemeinsam zu verfolgen:

1. *Informations- und Erfahrungsaustausch sicherstellen,*
2. *gemeinsame Anliegen gegenüber Dritten wie staatlichen Einrichtungen und anderen Organisationen der Wissenschaft und Gesellschaft wirksam zur Geltung bringen, z.B. durch Stellungnahmen zu Gesetzesinitiativen und Verordnungen,*
3. *eine abgestimmte Informationspolitik gegenüber anderen Institutionen, der Politik oder der Öffentlichkeit betreiben,*
4. *gemeinsame Aufgaben in Personalentwicklungsfragen wahrnehmen, z.B. die Koordinierung, Planung und Durchführung von Fortbildungsmaßnahmen, insbesondere solcher für Personalräte,*
5. *Angelegenheiten, die die Rechtsaufsicht des Wissenschaftsministeriums betreffen, koordinieren und deren Erledigung verfolgen.*

(2) Der Zusammenschluss der PRwiss führt den Namen „Landespersonalrätekonferenz der wissenschaftlich Beschäftigten an den Hochschulen und Universitätsklinika in Nordrhein- Westfalen" (LPKwiss NRW). Mitglieder sind die einzelnen PRwiss an den Hochschulen und Universitätsklinika.

§ 2

PRwiss anderer als der in § 1 Abs. 1 genannten Hochschulen können der Landespersonalrätekonferenz als weitere Mitglieder mit beratender Stimme beitreten. Der Beitritt setzt einen schriftlichen Antrag und einen Beschluss der Landespersonalrätekonferenz voraus.

§ 3

(1) Die Landespersonalrätekonferenz fasst ihre Beschlüsse mit einer Mehrheit von 2/3 der anwesenden stimmberechtigten Mitglieder. Zur Beschlussfähigkeit ist die Anwesenheit der Hälfte der stimmberechtigten Mitglieder erforderlich.

(2) Beschlüsse über die Aufnahme neuer PRwiss i. S. von § 2 bedürfen einer Mehrheit von 2/3 aller stimmberechtigten Mitglieder.

§ 4

(1) Die Vertretung eines PRwiss in der Landespersonalrätekonferenz wird durch die Vorsitzende oder den Vorsitzenden wahrgenommen – wenn dies nicht durch örtlichen Personalratsbeschluss anders geregelt wird.

(2) Die Beratungen und Beschlüsse der Landespersonalrätekonferenz werden von den PRwiss in den Hochschulen vor- und nachbereitet.

(3) Beschlüsse der Landespersonalrätekonferenz, die sich auf die Rechte ihrer Mitglieder auswirken, gelten als Empfehlungen.

§ 5

(1) Die Landespersonalrätekonferenz wählt eine Vorsitzende oder einen Vorsitzenden sowie weitere fünf stellvertretende Vorsitzende aus dem Kreis der Vertreter der örtlichen PRwiss nach § 4 Abs. 1 und eine Geschäftsführerin oder einen Geschäftsführer aus dem Geltungsbereich des § 110 LPVG für eine vierjährige Amtszeit. Eines der beiden Ämter Vorsitz und Geschäftsführung sollte von einer Frau bekleidet sein. Für die Wahl gelten die entsprechenden Bestimmungen des § 29 LPVG (einfache Mehrheit). Wiederwahl und Abwahl sind möglich. Die Amtszeit beginnt erstmals am 1.1.2007, ansonsten in der Regel zwei Monate nach der landeseinheitlichen Personalratswahl. Bei der Wahl sind die einzelnen Hochschularten und Regionen möglichst angemessen zu berücksichtigen.

(2) Die oder der Vorsitzende, die stellvertretenden Vorsitzenden und die Geschäftsführerin oder der Geschäftsführer bilden den Vorstand der Landespersonalrätekonferenz und vertreten sie nach außen. Der Vorstand handelt im Rahmen der Beschlüsse selbständig und regelt unter sich die Stellvertretung der oder des Vorsitzenden. In dringenden Angelegenheiten und wenn keine Konferenz einberufen werden kann bzw. keine Beschlussfähigkeit vorliegt, handelt der Vorstand eigenverantwortlich. Hierüber ist er in der nächsten Sitzung rechenschaftspflichtig.

(3) Die Geschäfte der Landespersonalrätekonferenz werden nach Maßgabe der Beschlüsse der Landespersonalrätekonferenz von der Geschäftsführerin oder dem Geschäftsführer geführt. Sie oder er handelt in Absprache mit den anderen Mitgliedern des Vorstandes und wird dabei von der im Ministerium eingerichteten Geschäftsstelle unterstützt.

§ 6

Die Sitzungen der Landespersonalrätekonferenz finden nach Bedarf statt, mindestens jedoch alle zwei Monate. Auf Antrag von fünf PRwiss nach § 1 muss eine Sitzung einberufen werden. Die oder der Vorsitzende kann Gäste zu den Sitzungen der Landespersonalrätekonferenz einladen.

§ 7

Die Landespersonalrätekonferenz kann zur Vorbereitung und Unterstützung ihrer Arbeit Arbeitsgruppen und Ausschüsse bilden. Die Mitglieder der Arbeitsgruppen und Ausschüsse werden durch Wahl mit einfacher Mehrheit bestimmt. Die Landespersonalrätekonferenz kann auch gemeinsame Arbeitsgruppen und Ausschüsse mit anderen Organisationen der Gesellschaft und Wissenschaft und mit Vertretern der Landesregierung bilden.

§ 8

Diese Satzung tritt durch Beschluss der Landespersonalrätekonferenz am 07. 02. 2007 in Kraft.

§ 105b

In den Hochschulen und den Universitätskliniken soll auf Antrag eines oder des Personalrats ein Wirtschaftsausschuss (§ 65a) gebildet werden. Zu den wirtschaftlichen Angelegenheiten im Sinne des § 65a Absatz 1 Satz 2 gehört auch die Personalplanung und die Hochschulentwicklungsplanung.

Wirtschaftsausschüsse in Hochschulen und den Universitätskliniken

Wegen des Hochschulfreiheitsgesetzes musste der Gesetzgeber eine eigene gesetzliche Grundlage für einen Wirtschaftsausschuss schaffen. In den Hochschulen und Universitätskliniken werden nach § 105b ebenfalls analog § 65a nach den dortigen Voraussetzungen Wirtschaftsausschüsse gebildet. Sofern in der Dienststelle zwei Personalräte bestehen (Personalrat für das wissenschaftliche und Personalrat für das nichtwissenschaftliche Personal) reicht es, wenn von einem der Personalräte der Antrag gestellt wird. Für die Studentenwerke gelten keine besonderen Regelungen für die Wirtschaftsausschüsse. Bei diesen Einrichtungen sind ständig Beschäftigte auch jene Beschäftigte der Studentenwerke, die in den Ämtern für Ausbildungsförderung tätig sind.

Siehe Anmerkung 1 bis 6 zu § 65 a wird verwiesen, die entsprechend Anwendung finden.

Sechster Abschnitt
Behandlung von Verschlusssachen

§ 106

(1) Die Beteiligung eines Personalrats in beteiligungspflichtigen Angelegenheiten nach diesem Gesetz, die als Verschlusssache mindestens des Geheimhaltungsgrades „VS-Vertraulich" eingestuft sind, setzt voraus, dass die mitwirkenden Personalratsmitglieder nach den dafür geltenden Bestimmungen ermächtigt sind, Kenntnis von Verschlusssachen des in Betracht kommenden Geheimhaltungsgrades zu erhalten.

(2) In Angelegenheiten nach Absatz 1 sind die §§ 30 Abs. 3, 4. Alternative, 31 Abs. 2 Satz 2, 32, 35 und 36 nicht anzuwenden. Diese Angelegenheiten werden in der Personalversammlung nicht behandelt.

(3) Ein Personalrat, dessen Mitglieder sämtlich im Sinne des Absatzes 1 ermächtigt sind, ist in beteiligungspflichtigen Angelegenheiten mindestens des Geheimhaltungsgrades „VS-Vertraulich" insgesamt zu beteiligen. Er kann für die Beteiligung einen Ausschuss bilden, der aus dem Vorstand besteht; er hat diesen Ausschuss zu bilden, wenn die Ermächtigung aller Mitglieder nicht zustande kommt.

(4) Für das Verfahren in der Einigungsstelle und die Beteiligten nach § 67 gilt Absatz 1 sinngemäß. Kommt die Ermächtigung aller Mitglieder der Einigungsstelle nicht zustande, tritt an ihre Stelle ein Gremium, das aus der oder dem Vorsitzenden der Einigungsstelle und je einer oder einem von der obersten Dienstbehörde oder der Personalvertretung vorgeschlagenen Beisitzerin oder Beisitzer besteht.

(5) Die oberste Dienstbehörde kann anordnen, dass in Angelegenheiten nach Absatz 1 den Beteiligten nach Absatz 3 und Absatz 4 Unterlagen nicht vorgelegt und Auskünfte

nicht erteilt werden dürfen, soweit dies zur Vermeidung von Nachteilen für das Wohl der Bundesrepublik Deutschland oder eines ihrer Länder oder aufgrund internationaler Verpflichtungen geboten ist. Im Verfahren nach § 79 sind die Voraussetzungen für die Anordnung glaubhaft zu machen.

1. Beteiligung des Personalrats in Angelegenheiten, die als „Verschlusssachen" behandelt werden (Abs. 1)

Durch Abs. 1 erhält der in § 15 Abs. 1 der Verschlusssachenanweisung festgelegte Grundsatz, wonach Zugang zu einer Verschlusssache ab dem Geheimhaltungsgrad „VS - Vertraulich" nur erhalten darf, wer nach den Regelungen für die Sicherheitsüberprüfung von Landesbeschäftigten überprüft und entsprechend ermächtigt ist, gegenüber den Personalratsmitgliedern eine gesetzliche Grundlage.

2. Ausschluss von teilnahmeberechtigten Personen an Sitzungen des Personalrats (Abs. 2)

Die ansonsten teilnahmeberechtigten Personen an Sitzungen des Personalrats wie Gewerkschaftsbeauftragte, Mitglieder der Stufenvertretung, Mitglieder der Jugend- und Auszubildendenvertretung sowie die Schwerbehindertenvertretung dürfen an den Sitzungen nicht teilnehmen, wenn die im Abs. 1 genannten beteiligungspflichtigen Angelegenheiten behandelt werden. Auch die Aussetzung von Beschlüssen des Personalrats über diese Angelegenheiten ist ebenfalls nicht möglich. Insofern beschränkt Abs. 2 den Kreis der in VS-Angelegenheiten zu Beteiligenden auf die mitwirkenden Personalratsmitglieder; er ist Ausfluss des in § 1 der Verschlusssachenanweisung niedergelegten Grundsatzes „Kenntnis nur wenn nötig".

Auszug aus der Verschlusssachenanweisung NRW:

§ 15

(1) Bevor eine Person Zugang zu STRENG GEHEIM, GEHEIM oder VS-VERTRAULICH eingestuften VS erhält, muss sie nach dem Sicherheitsüberprüfungsgesetz NW überprüft und zum Zugang zu VS ermächtigt sein (§ 16). Zugang zu VS haben Personen, die VS

- *bearbeiten,*
- *verwalten,*
- *kontrollieren oder*
- *sonst geschäftsmäßig behandeln und dabei Kenntnis von ihrem Inhalt erhalten.*

(2) Bevor einer Person eine Tätigkeit übertragen wird, bei der sie sich Zugang zu STRENG GEHEIM, GEHEIM oder VS-VERTRAULICH eingestuften VS verschaffen kann, muss sie ebenfalls nach den Landesregelungen für die Sicherheitsüberprüfung überprüft und für eine solche Tätigkeit zugelassen sein (§ 16). Zugang verschaffen können sich Personen, die

1. VS befördern (§§ 36, 37, 42),

2. VS-Verwahrgelasse (§ 21) oder Sicherheitsbereiche (§ 52) bewachen,

3. in einem Sicherheitsbereich (§ 52) tätig sind,

4. VS-Verwahrgelasse oder VS-Schlüsselbehälter (§ 31) warten oder instand setzen,

5. Alarmanlagen zum Schutze von VS (§ 21 Abs.2) installieren, warten oder instand setzen,

6. *Schlüssel oder Zahlenkombinationen zu VS-Verwahrgelassen, VS-Schlüsselbehältern oder Alarmanlagen zum Schutze von VS verwalten oder*

7. *im Rahmen ihrer Tätigkeiten an informationstechnischen Systemen oder Komponenten, die für die Verarbeitung oder Übertragung von STRENG GEHEIM, GEHEIM oder VS-VERTRAULICH eingestuften VS eingesetzt sind, wesentliche Maßnahmen zum Geheimschutz unwirksam machen oder unbefugten Zugriff auf die VS erlangen können; Näheres regeln ergänzende Richtlinien (§ 64).*

§ 16

(1) Ermächtigungen/Zulassungen (§ 15) sowie ihre Erweiterung, Einschränkung oder Aufhebung nehmen die Dienststellenleiterinnen oder Dienststellenleiter oder in ihrem Auftrag die Geheimschutzbeauftragten vor. Ermächtigungen/Zulassungen sind auf das notwendige Maß zu beschränken. Sie erlöschen spätestens bei Ausscheiden aus der Dienststelle. Die VS-Registratur ist über Ermächtigungen/Zulassungen sowie deren Erweiterung, Einschränkung, Aufhebung oder Erlöschen im erforderlichen Umfange zu unterrichten.

(2) Die ermächtigten oder für eine Tätigkeit nach § 15 Abs. 2 zugelassenen Personen sind über die wesentlichen Geheimschutzbestimmungen und die Anbahnungs- und Werbemethoden fremder Nachrichtendienste sowie über die Möglichkeiten straf- und disziplinarrechtlicher Ahndung oder arbeitsrechtlicher Maßnahmen bei Verstößen (§ 59) zu unterrichten. Die Unterrichtung ist mindestens alle 5 Jahre zu wiederholen. Den ermächtigten Personen sind die nach ihrer Tätigkeit erforderlichen Vorschriften zum Schutz von VS zugänglich zu machen.

(3) Bei Einschränkung, Aufhebung oder Erlöschen der Ermächtigung/Zulassung ist die oder der Betroffene auf das Fortbestehen ihrer bzw. seiner Geheimschutzpflichten hinzuweisen.

(4) Die in den Absätzen 1 bis 3 genannten Maßnahmen sind aktenkundig zu machen (Anlage 3, Muster 1 bis 1 b). Sie sind, soweit Dienststellenleiterinnen oder Dienststellenleiter persönlich betroffen sind, von der vorgesetzten Behörde durchzuführen. Eine schriftliche Mitteilung an die Betroffenen ergeht nicht.

3. Ausschüsse des Personalrats (Abs. 3)

Die Vorschrift trägt zunächst der Zuständigkeit des gesamten Personalrats in allen beteiligungspflichtigen Angelegenheiten Rechnung. Im Hinblick auf die persönlichen Einschränkungen, die mit der Ermächtigung zum Umgang mit Verschlusssachen ab dem Geheimhaltungsgrad „VS-Vertraulich" zusammenhängen, wird dem Personalrat die Möglichkeit eröffnet, sich von der Verpflichtung aller seiner Mitglieder dadurch zu entbinden, dass er einen entsprechenden Ausschuss bildet. In „VS-Angelegenheiten" kann deshalb abweichend vom üblichen Verfahren ein „Teil-Personalrat" rechtswirksam tätig werden. Der Ausschuss ist zu bilden, wenn die Verpflichtung aller Personalratsmitglieder nicht zustande kommt. Hierdurch wird ausgeschlossen, dass einzelne Mitglieder durch ihre Weigerung, sich zum Umgang mit Verschlusssachen ermächtigen zu lassen, die Behandlung von beteiligungspflichtigen Verschlusssachen im Personalrat blockieren.

4. Besetzung der Einigungsstelle (Abs. 4)

Wenn in mitbestimmungspflichtiger Angelegenheit nach Erschöpfung des Einigungsverfahrens die Einigungsstelle angerufen wird, so ist ebenfalls nach Abs. 1 zu verfahren. Auch hier dürfen bei den Angelegenheiten, die mindestens als „VS-Vertraulich" eingestuft sind, nur die Personen beteiligt werden, die nach den dafür geltenden Bestimmungen ermächtigt sind, Kenntnis von Verschlusssachen des in Betracht kommenden Geheimhaltungsgrades zu erhalten. Abs. 4 sichert die Behandlung von Verschlusssachen im Einigungsstellenverfahren in den Fällen, in denen nicht alle Mitglieder der Einigungsstelle zum Umgang mit Verschlusssachen ermächtigt sind. Die Einigungsstelle, die in der Regel in der Zusammensetzung mit einer vorsitzenden Person und sechs Beisitzerinnen und Beisitzern tätig wird, ist dann lediglich aus der vorsitzenden Person der Einigungsstelle, die eine entsprechende Ermächtigung nicht benötigt und je einer bzw. einem von der obersten Dienstbehörde und der Personalvertretung vorgeschlagenen Beisitzerin bzw. Beisitzer besetzt.

5. Einschränkung der Mitwirkungsrechte (Abs. 5)

Die Vorschrift soll sicherstellen, dass die Kenntnis besonders qualifizierter Verschlusssachen auf einen kleinen Personenkreis beschränkt bleibt. Die Unterrichtungsansprüche des Personalrats, die sich aus § 65 Abs. 1 ergeben, können deshalb durch Anordnung der obersten Dienstbehörde eingeschränkt werden. Wie sich aus Satz 2 ergibt, ist die Einschränkung gerichtlich überprüfbar, weshalb sie nur unter den im Gesetz genannten Voraussetzungen möglich ist.

Elftes Kapitel
Sonder- und Schlussvorschriften
§ 107

Dieses Gesetz findet keine Anwendung auf Kirchen, Religionsgemeinschaften und ihre karitativen und erzieherischen Einrichtungen ohne Rücksicht auf ihre Rechtsform; ihnen bleibt die selbständige Ordnung eines Personalvertretungsrechts überlassen.

1. Begriff der Kirchen und Religionsgemeinschaften

Kirchen und Religionsgemeinschaften sind alle evangelischen und katholischen Pfarrgemeinden, die Diözesen und die Landeskirchen, die Neuapostolischen und Orthodoxen Kirchengemeinden und die freireligiösen Gemeinden in Nordrhein-Westfalen, der Landesverband der Jüdischen Gemeinden sowie ihre karitativen und erzieherischen Einrichtungen, Internate, Kindergärten und Kinderheime.

Unter den Gesetzesausschluss fallen nicht nur die allgemein anerkannten Religionsgemeinschaften, sondern alle Einrichtungen, die auf weltanschaulicher Zusammengehörigkeit beruhen. (Engelhard-Ballerstedt, Anm. 3 zu § 111)

2. Kirchen und Religionsgemeinschaften – Tendenzschutz

Gemäß Artikel 137 Abs. 3 der Weimarer Reichsverfassung – durch Artikel 140 GG Bestandteil des GG – haben Religionsgemeinschaften das Recht, die Ordnung und die Verwaltung ihrer

Angelegenheiten innerhalb der Schranken der für alle geltenden Gesetze in eigener Zuständigkeit zu regeln. Die Vorschrift entspricht § 118 BetrVG, wonach Tendenzbetriebe aus dem Geltungsbereich des Betriebsverfassungsgesetzes herausgenommen werden (Tendenzschutz). Auch der Landesgesetzgeber musste den Ausschluss aus dem Personalvertretungsrecht ausdrücklich normieren, weil die Kirchen und Religionsgemeinschaften in aller Regel Körperschaften des öffentlichen Rechts sind. Im Übrigen entspricht die Vorschrift § 112 BPersVG. Es bleibt diesen Körperschaften jedoch unbenommen, für ihren Bereich entsprechende Vertretungen zu bilden.

3. Karitative und erzieherische Einrichtungen

Die zahlreichen Beschäftigten der kirchlichen Einrichtungen, z.B. der Caritas und der Inneren Mission, haben also keine personalvertretungsrechtliche Repräsentanz, wenn nicht innerhalb der Kirchen oder ihrer Einrichtungen eigene Personalvertretungen oder Mitarbeitervertretungen gebildet werden, was dieses Gesetz nicht ausschließt (vgl. Anm. 4). Ein besonderer Anwendungsbereich sind die kirchlichen Krankenhäuser und karitative Einrichtungen, weil hier der Tendenzschutzgedanke eine geringere Rolle spielt. Werden dort solche Vertretungen gebildet, könnten die Regelungen über die Wahl und die Beteiligungskataloge analog diesem Gesetz entnommen werden.

4. Mitarbeitervertretungen

Im kirchlichen Bereich sind inzwischen Vertretungen gebildet worden. Beispiel: Für den Bereich der römisch-katholischen Kirche hat die Vollversammlung der Diözesen Deutschlands die Rahmenordnung für eine Mitarbeitervertretungsordnung (MAVO) vom 24. Januar 1977 erlassen. Sie ist dem Personalvertretungsrecht nachgebildet (vgl. „Mitarbeitervertretungsrecht der Katholischen Kirche, 1980", Hrsg. Sekretariat der Deutschen Bischofskonferenz, Bonn).

§ 108

Vertretungen und Vertrauensleute nach diesem Gesetz wurden im Juni 1975 gewählt. Ihre Wahlperiode beginnt am 1. Juli 1975.

Beginn der Amtszeit

Die Vorschrift ist zwar mit der Durchführung der Wahl zum 1.7.1975 gegenstandslos geworden. Sie wird aber mit jeder Novellierung weitergeführt, da die Regelung für die Bestimmung der darauf aufbauenden Wahlperioden nach wie vor benötigt wird.

§ 109

Zur Regelung der nach den §§ 10 bis 22, 50, 53, 55 bis 57, 60, 97, 98 und 105 erforderlichen Wahlen erlässt die Landesregierung durch Rechtsverordnung Vorschriften über
a) die Vorbereitung der Wahl, insbesondere die Aufstellung der Wählerlisten und die Berechnung der Vertreterzahl,
b) die Frist für die Einsichtnahme in die Wählerlisten und die Erhebung von Einsprüchen,
c) die Wahlvorschlagslisten und die Frist für ihre Einreichung,
d) das Wahlausschreiben und die Fristen für seine Bekanntmachung,

e) die Stimmabgabe,
f) die Feststellung des Wahlergebnisses und die Fristen für seine Bekanntmachung,
g) die Aufbewahrung der Wahlakten.

Wahlvorschriften

Die aufgrund dieser Vorschrift erlassene Rechtsverordnung - Wahlordnung - ist im Anschluss an den Gesetzesteil abgedruckt. Auf die Erläuterung der Wahlordnung wird hingewiesen.

§ 110

Die nach § 3 Abs. 4, § 16 Abs. 4 und 7, § 17 Abs. 2, §§ 19, 20, 22 Abs. 1, § 25 Abs. 1, § 32 Abs. 1, §§ 35, 37 Abs. 2, § 46 Abs. 3 und § 49 den Gewerkschaften zustehenden Rechte haben auch die in der Dienststelle vertretenen Berufsverbände, die einer gewerkschaftlichen Spitzenorganisation angeschlossen sind.

1. Wahrnehmung gewerkschaftlicher Rechte

Die den Gewerkschaften zustehenden Rechte nach den Vorschriften dieses Gesetzes sind hier durch Verweisungen abschließend aufgeführt. Es handelt sich um Zugangsrechte zur Dienststelle (§ 3 Abs. 4), Vorschlagsrechte bei den Wahlen (§ 16 Abs. 4 und 7), Antragsrechte zur Einberufung einer Personalversammlung (§§ 17 Abs. 2, 20 Abs. 1, 46 Abs. 3), Antragsrechte bei der Bestellung eines Wahlvorstandes (§ 19), Antragsrechte bei der Auflösung des Personalrats oder beim Ausschluss eines Mitglieds (§ 25 Abs. 1), Teilnahmerechte an den Sitzungen des Wahlvorstandes und des Personalrats sowie an Personalversammlungen (§§ 20 Abs. 2, 32 Abs. 1, 49), Anfechtungsrechte (§ 22 Abs. 1), Vermittlerrechte (§ 35 Abs. 1) und Informationsrechte (§ 37 Abs. 2).

Darüber hinausgehende Rechte können auch nicht durch Dienstvereinbarungen festgelegt werden, weil dem § 4 i.V.m. § 70 entgegensteht.

2. Berufsverbände

Wegen des Begriffs „Gewerkschaften" wird auf Anm. 5 zu § 2 hingewiesen. Zu den Gewerkschaften gehören auch Berufsverbände, wenn sie einer gewerkschaftlichen Spitzenorganisation angeschlossen sind.

Die zustehenden Rechte können von Beauftragten, also auch von Angehörigen der jeweiligen Dienststelle, soweit sie Mitglied der betreffenden Organisation sind, wahrgenommen werden. Es ist demnach nicht erforderlich, Vorstandsmitglieder zur Wahrnehmung dieser Rechte zu entsenden oder gar hauptamtliche Kräfte der betreffenden Gewerkschaft oder der Berufsverbände in Anspruch zu nehmen. Es ist ausreichend, wenn die Beauftragten in ihrer Organisation eine Funktion ausüben.

In der Dienststelle vertreten ist bereits eine Gewerkschaft, wenn ihr nur ein Beschäftigter in der Dienststelle angehört (Anm. 5 zu § 2).

§ 111

§ 70 Abs. 4 Satz 2 findet keine Anwendung auf Dienstvereinbarungen, die vor Inkrafttreten dieses Gesetzes beschlossen worden sind.

Dienstvereinbarungen

Durch die Einführung des Abs. 4 in § 70 sollen Dienstvereinbarungen nach Kündigung oder Ablauf weiter gelten, bis sie durch eine neue Vereinbarung ersetzt worden sind, sofern nicht eine Nachwirkung ausgeschlossen wurde. Die Nachwirkung solcher Dienstvereinbarungen soll aber nur für solche gelten, die nach Inkrafttreten dieser Gesetzesnovelle 2011 beschlossen worden sind. Die Vorschrift ist demnach eine Konsequenz aus den Kündigungsmöglichkeiten für Dienstvereinbarungen.

§ 112

Abweichend von § 10 Absatz 2 können Beschäftigte, denen gemäß § 44 b Absatz 1 und Absatz 2 Zweites Buch Sozialgesetzbuch Aufgaben der gemeinsamen Einrichtungen zugewiesen sind oder werden, bei den abgebenden Dienststellen wählen oder gewählt werden.

Wahl bei Zuweisung zum Jobcenter

Mit der von der Vorschrift des § 10 Abs. 2 abweichenden Regelung wird den besonderen Rechtsverhältnissen der Beschäftigte der gemeinsamen Einrichtungen Rechnung getragen.

Auszug aus dem SGB II

§ 44b Gemeinsame Einrichtung

(1) Zur einheitlichen Durchführung der Grundsicherung für Arbeitsuchende bilden die Träger im Gebiet jedes kommunalen Trägers nach § 6 Absatz 1 Satz 1 Nummer 2 eine gemeinsame Einrichtung. Die gemeinsame Einrichtung nimmt die Aufgaben der Träger nach diesem Buch wahr; die Trägerschaft nach § 6 sowie nach den §§ 6a und 6b bleibt unberührt. Die gemeinsame Einrichtung ist befugt, Verwaltungsakte und Widerspruchsbescheide zu erlassen. Die Aufgaben werden von Beamtinnen und Beamten sowie Arbeitnehmerinnen und Arbeitnehmern wahrgenommen, denen entsprechende Tätigkeiten zugewiesen worden sind.

(2) Die Träger bestimmen den Standort sowie die nähere Ausgestaltung und Organisation der gemeinsamen Einrichtung durch Vereinbarung. Die Ausgestaltung und Organisation der gemeinsamen Einrichtung sollen die Besonderheiten der beteiligten Träger, des regionalen Arbeitsmarktes und der regionalen Wirtschaftsstruktur berücksichtigen. Die Träger können die Zusammenlegung mehrerer gemeinsamer Einrichtungen zu einer gemeinsamen Einrichtung vereinbaren.

(3) Den Trägern obliegt die Verantwortung für die rechtmäßige und zweckmäßige Erbringung ihrer Leistungen. Sie haben in ihrem Aufgabenbereich nach § 6 Absatz 1 Nummer 1 oder 2 gegenüber der gemeinsamen Einrichtung ein Weisungsrecht; dies gilt nicht im Zuständigkeitsbereich der Trägerversammlung nach § 44c. Die Träger sind berechtigt, von der gemeinsamen Einrichtung die Erteilung von Auskunft und Rechenschaftslegung über die Leistungserbringung zu fordern, die Wahrnehmung der Aufgaben in der gemeinsamen Einrichtung zu prüfen und die gemeinsame Einrichtung an ihre Auffassung zu binden. Vor Ausübung ihres Weisungsrechts in Angelegenheiten grundsätzlicher Bedeutung befassen die Träger den Kooperationsausschuss nach § 18b. Der Kooperationsausschuss kann innerhalb von zwei Wochen nach Anrufung eine Empfehlung abgeben.

(4) Die gemeinsame Einrichtung kann einzelne Aufgaben auch durch die Träger wahrnehmen lassen.

(5) Die Bundesagentur stellt der gemeinsamen Einrichtung Angebote an Dienstleistungen zur Verfügung.

(6) Die Träger teilen der gemeinsamen Einrichtung alle Tatsachen und Feststellungen mit, von denen sie Kenntnis erhalten und die für die Leistungen erforderlich sind.

§ 113

(1) Die Regelungen über den Vorsitz gemäß § 29, über die Freistellung gemäß § 42 Absatz 4 und über die Bildung von Personalräten bei den Staatsanwaltschaften gemäß § 94 Absatz 1 finden erstmals bei Neuwahlen Anwendung.

(2) § 1 Abs. 3, 2. Halbsatz findet für die Vertretung des Landes Nordrhein-Westfalen beim Bund keine Anwendung.

§ 114

Dieses Gesetz tritt am 1. Juli 1975 in Kraft. Das Gesetz tritt mit Ablauf des 31. Dezember 2017 außer Kraft.

Wahlordnung zum Landespersonalvertretungsgesetz (WO-LPVG)

Erläuterung der Wahlordnung

1. Allgemeines

Die Wahlordnung vom 20. Mai 1986 (GV NW S. 485), zuletzt geändert durch Artikel 1 des Gesetzes vom 5. Juli 2011 (GV. NRW. S.348), regelt im Einzelnen das Verfahren bei Vorbereitung, Durchführung und Auswertung der Wahlen. Wie im LPVG der Personalrat die alles überlagernde Institution ist, so wird in der Wahlordnung der Wahlvorstand in den Mittelpunkt gerückt. Bereits das LPVG hat die Stellung des Wahlvorstandes besonders hervorgehoben. Dies ergibt sich z.b. aus § 21 LPVG, in dem geregelt wird, in welcher Weise seine Tätigkeit geschützt und gefördert wird. Außerdem genießen Mitglieder des Wahlvorstandes Kündigungsschutz gemäß § 15 Abs. 3 des Kündigungsschutzgesetzes.

Die wesentlichen Pflichten des Wahlvorstandes bestehen darin, die Wahl des Personalrats vorzubereiten, sie zu leiten, das Wahlergebnis festzustellen und es bekannt zu geben. Diese Aufgaben dürfen nur vom Wahlvorstand wahrgenommen werden, nicht etwa vom Personalrat. Ohne Leitung durch einen ordnungsgemäß zusammengesetzten Wahlvorstand kann eine Wahl nicht stattfinden. Ist ein nicht ordnungsgemäß zusammengesetzter Wahlvorstand tätig geworden, so ist das ein Wahlanfechtungsgrund. (BVerwG, Beschl. vom 27.11.1959, BVerwGE 9, 357 - ZBR 1960, 125)

2. Der Wahlvorstand

In 2 Fällen übernimmt der Wahlvorstand personalratsähnliche Funktionen:

a) Wird die Wahl eines Personalrats oder einer Gruppe mit Erfolg angefochten, so setzt die oder der Vorsitzende der Fachkammer des VG einen Wahlvorstand ein. Dieser hat unverzüglich eine neue Wahl einzuleiten. Bis zur Neuwahl nimmt er die dem Personalrat oder der Gruppe nach dem LPVG zustehenden Befugnisse und Pflichten wahr (§ 22 Abs. 2 Satz 4 LPVG).

b) Spätestens eine Woche nach dem Wahltag hat der Wahlvorstand die Mitglieder des Personalrats zur Vornahme der vorgeschriebenen Wahlen (es handelt sich um die Wahl der vorsitzenden Person und der stellvertretenden vorsitzenden Personen nach § 29) einzuladen und die konstituierende Sitzung zu leiten (§ 30 Abs. 1 LPVG).

3. Aufgaben des Wahlvorstandes

Das Amt des Wahlvorstandes beginnt mit seiner Bestellung, die spätestens drei Monate vor Ablauf der Amtszeit des Personalrats zu erfolgen hat (§ 17 Abs. 1 LPVG). Sie endet mit der konstituierenden Sitzung des Personalrats. Sind keine gültigen Wahlvorschläge eingereicht worden, so endet das Amt des Wahlvorstandes im Zeitpunkt der Bekanntmachung. Der Wahlvorstand übt sein Amt in eigener Verantwortung und unabhängig von Weisungen der Dienststelle und des Personalrats aus. Die Mitglieder des Wahlvorstandes unterliegen der Verschwiegenheitspflicht gemäß § 9 LPVG. Der Wahlvorstand wird durch seine vorsitzende Person oder im Falle der Verhinderung durch ihre Stellvertreterinnen bzw. Stellvertreter vertreten. Zur

Entgegennahme aller die Wahl berührenden Erklärungen ist jedoch nicht nur die vorsitzende Person, sondern auch jedes andere Mitglied des Wahlvorstandes befugt. Die vorsitzende Person hat die Sitzungen des Wahlvorstandes einzuberufen, sie zu leiten und den Wahlvorstand im Rahmen der gefassten Beschlüsse zu vertreten. Der Wahlvorstand trifft seine Entscheidungen in Sitzungen, an denen Gewerkschaftsbeauftragte teilnehmen können (§ 20 Abs. 2 LPVG). Beschlüsse bedürfen der einfachen Mehrheit. Die Auszählung der Stimmen muss der Wahlvorstand öffentlich vornehmen (§ 20 Abs. 3 LPVG).

4. Rechtsstellung des Wahlvorstandes

Die Tätigkeit im Wahlvorstand hat keine Minderung des Arbeitsentgelts oder der Bezüge zur Folge. Falls erforderlich, müssen die Mitglieder des Wahlvorstandes von ihrer übrigen dienstlichen Tätigkeit zeitweise oder ganz freigestellt werden. Eine Verpflichtung der Beschäftigten zur Übernahme des Amtes als Wahlvorstand besteht nicht. Die Mitglieder des Wahlvorstandes sollen vertrauenswürdig und geeignet sein und müssen nicht dem Personalrat angehören. Auch Personalratskandidatinnen und -kandidaten können grundsätzlich dem Wahlvorstand angehören, ihre Bestellung aber nicht empfehlenswert. Das Amt des Wahlvorstandes gebietet es, dass seine Mitglieder ihre Tätigkeit objektiv und loyal ausüben. Eine unmittelbare Einflussnahme von Mitgliedern des Wahlvorstandes auf die Wählerinnen und Wähler stellt einen Verstoß gegen § 21 Abs. 1 LPVG dar. Die Dienststelle ist verpflichtet, den Wahlvorstand bei der Erledigung seiner Aufgaben zu unterstützen.

Im Übrigen wird wegen der Rechtsstellung auf Anm. 4 zu § 21 LPVG hingewiesen.

5. Wahlhelferinnen und Wahlhelfer

In seiner ersten Sitzung sollte der Wahlvorstand prüfen, ob Wahlhelferinnen und Wahlhelfer bestellt werden müssen. Auch für die Wahlhelferinnen und Wahlhelfer besteht keine Verpflichtung, ein solches Amt zu übernehmen. Der Dienststelle sind die Namen der Wahlhelferinnen und Wahlhelfer mitzuteilen.

6. Aufgaben der Dienststelle

Unverzüglich nach Bekanntgabe seiner Namen sollte der Wahlvorstand die Dienststelle um folgende Angaben bitten:

*   Zahl der in der Dienststelle regelmäßig Beschäftigten,
*   Aufteilung dieser Zahl nach Beamtinnen und Beamten und Arbeitnehmerinnen und Arbeitnehmern und
*   Anteile der Geschlechter innerhalb der Gruppen.

Der Wahlvorstand benötigt diese Zahlen für die Errechnung der Zahl der zu wählenden Personalratsmitglieder und deren Verteilung auf die Gruppen. Gleichzeitig ist ein namentliches Verzeichnis aller zur Dienststelle gehörenden Beschäftigten anzufordern, und zwar getrennt nach Beamtinnen und Beamten und Arbeitnehmerinnen und Arbeitnehmern. Diesem Verzeichnis muss zur Feststellung des aktiven Wahlrechts zu entnehmen sein:

1. Wer ist nicht Beschäftigter i.S. der LPVG?
2. Wer ist zur Dienststelle abgeordnet und seit wann?

3. Wer besitzt nicht das Wahlrecht? (z.B. weil er das 18. Lebensjahr noch nicht vollendet hat)
4. Wer ist voraussichtlich für einen Zeitraum von höchstens sechs Monaten beschäftigt?
5. Wer ist am Wahltag mehr als achtzehn Monate unter Wegfall der Bezüge beurlaubt?
6. Wer ist Beschäftigter in der Berufsausbildung?
7. Ist die Dienststelle bereits Stammdienststelle?
8. Wer gehört zu den in § 8 LPVG genannten Personen?

Das Verzeichnis muss zur Feststellung des passiven Wahlrechts erkennen lassen:

1. Wer ist am Wahltag mehr als sechs Monate unter Wegfall der Bezüge beurlaubt?
2. Wer gehört noch nicht seit sechs Monaten der Dienststelle oder demselben Geschäftsbereich an?
3. Wer ist zu selbständigen Entscheidungen in Personalangelegenheiten berechtigt?
4. Wer gehört in einer Gemeinde oder Gemeindeverband dem in deren Verfassung vorgesehenen obersten Organ an?

Die Angaben der Dienststelle müssen möglichst frühzeitig vorliegen, da das Wählerverzeichnis hiernach zu erstellen und unverzüglich nach Erlass des Wahlausschreibens auszulegen ist.

Wahlordnung zum Landespersonalvertretungsgesetz (WO-LPVG) vom 20. Mai 1986

Auf Grund des § 124 des Landespersonalvertretungsgesetzes vom 3. Dezember 1974 (GV. NW. S.1514), zuletzt geändert durch Gesetz vom 5. Juli 2011 (GV. NW. S.348), wird verordnet:

Inhaltsübersicht

Erstes Kapitel
Wahl des Personalrats

Erster Abschnitt
Gemeinsame Vorschriften über Vorbereitung und Durchführung der Wahl

§ 1 Wahlvorstand, Wahlhelfer

(1) Bei der Bestellung des Wahlvorstandes sind Beschäftigte auszuwählen, die eine Durchführung der Wahl nach Maßgabe der nachfolgenden Regelungen gewährleisten.

(2) Der Wahlvorstand führt die Wahl des Personalrats durch. Er kann wahlberechtigte Beschäftigte als Wahlhelfer zur Durchführung der Wahlhandlung und zur Auszählung der Stimmen bestellen; dabei soll er die in der Dienststelle vertretenen Gruppen angemessen berücksichtigen.

Wahlhelfer dürfen nur in Anwesenheit eines Mitglieds des Wahlvorstandes tätig werden.

(3) Der Wahlvorstand gibt die Namen seiner Mitglieder durch Aushang in der Dienststelle bekannt.

(4) Der Wahlvorstand faßt seine Beschlüsse mit einfacher Stimmenmehrheit seiner Mitglieder.

(5) Die Dienststelle hat den Wahlvorstand bei der Erfüllung seiner Aufgaben zu unterstützen, insbesondere ihm die notwendigen Unterlagen zur Verfügung zu stellen und die erforderlichen Auskünfte zu erteilen.

Die Vorschrift legt fest, dass die Wahl eines Personalrats nur durch einen Wahlvorstand durchgeführt werden kann, der nach Abs. 1 Satz 1, 2. Halbsatz insoweit geeignet sein muss, dass die ordnungsgemäße Wahl des Personalrats gewährleistet ist.

Abs. 2 bestimmt, dass der Wahlvorstand – nicht aber der Personalrat – Wahlhelferinnen und Wahlhelfer bestellen kann, die den Proporz in der Dienststelle widerspiegeln und die nur in Anwesenheit eines Mitglieds des Wahlvorstands tätig werden dürfen.

Bei der Bekanntgabe seiner Mitglieder gemäß Abs. 3 hat der Wahlvorstand § 4 Abs. 2 zu beachten, wonach auf die in § 4 Abs. 1 genannten Fristen für Vorabstimmungen bei abweichender Verteilung der Mitglieder des Personalrats auf die Gruppen oder für die Durchführung einer gemeinsamen Wahl hinzuweisen ist. Bei einer unrichtigen Berechnung der Fristen kann eine Berichtigung durch eine Neubekanntmachung der Mitteilung erfolgen. (Bay. VGH, Beschl. vom 1.7.1977, PV 1980, 60) Abs. 4 legt fest, mit welcher Stimmenmehrheit der Wahlvorstand seine Beschlüsse fasst. Bei der Entscheidung des Wahlvorstandes haben sämtliche Mitglieder mitzuwirken. Eine Losentscheidung bei Stimmengleichheit ist unwirksam, wenn dabei ein Mitglied des Wahlvorstandes übergangen worden ist. (OVG Lüneburg, Beschl. vom 12.10.1976, PV 1980, 70)

Die Aufgaben des Wahlvorstandes sind in einem Ablaufschema dargestellt (Anlage 3 zur WO).

§ 2 Feststellung der Beschäftigtenzahl, Wählerverzeichnis

(1) Der Wahlvorstand stellt die Zahl der in der Regel Beschäftigten und ihre Verteilung auf die Gruppen (§§ 6, 105 LPVG) fest; innerhalb der Gruppen sind die Anteile der Geschlechter festzustellen. Übersteigt die Zahl der in der Regel Beschäftigten 50 nicht, stellt er außerdem die Zahl der wahlberechtigten Beschäftigten fest.

(2) Der Wahlvorstand stellt ein Verzeichnis der wahlberechtigten Beschäftigten (Wählerverzeichnis) getrennt nach den Gruppen auf; innerhalb der Gruppen sind die Anteile der Geschlechter festzustellen. Er hat bis zum Abschluß der Stimmabgabe das Wählerverzeichnis auf dem laufenden zu halten und mindestens eine Abschrift an geeigneter Stelle zur Einsicht auszulegen.

Der Wahlvorstand ist verpflichtet, ein Wählerverzeichnis aufzustellen, es ordnungsgemäß zu führen, auf dem Laufenden zu halten und ggf. zu berichtigen.

Das Wählerverzeichnis ist an öffentlicher Stelle auszulegen oder auszuhängen. Auch die Gewerkschaften haben jederzeit die Möglichkeit, in das Wählerverzeichnis Einblick zu nehmen. Dagegen dürfen sie nicht das dem Wahlvorstand zur Kontrolle der Stimmabgabe dienende

Wählerverzeichnis einsehen, um möglicherweise noch ferngebliebene Beschäftigte zur Wahl anzuhalten. Die Entscheidung der Wählerinnen und Wähler, sich an der Wahl zu beteiligen, unterliegt nämlich dem gleichen Schutz wie seine Wahlentscheidung selbst. Dieser Schutz würde vereitelt, wenn die Gewerkschaften das Recht hätten, in das in Wahllokalen befindliche Wählerverzeichnis Einblick zu nehmen. Andernfalls wäre dies ein Grund zur Wahlanfechtung (§ 22 LPVG).

§ 3 Einsprüche gegen das Wählerverzeichnis

(1) Jeder Beschäftigte kann beim Wahlvorstand schriftlich innerhalb einer Woche nach Auslegung des Wählerverzeichnisses Einspruch gegen seine Richtigkeit einlegen.

(2) Die Entscheidung über den Einspruch ist dem Beschäftigten unverzüglich, spätestens einen Tag vor Beginn der Stimmabgabe schriftlich mitzuteilen.

Der Einspruch einer oder eines Beschäftigten gegen die Richtigkeit des Wählerverzeichnisses führt zu einer Berichtigung durch den Wahlvorstand, falls es sich um offenbare Unrichtigkeiten handelt. Der Einspruch ist aber keine Zulässigkeitsvoraussetzung für die Anfechtung der Personalratswahl. (BVerwG, Beschl. vom 30.6.1980, ZBR 1981, 130) Der Leiter einer Dienststelle ist nicht befugt, Einspruch gegen die Richtigkeit des Wählerverzeichnisses einzulegen. (VG Gelsenkirchen, Beschluss v. 19.4.2011 – 12 b L 379/11.PVB –)

§ 4 Vorabstimmungen

(1) Die Ergebnisse der Abstimmungen nach den §§ 15 Abs. 1 und 16 Abs. 2 LPVG werden nur berücksichtigt, wenn sie dem Wahlvorstand innerhalb einer Woche nach der Bekanntgabe seiner Mitglieder vorliegen und ihm glaubhaft gemacht wird, daß sie unter Leitung eines aus mindestens drei wahlberechtigten Beschäftigten bestehenden Abstimmungsvorstands in geheimen und nach Gruppen getrennten Abstimmungen zustande gekommen sind. Dem Abstimmungsvorstand soll ein Mitglied jeder in der Dienststelle vertretenen Gruppe angehören.

(2) Der Wahlvorstand hat in der Bekanntgabe seiner Mitglieder auf die in Absatz 1 bezeichnete Frist hinzuweisen.

Für die Vorabstimmung sind die Grundvorschriften der Wahlordnung anzuwenden. Allerdings müssen nicht alle Einzelheiten eingehalten werden. Das Verfahren ist nur dann zu beanstanden, wenn es entweder den für die Vorabstimmung ausdrücklich festgelegten Rechtsnormen widerspricht oder den für ein geordnetes Verfahren unerlässlichen Grundzügen des Wahlrechts nicht genügt. (Bay. VGH, Beschl. vom 11.5.1983 – 18 C 83 A, 108 –) Eine Vorabstimmung leidet jedenfalls dann an wesentlichen Mängeln, wenn das Abstimmungsgeheimnis nicht gewahrt ist. (Bay. VGH, Beschl. vom 27.4.1979, ZBR 1980, 132; vgl. auch BVerwG, Beschl. vom 21.7.1980, PV 1981, 501) Eine Briefwahl ist zulässig. (VGH Baden-Württemberg, Beschl. vom 10.6.1986, ZBR 1988, 72)

Die Vorabstimmung muss nach ausdrücklicher Bestimmung der Wahlordnung unter der Leitung eines Abstimmungsvorstandes stattfinden. Zur Leitung der Vorabstimmung gehört es, dass während der Stimmabgabe mindestens ein Mitglied des Wahlvorstandes anwesend ist.

§ 5 Ermittlung der Zahl der zu wählenden Personalratsmitglieder; Verteilung der Sitze auf die Gruppen

(1) Der Wahlvorstand ermittelt die Zahl der zu wählenden Mitglieder des Personalrats. Ist eine von § 14 LPVG abweichende Verteilung der Mitglieder des Personalrats auf die Gruppen nicht beschlossen worden, so errechnet der Wahlvorstand die Verteilung der Personalratssitze auf die Gruppen nach dem Höchstzahlenverfahren.

(2) Die Zahlen der der Dienststelle angehörenden Beschäftigten der einzelnen Gruppen werden nebeneinander gestellt und der Reihe nach durch 1, 2, 3 usw. geteilt. Auf die jeweils höchste Teilzahl (Höchstzahl) wird solange ein Sitz zugeteilt, bis alle Personalratssitze verteilt sind. Jede Gruppe erhält so viel Sitze, wie Höchstzahlen auf sie entfallen. Ist bei gleichen Höchstzahlen nur noch ein Sitz oder sind bei drei gleichen Höchstzahlen nur noch zwei Sitze zu verteilen, so entscheidet das Los.

(3) Entfallen bei der Verteilung der Sitze nach Absatz 2 auf eine Gruppe weniger Sitze, als ihr nach § 14 Abs. 3 LPVG mindestens zustehen, so erhält sie die in § 14 Abs. 3 LPVG vorgeschriebene Zahl von Sitzen. Die Zahl der Sitze der übrigen Gruppen vermindert sich entsprechend. Dabei werden die jeweils zuletzt zugeteilten Sitze zuerst gekürzt. Ist bei gleichen Höchstzahlen nur noch ein Sitz zu kürzen, entscheidet das Los, welche Gruppe den Sitz abzugeben hat. Sitze, die einer Gruppe nach den Vorschriften des LPVG mindestens zustehen, können ihr nicht entzogen werden.

(4) Haben in einer Dienststelle alle Gruppen die gleiche Zahl von Angehörigen, so erübrigt sich die Errechnung der Sitze nach dem Höchstzahlenverfahren; in diesen Fällen entscheidet das Los, wem die höhere Zahl von Sitzen zufällt.

Die Verteilung der einem Personalrat zustehenden Sitze auf die Gruppen ist in § 14 LPVG geregelt. Dabei sind die Grundsätze der Verhältniswahl anzuwenden (Anm. 2 zu § 14). Beispiel: In einer Dienststelle mit 280 wahlberechtigten Beschäftigten ist ein Personalrat mit sieben Mitgliedern zu bilden. Wenn von den 280 Beschäftigten 170 Beamte und 110 Arbeitnehmer sind, ergibt sich nach dem Höchstzahlenverfahren folgende Sitzberechnung:

	Beamte	Arbeitnehmer
: 1	170[1]	110[2]
: 2	85[3]	55[5]
: 3	56,6[4]	36,6[7]
: 4	42,5[6]	27,5
: 5	34	24

Auf die Beamtengruppe würden also vier Sitze und auf die Arbeitnehmergruppe drei Sitze entfallen. Wenn die letzte zu berücksichtigende Höchstzahl in beiden Gruppen gleich ist, muss das Los entscheiden. Der Losentscheid ist durch den Wahlvorstand zu vollziehen.

Aus diesem Beispiel ist ersichtlich, dass der allgemeine Grundsatz, wonach jede Gruppe entsprechend ihrer Stärke im Personalrat vertreten sein muss, sich wegen des Minderheits-, des Mehrheitsschutzes und des Losentscheids nicht immer verwirklichen lässt.

§ 6 Wahlausschreiben

(1) Spätestens sechs Wochen vor dem letzten Tage der Stimmabgabe erläßt der Wahlvorstand ein Wahlausschreiben. Es ist von den Mitgliedern des Wahlvorstandes zu unterzeichnen.

(2) Im Wahlausschreiben ist neben Tag und Ort seines Erlasses anzugeben

1. die Zahl der zu wählenden Mitglieder des Personalrats, getrennt nach Gruppen;
2. Angaben über die Anteile der Geschlechter innerhalb der Dienststelle, getrennt nach Gruppen mit dem Hinweis, daß Frauen und Männer ihrem zahlenmäßigen Anteil in der Dienststelle entsprechend im Personalrat vertreten sein sollen (§ 14 Abs. 6 LPVG);
3. ob die Gruppen ihre Vertreter in getrennten Wahlgängen (Gruppenwahl) oder in gemeinsamer Wahl wählen;
4. wo und wann das Wählerverzeichnis und diese Wahlordnung zur Einsicht ausliegen;
5. daß Einsprüche gegen die Richtigkeit des Wählerverzeichnisses schriftlich beim Wahlvorstand eingelegt werden können;
6. die Mindestzahl der wahlberechtigten Beschäftigten, von denen ein Wahlvorschlag unterzeichnet sein muß, und daß Wahlvorschläge der Organisationen von einem Beauftragten unterzeichnet sein müssen (§§ 16, 110 LPVG);
7. daß jeder Beschäftigte für die Wahl des Personalrats nur auf einem Wahlvorschlag benannt werden darf und die nicht wählbaren Beschäftigten keine Wahlvorschläge machen oder unterzeichnen dürfen;
8. daß jeder Beschäftigte nur einen Wahlvorschlag unterzeichnen darf;
9. daß Wahlvorschläge innerhalb von drei Wochen nach dem Erlaß des Wahlausschreibens beim Wahlvorstand einzureichen sind; der letzte Tag der Einreichungsfrist ist anzugeben;
10. daß nur fristgerecht eingereichte Wahlvorschläge berücksichtigt werden und daß nur gewählt werden kann, wer in einen solchen Wahlvorschlag aufgenommen ist;
11. der Ort, an dem die Wahlvorschläge bekanntgegeben werden;
12. Ort und Zeit der Stimmabgabe;
13. daß schriftliche Stimmabgabe möglich oder angeordnet ist;
14. Ort und Termin der Sitzung, in der das Wahlergebnis festgestellt wird.

(3) Der Wahlvorstand hat mindestens eine Abschrift oder einen Abdruck dieser Wahlordnung und des Wahlausschreibens vom Tage seines Erlasses bis zum Abschluß der Stimmabgabe an geeigneter Stelle auszuhängen.

(4) Offenbare Unrichtigkeiten des Wahlausschreibens können vom Wahlvorstand jederzeit berichtigt werden.

Das vom Wahlvorstand zu erlassende Wahlausschreiben leitet die Wahl ein; es muss sämtliche Angaben enthalten, die Abs. 2 vorschreibt. Abweichungen sind unzulässig. (BVerwG, Beschl. vom 17.7.1980, PV 1981, 498) Das gilt auch für ein Wahlausschreiben, das innerhalb eines Wahlverfahrens an die Stelle eines zurückgezogenen Wahlausschreibens tritt. Sämtliche Vorschriften des § 6 sind zwingend. Das Wahlausschreiben muss an demselben Tage ausgehängt werden, an dem es erlassen wurde. Andernfalls wird gegen eine wesentliche

Wahlvorschrift verstoßen. (VG Berlin, VG 60 A 42/96 vom 9.1.1997) Gemäß Abs. 4 können offenbare Unrichtigkeiten des Wahlausschreibens vom Wahlvorstand berichtigt werden. Es muss sich aber um tatsächlich offenbare Unrichtigkeiten handeln. Diese liegen z.b. vor, wenn in dem Wahlausschreiben rein mechanische Fehler unterlaufen sind, wie Schreibfehler, Rechenfehler oder ähnliche Unrichtigkeiten, die jedem Betrachter offenbar ins Auge fallen. Andere Fehler können nur durch ein neues Wahlausschreiben geheilt werden. (OVG Hamburg, Beschl. vom 7.6.1983, PV 1984, 105) Wird ein Wahlausschreiben berichtigt und erhöht sich dadurch für eine Gruppe die Zahl der von ihr zu wählenden Vertreter, so muss den Wahlberechtigten Gelegenheit gegeben werden, neue Wahlvorschläge einzureichen. (Bay. VGH, Beschl. vom 6.9.1989, PersR 1990, 115) Die richtige Angabe der auf die einzelnen Gruppen entfallenden Sitze im Wahlausschreiben ist unverzichtbare Voraussetzung einer ordnungsgemäßen Wahl. (LAG Frankfurt, Urteil vom 3.12.1985, DB 1987, 54) Wegen der Bekanntmachung des Wahlausschreibens (Abs. 3) wird auf die Anm. zu § 12 verwiesen.

Zur Bezeichnung des Ortes, an dem Wahlvorschläge gegenüber dem Wahlvorstand abzugeben sind, muss auch der Raum angegeben werden, wo der Wahlvorstand oder eines seiner Mitglieder angetroffen werden kann. (BVerwG, Beschluss v. 11.8.2009 – 6 PB 16.09 –)

§ 7 Wahlvorschläge, Einreichungsfrist

(1) Zur Wahl des Personalrats können die wahlberechtigten Beschäftigten sowie die in der Dienststelle vertretenen Gewerkschaften und Berufsverbände (§§ 16 Abs. 4 und 110 LPVG) Wahlvorschläge machen.

(2) Wahlvorschläge sind innerhalb von drei Wochen nach dem Erlaß des Wahlausschreibens beim Wahlvorstand einzureichen. Bei Gruppenwahl sind für die einzelnen Gruppen getrennte Wahlvorschläge einzureichen.

Ein Wahlvorschlag ist die Aufforderung der Unterzeichnerinnen und Unterzeichner an die Wahlberechtigten, die im Wahlvorschlag genannten Bewerberinnen und Bewerber zu wählen. (BVerwGE 37, 162) Der Wahlvorschlag ist eine Urkunde. Wahlvorschlag und Unterschriftenliste müssen bei Beschäftigtenvorschlägen untrennbar verbunden sein. (LAG Frankfurt, Urteil vom 16.3.1987, DB 1987, 1204) Für den Beginn der Frist gilt § 187 BGB. Setzt der Wahlvorstand eine kürzere Frist als drei Wochen fest, so macht dieser Fehler die Wahl anfechtbar. (Bay. VGH, Beschl. vom 6.9.1989, PersR 1990, 115) Bei der Angabe des letzten Tages der Frist hat der Wahlvorstand keinen Entscheidungsspielraum. Er muss den Tag genau bezeichnen. (BAG, Beschl. vom 9.12.1992, BB 1993,1217)

Auszug aus dem BGB:

§ 187 Fristbeginn

(1) Ist für den Anfang einer Frist ein Ereignis oder ein in den Lauf eines Tages fallender Zeitpunkt maßgebend, so wird bei der Berechnung der Frist der Tag nicht mitgerechnet, in welchen das Ereignis oder der Zeitpunkt fällt.

(2) Ist der Beginn eines Tages der für den Anfang einer Frist maßgebende Zeitpunkt, so wird dieser Tag bei der Berechnung der Frist mitgerechnet. Das Gleiche gilt von dem Tag der Geburt bei der Berechnung des Lebensalters.

§ 8 Inhalt der Wahlvorschläge

(1) Jeder Wahlvorschlag soll soviel Bewerber enthalten wie
a) bei Gruppenwahl Gruppenvertreter,
b) bei gemeinsamer Wahl Personalratsmitglieder zu wählen sind.

(2) Frauen und Männer sollen ihrem zahlenmäßigen Anteil in der Dienststelle entsprechend im Personalrat vertreten sein.

(3) Die Namen der einzelnen Bewerber sind auf dem Wahlvorschlag untereinander aufzuführen und mit fortlaufenden Nummern zu versehen. Es sind Familienname, Vorname, Geburtsdatum, Amts-, Dienst- oder Berufsbezeichnung, Beschäftigungsstelle und Gruppenzugehörigkeit anzugeben. Bei gemeinsamer Wahl sind in dem Wahlvorschlag die Bewerber jeweils nach Gruppen zusammenzufassen.

(4) Aus dem Wahlvorschlag soll zu ersehen sein, welcher der Unterzeichner zur Vertretung des Vorschlags gegenüber dem Wahlvorstand und zur Entgegennahme von Erklärungen und Entscheidungen des Wahlvorstands berechtigt ist. Fehlt bei Wahlvorschlägen der Beschäftigten eine Angabe hierüber, gilt der Unterzeichner als berechtigt, der an erster Stelle steht.

(5) Der Wahlvorschlag kann mit einem Kennwort versehen werden.

(6) Ein Wahlvorschlag darf nur geändert werden, wenn die in § 7 bestimmte Frist noch nicht abgelaufen ist und alle Unterzeichner der Änderung zustimmen. § 9 Abs. 3 bleibt unberührt.

(7) Dem Wahlvorschlag ist die schriftliche Zustimmung der Bewerber zur Aufnahme in den Wahlvorschlag beizufügen.

Die in Abs. 1 enthaltene Sollvorschrift lässt es zu, auf einen Wahlvorschlag auch erheblich mehr oder geringfügig weniger Bewerberinnen und Bewerber aufzuführen als die genannte Anzahl. Anstelle der Amts-, Dienst- oder Berufsbezeichnung darf nicht die Bezeichnung „Personalrat" verwendet werden. (OVG Münster, Beschl. vom 27.6.1983, PV 1984, 466) Die Listenvertreterin oder der Listenvertreter gemäß Abs. 4 ist zur Vertretung des Vorschlages gegenüber dem Wahlvorstand und zur Entgegennahme von Erklärungen und Entscheidungen des Wahlvorstandes berechtigt. Diese Regelung dient der Vereinfachung und Beschleunigung des Wahlverfahrens. Die der Listenvertreterin bzw. dem Listenvertreter obliegende Aufgabe, den Wahlvorschlag zu vertreten, bedeutet, dass sie oder er ihn auf Anforderung des Wahlvorstandes zu erläutern und alle für die Behandlung des Wahlvorschlages durch den Wahlvorstand sachdienlichen Erklärungen abzugeben hat.

Das in Abs. 5 vorgesehene Kennwort soll eindeutig und den Beschäftigten allgemein bekannt sein.

Wegen der Änderung von Wahlvorschlägen wird auf § 9 hingewiesen.

§ 9 Behandlung der Wahlvorschläge, ungültige Wahlvorschläge

(1) Der Wahlvorstand vermerkt auf den Wahlvorschlägen den Tag des Eingangs. Im Falle des Absatzes 7 ist auch der Zeitpunkt des Eingangs des berichtigten Wahlvorschlags zu vermerken.

(2) Wahlvorschläge, die ungültig sind, weil sie nicht die erforderliche Anzahl von Unterschriften aufweisen oder weil sie nicht fristgerecht eingereicht worden sind, gibt der Wahlvorstand unverzüglich unter Angabe der Gründe zurück.

(3) Der Wahlvorstand hat einen Bewerber, der mit seiner schriftlichen Zustimmung auf mehreren Wahlvorschlägen benannt ist, aufzufordern, innerhalb von drei Kalendertagen zu erklären, auf welchem Wahlvorschlag er benannt bleiben will. Gibt der Bewerber diese Erklärung nicht fristgerecht ab, so wird er von sämtlichen Wahlvorschlägen gestrichen.

(4) Der Wahlvorstand hat auf Wahlvorschlägen die Namen von nicht wählbaren Beschäftigten zu streichen und den zur Vertretung des Vorschlags Berechtigten davon zu unterrichten.

(5) Der Wahlvorstand hat auf Wahlvorschlägen Unterschriften nicht wählbarer Beschäftigter zu streichen.

(6) Der Wahlvorstand hat einen Beschäftigten, der mehrere Wahlvorschläge unterzeichnet hat, aufzufordern, innerhalb von drei Kalendertagen zu erklären, welche Unterschrift er aufrecht erhält. Gibt der Beschäftigte diese Erklärung nicht fristgerecht ab, zählt seine Unterschrift nur auf dem zuerst eingegangenen Wahlvorschlag; auf den übrigen Wahlvorschlägen wird sie gestrichen. Bei gleichzeitigem Eingang entscheidet das Los, auf welchem Wahlvorschlag die Unterschrift zählt.

(7) Wahlvorschläge, die

a) den Erfordernissen des § 8 Abs. 3 nicht entsprechen,

b) ohne die schriftliche Zustimmung der Bewerber eingereicht sind,

c) infolge von Streichungen gemäß Absatz 5 oder 6 nicht mehr die erforderliche Anzahl von Unterschriften aufweisen,

hat der Wahlvorstand mit der Aufforderung zurückzugeben, die Mängel innerhalb der Frist gemäß § 7 zu beseitigen; bei Wahlvorschlägen, die weniger als eine Woche vor Ablauf der Frist gemäß § 7 zurückgegeben werden, gilt eine Frist von einer Woche, gerechnet vom Tage der Rückgabe an. Werden die Mängel nicht fristgerecht beseitigt, sind diese Wahlvorschläge ungültig.

Wegen der Vorschrift des § 11 ist es erforderlich, dass auf den Wahlvorschlägen der Tag des Eingangs vermerkt wird, weil sich daraus die Ordnungsnummer ergibt. Aus der Pflicht zur unverzüglichen Rückgabe eines ungültigen Wahlvorschlages ergibt sich, dass der Wahlvorstand ohne schuldhaftes Zögern einen Wahlvorschlag auf dessen Gültigkeit zu überprüfen und nach Feststellung seiner Ungültigkeit zurückzuweisen hat. (VG Hamburg, Beschl. vom 11.12.1992, PersR 1993, 50) Die in Abs. 2 getroffene Regelung hat nicht zur Folge, dass Wahlvorschläge wiederholt nachgebessert werden können. Der Wahlvorstand muss der Listenvertreterin oder dem Listenvertreter oder der Wahlbewerberin oder dem Wahlbewerber nur einmal Gelegenheit geben, einen Wahlvorschlag, der infolge von Streichungen nicht mehr die erforderliche Anzahl von Unterschriften aufweist, zu berichtigen. (BVerwG, Beschl. vom 5.10.1989, ZBR 1990, 180) Innerhalb der Einreichungsfrist kann die Listenvertreterin oder der Listenvertreter jedoch weitere Unterschriften einholen und den Wahlvorschlag erneut einreichen. Der Erklärungswert des Wahlvorschlags geht dadurch nicht verloren. (BVerwG, Beschl. vom 1.3.1984, PV 1986, 108; OVG Münster, Beschl. vom 29.3.1990 – CL 69/88)

Die Erklärung einer oder eines Wahlberechtigten, die oder der mehrere Listen unterzeichnet hat, eine Unterschrift zurückzuziehen, kann nur auf eine vor diesem Zeitpunkt der Erklärung geleistete Unterschrift bezogen werden. Eine solche Erklärung kann nicht als wirksam angesehen werden, wenn die Unterschrift auf dem Wahlvorschlag erst nach Bekanntgabe der Zurückziehungserklärung geleistet wird. (BVerwG, Beschl. vom 1.3.1984, ZBR 1984, 219) In Zweifelsfällen oder bei widersprüchlichen Äußerungen ist auf die letzte beachtliche Willenserklärung abzustellen.

Im Übrigen sind die Ungültigkeitsgründe für die Wahlvorschläge in dieser Vorschrift nicht abschließend aufgezählt. Sie können sich auch aus anderen Vorschriften der Wahlordnung ergeben. So kann z.B. gemäß § 8 Abs. 6 ein Wahlvorschlag nur dann geändert werden, wenn die in § 7 Abs. 2 bestimmte Frist noch nicht abgelaufen ist und alle Unterzeichner der Änderung zustimmen.

§ 10 Nachfrist für die Einreichung von Wahlvorschlägen

(1) Ist nach Ablauf der in § 7 und § 9 Abs. 7 genannten Frist bei Gruppenwahl nicht für jede Gruppe ein gültiger Wahlvorschlag, bei gemeinsamer Wahl kein gültiger Wahlvorschlag eingegangen, so gibt der Wahlvorstand dies unverzüglich durch Aushang an den Stellen, an denen das Wahlausschreiben ausgehängt ist, bekannt. Gleichzeitig fordert er zur Einreichung von Wahlvorschlägen innerhalb einer Frist von einer Woche auf und weist darauf hin, daß im Falle der Fristversäumnis

    a) bei Gruppenwahl eine Gruppe keine Vertreter in den Personalrat wählen kann,

    b) bei gemeinsamer Wahl der Personalrat nicht gewählt werden kann.

(2) Gehen gültige Wahlvorschläge nicht ein, so gibt der Wahlvorstand unverzüglich bekannt

    a) bei Gruppenwahl, für welche Gruppe oder für welche Gruppen keine Vertreter gewählt werden können,

    b) bei gemeinsamer Wahl, daß diese Wahl nicht stattfinden kann.

Der eingeräumten Erklärungsfrist von drei Arbeitstagen steht die Einreichungsfrist nicht entgegen. (OVG Münster, Beschl. vom 20.8.1979 – CB 24/78) Bis zu diesem Zeitpunkt – letzter Tag der Einreichungsfrist – muss sich der Wahlvorstand innerhalb der üblichen Dienststunden beschlussfähig bereithalten. (Bay. VGH, Beschl. vom 10.12.1992, ZfPR 1993, 203)

§ 11 Bezeichnung der Wahlvorschläge

(1) Der Wahlvorstand versieht die Wahlvorschläge in der Reihenfolge ihres Eingangs mit Ordnungsnummern (Vorschlag 1 usw.). Ist ein Wahlvorschlag berichtigt worden, so ist der Zeitpunkt des Eingangs des berichtigten Wahlvorschlags maßgebend. Sind mehrere Wahlvorschläge am selben Tage eingegangen, so entscheidet das Los über die Reihenfolge.

(2) Finden Wahlen für Personalvertretungen mehrerer Stufen gleichzeitig statt, ist für Wahlvorschläge mit demselben Kennwort für die Wahlen auf allen Stufen die Entscheidung auf der obersten Stufe maßgebend. Für Wahlvorschläge, die an der Entscheidung auf der obersten Stufe nicht beteiligt sind, werden die folgenden Plätze auf dem Stimmzettel in entsprechender Anwendung des Absatzes 1 festgelegt.

(3) Der Wahlvorstand bezeichnet die Wahlvorschläge mit dem Familien- und Vornamen der in dem Wahlvorschlag benannten ersten drei Bewerber, bei gemeinsamer Wahl mit dem Familien- und Vornamen der für die Gruppen an erster Stelle benannten Bewerber. Bei Wahlvorschlägen, die mit einem Kennwort versehen sind, ist auch das Kennwort anzugeben.

Die Reihenfolge der Wahlvorschläge wird durch deren zeitlichen Eingang bestimmt. Um jedoch die zu Recht bemängelte Rangelei bei der Vergabe von Ordnungsnummern für am selben Tage eingehende Vorschläge zu vermeiden, ist für diese Fälle der Losentscheid vorgesehen. Damit haben die Beschäftigten und die Gewerkschaften die Möglichkeit, ihre Vorschläge am ersten Tage des Einreichungszeitraums abzugeben und brauchen dabei nur dann eine höhere Ordnungsnummer in Kauf zu nehmen, wenn ihre Vorschläge an den folgenden Tagen eingereicht werden.

Hinsichtlich der Wahl für Personalvertretungen mehrerer Stufen ist in Abs. 2 die praktikable Regelung getroffen, dass auf allen Stufen eine einheitliche Ordnungsnummer vergeben wird, die sich aus dem Wahlvorschlag bei der obersten Stufe ergibt. Dabei ist es unerheblich, ob die Ordnungsnummer auf der obersten Stufe durch den zeitlichen Eingang des Wahlvorschlages oder durch Losentscheid zustande kommt.

Bei Gruppenwahl gilt, dass jeder Vorschlag für eine Gruppe als selbständiger Wahlvorschlag zu behandeln und einzeln zu nummerieren ist (§ 7 Abs. 2 Satz 2).

§ 12 Bekanntgabe der Wahlvorschläge

Nach Ablauf der in § 7 und § 10 Abs. 1 genannten Fristen, spätestens jedoch eine Woche vor Beginn der Stimmabgabe, gibt der Wahlvorstand die als gültig anerkannten Wahlvorschläge an den Stellen, an denen das Wahlausschreiben ausgehängt ist, bis zum Abschluß der Stimmabgabe bekannt. Die Namen der Unterzeichner der Wahlvorschläge werden nicht bekanntgemacht.

„Bekanntgabe" der Wahlvorschläge heißt, die Wahlvorschläge müssen der dienststelleninternen Öffentlichkeit ohne weiteres Suchen sichtbar und deutlich an leicht zugänglichen Plätzen zur Kenntnis gebracht werden. Auch Hinweise sind erlaubt, an welchen Stellen eine Einsichtnahme möglich ist. Dies könnte z.B. dann erforderlich sein, wenn sonst Rollstuhlfahrerinnen und Rollstuhlfahrern an bestimmten Plätzen keine Einsicht gewährt werden kann.

Wahlvorschläge können nach ihrer Bekanntmachung durch den Wahlvorstand nicht mehr zurückgenommen werden, auch nicht, um einen Mangel zu beseitigen. (BVerwG, Beschl. vom 1.3.1984, ZBR 1984, 219) Ein Wahlvorschlag ist mit seiner Einreichung rechtlich verbindlich. Dies ergibt sich bereits aus § 9 Abs. 7, in dem die Voraussetzungen aufgeführt sind, nach denen Wahlvorschläge zurückzugeben sind. Dies muss unverzüglich, d.h. ohne schuldhaftes Zögern, geschehen. (BVerwGE 56, 208)

§ 13 Sitzungsniederschriften

Der Wahlvorstand fertigt über den Inhalt jeder Sitzung eine Niederschrift. Sie ist von den Mitgliedern des Wahlvorstands zu unterzeichnen.

Überstrenge Anforderungen sind an die Niederschrift nicht zu stellen. Der Wortlaut der Beschlüsse sollte jedoch aufgenommen werden. Die Niederschrift ist von allen Mitgliedern des Wahlvorstandes zu unterzeichnen, was insbesondere für die Wahlniederschrift gilt (§ 20 Abs. 1).

§ 14 Ausübung des Wahlrechts; Stimmzettel, ungültige Stimmen

(1) Wählen kann nur, wer in das Wählerverzeichnis eingetragen ist. Das Wahlrecht wird durch Abgabe eines Stimmzettels ausgeübt. Bei Gruppenwahl müssen die Stimmzettel für jede Gruppe, bei gemeinsamer Wahl alle Stimmzettel dieselbe Größe, Farbe, Beschaffenheit und Beschriftung haben.

(2) Ist nach den Grundsätzen der Verhältniswahl zu wählen, so kann die Stimme nur für den gesamten Wahlvorschlag (Vorschlagsliste) abgegeben werden. Ist nach den Grundsätzen der Personenwahl zu wählen, so wird die Stimme für die einzelnen Bewerber abgegeben.

(3) Ungültig sind Stimmzettel,

    a) die nicht mindestens einmal so gefaltet sind, dass die Kennzeichnung nicht zu erkennen ist bzw. die bei schriftlicher Stimmabgabe nach § 16 nicht in einem Wahlumschlag abgegeben sind,

    b) aus denen sich der Wille des Wählers nicht zweifelsfrei ergibt,

    c) die ein besonderes Merkmal, einen Zusatz oder einen Vorbehalt enthalten.

Mehrere bei schriftlicher Stimmabgabe nach § 16 in einem Wahlumschlag für eine Wahl enthaltene Stimmzettel werden als eine Stimme gezählt, wenn sie gleich lauten; andernfalls sind sie ungültig.

(4) Hat der Wähler einen Stimmzettel verschrieben oder versehentlich unbrauchbar gemacht, so ist ihm auf Verlangen gegen Rückgabe des unbrauchbaren Stimmzettels ein neuer Stimmzettel auszuhändigen. Der Wahlvorstand hat den zurückgegebenen Stimmzettel unverzüglich in Gegenwart des Wählers zu vernichten.

Die materiellen Voraussetzungen für die Wahlberechtigung ergeben sich aus § 10 LPVG. Materielle Wählbarkeitsvoraussetzungen enthält § 11 LPVG. Die formelle Verfahrensweise ergibt sich aus dieser Vorschrift, die den Zweck hat, Wahlverfahren und Wahlhandlung zügig durchzuführen. Abs. 1 bestimmt die Art und Weise der Stimmabgabe, wobei auch der Grundsatz der geheimen Wahl seinen Niederschlag findet. Außerdem hat die Vorschrift organisatorische Bedeutung. Abs. 1 Satz 1 macht die Bedeutung des Wählerverzeichnisses deutlich, die Vorschriften der §§ 2 und 3 müssen genau beachtet werden.

Die Stimmzettel dürfen keinen besonderen Zusatz, kein Merkmal oder einen Vorbehalt enthalten. Ein Stimmzettel für eine Personalratswahl, dem ein Wahlwerbezettel einer in der Dienststelle vertretenen Gewerkschaft beigefügt ist, ist ohne Rücksicht auf dessen Inhalt ungültig. (OVG Münster, Beschl. vom 27.1.1981, RIA 1981, 179) Dabei ist unerheblich, dass auf dem Stimmzettel selbst kein Zusatz enthalten ist, denn der Inhalt des Wahlumschlages stellt ein einheitliches Ganzes dar.

Die Bezeichnung „Personalrat" als Beschäftigungsstelle auf dem Stimmzettel bzw. der dort aufgeführten Vorschlagsliste stellt einen Verstoß gegen eine wesentliche Vorschrift des Wahlverfahrens i.S.d. § 22 Abs. 1 LPVG dar. Dieser Verstoß begründet die erfolgreiche Wahlanfechtung, weil er geeignet ist, die Entscheidung der Wähler und damit das Wahlergebnis zu beeinflussen. (VG Aachen, Beschluss v. 30.10.2008 – 16 K 1304/08.PVL –)

§ 15 Wahlhandlung

(1) Der Wahlvorstand hat zu gewährleisten, daß der Wähler den Stimmzettel im Wahlraum unbeobachtet ankreuzen und zusammenfalten kann. Ein Wähler, der durch körperliches Gebrechen in der Stimmabgabe behindert ist, bestimmt eine Person seines Vertrauens, der er sich bei der Stimmabgabe bedienen will, und gibt dies dem Wahlvorstand bekannt. Die Hilfeleistung hat sich auf die Erfüllung der Wünsche des Wählers zur Stimmabgabe zu beschränken. Die Vertrauensperson darf gemeinsam mit dem Wähler die Wahlzelle aufsuchen, soweit dies zur Hilfestellung erforderlich ist. Die Vertrauensperson ist zur Geheimhaltung der Kenntnisse verpflichtet, die sie bei der Hilfeleistung von der Wahl eines anderen erlangt hat. Wahlbewerber, Mitglieder des Wahlvorstands und Wahlhelfer dürfen nicht zur Hilfeleistung herangezogen werden. Für die Aufnahme der Stimmzettel sind Wahlurnen zu verwenden. Vor Beginn der Stimmabgabe hat der Wahlvorstand festzustellen, daß die Wahlurnen leer sind, und sie zu verschließen. Sie müssen so eingerichtet sein, daß die Stimmzettel nicht vor Öffnung entnommen werden können. Findet Gruppenwahl statt, so kann die Stimmabgabe nach Gruppen getrennt durchgeführt werden; in jedem Falle sind getrennte Wahlurnen zu verwenden.

(2) Während der Wahlhandlung sowie der Ermittlung und Feststellung des Wahlergebnisses hat jedermann zum Wahlraum Zutritt, soweit das ohne Störung des Wahlgeschäfts möglich ist. Solange der Wahlraum zur Stimmabgabe geöffnet ist, müssen mindestens zwei Mitglieder des Wahlvorstands im Wahlraum anwesend sein; sind Wahlhelfer bestellt, genügt die Anwesenheit eines Mitglieds des Wahlvorstandes und eines Wahlhelfers.

(3) Vor Einwurf des Stimmzettels in die Urne ist festzustellen, ob der Wähler im Wählerverzeichnis eingetragen ist. Ist dies der Fall, wirft der Wähler den mindestens einmal zusammengefalteten Stimmzettel in die Wahlurne. Absatz 1 Sätze 2 bis 5 bleiben unberührt. Die Stimmabgabe ist im Wählerverzeichnis zu vermerken.

(4) Wird die Wahlhandlung unterbrochen oder wird das Wahlergebnis nicht unmittelbar nach Abschluß der Stimmabgabe festgestellt, so hat der Wahlvorstand für die Zwischenzeit die Wahlurne so zu verschließen und aufzubewahren, daß der Einwurf oder die Entnahme von Stimmzetteln ohne Beschädigung des Verschlusses unmöglich ist. In diesen Fällen ist die Wahlurne in der Dienststelle, nur dem Wahlvorstand zugänglich, gesichert aufzubewahren. Bei Wiedereröffnung der Wahl oder bei Entnahme der Stimmzettel zur Stimmzählung hat sich der Wahlvorstand davon zu überzeugen, daß der Verschluß unversehrt ist.

Gemäß § 16 Abs. 1 LPVG wird der Personalrat in geheimer und unmittelbarer Wahl gewählt. Aus diesem Grunde hat der Wahlvorstand alle notwendigen Vorkehrungen zu treffen, dass diese Geheimhaltung auch gewährleistet ist. Die Wählerinnen und Wähler müssen beim Ausfüllen ihrer Stimmzettels objektiv den Blicken aller weiteren Personen so entzogen werden, dass das Ausfüllen nicht von diesen wahrgenommen werden kann und dass auch subjektiv das Gefühl vermittelt wird, die Wahl könne nicht beobachtet werden. (OVG Münster, Beschl. vom 14.9.1977 – CB 23/77) Dies ist nur möglich, wenn eine Wahlzelle oder ein Sichtschirm bereitgestellt wird. (Hess. VGH, Beschl. vom 29.1.1986, PV 1990, 38)

Für die Wahl sind Wahlurnen zu verwenden, von deren Beschaffenheit sich der Wahlvorstand vor Beginn der Wahlhandlung zu überzeugen hat. Bei der Gruppenwahl, die getrennt durchgeführt werden kann, sind getrennte Wahlurnen zu verwenden. Für die Gültigkeit einer als Gruppenwahl durchgeführten Personalratswahl hat es jedoch keine Bedeutung, wenn ein Stimmzettel in einer für eine andere Beschäftigungsgruppe bestimmten Wahlurne aufgefunden wird, da nicht ohne weiteres eine Wahlmanipulation festzustellen ist. (OVG Münster, Beschl. vom 6.5.1982, RIA 1982, 218) Die Verwendung einer gemeinsamen Wahlurne ist zwar ein Verstoß gegen Abs. 1 letzter Halbsatz, führt aber nicht zur Aufhebung der Wahl, wenn für jede Gruppe verschiedenfarbige Stimmzettel ausgegeben worden sind. Die Vorschrift, getrennte Wahlurnen zu verwenden, ist eine organisatorische Erleichterung für den Wahlvorstand.

Behinderte oder verletzte Wählerinnen und Wähler können sich Personen ihres Vertrauens bedienen. Dabei ist auf Art und Umfang des körperlichen Gebrechens abzustellen. Bei jeder Hilfeleistung ist zu beachten, dass die Wahl geheim durchzuführen ist. Wahlbewerberinnen und Wahlbewerber, Mitglieder des Wahlvorstandes und Wahlhelferinnen bzw. Wahlhelfer sollten daher nicht zur Hilfeleistung herangezogen werden.

Für die Wahlhandlung gilt ansonsten das dienststelleninterne Öffentlichkeitsprinzip, das die Anwesenheit von Gewerkschaftsbeauftragten nicht ausschließt. (OVG Münster, Beschl. vom 3.6.1980, RiA 1981, 178)

§ 16 Schriftliche Stimmabgabe

(1) Einem Beschäftigten, der eine schriftliche Stimmabgabe wünscht, hat der Wahlvorstand auf Verlangen

1. den Stimmzettel und den Wahlumschlag,
2. eine vorgedruckte vom Wähler abzugebende Erklärung, in der dieser gegenüber dem Wahlvorstand versichert, dass er den Stimmzettel persönlich angekreuzt hat oder soweit unter den Voraussetzungen des § 15 Abs. 1 erforderlich, durch eine Person seines Vertrauens hat kennzeichnen lassen,
3. einen größeren Briefumschlag, im Bedarfsfall einen Freiumschlag, der die Anschrift des Wahlvorstandes und als Absender den Namen und die Anschrift des wahlberechtigten Beschäftigten sowie den Vermerk „Schriftliche Stimmabgabe" trägt,

auszuhändigen oder zu übersenden. Die Dienststelle stellt hierfür dem Wahlvorstand die erforderliche Anzahl der Umschläge zur Verfügung. Auf Antrag ist auch ein Abdruck des Wahlvorschlags und des Wahlausschreibens auszuhändigen oder zu übersenden. Der Wahlvorstand hat die Aushändigung oder Übersendung im Wählerverzeichnis zu vermerken.

(2) Der Wähler gibt seine Stimme in der Weise ab, daß er den Wahlumschlag, in den der Stimmzettel gelegt ist, unter Verwendung des Freiumschlags oder des Briefumschlags so rechtzeitig an den Wahlvorstand absendet oder übergibt, daß er vor Abschluß der Stimmabgabe vorliegt. Der Wähler kann, soweit unter den Voraussetzungen des § 15 Abs. 1 erforderlich, die in Satz 1 bezeichneten Tätigkeiten durch eine Person seines Vertrauens verrichten lassen. Der Wahlvorstand hat die Briefumschläge gesichert aufzubewahren.

Die Vorschrift eröffnet die Möglichkeit der Briefwahl für jeden Beschäftigten, der diese Form der Wahl wünscht. Der Wahlvorstand darf von sich aus keine Wahlunterlagen zur schriftlichen Stimmabgabe an wahlberechtigte Beschäftigte übermitteln, ohne dass dies verlangt worden wäre. (BVerwG, Beschl. vom 14.8.1959, BVerwGE 9,107 ff.) Davon ausgenommen sind die Wahlverfahren gem. § 18. Die Briefwahlunterlagen müssen auf Wunsch der Wählerin oder des Wählers auch an die Privatanschrift oder Urlaubsanschrift gesandt werden. In diesem Fall ist ein Freiumschlag für die schriftliche Stimmabgabe beizufügen. Ansonsten können die Briefwahlunterlagen durch die Behördenpost abgesendet oder durch zuverlässige Boten übermittelt werden. (BVerwG, Beschl. vom 6.2.1959, BVerwGE 8,144)

Auch bei der Briefwahl müssen die Wählerinnen und Wähler den Stimmzettel unbeobachtet persönlich kennzeichnen und in den Wahlumschlag legen. (OVG Münster, Beschl. vom 24.6.1970, PV 1971, 219) Die Überbringerin oder der Überbringer der Wahlunterlagen darf die Wählerin oder den Wähler nicht in ihrem bzw. seinem Beisein auffordern, den Stimmzettel auszufüllen (Anm. 1 zu § 16 LPVG).

Hat ein Wahlvorstand Zweifel daran, dass ein Antrag auf Übersendung der Briefwahlunterlagen tatsächlich von der Absenderin oder dem Absender stammt, kann er die oder den vermeintlichen Absender/in zur Aufklärung auffordern. Falls diese/r nicht reagiert, darf der Wahlvorstand die für eine schriftliche Stimmabgabe bestimmten Unterlagen zurückhalten. (OVG NRW, 1 A 4540/97.PVL vom 6.5.1998) Da viele Wahlberechtigte wegen Abwesenheit von der Dienststelle und gleichzeitiger Abwesenheit von zu Hause (Urlaub) die Wahlunterlagen für eine schriftliche Stimmabgabe anfordern, sollte der Wahlvorstand mit dieser Kontrollmöglichkeit sehr sensibel umgehen.

Eine Wählerin oder ein Wähler, der auf ihre bzw. seine Anforderung die Briefwahlunterlagen erhalten hat, kann trotzdem seine Stimme im Wahllokal persönlich abgeben. (OVG NRW, 1 A 4540/97.PVL vom 6.5.1998)

§ 17 Behandlung der schriftlich abgegebenen Stimmen

(1) Rechtzeitig vor Abschluß der Stimmabgabe entnimmt der Wahlvorstand die Wahlumschläge den Briefumschlägen oder den Freiumschlägen und legt sie nach Vermerk der Stimmabgabe im Wählerverzeichnis ungeöffnet in die Wahlurne.

(2) Verspätet eingehende Briefumschläge hat der Wahlvorstand mit einem Vermerk über den Zeitpunkt des Eingangs ungeöffnet zu den Wahlunterlagen zu nehmen. Die Briefumschläge sind einen Monat nach Bekanntgabe des Wahlergebnisses ungeöffnet zu vernichten, wenn die Wahl nicht angefochten worden ist.

Diese Regelung ist von besonderer Bedeutung, weil die Briefwahl gewisse Möglichkeiten einer Beseitigung oder Verfälschung von Stimmen eröffnet. Die Grundsätze der geheimen und freien Wahl müssen hier besonders streng beachtet werden. (OVG Lüneburg, Beschl. vom 19.2.1986, PersR 1988, 28) Der Wahlvorstand darf die den Umschlägen entnommenen Wahlumschläge nach einem entsprechenden Vermerk der Stimmabgabe im Wählerverzeichnis nur dann ungeöffnet in die Wahlurne legen, wenn die jeweilige Briefwählerin bzw. der jeweilige Briefwähler den Wahlbriefumschlages selbst verschlossen hat. Die Wahlbriefumschläge müssen daher vom Zeitpunkt des Verschließens durch die Briefwählerin oder den Briefwähler an bis zur Öffnung durch den Wahlvorstand unmittelbar vor Schluss der Stimmabgabe verschlossen geblieben sein.

Die Regelung ist eine wesentliche Vorschrift über das Wahlverfahren. (VGH Baden-Württemberg, Beschl. vom 31.5.1983, ZBR 1984,153)

§ 18 Schriftliche Stimmabgabe in sonstigen Fällen

(1) Für die Beschäftigten

    a) mit besonderer Diensteinteilung

    b) von Nebenstellen oder Teilen einer Dienststelle, die nicht nach § 1 Abs. 3 LPVG zu selbständigen Dienststellen erklärt worden sind,

    c) von Dienststellen, in denen auf Grund einer nach § 92 Satz 1 Nr. 2 LPVG erlassenen Rechtsverordnung Beschäftigte mehrerer Beschäftigungsstellen zusammengefaßt sind,

kann der Wahlvorstand die Stimmabgabe in diesen Stellen durchführen oder die schriftliche Stimmabgabe anordnen. Im Fall der Anordnung der schriftlichen Stimmabgabe hat der Wahlvorstand die Briefwahlunterlagen von Amtswegen zur Verfügung zu stellen. Das gleiche gilt für Wahlen zu Stufenvertretungen, wenn diese nicht gleichzeitig mit Personalratswahlen stattfinden.

(2) Die §§ 16 und 17 gelten entsprechend.

Von der in Abs. 1 Buchst, c enthaltenen Möglichkeit, die schriftliche Stimmabgabe im Lehrerbereich anzuordnen, wird regelmäßig Gebrauch gemacht. Abs. 1 Buchst, a nimmt auf die zunehmende Bedeutung individueller Arbeitszeitregelungen oder auf Schichtdienstregelungen Rücksicht und ermöglicht die gleiche Anordnung.

§ 19 Feststellung des Wahlergebnisses

(1) Nach Öffnung der Wahlurne vergleicht der Wahlvorstand die Zahl der in der Wahlurne enthaltenen Stimmzettel und Wahlumschläge mit der Zahl der nach dem Wählerverzeichnis abgegebenen Stimmen und prüft die Gültigkeit der Stimmzettel.

(2) Der Wahlvorstand zählt

    a) im Falle der Verhältniswahl die auf jede Vorschlagsliste,

    b) im Falle der Personenwahl die auf jeden einzelnen Bewerber

entfallenen gültigen Stimmzettel.

(3) Stimmzettel, über deren Gültigkeit oder Ungültigkeit der Wahlvorstand beschließt, weil sie zu Zweifeln Anlaß geben, sind mit fortlaufender Nummer zu versehen und von den übrigen Stimmzetteln gesondert bei den Wahlunterlagen aufzubewahren.

Gemäß § 20 Abs. 3 LPVG wird das Wahlergebnis in einer öffentlichen Sitzung festgestellt. Es soll nach dieser Vorschrift unverzüglich, d. h. ohne schuldhaftes Zögern, geschehen. Wegen der Gültigkeit von Stimmzetteln wird auf § 14 Abs. 3 hingewiesen, ebenso auf die Anm. zu § 14.

Es liegt ein Verstoß gegen wesentliche Verfahrensvorschriften vor, welcher die Wahlanfechtung begründet sein lässt, wenn die Sitzung des Wahlvorstands, in der das Wahlergebnis ermittelt und festgestellt wurde, nicht über ihre gesamte Zeitdauer öffentlich zugänglich war (§ 23 Abs. 2 LPVG, § 24 Abs. 6 LPVGWO § 22 Abs. 1 LPVG NRW) und es nicht ausgeschlossen werden kann, dass durch diesen Verstoß gegen wesentliche Vorschriften über das Wahlverfahren das Wahlergebnis geändert oder beeinflusst werden konnte. (VG Karlsruhe, Beschluss v. 30.7.2010 – PL 12 K 837/10 – ZfPR 1/2011)

§ 20 Wahlniederschrift

(1) Die Wahlniederschrift ist von den Mitgliedern des Wahlvorstands zu unterzeichnen. Sie muß enthalten

1. bei Gruppenwahl die Summe der von jeder Gruppe abgegebenen und der gültigen Stimmen,
2. bei gemeinsamer Wahl die Summe aller abgegebenen und der gültigen Stimmen,
3. die Zahl der ungültigen Stimmen,
4. die für die Gültigkeit oder Ungültigkeit zweifelhafter Stimmen maßgebenden Gründe,
5. bei Verhältniswahl die Zahl der auf jede Vorschlagsliste entfallenen gültigen Stimmen sowie die Errechnung der Höchstzahlen und ihre Verteilung auf die Vorschlagslisten,
6. bei Personenwahl die Zahl der auf jeden Bewerber entfallenen gültigen Stimmen,
7. die Namen der gewählten Bewerber.

(2) Besondere Vorkommnisse bei der Wahlhandlung oder der Feststellung des Wahlergebnisses sind in der Niederschrift zu vermerken.

(3) Dem Dienststellenleiter und den in der Dienststelle vertretenen Gewerkschaften übersendet der Wahlvorstand eine Abschrift der Niederschrift.

Die ohnehin gemäß § 13 geforderte Niederschrift hat bei der Feststellung des Wahlergebnisses im Hinblick auf mögliche Wahlanfechtungen besondere Bedeutung.

§ 21 Benachrichtigung der gewählten Bewerber und Bekanntmachung

Der Wahlvorstand benachrichtigt die als Personalratsmitglieder Gewählten unverzüglich schriftlich von ihrer Wahl. Erklärt ein Gewählter nicht binnen drei Arbeitstagen nach Zugang der Benachrichtigung dem Wahlvorstand, dass er die Wahl ablehne, so gilt die Wahl als angenommen. Der Wahlvorstand gibt das Wahlergebnis und die Namen der als Personalratsmitglieder gewählten Bewerber durch zweiwöchigen Aushang an den Stellen bekannt, an denen das Wahlausschreiben bekannt gemacht worden ist.

Die Benachrichtigung der Gewählten hat nur deklaratorische, d. h. erläuternde Bedeutung, denn das Amt im Personalrat wird durch die Wahl „von selbst" erworben. (BVerwG, Beschl. vom 9.10.1959, ZBR 1959, 399) Das Ergebnis der Wahl ist bekannt zu geben. Die Nichtbeachtung dieser Vorschrift kann nicht zu einer Wahlanfechtung führen. Die Frist zu einer allgemeinen Wahlanfechtung beginnt aber am ersten Arbeitstag nach dem Tag, an dem die Bekanntmachung ausgehängt worden ist oder ausgehängt werden sollte. Insofern ist diese Vorschrift von besonderer Bedeutung. Vgl. auch Anm. 4 zu § 22 LPVG. Der neu eingefügte Zusatz, dass die Wahl als angenommen gilt, wenn der/die Gewählte nicht erklärt, dass er/sie die Wahl ablehne ist ohne große Bedeutung.

§ 22 Aufbewahrung der Wahlunterlagen

Von den Wahlunterlagen sind die Niederschriften, Bekanntmachungen und Wahlvorschläge vom Personalrat mindestens fünf Jahre aufzubewahren. Die übrigen Wahlunterlagen sind vom Wahlvorstand für die Dauer eines Monats nach Bekanntmachung des Wahlergebnisses, im Falle der Anfechtung der Wahl für die Dauer eines Monates nach Abschluß des Verfahrens verschlossen aufzubewahren und anschließend zu vernichten.

Diese Vorschrift ist nicht als bloße Ordnungsvorschrift anzusehen. Die Aufbewahrungspflicht dient nämlich dem Zweck, die für eine ordnungsgemäße Durchführung der Wahl bedeutsamen Nachweise zu sichern. Die Aufbewahrung der Wahlunterlagen wird getrennt geregelt, für die Unterlagen, die nur kurzfristig, und die übrigen Unterlagen, die u.U. während der Wahlperiode und bei der nächsten Wahl benötigt werden. Die Vorschrift über die Vernichtung der Wahlunterlagen ergibt sich aus dem Datenschutzrecht.

Zweiter Abschnitt
Besondere Vorschriften

Erster Unterabschnitt
Wahlverfahren bei Vorliegen mehrerer Wahlvorschläge (Verhältniswahl)

§ 23 Voraussetzungen für Verhältniswahl; Stimmzettel, Stimmabgabe

(1) Nach den Grundsätzen der Verhältniswahl (Listenwahl) ist zu wählen, wenn
a) bei Gruppenwahl für die betreffende Gruppe mehrere gültige Wahlvorschläge,
b) bei gemeinsamer Wahl mehrere gültige Wahlvorschläge
eingegangen sind.

(2) Auf den Stimmzetteln sind die Vorschlagslisten in der Reihenfolge der Ordnungsnummern unter Angabe von Familienname, Vorname, Amts-, Dienst- oder Berufsbezeichnung, Beschäftigungsstelle und Gruppenzugehörigkeit der ersten drei Bewerber, bei gemeinsamer Wahl der für die Gruppen an erster Stelle benannten Bewerber untereinander aufzuführen; bei Listen, die mit einem Kennwort versehen sind, ist auch das Kennwort anzugeben.

(3) Der Wähler kreuzt auf dem Stimmzettel die Vorschlagsliste an, für die er seine Stimme abgeben will.

Beispiele:

a) Verhältniswahl (Gruppenwahl)

Auf eine Gruppe entfallen fünf Vertreter. Bei drei eingereichten Wahlvorschlägen hat die Liste I 450, die Liste II 300 und die Liste III 270 Stimmen erhalten.

	Liste I 450	Liste II 300	Liste III 270
: 1	450[1]	300[2]	270[2]
: 2	225[4]	150[5]	135
: 3	150[5]	100	90
: 4	112,5	75	67,5

Damit entfallen auf die Listen I und II jeweils zwei und auf die Liste III ein Sitz, wobei davon ausgegangen wird, dass wegen der gleichen Höchstzahlen von 150 für Liste I und II der Losentscheid zugunsten der Liste II ausgefallen ist.

b) Verhältniswahl (Gemeinschaftswahl)
Der Personalrat besteht aus neun Mitgliedern, von denen vier auf die Gruppe der Beamtinnen und Beamten und fünf auf die Gruppe der Arbeitnehmerinnen und Arbeitnehmer entfallen. Drei Wahlvorschläge sind eingereicht worden, wobei auf die Liste I 240, auf die Liste II 150 und auf die Liste III 90 Stimmen entfallen sind

Liste I: 240	Liste II: 150	Liste III: 90
1 Beamter/in	10 Beamter/in	19 Beamter/in
2 Arbeitnehmer/in	11 Arbeitnehmer/in	20 Beamter/in
3 Arbeitnehmer/in	12 Arbeitnehmer/in	21 Arbeitnehmer/in
4 Beamter/in	13 Beamter/in	22 Arbeitnehmer/in
5 Arbeitnehmer/in	14 Arbeitnehmer/in	23 Arbeitnehmer/in
6 Arbeitnehmer/in	15 Arbeitnehmer/in	24 Arbeitnehmer/in
7 Beamter/in	16 Beamter/in	25 Arbeitnehmer/in
8 Beamter/in	17 Arbeitnehmer/in	26 Beamter/in
9 Arbeitnehmer/in	18 Beamter/in	27 Beamter/in

	Liste I 240	Liste II 150
: 1	240	150
: 2	120	75
: 3	80	50
: 4	60	37,5

Die Höchstzahlen, nach denen die jeder Gruppe zustehenden Sitze gesondert zu ermitteln sind, betragen 240, 150, 120, 90 und 80.

Damit entfallen die der Gruppe der Beamtinnen und Beamten zustehenden vier Sitze auf die Höchstzahlen 240, 150, 120 und 90, so dass gewählt sind:

 1 (Liste I /240)
10 (Liste II /150)
 4 (Liste I /120)
19 (Liste III/ 90).

Die der Gruppe der Arbeitnehmerinnen und Arbeitnehmer zustehenden fünf Sitze entfallen auf die Höchstzahlen 240, 150, 120, 90 und 80 so dass gewählt sind

 2 (Liste I /240)
11 (Liste II /150)
 3 (Liste I /120).
21 (Liste III/90)
 5 (Liste I / 80)

Der Wähler darf auf dem Stimmzettel bei der Gruppenwahl nicht mehr Namen ankreuzen, als der Gruppe an Vertretern zusteht und bei der Gemeinschaftswahl nicht mehr, als Personalratsmitglieder zu wählen sind.

In den Personalrat sind fünf Mitglieder zu wählen und zwar drei Beamte und zwei Arbeitnehmer. Es ist Gemeinschaftswahl beschlossen und nur ein gültiger Wahlvorschlag eingereicht worden. Die Bewerberinnen und Bewerber 1 – 10 haben:

1 Beamter/in	30 Stimmen
2 Arbeitnehmer/in	20 Stimmen
3 Arbeitnehmer/in	6 Stimmen
4 Beamter/in	20 Stimmen
5 Arbeitnehmer/in	15 Stimmen
6 Arbeitnehmer/in	18 Stimmen
7 Arbeitnehmer/in	4 Stimmen
8 Beamter/in	7 Stimmen
9 Beamter/in	13 Stimmen
10 Arbeitnehmer/in	5 Stimmen

Es sind aus jeder Gruppe die Vertreterin bzw. der Vertreter mit der höchsten Stimmzahl gewählt, also als Beamtenvertreter/in Nr. 1, 4 und 8, als Arbeitnehmervertreter/in Nr. 2 und 3.

Fehlen auf einem Stimmzettel bei einer nach den Grundsätzen der Verhältniswahl durchgeführten Wahl zum Personalrat die vorgeschriebenen Angaben zu den ersten drei Bewerberinnen und Bewerber einer zugelassenen Liste, stellt dieses einen wesentlichen Verstoß gegen die Wahlordnung dar. (OVG NRW, 1 A 4826/96.PVL vom 29.1.1997)

§ 24 Ermittlung der gewählten Gruppenvertreter bei Gruppenwahl

(1) Bei Gruppenwahl werden die Summen der auf die einzelnen Vorschlagslisten jeder Gruppe entfallenen Stimmen nebeneinander gestellt und der Reihe nach durch 1, 2, 3 usw. geteilt. Auf die jeweils höchste Teilzahl (Höchstzahl) wird solange ein Sitz zugeteilt, bis alle der Gruppe zustehenden Sitze verteilt sind. Ist bei gleichen Höchstzahlen nur noch ein Sitz oder sind bei drei gleichen Höchstzahlen nur noch zwei Sitze zu verteilen, so entscheidet das Los.

(2) Enthält eine Vorschlagsliste weniger Bewerber als ihr nach den Höchstzahlen Sitze zustehen würden, so fallen die überschüssigen Sitze den übrigen Vorschlagslisten in der Reihenfolge der nächsten Höchstzahlen zu.

(3) Innerhalb der Vorschlagsliste werden die Sitze auf die Bewerber in der Reihenfolge ihrer Benennung verteilt.

Wegen des d'Hondt'schen Höchstzahlenverfahrens wird auf die Anm. zu § 5 und § 23 hingewiesen.

§ 25 Ermittlung der gewählten Gruppenvertreter bei gemeinsamer Wahl

(1) Bei gemeinsamer Wahl werden die Summen der auf die einzelnen Vorschlagslisten entfallenen Stimmen nebeneinander gestellt und der Reihe nach durch 1, 2, 3 usw. geteilt. Die jeder Gruppe zustehenden Sitze werden getrennt, jedoch unter Verwendung derselben Teilzahlen ermittelt. § 24 Abs. 1 Satz 2 und 3 gilt entsprechend.

(2) Enthält eine Vorschlagsliste weniger Bewerber einer Gruppe, als dieser nach den Höchstzahlen Sitze zustehen würden, so fallen die restlichen Sitze dieser Gruppe den Angehörigen derselben Gruppe auf den übrigen Vorschlagslisten in der Reihenfolge der nächsten Höchstzahlen zu.

(3) Innerhalb der Vorschlagslisten werden die den einzelnen Gruppen zustehenden Sitze auf die Angehörigen der entsprechenden Gruppe in der Reihenfolge ihrer Benennung verteilt.

Zweiter Unterabschnitt
Wahlverfahren bei Vorliegen eines Wahlvorschlags und bei Wahl eines Personalratsmitglieds oder eines Gruppenvertreters (Personenwahl)

§ 26 Voraussetzungen für Personenwahl; Stimmzettel, Stimmabgabe

(1) Nach den Grundsätzen der Personenwahl ist zu wählen, wenn
    a) bei Gruppenwahl für die betreffende Gruppe nur ein gültiger Wahlvorschlag,
    b) bei gemeinsamer Wahl nur ein gültiger Wahlvorschlag
eingegangen ist. In diesen Fällen kann jeder Wähler nur solche Bewerber wählen, die in dem Wahlvorschlag aufgeführt sind.

(2) In den Stimmzettel werden die Bewerber aus dem Wahlvorschlag in unveränderter Reihenfolge unter Angabe von Familienname, Vorname, Amts-,Dienst- oder Berufsbezeichnung, Beschäftigungsstelle, Gruppenzugehörigkeit und Kennwort übernommen. Der Wähler kreuzt auf dem Stimmzettel die Namen der Bewerber an, für die er seine Stimme abgeben will. Er darf
    a) bei Gruppenwahl nicht mehr Namen ankreuzen, als für die betreffende Gruppe Vertreter zu wählen sind,
    b) bei gemeinsamer Wahl nicht mehr Namen ankreuzen, als Personalratsmitglieder zu wählen sind.

(3) Nach den Grundsätzen der Personenwahl kann gewählt werden, wenn
    a) bei Gruppenwahl nur ein Vertreter,
    b) bei gemeinsamer Wahl nur ein Personalratsmitglied
zu wählen ist. Absatz 2 gilt entsprechend. Der Wähler hat auf dem Stimmzettel den Namen des Bewerbers anzukreuzen, für den er seine Stimme abgeben will.

§ 27 Ermittlung der gewählten Bewerber

(1) Bei Gruppenwahl sind die Bewerber in der Reihenfolge der jeweils höchsten auf sie entfallenen Stimmenzahlen gewählt.

(2) Bei gemeinsamer Wahl werden die den einzelnen Gruppen zustehenden Sitze mit den Bewerbern dieser Gruppen in der Reihenfolge der jeweils höchsten auf sie entfallenen Stimmenzahlen besetzt.

(3) Bei der Personenwahl ist der Bewerber gewählt, der die meisten Stimmen erhalten hat.

(4) Bei gleicher Stimmenzahl entscheidet das Los.

Bei Entscheidungen des Wahlvorstandes haben sämtliche Mitglieder mitzuwirken. Die Losentscheidung zur Feststellung des Wahlergebnisses bei Stimmengleichheit ist unwirksam, wenn dabei ein Mitglied des Wahlvorstandes unberücksichtigt geblieben ist. (OVG Lüneburg, Besohl, vom 12. 10. 1976, PV 1980, 70)

Zweites Kapitel
Wahl der Stufenvertretungen

Erster Abschnitt
Wahl des Bezirkspersonalrats

§ 28 Entsprechende Anwendung der Vorschriften über die Wahl des Personalrats

Für die Wahl des Bezirkspersonalrats gelten die §§ 1 bis 27 entsprechend, soweit sich aus den §§ 29 bis 35 nichts anderes ergibt.

§ 29 Leitung der Wahl

(1) Der Bezirkswahlvorstand leitet die Wahl des Bezirkspersonalrats. Die Durchführung der Wahl in den einzelnen Dienststellen übernehmen die örtlichen Wahlvorstände im Auftrag und nach Anordnung des Bezirkswahlvorstands.

(2) Der örtliche Wahlvorstand gibt die Namen der Mitglieder des Bezirkswahlvorstands und die dienstliche Anschrift seines Vorsitzenden durch Aushang bis zum Abschluß der Stimmabgabe bekannt.

§ 30 Feststellung der Beschäftigtenzahl; Wählerverzeichnis

(1) Die örtlichen Wahlvorstände teilen die gemäß § 2 Abs. 1 festgestellten Zahlen unverzüglich schriftlich dem Bezirkswahlvorstand mit.

(2) Die Aufstellung der Wählerverzeichnisse und die Behandlung von Einsprüchen ist Aufgabe der örtlichen Wahlvorstände. Sie teilen dem Bezirkswahlvorstand die Zahl der wahlberechtigten Beschäftigten, getrennt nach Gruppen, unverzüglich schriftlich mit. Dabei sind innerhalb der Gruppen die Anteile der Geschlechter festzustellen.

Der Bezirkswahlvorstand ist jedoch an die Zahlen, die ihm zu den in den Dienststellen in der Regel Beschäftigten und zu deren Verteilung auf die Gruppen von den örtlichen Wahlvorständen mitgeteilt wurden, nicht zwingend gebunden, wenn diese Zahlen mit den materiellrechtlichen Vorgaben zur Ermittlung der regelmäßigen Personalstärke in den Gruppen nicht in Einklang stehen. (BVerwG, Beschluss v. 27.5.2010 – 6 PB 2.10 –)

§ 31 Ermittlung der Zahl der zu wählenden Bezirkspersonalratsmitglieder

Der Bezirkswahlvorstand ermittelt die Zahl der zu wählenden Mitglieder des Bezirks-personalrats und die Verteilung der Sitze auf die Gruppen.

§ 32 Gleichzeitige Wahl

Die Wahl des Bezirkspersonalrats soll möglichst gleichzeitig mit der Wahl der Personalräte in demselben Bezirk stattfinden.

§ 33 Wahlausschreiben

(1) Der Bezirkswahlvorstand erläßt das Wahlausschreiben. § 6 Abs. 2 Nr. 1, 2, 2a, 3, 6, 7, 8, 9, 10 und 13 gilt entsprechend. Der Bezirkswahlvorstand bestimmt im Wahlaus-schreiben ferner den Tag oder die Tage der Stimmabgabe und weist darauf hin, daß die gemäß § 50 Abs. 3 Satz 3 LPVG nicht wählbaren Beschäftigten keine Wahlvorschläge machen oder unterzeichnen dürfen.

(2) Der örtliche Wahlvorstand ergänzt das Wahlausschreiben um die Angaben gemäß § 6 Abs. 2 Nr. 4, 5 und 12; er weist darauf hin, daß Einsprüche bei ihm einzulegen sind und bestimmt ferner den Ort und die Tageszeit der Stimmabgabe.

(3) Der örtliche Wahlvorstand gibt das Wahlausschreiben unverzüglich in der Dienststelle an geeigneter Stelle durch Aushang bis zum Abschluß der Stimmabgabe bekannt. Er ver-merkt auf dem Wahlausschreiben den ersten und letzten Tag des Aushangs.

(4) Offenbare Unrichtigkeiten des Wahlausschreibens können vom Bezirkswahlvorstand jederzeit berichtigt werden.

(5) Die Niederschrift über die Sitzungen, in denen über Einsprüche gegen das Wähler-verzeichnis entschieden ist, fertigt der örtliche Wahlvorstand.

§ 34 Stimmabgabe, Stimmzettel

Findet die Wahl des Bezirkspersonalrats zugleich mit der Wahl der Personalräte statt, so sind für die Wahl des Bezirkspersonalrats Stimmzettel von anderer Farbe als für die Wahl des Personalrats zu verwenden; für die schriftliche Stimmabgabe ist zu beiden Wahlen der-selbe Wahlumschlag zu verwenden.

§ 35 Feststellung und Bekanntmachung des Wahlergebnisses

(1) Die örtlichen Wahlvorstände zählen die auf die einzelnen Vorschlagslisten oder, wenn Personenwahl stattgefunden hat, die auf die einzelnen Bewerber entfallenen Stimmen. Sie fertigen eine Wahlniederschrift gemäß § 20.

(2) Die Niederschrift ist unverzüglich nach Feststellung des Wahlergebnisses dem Bezirkswahlvorstand zu übersenden. Die bei der Dienststelle entstandenen Unterlagen für die Wahl des Bezirkspersonalrats werden zusammen mit einer Abschrift der Niederschrift vom Personalrat mindestens fünf Jahre aufbewahrt.

(3) Der Bezirkswahlvorstand zählt unverzüglich die auf jede Vorschlagsliste oder, wenn Personenwahl stattgefunden hat, die auf jeden einzelnen Bewerber entfallenen Stimmen und stellt das Ergebnis der Wahl fest.

(4) Sobald die Namen der als Mitglieder des Bezirkspersonalrats gewählten Bewerber feststehen, teilt der Bezirkswahlvorstand ihre Namen den örtlichen Wahlvorständen mit. Diese geben sie durch zweiwöchigen Aushang in der gleichen Weise wie das Wahlausschreiben bekannt.

Zweiter Abschnitt
Wahl des Hauptpersonalrats

§ 36 Entsprechende Anwendung der Vorschriften über die Wahl des Bezirkspersonalrats

Für die Wahl des Hauptpersonalrats gelten die §§ 28 bis 35 entsprechend, soweit sich aus den §§ 37 und 38 nichts anderes ergibt.

§ 37 Leitung der Wahl

Der Hauptwahlvorstand leitet die Wahl des Hauptpersonalrats.

§ 38 Durchführung der Wahl

(1) Der Hauptwahlvorstand kann die Wahlvorstände bei den im Geschäftsbereich nachgeordneten Dienststellen mit Aufgaben gemäß § 30 und § 35 Abs. 1 und 3 betrauen und diese Wahlvorstände beauftragen, seine Bekanntmachungen weiterzuleiten.

(2) Die Bezirkswahlvorstände können von den örtlichen Wahlvorständen die zur Weitergabe an den Hauptwahlvorstand erforderlichen Angaben verlangen.

Drittes Kapitel
Wahl des Gesamtpersonalrats

§ 39 Entsprechende Anwendung der Vorschriften über die Wahl des Personalrats

Für die Wahl des Gesamtpersonalrats gelten die §§ 1 bis 27 entsprechend. Der Wahlvorstand kann die Personalräte der an der Wahl des Gesamtpersonalrats beteiligten Dienststellen beauftragen, jeweils für ihren Bereich örtliche Wahlvorstände zu bestellen. In diesem Falle gelten die §§ 28 bis 35 entsprechend.

Viertes Kapitel
Wahl der Jugend- und Auszubildendenvertretungen

Erster Abschnitt
Wahl der Jugend- und Auszubildendenvertretung

§ 40 Vorbereitung und Durchführung der Wahl

(1) Für die Vorbereitung und Durchführung der Wahl der Jugend- und Auszubildendenvertretung gelten die §§ 1 bis 3, 6 bis 23, 26 und 27 entsprechend mit der Maßgabe, daß die Vorschriften über Gruppenwahl, über den Minderheitenschutz und über die Zusam-

menfassung der Bewerber in den Wahlvorschlägen nach Gruppen keine Anwendung finden. Dem Wahlvorstand muß mindestens ein nach § 11 LPVG wählbarer Beschäftigter angehören. Der Wahlvorstand ermittelt die Zahl der zu wählenden Mitglieder der Jugend- und Auszubildendenvertretung.

(2) Sind mehrere Mitglieder der Jugend- und Auszubildendenvertretung zu wählen und ist die Wahl auf Grund mehrerer Vorschlagslisten durchgeführt worden, so werden die Summen der auf die einzelnen Vorschlagslisten entfallenen Stimmen nebeneinander gestellt und der Reihe nach durch 1, 2, 3 usw. geteilt. Auf die jeweils höchste Teilzahl (Höchstzahl) wird solange ein Sitz zugeteilt, bis alle Sitze verteilt sind. § 24 Abs. 1 Satz 3, Abs. 2 und 3 findet Anwendung.

(3) Sind mehrere Mitglieder der Jugend- und Auszubildendenvertretung zu wählen und ist die Wahl auf Grund eines Wahlvorschlags durchgeführt worden, so sind die Bewerber in der Reihenfolge der jeweils höchsten auf sie entfallenen Stimmenzahl gewählt; bei Stimmengleichheit entscheidet das Los.

Die Wahl der Jugend- und Auszubildendenvertretung kann nur als Gemeinschaftswahl durchgeführt werden. Die Wahlberechtigten können keine abweichende Regelung beschließen, weil die Vorschriften über die Gruppenwahl (§ 16 Abs. 2 LPVG) und den Minderheitenschutz (§ 14 Abs. 3 und 4 LPVG) ausdrücklich nicht für anwendbar erklärt worden sind. Bei der Wahl der Jugend- und Auszubildendenvertretung werden Ersatzmitglieder gewählt, was sich aus der Verweisung in § 57 Abs. 2 Satz 3 und § 28 Abs. 2 LPVG ergibt.

Zweiter Abschnitt
Wahl der Jugend- und Auszubildendenstufenvertretung und der Gesamtjugend- und Auszubildendenvertretung

§ 41 Vorbereitung und Durchführung der Wahl

(1) Für die Vorbereitung und Durchführung der Wahl der Jugend- und Auszubildendenstufenvertretung und der Gesamtjugend- und Auszubildendenvertretung gilt § 40 entsprechend. Der Wahlvorstand kann die Personalräte der an der Wahl der Jugend- und Auszubildendenstufenvertretung und der Gesamtjugend- und Auszubildendenvertretung beteiligten Dienststellen beauftragen, jeweils für ihren Bereich örtliche Wahlvorstände zu bestellen. In diesem Falle gelten die §§ 28 bis 38 entsprechend.

(2) Für in § 54 LPVG genannte Beschäftigte in nachgeordneten Dienststellen mit in der Regel weniger als fünf solchen Beschäftigten führt der Bezirks- oder Hauptwahlvorstand die Wahl der Jugend- und Auszubildendenstufenvertretungen durch; in den genannten Dienststellen werden keine Wahlvorstände bestellt. Der Bezirks- oder Hauptwahlvorstand kann die schriftliche Stimmabgabe anordnen. In diesem Fall hat der Bezirks- oder Hauptwahlvorstand den wahlberechtigten Beschäftigten die in § 16 bezeichneten Unterlagen zu übersenden.

(3) Für die Wahl der Gesamtjugend- und Auszubildendenvertretung gilt Absatz 2 entsprechend.

Fünftes Kapitel
Sondervorschriften

Erster Abschnitt
Polizei

§ 42

(aufgehoben)

Zweiter Abschnitt
Lehrer

§ 43 Wahl der Lehrer-Personalvertretungen in den Fällen des § 87 Abs.1 und 2 Satz 1 LPVG

(1) Für die Vorbereitung und Durchführung der Wahl der Lehrer-Personalvertretungen gelten die §§ 1 bis 3, § 5 Abs. 1 Satz 1, §§ 6 bis 23 und § 26, außerdem in den Fällen des § 87 Abs. 1 LPVG die §§ 28 bis 38 entsprechend mit Ausnahme der Vorschriften über die Gruppen.

(2) Sind mehrere Mitglieder einer Personalvertretung zu wählen und ist die Wahl auf Grund mehrerer Vorschlagslisten durchgeführt worden, so werden die Summen der auf die einzelnen Vorschlagslisten entfallenen Stimmen nebeneinander gestellt und der Reihe nach durch 1, 2, 3 usw. geteilt. Auf die jeweils höchste Teilzahl (Höchstzahl) wird solange ein Sitz zugeteilt, bis alle Sitze verteilt sind. § 24 Abs. 1 Satz 3, Abs. 2 und 3 findet Anwendung.

(3) Sind mehrere Mitglieder einer Personalvertretung zu wählen und ist die Wahl auf Grund eines Wahlvorschlags durchgeführt worden, so sind die Bewerber in der Reihenfolge der jeweils höchsten auf sie entfallenen Stimmenzahlen gewählt; bei Stimmengleichheit entscheidet das Los.

§ 44 Wahl der Lehrer-Personalvertretungen in den Fällen des § 87 Abs. 2 Satz 2 des Gesetzes

Für die Vorbereitung und Durchführung der Wahl der Lehrer-Personalvertretungen gelten die §§ 1 bis 27 entsprechend mit der Maßgabe, daß die Vorschriften über die Gruppen für die Lehrergruppen (§ 87 Abs. 2 Satz 2 LPVG) sinngemäß angewandt werden.

Dritter Abschnitt
Referendare im juristischen Vorbereitungsdienst
§ 45 Wahl der Personalräte

(1) Für die Vorbereitung und Durchführung der Wahl der Personalräte der Referendare im juristischen Vorbereitungsdienst gelten die §§ 1 bis 3, § 5 Abs. 1 Satz 1, §§ 6 bis 14, 16, 17, 19 bis 23 und 26 entsprechend mit der Maßgabe, daß die Stimmabgabe schriftlich erfolgt.

(2) § 43 Abs. 2 und 3 gilt entsprechend.

Der Kreis der Wahlberechtigten ergibt sich aus §§ 95 ff LPVG. Die Besonderheit der Wahlvorschrift liegt darin, dass ausschließlich schriftliche Stimmabgabe vorgeschrieben ist.

§ 46 Wahl des Bezirkspersonalrats

(1) Jeder bei einem Landgericht bestehende Personalrat wählt innerhalb von einem Monat nach Ablauf der in § 30 Abs. 1 LPVG vorgeschriebenen Frist die sich nach § 100 Abs. 2 Satz 1 LPVG ergebende Zahl von Mitgliedern in den Bezirkspersonalrat. Für die Wahl gilt § 33 Abs. 1 Satz 1 und 2 LPVG entsprechend; bei Stimmengleichheit entscheidet das Los.

(2) Der Personalrat bei dem Landgericht teilt dem Bezirkswahlvorstand die Zahl der dem Landgericht als Stammdienststelle angehörenden Referendare und die Namen und Anschriften der in den Bezirkspersonalrat gewählten Mitglieder unverzüglich nach der Wahl schriftlich mit.

(3) Der Bezirkswahlvorstand stellt das Ergebnis der Wahl fest und teilt die Namen der Mitglieder des Bezirkspersonalrats den Personalräten bei den Landgerichten zur Bekanntmachung durch zweiwöchigen Aushang wie bei Wahlausschreiben mit. Spätestens zwei Wochen nach Ablauf der in Absatz 1 vorgeschriebenen Frist hat er die Mitglieder des Bezirkspersonalrats zur Vornahme der vorgeschriebenen Wahlen einzuberufen und die Sitzung zu leiten.

Sechstes Kapitel
Schlußvorschriften

§ 47 Bestellung von Wahlvorständen

Ist für Beschäftigte mehrerer Beschäftigungsstellen durch eine nach § 92 Satz 1 Nr. 2 LPVG erlassene Rechtsverordnung eine Behörde, die einer obersten Landesbehörde unmittelbar unterstellt ist, als Dienststelle bestimmt und entfällt daher die Bildung eines Bezirkspersonalrats, so gilt für die Bestellung des Wahlvorstands bei einer solchen Dienststelle für die erste Wahl von Personalräten § 50 Abs. 3 Satz 5 und 6 LPVG entsprechend. Das gilt auch in den Fällen des § 96 Absatz 1 Nummer 1 LPVG.

§ 48 Berechnung von Fristen

Für die Berechnung der in dieser Verordnung festgelegten Fristen finden die §§ 186 bis 193 des Bürgerlichen Gesetzbuchs entsprechende Anwendung.

Auszug aus dem Bürgerlichen Gesetzbuch:

Erstes Buch – Vierter Abschnitt-Fristen, Termine

§186 (Auslegung von Frist- und Terminbestimmungen)

Für die in Gesetzen, gerichtlichen Verfügungen und Rechtsgeschäften enthaltenen Frist- und Terminbestimmungen gelten die Auslegungsvorschriften der §§ 187 bis 193.

§187 (Beginn einer Frist)

Ist für den Anfang einer Frist ein Ereignis oder ein in den Lauf eines Tages fallender Zeitpunkt maßgebend, so wird bei der Berechnung der Frist der Tag nicht mitgerechnet, in welchen das Ereignis oder der Zeitpunkt fällt.

Ist der Beginn eines Tages der für den Anfang einer Frist maßgebende Zeitpunkt, so wird dieser Tag bei der Berechnung der Frist mitgerechnet. Das gleiche gilt von dem Tage der Geburt bei der Berechnung des Lebensalters.

§ 188 (Ende einer Frist)

Eine nach Tagen bestimmte Frist endigt mit dem Ablauf des letzten Tages der Frist. Eine Frist, die nach Wochen, nach Monaten oder nach einem mehrere Monate umfassenden Zeitraum - Jahr, halbes Jahr, Vierteljahr - bestimmt ist, endigt im Falle des § 187 Abs. 1 mit dem Ablauf desjenigen Tages der letzten Woche oder des letzten Monats, welcher durch seine Benennung oder seine Zahl dem Tage entspricht, in den das Ereignis oder der Zeitpunkt fällt, im Falle des § 187 Abs. 2 mit dem Ablauf desjenigen Tages der letzten Woche oder des letzten Monats, welcher dem Tage vorhergeht, der durch seine Benennung oder seine Zahl dem Anfangstage der Frist entspricht. Fehlt bei einer nach Monaten bestimmten Frist in dem letzten Monat der für ihren Ablauf maßgebende Tag, so endigt die Frist mit dem Ablauf des letzten Tages dieses Monats.

§ 189 (Berechnung der Fristen)

Unter einem halben Jahr wird eine Frist von sechs Monaten, unter einem Vierteljahr eine Frist von drei Monaten, unter einem halben Monat eine Frist von fünfzehn Tagen verstanden.

Ist eine Frist auf einen oder mehrere ganze Monate und einen halben Monat gestellt, so sind die fünfzehn Tage zuletzt zu zählen.

§ 190 (Fristverlängerung)

Im Falle der Verlängerung einer Frist wird die neue Frist von dem Ablauf der vorigen Frist an berechnet.

§ 191 (Unterbrochene Fristen)

Ist ein Zeitraum nach Monaten oder nach Jahren in dem Sinne bestimmt, daß er nicht zusammenhängend zu verlaufen braucht, so wird der Monat zu drei/Big, das Jahr zu dreihundertfünfundsechzig Tagen gerechnet.

§ 192 (Begriffsbestimmung Monatsanfang, -mitte, -ende)

Unter Anfang des Monats wird der erste, unter Mitte des Monats der fünfzehnte, unter Ende des Monats der letzte Tag des Monats verstanden.

§ 193 (Fristablauf an Sonn- oder Feiertagen; Samstage)

Ist an einem bestimmten Tag oder innerhalb einer Frist eine Willenserklärung abzugeben oder eine Leistung zu bewirken und fällt der bestimmte Tag oder der letzte Tag der Frist auf einen Sonntag, einen am Erklärungs- oder Leistungsorte staatlich anerkannten allgemeinen Feiertag oder einen Sonnabend, so tritt an die Stelle eines solchen Tages der nächste Werktag.

§ 49 Sprachform

Soweit in dieser Verordnung die männliche Sprachform benutzt wird, bezieht sich diese gleichermaßen auf Männer und Frauen.

§ 50 In-Kraft-Treten, Außer-Kraft-Treten

Diese Verordnung tritt am Tage nach der Verkündung in Kraft und mit Ablauf des 31. Dezember 2017 außer Kraft.

Die Landesregierung
des Landes Nordrhein-Westfalen

Anlagen zur Wahlordnung

Anlage 1

Vorbereitung der nach dem Landespersonalvertretungsgesetz durchzuführenden Wahlen

RdErl. d. Innenministers v. 19.2.1975

zuletzt geändert durch RdErl. v. 30.8.1995 (MBl. NW 5. 1448/SMBl. NW 2035)

Zur Erleichterung der Wahlen, die nach den Vorschriften des Landespersonalvertretungsgesetzes –Landespersonalvertretungsgesetz NRW- vom 3. Dezember 1974 (GV NW S. 1514), zuletzt geändert durch Gesetz vom 18. Dezember 1984 (GV NW 1985 S. 29) – SGV NW 2035-, und der Wahlordnung zum Landespersonalvertretungsgesetz vom 20. Mai1986 (GV NW S. 485/ NW 2035) durchzuführen sind, gebe ich die anliegenden Vordruckmuster für die wichtigsten von den Wahlvorständen vorzunehmenden Maßnahmen bekannt.

Die Vordruckmuster können auch für die Wahlen der Jugend- und Auszubildenden-Vertretungen (§§ 54 - 57, 60 LPVG), der Vertrauensleute im Bereich der Polizei (§§ 85, 86 LPVG), der Lehrer-Personalvertretungen (§§ 88, 90, 92 LPVG) und der Personalvertretungen der Referendare im juristischen Vorbereitungsdienst (§§ 99, 103 LPVG) mit den sich aus diesen Vorschriften sowie aus den §§ 40 bis 47 der Wahlordnung ergebenden Änderungen verwendet werden.

Die Landesbehörden, die Gemeinden und Gemeindeverbände sowie die sonstigen der Aufsicht des Landes unterstehenden Körperschaften, Anstalten und Stiftungen des öffentlichen Rechts werden gebeten, den bei ihnen zu bildenden Wahlvorständen die Verwendung von Vordrucken nach den beigefügten Mustern zu empfehlen. Die Herstellung der Vordrucke bleibt den Dienststellen im Benehmen mit den Wahlvorständen überlassen. Auf § 21 Abs. 2 Satz 1 LPVG weise ich hin.

Die o.a. Vordrucke können zur Vervielfältigung auf der Homepage https://recht.nrw.de (Stichwort der Suche: „Vorbereitung der nach dem Landespersonalvertretungsgesetz durchzuführenden Wahlen") herunter geladen werden.

Anlage 2
Voraussetzungen ordnungsgemäßer Wahlvorschläge und Behandlung der Wahlvorschläge durch den Wahlvorstand

Anforderung der Wahlordnung an einen Wahlvorschlag (WV)	Regelung in der Wahlordnung	Konsequenz für den Wahlvorschlag bei Nichterfüllung der Anforderung	Aufgabe des Wahlvorstands	Regelung in Wahlordnung
Fristgerechter Eingang des WV	§ 7 Abs. 2 WO	Unheilbar ungültig	Unverzügliche Rückgabe unter Angabe der Gründe	§ 10 Abs. 2 WO
Vermerk von Tag und Uhrzeit des Eingangs bei Wahlvorstand	§ 10 Abs., 1 WO	Gültig	Unterlassen des Wahlvorstands begründet Wahlanfechtung	
Einheitliche Urkunde		Ungültig	Unverzügliche Rückgabe unter Angabe der Gründe	§ 10 Abs. 2 WO
Nennung nur wählbarer Bewerber	§ 14 i.V.m. § 13 BPersVG	Unheilbar ungültig	Unverzügliche Rückgabe unter Angabe der Gründe	BVerwG v. 14.2.1969, E 31, 299
Mindestanzahl der vorgeschlagenen Bewerber	§ 8 Abs. 1 WO	Keine	Keine	./.
Fortlaufende Nummerierung, d.h. erkennbare Reihenfolge der Bewerber	§ 8 Abs. 2 Satz 1 WO	Unheilbar ungültig	Unverzügliche Rückgabe unter Angabe der Gründe	§ 10 Abs. 2 Satz 1 WO
Angabe des Familiennamens	§ 8 Abs. 2 Satz 2 WO	Heilbar	Rückgabe gegen schriftliche Empfangsbestätigung (EB), ggf. durch eingeschriebenen Brief, mit Aufforderung, Mangel binnen 3 Arbeitstagen zu beseitigen; bei nicht fristgerechter Beseitigung WV ungültig	§ 10 Abs. 5 Satz 1 Nr. 1 WO
Angabe des Vornamens –	§ 8 Abs., 2 Satz 2 WO	Heilbar	Rückgabe gegen schriftliche EB, ggf., durch eingeschriebenen Brief, mit Aufforderung, Mangel binnen 3 Arbeitstagen zu beseitigen; bei nicht fristgerechter Beseitigung WV ungültig	§ 10 Abs. 5 Satz 1 Nr. 1 WO

Anforderung der Wahlordnung an einen Wahlvorschlag (WV)	Regelung in der Wahlordnung	Konsequenz für den Wahlvorschlag bei Nichterfüllung der Anforderung	Aufgabe des Wahlvorstands	Regelung in Wahlordnung
Angabe des Geburtsdatums	§ 8 Abs. 2 Satz 2 WO	Heilbar	Rückgabe gegen schriftliche EB, ggf. durch eingeschriebenen Brief, mit Aufforderung, Mangel binnen 3 Arbeitstagen zu beseitigen; bei nicht fristgerechter Beseitigung WV ungültig	§ 10 Abs. 5 Satz 1 Nr. 1 WO
Angabe der Amts- oder Funktionsbezeichnung	§ 8 Abs. 2 Satz 2 WO	Heilbar	Rückgabe gegen schriftliche EB, ggf. durch eingeschriebenen Brief, mit Aufforderung, Mangel binnen 3 Arbeitstagen zu beseitigen; bei nicht fristgerechter Beseitigung WV ungültig	§ 10 Abs. 5 Satz 1 Nr. 1 WO
Angabe der Gruppenzugehörigkeit	§ 8 Abs. 2 Satz 2 WO	Heilbar	Rückgabe gegen schriftliche EB, ggf. durch eingeschriebenen Brief, mit Aufforderung, Mangel binnen 3 Arbeitstagen zu beseitigen; bei nicht fristgerechter Beseitigung WV ungültig	§ 10 Abs. 5 Satz 1 Nr. 1 WO
Angabe der Beschäftigungsdienststelle	§ 8 Abs. 2 Satz 2 WO	Heilbar	Rückgabe gegen schriftliche EB, ggf. durch eingeschriebenen Brief, mit Aufforderung, Mangel binnen 3 Arbeitstagen zu beseitigen; bei nicht fristgerechter Beseitigung WV ungültig	§ 10 Abs. 5 Satz 1 Nr. 1 WO
Bei gemeinsamer Wahl; Zusammenfassung der Bewerber nach Gruppen	§ 8 Abs. 2 Satz 3 WO	Heilbar	Rückgabe gegen schriftliche EB, ggf. durch eingeschriebenen Brief, mit Aufforderung, Mangel binnen 3 Arbeitstagen zu beseitigen; bei nicht fristgerechter Beseitigung WV ungültig	§ 10 Abs. 5 Satz 1 Nr. 1 WO
Streichungen oder Änderungen in der Bewerberliste	§ 8 Abs. 2 Satz 4 WO	Unheilbar ungültig	Unverzügliche Rückgabe unter Angabe der Gründe	§ 10 Abs, 2 WO
Streichung von Stützunterschriften durch den Listeneinreicher mit Einverständnis des Unterzeichners		vor Einreichung bei WV unschädlich; nach Eingang beim Wahlvorstand nicht mehr möglich		BVerwG v. 10.4.1978, PersV 1979,154

Anforderung der Wahlordnung an einen Wahlvorschlag (WV)	Regelung in der Wahlordnung	Konsequenz für den Wahlvorschlag bei bei Nichterfüllung der Anforderung	Aufgabe des Wahlvorstands	Regelung in Wahlordnung
Bei WV der Beschäftigten: Ausreichende Anzahl von Stützunterschriften	§ 8 Abs. 3 Sätze 1 – 3 WO	1. Fehlende Unterschriften bei Einreichung: Heilbar ungültig Wiedereinreichung innerhalb der Frist mit Änderung und Ergänzung der Stützunterschriften möglich / 2. Fehlende Unterschriften infolge Streichung gem. § 8 Abs. 4 WO wegen Doppelunterzeichnung: heilbar	Zu 1,: Unverzügliche Rückgabe unter Angabe der Gründe / Zu 2.: Rückgabe gegen schriftliche EB, ggf. durch eingeschriebenen Brief, mit Aufforderung, Mangel binnen 3 Arbeitstagen zu beseitigen; bei nicht fristgerechter Beseitigung WV ungültig	Zu 1.; § 10 Abs. 2 WO / Zu 2.: § 10 Abs. 5 Nr. 3 WO
Bei WV einer in der Dienststelle vertretenen Gewerkschaft: Unterzeichnung durch 2 in der Dienststelle beschäftigte, dieser Gewerkschaft angehörende Beauftragte	§ 8 Abs. 3 Satz 4 WO	Ungültig	Rückgabe gegen schriftliche EB, ggf. durch eingeschriebenen Brief, mit Aufforderung, Mangel binnen 3 Arbeitstagen zu beseitigen; bei nicht fristgerechter Beseitigung WV ungültig	§ 10 Abs. 4 Satz 3 WO
Bestätigung der Beauftragung durch Gewerkschaft bei berechtigten Zweifeln des Wahlvorstands an Beauftragung	§ 8 Abs. 3 Sätze 5 und 6 WO	Ungültig	Unverzügliche Rückgabe des WV unter Angabe der Gründe; Wiedereinreichung nach Mängelbeseitigung möglich	§ 10 Abs. 4 Satz 3 WO
Erkennbarkeit eines Listenvertreters	§ 8 Abs. 4 WO	Gültig	Der an erster Stelle stehende Unterzeichner gilt als berechtigt	§ 8 Abs. 4 Satz 2 WO

Anforderung der Wahlordnung an einen Wahlvorschlag (WV)	Regelung in der Wahlordnung	Konsequenz für den Wahlvorschlag bei Nichterfüllung der Anforderung	Aufgabe des Wahlvorstands	Regelung in Wahlordnung
Bezeichnung des WV mit zulässigem Kennwort	§ 8 Abs. 5 WO	Unheilbar ungültig	Unverzügliche Rückgabe unter Angabe der Gründe	§ 10 Abs. 2 WO
Vorschlag jedes Bewerbers nur auf einem WV	§ 9 Abs. 1 WO	Aufforderung an Bewerber, binnen 3 Arbeitstagen zu erklären, auf welchem WV er benannt bleiben will. Aber: Gleichzeitige Kandidatur für ÖPR, GPR und Stufenvertretungen zulässig	Bei nicht fristgerechter Erklärung ist Bewerber von sämtlichen WV zu streichen	§ 10 Abs. 3 WO
Beifügung der schriftlichen Zustimmungserklärung des Bewerbers	§ 9 Abs, 2 WO	Gefälschte Zustimmungserklärung; Unheilbar ungültig. Fehlende Zustimmungserklärung: Heilbar	Rückgabe gegen schriftliche EB, ggf. durch eingeschriebenen Brief, mit Aufforderung, Mangel binnen 3 Arbeitstagen zu beseitigen; bei nicht fristgerechter Beseitigung: WV ungültig	BVerwG v. 8.3.1963, PersV 1965, 161; § 10 Abs. 5 Nr. 2 WO
Stützunterschrift eines wahlberechtigten Beschäftigten nur auf einem WV	§ 9 Abs. 3 Satz \ WO	Aufforderung an Unterzeichner schriftlich gegen EB, binnen 3 Arbeitstagen zu erklären, welche Unterschrift er aufrechterhält	Bei nicht fristgerechter Erklärung zählt Unterschrift auf keinem der WV	§ 10 Abs, 4 Sätze 1 und 2 WO
Unterzeichnung nur eines WV für jede Gruppe durch Gewerkschaftsbeauftragten	§ 9 Abs, 3 Satz 3 WO	Aufforderung an Gewerkschaftsbeauftragten schriftlich gegen EB, binnen 3 Arbeitstagen zu erklären, welche Unterschrift er aufrechterhält	Bei nicht fristgerechter Erklärung zählt Unterschrift auf keinem der WV	§ 10 Abs, 4 Satz 3 WO
Keine Listenverbindung von selbständigen WV zu einem einheitl. WV	§ 9 Abs. 4 WO	Ungültigkeit als Listenverbindung, aber Gültigkeit der selbständigen WV	Bewertung als selbständige WV	§ 9 Abs. 4 WO

Anlage 3
Aufgaben der Wahlvorstände

Bezeichnung nach WO	Termin nach WO	Daten hier eintragen
1. Bekanntgabe der Namen der Mitglieder des Wahl Vorstandes (§ 1 Abs. 2)	unverzüglich (ohne schuldhaftes Zögern) nach der Bestellung, Wahl oder Einsetzung	
2. Feststellung der Zahl der in der Dienststelle regelmäßig beschäftigten Bediensteten, ihre Verteilung auf die Gruppen und die Anteile der Geschlechter innerhalb der Gruppen (§2 Abs. 1)	zwischen Bestellung und Erlass des Wahlausschreibens	
3. Ermittlung der Zahl der zu wählenden Personalratsmitglieder und ihre Verteilung auf die Gruppen (§ 5)	vor Erlass des Wahlausschreibens	
4. Erlass des Wahlausschreibens (Einleitung der Wahl) (§6)	spätestens 6 Wochen vor dem letzten Tage der Stimmabgabe	
5. Aufstellung des Wählerverzeichnisses getrennt nach Gruppen und Feststellung der Anteile der Geschlechter innerhalb der Gruppen (§2 Abs. 2)	unverzüglich nach Erlass des Wahlausschreibens	
6. Auslegung des Wählerverzeichnisses (§2 Abs. 2)	unverzüglich nach Erlass des Wahlausschreibens bis zum Abschluss der Stimmabgabe	
7. Entscheidung über Einsprüche gegen das Wählerverzeichnis (§3 Abs. 2)	unverzüglich, spätestens 1 Tag vor Beginn der Stimmabgabe	
8. Entgegennahme der Wahlvorschläge, Vermerk des Zeitpunktes des Eingangs, Bezeichnung und Überprüfung (§§ 7, Abs. 2, 9 und 11)	Einreichung innerhalb von 3 Wochen nach Erlass des Wahlausschreibens	
9. Aufforderung zur Beseitigung der Mängel in Wahlvorschlägen (§9 Abs. 7)	innerhalb einer Woche	

Bezeichnung nach WO	Termin nach WO	Daten hier eintragen
10. Bekanntgabe einer Nachfrist für die Einreichung von Wahlvorschlägen, wenn keine gültigen eingegangen sind (§10 Abs. 1)	innerhalb einer Woche	
11. Bekanntgabe, dass keine Wahl stattfindet (§10 Abs. 2)	nach Ablauf der Nachfrist	
12. Bekanntgabe der gültigen Wahlvorschläge (§12)	nach Ablauf der Einreichungsfrist, spätestens eine Woche vor Beginn der Stimmabgabe	
13. Anfertigung der Stimmzettel (§14 Abs. 1)	zeitgleich mit § 12	
14. Ausgabe der Wahlunterlagen für schriftliche Stimmabgabe (§16)	rechtzeitig vor Abschluss der Stimmabgabe	
15. Regelung der Stimmabgabe bei Nebenstellen oder Teildienststellen (§ 18)	rechtzeitig vor Abschluss der Stimmabgabe	
16. Durchführung der Wahlhandlung (§15)		

Anlagen

Übersicht Schaubilder

1. Grundsätze des Personalvertretungsrecht

2. Verlaufsdiagramm einer PR-Sitzung

3. Verlaufsdiagramm einer Sitzung der Jugend- und Auszubildendenvertretung

4. Informationsrechte

5. Mitbestimmungsverfahren bei einer dreistufigen Verwaltung

6. Mitbestimmungsverfahren bei einstufigen Verwaltungen

7. Initiativantrag mehrstufige Verwaltung

8. Mitwirkung – Entscheidung bei Nichteinigung in mehrstufigen Verwaltungen

9. Mitwirkung – Entscheidung bei Nichteinigung bei Körperschaften, Anstalten, Stiftungen etc.

10. Zusammensetzung der Einigungsstelle

Anlage 1

Grundsätze des Personalvertretungsrechts
binden Dienststelle und Personalrat

§ 2 Abs. 1   Vertrauensvolle Zusammenarbeit

§ 2 Abs. 2   Friedenspflicht

§ 62   Gleichbehandlungsgebot

§ 63   Vierteljahresgespräch

§ 64   allgemeine Aufgaben

§ 65   rechtzeitige und umfassende Information des Personalrats

Anlage 2

Verlaufsdiagramm einer PR-Sitzung

Begrüßung durch den Vorsitzenden und Eröffnung

Feststellung der Beschlussfähigkeit

Hinweis auf Tagesordnung und Genehmigung und Frage nach Ergänzungen

Hinweise zum zeitlichen Ablauf der Sitzung

Aufruf der einzelnen Tagesordnungspunkte

soweit erforderlich Beratung der einzelnen Punkte

notwendige Reiseanzeigen

Zusammenfassung der Ergebnisse

Beschlüsse

Nächste Sitzung

Anlage 3

**Verlaufsdiagramm einer Sitzung der
Jugend- und Auszubildendenvertretung**

Eröffnung

Feststellung der Beschlussfähigkeit

Hinweis auf Tagesordnung und Frage nach Ergänzungen

Genehmigung der Tagesordnung

Aufruf der Tagesordnungspunkte (zum Beispiel)
1. Niederschrift über die Sitzung am ...
2. Bericht über die Sitzung des Personalrats
3. Termin für die nächste Sitzung des Personalrats, Entsendung eines Teilnehmers
4. Teilnahme eines Mitglieds der Jugend- und Auszubildendenvertretung an einem Vorstellungsgespräch
5. Ausbildung der Azubi und der Anwärter
6. Termin für die nächste Sitzung der Jugend- und Auszubildendenvertretung
7. Verschiedenes

Zusammenfassung der Ergebnisse

Beschlüsse

Anlage 4

Informationsrechte

Dienststelle

↓

Informationen

↓	↓	↓
Beurteilungen	**Allgemeine Informationen**	**Personalakten**
↓	↓	↓
Auf Verlangen des Beschäftigten	ohne Einschränkungen	mit Zustimmung des Beschäftigten
↓	↓	↓

Personalrat

Anlage 5

Mitbestimmungsverfahren
bei einer dreistufigen Verwaltung

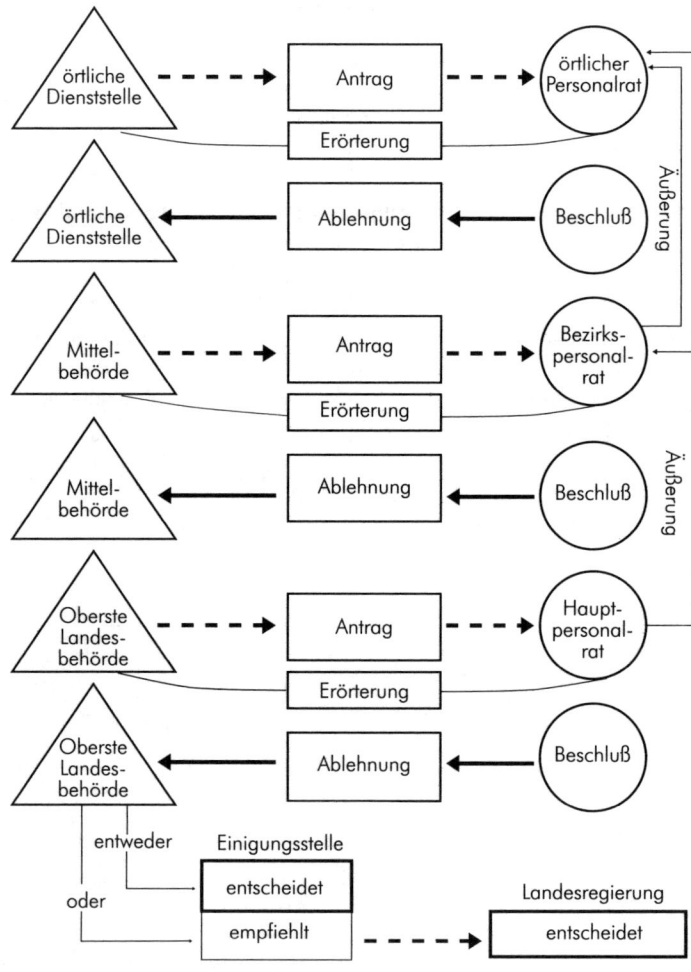

Anlage 6

Mitbestimmungsverfahren
bei einstufigen Verwaltungen

Maßnahme des   oder   **Maßnahme**
obersten Organs   **des Leiters**
↓
Dienststelle
↓
Personalrat   Zustimmung

                                        oder

                                        Erörterung   Zustimmung

                                                            oder

                                                            Ablehnung
                                                            ↓
                                        Einigungsstelle

                                        Entscheidung

                                        oder

                                        Empfehlung

                                        dann

                                        Entscheidung

                                        durch

                                        Oberstes Organ

Anlage 7

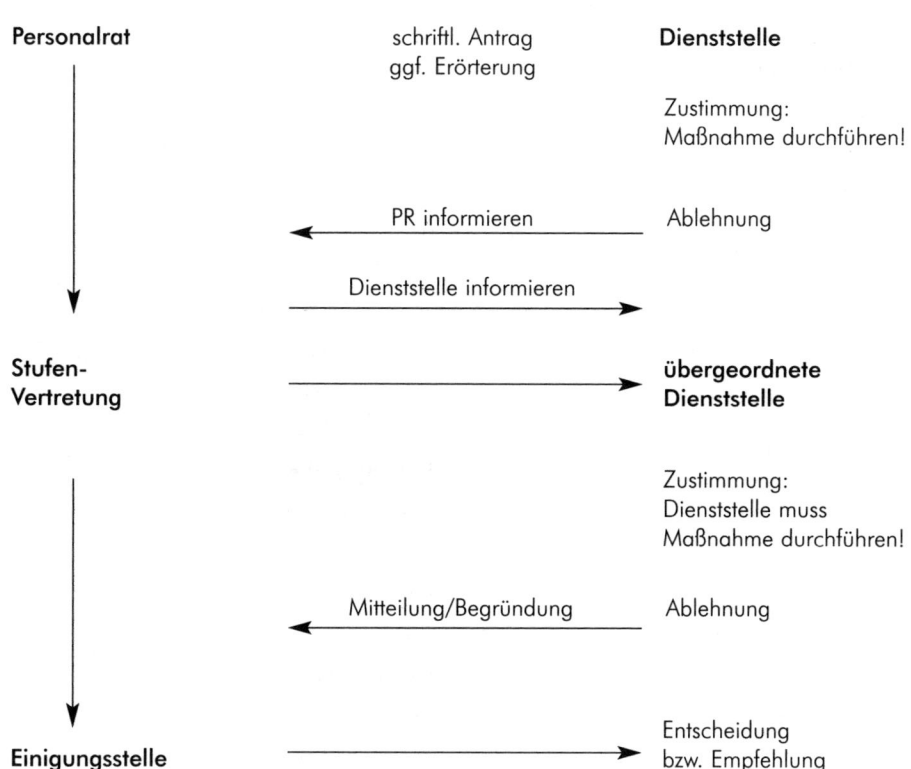

Initiativantrag
mehristufige Verwaltung

Personalrat   schriftl. Antrag   **Dienststelle**
                         ggf. Erörterung
                                                   Zustimmung:
                                                   Maßnahme durchführen!

                         PR informieren   Ablehnung

                         Dienststelle informieren

Stufen-   **übergeordnete**
Vertretung   **Dienststelle**

                                                   Zustimmung:
                                                   Dienststelle muss
                                                   Maßnahme durchführen!

                         Mitteilung/Begründung   Ablehnung

Einigungsstelle   Entscheidung
                                                   bzw. Empfehlung

Anlage 8

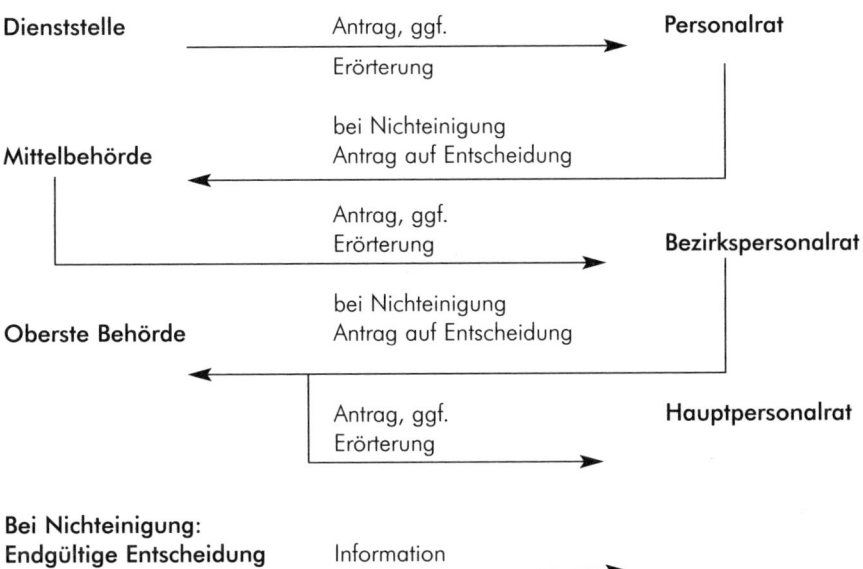

Mitwirkung
Entscheidung bei Nichteinigung
in mehrstufigen Verwaltungen

Dienststelle — Antrag, ggf. Erörterung → **Personalrat**

Mittelbehörde ← bei Nichteinigung Antrag auf Entscheidung

Antrag, ggf. Erörterung → **Bezirkspersonalrat**

Oberste Behörde ← bei Nichteinigung Antrag auf Entscheidung

Antrag, ggf. Erörterung → **Hauptpersonalrat**

Bei Nichteinigung:
Endgültige Entscheidung Information →

Anlage 9

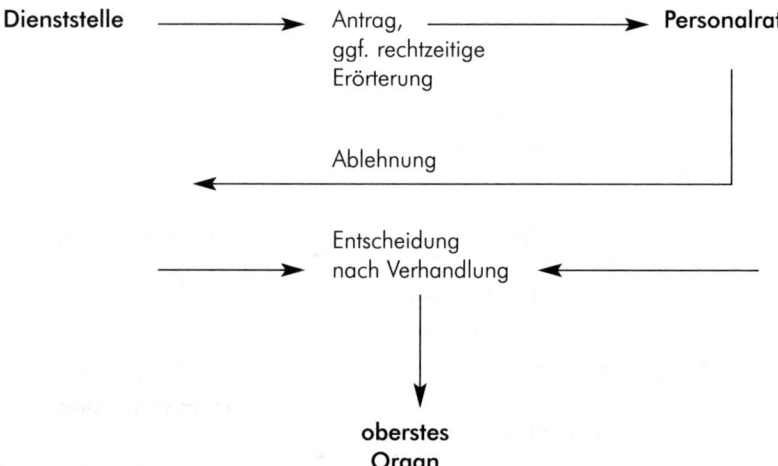

Mitwirkung
Entscheidung bei Nichteinigung bei
Körperschaften, Anstalten, Stiftungen etc.

Anlage 10

Zusammensetzung der Einigungsstelle

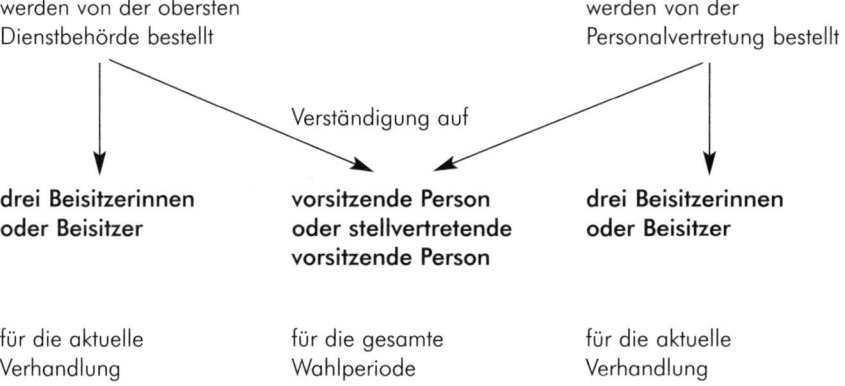

werden von der obersten Dienstbehörde bestellt		werden von der Personalvertretung bestellt

drei Beisitzerinnen oder Beisitzer	**vorsitzende Person oder stellvertretende vorsitzende Person**	**drei Beisitzerinnen oder Beisitzer**
für die aktuelle Verhandlung	für die gesamte Wahlperiode	für die aktuelle Verhandlung

Bitte beachten!

Bei Drucklegung des vorliegenden Kommentars hat das Innenministerium trotz der zweiten Novellierung eine Ressortabstimmung zur Änderung bzw. Anpassung des nachstehend abgedruckten Erläuterungserlass (Erl.Erl.) im Blick auf die Novellierungen noch nicht abgeschlossen. Insoweit ist der Erl.Erl. bis zu einer Neuauflage lediglich analog und sinngemäß anzuwenden.

Die zu erwartende Neuauflage des Erläuterungserlass kann dann von der Homepage https://recht.nrw.de (Stichwort der Suche: „Durchführung des Landespersonalvertretungsgesetzes" heruntergeladen werden.

Durchführung
des Landespersonalvertretungsgesetzes
RdErl. d. Innenministeriums v. 22. 3. 1996
-II A 2-7.03.02-1/96

Bei der Durchführung des Landespersonalvertretungsgesetzes (LPVG) bitte ich Folgendes zu beachten:

1 Vertretung der Dienststelle gegenüber dem Personalrat (§ 8)

Die Dienststellenleitung kann sich vertreten lassen, aber nur von den in § 8 Abs. 1 Satz 2 genannten Personen und außerdem nur dann, wenn sie allgemein oder im konkreten Fall entscheidungsbefugt sind.

Gegenüber Personalvertretungen im kommunalen Bereich sind gem. § 8 Abs. 1 Satz 2 neben der Leiterin oder dem Leiter des für Personalangelegenheiten zuständigen Dezernats oder Amtes auch die Dezernentinnen und Dezernenten oder Amtsleiterinnen und Amtsleiter zur Vertretung der Dienststellenleitung gegenüber dem Personalrat berechtigt, die von dieser zur eigenverantwortlichen Entscheidung in Personalangelegenheiten ihres Dezernats oder Amtes ermächtigt sind.

Absatz 4 sieht vor, dass bei schriftlichen Äußerungen der Dienststelle gegenüber dem Personalrat auch Mitarbeiterinnen und Mitarbeiter unterhalb der Ebene der Personalabteilungsleitung mit der Personalvertretung korrespondieren können. Dies gilt auch für die Einleitung von Mitbestimmungsverfahren gem. § 66 Abs. 2 Satz 1 und Stufenverfahren gem. § 66 Abs. 5 Satz 1. Außerdem enthält die Vorschrift das Gebot an die Dienststellenleitung, der Personalvertretung die Zeichnungsbefugten namentlich zu benennen. Auf diese Weise ist gewährleistet, dass die Personalvertretung im Einzelnen davon Kenntnis erhält, wer zeichnungsbefugt ist.

2 Schweigepflicht (§ 9)

Zu den in § 9 Abs. 1 genannten Personen, die der Schweigepflicht unterliegen, gehört auch das dem Personalrat zur Verfügung gestellte Büropersonal. Dieses ist über die anlässlich der Tätigkeit für den Personalrat bekannt gewordenen Angelegenheiten und Tatsachen auch gegenüber Vorgesetzten zur Verschwiegenheit verpflichtet.

3 Verlust des aktiven Wahlrechts bei Beurlaubungen (§ 10 Abs. 3 Buchst. c)

Das aktive Wahlrecht bleibt in den Fällen erhalten, in denen der Urlaub am Wahltag seit nicht mehr als 18 Monaten andauert. Ein am Wahltag seit mehr als 18 Monaten andauernder Urlaub- hierzu gehört z. B. Erziehungsurlaub, Urlaub aus familiären Gründen - führt zum Verlust des aktiven Wahlrechts. In diesen Fällen kann nicht mehr von der für die Ausübung des aktiven Wahlrechts notwendigen tatsächlichen Eingliederung in die Dienststelle ausgegangen werden.

4 Teilnahmerecht der Schwerbehindertenvertretung und des Vertrauensmannes der Zivildienstleistenden an Sitzungen des Personalrats (§ 36 Abs. 1)

Das Recht der Schwerbehindertenvertretung, an Sitzungen des Personalrats und Besprechungen gemäß § 63 LPVG teilzunehmen, ergibt sich bereits aus § 95 SGB IX. Die Schwerbehindertenvertretung ist von der oder dem Vorsitzenden des Personalrats unter Angabe der Tagesordnung einzuladen.

Entsprechendes gilt für den Vertrauensmann der Zivildienstleistenden, dessen Recht, an Sitzungen des Personalrats beratend teilzunehmen, bereits aus § 37 Zivildienstgesetz i.V.m. § 3 des Gesetzes über den Vertrauensmann der Zivildienstleistenden vom 16. Januar 1991 (BGBl. I S. 47), zuletzt geändert durch Gesetz vom 20.12.2001 (BGBl. I S. 4013, 4024) folgt.

5 Reisen von Mitgliedern der Personalvertretungen (§ 40 Abs. 1 Satz 2, 3 und 4)

5.1

Voraussetzung für die Erstattung von Reisekosten ist, dass die Reise zur Erfüllung von Aufgaben des Personalrates nach dem LPVG notwendig ist und der Personalrat die Durchführung der Reise beschließt. Der Dienststellenleitung ist die Reise rechtzeitig vorher anzuzeigen. Geht aus der Anzeige des Personalrates an die Dienststellenleitung hervor, dass die beabsichtigte Reise nicht notwendig ist, so soll der Personalrat rechtzeitig vor Antritt der Reise darauf hingewiesen werden, dass Reisekosten nicht erstattet werden, um ihm Gelegenheit zu geben, die Frage der Notwendigkeit der Reise erneut zu prüfen.

Die Bildung von auf Dauer angelegten Arbeitsgemeinschaften oder ähnlichen Organisationsformen zwischen Personalvertretungen ist im LPVG nicht vorgesehen. Zusammenkünfte von Personalvertretungen oder einzelner ihrer Mitglieder aus besonderen Anlässen können jedoch notwendig sein.

5.2

Die Vorsitzenden der Personalvertretungen können für alle Mitglieder, die eine Reise ausführen, eine gemeinsame Anzeige an die Dienststellenleitung richten.

5.3

Die in § 40 Abs. 1 Satz 4 genannten Reisen sind reisekostenrechtlich wie Dienstreisen abzugelten, unabhängig davon, ob das Personalratsmitglied voll, teilweise oder gar nicht freigestellt ist. Die Vorschrift betrifft insbesondere Personalratsmitglieder von Stufenvertretungen, wenn die Stufenvertretung an einem anderen Ort als dem bisherigen Dienstort des Personalratsmitglieds gebildet ist.

5.4

Zuständig für die Erstattung von Reisekosten ist unbeschadet der Regelung im Kommunalbereich die Dienststelle, bei der die Personalvertretung gebildet ist. Die Reisekostenabrechnungen können die Vorsitzenden der Personalvertretungen jeweils gesammelt dieser Dienststelle zuleiten. Beider Abrechnung der Reisekosten ist das Rundschreiben des Finanzministeriums über die Festsetzung von Aufwandsvergütungen nach § 7 Abs. 3 LRKG vom 22.12.1998, geändert durch Rundschreiben vom 20.12.2001 – B 2906-7.2 – IV A 4 –, zu beachten.

6 Aufwandsdeckungsmittel (§ 40 Abs. 2)

Die dem Personalrat nach § 40 Abs. 2 zustehenden Haushaltsmittel ergeben sich aus der Aufwandsdeckungsverordnung vom 25. Februar 1976 (GV. NRW. 1976 S.89/SGV. NRW. 2035, GV. NRW. 2001 S.870; ber. 2002 S. 80). Sie dienen der Deckung des Repräsentationsaufwandes, den der Personalrat über die mit seinen gesetzlichen Aufgaben verbundenen Auslagen (§ 40 Abs. 1 und 3) hinaus hat. Der Personalrat entscheidet allein darüber, in welcher Weise die ihm zu Verfügung stehenden Aufwandsmittel zu verwenden sind.

Repräsentationsaufwand kann z.B. entstehen durch:

1. Kleinere Geschenke oder Aufmerksamkeiten bei Gratulationen des Personalrats zu Dienstjubiläen oder herausgehobenen persönlichen Anlässen von Beschäftigten der Dienststelle,
2. kleinere Geschenke oder Aufmerksamkeiten bei Besuchen erkrankter Beschäftigter der Dienststelle,
3. Kranz- oder Blumenspenden des Personalrats aus Anlass des Todes von Beschäftigten,
4. Bewirtung von Besprechungsteilnehmerinnen und -teilnehmern bei Besprechungen mit Mitgliedern der Stufenvertretung oder Vertreterinnen und Vertretern von Gewerkschaften.

Über die Einnahmen und Ausgaben hat der Personalrat prüffähige Unterlagen (Kassenbücher in einfacher Form, Belege) bereitzuhalten.

Nach Feststellung des Haushaltsplanes werden die veranschlagten Ausgabemittel pauschal an die einzelnen Personalvertretungen in voller Höhe ausgezahlt; aufgrund des Haushaltsvermerkes stehen die nicht verausgabten Mittel den Personalvertretungen auch über das laufende Haushaltsjahr hinaus zur Verfügung.

7 Bereitstellung von Hilfsmitteln (§ 40 Abs. 3 und 4)

Die Räume, die dem Personalrat zur Verfügung zu stellen sind, müssen für die Aufgaben des Personalrats geeignet, mit dem erforderlichen Mobiliar ausgestattet und mit den Telekommunikationsmitteln versehen sein, die für die Arbeit des Personalrats erforderlich sind.

Zum Schutz der Unterlagen des Personalrats, die personenbezogene Daten enthalten (z.B. Niederschriften, Personallisten), vor unbefugter Einsichtnahme hat die Dienststelle dem Personalrat geeignete Sicherungseinrichtungen zur Verfügung zu stellen.

Zum Geschäftsbedarf gehören insbesondere amtliche Verkündungsblätter, Schreibmaterialien und -geräte sowie kommentierte Ausgaben des LPVG, ferner sonstige Fachliteratur, soweit deren jederzeit mögliche Inanspruchnahme in den Büchereien der eigenen Dienststelle nicht gewährleistet ist.

Zum Büropersonal gehören Beschäftigte, die zur Erledigung von Schreib- und Registraturarbeiten erforderlich sind. Nichtbeamtetes Büropersonal ist zur Verschwiegenheit über die durch die dienstliche Tätigkeit bei der Personalvertretung bekannt gewordenen Tatsachen zu verpflichten [(§ 1 Abs. 1 Nr. 1 Verpflichtungsgesetz vom 2. März 1974 (BGBl.I S. 547), geändert durch Gesetz vom 15. August 1974 (BGBl. I S. 1942)].

Die Dienststelle trägt auch die Kosten der schriftlichen Mitteilungen des Personalrats an die Beschäftigten in Angelegenheiten, die sie unmittelbar betreffen. Über die Form der Mitteilung entscheidet der Personalrat.

8 Sachverständigen- und Rechtsanwaltskosten

Zu den von der Dienststelle im Rahmen der Personalratstätigkeit zu übernehmenden Kosten gehören auch die Kosten für die Beauftragung von Sachverständigen. Allerdings verpflichten der Grundsatz der vertrauensvollen Zusammenarbeit und das auch den Personalrat als Teil der Dienststelle treffende Gebot der sparsamen Haushaltsführung den Personalrat, die jeweils kostengünstigste Möglichkeit zu suchen. Der Personalrat muß bei „pflichtgemäßer Würdigung" der Umstände dazu kommen, dass der entstehende Aufwand zur Erfüllung seiner gesetzlichen Aufgaben erforderlich ist, wenn er eine sachverständige Person beauftragen will. Es muss deshalb in solchen Fällen vorher feststehen, dass andere, weniger kostenintensive Informationsquellen zu dem – gesetzlich begrenzten – Thema nicht verfügbar sind. Der Personalrat muss sich somit zu seiner Information zunächst der ihm zur Verfügung stehenden Hilfen zur Informationsbeschaffung und –verarbeitung bedienen. Das schließt je nach Art und Schwierigkeit der Problemlage Erkundigungen bei Gewerkschaften – soweit sie sich im Rahmen des üblichen halten –, ferner die Selbstunterrichtung anhand von Fachliteratur – soweit dies fallbezogen erfolgen kann – sowie die Entgegennahme von Einzelauskünften durch die Dienststelle und die Teilnahme an von ihr angebotenen projektbezogenen Schulungsmaßnahmen ein.

Will der Personalrat weitergehende Informationsansprüche geltend machen, so müssen nach dem Grundsatz der Verhältnismäßigkeit vorher alle Möglichkeiten einer Unterrichtung durch die Dienststelle selbst ausgeschöpft sein. Denn erst wenn die Dienststelle nach ihren Möglichkeiten den Personalrat abschließend unterrichtet hat, lässt sich die Frage beantworten, ob zum Verständnis der gegebenen Informationen Kenntnisse erforderlich sind, die der Personalrat nicht besitzt, die ihm auch die Dienststelle nicht zur Verfügung stellen kann und die ihm deshalb nur eine sachverständige Person vermitteln kann. Hiervon ist jedenfalls dann auszugehen, wenn zwischen einem festgestellten Defizit an Unterrichtung durch die Dienststelle und dem vom Personalrat geltend gemachten Bedürfnis nach einer Klärung durch eine sachverständige Person über den gemeinsamen Bezug zu demselben Beteiligungstatbestand hinausgehend auch ein sachlicher Zusammenhang besteht.

Zu den von der Dienststelle zu tragenden Kosten gehören auch die in einem Beschlussverfahren entstandenen Kosten, insbesondere die Rechtsanwaltskosten. Der Grundsatz zur sparsamen Haushaltsführung verpflichtet Dienststelle und Personalrat, unter Beachtung des Grundsatzes der vertrauensvollen Zusammenarbeit nach Möglichkeit darauf hinzuwirken, Beschlussverfahren zu vermeiden. Mit der Autonomie eines Personalrats ist es unvereinbar, die vorherige Zustimmung der Dienststelle für die Beauftragung einer Rechtsanwältin oder eines Rechtsanwalts einzuholen. Die Übernahme derartiger Kosten erfolgt jedoch nicht unbeschränkt und in jedem Fall. Da es sich um die Verwendung öffentlicher Mittel handelt, hat der Personalrat die ihm – ebenso wie der Dienststelle – obliegende Pflicht zur sparsamen Haushaltsführung zu beachten. Die Gebühren einer Anwältin oder eines Anwalts bei der Einleitung eines Beschlussverfahrens sind daher nur dann von der Dienststelle zu ersetzen, wenn der Personalrat bei pflichtgemäßer, verständiger Würdigung aller Umstände die Beauftragung einer rechtsanwaltschaftlichen Vertretung für notwendig erachten konnte. Sie sind dann als nicht notwendig zu beurteilen, wenn die Einleitung des Beschlussverfahrens rein willkürlich erfolgte (z.b. wenn die Rechtsverfolgung nicht der Durchsetzung, Klärung oder Wahrnehmung der dem Personalrat zustehenden personalvertretungsrechtlichen Befugnisse und Rechte dient; wenn bei zwei gleichwertigen prozessualen Wegen der kostspieligere bestritten wird, z. B. wenn bei mehreren gleichgelagerten Fällen anstelle eines"Gruppenverfahrens" oder Musterverfahrens Einzelverfahren durchgeführt werden; vgl. auch Beschluss des Bundesverwaltungsgerichts vom 9.3.1992, PersR 1992, 243). Ebenso ist eine Kostenübernahme ausgeschlossen, wenn ein Urteilsverfahren mit dem Ziel der Durchsetzung eines individuellen, mit der personalvertretungsrechtlichen Aufgabenstellung nicht zusammenhängenden Anspruchs eines Personalratsmitglieds betrieben wird.

Die o.g. Grundsätze über die Übernahme von Sachverständigenkosten sind auch in den Fällen anzuwenden, in denen der Personalrat außerhalb von Beschlussverfahren eine Rechtsanwältin oder einen Rechtsanwalt in Anspruch nimmt.

9 Dienstbezüge und Arbeitsentgelt bei Versäumnis von Arbeitszeit und Freistellung von der dienstlichen Tätigkeit (§ 42 Abs. 2 Satz 1 und Abs. 3 Satz 4)

9.1

Freigestellte Personalratsmitglieder im Beamten- oder Richterverhältnis erhalten ihre Besoldung gemäß § 1 Absätze 2 (Dienstbezüge) und 3 (Besoldung) Bundesbesoldungsgesetz weiter. Zulagen und Vergütungen nach Bundes- und Landesbesoldungsrecht, die nicht in festen Monatsbeträgen zustehen, werden in Höhe des monatlichen Durchschnitts des der Feststellung vorangegangenen Kalenderjahres bzw. sonst maßgeblichen Zeitraums gezahlt, soweit sie regelmäßig gewährt worden sind.

9.2

Freigestellte Personalratsmitglieder in einem privatrechtlichen Arbeitsverhältnis erhalten als Arbeitsentgelt die Urlaubsvergütung (Urlaubslohn); der Aufschlag wird in der Höhe des im ersten Freistellungsjahr zustehenden Betrages fortgezahlt.

9.3

Leistungen nach den Nummern 9.1 und 9.2 werden den Veränderungen angepasst, die auch ohne Freistellung eingetreten wären.

9.4

Es entfallen während eines Urlaubs oder einer Erkrankung eines freigestellten Personalrats-mitglieds im Beamten- oder Richterverhältnis die Zulagen und Vergütungen, deren Gewährung von der Wahrnehmung der zulage- bzw. vergütungsberechtigten Obliegenheiten abhängig ist und die auch außerhalb der Personalratstätigkeit bei Urlaub oder Erkrankung entfallen (vgl. aber BBesGVwV zu § 42 Abs. 3 BBesG, bekannt gegeben mit RdErl. d. Finanzministeriums v. 19.09.1997 – SMBl. NRW. 20320 –), in einem privatrechtlichen Arbeitsverhältnis die Zulagen und der Aufschlag, die ohne die Personalratstätigkeit bei Urlaub oder Erkrankung entfallen wären.

9.5

Mit der Freistellung für die Personalratstätigkeit entfallen sämtliche Aufwandsentschädigungen (§ 17 BBesG und die entsprechenden Regelungen nach Landesrecht), Aufwandsvergütungen (§ 7 Abs. 3 LRKG) und Pauschvergütungen (§ 15 LRKG), auf deren Leistung vorher ein Anspruch bestanden hat.

10 Verbot der Beeinträchtigung des beruflichen Werdeganges (§ 42 Abs. 3 Satz 4)

Die Bestimmung ist herzuleiten aus der unmittelbar geltenden Rahmenvorschrift des § 107 des Bundespersonalvertretungsgesetzes vom 15. März 1974 (BGBl.I S. 693), zuletzt geändert durch Gesetz vom 9. Juli 2001 (BGBl. I S. 1510), nach der Mitglieder des Personalrates in ihrer beruflichen Entwicklung wegen der Personalratstätigkeit weder benachteiligt noch begünstigt werden dürfen.

Daraus folgt, dass freigestellte Mitglieder des Personalrates bei Erfüllen der beamten-, laufbahn oder tarifrechtlichen Voraussetzungen in demselben Umfang am beruflichen Fortkommen teilhaben wie nicht freigestellte Beschäftigte. Im Falle einer möglichen Beförderung bzw. Höhergruppierung erfordert dies eine Nachzeichnung der Laufbahn oder des beruflichen Werdeganges der freigestellten Beschäftigten, um auf diese Weise Vergleichsmöglichkeiten zu den Leistungsbedingungen und -erfolgen anderer Beschäftigter zu erhalten, die für eine Beförderung bzw. Höhergruppierung in Betracht kommen.

Dabei darf im Hinblick auf eine spätere Beendigung der Freistellung nicht übersehen werden, dass mit einem Beförderungsamt oder einer höherwertigen Tätigkeit Aufgaben verbunden sein können, zu deren Bewältigung besondere Kenntnisse und Fähigkeiten erforderlich sind. Es liegt deshalb nicht zuletzt auch im Interesse des freigestellten Personalratsmitglieds, dass es das für das neue Arbeitsgebiet notwendige Wissen, neue Methoden und Fertigkeiten erwerben kann.

Bei langdauernden Freistellungen, die die Beurteilung der beruflichen Eignung erschweren, kann es zur gesicherten Bewertung des Leistungsvermögens erforderlich sein, Freistellungen zum Nachweis des Vorhandenseins der beruflichen Kenntnisse und Fähigkeiten zu unterbrechen.

Bei Beamtinnen und Beamten wird eine Unterbrechung regelmäßig beim Aufstieg mit Laufbahngruppenwechsel und bei Beförderung in das Spitzenamt einer Laufbahn mit gleichzeitiger Funktionsänderung gefordert werden müssen. Bei Arbeitnehmerinnen und Arbeitnehmern wird ebenfalls eine Unterbrechung bei vergleichbaren Eingruppierungen zu fordern sein.

Bei Bemessung der Unterbrechungsdauer sind insbesondere die Dauer der Freistellung und das fachliche Erfordernis des Beförderungsamtes oder Aufgabengebietes zu berücksichtigen.

11 Freistellung von Mitgliedern des Personalrates (§ 42 Abs. 3 und Abs. 4)

11.1

Über die Frage, welches Mitglied des Personalrats freigestellt werden soll, beschließt der Personalrat und unterrichtet davon die Dienststellenleitung, die für die dienstrechtliche Entscheidung zuständig ist. Diese hat vor ihrer Entscheidung zu prüfen, ob die vom Personalrat vorgesehenen Freistellungen unter den Voraussetzungen des § 42 Abs. 3 Satz 1 bis 3 erforderlich sind.

Die Freistellung eines Personalratsmitgliedes lässt das dienstrechtliche Verhältnis zu seiner Beschäftigungsbehörde und den dienstlichen Wohnsitz unberührt.

11.2

Zahl der Freistellungen (§ 42 Abs. 4)
Die in Absatz 4 enthaltenen Angaben über Freistellungen – bezogen auf bestimmte Beschäftigtenzahlen - bedeuten das Volumen, das sich aus vollständigen oder anteiligen Freistellungen zusammensetzen kann. Von diesen Regelwerten kann abgewichen werden, wenn und soweit es nach Art und Umfang der Dienststelle zur ordnungsgemäßen Durchführung der Personalratsaufgaben erforderlich ist.

12 Teilnahme an Schulungs- und Bildungsveranstaltungen (§ 42 Abs. 5)

12.1

Die Dienststelle trägt die angemessenen Kosten der Teilnahme von Mitgliedern einer Personalvertretung an Schulungs- und Bildungsveranstaltungen, soweit diese Kenntnisse vermitteln, die für die Tätigkeit im Personalrat erforderlich sind.

Erforderlich ist die Teilnahme an solchen Schulungs- und Bildungsveranstaltungen, die Mitglieder von Personalvertretungen mit aktuellen Vorschriften, der maßgeblichen Rechtsprechung oder Grundsatzfragen der Personalratsarbeit vertraut machen. Die Themen müssen in engem Zusammenhang mit der Tätigkeit im Personalrat stehen, d.h., sie müssen für den Zuständigkeits- und Aufgabenbereich der Personalvertretung praktische Bedeutung haben oder voraussichtlich in absehbarer Zeit erlangen. Außerdem muss das Personalratsmitglied der Schulung bedürfen.

12.2

Bei Vorliegen der in Nummer I genannten Voraussetzungen besteht für Mitglieder des Personalrats, die an derartigen Schulungs- und Bildungsveranstaltungen teilzunehmen wünschen, Anspruch auf Freistellung vom Dienst. Die beabsichtigte Teilnahme ist der Dienststelle rechtzeitig unter Vorlage des Veranstaltungsprogrammes anzuzeigen.

Das Gleiche gilt für regelmäßig zu Sitzungen des Personalrats herangezogene Ersatzmitglieder; regelmäßig bedeutet nicht die wiederholte Heranziehung nach einem bestimmten Ordnungsschema, vielmehr genügt eine Häufigkeit, die über eine nur gelegentliche Heranziehung hinausgeht.

12.3

Die im Sinne von Nummer I erforderliche Dauer einer Schulungs- und Bildungsveranstaltung richtet sich nach Umfang und Schwierigkeitsgrad des Gegenstandes. Dabei ist davon auszugehen, dass auch bei schwierigen Themen die Dauer einer Veranstaltung fünf Arbeitstage nicht überschreitet. Die wiederholte Teilnahme an Schulungen zu gleicher Thematik bedarf unter dem Gesichtspunkt der Erforderlichkeit besonderer Überprüfung.

12.4

Werden in einer Schulungs- oder Bildungsveranstaltung neben Kenntnissen, die für die Personalratstätigkeit erforderlich im Sinne von Nummer 1 sind, auch Kenntnisse vermittelt, die für diese Tätigkeit allenfalls nützlich sind, so werden Freistellung und Kostenerstattung nur für den Teil der Tagung vorgenommen, in dem für die Personalratstätigkeit erforderliche Kenntnisse vermittelt werden. Die Zeiten der An- und Abreise können grundsätzlich hinzugerechnet werden. Übersteigt der Anteil der im Sinne der Nummer 1 erforderlichen Kenntnisse im Rahmen einer solchen Veranstaltung nicht 20 %, kommt weder eine Freistellung noch eine Kostenerstattung in Betracht.

12.5

Personalratsmitglieder, die an Schulungs- oder Bildungsveranstaltungen teilnehmen, erhalten Reisekostenvergütung nach den für Beamtinnen und Beamte der BesGr. A 15 geltenden Bestimmungen.

12.5.1

Erhält das teilnehmende Personalratsmitglied seines Amtes wegen unentgeltlich Verpflegung und Unterkunft, so sind die Kürzungsbestimmungen des § 12 LRKG zu beachten. Das gilt auch, wenn Verpflegung und Unterkunft kostenlos bereitgestellt werden oder die Kosten hierfür in dem Teilnehmerbeitrag enthalten sind.

12.5.2

Entstehen dem teilnehmenden Personalratsmitglied bei diesen Veranstaltungen geringere Aufwendungen für Verpflegung oder Unterkunft als allgemein bei sonstigen Reisen, ist nach § 16 Abs. 1 LRKG eine Aufwandsvergütung festzusetzen.

12.6

Die Nummern I bis 5 gelten sinngemäß für Mitglieder von Jugend- und Auszubildendenvertretungen.

12.7

Reisekostenerstattung nach diesem Erlass erfolgt im Landeshaushalt aus Kapitel 03 010 Titel 547 10.

13 Rechtsstellung der Ersatzmitglieder (§ 43 Satz 2)

Während der Zeit einer tatsächlichen Zugehörigkeit des Ersatzmitgliedes zum Personalrat unterliegt dieses dem besonderen Schutz des § 43 Satz 1.

14 Teilnahme von Mitgliedern der Stufenvertretungen an Personalversammlungen (§ 49 Satz 1)

An Personalversammlungen kann je ein beauftragtes Mitglied des Bezirkspersonalrats und des Hauptpersonalrats teilnehmen.

15 Allgemeine Aufgaben (§ 64 Nr. 2)

Als Regelungen im Sinne des § 64 Nr. 2 kommen auch die zugunsten der Beschäftigten geltenden Datenschutzvorschriften in Betracht.

16 Unterrichtung des Personalrats (§ 65 Abs. 1, 2 und 3)

16.1

Die Dienststellenleitung ist verpflichtet, dem Personalrat die Unterlagen, die zur Erledigung seiner personalvertretungsrechtlichen Aufgaben erforderlich sind, unaufgefordert vorzulegen.

16.2

Bei Einstellungen ist die Dienststellenleitung verpflichtet, die Unterlagen aller Bewerberinnen und Bewerber dann vorzulegen, wenn sie eine Auswahl getroffen hat und dem Personalrat mitteilt, welche Person sie einzustellen beabsichtigt.

16.3

Das Teilnahmerecht des Personalrats an Vorstellungsterminen erstreckt sich auf alle verfahrensmäßig geregelten Auswahlgespräche der Dienststelle, die diese mit mehreren Bewerberinnen und Bewerbern führt. Auf die Dienstellenzugehörigkeit der Bewerberinnen und Bewerber kommt es nicht an. Von § 65 Abs. 2 werden jedoch nicht erfasst Gespräche im Rahmen von Beurteilungsverfahren, wie sie z.B. in den „Richtlinien für die dienstliche Beurteilung von Lehrerinnen und Lehrern" des Kultusministeriums vom 25.5.1992 geregelt sind. Das Teilnahmerecht umfasst auch nicht die Teilnahme an schriftlichen Prüfungen im Rahmen von Auswahlverfahren und an Auswahlgesprächen, die von Institutionen im Auftrag der Dienststelle geführt werden (z.B. Deutsche Gesellschaft für Personalwesen e.V., Institut für Aus- und Fortbildung der Polizei NRW). Hingegen erfasst § 65 Abs. 2 auch Auswahlgespräche der Dienststelle mit mehreren Bewerberinnen und Bewerbern um den Aufstieg in eine höhere Laufbahngruppe.

16.4

Zu den listenmäßig aufgeführten Personaldaten im Sinne des § 65 Abs. 3 gehören: Name, Vorname, Geburtsjahr, Hinweis auf Ausbildung (z.B. Dipl.-Volkswirt), Eintritt in den Vorbereitungsdienst, Ernennungsdaten, Abteilungs-,Dezernatszugehörigkeit, Beurlaubung und Ermäßigung der Arbeitszeit (von - bis); zusätzlich bei Arbeitnehmerinnen und Arbeitnehmern: Datum der letzten Eingruppierung, Vergütungs- bzw. Lohngruppe und Fallgruppe, feste Zulagen. Beurteilungsdaten werden hiervon nicht erfasst. Ein weitergehender Informationsanspruch im Einzelfall (§ 65 Abs. 1) bleibt hiervon unberührt.

16.5

Datenschutz bei der Datenverarbeitung durch den Personalrat (§ 65 Abs. 4 Satz 1)

16.5.1

Soweit es zu seiner Aufgabenerfüllung erforderlich ist, darf der Personalrat personenbezogene Daten in oder aus Dateien oder Akten nach Maßgabe des Gesetzes zum Schutz personenbezogener Daten (Datenschutzgesetz Nordrhein-Westfalen – DSG NRW) verarbeiten, wenn nicht besondere Rechtsvorschriften auf die Verarbeitung personenbezogener Daten anzuwenden sind (§ 2 Abs. 3 DSG NRW) und sich aus den Regelungen über die Schweigepflicht der Personalratsmitglieder (§ 9) keine höheren Anforderungen ergeben. In diesem Sinne stellt § 65 Abs. 4 Satz I klar, dass der Personalrat als Teil der Dienststelle neben der Dienststelle auch Normadressat der Regelungen des Datenschutzgesetzes, insbesondere - über die technischen und organisatorischen Maßnahmen zur Sicherstellung einer den Vorschriften des Datenschutzgesetzes entsprechenden Datenverarbeitung(§ 10 DSG NW), – über die Rechte der Betroffenen gegenüber der speichernden Stelle (I Teil, 3. Abschnitt – DSG NW) ist.

16.5.2

Unter Berücksichtigung der vorstehenden Ausführungen ist von folgenden - nicht abschließenden - Anwendungsgrundsätzen auszugehen:

Zweckbindung:
Vom Personalrat zulässigerweise erhobene sowie an den Personalrat übermittelte oder weitergegebene personenbezogenen Daten dürfen vom Personalrat nur für personalvertretungsrechtliche Zwecke weiterverarbeitet werden.

Speicherung, Löschung:
Zur Person der oder des Beschäftigten dürfen personenbezogene Daten nicht zusammengefasst und auf Dauer gespeichert werden. § 65 Abs. 3 Satz I bleibt unberührt.

Unterlagen mit personenbezogenen Daten, die dem Personalrat aus Anlass seiner Beteiligung an einer bestimmten Maßnahme zur Verfügung gestellt wurden, sind der Dienststelle nach Abschluss des Beteiligungsverfahrens zurückzugeben bzw. vom Personalrat zu vernichten.

Andere Unterlagen des Personalrats, die personenbezogene Daten enthalten, insbesondere Niederschriften und Personallisten, dürfen für die Dauer der regelmäßigen Amtszeit des Personalrats aufbewahrt werden. Sie sind spätestens nach Ablauf einer weiteren Amtsperiode zu vernichten.

Übermittlung:
In den in § 9 genannten Fällen, in denen die Schweigepflicht nicht besteht (§ 9 Abs. 2 Satz 1), nicht gilt (§ 9 Abs. 2 Satz 2 und Satz 3, 1. Halbsatz), oder entfällt (§ 9 Abs. 2 Satz 3,2. Halbsatz), dürfen personenbezogene Daten nur übermittelt oder weitergegeben werden, soweit diese zur rechtmäßigen Erfüllung der Aufgaben nach dem LPVG erforderlich sind.

17 Einleitung des Mitbestimmungsverfahrens (§ 66 Abs. 2)

Die Dienststellenleitung kann die beabsichtigte Maßnahme bereits mit der Einleitung des Mitbestimmungsverfahrens begründen.

18 Entschädigung für Mitglieder der Einigungsstellen (§ 67 Abs. 2)

Die Mitglieder der Einigungsstellen nehmen diese Tätigkeit unentgeltlich als Ehrenamt wahr. Lediglich der oder dem Vorsitzenden kann eine Entschädigung für Zeitaufwand gewährt werden; die Entschädigung richtet sich nach § 3 des Gesetzes über die Entschädigung von Zeugen und Sachverständigen. Reisekosten sind gem. § 67 Abs. 7 i.V.m. § 40 Abs. 1 zu erstatten; diese Reisekostenvergütung wird nach den reisekostenrechtlichen Bestimmungen gewährt.

19 Letztentscheidungsrecht

19.1

Nach dem Beschluss des Bundesverwaltungsgerichts vom 17. März 1987 - BVerwG 6 P 15.85 - ist bei Personalangelegenheiten der Beamtinnen und Beamten gemäß § 72 Abs. 1 LPVG der Hauptverwaltungsbeamte endgültig entscheidendes Organ nach § 68 Satz 1 Nr. 2 LPVG. Dies gilt für die Gemeinden und Kreise, in denen die Bürgermeisterin oder der Bürgermeister bzw. die Landrätin oder der Landrat Hauptverwaltungsbeamtin oder Hauptverwaltungsbeamter ist und die Hauptsatzung keine andere Regelung für die beamten-, arbeits- und tarifrechtlichen Entscheidungen getroffen hat.

19.2

In Gemeinden und Kreisen, in denen eine hauptamtliche Bürgermeisterin oder ein hauptamtlicher Bürgermeister bzw. eine hauptamtliche Landrätin oder ein hauptamtlicher Landrat noch nicht gewählt worden ist, gilt Nummer 19.1 Satz 1 nicht bei beabsichtigten Ernennungen, Beförderungen oder Entlassungen von Beamtinnen und Beamten. In diesen Fällen ist der Rat bzw. der Kreistag verfassungsmäßig zuständiges oberstes und damit endgültig entscheidendes Organ. Entscheidungsbefugnisse, die dem Rat bzw. dem Kreistag im Übrigen zustehen oder die er an sich zieht, werden von dem Beschluss nicht betroffen. Dies gilt insbesondere für die Angelegenheiten des § 72 Abs. 3 und 4 LPVG, in denen die Einigungsstelle nur eine Empfehlung beschließen kann.

20 Beteiligung des Personalrats bei Versetzungen und Abordnungen (§ 72 Abs. 1 Nr. 5 und Nr. 6)

20.1

Nach gefestigter Rechtsprechung des Bundesverwaltungsgerichts hat der Personalrat der aufnehmenden Dienststelle, neben dem Personalrat der abgebenden Dienststelle – bei Versetzungen immer dann mitzubestimmen, wenn es sich um einen Dienstherrnwechsel handelt (vgl. Beschluss des Bundesverwaltungsgerichts vom 6.11.1987 – 6 P 2.85 – BVerwGE 78, 257).

20.2

Nach der Rechtsprechung des Bundesverwaltungsgerichts (Beschlüsse vom 19.7.1994 – 6 P 33.92 – ZfPR 1994, 191 – und 16.9.1994 – 6 P 32.92 – PersR 1995, 16; DVBl. 1995, 199) besteht aber auch bei Versetzungen innerhalb des Bereichs desselben Dienstherrn ein Mitbestimmungsrecht des Personalrats der aufnehmenden Dienststelle. Dieses bezieht sich auf die Erteilung des Einverständnisses zur Versetzung seitens der zuständigen aufnehmenden Behörde als eigenständige Maßnahme, auch wenn hierfür beamtenrechtlich innerhalb desselben Dienstherrn keine besonderen Formvorschriften bestehen.

Geschützt werden sollen durch das Mitbestimmungsrecht nicht nur die Interessen des zu versetzenden oder der übrigen Beschäftigten der abgebenden, sondern auch diejenigen der Beschäftigten der aufnehmenden Dienststelle. Etwas anderes als diese Doppelbeteiligung gilt nur, wenn der Gesetzgeber dies ausdrücklich im Gesetz geregelt hat (vgl. § 94 Abs. 2).

Für die Frage, welcher Personalrat auf der aufnehmenden Seite zu beteiligen ist, ist zu berücksichtigen, dass sich der Aufgabenbereich einer Personalvertretung nur auf diejenigen seiner Beteiligung unterliegenden Angelegenheiten erstreckt, für die die Dienststellenleitung die Entscheidungszuständigkeit hat. Liegt die Entscheidungszuständigkeit für Personalmaßnahmen von Beschäftigten nachgeordneter Dienststellen bei vorgesetzten Dienststellen, sind die dort bestehenden Stufenvertretungen zu beteiligen (§ 78 Abs. 1 Satz 1). Diese müssen den betroffenen örtlichen Personalräten in ihrem Bereich vor einem Beschluss Gelegenheit zur Stellungnahme geben (= personalratsinterne Anhörung gem. § 78 Abs. 2 Satz 1). In diesem Fall verdoppeln sich die Fristen im Mitbestimmungsverfahren (§ 78 Abs. 2 Satz 2).

20.3

Die jeweilige Versetzungsmaßnahme kann erst ausgesprochen werden, wenn die jeweiligen Beteiligungsverfahren abgeschlossen sind.

20.4

Bei gem. § 72 Abs. 1 Nr. 6 mitbestimmungspflichtigen Abordnungen ist gemäß dem Beschluss des Bundesverwaltungsgerichts vom 21.10.1993 – 6 P 18.91 – PersR 1994, 165; ZBR 1994, 251 – entsprechend zu verfahren.

21 Beteiligung des Personalrats bei Aufhebungs- oder Beendigungsverträgen (§ 72 a Abs. 2)

Die Aufhebungs- oder Beendigungsverträgen zugrundeliegenden Einzelheiten dürfen dem Personalrat nur mitgeteilt werden, wenn der Personalrat dies verlangt und der oder die Beschäftigte dieser Mitteilung zugestimmt hat.

22

Den Gemeinden und Gemeindeverbänden sowie den sonstigen der Aufsicht des Landes unterstehenden Körperschaften, Anstalten und Stiftungen des öffentlichen Rechts (vgl. § 1) wird empfohlen, entsprechend den Regelungen in diesem Runderlass zu verfahren.

MBl. NRW. 1996 S.741
Copyright 2011 by Ministerium für Inneres und Kommunales Nordrhein-Westfalen

Richtlinie zur Durchführung der Rehabilitation und Teilhabe behinderter Menschen (SGB IX) im öffentlichen Dienst im Land Nordrhein-Westfalen

(Fürsorgeerlass)

Runderlass des Innenministeriums vom 14.11.2003 – 25 – 5.35.00 – 5/03 – (SMBl. NRW. 203030); zuletzt geändert durch Runderlass des Innenministeriums vom 09.12.2009 – 21 – 24.12.01 –

1 Allgemeines

1.1

Das Sozialgesetzbuch – Neuntes Buch – (SGB IX) - Rehabilitation und Teilhabe behinderter Menschen – bezweckt insbesondere die Förderung der Eingliederung schwerbehinderter Menschen und unterstützt das Bemühen, sie ihren Fähigkeiten und Kenntnissen entsprechend zu beschäftigen, in ihrem beruflichen Fortkommen zu fördern und ihre Beschäftigung durch notwendige Präventionsmaßnahmen zu sichern. Dabei wird den besonderen Bedürfnissen schwerbehinderter Frauen Rechnung getragen. Durch die Richtlinie zur Durchführung der Rehabilitation und Teilhabe behinderter Menschen (SGB IX) im öffentlichen Dienst im Land Nordrhein-Westfalen (im Folgenden: Richtlinie) wird die besondere Fürsorge und Förderungspflicht des Landes als Dienstherr und Arbeitgeber gegenüber schwerbehinderten Beschäftigten konkretisiert. Insbesondere soll durch sie die Einstellung arbeitsloser schwerbehinderter Menschen gefördert werden. Daher ist die Richtlinie nicht nur Arbeits- und Informationsunterlage, sondern zusätzliche für die Anwender verbindliche Vorschrift zur Auslegung und Ergänzung der gesetzlichen Bestimmungen. Unabhängig vom SGB IX ist das Benachteiligungsverbot des Allgemeinen Gleichbehandlungsgesetzes (AGG) und des Behindertengleichstellungsgesetzes Nordrhein-Westfalen (BGG NRW) zu beachten.

1.2

Diese Richtlinie gilt für die Dienststellen des Landes. Dienststellen im Sinne der Richtlinie sind die Behörden, Einrichtungen und Betriebe des Landes sowie die Hochschulen gemäß § 1 Abs. 4 Hochschulgesetz (HG) und die Organe der Rechtspflege (Gerichte, Staatsanwaltschaften, Vollzugsanstalten und Gnadenstellen).

Das Land wird sich aus seiner besonderen Fürsorgepflicht heraus dafür einsetzen, dass diese Richtlinie auch für Träger der genehmigten oder vorläufig erlaubten und der Aufsicht des Landes unterstehenden Ersatzschulen sowie für Beteiligungsgesellschaften des Landes sowie bei Veräußerungen oder Privatisierungen übernommen wird. Wird der Begriff „Dienstherr" benutzt, betrifft die Regelung grundsätzlich auch den Bereich, in dem das Land Nordrhein-Westfalen als Arbeitgeber angesprochen ist. Personalvertretung im Sinne dieser Richtlinie sind alle nach dem Landespersonalvertretungsgesetz zu bildenden Personalvertretungen sowie die Richterräte. Den Gemeinden und Gemeindeverbänden sowie den sonstigen der Aufsicht des Landes unterstehenden Körperschaften, Anstalten und Stiftungen des öffentlichen Rechts wird empfohlen, entsprechend zu verfahren.

1.3

Die Integrationsämter bei den Landschaftsverbänden, die Integrationsfachdienste, die örtlichen Fürsorgestellen, die Agenturen für Arbeit einschließlich der Zentralstelle für Arbeitsvermittlung in Bonn und die Arbeitsgemeinschaften bzw. die zugelassenen kommunalen Träger unterstützen die Dienststellen bei der Durchführung der besonderen Regelungen zur Teilhabe schwerbehinderter Menschen am beruflichen Leben und setzen diese Regelungen in enger Zusammenarbeit um. Hierzu stehen insbesondere differenzierte behinderungsspezifische Beratungsangebote als auch finanzielle Förderungsmöglichkeiten aus Mitteln der Ausgleichsabgabe zur Verfügung.

1.4

Damit die gesetzlichen Fürsorge- und Förderungspflichten sachdienlich und wirkungsvoll erfüllt werden können, müssen sich alle, für Personalangelegenheiten zuständigen Beschäftigten, sowie alle Vorgesetzten mit den Vorschriften des SGB IX und sonstigen einschlägigen Bestimmungen vertraut machen. Jede zu Gunsten der schwerbehinderten Menschen getroffene Bestimmung ist großzügig anzuwenden; ein eingeräumtes Ermessen ist großzügig auszuüben. Das SGB IX und ergänzende Regelungen sind regelmäßig in Fortbildungsveranstaltungen zu behandeln.

1.5

Bei allen Dienststellen sind Beauftragte des Arbeitgebers gemäß § 98 SGB IX zu bestellen, auch wenn keine Schwerbehindertenvertretung besteht. Der Beauftragte bzw. die Beauftragten des Arbeitgebers sollen nach ihrer Bestellung an einer Schulungsmaßnahme der Integrationsämter oder an einer vergleichbaren Fortbildungsmaßnahme teilnehmen.

1.6

Im Interesse schwerbehinderter Menschen ist eine enge und vertrauensvolle Zusammenarbeit zwischen Schwerbehindertenvertretung, Personalvertretung, Gleichstellungsbeauftragten oder Dienststellenleiter und den Beauftragten des Arbeitgebers zu gewährleisten. Dies gilt auch für die Zusammenarbeit mit den übrigen in § 99 SGB IX genannten Stellen. Dabei genügt nicht ein Verweis auf andere Informationsquellen, wie z. B. die Personalratssitzungen, vielmehr ist der Anspruch durch regelmäßige Zusammenkünfte mit der Dienststellenleitung bzw. den Beauftragten des Arbeitgebers zu erfüllen.

1.7

Zu den Angelegenheiten i. S. d. § 95 Abs. 2 SGB IX gehören nicht nur die in dieser Richtlinie ausdrücklich angesprochenen Maßnahmen. Die Unterrichtungs- und Anhörungspflicht gilt für jede Art von Maßnahmen, z.B. für Verwaltungsermittlungen, Disziplinarverfahren (soweit der Betroffene zugestimmt hat), Abmahnungen, Dienstvereinbarungen und Organisationsangelegenheiten. Soweit Personalführungsmaßnahmen und Personalentscheidungen delegiert werden, ist sicherzustellen, dass die Beteiligungsrechte der Schwerbehindertenvertretung gewahrt bleiben.

1.8

Bei Angelegenheiten i.S.d. §§ 72 bis 77 LPVG, die alle Beschäftigten einer Dienststelle betreffen, ist § 95 Abs. 2 SGB IX zu beachten. In Zweifelsfällen ist die Schwerbehindertenvertretung zu beteiligen. Dies gilt auch in den Fällen, in denen sich die Zuständigkeit gemäß § 78 LPVG ergibt.

1.9

Mitteilungen an die Personalvertretungen über beabsichtigte Maßnahmen, die schwerbehinderte Menschen betreffen, müssen einen Hinweis auf die Eigenschaft als schwerbehinderte oder gleichgestellte behinderte Menschen enthalten.

1.10

Die vorsätzliche oder fahrlässige Nichtbeachtung eines der in § 156 SGB IX aufgeführten Tatbestände stellt eine Ordnungswidrigkeit dar. Alle mit Schwerbehindertenangelegenheiten befassten Beschäftigten, besonders die Beauftragten des Arbeitgebers, haben darauf zu achten, dass keine Ordnungswidrigkeiten i.s.v. § 156 SGB IX begangen werden.

2 Geschützter Personenkreis

2.1

Schwerbehinderte Menschen im Sinne dieser Richtlinie sind die schwerbehinderten und die ihnen gleichgestellten Menschen nach den Vorschriften des SGB IX. Für behinderte Menschen mit einem Grad der Behinderung von weniger als 50, aber mindestens 30, die nicht Gleichgestellte i.S.d. § 68 SGB IX sind, soll im Einzelfall geprüft werden, ob besondere, der Behinderung angemessene Fürsorgemaßnahmen im Sinne dieser Richtlinie in Betracht kommen.

2.2

Als Nachweis der Schwerbehinderung dient der Ausweis i. S. d. § 69 Abs. 5 SGB IX; in Ausnahmefällen kann der Nachweis auch durch Vorlage von Bescheiden, amtlichen Bescheinigungen, Gerichtsentscheidungen usw. erbracht werden. Als Nachweis der Gleichstellung gilt die Feststellung der Agentur für Arbeit.

2.3

Beschäftigte, die eine Antragstellung als schwerbehinderte oder gleichgestellte Menschen beabsichtigen, können hierbei die Hilfestellung der Schwerbehindertenvertretung beanspruchen. Wenn ein solcher Antrag gestellt wurde, ist zu empfehlen, die Dienststelle hiervon schriftlich zu unterrichten. Bis zur Entscheidung über den Antrag sind sie unter Vorbehalt als schwerbehinderte oder als gleichgestellte Menschen zu behandeln. Ist die Schwerbehinderung offenkundig, entfällt der Vorbehalt.

2.4

Der Schwerbehindertenschutz endet:
mit Erlöschen des gesetzlichen Schutzes (§ 116 Abs. 1 und 2 SGB IX),
– bei befristeter Gleichstellung mit Ablauf der Frist (§ 68 Abs. 2 Satz 3 SGB IX),
– für die zeitweilige Dauer der Entziehung des Schwerbehindertenschutzes (§ 117 SGB IX).
Erlöschen und Entzug des Schwerbehindertenschutzes sind von den Beschäftigten der Dienststelle mitzuteilen.

2.5

Führen dienstliche Maßnahmen zum Erlöschen, zur Entziehung oder zur Einschränkung des Schwerbehindertenschutzes (z.B. bei Auslandseinsätzen), sind die schwerbehinderten Menschen darauf hinzuweisen.

3 Beschäftigungspflicht

3.1

Die Pflicht zur Beschäftigung schwerbehinderter Menschen trifft gemäß § 71 SGB IX in vollem Umfang auch Arbeitgeber der öffentlichen Hand und damit alle Dienststellen. Dabei sind schwerbehinderte Frauen besonders zu berücksichtigen. Auf die Verpflichtung, gerade auch besonders betroffene schwerbehinderte Menschen i.S.d. § 72 Abs. 1 Nr. 1 und 2 SGB IX zu beschäftigen sowie Ausbildungsplätze gemäß § 72 Abs. 2 SGB IX mit schwerbehinderten Menschen zu besetzen, wird ausdrücklich hingewiesen. Dabei ist zu beachten, dass ein schwerbehinderter Mensch bei der beruflichen Ausbildung auf zwei Pflichtplätze angerechnet wird. Gleiches gilt bei Übernahme in ein Beschäftigungsverhältnis im Anschluss an die Ausbildung für die Dauer des ersten Beschäftigungsjahres (§ 76 Abs. 2 SGB IX). Derartige Arbeitsplätze sind nach Möglichkeit zu erhalten oder nach Möglichkeit entsprechende neue zu schaffen.

3.2

Während der Zeit einer Berufsausbildung sind auch behinderte Jugendliche und junge Erwachsene, deren Grad der Behinderung weniger als 30 beträgt oder für die ein Grad der Behinderung nicht festgestellt ist, schwerbehinderten Menschen gleichgestellt. Die Voraussetzungen des § 68 Abs. 4 Satz 2 SGB IX und der eingeschränkte Schutz (§ 68 Abs. 4 Satz 3 SGB IX) sind zu beachten.

3.3

Wegen der sozialpolitischen Bedeutung des gesetzlichen Auftrages ist es dringend erforderlich, dass geeignete Bewerber über die Mindestquote hinaus eingestellt werden; dadurch wird es ermöglicht, die unterschiedlichen Bedingungen der Dienststellen innerhalb eines Geschäftsbereiches und der einzelnen Geschäftsbereiche im Hinblick auf die Erfüllung der Mindestquote auszugleichen. Wird die Mindestbeschäftigungsquote nicht erreicht, vergeben – soweit rechtlich und tatsächlich möglich – die Dienststellen der Geschäftsbereiche Aufträge an Werkstätten für behinderte Menschen und Blindenwerkstätten in möglichst großem Umfang (mindestens 50 % des entsprechenden Bedarfs), damit das Land insoweit keine Ausgleichsabgabe mehr zahlen muss. Auf den Runderlass des Ministeriums für Wirtschaft und Arbeit vom 08.04.2004 – 82-36 – (SMBl. NRW. 20021) wird hingewiesen.

4 Einstellung

4.1

Die Verpflichtung zur bevorzugten Einstellung und Beschäftigung bestimmter Personenkreise nach anderen Gesetzen entbindet den Dienstherrn nicht von der Pflicht schwerbehinderte Menschen zu beschäftigen (§ 122 SGB IX).

4.2

§ 81 SGB IX verpflichtet den Dienstherrn unter Beteiligung der Schwerbehindertenvertretung zu prüfen, ob freie Arbeitsplätze mit schwerbehinderten Menschen, insbesondere mit bei der Agentur für Arbeit, der Arbeitsgemeinschaft oder den zugelassenen kommunalen Trägern als arbeitssuchend gemeldeten schwerbehinderten Menschen, besetzt werden können. Dies gilt auch für Ausbildungsverhältnisse der schwerbehinderten Menschen und der gleichgestellten Jugendlichen und jungen Erwachsenen.

4.3

Bei dieser Prüfung ist wie folgt zu verfahren:

4.3.1

In allen Stellenausschreibungen ist darauf hinzuweisen, dass die Bewerbung geeigneter schwerbehinderter Menschen erwünscht ist. Bei Bewerbungen ist zu prüfen, ob sie von schwerbehinderten Menschen stammen; in Zweifelsfällen sind entsprechende Rückfragen zu halten mit dem ausdrücklichen Hinweis, dass Bewerbungen schwerbehinderter Menschen erwünscht sind.

4.3.2

Unbeschadet einer Stellenausschreibung ist in jedem Fall unter Beschreibung der Stellenanforderungen bei der für die Einstellungsbehörde zuständigen Agentur für Arbeit, der Arbeitsgemeinschaft oder dem zugelassenen kommunalen Träger - bei allen akademischen Berufen zusätzlich bei der Zentralstelle für Arbeitsvermittlung in Bonn – schriftlich anzufragen, ob geeignete schwerbehinderte Menschen gemeldet sind. Das Verfahren kann zwischen den Einstellungsbehörden und den Agenturen für Arbeit, den Arbeitsgemeinschaften oder den zugelassenen kommunalen Trägern näher geregelt werden; die Schwerbehindertenvertretung ist zu beteiligen. Die Schwerbehindertenvertretung und die Personalvertretung erhalten gleichzeitig je eine Kopie der Anfrage. Die Schwerbehindertenvertretung ist auch dann bei Bewerbungen schwerbehinderter Menschen zu beteiligen, wenn zum Zeitpunkt der Bewerbung keine freien Stellen für eine Einstellung zur Verfügung stehen.

4.3.3

Liegen keine Bewerbungen schwerbehinderter Menschen vor, sind die Schwerbehindertenvertretung und die Personalvertretung darüber zu unterrichten. Wenn Bewerbungen schwerbehinderter Menschen vorliegen, sind diese mit der Schwerbehindertenvertretung zu erörtern. Die Schwerbehindertenvertretung hat gemäß § 95 Abs. 2 SGB IX das Recht auf Einsicht in die entscheidungsrelevanten Teile der Bewerbungsunterlagen. Die Vorlage vergleichender Übersichten erfüllt diesen Anspruch nicht. Damit die Schwerbehindertenvertretung eine begründete Stellungnahme abgeben kann, ist sie im erforderlichen Umfang auch über die Eignung der nicht behinderten Bewerber zu unterrichten.

4.3.4

Kommen einzelne schwerbehinderte Bewerber nach übereinstimmender Auffassung von Dienststelle und Schwerbehindertenvertretung für die freie Stelle nicht in Betracht, kann von ihrer Teilnahme an einem Vorstellungstermin abgesehen werden. Alle übrigen schwerbehinderten Menschen sind zu den Vorstellungsgesprächen einzuladen. Die Schwerbehindertenvertretung hat das Recht, an allen Vorstellungs- und Abschlussgesprächen auch mit nicht behinderten Bewerbern teilzunehmen.

4.3.5

Sind für die Einstellung Eignungstests oder andere Leistungsnachweise vorgesehen, müssen schwerbehinderte Bewerber rechtzeitig darauf hingewiesen werden, dass ihnen auf Antrag entsprechend der Art und dem Umfang der Behinderung Erleichterungen eingeräumt werden können. Die Erleichterungen sind unter Beteiligung der Schwerbehindertenvertretung festzulegen. Behinderungsbedingte Einschränkungen dürfen schwerbehinderten Bewerbern nicht zum Nachteil gereichen (§ 81 Abs. 2 SGB IX).

4.3.6

Hat sich die Dienststelle für einen Bewerber entschieden, unterrichtet sie die Schwerbehindertenvertretung und leitet das Mitbestimmungsverfahren nach dem Landespersonalvertretungsgesetz ein. Eine von der Schwerbehindertenvertretung abgegebene Stellungnahme ist beizufügen. Die Schwerbehindertenvertretung ist zu einer Stellungnahme berechtigt, aber nicht verpflichtet. Dienststelle und Schwerbehindertenvertretung haben sich über eine Frist, innerhalb der eine Stellungnahme abgegeben werden kann, zu verständigen. Nach Ablauf der vereinbarten Frist ist die Anhörungspflicht gemäß § 95 Abs. 2 Satz 1, 1. Halbsatz SGB IX erfüllt. Die Mitteilungspflicht nach dem 2. Halbsatz bleibt unberührt. Führt eine nachgeordnete Dienststelle ein Personalvorauswahlverfahren durch, ist ihre Schwerbehindertenvertretung entsprechend den Nummern 4.3.1 bis 4.3.6 zu beteiligen. Ihre Stellungnahme ist dem Personalvorschlag beizufügen. Die Verpflichtung zur Beteiligung der Bezirks- bzw. der Hauptschwerbehindertenvertretung bleibt unberührt. Die Schwerbehindertenvertretung ist nicht zu beteiligen, wenn der schwerbehinderte Mensch die Beteiligung ausdrücklich ablehnt (§ 81 Abs. 1, letzter Satz SGB IX).

4.3.7

Die Ziffern 4.3.3 bis 4.3.6 finden sinngemäß auch bei internen Stellenbesetzungsverfahren Berücksichtigung.

4.4

Schwerbehinderten Bewerbern ist vorbehaltlich anderer gesetzlicher Regelungen bei sonst gleicher Eignung vor nicht schwerbehinderten Bewerbern der Vorzug zu geben. Zusätzliche Einstellungserleichterungen zu Gunsten von schwerbehinderten Menschen als Beamte oder Richter ergeben sich bei den zu erfüllen den Mindestanforderungen an die gesundheitliche Eignung aus § 13 Abs. 1 LVO und beim Höchstalter aus § 6 Abs. 3 LVO (43. Lebensjahr). Dabei ist zu beachten, dass das Höchstalter auch alternativ gemäß § 6 Abs. 2 LVO errechnet werden kann, sofern bei den schwerbehinderten Bewerbern Verzögerungstatbestände im Sinne des § 6 Abs. 2 LVO vorliegen und sie sich in Anrechnung dieser Verzögerungszeiten günstiger stellen würden.

4.4.1

Im Hinblick auf § 128 SGB IX ist das erforderliche Mindestmaß körperlicher Eignung bereits dann als gegeben anzusehen, wenn schwerbehinderte Menschen nur bestimmte Dienstposten ihrer Laufbahn wahrnehmen können. Dabei sind Möglichkeiten der behinderungsgerechten und barrierefreien Arbeitsplatzgestaltung (z. B. mit technischen Arbeitshilfen) nach dem SGB IX auszuschöpfen.

4.4.2

Schwerbehinderte Menschen können auch dann in das Beamtenverhältnis eingestellt werden, wenn als Folge ihrer Behinderung eine vorzeitige Dienstunfähigkeit möglich ist. Die Bewerber sind jedoch auf die Vorschrift des § 4 Abs. 1 Nr. 1 BeamtVG in der am 31. August 2006 geltenden Fassung sowie die mit einem Ausscheiden vor Ablauf einer fünfjährigen Dienstzeit verbundenen Folgen hinzuweisen. Diese Regelungen gelten auch für die Übernahme in das Beamtenverhältnis auf Lebenszeit.

4.5

Vor der Antragstellung für Arbeitsbeschaffungsmaßnahmen ist zu prüfen, ob schwerbehinderte Menschen im Rahmen dieser Maßnahmen beschäftigt werden können. Das Ergebnis der Prüfung und die Arbeitsplatzanforderungen sind im Antragsvordruck zu vermerken.

5 Personalaktenführung

Nachweise über die Schwerbehinderung nach § 69 Abs. 5 SGB IX oder die Gleichstellung gemäß § 2 SGB IX sind mit den notwendigen Angaben in die Personalakte aufzunehmen. Die Personalakten schwerbehinderter und ihnen gleichgestellter behinderter Menschen sind in geeigneter Weise zu kennzeichnen.

6 Ausbildung und Prüfung

Im Rahmen der geltenden Vorschriften sind das Ausbildungsverhältnis und der Vorbereitungsdienst so zu gestalten, dass schwerbehinderte Menschen die erforderlichen Kenntnisse und Fähigkeiten erwerben können, ohne dass sie infolge ihrer Behinderung unzumutbar belastet werden.

6.1

Bei Prüfungen können sich für schwerbehinderte Menschen besondere Härten im Vergleich mit nicht behinderten Beschäftigten ergeben. Bei Prüfungsverfahren muss durch die Wahl der Methode oder spezielle Hilfen gesichert werden, dass die Leistungen von den schwerbehinderten Beschäftigten erbracht und nachgewiesen werden können. Die Prüfung ist im Einzelfall den behinderungsspezifischen Besonderheiten anzupassen. Erforderlichenfalls sind sachverständige Stellen, z. B. Fachdienste der Integrationsämter oder Integrationsfachdienste einzuschalten. Das gilt für Eignungs-, Zwischen-, Aufstiegs-, Laufbahn- und verwaltungsinterne Prüfungen sowie für sonstige Auswahlverfahren und Aufsichtsarbeiten während der Ausbildung. Soweit Rechtsvorschriften nicht entgegenstehen, kommen u.a. folgende Erleichterungen in Betracht:

6.1.1

- Verlängerung der Frist zur Abgabe schriftlicher Arbeiten
- Bereitstellung von behinderungsspezifischen Hilfen
- Ersatz einzelner schriftlicher Arbeiten oder praktischer Prüfungsteile, die wegen der Art der Behinderung nicht geleistet werden können, durch andere geeignete Prüfungsleistungen
- Erholungspausen
- Individuelle zeitliche Gestaltung der Prüfungsdauer
- Einzelprüfung.

6.1.2

In der mündlichen Prüfung soll bei hirngeschädigten und bei schwerbehinderten Beschäftigten mit erheblicher psychischer Beeinträchtigung auf das Abfragen von Gedächtniswissen verzichtet werden, soweit es mit dem Zweck der Prüfung vereinbar ist. Es genügt, wenn Aufgaben gestellt werden, deren Lösung erkennen lässt, dass die Beschäftigten die erforderlichen Kenntnisse und die Urteilsfähigkeit besitzen, die sie zu richtigen Entscheidungen befähigen. Auch ist darauf zu achten, dass kein behinderungsbedingter Prüfungsstress, insbesondere durch Zeitdruck entsteht.

6.1.3

Hörbehinderten oder gehörlosen Menschen sollen die Prüfungsfragen in der mündlichen Prüfung schriftlich vorgelegt werden. Auf Wunsch ist ein Gebärdendolmetscher hinzuzuziehen.

6.1.4

Sind blinde, hochgradig sehbehinderte oder behinderte Menschen, die in ihrer Fähigkeit zu schreiben stark eingeschränkt sind, schriftlich zu prüfen, ist eine im Prüfungsfach nicht vorgebildete Schreibkraft hinzuzuziehen.

6.2

Die personalführende Stelle unterrichtet rechtzeitig den Leiter einer Prüfung und die Schwerbehindertenvertretung über die Behinderung eines Prüflings.

6.3

Schwerbehinderte Menschen sind rechtzeitig auf mögliche Erleichterungen hinzuweisen. Hinweise auf in Anspruch genommene Erleichterungen dürfen in die Zeugnisse nicht aufgenommen werden.

6.4

Werden Prüfungserleichterungen im Sinne dieser Richtlinie trotz Antrages und Vorliegen der Voraussetzungen zu Unrecht nicht gewährt oder ist der schwerbehinderte Mensch auf mögliche Prüfungserleichterungen nicht hingewiesen worden, darf er eine Prüfung einmal mehr wiederholen als sonstige Prüfungsbewerber, soweit Rechtsvorschriften dies zulassen; die Wiederholungsprüfung soll auf den Teil der Prüfung beschränkt werden, in dem die Leistungen weniger als ausreichend gewesen sind.

6.5

Die Schwerbehindertenvertretung ist von der jeweiligen Prüfungsstelle rechtzeitig über die Prüfung eines schwerbehinderten Menschen zu informieren.

6.6

Der Schwerbehindertenvertretung ist, soweit Rechtsvorschriften nicht entgegenstehen, zu gestatten, an den mündlichen und praktischen Prüfungen teilzunehmen und nach deren Abschluss – vor der Beratung des Ergebnisses der Prüfung – gegenüber der Prüfungskommission eine Stellungnahme abzugeben.

7 Beschäftigung

7.1

Aus § 81 Abs. 4 SGB IX folgt grundsätzlich der Anspruch der schwerbehinderten Menschen gegenüber ihrem Dienstherrn auf

- Beschäftigung, bei der sie ihre Fähigkeiten und Kenntnisse möglichst voll verwerten und weiterentwickeln können,
- bevorzugte Berücksichtigung bei innerbetrieblichen Maßnahmen der beruflichen Bildung zur Förderung ihres beruflichen·Fortkommens,
- Erleichterungen im zumutbaren Umfang zur Teilnahme an außerbetrieblichen Maßnahmen der beruflichen Bildung,
- behinderungsgerechte Einrichtung und Unterhaltung der Arbeitsstätten einschließlich der Betriebsanlagen, Maschinen und Geräte sowie der Gestaltung der Arbeitsplätze, des Arbeitsumfeldes, der Arbeitsorganisation und der Arbeitszeit,
- Ausstattung des Arbeitsplatzes mit den erforderlichen technischen Arbeitshilfen.

Sind schwerbehinderte Menschen bei der Arbeitsausführung auf Arbeitsassistenz angewiesen, haben die Dienststellen sie bei der Ermöglichung von Arbeitsassistenz zu unterstützen, das heißt insbesondere, der Arbeitgeber hat die in seinem Verantwortungsbereich liegenden innerdienstlichen Maßnahmen auszuschöpfen. Auf die §§ 33 Abs. 3 Nr. 1 und 6 i.V.m. Abs. 8 Nr. 3 und 102 Abs. 4 SGB IX wird hingewiesen. Auftraggeber der Arbeitsassistenz ist der schwerbehinderte Mensch selbst; er beschäftigt die Assistenzkraft oder vereinbart mit einem Dritten (z.B. professionelle Hilfsdienste) das Erbringen entsprechender Dienstleistungen (Arbeitgeber-/Dienstleistungsmodell).

Die Vorgesetzten sind verpflichtet, sich über die Gesamtsituation ihrer schwerbehinderten Mitarbeiter zu unterrichten und mit ihnen entsprechende Einzelgespräche zu führen. Dadurch sollen sie in die Lage versetzt werden, die Bestrebungen der schwerbehinderten Menschen, ihre Dienstaufgaben wie alle anderen Mitarbeiter zu erfüllen, nach Kräften zu unterstützen und ihnen dabei die erforderlichen Hilfestellungen zu geben.

7.2

Schwerbehinderte Menschen haben unter den Voraussetzungen des § 81 Abs. 5 SGB IX grundsätzlich einen Anspruch auf Teilzeitbeschäftigung.

7.3

Arbeitszeiten und Pausen können für schwerbehinderte Menschen entsprechend ihrer Leistungsfähigkeit und ihren Bedürfnissen abweichend von den Arbeitszeitvorschriften geregelt werden; die regelmäßige wöchentliche Arbeitszeit darf nicht vermindert werden.

7.4

Schwerbehinderte Menschen werden gemäß § 124 SGB IX auf ihr Verlangen von Mehrarbeit freigestellt. Was Mehrarbeit ist, richtet sich nach den gesetzlichen und tariflichen Regelungen. Aus der Ablehnung der Mehrarbeit darf ihnen kein Nachteil entstehen. Dies gilt entsprechend für Rufbereitschaft, soweit nicht im Einzelfall die Heranziehung zur Rufbereitschaft aus dienstlichen Gründen geboten ist; die Schwerbehindertenvertretung ist vorher anzuhören.

7.5

Bei der Neu- und Ersatzbeschaffung von Fernsprechvermittlungsanlagen bzw. bei der Neugestaltung ist sicherzustellen, dass diese im Bedarfsfall mit Blinden und wesentlich Sehbehinderten besetzt werden können.

7.6

Bei der Planung von Neubauten ist zu gewährleisten, dass sowohl die Gebäude, die Inneneinrichtung als auch die Außenanlagen barrierefrei gestaltet werden. Insbesondere sind die Verordnung über Arbeitsstätten vom 12.8.2004 (BGBl. I S. 2179) und der Leitfaden des Bau- und Liegenschaftsbetriebes NRW für Landesimmobilien „Bauen ohne Barrieren" zu beachten. Dies gilt auch für Gebäude, die durch einen Investor errichtet, öffentlich genutzt und insoweit angemietet werden. Bei Umbauten sind die Belange schwerbehinderter Menschen zu berücksichtigen. Die Schwerbehindertenvertretung ist bei der Planung von Baumaßnahmen so rechtzeitig zu hören, dass ihre Vorschläge in die Gesamtplanung eingehen können. Über den Baufortschritt kann sie sich jederzeit informieren lassen. Bei der Anmietung von Diensträumen ist entsprechend zu verfahren.

7.7

Der betriebsärztliche Dienst berät in Fragen des Arbeits- und des Gesundheitsschutzes. Schwerbehindertenvertretung und betriebsärztlicher Dienst arbeiten bei dieser Aufgabe eng zusammen.

7.8

Die Schwerbehindertenvertretung ist zu Sitzungen des Arbeitsschutz- und Sicherheitsausschusses einzuladen. Gleiches gilt für Dienststellen- und betriebsbegehungen mit Fachkräften der Arbeitssicherheit.

8 Einzelregelungen zum Ausgleich der Behinderung

8.1

Schwerbehinderte Menschen haben Anspruch auf einen bezahlten zusätzlichen Urlaub von fünf Arbeitstagen im Urlaubsjahr (§ 125 SGB IX). Für gleichgestellte behinderte Menschen gilt diese Regelung nicht. Gemäß § 15 Abs. 3 S. 2 TVÜ-Länder vom 12. Oktober 2006 haben die aus dem MTArb übergeleiteten Beschäftigten, die am 31. Oktober 2006 einen Anspruch aus § 49 Abs. 4 MTArb hatten, weiterhin einen Anspruch auf Zusatzurlaub von jährlich drei Tagen bei einem GdB von mindestens 25 und weniger als 50, sofern sie die Anspruchsvoraussetzungen in dem über den 31. Oktober 2006 hinaus ununterbrochen fortbestehenden Arbeitsverhältnis erfüllen. Der Zusatzurlaub tritt zu dem zu gewährenden Erholungsurlaub hinzu und ist wie ein solcher zu behandeln; die Regelung über den Verfall von Erholungsurlaub gilt auch für den Zusatzurlaub. In folgenden Fällen ist in Anwendung der Regelungen des Bundesurlaubsgesetzes (§§ 4 und 5), der Rechtsprechung des Bundesarbeitsgerichtes und nach der Regelung in § 125 Abs. 2 SGB IX Teilurlaub zu berechnen

– Zuerkennung der Schwerbehinderteneigenschaft im Kalenderjahr

    – für jeden vollen Monat der im Dienst- oder Arbeitsverhältnis vorliegenden Schwerbehinderteneigenschaft besteht Anspruch auf ein Zwölftel des Zusatzurlaubs

– Ausscheiden aus dem Dienst- oder Arbeitsverhältnis in der ersten Hälfte des Kalenderjahres sowie Eintritt in der zweiten Hälfte des Kalenderjahres

    – für jeden vollen Monat besteht Anspruch auf ein Zwölftel des Zusatzurlaubs.

Sich hierbei ergebende Bruchteile von Urlaubstagen, die mindestens einen halben Tag ergeben, sind auf volle Urlaubstage aufzurunden. Ein geringerer Bruchteil ist in diesem Umfang zu gewähren.

Bei neu eingestellten schwerbehinderten Menschen, denen im laufenden Urlaubsjahr bei einem anderen Dienstherrn oder Arbeitgeber bereits ganz oder anteilig Zusatzurlaub gewährt worden ist, ist dieser anzurechnen.

Den Wünschen schwerbehinderter Menschen hinsichtlich Urlaubszeitpunkt bzw. Urlaubseinteilung soll entsprochen werden.

8.1.1

Können Beschäftigte den Nachweis ihrer Schwerbehinderung noch nicht erbringen, müssen sie sich gegenüber dem Dienstherrn zur Begründung des Anspruchs auf Zusatzurlaub gleichwohl ausdrücklich auf ihre Schwerbehinderung berufen. Der Urlaub ist konkret unter Hinweis auf das laufende Antragsverfahren zu beantragen.

Verweigert der Dienstherr einen beantragten Zusatzurlaub, gerät er in Leistungsverzug, wenn die Schwerbehinderung später rückwirkend festgestellt wird. Ist ein solcher Anspruch nach der tariflichen Regelung dann schon erloschen, tritt an seine Stelle ein Ersatzanspruch nach § 249 Abs. 1 BGB oder ggf. ein Anspruch auf Entschädigung in Geld nach BGB (vgl. BAG vom 26.06.1986 – 8 ZR 75/83 – AP Nr. 5 zu § 44 SchwbG – § 47SchwbG 1986).

8.2

Dienstbefreiung in angemessenem Umfang soll schwerbehinderten Menschen gewährt werden, die auf Grund ihrer Behinderung besonders von extremen Wetterlagen und sonstigen äußeren Einflüssen betroffen sind.

8.3

Bei der Gewährung von Sonderurlaub bzw. Arbeitsbefreiung aus Anlässen, die die Interessen von schwerbehinderten Menschen berühren, ist großzügig zu verfahren, insbesondere soweit auch ein dienstliches Interesse am Urlaubszweck besteht (z.b. Mobilitätstraining, Fortbildungsveranstaltungen für besondere Gruppen von Behinderten, Behindertensport usw.).

8.4

Bei der Zuteilung von Mietwohnungen, die im Besetzungsrecht des Landes stehen, soll auf die besonderen Bedürfnisse schwerbehinderter Menschen und die Nähe zum Arbeitsplatz sowie auf Art und Umfang der Behinderung Rücksicht genommen werden; bei gleicher Dringlichkeit ist schwerbehinderten Menschen vor anderen Wohnungssuchenden der Vorzug zu geben. Schwerbehinderten Menschen kann über die sonst für sie in Betracht kommende Zahl von Zimmern hinaus ein zusätzliches Zimmer zuerkannt werden.

8.5

Jede Dienststelle hat für schwerbehinderte Menschen, die wegen Art und Umfang ihrer Behinderung darauf angewiesen sind, ein Kfz zu benutzen, Parkflächen bereitzuhalten.

Die Einzelheiten der Zuteilung von Parkflächen an schwerbehinderte Beschäftigte sind mit der Schwerbehindertenvertretung zu regeln. Stehen landeseigene oder allgemein angemietete Liegenschaften als Parkflächen nicht zur Verfügung, sollen geeignete Flächen angemietet werden. Sofern in unmittelbarer Nähe eines Dienstgebäudes keine Abstellfläche bereitgestellt werden kann, ist von der Dienststelle für namentlich bestimmte Schwerbehinderte mit dem Merkzeichen „aG" auf dem Ausweis ein Parksonderrecht nach dem § 46 StVO bei der zuständigen Straßenverkehrsbehörde zu beantragen.

Werden Parkflächen allgemein nur gegen Entgelt oder im Rahmen der Parkraumbewirtschaftung vergeben, sind hiervon gemäß § 3 Schwerbehindertenausweisverordnung schwerbehinderte Menschen mit dem Merkzeichen „G, aG, Gl, Bl" im Schwerbehindertenausweis ausgenommen.

8.6

Schwerbehinderte Menschen können in eng begrenzten Ausnahmefällen mit anderweitig nicht benötigten Dienstkraftwagen innerhalb des Dienstortes zwischen Wohnung / Haltestelle und Dienststätte befördert werden (§ 15 Abs. 5 der Kraftfahrzeugrichtlinien).

8.7

Schwerbehinderte Menschen i. S. d. § 72 Abs. 1 Nr. 1 SGB IX sind auf ihren Wunsch von Krankheits-, Urlaubs- und Abwesenheitsvertretungen freizustellen, soweit nicht zwingende Gründe entgegenstehen.

8.8

Schwerbehinderte Menschen sind bei Reisen zu Aus- und Fortbildungszwecken, die mit Übernachtungen verbunden sind, grundsätzlich berechtigt, ein Einzelzimmer in Anspruch zu nehmen. Schwerbehinderten Menschen, die eine Dienstreise nur mit fremder Hilfe ausführen können und sich deshalb einer Begleitperson bedienen, die nicht im Landesdienst steht, können die insoweit notwendigen Auslagen im Rahmen des § 9 LRKG als Nebenkosten erstattet werden.

8.9

Schwerbehinderten Menschen soll ein Einzelzimmer als Arbeitsraum zugewiesen werden, wenn die Art der Behinderung dies erfordert. Im Zweifelsfall soll das Integrationsamt eingeschaltet werden.

8.10

Für blinde und sehbehinderte Beschäftigte ist sicherzustellen, dass Internet- und Intranetnutzung nach Maßgabe der Barrierefreie Informationstechnik-Verordnung NRW (BITV NRW – SGV. NRW. 201 –) zur Verfügung gestellt wird.

8.11

Servicehunde (z.B. Blinden-, Rollstuhlbegleithunde) sind während der Dienstzeit am Arbeitsplatz unterzubringen.

9 Arbeitsplatzwechsel

Soweit schwerbehinderte Menschen ihre Versetzung, Abordnung oder Umsetzung beantragen, soll dem nach Möglichkeit entsprochen werden. Schwerbehinderte Menschen sollen gegen ihren Willen unter Berücksichtigung des § 81 Abs. 4 SGB IX nur aus dringenden dienstlichen Gründen versetzt, abgeordnet oder umgesetzt werden. Dies gilt auch für jede andere wesentliche Änderung des Arbeitsplatzes. Vor jedem Arbeitsplatzwechsel ist nach § 95 Abs. 2 SGB IX zu verfahren. Die Beteiligung der Personalvertretung nach dem Landespersonalvertretungsgesetz bleibt unberührt.

10 Beurteilung

10.1

Im Beurteilungsverfahren gelten für schwerbehinderte Menschen die jeweils gültigen Beurteilungsrichtlinien unter Beachtung des Grundsatzes, dass schwerbehinderte Menschen zur Erbringung gleichwertiger Leistungen i.d.R. mehr Energie aufwenden müssen als nicht behinderte Menschen. Schwerbehinderte Menschen dürfen wegen ihrer Behinderung nicht benachteiligt werden (§ 81 Abs. 2 SGB IX).

10.2

Bei der Beurteilung der Leistung schwerbehinderter Menschen ist eine etwaige Minderung der Arbeits- und Einsatzfähigkeit durch die Behinderung zu berücksichtigen (§ 13 Abs. 3 LVO).

10.2.1

Eine geringere Quantität der Arbeitsleistung, soweit sie auf behinderungs-bedingter Minderung beruht, darf das Beurteilungsergebnis nicht negativ beeinflussen.

10.2.2

Die Personalstelle teilt der Schwerbehindertenvertretung die bevorstehende Beurteilung eines schwerbehinderten Menschen rechtzeitig mit und ermöglicht ihr ein vorbereitendes Gespräch mit dem Beurteiler, sofern der schwerbehinderte Mensch einem solchen Gespräch zustimmt. Findet ein Beurteilungsgespräch statt, so soll die Schwerbehindertenvertretung auf Wunsch des zu beurteilenden schwerbehinderten Menschen hinzugezogen werden. Ist für die Beurteilung ein Beurteilungsbeitrag einzuholen, sollte der für den Beurteilungsbeitrag Verantwortliche auf Wunsch des schwerbehinderten Menschen hinzugezogen werden. In diesem Gespräch soll zwischen den Beteiligten festgestellt werden, ob eine durch die Behinderung bedingte quantitative Minderung der Arbeits- und Einsatzfähigkeit Einfluss auf die Arbeitsleistung hat. Findet ein Beurteilungsgespräch nicht statt, so ist der Schwerbehindertenvertretung auf Wunsch des zu beurteilenden schwerbehinderten Menschen Gelegenheit zu geben, ihre Auffassung, ob eine durch die Behinderung bedingte quantitative Minderung der Arbeits- und Einsatzfähigkeit Einfluss auf die Arbeitsleistung hat, schriftlich oder mündlich gegenüber dem Beurteiler – und ggf. gegenüber dem für einen Beurteilungsbeitrag Verantwortlichen – darzulegen.

10.2.3

Liegen einer Beurteilung einzelne Leistungsnachweise zu Grunde, ist die Schwerbehindertenvertretung auf Wunsch eines betroffenen schwerbehinderten Menschen berechtigt, bei der Abnahme der Leistungsnachweise anwesend zu sein, es sei denn, Rechtsvorschriften stehen dem entgegen.

11 Fortbildung

Die berufliche Fortbildung der schwerbehinderten Menschen ist gemäß § 81 Abs. 4 SGB IX zu fördern. Sie sind zu Fortbildungsmaßnahmen, die vom Dienstherrn veranstaltet werden, bevorzugt zuzulassen. Soweit Maßnahmen vom Dienstherrn angeboten werden, sind sie barrierefrei zu gestalten. Schwerbehinderte Menschen sollen zur Teilnahme an anderen Berufsfortbildungen Sonderurlaub und Kostenzuschuss nach den geltenden Vorschriften erhalten.

12 Berufsförderung

12.1

Für die Einarbeitung in neue Aufgaben sind schwerbehinderten Menschen je nach Art und Umfang der Behinderung ausreichende Zeiträume einzuräumen.

12.2

Schwerbehinderte Menschen i.S.d. § 72 SGB IX sollen wegen ihrer besonderen Beeinträchtigungen zusätzliche Hilfen zum beruflichen Fortkommen erhalten.

12.3

Bei der Auswahlentscheidung zwischen gleich beurteilten Bewerbern ist die Schwerbehinderung als ein rechtlich anerkanntes Hilfskriterium zu berücksichtigen. Fällt die Auswahlentscheidung zum Nachteil des schwerbehinderten Menschen aus, ist die Entscheidung zu begründen und aktenkundig zu machen. Soweit zur Beförderung und Übertragung höherwertiger Aufgaben allgemein eine sogenannte Rotation verlangt wird, diese aber aus behinderungsbedingten Gründen ausgeschlossen ist, dürfen sich hieraus keine Nachteile für die Beförderungsentscheidung ergeben. Gleiches gilt für die Verwendungsbreite und deren Einschränkung aus behinderungsbedingten Gründen.

12.4

Bei schwerbehinderten Beamten, die infolge ihrer Behinderung voraussichtlich vorzeitig aus dem Dienst ausscheiden müssen, ist zu prüfen, ob eine solche Beförderung angezeigt ist, wenn konkrete Anhaltspunkte dafür bestehen, dass sie ohne die besondere Art der Behinderung noch die nächstmögliche Beförderungsstelle ihrer Laufbahn erreichen würden; dabei ist § 5 Abs. 3 BeamtVG in der am 31. August 2006 geltenden Fassung unter Beachtung des Beschlusses des Bundesverfassungsgerichts vom 20. März 2007 (vgl. RdErl. des Finanzministeriums vom 19.4.2007, MBl. NRW. S. 190) zu beachten. Die Entscheidung ist auf der Grundlage eines amtsärztlichen Gutachtens zu treffen.

Auf Antrag der Schwerbehindertenvertretung kann ein Facharzt hinzugezogen werden.

13 Prävention / betriebliches Eingliederungsmanagement

13.1

Bei erkennbaren personen-, verhaltens- oder betriebsbedingten Schwierigkeiten, die zur Gefährdung des Arbeits- oder eines sonstigen Beschäftigungsverhältnisses führen können (§ 84 Abs. 1 SGB IX), hat der Arbeitgeber präventive Maßnahmen zu ergreifen. In den Fällen, in denen auf Grund der Behinderung die künftige Notwendigkeit eines Arbeitsplatzwechsels abzusehen ist, sind die schwerbehinderten Menschen bei beruflichen Qualifizierungsmaßnahmen bevorzugt zu berücksichtigen. Die Schwerbehindertenvertretungen, die in § 93 SGB IX genannten Vertretungen und das Integrationsamt sind im frühestmöglichen Stadium zu beteiligen.

13.2

Sind Beschäftigte innerhalb eines Jahres länger als sechs Wochen ununterbrochen oder wiederholt arbeitsunfähig, hat der Arbeitgeber die besondere Verpflichtung, mit einem betrieblichen Eingliederungsmanagement (§ 84 Abs. 2 SGB IX) die Möglichkeiten zur Sicherung der Beschäftigungsfähigkeit und zum Erhalt des Arbeitsplatzes zu klären.

Die zuständige Interessenvertretung (§ 93 SGB IX) - bei schwerbehinderten Menschen außerdem die Schwerbehindertenvertretung - haben das Recht, die Klärung zu verlangen. Sie wachen darüber, dass der Arbeitgeber die ihm nach dieser Vorschrift obliegenden Verpflichtungen erfüllt. Werden generelle Regelungen zur Durchführung eines betrieblichen Eingliederungsmanagements getroffen, ist die Schwerbehindertenvertretung rechtzeitig zu beteiligen.

13.3

Die Beteiligung der zuständigen Interessenvertretung (§ 93 SGB IX) richtet sich nach dem Landespersonalvertretungsgesetz; die der Gleichstellungsbeauftragten nach dem Landesgleichstellungsgesetz.

14 Rehabilitation

14.1

Um das Ziel einer dauernden Eingliederung schwerbehinderter Menschen in Arbeit, Beruf und Gesellschaft zu sichern, sehen die Vorschriften des SGB IX entsprechende Leistungen im medizinischen, berufsfördernden und ergänzenden Bereich vor. Als Grundsatz gilt „Rehabilitation geht vor Rente".

14.2

Soweit schwerbehinderte Menschen Leistungen der gesetzlichen Reha-Träger – unvermeidbar – während der Dienstzeit in Anspruch nehmen müssen, können sie im Rahmen der tariflichen Regelungen (§ 29 TV-L) unter Fortzahlung des Entgelts von der Arbeit freigestellt werden. Dies gilt auch für Maßnahmen im berufsfördernden Bereich und auch dann, wenn Leistungen subsidiär durch eine Fürsorgestelle/Integrationsamt erbracht werden (z.B. Trainingsmaßnahmen für Sinnesbehinderte). Ein eingeräumtes Ermessen ist großzügig auszuüben.

14.3

Sofern zur Vermeidung von Berufsunfähigkeit oder Erwerbsminderung aus zwingenden gesundheitlichen Gründen längerfristige außerbetriebliche Umschulungsmaßnahmen erforderlich werden, soll Arbeitnehmern Sonderurlaub unter Wegfall des Entgelts gewährt werden. Dies setzt voraus, dass die Umschulung einvernehmlich mit Dienststelle und Reha-Träger durchgeführt wird.

14.4

Ist nach längerer Erkrankung die Wiedereingliederung in den Arbeitsprozess auf ärztliches Anraten nur stufenweise möglich, soll dieses im Einvernehmen mit dem zuständigen Reha-Träger vereinbart werden. Während des Wiedereingliederungsverfahrens besteht für Arbeitnehmer weiterhin Arbeitsunfähigkeit. Beamten soll eine reduzierte Arbeitszeit entsprechend der notwendigen Wiedereingliederungsmaßnahme bis zur Dauer von 6 Monaten (§ 2 Abs. 6 S. 1 AZVO) beziehungsweise bis zu 12 Monaten (§ 2 Abs. 6 S. 2 AZ-VO) unter den darin genannten Voraussetzungen eingeräumt werden.

14.5

Sofern schwerbehinderte Beamte berufsfördernde Maßnahmen aufgrund ihrer Behinderung mit dem Ziel der verbesserten Eingliederung in das Berufsleben zu Lasten eines Reha-Trägers, einer Fürsorgestelle, des Integrationsamtes oder auf eigene Kosten durchführen, soll ihnen hierfür analog zu Nummer 14.2 Sonderurlaub unter Fortzahlung der Dienstbezüge gewährt werden.

14.6

Beamten aller Fachrichtungen soll im Rahmen der geltenden Laufbahnvorschriften dann ein Laufbahnwechsel ermöglicht werden, wenn sie aufgrund von Art und Schwere ihrer Behinderung in ihrer eigenen Laufbahn nur noch mit weniger als der Hälfte der regelmäßigen Arbeitszeit auf Dauer verwendet werden können, bei einer Verwendung in einer anderen Laufbahn dagegen auf Grund ihrer bisherigen Vorbildung, ihrer beruflichen Tätigkeit und nach im Einzelfall festzulegender Unterweisungszeit wieder voll dienstfähig sein könnten. Eine solche Maßnahme kommt einer Umschulung nach Nummer 14.3 gleich.

15 Beendigung des Beschäftigungsverhältnisses

15.1

Gelingt es schwerbehinderten Menschen aus Gründen, die in ihrer Behinderung liegen, nicht, sich in der tariflichen Probezeit hinreichend zu bewähren, kann nach Ablauf der arbeitsvertraglich vereinbarten Probezeit ein Zeitarbeitsverhältnis zum Zweck der beruflichen Förderung begründet werden. Dies setzt die Beendigung des bestehenden Arbeitsverhältnisses durch Kündigung oder Auflösungsvertrag voraus. Eine Verlängerung der Erprobungszeit durch Zeitvertrag soll die Dauer von 6 Monaten nicht überschreiten. Dabei müssen die Motive für die Begründung des befristeten Arbeitsverhältnisses im Vertragstext deutlich zum Ausdruck gebracht werden; der Abschluss des üblichen, formularmäßigen Arbeitsvertrages reicht nicht aus. Das Zeitarbeitsverhältnis ist dem Integrationsamt anzuzeigen. Bei erfolgreicher Ableistung des Zeitarbeitsverhältnisses ist dieses in ein unbefristetes umzuwandeln.

15.2

Beantragen schwerbehinderte Menschen die Entlassung oder die Beendigung ihres Dienst-, Beschäftigungs- oder Arbeitsverhältnisses, ist die Entscheidung hierüber eine beteiligungspflichtige Angelegenheit i. S. d. § 95 Abs. 2 SGB IX. Soll das Dienst-, Beschäftigungs- oder Arbeitsverhältnis gegen den Willen des schwerbehinderten Menschen beendet werden, sind neben der Beteiligung der Schwerbehindertenvertretung die Schutzvorschriften für Arbeitnehmer gemäß §§ 85 ff. SGB IX zu beachten.

15.3

Sofern der weitere Einsatz von schwerbehinderten Menschen am bisherigen Arbeitsplatz aus organisatorischen, strukturellen oder betriebsbedingten Gründen nicht möglich ist, ist dem schwerbehinderten Menschen im Rahmen der tariflichen und beamtenrechtlichen Regelungen und sonstigen Vereinbarungen ein anderer angemessener und gleichwertiger Arbeitsplatz – vorrangig in der bisherigen Dienststelle bzw. am bisherigen Dienstort oder wunschgemäß – zu vermitteln.

16.1

Nach § 96 Abs. 4 SGB IX sind die Vertrauenspersonen ohne Minderung des Arbeitsentgelts oder der Dienstbezüge von ihrer beruflichen Tätigkeit freizustellen, wenn und soweit es zur Durchführung ihrer Aufgaben erforderlich ist. Der Umfang der Freistellung richtet sich nach den spezifischen örtlichen und räumlichen Erfordernissen sowie nach etwaigen besonderen Verhältnissen der einzelnen Verwaltungen (z.B. besondere Schwierigkeiten bei der Verteilung der anfallenden Arbeitszeit). Sind in einer Dienststelle in der Regel wenigstens 200 schwerbehinderte Menschen beschäftigt, wird die Vertrauensperson auf ihren Wunsch freigestellt. Im Übrigen kann die Schwerbehindertenvertretung unter den Voraussetzungen des § 95 Abs. 1 Satz 4 SGB IX nach Unterrichtung des Arbeitgebers das 1. oder das 1. und das 2. stellvertretende Mitglied zu bestimmten Aufgaben heranziehen.

16.2

Ergänzend zu den Freistellungsregelungen nach § 96 Abs. 4 SGB IX ist der Umfang der Freistellung so zu bemessen, dass die Teilnahme der Schwerbehindertenvertretung an allen Sitzungen gemäß § 95 Abs. 4 und 5 SGB IX gewährleistet ist. Für die individuelle Betreuung der in der Dienststelle beschäftigten schwerbehinderten Menschen ist darüber hinaus eine Freistellung zu gewähren, die sich an dem Muster 150 der Personalbedarfsberechnung des Finanzministeriums orientieren kann (siehe Anlage 1). Für den Fall der Heranziehung von stellvertretenden Mitgliedern i.S.d. § 95 Abs. 1 S. 4 SGB IX ist für eine entsprechende Entlastung am Arbeitsplatz Sorge zu tragen.

16.3

Die vielseitigen und schwierigen Aufgaben der Vertrauenspersonen einschließlich der Bezirks- und Hauptvertrauenspersonen erfordern ständige Weiterbildung. Die Dienststellen sollen sie bei dieser Aufgabe großzügig unterstützen.

16.4

Gemäß § 96 Abs. 4 Satz 3 SGB IX ist eine Freistellung der Vertrauenspersonen für die Teilnahme an Schulungs- und Bildungsveranstaltungen zu gewährleisten, soweit diese Kenntnisse vermitteln, die für die Arbeit der Schwerbehindertenvertretung erforderlich sind. Ein Weiterbildungsanspruch besteht auch für die erste und zweite Stellvertretung. Nach § 96 Abs. 8 SGB IX trägt der Arbeitgeber auch die durch die Teilnahme an Schulungs- und Bildungsveranstaltungen entstehenden Kosten. Reisekostenvergütung erhalten Vertrauenspersonen, die an Schulungs- oder Bildungsveranstaltungen teilnehmen, nach den Bestimmungen des LRKG. Erhält die Vertrauensperson ihres Amtes wegen unentgeltliche Verpflegung und Unterkunft, so sind die Kürzungsbestimmungen des § 7 Abs. 2 und des § 8 Abs. 2 LRKG zu beachten. Das gilt auch, wenn Verpflegung und Unterkunft kostenlos bereitgestellt werden oder die Kosten hierfür in dem Teilnehmerbeitrag enthalten sind.

16.5

Die Schwerbehindertenvertretung ist mit dem notwendigen Geschäftsbedarf zu versorgen. Hierbei sind die Ausstattungsansprüche der jeweiligen Personalvertretung als Maßstab anzulegen. Soweit die Schwerbehindertenvertretung kein eigenes Geschäftszimmer hat, ist ihr in jedem Fall ein Einzelzimmer zur Verfügung zu stellen.

16.6

Nach § 96 Abs. 8 SGB IX trägt der Arbeitgeber die durch die Tätigkeit der Schwerbe-hindertenvertretung entstehenden Kosten. Dazu gehören auch die zur Erfüllung der Aufgaben der Schwerbehindertenvertretung notwendigen Reisekosten. Voraussetzung für die Erstattung von Reisekosten ist, dass die Reise zur Erfüllung von Aufgaben der Schwerbehinderten-vertretung nach dem SGB IX notwendig ist. Der Dienststellenleitung ist die Reise rechtzeitig vorher anzuzeigen. Geht aus der Anzeige der Schwerbehindertenvertretung an die Dienststellenleitung hervor, dass die beabsichtigte Reise nicht notwendig ist, soll sie rechtzeitig vor Antritt der Reise darauf hingewiesen werden, dass Reisekosten nicht erstattet werden, um ihr Gelegenheit zu geben, die Frage der Notwendigkeit der Reise erneut zu prüfen. Die Vertrauenspersonen erhalten Reisekostenvergütung in sinngemäßer Anwendung des LRKG wie bei Reisen zur Erfüllung der Aufgaben der Personalvertretung. Die Reisen sind somit reiseko-stenrechtlich wie Dienstreisen abzugelten, unabhängig davon, ob die Vertrauensperson voll, teilweise oder gar nicht freigestellt ist. Bei der Abrechnung der Reisekosten ist das Rund-schreiben des Finanzministeriums über die Festsetzung von Aufwandsvergütungen nach § 7 Abs. 3 LRKG vom 22.12.1998, zuletzt geändert durch Rundschreiben vom 20.12.2001 – B 2906 – 7.2 – IV A 4 –, zu beachten.

16.7

Die Schwerbehindertenvertretungen können sich zur Erfüllung ihrer Aufgaben nach § 95 SGB IX zu regionalen und überregionalen Arbeitsgemeinschaften zusammenschließen.

17 Integrationsvereinbarung

Integrationsvereinbarungen sind ein zentrales Anliegen des SGB IX (§ 83). Hiernach ist der Arbeitgeber verpflichtet, mit der Schwerbehindertenvertretung und der zuständigen Personalvertretung in Zusammenarbeit mit dem bzw. den Beauftragten des Arbeitgebers auf die Dienststelle zugeschnittene Integrationsziele festzulegen und eine verbindliche Integrationsvereinbarung mit Regelungen gemäß § 83 Abs. 2 und 2 a SGB IX abzuschließen. Die Schwerbehindertenvertretung hat nach Maßgabe der auf der jeweiligen Ebene angesie-delten Zuständigkeit das Recht, eine Integrationsvereinbarung neben dieser Richtlinie einzu-fordern.

Abkürzungsverzeichnis

a.A.	anderer Ansicht
a.a.O.	am angegebenen Ort
Abs.	Absatz
ADVG	ADV-Organisationsgesetz
a.F.	alte Fassung
ABFG	Arbeitsrechtliches Beschäftigungsförderungsgesetz vom 25.9.1996
AG	Amtsgericht
AGG	Allgemeines Gleichbehandlungsgesetz
amtl.	amtlich
Anm.	Anmerkung
APO	Ausbildungs- und Prüfungsordnung
APr	Ausschuss-Protokoll (Landtag NRW)
ArbGG	Arbeitsgerichtsgesetz
ArbSchG	Arbeitsschutzgesetz
ArbZG	Arbeitszeitgesetz
Aufl.	Auflage
AÜG	Arbeitnehmerüberlassungsgesetz
BAG	Bundesarbeitsgericht
BGE	Bundesarbeitsgerichtsentscheidung
Bay.VGH	Bayerischer Verwaltungsgerichtshof
BBiG	Berufsbildungsgesetz
BBesG	Bundesbesoldungsgesetz
Bd.	Band
BeamtStG	Beamtenstatusgesetz
Bek.	Bekanntmachung
ber.	berichtigt
BetrVG	Betriebsverfassungsgesetz
BfdG	Bundesfreiwilligendienstgesetz
BGB	Bürgerliches Gesetzbuch
BGBl I	Bundesgesetzblatt Teil I
BPersVG	Bundespersonalvertretungsgesetz

BRRG	Beamtenrechtsrahmengesetz
Buchst.	Buchstabe
BVerfG	Bundesverfassungsgericht
BVerwG	Bundesverwaltungsgericht
BVerwGE	Entscheidungssammlung des Bundesverwaltungsgerichts
bzw.	beziehungsweise
d.h.	das heißt
DO NW	Disziplinarordnung Nordrhein-Westfalen
DRiG	Deutsches Richtergesetz
DSG NW	Gesetz zum Schutz vor Missbrauch personenbezogener Daten bei der Datenverarbeitung (Datenschutzgesetz Nordrhein-Westfalen)
EBRG	Europäisches Betriebsrätegesetz
Erl.Erl.	Erläuterungserlass, RdErl. des Innenministeriums NW, „Durchführung des Landespersonalvertretungsgesetzes (LPVG
EuGH	Europäischer Gerichtshof
EU	Europäische Union
ff.	fortfolgende
FFG	Gesetz zur Förderung der beruflichen Chancen für Frauen im öffentlichen Dienst (Frauenförderungsgesetz)
FHG	Gesetz über die Fachhochschulen im Lande Nordrhein-Westfalen
FHGöD	Gesetz über die Fachhochschulen im öffentlichen Dienst im Lande Nordrhein-Westfalen (Fachhochschulgesetz öffentlicher Dienst)
gem.	gemeinsam
GG	Grundgesetz für die Bundesrepublik Deutschland vom 23. Mai 1949
ggf.	gegebenenfalls
GMBl	gemeinsames Ministerialblatt (Bundesministerien)
GO NW	Gemeindeordnung für das Land Nordrhein-Westfalen
GS NW	Gesetzsammlung Nordrhein-Westfalen
GV NW	Gesetz- und Verordnungsblatt für das Land Nordrhein-Westfalen
Hess.VGH	Hessischer Verwaltungsgerichtshof
HFG	Hochschulfreiheitsgesetz
i.d.F.	in der Fassung
IT	Informationstechnik

i.S.	im Sinne
i.v.m.	in Verbindung mit
JVollzMoG	Justizvollzugsmodernisierungsgesetz
Komm.	Kommentar
KSchG	Kündigungsschutzgesetz
LABG	Lehrerausbildungsgesetz
LAG	Landesarbeitsgericht
LBG	Landesbeamtengesetz Nordrhein-Westfalen
LDG	Landesdisziplinargesetz
LFoG	Landesforstgesetz
LG	Landgericht
LHO	Landeshaushaltsordnung
LOG	Landesorganisationsgesetz
LRiG	Landesrichtergesetz
LV NW	Landesverfassung Nordrhein-Westfalen
LVO	Laufbahnverordnung
LVO Pol.	Verordnung über die Laufbahn der Polizeivollzugsbeamten des Landes Nordrhein-Westfalen
LWK	Landwirtschaftskammer
MBlNW	Ministerialblatt Nordrhein-Westfalen
MuSchG	Mutterschutzgesetz
MuSchV	Mutterschutzverordnung
MuSchVB	Verordnung über den Mutterschutz für Beamtinnen im Lande NRW
Nr.	Nummer
n.rkr.	nicht rechtskräftig
NRW/NW	Nordrhein-Westfalen
n.v.	nicht veröffentlicht
OFD	Oberfinanzdirektion
OKD	Oberkreisdirektor
OLG	Oberlandesgericht
OVG	Oberverwaltungsgericht
OVGE	Entscheidungssammlung des Oberverwaltungsgerichts

PersVG	Personalvertretungsgesetz
RatSchTV	Tarifvertrag über den Rationalisierungsschutz für Angestellte
RdNr.	Randnummer
RdErl.	Runderlass
SchulG	Schulgesetz
SchVG	Schulverwaltungsgesetz
SGB	Sozialgesetzbuch
SGG	Sozialgerichtsgesetz
SVG NW	Sammlung des bereinigten Gesetz- und Verordnungsblattes
SMBl. NW	Sammlung des bereinigten Ministerialblattes NRW (Ausgabe C)
sog.	so genannt
StGB	Strafgesetzbuch
StPO	Strafpozeßordnung
TVG	Tarifvertragsgesetz
TVL	Tarifvertrag für den öffentlichen Dienst der Länder
TvöD	Tarifvertrag für den öffentlichen Dienst
u.a.	unter anderem
UG	Gesetz über die Universitäten des Landes Nordrhein-Westfalen (Universitätsgesetz)
u.U.	unter Umständen
VGH	Verwaltungsgerichtshof
vgl.	vergleiche
VO	Verordnung
VwGO	Verwaltungsgerichtsordnung
WOLBG	Verwaltungsverordnung zur Ausführung des Landesbeamtengesetzes
VwVfG NW	Verwaltungsverfahrensgesetz für das Land Nordrhein-Westfalen
WO	Wahlordnung zum Landespersonalvertretungsgesetz
z.B.	zum Beispiel
ZOG	Zivildienstgesetz vom 31. Juli1986 (BGBl. 1 S. 1205), zuletzt geändert durch Gesetz vom 26. Juni 1990 (BGBl. IS. 1216)
ZPO	Zivilprozessordnung

Literaturverzeichnis

AP	Arbeitsrechtliche Praxis (Nachschlagewerk des Bundesarbeitsgerichts)
ArbuR	„Arbeit und Recht", Zeitschrift für Arbeitsrechtspraxis
BB	„Der Betriebsberater" (Zeitschrift)
Cecior	Cecior-Dietz-Vallendar Das Personalvertretungsrecht in Nordrhein-Westfalen, Kommentar
DB	„Der Betrieb" (Zeitschrift)
DÖD	Der öffentliche Dienst, Fachzeitschrift für Angehörige des öffentlichen Dienstes
DÖV	„Die öffentliche Verwaltung", Zeitschrift für öffentliches Recht und Verwaltungswissenschaft
Dok. Ber.	Dokumentarische Berichte, Berlin
DvB	Deutsches Verwaltungsblatt
Engelhard-Ballerstedt	Kommentar zum Personalvertretungsgesetz des Landes Niedersachsen
Fitting-Auffarth-Kaiser	Betriebsverfassungsgesetz, Handkommentar
Fischer-Goeres (GKöD)	Fischer-Goeres in Fürst, Gesamtkommentar öffentliches Dienstrecht
Havers	Personalvertretungsgesetz für das Land Nordrhein-Westfalen,
Ilbertz	Personalvertretungsrecht des Bundes und der Länder
JurZ	Juristen-Zeitung. Tübingen
Krieg, Orth, Welkoborsky	Landespersonalvertretungsgesetz für NW Komm.
NJW	„Neue Juristische Wochenschrift"
NWVBl	Nordrhein-Westfälische Verwaltungsblätter
Orth-Welkoborsky	Landespersonalvertretungsgesetz, Komm.
PersR	Der Personalrat, Zeitschrift
PV	„Die Personalvertretung", Fachzeitschrift
RiA	„Recht im Amt", Zeitschrift für den öffentlichen Dienst
Richardi	Betriebsverfassungsgesetz, Komm.
Schaub	Günter Schaub, Arbeitsrechts-Handbuch
VR	Verwaltungsrundschau (Zeitschrift)

Welkoborsky	LPVG-Basiskomm.
Windscheid-Ilbertz	Personalvertretungsgesetz des Bundes mit Erläuterungen
ZBR	„Zeitschrift für Beamtenrecht
ZfPR	Zeitschrift für Personalvertretungsrecht
ZTR	Zeitschrift für Tarifrecht

Stichwortverzeichnis

Paragraf fett/Anmerkung